國史論衡

上冊

先秦至隋唐篇

鄺士元 著

上海三聯書店

图书在版编目（CIP）数据

国史论衡：全2册/邝士元著.—上海：上海三联书店，2014.1
ISBN 978-7-5426-4501-2

Ⅰ.①国… Ⅱ.①邝… Ⅲ.①中国历史 – 研究 Ⅳ.① K207

中国版本图书馆 CIP 数据核字（2013）第 321212 号

国史论衡（上、下）

著　　者 / 邝士元

责任编辑 / 陈启甸　王倩怡
装帧设计 / 水玉银文化
监　　制 / 吴　昊

出版发行 / 上海三联书店
（201199）中国上海市都市路 4855 号 2 座 10 楼
http://www.sjpc1932.com

邮购电话 / 021-24175971
印　　刷 / 三河市华晨印务有限公司
版　　次 / 2014 年 3 月第 1 版
印　　次 / 2020 年 1 月第 2 次印刷
开　　本 / 720mm×1000mm　1/16
字　　数 / 870 千字
印　　张 / 63

ISBN 978-7-5426-4501-2
K · 242 / 定价：148.00 元

叙　例

　　编撰一本通史并不困难，但要写一本较为理想的通史则殊非容易，目前市面流行而可买得到的不下百数十种之多，陈陈相因，然述史者多，论史者少，述史则仅能得其概略，对于史事的因果得失影响，懵然不论。虽则在流行的通史或断代史中，不少有"成一家之言"的著作，可是说到重要处，往往"点到即止"，或于无关史事发生者，则长篇大论。且学术一如科学，时代愈后，则愈见创新与精密，目前要编撰一本合乎理想的通史，除了着重论史与分析之外，更要注意近儒学术研究的成果，个人以为"成一家之言"式的通史，已不能满足时代需要，对于近儒的创见绝不能掠美。职此之故，本书撰写的主要资料，乃以近儒的研究心得为主，并参酌个人浅见，融会贯通。

　　就一般而论，历史著作大略有考史、述史与论史。考史为述史而用，述史为论史而作，论史则必兼考史、述史的才学与识力方能胜任。明代有张溥及较晚的王船山等，都有论史之作，其才学识力之深，就当代而论，无出其右。但张、王之史论往往囿于时代背景与知识的限制，对于帝王正统观念或历代的盛衰得失，时又归诸天数等的历史观，更未能系统地分析得失与兴衰的所由，采用文体艰深以致不能句读。故本书的编撰内容体例上，考史、述史方面较为简略，而专以论史为详，更重于朝代兴衰得失影响的分析，使读者对我国数千年的政治文化、财经，及各种制度，能有明确的认识。

本书的编撰，对我国数千年来发生的重要史实，尽可能个别提出分析讨论，例如对于史实发生的时代背景、原因、治道得失的讨论与影响的分析等，务使读者一览尽得。但我国数千年历史岂能每事细论？故仅择其较重要者而论析之。然则何者为重要？何者为次要？除较明确的史事之外，作者对史事之轻重去取，自成体系，重新组织，编成一通史体裁，名为《国史论衡》。我国为统一之多民族大家庭，唯因史事叙述便利计，行文中使用"中国"一词时，有以之指代当时之"中原地区"、"中原王朝"等含义的情形，请读者知悉。

本书分为上、下两册，以直述形式为主，即以历代先后，自周及清末，有关治乱兴衰，民族发展及断代重要政论与历代财政经济；中央、地方政治兴革，历代重要战事，军事体制；交通，中西文化与学术之演变，旁及历代帝王宰执兴替的得失与党争宦祸等，其内容论析，大体上一洗坊间流水账形式通史的缺点，而更能迎合国内读者阅读通史的需求。

本书编撰方式以论史为本，除了参考坊间流行的或较难看到的通史，与有关的断代史百数十种之外，主要是吸纳了数百篇近百年来有关史事的学术的论文，因此，本书并非一本"成一家言"的著作，而是一部集百家精义的史论。除了在内容方面提及某著作之外，本拟于每章书后略列曾经引用或参考的重要著作，以示不敢掠美，且可作为一种参考性的资料，唯本书草印仓促，致使每章毕后，未能空出位置列叙书名、作者，颇引为憾事，期在改版时重新补上。

本书的编撰由于时间仓促，仍然存有很多未符理想的地方。例如文体时有杂乱，未见统一。一本通史的对象，应以广大读者为主，但过于口语化或文字过于艰深，同样影响该书的流通量，故本书的论撰，尽量采用文从字顺的原则。其次，每节史论文字多少的分配亦未能普遍适当编排。关于引用原文方面，由于本书旨在论析史事，故原文的引用尽可能削减。而原文的引用亦发觉时有错漏，虽在校对时屡经修改，但其他的错漏在所难免，期于改版时加以修正，祈请通人学者指正至盼。

目 录

第一章 汉族及其文化的由来 ... 1

第一节 民族的定义 / 1

第二节 汉民族由来的各家说法 / 2

　　外来说 / 3

　　中国本地说 / 5

第三节 华夏名称的起源 / 10

　　释"华" / 10

　　释"夏" / 10

第四节 我国历史上的四次民族大融合 / 12

　　春秋时代 / 12

　　汉与魏晋南北朝时代 / 14

　　五代及辽、金、元时代 / 15

　　清朝 / 17

第二章 西周的封建统治及其兴衰 ... 18

第一节 封建制度及其起源 / 18

　　封建的定义 / 18

　　　　封建制度的起源 / 20

　第二节　封建宗法与西欧的比较 / 22

　　　　封建与宗法的关系 / 22

　　　　中欧封建制度的比较 / 24

　第三节　周代推行二次封建的原因及经过 / 26

　　　　周行封建的原因 / 26

　　　　周室推行二次封建的经过 / 28

　第四节　西周封建的内容与崩溃原因 / 30

　　　　西周封建的内容与组织 / 30

　　　　封建制度崩溃的原因 / 35

　　　　共主资格逐渐没落 / 36

　第五节　封建社会状态及对后世的影响 / 44

　　　　封建社会的状态 / 44

　　　　封建制度对后世的影响 / 46

第三章　春秋战国的纷争 49

　第一节　春秋战国分期与霸政的兴起 / 49

　　　　时代分期与东周的式微 / 49

　　　　东周王室式微原因 / 50

　第二节　霸政的意义与各国的称霸 / 52

　　　　霸政的意义 / 52

　　　　齐桓的霸业 / 54

　　　　晋文的霸业 / 56

　　　　秦、楚的霸业 / 57

　　　　弭兵运动与吴、越争霸 / 58

　第三节　战国的养士风气 / 60

　　　　养士风气的历史背景 / 60

　　　　　　战国四公子的养士 / 61

　第四节　春秋战国期间的变法 / 63

　　　　　　东方各国的变法 / 63

　　　　　　管仲相齐的改革 / 64

　　　　　　商鞅变法 / 68

　第五节　战国形势与七雄争霸 / 73

　　　　　　战国初期的各国疆域 / 73

　　　　　　七国争雄 / 75

　第六节　春秋战国期间各方面的转变 / 77

　　　　　　政治制度的转变 / 77

　　　　　　经济的转变 / 80

　　　　　　社会方面的转变 / 83

　　　　　　学术思想的转变 / 86

第四章　秦的统一及其衰亡 ……………………………… 90

　第一节　秦的兼并与六国灭亡 / 90

　　　　　　秦的兼并 / 90

　　　　　　秦灭六国的经过 / 92

　第二节　秦统一六国的原因与意义 / 94

　　　　　　秦能统一六国的原因 / 94

　　　　　　秦统一中国的意义 / 98

　第三节　秦的创建措施 / 101

　　　　　　政治方面的创建 / 101

　　　　　　制度方面的创建 / 103

　　　　　　军事方面的措施 / 105

　　　　　　文化方面的创建 / 107

　　　　　　劳民伤财的措施 / 108

第四节　秦速亡原因的分析 / 109

　　人民感受方面 / 109

　　政治社会方面 / 110

第五节　秦焚书坑儒的讨论 / 113

　　焚书的讨论 / 113

　　坑儒的讨论 / 116

第六节　东土文化西渐的讨论 / 117

第五章　西汉的政教与治乱 ………………………………… 121

第一节　楚汉相争及刘胜项败的分析 / 121

　　楚汉之争 / 121

　　刘胜项败的分析 / 122

第二节　汉初的政治社会情态 / 123

　　汉初的国际形势 / 124

　　汉初内部的统治力量 / 124

　　汉初的社会民生 / 125

　　汉初的教化治道 / 126

第三节　汉初的政教学术 / 127

　　贾谊与汉初的政教学术 / 127

　　董仲舒与汉初的政教学术 / 131

第四节　汉初封建与吴楚七国之乱 / 133

　　汉初封建原因的分析 / 133

　　七国乱后汉廷的对策与影响 / 136

第五节　汉代土地政策的检讨 / 139

　　土地失均原因与"限田"政策的推行 / 139

　　两汉课征及轻税原因的分析 / 141

第六节　文景治绩的讨论 / 142

　　　　文景致治的原因 / 142

　　　　文景功过的讨论 / 144

第六章　汉代的文治武功 147

　第一节　汉代的崇儒 / 147

　　　　汉代崇儒原因的分析 / 148

　　　　汉武帝崇儒的措施 / 150

　　　　崇儒的影响 / 151

　第二节　塞外民族入侵原因与汉化的分析 / 152

　　　　塞外民族入侵的分析 / 152

　　　　塞外民族汉化的分析 / 155

　第三节　汉对匈奴的讨伐 / 157

　　　　匈奴对汉的祸害 / 157

　　　　汉击匈奴的原因 / 157

　　　　汉与匈奴的争霸经过 / 158

　　　　汉击匈奴的影响 / 161

　第四节　汉对四夷的同化 / 162

　　　　对东方的华化 / 162

　　　　对北方的华化 / 163

　　　　对西方的华化 / 163

　　　　对西南夷的华化 / 164

　第五节　汉武帝与桑弘羊的经济措施 / 165

　　　　财政改革的时代背景 / 165

　　　　财政措施的评论 / 166

　　　　政府对财政措施的立场 / 169

　　　　民间对财政措施的立场 / 171

　　　　政策的评价 / 174

第六节　昭、宣时代的政治 / 175

第七节　西汉式微与王莽变法 / 177

　　改革的时代背景 / 177

　　财政经济的改革 / 179

　　失败原因的分析 / 183

第七章　东汉的政教治乱 ……………………………… 187

第一节　光武中兴及其政治评价 / 187

　　刘秀的起家及其治绩 / 187

　　光武帝的错误措施 / 190

第二节　明、章之治道及其评价 / 191

　　治绩的表现 / 191

　　明、章施政的缺点 / 193

　　施政的影响 / 195

第三节　东汉的士风 / 196

　　东汉士风形成的分析 / 196

　　东汉士风的特质 / 198

　　对当代及后世的影响 / 198

第四节　汉代的内朝、外朝与外戚 / 199

　　内朝与外朝的关系 / 200

　　内朝、外朝与外戚 / 200

　　外戚执政的原因 / 201

第五节　东汉的宦官及其得势原因 / 203

　　宦官取得权势的分析 / 203

　　宦官与外戚之争 / 204

　　宦官与外戚斗争的结果及影响 / 206

　　名士与宦官之争 / 208

　　　　民变的蔓延 / 209

　第六节　东汉与西羌的扰乱 / 209

　　　　汉代后期的羌患与应付办法 / 209

　　　　后果与影响 / 213

　第七节　东汉衰亡原因的分析 / 214

第八章　魏晋时期的治乱与兴衰 221

　第一节　魏晋南北朝的衰世现象 / 221

　第二节　曹魏兴亡及其未能统一中国的分析 / 224

　　　　曹操能统一北方的原因 / 224

　　　　曹操未能统一中国的原因 / 225

　　　　曹魏亡国原因的分析 / 227

　第三节　赤壁之战及其影响的分析 / 228

　第四节　三国鼎立与吴、蜀灭亡原因 / 231

　第五节　晋初的社会政治情态与八王之乱 / 234

　　　　晋初的社会政治情态 / 234

　　　　西晋八王之乱 / 235

第九章　东晋南朝的社会形态 240

　第一节　东晋南朝的政治社会文化 / 240

　　　　东晋的立国背景 / 240

　　　　南朝的社会政治基础 / 241

　　　　南北士族之争 / 241

　　　　士庶贵贱的隔离 / 242

　第二节　东晋的立国与偏安原因 / 243

　第三节　淝水之战及其影响 / 246

　　　　战前背景 / 246

战争经过 / 247
晋胜秦败的原因 / 248
淝水战后的影响 / 249

第四节 门第社会制度的形成与背景 / 250
第五节 门第社会衰落原因的分析 / 253
南北朝士族的没落情况 / 253
隋唐时代士族的没落情况 / 253
宋代士族势力的没落情况 / 255

第六节 东晋亡国原因的分析 / 256

第十章 "五胡乱华"与北朝之汉化 ... 259

第一节 "五胡乱华"与民族的迁徙 / 259
晋初西北民族的纷扰 / 259
"五胡乱华"原因的分析 / 261
五胡入据后对中国的影响 / 264
流人迁徙的影响 / 268

第二节 五胡对中国文化渐染与贡献 / 269
五胡君主的汉化 / 269
北方汉人政治势力的发展 / 272

第三节 河西文化及其影响 / 274
河西文化的形成 / 274
河西文化的影响 / 276

第四节 北魏汉化的过程与盛衰关系 / 277
魏孝文帝以前的汉化 / 277
魏孝文帝的汉化及其后果 / 280
汉化的影响与评价 / 287

第五节 胡汉矛盾与两者势力的消长 / 291

胡汉的待遇与地位 / 291

　　　汉人（指世族或豪宗）的待遇与地位 / 292

　　　胡汉矛盾原因的分析 / 293

第十一章　隋的开国及其盛治 296

　第一节　隋统一天下在历史上的意义 / 296

　第二节　隋统一前的社会与政治 / 297

　第三节　隋唐皇室血统的讨论 / 300

　　　隋代皇室的血统问题 / 300

　　　唐代皇室的血统问题 / 301

　第四节　篡周经过与得国原因 / 302

　　　北周初年的政局 / 302

　　　篡周的经过 / 302

　　　篡周的原因 / 303

　第五节　隋伐陈 / 304

　　　隋灭陈的经过 / 305

　　　隋统一江南的原因 / 305

　第六节　隋代的隆盛 / 308

　　　开皇盛世的表现 / 308

　　　隋初致富原因的分析 / 309

第十二章　隋代建设及其衰亡 314

　第一节　隋唐运河在国防、经济上的意义 / 314

　　　隋代的运河 / 314

　　　唐代运河及其改革 / 318

　　　隋唐运河对当代后世的影响及贡献 / 320

　第二节　隋代置仓在政治、经济、军事上的意义 / 323

隋代置仓的动机 / 323

文帝时代设置的四仓 / 324

炀帝时代所建造的仓窖 / 326

隋代的义仓 / 327

第三节　隋亡原因的分析 / 328

第四节　秦、隋亡国原因比较 / 335

秦、隋立国背景比较 / 335

秦、隋衰亡异同 / 336

第十三章　盛唐政治的商榷 ……………………… 340

第一节　李唐的开国 / 340

开国功业纷争的讨论 / 340

统一群雄的经过 / 344

剪灭群雄与统一中国的分析 / 345

"玄武门之变"与唐初政局 / 346

第二节　贞观政治的得失 / 350

太宗的文治 / 350

政治得失方面的讨论 / 353

军事方面的讨论 / 355

经济政策的讨论 / 355

私德方面的讨论 / 358

开皇与贞观政治事功的比较 / 358

第三节　武周时代之政治得失 / 364

武曌的出身及其夺权经过 / 364

武曌的政治措施 / 367

武曌改字对文化的影响 / 371

武曌对唐代政治的影响 / 372

第四节　开元天宝的政治得失 / 374

　　盛治的表现 / 374

　　行政缺点的讨论 / 376

　　军事缺点的讨论 / 380

　　经济政策的讨论 / 381

　　贞观与开元政治事功的比较 / 384

第十四章　隋唐对外的武功 389

第一节　隋唐对高丽用兵的得失与影响 / 389

　　隋用兵动机与失败的分析 / 389

　　唐用兵动机与先败后胜的分析 / 393

　　唐征高丽的经过 / 394

第二节　隋唐对突厥的经营 / 397

　　隋对突厥的政策及其成功原因的分析 / 397

　　唐对突厥的经营与得失 / 401

第三节　隋唐对西域的经营 / 405

　　隋对西域的经营 / 405

　　唐经营西域的得失与影响 / 406

第四节　隋通海外与对吐谷浑的征讨 / 412

　　隋对南洋诸国的用兵 / 412

　　隋通海外对中国的贡献 / 414

　　隋对吐谷浑的征讨 / 415

第五节　唐对四夷经营的成功与影响 / 416

　　唐初经略异族所以成功的原因 / 416

　　唐天可汗与国际声望 / 418

　　汉、唐文治武功的比较 / 421

第十五章　安史之乱与唐代的弊政 425

第一节　安史之乱及其影响 / 425

安史作乱原因的分析 / 425

安史肇乱的经过 / 430

马嵬驿之变 / 433

安史失败原因的分析 / 434

安史之乱的影响 / 436

第二节　藩镇割据及其影响 / 438

藩镇割据势力的形成 / 438

藩镇拥有权力的分析 / 442

镇兵与府兵性质的比较 / 443

藩镇割据的远因 / 444

藩镇为患的近因 / 447

藩镇割据形成所产生的影响 / 449

第三节　唐宦官擅权及其相关的弊政 / 452

唐宦官权势形成的过程与因素 / 452

宦官掌权所产生的现象 / 455

永贞改革及其失败的分析 / 459

甘露之变及其影响 / 464

第四节　唐代朋党之争与影响 / 467

唐代朋党相争原因的分析 / 467

唐代党争的经过 / 470

党争的后果与影响 / 471

第十六章　唐代社会经济与外扰内患 473

第一节　刘晏与中唐的经济改革 / 473

刘晏以前的经济改革及其得失 / 473

刘晏改革的内容 / 475

中唐后经济得失及其影响 / 479

刘晏的各种改革措施与影响 / 481

第二节 唐代马政与中唐之经济、政治关系 / 482

唐以前马政的沿革 / 482

马政与中唐以后之经济、政治关系 / 483

第三节 唐代的外患 / 485

南诏崛起及其对唐代的影响 / 485

回纥兴起及其与唐代盛衰的关系 / 488

吐蕃边患 / 493

第四节 唐代的民变与衰亡 / 495

唐末民变的时代背景 / 495

黄巢起事的经过 / 497

黄巢失败原因及其影响 / 498

第五节 安史之乱后国运的挣扎 / 499

政治上的挣扎 / 499

经济上的改革 / 502

交通的发展 / 502

唐代衰亡原因总论 / 503

第十七章 北宋的立国及其政治措施 509

第一节 北宋立国前的政治、经济、社会形态 / 509

国家兴替 / 509

五代军人之跋扈情形 / 510

五代十国的社会经济 / 511

五代的社会风气 / 513

第二节　宋太祖创业与开国 / 514
第三节　宋初的政争与赵普功过 / 516
　　赵普对太宗攻击的事例 / 516
　　太宗对赵普攻击的事例 / 519
　　太宗与赵普对军权的争夺 / 522
　　太宗与赵普相争的目的与结果 / 524
第四节　北宋初年的对外政策 / 526
　　国策的决定 / 526
　　宋初对外采守势的原因 / 526
　　结果及其影响 / 527
第五节　宋初内政和经济政策 / 528
　　内政方面的整顿 / 528
　　经济方面的整顿 / 530
第六节　宋初政制及其改革 / 531
　　北宋的"强干弱枝"措施 / 531
　　后果与影响 / 533
第七节　燕云十六州的地理与宋的国防 / 534
　　燕云十六州的地理形势 / 534
　　燕云十六州与宋代的国防 / 535
第八节　宋弃长安、洛阳而都汴的分析 / 537
　　军事、经济、文化方面 / 537
　　国策兵制与关中的残破 / 538
　　漕运与交通的因素 / 539
　　其他方面的因素 / 540
第九节　北宋特别礼待士人的分析 / 541
　　北宋对士人特别礼待的原因 / 541
　　对士人礼待的表现 / 542

北宋特别礼待士人的影响 / 543

第十八章 北宋的变法与党争 545

第一节 庆历变法及其失败原因 / 545

庆历变法的时代背景 / 545

变法的经过与内容 / 546

庆历变法失败的原因 / 547

庆历变法的影响 / 548

第二节 熙宁变法的得失与影响 / 549

熙宁变法的时代背景 / 549

新法的内容 / 550

新法失败原因的分析 / 552

新法部分成效的表现 / 556

第三节 庆历、熙宁变法得失之比较 / 558

两次变法的得失比较 / 559

两次变法失败原因比较 / 560

两次变法产生的影响 / 561

第四节 宋代党争与政风 / 561

促成宋代党争的原因 / 562

宋代党争的经过 / 564

党争的结果与影响 / 568

两代党争影响的比较 / 569

第十九章 北宋的衰亡 571

第一节 澶渊之盟及其影响 / 571

澶渊之盟的经过 / 571

促成澶渊之盟的原因 / 572

澶渊之盟的影响 / 573

第二节　宋代宰相蔡京当权误国及其影响 / 574

蔡京的出身 / 574

夺权的原因 / 574

误国事例 / 575

对宋代政治的影响 / 576

第三节　宋徽宗与北宋的亡国 / 577

宋徽宗的弊政与误国 / 577

宋徽宗迷信道教及其影响 / 579

宋徽宗荒政的影响 / 584

第四节　靖康之难 / 586

时代背景 / 586

靖康之难原因的分析 / 586

靖康蒙尘的经过 / 588

第五节　靖康之乱与北方人口的南迁 / 589

战争影响民族的迁移 / 589

流民迁徙各处的情况 / 591

流民对南宋的影响 / 593

第六节　北宋积弱原因的检讨 / 594

政治上的积弊 / 594

经济上的积弊 / 596

军事上的积弊 / 597

制度上的积弊 / 598

第二十章　辽、金与西夏兴亡经过 600

第一节　"五胡乱华"与辽、金等犯宋之比较 / 600

第二节　辽的兴起及衰亡经过 / 602

辽的兴起 / 602

辽的建国 / 602

宋辽战争的经过 / 603

辽的衰亡 / 603

第三节 西夏的兴起及衰亡经过 / 604

西夏的起源及其建国 / 604

西夏兴起的分析 / 605

西夏的衰亡 / 606

第四节 金的兴起及衰亡经过 / 606

金的起源及建国 / 606

金势力的发展 / 607

金人南渡后的弊政 / 608

金衰亡的原因 / 610

第二十一章 宋与辽、金、夏的和战及其影响 613

第一节 宋夏战争经过及影响 / 613

宋夏交恶与战争经过 / 613

宋与西夏战争的平息 / 614

第二节 促成宋金媾和的原因及其结果 / 615

宋金媾和的原因 / 616

和约内容 / 620

和议后的影响 / 621

第三节 北宋联金与南宋联蒙得失讨论 / 622

联金灭辽经过 / 622

联蒙灭金经过 / 622

联金灭辽得失的讨论 / 623

联蒙灭金得失的讨论 / 624

第四节　岳飞与秦桧的冤案 / 625

　　高宗杀岳飞的动机 / 626

　　宋代官僚和儒学忠君观念的影响 / 627

　　秦桧对岳飞被杀的责任 / 628

第二十二章　南宋的立国及其衰亡 630

第一节　宋室南渡初年的国势 / 630

　　"盗贼"的问题 / 630

　　民生的情况 / 631

　　财经的困敝 / 633

　　兵力单薄 / 634

第二节　南宋的开国与偏安 / 635

　　南宋开国的条件 / 635

　　南宋能偏安江左的原因 / 636

第三节　东晋、南宋立国与偏安的比较 / 639

　　东晋、南宋立国的时代背景 / 639

　　东晋、南宋建国的经过 / 640

　　东晋、南宋得以偏安江南原因的比较 / 640

　　东晋、南宋偏安的影响 / 642

第四节　东晋、南宋意图规复的事功的比较 / 643

　　东晋意图规复的事功 / 643

　　南宋意图规复的事功 / 646

第五节　南宋式微原因的分析 / 647

　　南宋亡国与二王搬迁的经过 / 647

　　政治上的积弊 / 649

　　经济上的积弊 / 653

　　军政上的积弊 / 656

第六节 两宋灭亡原因的比较 / 660

　　地理形势方面 / 660

　　政治方面 / 661

　　财经方面 / 663

　　社会民生方面 / 664

　　军事方面 / 664

　　外交方面 / 665

第二十三章　元代的兴起与立国 666

第一节 蒙古的兴起与亡宋原因 / 666

　　蒙古的兴起与亡宋的分析 / 666

　　元初的建国与用儒 / 667

　　汉文人对蒙元政治"中国化"的贡献 / 668

　　元初用儒与影响 / 672

第二节 元代统治汉人的政策 / 673

　　政制方面的措施 / 673

　　经济方面的措施 / 675

　　宗教方面的政策 / 682

　　军事方面的政策 / 683

　　社会方面的政策 / 684

第三节 元代色目人的贡献 / 685

　　色目的涵义 / 685

　　元代所称的色目人的涵义 / 686

　　对经济的贡献 / 686

　　对文化的贡献 / 688

第四节 元代的海运与国运 / 690

　　元代大量推行海运的原因 / 690

元代海运的路线 / 691

元代海运的贡献 / 692

对元代衰亡的影响 / 693

第五节　元代的吏治及其速亡原因 / 694

元代吏治败坏原因的分析 / 694

元代速亡原因的分析 / 697

第二十四章　明初的政制得失 ... 701

第一节　明初开国及其政治措施 / 701

明太祖剪灭群雄取得政权的原因 / 701

明初的惠政与吏治 / 703

明初弊政及其对后世的影响 / 706

第二节　明初废宰相的原因与后果 / 710

明初设置宰相的前后经过 / 710

明初废相原因的分析 / 710

明初废相的影响 / 711

第三节　明初知识分子的遭遇 / 713

太祖开国对儒生的依赖 / 713

太祖到处访儒生的经过 / 714

儒生不愿襄助太祖的原因 / 715

第四节　明初削藩经过及其影响 / 718

明初的封建 / 718

"靖难之役"的经过 / 719

削藩失败的分析 / 720

"靖难之役"的影响 / 721

第五节　明成祖的政治、经济措施 / 722

成祖开拓北方的背景 / 722

对北方经济、政治的整顿 / 722

成祖对北方军事的措施 / 725

对海陆运输的整顿 / 725

第二十五章　明代宦官专政与党争 ... 729

第一节　明代宦官干政与阁权的消长 / 729

太祖抑制宦官权力的原因 / 729

成祖重用宦官的原因 / 729

宦官专权的事实与经过 / 731

明代宦官权势形成的分析 / 735

内阁与宦官权力的比较 / 739

第二节　明代厂卫制与司礼监 / 741

明代的厂卫制 / 741

明代的司礼监 / 745

第三节　唐、明宦官的比较 / 747

唐、明宦祸的形成 / 747

两代宦官为祸的经过 / 749

对唐、明两代宦官的评论 / 751

第四节　明代党争及其影响 / 751

明代党争原因的分析 / 751

明代党争的经过 / 753

明代党争的影响 / 757

第二十六章　明代的外患与影响 ... 759

第一节　明代外患原因的分析 / 759

明代外患的远因 / 759

明代外患的近因 / 761

第二节　土木堡之役及其影响 / 762

　　瓦剌的兴起 / 762

　　瓦剌为患原因的分析 / 763

　　瓦剌入侵的经过（土木之变）/ 764

　　明反击瓦剌的紧急措施 / 764

　　"土木之变"的影响 / 766

第三节　明代倭寇为患的因果 / 767

　　倭寇为患的原因 / 767

　　倭寇为患的经过 / 771

　　平定倭寇 / 772

　　倭寇对明室的影响 / 773

第四节　明万历援朝之役及其影响 / 774

　　明遣兵援朝的动机 / 774

　　明援朝之役的经过 / 774

　　明援朝一役的影响 / 777

第五节　葡萄牙的入侵与商业交通 / 778

　　欧亚交通的起源 / 778

　　对中西文化商业交通的影响 / 779

第六节　汉至明清长城、黄河、长江对中原文化的保全 / 780

　　历代的形势 / 780

　　长城在历史上的重要性 / 782

　　黄河在国防上的价值 / 783

　　长江在北骑南下时阻止了女真的扩张与拯救南宋 / 783

第二十七章　明清的社会经济与科技 785

第一节　明初的对外贸易及其影响 / 785

　　明代的海禁政策 / 785

明代海禁政策下的贸易方式 / 786

　　　贸易影响方面 / 788

第二节　明中叶的社会经济与张居正的改革 / 789

　　　改革时代背景 / 789

　　　张居正对边防的整饬 / 790

　　　潘季驯治河 / 791

　　　"一条鞭法"的推行 / 792

　　　田赋积弊的铲除 / 794

　　　国用的节省 / 795

　　　对张居正的评价 / 796

第三节　清代的社会经济与吏治得失 / 797

　　　清初的社会现象 / 797

　　　清初的财政经济状况 / 798

　　　清初吏治的惠民 / 799

　　　清中叶的吏治与和珅用事 / 802

第四节　明清西学输入中国概述 / 806

　　　西方天文学的输入 / 806

　　　数理及其他学术的输入 / 807

　　　西学不振的原因 / 810

　　　西学输入对我国学术的影响 / 811

第五节　近世中国文化的西传 / 813

　　　中国文化对欧洲的影响 / 813

　　　中国对洛可可艺术的影响 / 814

　　　中国思想对西欧的影响 / 816

　　　中国文化外传终止原因的分析 / 819

第二十八章　晚明民变与衰亡原因的分析..................................821

第一节　晚明民变的分析与影响 / 821

　　晚明的时代背景 / 821

　　晚明民变的发展 / 822

　　晚明民变兴起的远因 / 823

　　晚明民变兴起的近因 / 825

　　李、张等致败原因的分析 / 831

第二节　明代亡国原因的分析 / 838

　　政治方面 / 838

　　经济方面 / 842

　　社会方面 / 845

　　学术方面 / 847

　　外患频繁 / 847

　　军事方面 / 848

　　民变的影响 / 850

　　名将被诛 / 850

第二十九章　清代立国及其政治措施..................................852

第一节　清代的兴起及其代明原因 / 852

　　政治军事上的基础 / 852

　　武略与军威的优胜 / 853

　　反清复明势力的剪灭 / 854

第二节　清初的统治措施 / 855

　　实行武力驾驭中国 / 855

　　清初之统治根基 / 856

　　统治手段刚柔并济 / 856

　　　　　高压政策 / 857

　第三节　清初对汉人及少数民族的政策 / 858

　　　　　清初对汉人的统治政策 / 858

　　　　　清廷对少数民族的政策 / 861

　　　　　分化政策所产生的影响 / 863

　第四节　清代削藩及三藩之乱 / 863

　　　　　清廷削藩动机 / 863

　　　　　削藩经过与三藩起兵 / 864

　　　　　三藩失败经过 / 865

　　　　　三藩失败原因的分析 / 866

第三十章　顺治、康熙、雍正、乾隆的政治措施　868

　第一节　顺治朝的政治措施 / 868

　　　　　积极方面 / 868

　　　　　缺点方面 / 870

　第二节　康熙朝的政治措施 / 871

　　　　　积极方面 / 871

　　　　　缺点方面 / 876

　第三节　雍正朝的政治措施 / 877

　　　　　积极方面 / 877

　　　　　缺点方面 / 880

　第四节　乾隆朝的政治措施 / 881

　　　　　积极方面 / 881

　　　　　缺点方面 / 884

第三十一章　不平等条约与对外战争的失败　888

　第一节　《尼布楚条约》及其影响 / 888

　　　　俄人势力的扩张 / 888

　　　　条约的完成及其内容 / 889

　　　　条约的影响 / 890

　　第二节　鸦片战争及其影响 / 891

　　　　战争前国外的社会形势 / 891

　　　　战争前国内的社会形势 / 893

　　　　战争爆发的原因 / 895

　　　　战争的经过与条约的订立 / 897

　　　　中国战败的原因 / 899

　　　　战败的影响 / 899

　　第三节　英法联军之役及其影响 / 901

　　　　战争爆发的远因 / 902

　　　　战争爆发的近因 / 903

　　　　战争经过 / 904

　　　　美俄联军之役 / 905

　　　　战争失败的影响 / 906

　　第四节　中日甲午战争 / 907

　　　　战争的时代背景 / 907

　　　　促成甲午战争的原因 / 908

　　　　战争的经过与《马关条约》/ 909

　　　　战败后果 / 910

　　　　甲午战争的影响 / 912

第三十二章　自强运动失败与革命的爆发 914

　　第一节　太平天国的兴起与灭亡 / 914

　　　　革命发生原因的分析 / 914

　　　　太平天国的极权统治 / 918

　　　　太平天国革命失败的分析 / 923

　　　　太平天国革命的影响 / 925

第二节　天地会的起源与太平天国的关系 / 927

　　　　天地会的起源 / 927

　　　　天地会的组织 / 927

　　　　天地会与太平天国的关系 / 929

第三节　洋务运动的失败与影响 / 931

　　　　促成洋务运动原因的分析 / 932

　　　　洋务运动的内容 / 933

　　　　洋务运动失败的原因 / 933

　　　　洋务运动的影响 / 934

第四节　戊戌政变的经过及其影响 / 935

　　　　维新的时代背景 / 935

　　　　促成维新运动的原因 / 936

　　　　维新运动的内容 / 939

　　　　新政失败的原因 / 941

　　　　新政失败的影响 / 942

　　　　康梁的贡献与影响 / 944

第五节　"庚子拳变"及其影响 / 946

　　　　时代背景 / 946

　　　　排外经过与原因 / 948

　　　　"拳变"经过 / 949

　　　　义和团的影响 / 953

第六节　辛亥革命成功的分析 / 955

　　　　客观方面 / 955

　　　　主观方面 / 957

　　　　辛亥革命成功的原因 / 960

辛亥革命的影响 / 962
第七节　清代衰亡原因的分析 / 963
　　财政困难 / 963
　　列强入侵 / 964
　　太平天国的影响 / 964
　　晚清的衰运 / 965
　　思想上的觉醒 / 966

第一章 汉族及其文化的由来

第一节 民族的定义

所谓民族，狭义而言，是指一群在血统上有同一来源关系的人。严格的以同一血统为构成要素的民族，在现在世界上很少存在。广义的民族说，则以共同文化（包括语言、文字、风俗、习惯等）为标准，不管在血统上有任何不同，只要大家有一种共同的文化，有一种共同的信仰，大家共甘苦、同患难，而且共同认为共甘苦、同患难、休戚与共的关系应当继续维持，也就算是一个民族。前者是单一体，后者是合成体。我国民族包括分子复杂，历史分合演变悠久，充分表明我国民族属于后一类型。至于前一类型，只是我民族形成的因素之一。

民族形成的问题，不止是历史学的范畴，同时也涉及考古学、人类学、语言学、民族学等几门专门科学，其研究实非仅懂得一点历史学的人所能胜任。不过，因为我国上述几种科学尚未发达，对我国上古民族的形成问题也还没有确切不移的结论，所以我们只有根据前人的说法，参以己意，提出初步幼稚的论述。

罗香林先生著《民族与民族研究》一文，提出文教四要素为民族结成的条件，舍此不足以言民族的区分。

一、人种的要素

所谓人种，是指人群身体形质上自然的派别，这种自然派别的构成，实基于两种重要的原素。其一为血统，亦即各人群世代相承，遗传上内在的特征……其二为体质的规准，所谓规准，是指身体上各种形态而言，最要紧的如头形、脸形、鼻形、齿形、口唇之形、毛发之形及皮肤颜色、身材比例等。

二、地理的要素

人类生存的条件，第一为占有物质，又以获取居住地域为先决条件……各不相同的地理环境，大者可以支配人类的体态或规准，形成人种的区分；小者可以影响人类的生活，支配人类一部分由后天条件而形成的思想、感情及行为。

三、语言的要素

语言文字为人类传达意见的工具。人类唯能交换意见，乃能互相了解，同一语言文字的人，其思想较为调和，易生团体的意识或共同的兴趣。语言文字又为连接过去现在的线索，一群人过去有何光荣的史实，有何种悲惨的遭遇，有语言文字以为表现，乃能激发团体的意志或情感。

四、文教的要素

文教是文明和教化的意思。所谓文明，是指人们对于物质的表现，换言之，就是人们创造工具，直接或间接以利用物质的一种表现。所谓教化，是指人们依照他的先天或后天条件所发生的智力和意志的活动或表现，及由此活动或表现而产生的一种势力，这与外文"Culture"一词意思相近。

第二节 汉民族由来的各家说法

我国民族素具独立迈进且风度宽宏之体系，既为中外史家所公认之事实。唯中华民族体系源流与文化之渊源问题曾引起学者多年之争辩，大体言之如下。

外来说

一、巴比伦说或旧西来说

此论在诸说中最为著名，赞成者多，反对者亦多。初法人拉克伯里（Terrien de Lacouperie）著《中国古文明西源论》（*Western Origin of the Early Chinese Civilization*, 1894），以为中国之黄帝即巴比伦巴克族之酋长，率其族东徙而至中国云。

此说出后，风靡一时。日人白河次郎与国府种德合著《支那文明史》亦宗其说，列举中国与巴比伦在学术、文字、政治、信仰、传说之相类者七十条以证明之。中国则有蒋智由氏亦祖述其说，其所著《中国人种考》之结论中有云："设令中国种族，果由巴比伦来，当属迦勒底之阿加逊人种，而非塞米的种。以上古中外隔塞，由农业大定之故。以上古汉人种，先居黄河之南，而后居黄河之北。以战阪泉、涿鹿皆为黄帝与蚩尤之事。"

尚有刘师培著《思祖国篇》、《华夏篇》、《国土原始论》，丁谦著《中国人种从来考》、《〈穆天子传〉地理考证》，章太炎《检论·序种姓》，黄节《种源篇》等，皆附和此说。黄节谓"巴克"即盘古之转音，丁谦亦谓盘古为最初迁来之祖，章太炎谓加尔特亚盖古所谓葛天（见《序种姓》）。

反对者如法人沙畹，从语言学证明各说之误；英人鲍尔（C. J. Ball）亦谓中国与巴比伦文字各自独立；德人夏德氏（F. Hirth）著《中国太古史》亦不赞成此说。我国则有无名氏著《中国民族西来辩》，力攻其不合理，略谓："纪元前二千年间，摩西率以色列族出埃及，至加南，中间历诸难险，垂四十年，仅将得达。彼由埃至加，不出红海滨一隅，平衍无阻之地耳，其难如此。摩西之与那昆德，时地相去，皆属至近，情形应无悬殊；而谓那昆德即率其种族，飞渡此一二万里之地，中历无数峻岭沙碛殊俗异族，安然及身至于中国乎？……我国百字，亦别无他义，唯有属定辞者，有属不定辞者。属定辞者，如个十百千、几百几千之类；属不定辞者，其例尤夥，今亦不必远引,同书之中,如曰'允厘百工',曰'百揆时叙',曰'百僚师师,百工惟时',曰'百志惟熙',曰'百兽率舞',皆举其大数,犹言一切之意,即属于不定辞者,此何有丝毫种族之义存乎其中?"

缪凤林复著同上题名一篇及《中国民族由来论》指斥其误。缪氏谓此说之误有五点:

第一,地理阻碍。

第二,人种不同。巴比伦人属白种人,中国人属黄种人。

第三,年代悬殊。中国人之久远,至少数万年以上;巴比伦则原始住民由外迁入距今仅七八千年。

第四,文物各异。殷墟甲骨、八卦、琴瑟等,皆于巴比伦无征;而巴比伦之楔形文、泥板书、史诗、建筑、美术、星期制等,亦为中国所无。

第五,论证不确。如楔形文即八卦、巴克即百姓,则此拟不伦;萨尔贡即神农、廓特奈亨台即黄帝,则荒谬绝伦。

二、埃及说

此说发生较早,支派亦多。初有德人契且(A. Kireher)于1654年著书论中国人为埃及人之分支,其证据为文字之相类。继之者有法人余厄(Pierre-Daniel Huet),谓中国为埃及之殖民地。得几尼(Joseph De Guignes)亦言中国文化出自埃及。反对此说者有法人得波(Corretius de Pauw),谓埃及人有一种有字母之文字,与中国文字不同。又如法国哲学家伏尔泰,亦谓中国人之面貌、语言、风俗、习惯均与埃及不同。尚有英人威尔金生(G. Wilkinson),根据埃及古墓发现中国瓷瓶,即云可证中国人出自埃及,然经他人证明其瓶系近代之物,故其说亦不能成立。

三、印度说

法人戈比诺(A. de Gobineau)谓中国人之始祖盘古系白种印欧族人,原应由印度来,此说之不经自无待言。戈比诺为原种族不平等说之提倡者,事事皆扬白种而抑他种,其言自然如此。

四、中南半岛说

维格耳(P. Wieger)言中国人出自缅甸,经由八莫,及中国的大理、洞庭湖,西移至中原。此说后自动取消。

五、中亚细亚说

英国鲍尔、美国攀柏里(R. Pumpelly)和威廉士(E. F. Williams)因安诺(Anau)及墨夫(Merv)两地之古址发现,推论人类应发生于中亚细亚,后因其地干燥,乃分二支东西迁移,一支入巴比伦,一支入中国云。又有美国马寿氏(W.D. Mathew)亦言中亚细亚高原应为人类发祥地。

六、新西来说

瑞典之珂罗屈伦(Karlgren)据安特生(J. G. Anderson)在河南、甘肃等地新石器遗址之发现,因谓"至新石器后期,河南文化所及之处,乃受西方文化之影响颇烈。其借以交通者,当为一自然便利之孔道。故于土产单色粗制之陶器外,更输入精美彩陶之术。仰韶村彩色陶器所以少于甘肃者,实由于此。唯此居于甘肃而授河南民族以精制之术者,则恐非中国民族之羌民,而或为由中亚细亚传入。盖欲使吾人认彼等为真正中国民族,实尚缺少种种之特征也"。(详见《甘肃考古记》)然经步达生氏(D. Black)由遗骨证明,甘肃古人民亦为原形中国派,故此说不能成立。

中国本地说

此处所谓"中国本地",系指当今中国范围内的广大区域。

德人李希霍芬(Ferdinand von Richthafen)谓中国人源出于中国新疆。其说系根据《北史》记于阗人"貌不甚胡,颇类华夏",而其西之人或"深目高鼻",或"青眼赤须",盖即白种,因谓中国人即由此发祥。日人鸟居龙藏谓甘肃古有一族,尊上帝,敬祖宗,即为汉人之祖,后乃向东迁移,同化原住民族。

清末民初以来，新、旧石器出土极多，更于民国十九年（1930年）发掘出"北京人"头骨化石。兹就近年发现之资料，据其年代之先后列举如下。

一、北京人之发现

民国十年至二十年（1931年），奥人师丹斯基与国人杨钟健、裴文中于北京西南房山县（今房山区）之周口店灰岩层中陆续发现猿人牙齿与头骨化石，定为四十万年前之猿人，并在同一地区发现古生物化石甚多。

二、山顶洞人之发现

北京人出土后不久，又在周口店石灰岩之上层山顶洞中发现真人骨骼化石七具，在其附近亦发现石器、骨器、蚌蛤之装饰品、鹿角棒等。

三、旧石器时代文化之发现

以上周口店发现之北京人及山顶洞人，皆为旧石器时代的遗存。民国十二年，法人德日进及桑志华两神父，于河套地区发现旧石器时代遗物，包括各种刮磨石器、穿孔用尖锐石器、哺乳类动物化石，并有人类门齿化石一颗，虽未发现人类遗骸，但已断定其间必有人类存在，故称其人类为河套人，其文化为河套文化。

四、新石器时代文化之发现

此期遗物出土更多，可分五项述之：

（一）河南仰韶之发现

民国十年（1921年），地质调查所安特生、师丹斯基（O. Zdansky）等于河南省渑池县仰韶村、不召寨及荥阳县（今荥阳市）秦王寨发掘新石器时代遗址。址为古人类所住村落，遗物有石斧、石凿、石刀、石环、石镞、骨针、骨锥、骨镞、罐形陶器、尖底器、豆形陶器、彩色陶盆、陶钵等。其中彩色及单色之陶器尤多，故此时期文化又称彩陶文化。从遗物中可知，其时已经营原始锄耕农业，并且兼事渔猎。发表《中华远古之文化》（《地质汇报》内）、《河南石器时代之彩色陶器》等报告。

（二）辽宁沙锅屯之发现

民国十年，安特生于奉天省锦西县（今辽宁省葫芦岛市）沙锅屯发掘得新石器时代洞穴遗址一。遗物为石斧、石镞、石环、石纽、石珠、骨针、骨锥、骨镞、陶器（单色者，有鬲、碗、盆、罐破片；彩陶亦为破片），及人骨四十二具之不全骨骼。发表报告名为《奉天锦西县沙锅屯洞穴层》。

（三）甘肃之发现

安特生复于民国十二年（1923年）至十三年（1924年）在甘肃贵德县（今属青海省）等发掘葬地遗址、住地遗址等。遗址分为六个时期，前三者为新石器时代至石铜器过渡时代，后三者为铜器时代。遗物石器甚少，陶鬲在后三期方有之，又有彩陶瓷等。陶器颇多精美，人骨亦有，考其时代约为公元前4000年。出版《甘肃考古记》。

（四）山西西阴村之发现

民国十五年（1926年），李济、袁复礼于山西西阴村发现精美之彩色陶器、石器、骨器、贝器、人兽骨外，又得一似残茧之物。

（五）山东龙山镇之发现

民国十九年发现的龙山镇城子崖及河南安阳后冈，有新石器时代晚期之石器、陶器甚多。陶器中有黑色而亮者，较之仰韶彩陶为进步，称为黑陶文化。

上述各项重大的发现虽未确定中国民族的发祥地，但可证中华民族之体系是有传衍渊源的。

但是，要确切证明中国此说，尚需解决以下诸问题。

第一，上古渔猎时代，人民无定居一地之可能，盖由于天气与生活不安定，引致民族经常大迁徙。"北京人"之发现，固然证明该地曾有人类居住，但并不表示"北京人"发现之地点亦即其民族发源之处，因为此等民族亦有可能在迁徙流动中死葬于此地。

第二，放射性碳定年法是用来测定古物年代的较新科学方法，但据近年考古实验证明，碳–14元素在某一阶段是不准确的，且往往差之毫厘，失之千里，用这种方法来鉴定古物是否可靠尚存疑问。此种方法也有它的局限性，其最大测算年限不出六万年。

第三，近人郑德坤著有《中国民族的起源与构造》一文，指出中国地大民杂，上下几十万年，始终没有闭关自守，禁止外族内移，自史前有人类居住开始，不断有异族掺杂其间，民族相处，未尝不以混化共和为主流。长期的演进，使无数的种族联合融化，由原始野蛮阶段逐步前进到教化昌明、礼义繁隆的境界，故中国民族的统一，有着地理的因素、历史的背景和文化的基础。

换言之，中华民族在世界上，不仅质量方面组成极复杂，且经时间性的融和与扩展。若仅以华夏民族之称谓，绝不能概括中华民族之全貌。梁启超先生则以为中国境内及边区之民族大可别为中华、蒙古、突厥、东胡（通古斯族）、氐羌、蛮越六族。其又以春秋中叶为立论点，剖析当时民族分布形势，约别为八类。

一、诸夏类

以河南、山东两省为根据地，并包括河北、山西、陕西、湖北一部分地区。

二、荆吴类

以湖北及江苏、安徽之一部分为根据地。

三、东夷类

其别为嵎夷、莱夷、岛夷、淮夷、徐戎等。山东濒海半岛及安徽、江苏之淮河流域，皆其势力范围。

四、苗蛮类

苗、黎、蛮、卢、濮等皆属之。湖南、江西、广西、贵州、云南等省为其出没地区。

五、百越类

如东越、瓯越、南越等。浙江、福建、广东等为其势力范围。

六、氐羌类

如巴、庸、蜀、骊戎、阴戎等。四川、甘肃及陕西之一部为其势力范围。

七、群狄类

匈奴之前身,其异名有鬼方、玁狁、猃狁、狄昆等,其种别有赤狄、白狄、长狄等。山西、河北之大部分地区为其居住之所,而延及河南、山东一带。

八、群貊类

东胡族之前身,其异名有山戎、北戎等,辽宁及河北为其势力范围。

梁氏以为,其中二、三、五类之全部,及四、六、八类之大部分,已完全融纳于中华民族。(见《中国历史上民族之研究》)

而近世人类学专家李济博士认为,现代中国人之组成,至少有十个可以区别之元素,即黄帝子孙、匈奴群、羌群、鲜卑群、契丹群、女真群、蒙古群、西藏缅甸语群、掸语群和孟高棉语群。尚有其他如戎、突厥和尼格利陀(矮黑人)。

除尼格利陀对于组成现代中国人的成分有疑问之外,他又将现代中国人组成之基本元素依其重要性分出次序,主要元素(按人种志或语言学为分类)包括黄帝子孙、通古斯、西藏缅甸语群、孟高棉语群和掸语群,次要元素包括匈奴群、蒙古群和"矮民"。

胡耐安先生则认为组合中之中华民族应该属于中华民族的"中国人"。(见《中国民族志》)

综观上述学者的意见,大致可以肯定如下三点:

第一,中华民族的构成甚为复杂。

第二,组成中华民族的分子虽多,唯已趋于融洽之趋势。

第三,中华民族成分的组成,乃以华夏民族为骨干,亦即以汉族为主,然华夏民族由于历代吸收异族成分既多,故今日之华夏民族,已非昔日华夏民族的面目。

第三节　华夏名称的起源

释"华"

在上古，应用仅次于"夏"字者曰"华"，此名当由华山山名而来，其名远在夏名之后，但仍可看出于我民族居留于秦陇华渭之间的时代。章太炎以华命名之义甚好，他说："神灵之胄自西方来，以雍、梁二州为根本。宓牺生成纪，神农产姜水，黄帝宅桥山，是皆雍州之地；高阳起于若水，高辛起于江水，舜居西城，禹生石纽，是皆梁州之地。观其帝王所产，而知民族奥区，斯为根极；雍州之地，东南至于华阴而止，梁州之地、东北至于华阳而止。就华山以定限，名其国土曰华，则缘起如此也。"故华族之名当与章氏所云就华山以名其国土同一性质。

又，"华"字即草木华荣之意。段玉裁曰："木谓之华，艸谓之荣。……引伸为《曲礼》'削瓜为国君华之'之字，又为'光华'、'华夏'字。"此外，又有谓由昆仑得名。拉克伯里谓华夏族系经昆仑东来，昆仑意为"花土"，"华"即"花"字，故称其族为华。

自"华"字名出，遂与"夏"字合为双名曰"华夏"，以表中国。古书例证甚多，不暇备举。始春秋迄战国的近六百年间，我祖宗是以此自称的。

释"夏"

"夏"字在文字的意义上训"大"，此种意义是由西周以下崇拜夏朝伟大的观念引申而来。《书》有"蛮夷猾夏"之语，孔氏《正义》云："夏者，训大也，中国有礼义文章光华之大。定十年《左传》云'裔不谋夏，夷不乱华'，是中国为华夏也。"自训"大"之义行，它的原始意义为后生义所淹没。

此外，又有云夏因夏水得名。章太炎云："质以史书，夏之为名，实因夏水而得。是水或谓之夏，或谓之汉，或谓之漾，或谓之沔，凡皆小别互名。本出武都，至汉中始盛。地在雍、梁之际，因水以为族名。谓犹生姬水者之氏姬，生姜水者之氏姜也。夏本族名，非邦国之号，是故得言诸夏。"

但保留了原义的只有《说文解字》。许慎云："夏，中国之人也。"这已经是发春秋以还众人所未发的新义。他又说明何以夏就是中国的道理："从夂、从頁，从臼。臼，两手；夂，两足也。"如此我们可以悟出夏原是人的象形字，是最古的人类画像。许氏只说到"臼"像两手，"夂"像两足，漏去了"頁"的部分，而"頁"正像人体最重要的头部以及自颈下至胸腹一段。按"頁"字古文写作"𦣻"，小篆写作"頁"，更加"儿"作页，我们现在写"页"作"首"，是合大小篆为一字，保留了古文头上的毛发，而省去了小篆下面的"儿"。若按古文写作"𦣻"，有头有发，或按小篆写作"頁"，不正是一个人自颈至于胸腹的部分吗——上面有头，下面有胸腹，再下面有两只脚，胸腹的左右又有两只手，岂不是百分之百的人的画像？我们把他还到原始状态，在图腾上当作"夏"。小篆比原始的形态走了样，不易了解其原义了。倒是有的隶书写法把两只手摆在胸腹的两边作"夏"，保留了一部分真象。

用人的画像来代替原来的动植物作图腾，自然是人类观念意识上的很大进步，是人类自尊心的发展成果，也是发挥人性尊严的里程碑。原始民族之族名最常者或由图腾信仰，以为其族系出自某种自然物，因拜其物为祖，并取其物之名以名其族。故如美洲印第安种人有狼族、熊族、蛇族等，皆取动物名；即取植物之名者亦不甚少，如玉蜀黍族、马铃薯族、桃族、巨树族、黄树族、绿叶族、烟草族、芦草族等（见摩尔根《古代社会》）。中国之四裔，据《说文注》谓"羌"："西戎羊种也，从羊儿。南方蛮闽，从虫。北方狄，从犬。东方貉，从豸。西方羌，从羊。此异种也。"又以"南蛮，蛇种"、"闽、东南越，蛇种"，此诸族之名皆图腾也。

这一由羊、蛇图腾混合而成的新集团,自以为居住在天下之中心,而自己又是了不起的堂堂正正的人,于是瞧不起四面的邻居,目东方居住的人曰"貉",是豸类;南方居住的曰"蛮",是虫子;西方居住的曰"羌",是羊种;北方居住的曰"狄",是犬种。这是夏民族最早产生的民族自尊心,所谓民族意识便由这种心理发展而成,虽然不免妄自尊大,有浓厚的狭隘倾向,但是史前的祖先哪里会想到这个问题。自夏族之名成立,姜、姬、姒等变为大集团中的一支,中国民族于是正式出现。其年代虽不能确知,但就民族演进及神话传说推断,必早于夏朝之建国,或竟在新石器时代。

第四节　我国历史上的四次民族大融合

从中国历史上的四次民族大融合更可看到,中华民族的组成及其由来,是积渐而来的,民族的组成并非单一而是复杂,以证上述之非谬。

春秋时代

在春秋时代,华夏民族的分布以黄河流域为主,南至长江,北抵长城,东临大海,西迄秦陇。在此区域以内,又有异族星罗棋布,与我族交处而居。异族名目甚多,春秋时代,惯以"戎狄"总名概括一切。

戎狄的来源,因为上古遗留的资料缺乏,又因我国的民族学、人种学向不为人所重视,所以直至今日,依然难以遽下定论。不过根据上古典籍及祖先传说的记载,春秋时代的所有异族莫不与黄帝同出一系。所谓野蛮,所谓落后,只是文明程度的差别,绝无高低歧视之意。

春秋之始,戎在内地与夏族杂居的有七个地区。其一是伊洛地区,以洛阳为中心,扩及今日偃师、伊川、登封诸地,其名称有陆浑、扬拒、泉皋、伊洛、九州之戎、阴戎、戎蛮子等。其二是豫北地区,以太行山麓为中心,伐邢,灭卫,南侵郑,东侵齐,其名曰北戎。其三是济西地区,以今山东曹县为中心，远及于今日河南省濮阳县，此区之戎东侵鲁，北侵曹，史无专名，我们姑且名之曰"济西之戎"。其四是渭洛地区，此戎以渭、洛两河下游的三角洲一带为中心，南犯虢，东侵晋，西战秦，名称有骊戎、犬戎、大荔戎等。其五是晋南地区，此区所居，是姜戎与茅戎，以中条山为根据地，有若干次与晋及东周发生纠葛。其六是晋中地区，以今日交城县为根据地，有大戎、小戎之别。其七是辽西地区，此区所居者名山戎，以今日河北省卢龙、迁安等地为中心，曾建立孤竹、令支等国。

狄在内地与夏族杂居的有五个地区。其一是上党区，此区所住的名曰赤狄，其势力之大、兵力之强，足与齐、楚、秦三大强国并列，一度成为一等强国晋国的很大威胁。其二是齐西区，此狄名为长狄，分为三支，犯宋，犯鲁，犯卫。其三是晋南区，此狄为赤狄的别支，以今日山西省垣曲县皋落乡为根据地，晋国称之曰"东山皋落氏"。其四是西河区，此狄名为白狄，以今日陕西宜川、洛川等县为根据地，时常渡河侵晋。其五是冀中区，此区的狄是白狄的别种，其名称有肥、鼓、鲜虞等，以今日河北省藁城为中心，西至正定及山西省晋阳县一带。

以上十二区戎狄，经过了将近五百年的长期演化，到战国晚年仍保存原名活跃于华夏民族之间的寥寥无几。此种结果的产生，并非由于华夏民族使用武力征服，而是由于文化力量的同化。在我国全部历史上，几次民族大融合都是通过此一方式，即少数文化程度较为落后的民族与文化程度优越的华夏民族接触以后的自然结果。经过长期的潜移默化、杂居通婚，到后来，各区的戎狄便消失于无形之中。

在西周兴起时，与上列戎狄同时或略晚同化于华夏文化者，尚有在长江流域及其以南的两大民族，曰楚，曰越。据《史记·楚世家》云，楚族源出于黄帝。近人对之颇多怀疑，但直至今日，尚无确切证据足以推翻《楚世家》之说。不过，我们祖先对于华夷之分虽甚严，却并非科学的以血统为准，而是就其生活方式（包括衣冠、语言、风俗、习惯等）为划分依据，正是孟子所谓"夷狄而诸夏也，则诸夏之；诸夏而夷狄也，则夷狄之"的精神。若依此标准，纵然楚族真的源出于黄帝，因为其远窜蛮荒，与异族同化，成为异族的代表者，也就视同外族。何况楚国既有不同于夏族的语言，又不惮以蛮夷自居，所以鲁国的季文子曾说："非我族类，其心必异！楚虽大，非吾族也。"可代表华夏民族对他们的看法。

越族分布于浙江、福建、广东，以及江西东部、安徽南部一带，占地甚广。此族在生活习惯上与夏族最大的差异是断发文身。但另一方面，此种习惯又很可能是华夏民族以长蛇为图腾的遗留。并且在其文化另外方面，也有与华夏族生活接近之处。不过，若依地理影响会产生不同文化而言，在越国之北的吴国，号称太伯之后，春秋时尚视之为夷狄，连小孩子都知其"非我族类"，那么僻处闽越与中原夏族形成隔绝、地理位置尤在以南的越族，自然更是夷狄了。

楚、越两大族，都被华夏文化所淹没。楚族消失于秦灭六国之后，越族较迟，但凡在广东以北地区的，其完成华化，总不出西汉末年。

汉与魏晋南北朝时代

两汉立国四百余年，在此期间，既有长城限隔南北，又有汉武帝、卫青、霍去病、赵充国、陈汤、张骞、傅介子、班超、窦宪等一群英雄人物攘却戎狄，故异族虽能侥幸一时，流窜诸夏奥区，杀人掳掠则有之，登堂入室、喧宾夺主者，绝不多见。及至末世，内附匈奴渐强。汉灵帝时，其酋于扶罗助平黄巾，移居于河内。曹操为分散其势力，析其众为五部，使散居于太原周围五地，谓之五部匈奴，于是占地益广，声势益大。西晋初，匈奴降晋者又数十万人，皆移居于塞内，以致并汾之域，遍地胡人。此外，鲜卑以保塞内附者居辽东、辽西，羯族居上党武乡（今山西榆社县），氐、羌诸族杂居于北部上郡、陇西诸郡。

晋惠帝元康元年（公元291年），八王之乱起，前后经过十六年之久，令晋室自顾不暇。又前以晋武帝时收州郡兵权，地方武力单弱，匈奴左部帅刘渊遂乘机背晋，于惠帝永兴元年（公元304年）即大单于位，国号汉。怀帝永嘉五年（公元311年），匈奴陷洛阳，掳怀帝；五年之后，又陷长安，掳愍帝。西晋被迫南渡，元帝即位于建康。南北分裂之局，于焉开始。

永嘉之乱后，晋室南渡，中原士族相率迁徙者多如过江之鲫，如此便增加并扩大了内地人和南方部族（如百越和南蛮）的融合。

二百七十余年间，江北中原历经一夏、二赵、三秦、四燕（北燕虽为汉族，但亦不脱胡族本色）、五凉及魏、周、齐（高欢为胡化之汉人）之相继统治，但诸胡受汉文化所同化，大多提倡儒业，以稽古右文为荣。北魏孝文帝更不遗余力提倡之，自公元494年迁都洛阳后，改姓氏，禁胡服，摒北语，禁归葬，奖通婚，赐群臣改华姓者一百八十姓，其后文教日盛，汉化日深。北朝末年之制度典章，追仿周汉程度，较南朝有过之而无不及。

五代及辽、金、元时代

盛唐之时，异民族臣服或朝贡者计四十八国（族），唐代开国元勋及以后平乱功臣中更不乏异族。其后，西突厥别部有依北庭都护府以居者，以其地有大碛，故称沙陀突厥，与吐蕃战败，归附中国。该部助唐平庞勋，唐赐其酋长朱邪赤心名李国昌，镇大同（后移振武），兵力日盛。黄巢起事，李国昌之子克用出兵平之。克用之子存勖于公元923年灭梁自立，创立历时十三年的沙陀帝国，是为后唐。公元936年，后唐明宗之婿石敬瑭灭后唐自立。十一年后，石敬瑭部将刘知远又取晋而代之。所谓五代五朝，沙陀竟居其三。

自公元884年李克用破黄巢，沙陀族昌盛，到公元951年郭威弑杀隐帝自立，首尾六十八年，黄河以北地区始终为沙陀势力范围。这是大唐立国近二百九十年以后的大混乱。在这一阶段，沙陀部众以胡儿自嫌，力求汉化（如李存勖自称唐后，建国曰唐；刘知远自附于汉后，建国曰汉），我民族之融合程度，又迈进一步。

辽，原名契丹，是早已汉化程度很深的东胡鲜卑之别支，发祥于辽河上游，公元938年由于石敬瑭割让燕云十六州而成为华北汉人之统治者。其初，耶律阿保机利用汉人韩延徽、韩知古等收容汉人，建立汉城，扩大国家组织；割得十六州后，因保持其本族之特性，态度转趋谨慎，一面接受汉化，一面加以限制（如番汉分治之二元政策，及行考试制度严禁辽人参加等）。自公元938年起，这样的二重政策维持了六十六年之久。直至1004年（宋真宗景德元年）澶渊之盟后，辽降低了对宋的敌对心理，才听任辽人自便选择。这样一来，辽便自撤藩篱，到一百二十一年后（1125年）国亡时，由于长期文化合流，辽人已大部华化了。

金人之先世出靺鞨氏，五代时分为两支。熟女真降于契丹。生女真居黑龙江一带，于宋徽宗政和四年（1114年）起兵，次年称帝，国号金；1125年灭辽，公元1127年（靖康二年）灭北宋。柳诒徵云：“石晋文物入于辽，辽亡而金受之。……北宋文物萃于汴，汴破而金得之。……金所得者，兼有辽、宋南北两方之积。……承受之丰，自必影响于民族。”（《中国文化史》第二编第二十章《辽金夏之文化》）故《金史·文艺传序》云："一代制作能自树立唐、宋之间，有非辽世所及，以文而不以武也。"赵翼《廿二史札记》也有条目称"金代文物远胜辽、元"。自完颜亮迁燕，宣宗迁汴，以至国亡（公元1234年），内地金人已基本汉化，除剃头辫发外，其他已全部规抚汉俗。

前述沙陀种之后唐、后晋、后汉，鲜卑种之辽，女真种之金，或于崛起以前早已汉化，或于兴起以后以华族为唯一师表，故其同化也速，收效也巨。在此阶段中，唯元为例外。元于统一中国之前，已吸收印度、大食及欧洲文化，又保持高度游牧生活方式，仍置根据地于蒙古草原，同化不易，与辽、金比较，汉化较缓。也正因为如此，其政教根底极为浅薄，明兵一入北京，顺帝北走，震烁千古、横跨欧亚两洲的大帝国便立时烟销灰灭。

清朝

清为女真之一支，未入关前，已有汉化基础。建国初期，为维持本族统治地位，对汉化趋向采取可能步骤予以干涉防范。然以服官及其营旗分防关系，生活衣冠习俗之同化，实假于不知不觉间完成，禁令干涉无能为力。

第二章 西周的封建统治及其兴衰

第一节 封建制度及其起源

封建的定义

"封建"一词,大概可以解释为在强制劳动的经济基础上发展到氏族社会的胜利民族,对被征服的土地和人口施行的一种统治形式。故大体言之,封建国家乃基于种族条件而产生。最初的统治形式,多采取征服者内部有力的战斗集团分配土地治理的办法——这些土地后来即成为其领土,领土内的住居者便成为领民。另一方面,征服的种族又多在氏族的高阶段里,尚保留着氏族制度的特殊组织,这些组织发展起来,又形成层次的隶属关系。

然而,所谓"封建"之"封"者,初不过封土植树以明土地疆界之意云尔。金文"封"作"𡉚"或作"𡘄",由此转为"封"、"邦",古"封"、"邦"实为一字。就所谓封建制度在政治经济上之意义言,其要点有二。

第一,领有此封界之领主,非但有政治上的直接统治权,且兼有土地分配处分权。盖如周代之封建,当时土地虽仍为公社共有,然公社上有国家,则土地亦为国有。周天子秉国之钧,以土地封给诸侯,诸侯遂有支配土地之权，于是政治与经济权结合为一。

第二，耕作于此封界内之农民，皆属领主之臣仆，因而成为土地之附属品，不能离开其所耕作之土地。故领主可以任意役使农民，亦可以加重贡赋。

我们从《说文解字》看看"封"字之解释，其谓"爵诸侯之土也，从之从土从寸"，可以说一点也没错。"之"古文为"㞢"，《说文》云："出也，像艸过屮，枝茎益大，有所之。一者，地也。"简言之，便是有植物一株从地上生长之义。"土"者，地也；"寸"者，《汉书·律历志》云："寸者，忖也，有法度可忖也。凡法度字皆从寸。"合起来说，"封"便是起土为界，于其上以树木为蔽固之意，这个意思正如《周礼》云大司徒之职："凡造都鄙，制其地域，而封沟之。"注云："封，起土界也。土在沟上谓之封，封上树木以为固也。"而"建"之解释是"立也"，《周礼·天官》曰"惟王建国"，《国策·秦策》曰"然后可建大功"，《尚书大传》曰"九十杖而朝，见君建杖"（注曰："建，树也"），所以"建"即以物直立而置之。至于"封建"之解释，就是王者以爵土分封诸侯，而使之建国于封定的地区，谓之封建。史称黄帝画野分州，得百里之国万区，为我国封建之传说。然封建实始于西周。周定五等之爵，制度于是大备，《左传·昭公二十六年》记："武王克殷，成王靖四方，康王息民，并建母弟，以蕃屏周。"

此外，封建更具有阶级之明显划分。每一封君，要对上级称臣，并履行若干方面的义务；但对他们自己的封土而言，他便是经济上的地主，政治上的世袭统治者，在他的封土内拥有最高的权力，内政几乎完全独立。这几个条件，造成了若干阶级，王室和封君以下，尚有一个没有封土的士。这些阶级，可统称之曰贵族。贵族以下是平民阶级，他们一方面是贵族政权下之被统治者，一方面又是附属于贵族土地的农奴或佃户。此外，贵族又拥有较平民地位犹低的奴隶。在中国历史上，只有周代社会有这样层次分明的阶级划分。而关于周代封建下所形成的阶级问题，有六级说（天子、诸侯、卿大夫、士、庶人、奴隶）及四层说（第一层为天子、诸侯，第二层为卿大夫、士,第三层为庶人,第四层为奴隶)。然而西周之封建下实构成三大支柱:一是社会的统治中心——王室、公室、氏室;二是社会中坚分子——士;三是社会基层人物——庶人。

而且,封建又是建筑在血统之上的。在封建的社会下,例如父与子的关系、兄与弟的关系,都是血统关系;天子以次的分封,便建于这关系之上。天子死,其嫡长子即承继其权力,而为次代的天子;次代的天子死,其自己的嫡长子复承继其权力,而为再次代的天子;如此传下去。这是一事。天子的嫡次子若被封为诸侯,则此诸侯死后,其嫡长子亦复承继其权力而为次代的诸侯,如此一路传下去。而诸侯的嫡次子(别子)若被封为大夫,则情形如上,当然又是嫡长子(大宗)承继其权力。若别子的嫡次子被封为士,及其死后,其嫡长子则承继其权力而为次代的士,称为"小宗",所谓"继祢者为小宗"是也。小宗死后,其嫡长子继承其权力而为再次代的小宗。如此以嫡长子及血统来做"世袭"关系,来明订严分阶级,所以封建又解释为建筑在血缘上的政治。

由上述看来,天子、诸侯、大夫、士的封建关系,完全建在父子兄弟的血统关系上。

封建制度的起源

近代学者对于封建制之起源说法不一,但大多数都主张封建社会始于西周,兹述如下。

中国历史上,夏代是氏族制向奴隶制转进的时期,商代是奴隶制时期。夏、商本都是许多原始部落中较进步的部落,他们起初只是以一个都邑为范围,后来才逐渐兼并邻近的部落,使为其统治。他们的本族人成为贵族,被征服者和移居者成为平民,而俘虏和罪犯则成为奴隶,于是形成了一般古代性的阶层(贵族、平民及奴隶),奴隶社会就此出现。

除夏、商外,其他地区自然还可以有奴隶国家的存在,如当时比较大的"国"、"邑",恐怕就是些奴隶所有者家长所统治的国家或部落。但是,奴隶制度并不十分普及，许多小的"国"、"邑"，如所谓"万国"、"三千诸侯"、"八百诸侯"之类，多半还是些原始部落或氏族而已，那些较弱的奴隶国家和较远的氏族部落，自然也都可以受夏、商的控制，成为他们的朝贡者。

商代后期以来，因生产的进步，国家规模日益完备扩大，许多氏族部落包入所谓"王畿"之内，于是赋税和贡纳的收入比例渐增，奴隶剥削的重要性已见降落。同时，因商代奴隶主的奢侈腐化，对外族的战斗渐见不利，俘虏奴隶的来源受到限制，于是奴隶制不能维持下去，不得不向封建制转化。大概商代末期，封建制已开始萌芽。

周国本是西面一个弱小的部落，太王时代，生产力渐高，迁居岐山下的周原，得到较好的环境，日渐强大起来，征服邻近诸部落，进入奴隶制，终于灭了商国，成为中原的共主。周人控制黄河流域以后，用殖民方法，分封同姓和亲戚到各要地，利用各地原来的氏族部落建立国家，这些国家都是建筑在赋税和贡纳的剥削关系之上。早熟的封建制度因此完成，自周天子、诸侯到士，都变成了封建贵族。

对于西周为中国封建时代的正面证据，可考之例略举如下，见其一斑。

《左传·宣公十五年》载："初税亩，非礼也。谷出不过藉，以丰财也。"《公羊传》载："税亩者何？履亩而税也。……古者什一而藉。"《穀梁传》载："初税亩者，非公之去公田而履亩十取一也。"

《左传·桓公二年》载："天子建国，诸侯立家，卿置侧室，大夫有贰宗，士有隶子弟，庶人工商，各有分亲，皆有等衰。"

《左传·哀公二年》载："克敌者，上大夫受县，下大夫受郡，士田十万，庶人、工商遂（得仕进），人臣、隶圉免。"

除此以外，唐代柳宗元曾撰写《封建论》一文，对封建的起源颇有独特的分析。他说："封建非圣人之意，势也。"以为人类在新石器时代开始有氏族社会生活，此后诸氏族各占一定土地，于是始有部落；其后各部落争夺土地，互相仇视，积不相容，乃各推举有德望才智、足以安内攘外的人做首领，于是始有部落酋长；部落与部落之间，有时须联合同群对付敌人，或时须解决争端而断曲直，乃在尊长之中，推举更有德望的首领，于是始有集团的盟主或共主。共主与酋长本皆出于推举，酋长与盟主之子弟，因耳濡目染之便，对于施政、设教、安民、祀神、用兵、掌刑各事，既得参与而熟练，往往较易被推为酋长或盟主的继承人；久之，酋长的子孙遂得借其优越地位造成巩固的世袭制度。由此可见，这种封建的统治形式，实在是一种形势所造成。

第二节 封建宗法与西欧的比较

封建与宗法的关系

次论封建与宗法究竟有何种关系。事实上，"封建"与"宗法"为相因而生、相辅而行的制度。兹分析如下。

周代诸侯为王室贵族，一面以封土领主之资格统治公社农民，一面以奴隶主之资格支配奴隶阶层。周天子秉国之钧，以土地封给诸侯，诸侯遂有支配土地之权，于是政治与经济结合为一。而耕作于此封界内之农民，皆为领主之臣仆，因此成为土地之附属品，不能离去其所耕作之土地。但领主与其领民在封建制下，皆有互尽义务的责任，因此必须有一制度以维系他们的关系，而宗法制在当时是最好不过了。因此，宗法制起初尚能维系领主及其领民关系，而使封建制得以广大推行。

氏族部落的社会无所谓"家"制，凡同一血系所出的，在同一氏族团体中，除有职务上之地位分别外，其他身份地位皆平等。然初等世袭方法尚为兄终弟及，无传子之制，故初时宗法之制尚未确立。统治权变为父子相承后，便有嫡庶、长幼、贵贱之别，于是渐有宗法，部落团体因而演变成一个完整的家族。基于宗法制是世袭的，因此，若一诸侯有数子，其子复有数子，世世递衍，其大小群宗之数，自然多至不可胜数。然彼诸侯实为一群宗之共宗，天子又为群侯及群侯国内各宗之所共宗，因此，形成一个完整的家族及国家体制，颇有利于封建制之推行。

封建制度虽由部落拥戴共主之制所转化，然其完成实在武王灭殷以后。武王克商后，乃借"兴灭国，继绝世"之名义，封建诸侯，以杀其势，势力始自上达下，中央与地方之关系，转眼间已尽倒易，而封建制度始得完成。但为了增强天子之权力及减少诸侯篡弑的可能，必须推行一个确定的承继法，于是统治权变为父子承继之特权，便有嫡庶、长幼之别，演成日后之世袭。

宗法与封建之关联在西周、东周时已甚显露。《毛诗》中说"君之宗之"，可见凡为政治首领的人君或诸侯，下至大夫，都是宗法首领的大宗或小宗的宗主，而君统与宗统是完全相符的。兹列表于下：

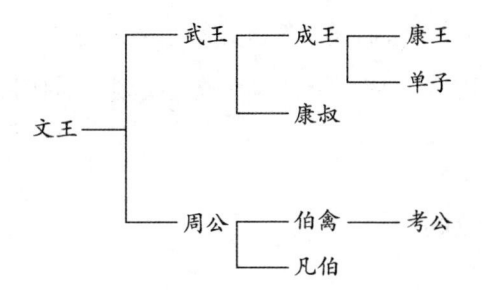

```
                ┌ 武王 ─┬ 成王 ─┬ 康王
                │       │       └ 单子
                │       └ 康叔
文王 ───────────┤
                │
                └ 周公 ─┬ 伯禽 ── 考公
                        └ 凡伯
```

在上表所示，文王、武王、成王、康王都是天子，并且是姬姓大宗的宗主。周公、康叔、单子都是诸侯，地位低于天子，他们同时是姬姓分出来的小宗的宗主。周公的诸侯地位和他的宗主地位，陆续传给历代的诸侯。商代是否有封建，现在史料无征，不过周人确实是宗统和君统相连，换言之，封建只是宗法的扩充和更具政治化而已。

宗法制度之推行，其作用除使政治与宗族组织合而为一，亦即使诸侯、大夫共同推戴天子、巩固王室之威信以外，其在封建之意义上，加上立长立嫡制度的确定，兄弟骨肉间便不至于因土地及权位之继承问题发生争执，从而可以稳定社会秩序。兹列表以明之：

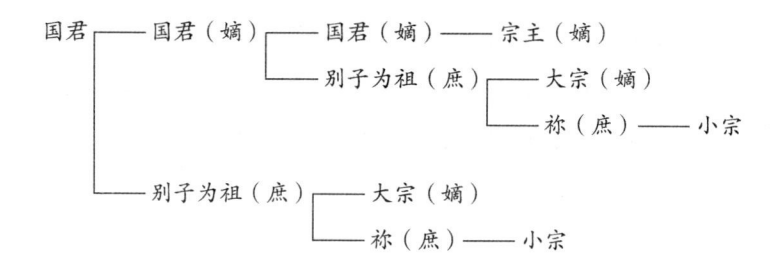

```
国君 ─┬─ 国君（嫡）─┬─ 国君（嫡）──── 宗主（嫡）
      │              └─ 别子为祖（庶）─┬─ 大宗（嫡）
      │                                 └─ 祢（庶）── 小宗
      └─ 别子为祖（庶）─┬─ 大宗（嫡）
                        └─ 祢（庶）── 小宗
```

宗法制度实施以后，周王为"天下"之大宗，当受天下之拥戴；诸侯为一国（国邦）之大宗，当受举国之拥戴；大夫为一家（家族）之大宗，当受全家之拥戴。准此以言，实施宗法制度，即加强封建之统治，宗法制在那时已与政治合一。我们引王国维之一段话，可见一斑："商人无嫡庶之制，故不能有宗法。藉曰有之，不过合一族之人奉其族之贵且贤者而宗之；其所宗之人，固非一定而不可易，如周之大宗、小宗也。周人嫡庶之制，本为天子诸侯继统法而设，复以此制通之大夫以下，则不为君统而为宗统，于是宗法生焉。"从君统转为宗统，实则与加强封建之统治有莫大关系。

中欧封建制度的比较

中国封建的意义、起源及特色已见前述，故不必在此多说，至于欧洲的封建社会又是怎样呢？我们可引一些欧洲学者之话作一概念。

法国经济史家赛昂里（Henri Seé）的学说，立论于王权分裂与蛮族侵凌之上。他论到法国封建制度时曾说："法国这一段历史的特点，便是王权分裂。这分裂是由于罗马帝国崩溃而生的变动，由于蛮族的侵凌，由于墨洛凡及加洛伦诸王所不能制止的扰乱，国家既无权柄，社会上只有人与人的关系了。军事的服务，以土地来酬庸，便使地产完全割碎了。臣奴的投靠，造成附庸的关系，而采邑便是附庸与酬庸二者连合而成的。"

另外，波格丹诺夫氏（Bogdanov）在他的《经济学大纲》里说："关于封建制度的起源，人们常常拿一种族征服他种族的结果来说明。在某种立场确是真理。封建领主是征服者,从属人民是被征服者,所以在这种条件下,很容易发生明确有别的两种阶层,那是很明白的。但是要在被征服国内确立起封建制度,第一须在征服者国内已有封建制度存在,事实常常是如此的。"例子繁多,兹不列举。

若就我国西周、春秋时代的封建制度与日耳曼欧洲的封建制度来比较,西周、春秋的封建制确是较早创的。它们的不同表现有下列几方面。

第一,统治者贵族原来的身份不同。日耳曼封建制度中的贵族,除国王直接由部落酋长变成外,其他的贵族多由国王的廷臣或侍从变成,他们的高贵身份是封建所赐予的。周代的贵族,从天子到士为止,都是宗法家长变成,他们的高贵身份是氏族所赐予的。换言之,日耳曼的贵族是封建贵族,而周代的贵族是氏族贵族转化的封建贵族。所以,由统治者的原有身份来看,周代封建制度的氏族色彩比日耳曼的浓厚。

第二,被统治者农民的法律身份不同。日耳曼封建制度正式建立后,农民的法律身份是奴隶,即所谓"农奴",他们是被束缚于土地之上,随土地而被买卖的。周代农民的法律身份是自由人,他们可以自由迁徙,封建主不能买卖他们。在周代,封建主如果待农民好,则"四方之民襁负其子而至";封建主如果待农民不好,则"民将流亡",甚至高呼"逝将去女,适彼乐土"。在事实上,虽然"平民"和"土地"一样被"人"所"由",但在理论上,"民"是"神之主","圣王"是应该"先成民而后致力于神"的。在事实上,虽然"民参(通"三")其力,二入于公,而衣食其一",但在理论上,人民只应该供给"什一之税",此外就是"暴敛苛征"。所以,由被统治者的身份来看,周代封建制度的公社色彩也比日耳曼的浓厚(周代的农民,只在经济上有农奴的意义,他们可被称为广义的农奴)。

第三,奴隶制残余成分的轻重不同。日耳曼的领主制封建社会,只在初期有奴隶制的残余形态,一入全盛时期,大体来讲,奴隶制已消灭了。而在周代,则奴隶制的残余形态还很严重,直到领主封建制的末期(春秋之末)依旧未变。此后,奴隶形态还有微弱的新发展,直到唐代中期以后,真正的奴隶残余才告完结。所以，由前一时代的残余形态的轻重看来，周代的封建制度也比日耳曼的幼稚。

第三节　周代推行二次封建的原因及经过

周行封建的原因

周代推行封建制度之始，如前所述，实是形势所迫成，我们可引柳宗元之一段《封建论》："封建，非圣人意也。彼其初与万物皆生，草木榛榛，鹿豕狉狉，人不能搏噬，而且无毛羽，莫克自奉自卫。荀卿有言：'必将假物以为用者也。'夫假物者必争，争而不已，必就其能断曲直者而听命焉。其智而明者，所伏必众，告之以直而不改，必痛之而后畏，由是君长刑政生焉。故近者聚而为群，群之分，其争必大，大而后有兵有德。又有大者，众群之长又就而听命焉，以安其属。于是有诸侯之列，则其争又有大者焉。德又大者，诸侯之列又就而听命焉，以安其封。于是有方伯、连帅之类，则其争又有大者焉。德又大者，方伯、连帅之类又就而听命焉，以安其人，然后天下会于一。是故有里胥而后有县大夫，有县大夫而后有诸侯，有诸侯而后有方伯、连帅，有方伯、连帅而后有天子。自天子至于里胥，其德在人者，死，必求其嗣而奉之。故封建非圣人意也，势也。"

然而，以上只是周初由部落民族转为家族之最雏形封建的趋势。周武灭商后，他为着稳固自己的王位及扩大军事占领而推行封建；到了后期，其推行封建之目的便转为更主观。

周本来是一个偏处西方的小国，几十年工夫，居然把一个强大的、文化较高的商国灭掉。商代之灭亡，是由于暴虐无道与贵族的腐化奢侈。而周代之仁政，亦即周初所行之领主制度，实在比商代之腐化制度好得多，所以周能灭商。周灭商后产生的问题，是怎样去治理这偌大国家。加上当时生产技术低下，交通事业不发达，在人口众多及广阔的殷国土地上，去统治殷贵族在政治经济上的潜势力，及那些一向依附殷国的小邦，足使周人产生统治疑难。于是，周朝便采取怀柔、监视的办法：对其他小邦、小国，归附自己的便封它做诸侯，不归附自己的便使用武力压迫他们臣服，而另封自己的宗室和功臣做诸侯，就近管理和监视它们。这便是周代建国后推行封建的原因，如封同姓宗室蔡叔、管叔、霍叔于其地之附近。

周在未灭商之前，是商朝诸侯之一（我们可从卜辞中有"令周侯"的记录上看出），所以周之势力并不十分强大。而当周灭商时，由于当时商之王室腐化，无形中对于以后之天子的地位有所影响。所以当周武王灭商国后，便首先确立"普天之下，莫非王土，率土之滨，莫非王臣"的原则，然后实行封建，以土地分封诸侯，借以加强天子对诸侯的统属关系，建立国家统一的体系，稳固天子的地位，加强统治。

周初之封建，实是将领土扩大，作为周室版图之扩充，所以每次封建都把封建范围不断扩展。进行封建，一方面可以统治旧地原有诸侯，另一方面又可以把同姓诸侯分封往新扩占的领土，所以周初推行封建之原因正如宾四师谓："西周的封建，乃是一种侵略性的武装移民，与军事占领。""盖封建即是周人之一种建国工作，不断向东方各要点武装移民，武装垦殖，而周代的国家亦不断扩大与充实。"

周武王灭商后，周仍是一个四分五裂的部落，但当时归附商的诸侯却不少，若实行一专制之统治，未必会得到当时邦国及人民拥戴。故周立国后，便以"兴灭国，继绝世"为口号来收买人心，封古代帝王之后裔（如封黄帝之后于蓟、尧之后于祝、舜之后于陈、禹之后于杞）；其他旧有国家或部族，也照原地分封，借以加强王权统治。

周武灭商之前，所谓诸侯或群侯，皆按各部落之原状，共主不过出而统辖维系而已，非谓于原有部落之外共主得轻易增损也。自武王克商，鉴于当时诸侯之众，而又各据要津，后世必为共主之患，乃分封土地于当时有功的诸侯；加上当时周之所以能克商亦曾借他们的力量，故推行封建制对周是相当有利的——一方面可宜于后来之统治，另一方面又可屏藩周室。因此，周代便实行封建（如武王封召公奭于燕，为北面屏藩；封太公望于齐及周公旦于鲁，为东面屏藩等）。

周武王灭殷以后，未及下车，即封黄帝之后于蓟，又封舜之后于陈；下车后，复封夏后氏之后于杞，封殷商之后于宋，皆借"兴灭国，继绝世"之美名，以示群侯须由王室册封之意。及国基稳固，群侯帖服，乃乘机封兄弟之国十有五，同姓之国四十，异姓功臣之国十有余，使错居于各旧有诸侯之间，成互相牵掣之势，无形中稳固了周室的统治权。故周行封建是颇具深远周到之目的的。

周室推行二次封建的经过

周的封建是经过前后两次的，原因如下。

自武王灭商，殷都的陷落和商朝的覆亡，只是周人东向发展的初步成功，商朝旧诸侯的土地并不因此便为周人所有，而且许多旧诸侯并不因此而承认武王为新的宗主。此后历武王、成王、康王之世，不断地把兄弟、子侄、姻戚、功臣分封于外，建立新国。这些新国大抵是取旧有的诸侯而代之，也许有的是开辟未开垦的土地，每一个封国的建立，便是周人的一次向外移殖，和周人封建势力的扩张。但当初周武王攻陷殷都以后，并没有占据殷王畿，而是把纣子武庚、禄父封在那里统治商遗民，派自己的两个兄弟管叔和蔡叔去协助并监视他们。这并不是武王仁慈宽大，实际上，这一区域是民族意识特别深的"殷顽民"的植根地，而且在当时交通不便的情形下，离周人"本部"丰岐一带很远，是周人所不易统治的。故此乐得做个人情。

但这却为后来种下了一场大变。武王克殷后两年而死，嗣子成王年幼，王叔周公旦以开国功臣的资格摄政。管、蔡二叔心怀不平，散布流言，说"周公将不利于孺子"，并鼓动武庚、禄父联结旧诸侯国奄（今山东曲阜一带）和淮水下游的淮夷背叛周室。周公东征三年后，才把这场大乱平定。

于是周公以成王命，把殷旧都及畿辅之地封给文王的少子康叔，国号卫；把商丘一带及一部分殷遗民封给纣的庶兄微子启，以存殷祀，国号宋；把奄国旧地封给周公子伯禽，国号鲁；又封功臣太公望（姜姓）的儿子于鲁之北，国号齐；封功臣召公奭（周同姓）的儿子于燕。如此，周人的势力才达到他们的"远东"。

就周人封建向外发展的步骤而论，周公的东征比武王克殷更重要。武王克殷后，曾在丰邑以东不远另造新都，曰镐京，迁居之，是为宗周。"远东"戡定后，在周人的新版图里，丰、镐未免太偏处于西，为加强周人在东方的控制力，周公在洛阳地方建筑了一个宏伟的东都，称为成周。成周既成，周公把大部分"殷顽民"远迁到那里，以为周人在东方之势力可以高枕无忧了，不料未来的大患却在西方。统计武王、成王两世，共封立了七十多个新国，其中与周同姓的有五十多国；但这七十余国而外，在当时的黄河下游和大江以南，旧有国族之归附周朝或为周朝势力所不能达的，大大小小，还不知凡几。在这区域内，周朝新建的和旧有的国家，可考的约一百三十多个。

兹于现在可考的周初新建国中，除上述已提到的宋、卫、鲁、齐、燕外，择其可以表示周人封建势力分布的十八国列表如下：

国　名	姓	始祖与周之关系	国都（今所在）
晋	姬	武王子叔虞	山西太原北
霍	姬	文王子叔处	山西霍州
邢	姬	周公子	河北邢台
芮	姬		陕西大荔县
贾	姬		陕西蒲城县
西虢	姬	文王子虢叔	陕西宝鸡
滕	姬	文王子叔绣	山东滕州
郕	姬	文王子叔武	山东宁阳县

续表

国　名	姓	始祖与周之关系	国都（今所在）
郕	姬	文王子	山东成武县
曹	姬	文王子叔振铎	山东定陶县
东虢	姬	文王弟虢仲	河南荥阳
蔡	姬	文王子叔度	河南上蔡县
祭	姬	周公子	河南郑州东北
息	姬		河南息县
申	姜		河南南阳北
蒋	姬	周公子	河南固始县东北
随	姬		湖北随州
聃	姬	文王子季载	湖北荆门东南

综合周人推行封建之路线来说，大概周人势力是逐步东侵、分为两线的：第一，由丰、镐向东南，经营汉水上游，渐及淮域，此文王已开其基；第二，由丰、镐向东北，经营河洛，及于殷商，则为武王之新猷。

周初封建，即为以上两线展扩之初步成绩。此外，周代封建国力之移动，大势亦分两道：第一，由陕西出潼关向河洛而达东都，经营黄河下游，此武王伐殷、周公东征之一线；第二，由陕西出武关，向江汉，经营南阳、南郡一带，以及淮域，此文化行南国之一线。

第四节　西周封建的内容与崩溃原因

西周封建的内容与组织

西周推行封建之动机概如上述，兹就其规划体制讲述如下，可见订制者政治头脑的精密。

一、政治规制方面

（一）封地

公、侯百里，伯七十里，子、男五十里，封地不足五十里者曰附庸。此外有所谓九服之制，王畿以外，每五百里依次为别，定为侯、甸、男、采、卫、蛮、夷、镇、藩九服。大抵前四服是诸侯的封地，卫是诸侯的附庸，而后四种是封建所不及的边地。

（二）爵位

诸侯国爵位，分公、侯、伯、子、男五等。又，公、侯之国属大国，伯国属次国，子、男之国属小国。

（三）军制

天子六军，诸侯大国三军，次国二军，小国一军。每军据《周官》所载，有两万两千五百人。

（四）命卿

大国三卿，由天子任命；次国三卿，二卿由天子任命；小国二卿，一卿由天子任命。

（五）纳贡

诸侯须向天子纳贡。

（六）朝觐

规定诸侯三年朝觐天子一次（春见曰朝，秋见曰觐）。如一次不朝，贬爵；两次不朝，削地；三次不朝，便加讨伐。

（七）巡狩

天子有时到诸侯国视察，叫作巡狩。

二、社会组织方面

周代社会与封建制度有非常密切的关系。关于周代社会的层次问题，有六级说及四层说（详见本章第一节）。若从经济的角度看，可分为"生之者"与"食之者"。

天子、诸侯、大夫、士可列为一级，统称贵族，就其经济利益的关系，为食之者。庶人、工、商、奴隶可列为另一级，统称庶人，就其经济利益的关系，为生之者。这里，所谓"食之者"与"生之者"是对立的，正如孟子所谓"劳心者"与"劳力者"相对立一样。孟子之言曰："或劳心，或劳力。劳心者治人，劳力者治于人。治于人者食人，治人者食于人。"(《孟子·滕文公上》)又食之者与生之者的对立，亦可以与君子、小人的对立相发明。贵族中的任何一"级"，似乎都可以用君子代表；庶人中的任何一"种"，似乎都可以用小人代表。君子、小人（食之者、生之者）之对立情形，大抵为：

（一）君子务治，而小人务力。（《国语·鲁语》）

（二）君子勤礼，小人尽力。（《左传·成公十三年》）

（三）君子劳心，小人劳力。（《左传·襄公九年》）

（四）君子尚能而让其下，小人力农以事其上。（《左传·襄公十三年》）

然而，周代社会毕竟是由下列三大支柱构成的，即社会的统治中心（王室、公室、氏室）、社会的中坚分子（士）和社会的基干人物（庶人），现在，我们再将统治中心三等支柱分析如下。

（一）社会的统治中心——王室、公室、氏室

第一，有领地权。王室（周天子）直辖的土地——以镐京和洛邑为中心的王畿之地，各约一千方里，而将其他土地分封给诸侯。公室（诸侯）领地大小不一，大致来说，公、侯百里，伯七十里，子、男五十里。诸侯也和天子一样，将其他的土地封给大夫。氏室（大夫）的土地因受自国君，故国君名义上是这些土地的主人；但大夫可自由把食邑分一部给庶子，也可将土地配给庶民去耕种。

第二，有统军权。据传周朝兵制，王室有六军，诸侯大国三军、次国二军、小国一军。大夫亦有强大武力。列国大夫在国君朝廷辅政为卿，卿平时佐理国政，战时统军征战，故说卿大夫也有统军权。

第三，有行政权。周代的政府组织，据后人传述，王室重要的官吏有冢宰（掌全国行政）、司徒（掌赋税徭役）、宗伯（掌礼乐教化）、司马（掌

军政)、司寇(掌司法)、司空(掌工务)等。诸侯有三卿——司徒、司马、司寇,其职掌和王室相似。氏室下属有邑宰、冢宰、司马、祝、史官等。

第四,有征税权。天子向诸侯征收贡赋,诸侯向大夫征收贡赋,大夫向庶人征收贡赋。

第五,有世袭权。周王是天下的宗主,诸侯是一国的大宗,大夫是一家的大宗。

(二)社会的中坚分子——士

士,其初是指执干戈、佩弓矢、穿甲胄,为贵族所禄养的一班专门打仗的人,也是战场上的战斗主力,亦即"武士"。

士须受特殊训练,其责任重于生命,且能知危不避,充分表现崇高的人格。不过到了春秋以后,贵族没落,知识流入民间,于是士人学者兴,而此时的士,已由"武士"而变成"文士",无形中成了社会的中坚分子。

士是贵族所豢养的人物,故有人称为贵族阶级。他们没有封邑,只有食田,不过食田是不能世袭的。

(三)社会的基干人物——庶人

庶人是当时社会上所谓"小人",是整个社会中数量最大的一个集团。根据"庶人力于农穑"可见,庶人是指大部分的农民而言。

庶人在社会上的地位是自由的、独立的,他们有自耕的田土,有独立的家庭,此外还有财产所有权。

庶人包括"奴婢"在内。正如前述,庶人、工、商、皂隶,可列为另一级,称曰"庶人";就其经济利益看,为生产者。而庶人是从事于耕种的农奴,工是从事于制作的工人,商是从事于交换的商人,皂隶是私家所蓄的奴隶。

三、礼乐生活方面

(一)制礼法

封建制度是天子控制诸侯的好办法,但强力压制是不能维持久远的,于是周公便拿祭祀那"爱万物,敬祖先"的观念做出发点,而定下各种"定尊卑,别贵贱"的礼法来,周公所定的礼制最重要有下列几种:

第一，十伦，即君臣之义、父子之伦、贵贱之等、亲疏之杀、爵赏之施、夫妇之别、政事之均、长幼之序、上下之际、鬼神之道。不论伦理与名分，皆有规定，不容违越。

第二，五礼，即吉（祭祀之礼）、凶（丧葬之礼）、军（行军之礼）、宾（相见之礼）、嘉（婚冠之礼）。这样，便使得社会公私生活无一不受礼法所节制。

（二）定乐章

周公更定立各种乐器及乐曲，是想利用音乐的潜力，配合礼法的功用，使人在雍睦和谐的气氛下，自然趋于至善。社会的秩序便可无形中建立起来，而人类便过着一种崇高的文化生活了。此外，于封建制推行的同时，又行宗法制。

宗法乃一种家族之组织及继承法。周初，为避免兄弟相争，采用嫡长子继承法，凡元配所生之子为嫡，其余为庶，所谓"立子以贵为长，立嫡以长不以贤"。周天子乃同姓诸侯之宗主。国君爵禄，规定由嫡长子继承；庶子另予土地，称作别子。别子的嫡子为大宗，别子的庶子为小宗。由小宗推至大宗，由大宗推至国君，更上推至天子，层层相属，整个社会便可利用宗法制度作紧密的联系。宗法制度使宗教与政治合一，亦即使诸侯、大夫共同拥戴天子，巩固王室之威信；又宗法制度之推行，亦使政治与宗教信仰合成一体，规定"宗子"始能祭祀天地及始祖。

四、土地划分方面

周代所行之土地分配办法，据说是井田制度，但是否真能做到"八家皆私百亩，同养公田"的机械分配办法，则仍为一个疑问。兹据当时之说法而略论其内容。

计口授田定税的制度，相传在夏、商两代已实行，至周时代更为完备。《孟子》谓："夏后氏五十而贡，殷人七十而助，周人百亩而彻……"

周代的"彻"法，是综合夏、商两代"贡"、"助"之法。根据《孟子》所述："方里而井，井九百亩，其中为公田，八家皆私百亩，同养公田。"

此种划一的"井田制"后世多表怀疑。然而,《周礼》曾谓"九夫而井",《诗经》亦云"雨我公田,遂及我私",似乎周代曾施行井田制,不过其详未得闻。

一切土地皆为天子所有,天子把地分封,而天子、诸侯、卿大夫等贵族是地之所有者,农民或庶人是土地的耕种者。

周之国制,大概尚有下列各项。

一切土地为天子所有,所谓"普天之下,莫非王土"。天子将他的土地分封一部分于诸侯,留一部分直接授予农民耕种。诸侯将其分得的土地再分一部分于大夫,留一部分直接授予农民耕种,大夫将分得之土地又分一部分于士,留一部分直接授予农民耕种。士为贵族的最下级,不再将土地往下分了,只直接授予农民耕种。

庶人耕种贵族的田,将每年的收获提供一部分给贵族。提供之方式大概有两种。为便于借力于耕公田的地方,则除去自己耕种外,复借其力为贵族耕公田一块。这块公田的面积,大概等于若干农民自耕田的总和的十分之一。另一法,即各人于其收获总量取十分之一供给贵族,这叫作"什一使自赋"。农人取其收入的什一以供贵族,下一级的贵族复须供给若干于较上一级之贵族。

封建制度崩溃的原因

周自昭王瑕南巡溺死于汉水以后,统治的势力便由盛极转而衰。昭王瑕死后,穆王满继承父业。这时周正行封建制,经济尚发达,生产品亦有剩余,穆王满占有大量的剩余农品,便从事于远游。据说穆王满之远游,所御的是千里马,执御的是造父,帅师同行的是祭公谋父。但这次远游,却因耗费既大,又足以损害经济的实力,伤害了统治的元气。此外,就《国语》对征犬戎一事的记载看来,似乎是不必要的,而满却征讨之。《国语》云:"穆王将征犬戎。祭公谋父谏曰:'不可。先王耀德不观兵,夫兵,戢而时动,动则威,观则玩,玩则无震。……'王不听,遂征之,得四白狼、四白鹿以归。自是荒服者不至。"

厉王胡是穆王满之玄孙。厉王之时，周的统治势力日见衰弱，然各诸侯之国的势力却渐渐强大起来，如西方之秦、南方之楚，皆其显者。厉王处在这个时代，不独不能振奋，反而自掘坟墓，以自毁其统治力。又因承袭祖业已久，不知艰难，同时又因生活的奢侈，贪得嗜利，当时有荣夷公者好专利而不知大难，厉王悦之，用为卿士，专从事于剥削人民。《国语》曰："厉王说荣夷公，芮良夫曰：'王室其将卑乎！夫荣公好专利而不知大难。夫利，百物之所生也，天地之所载也，而或专之，其害多矣。……荣公若用，周必败。'既，荣夷公为卿士……"

共主资格逐渐没落

一、宣王静死后，其子幽王宫涅在位凡十一年，这时周室贵族被新经济腐蚀到了最后的阶段。其中显著的事实，据《史记》所载，凡四大端：第一，水利不修，民乏财用；第二，嬖爱褒姒，纵欲败度；第三，用虢石父搜刮民财；第四，申侯、犬戎并起攻周。

这四件大事，是周代贵族被新经济腐蚀的结果，同时也是周室丧失天下共主资格的开端。兹录《史记·周本纪》的话："宣王崩，子幽王宫涅立。幽王二年，西州三川皆震。伯阳甫曰：'周将亡矣。……不亡何待！'……三年，幽王嬖爱褒姒……幽王以虢石父为卿，用事；国人皆怨。……又废申后，去太子也。申侯怒，与缯、西夷犬戎攻幽王。……"西周经犬戎之祸以后，平王东迁洛邑，是为东周，此下遂成春秋之霸局。

从其他方面看，周室共主资格的没落，便是诸侯势力逐渐强大压倒天子。倘诸侯的势力不大，周天子永久驾驭着诸侯，那么其所享有之天下共主资格，当不至动摇。要知周天子资格之没落，须先明白诸侯势力之逐渐强大。《史记·周本记》的记载谓："平王之时，周室衰微，诸侯彊并弱，齐、楚、秦、晋始大，政由方伯。"然而当时强大诸侯之并起，是不利于经济的发展的，倘诸侯互相征战，则更足以破坏经济的发展。为着维持事实上次序起见，于是某一强国出而挟天子以令诸侯。齐桓公、晋文公都是"挟王室之义，以讨伐，为会盟主"的好手。就当时的事实看，周天子直等于寄生虫，寄生于诸侯的势力下，如襄王之被郑保护及被晋召去。《史记·周本纪》有云："襄王告急于晋，晋文公纳王，而诛叔带。襄王乃赐晋文公珪鬯弓矢，为伯，以河内地与晋。二十年，晋文公召襄王，襄王会之河阳、践土，诸侯毕朝，书讳曰'天王狩于河阳'。"

诸侯压倒天子，初尚以潜势力压倒而言，且称霸的诸侯，如齐桓、晋文，为欲维持事实上的次序起见，或巩固自己的势力，还常以"尊王"为号召，只有周天子与郑伯在繻葛的一战，为郑所败，那便是天子之尊公开地被诸侯打倒了。《史记·周本纪》载："惠王即位，夺其大臣园以为囿，故大夫边伯等五人作乱，谋召燕、卫师，伐惠王。惠王犇温，已居郑之栎。"。

贵族以下犯上之起因，由于国诸侯本身亦渐趋腐化。《左传》载齐之腐化："山木如市，弗加于山。鱼盐蜃蛤，弗加于海。民参其力，二入于公，而衣食其一。公聚朽蠹，而三老冻馁。国之诸市，屦贱踊贵。民人痛疾，而或燠休之。"然而，各国贵族中以下犯上之事，在周代后期极为普遍，现例举如下。

一、鲁之三桓

周桓王林之世，便有卫州吁弑其君完（桓公）、鲁公子翚弑其君息姑（隐公）、宋华督弑其君与夷（殇公）及其大夫孔父等惨事。三桓者，孟孙氏、叔孙氏、季孙氏三家是也。三桓既强，为乱之时便多，最大的一次叛乱在昭公之时。据《史记》称，当时季孙氏因与郈氏斗鸡生隙起冲突，其后哀公抑制无效，且被逼奔越，从此事已显露了世家之僭越犯上例证。

二、齐之田氏

田氏之亡齐在景公之时，属大臣国惠子、高昭子立其爱妾之子荼为太子。公死，荼即位为晏孺子。这时田乞与诸大夫密谋，举兵逐惠子、昭子，废晏孺子。此时田氏专揽大权可想见矣。《史记·齐太公世家》载："平公即位，田常相之，专齐之政，割齐安平以东为田氏封邑。……康公卒，吕氏遂绝其祀。田氏卒有齐国，为齐威王，彊于天下。"

三、晋之六卿

晋为东周封建期中之诸侯大国，国中世卿之族凡十有一。至昭公夷时，其中六卿把持国政，势渐强大，后六卿并为四卿，复为三卿，其中以韩、赵、魏为最强。《史记》称："哀公卒，子幽公柳立。幽公之时，晋畏，反朝韩、赵、魏之君。独有绛、曲沃，余皆入三晋。"直到周威烈王二十三年（公元前403年），韩、赵、魏才被有名无实的周天子赐命为诸侯。此后，魏、韩、赵还三分晋地。从上述事例，已知封建制之崩溃程度。

天子与诸侯作战，战而且败，共主资格可谓扫地以尽，然自此以后，周天子这个空名，仍有人维持，如齐桓公，便是以"尊王"为名的。其所以要维持的理由，不外想借这个空名，以施行自己的霸政。盖最高级的贵族或天子既已渐渐没落下去，而次级贵族努力挣扎，当时齐、晋、秦、楚等国诸侯所实行的霸政便是高级贵族没落后次级贵族努力挣扎的表现。其中以齐之霸政为最典型。《史记》载："三十年春，齐桓公率诸侯伐蔡。蔡溃，遂伐楚。楚成王兴师问曰：'何故涉吾地？'管仲对曰：'昔召康公命我先君太公曰："五侯九伯，若实征之，以夹辅周室。"赐我先君履，东至海，西至河，南至穆陵，北至无棣。楚贡包茅不入，王祭不具，是以来责。昭王南征不复，是以来问。'"从上面对话显示出当时霸主实借周室之名号四处兼并。

在春秋时，弑逆算是屡见的事情。例如臣可以弑君，如晋武公弑晋侯缗、夏徵舒弑陈灵公、崔杼弑齐庄公，都是实例；子可以弑父，如楚穆王弑楚成王、蔡灵侯弑蔡景侯，都是实例；弟可以弑兄，如公子州吁弑卫桓公、吴阖闾弑吴王僚，都是实例。其他如侄弑叔、孙弑祖，都变成寻常事，足以看出封建意义已不存在。

封建制度为贵族政治，统治者是贵族，而被统治者为贱民。西周行封建制，诸侯、公卿大夫均为贵族之世袭，于是平民与贵族，划然成两个社会集团。迄至东周，因列国竞争，贵族乃时有变迁，或国破，或家亡，辄失其政治上原有地位。同时因私家之学竞兴，平民中之杰出者，在诸国间争露头角，复以各国之竞养游士，延揽社会人才，于是平民亦可为卿相（如张仪、苏秦皆以布衣而为卿相）。至此，贵族阶层之壁垒，不得不动摇。因贵族阶级之崩溃，封建制亦无法维持，因而渐见解体。

由于封建制度本身发展过久，贵族的人数一天天增加，互相冲突及排挤，结果贵族阶级的人，急剧地降到下层社会，这使下层社会的民众慢慢有了知识，增加力量，能够对贵族阶级起反抗运动。他们敢于斥责那时"君子"的"不稼不穑"和"不狩不猎"而"素餐"，敢于说"逝将去汝，适彼乐土"。后来，贵族也就公开把"庶人、工商遂，人臣、隶圉免"作为赏格，同时，贵族阶级的政权也移到少数拥有实力之中下层人物，所谓"政在大夫"、"陪臣执国命"和"县鄙之人，入从其政"等等。那时，各阶层的人物互相攻击，士阶层失业而贫困的人非常多，"隐士"之流也已出现，而贵族阶级已有没落的趋势，促使封建社会动摇起来。

春秋中叶以后，土地渐次集中于各大族，这时竟有没有封土的大夫和无禄的公子公孙出现，失土的世族较前大增。故在此时，宗法制亦渐失作用，兼并之风起，土地亦成了争夺的对象。争夺的结果是土地集中于少数人之手。在每次争夺之后，胜利者必于原有土地之外再加上一些，失败者便丧失土地，所以兼并之风甚烈。加上当时周天子亦已没有分配土地的权力，国畿日小，无形中封建制度实已解体。

此为封建动摇的外在原因与摧毁封建社会的原动力，加上生产业的发达、铁耕器具与牛耕的发明和一般农业技术的改进，使农村日加开发。同时，铁器又促使手工业进步。然而，农业与工业的进步又促进了商业的发达，我们可从《诗》、《书》的记载加以证明，如"暨稷播，奏庶艰食鲜食，懋迁有无化居"（《尚书·益稷》），"肇牵车牛，远服贾，用孝养厥父母"（《尚书·酒诰》），"握粟出卜，自何能谷"（《诗经·小雅·小宛》）。

经济发达，使上级贵族的生活腐化，终于完全丧失统治能力；而又使封国之间的交换密切起来，遂致征战不已。盖经济发达，生产品有剩余，可供交换；又因出品之地理关系差异，故非交换不可。各国间的关系密切，则统一诸侯国，使成一大团体，以便于交换，乃是必然的趋势，故争城夺地之事层出不穷。由于进步的农工商业提高了人民的地位，使上层阶级格外容易倒塌，到了士大夫取得诸侯的地位或武士变成了文士，吸收下层社会的优秀分子另组成一个社会中最有势力的阶层时，封建社会的命运已宣告终结。

封建制度衰微，还有一个原因，就是东周末期郡县制普遍推行。考郡县制度的起因，源于西周的乡遂组织。所谓"乡遂"，是王城及列国国都以外的乡间行政组织。"乡"与"遂"均以家为单位，乡之下有州、党、族、闾、比五级，遂之下有县、鄙、酂、里、邻五级。其初，县较郡为大，且不相统属，郡远而县近。春秋末期，由于兼并战争的发展，若干诸侯国为了统治方便，每把吞占的小国以其地为郡县（如晋、楚等国早已通行起来）。及至战国初期，韩、赵、魏三家出身的大夫，深知私邑增加剥削了国君的权力，便在他们建国的时候，用乡遂的制度为基本组织的原则，在国内广行郡县。其后至战国中期，秦孝公用商鞅变法，将全国分为三十一县，从此，贵族特权阶级分封性的封建制度便渐为官僚统治的政府郡县制所代替。

平王东迁后，剥夺了领主贵族的世袭特权，废除了世卿、世禄制度，以领取俸禄的国家官吏代替了世袭封地的领主贵族的世袭官职，建立了一整套的官僚制度。

在当时，官僚制度所以能巩固地建立起来，主要由于推行了下列四种制度。

第一，官僚俸禄制度。这种俸禄制度所以普遍推行，是与当时社会经济的发展有关的。这时，各国俸禄计算单位是不同的。卫国用"盆"来计算，有千盆、五百盆等级（《墨子·贵义篇》）；齐、魏用"钟"来计算；秦、燕用"石"、"斗"来计算，秦国有五十石、一百石以至五百石、六百石以上俸禄的官（《战国策·燕策一》）；而楚国则用"担"来计算。他们对于宗室官员等不分封而改为官僚俸禄制。

第二，赏金办法。东周以后，各国对于功臣的赏赐已开始用黄金货币。由于商品经济的发展和货币的广泛流通，黄金也已成为货币性质，于是，国君对于功臣的赏赐不必采取分封土地的办法，而以用黄金为赏赐，赏赐黄金百镒、千镒、百斤、千斤或百金等。而无论俸禄制度，还是赏赐黄金的办法，对于废除封建领主制度都有很大的推动作用。

第三，"玺"、"符"制度。春秋战国期间，建立了公文用玺（官印）和发兵用符（虎符）的制度。春秋后期已有用玺来封泥文书作为凭信，否则无效。因此，用玺或符为信物，对于将帅的任免，是以符为凭的；诸凡丞相、郡守、县令等官，都由国君任命时发给玺，免职时收回玺，如果要辞职，便须把玺缴回。因此，封建制度之分封办法，便无形中被破坏。

第四，年终考绩制度。在春秋战国间，行政管理上已创立了年终考绩制度，所谓"岁终奉其成功以效于君，当则可，不当则废。"（《荀子·王霸篇》）。其中最主要的考核工作的方法，叫作"上计"。每年中央的重要官吏和地方首长，都必须把一年赋税的收入预算写在"木券"上，送到国君处，上计时由国君亲自考核，或由丞相协助，如果成绩不佳，便可当场收玺免职。

以上四种制度的创立，使得一整套官僚机构能够层层控制，集中权力于国君手中，形成集权的国家机构。封建制度自无存在的必要。

再论封建制不得不变为郡县的原因。

战国时代，封建国家的基本统治组织多采郡县制，郡县是直属于中央的地方行政区域，国君可以直接命令指挥郡县的行政和军事，并加以考核。郡县地方制的普遍确立，无形中更使国君能集中统治，封建制便很自然地转移到郡县制了。但其完成过程是经过相当时日的。

在春秋初期，秦、晋、楚等大国往往把新兼并的地方建设为县。到春秋中期，楚国新设的县已逐渐多起来，有所谓九县（"九"是多之意）。

到春秋后期，晋国又把县制推行到内地，在卿大夫的领地里也已分别设县。最初，县都是设在边地，带有国防作用，内有一套集中的政治组织和军事组织，特别是赋税制度，一方面便利国君的集权统治，一方面又可加强国防。到战国初期，秦国还是不断地在东部边疆设县，公元前456年开始在颍阳设县，公元前398年在陕设县。此外，各国还不断设置郡县。

郡是春秋末年才开始出现的，最初出现于晋国，是在内地推行县制以后设立的。郡本来设在新得到的边地，因为边地荒陋，地广人稀，面积虽然较县为大，但地位要比县为低，所以赵简子在作战时宣誓说："克敌者，上大夫受县，下大夫为郡。"（《左传·哀公二年》）而到战国时代，边地逐渐繁荣，也就在郡下划分为多少县，产生了郡县二级制。无论如何，郡县制之推行是有利中央集权的，而封建制由于权力之不断分化，把土地权力分封下去，于是权力不断削弱，因此在西周后，诸侯国间争行郡县制，而封建制遂不得不变为郡县制了。

郡县征兵制度的推行和常备兵制度的建立，也促使封建不得不变为郡县。春秋战国间，郡县征兵制度所以会推行，及常备兵制所以建立，是由于封建制度已经解体，天子无力去保护诸侯国的安全。因此，各诸侯为了巩固国防，便实行此种制度。但其所以建立之另一因素，是由于封建社会制度的变动。这时，各国旧的领主阶级的统治已逐渐为新的地主阶级所代替，旧的封建隶属性的农民阶级已逐渐为新农民阶级所代替。旧的领主阶级的军事组织已分裂瓦解，新的地主阶级所要求建立的军队已不再是以领主宗族和私属为骨干的军队，而是要求把武器从领主宗族及其私属手里交给统一的国家政权。同时，由于这时农民在名义上已不属于个别领主所有，而被编列在国家户籍之内，因而使军队的编制得以扩展，农民逐渐成为军队中的主要成分，而征兵制度和常备兵制度也便建立起来。

从上述反映出封建制已崩溃至无法保护的地位，不得不变为郡县制的主要原因。

秦自统一六国后，正式废除封建而行郡县制是由于以下两点。

一、商鞅变法的影响

自封建崩溃的中期，地主阶级逐渐在政治上享有相当的地位，并且要求土地可以自由买卖。秦孝公用商鞅实行变法，确认民间可以自由买卖土地，并取消了领主们管理采邑内民事和把采邑的土地分封自己子弟的特权。商鞅的变法使秦国由弱小之国家跃为强国，于是各国争相仿效，以至领主制便告破坏无余。新法规定，无军功的宗室（贵族领主）一概废除他们的名位，按军功的大小重新规定爵级，各依等级占有一定的田宅臣妾。有爵位的贵族大官，仅收受封邑内的租税，不能直接管理民事；无爵位的贵族，由此变为民户中的富户。于是领主封建制便逐渐废除。

二、秦始皇正式废除封建

自周平王东迁后，王室力微，再不能管制诸侯，遂至土地兼并，互相篡夺，独立割据。春秋之中，杀君三十六，亡国五十二，诸侯奔走不得保其社稷者，不可胜数，如是周室赖以一统之封建及宗法制度完全破坏。封建制度既已破坏，昔前建国之土地、人民、物产、主权皆属封君，世袭之法再不能用。春秋时，晋国首先改行郡县制，三家分晋后，韩、赵、魏亦采此制，但当时仍是混乱之局面，郡县制一日不统一推行，封建制便不会完全崩溃。因此，当秦统一六国后，正式推行郡县制，封建便完全破坏。我们亦可从王绾、李斯及秦始皇之一段对话找出秦始皇推行郡县制之原因。始皇二十六年（公元前221年），"丞相（王）绾等言：'诸侯初破，燕、齐、荆地远，不为置王，毋以填之。请立诸子，唯上幸许。'始皇下其议于群臣，群臣皆以为便。廷尉李斯议曰：'周文、武所封子弟同姓甚众，然后属疏远，相攻击如仇雠，诸侯更相诛伐，周天子弗能禁止。今海内赖陛下神灵一统，皆为郡县，诸子功臣以公赋税重赏赐之，甚足易制。天下无异意，则安宁之术也，置诸侯不便。'始皇曰：'天下共苦战斗不休，以有侯王。赖宗庙，天下初定，又复立国，是树兵也。而求其宁息，岂不难哉？廷尉议是。'分天下以为三十六郡"(《史记·秦始皇本纪》)。封建制便从此被淘汰。

第五节　封建社会状态及对后世的影响

封建社会的状态

周行封建后，对当时社会经济政治影响颇多，诸如上述等级制度及秩序的确立，及因土地分配而产生的农奴现象等。此外，我们尚可以看到其他现象。

第一，农业与工商业相继兴起后，由于次序等级稳定，周人得以努力生产。次序混乱，足以妨碍生产；次序安定，足以促进生产。周民族克服殷商以后，推行封建制，次序大定，于生产有极好的影响。同时，周民族因习见了殷民族之努力于农业，故自社会稍稍安定后，即以殷人为鉴，而向农业方面努力迈进。《尚书》述周公之言曰："呜呼！君子所其无逸，先知稼穑之艰难乃逸，则知小人之依。相小人，厥父母勤劳稼穑，厥子乃不知稼穑之艰难，乃逸……则其无淫于观、于逸、于游、于田，以万民惟正之供。"文中历数殷、周两民族之贤君，指出某也在位长久，由于得知小人（农民）之依，知稼穑之艰难，某也在位不长久，由于"不知稼穑之艰难，不闻小人之劳"，力言"继自今嗣王"应知稼穑之艰难，不可"淫于观、于逸、于游、于田"。周民族克殷后推行封建，使农业得以发达，我们可参考《诗经·甫田》篇，以证周初农业之发达。其次，农业的收获，既有剩余，以这点剩余为基础，工商业便得同时兴起。周初已有工商业，是不容否认的，就以商人的地位看，也可以得一些证据，如，"天子建国，诸侯立家，卿置侧室，大夫有贰宗，士有隶子弟，庶人、工商，各有分亲，皆有等衰"(《左传·桓公二年》)，"士之子恒为士，工之子恒为工，商之子恒为商，农之子恒为农"(《国语·齐语》)。至于当时工业亦有兴起之象，但大多数是手艺人之工业，我们可从《周礼》去考证："粤无镈，燕无函，秦无庐，胡无弓车，粤之无镈也，非无镈也，夫人而能为镈也。燕之无函也，非无函也，夫人而能为函也。……"（《周礼·考工记》）而工商之兴起，有赖于周代推行封建之制度，因为社会等级得以确立，所以社会秩序得以固定，因而人民得安定以从事生产。

第二，世族垄断选举。在宗法社会和封建社会里，最重要的观念是"亲亲"和"贵贵"，因此绝没有庶人可以突跃而为卿大夫。那时的贵族都以宗法的身份和门第互相标榜着，因此，在当时的选举制度，选举方法是从贵族中拣取深资和有才干的人来担任重要官职，用那时的话来说，便是"赏功劳"、"明贤良"和"内姓选于亲，外姓选于旧；举不失德，赏不失劳"。所以，他们既主张"择善而举"，却又同时主张"举不逾等"等。因此，政治为贵族所垄断，平民根本无参政做官的机会。

第三，姓氏制度与婚姻制度方面。在封建制度影响下，诸侯以国名为氏，是天子所赐给的；大夫以受封的始祖的别字为氏，或以官名为氏，又或以邑为氏，是诸侯所赐给的。氏或称为"族"。此外，男子称氏不称姓，女子称姓不称氏。因为周人是"同姓不婚"的，所以妇人的姓非常重要，因他们以为同姓结婚是不能繁殖的。虽然那时的国家或氏族也偶有破坏同姓不婚的规律，但例子不多。

第四，中下阶级的自由恋爱。在封建制度期间，中等以下阶级男女的关系，是颇为自由的。但是，那时男子虽然可以直接向女子求爱，女子虽然也可直接接受男子的爱，或是男女们又有约期私会，他们也是有时被家长们监视着的。此外，中下层的社会里，有较严格的婚姻制度存在，若正式婚姻，是需要"父母之命"和"媒妁之言"的；也可以由男女双方自己谈判，但是其间也缺少不了媒人。总而言之，在中下阶级里，男女的恋爱是受到束缚的，然而却仍然有着半自由恋爱的婚姻。

第五，娱乐方面。在封建制度下，贵族阶级有些特殊的娱乐，称为"女乐"，这是女子的歌舞队；又有"优戏"，多用于祭祀时。贵族们在幽美的园林里，喝着酒，一面听着音乐，一面左拥右抱，其乐无穷。有些在家中玩厌了，便出外游散、打猎，以解烦闷。但普通的庶民，由于他们身份受到束缚，而且除了自己耕种外，复借其力为贵族耕公田一块（这块公田的面积，大概等于若干农人各自所耕田的总和的十分一），所以普通庶民一年到头只有忙碌着耕种，仅有在农闲时候，才偶有喝酒吃肉、欢呼聚乐的机会。

第六，风俗方面。与封建制度同时推行的，便是宗法制，这种制度是用以稳定社会关系的。而宗法制与宗教也有极大关系，因而影响到当时社会的风俗趋于迷信及敬祖观念。例如规定宗子有主祭的特权而不许支子主祭，《礼记·王制》所称"支子不祭"，便是这个规定。支子虽不主祭，但不能不尊祖，为着尊祖，只好敬宗，故曰"尊祖故敬宗，敬宗尊祖之义也"。这样，宗子的地位便因主祭的缘故而重要起来。另外规定小宗传至五代，必将其所继之祖（即高祖上一代之祖）迁到远祖之祧庙去，而大宗则可祭百世不迁之祖。因此，当时的宗教及敬祖观念甚浓厚。

封建制度对后世的影响

上古部落，棋布天下，植根深固。有大酋长起，挞伐与羁縻并行，凡举部族以归命者，即因其故土而封之，于是"光天之下，至于海隅苍生，万邦黎献，共惟帝臣"。周代自实行封建后，便将当时四分五裂之部落诸侯国加以统治维系，而另一方面又分封同姓宗室及异姓功臣以往所占领之领土内，因此使局面变为一统，所以封建制度遂成吾国大一统国家之基础。

中国经历唐、虞、夏、商四代，从表面观之，可以称为统一时期，但中国内部文化，仍然有无限阶级之分。及至周采封建制，大封诸侯，其作用有二，一曰分化，一曰同化。所谓分化，谓将同一的精神及组织分布于各地，使各因其环境以尽量地自由发展；所谓同化，乃将许多异质的低度文化醇化于一高度文化总体之中，以形成大民族意识。封建制度乃将宗室及功臣分封，而他们有些分封到与异族接邻的地方，因而使华夏文化发扬光大与传播至各地。

在周以前，夏、商等不曾建立严密的封建制度，所以夏族与外族（夷、狄）的关系在政治上为羁属关系而已。但自周以后，确立了封建制度，把原来各族赶走的赶走，征服的征服，经过了几百年的同化，我华夏民族才开始萌芽。及至春秋时，诸夏民族仍是被四面外族所包围，于是中原各国互相联结，共同对抗外族，提倡"尊王攘夷"；外族中的诸侯（如楚）被消灭，其族人渐被诸夏所同化，成为诸夏的一分子。于是，上古许多不同的种族，此后便混合而成为了一个整体的"中华民族"。

周以前，所谓"中国"，大致不出今山东、河南、河北、山西等地，在这个区域之中，也还有很多文化低落的部族杂居。而周实行封建制，其中之目的如宾四师所说："封建制乃一种侵略性的武装移民与军事占领，盖封建即是周人之一种工作，不断向东方各重要地点武装移民，武装垦殖，而周代的国家不断的扩大与充实。"及自春秋以后，诸侯势力日渐强大，于是侵略其他外族，实行扩张自己的领土，例如楚、吴诸国尽力并吞南方的蛮、夷，秦、晋等灭尽北方的夷、狄部落，于是华夏的疆域便日渐扩大。此亦为封建制之重要影响。

过去，史官之所以能分清楚各氏族，和我国华夏民族得以不断扩大、延绵不绝，乃由于谱系之完整。春秋时，诸侯之国，公子公孙，支分派别，有关列官分职，世有掌司，因以命氏。自战国以后的人，以氏为姓，五帝以来之姓虽亡，而秦汉以还，姓氏合并之姓，追溯其源，多知其出自古帝。后之史家，辨伦脊，察条贯，自知华夏之民多为炎黄遗胤，据怀旧之蓄念，发思古之幽情，皆古封建之赐也。此为封建之另一影响者在此。

世谓中国古代，皆在宗法社会中，而所谓宗法，实成立于周朝。宗法虽非由于封建而有，但是因封建制度之影响，使宗法日益完善，而其功效亦益显。所谓封建政治，实亦是宗法政治。及周以后，秦、汉的君主虽用郡县制而不用宗法制来治理天下，原来封建之大宗一变而成为家族，政治于上，家族分于下，因而使人民知有家而不知有国，但其政治与典制、伦理风俗，亦多沿袭宗法社会的遗风。

第三章　春秋战国的纷争

第一节　春秋战国分期与霸政的兴起

时代分期与东周的式微

"春秋"是指孔子作《春秋》中自鲁隐公元年（周平王四十九年，即公元前722年）开始至以后之二百多年，史称春秋时代，但亦有不同的解释：

一者，以《春秋》始、以《春秋》终者，是指自公元前722至公元前481年春秋绝笔止计的二百四十二年为春秋时代。

二者，以《春秋》始、以《左传》纪事终者，再加十三年，即自公元前722至公元前468年止，合计二百五十五年为春秋时代。

所谓战国时代的分期，以韩、赵、魏三家分晋时（正是周烈王二十三年，即公元前403年）开始，但亦有不同的解释。

第一种，自公元前403年三家分晋开始，至公元前256年周赧王降秦止，合计一百四十八年为战国时代。

第二种，自公元前403年三家分晋开始，至公元前221年秦始王统一六国止，合计一百八十三年为战国时代。

至于历史上所谓东周时代,是指从公元前770年周平王即位开始,至公元前256年的周赧王降秦止,合计五百一十五年为东周时代。这时期的周王室已开始衰落,史家又多以为由于诸侯之强大所致,其实主观方面,尽由于东周王室本身问题却不少。

东周王室式微原因

东周王室之衰微,主观上盖由于下列各点因素所促成。

第一,土地过于狭小。西周时代,王畿千里,较诸东迁以后不可同日而语。东周国境狭长,东起虎牢,西止东虢,不过六百里,以今日地理比较,仅得今之河南省洛阳、郾师、宜阳、新安、巩义、孟津、登封、嵩、洛宁、沁阳、济源、修武、武陟、孟州、温、博爱等十六市县。至公元前655年,晋献公灭虢,西境已削。又二十年,晋文公以勤王有功,襄王赐以南阳之地,于是北境之地更少。及至公元前256年赧王降秦时,仅余七县三十六邑,人口三万而已。

第二,经济困难。由于王室土地过少,人口日削,于是生产不足,故东周经济常处于困境中。《春秋·隐公三年》曰:"秋,武氏子来求赙。"《公羊传》云:"武氏子来求赙,何以书?讥。何讥尔?求赙,非礼也。"又《春秋·桓公十五年》书:"天王使家父来求车。"《左氏传》评之曰:"非礼也,诸侯不贡车服,天子不私求财。"《公羊传》云:"何以书?讥。何讥尔?王者无求,求车非礼也。"又《春秋·文公九年》书:"春,毛伯来求金。"《左氏传》云:"非礼也。"《公羊传》云:"何以书?讥。何讥尔?王者无求,求金非礼也。"可知自隐公三年至文公九年,不过一百零三年的时间,见于《春秋》王室求助于鲁者三次之多,而求助于其他姬姓国家不见记载者尚多,可知周室财政拮据的程度。及周赧王时,甚至"负债于民,无以得归,乃上台避之,故周人名其台曰'避债台'"。因而政府更无力供养足够的兵力。处于春秋之下的现实时代,国之强弱系于兵力之大小,周天子既然无此力量,在列国心目中自然不足重视。

第三，平王得国之不正。平王为太子，勾结申侯，会犬戎弑父而袭其位，此在注重礼法之周代，当然为人所不齿。表面上，平王之立出于申侯、鲁侯、许文公与晋、郑、秦三国，但鲁素称礼义之国，在文化上居于领导列国地位，故平王卒，鲁不奔丧。自桓王四年至十六年间，周王先后派遣要卿及大夫五次聘鲁，而鲁相应不理，可见鲁对东周王朝之深恶痛绝，似不至于平王之立有所赞襄匡扶。若必谓平王之立颇得鲁侯之拥立者，或出于平王之挟鲁自重，或晋、郑等国窃用鲁国名义亦无不可。平王勾结犬戎弑父于前，又结晋文侯杀弟于后，此种行为，自为清议所不容，因而王室威望日轻。

第四，平、桓措施失当。平王五十一年（公元前720年），周与郑交质，《左传·隐公三年》记其事云："郑武公、庄公为平王卿士。王贰于虢，郑伯怨王。王曰：'无之。'故周郑交质。王子狐为质于郑，郑公子忽为质于周。"则平王是自甘堕落与诸侯平列了。及桓王八年，又有强以既失之黄河北岸地易郑田之事。《左传·隐公十一年》："王取邬、刘、功蒍、邘之田于郑，而与郑人苏忿生之田……"其时苏公早已叛王，其土地非桓王所能有，此种交换形同欺骗，故《左传》评之："己弗能有，而以与人，人之不至，不亦宜乎！"然则东周王纲之隳废，岂能全归罪于诸侯的不恭？就王室衰微的事实看，从几次战争中看到周室地位已降为列侯，或更不如。

（一）繻葛之战。桓王五年（公元前715年），终以虢公为卿士，夺郑伯之政。郑伯怨王，自此不朝，但仍用王命。桓王十三年，亲率蔡、卫、陈三国之师以伐郑，战于繻葛（今河南长葛），败绩。郑将射桓王中肩，虽有如此大逆不道，但郑仅派人道歉了事。

（二）郑伐盟、向。桓王十五年，郑军伐桓王之盟、向二邑，桓王鉴于上次战败无法善后的经验，不敢再战，只有将盟、向二地人民后撤，安置于郑邑（今河南郑州）。

（三）救卫不克。卫宣公通夷姜，生太子伋及子黔牟；又娶齐女，生子朔。王爱齐女，杀太子伋，立朔为太子。宣公卒，朔立为惠公。惠公立后八年，伋之师傅左右公子逐襄公，立伋之弟黔牟，惠公奔齐。齐纠合鲁、宋、陈、蔡，五国伐卫，送襄公返国。黔牟不敌，奔于周，庄王先出兵支援黔牟无效。王师虽未与五国交绥，但从此中央采取关门政策，尽量避免过问诸侯之纷争。

（四）鲁僖公二十八年（公元前632年）四月，晋文公率晋、齐、宋、秦四国之众，大破楚北侵之军队于城濮。是年冬，晋文公召集二次善后会议于温（今河南温县），参加者有齐、宋等八国，同时亦召周襄王，襄王如召参加。晋文王率诸侯以平礼见天子，可见在礼数身份上，天子地位已夷同诸侯。下及简王，以公元前575年出兵参加晋、齐、鲁、邾四国之师伐郑，王臣尹子乃听命于诸侯一事观之，王室地位已降为列国相等了。

第二节　霸政的意义与各国的称霸

霸政的意义

东周王室本身的堕落，客观上便引起了春秋时代霸政的产生。何谓"霸"？《孟子》曾批评霸的内容说："搂诸侯以伐诸侯者也。"《白虎通义》亦说："迫胁诸侯，把持其政也。"两者对"霸"的批评颇嫌过偏，果然如此，定会招致当时诸侯的反感，霸业当无成功可言。其实从历史观点而言，当封建制度已动摇，集权帝国尚未出现之际，霸政实成为一种因应时代的政治产物。而当时称霸的真正作用大抵如下。

第一，假"尊王攘夷"之名，而行天下共主之实。如齐、晋同是封建时代的重要角色，与周天子关系亦较密切，故常保留周天子之名义，倡尊王之政。但尊王未必是真，攘夷则颇近事实。

第二，成为会盟之主，如齐桓公九合诸侯之壮举。当时国与国之间的许多大事多在霸者所主持的会盟中决定，无须听命于周天子。

当时霸者的真正价值，具体表现于公元前632年诸夏诸侯由晋文公领导抵抗楚国并取得胜利的城濮之战，及公元前 627 年由晋襄公领导阻遏秦国东侵的崤地一役。此两次保卫诸夏民族生存的战争，粉碎了秦、楚侵略中原的野心，使华夏文化得以继续发扬光大。孔子曾称道管仲助桓公的霸业说："管仲相桓公，霸诸侯，一匡天下，民到于今受其赐。微管仲，吾其披发左衽矣！"

但分析当时所谓五霸之名，实始于《荀子》，《王霸篇》以齐桓、晋文、楚庄、吴王阖闾、越王勾践为五霸。其次为《孟子》赵岐注，以齐桓、晋文、秦穆、宋襄、楚庄为五霸。后世史家以五霸之来源多本于此，其实颇与历史事实大有出入。若如前述，霸政本以抵抗外族侵略为目的，而秦、楚正是外来的侵略者，秦、楚所代表者，大抵为夷蛮的文化，楚国更不讳言，自比于蛮夷，故秦穆公与楚庄王正是当时行霸政的对象，岂可混入五霸之列？至其二人对于其国家的贡献，则又当别论，而与中原霸业殊欠关系。至于宋襄公，虽有称霸的野心，却无行霸之力，故所谓五霸者，实得齐桓、晋文而已。

若不以霸政的真义与目的而论，而仅以《白虎通义》所指的"胁迫诸侯把持其政"的观点看春秋各强霸的先后兴起，实与各国具备的经济条件有关。表面上，掌握黄河流域的霸权自东向西转移，长江流域的霸权则自西而东，黄河、长江两流域的霸权则自北向南不断兴起。黄河流域的霸者，自齐而晋，自晋而秦，其后则留晋霸与楚霸相持，结果霸权落到楚国手上。长江流域的霸权，则自楚而吴，自吴而越，结果，越成为长江最后的霸者，反过来号令齐、晋、秦、楚。这种事实的表现，实颇与国家的经济条件有关。凡经济先发达的地方，其文化必较他国发达，反过来说，若其经济衰退，文化必随之而委靡退缩。黄河流域经济先发达的地方是山东的齐，文化落后的地区为秦国所在的西戎诸夏；长江流域较先发达为湖北的楚，文化落后的地区为吴、越所在的沿海诸地，其后各地由于经济条件的倒转，霸权亦随之改变。因此，当时各地经济发展的先后，决定了春秋时代的霸权。

齐桓的霸业

一、齐能称霸原因

西周王室分封的诸侯王国，经过多年的兼并战争与经济发展，已剩下寥寥可数。此时的政治局面是诸侯势力压倒天子，王室已不再被人重视，比较强大的国家有齐、晋、秦、楚与东南的吴、越等。戎狄纵横诸夏，由于小国受到威胁，造成大国间的争霸有所凭借，在"尊王攘夷"口号下，先后起来争霸或主持"霸业"。而较先称霸的是齐国，这是颇有客观条件的。

齐先世与周天子的关系较他国为密切，对周的建国有大功。据《史记·齐太公世家》记载，周文王、武王的创业，多得力于太公，太公既因功而受封于齐，其后周室与齐的关系遂更密切。因而周室给予齐国之权力，除鲁国以外，较他国为大，如《史记》言："周成王少时，管蔡作乱，淮夷畔周，乃使召康公命太公曰：'东至海，西至河，南至穆陵，北至无棣，五侯九伯，实得征之。'"齐得此凭借，遂成大国，都营邱。其后齐桓公伐楚时，管仲对楚成王的责难便以周室所给予的特权为借口。

从经济与地理环境而论，齐亦颇有称霸的条件，齐国地居黄河下游，东北面滨大海，蚕桑鱼盐之利甲天下。司马迁撰《史记》，对齐国具备地大物博的天然条件颇赞叹，他说："吾适齐，自泰山属之琅琊，北被于海，膏壤二千里，其民阔达多匿知，其天性也。以太公之圣，建国本，桓公之盛，修善政，以为诸侯会盟，称伯，不亦宜乎？洋洋哉，固大国之风也！"所以，就当时各国经济环境与进步速度而论，一般都不及齐国。

就国势而论，齐在桓公以前，已把附近各族的小国（如莱夷、根牟等）逐渐吞并，到桓公当国时（公元前685年至公元前643年），齐国已成为海岱间的唯一强国，又重用管仲整顿齐国政治、经济、军事等。他先从整理赋税入手，在某些地区废除井田，改为"相地衰征"；通货积财，设"轻重九府"之制以平衡物资供应；又把内政寄于军令里，造成寓兵于农，使武备不为独立的扩张，兵属于国等措施。开源节流，促进国内经济，缓和贫富悬殊，加强军备等，为首先起来主持霸业的齐国，具备了优厚条件。（详本章第四节"管仲相齐的改革"）

二、齐桓霸业的表现

桓公霸业最盛的时代约在自公元前679年开始的数十年间，据《史记·齐太公世家》分析当时的形势说："是时周室微，唯齐、楚、秦、晋为强。晋初与会，献公死，国内乱。秦穆公辟远，不与中国会盟。楚成王初收荆蛮有之，夷狄自置。唯独齐为中国会盟，而桓公能宣其德，故诸侯宾会。于是桓公称曰：'寡人南伐至召陵，望熊山；北伐山戎、离枝、孤竹；西伐大夏，涉流沙；束马悬车登太行，至卑耳山而还。诸侯莫违寡人。寡人兵车之会三，乘车之会六，九合诸侯，一匡天下。'"齐桓所谓三次兵车之会究何所指？据《左传》的解释：鲁庄公十三年，会北杏以平宋乱；僖公四年侵蔡，遂伐楚；僖公六年伐郑，围新城。

何谓"乘车之会六"？据《左传》解释说：鲁庄公十四年会于鄄，十五年又会鄄，十六年同盟于幽；僖公五年会首止，八年盟于洮，九年会葵丘。

上述会盟的用意，大略言之，又可概括为四类。

一为平他国之内乱。如北杏之会，由于宋南宫万弑其君捷（闵公）而起，于是齐会诸侯讨平宋之内乱。

二为主持国际间公道。时郑侵宋，齐会诸侯为宋伐郑。

三为安定周室。如首止之会，在谋安定周室，定太子郑的地位。

四为敦睦友邦。如葵丘之会，是修诸国间友好的会盟。

就大体而论，桓公霸业又可分为三期。首期应从鲁庄公十五年（公元前679年）起至二十八年止，此时任务在联结中原诸侯。第二期约从鲁庄公二十八年起，至鲁僖公四年（公元前656年）止，这时大致上是安内攘外时期。第三期约从鲁僖公五年起至十七年止，这时期算是尊王与霸业鼎盛的时代。然而齐桓的霸业，其势力大体限于东方一带而已，并未能征服黄河上游的秦、晋和南方的楚、北方的狄，故其实力仍是相当单薄，仅是依赖诸侯的团结，才勉强做出霸政的成绩。所以说，桓公在安内方面算是有相当成就，对于攘外却未能有所表现。然而中原之所以不致沦亡，周天子之所以仍能保持虚位数百年之久，可以说是桓公的政绩，使其时无桓公创霸，而晋国势力未丰，中原无大国支撑，周室固难免于灭亡，中原地区亦必为蛮夷所统治无疑。《论语·宪问》引述孔子语："管仲相桓公，霸诸侯，一匡天下，民到于今受其赐。微管仲，吾其被发左衽矣！"齐自桓公死后，霸业骤衰，未几，楚国势力北上，侵入中原，压迫黄河流域诸夏国家。此时，殷人之后的宋襄公想继承齐桓的霸业，图击退楚师，在周襄王十四年（公元前638年）与楚军战于泓水（故道在今河南柘城县一带），结果大败。宋襄公负伤而死，宋的霸业就此告终。

晋文的霸业

一、晋能称霸原因

自桓公死后，宋襄公谋霸不成，中原没有霸主，诸侯互相争战，又成了一混乱局面。各族又急遽内侵，周襄王为狄人所迫而出国，南方的楚国大有进据中原之势，中国在此危急存亡之秋，晋文公起来继承齐桓的霸业。晋能继承桓公之霸业，亦颇有其背景与条件。其一，晋地处山西汾河流域，向为膏腴之地，但因与戎、狄杂处，常受侵扰，国力发展较慢。唯自晋献公以来，开始兼并邻近弱小邦邑，如霍、耿、魏、虞、虢等国。及晋武公以来，铲除公族专权，沿为定例，国家大权虽渐掌于异姓卿大夫之手，成为后来"六卿专权"、"三家分晋"的伏线，但晋国的力量却从分散的公族而集中到公室。其二，晋文富国时（公元前636年至公元前628年），先后任用狐偃、赵衰、郤縠、先轸等人才，一方面与狄人联络关系，一方面对内实行经济建设，不久便达到政平民阜、财用不匮的争霸条件。

二、霸业的表现

公元前633年，周襄王被王子带所攻，向晋告急，晋文公遂出兵勤王，进兵围子带于温邑，并护送周襄王复位，表现了尊王的行动。公元前632年，晋文公为了救宋国之难，曾领导晋、齐、宋、秦四国军队与楚军在城濮展开决战，击败楚军，于是晋文公在践土（今河南原阳县）大会诸侯，自为盟主。这是春秋前期的首次大会战，关系到其后整个中原大局不少，因其时正是夷、狄交侵的时代，楚国势力已进入中原，北方的狄人也曾进攻王畿，晋文虽然为了本身利益而争夺霸权，但毕竟使诸夏的经济文化在无外力干扰下得以顺利继续发展，故其功绩是肯定的。大体来说，齐桓尊王之功过于攘夷，晋文则攘夷之功过于尊王。晋自文公创霸，襄公继业，终春秋之世，盟主之地位始终保持。但襄公与悼公时，国势略为逊色，尤其在灵公到景公的时代，由于楚国势大，晋国实力不及楚国在中原的地位，开始受到楚国的困扰，可以说是晋国中衰的时期。晋国中衰原因颇多，尤以卿族的骄横开晋国卿族专权之始，潜伏三家分晋的暗流。

晋、楚的争霸是春秋的历史中坚，而两者的争霸，又可分五期。第一期是晋文、襄主霸时代。第二期为晋灵公即位到景公灭狄为止，此期内晋势弱而楚势强，上已言之，毋待赘述。第三期是从晋景公伐齐到厉公败楚为止，在此时间内，晋楚双方势均力敌，实行争霸。第四期则从晋厉公伐郑到栾氏作乱止，此时晋势强而楚势弱，造成晋霸复兴的局面。第五期从晋栾氏出奔到晋、楚第二次盟于宋止，此时晋国因内部分化，而楚国也受吴国的牵制，于是酝酿成国际和平的局面。此时，由晋国扶持起来的吴国和由楚国扶持兴起的越国突然强盛，南方展开争霸局面，而北方政局的内部也在急剧变化，及勾践称霸、三家分晋、陈氏篡齐，春秋时代亦告终结。

秦、楚的霸业

一、秦的霸业

秦地处关中，膏壤沃野千里，并且又是过去周人文化的发祥地，自周室东迁以后，秦人便占有此地。西周末年，秦虽曾遭受旱灾、地震的影响，但在春秋初期，此地农畜生产相继恢复。到穆公即位后（公元前659年至公元前621年），任用百里奚，修明内政，奖励生产，国势日强，但毕竟由于经济发展较迟，终难与东方国家并驾齐驱。当晋文公死、襄公即位时，秦穆公欲乘晋的国丧越晋而出兵击郑，以争霸中原。公元前627年，秦、晋在崤山（位于今河南陕县）发生大战，结果秦兵大败。此后，晋、秦两国不时互相攻伐，而晋兵多占上风。秦穆公在东方既未能得志，乃改变方针专心从事征伐西戎，开地千余里，毕竟在西戎成为霸主。

二、楚的霸业

自晋襄公败秦师于崤山，从此两国报复无已，统计秦伐晋十二次，晋伐秦七次。过去晋之所以能胜楚，借助秦力颇多，晋国每次会盟或对外战争，秦无役不从，故晋能以全力制楚。及秦、晋构难，晋国无暇南顾，而使楚国乘机坐大。楚在春秋时，地处长江与汉水流域，占地辽阔。较早时，其社会经济落后，自周人文化传到楚国后，社会经济便急遽发展，故在齐桓、晋文相继称霸时，楚已开始向北侵略，并吞了汉阳诸姬姓的政权。楚庄王在位时（公元前622年至公元前591年），楚国日见势大，发兵北伐，直逼洛水，问周九鼎之轻重，颇欲取周天子地位而取代之。时郑国是晋楚争霸对象，常依违两大国之间，晋兵胜则从晋，楚兵来则改事楚。公元前597年，楚兵围郑，晋遣兵救郑，楚大败晋军于邲（位于今河南郑州）。楚陷郑后，继而围攻宋国，宋虽作顽强挣扎，仍难免于亡国，终于归附了楚。一时鲁、宋、郑、陈等中原国家都依附了楚国，楚庄王从此成为中原的新霸主。

弭兵运动与吴、越争霸

一、弭兵运动的展开

自晋、楚争霸，战争延续了百多年之久，中原国家人民由于经年战争而受到国破家亡、流离失所的痛苦，晋、楚两国亦因多年的内争外斗而筋疲力尽。当时，一般的反战思想应运而生。宋国执政大臣华元，颇与晋、楚两国交好，在他努力斡旋下，于公元前579年的夏天，晋、楚两国在宋都西门之外结盟，其盟辞见于《左传·成公十二年》的记载："凡晋、楚无相加戎，好恶同之，同恤灾危，备救凶患，若有害楚，则晋伐之；在晋，楚亦如之。交贽往来，道路无壅，谋其不协，而讨不庭。有渝此盟，明神殛之，俾坠其师，无克胙国。"但是条约仅保持了三年，楚国首先破约，从此以晋、楚为主的中原诸国又卷进了三十多年的混战。诸侯厌战的心理更殷切，于是复有宋二次弭兵运动的产生。这次的穿针引线者是宋国大夫向戌。他看到晋国内部权臣（赵、范、知、荀、韩）之间暗斗而无心向外，楚国亦因屡受东南的吴国所困扰，有后顾之忧，一时无力北上，其征诸国为了减轻战争的消耗与痛苦，彼此都有意媾和。因此，当向戌向晋、楚建议弭兵修好时，得到很好的反应。公元前546年，在宋都召集了包括十四国的弭兵大会，会议决定附从晋、楚的国家亦即共认晋、楚两国同霸天下。二次弭兵大会后之十四年内，战争是减少了，但其他小国仍需向楚进贡品，换来一时之和平。

二、吴、越争霸

到春秋末期，长江下游的吴、越两国相继强大起来，成为东南的支配势力。吴、越地处滨海，具渔盐之利，更宜于农业的发展；自中原文化渐进入东南地区后，加以天气良好，经济也迅速繁荣起来。公元前584年，晋国为了制楚，曾派遣楚亡臣申公巫臣将车战技术传到吴国，教吴人射御和车战之术，使楚国在东南方增一劲敌。楚国连年抵抗吴国的入侵，以致疲于奔命。吴王阖闾当政时（公元前514年至公元前496年），任用楚国亡臣伍员改革政治和军事。公元前506年，首与蔡、唐两国联军伐楚于柏举（位于今湖北麻城）。楚军大败，吴五战而入郢都（位于今湖北荆州），楚昭王逃亡，几致亡国，其后楚臣申包胥到秦国乞师，昭王始得复国。

当吴国大军在楚都得意时，地处吴国南邻的越国却乘虚攻入吴都，使吴军急急回师。公元前496年，吴、越大战于檇李（今浙江嘉兴），吴兵大败，阖闾伤指而死，子夫差继位。三年后，吴王夫差败越军于夫椒，越王勾践卑辞求和，愿称臣降服，暗中重用范蠡、文种，君臣卧薪尝胆，十年生聚，十年教训，计划复仇。

吴王夫差败越后，乃一意经营江淮，北上中原，伐陈，服鲁、宋，败齐于艾陵（今山东泰安东南），邀晋定公为黄池之会（今河南封丘县南），成为中原的新霸主。越王勾践乃乘吴王全力经营中原时，乘虚向吴进迫，终于在公元前473年一举灭吴。从此，勾践掌握长江下游的霸权，继而北进与齐、晋等国会于徐州，号令齐、楚、秦、晋共辅王室。秦不如命，越欲西渡河攻击，秦谢罪而止。其时越国势力已横霸江淮，东方诸侯皆低首称贺，号称霸王。越之称霸到此极盛，及勾践卒，霸业始衰，而历史上的春秋时代亦告终。

第三节　战国的养士风气

养士风气的历史背景

上古学术掌于天子及王官之手，所有如纪典、兵戎、占卜、天象、医药等的文字记载，莫不藏诸太史，对下民并不公开。东周以降，王官失散，学在四夷，学术之传播渐及远方。《史记》子长自序谓其先世重黎氏，世序天地；周宣王时失其守，而为司马氏，世典周史。襄王、宪王时，中央迭经变乱，王臣外奔，司马氏遂去周适晋，自此分散于各地，或在卫，或在赵，或在秦。《论语·微子》章记春秋晚年鲁国之乐官分散云："太师挚适齐，亚饭干适楚，三饭缭适蔡，四饭缺适秦；鼓方叔入于河，播鼗入于汉；少师阳、击磬襄，入于海。"太史公又云："自孔子卒后，七十子之徒散游诸侯，大者为师傅、卿相，小者友教士大夫，或隐不见。故子路居卫，子张居陈，澹台子羽居楚，子夏居西河，予贡终于齐。如田子方、段干木、吴起、禽滑厘之徒，皆受业于子夏之伦，为王者师。"观当时受学者由中央而诸侯、由诸侯内散处低层社会的情形，正说明了学术下注的现象。学术既深入社会，散布于民间，白衣掌握了学术以后，渐驾乎贵族之上，以友教士大夫或为王者师的大不乏人。平民学者既得势，贵族阶级对他们亦渐加礼敬，于是从明君的用贤养贤，进一步到公子的养贤。明君养贤始于魏文侯、鲁缪公，而大盛于齐威、宣王时之稷下，如齐宣王之于王斗、颜斶，燕王哙之让位于子之，秦昭王之跪见张禄先生，燕昭王之筑黄金台师事郭隗，皆当时国王礼贤下士榜样。

战国四公子的养士

历史发展到战国时代，由于秦国的强大与急速向中原东方推进，使六国顿生戒心，不得不力图自振，期能与西方的强秦相抗。正如贾谊《过秦论》分析云："诸侯恐惧，会盟而谋弱秦，不爱珍器重宝肥饶之地，以致天下之士，合从缔交，相与为一。当此之时，齐有孟尝，赵有平原，楚有春申，魏有信陵。此四君者，皆明智而忠信，宽厚而爱人，尊贤而重士，约从离衡，兼韩、魏、燕、楚、赵、宋、卫、中山之众。于是六国之士，有宁越、徐尚、苏秦、杜赫之属为之谋，齐明、周最、陈轸、召滑、楼缓、翟景、苏厉、乐毅之徒通其意，吴起、孙膑、带佗、倪良、王廖、田忌、廉颇、赵奢之伦制其兵。"及卿大夫势力膨胀，养士风气转移至公子与官宦方面，故在战国时代，养士风气最为发达。公子养贤，首推齐国的田文（孟尝君）、赵国的赵胜（平原君）、魏国的魏无忌（信陵君）、楚国的黄歇（春申君），历史上称为"战国四公子"。现略引史实如下。

《史记·孟尝君列传》云："孟尝君名文，姓田氏。文之父曰靖郭君田婴。田婴者，齐威王少子而齐宣王庶弟也。……田婴相齐十一年，宣王卒，湣王即位。即位三年，而封田婴于薛……孟尝君在薛，招致诸侯宾客及亡人有罪者，皆归孟尝君。孟尝君舍业厚遇之，以故倾天下之士。食客数千人，无贵贱一与文等。孟尝君待客坐语，而屏风后常有侍史，主记君所与客语，问亲戚居处。客去，孟尝君已使使存问，献遗其亲戚。……相齐，封万户于薛。其食客三千人……"

《史记·平原君虞卿列传》云："平原君赵胜者……喜宾客，宾客盖至者数千人。平原君相赵惠文王及孝成王，三去相，三复位，封于东武城。平原君家楼临民家。民家有躄者，槃散行汲。平原君美人居楼上，临见，大笑之。明日，躄者到平原君门，请曰：'臣闻君之喜士，士不远千里而至者，以君能贵士而贱妾也。臣不幸有罢癃之病，而君之后宫临而笑臣，臣愿得笑臣者头。'平原君笑应曰：'诺！'躄者去，平原君笑曰：'观此竖子，乃欲以一笑之故杀吾美人，不亦甚乎？'终不杀。居岁余，宾客门下舍人稍稍引去者过半，平原君怪之曰：'胜所以待诸君者未尝敢失礼，而去者何多也？'门下一人前对曰：'以君之不杀笑躄者，以君为爱色而贱士，士即去耳。'于是平原君乃斩笑躄者美人头，自造门进躄者，因谢焉。其后门下乃复稍稍来。"

《史记·魏公子列传》云："魏公子无忌者，魏昭王少子，而魏安釐王异母弟也。昭王薨，安釐王即位，封公子为信陵君。……公子为人仁而下士，士无贤不肖，皆谦而礼交之，不敢以其富贵骄士。士以此方数千里争往归之，致食客三千人。当是时，诸侯以公子贤，多客，不敢加兵谋魏十余年。公子与魏王博，而北境传举烽，言'赵寇至，且入界'。魏王释博，欲召大臣谋。公子止之曰：'赵王田猎耳，非为寇也。'复博如故。王恐，心不在博。居顷，复从北方来传言曰：'赵王猎耳，非为寇也。'魏王大惊，曰：'公子何以知之？'公子曰：'臣之客有能探得赵王阴事者，赵王所为，客辄以报臣，臣以此知之。'是后魏王畏公子之贤能，不敢任公子以国政。……"

《史记·春申君列传》云："春申君者，楚人也，名歇，姓黄氏。游学博闻，事楚顷襄王。顷襄王以歇为辩，使于秦。……秦昭王方令白起与韩、魏共伐楚，未行，而楚使黄歇适至于秦，闻秦之计。当是之时，秦已前使白起攻楚，取巫、黔中之郡，拔鄢、郢，东至竟陵，楚顷襄王东徙治于陈县。黄歇见楚怀王之为秦所诱而入朝，遂见欺，留死于秦。顷襄王，其子也，秦轻之，恐一举兵而灭楚，歇乃上书说秦昭王……（昭王）于是乃止白起而谢韩、魏，发使赂楚，约为与国。黄歇受约归楚……楚顷襄王卒，太子完立，是为考烈王。考烈王元年，以黄歇为相，封为春申君……是时齐有孟尝君，赵有平原君，魏有信陵君，方争下士，招致宾客，以相倾夺，辅国持权。……春申君客三千余人，其上客皆蹑珠履……"

据上引文所载，战国四公子多养士数千之众，以为自己的政治本钱。如此，入则可以威胁所在国的国君，使对其加以重用；出则可以威胁邻邦，使其迁就己意，以达到"辅国持权"的目的。诸公子们都凭着自己的财力地位大量招致食客、养贤士，士的力量一旦团结起来，往往可以左右当时的政局。如孟尝君在齐，齐王以孟尝的地位势力"名高其主，而擅齐国之权"，欲废孟尝君不用，孟尝君门下食客冯骧便游说秦、晋两国之君，使他们都要借重孟尝君，如此，齐君只得打消废孟尝君的心意；平原君为赵王到楚国游说，一篇议论居然把楚王态度改变，而订下合纵的盟约，盖见当时游士说客的力量是不可轻视的。

第四节　春秋战国期间的变法

东方各国的变法

战国初期各国的变法运动，首先应谈到魏国。魏文侯（公元前445年至公元前396年在位）是当时最有声望的诸侯，他搜罗了一批政治、军事的人才，帮他治国，前后有子贡、田子方、段干木、吴起、李悝、西门豹等人。其中，尤其以李悝（《史记》之《货殖列传》、《平准书》和《汉书·艺文志》中的"李克"，与《史记·孟子荀卿列传》、《汉书·食货志》中的"李悝"实是一人。"克"、"悝"二字，古音相通）深得文侯的信任。他曾作《法经》六篇，"以为王者之政，莫急于盗贼，故其律始于《盗》、《贼》；盗贼须劾捕，故著《网》、《捕》二篇"。（《晋书·刑法志》）可惜他的《法经》今已不传。其著名的倡导，就是"尽地力之教"。所谓"尽地力之教"，其详虽不可得知，但从《汉书·食货志》上看，就是要"治田勤谨"。因为"治田勤谨"就可以亩益三斗，否则一亩田便要损失三斗了。这样，便使农业生产力提高。除此之外，李悝又主张实行"平籴法"。他说："籴甚贵，伤民；甚贱，伤农。民伤则离散，农伤则国贫。"所以要讲平籴。岁熟，则由政府收割，"使民适足，价平则止"；岁饥，则政府出籴，"故虽遇饥馑水旱，籴不贵而民不散，取有余以补不足也"。这种办法是魏国富强的主要原因之一。不过，到魏惠王时，至少平籴法已经废除（《孟子·梁惠王篇》称其移民移粟以救灾），足见变法未能彻底实行。

楚国变法在楚悼王（公元前401年至公元前381年在位）时。大约在公元前384年，吴起从魏到楚，悼王用他做令尹，史称他"明法令，捐不急之官，废公族疏远者"。他又以为楚的大臣权力太重，封君太多，教悼王立条新法令，制定封君传了三世，国王可以无条件收其爵禄（《韩非子·和氏》），意思是想逐渐打破封建领主制度。他又为了发展农业，"令贵人往实广虚之地"，于是贵族"皆甚苦之"（《吕氏春秋·贵卒》）。吴起所建议的改革多对贵族不利，故悼王一死，贵族们便起而作乱，围攻吴起。吴起恐慌起来，为政敌所射杀。后来楚肃王虽然把射杀吴起的贵族们大加诛戮，夷宗者七十余家，但终楚之世，没有走通变法之路，而政权始终被贵族专横支配着。所以一直到战国后期，楚国土虽大，竟不是强秦的对手。

史称，战国初期，韩国也曾有所改革。韩昭侯（公元前362年至公元333年在位）用法家申不害为相，申不害教昭侯用权术来驾驭他的臣下，"因任而授官，循名而责实，操杀生之柄，课群臣之能"。（《韩非子·定法》）韩国因此"国治兵强，无侵韩者"。（《史记·老子韩非列传》）其实申不害并未曾出过什么高见，只是一种"术数"而已，说不上什么变法。且韩国面积小而多山，人民贫苦，也不易有所作为，终究在七国中属于最为弱小的国家。

管仲相齐的改革

"五霸"的事业是一部春秋史的骨干，而五霸之中以齐桓、晋文为首。《孟子》曾说"其事则齐桓、晋文"，又说"五霸，桓公为盛"，可见齐桓公的霸业是春秋史中最重要的。但是，齐桓公的霸业是管仲帮他做成的。管仲，字夷吾，据《史记》说，他是颍上人氏，大约是周的同姓管国的后代，少年时曾与鲍叔牙交好，鲍叔牙知他贤能，很敬重他。鲍叔牙依附了公子小白，管仲做了公子纠的臣属。齐襄王去世后，公子小白与公子纠争国时，管仲曾发箭射中小白的衣带钩。桓公（小白）即位后，打败鲁兵，逼鲁国杀死公子纠，把管仲俘虏回来。因鲍叔牙的竭力保荐，管仲竟做了桓公的相。他替桓公规划政事，立定了创建霸业的基础。管仲替桓公所规划的治齐国的方法，可分为内政、军政、财政三方面。他所用的政策，约略说来，是分画都鄙而集权中央，奖励农、商以充实国富，修整武备以扩张国威。兹据《国语》等书，分内政、军政、财政三项，略述管仲治齐的政策。

一、内政方面

管仲所定的计划是把国都分为六个工商之乡和十五个士乡，共为二十一乡；其中十五个士乡由桓公自己带领五个，上卿国子和高子各领五个。而国政也分为三项。一是立三官之制。官吏之中，立三宰；工人之中，立三族；市井之中，立三乡。又立三虞官，管理川泽之事；立三衡的官，管理山林之事。并规定郊外三十家为一邑，邑设一司官；十邑为卒，卒设卒帅；十卒为一乡，乡设乡帅；三乡为一县，县设县帅；十县为一属，属设大夫；全国共有五属，设五个大夫。又立五正之官，各管一属政事，而受大夫的统属，每年正月，由五属大夫把其治理属内的政绩报告桓公，由桓公督责他们的功罪。于是大夫修属，属修县，县修乡，乡修卒，卒修邑，邑修家，内政便上了轨道。

二、军政方面

管仲所定的计划是作内政而把军令寄在里面。他规定：国都中，五家为一轨，轨设轨长；十轨为一里，里设有司；四里为一连，每连设连长；十连为一乡，乡设乡良人以掌管军令。每家出一人，一轨有五人，五人为伍，由轨长带领；一里有五十人，五十人为一小戎，由里有司带领；一连有二百人，二百人为一卒，由连长带领；一乡有两千人，两千人为一旅，由乡良人带领；五乡有一万人，立一个元帅，一万人为一军，由元帅带领。全国三军，由桓公与国子、高子带领，桓公等三人也就是元帅。这是后世保甲制度的雏形，也是一种军国制度。他们定出这种制度，每逢春、秋二季,借狩猎以训练军旅。于是,"卒伍整于里,军旅整于郊",训练完成以后,下令全国的人不许自由迁徙,每伍的人有福同享、有祸同当,人与人、家与家之间都互相团结,就做到了"夜战声相闻,足以不乖;昼战目相见,足以相识"的地步,这样的军队自然是最好的了。那时,齐国缺少军器,管仲又定出一种用军器赎罪的刑法来。臣民犯了重罪,可以用一副犀牛皮制的甲同一柄车戟赎罪;犯了轻罪,可以用一副皮制的盾同一柄车戟赎罪;犯了小罪,可以用铜铁赎罪。打官司的人应该用一束箭做入朝听审的讼费。这样一来,甲兵也就充足了。

三、经济政策

管仲之经济政策,有许多颇合于现代财政原理,或较现代欧西财政更进一步。其计划是"相地衰征"、通货积财、设"轻重九府"之制。观察年岁的丰凶、人民的需要来收散货物、制造钱币,由官府掌管,更提倡捕鱼煮盐的利益,于是齐国就富庶了。我们分析他的主张,约有下列数点。

(一)无税政策

我国一向属于以农业为主,一切财政的收入皆以田赋为大宗,国家支出随着岁月之久远,其需要则愈大,人民田赋负担日益增加,而至伤及税源,影响生产成本,使经济长期停滞。因此,他不赞成税收政策,理由有三:租税会妨碍国民生产力;租税会使国民对政府生怨恨;租税乃剥夺国民所得。

但租税之作用,本为供应国家开支,因国家不能没有开支,亦即不能不征收租税。管仲既倡无税政策,然则以何法供应国家之经济?于是他主张盐铁专卖、森林矿山国有化,以及粮食国有政策等以补救之。

(二)食盐专卖政策

近代国家所推行食盐专卖政策,远在三千年前的管仲时候已见实行。管仲主张食盐专卖,目的是使财政增加收入,并且实施其社会政策,因此在国内实行计口售盐,对外以盐为国家专卖事业,借以吸引外国资金。因为盐乃人生必需品,在政府统制下,使人民不会感到高价之压迫;至于对外,更以专利方法,利用供求多取余利,以充实国家政费,减轻人民负担。

(三) 铁矿国有政策

矿铁为天然财富，理应不许私人独占，如归私人占有，则容易造成社会财富不均而生产动乱，故现在之国家多将矿铁收归国有，但在管仲时候已见诸实行。他对于铁矿特别重视，主张由国家封禁所有矿藏，不得任人自由采掘。其办法是人民欲采购者，必先得国家允许，而缴纳一定之税额，约为民得其七，君得其三。如此，矿山之所有权归于国家，采矿冶铁则归于人民。

(四) 森林国有政策

管仲以树木之大小分为等级，以租植于民。此外，他积极主张造林，保护森林、用国家力量，结果颇有成绩，国家财富随即增加。

(五) 粮食国有政策

国以民为本，民以食为天，故粮食之重要自古已然。管仲对于粮食国有政策之主张，乃把握谷米之买卖权，用货币调整其价格之高下，借此增加税收，而不直接课税于民。政府能把握粮食，既可增加收入，亦可安定社会。

(六) 以货币稳定物价

货币属于金融范围，金融与财政又具有不可分离之关系。货币问题之中心，是货币价值问题，货币价值之变动，亦即显示物价之变动，故影响社会经济甚大。管仲主张之货币操纵物价，亦即利用金融力量以左右物价。物价高，政府乃收缩货币，使物价下跌；物价低，乃散货币于市场，扩大其流通数量及速率，则物价自然腾贵；高涨至某一程度，再收缩货币，使物价达于水平而止。

我们综看管仲治国方法，实在是一个大政治家的手腕。他治国的要点先在分画内政和统一政权，富国的要点先在整理赋税和发展农、商，而由国家统制经济。尤其可以佩服的，是把军令寄在内政上，使武备不能独立扩张，兵属于国，民属于兵，兵、民合为一体，国家岂有不强盛的道理？他所定的保甲制度等，到现在还有值得模仿的地方。即此可以知道，一国的强盛，固然需要其他外在和内在的条件，而大政治家的有益人国，也是绝对不可否认的事实。

商鞅变法

一、商鞅改革的时代背景

秦地处于边陲，与中原国家有截然之不同，无论在经济上或政治上均比较落后。春秋战国期间，中原国家（如齐、晋两国）有些强大之卿大夫，为争取国君之政权，不惜提拔新兴大夫阶级中之贤者，以助其推行政治改革，后因而产生"三家分晋"及"田氏取齐"之局面。魏、赵、韩三家及田氏得政后，就作进一步之政治改革，国家逐渐富强起来。魏文侯时用李悝，以致魏在战国初期成最富强之大国；赵烈侯时用牛畜、荀欣、徐越，以推行改革；韩昭侯用申不害为相，讲究驾驭臣下之术；齐威王时用邹忌为相推行改革；至于郑、宋两国，亦相继推行政治改革；最后，甚至与秦国一般处于边陲之地的楚国，亦有吴起变法一事。处此形势之下，秦国亦不能不推行政治改革。

商鞅又名卫鞅，乃卫国人，姓公孙，名鞅，卫国之贵族。因其政策主张不合于卫国，乃之魏，亦不见重，而入秦国，经孝公宠臣景监以谒见孝公。孝公欲图富强，乃用商鞅变法，十多年间，秦国大治，家给人足。在此以前，秦国还是由领主制度支配，世卿、世禄、世业制度也还存在，把吏称为百姓（百官族姓）；国家大权都落在庶长手中，国君的废立全由若干庶长做主，往往引起内乱；农民苦于沉重之劳役地租。秦孝公时，有感"诸侯卑秦，丑莫大焉"，于是下令国中，要求改革政治。卫鞅于此时入秦。鞅从法家之学，习李悝之法，秦孝公六年（公元前356年），孝公任命鞅为左庶长，实行改革。

二、改革之理论根据

商君之时，秦国贵族势力代表甘龙、杜挚皆斥商鞅变法，主"缘法而治"、"循礼无邪"。鞅倡一套反古之论，以反对古法，主张因时制宜，可从《商君书·更法篇》及《史记·商君列传》内窥见一斑。

《商君书·更法篇》云："夫常人安于故习，学者溺于所闻。此两者，所以居官而守法，非所与论于法之外也。三代不同礼而王，五霸不同法而霸。故知者作法，而愚者制焉；贤者更礼，而不肖者拘焉。拘礼之人，不足与言事；制法之人，不足与论变。"又说："前世不同教何古之法？帝王不相复何礼之循？伏羲、神农，教而不诛；黄帝、尧、舜，诛而不怒；及至文、武，各当时而立法，因事而制礼。礼、法以时而定，制、令各顺其宜，兵甲器备各便其用。臣故曰：'治世不一道，便国不必法古。'汤、武之王也，不修古而兴；殷、夏之灭也，不易礼而亡。然则反古者未必可非，循礼者未足多是也。"《史记·商君列传》云："疑行无名，疑事无功。……有独知之虑者，必见敖于民。愚者暗于成事，知者见于未萌。民不可与虑始而可与乐成。论至德者不和于俗，成大功者不谋于众。是以圣人苟可以强国，不法其故；苟可以利民，不循其礼。"

由此可以看出商鞅的两大观点：从时间上看，不可拘于过去之成法，竭力反对师古；从空间上看，不可以拘于世俗的习惯，主张因时制宜，便是强国之道。

商君鉴于战国时代秦国经济情况，而先后从事土地私有改革。为充实国力，必需推行增产政策与"重农抑商"。为维护地方安宁，必要实行法治，"严刑峻法"。为应付战争环境，必要"勇于公战，怯于私斗"。这都是秦国所需要的。况且当时秦国的情形是文化经济落后，华戎杂处，虽无强大的大领主，但小领主却甚多，把秦国分为千百个小国，人们只知有领主而不知有秦室；氏族公社的残余很有势力，大家族聚族而居，家里互相依赖，劳逸不拘，华戎之间，常起争斗。商鞅便是针对这种情形，创立新法。

三、商鞅变法的内容

商鞅于公元前356年及公元前350年两次颁布了变法的命令，并在施行之前徙木立信。威信既立，便大力地推行他伟大的改革。兹将其两次改革内容说明于下。

（一）经济方面之改革

第一，奖励人民生产，压抑商业。他规定凡努力从事农业或纺织而使生产量增加的，可免除徭役。至于商业方面，因懒惰而致经营失败者，妻儿子女没为奴婢。

第二，废除井田制。他配合当时生产力的发展，实行"废井田，开阡陌"，使民得自由买卖土地。并承认人民有土地所有权，农民既能安于本田，努力生产，政府亦能按照农民耕作面积，课收租税。

第三，男子分居立业。他规定男子到了一定年龄，便要分居立业，独立谋生，否则要加倍出赋税。

第四，统一度量衡制，使全国货物交易有统一的度量衡。规定六尺为步。制定标准度量衡器具，一升约合现在 0.2 升，一尺约合现 0.231 米。此乃根据现时出土之名为商鞅量的青铜器皿所测度。

（二）政治方面之改革

第一，推行郡县制度。郡县之设立非始于秦国，早在春秋时代已有推行，但自商鞅变法后，郡县之执行，以秦国为最严。其法是集小乡邑聚为县，大县设县令，小县设县长，专营一县之政事。下设县丞，协助县令。又设县尉，负责一县之军事。

第二，明定爵位等级，定官阶。"明尊卑爵秩等级，各以差次名田宅，臣妾衣服以家次。"这是从政制上分爵位为二十级，第一级为公士，第二级为上造；第一至四级属士阶层，五至九级为大夫阶层，十至十八级为庶长阶层，十九至二十级是诸侯阶层。新官阶定立后，把过去封建制度下之旧官阶废除，以前之爵位是和土地联系在一起的，有爵位即有土地，但新官阶是与土地分开的，升官并不等于增加封地。新官阶之中，要到彻侯才能享有食邑权利，其余十九级官阶，只食禄而已。

第三，严定刑法。法家之政治主张，以严刑峻法为本，死刑分枭首、腰斩、凿颅、镬烹等。

第四，迁都咸阳。把首都从雍迁往咸阳，并大修宫阙，以建立一国的政治中心。

（三）社会方面之改革

第一，编制人民户籍。五家为一"伍"，十家为一"什"。什、伍内各家互相监督，一家犯法，别家如不告发，就要同罪连坐。告发奸人的得重赏，匿藏坏人的处重罚。

第二，革除同居陋习。令民父子兄弟同室内息者为禁。

（四）军事方面的改革

第一，奖励军功。立军功之人，各按功劳大小受赏。有功者显荣，无功者虽富，无所芬华。凡在战争中取得敌人首级者，可得赏一级爵位，并严刑处罚降敌者。

第二，严禁私斗。

四、变法后的裨益

秦国内政方面上轨道后，商鞅便开始向外国图谋。秦国以前曾被魏国夺去河西之地，因而势力不得不退到洛水以北，且魏国在河西设郡，派重兵防守，对秦国防造成威胁。秦献公时，曾派兵东出，欲收回此地方而无功。不久，孝公即位，任用商鞅变法，发愤图强，于是乘魏、齐交兵之际，向魏国进兵，不但收复秦国河西之地，且兵临魏国旧都城安邑并迫降之，获空前大胜。秦国内政成功，致使国家无论在金钱上或人力上均富足，从而为对外战争亦孕育了有利之条件。其他裨益可从其他书籍中得知，例如："行之十年，秦民大说，道不拾遗，山无盗贼，家给人足。民勇于公战，怯于私斗，乡邑大治。"（《史记·商君列传》）"兵革大强，诸侯畏惧。"（《战国策·秦策》）"当是时也，商君佐之，内立法度，务耕织，修守战之具，外连衡而斗诸侯。于是秦人拱手而取西河之地。"（贾谊《过秦论》）"孝公为商鞅之法，移风易俗，民以殷盛，国以富强，百姓乐用，诸侯亲服，获楚、魏之师，举地千里，至今治强。"（李斯《谏逐客书》）"秦孝公任商鞅。鞅以三晋地狭人贫，秦地广人寡，故草不尽垦，地利不尽出。于是诱三晋之人，利其田宅，复三代无知兵事，而务本于内，而使秦人应敌于外。故废井田，制阡陌，任其所耕，不限多少，数年之间，国富兵强，天下无敌。"

(杜佑《通典·食货》)

五、商鞅变法之成功因素

在中国历代维新变法的历史中,行之而有成效的,当推秦之用商鞅。其所以克致成功,实有数因。一则,自春秋战国以来,由于封建社会的崩溃,农工商业的发展,人民普遍已有统一的要求。商鞅的一切改革,其目标都是为着统一的,也即是说,适应时势的需要;其所行之措施,切合一般人民之愿望,自然容易成功。二则,商鞅的改革是有计划、有组织的。在改革之先,树立威信、立论以服人心;改革之际,不论在经济、政治、社会、军事各方面,都能全盘顾及,与头痛医头、脚痛医脚截然不同,其成功自在意中。三则,秦孝公于聆听商鞅改革计划后,即委以重任,且信之不疑,从此大权在握,当无牵制之弊,推行政令自易成功。四则,商鞅的作为,虽近乎惨核寡恩,但这样重大的改革,若没有大刀阔斧的手段、言出必行的精神,怎能战胜顽固保守的旧势力?这种赏罚严明、毫不徇情的法家精神,正是他获致成功的主要原因。五则,一种改革运动是不能急切从事的,非有长期准备和全盘的计划不易成功。商鞅执政十余年,有充分时间,又得人主信任,及其后虽被诛戮,而定下之法未改,所以他的改革事业能顺利完成。

六、商鞅改革之影响

秦始皇在统一全中国之过程中行"上农除末"之政策,曾不断用定期免除徭役之法,去奖励农民迁到农业劳动力不足之边地,不断将商人视为"谪戍"(充军)之对象,此为商君"困末作而利本事"政策之扩大。始皇曾拆毁战国时代各国在内地利用堤防扩建而成之长城(即所谓"决通川防"),此又为商君"决裂阡陌"政策之扩大也。始皇曾统一法制,统一度量衡,统一道路之宽度,统一文字,此也为商君统一度量衡制度之进一步发展也。始皇曾焚《诗》、《书》、百家语,令人们学法令"以吏为师",此亦为商君"燔诗书而明法令"政策再扩大之实施。商君运用其策略,以清除秦国领主贵族割据之局面,建立统一之地主权。始皇扩充商君之政策,更消除诸侯割据之局面,建立统一全中国之政权。

商鞅处在封建与君主政治过渡时期，坚决实行变法，以求加速封建之崩溃，创立君主制度之规模。近效则使秦国富强，远效则使中国一统。如果没有商鞅坚决变法，封建政治必要延长，战国局面必会改观，偌大的一个中国必不能在两千余年前即成为大一统的局面。明张居正更谓："周王道穷也，其势必变而为秦，举前代之文制，一切铲除之，而独持之以法。"又说："三代至秦，浑沌之再辟者也。其创制之法，至今守之以为利。"这是说秦代政治变法的彻底与传后的久远。然其创制立法，非托始于始皇或李斯，而实始于商鞅。故商鞅之变法，不但创造了秦国的命运，而且奠定了秦以后两千年之政治历史。

经商鞅变法，法家理论完全确立，法家的实效充分表现，于是法家在政治思想和实际上均占优势。尚自然的道家和尚兼爱之墨家从此失势，固不待说；即使历史最久、凭借最大和大师最多的儒家，也无法在当时政治上发生大实效。孟子周游列国，终不得见用。荀子不得已，乃采法家思想而混于儒家理论。他也讲"强国"、"富国"并且"议兵"，他所说的"礼"与法家所谓的"法"相去无几。他曾说"民齐者强，民不齐者弱；赏重者强，赏轻者刑"，"不威不强不足以禁暴胜悍"，"正法以齐官，平政以齐民"，"隆一而治，二而乱"，这都是明显受了商鞅思想上的影响。至于集法家大成之韩非，受商鞅启示更多，自不待赘。商鞅在法家中实居正中地位。汉以后儒家虽多非难商鞅，然暗中仍酌采商鞅的主张。曾国藩主张"酷其罚"，便是一个例证。由此可见，商鞅在中国政治思想上是一个首要的法家，并予以儒家不少影响。

第五节　战国形势与七雄争霸

战国初期的各国疆域

春秋战国期间，晋、齐、楚、越四大国对峙，成为"四分天下"的局面。

不久，魏、赵、韩三家逐渐形成独立国家。这时，大国有楚、越、赵、齐、秦、燕、魏、韩八国，小国有宋、鲁、郑、卫、莒、邹、杞、蔡、郯、任、滕、薛等国。周虽然名义上为三晋所拥戴，实际上已成为三晋的附庸。所谓戎、狄有匈奴、东胡、楼烦、林胡等部族和蜀、巴、中山、义渠、大荔、緜诸、獂等国。

各大国的疆域，以楚为最大，越次之，赵、齐又次之，秦、燕又次之，魏又次之，韩最小，分述如下。

楚国疆域从今四川省东端起，占今湖北省全部，兼有今湖南省的东北部、江西省的北部、安徽省的北部、陕西省的东南部、河南省的南部及江苏省淮北的中部。全境东北和秦接界，北面和韩、郑、宋等国接界，东和越接界，西和巴接界，南和百越接界。国都是鄢郢（今湖北江陵县），楚惠王五十六年（公元前433年）前曾迁到西阳（今湖北黄冈东），后又迁回鄢郢。

越国疆域约自今山东省的琅琊台起，沿海而南，有今江苏省苏北的运河以东地区、全部苏南地区、安徽省的皖南地区及江西省东境的一部分，并兼有今浙江省的北半部。北境和泗水上的各小国接界，西和楚接界，东边靠海，南和百越接界。在越王勾践灭吴后，国都曾迁琅琊台，越王翳三十三年（公元前39年）迁回吴（今江苏苏州）。

赵国疆域自今陕西省的东北部，过黄河有今山西省的中部，更伸向东北部、东南部，兼有今河北省的东南部，并涉及今山东省西边的一角和今河南省的北端。全境东北和东胡、燕接界，东与中山、齐接界，南和卫、魏、韩交错接界，北和林胡、楼烦接界，西和魏、韩交错接界。其国都原在晋阳（今山西太原），在公元前425年赵献子即位时，迁都中牟（位于今河南郑州）。公元前386年，赵敬侯迁都到了邯郸（今河北邯郸）。

齐国疆域有今山东省偏北的大部，兼有今河北省的西南部。全境东边靠海，西南和莒、杞、鲁等小国接界，北和燕接境，西和赵、卫交界，国都在临淄。

秦国疆域自今甘肃省的东南部，沿渭河两岸而有今陕西省的腹部，有一部分土地能直接达到黄河沿岸，部分土地并从今陕西省的东南部伸入今河南省的灵宝县。全境东和魏、韩及大荔之戎交界，南和楚、蜀交界，西和獂、緤诸、乌氏等戎国交界，北和义渠、朐衍等戎国交界。国都原在雍（今陕西凤翔），公元前350年由于商鞅变法迁到咸阳。

燕国疆域有今河北省北部，并兼有今山西省的东北一角。全境东北和东胡接界，西和中山、赵接界，南边靠海，并和齐接界。国都是蓟（今北京市）。

魏国疆域在今陕西境内，沿黄河仅有今韩城县的南部；在渭河以南有今华阴县左右地；在今山西省有西南部，并伸入东南部，通达今河南省北部，并兼有黄河以南一部分沿河地；东北更有今河北省的大名、广平间地，和山东省冠的县地。领土较为散漫，主要地区为今山西省西南部的河东和今河南省北部的河内，以今山西省东南部的上党为交通孔道，四周和秦、赵、韩、郑、齐、卫接界。国都原在安邑（今山西夏县），战国初期攻取得今河南省中部地区后，魏惠王九年（于公元前361年）迁都到大梁（今河南开封）。

韩国疆域有今山西省的东南部和河南省的中部。全境把周包住，西和秦、魏交界，南和楚交界，东南和郑交界，东和宋、卫交界。国都原在平阳（今山西临汾）；公元前416年，韩武子迁都到宜阳；到韩景侯时又迁都阳翟（今河南禹州）；公元前376年，灭了郑国，也就迁都到郑（今河南新郑）。

七国争雄

七国之中最先称霸的是魏惠王。魏国地处中原，魏惠王即位（公元前369年）不久，为了图霸，乃于公元前361年自安邑迁都大梁，魏国自此又称梁国。惠王很想统一三晋，恢复春秋时代晋国的全盛地位，于是在公元前354年围攻赵都邯郸。公元前353年，齐国命田忌、孙膑率军救赵，与魏战于桂陵（今河南长垣西北），大败魏军。十一年后，魏又伐韩，复被击败于马陵（今山东聊城莘县），大将庞涓自杀，太子申被虏，秦也乘机侵略魏在河西的土地。魏国两次败于齐，乃于公元前334年与齐（威王）在徐州开会，平分霸业（魏惠王晚年的事，《史记》均误为襄王时事）。

齐、魏相王以后，就是齐、秦争强时期。此期自齐、魏相王下迄齐灭宋，凡四十八年。齐威王因为曾两度打败过魏国，基本上摧毁了魏惠王争霸的事业。齐威王遂继魏而为一等强国，其子宣王继立（公元前319年至公元前301年），国势大盛。不过这时西方的秦国已渐渐强起来，用张仪专务离间魏、楚和齐的关系，使齐国孤立，于是造成秦、齐势均力敌之局面。齐宣王有统一天下的野心，这时燕国有内乱（燕王哙让国于子之，于是太子作乱，国人也不服），齐乃乘机出兵伐燕（公元前314年），把燕灭了，引起燕人举国仇视和各国的不安。宣王终于不敢吞并燕国，大军在燕驻守三年（公元前314年至公元前312年），又退出。齐湣王即位，任用孟尝君田文为相，与西方的秦为东西两个强国。秦昭襄王于公元前288年约好与齐湣王同时称帝——秦称西帝，齐称东帝（秦未实行，齐称帝只两个月便又恢复称王）。公元前286年，齐湣王灭宋而占有其地，益惹他国忌嫉，但齐国的国力也因此大大损耗。燕昭王看到报仇的时机来临，乃于公元前284年用乐毅为将，联合秦、魏、韩、赵等国兵伐齐。齐国的七十余城几乎完全沦陷，仅剩莒和即墨两城未下，湣王旋被杀。后来，齐虽用田单恢复国土（公元前279年），然齐从此一蹶不振。

这时，赵国经武灵王胡服骑射的军事改革，灭中山，国势骤强，东方有力抗秦者，遂首推赵。不过，在公元前260年，秦将白起大败赵军于长平（今山西高平），坑降卒四十余万。秦更使王陵攻赵，又使王龁代陵，围赵都邯郸。幸有魏公子信陵君无忌统晋鄙的军队来救，同时楚救亦至，秦国乃兵解而去。邯郸围解，赵免于灭亡。当时天下大势遂完全为秦所左右。以后虽有魏相信陵君与赵将庞煖先后分别领导的两次合纵攻秦（一在公元前247年，一在公元前241年），但均无力量。而秦却具备了统一中国的各种优越条件，灭六国的形势，这时已经形成了。

第六节　春秋战国期间各方面的转变

政治制度的转变

周室政制虽在《周官·王制》言之甚详，然其书颇杂理想成分。孟轲去古未远，所言周室颁爵禄事，较可参考。《孟子·万章下》云："周室颁爵禄……其详不可得闻也。诸侯恶其害己也，而皆去其籍。然而轲也尝闻其略也。天子一位，公一位，侯一位，伯一位，子、男同一位，凡五等也。君一位，卿一位，大夫一位，上士一位，中士一位，下士一位，凡六等。天子之制，地方千里，公侯皆方百里，伯七十里，子、男五十里，凡四等。不能五十里，不达于天子，附于诸侯，曰附庸。天子之卿受地视侯，大夫受地视伯，元士受地视子、男。大国地方百里，君十卿禄，卿禄四大夫，大夫倍上士，上士倍中士，中士倍下士，下士与庶人在官者同禄，禄足以代其耕也。小国地方五十里……耕者之所获，一夫百亩。百亩之粪，上农夫食九人，上次食八人，中食七人，中次食六人，下食五人，庶人在官者，其禄以是为差。"

孟子所述周制，虽亦不尽与史实相合，尤以在详细节目上，诸国能有如是齐整的官制实属可疑，然孟子为战国时人，所述周制之普通原则当与事实相去不远。自周室东迁，诸侯竞逐，对于政治制度自必多所更张，语其大者，如齐有轨里连乡，鲁有邱甲田赋，已不能尽如初制。至战国，商鞅为什伍之法，定连坐之条，行军功之爵，彻侯至公士凡二十等，又制收拿之典律，废井田，开阡陌，征赋税，皆为政治制度上之大变革。其后灭人之国，则削之为县，县为守令，恢复爵秩，盖无一与周初合矣。

自春秋诸侯竞争、各自为政、组织更易，至战国而官制全变，其可考者，秦官有相、丞相、相国、师、傅、客卿、中大夫令、五大夫、尉、国尉、廷尉、都尉、卫尉、长史、大良造、造庶长、守、县官、县令、县丞、郎、郎中、中车府令、主铁官、舍人、中庶子；齐官有相、司马、师、太傅、御史、祭酒、右师、学士、客卿、驸驾、主客、谒者、五官；楚官有上柱国、大将军、裨将军、太子少傅、太子太傅、相国、新造盩、三闾大夫、执珪、左徒、令、郎中、谒者；赵官有丞相、相国、左师、国尉、官帅将、中侯、御史、博闻师、司过、黑衣、守田部吏；魏官有相、师、傅、犀首、上将军、御庶子、博士、门监；韩官有相国、守、县令、中庶子；燕官有相国、太傅、御书。各国官名，多有同者，此或因当时互相仿效，或史家记述异国之官而径以己国相当官名译之，亦未可知，然其变革之甚，则观此可知。此中尤以秦官为可注意，盖其变革最巨，而影响于后世者亦最大也。

军政之改革，可分军额与征发二端言之。周制，天子与诸侯军有定额，而各诸侯之军复有等级之分。自五霸迭兴，军额增益，周制遂坏。齐桓公作内政，以寄军令，其法以五家为轨，故五人为伍；十轨为里，故五十人为小戎；四里为连，故二百人为卒；十连为乡，故两千人为旅；五乡一帅，故万人为一军；国有三军，是齐国称霸时，实有兵三万人。晋文公城濮之战，有兵车七百乘，凡五万两千五百人。及至战国，据《史记·苏秦列传》所记，燕带甲数十万，车六百乘，骑六千匹；赵带甲数十万，车千乘，骑万匹；韩带甲数十万；魏武士二十万，苍头二十万，奋击二十万，厮徒十万，车六百乘，骑五百匹。虽其间不无稍夸大处，然其数目激增则无可置疑。军队之数目既多，战争因之剧烈，每战斩首数千级或数万级而不以为异，春秋时不闻有此也。而在周初，寓兵于农，本为征兵制，至春秋征兵法坏，转为招募，且有专门帮助弱小诸侯捍卫疆邑之武侠团体（如墨翟及其弟子禽滑厘等），所领徒党是其例证。及至战国，军队益以招募而成，兵农之分，盖自是始。兹将春秋时代与战国之军政变革比较如下。

一，春秋只注意首都的防御战，战国则及于国家的边境。

二，春秋战争目的在争霸主，而战国战争的目的在争统一。

三，春秋时战争为着取俘夺货，而战国时则占土地、残杀敌人。

四，春秋战争以车戟为主，战国则以步兵为主。

自春秋诸侯竞争，贵族政治逐渐变革。一方以君权渐重，组织渐繁；一方以人民渐趋独立自由，人与人之关系日趋复杂而争讼愈多，于是"礼治"之法不复适应，而新律之厘定与颁布遂更迫切需要。鲁襄公三十年（公元前536年），郑子产始作《刑书》。而李悝相魏文侯，更集诸国刑典，造《法经》六篇：一《盗法》，二《贼法》，三《囚法》，四《捕法》，五《杂法》，六《具法》。及商鞅相秦，改法为律，而法律之改革成功。其最为后人所疾首者，则为秦刑，语其大要，有三族、七族、十族诸目，先五刑，后腰斩，又有连坐、车裂、弃市、枭首、凿颅、抽胁、黥、劓、士伍、鬼薪、迁诸目，史家所谓赢秦苛法者，指此。

郡县制之推行，政府直辖下的郡县代替了贵族世袭的封地，此制已见于春秋。晋自曲沃篡统，献公患桓、庄族逼，尽杀群公子。骊姬之乱，又诅无畜群公子。故晋无公族，而并地日大，于是遂行县制。及顷公时，六卿弱公室，又尽灭公族，分其邑为十县，各令为大夫。则晋之推行郡县制已久，故三家分晋，即变成新的郡县国家。楚亦久行此制。宣十一年县陈，十二年郑伯出降，曰使改事君，夷于九县，盖内废公族、外务兼并，为封建制破坏、郡县制推行之两因。郡则其先为边防军区，较县为小，及后边郡日大，腹县日见小，此为军国进展之应有现象。然而郡县政令受制于中央，郡县守令不世袭，视实际服务成绩为任免进退，此为郡县制与宗法封建性质不同之点。自此，贵族特权阶级分割性之封建，渐变为官僚统治的政府。

在公元前七世纪以后（鲁文、宣二公时起），封建社会已动摇，动摇的原因，可分外在和内在两方面。

封建制度发展过久，贵族阶级的人数日增，互相冲突排挤，结果使部分贵族急剧降入下层社会。这使下层社会的民众渐渐有了知识，增加力量，能够对贵族阶级起反抗运动（此情形在西周晚年似乎已经萌芽，不过到春秋中期以后才渐显著）。他们敢于斥责那时"君子"的"不稼不穑"、"不狩不猎"而"素餐"，敢于说"逝将去女，适彼乐土"。后来，贵族也公开把"庶人、工商遂，人臣、隶圉免"作为赏格，同时，贵族的政权也下移到少数拥有实力的中下层人物，所谓"政在大夫"、"倍臣执国命"和"县鄙之人人从其政"等等。那时，各阶层的人物互相攻击，于是土地渐渐集中，竟有没有封土的大夫和无禄的公子、公孙出现了。那时，士阶层失业而贫困的人非常多，"隐士"之流也已出现。下层的反抗和土地制度的改变等，使封建社会急剧地动摇。

摧毁封建社会的原动力是生产业的发达。铁制耕器与牛耕的发明，和农业一般技术的改进，使农村日加开发。同时，铁器又使手工业进步，农业与手工业的进步又促进了商业的发达。进步的农、工、商业便提高了人民的地位。到了大夫取得诸侯的地位，武士成了文士，吸收下层的优秀分子另组成一个社会中最有势力的阶层时，封建的命运已大半告终。

周代以前，所谓国家还未脱离氏族社会的组织，因这时政治中心的夏、商王国实在只是些氏族同盟的集团。周代开始确立封建制，国家规模渐渐形成。但是周天子仍只以王畿为其真正的势力范围，周室所封各侯国的内政尚且由各国自己去支配，何况其他羁縻的国家，王室的命令岂能谈得上去支配他们？自春秋时代王纲解纽，篡弑频仍，兼并盛起，夷狄横行，一般盟主用"尊王"、"攘夷"的口号联合诸夏成为一个集团，禁抑篡弑，裁制兼并，中国雏形在那时方才出现。加以各大国努力开疆辟土，以前零碎的小国和部落到这时已渐渐合并成几个大国家（如楚、晋、秦、齐、吴等），开始创立郡县制，大政治家如子产、管仲等又努力改造都鄙制度，原来的封建组织一天天破坏，秦、汉的统一规模已酝酿于此时。

经济的转变

自西周推行封建制度，以其征战降服所获的土地封其子弟及功臣或所灭降诸小国与部落之子孙为各等诸侯，使之各为该封地之君主及地主，而各等诸侯再以其所受土地分赐其子弟或卿大夫,其子弟或卿大夫再分与庶人,使耕种之,而征其田赋,庶人不能自有土地,只为诸侯或卿大夫之农民而已。自周室东迁,诸侯肆行兼并,农民或以从战而失弃本业,或以失地而改习工商;诸侯或以筹谋增加生产,而不复分田,另以别法处理土地,于是田土制度遂动摇。迨秦孝公用商鞅,制辕田,开阡陌,又以三晋地狭人贫,秦地广人寡,乃诱三晋流人入秦耕种,而使秦人应敌于外。居者任其所耕,不限多寡,行之数年,国富兵强。诸侯效之,而旧日之土地制度尽革,自是人民私有土地,而自春秋以来,庶民之弃农而为工商者,亦每以财力相均,农、工、商、贾各能私有资产,而社会经济诸制度,亦连带变革矣。至各国田制变革后之租赋状况,则鲁制别其田及家财各为一赋,郑则令子产别赋其田。

封建时代之贵族采邑,除封地外,一应山林薮泽,大概全为禁地,农民唯有耕稼为生。《周官》有山虞、林衡、泽虞,皆掌山泽之守禁。《齐语》亦谓山立三虞,泽立三衡。《晏子春秋》谓山林之木,衡鹿守之;泽之萑蒲,舟鲛守之;薮之薪蒸,虞候守之;海之盐蜃,祈望守之。此乃贵族封地之私产。《孟子》所谓文王之政,泽梁无禁,晏婴谓山林陂泽不专其利,则皆一种理论而已。而此时农民渐渐游离耕土,侵入禁地,寻求新生业,贵族不能禁。其先目之为盗贼,如郑子大叔兴徒兵以攻萑苻之盗是也。昭公二十年,攻之不能止,乃不得已而加以一种征收。故征商之征,即征诛之征,古人目工商业为奸利者由此。秦、汉政府大司农与少府分职,大司农掌田租,为国家公入,少府掌山泽之税,为王室私入,亦由此种禁地观念演变而来。而新生业之分化,与民间工业之进步,亦为自由工业促进之一因,如捕鱼、煮盐、烧炭、采铁、铸钱、伐木,种种新生产事业,皆由农民侵入禁地而始有。此种变迁,到战国之世而益显。

古者方百里为大国,百里之地,有城郭邑落、山林薮泽、封疆弃地,不能尽垦;即尽垦,亦不过万井(九百万亩)。其间尚有君卿大夫、士等诸级,各有分地,则百里大侯,有田无多,亦如后世一业主。其民若今日之佃户，分田还受，并非难事。故封建制度下之农民无兼并，无贫富。若已有兼并之存在，则封建制亦复失其存在意义。但分封贵族之余地渐次取消，则直属国家之耕土渐次扩大，于是以前贵族圈地分区小规模的井田，不得不解放为整块的农田。这是由于商鞅废井地而辟阡陌、封疆，阡陌即是大田岸，封疆犹如大围墙，为古代贵族封建分割性之主要标志。因此，一方方的井地，相互隔绝在此种格子线内。一旦政治上由封建变为郡县，自可打开格子线，铲除田岸围墙，化成一片，于是封建井地破毁益显。

然而，井田制度破坏之另一原因，则在税收方法之改变。这大抵最先有一种公田制的助法。当时是方里而井，井九百亩，其中为公田，八家皆私百亩，一井之内主要为公田。依理言之，正因助耕公田，始得享有其私田之收获。其时，贵族特置农稷之官，颁历明时，辨土壤，择谷种，教稼恤农，巡野督耕。盖正因视四封之内皆私其物，故勤恳教督，而农民智昧力弱，失却贵族之指导扶助，亦无以善其私田。此外，其破坏原因则为履亩而税。履亩而税者，废公田，转就私田，视田亩之实收而抽收额定之比率，故认田不认人。于是，民田得自由买卖，而土地所有权无形中转移，成为耕者所自有，故兼并亦随之而起。

在西周和春秋的时候，人民的买卖大部分只是"以货易货"，所以可抱布去贸丝，握些粟去问卜，这就是所谓"以其所有，易其所无"。但货币并不是绝对没有的，在商代和西周时已用贝壳作为交易的媒介物，后来更有用铜仿制的贝币，而且普通的铜已作为交易物了。而货币之广泛使用，是战国一新形态。《左传》记列国君相臣馈赠、赂遗、赎罪、纳权，大抵为车马锦璧、钟鼎宝玩，乃至女妾乐师而止，绝无以黄金、货币相投报者；有之，皆自战国始。《六国年表》载，秦惠文王二年始行钱，距春秋末已一百五十五年。盖其时东方诸国已先有钱货，齐、燕刀币，三晋布币，楚鬼脸钱，近代出土极多，而秦踵行之而已。

春秋工商皆世袭食于官，盖为贵族御用，非民间之自由营业。《左传·昭十六年》云，郑子产告晋韩宣子："我先君桓公与商人皆出自周，世有盟誓，相保至今。"《晋语》云："公食贡，大夫食邑，士食田，庶人食力，工商食官，皂隶食职，官宰食加。昭二十三年，王室乱，单子盟百工于平宫。百工叛，伐单氏之宫，败焉，反伐之东圉。"杜注言："百工所在。洛阳东南有圉乡。"故知工商皆居国中，世袭，食于官，仅去贵族一等而已。其后贵族渐渐崩溃，而自由经商乃渐渐兴起，如子贡不受命而货殖，即自由经商之证。其后如范蠡、段干木、白圭诸人，皆凭借政府上之地位而干商贩之新事业。加上旧贵族没落，商贾与军人二者代之而兴，商业大都市亦陆续兴起。自春秋以迄战国中期，历时三四百年，人口繁殖，耕地日辟，游牧之戎狄渐次同化，或消灭，或避去，此疆彼界之封建，已变为壤地相连的几个大国，此皆当时商业都市骤盛之原因，举其著者，如临淄、邯郸、大梁、郢、陶等。

社会方面的转变

周行封建与宗法制度，以维系其阶级观念及严密之划分，但到春秋中期以后，根深蒂固的世族制也随着封建制之崩溃而动摇起来。世族制度衰微之原因有下列四点。

一、土地制的转变

春秋中期以后，一面是土地渐次集中于各大族，失土的世族较前大增；一面是人民私有土地制似已萌芽。上下内外之夹攻，使得世族的阶级开始崩溃。

二、世族内部的倾轧

春秋中期以后，大世族的势力发展到了极峰，因之互相兼并，被倾轧的大小世族中许多丧失职守而降为平民。世族的人数愈少，阶级更维持不住，何况为世族制度基础的封建制度也正在同时崩溃着。

三、尚贤主义的兴起

春秋初年以来，各国竞争渐烈，任用贤才的观念也发达起来，士以下的阶层因此渐次抬头。又因教育较前普及，平民势力格外容易发展，这使世族的地位急剧地倒塌。

四、宗族观念的中衰

春秋中期以后，封建组织渐渐向统一国家转移，因之，宗族观念的一部便被国家观念取代。到了战国，"治国平天下"的学说大张，于是世族制度不由得不完全崩溃了。

就春秋而论，上古学术尚为贵族所持有，而古代学术只有一个礼，古代学者只有一个史（庙祝）。史官随着周天子之封建与王室之式微而逐渐分散于列国，使古代王家学术逐渐广布。

礼本为宗仪的推广，而为古代贵族阶级的生活方式和习惯。此种生活，皆带有宗教的意味与政治的效用，宗教、政治、学术三者，还保有着最亲密的联络。由于祭礼的摇动（即表示着封建制度之崩溃），一切非礼逐渐从贵族之奢侈中产生。一方面贵族对礼文逐次铺张，一方面他们对礼文又逐渐不注意，于是，贵族之中逐渐有知礼与不知礼之别，遂有所谓学者开始从贵族阶级中露眼。同时，由于列国会聘频繁，各国间遂产生一辈多文知礼之博学者，如晋有叔向、郑有子产。在贵族阶级逐渐堕落的过程中，往往知礼的有学问的比较在下位，而不知礼的无学问的却高踞上层。于是王官之学渐渐流散到民间，成为新兴的百家，大抵王官是贵族学，百家是民间学。百家的开先为儒家，而儒家之始创人为孔子，故孔子是传播学术到民间的始创人，他是把古代贵族宗庙里的知识变换成人类社会共有共享学术事业之第一个。后来自由讲学之风盛，及各国延揽人才，于是百家齐放，便有九流十家之出现，各自发表其对学术与政治之思想，于是社会便有士人阶级的出现。

封建制度崩溃，造成平民执政机会。这是由于封建本身埋伏着易放难收的缺点，容易造成尾大不掉。分封之宗族恒予封建主以莫大之威胁，于是转而拔用平民，避免养虎遗患。另一方面，各级贵族生活无虞，日趋于萎靡腐化，其人选不足应付日进于复杂繁剧之政务，更不得不拔用适应时代之政治人才于平民之中。如是主观、客观条件相应，封建制度崩溃、平民兴起之千古大变，遂于不知不觉间完成。

上古学术掌握于天子王官之手，对下民并不公开。东周以降，"天子失官，学在四夷"，学问之传播，所及甚远。《史记·太史公自序》说他先世重黎氏世序天地，周宣王时失其守，而为司马氏；司马氏世典周史，惠王、襄王时，中央迭经变乱，王臣外奔，司马氏遂去周适晋，自此分散于各地，或在卫，或在赵，或在秦。《论语·微子》也记春秋晚年鲁国乐官之分散云："太师挚适齐，亚饭干适楚，三饭缭适蔡，四饭缺适秦，鼓方叔入于河，播鼗武入于汉，少师阳、击磬襄入于海。"此种学人由中央而诸侯，由诸侯而散布于社会的情状，正说明学术下注的现象。学术深入社会，散布于平民之间，于是平民人才辈出，知识能力驾乎贵族之上，或"友教士大夫"，或"为王者师"，时间既久，平民自然取贵族地位而代之。

春秋战国期间，大国的大贵族尽管"忧贫"，而大都邑里已有"能金玉其车，文错其服，能行诸侯之贿"的富商出现。商业的兴盛激发都市的兴起，兹列都市兴起之原因如下。

首先是商品交换的发展。春秋战国期间，由于生产力的提高与农业生产的发展，贵族剥削所得较前为多，生活也更奢侈，对外地各种特产的需要也更殷，这样便激起了商品交换的发展。商业的发展，也使贵族们的贪欲更加扩大，生活愈益奢侈，因而贩卖奢侈品的商业比较发达，而利润也最多。与此同时，由于社会分工日益细密，农民除了粮食、布匹、菜蔬以外，农具和若干实用物品都需要向市场购置，故农民的"余粟"、"余布"投入交换的市场，手工业者所制造出来的农具、陶器、木器、车辆、皮革器也都投入交换的领域。而商人为了"市贾倍蓰"，也就不顾"关梁之难，盗贼之危"而奔走四方了。

其次是人口增加与诸侯兼并之影响。在春秋时代，由于没有较大的战争与封建制度尚未完全解体，因此农民尚能倚赖其耕地过活，但战国期间，由于诸侯互相兼并之影响，诸侯兼并其他土地之后，便把农田成为私属，使本来的农民失去耕地。因此，农民为了生活，乃不得不从事工商业以维持生计，于是他们乃拥入城市，借以谋求生计，因而城市人口急剧增加，加速了城市的发展。

有些大城市，在当时不只三里，户口也不止万家。一般来说，当时郡城的规模要比县城大一倍以上。这时各国都已有大的商业城市，据《盐铁论》记载各国的大都市如燕之涿（今河北涿州）、蓟（今北京市），赵之邯郸（今河北邯郸），蔺之离石（今山西吕梁离石区），魏之温（今河南温县）、轵（今河南济源）、大梁（今河南开封）、安邑（今山西夏县），韩之荥阳（今河南荥阳），郑之屯留（今河南新郑）、长子（今山西长子县）、齐之临淄（今山东临淄）、即墨（今山东即墨）、安阳（今山东曹县）、薛（今山东滕州），楚之宛丘（陈，今河南淮阳县）、鄢郢（今湖北宜城）、宛（今河南淮阳县）、寿春（今安徽寿县），越之吴（今江苏苏州），宋之定陶（今山东曹县），秦之雍（今陕西凤翔县）、咸阳（今陕西咸阳）。

学术思想的转变

诸子之学兴于春秋战国之际，至西汉中叶乃渐衰竭。其兴替之原因，必有特殊之时代背景，且春秋战国时代，为中国历史上剧变时期，盖以诸国竞争，因时制宜，一切措施，不能墨守旧章，故其进化之迹，有足称者，此历史演进之事实也。例如，政治、经济制度之改革，平民与贵族之消长，学术思潮之兴起，战斗技术之改良及民族之混化，风俗之变革，皆足以上继往古，下开来叶，在此特殊转变情形下，诸子学说，应运而生，此亦时代使然。考其学术思想之转变原因，述明于下。

周代封建社会，成于克商之后，封土建国，号称盛世，设五等。列国诸侯，有为周室所封者，有为本来固有者，国中之卿大夫，亦皆公族，皆世其官，所谓庶人不能参与政权也。自平王东迁，诸侯放恣，强凌弱，众暴寡，封建制度渐次崩溃，而春秋霸政之局已成。降及战国，号称七雄，蚕食兼并，宇内封邦，鲜有能幸存于七国之下者，封建政治及社会组织因而根本大变。在封建制度下，天子诸侯及卿大夫在政治上、经济上均为人民之主。周以土地封其子弟为诸侯，即使其子弟为其地之君主兼地主。诸侯再以土地分其子弟，其子弟再分与庶人耕种之，庶人不能自有土地，仅为其地主之农奴而已。及商鞅变秦法，坏井田，开阡陌，王制遂减，僭差无度，庶人之富者累巨万，农民占势力者亦可为大地主，此经济制度之一大变动也。

古代世族与平民阶级，可以《尚书》证之：一为九族，二为百姓，三为黎民。九族者，君主同姓之亲；百姓者，异姓之支，皆为贵族；而黎民则视为平民。依周制，世官多出于公族，盖诸侯世其国，卿大夫士世其家，贵族专政，平民非先提升为士，无由登于缙绅之列。迨春秋之世，诸侯争霸，王官失守，贵族多散于平民之列，以其世守之文籍及传统之政教学术转授平民，以谋生活，于是平民才智之辈出。而列国为应付时变，亦不能不拔取平民之秀者，使任军事或政教。而平民与贵族阶级之分际，遂渐不如前此之严格。此亦当时大势之所趋。故宁戚以饭牛而得任于齐，百里奚以奴隶而仕于秦，此庶民之升为官也。《诗》有黎侯之赋《式微》，《左传》谓"栾、郤、胥、原、狐、续、庆、伯，降为皂隶"。孔子本为宋之贵族，为贫而仕，尝为委吏矣，尝为乘田，此贵族之降而为民者。如是，阶级制度逐渐消灭。降及战国，平民之俊者，尤得与闻政治。是以游说则范雎、蔡泽、苏秦、张仪等徒步为卿相，征战则孙膑、白起、乐毅、廉颇、王翦等白衣为将，遂开后世布衣将相之例。

古者政教不分、官师合一，庶人不能参与贵族政治，凡受教育者，皆为贵族子弟，而庶人既无受教育之权利，亦无求知识的必要。且书籍存在官府，民间极难收藏，兼以纸笔尚未发明，以刀刻漆书代笔，以竹简木牍代纸，得书之困难自可想见。自周室东迁，官师流移，典籍四散，流于民间，私人讲学之风，由是而兴。孔子为儒家宗主，聚徒讲学，弟子数千人，更开古代未有之局，以"有教无类"之宗旨，分德行、言语、政事、文学四科。平民得以受教育，庶人得以求知识，自此始。孔子开私人讲学之风，为我国第一教育家。其学术以道艺为本，以时事为用，其政治主张则推行文王、周公之道。尝率门徒周游列国，皆不见用，遂返鲁，与门人弟子习六艺、讲六经，学术风气大盛，此教育制度之一大变也。

春秋战国之际，时君世主多能提倡学术，甄拔人才，以致诸子争鸣，百家蜂起。盖因时代之剧变，有志之士以改制救世之热忱，往往发表言论，以图改革，此亦大势所趋。于是有拥护旧制度者，有反对旧制度者，有批评旧制度者，有修正旧制度者，亦有另立新制以代旧制者，各是其所是，而非其所非，莫不持之有故，言之成理，此即所谓处士横议之时代。由是观之，诸子学说之发达，由于言论之自由，而言论之所以自由，由于社会制度之变化。《汉志》曰："诸子十家，其可观者，九家而已。皆超于王道既微，诸侯力政，时君世主，好恶殊方，是以九家之术，蜂出并作，各引一端，崇其所善，以此驰说，取合诸侯。"此亦社会制度之大变动也。

先秦时代的政治结合，概可分为两种形式：夏代以前是部落社会，由各部落推举"共主"；三代以下是封建社会，由天子分封诸侯。这两种政治结合都很松懈，其联系之法，则赖朝聘、会盟，尤以封建时代为然。在春秋时代，朝聘、会盟的活动中心在王室；春秋以后，国际活动的中心移于列国。当时，朝聘、会盟均为国际间的特殊典礼，或由国君亲自参与，或由卿大夫代行。一般外交活动，国家设有行人之官以司之（行人即外交官）。而在孔子所造就的士人阶级中，行人亦是其中之一（例如子贡便是著名的使者），而行人之主要任务为请战、媾和、求救、结盟等。因此，他们成为国际传播的重要媒介，他们对于学术的传播，尤其是纵横家的思想，有着重大的影响，因而促成学术发达。

春秋以后，社会经济起了变动，社会阶级也起了变化，在此变动中，不同出身的士人，纷纷要求参加政治。这时，文人学士游说的风气也渐渐流行，同时由于诸侯互相兼并日烈，诸侯为了加强自己实力，乃不得不广揽人才，以为助臂。因此，一个很平凡的士，一经国君赏识，便可提拔为执政的大臣。例如商鞅本是魏相国公叔痤的家臣，入秦说动了秦孝公，便做到秦的最高官职。此外，战国中期以后，各国有权势的大臣每多养士为食客，齐的孟尝君田文、赵的平原君赵胜、魏的信陵君无忌、楚的春申君黄歇、秦的文信侯吕不韦所养的食客都达数千人。他们所养的食客中，有各种学派的士，只要有一技之长，都被加意款待；而他们为了加强自己的实力，乃提出不同学术思想，因而使学术思想在此时期发扬光大。

第四章 秦的统一及其衰亡

第一节 秦的兼并与六国灭亡

秦的兼并

在战国中期,秦国随着合纵连横形势的变化,曾不断地兼并土地,首先取得了魏的西河、上郡,接着又灭了巴、蜀,攻取了楚的汉中与韩的大县宜阳、武遂,和魏的河东。到秦国利用合纵攻破了齐国,秦、齐两国对峙的局面便被打破,从此秦国便成为独一无二的强国,接着又攻取了楚都鄢郢,使得楚国更削弱。到这时,秦国已经奠下此后兼并天下的胜利的基础。虽然秦国在邯郸大败后,曾失了过去所夺来魏国的河东、赵的太原和定陶等地,但实力基本上没有削弱。所以,秦国此后还是能够继续把六国兼并。现就先后次序以分论之。

秦灭东周和攻取赵的太原。公元前249年,秦国灭了东周,并攻取了韩的成皋、荥阳,连同东、西周合建成的州郡。公元前248年,魏、赵和燕发生战争,秦便乘机攻取了魏的高都(今山西晋城县东北)、波(今河南沁阳县西),又攻取了赵的榆次(今山西榆次)、新城(今山西省朔县南)、狼孟(今山西阳曲县)等十七城。次年,秦又全部攻取了韩的上党郡,平定了赵国的晋阳，重新建立了太原郡。由于秦国陆续兼并三晋的土地，秦将蒙骜又进一步向魏的河外进攻，魏国信陵君便在公元前247年发动合纵五国攻秦，在河外打败了秦将蒙骜，使其引兵而去。

秦攻取魏地，建置东郡。公元前244年，秦又攻取了韩的十三城，并取了魏的畼有诡。次年，秦又攻取了魏的酸枣（今河南延津县东南）、桃人（今河南延津县北）、长平（今河南西华县东北）、雍丘（今河南省杞县）、山阳（今河南修武县西北）等二十城，继而又攻取了魏国前此所兼并的卫地，把所得二十城连同卫的旧都濮阳建置为东郡。再次年，秦又攻取了魏的朝歌（今河南淇县东北）。因卫国过去和秦连横而被魏灭亡，秦为了所谓兴亡继绝起见，遂把卫国国君及其支族迁到野王，作为秦的附庸国。

秦国自从建立了东郡，国土和齐国境相接，绝断了"山东从亲之腰"，因而震动了山东各国。公元前241年，合纵的形势又形成了。赵将庞煖带了赵、楚、魏、燕、韩五国的军队攻秦，一直攻到了蕞（今陕西西安临潼区）。不久，秦出兵反攻，五国联军迅速后退。赵军回向齐进攻，攻取了饶安（今河北盐山县）而归。这是战国时代最后一次合纵，根本没有得到什么成就。就在这年，楚国为了避开秦的威胁，把国都迁到了寿春（今安徽寿县），仍旧叫作郢。公元前239年，秦国派了王弟长安君成蟜（即盛桥）进攻赵的上党。但在战争中，长安君成蟜在屯留叛变，赵国接受了长安君的投降，把饶（今河北饶阳县东北）封给了长安君。次年，秦又派杨端和攻取了魏的首垣（今河南长垣县）和衍氏，迫使魏国屈服。

秦攻取赵的上党和河间。公元前236年，赵、燕间又发生战争。赵国派庞煖带了大军攻燕，秦国便以救燕为名，派王翦和桓齮、杨端和分别领兵向赵进攻。当赵开始攻燕时，秦将王翦已出上党，攻取了赵的阏与、橑阳。及赵攻得燕的貍（或作厘）的时候，秦将桓齮、杨端和又攻取了赵国河间的六国城。当赵攻得燕的阳城（今河北望都县）的时候，秦将桓齮又攻取了邺（今河北临漳县）、安阳（今河南安阳）两城。到庞煖从燕回师向南救援时,漳水流域已完全为秦所占有,赵悼襄王也就"不得意而死"。公元前234年,秦又大举向赵进攻。秦派将军桓齮进攻赵的平阳(今河北临漳县西)、武城(今山东武城县西),击败赵军,杀死了赵将扈辄。次年,赵派大将李牧向桓齮反攻,大破秦军于肥(今河北省藁城县西),把桓齮击溃了。李牧因功封为武安君。再次年,秦又派两支军队攻赵,一军到了邺,一军抵太原,向赵的番吾(今河北平山县南)进攻,又被李牧所击破。李牧虽然一再战胜秦军,但是兵力的损失却很严重。

秦灭六国的经过

秦自商鞅变法后,国势便直线上升。公元前352年,商鞅亲自带兵攻魏,攻破了魏的首都安邑。公元前342年再攻魏,掳魏公子印,夺回河西之地,并侵入河东、河南。到秦惠文王时(公元前337年至公元前311年),西并义渠,拓土至今兰州;南灭巴、蜀。秦武王四年(公元前307年),拔韩之宜阳(今河南宜阳)。秦昭王十四年(公元前293年),秦将白起大破韩、魏兵于伊阙(今河南洛阳市龙门山),斩首二十四万,韩、魏遂衰。秦乃移师图楚。公元前280年败楚,得楚之上庸(今湖北房县)及汉水北岸地。公元前277年,秦夺取楚巫郡、黔中郡。公元前256年,秦昭王使将军摎攻西周,西周君被迫把三十六个邑和三万人口全部献给秦国。过了七年(公元前249年),秦庄襄王又把东周灭掉。于是东、西二周,皆入于秦。(见《史记·周本纪》、《史记·秦本纪》)

公元前246年,秦王政即位时,秦国的领土已几乎占天下的一半,计有巴、蜀、汉中、宛、郢、上郡、河东、太原、上党等郡,东有荥阳及二周之地。单就疆域而论,秦比其他六国已占了很大优势。秦所处的关中,自古号称"沃野千里",秦昭王时,蜀郡太守李冰造都江堰,使成都平原无水旱之灾,富饶无比;秦王政时,用韩国水工郑国造郑国渠成,灌泾、渭间的田四万余顷,农产更加丰富。秦拥有这两个大农业区,并且"关中之地，于天下三分之一，而人众不过什三，然量其富，什居其六"(《史记·货殖列传》)。自商鞅以来，力倡耕战，对农业的发展起了很大的作用，秦国的经济力量于是大大超过其他各国。在历史的发展上看，到秦王政时，已很清楚，秦国在各方面已构成了统一六国的条件，既掌握了巨大的经济力量，又拥有强悍的军队，当时没有任何国家可以和它相抗，于是六国依次灭于秦。现将各国被秦灭亡之年代列举于下。

公元前230年，秦灭韩。秦欲伐韩，韩派宗室韩非入秦游说，被秦扣留而死。秦王政十七年，秦内史腾灭韩。

公元前228年，秦灭赵。秦使王翦伐赵，赵名将李牧御之，秦兵不能取得胜利。后来赵王听信谗言，捕杀李牧，于是王翦大破赵军，灭赵。

公元前225年，秦灭魏。秦将王贲攻魏，引河水灌大梁，大梁城破。魏王请降，秦遂尽有魏地。

公元前223年，秦灭楚。东方三晋覆亡后，秦遂得以全国兵力伐楚。时楚都寿春尚有广大土地，秦王问伐楚需要多少兵，新立战功之李信对称用二十万伐楚，为楚所破。王乃复召用王翦，翦请六十万人，将兵出关，大破楚帅。秦王政二十四年，楚亡。

公元前222年，秦灭燕。秦灭赵后，燕即与秦接壤。燕太子丹使荆轲刺秦王，失败。秦遂攻燕，拔蓟，得太子丹。燕王徙辽东。秦王政二十五年，秦又兴兵，使王贲将兵攻燕，拔辽东，燕亡。

公元前221年，秦灭齐。东方五国既亡，秦借口齐王绝秦，于秦王政二十六年使王贲将兵击齐。齐兵防守其西界，王贲从燕南攻齐，遂长驱直入，进攻临淄，齐乃亡。

自秦王政十七年（公元前230年）到二十六年（公元前221年），为时不过九年，而所谓六国依次为秦所灭。秦成了空前未有之大一统的集权帝国。秦王政以为这种伟大事业"自上古以来未尝有，五帝所不及"，为表示他的功业，自号为"始皇帝"。

第二节　秦统一六国的原因与意义

秦能统一六国的原因

一、地理因素

秦得据关中地势之利，土地肥饶广阔，又有崤、函为障，且四面有山河之固。闭关自守，列国不能攻；开关破敌，诸侯不能御。进退可守，独擅其利，六国对秦莫能奈何。《史记·范雎蔡泽列传》云："大王之国，四塞以为固，北有甘泉为界，南带泾渭，右陇蜀，左关阪，奋击百万，战车千乘，利则出攻，不利则入守，此天发之地也。"自并巴、蜀以后，西土之地皆为秦有，秦强而无后顾之忧，故能集中力量向东方发展。反观其时各国国界互相衔接，易攻难守，无山河之险，两者对比下，形势自逊于秦国。

秦始皇剪灭吕不韦后，掌握了全国政权。此时秦的国力已很强大，成为当时七大国中最强大的国家，所统治的区域除秦本土以外，已占有今陕西、甘肃、宁夏、四川、山西、河南、湖南、湖北、贵州等省。当时秦的东郡、三川郡、南阳郡已深入中原地区，成为进攻六国时的根据地。就整个形势来看，秦已占有利地位，又能坚定政策，民风强悍，君主有雄心，在此种有利条件联结下，国力自然雄厚。

秦国民杂西戎，民风强悍；而关东三晋民风较秦为弱，心理上对于秦人极为畏惧；最东的齐国，其民风又较之晋为怯弱。而就各国的民间经济状况而言，秦国最贫弱，齐民最富庶，三晋也介乎两者之间，故当时的情形是地区位置愈东愈富庶，愈西愈贫穷，但民风则愈东愈怯弱，愈西愈强悍。以富家子弟去挡贫穷勇悍的士卒，自然无法致胜。故秦国士卒虽赤膊上阵，但勇气百倍；东方士卒虽披战甲、执利兵，一旦遇到秦兵，内心便生怯意，不战自溃。

秦国领土向为中国最佳的战马产区，所以骑兵特强，以悍兵乘壮马，如虎添翼，绝非东方怯弱善用步兵的国家所能抗拒。当时只有赵国北境地区也产战马，训练骑兵，所以战国时代能与秦一抗高下的只有赵国。及秦、赵长平会战，赵括为白起所骗，大败于长平，丧师数十万后，东方各国已精神崩溃，不战而乱，这也是促成秦国统一天下的重要因素。

秦人僻处西陲，关东诸国素以戎狄视之，故极少参加东方诸侯的会盟和征伐，于列国兵戈扰攘之时独得闭关休养，培植国力。又因地广人稀，召地狭人稠的三晋人民入秦任耕，使自己的人民任战，在以逸制劳之下，不为诸国所乘。《史记·秦本纪》记载："诸侯力政，争相并。秦僻在雍州，不与中国诸侯之会盟……孝公于是布惠，振孤寡，招战士，明功赏。"

二、内政外交

秦国数世君主，如孝公、昭襄王、始皇帝，皆能高瞻远瞩，发愤图强，他们都能以霸诸侯、一天下为己任。又懂得任用贤能，如穆公用百里奚、蹇叔，孝公任用商鞅，昭王用范雎，始皇用李斯等，这些人都给以一臂之力。此外，自孝公以后，任用法家，纪律严明，赏罚分明；又推行良好制度，如废井田、开阡陌，置郡县、设令丞等，这些都有助于国家富强，与当时六国君主之贪图苟安截然不同，其成功自非幸致。

自商鞅师李悝而变法，人民之法治观念益深；及魏冉、范雎相秦，皆不失于法。秦始皇即位后，一反过去吕不韦的杂家政策，彻底遵行商鞅拟下的法度，对法家思想之李斯极见重用。其后商鞅虽为秦所诛，但其所制定之法律政策依然不变。反观六国之政策不一，多以己国利益为大前提，各疑其心，苏秦虽曾倡议合纵政策，联合进攻秦国，但由于未能集中力量与同心一意而终招失败。相反，秦则一意以消灭六国为目的，军民上下同心一致。

秦自立国以来，僻处中国西北部，在经济、政治、文化各方面均较落后，其时东方国家已是文化、政治、经济相当发达，故在相对之下，秦国是一个未上轨道之国家。秦孝公用商君议，实行变法，废井田、开阡陌，加速农业发展，土地、财富渐集中央，奠定富强基础；又开发山林，物产由是富厚；更厉行法治，国法由是一新。秦国势力次第增强，不仅成为当时一大强国，且在战国时代成为唯一具有决定性之国家。

秦之所以得霸天下，盖自商鞅变法以来，把过去一切贵族领主制度废弃，而易之以人才政治，故人才为所用。六国之中，其政制多以贵族或宗室利益为主，他们更有操纵国君之权力。如每立新君时，均有公子争位之内战；又如齐国家族以田氏为主，历代国君将相多出田姓，否则无问津机会；如楚国家族之屈、昭、景三姓，历代君王将相多出此，否则机会甚微，而此等宗族贵显多以本身利益为先，国家利益则次之。反观秦国自变法以来，一反贵族专权制度，而易之以人才政治，于是六国之中，有才干而无出路者，多投秦国去。其他优良制度，如编造户籍，普设郡县，废井田、开阡陌，统一度量衡等为别国所未有的，都有助于秦国的富强。

封建时代，行世卿食采之制，至战国则多崇任贵戚，世卿迹绝，养士之风大盛。秦则独喜用客卿，秦孝公以后，数代君王及臣属多杰出之士，而且更广求外地人才，不问国籍地位，凡有富国强兵之术或其他有表现者，均见重用，故一时六国之人才入秦者，大不乏人。秦穆公时先后任用百里奚、蹇叔等，使秦国接受了东方各国的先进文化，推动了国家的进步，由一个落后的小国成为春秋五霸之一。孝公又任用商鞅，改革了秦人落后的社会制度和风俗习惯，使秦国经济得到充分发展，成为当时的先进国家。惠文王之用张仪，昭襄王之用范雎，始皇帝之用李斯，他们都非秦人，却能位列卿相，权力远过秦诸公子，人才较六国为盛，故一时诸侯莫能拒抗。

秦国初用商鞅变法，奠定富强基础；其后用张仪"连横"之说，粉碎了六国的联合阵线；继用范雎"远交近攻"之计，削弱韩、魏国力；最后采用李斯之谋，离间六国君臣大将，分化反抗力量，使其互相猜忌，于是六国轻易地次第被吞并。秦能一统中国，部分原因在于国策运用巧妙与适当。

在东方各国，宗法制顽强地维持着旧有氏族贵族阶级的政治、经济、社会各方面的特权，而在政治、经济、社会各方面的变革都是以诸侯，氏族和新兴的商人贵族及各阶级互相妥协的姿态出现，并非借变法而来，这正表明东方各国诸侯不能彻底发挥国君集权的力量。至于秦国，则恰恰相反。商鞅变法以后，秦的国家权力集中在国君手里，政府解决了土地问题，把氏族贵族土地所有制改变为自由买卖制，贵族的权利被取消。在当时，东方各国虽然是秦的敌国，但这些国家里的新阶级却以秦国代表他们利益的归趋，各国有才能之士，往往跑到秦国求出路。这皆因六国不懂重用人才，而且对人民并不关心，战略举棋不定，又互相猜忌，不顾国际信义，见利忘义，互相残杀。六国君主又是只求苟安，不像秦君抱有霸诸侯、一天下之壮志。基于六国本身种种的缺点，不能团结以抗秦，遂为秦逐个击破。

三、时代的趋势因素

秦始皇统一大帝国之建立，是顺应历史发展和符合人民利益的。第一，自春秋战国以来，由于社会经济的发展，要求货币及度量衡的统一，要求道路畅通，要求诸侯国之间的关卡废除，而所有这些要求，只有在一个统一的大帝国中才能实现。第二，只有在统一帝国中才能出现全国的和平局面，才可以解除战争加给人民的负担和灾害。第三，战国末年，匈奴已逐渐强大起来，常常侵略北方边境，为北方人民一大害，只有统一的帝国才能有力量巩固北方的边防，保护人民的生活，保障社会生产的进行。第四，封建兼并战争的进行，在各大强国里，已逐渐克服了领主贵族在经济、政治上之割据。同时，由于各国间水陆交通比较发达，贸易活跃，文化交流已成了不可分割之联系，这些都有助于推动秦国的统一。

战国时代，人民伤亡惨重，生命没有保障。又，各国对水利的修治，往往只顾自己，并危害邻国。大水时，或以邻为壑，把水放到邻国去，于是河水冲来冲去，沿河两岸都经常发生水灾，人民生命财产受到严重伤害。遇到天旱时，又互相争夺水利，甚至故意破坏别国水利，妨碍别国农产。其后为了防御，又于边境上把河堤联结起来，成为长城；又到处设立关塞，征收苛税，妨碍了必需商品的交流。故人民都希望统一国家的出现。

在当时的国家里，不仅各国间货币不统一，就是一个国家内，每个都市都有自己发行的货币，不但形式不同，计算单位也多种多样。每个国家又设有关塞，对往来商人经常敲诈勒索。同时，因战争破坏了城市建设，工商业者为了保障自己的利益，都有着实现全国统一的愿望。

而且，秦的统一是春秋战国以来社会经济（即商品货币关系）发展的必然结果。自合纵连横政策推动以来，间接亦促成工商业之发达，生产力的发展，商品货币关系的发展，加强了各个国家之经济关系。其时，强大的国家均有增加生产及扩大市场之需要，故在政治上也要求打破原来那种分散的诸侯国家界限而建立一个统一的帝国。

春秋战国时代，一切起了变动，然此一时代潮流中剧变之尤堪注目者，显然为社会学术之勃兴。王官之学散而为诸子，他们纷纷要求参加政治，并企图创立一套新学说和新办法来适应当时的新情况。同时，各封建国家的国君和卿大夫也纷纷招徕贤士，望能有所改革，而达到他们某些愿望。其时，各国学术高下盛衰亦远异，有儒家、墨家、道家、法家等派。儒、墨两家都是尚文化、重历史，不以狭义的国家富强为出发点，故其议论思想，往往为谋求整个社会彻底之改进，与道家论学态度亦复相同。此数种大一统之思想，都有助于天下统一学说之提倡，使狭义的国家观念破除，助长秦之统一六国。

秦统一中国的意义

钱师云："中国学术思想之态度与倾向，大体已奠定于先秦。一曰'大同观'。王道与霸术，即'文化的世界主义'与'功利的国家主义'之别也。先秦思想趋向前者，以人类全体之福利为对象，以天下太平为向往之境界，超国家，反战争。……二曰'平等观'。阶级与平等，即'贵族主义'与'平民主义'之辨。先秦思想趋向后者，而以仁爱中心的人道主义为之主。……三曰'现实观'。天道与人道，即'宗教'与'社会'之辨。先秦思想趋向后者。……人生修养之教训，社会处世之规律，为先秦学说共有之精彩。教育主于启发与自由，政治主于德威与平等，对异民族主于与我同化与和平，处处表示其'大同'之怀抱。此乃先秦学术共有之态度，……对内、对外，造成此伟大崇高之中国国家，以领导东亚大地数千年之文化进程者，胥由此数种观念为之核心，而亦胥于先秦时期完成之也。"

秦始皇消灭六国，一统天下，挽救了中国自东周春秋战国以来之长时期割据分离的局面，使之复归完整统一。此举无论对当代及后世均有莫大之影响，尤对中国版图之确立意义既深且长。在秦未一统天下以前，中国虽陷于割据分离之局面，然各国仍能一方面角逐中原，图霸于神州，另一方面向外开疆拓土，充实国力，如秦之称霸西戎、楚之傲据南邦等是。这样，直接或间接都使中国疆土更加广大，文化更加广被。自秦席卷天下以后，仍不断对外扩张，如命蒙恬北修长城以防匈奴，命屠睢南平百越，徙民以屯五岭等；对内又施行郡县制，从此中国版图大体已确立。秦建郡四十二，北至内蒙古，东北达今河北、辽东，东至于海，南达两广、安南，西及甘肃、四川，造成此下两千年中国疆域之大轮廓。

春秋时代，华夷杂处。至战国时，西北诸国渐次城郭化者；中央诸戎则以韩魏灭伊洛诸戎、楚破南阳九夷而渐就消灭；东方淮海诸夷率与诸夏同化；南方则有楚越两国之辟地，大抵今浙江、福建两省为越人所辟，湖南、云、贵为楚国所辟；巴、蜀则开于秦，两广、安南则在秦并六国后始为中国郡县。秦自设郡县后，车同轨，书同文字，行同伦，一切法度趋于统一，群居生息于同一版图，沐浴寝馈于同一文化。以中国人治理中国疆土，发展中国文化，逐渐融化成一整体之民族，而中华民族自此而大定，其基础亦得以壮大。

其次，缪凤林氏对秦之统一的意义，亦有如下之见解，诸引述如下。

吾国旧号，多举一家一姓之国邑封地为称，"秦"、"汉"虽封建旧名，然古代亚洲东方各国及希腊、罗马称中国为脂那（Cina，梵文）、西尼姆（Sininm，希伯来文）、秦斯垣（Cynz Tan，康居国文）、秦（Toin，阿拉伯文）秦尼（Sinae，希腊文）、秦那斯坦（Chinas Tan，叙利亚文）、支那（China，波斯文），东西学者多谓由秦国转音而来。而法显、玄奘等高僧纪行书中，皆称其本国为汉土,汉族之称,亦至今不替。盖秦汉统一中国,国威远播,故得以朝代之名,代表国家民族之称号也。

七国分立时,燕、赵、魏、秦四国境邻北边,各筑长城以拒匈奴,然不相连续。秦并六国,始皇帝使蒙恬将众城河上为塞,因前人之功而加广,其中之不相属者则为合之,起甘肃临洮,至辽东。汉族与北方诸侯,遂以长城为绝大之界域,而长城亦为吾国统一之象征焉。汉武帝遣卫青等击匈奴,取河南地,筑朔方,复缮故秦时蒙恬所为塞,因河为固。自汉以后,亦时有修缮云。

始皇帝即位后,时巡游四方,以至立石颂德,盖以乐天下之统一,而己为四海之共主,非秦一国之君也。而在东西南北之大道,亦因之次第开辟,史称蒙恬通道,"自九原抵甘泉,堑山堙谷,千八百里","秦为驰道于天下,东穷燕齐,南极吴楚,道广五十步,三丈而树,厚筑其外,隐以金锥,树以青松"。其规模之伟大,前古所未有。汉人继之,秦时道路所不通者,复随兴作,如张卯之开褒斜道,唐蒙、司马相如之开西南夷道,郑弘之开零陵、桂阳峤道,皆著于史策。盖交通利便为国家统一之要图,亦唯国家统一,故得轻用民力,一举而开辟国道数百千里也。

秦汉国威膨胀,迥绝古今,皆以统一为之基,其事当让后论;兹仅就徙民略边实边一端言之。如始皇帝发诸尝逋亡人略取陆梁地,为桂林、象郡、南海,以适遣戍(徐广曰:"五十万人守五岭。");西北斥逐匈奴,自榆中并河以东属之阴山,以为三十四县,城河上为塞,徙谪实之初县;汉武帝募民徙朔方十万口,上郡朔方西河河西开田官,斥塞卒,六十万人戍田之,及开河西四郡徙民以实之,发谪戍屯五原之类;皆以全国之发展与安全为目的,通盘筹划,从事徙谪,而非统一之世,亦不能厉行此种国家政策也。

许慎《说文解字·序言》:"七国田畴异亩,车涂异轨,律令异法,衣冠异制,言语异声,文字异形。"秦始皇统一天下,法度、权量、丈尺、车轨、律历、衣冠、文字皆厉行画一之制,汉因其旧而时加损益。始皇四方刻石，于琅琊则曰"器械一量，同书文字"，之罘则曰"普施明法，远迩同度"，会稽则曰"皆遵度轨"，盖儒家"车同轨书同文"之理想，随秦之统一而实现矣。而文字之统一，尤有功于后世。初李斯、赵高、胡毋敬等所作之秦文，皆称小篆，而程邈又作隶书，以趣约易，遂为数千年来中国全境及四裔小国所通用焉。

战国时，诸侯宫室多以高大相尚；秦灭六国，诸侯宫室之制悉萃于秦。《始皇本纪》载："营作朝宫渭南上林苑中，先作前殿阿房，东西五百步，南北五十丈，上可坐万人，下可建五丈旗，因驰为阁道，自殿下直抵南山，表南山之巅以为阙，为复道，自阿房渡渭属之咸阳。"秦之宫殿，遂极从古未有之大观。汉代宫室，观班固《西都赋》所写未央昭建章诸宫，其壮丽亦不下于秦。而新莽之篡，建立宗庙，尤穷极百工之巧，是虽帝王僭窃之侈心，然非其时国家统一、物力充盛，亦不能遂其侈心也。

秦汉统一，政治经济皆趋集中，故其时都城不特为政治之重心，亦为经济之中心。史称秦徙天下豪富于咸阳十二万户，而汉都长安之壮丽殿阙见于班固《西都赋》者，尤超越前古。《史记·货殖列传》言："关中之地，于天下三分之一，而人众不过什三。然量其富，什居其六。"然关中、巴蜀、陇西诸地，不过长安之贸易区域及物品供给地；长安之发达，盖随汉之统一为绝对的集中状态，与近世欧美之大都市类也。

第三节　秦的创建措施

政治方面的创建

始皇二十六年（公元前221年），秦初并天下，开前古未有之帝业，自以为"德兼三皇，功高五帝"，下令丞相御史曰"名号不更，无以称成功，传后世"。王绾、李斯等上尊号曰"秦皇"，命为"制"，令为"诏"，天子自称曰"朕",王曰:"去泰著皇",采上古帝位号,号曰皇帝,并下制曰:"……追尊庄襄王为太上皇,制曰:'朕闻太古有号无谥,中古有号,死而以行为谥。如此,则子议父,臣议君也,甚无谓,朕弗敢焉。自今已来,除谥法,朕为始皇帝。后世以数计,二世三世,至于万世,传之无穷。"更名民曰"黔首",与"皇帝"之名同年而定。

秦始皇二十六年统一全国后,即面临统治政策之根本问题。《史记·始皇本纪》云:丞相绾等言:"诸侯初破,燕齐荆地远,不为置王,毋以填之。请立诸子,唯上幸许。"博士齐人淳于越进曰:"臣闻殷周之千余岁,封子弟功臣自为枝辅,今陛下有海内,而子弟为匹夫,卒有田常六卿之臣,无辅拂,何以相救哉?事不师古而能长久者,非所闻也。"始皇下其议于群臣,群臣皆以为便。廷尉李斯议曰:"周文武所封子弟同姓甚众。然后属疏远,相攻击如仇雠,诸侯更相诛伐,周天子不能禁止。今海内赖陛下神灵一统,皆为郡县,诸子功臣以公赋税重赏赐之,甚足,易制,天下无异意,则安宁之术也。置诸侯不便。"始皇曰:"天下共苦斗不休,以有侯王,赖宗庙,天下初定;又复立国,是树兵也;而求其宁息,岂不难哉。"廷尉议是。分天下为三十六郡,郡置守、尉、监。经过此次廷议议定根本政策后,遂决定废除封建,而推广郡县官僚行政制度,行之于中央及政府统辖下广土众民之每一角落。其时,除内史领辖京畿外,置三十六郡,其后续有增置。郡下辖县,《汉书·百官表》云"有蛮夷曰道",盖亦本之秦制。

按始皇之初,旧有各国贵族与新生之豪富者阶级尚有一部分势力,故为防制乱萌,乃迁之京师,以便监视。《史记·秦始皇纪》云:"二十六年,徙天下富豪于咸阳十二万户。"战国二百年来,苦于兵革,寝兵息斗乃时代一般之理想,秦既统一,其不复封建,亦以求长期之宁息。更之收天下兵器,聚之咸阳,以为金人十二,各重千石,置于宫中,一切武器集中在政府手里,人民便不能作反。又内置卫而郡置材官,取居中驭外之势,此为一种寝兵政策之实施。

秦法素称严刻，始皇更专任刑罚，以张主威。秦用商鞅连相坐之法，造参夷之诛，增加肉刑，大辟有凿颅、抽胁、镬烹之刑，又有鬼薪、谪、籍后弃市、戮、腰斩、车裂、枭首等；凡犯法一律置之于重罪，以巩固法治。《汉书·刑法志》云："秦始皇兼吞诸国，遂毁先王之法，灭礼谊之官，专任刑罚。"

春秋战国时，各国为了防御别国进攻，多在边境上筑有城防，重要的关隘与国都也都筑有高固而可防守的城郭。各国又往往利用修建的堤防以"壅水害邻"或"决水灌敌"。始皇统一天下后，隳坏城郭，决通川防，夷去险阻，各国残余势力遂永不存在。

制度方面的创建

秦兼天下后，立百官之职，以丞相总庶政，太尉掌兵事，别设御史大夫，司纠察之任，取分权制，其下为九卿，分掌中央政府各部门政务。丞相掌丞天子助理万机，有左右；太尉掌武事；御史大夫掌副丞相，有两丞，一曰丞，一曰中丞；九卿为奉常（掌宗庙礼仪）、郎中令（掌宫殿掖门户，并统领殿中侍卫诸郎官）、廷尉（掌刑辟）、治粟内史（掌谷货）、典客（掌诸归义蛮夷）、宗正（掌宗室事务）、卫尉（掌宫门卫屯兵）、太仆（掌皇室与马）、少府（掌山海地泽之税以给共养）。此外尚有博士掌通古今，将军掌征讨，监御史掌监郡，将作少府掌治宫室，王爵中尉掌列侯等。

秦分全国为三十六郡，由皇帝直接派遣官吏治理，其他地方组织则分为郡县两级，守令各有佐贰，分掌军民事，更设监御史以监郡。京师中有内史掌治。郡设郡守，为一郡之长，处理一郡民政；郡丞掌佐郡守，郡尉掌佐守典武职甲卒，郡监掌监察，监御史监郡守。县分大小县，县令为大县（万户以上）之长，县长为小县（不及万户）之最高长官。县令、县长皆掌治其县，县丞掌佐令，县尉掌武事。郡以下之县，其有蛮夷者，别称曰道，县下有乡。乡有三老，掌教化；有啬夫，职掌听讼、收赋税；有游徼主管，徼巡禁盗贼。一乡辖十亭，亭有长；一亭辖十里，里有魁（里正）；

一里又辖百家，五家之长为伍，十家之长为什。县大率方百里，其民稠则减，稀则旷，乡亭亦如之，皆秦制也。乡里是主管行政的，亭是掌管治安检查交通与行人，由郡至家为中央所管辖。从此种地方行政组织之复杂，便可看出秦时对地方控制之严密，这是为了防专擅，打击氏族贵族在政治上之特权。

秦爵分为二十级，一至四级为仕（公士、上造、簪裹、不更），五至九级为大夫（大夫、官大夫、公大夫、公乘、五大夫），十至十八级为庶长（左庶长、右庶长、左更、中更、右更、少上造、大上造、驷车庶长、大庶长），十九、二十为诸侯（关内侯、彻侯）。此皆秦制，以赏功劳；凡在战争中取得敌人首级者，可奖一级爵位。按军功之大小，而得到官职之高低，彻侯可以得食邑，其他只有食禄。

秦始皇二十六年颁令，规令度量衡由官府监制，民间不得私造。划定各国之不同度量衡制，钱币、车轨等，使长短、大小、轻重之标准一致。又规定货币为两等，黄金为"上币"，铜钱为"下币"；"黄金以镒为单位，铜钱为半两"之圆钱，钱上开一方小孔，像天圆地方之意。此外又定车宽六尺，一车可通全国；又规定珠玉龟贝银锡之属为器饰宝藏，不为货币。于是结束了战国以来"田畴异亩"，"律令异法"，"衣冠异制"，"言语异声"，"文字异形"的紊乱现象。

秦统一的度量衡制，对后世有着深远的影响。汉代的度量衡承袭秦制，具体数字相差无几。汉代以后，计量标准虽然不断增加，但单位名称和进位制度始终未变。与度量衡相关的亩制同样如此。《史记·始皇本纪》二十六年提到"数以六为纪"，"六尺为步"。另据《说文》记载，"秦田二百四十步为一亩"。步的尺数，从唐初开始改变为五尺，亩的步数则沿用到清代，一直未变。秦以前的田制，据记载则是"百步为亩"。《战国策·秦策三》记载，燕客蔡泽将见秦昭王时，曾对应侯范雎说："夫商君为孝公平权衡，正度量，调轻重，决裂阡陌，教民耕战，是以兵动而地广，兵休而国富，故秦无敌于天下。"这里把商鞅统一度量衡的措施扩大到全国，对于社会经济发展的作用同样是很明显的。

秦始皇统一货币，同统一文字和度量衡一样，实际是把秦国的制度扩大到全国范围去。据《史记·平准书》记载，当时"黄金以镒名，为上币；铜钱识曰半两，重如其文，为下币"。传世的秦半两实物很多，常见的直径都在百厘以上。西汉初期，钱的形体虽然变小，重量也大大减轻，但仍命名为"半两"。这时诸侯王和豪强可以自行铸钱。到汉武帝元狩四年（公元前112年）禁止郡国铸钱之后，铸钱权又重新集中到国家手中。此后直至清代，历代王朝都是垄断铸钱的，钱的名称虽然有所改变（例如从汉武帝铸五铢到唐以前主要以重量命名，唐高祖武德四年开始铸造"开元通宝"后又出现年号钱），但钱的形制却始终保持方孔圆钱的样式。由此看出秦统一货币对后世的影响甚大。

军事方面的措施

秦之先世，已征服西戎，称霸西方。《史记·秦纪》："周幽王用褒姒，废太子，立褒姒子为适，数欺诸侯，诸侯叛之，西戎犬戎与申侯伐周，杀幽王郦山下。而秦襄公将兵救周，战甚力、有功。周避犬戎难，东徙雒邑，襄公以兵送周平王，平王封襄公为诸侯，赐之以岐西之地，曰：'戎无道，侵夺我岐丰之地，秦能攻逐戎，即有其地，'与誓封爵之。襄公于是始国，与诸侯通使聘享之礼……十二年，伐戎而至岐，卒……文公以兵伐戎，戎败走，于是文公遂收周余民有之，地至岐，岐以东献之周。"

又《通典》卷一八九"边防"条："平王之末，周遂陵迟，戎逼诸夏。自陇山以东，及乎伊、洛，往往有戎。于是渭首有狄、獂、邽、冀之戎，泾北有义渠之戎，洛川有大荔之戎，渭南有郦戎，伊、洛间有杨拒、泉皋之戎，颍、洛以西有蛮氏之戎，间在中国，与诸夏盟会。后晋灭郦戎，是时伊、洛戎强，东侵曹、鲁。襄王时，秦、晋自瓜州迁陆浑之戎于伊川，允姓之戎迁于渭汭，东及辕。在河南山北者号曰阴戎。秦穆公得戎人由余，遂霸西戎，开地千里。……后陆浑戎叛晋，晋荀吴灭之。后楚执蛮氏，而尽囚其人。至周贞王八年，秦厉公灭大荔，取其地。赵亦灭北戎。韩、魏后稍并伊、洛、阴戎，灭之。其遗脱者皆走，西逾汧、陇。自是中国无戎寇，唯余义渠种焉，最为强盛，屡为秦患。及昭王起兵灭之，始置陇西、北地、上郡焉。始皇兵务东向，故得繁息。秦平天下，蒙恬西逐诸羌出塞。"又见《史记·秦始皇本纪》："三十三年……又使蒙恬……筑亭障，以逐戎人。"

《后汉书·西羌传》云："秦既兼天下，使蒙恬将兵略地，西逐诸戎，北却众狄，筑长城以界之，众羌不复南度。"

当战国之末，匈奴已渐强。《汉书·匈奴传》："匈奴。其先夏后之苗裔，曰淳维……秦昭王……灭义渠，于是秦陇西北地上郡，筑长城以拒胡，而赵武灵王亦变服，胡服骑射，北破林胡楼烦，自代并阴山，下至高阙为塞，而置云中雁门代郡，其后燕将秦开……击破东胡……燕亦筑长城，自造阳至襄平，置上谷渔阳，右北平、辽西、辽东郡以距胡，当是时冠带战国七，而三国边匈奴。"

始皇灭六国后，患胡甚逼，乃遣蒙恬将兵击之，收河南地。《史记·秦皇纪》："三十二年……始皇乃使将军蒙恬发兵三十万人北击胡，略取河南地。"《史记·蒙恬传》："秦已并天下，乃使蒙恬将兵三十万众，北逐戎狄，收河南。"《汉书·匈奴传》："秦灭六国，而始皇帝使蒙恬将数十万之众，北击胡，悉收河南，因河为塞，筑四十四县城临河，役适戍以充之……又渡河据阳山北假中。"

取南越地。《史记·秦始皇纪》："二十五年，王翦遂定荆江南地，降越君，置会稽郡。"同前书："三十三年，发诸尝逋亡人，赘婿贾人，略取陆梁地，为桂林、象郡、南海，以适遣戍。"

《淮南子》卷一八《人间训》载："秦王利越之犀角象齿，翡翠珠玑，乃使尉屠睢发卒五十万为五军，一军塞谭城之岭，一军守九嶷之塞，一军处番禺之都，一军守南野之界，一军结余干之水，三军不解甲弛弩，使监禄转饷。又以卒凿渠而通粮道，以与越人战，杀西呕君译吁宋，而越人皆入丛薄中与禽兽处，莫肯为秦虏，相置桀骏以为将，而夜攻秦人，大破之，杀尉屠睢，伏尸流血数十万，乃发适戍以备之。"

文化方面的创建

第一，焚书与坑儒（详本章第五节"秦焚书坑儒的讨论"）。

第二，统一文字。古时文字的形体极不相同。周宣王时，太史籀作大篆，亦称籀文。东周以后，各国文字虽同出于籀文，但经数百年之发展演变，到春秋战国时，因地区或国度的不同在形体上而渐有差异。各国异制，文字未能统一，且籀文笔画繁复，始皇统一天下后，乃命李斯制定文字，依籀文及秦国文字作标准，制定一套笔画简便的新字，名为小篆。其后狱吏程邈改曲为直，创成隶书在公文上使用，此即现时楷书的开始。至此，中国文字遂告统一，古文从此废弃。

通过秦的统一，汉字的字形结构基本上定型了，而秦代以前的那种所谓"古文"，则"由此绝矣"。秦代以后，一般虽然不再使用篆书，但在若干被认为庄重的特定场合，例如碑刻的碑额、墓志的志盖，以及印玺等却往往仍用小篆，这种风习一直流行到近代。到了汉代，一般通行的隶书又由古隶发展成波势和挑法明显的"八分"式汉隶，再变体为"今隶"（即楷书），后世一直沿用下来，字形结构基本上没有新的变化。这就是说，从秦始皇统一文字以来，汉字的字形不再有大的变革。

第三，秦廷焚书，由于博士议政。博士官名起于战国，博士额定七十人，其制亦袭稷下先王七十人之意。秦始皇二十四年，置酒咸阳宫称；博士七十人前为寿。

第四，秦自六国时，其接触东方文化之范围，大抵限于三晋，齐鲁东方之学则少所染涉。始皇二十六年，初并天下，依五行相克之论，以为周得火德，秦代周德，从所不胜（能灭火者，水也），方今水德之始。以十月（建亥之月）为岁首；色尚黑；数目则尚六，符节法冠皆六寸乘与六尺，六尺为步，天子车驾用六马。水主阴，阴主刑杀，故刑以刚毅刻肃为主；又重仁义，以合水德之数。此秦廷采用燕齐才士学之第一端也。二十八年，与鲁诸儒生议刻石颂秦德，议封禅祭山川之事，亦秦廷垂意周鲁文化之第一端。

劳民伤财的措施

第一，修筑长城。燕、赵、秦御北胡曾筑长城以防胡，秦并天下，复连而一之，遂成世界有名之大工程。《史记·蒙恬传》："秦已并天下，乃使蒙恬将三十万众，北逐戎狄，收河南，筑长城，因地形，用险制塞，起临洮至辽东，延袤万余里，于是渡河据阳山，逶迤而北，暴师于外十余年。"《史记·秦始皇纪》："三十四年，适治狱吏不直者，筑长城……"

第二，始皇广建宫室，以为憩游之所，二世继之而不绝，物力益凋敝矣。《史记·秦始皇纪》："二十六年，秦每破诸侯，大作其宫室，作之咸阳北阪上，南临渭，自雍门以东至泾渭，殿室复道，周阁相属，所得诸侯美人钟鼓，以充入之。"《汉书·贾山传》："起咸阳而至雍，离宫三百，钟鼓帷帐，不移而具，又为阿房之殿，殿高数十仞，东西五里，南北千步，从车罗骑，四马骛驰，旌旗不挠。"

第三，始皇为游观而治驰道，然与交通上亦殊有关系。《史记·蒙恬传》："始皇欲游天下，道九原，直抵甘泉，乃使蒙恬通道，自九原抵甘泉，堑山堙谷，千八百里，道未就……太史公曰，吾适北边，自直道归，观蒙恬所为筑长城亭障，堑山堙谷，通直道。"《汉书·贾山传》："为驰道于天下，东穷燕齐，南极吴楚，江湖之上，滨海之观，毕至，道广五十步，三丈而树，厚筑其外，隐以金锥，树以青松。"

第四，始皇即位初，即于骊山之下自营陵寝，始皇与二世均葬于其地。故其工程历时两代，颇为浩大。《史记·秦始皇本纪》载："始皇初即位，穿治骊山；及并天下，天下徒送诣七十余万人，穿三泉，下铜而致椁，宫观百官奇器珍怪徙臧满之。令匠作机弩矢，所有穿近者辄射之。以水银为百川江河大海，机相灌溉，上具天文，下具地理。以人鱼膏为烛，度不灭者久之。……后宫非有子者，皆令从死，尽闭王匠臧者，无复出者。树草木以象山。"

第五，始皇为表示其帝王之威严，为求神仙不死之药，镇压反叛，以及矫正民情风俗，常出巡各地。自二十七年起至三十七年之间（公元前220年至公元前210年），凡五次巡行天下。《史记·秦始皇本纪》："二十七年，始皇巡陇西、北地，出鸡头山，过回中。……二十八年，始皇东行郡县，上邹峄山。……议刻石颂秦德，议封禅望祭山川之事。乃遂上泰山，立石，封，祭祀。……乃并渤海以东，过黄、腄，穷成山，登之罘，立石颂秦德焉而去。南登琅邪。……还，过彭城……西南渡淮水，之衡山、南郡。……自南郡由武关归。二十九年，始皇东游。……登之罘，刻石。三十二年，始皇之碣石……巡北边，从上郡入。三十七年……始皇出游。左丞相斯从，右丞相去疾守，少子胡亥爱慕请从，上许之。行至云梦……过丹阳，至钱唐……上会稽，祭大禹，望于南海，而立石刻诵秦德。……还过吴，从江乘渡。并海上，北至琅邪。……北至荣成山……至之罘。……至平原津而病……崩于沙丘平台。"始皇五次出，所至之地，西至陇西，北至碣石、北地，东至之罘、成山、邹峄、琅邪，南至会稽、云梦，在泰山、邹峄、之罘、会稽、琅琊、碣石刻石以纪其功德，可见其劳民伤财之大。

第四节　秦速亡原因的分析

人民感受方面

秦始皇在统一中国过程中，穷奢极侈。每次攻陷一国，定把这国家的宫殿的图样描绘下来，在咸阳仿造，又在二百里内建造了二百七十座宫殿，还兴建"东西五百步，南北五十丈，上可坐万人"的阿房宫，建筑"以水银为百川江河大海，机相灌溉，上具天文，下具地理，以人鱼膏为烛"的骊山陵墓。同时，又筑长城，辟驰道，向外征讨；又不绝徙民戍边，南征百越，军民无异流放。此外，始皇深信阴阳五行学说，迷信方士，追求神仙，耗费也很巨大。秦始皇的军费支出本来已很浩大，再加上如此奢侈浪费，因而不得不加紧向人民榨取，力役要"三十倍于古"，租赋要"二十倍于古"，有所谓"头会箕敛"，在此重税下，民生困苦，自然民怨沸腾。

人民经春秋战国五百年之战争纷扰，早已疲惫不堪。始皇好大喜功，动辄征发民夫数十万从事征伐、戍守、筑长城、辟驰道、建陵墓、修宫室等，于是人民的徭役便加重了。据说单被征用建筑阿房宫的即达七十万人。加以为防止匈奴，不断在南北两路同时用兵，曾经派蒙恬带了三十万人驱逐匈奴，又派了屠睢带了五十万人分五路南下岭南，迫使"丁男被甲，丁女转输，民不聊生，自经于道树，死者相望"。古代封建小国，四境农民行程相距最远不出三四日，每冬农隙，为贵族封君服役三四日，往返不过旬日。秦一统天下后，全国版图已扩大许多，但力役尚沿旧制，以致往返时间增为十倍；而秦法过期皆处斩，故陈胜、吴广的揭竿而起实属不得已之举。董仲舒曰："日为更卒，已复，为正一岁，屯戍一岁，力役三十倍于古。"民不堪苦，遂启乱端。

秦自商鞅以来，一向以严法为治，自秦始皇即位，益"专任刑罚"来镇压人民，主张"刻削，毋仁恩和义"。秦的刑罚是非常严酷的，死刑有多种，如弃市、腰斩、车裂、坑、磔、镬烹、族、夷三族等，死的固然惨，活的也不容易。徒刑有鬼薪、白粲、城旦等，都有一定的年限，如鬼薪、白粲是三年刑，黥城旦是四年刑，髡城旦是五年刑。在政府管领下劳作，实际上就是短期的官奴隶，期满以后才能"免为庶人"。又有"谪遣戍"和"徒谪"的办法，把犯罪的人民编成军队派到边境防守，规定凡赴役愆期者斩。一人犯罪，诛及三族；一户违禁，比邻连坐。这样的刑罚实在使人民忍受不住，于是最后造成"官迫民反"，全是由于仁义不施，攻守之势易也。

政治社会方面

秦始皇并天下，开后世一统之局，定郡县之制，其设官定律，均为汉所因袭。任法术，斥百家言，定一尊于朝廷，力反战国游士讲学之嚣风，始皇既卒，赵高用事，天下解体，怨望日甚。封建之残余，战国之余影，尚留存于人民心目中，对于统制思想和生活的新法制，人民还是不能习惯，于是戍卒一呼，山东响应，为古代封建政体作反动，而秦遂以亡。其时六国皆立后，复公侯世袭之旧制，以废封建为秦之罪。在时人心理中，封建思想犹有莫大势力，群情怀古，仍不免恋恋故国王孙。

秦始皇虽兼并了六国，六国没落的贵族势力还相当强大，他们不甘心自己的失败，时刻图妄想东山再起，希望能产生新的割据势力与秦王朝中央政府对抗。始皇在世时，六国势力尚未能如何发挥作用；始皇死后，其内部斗争削弱了秦国的统治力量，六国潜伏下来的反秦潜力也不断起来反抗，六国乘机建国称王。自陈胜、吴广振臂一呼，群雄竞起，楚人项梁与侄项羽起兵于荥，沛人刘邦起兵于沛，其后，项羽大破秦兵于巨鹿，刘邦亦进兵霸上。二世三年，赵高杀李斯，弑二世，立子婴。刘邦于是年入咸阳，子婴迎降而秦乃亡。

由于始皇企图把帝位传到二世、三世以至千万世的野心，故集军政大权于一身，国事皆决于己。他既以法术来统一六国，在政策上当然是采行"强干弱枝"，中央为干，地方为枝。废封建，置郡县，废井田，开阡陌，使郡尉和县令皆为流官，以减削地方权力，土地和财富皆集中央；又实行收天下兵器，聚之咸阳，并集兵权于中央。由于集权政策来得太快，残酷的刑罚来得太凶，矫枉过正，未得执中，地方的旧势力多少还有点余威；而且大部分的力量，注意集中于国家内部的统一，对于外部的威胁，初时不大注意，致令匈奴强大；国内人心对于过去的制度又还有点眷念，对于统制思想和生活的新法制，还是不大习惯，遂致一夫发难，而全国便骚动。且以始皇之雄才大略，尚可驾驭，但二世昏庸，加上赵高弄权，在对内对外关系之不调协、不均衡的情况底下，秦遂为汉所取代。

始皇三十七年病死于沙丘，死前曾召宦官赵高召长子扶苏参与葬礼，随即继位。但赵高素与蒙恬弟蒙毅有隙，而恬又为扶苏之亲信，恐扶苏一旦即位，蒙氏得势，于己不利；此时始皇诸子只有少子胡亥在侧，素与高相善，高希望拥立胡亥而乘机窃取权位，于是与素与扶苏有积怨的李斯合谋，矫诏立胡亥为太子，赐死扶苏。胡亥即位为二世皇帝后，赵高挟拥立之功，变本加厉，肆行诛戮，指鹿为马，赋敛益苛，征发无已。而二世又纵情声色更甚于乃父，以致加速秦之灭亡。

秦二世即位后，对于劳役人民，更是变本加厉的剥削和压迫。恢复阿房宫的修建，征调材士五方人为屯卫，又多养狗马禽兽。京城食粮不足，由各地转输菽粟蒭稾，人民运输粮秣到京城，路上要吃自己携带之粮食，公众的不能食用。各地政府官吏，使用刑罚也更滥更严厉，又诛杀大臣及诸公子，巡行全国，查察"郡县守尉，有罪者诛之"以立威，统治力量日见动摇。

秦人本无文化传统，战国以来，凡所兴建皆自东方移植，而秦人又始终未能融以为己有。然东土学术，本身有齐鲁与三晋之别，凡秦人所师受而信用者，特三晋功利之士。至于齐鲁间学者之历史文化精神，秦之君臣固未之前闻，抑亦无情欣赏，而方列国争强，方宇割裂，诸家论学，异说竞鸣，初唯见其凌杂，乃不感其相互间之冲突，逮于战国晚期，此情益显。及秦统一天下，而天下学人萃于一国，于是相互间冲突之形势大显，李斯得君行道，乃本其师说，以法后王之见相继，此实有合于秦廷向来对于东土文教不表珍重护惜之态度。焚书一事，即可证明秦人鄙视东土。此外，秦人之视东土，仍以战胜奴虏视之，指挥鞭挞，不稍体恤，引起东土人民怨愤。

秦始皇焚书坑儒，立以古非今之禁。其焚书之目的，在于禁绝"私学"，强制人们"学法令，以吏为师"，使国家法令"定一尊"，这就是商鞅"燔诗书而明法令"政策的继续。当时，"史官非秦纪皆烧之，非博士官所职，天下藏诗书，百家语者，悉诣守尉杂烧之……所以不去者，医药卜筮种树之书"。始皇斥百家之言，尊霸王之法，无非是禁锢人民思想。此外，始皇又于次年在咸阳活埋了四百名儒生，这种做法，确令天下文人，尤以儒生感到不满,更助长了秦国的灭亡。

秦始皇采取了"强干弱枝"政策,以中央为干,地方为枝,废封建,设郡县,废井田,开阡陌,使郡尉和县令,皆为流官,以减削地方势力,土地和财富皆得集中央。盖由于均权转变为集权的时间过速,难使人民适应,且在当时历史条件下,若要完成统一的历史任务,固然需要由始皇一类的君主求诸实现,可惜他完成统一任务以后,乃不断向人民榨取与剥削,使人民生活于水深火热之中,严重地违反了历史发展的要求,因而在始皇死后不久,秦帝国便宜告崩解。

第五节　秦焚书坑儒的讨论

焚书的讨论

秦代焚书坑儒,向为史家所争论,兹就当时推行之措施略为论述。秦焚书究竟始于何时?谢肇淛言:"秦祸天下,至焚书坑儒烈矣。而不知本于商鞅变法之初,鞅之言民不贵学问则愚,愚则无益于治……始皇、李斯袭而用之。"又曰:"农战之民千人,而知慧一人,千人者怠于农矣。"又曰:"虽有诗书,乡一束,家一员,无益于治。……始皇、李斯,袭而用之。"(《文海披沙》卷一)此明言焚书非起于秦始皇也。孙奕《示儿编》云:"秦焚书之祸,所由来久矣,北宫锜问爵禄之制,孟子曰:'诸侯恶其害已也,皆去其籍。……焚书岂一朝一夕之故哉?"此外,祁彪佳《遯翁随笔》云:"世传焚书,起于李斯,不知韩非已先有是说。其说曰:世之愚学,多诵先古之书,以乱当世之治……公孙《靳令篇》云:……以六虱受官,则治烦言生。六虱者,曰礼乐,曰诗书。……如鞅之说,非燔诗书之祖哉?"盖焚书在独夫视之,自有时势之必要,而钱穆《秦汉史》分析焚书之起,在始皇三十四年博士仆射周青臣与博士齐人淳于越辩废封建之得失。淳于越称说殷周,谓事不师古而能长久者,非所闻也。始皇下其议。丞相李斯曰:"五帝不相复，三代不相袭，各以治。非其相反时变异也。陛下创大业，建万世之功，固非愚儒所知。且越言三代事，何足法。异时诸侯并争，厚招游学。今天下已定，法令出一，百姓当家则力农工，士则学习法令辟禁。今诸生不师今而学古，以非当世，惑乱黔首。丞相臣斯昧死言，古者天下散乱，莫之能一，是以诸侯并作。语皆道古以害今，饰虚言以乱实，人善其所私学，以非上之所建立。今皇帝并有天下，别白黑而定一尊。而私学相与非法教，人闻令下，则各以其学议之。入则心非，出则巷议，夸主以为名，异取以为高，率群下以造谤。如此弗禁，则主势降乎上，党与成乎下。禁之便。"此为当时李斯建议焚书之理论。分析言之，约有两端：一，深恨当时愚儒不明朝廷措施精意，不达时变，妄援古昔，饰言乱实；二，鉴于战国游士嚣张，希复古代民力农工，仕学法律，政教官师不分之旧制。

无论如何，焚书时间始于秦皇与否，上文引述已见其概略。至于焚书之内容，李斯所奏之建议为：一，史官非秦纪皆烧之；二，非博士官所职，天下敢有藏《诗》、《书》、百家语者，悉诣守尉杂烧之。可见秦廷当时焚书，实分三类：一，史官书，除秦纪外全烧；二，《诗》、《书》、百家语，非博士所职全烧；三，秦史及秦廷博士官书犹存。

除焚书外，同时尚拟定办法几项：一，敢偶语《诗》、《书》者，弃市；二，以古非今者，族；吏见知不举者与之同罪；三，令下三十日不烧，黥为城旦；四，所不去者，医药、卜筮、种树之书；五，若有欲学法令者，以吏为师。

但秦之焚书，实有限制。《论衡》曰："秦火燔六籍，不及诸子。"此一说也。又曰："秦燔诗书，燔诗经于孟氏所见者，又从人之徒，素以搉秦为快。不曰嫚秦，则曰暴秦；不曰秃狼秦，则曰无道秦。所以诟厉之者，无不至。六国既灭，秦方以伤心之怨，隐忍未发。而诸儒复以事不师古，交讪其非，祸机一动，李斯上言，百家之说燔。而诗书者，亦与之俱烬矣。"此又一说。故推知：

一，秦廷当时禁令，实似并不以焚书为首要。故令下三十日不烧，仅得黥罪。而最要所禁制者，实为以古非今，其罪乃至于灭族。

二，次则偶语《诗》、《书》，罪亦弃市。良以此次焚书动议，本由于诸儒之师古而议上，偶语《诗》、《书》，虽未必即是议论当时之实政，然彼既情笃古籍，即不免有以古非今之嫌，故偶语《诗》、《书》，即明令弃市。而谈论涉及百家，则并不在禁令之列，此实无从禁，且亦不必禁。因李斯动议本重以古非今，而百家后起之说，则颇少称道先王。

三，然则秦廷此次焚书，其最要者为六国之史记，以其既讥刺及秦，且多涉及现实政治。其次为《诗》、《书》，此即古代官书之流传民间者，以其每为师古议政者所凭借。又次及之百家语，似是受牵连而已，实不足重视，而禁令中焚书一事，亦仅居第三最次要之列。

总括上述焚书之限制，首禁议论当代政治，次禁研讨古代文籍，再其次是禁私家藏书而已。

秦虽推行焚书之措施，然秦焚书后，公家收藏犹在，及项羽破秦都，火咸阳，而后烬余凋零。《论衡》谓："令史官尽烧五经，有敢藏《诗》、《书》、百家语者刑，惟博士乃得有之。"又朱熹谓："秦只教天下焚书，他自己却依旧留得。"（详《语类》百三十八卷）此外，萧森《希通录》谓："非博士官职，天下敢藏《诗》、《书》百家语者，皆诣守尉杂烧之；可见天下之书虽焚，而博士犹有存者。惜乎入关收图籍，而不及此，竟为楚人一炬耳。"又郑樵《通志》、刘大櫆《焚书辨》（《海峰集》卷一）亦有此说。光聪谐《有不为斋随笔》曾引述："《史记·乐书》李斯进谏二世曰：'放弃诗书，极意声色，祖伊所以惧也。'斯能为此谏，而又议烧诗书者，烧天下之私藏耳，盖犹有在官者。"康有为《新学伪经考》卷十一亦有此说。

虽然秦欲挟制及统一思想，而有焚书之措施，然在秦皇政施行焚书后，私家藏书尚多，故称陈余、郦生、陆贾、均好诗书。而孔鲋在秦禁焚之际，又明言："吾将藏之，以待其求。"章炳麟亦谓："自三十四年焚书讫于张楚之兴，首尾五年，记诵未衰。"（《太炎文录》卷一《秦献纪》）

此外，秦所谓诣守杂烧之者，亦似未尝严切搜检。当时民间私藏之事，以实情推之，不仅难免，实宜多有。自此以下，不过五年，故谓秦廷焚书，而民间书荡然遽尽，绝少留存，绝非事实。唯传本狭，而秦廷禁令又特别注重，则其遏绝，当较晚出百家语为甚。故自西汉以来，均谓秦焚书不及诸子，如王充《论衡·书解》、赵岐《孟子题辞》、王肃《家语后序》，及后汉书天文志等皆有叙述。谓秦焚书而诗书古文遂绝，盖仅指此种状态而言。

坑儒的讨论

坑儒一事起于秦始皇焚书后一年。其所坑之儒者约有二说，一是非属方士说，一是非真儒说，兹约其要论如下。

一、非属方士说

钱师认为坑儒事起于始皇三十五年。缘有侯、卢两生，为始皇求仙药，谓始皇贪于权势，未可为求，亡去。始皇大怒，曰："吾前收天下书不中用者尽去之。悉召文学方术士甚众，欲以兴太平，方士欲练以求奇药。今闻韩众去不报，徐市等费以巨万计，终不得药，徒奸利相告日闻。卢生等吾尊赐之甚厚，今乃诽谤我，以重吾不德也。诸生在咸阳者，吾使人廉问，或为妖言以乱黔首。"于是使御史悉案问诸生，诸生相告引，乃自除犯禁者四百六十余人，皆坑之咸阳，使天下知之以惩。后益发谪徙边，据此，则此次诸生见坑之罪，因有两点：一曰诽谤上，一曰妖言乱黔首。

所谓自除犯禁者，即犯"诽谤上"及"妖言乱黔首"之禁，决非谓兴太平及炼求奇药而犯禁也。诽上之禁，即去年李斯所奏请焚书，所谓以古非今偶语诗书之类而已。故曰："使天下知之以惩。"正使皆惩于诽上与妖言，决不惩其望星气、炼奇药、为方术，及以文学兴太平也。后世乃谓秦廷所坑尽属术士，亦失其真。

其实所谓坑儒，所重亦不在坑儒，而别有所在。何以言之？因一时所坑，限于咸阳诸生四百六十余人，而其意则在惩之天下士不敢为妖言诽上。其一时未能尽惩者，后乃益发谪徙边，所谪亦必皆诽上之罪者。故坑杀四百六十余人，而谪者尚不知其几许，以秦之贪于刑罚，恐其数当甚巨，且亦不限于咸阳，政令所及，当遍及全国。故始皇长子扶苏谏曰："诸子皆诵孔子，今上皆重法绳之，恐天下不安。"可见当时所谪者实多属方士。所谓诵法孔子者，大率还是偶语诗书、以古非今两途为多。

二、非真儒之说

章炳麟《国故论衡》谓："儒者，术士也。太史公《儒林列传》曰'秦之季世坑术士'，而世谓之坑儒。"即其"死者四百六十余人，是特以卢生故恶其诽谤，令诸生传相告引，亦犹汉世党锢之狱，起于一时，非其法令必以文字为戮也"。其昭昭者，则叔孙通。秦时以文学为待诏博士，数岁，陈胜起山东，二世召博士诸生问曰："楚戍卒攻蕲入陈，于公何如？"诸生三十余人，前曰："人臣无将，将即反，罪死无赦……"（《史记·刘敬叔孙通列传》）"人臣无将"，语出《公羊》，盖秦乃恶好为异说，而议论不合者耳，故大抵纵横之儒也，坑儒非真儒也。

第六节　东土文化西渐的讨论

秦僻处西方，本无文化传统，若与中土主流比较，实在远为落后，但秦何以能稳居西方，成功地统一六国？究其原因，实与东方文化的西渐有关。秦土与中原距离甚远，极少有接触或交流的机会，故东方文化之所以能够西流，实由秦能任用东方游士所致。秦自襄公始国，与东方诸侯通聘享之礼。及缪公与晋通婚姻，与东方交涉益频，重用虞遗臣百里奚、蹇叔，称霸西戎。但东侵之路为晋所扼，终春秋世，秦人未得志于东方。及孝公变法而其势遂变。故东方文化之西渐，亦自孝公后而其迹益著。现兹将东方文化西渐分为四点，由商鞅变法至李斯为止，分述如下。

商鞅新法之意义，务在破弃旧传统封建贵族制度之种种束缚，而趋于新军国之建设。传统封建制度之积弊，在东方文化较高诸邦久已呈露；有识之士，激于世变，咸思改革。然以受古代文化之染缚较深，种种因袭牵制，荡涤匪易。商鞅本卫人，较李悝、吴起二人为后起；而秦人在文化历史上之演进，较之东方诸国，乃远为落后，故反得为种种之创新。其实，商鞅变法之最重要者，在东方之晋、楚诸国早已推行。商鞅不过携带东方之新空气至西方如法炮制而已，使西方人赶上东方一步，但结果则反而后来居上——新军国之创建，唯秦为最成功。

秦孝公立，秦僻在雍州，不与中国诸侯之会盟，夷翟遇之。可是当时东方诸邦对秦人之鄙视。自商鞅入秦，其势遂一变。自后有张仪、范雎（皆魏人），仕秦，屡建伟绩。其实秦人本无文化可言，东方游士之西入秦者又大多为功名之士，对其故土文化本已抱不满之感，欲求别辟新局以就功业。秦人之视文化，亦仅以为致国富兵强之捷径，于东土文化本身之佳美及其意义之深邃处，则并未能认识接受而消融以为己有。故东土文化之西渐，在秦人视之，仍为一种客体，并未能真有栽根立脚之点。而大规模鼓励东方文化之西渐者，厥为吕不韦。

吕不韦籍三晋，然其在秦所努力者，实欲将东方学术思想之全部移植西土，不仅如商鞅、范雎诸人只求在政治上有所建设而已。史称吕不韦为秦相国，时魏有信陵君、楚有春申君、赵有平原君、齐有孟尝君，皆下士，喜宾客，以相倾。吕不韦亦招致群士，厚遇之，至食客三千人。是时诸侯多辩士，如荀卿之徒，著书布天下。吕不韦乃使其客人人著所闻，集论以为八览、六论、十二纪，共十二万言，以为备天地万物古今之事，号曰《吕氏春秋》。当时东方诸国，以武力言，固已远不敌秦，而言文化，则仍不脱其鄙视秦人之旧见。蔺相如使秦，直斥其君，自缪公以来，未尝有坚明之约束；又渑池之会，强秦君击盆瓴以辱之。此均是东方人于文化上轻傲之证。至吕不韦，乃欲将东方学术文化传统移植西土，其心愿固宏，成绩亦殊可观，今传《吕氏春秋》一书，便是其成绩之结晶品。然当时吕氏宾客虽居秦土，彼等观念上亦并不尊秦，似仍抱其以东方文化轻傲秦土之素习。

吕不韦死，东方学人入秦者尚有韩非、尉缭、李斯等。韩非乃韩之诸公子，亦籍三晋。至于尉缭，大梁人，亦籍三晋。此二人亦深为秦王赏识，而终不能善终，均证秦人之视东土之文教及学者仅等于一种工具。然李斯本亦吕不韦舍人，后为秦客卿。始皇十年，不韦免。是岁，秦议一切逐客。李斯上书历述秦收客卿之效，又谓珠玉狗马声色之玩，一切物质享用，秦皆取之于东方，何得取人而独不然？秦卒罢逐客令。

《史记·李斯列传》："会韩人郑国来间秦，以作注溉渠，已而觉。秦宗室大臣皆言秦王曰：'诸侯人来事秦者，大抵为其主游间于秦耳，请一切逐客。'李斯议亦在逐中。斯乃上书曰：'臣闻吏议逐客，窃以为过矣。昔缪公求士，西取由余于戎，东得百里奚于宛，迎蹇叔于宋，来丕豹、公孙支于晋。此五子者，不产于秦，而缪公用之，并国二十，遂霸西戎。孝公用商鞅之法，移风易俗，民以殷盛，国以富强，百姓乐用，诸侯亲服，获楚、魏之师，举地千里，至今治彊。惠王用张仪之计，拔三川之地，西并巴、蜀，北收上郡，南取汉中，包九夷，制鄢、郢，东据成皋之险，割膏腴之壤，遂散六国之从，使之西面事秦，功施到今。昭王得范雎，废穰侯，逐华阳，彊公室，杜私门，蚕食诸侯，使秦成帝业。此四君者，皆以客之功。由此观之，客何负于秦哉！向使四君却客而不内，疏士而不用，是使国无富利之实，而秦无彊大之名也。'"据李斯所言，入秦帮助秦国的多为东方国家的游士，可见秦之能并六国而霸天下者，实与东方士人的入秦有莫大关系。而李斯大用事，良以秦人对东土文化虽抱歧视之念，然终不得不降心以相就。且李斯学于荀卿，其议论意趣，亦主于严肃统治。其对东方文化现状，多抱一种裁制之态度。此点与吕不韦极违异，而与秦之国情则较合。此其所以能得志原因在此。

秦居西陲，文化传统落后，战国以来凡所兴建皆自东方移植，而秦又迄未能消融为己有。然东土学术，本有齐鲁与三晋之别。凡秦人所信用者，特三晋功利之士。至于齐鲁间学者讲学，重历史文化精神，求为社会改革之理想，则秦人因未前闻，亦无心欣赏。而方列国争强，方宇割裂，诸家论学，异说竞鸣，初唯见其凌杂，乃不感其相互间之冲突。于战国晚世，已有学者恶此凌杂而求有一新途径。总论秦之能富强，则拜东方文化之西渐所赐，然可惜为其所取者，乃三晋之功利主义而已，此与秦之速亡原因颇有关系。

第五章　西汉的政教与治乱

第一节　楚汉相争及刘胜项败的分析

楚汉之争

秦末豪杰发难，六国亡后纷纷复立，一时郡县制度再被打破，复回归于封建。关东六国并峙，唯项羽之势最强，诸侯皆仰其鼻息，义帝徒拥虚号，然未尝别黑白而定一尊，与人民渴望统一之心相抵触，钱穆师谓："当时山东豪杰，一呼百应，亦为恢复封建之迷梦所驱。实亦不免于另一种迷误忘理为之策动。"兹按当时之情况略叙如下。

秦二世元年，陈涉、吴广揭竿起义后，楚人项羽及其叔父项梁起兵于吴，泗水亭长刘邦起兵于沛。公元前207年，楚王令项羽救赵，令刘邦攻秦。

项羽于巨鹿击溃秦主力，乘胜引兵西入关中。刘邦自武关进至霸上，适逢秦二世被赵高杀死，秦王子婴又杀死赵高，兵力薄弱，无力抵抗，不得已奉天子玉玺出降。

项羽闻刘邦已入咸阳，急率大军进关，杀子婴，屠咸阳，烧秦宫室，自以天下已定，引兵东归。又大封亡秦豪杰为王，而封刘邦为汉王，统治巴蜀汉中。

刘邦初时力量不大,自公元前205年起,刘、项间大小一百余战,项羽皆占上风。

刘邦终以"斗智不斗力"的原则,于垓下一战击败项羽,项羽遂逃至乌江自刎而死。至此,刘邦即位为皇帝,统一中国。

刘胜项败的分析

刘邦以一介平民,开创帝业,启自有史以来未有的平民政权之局。而其人既无雄才大略,又非特出之英雄豪杰,其崛起成功因素何在?据吾人所见,得力于下列数项。

高祖生而贫困,衣食难周,至乞食于嫂家。其父母并失名氏,幼年孤苦与无知,可见一斑。及长,以无赖做亭长,后入芒砀山为群盗,再起而革秦之命,取沛令而代之,沿楚旧习自称沛公。三年之后,受项羽封为汉王,又五年遂即帝位。其为人酗酒无行,不拘小节,好狎侮人,尤轻儒者,直至为王,犹保留无赖习惯。然其人仗义气,重言诺,温和宽厚,不念旧恶,知人善任,不吝货财。尤其重要的是出身穷苦,经历社会最下层,熟知人情好恶,政治上的利弊得失,皆所亲履,故自得国以还,一切举措,莫不适合人民需要。如入关之始,除秦苛法,约法三章,赢得人民欢声雷动,箪食壶浆以迎之,即其显例。

追随高祖革命的一群开国元勋,几乎清一色来自下层社会,如萧何任刀笔吏,曹参任狱吏,周昌任卒史,由屠嘉任材官,陈平、郦食其皆平民,王陵、靳歙、周缗、郦商、傅宽皆无赖子,灌婴为布贩,樊哙屠狗,夏侯婴司御,周勃为吹鼓手,英布为盗,韩信为流浪者,独有张良是五世相韩的贵公子,张苍是秦朝的御史。以如此的一个平民集团,由刘邦领导,所作所为自然受到人民的拥护与欢迎,因此举事以还,不到八年,便创立汉家基业。

刘邦豁达大度,善以利禄诱人,崛起草泽之徒,皆为之效死力。《史记·汉高祖纪》："高祖为人……宽仁爱人，意豁如也，常有大度，不事家人生产作业。及壮，试为吏，为泗水亭长。廷中吏无所不狎侮，好酒及色……高祖尝繇咸阳，纵观秦皇帝，喟然太息曰：'嗟乎，大丈夫当如此矣。'"故佐汉高祖定天下者，除二张外，都出身寒贱，如萧何、韩信、曹参、陈平、周勃、樊哙等便是。

汉高祖以关中为根据地，进退裕如，项羽西向与争，辄有后顾之忧，刘、项得失，即判于此。《史记·萧相国世家》云："关中事，计户口，转漕给军，汉王数失军遁去，何常兴关，中卒辄补缺。"

刘邦在项梁属下时，已广结同盟，深得一般老将喜悦，誉为"宽大长者"。后更乘叛乱挑拨诸侯与项羽之关系，使他们弃楚投汉。

刘邦入关破秦，只收重要图籍，其他一无所取。又宣布除秦苛政，并约法三章，于是秦民大悦，唯恐他不在关中。

关中一带，自秦大修水利，已成沃野。刘邦再度入关，即注意发展生产，计户征收粟帛，更得萧何居守，未尝交绝，无后顾之忧。

刘邦好色贪财，虽不下于项羽，但他攻入关中，却能矫情自制，甚至拒绝秦人所献牛酒。其他如韩信破齐，请立为"假王"以资镇压，刘邦便给他齐王印绶；项羽获邦父太公，要挟汉军投降，刘邦反要求分一杯羹；项羽伏弩中邦心胸，他竟扪足说"虏伤吾趾"，实在显现出刘邦的权谋过人之处。

第二节　汉初的政治社会情态

秦统一天下不过十五年而亡，一切建设或需要改良的，则由于时间短速，以致人亡政息，随着秦的亡国而解体；相反，战国秦末以来一切的弊政，多在汉初发挥了作用。故汉代初年的社会经济、教化风气、国家内部政治与外族的压迫等，都成为当时严重的问题，而有所急于改良。

汉初的国际形势

就当时国际形势而论，尤其在处理异族方面，积极言之，如何教而化之，使与中国同；消极言之，如何防止彼等的入侵，也是个当前急务。如《史记·律书》说："高祖有天下，三边外叛，大国之王，虽称蕃辅，臣节未尽。会高祖厌苦军事，亦有萧、张之谋，故偃武一休息，羁縻不备。历至孝文即位，将军陈武等议曰：'南越、朝鲜，自秦时内属为臣子，后且拥兵阻挠，选蠕观望。高祖时，天下新定，人民小安，未可复兴兵。今陛下仁惠抚百姓，恩泽加海内，宜及士民乐用，征讨逆党，以一封疆。'孝文曰：'朕能任衣冠，念不到此。会吕氏之乱，功臣宗室，共不羞耻？误居正位，常战战栗栗，恐事之不终。且兵凶器，虽克所愿，动亦耗病，谓百姓远方何？又先帝知劳民不可烦，故不以为意，朕岂自谓能？今匈奴内侵，军吏无功，边民父子，荷兵日久，朕常为动心伤痛，无日忘之。今未能销巨愿，且坚边设侯，结和通使，休宁北陲，为功多矣，且无议军，"汉之初定天下，高祖七年，冒顿围高祖于平城，高祖仅得脱。文帝时，匈奴骄纵如故，自称天所立匈奴大单于，以致时侵边塞，汉廷亦不能再安于和亲之途，故贾谊《陈政事疏》慷慨陈词谓："窃料匈奴之众，不过汉一大县，以天下之大，困于一大县，窃以为执事者之羞也。"然匈奴是时所以势强原因，多由于汉人之辅翼不少。韩王信降匈奴，匈奴因而引兵南下，乃有平城之役。是后韩王信为匈奴将，及赵利王黄等，时来侵盗。其先更有故燕王臧荼子衍，亡命在胡。陈豨反，燕王卢绾又亡入匈奴，率其党俱去者且万人，往来苦上谷以东。文帝时，为胡人谋主者，乃汉使宦者燕人中行说，是知非尽为匈奴有此力量，凡此皆足以促使汉廷国力受到牵制。

汉初内部的统治力量

就汉廷之内部统治力而论，汉初推行封建诸侯王，不久便产生了明显的恶果——诸侯王的骄纵进而动摇了汉廷的统治力。高祖时，列侯初封，大者不过万家，小者五六百户。至文景之数世间，流民既归，户口已多，列侯大者三四万户，小国倍之。既而子孙骄逸，忘其先祖之艰难，而屡陷法禁，以身害国，以致影响于政局甚大。如吴王濞之初封，王三郡五千城；孝惠高后时，天下初定，郡国诸侯各务自拊循其民。吴有豫章铜山，乃招致天下亡命者盗铸钱，又有海盐之饶，不赋于民而国用足。如是经三四十年，国力既丰，自谓国虽小，地方三千里；人虽少，精兵可具五十万。骄纵之势既成，使中央虽欲守真宽简的初政而不能。又如梁孝王招延四方豪杰，一时自山而东游说之士毕至；筑东苑，方三百余里，广睢阳城七十里。大治宫室，得赐天子旌旗，从千乘万骑，威导如天子。其他诸王荒淫骄纵之事例不胜列举。而富商大贾则因其富厚，交通王侯，力过吏势。亡命游侠之徒，诸侯王亦往往招致养匿，相结为奸，淮南王则更甚者。江都王非亦盛招四方豪杰。赵王彭祖更借侯王之势力经营商贩，故贵族与商人声气互通，相为消长，如吸血之虫潜伏汉廷身上，亦为导致景帝时吴、楚七国反叛的主因。

汉初的社会民生

就社会民生而论，当封建全盛时代，井田尚行于世，除了封建君主的食租衣税富贵与民悬殊以外，其余固无大不均。至东周以后，下及汉初，情况已大为改变。我们可从汉儒的论政看到当时情况。如董仲舒指出："富者田连阡陌，贫者亡立锥之地。又颛川泽之利，管山林之饶，荒淫越制，逾侈以相高；邑有人君之尊，里有公侯之富，小民安得不困？"而晁错亦上疏文帝说："今农夫五口之家，其服役者，不下二人；其能耕者，不过百亩；百亩之收，不过百石。春耕夏耘，秋获冬藏，伐薪樵，治官府，给繇役，春不得避风尘，夏不得避暑热，秋不得避阴雨，冬不得避寒冻，四时之间，亡日休息。又私自送往迎来，吊死问疾，养孤长幼在其中。勤苦如此，尚复被水旱之灾，急政暴虐，赋敛不时，朝令而暮改。当具，有者，半贾而卖；亡者，取倍称之息。于是有卖田宅、鬻子孙以偿责者矣。而商贾大者，积贮倍息，小者坐列贩卖，操其奇赢，日游都市，乘上之急，所卖必倍。故其男不耕耘，女不蚕织，衣必文采，食必粱肉，无农夫之苦，有仟伯之得。因其富厚，交通王侯，力过吏执，以利相倾。千里游敖，冠盖相望，乘坚策肥，履丝曳缟。此商人所以兼并农人，农人所以流亡者也。"（《汉书·食货志上》）已说尽当日农民生计之困难与社会商人豪富势力在土地上的大兼并。若再看《汉书·张安世传》所谓"贵为公侯，食邑万户，然身衣弋绨，夫人自纺绩，家童七百人，皆有手技作事，内治产业，累积纤微"的记载，可以看到当日的封君、地主和工商的竞肆攘夺，试问百姓如何能生活？

汉初的教化治道

社会教化方面而论，经过数百年的战乱而到汉代初年的文教风气，也是个严重的问题。贾谊的《陈政事疏》指出："商君遗礼义，弃仁恩，并心于进取。行之二岁，秦俗日败，故秦人家富子壮则出分，家贫子壮则出赘。借父耰鉏，虑有德色；母取箕帚，立时谇语。抱哺其子，与公并倨；妇姑不相说，则反唇而相稽。其慈子耆利，不同禽兽者亡几耳。然并心而赴时犹曰蹶六国，兼天下。功成求得矣，终不知反廉愧之节，仁义之厚。信并兼之法，遂进取之业，天下大败，众掩寡，智欺愚，勇威怯，壮陵衰，其乱至矣，是以大贤起之，威震海内，德从天下。曩之为秦者，今转而为汉矣。然其遗风余俗，犹尚未改。今世以侈靡相竞，而上亡制度，弃礼谊、捐廉耻日甚，可谓日异而岁不同矣。……盗者剟寝户之帘，搴两庙之器，白昼大都之中剽吏而夺之金。矫伪者出几十万石粟，赋六百余万钱，乘传而行郡国，此其亡行义之尤至者也。……至于俗流失，世败坏，因恬而不知怪，虑不动于耳目，以为是适然耳。夫移风易俗，使天下回心而乡道，类非俗吏之所能为也。俗吏之所务，在于刀笔筐箧，而不知大体。陛下又不自忧，窃为陛下惜之。"而董仲舒的《天人策》亦指出："自古以来，未尝有以乱济乱，大败天下之民如秦者也。……今汉继秦之后，如朽木粪墙矣。虽欲善治之，亡可奈何。法出而奸生，令下而诈起……为政而不行，甚者必变而更化之，乃可理也。……故汉得天下以来，常欲善治，而至今不可善治者，失之于当更化而不更化也。"盖见时人指陈汉初承秦之失政以来社会风化之坏，最为当前国家的急务。

第三节　汉初的政教学术

贾谊与汉初的政教学术

汉初政教学术最具影响力的，首推贾谊与董仲舒，而贾谊对西汉一代的政教改革更具划时代的影响。贾谊，洛阳人，生于高祖六年（公元前201年），少通诸子百家之书，年十八即因才名为河南守吴公召置门下。文帝初立，吴公因治平为天下第一，被征为廷尉，贾谊得吴公的推荐，被召为博士。其时他虽才二十多岁，但朝廷"每诏令议下，诸老先生未能言，谊尽为之对，人人各如其意所出"。（《本传》）于是深得文帝喜爱，一岁中超迁至太中大夫。他认为，"汉兴二十余年，天下和洽，宜当改正朔，易服色、制度，定官名，兴礼乐"。（《本传》）并草具各种仪法、官名，拟尽改汉初所沿袭的秦制。这些建议虽未尽为文帝所采纳，但其他若干更改法令及遣列侯就国的意见却被付诸实施。其时文帝曾有用他为卿相之议，使他因此而遭到汉室当时的元勋周勃、灌婴、张相如、冯敬等的忌妒与排挤。结果文帝疏远了他，外放他为长沙王太傅。贾谊一度表现得相当消沉，过了一年多，由于文帝的眷念，他又被召还，改拜为文帝幼子梁怀王太傅，且数以国事垂询。贾谊乃上其有名的《治安策》，并一再上疏力主削减诸侯王的领地。后数年，梁怀王不慎坠马死，贾谊自伤为傅无状，常哭泣，岁余，亦郁郁以终。时为文帝十二年（公元前169年），贾谊年仅三十有三。关于他的改革建议，现分述如下。

一、对外方面

汉室当时虽云已"兴二十余年，天下和洽"，但实际上是"匈奴强，侵边；天下初定，制度疏阔，诸侯王拟地古制，淮南、济北王皆为逆诛"。（以上均见《本传》）对于此种情势，贾谊深感痛心疾首。他极力反对沿用和亲政策及采取妥协态度。他认为："今匈奴嫚侮侵掠，至不敬也，为天下患之亡已也，而汉岁致金絮采缯以奉之。夷狄征令，是主上之操也，天下一供一贡，是臣下之礼也，足反居上，首顾居下，倒悬如此，莫之能解，犹为国有人乎？"（《本传》）因此他主张"建三表，设五饵……与单于争其民"。"使匈奴之众为汉臣民，制之，令千家而为一国列处之塞外，自陇西、延安至辽东，各有分地，以卫边。"这便是所谓"天子有道，守在四夷"的主意，但贾谊"建三表，设五饵"的办法，并未为文帝所采纳，而该办法是否可行，实有疑问。不过，他之大声疾呼"系单于之颈而制其命"和晁错之极力主张"兴数十万之众以诛数万之匈奴"，对于"文帝中世，赫然发愤，遂躬戎服，亲御鞍马，驰射上林，讲习战阵"，积极准备对匈奴用兵的态度，深具影响。

二、对内方面

贾谊固然赞成天子"裂地分民以封功臣之后，建国立君以礼天下"（《过秦下》），但他认为应使封建诸侯"权力不足以徼幸，势不足以行逆"。换言之，他所赞成的，是君权独揽天下的封建，而非周代那种天子与诸侯分地而治的封建；所以他对于当时汉室诸侯王之封地"多者百余城，少者乃三四十县"的情形，及文帝对他们的僭越逾制所采取的宽仁政策，至表不满，认为"非徒病瘇也，又苦蹠盭"，是诚可痛哭之事。他上奏说："天下之治安，莫若众建诸侯而少其力。"但究竟如何"众建诸侯而少其力"？他的主张是以长沙王所封之地为最高限额而"割地定制"，将各诸侯王现有的土地分为若干国，使其"子孙毕以次各受祖之分地，地尽而止。……其分地众而子孙少者，建以为国，空而置之，须其子孙生者，举使君之"。贾谊倡议"众建诸侯而少其力"的政策，当时虽经他一再上疏，亦未为文帝采纳；但他死后，文帝因思其言，"乃分齐为六国，尽立悼惠王子六人为王，又迁淮南王喜于城阳，而分淮南为三国，尽立厉王三子以上"。景帝时平定因实行晁错的削地政策而激起之吴、楚七国之乱后，亦转而继续推行贾谊的分化政策及武帝时主父偃建议而施行的推恩之策，实际上是贾谊分化政策进一步的扩展而已。

三、其他的政治改革方面

贾谊论治术，大略可分为下列几点言之。

第一，识时变，行改革。贾谊论为政治国，必须因应时势，行所当为，相时而立仪，度务而制事。他说："夫帝王者，莫不相时而立仪，度务而制事，以驯其时也。欲变古易常者，不亡不死，此圣人之所制也。"而当年秦人即因不识时变，不明攻守异术，于蹶六国、兼天下之后，竟仍死守商君违礼义，弃伦理，尚诈力，并心于进取之法，而不知反廉耻之节，仁义之厚，以治天下，所以凡十数载而社稷为墟。

第二，兴德教，慎刑赏。贾谊既认为秦人之骤亡，系因其违礼义、轻廉耻、反人伦，他说："夫邪俗日长，民相然席于无廉耻礼义非循也。岂为人子背其父，为人臣因忠于君哉？岂为人弟欺其兄，为人下因信其上哉？陛下虽有权柄事业，将何所寄之？"（《俗激》）。又说："仁行而义立，德博而化富，故不赏而民劝，不罚而民治，先恕而后行，是以德音远也。"（《修政语上》）他曾将德治或礼治的优劣与法治或刑治加以比较。并以家族伦理关系为君臣上下关系的准绳。然而对于仁、义、礼、智、信、乐之行，贾谊认定"唯先王能审之，凡人弗能自至。是故必待先王之教乃知所从事"。因此，君上之教，实为政治上最主要的事务。而君上之教，其关键则在乎君主之能否以身作则："苟上好之，其下必化之。""君能为善，则吏必能为善矣；吏能为善，则民必能为善矣。故民之不善也，吏之罪也；吏之不善也，君之过也。"不过，贾谊虽鼓吹崇尚德治，政教合一，但却并未否定权势法制和庆赏刑罚。他曾说："仁义恩厚者，此人主之芝刃也；权势法制，人主之斤斧也。势已定，权已足矣，乃以仁义恩厚因而泽之，故德布而天下有慕志。"可见他是主张于天下未定或祸乱方生时应以权势法制为先，但于天下已安、海内和洽之际，则应以德主刑辅，恩重于威。而对于刑罚与庆赏之施行，他认为必须慎重，如有疑问，则刑应宁失勿滥，赏应宁滥勿失。

第三，立制度，尊等级。贾谊曾将当时淫侈奸邪的世风和犯罪众多的现象归咎于无制度。他说："世淫侈矣，饰知巧以相诈利者为知士，敢犯法禁，昧大奸者为识理。故邪人务而日起，奸诈繁而不可止，罪人积下众多而无时已，君臣相冒，上下无辨，此生于无制度也。"因此他主张必须确立制度，严分阶级，说："故天子之于其下也，加五等已往则为臣例，臣之于下也，加五等以往则以为则仆。仆则亦臣礼也，然称仆不敢称臣者，尊天子避嫌疑也。"因为"人之情不异，面目状貌同类，贵贱之别，非人人天根著于形容也。所以持以别贵贱、明尊卑者，等级、势力、衣服、号令也"，故必须使"贵贱有级，服位有等"。而"等级既设，各处其检，人循其度，擅退则让，上循则诛，建法以习之，设官以牧之"，使君君、臣臣、父父、子子"卑不疑尊，贱不逾贵，尊卑贵贱，明若黑白，则天下之众不疑眩耳"。

第四，爱人民，务本业。如前所述，贾谊系以民为国本，国家之治乱安危，强弱存亡，最后全决定民心的向背。他说："故先王者，见终始之变，知存亡之由，是以牧民以道，务在安之而已。"民安，则"四海之内皆欢然，各自安乐其处，唯恐有变，虽有猾害之民，无离上忘，则不轨之臣，无以饰其智，而暴乱之奸弭矣……故曰，安民可与行义，而危民则易为非"。不过，如何能使民安呢？主要便是要使国家富足，人民不虞匮乏。所以他一再说："故国丰且富，然后君乐也。""民非足也，而可治之者，自古及今未之尝闻。""饥寒切于民之肌肤，欲亡其为奸邪，不可得也。"因而他特别强调蓄积之重要。贾谊所提出的各种治术，其有关改制的奏议，当时虽未完全为文帝所采纳，然而经过他倡导之后，逐渐引起一般儒生共鸣，而成为西汉儒家所重视的政治主张。其兴德教的建议，亦因"孝文好道家之学，以为繁礼饰貌无于治"而未受重视。不过，这却使文帝深受感动而"躬耕以劝百姓"的务本业的主张，同为西汉儒家所普遍鼓吹。

董仲舒与汉初的政教学术

汉初在政教学术两方面最具影响力的，首推贾谊与董仲舒。而仲舒尤其对于汉代学术政教更具划时代的影响。过去讲论董子学术思想的，多据《春秋繁露》为主，但《繁露》多杂他家之理论，恐非董子手笔。其作品较可靠的，应是《汉书》里的天人三策。如《汉书·董仲舒传》说他："广川人也，少治春秋，孝景帝时为博士。下帷讲诵，弟子传以久次相授业。或莫见其面。盖三年不窥园，其精如此。进退容止，非礼不行，学生皆师尊之。……仲舒所著，皆明经术之意。及上疏教条，凡百二十三篇。而说春秋事得失……十余万言，皆传于世。……刘向称董仲舒有王佐之材，虽伊吕亡以加。……遭汉承秦灭学之后，六经离析，下帷发愤，潜心大业；令后学者有所统一，为群儒首。"《汉书·五行志》又说："汉兴，承秦灭学之后，景武之世，董仲舒治《公羊春秋》，始推阴阳，为儒者宗。"盖见时人对他的学术贡献推崇备至。不过董仲舒最大的贡献仍在政治方面，而崇儒仅其次而已。天人三策，是董生发挥其天人合一学说的主要论据，是上承殷商时代的术数迷信，杂入春秋战国诸子学说，配合秦汉间政治社会的需要而融会贯通的一种学说。大抵他以天的次序为人类社会次序的张本，符合当时专制一统集权帝国的需要。他认为人既与天相类，则天道变化可以有次序，人类群居当亦有次序，由此而推演出的是原则性之大计和实际世务的措施。原则大计，是兴教化之功。世务的措施，则为选吏、抑豪、崇儒之事。兴教化即是贵德而贱利，是移风易俗的更化，亦即天不变，道亦不变之道。道之大原出于天，阴刑阳德，阳贵阴贱，认天意是如此。董仲舒虽杂阴阳家色彩，而其基本思想则为儒家。儒家重视教化，故其政治哲学，可说是教育性的。他便是以这种教化之功，改变沿秦尚法任吏的积习。关于董仲舒的时务主张，概言之，可分为如下二端。

第一，选郎吏。《对策》云："夫长吏多出于郎中、中郎，吏二千石子弟选郎吏，又以富訾，未必贤也。"汉代各地方的守令多出于郎中与中郎，他们多由任子或赀财而获选，靠门第或财富的关系得为郎吏。此举本无大碍，但是由于郎吏可以出补长吏（亲民官）的关系，他们贤能与否，直接影响到人民生活甚大。所以董仲舒建议："使诸列侯郡守二千石，各择其吏民之贤者，岁贡各二人以给宿卫。"这是一种储材的办法，但所谓贤否，当然以品格为标准；使贤者做了守令，才能替朝廷承流宣化。其后公孙弘建议太常受业的高第可以为郎中，及选文学掌故卒吏。"自此以来，公孙大夫士吏斌斌多文之士。"故宣武帝时代吏治的良好，实与董仲舒的建议用儒有关。

第二，抑豪吏。董仲舒的主要出发点在抑制豪门资本的发展，他认为"古之所予禄者，不食其力，不动于末，是亦受大不得取小，与夫同意者也"。西汉武帝时，天下已承平了七十年，过去的诸侯王、公卿、大夫已尽享厚禄，更而与民争利。他们有潜势力，资本大，平民岂能与之争？武帝之前如吴王濞、邓通之铸钱，武帝以后，如杨浑家居，治产经商，可见这种豪门资本在社会的势力也是造成贫富不均的主要原因。所以董生指出："古者税民，不过什一，其求易共；使民不使三日，其力易足。民财内足以养老尽孝，外足以事上共税，下足以畜妻子极爱，故民说从上。至秦则不然，用商鞅之法，改帝王之制，除井田，民得卖买，富者田连阡陌，贫者亡立锥之地。……或耕豪民之田，见税什五。故贫民常衣牛马之衣，而食犬彘之食。……宜少近古，限民名田，以澹不足。"（《汉书·食货志》）董疏所陈内容，可说是代表了当时一般儒者的意见，如《汉书·食货志》所说："哀帝即位，师丹辅政，建言古之帝王，莫不设井田，然后治乃可平。孝文皇帝承亡周乱秦兵革之后，天下空虚；故务劝农桑，帅以节俭，民始充实，未有兼并之害；故不以奴隶及民田为限。今累世承平，豪富吏民赀富巨万，而贫弱愈困。盖君子为政，贵因循而重改革。然所以有为者，将以救急也；亦未可详。宜略为限。天子下其议，丞相孔光，大司空何武奏请诸侯王、列侯皆得名田国中；列侯在长安，公主名田县道，及关内侯、吏、民名田，皆毋过三十顷……时田宅奴婢，贾为减贱。丁傅用事，董贤隆贵，皆不便也。诏书且须后，遂寝不行。"师丹、孔光、何武都是当时的儒者，他们主张限田，而遭贵戚幸臣的反对。结果虽未得实现，却可反映当时儒家对于抑制豪富的主张，是具有积极作用的。

第四节　汉初封建与吴楚七国之乱

汉之统治政策，可从封建政策与监察制度两方面以观其政权性质之异同，则有封建、郡县及双轨、单轨之演变。

汉初封建原因的分析

当楚汉相争之时，刘邦为孤立项羽，扩大自己的力量，早日结束战争，势必外结友邦，内封巨勋，群策群力，以摧大敌，所以对各方面都采取妥协方针。汉王三年，郦食其建"立六国后以树党"之策。虽未施行，然事势所迫，固顿行建王困敌之策，卒收一统之效。及汉高祖即帝位后，名义上虽是全国一统，但事实上却是分裂的。到战争结束，他被诸侯拥戴为皇，为酬勋起见，异姓王有增无减。更为了稳定他所建立的政权，不得不承认割据力量的存在。故诸王建国，先后不一，韩王信、赵王张耳、淮南王黥布、楚王韩信、梁王彭越、燕王臧荼、长沙王吴芮，便是属于所谓"异姓诸侯王"。《汉书·贾谊传》载《陈政事疏》曰："高皇帝与诸公并起……即天子位，割膏腴之地以王诸公，多者百余城，少者乃三四十县。"掩有黄河长江下游的广大疆土。又有闽粤王亡诸者，时在荒服，盖非正朔所加，故《史记》、《汉书》皆不以入诸侯之列。此外，还陆续分封萧何、曹参等功臣及贵戚共一百四十三人为列侯。王在其国中，除享有经济权，并握有相当大的统治权；列侯则仅有定额户数的赋税徭役。

就当时封建情况而言，唯山东中部与东部仍为汉郡，未封王。盖齐地控南北，形势要冲，经济繁荣，实与陕西为当时中国之东西两轴端，故汉廷欲保有其地以为呼应。然当时全国土地为诸王所制者面积逾于汉郡，自不待言；且诸王皆异姓，除韩信外，余皆非直系部属。而信自下齐后，亦已独立，兵力尤强。诸侯所统者皆其故地，或手定之地。除张耳外，皆各拥有军队。加以各国行政自主，置百官，统郡县，而汉室亦不能制。故此八王者，其视汉室，亦犹如前十八王之视楚项，仅为盟约主从之关系，外托君臣之名，内有敌国之实。汉朝一切制度承袭秦代，殊少更革，唯于地方之统治政策，恢复秦代所已扬弃之封建制度者，亦事势所迫，不得不尔。

高祖统一之初，对封建制是抱有限承认态度的，因异姓诸王大都久经战阵，擅长军事，其中不乏具有野心的人，势力庞大，对中央政府实是一种严重威胁，故高祖又处心积虑必欲设计芟夷诸王。又鉴于周室虽乱而持久，秦室孤单而速亡，乃芟除异姓而以同姓王代其地，借资藩辅。结果在公元前202年到公元前195年间，臧荼被虏，韩信、彭越、英布先后被诛，韩王信被迫逃入匈奴，张敖被废为列侯，唯有长沙王及闽粤王以地偏南荒，国小力弱，得幸免于废减。但高祖仍继续实行分封，一方面是秦末以来割据残余的客观因素；另一方面，汉高祖因见秦大削宗室，"外无尺土藩翼之卫"，以至孤立而亡，所以除郡县之外，更大封宗室子弟为诸侯王，形成错综郡县之间的若干诸侯国，称为"郡国侯制"。为了防止异姓王国的再起，更有"非刘氏而王，天下共击之"的誓约，史称"白马之盟"，企图使后世遵守，欲长久维持刘氏的统治。《汉书·诸侯王表叙》云："汉兴……尊王子弟，大启九国。……起雁门以东，尽辽阳，为燕、代。常山以南，太行左转，度河、济，渐于海，为齐、赵。谷、泗以往，奄有龟、蒙，为梁、楚。东带江、湖，薄会稽，为荆、吴。北界淮濒，略庐、衡，为淮南。波、汉之阳，亘九嶷，为长沙。"

分封的诸侯王国拥有广大领土，还掌握封国内经济和政治大权。经济方面，诸侯王享有封国内的全部租税，仅向皇帝缴纳按封国内人口每人六十三钱的"献费"。政治方面，官制和中央政府一样，除丞相由中央任命外，其他官吏都由诸侯王自行任免。诸侯王无异是割据一方的小皇帝了。随着农业生产的恢复与发展，工商业的繁荣，诸王都拥有雄厚的经济力量，于是日渐骄纵自得，滋长野心，违背中央政府的命令，且想进一步夺取皇权，形成尾大不掉之势。兼且各诸侯王国长期安定，人口大为增加，实力也随之增强，在中央政府无为政治的原则下，列国的内政不大受到干预，因而养成诸侯王的骄态。同时文帝以诸侯入统，对原来地位与他相同的诸王自不敢过分约束。文帝初年，宗室诸侯已增至十几个，关东的广大地盘，几全为他们所拥有。诸王之中，淮南王刘安，更直呼文帝为"大兄"，擅杀大臣，自作法令；济北王兴居，以不满封地过小，于三年（公元前177年）造反，事平，国废为郡。而最富强的要算吴国，辖地三郡五十三城，东临滨海，境内产铜，依仗国内的自然资源，夷盐铸钱，因而国用富足，又免除国内的赋税以收买人心，并招致天下亡命，密谋不轨。其他诸王也多半专权自恣，形成了割据的状态。当时中央政府与诸王国的对立，俨然是秦与六国形势的重演。各诸侯有扩展自己势力的要求，中央则有巩固集权的必然性，所以西汉政治显然存在着专制主义中央集权与诸侯国封建制残余的冲突。

在此尾大不掉形势下，凡是拥护汉朝中央集权的统治官吏，都感到事态严重，认为非速谋解决不可。贾谊曾谓："夫树国固，必相疑之势，下数被其殃，上数爽其忧，甚非所以安上而全下也。……其异姓负强而动者，汉已幸胜之矣，又不易其所以然。同姓袭是迹而动，既有征矣，其势尽又复然。殃祸之变，未知所移……"又建议："欲天下之治安，莫若众建诸侯而少其力。力少则易使以义，国小则无邪心。"

文帝十六年（公元前164年），文帝遂乘着齐王刘侧死后无子嗣位的机会，把其领土分为六国，又把曾经举行叛变的淮南国分为三国。这是第一次执行贾谊的削弱王国的措施。

景帝时，晁错为御史大夫，时吴王刘濞对中央的反抗态度已日趋明显。晁错认为："吴王前有太子之隙，诈称病不朝，于古法当诛。……不改过自新，乃益骄恣。……今削之亦反，不削亦反。削之，其反亟，祸小；不削之，其反迟，祸大。"景帝从之，削掉了楚的东海郡、赵的常山郡和胶西的六县；既而又下令削吴的会稽、豫章二郡。吴王濞知悉景帝削藩政策后，便决计进行武力反抗,起兵于广陵,并与胶西王卬、楚王戊、赵王遂、济南王辟光、淄川王贤、胶东王雄渠相约,至此六国也起兵响应,一致以讨诛晁错为借口,时在景帝三年(公元前154年)正月。七国起兵后,景帝派太尉周亚夫、大将军窦婴等分头应变;又因不愿战事扩大,遂诛晁错以缓和七国的声势。但七国只以诛杀晁错为借口,实际的目的是要推翻景帝及其中央政府,所以晁错虽死,仍未能使七国的军事行动停止。七国除保全并扩大其割据势力外,毫无其他意义,这种挑动国内战争破坏统一的行为,得不到民众的支持。且七国间亦不能衷诚合作,无计划配合作战,吴、楚北上进攻,只是孤军深入。所以七国在政治和军事上都处于不利,而周亚夫却用断绝粮道的方法使吴军不能持久作战。吴军大败,潢渡江走丹徒,欲保东越,却为东越所绐,遂被杀;楚王戊亦军败自杀;其余诸国,亦次第平服。总计这场战乱,前后不过三月,即告平定。

七国乱后汉廷的对策与影响

汉初到七国乱后,汉廷推行"削藩"政策不遗余力,可分为四方面。

第一,削其封疆。高帝始封异姓诸王,及后封同姓以替异姓者,其封国皆甚大,对于中央政权自属一大威胁。文帝时贾谊便首建分割政策,其后晁错《对策》,亦言"宜削诸侯"。景帝即位,从晁错之策,大削诸侯,七国以叛。景帝惩之,大分赵地,置广川、清河等,并原赵国及前分之河间为六国;中元六年,又分梁,置济川、济东等,于是东方封国大半分裂。至武帝元朔二年,主父偃推申贾谊之言,因建推恩分侯之策。武帝从其计,令诸侯王自动分封子弟。《中山靖王传》云:"其后更用主父偃谋,令诸侯以私恩自裂地分其子弟,而汉定制封号,辄别属郡。汉有厚恩,而诸侯地稍自分析弱小云。"此法又比贾谊更进一步,不但分其地,且以入汉郡,故王国疆域日以偏狭。自此政局趋于稳定,后世遵承,不须有所更革矣。

第二,制其形势。高祖鉴于秦之兴实资西宇,即本身基业亦创始于秦蜀,故以关中为根本,蜀中为内府。由秦蜀东出,首当其冲者为中原与江汉区域，亦不封人，以固中央形势。汉廷既专制西宇，至于东宇三垂，前属项羽，后属强臣，本非汉廷势力所及之区；且经验显示，其势不足以抗衡西宇，故即因当时客观形势，割封强臣与宗室。汉初封国形势，诸侯比境，故得交通声息，而外接胡、越，得与胡、越连兵，为患更烈。汉初封王，外接胡、越，本有备边守御之意，然其后果，适得其反，诸王临边者，类皆勾连外族图叛中央。景、武惩于诸国连接胡、越之弊，或徙王内地，或削其边郡。于是缘边地区皆为汉郡，使诸王国疆域与胡、越不相接。东方诸侯王国，南邻闽越、北邻匈奴之区，皆为汉廷所收以为汉郡，其内地亦不得完全比境相连，而以汉郡错杂其间，并控制其险要地带，故诸侯之地利形势尽失，交通无由矣。

第三，夺其政权。景帝惩吴楚之乱，遂大事削弱国王之政权，《百官表》述之曰："景帝中元五年，令诸侯王不得复治国，天子为置吏。改丞相曰相；省御史大夫、廷尉、少府、宗正、博士官；大夫、谒者、郎、诸官长丞皆损其员。"是既省抑王国之官员，又不令治国政、任官吏。《汉书·诸侯王表叙》："（武帝时），有衡山淮南之谋，故作左官之律，设附益之法。"此又更进一步作人事关系之控制。武、昭以后，诸侯宾客甚少，而阿媚王侯者亦有重法。注引李奇曰："汉制，王国人不得仕京师。"又楚人龚胜，"三举孝廉，以王国人不得宿卫补吏"。此亦为防阿附之措施。

第四，限其财政。诸侯王国财政既裕，易生觊觎之心。武帝实行经济统制政策，对于王国自是更留意。《史记·汉兴以来诸侯王年表》叙："齐、赵、梁、楚支郡名山陂海咸纳于汉。"是更割山泽盐铁之地以入汉郡。尤见武帝时对于王国财政之剥夺固不遗余力也。

由于上四项政策之实施，王国之领地既小，错夹汉郡之间，且权失军民之重、财限租税之入，直与一富室无异。诸侯王及其家属都留居首都，不使诸侯和封地发生关系，故无力抗拒中央，亦无藩辅之作用。明、章二帝时，封国更明以钱谷为准，换言之，但丰其衣食，无复藩辅之义矣。至光武世，除建武二十四年诏有司申明阿附藩王之旧制外，又禁诸王交通游士。

削藩对西汉政治的影响，大致可归纳为两点：一是中央集权的完成；二是促成外戚专政与王莽的篡位。现分析如下。

所谓"中央集权的完成"，系指王国地位降与郡同。尺土一民，皆统于中央而言。文帝纳贾生之议分齐、赵；景帝用晁错之计削吴、楚；武帝施主父之策，下推恩之令，使诸侯王得分户邑以封子弟，不行黜陟，而藩国自析。自此以来，齐分为七，赵分为六，梁分为五，淮南分为三。皇子始立者，大国不过十余城。长沙、燕、代虽有旧名，皆亡南北边矣。景帝遭七国之难后，抑损诸侯，减黜其官。武帝有衡山淮南之谋，作左官之律，设附益之法，诸侯唯得衣食税租，不与政事。可知：西汉自景武以降，由于推行削藩政策的结果，诸侯王名虽封君，实则食禄的闲员；藩国虽名封区，实则成为中央直辖的郡县。故马端临曰："罢侯置守，虽始于秦。然诸侯王不得治民补吏，则始于西都景武之时。盖自是封建之名存，而封建之实尽废矣。"

至于削藩和王莽篡位的关系，盖自景武以降，政局已变成内重外轻之势，皇帝精明，固然可以万机独断，君主幼弱，则难免权臣之窃柄。而自昭帝以后，丞相尸位，政权归于大司马大将军，其职又多以外戚任之，于是中央遂有外戚专权的产生。如霍氏之权，武帝后已极强大，宣帝既去霍氏，仍用许（妻党）、史（母党）。临崩，亦诏以祖母史良娣子高，受遗诏辅政。不过这些外戚任职都不久，随着皇帝的转变而更换，所以势力还不稳固。到元、成以降，由于元后的寿考和王氏子侄的众多，王家逐渐成为实际政治的最高领袖。如成帝时，王凤以元帝舅为大司马大将军秉政，诸舅谭、商、立、根、逢时，同日封侯，世谓之"五侯"。子弟分据势要，郡国守相、刺史皆出门下，而至"禄去公室，权在外家"。

哀帝时，王氏虽然遭遇暂时的顿挫，王莽被罢就国，由傅氏、丁氏来辅政，但并未伤及根本，王太后仍主后宫。所以哀帝一死，王氏很快又重握朝柄。王莽便是凭借"四父历世之权"，由安汉公而宰衡，而摄政，而居真，一步步地篡夺了汉家天下。当时的宗室，如安众侯刘崇、徐乡侯刘快，虽曾起兵讨莽，但很快被扑灭。此外，如东郡太守翟义、期门郎张充等人，虽也曾一度反抗，亦仅昙花一现，丝毫不足以阻遏王莽的野心。盖其时地方王国削弱，守相势力微薄。中央则列侯功臣凋落已尽，而宗室在中央又无权位，内外空虚故也。因此王莽乘之，遂得以外戚的地位，转移汉祚。

第五节　汉代土地政策的检讨

土地失均原因与"限田"政策的推行

一、汉初土地失均原因

汉代土地分配不均之情形，较诸其他土地私有时期有过之而无不及。西汉初叶，由于战祸以后，人口减少，荒地较多，所谓土地分配问题，自较为简单，故汉初大地主较少，以自耕之小农为最多。经文景之世，承平之时间既久，人口渐增，人民对于土地需要增加。复以政府之疏于管理，豪强并兼，当易使土地集中，渐归少数地主所有。《汉书》言："于是网疏而民富，役财骄溢，或至并兼；豪强之徒，以武断于乡曲，宗室有土，公卿大夫以下，争于奢侈，室庐舆服僭于上，无限度。"因土地分配已过于不均，始有董仲舒"限民名田"之议。故汉代之土地分配问题固以国运之兴衰为其直接原因，然他如法令之未严、社会经济之变动，以及灾祸之遭遇等，亦足为导致分配失均、土地集中为少数人所有之重要因素。兹分析如下。

第一，势豪夺田。两汉对于官吏豪强仗势夺田之事实，皆有记述。有虽名为买田，而以低价强迫买卖，实不能视为买卖行为，亦与夺田无异，如《汉书·衡山王传》云："内史治言王不直，又数侵夺人田，坏人冢以为田"等。

第二，富户购田。农业社会，土地为人民之主要财产。无论其为官为宦，或为工为农，如稍有积蓄，莫不先事购买土地之举。两汉书中亦有记述，如："卓王孙不得已，分与文君僮百人、钱百万，及其嫁时衣被财物。文君乃与相如归成都，买田宅，为富人。"

第三，社会风尚。在土地私有社会里，辄以土地之有无与多寡，定其社会地位之高低。达官贵人，位尊财丰，多广置田产，借以巩固其社会地位。纵无官无职，如其富为地主，亦可作威作福，横行于世，仍为社会所容许。两汉时期之此种风尚，尤为显著。

第四，灾歉所使。农业社会之变动，灾歉亦为一重要原因。农民治产，固属不易；然如遇灾歉，无以维生，即贱卖田产，以渡难关。且灾异重者，或饥死于道路，或流移于他乡，地权之变动为尤大。

二、汉代限田政策的推行及其失败原因

汉初承大乱之后，人口锐减，土地集中之势稍缓，无人提及土地问题。益以武帝以前各代帝王将相，多崇道家思想或黄老之术而秉政，以"无为"为上策，当无改革之念。至武帝时，罢黜百家，独尊孔孟，因之而董仲舒以儒家施行"仁政"之抱负，乃有"限民名田"之议。

董仲舒建议武帝称："古井田法虽难卒行，宜少近古，限民名田，以赡不足，塞兼并之路。"颜师古注曰："名田，占田也。各为立限，不使富者过制，则贫弱之家可足也。"此可为孟子以后提倡土地改革之第一声。惜武帝未尝采纳，仅于抑制商贾之时，令"贾人有市籍及家属，皆无得名田以便农；敢犯令，没入田贷"，限制商人不得占有土地而已。

经百余年后，至哀帝即位，因"诸侯王、列侯、公主、吏二千石，及豪富民，多畜奴婢，田宅亡限，与民争利。百姓失职，重困不足"，即又有师丹建议限田。此一建议为哀帝所采纳，令由丞相孔光及大司空何武，奏请限田办法："'诸侯王列侯皆名田国中，列侯在长安，公主名田县道，及关内侯、吏、民名田，皆毋过三十顷。诸侯王奴婢二百人，列侯、公主百人，关内侯、吏，民三十人。期尽三年。犯者没入官。'并又称奴婢'年六十以上，十岁以下，不在数中'，及贾人皆不得名田为吏，犯者以律论。"

限田令颁行以后，据《食货志》云："时田宅奴婢，贾为减贱。"因其期限三年，期尽"没入官"，原有过限之田宅奴婢，自以急于出卖，大为减价。唯此限田运动，因"丁傅用事，董贤隆贵，皆不便也。诏书且颁后，遂寝不行"。是以西汉末季，外戚之权特大，丁为哀帝母族姓氏，傅为其祖母之姓。加之董贤为哀帝所幸爱，同卧同起，少年得志，二十二岁即被册封为大司马，位列三公，极一时之贵。外戚得幸者，皆为当时之大地主，自感限田不便，致限田之诏颁后未再问闻，有始无终，未收限田之效。

两汉课征及轻税原因的分析

汉代地税之名称，仍与秦代相同，名曰"田租"。以历代地税征收之实情考之，我国有史以来，盖以两汉时期之地税为最轻。当汉高祖初定天下，定"什五税一"之制，即依土地收获量为标准，课取十五分之一为地税。此什五税一之制施行数年后，又行加重，但至惠帝时，又减田租，复行什五税一之制。文帝二年及十二年，皆以"劝农"之名减收地税之半数，即按土地收获量三十分之一而课税。十三年，又下诏曰："农天下之本，务莫大焉。今廑身从事，而有租税之赋；是谓本末者，无以异也。其于劝农之道未备，其除田之租税。"自是年起，即为鼓励农民耕作，免除地税之课征。直至景帝二年，始又恢复地税之征收，仍以三十分之一而课税。免征地税之时期，共达十一年之久，成为我国历史上地税免征之奇迹。

故在两汉四百余年中，其地税之课征，以行三十税一时期为最长。汉代之所以如此，及其能以如此之原因，详究历史，盖有三端，分析如下。

第一，自春秋以后至汉初之数百年间，各国皆因连年战争，费用浩繁，莫不互增地税，人民苦甚。尤在嬴秦之末，人民漂泊，多失所业，竟至无以维生。汉代平定天下以后，即尽量减税，使人民负担反较三代为轻，借以收揽人心。故《汉书·食货志》称："汉兴接秦之敝，诸侯并起，民失所业，而大饥馑。凡米石五千；人相食，死者过半，高祖乃令民得卖子就食蜀汉。天下既定,民亡益臧,自天子不能具醇驷,而将相或乘牛车,上以是约法省禁,轻田租,十五而税一。"盖人民多以农业为主,若减轻地税,可直接受惠,故汉初之轻税政策,收效甚大。至文景以后,改行三十税一,以至免税,天下晏然,万民称颂。以后各帝王纵感国用不足,亦不敢增加地税,以冒不韪,违反其先人之德政。汉代历史之所以特长,与地税特轻,不无功也。

第二,减政节流。在汉代之数百年中,除少数帝王外,如与其他朝代相比,其中多数帝王皆知节俭自爱,为他朝所少见,尤以武帝以前诸帝为然。《汉书·贡禹传》言:"高祖、孝文、孝景皇帝,循古节俭。"此皆为难得之作风。由于帝王之节俭,国家之开销自少。《史记》称:"汉兴七十余年之间,国家无事。……而府库余货财……太仓之粟,陈陈相因,充溢露积于外,至腐败不可食。"国库如此充实,大有库满之患,而至腐败不可食,故多收地税亦无用。汉初之免纳地税,竟至十一年之久,非无因由。

第三,他税较重。汉代地税特轻之另一原因,乃其他赋税较重所致。《史记》称:"封者食租税,岁率户二百,千户之君,则二十万。"缴于中央之地税虽轻,而纳于地方者较重。至武帝时,其他赋税之增加更重,以致人民不能负担。成年人须纳"口算",少年人纳"口钱",为免役须纳"更赋",以及市籍税、盐铁税、酒税、过口税、赀产税、渔税、义钱等。在武帝以前及后汉初期,政府课税之种类尚未见荷重,下及东之帝王却曾屡增税项,人民之其他负担非轻。

第六节　文景治绩的讨论

文景致治的原因

文景时代一切国家的隐忧已如上述,不再赘述,但无可否认的,当时的社会已经过了数十年的休养生息,大抵可以看到的现象如下。

人民厌战。秦一定天下，其政治措施以压抑人民反叛力量为主，刑罚繁苛，刻薄寡恩，使人民生活困苦；经春秋战国混乱局面后，仍不能得到休养生息，接着又是楚汉相争，社会陷于动荡之中；而农业生产则受兵燹之灾，未能得到适当的发展，凡此种种，皆足以造成人民厌战的心理。

民间经济复苏。汉之初兴，民间户口之耗减与经济之破落，均十分严重。而自孝惠、高后以后，此种衰状，已有复苏之现象。然因政治宽简，一任社会事态自为流变，至于在经济复苏之过程中，不免有连带而来的弊患，而导成社会奢侈之风习。

尊黄老之术。汉初以萧何及曹参为相，以黄老无为之道治国，因治道贵清而民自定。有为之治求有功，无为之治则但求无过，虽不能致恶者而致诸善，亦不致使善者由我而入于恶。一统之世，疆域既广，政理弥殷。督察者之耳目，既有所不周，奉行者之情弊，遂难于究诘。与其多所兴作，使奸吏豪强得以凭借，剥削下民，莫如求清静之治，苟遇社会安定之际，恒能偷一日之安也。

《汉书·食货志》言："上于是约法省禁，轻田租，十五而税一，量吏禄，度官用，以赋于民。"《汉书·刑法志》言："（孝文时）吏安其官，民乐其业，畜积岁增，户口浸息。"文景之世，屡省田租，或三十而税一。西汉的赋税减轻的是土地税，而加重的是人口税。不消说，对于那些田连阡陌的大地主是有利的。而《史记·律书》记文帝时所征地税之谷物价很贱，《风俗通义》引刘向的说法，指出文帝时谷价曾高涨达五百钱，与《史记·律书》所载恰好相反。表面看来似乎有矛盾，而实际上，问题之关键就在于此，所谓"当其有者半价而卖，无者取信称之息"，这就是说明在贫富极端悬殊下，农民所受之苦况。汉代地税之如此轻课，亦有其客观的条件（详本章第五节"汉代土地政策的检讨"）。

文帝时的政策，调协了统治阶级内部功臣与宗室封国和皇权的关系。当时在政治上，汉廷除内部功臣具此势力以外，更有日渐形成分离势力的封国，皇权和此二势力均有矛盾。文帝对此二势力努力采取妥协政策，以求得在政治上的相安无事。其次，所谓文景之治，突出的表现，是在文帝、景帝时，亦能遵奉其父业，使府库充积，国力渐厚，为后来汉武帝奠定富强的基础。此种贡献，多少影响其国祚之延长。

文景功过的讨论

但世人之如此称颂文景政绩，亦有颇过其实者，虽然《汉书·文帝纪》赞曰："孝文皇帝即位二十三年，宫室、苑囿、车骑、服御无所增益。……身衣弋绨，所幸慎夫人衣不曳地，帷帐无文绣……以示敦朴，为天下先。治霸陵，皆瓦器，不得以金、银、铜、锡为饰。因其山，不起坟。南越尉佗自立为帝，召贵佗兄弟，以德怀之，佗遂称臣。与匈奴结和亲，后而背约入盗，令边备守，不发兵深入，恐烦百姓。吴王诈病不朝，赐以几杖。群臣袁盎等谏说虽切，常假借纳用焉。张武等受赂金钱，觉，更加赏赐，以愧其心。专务以德化民，是以海内殷富，兴于礼义，断狱数百，几致刑措。呜呼！仁哉！"

《景帝纪赞》曰："周、秦之弊，罔密文峻，而奸轨不胜。汉兴，扫除烦苛，与民休息。至于孝文，加以之恭俭，孝景遵业，五六十载之间，至于移风易俗，黎民醇厚。周云成、康，汉言文、景，美矣！"

其称颂之可谓至矣。然应劭《风俗通义》卷二却谓："成帝尝问刘向以世俗传道文帝之事，而向皆以为不然。……（刘向云）：'文帝虽节俭，未央前殿至奢，雕文五采，尽华榱璧珰，轩槛皆饰以黄金，其势不可以书囊为帷。……即位十余年，时五谷丰熟，百姓足，仓廪实，蓄积有余。然文帝本修黄老之言，不甚好儒术，其治尚清静无为。以故礼乐庠序未修，民俗未能大化，苟温饱完给，所谓治安之国也。其后匈奴数犯塞，侵扰边境。单于深入寇掠……费损虚耗。因以年岁不登，百姓饥乏，谷籴常至石五百，时不升一钱。前待诏贾捐之为孝元皇帝言：'太宗时民赋四十，断狱四百余。'……如捐之言复不类……（又）文帝时政颇遗失……及太中大夫邓通以佞幸吮痈疽脓汁见爱，拟于至亲，赐以蜀郡铜山，令得铸钱。通私家之富,侔于王者、封君。又为微行,数幸通家,文帝代服衣罽,袭毡帽,骑骏马,从侍中、近臣、常侍、期门、武骑猎渐台下,驰射狐兔,果雉刺彘。是时待诏贾山谏,以为不宜数从郡国贤良吏出游猎,重令此人负名,不称其举。及太中大夫贾谊亦数陈止游猎。'"又云:"成帝曰:'其治天下孰与孝宣皇帝?'向曰:'中宗之世,政教明,法令行,边境安,四夷亲,单于款塞,天下殷富,百姓康乐,其治过于太宗之时。亦以遭遇匈奴宾服,四夷和亲也。'上曰:'后世皆言文帝治天下几至太平,其德比周成王,此语何从生?'向对曰:'生于言事。文帝礼言事者,不伤其意,群臣无大小,至即便从容言。上止辇听之,其言可者称善,不可者喜笑而已。言事多褒之,后人见遗文则以为然。世之毁誉,莫能得实,审形者少,随声者多,或至以无为有。……然文帝之节俭约身以率先天下,忍容言者,含咽臣子之短,此亦通人难及,似出于孝宣皇帝者也。如其聪明远识,不忘数十年事,制持万机,天资治理之材,恐文帝亦且不及孝宣皇帝。'"

然则文景仅中主而已,虽然有恭俭之德,人君优为之者亦多。即以西汉诸帝,论元帝之宽仁,殊不后于文帝,其任石显,亦未甚于文帝之宠邓通也。文景之致治,盖时世为之。再若以轻田租一事而论,受惠者还未遍及一般农民,而益及豪宗大族,因其领有大量田地,故民生只是稍为安定而已。

汉室历文、景二朝数十年间生产的恢复与发展,国家累积了大量的财富,到汉武帝时,汉室已经掌握了雄厚的经济力量,而且进一步凭借着优越的物质条件,改变了过去"清静无为"的政策,对内加强中央集权的政治制度,对外进行了空前的扩张,对于中国以至亚洲的经济和文化的发展,都发生了巨大的作用与影响,使汉之声威震烁古今。

文帝虽然轻田租为三十税一,然受惠者未能遍及广大之农民,反而益及当时占有全国绝大部分土地之豪宗大族,加深了当时社会上之贫富悬殊,造成豪宗大族"役财骄溢,或至并兼,豪暴之徒,以武断于乡曲,宗室有土,公卿大夫以下争于奢侈",而一般广大农民则"或耕豪民之田,见税什五,故贫民常衣牛马之衣,而食犬彘之食"。

汉景帝之平定七国之乱,反映了违反历史发展的封建割据势力反抗统一中央集权制的失败。在封建割据势力消灭之后,汉室在景帝朝才树立了中央集权制,成为真正统一的帝国,因而才能够集合全中国雄厚的物质与力量,使国家和社会得到进一步的发展。

七国之乱平定后,景帝有感于宗室势力之威胁,于是设置虚位封建性质的"郡国制",使其势力被削弱,其政权被剥夺,而取之而兴的是另一股统治势力——外戚。故自武帝以下,政权正渐渐操于外戚之手,后来的外戚王莽,更篡汉而自立新朝。

第六章　汉代的文治武功

第一节　汉代的崇儒

自汉武崇儒，抑制百家，两千年来，儒家遂成唯我独尊，近人颇讥其垄断思想，实则汉初数十年的思想学术，多承先秦诸子的余绪，极其混杂，秦虽欲使法家成为定一尊的统治工具，但秦的国祚甚短，故汉初的实际思想政治，仍以黄老申韩为主，要想复古更化，非把孔子地位高抬不可，尊儒自然要抑百家，这原是一种不得已的办法。过去学者多以为抑黜百家，始自董仲舒的建议，那是不确切的。《汉书·董仲舒传》说："自武帝初立，魏其、武安侯为相而隆儒矣。及仲舒对策，推明孔氏，抑黜百家。立学校之官，州郡举茂材孝廉，皆自仲舒发之。"及传载《天人对策》之三说："臣愚以为诸不在六艺之科孔子之术者，皆绝其道，勿使并进。邪辟之说灭息，然后统纪可一而法度可明，民知所从矣。"这些都明指是发自董子的建议。但对策的建议发自何时？史书未有明确记载，因史书仅言"武帝即位，举贤良文学之士前后百数，而仲舒以贤良对策焉"。并无明言在何年。汉初抑黜百家之举究竟始于何时？何人主动？其实汉初较早主张抑制百家思想的人是田蚡。田蚡入相时候在何年？据《汉书·百官公卿表》载，田蚡入相在建元六年（公元前135年）六月，亦窦太后死后一月；及《史记·儒林传》提及"（及今上武帝）即位，赵绾、王臧之属明儒学，而上亦乡之，于是招方正贤良文学之士。……及窦太后崩，武安侯田蚡为丞相，绌黄老、刑名百家之言，延文学儒者数百人"等，都足以证明，汉代崇儒抑制百家思想，非发自董仲舒。《史记·魏其武安侯列传》说到当年窦太后和田蚡的一次儒道大斗争的情况是："魏其、武安，俱好儒术，推毂赵绾为御史大夫，王臧为郎中令，迎鲁申公，欲设明堂，令列侯就国，除关，以礼为服制，以兴太平。……时诸外家为列侯，列侯多向公主，皆不欲就国，以故毁日至窦太后，太后好黄老之言，而魏其、武安、赵绾、王臧等务隆推儒术，贬道家言，是以窦太后滋不悦魏其等。及建元二年，御史大夫赵绾请无奏事东宫。窦太后大怒，乃罢逐赵绾、王臧等，而免丞相太尉。"

汉武初年的一场政治思想大斗争，可以说是儒家与黄老之争，而赵绾、王臧都是他们的代表，被田蚡所起用，欲以儒术取代黄老，结果开罪了窦太后而招致失败。到建元六年窦太后死，田蚡入相，自然要继续扶儒抑老。元光元年，正是田蚡当相的次年，五月，诏贤良，武帝纪在元光元年诏贤良之下，缀一句"于是董仲舒，公孙弘等出焉"。即是说，董仲舒与公孙弘，在此时才加入崇儒抑百家的运动。则千古以来，加罪于董仲舒的抑制百家思想者，岂非颠倒史实？

然而，何以武帝等必须如此急于崇儒？盖亦有其需要崇儒的原因。兹分析如下。

汉代崇儒原因的分析

自政治之需要言之，儒学用世，适合于君主专制。老、墨与法家，汉初各称盛一时。盖百家九流，唯此三家足与儒术并立而争胜。但老氏主张放任，小国寡民，无为而治，其说近于无政府主义，殊不利于专制政体。墨氏主张兼爱，非命非乐，节葬短丧，服役勤劳，选择贤能以为天子三公，使社会无阶级的压迫，与专制冲突。法家之术，虽有利于集权政治，然彼主"用君"而不"尊君"，以国家为前提而不以君主个人为前提，用法家之道，则利骤而显，危亦乘之，非君所能堪。唯儒家则教育等差，贵秩序，扶阳抑阴，尊君抑民，对于专制政治之驭民最为适合。汉兴七十余年，徘徊于道法，迄未能安，渴欲建立国家立政之本，而儒家之术，不独为当时君主所乐用，即人民亦爱其简而易安，迎受不暇，此为儒术被尊之一因。

自经济之需要言之，儒术出发于农村经济的正面意识，适合于当时需要。儒家之术，极合于农村经济组织，有以维持之而安定之。儒家的社会政策，孔子已主先富后教，又常举五亩之宅，树之以桑，鸡豚狗彘之畜，无失其时，以期老者衣帛食肉，数口之家可以无饥之喻。此可见儒家所认定的经济基础，唯在农村经济之安定。有此基础，然后谨庠序之教，申之以孝悌之义，以完成其理想的农村社会。盖儒家之术，以农业经济为对象，不采干涉主义，以为国家职责，唯在勤恤民隐，而除其害。凡足以障碍人民生产力或足以破坏分配之平均者，则应由国家排除之、废止之，听人民之自为谋，彼等即自能乐其乐而利其利，此即儒家所主之"王道"。黄老思想及法家，俱以不合于社会经济基础，终难相胜，而唯儒术得尊。

自儒术本身言之，其范围甚广，利于应用而易于依附，故易发达。儒学以维持现社会为目的，取途极宽。对于既往，则祖述尧舜，宪章文武、典章制度、诗书礼乐，俱囊括而有之；对于未来，则学术史事、文物政治，复能随时引入，巨细不捐。犹之长江大河，发源既广，支流细水，所至归之。盖以其于社会为维持的，而非革命的，故能兼收并蓄，取拾即是。在先师虽有改制法后之精神，在后学可以因常袭故，与时推移，而儒服儒冠，抱残守缺，便得列于儒门，故其后言训诂者可以自附，言校勘者可以自附，言典章制度者可以自附，言心性理气者亦可以自附。其术虽重在农村经济的维持与安定，大有益于农民，然亦即农村经济时代统治阶级自存之道，上流社会皆乐附之。故自汉尊儒术，以之为立国大本，士大夫遂皆云从蚁附，扶持致治。迨以其术设教，以其术取士，遂有"天下英雄尽入彀中"之势。

汉武帝崇儒的措施

一、置五经博士兴太学

废百家之说，而转立五经博士，为武帝时事，此为独尊儒术所必然之现象。《汉书·武帝纪》载，建元五年"置五经博士"。所谓置五经博士者，是指对《诗》、《书》、《春秋》、《易》、《礼》各置博士主之而言。但置五经博士与立太学应该是同时的事。因为武帝时的博士虽也得预典礼政事之议，而其主要的职责却是传经讲学。这样的职责，是与太学之设有密切关系的。武帝刚即位不久，董仲舒就提出"兴太学"的建议。兴太学必然"置明师"，置明师也必然就是置经学博士，所以建元五年置五经博士一事，也就包含着同时设立太学一事。

二、行封禅之礼

古有"五岳"之说，而"泰岳"居首。相传"有德之王"，"功成治就"，必须登泰山，封土为坛，祭告"上帝"；而后再至梁父山（为泰山以南之小山），亦筑土为坛，祭告"后土"，合称之为封禅。据《史记·封禅书》所载，行封禅之礼，有"功"有"德"，以及"天见符瑞"还不够，必须结合着其他的条件，所以在秦始皇举行过封禅典礼之后，一直到汉武帝即位后的三十年内，始终不曾举行过。到了元封元年，亦即公元前110年，出现了强大汉帝国的局面，同时武帝又受到方士公孙卿等诱惑，说"封禅能仙，登天矣"，就举行了封禅典礼。武帝举行封禅典礼，是通过这种具有神秘性和宗教性的典礼，加强皇帝的统治地位。

三、太初改制之说

继前一代而兴的后一代开国皇帝，亦是受了"上天之命"的。继起的一代开国之主，为了表示他所受的"命"与前一代不同，就要通过"礼制"上一些不同的形式表达出来，这就叫作"改制"。汉武帝即位之后，以董仲舒为首的儒生们提倡改制，因而有太初改制的出现。当时主张汉得"土德"的人占绝对优势，因而就按"土德"改订礼制。《汉书·武帝纪》载其事云："太初元年……夏五月改历，以正月为岁首，色上黄，数用五，定官名，协音律。"此即此次改制的大体内容。诚然在改制时，也曾令唐都司马迁等二十余人改订历法，创成了更为精确的"太初历"，显示出中国的天文历法学有了很大的进步，但其重要的意义，却不在此。主要是说明他所行使的统治权是出于"天意"，是"代天行道"。

四、年号的建立

古人记帝王在位的年数，都以年数的先后而称，如某王元年、某王二年等；亦有改元之说，如"初元"、"中元"、"后元"等，但从没有建立专称的年号。武帝时始有年号的建立。他先后建立的年号有建元、元光、元朔、元狩、元鼎、元封、太初、天汉、太始、征和、后元等，这也算是中国历史上的一个创例。据后人考订，武帝建立年号，自元鼎四年开始，以前的建元、元光、元朔、元狩等号，以及元鼎的一、二、三年，都是后来追加的。不管怎样，年号的建立，自武帝始，那是确定不移的。

崇儒的影响

一、政治方面

第一，士人政府出现。因为崇儒的关系，设置五经和博士弟子员。根据当时规定，全国的官吏都要由这些博士训练，官吏多由太学出身的读书人充任，于是便构成了汉代的士人政府。

第二，开启布衣卿相之局。汉初为相者，均为贵族或军人阶级所独占。自武帝相公孙弘，始以布衣儒术进，遂打破拜相封侯的惯例。从此汉代政治实权由军人转入儒士之手，也可说是汉代政治转向于文治的表现。

第三，儒术混合五德终始时代观念，产生一种禅让思想，以为篡夺的根据。西汉时代的儒家，已渗入大量阴阳家的学说，儒生们喜以自然现象来附会人事祸福，常以天变灾异为借口，攻击当政的人事。所以昭帝以后，即有人指出汉运已衰，应该更换朝代。王莽把握此种舆论，制造了许多对他有利的符命谶语，暗示他就是天子。所以王莽之代汉，无形中是当时的儒家替他奠下篡汉的基础。

二、学术方面

第一，经学空前发达。汉武帝既定尊儒政策以统一思想，牢笼社会，便不能不尊五经，俾天下士人尽趋之。故以之为策士铨材的标准，以之立于学官，为教授之材料，利禄之途既开，天下学士遂靡然乡风。影响所及，造成中国经学空前发达的现象。

第二，扼杀了科学发展的生机。由于崇儒之故，遂扼杀了其他科学发展的机会，妨碍了学术之分途竞进，使中国文化从此走上一条偏僻的路上去，使中国科学从此陷于停滞不前的局面。

第三，自汉武以后，汉代诸帝莫不习经学。帝王既尊儒，经学复可施于世用，其作用遂显。而尤重要者，则自武帝设科射策以后，经学更为进身之阶，社会上遂更尊视经学。汉代社会视经学为取得功名富贵的工具，而欲明经学就要读书，就要受教育，非此不足以贵显，非此不足以列身统治阶级。

第二节　塞外民族入侵原因与汉化的分析

塞外民族入侵的分析

欲了解塞外民族的入侵，首先要明白塞外民族的生活及社会背景，这也是近代以前世界史上最重要问题之一。北亚草原地带，是近代以前整个草原地区，乃至全世界的动乱摇篮。两千多年来，游牧民族无数次的移民运动与对外侵略多肇于此，以至造成连锁的反应影响及于远方的定居社会。我国更首当其冲。什么是游牧民族侵袭农耕社会的原因呢？约其要分析如下。

第一，在心理上，北亚游牧民族自古便感觉与中国各有不同的文化，不应服属于中国，而应分庭抗礼。这一观念无疑成为把他们纳入中国为中心世界秩序的障碍，以致时服时叛。同时，游牧民族自古便有君权神授的观念，由此而衍出主宰世界的普遍王权的观念。这一观念更导致他们屡次发动征服农业地区的战争。如汉初，中国以"天子"为中心的世界秩序尚未制度化，匈奴与汉廷的关系是建构在对等的和亲制度上，老上单于致文帝书是以"天地所生，日月所置匈奴大单于敬问汉皇帝无恙"开端，文帝也答以"皇帝敬问大单于无恙"。狐鹿姑致武帝书也说："南有大汉，北有强胡，胡者，天子骄子也。"可见汉初匈奴一直以与汉为对等，而汉廷也承认这一主权上的对等地位。宣帝时，呼韩邪虽然纳贡于汉，但这一朝贡关系的建立主要是由于双方实力的转变，并不反映匈奴对汉观念的更换，以后八世纪时，薛延陀取代东突厥而成为漠北霸主，薛延陀的可汗曾明言："我薛延陀可汗与大唐天子俱一国主。" 17 世纪初，察哈尔林丹汗也说过："明帝为南方之主，我为北方之主。"可见游牧民族始终保持与中国对等的观念，并未因屡次迫于经济或政治原因而向中国天子称臣纳贡以致有所改变。

第二，政治的解释是对外的掠夺，贸易或战争也是游牧领袖加强自己权力、扩大势力的方法，从氏族长、部族长上升到游牧帝国的可汗和征服王朝的帝王的必要手段。许多学者的著作中都表现出这一看法。以农牧两种生产为后盾，游牧国家往往发动长期的掠夺战或征服战，以确保大量农产品和奢侈品的来源。如适逢中国内乱，而又有可以利用的官僚或地主，游牧国家便会不惜一战，在边境或中国内部设立傀儡政权。这种傀儡政权又往往是建立征服王朝的先声。所以农耕社会的内乱便是游牧国家施行战争和征服的最好时机。陈寅恪先生所说的中国与外族盛衰的连环性；赖德懋所说中国的中央化（Centralization）和地方化（Decentralization），及游牧社会的分散（Dispersion）与集中（Concentration）两个循环的相互呼应；汤因比所说的地居社会的内在失调足以将游牧民族拉进来，都是指此而言。

第三，气候变迁。这一解释，以美国地理学者亨廷顿（E. Huntington）

为首倡，而以英国史学大师汤因比为后劲。亨氏曾作出两条历史上气候变迁的曲线，再由这两条曲线推断出气候脉动（Climatic Pulse）的结论：两千年来世界的气候曾有若干相互承继的润湿和干燥周期。他以这一理论来解释游牧民族的历史。他认为：一干燥周期开始以后，草原随之干化而成沙漠；牧民为寻求新牧场，不得不向外族移动，遂造成一连串移民和征服的现象。

第四，人口膨胀论。最先主张者便是人口学大师马尔萨斯。马氏在其名著《人口论》中指出：草原人口增加的速率如超过生活资源的增加，便会造成饥馑，这便是迫使游牧民族侵袭中国和波斯等地的根本原因。

第五，天性嗜利说。这是农业社会中传统的看法。我国史书中可寻出许多这类例子。如《史记》说匈奴人"逆天理……以盗窃为务"、"苟利所在，不知礼义"、"行盗侵驱，所以为业也，天性固然"，《唐书》说回纥人"贪婪尤甚，以寇抄为主"，都是此类的记载。至于《汉书》所谓"夷狄之人，贪而好利，被发左衽，人面兽心"，更是出于激愤的指责。这些看法，以游牧民族天性贪婪，近于盗窃，故以掠夺为职业，都是忽略了游牧社会的经济特性而发。

第六，游牧民族有向农耕社会取得若干物资的必要。这些物资可以和平的方式（如朝贡与互市）取得，也可以掠夺的方式去取得。掠夺是一种无偿的贸易，但因中国边防坚强，武器优越，游牧民族宁愿出之于和平的方式。但武装掠夺仍是一种不得已的次要方式。中国朝廷往往由于政治设想或财政困难，而与游牧民族断绝或减少互市。在这种情形下，游牧民族唯有以武力来开拓市场，对游牧民族而言，战争与贸易是不相矛盾的。

第七，游牧民族对农耕社会的掠夺，主要是由于受到物质诱惑。当游牧民族有统一的政治组织，而且兵强马盛时，常会发动大规模的掠夺战。故贸易与掠夺是游牧民族取得所欠缺物质的两种方式，两者相辅相成。掠夺是一种无偿的贸易，以武力为后盾的贸易也可视为一种变相的掠夺。至于以武力屈服农耕国家，在西域绿洲城市或其他草原部落强征贡赋或岁币，也可视为一种长期性的制度化的掠夺。

塞外民族汉化的分析

中国之塞外部族，自汉以还，每以受招内徙，或自动内徙，而造成边民之割据，攘乱，而终之则同化于中华民族。考其原因，自秦统一中国，全国的力量都集中于统一的建设，却减少对边疆的注意，因此边疆问题也就接着起来了。由于边疆人民不自满足边区的生活环境，引起内侵的行动。而内地人民为着保障他们原有的繁荣起见，其应付之办法，有以实力抵抗、择地开发、筑城防御、招致内徙或听从内徙等。而边区民族之内徙，每每引致其部族之归宗的史例甚多。

边区部族内徙以后，只能居于塞下，其住地和人民都由中央政府统治。但由于人口众多、管理繁难，生活虽有改善，其不满之感觉还未排除；且以学习内地语言及其他技术，养成其畸形心理，一旦内地政局不安，他们便乘机割据；到了相当时日，则以他们本来与内地人民同出一源，而皆趋于融和，而归宗于中华民族。因其发展方向已由边疆而进于内地，其原日在边疆的居地，使后面或左右邻的部族得到发展机会，又照前一族的方式内侵或内徙，又成另一割据局面，终又归宗于中华民族。

中国边疆民族，首先崛起者便是匈奴。秦始皇统一六国，修筑长城及北伐匈奴，胡人因此不敢南侵。秦末汉初，匈奴复强，侵占河南等地，高祖虽曾亲征之，竟被困平城，失败而回。经文、景之休养生息，民富国强，武帝先后两次令霍去病及卫青北伐，屡立战功，匈奴远遁。新莽时，匈奴再起，复占河南地。东汉初，匈奴分南北二部。明帝时，以北匈奴胁西域诸国为寇，乃命窦固两次北伐匈奴，又再使班超出使西域，以牵制其发展。和帝时，以大将窦宪统兵北伐，大获全胜，逐北匈奴至燕然山，降二十余万人，两年后再大破于金微山。北匈奴由是衰耗不振，其散乱部众因而西徙侵扰欧洲。南匈奴以势困而内附。

匈奴内徙塞下之后,其原地东部之鲜卑又乘机崛起,占据匈奴故地,逐渐南下。汉魏时,以形势所迫,不得不招致鲜卑入居塞下。三国初年,塞外诸侯内徙益多,匈奴、羯、鲜卑、氐、羌其尤大者也。及晋武帝荒淫失策,形成八王之乱,使塞下之诸外族乘时纷扰,而促成"五胡乱华"。司马氏遂领中原人士渡江而东,而五胡扰乱江北,逐渐同化。鲜卑一支至北魏时期,华化成熟之际,其背后之柔然部族又乘时而起。不久,其邻之突厥又兴起,雄踞关外。南朝时,突厥分东西,东突厥屡侵中国西北境,素为北朝之患。唐贞观四年,遣李靖伐之,大破于阴山,更擒其首领沙钵罗可汗,西突厥亦亡。

突厥既平,契丹又起,至唐末势力渐大,助石敬瑭夺帝位,得燕云十六州,改国号辽。宋太宗时,欲收回燕云诸州,亲征辽国,均失败而回。太宗以后,辽国益盛,北宋之季岁赠银帛,辽由是逸乐渐衰。当辽人向中土发展之际,其背后之女真乘机兴起。宋时有生、熟女真之分,皆称臣于辽,至辽国日衰,乃叛辽而起;北宋时,更联宋灭辽,据辽原有中土地,由是金乃代辽进侵中土,更陷二京,北宋遂亡。至南宋,由于长期之战争,两败俱伤。其时金右邻之蒙古崛起漠北,乃联南宋灭金,而占其中土地。忽必烈时,乃南下灭宋,建国号曰"大元"。其军势虽强,然汉化不深,加以暴政穷征、以致国祚不长,卒为朱明所代,而保存其势力于漠北。其左邻之满洲部落又乘机崛起,向中土发展,终灭朱明而建清朝,虽其汉化较深,而入主中原之时间较长,唯因其民族意识之狭隘,对汉、蒙、回、藏诸族采分门压制之策,致使道器不振,为外邦所欺。卒赖孙中山先生之起义,使五族共和,融合如一。

可见秦汉以降,迄乎民国,五胡、柔然、突厥、辽、金、蒙古,经入中土发展后,建立政权,悠久接受中土传统文化,习俗之洗礼,而终同化于中华民族。

第三节　汉对匈奴的讨伐

匈奴对汉的祸害

远在汉以前，匈奴已不断来犯边境，使边民屡受蹂躏，乃汉朝北方一可怕的外来威胁。

且匈奴是个游牧民族，没有城郭，逐水草而居，他们的组织和生活是适合战斗的。在生活上，匈奴有很多必需品，如酒、米、布匹、食物等，都赖农业社会的中国所供给。平时与汉族互通关市，但在有机可乘的时候便对汉族作劫掠性的战争，以满足他们在物质上的需要。

匈奴人口，虽然不多，但因是一种游牧民族，剽悍好战，所以在汉时成为极严重的边患。西北对外的交通要塞也常为他们所截断。汉高祖统一中国，匈奴的势力还是日增无已，接着又把居住在敦煌、祁连间的大月氏也吞并了，形成包围中国的右臂，更设"童仆都尉"管理整个西域。故到汉武帝时，不得不倾中国之力以解决之。

汉击匈奴的原因

何以西汉至武帝才击匈奴？原因如下。

高祖七年（公元前200年）初，高祖自将三十余万人击匈奴，不幸大败，对匈奴不敢再作用武之尝试，遂采刘敬的建议，与匈奴和亲，把宗女嫁给冒顿，并每年送给匈奴定数的絮缯酒食，此后遂开和亲之局。高祖死后，冒顿对汉益加轻视。文帝时继续执行和亲政策，然匈奴的侵扰有增无已。至景帝，仍旧执行和亲政策。综计自高祖起至武帝初年，计与匈奴和亲有九次之多。但每次和亲，均需付出大量钱财美女，且最多只能维持数年的和平。故到了汉武帝元光二年（公元前133年）渐对此等屈辱有再不能忍受之感，便决定以武力痛惩匈奴。

高祖死后，文帝继位，仍取和亲政策，但当时已有若干朝臣对此政策大感不满，其中以贾谊及晁错二人为最烈。尤以晁错更数次上疏，论列匈奴问题。其认为匈奴长技有三，即马好、骑术精和耐饥寒；而汉军长技有五，即善平原战、兵器精良、行整严整、箭术精妙及擅长步战，故以汉抗匈奴，胜者居多。他又主张在险阻之区，可用归降的外族与匈奴对抗（以夷制夷），因他们都具有匈奴的长技，故取胜的成数会更高。

汉武帝是中国历史上的天才军事统帅和卓越的政治领袖。他即位后，积蓄了数十年的勇气促使他对屈辱的和亲政策已不能再示忍耐。他明白到汉族如要生存，便应先消灭那为患日亟的匈奴，故自执政便开始企图以武力痛惩匈奴。此举当亦与他的好大喜功个性有关。

汉文帝时，宦人中行说降匈奴，教之曰："匈奴人众，不能当汉一大郡，然所以强之者，以衣食异，无仰于汉也。今单于变俗，好汉物，汉物不过什二，则匈奴尽归于汉矣。"汉与匈奴边界辽阔，匈奴飘忽无定居，乘我秋冬农稼毕收，彼亦马肥弓劲，入塞侵掠，中国疲于奔命。就匈奴全国壮丁而言，不出三十万。其社会组织并不如中国之强韧，则可以寻其主力一击而破，此所谓一劳永逸。较之消极之防御，为利多矣。大抵中国史上对外问题，莫不如此。

汉与匈奴的争霸经过

武帝时代，在对外关系上，最严重最困难的问题是如何对待匈奴。终武帝一世，匈奴帝国共历七个单于，曰军臣单于、伊稚斜单于、乌维单于、乌师庐单于、响犁单于、且鞮侯单于、狐鹿姑单于。在这七个单于期间，匈奴内部情形也有些变化，而武帝对匈奴的态度，也不是完全一致的。兹分下列几个时期论述之。

建元、元光间（公元前140年至公元前129年）是反侵略战争的开始时期。武帝即位之后，开始计划对匈奴积年的侵略进行反攻。到了元光二年，武帝用王恢计，诱击匈奴；又令韩安国、李广、公孙贺、李息等率领三十万人，埋伏在雁门关外，待匈奴兵至，即围攻之。匈奴兵退，汉军无功而还，和亲政策亦从此破裂。此后，与匈奴进行交换的关市虽然没有废除，而匈奴却常常内侵，外患更严重。元狩六年（公元前129年）的春天，匈奴大举入犯，由上谷入侵，杀掠很多，武帝令卫青出上谷、公孙贺出云中、公孙敖出代郡、李广出雁门，全面地对匈奴进行反攻。结果只有卫青一路获得胜利，余皆失败。是年冬，匈奴又大举入侵，渔阳郡受害尤重，武帝命韩安国屯兵渔阳以备之。这十二年可以说是武帝对匈奴反侵略战争的开始时期。

元朔、元狩间（自公元前128年至公元前117年）是由反侵略战争逐渐转入"征服"战争的时期。这十二年中，汉对匈奴的战争，不但对于匈奴是一件大事，对于汉帝国的扩张，以及对于西域交通的发展，都是一件大事。

元朔元年秋，匈奴两万骑入侵汉边境，杀了辽西太守，掠去两千余人；又打败渔阳守军两千人，包围了韩安国，会救兵至，乃去；又侵入雁门，杀掠了千余人。此次匈奴侵略的气焰很盛，使缘边数郡都受到很大的灾害。于是武帝使卫青出雁门、李息出代郡，总算把匈奴打败了。

元朔二年，武帝令卫青出兵，向匈奴进攻。卫青自云中出兵，西至高阙陇西，对于寄牧于今河套境内（当时名为"河南"）的匈奴进行大包围战。匈奴兵大败，死伤甚多，被俘者亦有数千之众。匈奴首领劳烦、白羊王亦弃地而遁。武帝于此置朔方五原郡，移民实边。

元朔三年，匈奴数万骑又侵入代郡，杀了太守共友，掠去千余人；秋，又侵入雁门，杀掠亦千余人。元朔四年，匈奴又以数万骑分别侵入代郡、定襄、上郡各地，杀掠的人也很多。元朔五年春，武帝又命卫青自朔方高阙出兵，击败匈奴右贤王，俘虏了匈奴人口一万五千多人；同年秋，匈奴又侵入代郡，杀死都尉朱央，并掠去千余人。元朔六年，武帝又命卫青自定襄出兵，远击匈奴，匈奴伤亡甚众，而汉军亦有很大损失。这四年的拉锯战也给予匈奴一定的打击。

元狩元年，匈奴又侵入上谷，进行骚扰。翌年，武帝又命霍去病自陇西出兵，西入匈奴境内千余里，大败匈奴；又自北地出兵，西至令居海，南至祁连山，对匈奴作了一次大包围战，使匈奴受到很大的打击。由于匈奴遭受了这次失败，也引起了他们内部的分裂。分领这一带的匈奴昆邪、休屠二王，前者身死而后者则降汉，武帝便占有了这块地方，并于此设立了张掖、酒泉、敦煌等郡，使之正式成为中国版图一部分。

元狩四年，卫青与霍去病大举北攻。这时，匈奴伊稚斜单于因受到几次失败，逐渐向漠北迁移。卫青自定襄出兵，穿过大戈壁，到了漠北，败匈奴兵。单于逃走，卫青追至寘颜山赵信城而还。霍去病自代郡右北平出兵，深入两千余里，大败匈奴。霍去病追至匈奴的报北境界，到了翰海，在这里的狼居胥山举行了"封"礼，姑衍山下举行"禅"礼，遂引兵而还。这次战役，很明显的是打垮匈奴的势力，彻底"征服"他们。

元鼎、元封、太初间（公元前116年至公元前101年）是对匈奴的战争进入低沉与"和议"之说复起的时期。在这十六年中，匈奴因为多次遭受到很大的打击，采取了暂时休养士马的保守政策，不但不敢轻易犯边入侵，而且有回避汉军的意思。《汉书·武帝纪》元鼎六年条载："又遣浮沮将军公孙贺出九原，匈河将军赵破奴出令居，皆两千余里，不见虏而还。"这显然是匈奴有回避汉军的意思。这时，汉王朝与匈奴都提出了"和议"的问题，不过看法各不相同。匈奴所提出的"和议"，是恢复旧日的"和亲"；而汉王朝所提出的"和议"，是要匈奴为"外臣"，不得侵犯汉边。

但"和议"陷于中断，匈奴又时常犯边，而汉廷亦改变了对待匈奴的办法。此时汉廷所采用的办法，一是分化匈奴的力量。太初二年，帝遣浞野侯赵破奴将两万余骑出朔方以迎来降之匈奴左大都尉。赵破奴至浚稽山，匈奴单于觉，杀左大都尉，率兵团攻赵破奴。破奴被擒，其所率领之两万骑，亦全军覆没。二为加强边防土事。在西起令居、东至五原这一带边地上，汉朝建筑了一条防边阵地，但都先后遭受到匈奴的破坏。

天汉、太始、征和、后元间（公元前100年至公元前87年）是对匈奴战争的再起及失利的时期。

天汉元年，武帝已大败大宛，"威震外国"，想乘此机会对匈奴再加制服。而匈奴方面，则仍假意言和，希图厚利。此时匈奴的首领是且鞮侯单于，他把扣留的汉使赵充国放回，并遣使求和。武帝遂遣中郎将苏武出使匈奴，结果又为匈奴所扣。

此后对匈奴的战争却陷于失利的境地。要而论之，先有李陵之降，后有李广利之降。

武帝末年对匈奴所进行的战争，具有征服匈奴的意义，因为有的战争是因匈奴犯边而引起的，但这些战争是处于失败的境地。不过从全部对于匈奴战争的过程来看，匈奴势力终究因此削弱了，此后远徙西北，去汉廷较远，使当时中国遭受的边患减轻了许多。宣帝时，五单于争立，互相攻击，不复为国，大体上解除了匈奴对于中国的威胁。

汉击匈奴的影响

匈奴方面而言，武帝的伐匈奴，虽然付出极大的代价，但匈奴的损失却极惨重。

一是人口的损失。高祖时匈奴控弦三十万，约有人口一百万至一百五十万。总计元光六年至元狩四年的十年之间，匈奴被汉军斩俘及投降的便有二十万人以上，占去其人口七分之一至五分一。

二是畜类的损失。匈奴人以畜牧为主，畜类便是他们的财产。汉与之战时，所获匈奴畜类动辄数十万计；且匈奴牛马因汉军的深入穷追而疲于奔避，发生流产现象，以致走上破产之路。

三是领土的损失。对汉的战争中，匈奴领土不断被侵夺，版图亦因而大受削减。由于如此，匈奴不得不向外扩张，回复其以往的声势，于是复导致东汉匈奴的边患。

第四，西汉的时候，汉武帝虽曾一再派兵北伐，然总是与匈奴相持不下，没有把边患根除，所以到了东汉初期，汉朝还是继续地对匈奴用兵，继续对西域通好，以牵制南北匈奴的发展。汉和帝永宁三年，大将军窦宪统兵北伐，大获胜利。南匈奴以势蹙投降，后来更受汉的招抚而逐渐徙居塞内，终于成为"五胡乱华"的祸首。北匈奴则以部落散乱，逐渐由阿尔泰山脉的西北部向西迁徙，复分为二支：一为嚈哒，后为波斯萨珊王朝的边患；另一支由部酋巴拉密率领，徙入欧洲北部，成为西罗马的祸根。

汉家方面而言，中国以优势的人力和财力，对文化较低、组织较松散的民族采用主力击破的攻势，自然容易取胜。然汉武帝挞伐匈奴时，在内政方面，往往有种种不需要的浪费，故匈奴虽败，而中国亦疲，为后人所不满。唐人李华之《吊古战场文》中有云："牧用赵卒，大破林胡，开地千里，遁逃匈奴。汉倾天下，财殚力痡。任人而已，其在多乎？……汉击匈奴，虽得阴山，枕骸遍野，功不补患。"《史记·匈奴列传》中云："世俗之言匈奴者，患其徼一时之权，而务谄纳其说，以便偏指，不参彼己，将率席中国广大，气奋，人主因以决策，是以建功不深。……且欲兴圣统，唯在择任将相哉！"可知后人对武帝之种种浪费，颇有功不补患之感。

第四节　汉对四夷的同化

对东方的华化

朝鲜自周初的箕子立国以来，早受到商周文化的熏陶，虽在古代交通不便的情况下，燕、齐、赵等国人仍多东渡。汉初，燕人卫满逐箕准而自为王，于是我国文化之东被较前更甚。武帝元封三年，朝鲜相参杀其王满孙右渠后降汉，汉以其地为真番、临屯、乐浪、玄菟四郡，汉之疆域遂拥有今韩国京畿、江原二道以北之地。昭帝时，罢临屯、真番二郡，另置乐浪东郡都尉。至东汉光武帝建武六年，始省都尉官，放弃单单大岭以东之地，但时之乐浪、玄菟两郡仍内属。以近世出土有关乐浪郡汉孝文庙铜钟及秥蝉县的章帝元和二年平山君两碑文推证，可见西汉时统治朝鲜郡县远达乐浪、秥蝉一带，且与河淮郡县无大分别。《史记·货殖列传》亦说到汉代开拓东境颇有助于商业。《后汉书·东夷传》亦称，建武中元二年，倭奴国奉贡朝贺，光武赐以印绶。安帝永初元年，倭国王师升等献生口百六十人，愿请见。可知汉代的文化声教，更由朝鲜而东及于日本。

对北方的华化

我国古代北方诸部族，大抵以匈奴、乌桓、鲜卑等族占多。秦汉时，匈奴最强，雄踞北境，时与中国对峙。汉初以至武帝初年，边境屡遭其害，武帝先后兴师数十万，使卫青、霍去病追剿匈奴十余年，把他们驱到漠北，并在塞外筑朔方郡，又收复河西之地，置酒泉、武威、张掖、敦煌（所谓河西走廊四郡）。其后匈奴或降或徙。昭宣之世，匈奴内乱，宣帝乘时施以威德，单于稽首臣服，遣子入侍，三世称藩，自此降为属国，受汉的保护。至王莽篡汉，匈奴才复开边衅。东汉时，匈奴分为南北，南匈奴降汉，徙居河南一带；北匈奴在和帝时为窦宪所破，或向外地迁徙。以单于降汉，使人奉地图来附一事观之，知匈奴亦一如华夏有文字与图籍，益见其所受华夏文化熏陶的情形。（汉代匈奴情形详见本章第三节）

对西方的华化

秦之西界仅及临洮，与西域之沟通实始于武帝时张骞之出使西域，其后霍去病击匈奴右地，降浑邪王，乃以河西为郡县。及李广利伐大宛，更在敦煌以西至盐泽一带，皆起亭障，从此汉人多徙居此地。昭宣时代的傅介子、常惠、郑吉、冯奉世等，屡建大功于西域；汉之设官于西域，始于宣帝时郑吉为西域都尉，时天山南北以至葱岭以东诸国，皆受其节制。元帝时，康居骄嫚，庇护匈奴郅支单于，汉派陈汤发兵讨伐，逾葱岭，径大宛，破康居，郅支伏诛，一时声威大振。及王莽篡汉，四边扰攘，西域亦遂与汉中绝。明帝永平中，匈奴又威胁西域诸国，寇掠河西郡县，汉又发兵北征匈奴，取伊吾卢之地，并置屯田，与于阗等西域诸国经六十五年中绝后，从此复通。和帝永元初，外戚窦宪大破匈奴，班超乃重定西域，一时西域五十余国皆纳贡内附。安帝以后，虽罢都护，仍设有西域长史，屯驻柳中，辖葱岭以东诸地。虽各国自有君，但从清季发现的敦煌汉简来看，除了屯戍文牍以外，尚有少数方技书籍；近年在新疆罗布泊（汉代的盐泽）发现的汉简和汉代漆器、织品之类亦不少，可以想见汉代的文物早已山遍传西域。

对西南夷的华化

秦时开辟南方，仅置有南海、桂林、象郡而已。及赵佗自立，传国五世，武帝元鼎六年灭之，增置苍梧、交趾、合浦、九真、珠崖、儋耳六郡，而旧日秦的南海仍旧，桂林改郁林，象郡改曰南，其珠崖、儋耳二郡，位于今日的海南岛，到元帝初元三年，复罢之。立铜柱，成为汉之极界。《后汉书·马援传》称："援所过辄为郡县，治城廓，穿渠灌溉，以利其民。条奏越律与汉律驳者十余事，与越人申明旧制以约束之，自后骆越奉行马将军故事。"《南蛮传》亦说："凡交趾所统，虽置郡县，而言语各异，重译乃通，人如禽兽，长幼无别，后颇徙中国罪人，使杂居其间，乃稍知言语，渐见礼化。光武中兴，锡光为交趾，任延守九真，于是教其耕稼，制为冠履，初设媒娉，始知姻娶，建立学校，导之礼义。"可见汉人开化两广、越南的功绩。其时四川、云、贵之地，汉初亦因沿秦之旧，除巴蜀置郡之外，其西南又有夜郎、滇、邛都、嶲、昆明、莋都、冉駹等诸国，总曰西南夷。武帝时，曾使唐蒙通南夷，设犍为牂牁诸郡；又使司马相如通西夷，置越嶲、益州诸郡。后汉明帝时，又在哀牢夷之地设永昌郡。于是汉廷势力达到今云南保山市澜沧江以南，而边区的掸（缅甸人）亦归化汉廷。《汉书·文翁传》说："景帝末，文翁为蜀郡守，见蜀地僻陋，有蛮夷风，欲诱进之，乃选郡县小吏，遣之京师，受业博士，或学律令，数岁成就还归，以为右职。又修起学官于成都市中，招下县子弟，以为学官子弟，蜀人由是大化，学于京师者，此齐鲁焉"。《后汉书·西南夷传》亦说："章帝时，王追为益州太守，始兴起学校，渐迁其俗"。又："桓帝时，牂牁人尹珍自以生于荒裔，不知礼义，乃从汝南许慎应奉受经书图纬，学成还乡里教授，于是南域始有学焉"。则当时的四川、云南、贵州等亦受到汉文化的熏陶而开化。

第五节　汉武帝与桑弘羊的经济措施

财政改革的时代背景

汉初最大的外患是北方游牧民族匈奴，它不断骚扰和侵略。以开国创业的汉高祖那样的英雄，也曾被匈奴冒顿在平城围了七昼夜。他狼狈逃归后，还采了刘敬的"和亲"妙计，嫁美女，送财物，企图使边境安逸。但是，纵然这样，也不能彻底避免匈奴的寇掠。这是北方的外患。南方呢？当时，百越旧地为南越、东瓯、闽越所分据，而南越王赵佗地广兵强，更为骄态猖獗，屡次内犯，并联络闽越、东瓯诸王和汉家相对抗。文帝时，虽然遣大中大夫陆贾将他说降，但他仍不受汉室约束，保持独立。汉初七八十年间的外交政策，可以说是委曲求全的外交，对匈奴更是忍辱修好。

这都由于国力不足，没有强大的武力作后盾。秦末之乱以及楚汉之争，已使国家元气大伤；人口的短少，民力的凋残，实在显示着国民经济的枯窘。到汉初，不仅民间十室九空，将相也多乘牛车，而且贵为皇帝也无力置备纯一色的驷马。国家这样穷，国力如此弱，还怎能抵御外侮？但此后六七十年间，经过政府的休养生息政策，已使社会经济恢复了繁荣。司马迁对当时富庶情形，有如下的描述："至今上（武帝）即位数岁，汉兴七十余年之间，国家无事，非遇水旱之灾，民则人给家足，都鄙廪庾皆满，而府库余货财。京师之钱累巨万，贯朽而不可校；太仓之粟，陈陈相因，充溢露积于外，至腐败不可食。众庶街巷有马，阡陌之间成群，而乘牸牝者傧而不得聚会。守闾阎者食粱肉，为吏者长子孙，居官者以为姓号。故人人自爱而重犯法，先行义而后绌耻辱焉。"国家财力这样富裕，正是大有可为之时。

汉武帝对匈奴过去屡次的寇掠当然是很熟悉的，因而他即位后对边疆的事特别留心。他即位后三年，召募张骞往使大月氏。闽越击东瓯，他遣兵往救。元光元年，遣名将李广、程不识将兵屯北边，以备击匈奴。翌年，用王恢的计策，遣间诱匈奴入寇，拟一举而尽歼之。不幸计划失败，单于逃回，匈奴遂与汉绝和亲，此后常扰汉边，而武帝讨伐匈奴的战争也就于是展开。武帝在位五十四年，从建元三年（公元前138年）出兵援东瓯起，到征和四年（公元前89年）下轮台之诏止，中间三十二年间，年年出师，岁岁干戈，国家实陷在对外长期战争里。在此期间，武帝北伐匈奴，西通西域，东郡朝鲜，南平南越，西南通西南夷，扩大疆土有一倍多，可是因为连年战争，军费支出庞大，已使国家民穷财尽。除抵御外侮外，他还修水利，兴土木，开通西南夷道，派使节外出，设置边郡，以及赈灾移民等，都是很费钱的。在这样岁出庞大、财政艰窘的情况下，武帝选用了桑弘羊主持国家财政，并采用其经济政策，得到了"昔先帝征四夷，兵行三十余年，百姓不加赋而军用给"的伟大成果。

财政措施的评论

若要研究桑弘羊的财政政策，应当有个前提的认识。从桑弘羊生到其死，共七十三年，中间有三十二年，汉武帝几乎是年年出师，讨伐四夷，即有一两次不出师，也派遣使节出国，可以说是一个长期战争时代。而战争是最费钱的，当时所需战费之多，是不难想象的。在这个时期，主持财政，唯一的任务就是筹战费。所以，桑弘羊的财政政策，实际就是战时财政政策。其次，我们更应注意一个事实，我国古时，国家主要的税源是田赋，但汉初是以减赋为号召的。高祖约法省禁，轻田租，十五而税一；惠帝即位，减田租，复十五税一；文帝二年、十二年曾两次诏令，减田租之半；文帝十三年竟下诏全免田赋；到景帝二年，始复三十税一之制。减轻人民田赋负担，似乎已成了汉代政治的传统，无论那一代皇帝，纵使有财政急需，也不敢多征田赋的。因此，武帝时桑弘羊的财政政策，也就不能向田赋身上打主意，只好另想办法。

桑弘羊的财政措施，主要的有盐铁、均输、平准和整理币制等，试分述其内容如次。

第一，盐铁。桑弘羊的盐铁政策，就是盐铁专卖政策。盐铁之利，管仲言之甚详，且帮助齐桓公完成霸业。桑弘羊是管子以后采行盐铁政策最成功的人。汉初盐铁是采取放任政策的。当时所谓富商大贾，差不多都是以冶铸夷盐致富。盐铁之利在诸侯王国，更容易引起政治上的危机（譬如吴王招徕流民，煮海为盐，竟致叛乱）；而富商大贾，不仅不佐公家之急，更高抬物价以困民。盐铁归政府专卖，不仅可杜绝豪商贵族的攘利，消弭政治上的危机，而且也使国家财政得一广大税源。不过，盐铁专卖虽早付实施，而其积极推行，则在弘羊主政之时。当时所置盐铁官几遍天下，如《史记·平准书》记载："弘羊为治粟都尉，领大农，尽代仅斡天下盐铁……乃请置大农部丞数十人，全部主郡国，县置均输盐铁官。"据《汉书·地理志》载，所设盐官凡三十七，分布区域共为二十七郡；另铁官凡三十八郡，为官四十八。在盐的方面，由政府供给夷盐器具，按人发给工本，不许人民私煮；制盐资本由人民自筹，不由政府拨款，以免增加国库负担。如有违法私煮的，便以铁著其左趾以代刖，并没收其器物。盐铁专卖之优点：一，充裕政府财政收入，使对外战费有着落。如《史记·平准书》上说："而县官以盐铁缗钱之故，用少饶矣。"又说："大农以均输调盐铁助赋，故能赡之。"二，就制造技术方面及对社会经济影响方面，有充分的工作时间；有雄厚的生产资金；产品大多标准化而铁力也没有不销链及坚柔不和之弊；且平价发售，以便利百姓；有专门指导制造的技术人才。但是，盐铁专卖后，发生许多弊端：一，产品不良，如盐铁论水旱篇载贤良文学之言："县官鼓铸盐铁，大抵多为大器，务应员程，不给民用。民用钝弊，割草不痛。是以农夫作剧，得获者少，百姓苦之矣。"二，产品成本高，价格贵，购买又不便利。政府卖不脱，甚至向人民摊售，但贫民有淡食木耕的。

第二，均输与平准。这两项既有财政上的目的，同时也是经济统制的一项政策。虽在内容不尽相同，但在性质上，却极端相近。就政策实施的程序讲，均输在前，而平准在后。所谓均输，乃是为避免郡国诸侯各以其土地产物作为贡纳转运至京师的种种麻烦与浪费，改由政府自行设官，搜集各种贡纳物转输至京师的一种制度。这制度实行不久，便被发觉不但可以节省运费，且具有调节物价的机能。于是，在京师设官，搜取天下货物，物价腾贵时出卖，物价低落时便收买。于是，富商大贾，无所获利，而物价得到调节，不致暴腾骤跌，这种制度，就叫作平准。均输平准，在制度上本是利民的善政，但实施的结果，并没有理想那样好。第一，弘羊的政策，太偏重于财政的目的，而多少忽略民生的需要；第二，行政方面人事上的流弊，使这善政竟不免于病民。

第三，统一货币铸造权。在武帝以前，政府对货币的铸造权并不是独占的，有时准许人民自由铸造，有时又禁止人民自由铸造。货币的种类很复杂，而货币的使用又很多流弊。武帝建元元年，行三铢钱，那时桑弘羊正做侍中。建元五年废三铢钱，改行半两钱。当时，对外战争需款迫急，而富商大贾又不能赴国难，武帝在元狩四年与公卿议更造钱币，以赡国用而打击那些浮淫奸民，遂造白鹿皮币，又造银锡为白金。那时弘羊"已贵幸"，对于这次货币的改革，应该是参与了的。三年后，即元鼎二年，弘羊为大司农中丞，主持国家财政。该年政府在京师铸行赤仄钱，一当五，国家收纳赋税必须用赤仄钱。更二年，因人民对赤仄钱之巧法使用感不便，复废。翌年，即元鼎五年，遂悉禁郡国铸钱，专令上林三官铸钱，并布告天下，非三官钱不得行；各郡国所铸铜钱，一概销毁，而将铜输于三官。政府所铸的钱，就是五铢钱。这样，文帝时贾谊统一货币铸造权于中央的建议，在武帝时便由桑弘羊使之实现了。当时所铸造五铢钱的重量、形式和名称，也成了历代铸币的标准。

第四，酒酤。天汉三年（公元前98年），武帝采纳弘羊的建议，初榷酒酤。所谓酒酤，就是禁止酒的私自酿造贩卖。置榷酤官，就是酒专卖。到昭帝元始年间，因贤良文学请罢榷酤，乃罢榷酤官，令民得以律占租，酒升四钱。这个办法，就是废除酒专卖而实行酒税，使民间酿造者报告酿酒实数，照额征税，如妄报则予以惩罚；价格定为每升四钱，目的乃在禁遏暴利。

第五，鬻爵、卖官赎罪。在惠帝时，已开其端。惠帝元年，令民有罪得买爵三十级以免死罪。文帝时，晁错上《论贵粟疏》，请令募天下入粟于官，得以拜爵除罪。文帝采纳晁错建议，令民入粟输边，输粟六百石给以上造之官，四千石为五大夫，万二千石为大庶长。景帝时，复修卖爵令。但那时候卖爵，只是卖虚位，而不实受官位。武帝时因筹措战费，对于鬻爵有更进一步的措施。元朔元年，"募人能入奴婢，得以终身复为郎，增秩，及入羊马为郎"。在元朔六年，有司请令民得买爵及赎禁锢，免职罪，请置赏官，叫作武功爵，级十七万，凡直三十余万金。诸买武官爵官，首者试补吏，先除千夫，如五大夫，其有罪又减二等，爵得至乐卿。弘羊置均输以通货物后，才令吏得入谷补官，郎至六百石，后又请令民入粟补官及赎罪人。根据天汉四年的法令，钱五十万就可赎死罪。卖官赎罪在当时是国家一宗的收入弘羊也采用这个办法，但它不是弘羊财政政策的骨干。

政府对财政措施的立场

桑弘羊所采行的财政政策，在当时曾遇到很大的阻力。昭帝始元六年（公元前81年）二月，诏有司问郡国所举贤良文学民所疾苦。这些受霍光主使而来自民间的士大夫，都主张废除盐铁榷酤。而政府方面主管财政的人（弘羊和其他同僚），则认为政府所采行的财政政策是对的。双方的论难，代表儒家和法家财政思想的斗争，同时也反映着外朝与内朝所持观点的不同。兹根据《盐铁论》所述，归纳双方的意见，比较如下。

第一，政府立场。

从国防的观点，为抵御外侮，筹边防的军费，认为财政方面的措施，不能不如此。理财者的论调是："匈奴背叛不臣，数为寇暴于边鄙。备久则劳中国之士，不备则侵盗不止。先帝（武帝）哀边人之久患，苦为虏所获也，故修障塞，饬烽燧，屯戍以备之边。用度不足，故兴盐铁，设酒榷，置均输，蓄货长财，以佐助边费。今议者欲罢之，内空府库之藏，外乏执备之用，使备塞乘城之士，饥寒于边，将何以赡之？"（《盐铁论·本议》）

《盐铁论·园池》："诸侯以国为家，其忧在内。天子以八极为境，其虑在外。故宇小者用菲，功巨者用大。是以县官开园池，总山海，致利以助贡赋，修沟渠，立诸农，广田牧，盛苑囿。太仆、水衡、少府、大农，岁课诸入田收之利，池篽之假，及北边设置任田官，以赡诸用，而犹未足。今欲罢之，绝其源，杜其流，上下俱殚，困乏之应也，虽好省事节用，如之何其可也？"

第二，提倡工商，可以富国。弘羊的见解如下。

《盐铁论·力耕》："圣贤治家非一室，富国非一道。昔管仲以权谲霸，而纪氏以强本亡。使治家养生必于农，则舜不甄陶，而伊尹不为庖。故善为国者，天下之下我高，天下之轻我重；以末易其本，以虚荡其实。今山泽之财，均输之藏，所以御轻重而役诸侯也。汝汉之金，纤微之贡，所以诱外国而钓胡羌之宝也。夫中国一端之缦，得匈奴累金之物而损敌国之用。是以骡驴馲驼，衔尾入塞，䭾骒騵马，尽为我畜。鼲貂狐貉，采旄文罽，充于内府，而璧玉珊瑚琉璃，咸为国之宝，是则外国之物内流而利不外泄也。异物内流则国用饶，利不外泄则民用给矣。《诗》曰：'百室盈止，妇子宁止'。"

又云："自京师东西南北，历山川，经郡国，诸殷富大都，无非街衢五通，商贾之所臻，万物之所殖者。故圣人因天时，智者因地财；上士取诸人，中士劳其形。长沮桀溺，无百金之积，蹠蹻之徒，无猗顿之富；宛周齐鲁，商遍天下。故乃万贾之富，或累万金，追利乘羡之所致也。富国何必用本农，足民何必井田也。"

《盐铁论·本议》："古之立国家者，开本末之途，通有无之用，市朝以一其求,致士民,聚万货,农商工师,各得所欲,交易而退。《易》曰:'通其变,使民不倦。'故工不出则农用乏,商不出则宝货绝。农用乏则谷不殖,宝货绝则财用匮。故盐、铁、均输,所以通委财而调缓急。"

第三,压抑豪强,消灭政治与社会的危机。对于这一点,弘羊曾屡作阐明。《盐铁论》载述他的议论如次。

《盐铁论·错币》:"文帝之时,纵民得铸钱冶铁夷盐,吴王擅鄣海泽,邓通专西山,山东奸猾,咸聚吴国。秦雍汉蜀因邓氏,吴邓钱布天下,故有铸钱之禁。禁御之法立而奸伪息,奸伪息则民不期于妄得,而各务其职,不反本为何,故统一则民不二也;币由上则下不疑也。"

《盐铁论·复古》:"往者豪强大家得管山海之利,采铁石鼓铸夷盐,一家聚众,或至千余人,大抵尽收放流人民也。远去乡里,弃坟墓,依倚大家,聚深山穷泽之中,成奸伪之业,遂朋党之权,其轻为非亦大矣。"

而桑弘羊所以采施盐铁、均输、平准、酒酤和政府独占货币铸造权等,有财政经济的理由,也有政治社会的原因。筹军费,是财政上的目的;提倡工商以富国富民,是属于经济性质的;而抑制豪强,则从政治社会的立场,以企图消弭诱起暴乱的危机。弘羊的重商政策,是以政府统制经济,尤其是国营贸易和政府独占企业为前提的。我们也可以说,他的目的为增加财政收入,而重商政策则为达到这个目的的手段。

民间对财政措施的立场

代表儒家的贤良文学,对于弘羊所采行的财政政策,是持反对态度的。他们都来自民间,但也可能是代表霍光的立场。他们反对国家财政政策的论调如下。

第一,重农主义。他们以为治国必须明本末。

《盐铁论·忧边》云:"夫欲安民富国之道,在于反本,本立而道生。顺天之理,因地之利,即不劳而功成。夫不修其源,而事其流,无本以统之,虽竭精神,尽思虑,无益于治,欲安之,适足以危之;欲救之,适足以败之。"

什么是本末呢？他们认为，农是本，而工商是末："古者尚力务本而种树繁，躬耕趣时而衣食足，虽累凶年而人不病也。故衣食者民之本，稼穑者民之务也。二者修则国富而民安也。"（《盐铁论·力耕》）商业利润由于买贱卖贵。商人买贱卖贵，那就是说，商人的所得正是农夫的所失，而商业资本也正是从农民劳动上面蓄积起来的。儒家根据重农主义的观点，当然反对法家的重商政策。他们的意见是："利不从天来，不从地出，一取之民间，谓之百倍。此计之失者也。无异于愚人反裘而负薪，爱其毛不知其皮尽也。夫李梅实多者，来年为之衰，新谷熟者，旧谷为之亏。自天地不能两盈，而况于人事乎？故利于彼者，必耗于此，犹阴阳之不并曜，昼夜之有长短也。"（《盐铁论·非鞅》）

第二，代表儒家思想的贤良文学反对政府的财政政策，他们以为盐铁专卖、均输、平准以及政府独占铸币等，无一不是害农病民。因为商业资本，既是农民劳动的累积，则国家以经营商业的方法来增加财政收入，必有害于农业。对于铁的专卖，他们有如下的指责。

《盐铁论·水旱》云："农，天下之大业也；铁器，民之大用也。器用便利，则用力少而得作多，农夫乐事劝功。用不具，则田畴荒，谷不殖，用力鲜，功自半。器便与不便，其功相什而倍也。县官鼓铸铁器，大抵多为大器，务应员程，不给民用。民用钝弊，割草不痛，是以农夫作剧，得获者少，百姓苦之矣。"

均输、平准的主要目的，原在增加财政收入。但官吏为了买货以备出卖，不到生产地去买，却于货价较高之地强制人民生产此物。其次，官吏凭借政府资本，搜购商品，以平物价，但当官吏定价采买某种货物时，某种货物价格就飞涨，而商人得利；官吏如照市价购货，则商贾囤积垄断，以高价出售，结果，还是商人获利，平准仍然做不到。这就是《盐铁论》所说的"未见准之平也"。

政府独占铸币权，贤良文学也持反对态度。他们说："古者市朝而无刀币，各以其所有易无，抱布贸丝而已。后世即有龟贝金钱，交施之也。币数变而民滋伪。夫救伪以质，防失以礼。汤文继衰，革法易化而殷周道兴。汉初乘弊而不改易，畜利变币，欲以反本。是犹以煎止燔，以火止沸也"。（《盐铁论·错币》）因为政府独占货币铸造权，农民蒙受不利，因此农民对货币是主张自由铸造的。

第三，反对开边，主张和亲。桑弘羊因为政府攻匈奴巩固国防、筹措战费，才兴盐铁，置均输，蓄货长财。但是代表民间立场的贤良文学，则反对政府的开边政策，对匈奴主张厚币和亲。

《盐铁论·轻重》云："边郡山居谷处，阴阳不和，寒冻裂地，冲风飘卤，沙石凝积，地势无所宜。中国，天地之中，阴阳之际也，日月经其南，斗极出其北，含众和之气，产育庶物。今去而侵边，多斥不毛寒苦之地，是犹弃江皋河滨，而田于岭坂菹泽也。转仓廪之委，飞府库之财，以给边民。中国困于繇赋，边民苦于戍御。力耕不便种籴，无桑麻之利，仰中国丝絮而后衣之，皮裘蒙毛，曾不足盖形，夏不失复，冬不离窟，父子夫妇内藏于专室土圜之中。中外空虚，扁鹊何力？而盐、铁何福也。"所以，他们不赞成政府的开边政策。

他们认为，国家忧患不在边境，乃在农业凋敝，税源不丰："夫治国之道，由中及外，自近者始。近者亲附，然后来远；百姓内足，然后恤外。故群臣论或欲田轮台，明主不许，以为先救近；务及时本业也。故下诏曰：'当今之务，在于禁苛暴，止擅赋，力本农。'公卿宜承意请减除不任，以佐百姓之急。今中国弊落不忧，务在边境，意者地广而不耕，多种而不耨，费力而无功。《诗》云：'无田甫田，维莠骄骄。'其斯之谓欤？"（《盐铁论·地广》）

他们主张对匈奴用王道感化，并以厚币和亲政策替代攻伐。他们说："春秋，王者无敌，言其仁厚，其德美，天下宾服，莫敢受交也。德行延及方外，舟车所臻，足迹所及，莫不被泽。蛮貊异国，重译自至。方此之时，天下和同，君臣一德，外内相信，上下辑睦。兵设而不试，干戈闭藏而不用。"(《盐铁论·世务》)又说:"往者匈奴结和亲,诸夷纳贡,即君臣外内相信,无胡越之患。当此之时,上求寡而易赡,民安乐而无事,耕田而食,桑麻而衣,家有数年之蓄,县官余货财,闾里耆老或及其泽。自是以后,退文任武,苦师劳众,以略无用之地,立郡沙石之间,民不能自守,发屯乘城,挽辇而赡之。愚窃见其亡,不睹其成。"(《盐铁论·结和》)

第四,节用轻赋是儒家财政思想的主流,所以贤良文学反对弘羊的兴利政策。他们的论调如下。

《盐铁论·本议》云:"夫导民以德,则民归厚;示民以利,则民俗薄。俗薄则背义而趋利,趋利则百姓交于道而接于市。老子曰:'贫国若有余,非多财也,嗜欲众而民躁也。'是以王者崇本退末,以礼义防民欲,实菽粟货财。市、商不通无用之物,工不作无用之器。故商所以通郁滞,工所以备器械,非治国之本务也。"

《盐铁论·取下》云:"古者,上取有量,自养有度,乐岁不盗,年饥则肆,用民之力,不过岁三日,籍敛,不过什一。君笃爱,臣尽力,上下交让,天下平。'浚发尔私',上让下也;'遂及我私',先公职也。……及周之末涂,德惠塞而嗜欲众,君奢侈而上求多,民困于下,怠于上公,是以有履亩之税,《硕鼠》之诗作也。"

政策的评价

尽管贤良文学那样反对,但桑弘羊财务政策的实施大体是成功的。它不仅能使边费充足,备塞乘城之士都有所赡,而且使"山东被灾,齐赵大饥"都得到了救济,皇室宫廷之奉及政府建设之费也都有了着落。《史记·平准书》说:"于是天子北至朔方,东封泰山,巡海上,旁北边以归。所过赏赐,用帛百余万匹,钱、金以巨万计,皆取足大农。……一岁之中,太仓、甘泉仓满。边余谷,诸均输帛五百万匹,民不益赋而天下用饶。"《盐铁论·力耕》说:"往者财用不足,战士或不得禄,而山东被灾,齐赵大饥,赖均输之蓄。仓廪之积,战士以奉,饥民以赈。"《汉书·萧望之传》载张敌的话："昔先帝征四夷，兵行三十余年，百姓不加赋而军用给。"这些，都是歌颂弘羊财政政策的成就。宋代的王安石也特别赞美弘羊，曾说："周置泉府之官，以权制兼并，均济贫乏，变通天下之财。后世惟桑弘羊，刘晏粗合此意。学者不能推明先王法意，更以为人主不当与民争利。今欲理财，即当修泉府之法，以收利权。"

第六节　昭、宣时代的政治

汉武帝在位五十四年，而晚年顿好神仙，迷信巫蛊，以至皇后与太子亦死于巫蛊之狱。武帝即位之初，虽曾提倡儒术，但其后的三十年内，由于无限制的向外扩充武力，耗费之大倍于秦代。武帝立最小的儿子弗陵为太子，即位后是为昭帝，由霍光辅政。但昭帝在位仅十三年而死，霍光迎立武帝孙昌邑王贺；贺无道，霍光废之，迎立旧戾太子之孙询为帝，是为汉宣帝。昭宣两代，帝室虽然式微，然尤称西汉之盛世。过去由于武帝时代内敛外征，好大喜功，使国家已呈疲露状态，而昭宣时代却能与民休息。秦之速亡，与其政权之缺乏社会基础很有关系，而汉之能建立四百年基业，其所恃的凭借不在汉初的郡国并行制，也不在汉武的征讨四夷，而实在昭宣以后能逐渐建立起政权的社会基础。且匈奴经武帝征伐后，此时势力已衰，加上本身之内乱，更无力侵扰中国，故后人称霍光辅政比美周公。

霍光是霍去病的异母弟，十余岁起为郎，后又为侍中，奉车都尉，侍卫武帝二十余年。因小心谨慎，未尝有过，甚见亲信，武帝临死委以辅政大权，故昭宣时代之盛治，实与霍光颇有关系。现将此时期的政治措施略述于后。

昭、宣时代对于地方政治甚为重视，更防止地方官吏对人民的残暴压迫。昭帝即位二年，遣故廷尉王平等五人持节行郡国，举贤良，问民间疾苦，冤失职者。又于始元六年诏有司问郡国所举贤良文学民所疾苦。宣帝则颇接近民间，具知闾里奸邪吏治得失，即位之后，即"遣使者持节，诏郡国，二千石谨牧养民而风德化"；又于元康四年遣太中大夫强等十二人巡行天下，存问鳏寡，览观风俗，察吏治得失，举茂材异伦之士；五凤四年，遣丞相、御史掾二十四人巡行天下，举冤狱，察擅为苛禁深刻不改者。对于新任命之刺史、郡守、相国等官，宣帝都亲自询问或考察他们是否称职。他曾说："庶民所以安其田里，而亡叹息愁恨之心者，政平讼理也。与我共此者，其惟良二千石乎！"可见他是如何关心地方官吏的执行统治。

昭帝始元二年，因收成欠佳，即下令免除该年的田租；元凤二年，命郡国免收当年的马口钱；元凤四年，免收当年和次年的口赋，复免收三年前部分因各种原因未缴交的耕赋；本始四年，免除遭受严重旱灾的郡国的租赋；元康二年，免除遭受严重疾疫的郡国中的租赋；五凤三年，减收口赋；甘露二年，减收算赋三十钱，等等。从中可以看到当时国家财赋的充裕与统治者对农民的关怀。

当时从各郡向京师运粮，每年所费人力极大，以至妨碍农民生产。在昭帝时代，尽量减轻此种运粮徭役之苦，如始元元年曾减少漕运粮谷三百万石，元凤三年又下令停止灾区的漕运四年。宣帝时，大司农中丞耿寿昌因为每年从关东一带向京师运粮四百万斛，需要耗费六万人之劳力，遂建宜籴三辅、弘农、河东、上党、太原郡之谷足供京师，可以省关东漕卒过半。宣帝纳其建议，实行后果然减省漕征徭运甚多。地节四年，又下令免除有大父母，父母丧者的一切徭役。由此看来，当时的皇帝对民间的困苦颇为同情。

昭、宣时代为了避免人民生活困难、无法生活的处境，乃经常采用赈济方法以补不足。昭帝始元二年，派遣使者到各地赈济贫民粮食，或借给粮种，使其发展农业生产；元凤三年，又开仓赈济遭受水灾的人民。宣帝本始四年，曾遣使赈济贫困的人民，并令丞相以下及京师各官署的令和丞输粮以助贷人民；并在地节三年，对归还本土的流民借给公田耕种，又贷以谷种和粮食，免除他们的算赋及徭役。

昭帝时，匈奴入侵中国。始元二年，匈奴单于使黎汙王窥边，但汉廷事先有准备，击退匈奴兵，射杀黎汙王。宣帝本始二年，匈奴又进攻乌孙，乌孙向汉求援，汉廷发兵十五万，分五路出击，匈奴惊惶逃遁。汉兵与乌孙兵东西夹击，深入匈奴右谷蠡王之地，掳获三万九千多人，畜口七十余万头。经过此战役，匈奴损失甚大，势力大减，无力进侵中国。五凤元年，匈奴贵族为单于的继承问题发生内乱，五单于争立；五凤四年，郅支单于战败呼韩邪单于，呼韩邪单于为了取得援助，向汉廷称臣降服。其后郅支单于西迁，在元帝建昭三年被汉朝的西域都护骑甘延寿所攻杀，从此中国便完全解除了匈奴侵扰之患。中国之正式有效控制西域，亦在汉宣帝时设置西域都护后开始。

第七节　西汉式微与王莽变法

改革的时代背景

我们试从政治，经济，社会各方面，来说明王莽改革的时代背景。政治情况和社会思想，虽然不能说完全是经济发展的反映，但经济发展或演变会对政治情况和社会思想发生很大的影响。现从下列各方面来看王莽改革的时代背景。

汉代自文帝以来，商业资本已有显著的发展，当时贾谊曾说："今背本而趋末，食者甚众，是天下之大残也。"他听说的"本"，就是农，"末"则是指工商。晁错说得更详细："商贾大者积贮倍息，小者坐列贩卖，操其奇赢，日游都市，乘上之急，所卖必倍。故其男不耕耘，女不蚕织，衣必文采，食必粱肉，无农夫之苦，有仟伯之得。因其富厚，交通王侯，力过吏势，以利相倾，千里游敖，冠盖相望，乘坚策肥，履丝曳缟。"而农人的情况则是"今农夫五口之家，其服役者不下二人，其能耕者不过百亩；百亩之收，不过百石。春耕夏耘，秋获冬藏。伐薪樵，治官府，给徭役，春不得避风尘，夏不得避暑热，秋不得避阴雨，冬不得避寒冻。四时之间，亡日休息，又私自送往迎来，吊死问疾，养孤长幼在其中。勤苦如此，尚复被水旱之灾。急政暴虐，赋敛不时，朝令而暮改。当其有者，半贾而卖，无者取倍称之息。于是有卖田宅，鬻子孙以偿债者矣"。这样，商人兼并农民和农民流亡的事实，在彼时已发其端。而当时豪族大贾盛蓄奴隶，采矿、夷盐、冶铁，大都使用这些奴隶操作。到武帝时，商业资本和奴隶经济更为发达，土地兼并之风也随朝代推进而愈甚，农民也越困穷。这种情况一直发展下去，农民所得不敷支出，没有再生产资本的蓄积，更谈不上什么筑塘建渠、植林修堤，因而他们也避不了水旱的侵袭。从宣帝，中经元帝、成帝，到哀帝，六十多年间，水旱之灾，史不绝书。在当时，人们都认为这是由于阴阳失调，天降灾祸，而我们现在的看法，则是农民困穷的一个必然结果。我们从元帝永光二年（公元前42年）、三年、四年，成帝鸿嘉四年（公元前17年）的诏语，可以晓得当时民不聊生、四方多故的情形。如永光二年夏六月诏曾说："间者连年不收，四方咸困，元元之民，劳于耕耘，又亡成功，困于饥馑，无以相救。"（《汉书·元帝纪》）永光三年冬十一月诏说："乃者乙丑地动，中冬雨水大雾，盗贼并起。"（同上）永光四年春二月诏说："百姓屡遭凶咎，加以边境不安，师旅在外，赋敛转输，元元骚动，穷困亡聊，犯法抵罪。"（同上）又，成帝鸿嘉四年正月诏说："数敕有司，务行宽大，而禁苛暴，讫今不改。一人有辜，举宗拘击，农民失业，怨恨者众，伤害和气，水旱为灾，关东流冗者众，青、幽、冀部尤剧。"（《汉书·成帝纪》）

汉武以后，昭、宣两代，政治还算相当清明，但自此以后，便走下坡了。当时政府最显著的一个形态，就是外戚专政，这个现象也可说由来已久。高祖死后，吕后当政，诸吕用事，几乎将刘邦马上得来的天下推翻。昭帝时，大将军霍光辅政，权力很大，作为外戚，因还无政治野心，故未为祸。宣帝和元帝时，虽也都用外戚专政，但这些外戚任职都不久，势力还不稳固。成帝时，就不同了，成帝的母亲王政君，有兄弟凤、商、根、曼、谭、立等，其他王氏子弟，也都做了显宦。王凤死后，其堂弟音及弟商、根都相继为大司马辅政。哀帝时,又擢用他自己的外家傅氏、丁氏居政治的要津,并且还重用他的宠臣董贤,元寿二年(公元前1年)竟任毫无功绩、只凭姣美悦上的董贤为大司马,那时,董贤才二十二岁。他赏赐董贤田两千余顷,连董家奴婢仓头也每人十万钱。后来,董氏家产被籍没,卖得四十三万万缗。国家政治竟糟到这步田地。外戚专政的结果是,君主权势大落,而权贵子弟的骄奢专横、作威作福,也更反映着当时政治情况的混沌和紊乱。

人们对政治的失望和在经济上的没有出路,积极反映在社会一般思想的发展上。汉代人的思想骨干是阴阳五行。他们有的主张受命说,以为做皇帝都要先得天命,但天命并不是永远赐给一家,它要常常更换的。又有人主张五德终始说,五德就是金、木、水、火、土,它们是有终始的,要转换的,即无论什么朝代都要更换的。伴着这些思想,也产生了所谓谶纬之学。他们用纬书解释灾异,批评时政,也用纬书内所载的预言来暗示未来政治的动向。这般纬书的作者,有站在政治立场的拥护政府派。但也有些不满现状的反政府派。对政府极端不满时,这种谶纬之学也越为发达。这些在今人眼中看来虽属迷信可笑,但我们如将它解释为对沉闷社会、污浊政治的思想反映,也就觉得不甚稀奇。

财政经济的改革

一、土地政策

在王莽所推行的财政经济政策中,土地政策占很重要的地位。他的土地政策在史书上叫作"王田"。汉朝土地分配不均情形由来甚久。在武帝时候,董仲舒就曾请求朝廷实施限田政策。到哀帝时,师丹辅政,又建议改制。哀帝将师丹的建议交给群臣去讨论,丞相孔光、大司空何武根据师丹的意见,条陈以下的改革方案。

一,诸侯王列侯,得在国内名田(亦即取得土地的私有权)。列侯得在长安,公主得在县道。

二，无论贵族、官吏和平民，所占田都不得超过三十顷。

三，商人不得占田做官。

四，违犯的要依法制裁，并没收他们的田地、奴婢。

改革案奏上后，一时田地、奴婢价值大减。但当时皇帝的宠臣董贤及外家丁、傅两姓，都拥有广大土地和众多奴隶，极力反对这项改革政策，故师丹的建议终未见诸实行。王莽是崇信周礼、醉心井田制度的，他很不满意过去土地分配不均的情形，对于佃农阶级所受的痛苦也很表同情。在新莽建国元年，王莽就下诏改制。王田制度的内容，可以归纳为以下几点：

一，凡属耕种的田地都归国有，私人不得买卖。

二，男丁八口以下之家，占田，不得过一井，即九百亩。

三，占田过限的人，分余田与宗族乡邻。

四，无田的人，政府给予田地，所谓"如制度"，大概是依"一夫一妇田百亩"的办法；有田不到此数的，也应由政府补足。

五，现有的奴婢叫作"私属"，不得买卖。

六，违犯这个办法的，流放到极远的边地去。

对于这个土地国有政策，王莽是认真推行的。这个政策推行的结果，是"坐卖买田宅奴婢……自诸侯卿大夫至于庶民，抵罪者不可胜数"。犯法抵罪之多，可以看出王莽对此政策执行的积极和认真，同时也反映着当时社会旧习之积重难返。

二、国营事业与平抑物价

史书上载王莽的六筦五均政策，用现代的话讲，就是国营事业与平抑物价。所谓"六筦"，就是将盐、酒、铁、山泽、五均赊贷、铁布铜冶六门都由国家经营，更详细一点说，就是工业、矿业收归政府经营，而商业、借贷也归政府统制。王莽这样做，也是根据周礼的。在他做了皇帝以后，刘歆向他说："周有泉府之官，收不售，与欲得，即《易》所谓'理财正辞，禁民为非'者也。"王莽因下诏令："夫《周礼》有赊贷，《乐语》有五均，传记各有斡焉。今开赊贷、张五均、设诸斡者，所以齐众庶、抑并兼也。"（《汉书·食货志》）在这种制度下，有了如下设施。

一，长安及五都立五均官，更名长安东西市令及洛阳、邯郸、临淄、宛、成都市长；均为五均司，市称师，东市称京，西市称畿，洛阳称中，余四都各用东西南北为称，皆置交易丞五人，钱府丞一人。

二，工商能采金银铜连锡登龟取贝者，皆自占司市钱府，顺时气而取之。

三，凡田不耕为不殖，出三夫之税；城郭中宅不树艺者为不毛，出三夫之布。

四，民浮游无事，出夫布一匹；其不能出布者，冗作，县官衣食之。

五，取诸众物鸟兽鱼鳖百虫于山林水泽及畜牧者，嫔妇桑蚕织纴纺织补缝，工匠医巫卜祝及它方技，商贩贾人，坐肆列里区谒舍（客舍），皆各自占所为于其所在之县，官除其本，计其利十一分之，而以其一为贡。敢不自占，自占不以实者，尽没入所采取。

六，诸司市常以四时中月，实官所掌，为物上中下之价，各自用为其市平，毋拘他所。众人卖买五谷、布帛丝绵之物，周于人用而不售者，均官有以考验厥实，用其平价取之，无令折钱；万物昂贵，过平一钱，则以平价卖与人。其价低贱减平者，听人自相与市，防贵庚者（防民囤积居奇）之意。

七，民欲祭祖丧纪而无用者，铁府以所入工商之贡但赊之（但赊即空赊之，不取利息）。祭祖毋过旬，丧纪毋过三月，民或乏绝，欲贷以治产业者，均受之，除其费，计所得受息，毋过岁什一（均谓各依先后的次序；除其费，谓减除所已用之衣食费用）。

八，官作酒（酒酿造业归政府经营）以两千五百石为一均，率开一垆以卖，月售五十酿为准，一酿用粗米二斛、曲一斛，得成酒六斛六斗，各以其市月朔米曲三斛，并计算其价而三分之，以其一为酒一斛之平（平均价格），除米曲本价计其利而什分之，以其七入官，其三及糟籔灰炭，给工器薪樵之费。

这八项设施中,第三项的征课荒地税、第四项的课不劳动税以及第五项征课工商矿业等所得税,更值得我们注意。王莽的六筦五均政策,在制度上本来是可取的,但在执行方面却发生了毛病。因每郡所设执行这种政策的官吏多是富商大贾,他们和地方官互相勾结,狼狈为奸,造假账,饱私囊,官吏因此而发财,人民由是而愈困。

虽然每项政策都订立了若干禁止违犯的条文,假如违犯政府命令,情形严重的就处以死刑,但这样重刑,更助长奸吏的侵渔百姓,社会潜伏的危机,也就愈来愈深了。

三、货币政策

王莽的货币政策,在我国货币史上是一件大事。他整理货币的本意,在使商人不得再利用货币作为剥削农民的手段,但因他所采行的政策的谬误,竟造成祸国殃民的罪恶。

汉初货币沿用秦制,以黄金和铜钱为通货。高祖以秦钱重(秦铜钱重半两,即十二铢),不便使用,乃使人民铸造重三铢的荚钱。钱太轻了,物价不免腾贵,弄成米一石万钱、马一匹百金。吕后二年(公元前186年),乃改铸八铢钱。文帝五年(公元前175年),改铸四铢钱,同时准许人民自由铸币。武帝建元元年(公元前140年),将四铢钱改铸三铢钱,以后屡有变迁,到建元六年,更铸五铢钱,并将货币铸造权收归政府。在王莽改制之前,社会通用的货币就是五铢钱。王莽摄政时,改革以前币制,仿周钱子母相权之法,铸造大钱、契刀、错刀三种货币,加上原有的五铢钱,一共四种货币在市面上流通。大钱径一寸二分,重十二铢,面铸"大钱五十"的文字,契刀长二寸,其环如大钱,身形如刀,铸有"契刀五百"的文字,错刀用黄金镶嵌"一刀值五千"的文字。王莽做了皇帝以后,因汉姓刘,而刘字有金刀,于是在新莽建国二年(公元10年)乃废错刀、契刀和五铢钱,改行五物、六名、二十八品,叫作宝货的新货币。

这样一来,货币制度太复杂了,人民使用时很为不便,所以在实际交易时，多半还使用原来的五铢钱。王莽以法令不行，乃下诏说：如果有私藏五铢钱的，就将其流放到极荒远的四裔地方去。这样一来，农商失业，彷徨啼泣于街衢。因为违犯货币管制命令而犯罪的，上自官吏，下到百姓，其数之多，不可胜计。莽知民间苦痛，乃只准使用一铢的小钱和值五十的大钱两种货币，把金、银、龟、贝、布等货币都行废止；地皇元年，又废大小钱，改行货布、货泉两种货币。货布，长二寸五分，厚一寸，首长八分多，广八分，其圜孔之径二分半，足枝长八分，枝间广二分，其文右为货、左为布，重二十五铢，值货泉（亦称货钱）二十五枚；货泉，圆形，径一寸，重五铢，其文右为货、左为泉，一枚值一钱。同时又以大钱使行已久，恐废止后人民私铸不止，因暂准大钱和货泉一并流通，但将它们的价格定为一枚一钱，定期六年，六年届满，就禁止大钱私铸流通。

制度愈变更，人民犯法的愈多。最初，违犯货币法令的人都被流放到很远的地方去；犯的人太多了，后来将罪刑减轻，规定：凡私铸钱币的，全家都没入官厅做奴婢，邻居知情不举的同罪；诽议政府货币政策的，勒令服劳役一年，假如犯者是官吏，就被免职。这个法令的颁布反而促使犯法人数的愈增，至有五人连坐而全没于官为奴之事。各地因违反货币法令而犯罪被用囚车解送长安钟官（主铸钱之官）的，有十分之六七都因愁苦而死。王莽因推行货币政策而招致社会惨剧，实为我货币史上值得特别记载的一件事。

失败原因的分析

王莽的作风是殷殷恳恳、励精图治，往往忙得通宵不睡。然而他建国仅仅十四年便失败了，考其原因，不外下述几个因素。

第一，王田政策已不合时代的需求。王莽的本意，原想恢复井田制度，但井田制度的恢复在王莽时代已不可能。对此，古人荀悦、苏洵、叶水心和马端临等都有批评。历史的演进与社会的变迁已使井田制度的实行为不可能，但王莽醉心古制，仍然实行。他这种措施，忽略了时间性，也没有注意到空间性。因而他的王田政策之失败，可以说是必然的。

第二，过度看重制度和法令，以致太繁。王莽以为制度是万能的，所以他集中精力于典章制度的规拟，将国家大事几乎抛置脑后，《汉书·王莽传》曾说："莽意以为制定，则天下自平，故锐思于地里制礼作乐，讲合六经之说，公卿旦入暮出，议论连年不决，不暇省狱讼冤，结民之急务。县宰缺者，数年守兼，一切贫残日甚。"

由于他有这种见解，当时遂产生法令特别繁琐的现象。要立典章制度，就必须拟订条文，所以，愈重视创立制度，颁布的法令也愈多，而法令繁多，则使人民莫知所从，动辄得咎。在一个松弛惯了的农业社会里，尤其是在黄老思想曾经发生作用的时代，实在不宜于法令太繁。制度和法令都不是万能的，而王莽则以为"制定则天下自平"。由于这种错误的认识，遂产生错误的行动。

第三，赋税太苛且取之过急。王莽曾创行许多新税，到末年，对人民诛敛更甚。史载："作货布后六年，匈奴侵寇甚。莽大募天下囚徒人奴，名曰猪突豨勇，壹切税吏民，訾三十而取一，又令公卿以下至郡县黄绶吏，皆保养军马，吏尽复以与民（转令百姓养之之意）民摇手触禁，不得耕桑，徭役烦剧，而枯旱蝗虫相因。"

"六筦"、"五均"之制，用意本来是好的，但在这种制度下，取之于民的范围也很广。其实王莽在租税政策方面的失败，乃在于同时创立新税太多，而又取之过急，使百姓骤感租税的负担，发生对租税的反感，终而诱致了社会的动荡。"旧税即良税"的理论，王莽是不了解的。

第四，货币是交易的媒介和价值的尺度，因其如此，它需要单纯划一，并需要有个健全的货币制度，那就是说，应当有个健全的本位币和简单合理的辅币。然而，王莽的货币制度，却忽视了这一点。它的种类太多，太复杂，在中国历史上，从没有像这样复杂的货币。如是复杂，它怎能作为交易的媒介和价值的尺度？百姓当然使用不便，仍愿用旧日的五铢钱，等到法令严限，必须行五物、六名、二十八品的复杂货币时，社会经济也就发生紊乱现象，终而演变为政治上的危机。

而王莽行五物、六名、二十八品，似是一种通货膨胀的方法。当时他铸行了多少货币史无记载，但数量是相当可观的。在王莽居摄和即位时，有许多制作和对外作战都需要巨额的金钱，那时虽还不懂发行纸币的方法，但他也想出用龟、贝、布等作为货币的方法；金银需要开采铸造，龟、贝、布则不需要如此，尤以布货的制行最为便当。这样的币制当然可适应王莽财政上的需要，当时通货的膨胀是可以想象得到的。从"王莽末，天下旱蝗，黄金一斤易粟一斛"，和王莽死后社会几恢复了物物交换的事情看来，可以想象到当时货币混乱的情况。

第五，王莽的王田政策，对豪族富户也是很不利的，因而，反对他最甚的也就是这般人。譬如，起兵讨莽的汉光武刘秀就是一个地主，史载其"性勤于稼穑……地皇三年，南阳荒饥，诸家宾客多为小盗。光武避吏新野，因卖谷于苑"。南阳荒饥，还能卖谷，可见不仅是地主，而且是大地主。追随光武起事和其他方面起兵讨莽的豪族地主也很多。在中国农业社会里，地主的地位和力量，正如工业国家中的资本家，如果在政治上得不到地主的支持，并进一步且受地主的反抗，这样，政府的统制权是很成问题的。这也是王莽失败的一要因。

第六，王莽的谦恭下士，虽然得到一时的好评，但他在政治运用上，却不无虚伪沽钓之讥。也许他太好名了，往往因此而忽略了客观的实际性，那就是说，他的感情蒙蔽了理智，使他对事物缺少明晰、清楚、冷静而合理的判断、观察和处理。譬如在理智上，明知古不可复，但他醉心《周礼》，硬要以周公自居，处处要复古，终而发现此路不通。另外一点，他的失败也在于缺少毅力，不坚决。改制是何等艰难的事，但王莽行新政，一遇挫折，便宣布停止，结果不仅前功尽弃，且亦徒滋纷扰，又何况执行不善，见害而不见利，失败自在意料中。

第七，任何改革大业，均须有改革之干部人员，方能有所成就。然王莽称帝以后之重要事项，乃专赖其自己与少数宦官而已，纵贵为尚书亦不得闻问。《王莽传》称："莽自见前颛权以得汉政，故务自揽众事。有司受成苟免。诸宝物名帑藏钱谷官，皆宦者领之。吏民上封事书，宦官左右开发，尚书不得知。"以致"莽常御灯火至明，犹不能胜。尚书因是为奸寝事。上书待报者，连年不得去；拘系郡县者，逢赦而后出；卫卒不交代三岁矣。"其所派委之郡县人员，因而"乘传求利，交错天下，因与郡县通奸，多张空簿，府藏不实，百姓愈病"。土地改革自无施行成功之可能。

第八，王莽于摄政之际，已使州牧、太守等二千石以上重要官员中之老者退休，更换新进人才，如其善于运用，亦能有所作为。然莽议封邑及官吏待遇等，并无适当决策。以在其未即位前，除三公月俸为四万至六万外（即九卿、诸侯、州牧、太守等），原官阶在二千石以上者，月薪为一万六千至二万；而王莽即位以后，皆改为数千，其生活莫不至感困难。在千石以下之较小官吏，其生活维艰，自更勿论矣。如此，其上下官吏何能公而忘私，专事于改革大业？故"上自公侯，下至小吏，皆不得奉禄，而私赋敛，货赂上流，狱讼不决"。当为必有之现象。

第九，莽因废除王爵，凡汉代册封为王之四夷郡长，皆降号为侯，更换印玺，以致高句丽及西南夷等先后反叛。王莽用高压政策，动员三十余万兵，长期冻结于边疆地区，又以管理未善，吏士兵卒到处骚扰，人民皆感苦甚。如《汉书·王莽传》载："是时，诸将在边，须大众集，吏士放纵，而内郡愁于征发，民弃城郭，流亡为盗贼，并州、平州尤甚。莽令七公六卿，号皆兼称将军，遣著武将军逯并等填名都，中郎将、绣衣执法各五十五人，分填缘边大郡。督大奸猾擅弄兵者，皆便为奸为外，挠乱州郡，货赂为市，侵渔百姓。"如此，内地边疆皆成紊乱局势，土地改革便无法实施。

第七章 东汉的政教治乱

第一节 光武中兴及其政治评价

刘秀的起家及其治绩

刘秀，字文叔，南阳蔡阳人，九岁而孤，养于叔父良家，性勤于稼穑。地皇三年南阳饥荒，起事者多，世乱，人心思汉，多托符命图谶，谓刘室当复兴。宛人李通等以图谶说秀曰："刘氏复起，李氏为辅。"秀遂相与起事于宛，时年二十八岁。其兄伯升（縯）已起事于舂陵，乃率众与之会合，声势遂大。更始三年六月，诸将拥立秀于鄗，都说是"符瑞之应"。当时关中有赤伏符曰："刘秀发兵捕不道，四夷云集龙斗野，四七之际火为主。"（四七二十八，自高祖至此共二百二十八年；汉德为火）又有谶记曰："刘秀发兵捕不道，卯金修德为天子。"刘秀即位后，经十二年始平定群雄，统一天下。光武虽为帝裔，但族属已疏远，与平民无异。幼时曾在长安受《尚书》，略通大义，故虽起自干戈，尚修儒行。其在位三十三年（建武元年至建武中元二年，公元25年至公元57年），事迹可述者如下。

第一，崇尚节俭。《后汉书·循吏传》云："光武长于民间，颇达情伪，见稼穑艰难，百姓病害，至天下已定，务用安静，解王莽之繁密，还汉世之轻法。身衣大练,色无重采。耳不听郑卫之音,手不持珠玉之玩。建武十三年,异国有献名马者,日行千里,又进宝剑,贾兼百金,诏以马驾鼓车,剑赐骑士。损上林池籞之官,废驰骋弋猎之事。……勤约之风,行于上下。数引公卿郎将,列于禁坐,广求民瘼,观纳风谣。故能内外匪懈,百姓宽息。自临宰邦邑者,竞能其官。"

第二,并官省职,以减政费,文书调役,务求简寡。《后汉书·百官志》谓世祖(光武)中兴,务从省约。《郡国志》谓其所省者,郡国十,县、邑、道、侯国四百余所。应劭之《汉宫》有云:"大乱之后,海内人口减少,边地更萧条,几无人烟。建武二十一年,马援于边地置烽侯堡壁,兴立郡县,而人口不过十余万户,或空置太守、令、长,招还人民。光武笑曰:令边无人而设长吏治之,难如春秋素王矣。乃建立三营,屯田殖谷,弛刑谪徙,以充实之。"

第三,尚文治,不轻易用武力。《后汉书·光武本纪》谓帝在兵间久,厌武事,且知天下疲耗,思乐息肩。自建武十二年陇蜀平后,非警急,未尝复言军旅。皇太子尝问攻战之事,帝曰:"昔卫灵公问陈(阵),孔子不对,此非尔所及。"每旦视朝,日侧乃罢;尝引公卿郎将讲论经理,夜分乃寐。

第四,改正后妃之制,杜后宫之患。《后汉书·皇后纪》云:"光武中兴,斫雕为朴,六宫称号,惟皇后、贵人。贵人金印紫绶,奉不过粟数十斛。又置美人、宫人、采女三等,并无爵秩,岁时赏赐充给而已。"

光武微时,适南阳新野,闻有阴丽华者,美而贤,心悦之。后至长安,见执金吾(长安的卫戍长官)车骑甚盛,因叹曰:"仕官当作执金吾,娶妻当得阴丽华。"更始元年六月,遂娶阴氏于宛。更始二年春,光武击王郎,至真定,为结合真定王刘扬,纳其甥女郭圣通。及即位,初二人俱为贵人,郭氏于建武元年生子,阴氏固辞皇后位,二年立郭为皇后。建武十七年,废郭皇后为中山王太后,阴氏乃立为皇后。建武二十八年,郭氏死。阴氏之子立,是为显室孝明帝。

第五,对功臣、文吏有驾驭之术。光武以政事委之三公,而功臣不用。

《贾复传》谓，是时公卿列侯，参议国家大事者，惟邓禹、李通、贾复三侯耳；复等亦能剽甲兵、敦儒学。《马武传》云："帝虽制御功臣，而每能回容，宥其小失。远方贡珍甘，必先遍赐列侯，而大官无余。有功，辄增邑赏，不任以吏职。故皆保其福禄，终无诛谴者。"

第六，光武虽封诸子为王，而所给予之土地狭小，亦不赋予强大权力。封元勋功臣为列侯，所与土地最多不过四县，皆无力以威胁朝廷。光武对于文吏督责甚严。《后汉书·申屠刚传》云："时内外群官，多帝自选举。加以法理严察，职事过苦。尚书近臣，乃至捶扑牵曳于前。"

第七，礼处士，尚名节。光武对在野处士之守节不屈、不就官位者，无不优待尊敬。《后汉书·逸民传》所记隐逸不仕之士甚多，严光即为一例。《逸民传》云："严光，字子陵，会稽余姚人。少有高名，与光武同游学。及光武即位，乃变名姓，隐身不见。帝思其贤乃令以物色访之。后齐国上言，有一男子披羊裘钓泽中。帝疑其光，乃备安车遣使聘之。三反而复至，车驾即日幸其馆，光卧不起，帝即其卧所，抚光腹曰：咄咄子陵，不可相助为理耶？光又眠不应。良久乃张目熟视曰：昔唐尧著德，巢父洗耳。士故有志，何至相迫乎，帝曰：子陵！我竟不能下汝邪？复引光入，论道旧故，因共偃卧，光以足加帝腹上。……终不屈，乃耕于富春山。"光武又以卓茂、孔休、蔡勋、刘宣、龚胜、鲍宣等人同志不仕王莽，名重当时，咸加褒显，或封其子孙，以奖励名节，养成东汉淳美之士风。

第八，选举孝廉。西汉自武帝以来，选举人才，或由天子策问，或命地方官选荐，或采用学校之学生；所选举之名目繁多，或曰贤良方正，或曰直言极谏，或曰孝悌力田，或曰孝廉，但未成为定制。东汉时代，每年由州郡举孝廉（孝行廉直之人），成为定制。官吏大抵为此科出身，对后汉一代人心风格，影响甚大。后又规定名额，加以考试，遂成为隋唐科举制之前身。

要之，光武之政策，为废王莽制度而复汉制，譬如王莽时代依《周礼》、《书经》而改西汉官职，光武则大抵恢复西汉之制。王莽增设新税，大抵均被废弃。王莽时代币制复杂，光武悉废之，建武十六年规定完全用五铢钱。土地制度，光武时代注意及之。奴婢制度，亦大加改善。

光武帝的错误措施

光武的政治措施并非完全正确。

如光武帝检讨西汉之所以亡，以为宰相权力过大，以致出现王莽之相权超过君权，终移汉祚，乃转采削减相权政策，自揽政权。事事归于台阁，失去政府节制王权的作用，终于出现了五害，在恶性循环方式下戕贼国本，此为光武错误之大端，历史所无法曲宥者！仲长统昌言法诫篇叙其事最得实情，云："光武帝愠数世之失权，愤强臣之窃命，矫枉过正，政不任下，虽置三公，事归台阁，自此以来，三公之职，备员而已。"

汉武帝对外用兵，虽也仿照秦制的七科谪发，而主张所行者则为乡兵制。高祖约合古代兵制为轻车、骑士、楼船、材官为四科，于天下郡国置尉（郡都尉和国中尉），于每年立秋后讲肆课试以教民，而统诸中央之太尉。"民年二十三为正，一岁为卫士，一岁为材官骑士，习射御骑驰战阵，年五十六衰老，乃得免为庶民，就田里。"光武帝即位后，为省经费，于建武六年首罢郡国都尉官，七年又罢轻车、骑士、材官、楼船四科乡兵。如此，地方完全解除武装。其动机不过为节俭爱民，而竟招致外强内弱、受制于边郡羌戎之后果。东汉之亡与三国之割据亦造因于此。

光武又一错误措施是废边防。光武曾省并全国的县四百余处，其事在建武六年，其地多在北方与西方。单位减少，组织松懈，人民无所托命，户口日趋稀薄；边疆空虚，自然招致外族之内侵。其目的不过在于节俭省钱，殊不料五十年后，羌乱开始，先后费钱三百六十四亿余，西北诸州凋残虚耗，为后汉带来无穷之灾患。

西汉亡于外戚，光武应引为前车之鉴，然光武对此殊不知改，仲长统法诫篇谓光武不假后党权力，殊非笃论。例如以郭况为绵县侯，封樊宏为长罗侯，樊丹为射阳侯，樊寻为玄都侯，樊忠为更父侯，阴识为阴乡侯，亦已打破高祖时非有功不侯之制。其后又欲封阴兴代吴汉为大司马，虽阴兴坚辞而止，但阴氏在建武承平之世，家势甚盛，其门下宾客的放态与不义行径，为社会士人所不齿。如第五伦所谓："诸出入贵戚者，类多瑕衅禁锢之人，尤少守约安贫之节。士大夫无志之徒更相贩卖，云集其门，众煦漂山，聚蚊成雷，盖骄佚所从生也。"凡此，多少种下东汉外戚用事的祸根。

第二节　明、章之治道及其评价

治绩的表现

第一，善于理刑。《后汉书·明帝纪》论曰："明帝善刑理，法令分明，日晏坐朝，幽枉必达，内外无幸曲之私，在上无矜大之色。断狱得情，号居前代十二。故后之言事者，莫不先建武、永平之政。而钟离意、宋均之徒，常以察慧为言。"又《明帝纪》载馆陶公主为子求郎而不许，帝谓群臣曰："郎官上应列宿，出宰百里，有非其人，则民受其殃，是以难之。"由于明帝能善于理政和慎选官吏，故出现"吏称其官，民安其业，远近肃服，户口滋殖"的现象。

第二，提倡礼文。光武起自儒生，明章二帝皆积学之主，故留意于礼文之事。明帝永平二年临辟雍，初行大射礼、养老礼，其诏曰："光武皇帝建三朝之礼……令月元日，复践辟雍。尊事三老，兄事五更……三老李躬，年耆学明。五更桓荣，授朕《尚书》。《诗》曰：'无德不报，无言不酬。'其赐荣爵关内侯，食邑五千户。三老五更，皆以二千石禄养终厥身。"由于明章二帝兼承而发扬光武尊老敬贤之风，故令社会风俗大变为淳朴敦重。

第三，奖励孝行。光武鉴于士大夫于新莽时贪慕富贵而不顾气节之往事，即位后，即奖励气节和重视孝行。至章帝之世，尤奖孝行，袁宏

《后汉记》述帝奖励江革"居家专心于孝养，不为修饰之行，务适亲懿而已。……每至岁时当案此，革以母老不欲劳动，自在辕中挽车，不用牛马"之行为，赐以谷千斛，又"尝以八月长吏，存问致羊一头，酒二斛，以显异行"。自汉武表彰六经以来，风俗已日入于淳美，嘉言懿行之西汉，人才辈出。再经光武、明、章之提倡，儒学益盛，浸润日深，形成一美好之社会风教。

第四，能驾驭外戚。光武之得国，富豪之助力甚大，故即位后大封他们为侯爵。然外戚们恃势益放态。明帝矫光武之失，不侯外氏，《窦宪传》谓永平中常令阴党、阴博、邓叠三人更相纠绌，以防贵戚。章帝即位，以马廖为卫尉、马防为中郎将、马光为越骑校尉，会大旱，言事者以为不封外戚之故，有司请依旧典。章帝非马后所出，故极意承惧，卒封卫尉廖为顺阳侯，防为颍阴侯，执金、吾光为许侯。这些外戚们行为虽有过分，然帝亦能制之，如窦宪在章帝世亦尝横态，赖帝裁抑之。所以明章之世，外戚未至为祸，更未见母后临朝之事。

第五，兵威远达四方。中国对外的发展在光武时已有基础，而在明章两代三十年中，汉代的国力更为充实起来，屡次对外用兵均获胜利。光武建武后期，匈奴分为南北单于。明帝永平十六年，以窦固、耿秉为将伐北匈奴，到天山取呼衍王地设置伊吾庐屯田。固更遣假司马班超往使西域，攻杀匈奴使者，降服鄯善、于阗等国。章帝元和三年，超再率兵降服西域五十余国。从此西域五十多国也都奉质子到长安，称臣纳贡。就是帕米尔西数千里以外的国家，也重译来奉献。

第六，提倡儒术。明帝永平元年，长水校尉樊鯈奏言："先帝大业，当以时施行，欲使诸儒共正经义，顿令学者得以自助。"所谓"先帝大业"乃指"褒显儒术，建立五经，为置博士"。所以明帝乃下令太学将大夫、博士、议郎官、郎官及诸生诸儒曾就白虎观，讲论五经同异，使五宫中郎将魏应承制问，侍中淳于恭奏，帝亲称制临决，作白虎议奏。四年，为四姓小侯开立学校，置五经师。八年，由于"五经剖判，去圣弥远，章句遗辞，乖疑难正，恐先师微言将遂废绝，非所以重稽古，求道真也"，乃下令群儒选高材生受学《左氏》、《穀梁》、《春秋》、《古文尚书》、《毛诗》，以扶微学、广异义。帝更亲自讲学，诸儒执经问难于前。一时匈奴亦遗子入学，济济乎，洋洋乎，盛于永平矣。

第七，兴修农田水利。汉平帝时，黄河、汴水决堤，历新莽及光武均未暇修复，鲁豫蒙灾，百姓怨叹。明帝永平十二年，发兵卒数十万，遣王景与王吴修渠筑堤，自荥阳东至千乘海口，长凡千余里，凿山开涧，防遏衝要，疏决壅积，十里立一水门，令更相洄注，河、汴分流，水患始息。

第八，制定良好的田制。《后汉书·王景传》谓："（景）迁庐江太守。先是百姓不知牛耕，致地力有余而食常不足。郡界有楚相孙叔敖所起芍陂稻田。景乃驱率吏民，修起芜废，教用犁耕，由是垦辟倍多，境内丰给。"《循吏秦彭传》云秦彭建初元年迁山阳太守，"兴起稻田数千顷。每于农月，亲度顷亩，分别肥脊，差为三品，各立文簿，藏之乡县，于是奸吏跼蹐，无所容诈。彭乃上言宜令天下齐同其制。诏书以其所立条式班令三府，并下州郡"。由于当时具有良好的田制，所以人民能生活安定，奸吏更不能从中榨索。

第九，佛教输入。明帝时有一特应注意的事，便是佛教的输入。佛教的始祖名瞿昙悉达，源始于印度，后由中亚细亚康居和月氏传到天山南路，到汉明帝时，中国已有佛教的传入，当时有楚王英画佛像祷祀。明帝对佛教的印象也不错，于永平八年遣蔡愔等使西域求法。十年，蔡愔等偕佛教僧迦叶摩腾和竺法兰返洛阳，带回中国的有四十二章经。明帝在洛阳建白马寺，这是中国有佛教经典和佛教寺院的开始。从此中印文化互相交流，对两国文化均起了重大的影响。

明、章施政的缺点

第一，稍严于法。明帝虽能善于理刑，但嫌稍严于法。光武以吏事责三公，三公多以罪退。明帝时，三公九卿以罪罢免赐死者尤多。永平四年，司徒郭丹、司空冯鲂免，陵乡侯梁松下狱死；十一年，司隶校尉郭霸下狱死；十二年司隶校尉王康下狱死；十三年河南尹薛昭下狱死；十四年司徒虞延自杀；十六年司徒邢穆、驸马都尉韩光坐事下狱死，其著者也。明帝防制宗藩，而楚王英之狱牵累者更至数千人。但章帝则稍易以宽和，事从宽厚，从陈宠之议，除惨狱之科五十余事。

第二，国用不足。汉代田赋过轻，仲长统已言之。《损益篇》曰："……不循古法，规为轻税，及至一方有警，一面被灾，未逮三年，校计骞短，坐视战士之蔬食，立望饿夫之满道……二十税一名之曰貊，况三十税一乎？"汉代国家经费平时仅能足用，稍一有变，即感不足。故明帝即议复盐铁，但因群臣意见不一而终作罢。章帝时复置盐铁官。《通鉴·章帝纪》载对诸昆弟及群臣赏赐甚厚，甚至"过于制度，仓帑为虚"。何敞奏记宋由曰国家不应赏赐过度，以至"空竭帑藏，损耗国资"。他又说："寻公家之用，皆百姓之力，明君赐赏，宜有品制，忠臣受赏，亦应有度"，建议"除苑囿之禁，节省浮费，赈䘏穷孤"，惜由不能用。汉代经费本微，加上皇帝赏赐无制度，故国用益不足也。

第三，选举不实。建初元年诏曰："夫乡举里选，必累功劳，今刺史守相，不明真伪，茂才孝廉，岁以百数，既非能显，而当授之以政，甚无谓也。"王符《实贡篇》述当时"官无善吏，位无良臣"的理由，皆出于"取之乖实"、"朋党用私，背实趋华，其贡士者不复依其质干，准其才行，但虚造声誉，妄生羽毛。"东汉选举之弊，长浮华之俗，章帝时已见之。

第四，风俗奢侈。建初二年诏曰："不伤财不害人，诚欲元元去末归本，而今贵戚近亲，奢纵无度，嫁娶送终，尤无僭侈，有司废典，莫肯察举。"东汉奢侈淫靡之风已大盛于章帝之世。王符《浮侈篇》谓当时京师贵戚之享受，甚至"奢过王制"，又曰："其嫁娶者，车骈数里，缇帷竟道，骑奴侍童，夹毂并引，富者竞欲相过，贫者耻其不逮，一飨之所费，破终身之业。"又述:"京师贵戚,郡县豪家,生不极养,死乃崇丧。或至刻金镂玉,檽梓梗柟,多埋珍宝、偶人、车马,造起大冢,广种松柏,庐舍祠堂,务崇华侈。"此皆汉代贵戚豪家奢侈之状也。

施政的影响

第一,群臣苛刻成俗。由于明帝时稍严于刑法,以致刑罚非轻,造成群臣争为严切,苛刻成俗。《后汉书·酷吏传》谓周纡于"永平中补南行唐长,到官晓吏人曰:'朝廷不以长不肖,使牧黎民,而性仇猾吏,志除豪贼,且勿相试。'遂杀县中尤无状者数十人"。后"以威名迁齐相,亦颇严酷,专任刑法,而善为辞案条教,为州内所则,后坐杀无辜"。可知明帝用法确实影响以后酷吏之出现。

第二,埋下东汉亡国的暗流。光武、明、章三帝虽称名主贤君,但他们的措施有很多是东汉衰乱之所由。"光武明章六十年间,徒察于吏事末节,不思重整已坠之纲纪。三公等于具臣,郡县漫无统属。无任事之人,无必行之法。过此以往,朝廷之尊严扫地,而浮议出于在野之士流,于是朝野相仇,失所宗主,自章帝以后,真可谓之乱国。"此正是当时之弊。加上明章时国用不足、选举不实及风俗奢侈,这许多缺点,正是东汉衰乱之暗流。

第三,引起中西文化交流。由于明章二帝对外用兵多获胜利,大破匈奴,清除了中西通流之阻隔。加上班超之出使西域,降服多国,使国威远播异域。从此中西路线开放,使中西文化得以交流切磋,更引起中西交通及贸易之发达。从西域输入的,以佛教影响中国学术文化、思想、艺术等各方面尤多,甚至今天,还受着它的影响。

第四,儒术兴盛。光武起自儒生,明、章二帝皆积学之士,故对儒术特别注重。不但提倡礼文,奖励孝行,更立学校,置五经师及博士,又将诸经如《春秋》、《谷梁》等加以校正,以"扶微学、广异义"。章帝更亲临白虎观讲学,诸儒执经问难于前,由是儒术大盛。后匈奴亦遣子入学,济济乎，洋洋乎，盛于永平矣。"光武明章，三世相继，劝学兴礼，为前古所未有，故其风流所被远矣。"

第三节 东汉的士风

东汉士风向称醇美，原因何在？有无缺点？对当代政治有何影响？近人论之颇详，莫衷一是。东汉一代，读书之士人大多崇尚节义，砥砺名实，风俗之美为世所罕有，其节操德行也，驰誉一时，现试详细论述之。

东汉士风形成的分析

汉代外戚之祸很是厉害，西汉即亡于外戚之手；至东汉，外戚之祸更甚。因此，诛外戚的事件屡有发生。而东汉诛外戚的事件，都有宦官与关。事成之后，被外戚把持的政权，便往往转移至宦官之手。宦官因为有功，遂渐渐专权。宦官既已专权，自然就有人望风迎附，于是州郡之察孝廉、举茂才，及征辟贤良，皆承顺风旨，以贵阿附。但也有一班儒生却因此仇恨宦官，乘着时势，推波助澜，批评政治，攻击奸人。其在朝廷或地方做官时，遇有机会，便不惜以严厉的手段惩治贪污的宦官亲戚，与恶势力争斗。有时便不免要与外戚大臣相结纳，以期去恶务尽，博得一个痛快。宦官因此格外痛恨这一班人，得有机会便欲构成罪案，杀害一般儒生。谁知儒生愈杀害，反对来得愈激烈，愈能博得社会的同情，这就是东汉士气振作的起因。

东汉太学以"天下楷模李元礼，不畏强御陈仲举，天下俊秀王叔茂"为口号，而李等都是当时的大官。这班太学生，不以同学青年为楷模，而以在政府的达官为榜样，严格来说虽含有攀缘权势的成分，然而他们所谈论的只是品骘人物，臧否相尚，主持正义，非议朝政，使中外承风，公卿畏其贬议。在这种力量之下，自应能使权奸畏惧，宵小敛迹，收有肃清政治的相当效果。无奈当时黑暗势力太大，他们又不肯妥协，有时必须直接冲突，太学生们也顿愿供奔走，冒难险，甚至牺牲性命，所以有两次"党锢之祸"的发生。此皆由于正直者与太学生之团结，故能慷慨承受，无所尤怨，乃有此种蹈仁取义、舍命不渝的行动。

同时这班人利用清议之风，激扬名声，砥砺气节，社会上遂隐然有是非善恶的标准。贤者有所趋赴，不肖者知所企及，故人皆以与李、陈齐名为荣，未得列名党籍为憾。此即可见正直者所努力的效果。这派人对于社会的要求，无非在使社会上善恶分明，是非有明确的标准而已。他们是利用清议之力促其实现的。但清议之所以可利用，及声名之所以易于激扬，与东汉光武之奖励名节实大有关系。光武统一天下之后，鉴于人情之伪薄，曾极力尊崇节义，敦厉名实，举用经明行修之人，推重岩穴幽隐之士，故在当时，风俗为之一变。虽其后日久废弛，朝政昏浊，恶人甚多，然名节观念究竟尚存在部分人心中，而能发生伟大之影响。

春秋战国之际，游侠盛行，秦始皇虽杀豪俊，以弱天下之民，然楚汉间遗风未泯。代相陈豨，从车千乘；吴濞淮南，宾客以千数。魏其、武安之徒，皆竞逐于京师，布交游于天下，同时布衣之侠，则有朱家、田仲、王公、剧孟、济南瞷氏、陈周庸、郭解等。其言必信，其行必果。已诺必诚，不爱其躯，报仇谢恩，千里诵义。贵族贤豪，争相交识。然此为集权政治所不许，故景帝大诛游侠。武帝时法网逾密，徙豪杰于茂陵，利用儒家尊君之说严加取缔。但任侠之事，并非即已断绝。东汉之末，主荒政谬，阉宦任权，社会颠仆，游侠之风复盛。故士大夫愤世俗，包取仁义，团结标榜，以与恶劣政治相抗，而成此轰轰烈烈之士气。

汉武帝表彰六经、设五经博士、创立太学及博士弟子员，儒学因之大盛。及至东汉，学校之盛，过于前代；而征辟、察举选士的制度，都以明经修行、廉直孝悌为依归，遂使礼让之风大行，节烈之事迭见，流风所被，浸成风俗。光武帝即位，于提倡儒学之中，竭力奖励学者的气节，如访求不肯为王莽所用的卓茂，拜为太傅；征召严光、周党等，加以优礼。

而继起诸帝都能秉承光武的精神，推行政教，于是一时士风大变，一反王莽时代谄媚阿谀的作风。士大夫以不慕荣利、不畏权势为清高的风气于是形成。

东汉士风的特质

东汉时代，由于士风的激励，在社会上常可看到的情形如下：

一，久丧。父死服丧三年，亦有加倍服丧，甚至有行服二十年者。

二，推财。如兄弟分家析产，推多取少。

三，避聘。避官府征辟，不就高位。

四，报仇。家有仇怨，不惜奋图以报。

五，报恩。故吏对举主，门生对业师，如有急难，挺身救护，以报知遇。

六，清节。一介不取，推财与人。

大体而论，东汉士风亦自有其缺点。道德自为人生不可缺少之要素，然亦只是人生中一端，过分看重，不免流弊。譬如健康，亦人生一要端，若其人唯一看重健康，即不免种种流弊也。过分看重道德之弊，又可分两端言之。一则道德乃人人普遍所应有，并非可以争高斗胜。若专以道德来分别人之高下，便会造成社会上种种非常不近人情的行为，而其弊且导人入于虚伪。二则道德乃事事各具的一种可循之轨辙，若做事太看重道德，便流于重形式虚名而忽略了内容与实际。

东汉士人的道德观念似嫌偏狭，似乎只注重个人家庭和朋友，而忽略了社会和国家。"孝"与"廉"为东汉士人道德之大标准，然此二者全属个人和家庭的，非国家和社会的。不孝不忠，固然不够做人和从政的标准，然只是孝士，亦不够做人和从政的条件。

对当代及后世的影响

由于东汉士人对道德的观念只看重个人和家庭，而忽略了社会与国家，结果，士人们所争的是个人的名气，所重的是虚伪的形式，对国家实务毫不关心，对社会福祉自难顾及。东汉末年的"党锢之祸"，也可以说是这种风气发展至巅峰的自然结果。

从另一方面看，光武帝之提倡气节、奖励名教，原为使人民明礼知耻，效忠一姓。这虽是一种自私的心理，但风气所播，后代志士仁人那种坚强不屈的精神、慷慨就义的气节因此而形成了。所以，东汉士风的转变，对中华民族精神的养成也有很大的影响。

因东汉士人只看重形式的道德，不看重事实的效果，所以名士势力虽日大，而终于不能铲除宦官的恶势力。

因东汉人只看重私人和家庭的道德，故王室倾覆后，再不能重建一共戴的中央，而走入魏晋以下之衰运。

然东汉士人还有一种共遵的道德，有一种足令后世敬仰的精神，所以王室虽倾，天下虽乱，他们到底做了中流砥柱，个别保存了他们门第的势力和地位。

第四节　汉代的内朝、外朝与外戚

"内朝"的起源或由于军事的处置不是德业雍容的宰相所能胜任，因此将大计交给另外的人，但因内朝和外朝既有分别，渐渐地在非军事时期也常常有天子的近臣来夺宰相之权。汉代的政治以武帝为转折点，内朝、外朝的分别便在武帝时代形成。武帝以前，秦代宰相是掌握实权的。武帝时的丞相有卫绾、窦婴、许昌、田蚡、薛泽、公孙弘、李蔡、庄青翟、赵周、石庆、公孙贺、刘屈氂、田千秋，其中以田蚡最称信任。武帝时因为国家多事，天子除任用大臣之外，又添了不少的宾客。这般人在政府的组织上本来是没有地位的，但因为天子是法制的最后源泉，既然天子要这样做，政府组织自然也必须随着天子的意思改动。这便是汉代内朝与外朝分别的起源。

内朝与外朝的关系

综论内朝与外朝的关系而言，在丞相和御史大夫的时代，丞相是非常重要的，大体说来，京师之事有九卿直接天子，郡国之事由丞相统率。丞相五日一朝天子。若有政事，丞相具奏以闻亦得引见。所以外朝以丞相为主，而丞相实是天子与郡国的联系。汉代的郡守和国相，虽然对天子而言是被治者，但在施政方面，还有比较大的自由，所以天子要安心清静无为，丞相对天下事举其大纲，是不大困难的。因此，自高、惠、文、景以还，用不着内朝、外朝的分别。

到了武帝时代，丞相和郡守、国相之权虽然尚仍旧习，但天子方面对于丞相的压力增加了。天子方面的压力，便自然形成了一个集团，即是内朝；内朝结论的所在，便是尚书。在这种情况之下，尚书的组织便庞大起来。然而丞相府还是一个完整的机构，虽然内朝的成立使若干国家大计被内朝夺去了，但习惯上的用人行政总还保持一贯的成例。到司徒、司空、太尉三府成立，一个有力的丞相府再变成没有力量的三个府，尚书台承受了相府的事权，三府只成了一个承转机关。尚书和侍中官位隆重了，尚书和侍中关系疏远了，于是，新的内朝——中常侍和小黄门随着起来。

内朝、外朝与外戚

西汉初年，朝廷之三大系统，为宗室、功臣及外戚。当西周时，外则封建，内则世卿，王室之与贵族，相去只一间。秦分天下为郡县，全国由一君主统治，天子是世袭，而丞相御史大夫以下是不能相袭的，然而天子乃高高在上，因而其形势孤危易倒。汉代因鉴于秦国的速亡，因而变更秦法，稍为复古，以宗室、外戚、功臣三大系统与王室相夹持而统治。对外既大封同姓为王国，与郡县相杂，内则丞相、御史大夫诸要职虽不世袭，而普遍大例非列侯不能当，为一阶级所专有，体势近于世袭。历史进化是渐变的，古代贵族封建政体一变而为平民的统一政府，土广民众，孤危之势不足以持久，故外有封王、内有列侯，稍为分阶级以相扶护；然则仍嫌王室单微，因而援用外戚以为辅助。至吕后卒，宗室、功臣内外相结合，合力锄去诸吕，而迎立代王，其时外戚的势力极微。至文帝即位，潜移默运，对外则抚驯诸王，内则调狎功臣，卒使王室威尊渐安，汉室终于渐趋稳固。吴楚七国乱后，宗室的地位日渐削弱，而功臣传世渐久，亦不保其位，于是王室唯有依仗外戚。

而在武帝以后，便有所谓的内朝及外朝之分。于是宰相为外朝的领袖，而大司马、大将军为内朝辅政，其职则由外戚为之。宰相其先本为天子私臣，汉初宰相皆以列侯为之，在当时亦为皇帝之私人秘书。御史大夫为副丞相，而御史有中丞，得治皇宫之政令。及武帝以下，宰相始由士人特起，渐有其尊严之地位，而王室不得不仍有其私臣，于是遂有大司马、大将军辅政之制，于是内朝、外朝判而为二。内朝诸臣之领袖以大司马、大将军为号者，正见军人本为王室私属，而今已由军人政府转变而为士人政府，故军职不为外朝之丞相，而为内朝之辅政。以外戚为之者，因外戚有客观之尊严，而无世袭，随新天子为转移，故其弊处较少。又内外朝既分，内朝用私臣，非宗室则必属外戚了。

外戚执政的原因

封王及列侯渐次在政治上消失其地位，汉武以后的文治政府渐次形成，王室与政府渐次分开，而外戚却由此得到政治上的地位。所以外戚擅政西汉已起，而尤以武帝以后为甚。王莽篡汉是西汉外戚专权的表现，汉的灭亡也是西汉外戚专权的结果。

外戚执政既出于事理之必然。中国自周初以来，关于统治权之继承，有一个法则曰"父死子继"。此法本为补偏救弊，免除纠纷，但一法立，一弊生。父死子继之法既必须遵守，则凡为儿子的，无论是贤者或是糊涂虫，无论是小孩子或成年人，只要他父亲死了，他便必然要做皇帝。这等事实，遂酿成外戚执政之必然性。一个小孩子在法理上应做皇帝，而事实上没有能力，为顾到法理与事实起见，只好把法理上的皇帝抬出来，再由事实上的皇帝负实际责任。这事实上的皇帝最好莫如母亲，而母后临朝听政也几乎成了一个公例。中国历史上母后临朝摄政、委权予外戚的第一个先例，据说是秦昭王母宣太后。东汉采用此例。自孝章皇帝以后，母后临朝，外戚执政成了极寻常的事。母后未必晓得大体，未必能执行皇帝的任务，但她常有兄弟伯叔，可代为谋划。这样一来，外戚执政便成为不能避免的事实。同时因东汉诸帝多童年即位、夭折及绝嗣，遂多母后临朝，而外戚便借此用事。

西汉宣帝以后，历经元、成、哀、平，凡数十年，均为外戚专政。在这十几年中，汉政虽然渐衰，但大体说来，仍不失为一个安定康乐的时代。这个时期的政治有两个特点：一是儒家政治权位的提高，儒家出身的政客渐成为朝臣的主干；一是政权渐由外戚所把持，外戚渐成为实际政治的最高领袖。这两种现象演变的结果，便是外戚王莽利用儒生和儒家学说的推戴，篡取皇室的地位。及至东汉，外戚势力最显者，有和帝时窦太后之兄窦宪，弟窦笃、窦景等，均甚显贵。窦宪以侍中的资格，主持机密，出宣诏命，擅杀汉宗室都乡侯畅；而当安帝在位时，邓太后临朝听政，其兄邓骘及弟邓悝、邓弘皆为列侯；至顺帝时，外戚梁冀专横跋扈；鸩杀质帝后，梁冀更为所欲为，把持朝政，肆无忌惮。此皆为东汉外戚专权的事例。

但东汉外戚势力的消长，与京师兵柄有极大关系。因在东汉之世，京兵常为国家安全之所系，凡操持京师兵柄者，即可宰制中央政权。外戚存亡的关键，往往系乎北军的向背。因东汉中央政治的重心，本在南宫，而当时发布中央政令的人，是君主或太后，他们通常居住的地方实以南宫为主。所以干政外戚的军事力量，亦以护卫南宫为中心。久受威胁的君主，如果想要反制外戚，收捕后族，往往须移幸北宫以自保，又须借北宫建置的形势，沟通拱卫都城的北军。所以，在东汉政治史上，北宫位置的重要是不容忽视的。于是阉寺之徒，内窃宿卫之权，外通守城北军，更利用君主正名的声势来压制外戚。如此，可以了解到东汉外戚失败之主因，实由于北军的背向，直接影响外戚的生存。

第五节　东汉的宦官及其得势原因

宦官取得权势的分析

汉政本袭秦旧，秦廷有些处脱不了古代旧贵族家庭的遗留，故秦汉初年政府，有几处亦只是一个家庭规模的扩大。整个朝廷初从家庭状态中蜕化而出，那时自不需要内廷私臣乃至宦官。宦官在当时亦并不受歧视，如赵高为秦二世师，又为郎中令。司马迁受腐刑后乃为中书令。盖古者贵族阶级之旁，常有刑人服侍执后，此等刑人，或由俘虏，或因罪罚，而多半亦出自贵族阶级，有聪明技艺，故刑而用之，其地位较工贾农牧一般平民为高，称曰"宦者"。宦本宦学仕官，非恶称也。

汉武以雄才大略独揽事权，于是重用内朝尚书夺宰相权。汉武晚年又用中书，年常宴游内廷，不复多与士大夫接触，遂用宦者主中书，典尚书章奏。元帝时有弘恭、石显，而宦者逐渐用事。光武中兴，宫中愁用阉人，不复参以士流，于是遂正式有一个宦官的集团。宦官亦在当时王室与政府之判分下得到其地位。东汉一代，外戚、宦官种种事变，亦唯表示此王室之日趋腐败而已。

东汉传至和帝以后，君主不是早死，便是无后；或因君主幼年即位，虽有母后临朝听政，但宦官始终是追随侍候君主的近臣。君主自幼年起，便由阉臣宦官照顾，思想上不独受到宦官的影响，而且对宦官的行为大多信任。君主日长，对于外戚之专横骄态渐感不满，欲图恢复权力，便需利用宦官以排除外戚，因此宦官能借此弄权。

就君王的立场而言，外戚权大时，可以威胁皇位，宦官则绝无做皇帝的资格，充其量只是贪污不法而已，故君主对宦官所作所为无甚管制，从而利便了宦官的取得权力，于是宦官渐渐取得了政权。如《朱穆传》所说："汉家旧典，置侍中、中常侍各一人，省阅尚书省事。"故宦官权力开始扩大。《文献通考》言："汉中叶以后，中书令掌机密，由宦官充任，宦官得以窃相权。"

宦官握中书、尚书之大权后，更握有兵权，禁军权即握在西园八校尉（新军）的宦官手中。《何进传》载：设西园八校尉，宦官蹇硕壮健而有武略，故帝特任其为统领，可以率大将军（丞相）以下之兵，大将军为将帅，但调兵权，则在宦者手中。《文献通考》载：汉中世后，宦官外戚掌兵权，军士只听宦官言，故陈蕃、窦武欲诛宦官时，北军不听令，可见一斑。

宦官取得司法权。汉之司法权称为黄门北寺狱。在桓灵二帝后，设黄门北寺监狱，以宦官负责，宦官拘某知识分子，多禁锢在此。其后，此机构权力更扩大，可随意拘捕异己分子。

宦官与外戚之争

一、宦官与外戚发生斗争之起因

东汉初期，光武和明、章二帝，都是英明之主，但自和帝以后，历代皇帝大都幼少即位，并多夭折，如殇帝诞育百余日即位，享年二岁；冲帝二岁即位，享年三岁等。因此造成政权不能由皇帝行使，必要假于他人，此人必然是母亲。但太后未必有能力管理国家，所以也必然假力于他人，当然是自己亲人，也就是外戚，因此便造成外戚掌握政权的局面。外戚执政，在人民看来，没有什么不可，但在东汉集团帝国时，权力必须由皇帝操纵，才算名实相符。当皇帝渐渐长大后，便开始不满，而且皇帝与外戚常常接触，对他们产生顾虑，因此便想借宦官打击外戚，重新掌握政权。而每次宦官与外戚斗争，都是宦官得胜（宦官胜利原因可详见上节）。

二、宦官与外戚斗争的经过及事例

宦官有了地位，自然乘着皇帝无能之时有所作为。他们看着外戚专权，便起来借帝皇之力打击外戚。计东汉宦官打击外戚,有好几个明显事例。

和帝在位时,窦太后临朝听政。其兄窦宪,弟窦笃、窦景、窦瑰等均甚显贵,窦以侍中的资格,主持机密,出宣诏命,曾擅杀汉宗室都乡侯畅;后以破匈奴有功,益显贵,党羽遍布国中,刺史守令多出其门。宪有女婿,为射声校尉,名叫郭举,其父为长乐少府郭璜。举得太后之幸,欲暗害和帝。事为和帝所知,但在窦宪挟制之下无法与内外臣僚接近,性命行将不保。宦者郑众是和帝素所亲信的人,独有心机,不事豪党,眼看和帝在此危急之境,心有不忍,乃与帝议,清除宪等之势力,乘宪由凉州军次京师的时候,以兵力解决之。结果得胜,郭璜、郭举均被捕,死于狱中;窦宪缴出将军印绶。宪以贵戚之故,虽未处死,但毕竟自杀了。弟窦笃、窦景、窦瑰也都自杀。宦者郑众以大功告成,被迁为大长秋,且受封为鄛乡侯。

安帝在位时,邓太后临朝听政,其兄邓骘及弟邓悝、邓弘、邓阊皆为列侯。安帝长大后,多行不德,常与太后发生异见。时帝之乳母王圣与宦者李闰,眼看邓家兄弟势力甚大,帝与太后又常冲突,深恐太后及邓家兄弟不利于安帝,想要有所表示。邓太后死后,邓骘以有功汉室,受封为上蔡侯之时,王圣与李闰乃诬邓氏兄弟有废立安帝之意。此事使安帝大怒,于是大加压迫。邓悝、邓弘、邓阊虽早已死,其子之继为侯者皆贬为庶人;邓骘及其儿子邓凤也都被逼死了。邓氏自杀的很多,宦者李闰却显贵起来。至于宦者江京,则以当初迎立安帝有功,与李闰一并封侯,且均迁为中常侍,并兼大长秋,与其党樊丰、刘安、陈达及乳母王圣、圣女伯荣一班人打成一片。且曾诈作诏书,调发司农钱谷,为自己起园地庐观。其肆行无忌可想见。

安帝当国时,内宠最盛。阎后得权,其兄弟阎显等也均显贵。彼辈欲造成一个局面,以便安帝死后,阎后可以临朝听政,于是对于太子之废立大有主张。他们认为章帝之孙、北乡侯懿年最幼,倘立为太子,将来安帝死了,阎氏就有听政的机会。宦者孙程等十九人大不为然。力谋立废太子保，结果得胜。保后来即位为顺帝，宦官随着显贵。他们帮助顺帝捕杀阎显、阎耀、阎晏，阎太后亦被迁于离宫。孙程等十九人则以有功之故，皆封为列侯。

顺帝后梁氏兄梁冀，初为河南尹，后拜大将军，辅政。顺帝崩，冲帝继，旋夭。后与冀立质帝，质帝为冀所鸩杀。后与冀又立桓帝。这时梁家的势力甚大，后以太后资格临朝听政，冀以迎立有功封侯，其另一妹立为桓帝之后，其妻孙寿封为襄城君，领有今河南襄城县。桓帝在梁家的挟制之下，毫无自主余地，一任梁冀辈为所欲为，把持朝政，肆无忌惮。直到梁后死，宦者单超、具瑗、唐衡、左悺、徐璜等乃拟与帝合力谋诛梁冀。幸所谋不差，竟能一举围梁冀等，收缴其大将军印绶，徙其封侯。诸梁及孙氏所有的宗亲，皆收下狱，无论少长皆弃市。其他公卿列校刺史二千石等被牵连而死者数十人，故吏宾客被免黜者三百余人。又收冀财产，交县官斥卖，得三十余万，充王府用，减国内租税之半。散其园囿，供穷民使用，百姓称庆。梁氏便这样被解决了，宦者单超、徐璜、具瑗、左悺、唐衡等五人以功绩伟大，皆为县侯，世谓之"五侯"，其骄横奢侈，令人兴叹。

自此以后，桓帝不再信任外戚，而唯宦官之言是用。宦官乃成为实际政权的掌握者。他们以养子传国袭封，并以兄弟姻戚充任州郡首长，贪残之风从中央散布到全国。继外戚与宦官抗衡的是外廷士大夫中的若干正人君子，冲突的结果，便发生了所谓"党锢之祸。"

宦官与外戚斗争的结果及影响

东汉宦官既打击外戚有功，又大加封爵，自然态度不可一世。政治黑暗，纲纪败坏，宦官害民，达于极点。其所产生的坏影响，主要是党锢之祸与引致东汉的灭亡，但最坏的影响是导致中国几百年陷于长期分裂的状态。

除了外戚、宦官之外，另一种势力为朝廷大臣与太学儒生。东汉崇尚名节，蔚成风气，士大夫养望自高，形成一个名士集团。他们在朝则持正为治，在野则经常批评政治，其言论往往可以影响政治风气，此即所谓"清议"。和帝以后，外戚与朝士冲突的事屡有发生，像和帝时的郅寿、乐恢、袁安，安帝时的杨震，顺帝时的张纲、陈蕃，都曾因弹劾外戚而震动朝野。他们有些因此获罪，甚至牺牲性命。到桓帝时，梁氏败灭，宦官势盛，于是清议所攻击与朝士所弹劾的对象，便由外戚转移到宦官，遂造成党锢之祸。

东汉党祸蔓延了二十余年，使士流摧折，国无善良，宦官益形放肆，吏治日坏，民不聊生。及至黄巾事起，导致州镇权重，开州牧割据之局。

桓灵年间，曾有两次党锢之祸，株连多人下狱。

第一次在桓帝时，太学生三万余人，以郭泰、贾彪为首，与太尉陈蕃、司隶校尉李膺等联合，主持清议，批评朝政，攻击宦官。宦官含恨，乃使人上书告膺等与太学生结为私党，讪谤朝政。查实此事之起因，主要是由于河内人张成而起。张成乃一以方技惑人、交通宦官的方士，常教子杀人，李膺捕而杀之。其弟子牢修，诬告膺等，因兴大狱。桓帝遂下令郡国，逮捕党人，结果李膺与朝臣杜密、陈翔等二百余人皆被捕下狱，陈蕃亦因上谏书免职。其后桓帝虽下诏赦党人罪，但均放归故里，禁锢终身，时为桓帝延熹九年。

灵帝年幼即位，窦太后临朝，任窦武为大将军，陈蕃为太傅，委以国政。二人征召海内名贤，于是李膺、杜密又复进用。至此外戚和朝士相结，与宦官敌对更趋激烈。陈蕃劝窦武罢斥宦官，并诛杀为首者；事为宦官曹节所闻，乃矫诏以禁军讨窦武。武自杀，陈蕃也为宦官所害，窦、陈的门生故吏都免官禁锢。这是建宁元年的事。明年，宦官又诬李膺等谋反，总计被害的朝士有李膺、杜密等百余人，流徙、禁锢的也有六七百人。是为第二次党锢之祸。

桓、灵信任宦官，诛夷士类，延及无辜，前后历二十余年，则自为虐政，不以党人之无足取而未减也。其影响如下。

一，外戚、宦寺同告湮灭。惨毒之党锢，人主云亡，邦国殄瘁，黑暗腐败之汉室，终于倒而倾覆，依附于王室之外戚及阉寺亦告相继逝灭。

二，播下魏晋门第恶习。名士之势尚可保存，造成此后之门第恶习，大一统政府不能再巩固不倒，遂使士族多头之政局开始产生。

三，促成混乱欲坠之局。朝廷因之善类一空，宦寺益形放肆，黄巾遂起事以希易朝换政。及平，袁绍入宫诛阉寺，而整个汉帝国处于陷乱边沿，后演变为三国鼎立，东西晋之过渡，及最后为互相对峙之南北朝，足见其影响之深远。

四，袁绍乘乱诛宦官，终宦官专横之局。当宦官与名士冲突之时，名士失败，宦官得势。直到董卓进京之时，宦官张让等仍居要津，左右朝政。当时大将军何进、司隶校尉袁绍等忍不住要进击宦官，碍于何太后的面子未及动手，遂拟召董卓进京，欲一举把宦官势力肃清。事为宦官所知，乃先发制人杀何进，董卓继而进京，天下大乱。

名士与宦官之争

名士被宦官如此压迫，唯一的办法，不外团结自身，与之对抗。汉代士人之党同伐异，自宣帝时已开其端；至于团结清白的书生与恶浊势力对抗，则在桓、灵时代。这次团结的首脑人物为郭林宗、贾伟节、李膺、陈蕃、王畅、公族进阶、魏齐卿等，其主要群众为太学生。

团结对抗的意思，是对宦官及依附宦官的腐败官僚、缙绅等，施一种言论的制裁而已。大抵宦官等的压迫愈严重，名士等的团结愈坚固。自从延熹八年第一次党狱以后，宦官等的压迫加紧，天下名士书生，为着对抗起见，乃进而大团结。

宦官因统治首脑之昏庸腐败，幼弱无能，乃僭窃大权，作威作福。在中央有党羽，在地方有爪牙，且党羽爪牙多为达官显吏，握有实权，对名士书生辈之言论制裁不费气力就压下去。结果"小人道长，君子道消"，真正拥护统治，希望政治修明的人清除尽净；而自掘坟墓，使政治日趋腐化的恶势力反得抬头。这样一来，东汉的统治便日渐削弱下去，到最后只好坐待民变蔓延、群雄割据来结束东汉的命运。

民变的蔓延

宦者得势，政府统治力削弱，自新莽以来所欲解决之土地问题未得解决，社会上的贫富两极依然对立。贫者无以为生，正欲寻找机会起而暴动，于是乘着统治力的削弱，政治的腐败，乃四处纷扰。就当时的情形看，南至今之广东，北至今之辽宁、河北、山西，东达沿海，西尽两湖，几乎都陷入所谓"贼众"的纷扰之中，尤以"黄巾之乱"最为严重。

汉灵帝时，巨鹿人张角兄弟组织太平道，角自号"大贤良师"，信徒达数十万，遍于青、徐、幽、冀、荆、扬、兖、豫各州，分置三十六方，统领其众。中平元年，张角举事，以黄巾为标志，即所谓"黄巾军"，到处起事。灵帝大惧，乃赦免党人，募兵派皇甫嵩、卢植等率领进剿。数月之间，黄巾主力即被击败，但其余党仍在黄河流域蔓延。朝廷不得不依照刘焉建议，派大臣为州牧，并增加州刺史和太守权力，委以兵马大权，使其权宜平变。十余年后，黄巾虽平，但州郡割据之局却因此而形成。

及至袁绍大诛宦官，宦官与外戚的斗争才结束，但东汉的政权已摇摇欲坠。而东汉初年所培养的士风气节，也为残酷的党祸所摧残，中国社会元气大受损伤，终引起中国历史上一段相当长久的中衰时期，即三国、两晋和南北朝，合共三百六十一年之久。

第六节　东汉与西羌的扰乱

汉代后期的羌患与应付办法

西汉经高祖到武帝时期，已积累了近百年休养生聚的力量，于是对匈奴大举挞伐。自那时起，经过了大约二百年断断续续的斗争，到东汉和帝永元元年（公元89年），窦宪伐匈奴，勒石燕然山，北方的外患顾虑才算得到了比较彻底的解决。然而，当北方的问题渐渐解决的时候，另一个外患又逐渐对汉朝的安全形成威胁，那就是西方的羌族。羌自东汉以来势力渐渐坐大，以致后来竟成为亡汉的最大一个外因。匈奴与羌的一消一长，在汉代边患上成为显明的对照。

据记载，在汉代，羌汉最早的集体性接触在景帝时候，即研种留何率种人求守陇西塞事。朝廷答应了他们的要求，给他们安置。武帝时代，为了伐匈奴，实行孤立击破的战术，所以致力于西陲的开发，即所谓开西河，通西域，使羌胡南北不得交关是也。但是，羌与匈奴因彼此的利害关系，早已有了勾结，孤立匈奴自然也会妨碍羌族的利益。汉与羌族之间的冲突主要即是因此而起。武帝致力于夺取河西一带的控制权时，羌族邀集匈奴进行过一次合兵十余万的大规模反汉运动。武帝对待羌族没有像对待匈奴那样抱"势不两立"的态度，所以当这一次的联合入寇被平定后，并没有对羌族进行报复性的打击，而是设置了护羌校尉理其怨结。而且就整个汉代而言，除段颎外，没有其他人主张对羌族实行主动出击的打击。由此可反映出汉代以全力对付匈奴的前提下，对于西方的羌族则以求得"安定"为原则，这一原则一直维持到东汉晚期。

汉朝对于由羌乱所引出的问题，并非没有去设法解决，相反，自西汉以来就有过相当好的办法，如屯田。然而，西汉既能追逐匈奴远离中国，又有良好的解决羌族问题的办法，但东汉却意外遭受到西羌之侵扰。此乃东汉整个建国形势之弱点的暴露以及应付的失策，并不在于西羌之难敌。

汉自武帝设置护羌校尉后，虽然对改善羌汉两族之间的关系发生短暂的作用，但是对于两族之间的基本利害冲突则仍然未能清除。所以自宣帝以后，羌乱复起，断断续续终汉之世而未绝。对于羌乱，汉朝前后有过三种处理办法，可称之为"防"、"让"及"伐"。所谓"防"，是从长远的利害关系上着眼，设法防备或防止边疆动乱之发生。

在"防"这一办法下，汉朝采用过两种方式，一是屯田，二是施恩惠。现分析如下。

最早提出以屯田的办法来处理羌族问题的是赵充国，他以与羌人作战的经验，在战地向宣帝提出了屯田奏。宣帝看到赵充国的奏后，颇有缓不济急的感觉，因为罢骑兵、留屯田不足以解决有燃眉之急的羌乱问题。所以宣帝问赵充国："即如将军之计，虏当何时伏诛？兵当何时得决？"赵接到了宣帝的问题后，立即提出了屯田之所以为根本之计的回答，这就是有名的屯田十二便奏。

历来中国边防问题上最大的困难就是军粮的转输，因为边境地区往往交通未开，人口稀少，物资缺乏。李广利第一次征大宛，半途而回，他上书武帝说明不能达成任务的原因就是"道远，多乏食，且士卒不患战，患饥"。边境地区的战争，情形也是一样。运粮既有这样大的困难，进行战争时的艰苦就可想见。所以，要想从根本上巩固边防，掌握优势，可进可守，屯田确是上策。赵充国所提出的"屯田十二便"，其第一条即是"留屯以为戒备，因田致谷，威德并行"。解决了粮食问题，其他一切都好办。

东汉时，尚有两次大规模的屯田。一是和帝永元末年，采纳隃麋相曹凤的意见，屯田龙耆。不久又在归义、建威、东西邯、留逢等地列屯夹河，合三十四部。另一次是顺帝永建四年（公元129年），接受尚书仆射虞诩的建议，屯田湟中两河间；阳嘉元年（公元132年），更增置屯田五部，并为十部。从地理上看，自宣帝以来的屯田，有逐渐接近羌人区域的趋势，唯永元末及永建四年的屯田，中间都曾因羌人的强烈反抗而中止，甚至撤换边吏，以示好羌人。这些现象，一方面反映出屯田的确发生了实际的效果，另一方面也反映出汉朝单方面对羌族一直奉守的"相安"原则没有改变，所以羌人一有反抗，屯田就停止或变更。

"防"的第二种方式是施恩惠。此不独能使羌人感召悦服，且也具有安定边疆汉族居民的作用，可以从羌汉两方面减少乱源。这一办法显然是由于对边乱事件的人为因素有了深一层的认识后产生的。《后汉书·邓训传》记载章帝章和二年（公元88年）邓训的说话："今张纡失信，羌众大动，经常羌兵不下二万，转运之费，空竭府帑，凉州人命县丝发。原诸胡所以难得意者，皆恩信不厚耳。"东汉当时的边政十分糜烂，因此，要想防止乱源，则澄清吏治是釜底抽薪的办法。在东汉最早有这种想法和做法的人是聂尚。《后汉书·西羌传》云："和帝永元四年（公元92年），训病卒（当时为代护羌校尉），蜀郡太守聂尚代为校尉，尚见前人累征不克，欲以文德服之，乃遣译使招呼迷唐，使还居大小榆谷。"然而聂尚的这一做法并没有成功，因为迷唐返回大小榆谷后，又鼓动羌人大寇金城。但亦有皇甫规及张奂两个成功的例子。由此可见行文德、示恩信确有防止乱源的作用，如能行之得法，持之以恒，则更可收到和平同化的效果。聂尚的失败在于他疏于建立足以对付变动的力量。

行文德的办法，在性质上跟屯田略有不同。屯田实行后，除非激起羌人的变乱，否则不易由边吏个人改变。至于行文德，则几乎全由边吏个人的想法做法而定。

"让"是弃边让羌的意思。这种主张早在东汉初年已推行，但为马援所反对。当朝廷议论弃边的时候，马援正在前线大破羌人，所以他的意见为光武帝所接纳。然而，自东汉以来，弃边的念头像幽灵一般，常常在朝廷间出现，且有恶化的趋势。到安帝年间，弃边之议大作，议弃之地几乎包括当时整个的西北区域。主张弃边的人自有一番道理，然而反对弃边的人也振振有词。当时似乎什么事都在可与不可的两难之间徘徊颠踬，这种情形反映了帝国的没落。而当时民间的意见大致上是反对弃边的。永初四年，朝廷间弃边的议论虽被否决，然而这种反映帝国没落的想法却于次年因一次羌乱而又由边吏传上来，在大臣与边吏的一片喧嚷声中，朝廷遂决定弃边。

到桓帝时，西河、上郡又告内徙。拿东汉的这种情形来跟武帝时代之城朔方、开河西、通西域、伐匈奴等相比，颇令人有今不如昔之感。

汉朝之所以落得此地步，似乎并非由于羌人突然比以前强大，而是由于汉朝本身的腐败所造成。凉州一带，人民习兵尚武，对于羌寇也深恶痛绝。朝廷不去善为发挥这种力量，反而把国防重任交到一批无战斗意志的官僚手里。由此可见，当时边疆问题的根本在于朝廷为中心的政治权力之运用不当。

"伐"是主动伐羌的意思。这是汉自武帝开始对外经略以来，以"安定"为羌汉关系原则的一种大转变。不过，这一转变到东汉晚期才出现，而且只是昙花一现。段颎曾上书请求讨羌，桓帝同意了段颎的意见，给他人员物资，任他主动出击。这是桓帝的最后一件大事。第二年，灵帝即位，窦太后临朝，对于正在与羌人作战的段颎曾有一番嘉勉，并拜为破羌将军。段颎以后，终汉之世，主动伐羌的主张遂不再有人提起。而这个曾光辉灿烂的历史朝代，遂在内忧外患的剥蚀之下崩溃。

后果与影响

羌族为东汉的主要外患，而羌乱亦对汉代造成一定程度上的影响。羌乱之初凡十余年，汉兵屯边二十余万，旷日无功，军旅之费二百四十余亿。在顺帝永和后，羌寇遍及并、凉、幽、冀四州，用费八十余亿。桓帝时，段颎前后一百八十战，大破东羌，用费四十四亿。由于连年花费在防守及征伐的费用巨大，造成汉室的一大负担，社会经济因此衰退，促使国家走向灭亡之路。

当时士大夫见朝事无可为，唯有拥兵以戮力边徼，尚足为功名之一径，如张奂、皇甫规、段颎，皆于此奋起。北虏西羌斩首至百万级，以其余力驱芟黄巾。汉之末造，乃转以兵强见。一时士大夫既乐习之，士民亦竞尚之。此乃东汉晚年清谈以外之另一风尚也，亦造成汉末之割据及三国之局面。

汉室连年对羌用兵之际，羌族亦渐渐归化，内属于汉的为数亦多，此亦加速民族之混合也。

但羌之所以能够坐大,而成东汉之亡国因素,范晔在《西羌传》中论到其原因有二:一是汉代御戎之方失其根本,不应该把他们迁入内地;二是未贯彻段颎主动伐羌的办法,从根本上去解决问题。

汉之所以能击败匈奴,根本的关键固然在于国力的对比。然而汉对匈奴势不两立的坚决态度以及战略上的运用得宜等,当亦是其中之主要因素。匈奴虽属行国,然有统一之组织,力量集中,汉朝对其采取了"主动挞伐"、"孤立击破"、"主力决战"的战略。

羌族的情形跟匈奴顿不相同。第一,汉以匈奴为死敌,对羌族则力求安定。第二,羌族之主要居地,在西南多山之区,又无统一之组织,力量分散。第三,羌汉之杂处包括并、凉、益三州,区域甚广。要妥善处理羌族问题,则对这些情形不能不作通盘的考虑。在汉朝处理羌族问题的三种办法当中,"让"之于汉无利乃属必然;"伐"之所以也不相宜,盖由于羌为游牧部落,无统一之组织,力量分散,一有战争,于羌有利时,他们随时可以联合起来,无利时则又易于分散,各自独立作战。而且羌族居山岳之地,汉于平定匈奴后,沿羌边之地一直没有建立起强固的组织,好好开发,因此于汉不宜作大规模的长期军事行动,不能用对付匈奴的办法来对付羌族。而"防"在解决羌族问题上所以为办法中善之至善者,理由亦很简单,因为屯田有移民实边、开发边疆、巩固边防等效果。这不仅可以建立起跟羌族维持安定关系的实力,同时还可以在建立了人口优势的情形下,加上行文德,而收到同化杂处羌族的作用。然而,汉之所以未能好好发挥"防"的作用,关键即在于汉朝始终没有从长远的利害关系上着眼,去建立一个处理羌汉关系的政策。

第七节 东汉衰亡原因的分析

东汉自光武中兴,历明、章二朝,政局尚安,但传至和帝以后,政治日坏,及桓、灵之际,衰乱益显。其衰亡原因,约有下列数点。

东汉外戚之祸，始于章帝。光武本严御戚里，不使与政。章帝时，马、窦以军功贵盛，渐启纵恣。和帝即位，窦太后临朝，兄宪以侍中内干机密。和帝以后，母后临朝，外戚权因以重。《后汉书·后纪传序》："东京皇统屡绝，权归女主，外立者四帝（安、质、桓、灵），临朝者六后（章帝窦后、和熹邓后、安思阎后、顺烈梁后、桓思窦后、灵思何后），莫不定策帷帟，委事父兄，贪孩童以久其政，抑明贤以专其威。任重道悠，利深祸速。……终于陵夷大运，沦亡神宝。"

汉承秦制，以阉人为中常侍，然亦参用士人。武帝数宴后廷，故奏请机事，常以宦者主之。至元帝时，弘恭、石显已窃权干政，萧望之、周堪俱被其害，然犹未大肆。光帝中兴，悉用阉人，不复参用士流，和帝践祚幼弱，窦宪兄弟专权，隔限内外，群臣无由得接，乃独与宦者郑众定谋收宪，宦官擅权自此始。和帝崩，邓后临朝，不得不用阉寺，其权渐重。邓后崩，安帝亲政，宦官李闰、陈达等与帝乳母、皇后兄阎显等比党乱政，此犹宦官与朝臣相倚为奸。及帝崩，阎显等专朝争权，其后更有诸宦官违帝命及挟帝以行等放恣之事。至灵帝时，何后临朝，立子辩为帝，后兄何进以大将军辅政，诛宦官，朝廷兵权俱在此手。时军士大变，袁绍、袁术等乘乱诛宦官两千余人，于是宦官之局始结，而国亦随之而亡。

东汉的皇帝，自章帝以下，都是年幼即位，故多女后临朝，而外戚亦专。皇帝稍长，便依宦官而与后戚对峙，于是皇帝与太后之争遂演化为宦官与外戚之争。东汉外戚与宦官之争，大体说来，公元89年至公元159年（和帝至桓帝）是外戚占优势时期，公元159年至公元189年（桓、灵时期）则是宦官独占政权时期，其间斗争凡四次之多。第一次是和帝、宦官与外戚窦宪之争。《后汉书·郑众传》："和帝初，加位钩盾令，时窦太后秉政，大将军宪等，并窃威权，朝臣上下莫不附之。……及宪兄弟图作不轨，众遂首谋诛之……帝阴知其谋。乃与近幸中常待郑众定议诛之。"这是东汉宦官参与政争，并在政治上占一地位之始。第二次是安帝、宦官与外戚邓骘之争。第三次是顺帝、宦官与外戚阎显兄弟之争。宦官孙程等十九人在安帝死后，迎立被废的太子为顺帝，杀死专政的外戚阎显兄弟。孙程等胜利后，十九人皆封侯，宦官势力益盛。第四次是桓帝、宦官和外戚梁冀之争。宦官单超等五人合谋弑梁冀，其党羽亦被一网打尽。自此政权遂落在宦官之手，至公元189年世家豪族袁绍把宦官全杀尽为止。

光武时，乌桓联匈奴为寇，使马援击之。及匈奴乱，乌桓为汉侦候，因置乌桓校尉以护之。明帝以后，乌桓稍复寇边，灵帝时始桀骜不臣。《后汉书·乌桓传》："灵帝初，乌桓大人上谷有难楼者，辽而有丘力居者……皆自称王。"鲜卑亦光武时始通中原王朝。和帝时匈奴单于北徙，鲜卑国据其地，渐盛，屡寇边，自后叛服不常。桓帝时，更封鲜卑擅石槐为王，且据匈奴故地，岁为寇抄。祸莫大于纵弛，后汉政治之宽纵，盖自章帝以来，降羌隐患，遂以决裂，几至不可收拾。羌兵不若匈奴之强，众不逮鲜卑之盛，而患转甚于匈奴、鲜卑者，以其居塞内故也。故东汉羌乱实晋代五胡启乱之先声。光武初，诸羌寇边，来歙、马援出师平之。其后，诸羌自相攻击，以烧当羌之滇吾最强。明帝初，窦固、马武击之，羌始败走，自是降徙塞内，为吏人所徭役。永初中，羌相连入寇，军旅不息，使国家财竭兵疲，颇以窘困。此后、桓、灵及以后各朝，西羌皆不常叛服汉室。

东汉晚年桓、灵两朝，官僚豪族和太学生反宦官的运动日趋激烈。他们反对当时政治上的黑暗和贪污腐败，宦官对他们也发动了有力的反击。在这一场大搏斗中，官僚、豪族、知识分子集团失败了，是为"党锢之祸"。当时宦官势力发展到极点，京师太学生三万余人，以郭泰、贾彪为首，与朝臣李膺、陈蕃主持清议，批评朝政，与宦官相抗。桓帝时，宦官诬奏他们是诽谤朝廷的党人，将李膺等下狱，牵连二百余人，禁锢终身，是为第一次党锢之祸。灵帝继位，外戚窦武又与陈蕃等共谋诛宦官，反为宦官所杀，李膺等百余人死于狱，罹难的有六七百人，亲属、门生都受株连禁锢，这是第二次党锢之祸。至此，贤人君子被诛锄殆尽，士气大受摧毁。

东汉国事大坏于桓、灵,然桓帝之荒淫实远不如灵帝之甚。灵帝好微服游行外苑,造毕至灵琨苑,后宫采女数千余人,衣食用费日数千金,每郡国贡献先输中署,名为导行费,荒淫风气影响于下。其时外戚贵幸之家及中官贵族,建造馆舍,竞争奢费,丧葬逾制,侈丽过礼,皆上之化也。按灵帝即位,年仅十二,安能忆为侯时之贪?此宦官却自聚敛,而委过于君也。根底之深固如此,非用兵力,固不能铲除矣。

东汉末年,财政用度渐见不平稳,且开支过于收入,造成财政枯竭之现象。如边疆用兵为费过巨,《后汉书·段颎传》:"永初中,诸羌反叛十有四年,用二百四十亿。永和之末复经七年,用八十余亿。"可见国家开支之耗大。此外,官府复有卖官敛钱之事,使国家财政更为不稳定,《后汉书·灵帝纪》:"光和元年……初开西邸卖官,自关内侯、虎贲、羽林,入钱各有差,私令左右卖公卿,公千万,卿五百万。"又《张让传》:"(中平二年)南宫灾,让忠等说帝钦天下田,亩税十钱,以修宫室。发河东、狄道诸郡材木及文石,每州郡部送至京师,黄门常侍辄令谴呵不中者,因强析贱卖,十分顾一。因复货之于宦官,复不为即受,材木遂至腐积,宫室连年不成。"又吕强传:"时帝多蓄私藏,收天下之珍,每郡国贡献,先输中府,名为导行费……所输之府辄有导行之财。调广民困,费多献少,奸吏因其利,百姓受其敝……书奏不省。"灵帝以后,钱法攘乱。献帝之世,诸方兵起,人民涂炭,公私扫地,其祸盖秦汉之际所未有。如董卓之于洛阳,李傕、郭汜之于长安,曹操之于徐州,袁术之于南阳等,此群雄割据之局,实因国家财政不稳定而形成,东汉亦因此而衰亡。

汉末政治污浊,民思为变。张角假符咒惑人,部勒徒众,遂有黄巾起义。东汉晚年,在农民群众中流行着两种宗教组织,一是太平道,一是五斗米教,大体有相同的宗教仪节。太平道的教主张角是巨鹿人,自号"大贤良师",借治病传教组织农民。十几年中,徒众数十万,活动区域以东方为中心,向南北发展。张角于青、徐、幽、冀、荆、扬、兖、豫八州部署他的信徒,分为三十六方,大方有一万多人,小方六七千人,各立渠师,以带领群众，并向他们宣说"苍天已死，黄天当立。岁在甲子，天下大吉"，以此作为他们的口号。太平道的信徒又在洛阳和各州郡官府的大门上写"甲子"两个大字，告诉统治者他的命运要在甲子这个时期受到应得的裁判。灵帝中平元年（即甲子年），大方马元义数次到洛阳，以中常侍封谞、徐奉等为内应，约定三月五日内外俱起。不幸，未及起事，张角弟子唐周上书告变，马元义被捕牺牲，灵帝下令逮捕张角。张角知事露，遂连夜通知各方，提前举事。参加起事的人都以黄巾为标志，到处燔烧官府，劫略乡邑，州郡失据，吏多逃亡。旬日之间，天下响应，京师震动。

东汉以降，郡国之兵废置无常。汉末改刺史为州牧，兵柄遂为地方所有。灵帝之世，四方起事，宗亲刘焉以刺史位轻，既不能禁，且用非其人，乃建议改置州伯、镇安方夏，清选重臣，以居其任。帝以焉为监军使领益州牧，以宗臣刘虞为幽州牧，政治、军事、财政皆为所有，以致州牧各据一方，酿成互相攻伐之局。

何进用袁绍议，召外兵以诛宦官，于是董卓拥兵而入，专朝擅政，遂开权臣用事之端。卓亦以骄恣而为王允所诛。董卓虽诛，其部曲复结合，攻破长安，擅乱朝政，矜功争权，互相攻击，朝局因之混乱，遂成关西与关东军人之争。当卓西迁时，关东诸侯不事讨贼，各务兼并，连兵不休。袁绍以计诳韩馥，夺冀州，自为冀州牧。绍弟术结公孙瓒，绍连刘表，瓒屡攻绍不克，术使孙坚击表，为黄祖所杀。济南相鲍信迎曹操领兖州，操自称兖州牧。公孙瓒攻杀大司马刘虞而取幽州。孙坚子策，以坚故部渡江，破扬州刺史刘繇于曲河，又取会稽，降王朗，徇豫章，降毕歆，遂据江东。时催汜之乱已平，献帝在洛，袁绍在邺，沮授力劝绍迎天子，绍不从，然后政归于曹氏，而汉祚以移。

哀、平之际，谶纬盛行。至东汉初，除阴阳、五行、灾异等迷信之外，又特重谶纬，和灾异被认为是上天的"谴"和"威"一样，谶则被认为是上天的预言。当时大家认为，上天对于事物，并不明说，而只是用一些仿佛相似的事物不明不白地来做暗示，这种上天的暗示就叫作"谶"。当然这谶是人造的，不是什么上天的暗示，但那时人们都相信这一套。而光武亦最重此事，《后汉书·光武纪》："(中元)二年，初起灵台，明堂、辟雍，宣布图谶于天下。"又《桓谭传》："是时帝方信谶，多以决定嫌疑。……谭复上疏曰……今诸巧慧小才使数之人，增益图书，矫称谶记，以欺惑贪邪。注误人主，焉可不抑远之哉。臣谭复闻陛下穷折方士黄白之术，甚为明矣，而乃欲听纳谶记，又何误也。"当时，诸儒颇引以为说，《后汉书·儒林传·李育》："……至光武皇帝奋独见之明，与《左氏》、《穀梁》，会二家先师不晓图谶，故令中道而废。"这种迷信思想成为势力阶级互相争夺皇位的皇牌武器，也是麻醉人民的工具，遂伏下了东汉衰亡之危机。其后曹丕篡汉亦以此为借口。

东汉末，天灾流行，户口已耗，据《后汉书·桓帝纪》曰："永兴元年……七月，郡国三十二蝗，河水溢。百姓饥穷，流冗道路，至有数十万户，冀州尤甚。诏在所赈给乏绝安慰居业。……(延熹)九年……诏曰：'此岁不登，人多饥穷，又有水旱疾疫之困，盗贼微发，南州尤甚……'"又《献帝纪》曰："兴平元年……秋七月……三辅大旱……人相食啖，白骨委积……经日而死者无数……"至于《理乱篇》曰："汉二百年而遭王莽之乱，计其残夷灭亡之数，又复倍乎秦项矣，以及今日，名都空而不居，百里绝而无民者，此则甚于亡新之时也。悲夫！"此时，天灾横行，民不聊生，适逢黄巾起事，群众应而起者愈益。

东汉地方政权渐渐成长，当中亦为一种道义观念为之扶翼。因郡吏由太守自辟，故郡吏对太守，其名分亦自为君臣，或称太守曰府君，乃至为之死节。如汉末广陵太守张超为曹操所杀，其故吏臧洪怨绍不救超，遂与绍绝。与绍书，谓受任之初，志同大事，扫清寇逆，共尊王室，岂悟本州被侵，请师见拒，使洪故君沦灭，岂得复全交友之道，重亏忠孝之名乎？当时除非任职中央，否则地方官吏心目中，乃至道义上，只有一个地方政权，而并没有中央的观念；甚至已进身为中央官，仍多为其举主去官奔丧。当时的士大夫，似乎有两重君主观念，甚至重主不重君，依然摆脱不了封建时代的遗影,间接促成地方势力的建立。

东汉衰亡之另一原因,实为开国建都洛阳所种下之远因。中国古史活动地区,大体在黄河流域。其西部上游武力较优,东部下游则文化、经济较优。此种形势,自虞夏殷周直至秦并六国皆然。西汉承秦都关中,长安为全国头目,东方文化、经济不断向西输送,使与西方武力相凝合,而接着再从长安向西北伸展。所以,西汉立国姿态常是协调的、动的、进取的。光武中兴,关中残破,改都洛阳,洛阳虽文物丰足,但地理上欠条件,难守易攻,故东方经济不免停滞,而对西方武力失其营衞,亦不免转弱。东西两方人口密度不调节,社会经济易生动摇,正如一端极热、一端极冷的空气下激起大旋风,东汉国运遂于东方的饥荒与西方的叛变两势力冲荡下断送。东汉立国姿态,常是偏枯的、静的、退守的。是以西汉长安充实而后西北武力得继续发展,而东汉一有边警,即议弃并凉、弃三辅;西汉夺朔方、开河西,而匈奴西域皆服,东汉视关陕如塞外,而边患遂蔓延。东方食少而有黄巾,西边多事而有董卓,此诚东汉衰亡之一大关键。

第八章 魏晋时期的治乱与兴衰

第一节 魏晋南北朝的衰世现象

秦汉的大一统，到东汉末而解体。东汉桓帝时代，已经是一个衰世，不幸再接着一个昏乱的汉灵帝，使东汉的局面更不可救药。至灵帝崩，董卓除掉跋扈骄恣的宦官，又酿成天下分崩的局面。从此中国分崩离析，走上衰运，造成魏晋南北朝时期之分裂局面。统计汉献帝建安二十五年至魏元帝咸熙二年，凡四十五年而魏亡。此下十六年，至西晋武帝太康元年吴亡，中国又归统一。吴亡后十二年，晋室即乱。晋建兴四年，长安沦陷，帝出降，自此西晋覆灭，东晋南渡，中国分南北部。东晋元帝至恭帝凡一百零三年，继起之宋、齐、梁、陈历二百六十九年，是为南朝。北方五胡竞扰，起自西晋惠帝永兴元年，至宋文帝元嘉十六年北方复归统一。但统一后不久，元魏又分东西，继东魏者乃北齐，继西魏者乃北周，是为北朝。此长时期之分裂，其间统一政府之存在，不到全时期的十分之一。

东汉王室逐步脱离民众，走上黑暗的路，原因有二：一则王室传统既久，万世一姓的观念使其与民众隔离；二则内朝、外朝的分别，使其与士大夫隔离。因此，外戚宦官得以寄生在王室身边而促其腐化，故旧的统治权必然灭亡。东汉统治危机的总爆发，阶级矛盾的日益尖锐和激化，专制主义统治的动摇，尤其是放弃了对西域的统治以后，反映在中央的是士大夫与外戚宦官的斗争，在州郡是刺史、太守擅兵的割据条件的逐渐成熟，这样，到了黄巾大暴动，东汉政权终于动摇了。在东汉政权瓦解的废墟上，地方牧守和世家豪族，在镇压黄巾运动的同时，又开始互相混战起来，而表露出旧政权之趋于没落。

王莽末年之乱，除却光武一宗及隗嚣、公孙述等带有古贵族之气味，其余如绿林、铜马、赤眉之类，全是饥民的集团与散漫的农民，在饥饿线上临时结合起来，其力量不够推翻他。后农民结合于宗教与迷信的传播之下，而一致奋起，成为东汉末之黄巾。然而迷信成分太多，宗教质素太差，容易波动，不容易成功，故东汉王室并没有为黄巾所倾覆。新统治权的成长，大体为两汉地方政权所演变。

东汉末之士族不肯同心协力建设一个统一国家，主要是他们自己已有一个离心的力量，容许他们各自分裂。离心力的成长，大体为两汉地方政权所演变。同时自汉武帝崇儒以后，社会上士族地位日隆，此等豪宗、士族与地方官吏结合，遂成为脱离中央之割据势力。但离心势力成长之原因，乃由于以下诸因。

一、地方长官之权位

郡太守权重。两汉地方行政长官（郡太守）其地位本甚高，平时得召见，高第得入为公卿，在郡得自辟属官，得自由主持地方之政事，得自由支配地方财政，得兼治地方军政。故两汉的郡太守，权位既重，并得久任，俨如古代诸侯。

刺史制度之改变。西汉刺史位微而权重，每岁八月巡行所部，岁尽诣京师奏事。而东汉刺史因计吏还奏，不复诣京师，位任益尊。

设置州牧。灵帝时，地方变乱纷起，宗室刘焉建议改刺史为州牧，乃有地方行政实权。关东义兵起而讨董卓，大族亦各专兵柄。中央大权堕落，地方政权乘之而起，遂成三国初年之割据局面。

二、二重的君主观念

地方政权渐渐成长，便有一种道德观念为之扶翼。因郡吏由太守自辟，故郡吏对太守，其名分亦自视为君臣，或称太守曰府君，乃至为之死节。除非任职中央，在地方官吏的心目中，乃至道义上，只有一个地方政权，而并没有中央的观念。当时的士大夫似乎有两重的君主观念，依然摆不脱封建时代的遗影。国家观念之淡薄，逐次代之以家庭；君臣观念之淡薄，逐次代之以朋友。此自东汉下半期已有端倪，至三国而大盛，至魏晋以下仍有此现象，中国于是只有日见没落。

倘使当时的新政权能有较高的理想，未尝不足以把将次成长的离心力量重新团结起来，但不幸魏晋政权亦只代表了一时的黑暗与自私，以及不光荣的篡夺。

曹操为自己的家世，对当时门第似乎有意摧抑。有名的魏武三诏令说明唯才是举，虽不仁不孝亦所勿遗。他不愿受东汉以来一般习惯的拘束，变通东汉举孝廉制，录用"不仁不孝而有治国用兵之术"的微贱人做官吏，想用循名责实的法治精神来建立他的新政权。但是曹家政权前半期挟天子以令诸侯，借着汉相名位铲除异己，依然仗的是中央政府之威灵；而下半期的篡窃，却没有一个坦白响亮的理由。

乘隙而起的司马氏暗下勾结当时几个贵族门第再来篡窃曹氏的天下，更没有一个光明的理由可说。司马氏似乎想提倡名教来收拾曹氏所不能收拾的人心，然而他们只能提出一"孝"字，而不能不舍弃"忠"字，依然只为私门张目。他们全只是阴谋篡窃，阴谋不足以镇压反动，必然继之以惨毒的淫威，但如此终不足以得人心之归向。法治的激变而为名士清谈，要之中央新政权不能攫得人心，离心势力依然发展，国家只有瓦解。

当时社会的中坚知识分子，所谓名士之流，反映在他们思想上者，亦只是东汉党锢狱以后的几许反动回惑消沉无生路。过分的重视名教，其弊为空洞，为虚伪，于是有两派的反动产生：一则因尚交游、重品藻，反动而为循名责实，归于申韩；二则因尚名节、务虚伪，反动而为自然率真，归于老庄。这两个趋势早起于汉末，加以魏晋南北朝，为中国思想史上的怀疑主义时代。这时学术思想界里，盛行着清谈与玄学。所谓清谈，就是不问世事，专谈玄理之谓。这种风气起于魏废帝时的何晏与王弼，他们崇尚老庄，专谈易理。及"竹林七贤"出，风气更盛。东汉末年乃至曹魏、司马晋的政权，全是腐化黑暗，因不正义、不光明而不稳定，法治精神如何培植成长？于是，崔琰、毛玠之反激变为阮籍、嵇康之消极。他们不愿为黑暗政权有所尽力，然他们自身亦多半是门第世族中人，依然不能抽身世外，以市朝显达而讲老庄，其势不得不变为虚无，尚浮华，或不负责任。最先只是自谨慎，保全门第，而以后不免于汰侈骄逸，否则为优游清谈，风尚如此，宜乎不能挽时代之颓波，而门第自身终亦同受其祸。南朝宋文帝时，特设玄学，以相教授，可见一斑。故东汉以下，儒术渐转而为法家，再由法家转而为道家，正是一番倒卷，思想逐步狭窄，逐步消沉，恰与世运升降成为正比。在此时期，似乎找不出光明之道，长期的分崩祸乱，终于不可避免。

第二节　曹魏兴亡及其未能统一中国的分析

曹操能统一北方的原因

汉末乱世，人才散乱，一部分走向袁绍，一部分投奔刘表，唯二人均不能用人，以致为曹操延揽。例如：荀彧，颍川人，初仕冀州韩馥，馥为绍夺，彧观绍终不成器，遂投曹操，为曹操献计甚多，迎献帝，挟天子以令诸侯，即其所献之策也；荀攸，彧侄，初依荆州刘表，后为彧介绍至曹操处；崔瑛，原依袁绍，不见用，绍被破即归曹操。由是可见一斑。

施行屯田制。汉末到处粮荒，袁术之失败亦缘于此。操迎献帝时，即对杨奉诸人云：彼有军队，并有粮食，遂骗有献帝。而操所以胜利，盖由于屯田之成功。《三国志·魏书·武帝纪》："是岁（建安元年），用枣祗、韩浩等议，始兴屯田。"注《魏书》曰："自遭荒乱，率乏粮谷。诸军并起，无终岁之计，饥则寇略，饱则弃余，瓦解流离，无敌自破者不可胜数。……于是州郡例置田官，所在积谷。"

挟天子以令诸侯。此为荀彧所献之策，盖有献帝，则可假其名而师出有名。《三国志·魏书·荀彧传》："昔高祖东伐，为义帝缟素而天下归心。……奉主上以从民望，大顺也；秉至公以服雄杰，大略也；扶弘义以致英俊，大德也。天下虽有逆节，必不能为累，明矣。"

运用法术。西汉之盛乃实施阳儒阴法的结果，东汉之衰乃因仅凭儒术。汉末一切政教松弛，臣民莫从，乱事由是而生。操针对时弊而施以法术之治，用法苛严，政治遂上轨道。一是行校事（特务）制，以小吏（校事即侦探）查探其部下人物；二是施刑法，操行军甚严，动辄施以酷刑以驾驭其部下。

征用与驾驭人才。曹操用人，其标准与常人相反。普通用人为有道德者、儒生，重礼教、通经，但此等人物非普通人民，多为世家。操多唯才是用，不限资格。《武帝纪》："下令曰……若必廉士而后可用，则齐桓其何以霸世！今天下得无被褐怀玉而钓于渭滨者乎？……唯才是举，吾得而用之。"

曹操未能统一中国的原因

曹操好杀之性格，并无任何政策与思想使然，其过分不讲情理，然亦十分矫情。就人情言之，吾人可谓其残忍，唯就巩固自己政权而言，则必须如此。汉高祖杀戮功臣，虽颇嫌残忍，然汉之能稳定，实亦靠此；曹操亦然。曹操最不能容者乃当时名士，如荀彧之流。曹操可察纳别人之言，唯不容他人诽谤，如崔琰因讥杨训所为而赐死，孔融则因讥曹丕娶甄氏而借讪谤东吴来使见诛，许攸因呼曹操之小名而被杀，娄圭因偕曹操父子出游而借故被杀等。由于曹操奸杀成性，致令部分士人对其起了戒心，此实有碍曹操的一统大业。

三国局势之形成，可见史书所记。

《三国志·蜀书·诸葛亮传》："今操已拥百万之众，挟天子而令诸侯，此诚不可与争锋。孙权据有江东，已历三世，国险而民附，贤能为之用，此可以为援而不可图也。荆州北据汉、沔，利尽南海，东联吴会，西通巴、蜀，此用武之国，而其主不能守，此殆天所以资将军，将军岂有意乎？益州险塞，沃野千里，天府之土，高祖因之以成帝业。刘璋暗弱，张鲁在北，民殷国富而不知存恤，智能之士思得明君。……若跨有荆、益，保其岩阻，西和诸戎，南抚夷越，外结好孙权，内修政理；天下有变，则命一上将将荆州之军以向宛、洛，将军身率益州之众出于秦川，百姓孰敢不箪食壶浆以迎将军者乎？诚如是，是则霸业可成，汉室可兴矣。"

《三国志·吴书·鲁肃传》："刘表死，肃进说曰：'夫荆楚与国邻接……若据而有之，此帝王之资也。……加刘备天下枭雄，与操有隙……肃请得奉命吊表二子，并慰劳其军中用事者，及说备使抚表众，同心一意，共治曹操，备必喜而从命。如其克谐，天下可定也。'"

盖鲁肃与诸葛亮同欲取得荆州，亦想互相利用以抵抗曹操，唯吴谋士多怕曹操，后卒为鲁肃坚定其志，孙权始决定抗曹，遂成三国鼎立之局面。建安十三年的赤壁之战，为三国鼎立之大关键，否则必无三国之局面。《通鉴》引晋史学家习凿齿论曰："曹操暂自骄伐而天下三分。"

吴蜀开国之君亦甚精明，人才辈出。盖孙权、刘备亦为当世政治奇才，二者均能获得猛将谋士之辅佐。孙权谋士有张昭、鲁肃，武将有周瑜、吕蒙、陆逊等；刘备文有诸葛亮、庞统，武有关羽、张飞、赵云、黄忠、马超等，皆当代豪杰。孙、刘二主，因得他们之辅佐，故能力拒曹操南侵，形成三国鼎立之局。《魏书·贾诩传》："吴、蜀虽蕞尔小国，依阻山水，刘备有雄才，诸葛亮善治国，孙权识虚实，陆议见兵势，据险守要，泛舟江湖，皆难卒谋也。"

曹魏亡国原因的分析

第一，大族集团势力转移。魏文帝行九品官人之法，其始虽未专为大族利益而设，唯此制碍于当时环境，中正之权握于大族掌中，故九品官人法无形中成为巩固门第之有力制度。因此大族与魏晋期间之篡夺有莫大关系，如曹氏之篡汉即获大族支持，逮司马氏之篡魏，亦陈陈相因。故魏晋以来之篡夺主要为大族集团势力转移之争而已。

第二，司马氏收买士族。夏侯玄鉴于中正权力过高，尝议请司马懿削减，懿报书以却之。《三国志·魏书·夏侯玄传》载司马宣王报夏侯玄书云："审官择人，除重官，改服制，皆大善。礼乡闾本行，朝廷考事，大指如所示。而中间一相承习，卒不能改。秦时无刺史，但有郡守长吏，汉虽有刺史，奉六条而已，故刺史称传车，其吏言从事，居无常治，吏不成臣，其后转更为官司耳。若贾谊亦患服制，汉文虽身服弋绨，犹不能使上下如意。恐此三事，当待贤能然后了耳。"观其时之握政者司马氏，不欲开罪高门大族，实有赖于大族之支持其篡魏也。故自司马懿至司马昭当国期间，咸以优厚待遇收买大族，冀成一司马氏集团，以遂其篡夺行为。

第三，曹氏不立宗室影响。魏自文帝曹丕篡汉立国后，因其对诸弟如植、彰等存有戒心，为巩固其个人权力，遂对诸王采刻薄措施以制之，不立宗室。后明帝嗣位，严对宗室，更甚于丕。《三国志·魏书·武文世王公传》："魏氏王公，既徒有国土之名，而无社稷之实，又禁防壅隔，同于囹圄；位号靡定，大小岁易；骨肉之恩乖，棠棣之义废。"由于曹氏不立宗室，司马氏之篡夺便如探囊取物了。

第四，曹操行法治的恶果。曹氏除严对宗室外，还不许外戚、宦官参政。《文帝纪》载："（黄初三年）九月甲午，诏曰：'夫妇人与政，乱之本也。自今以后，群臣不得奏事太后，后族之家不得当辅政之任，又不得横受茅土之爵；以此诏传后世，若有违背，天下共诛之。'"又《通鉴》卷六十九记宦官不得参政："初置散骑常侍、侍郎各四人。其宦人为官者不得过诸置令。为金策，藏之石室。"曹氏行法术之治，于操、丕父子期间，尚无不善之处，然明帝以后则无能矣，故大权落于司马氏之手。所谓法治，仍赖于人治，否则，可能人亡政息或至于变质。

第三节　赤壁之战及其影响的分析

一、战前形势

曹操平定北方后，在建安十三年的六月，做好了南征的准备工作。他在南征时所顾虑的，是凉州的马腾起来扰乱后方。因此，他在六月调马腾到许都，封他为卫尉，七月便挥军南下。操南下之计划，是先讨刘表、刘备，取荆州；继而渡江灭孙权，统一南方。其时，刘表为荆州刺史，刘备被操击败后依附表，驻兵襄阳东北之樊城。操挥军南下，首先是进兵襄阳。八月，表病逝。九月，操率兵抵新野，表幼子琮不战而降。备闻战讯后，便向南撤退，又为操追兵所挫。其后操便准备渡江犯吴。时刘备陆军虽然新败，其水军实力依然存在，再加上表长子刘琦之部队，约有二万之众；孙权亦可征兵三万。而曹操南下大军十五六万，加上琮降军七八万，共有二十余万之众，促使刘备与孙权不得不合力抗曹。赤壁之战由是发生。结果，孙、刘联手击败曹操，奠定三国鼎立之局，故此战实为一有决定意义的战争。

二、战争经过

起先孙权畏敌，而吴朝中大臣如张昭等力主投降曹操。鲁肃、周瑜则力排众议，坚定权抗曹决心。孙权乃拨精兵三万，命周瑜、程普为左右都督，鲁肃为赞军校尉，率领军队与刘备会师，共同抗击曹军。建安十三年，周瑜率军沿江西上，到樊口与刘备会合后继续前进，在赤壁与曹军遭遇。初次交锋，曹军战败，退回长江北岸，屯兵乌林，与孙刘联军隔江对峙。

曹军这时已传染疾病，又因多是北方人，不惯于水上的风浪颠簸，便以铁环把船只接连起来。周瑜部将黄盖根据敌强我弱，不宜持久，和曹军战船连接等情况，建议出奇制胜，火烧曹军战船。周瑜于是命黄盖写信给曹操，伪言表示愿意投降，欺骗对方。曹军果然中计，在其毫无戒备的情况下，黄盖顺风放火，顿时曹军战船火焰弥漫，一直延烧至岸营，死伤甚众。周瑜乘曹军溃乱，及时发动攻势，展开猛烈进击，北军大败。曹操仓皇率领残部经华容向江陵撤退，孙刘联军水陆并进，追到南郡，曹军死伤泰半。曹操留曹仁、徐晃守江陵，乐进守襄阳，亲身率领其残部逃回北方。赤壁之战到此便告一段落了。

三、魏败原因

第一，有后顾之忧，未能倾全力南下。操南下之前，为防凉州马腾乘机兵进许昌，于是召腾于许昌，封他为卫尉，欲收拉拢、监视之效。唯马腾子超及韩遂于关西一带仍拥有一定之军力，常候机而动，此实为操之后患，使操未敢倾全力南下。故赤壁一战，操夸报兵八十万，然实得二十余万，而其中尚有七八万为刘琮降军。因此，赤壁一战，曹兵为周瑜火袭得手，便一败涂地。

第二，北人不善水战，令吴军有机可乘。曹操得荆州后，舍弃北军骑战之特长，而欲以水军与吴军周旋。适逢其时天寒，喂马缺草；又中原士卒进入南方江湖地带后水土不服，染病者众；加以庞统诈献"连环船"计得逞，使周瑜收火攻之良机。

第三，刘表降军对操心存戒惧。当时操兵临襄阳，表幼子琮畏敌，不战而降。其部下虽降操，唯此等降军多不服操，时思反叛，加以操行军甚微，动辄残杀士兵，致令他们对操心存戒惧，不愿为操死战。荆州新占，人心不服，为操致败原因之三。

四、吴胜原因

第一，孙刘联军以逸待劳。由于曹占荆州，夸报拥军八十万，致令孙权不得不结连刘备以抗曹。曹北军长途跋涉，疲乏不堪，而孙刘以逸待劳，此曹军"强弩之末，势不能穿鲁缟"者也。

第二，吴据长江天险，军善水战。伐吴须涉江，而曹兵不善水战，焉能破吴精锐水师？加以曹兵水土不服，染病者众，而较熟水性之刘表降军对曹心存戒惧，故赤壁一战，吴胜实赖地利与水师。

第三，吴以长击短，火攻破曹。周瑜精干，深明曹军兵众，善于持久战，而吴师将寡，须速战，故用黄盖诈降，乘操不备施以火袭，致令北军大败，一战而溃。赤壁之战，吴胜曹败，实乃周郎善以长击短之成功。

五、赤壁之战之影响

赤壁之战是三国局面形成之转折点。曹胜则一统霸业将成，因曹操当时最强之劲敌为孙权和马超、韩遂；于关西虽有威胁，然不足影响大局；而汉中的张鲁、益州的刘璋等，更仅苟延残喘，坐以待毙而已。但操过于轻敌，结果为孙权、刘备所乘，败之于赤壁，使孙吴得以开发江东，刘备乘机夺荆、益之地。三国之势遂成，鼎足达六十余年之久。现分析如下。

第一，曹操改攻为守，致力稳定北方局势。曹操自为孙、刘败之于赤壁，终其一生不敢南侵，而且为防孙、刘进迫，改采守势，拟定防御方针以拒孙、刘之进犯。他留曹仁、徐晃守江陵，乐进守襄阳，驻重兵于江北一带。由于曹操自赤壁战败后改攻为守，使其得以致力稳定自汉末以来屡受战火摧残之北方局面，鼓励生产，使原来已崩溃的北方经济得以复苏。这间接给予了后来司马氏统一三国的稳固基础。

第二，孙权得以开发南方。赤壁之战，孙权重创曹军，使东吴得以自保，更使曹操终其一生不敢南侵，直接清除了曹魏对东吴造成的威胁，使孙氏政权得以于吴地致力开垦工作，渐渐改造了自古以来落后于北方之面貌，替日后六朝打好繁荣经济之基础。在历史上，孙吴于开发南方可说是功劳不少，这亦是赤壁之战间接造成之结果。

第三，刘备乘机夺荆、益而立国。赤壁之战，刘备联吴抗操成功，于是乘机夺取荆州，为其基地，然后招兵买马，再取益州，后来更从曹操手中夺取汉中，遂成后来之刘蜀。故赤壁之战是刘备夺取地盘之良机。

第四，吴蜀互战。曹操受挫于赤壁，是孙、刘联兵的结果。唯战后刘备乘机占据了荆、益地盘，与东吴接壤，在地盘利益上与孙吴发生了冲突，造成日后吴蜀交恶，还引致二者交战，使三国形势失去均衡。故赤壁之战亦间接引致后来之吴蜀交恶。

第四节　三国鼎立与吴、蜀灭亡原因

东汉末年，戚宦乱政，黄巾起事，继有州牧之割据，虽刘氏仍居帝位，但早已名存实亡，受制于董卓等人。此等外有州牧封据，内有权臣乱政之情势下，不得不开始一个新的局面，而这一局面便是三国对峙之局面。东汉晚年的政治混乱，就是因为权力所集之中央初无限制外戚和宦官的办法，各种官吏已不是封建时代的世官，使外戚和宦官得乘人主的幼弱而弄权窃柄，以致地方政治日渐败坏，人民无以为生，各路力量乘时蜂起，国家社会陷于纷乱不堪的境地。其中尤以汉灵帝时之黄巾起事影响所及最为庞大。其首领张角为巨鹿人，创太平道，借治病传教，聚众徒于灵帝中平元年三月五日各地同时起事。在这情形下，东汉政府惊慌失措，除派何进为大将军外，更以皇甫嵩、朱儁、董卓、卢植等率领大军分头进击；又采刘焉以重臣拥带重兵出为州牧之献策，以为郡国的首长。但若无军事上的实际力量，则不能平变；若派重臣出为州牧，给予相当的兵权，则可体察环境，绥靖地方，结果却造成州牧强大，跨郡进州，目无朝廷，甚或挟持君主以为个人的政治本钱。

造成三国之局主要近因，为官渡、赤壁两次大战役的结果。官渡之战使曹操完成北方之统一，而赤壁之战基本上确立了刘备的地位及孙权的领土完整。所以此两大战役是不能忽视的，兹略述其经过及影响如下。

一、官渡之战

东汉末年，曹操任兖州牧。董卓死，操迎献帝于洛阳，建都许昌，挟天子以令诸侯，声势日盛。时北方诸侯以袁绍为最强，建安五年，曹操欲统一北方，遂率兵数万，与袁绍大战于官渡，败之。是为官渡之战。袁绍兵败不久气死，绍子争权，操陆续发兵攻取其他领地。至公元207年，操大致统一北方，奠定他后来称雄的基础。

二、赤壁之战

操既平定河北，欲取江东，统一天下，遂于建安十三年乘刘表新丧，率大军南下，先攻下荆州，江东告急。时依刘表之刘备屯兵新野，以情势危急，乃遣诸葛亮联吴以抗曹。曹军因途远急行，水土不服，多不能战。后两军大战于赤壁，曹不敌而败走北方。是为赤壁之役。

经赤壁之战，曹操兵败北归，从此不敢南下；孙权雄踞江东，声势更盛；刘备乘机占据荆州，其后西取益州，北略汉中，自成一割据局面。自赤壁战后，三国分立的形势基本上确定，但三国并未正式成立，正式之三国鼎立要远到孙权称帝时始。建安二十五年（公元220年），曹操死，其子丕乃于同年废掉汉献帝，自立为帝，国号魏，建都洛阳。翌年，刘备于成都称帝，国号汉，一般称之为蜀或蜀汉。吴蜀夷陵战后，蜀军再没有力量出蜀攻吴，吴也无力西进。刘备死后，辅政之诸葛亮始终坚持与吴联盟，共同抗魏。公元229年，孙权称帝，迁都建业，国号吴。魏蜀吴三国鼎足而立，自曹丕于公元220年立国至孙皓于公元280年投降晋武帝为止，前后共约六十年，时间不长，其中以蜀汉最先灭国，魏随之，吴享国最久。汉在诸葛氏之政治天才之悉心经营下，以天府之国之物资，及训练有素之军士，屡攻魏国不果，而于公元263年亡国。吴国以长江之险，长期之经营，及江南富庶物资之培养下，结果亦为晋武帝所灭。其因略述如下。

一、蜀汉的灭亡原因

第一，夷陵一战，国力大减。刘备欲夺回荆州，调集了全部军力，不听诸葛亮之劝告，以替关羽复仇为名，进攻孙吴。蜀军出三峡，进驻夷陵，沿江扎寨，连营数十里。吴将陆逊采取固守不出之策，以逸待劳，日久之后，蜀军士气低落，最后为陆逊用火攻之计击败。汉军全部瓦解，狼狈逃回蜀中，刘备病死于途中。经夷陵一战，汉国力虽不致一蹶不振，较战前而言亦减弱不少。

第二，继承无人。刘备死后，刘禅继位。刘禅个性懦弱而好听谗言，易亲小人。诸葛亮在朝时，不断劝谏引导之，颇称明主。然诸葛亮出蜀攻魏，禅便亲小人，荒废政事。及诸葛亮死后，后主更显得懦弱无能，终以双手奉送江山于他人。

第三，诸葛亮死后，继任无人。诸葛亮带兵六出祁山，都兵败而归，终死于五丈原上，蜀中自此失却一位政治军事之天才。继任者虽仍能保持国内之政治，但已无力北上。蒋琬、费祎相继执政，均采守势，魏军步骑十余万攻不下汉中。公元253年以后，姜维为大将，几乎年年出兵，但多无功而返，浪费兵力至巨，连守国的力量都消失了。公元263年，魏司马昭灭蜀。

二、吴国灭亡的原因

第一，刑罚残酷，赋调繁重。孙权的政治就是一种暴政，人民被迫经常起兵反抗。盗贼四起之际，他仍决不允许减轻赋调，直到病重才觉悟过来，欲命其继承者缓和民心，可是孙皓比他更为凶暴。此外，孙权为人苛刻多忌，大臣们更畏罪不敢言，阻断了忠谏之路，以致政事无可为。

第二，过分依赖江东之大族。孙权势力之巩固，全靠外来士族之大力支持。吴国得以立国江东，其中顾、陆二家之势力更为孙权所努力巴结者。然士族之支持当然有力而实际，唯一旦失去其助力，则其地位亦不可靠。而当时的士族，多先家而后国，故东吴之亡，自可想见。

第三，军队变质。吴国的军队起初是用于防守作战的，后来却变成了从事生产的奴隶，再后来更变成私人的势力，根本不成军队。曹操死后，威胁大减，军队回防，屯田兵外更有作士（即进行手工业的弱兵），但生产利益却全为将领所得。兵士渐渐因军事稀疏而怠懒下来，至战时不能用。

第四，孙权继承无人。孙权性虽苛刻多疑，但在政治、经济上不失为一个能干的君主。他在位之时，政治修明，经济发达。其继承者只承袭了他的缺点，却没有他的雄才大略，反而在凶残的性格方面有过之而无不及，致使上下心惊。吴国之残虐政治至孙皓时达到极点。公元280年，晋武帝司马炎六路出兵吴国，吴军不战而败。晋水军先到建业，孙皓开关投降，吴亡。

第五节 晋初的社会政治情态与八王之乱

晋初的社会政治情态

自汉灵帝中平六年（公元189年）起至晋武帝太康元年（公元280年）灭吴止，由于受战火的洗礼，中原人口为之锐减。虽然在历史上往往为着逃避纳税而有短报人口的情况，然亦不致距离太远。据《续汉书·郡国志》所记，桓帝永寿二年全国有两千六百七万九百六户，五十六万六千八百五十六口，而三国人口总数仅七百余万而已。然人口锐减除了战乱原因之外，尚有其他因素。盖自汉以来，除去洛阳、长安残破不堪之外，战略、产粮之区亦多为兵家必争之地，该地人民除因战而死或被迫当兵者外，亦有庞大数目的人逃入深山自耕自食，聚族而居，如吴初之宗部、山越和土著大族，及蜀地极西之蛮夷等。他们对于政府的税捐固然不会缴纳，一切政令亦不予理会，政府的人口统计当然多未列入。所以晋初人口锐减，与此不无关系。

晋之得国，乃司马氏夺人政权于孤儿寡妇之手，以狐媚取天下，极不光荣。盖见当时由篡夺相承的坏风气影响下，一般读书人多视国家禅代，一若无与于己，其转借为迁官受赏之资，故偶有一二耆旧不忍遽背故主者，便已啧啧人口，不必其以身殉也。而元勋重臣却无一忠义之士，晋室之替乃势在必然。刘颂论封建之利以为："国有任臣则安，有重臣则乱。树国本根不深，无干辅之固，则所谓任臣者，化而为重臣矣。何则？国有可倾之势，则执权者见疑，众疑难以自信，而甘受死亡者，非人情故也。若乃建基既厚，藩屏疆御，虽置幼君赤子而天下不惧，曩之所谓重臣者，今悉反而为任臣矣。何则？理无危势，怀不自猜，忠诚得著，不惕于邪故也。"对于魏晋之禅代，一言中的。

曹魏法治之主要对象，其实乃针对中层人物（如宗室、大臣、外戚等），使彼等畏法循规而已。晋得天下后，未尝不欲有所作为，如武帝即位不久，尝规定郡国首相三年一次巡行其属县。惜其以守成之君，而借开国之世。汉末以来的一切积习，有待于逐一厘正，士人风气思想之败坏，乃需循循而匡正之，苟操之过急，把曹魏以来定天下之法治放宽了，一切的政治制度反而引起了波动。例如平吴后即厘定户调式、罢军役、去世兵，不免行之过速；加以武帝未能处理恰当，以致政令不肃而纲纪败坏。

曹操当政时，鉴于东汉以来高门大族奢侈风气甚盛，故曹氏及其部下均能操守朴俭。但至其子孙则不然，行猎倡色，无不为之。武帝袭之，怠荒政治，纵情酒色，更甚于曹君。《晋书·范宁传》说范宁上书指陈当时之弊政，诚一针见血。他以为："人性无涯，奢俭由势。今并兼之士亦多不赡，非力不足以厚身，非禄不足以富家，是得之有由，而用之无节。蒲酒永日，驰骛卒年，一宴之馔，费过十金，丽服之美，不可赀算，盛狗马之饰，营郑卫之音，南亩废而不垦，讲诵阙而无闻，凡庸竞驰，傲诞成俗。"风气如斯败坏，使无八王五胡之乱，晋代亦势难延续。

魏武坏风气之影响，至晋武帝统一天下后，未见熄灭。更由于晋武帝私偏高门大族，欺抑低级士人，实有增此阶层人士对王室之离心，不待八王之争，自有其肇乱之源。当时学者多不愿仕于晋室，间有入仕之途，亦为胡人所用，如王猛、范隆、韦谀等是。一辈知识分子不屑于出仕晋室，国家政治几至不可挽救之境地。

西晋八王之乱

一、八王之乱的原因

曹魏鉴于西汉外戚之祸，不许外戚干政。司马氏取得政权后，对外戚却未加防范，故八王之乱与其说起于宗室，不若说起于外戚较为恰当。武帝临终时，将政权委托杨骏。杨氏与袁氏自东汉以来均为儒学大族，更由于武帝耽迷酒色，太康元年以后多病，国家大事多交与杨骏处理。及武帝病笃，"以骏为太尉、太子太傅、假节、都督中外诸军事"。骏横行无忌，大权独揽。殆惠帝即位，贾南风为皇后，乃阴与孟观、李肇等谋，召楚王玮进京，杀杨骏及太后而取得政权；并利用楚王玮杀汝南王亮及卫瓘等，然后杀楚王玮，遂启八王之争。

过去治史者，多以为晋初封建启八王之乱源，其实晋初封建从未普遍彻底施行，纵有之，亦不致为肇乱之主因。唯其时过于重用宗室，又将临时设置性质的都督诸军事之职变为永久性，并委诸王任此职。八王所以互战之军队，皆为都督诸军事所节制。使八王不兼此职，军队不在手，恐或不致引起八王之争。《晋书·职官志》云："都督诸军为上，监诸军次之，督诸军为下；使持节为上，持节次之，假节为下。使持节得杀二千石以下；持节杀无官位人，若军事，得与使持节同；假节唯军事得杀犯军令者。"可见当时之都督诸军事，实操生杀予夺之大权，一旦归诸宗室藩王，乱事遂生。

晋时京师卫戍司令之职为北军中候，谁能控制此职者，亦即掌握京师的军权。既掌此军权，帝京之任何政变皆视此职之动向而定。晋武帝死后，杨骏擅权，贾后于元康元年召楚王玮进京，领北军中候之职，然后发兵诛杨骏，八王之争从此启幕。又"太宰亮、太保瓘以楚王玮刚愎好杀，恶之，欲夺其兵权，以临海候裴楷代玮为北军中候"，则楚王玮之被杀失势，乃在北军中候之职已易手之缘故。另有北军中候荀晞"奔范阳王虓，虓承制以晞行兖州刺史"等的记载，可见此职对八王之争孰胜孰败的重要性。

魏晋坏风气影响下，至于晋一统天下，一切社会秩序及士人的败坏风气，不但未见灭熄，更由于武帝私偏高门大族、欺抑低级士人而增此阶层人士对王室之离心。晋八王之争，士人竞投八王为虎作伥的不乏其人。《晋书·王戎传》："孙秀为琅邪郡吏，求品于乡议。戎从弟衍将不许，戎劝品之。"时人之品评优劣对青年之前途至为重要，若孙秀之流终不入品，虽有满腹经纶，亦无处施展，以致为小吏给使。及八王之争，孙秀依附赵王伦得势，乘机煽风点火，以为报复。至其得势而滥杀朝士，对奴卒厮役皆封爵位的所为，全是一种报复心理使然。

二、八王之乱的经过

袁枢《通鉴纪事本末》对此事记之甚详，现述于后。晋自武帝受曹氏禅以后，于"泰始元年（公元265年），封建子弟为王二十余人，以郡为国。邑二万户为大国，置上中下三军，兵五千人；邑万户为次国，置上军下军，兵三千人；邑五千户为小国，置一军，兵千五百人。王不之国，宫于京师，罢五等之制。公侯邑万户以上为大国，五千以上为次国，不满五千户为小国。初虽有封国，而王公皆在京都。咸宁三年（公元277年），诏徙诸王公皆归国"。不过，"宫于京师"未归国的依然不少。所谓八王之乱，就是以汝南王亮、楚王玮、赵王伦、齐王冏、长沙王乂、成都王颖、河间王颙、东海王越为主角而演成的。这八王所演之惨变，其经过之情形甚为复杂。此等复杂之家族中的惨变，仅限于统治者的范围之内，本可置而不论。但当时的统治力因此动摇，当时的异族因此大举，则此等家族间之变乱，便有叙述的必要。兹为眉目清晰计，分为下之各项述之。

武帝临终时，曾有遗诏，以汝南王亮及皇后父杨骏共同辅政。骏以欲专擅之故，矫诏令亮出镇许昌，造成独当一面之局。迨惠帝继立，惠帝之后贾氏颇想擅权，杀杨骏，废杨太后，征亮入京，与卫瓘共同辅政。但亮与楚王玮不协，竟被其诬为有废立之阴谋；卫瓘也一同被诬。贾后听了楚王玮言，乃杀了汝南王亮与卫瓘。旋又把杀人之罪转嫁到楚王玮的身上，把玮杀了。从此，贾后乃更肆行无忌，废太子遹，弑杨太后，后更把太子遹杀了。

当贾后这样肆行无忌之时，赵王伦正在京师。伦借替太子遹复仇之名，乃联合齐王冏率兵入宫，废贾后，幽之于金墉城，随后又置之死地。伦自己则为相国侍中，都督中外诸军事。至于一同起事之齐王冏，则令其出镇许昌。永宁元年（公元301年），伦僭位称帝，以惠帝为太上皇，迁之于金墉城。

齐王冏怀恨被遣出镇许昌，于是联合河间王颙、成都王颖共同起兵讨伦。伦兵失败，其将王舆废伦，斩嬖人孙秀，迎惠帝复位。不久，伦也伏诛，成都王颖还邺中，冏之大计算是成功了。惠帝拜冏为大司马，冏以大权在握，肆行非法。

河间王颙于永宁二年（公元302年）上表言冏罪状，与成都王颖同伐洛阳，并使长沙王乂为内应。十二月丁卯，乂驰入宫中，奉天子命攻冏。连战三日，冏败被斩。事态至此，本已告了一段落，但河间王颙于灭冏之外，原来另有个计划。他想利用长沙王乂势力之薄弱去与冏战，希望冏把乂杀了，自己再兴师讨冏，并废帝立颖以专政。这梦想竟成了泡影。

颙的夙愿既未得偿，只好对成功的长沙王乂动武，于是遣其党冯荪、李含、卞粹攻乂，但不幸却被乂杀了；又遣刺客图杀乂，刺客亦被乂杀了。颙不得已，乃与颖同伐京师。这时东海王越正在京师，起为内应，于太安二年（公元303年）正月僭入殿中收乂，置金墉城。乂终为颙将张方所炙杀。这时颖入京师，为皇太弟，都督中外诸军事，后来还镇邺中，中央有事，无论大小，都要到邺中请示，其专横比齐王冏执政时还厉害。

颖既得势，恣意妄为，自然引起各方的反感。永兴元年（公元304年）秋七月，右将军陈眕、长沙故将上官已等奉帝命讨颖，为颖将石超所败，且挟帝至邺中。这时平北将军王浚与东海王越之弟腾联合鲜卑、乌桓等大举向邺中讨颖。颖乃挟帝逃奔洛阳。河间王颙为图最后胜利，遣张方领二万骑兵挟帝拥颖至长安。颙至此时，知颖成众矢之的，乃废颖归藩，另立豫章王炽为皇太弟。

河间王颙既迫帝西走长安，东海王越传檄山东讨颙，并迎惠帝还归洛阳，其势颇盛，与颙分主东西。越于是乘其方盛之势，西向迫颙。颙不得已，逃入太白山中。迨惠帝还归洛阳，颙奔新野。越于是遣南阳王模扼杀之。光熙元年（公元306年）十一月，越又杀惠帝，立皇太弟炽即位，是为怀帝，改元永嘉。是后外患益急，越以忧惧而终。自惠帝元康元年（公元291年）起，至光熙元年止，共十六年之久，晋室统治势力全被动摇，造成外族内犯的绝好机会。

关于此事之评论，清儒钱大昕《廿二史考异·晋书》"汝南王亮传"条说："西晋之政乱朝危，虽由时主，然而煽其风，速其祸者，咎在八王，故序而论之。案晋史以汝南王亮、楚王玮、赵王伦、齐王冏、长沙王乂、成都王颖、河间王颙、东海王越八人总为一传，不与宣、文、武诸子同篇，盖因晋时有《八王故事》一书（《隋志》不言撰人，刘孝标注《世说》屡引之），故取其名。然于劝善惩恶之旨，殊未当也。赵王伦，晋之乱贼，当与桓玄同科。齐王冏起义讨伦，虽以骄溢失败，较诸成都、河间、东海之大失臣节者，不可同年语矣。史乃以赵伦齐冏并称，何其不分皂白。汝南王亮为贾后所害，本无大过，亦不当以煽风速祸责之。"观此，当时所谓八王之乱者，齐王冏、汝南王亮皆非乱政之人。袁枢及赵瓯北《廿二史札记》述晋八王之乱，综合史实，叙述详明，唯终不及钱说之精者，盖袁、赵仅述事，而钱则断以义也。

第九章　东晋南朝的社会形态

第一节　东晋南朝的政治社会文化

东晋的立国背景

在永嘉前后的中原大动乱之中，除在中原建筑坞堡壁垒以自卫的豪宗大姓以外，士族多相率过江，在长江流域的荆、扬重建政权。东晋所辖的地区，自汉末三国以来本已由孙吴开始创建，过江的士族拥护着元帝而重建东南半壁的政权。士族在永嘉纷扰与五胡的进逼之下，为着要保全自己的宗族门户，纷向南迁。他们在迁徙中，通常是与其宗族、宾客、部曲、故吏、义附同行，所以士族首领仍不失其社会、政治的地位，而其互相倚靠与荫庇的关系则更形紧密。当时中原形势混乱，在江东建立政权的需要颇为殷切，士族的领袖王导所以劝元帝就国琅琊，实际是江左政权出现的准备。最初，三吴本地的士族对于这个南迁的政权表示瞻顾徘徊，除王导以中原最高士族首领的身份为支柱以外，已经在荆州拥有军事政治势力的王敦对于这个政权的建立也有极大的助力。他以长江上游的优势军力地位来加以拥护，诱得三吴本地士族的协同，东晋政权便建立起来。东晋政权的建立，固然是承继孙吴以来荆、扬二州的地利和经济条件，但王导内在的主持与王敦的上游军事、政治地位的援助，是很明显的事实。同时，由于王导定策取得三吴士族首领顾荣、贺循、纪瞻等的结纳，得以援引中原的士族过江，也是东晋政权建立的一个重要因素。

南朝的社会政治基础

就地区而论，主要的是在荆、扬二州。在黄河流域大混乱与人口的大流徙之后，江南反较中原安定，而江南人口又以荆扬最为稠密，所以当时人常以为"荆扬户口半天下"。就地理和军事的形势而论，又以扬州为内户，荆州为外阃。当时政权的中心区域固然在扬州，然长江上游的经济和军事力量常有控制下游的可能。自晋平吴以至于隋灭陈，都是利用上游的优势。就南朝整个时期的内部形势来看，荆州镇将常因其军事、经济的优势孕育野心，对南朝的政权时加威胁与扰乱。如王敦初期虽以荆州既成的威势援助江左东晋政权的建立，但不旋踵，即归叛乱。其后晋的陶侃、桓温、桓玄，宋谢晦、南郡王义宣、袁顗、沈攸之、桂林王休范，齐陈显达，梁武帝、陈王琳、华皎，都是凭借上游的富庶和军事优势威逼下游。因这种关系，故至宋元嘉中，世祖辽分荆州与扬州，欲以削弱地方权力，结果荆、扬两州并因此虚耗。交、广二州在南朝始终是未全开发的区域，有时由这个区域发动的变乱也足以动摇南朝的政权，但较之荆、扬间那种显著的矛盾冲突较少。

南北士族之争

东晋元帝在江左创建政权，取得三吴士族拥护的同时，也极力采取笼络本地士族的政策。如顾荣、贺循之极备优礼；又如元帝以侍中宜兼用南人，陆晔以清贞著称，遂转侍中，徙尚书，领州大中正；陆玩、顾和亦曾居尚书仆射之位，正是此种政策的表现。朝廷政策虽然如此，然北士与南士之间终不免各自援引与互相排斥，此自西晋以来即相率成风。《晋书·周处传》："周处吴人……有怨无援……"《资治通鉴》记王彰谏成都王颖云：

"陆机吴人，殿下用之太过，北士旧将皆疾之耳。"《南齐书·张绪传》："（上）欲用绪为右仆射，以问王俭。俭曰：'南士由来少居此职。'褚渊在座，启上曰：'俭年少，或不尽忆。江左用陆玩、顾和，皆南人也。'俭曰：'晋氏衰政，不可以准则。'上乃止。"同书《沈文季传》："世祖谓文季曰：'南士无仆射，多历年所。'文季对曰：'南风不竞，非复一日。'"《南史·张率传》记梁武帝云："秘书丞天下清官，东南望胄未有为之者。"从这些记载可以看出北士对南士在政治权位上的倾轧。而在社会门第方面，三吴士族亦低于北方士族。

《新唐书·柳冲传》载柳芳言："过江则为侨姓，王、谢、袁、萧为大；东南则为吴姓，朱、张、顾、陆为大……"虽同为大姓，然吴姓实又下于侨姓，故侯景请娶于王谢，帝曰："王谢门高非偶，可于张朱以下访之。"其时朝廷的铨选，多依据谱牒；谱牒之作，祖父官资的大小、氏姓的高卑与社会门第的贵贱均以此而定，起家迁徙亦以此为转移。故自晋以降，有百氏之学，居吏部尚书者须谱百氏，但东南的族姓在谱牒中有时是别为一部的。这种社会、政治上的差异与排挤，自然要引起吴地士族的反抗。东晋元帝时的周玘、周勰父子即因此而谋叛乱。其间的矛盾冲突关系又并非单纯东吴士族与北方士族的对垒。如上游荆州对于下游扬州加以威胁时，东吴大族有时参加叛乱，有时参加抵抗，即同是东吴本地大族之间，也有着利害的冲突。如王敦之乱，周玘附敦；其后钱凤为沈氏谋灭周氏，又引起王敦对于周氏的杀戮。又在北方士族之间，亦多矛盾冲突。吴人固侮称中州人曰"伧"，但同是中州人，先过江者亦侮称晚渡江者为"荒伧"，而使其从政治上隔离。此外尚有"伧楚"，在社会、政治方面亦常遭轻视。

士庶贵贱的隔离

东汉末年，富家世族已经把持选举。当时势族宦门与婚姻阀阅的关系和势力已横亘于选举与仕途之中。社会风气侧重膏腴，盖肇始于汉。曹魏之创九品官人法，最初本欲在动乱时期匡救其弊，但社会阶级制度日趋明显，世族在动乱之中，又必须极力以其门生、宾客、故吏、婚姻关系的相互结合，以争取其社会、政治的地位。州郡中正本均以显达朝官兼任，而其出身大都属于世家士族，结果除少数例外，自不能不无党同伐异之弊。于是寖假遂有士庶贵贱之隔离，而寒门孤子无婚姻之援助者，遂被摒于上品之外。出身寒微，虽人才亦不得厕身清途，是这时期仕途中一个绝大的症结。"高下任意，荣辱在手，操人主之威福，夺天朝之权势，爱憎决于心，情伪由于己"，因而造成"上品无寒门，下品无世族"的情况，遂使士庶阶级的差别愈离愈远。这种风气，自魏晋以降，历南北朝均然。其时出身寒微、门孤援寡者，在社会上、政治上到处均被压抑。士庶门第的差别，真可谓"士庶缅绝，不相参知"与"士庶之际，实自天隔"的状况了。

第二节　东晋的立国与偏安原因

西晋因为种种原因亡国以后，东晋继起立国，原因为东南在汉代已经奠下了经济基础，吴承汉代的基础，东晋便借着这个基业而起。除去经济的基础，东晋立国还有别的原因。吴国瓦解后，东南一般士大夫的职业顿成问题，产生不安定的现象，晋对他们的政治出路相当压迫，纵然到了洛阳也被歧视。一般吴人都希望复国，希望他们的乡里可以求得富贵。这样的客观因素，在晋室南渡后便显现出来。

孙吴之建国，乃由江淮地域三个强宗大族所组成。因汉末之扰乱，他们拥戴江东地域具有战斗力的豪族，即当时不以文化见称的次等士族孙氏，借其武力，以求保全而组织之政权。故其政治、社会之势力全操于地方豪族之手。西晋灭吴以后，此种地方势力并未因之消灭，所以能反抗洛阳之统治。后来洛阳政府亦稍采用此以笼络吴地之统治阶级，以为绥靖之政策。尚未及收大效，而中州已乱，以陈敏为首的江南反叛势力辽乘机占据江东，恢复孙吴故壤。此本极自然之趋势，不足为怪，所可怪者，陈敏何以不能如孙氏之创业垂统数十年之久？基业未定，遽尔败亡，此实由于孙吴旧壤内文化世族如吴郡顾氏、武力豪宗如义兴郡周氏等地方势力不与合作之故。有了江东世族便能稳定江东的政局，因而东晋的江东政权才能在江南得到扎根的余地。

司马氏之篡魏，乃东汉儒家大族势力之再起，晋之皇室及中州避乱南来之士大夫，大抵为东汉末年之儒学大族拥戴司马氏集团之子孙，其与周玘、顾荣诸人虽属不同邦土，然就社会阶级言之，实乃同一气类，此江东士族宁拥戴仇雠敌国之子孙为君主，而羞与孙吴旧壤寒贱庶族之陈敏合作之故也。江南一带经过这次变乱，江东世族豪宗感到如要维护本阶层的利益，有建立一个和自己利害一致与真正能代表门阀专政的政权的必要，而晋元帝所要组织的江东新政权，却具备了这些条件，因而共同拥立元帝，建立东晋的新政权。在此情况下，南人与北人戮力同心，共御外侮，而赤县神州得免于全部陆沉，东晋南朝三百年之世局得见稳固。

晋元帝向来缺乏才能和声望，在晋室中又是疏亲，他能取得帝位，主要是依靠王导的支持。王导出身中原著名的士族，是老练的政治家，也是东晋朝的实际创造者。长江流域建立起汉族政权以后，有利于抵抗北方少数民族的侵入，经济和文化也逐渐发展。自东晋至陈亡约三百年间，南方经济上升，文化上更是远远超过北方。这是东晋南朝在历史上所起的积极作用，首先创立东晋政权的晋元帝和王导是有功的。

王导在政治上的主要措施，就是收揽一批北来的士族作为骨干，联络南方士族作为辅助，自己作为南北士族的首领，在他的上面，安置一个姓司马的皇帝。这个措施说来很简单，可是做起来却完全不是简单的事情，因为南北的士族之间，北方士族与南方土著士族之间，王氏势力与司马氏之间都存在着矛盾。不能调剂这些矛盾使之处于相对平衡状态，便不可能建立东晋朝。王导的成就就在于能调剂这些矛盾，造成江左苟安的局面。

王导在政治上取得这些成就的，关键，在于给士族安排了经济上的利益。南方各级士族自然就是当地豪绅，其中强宗大族，如吴郡顾氏、陆氏，义兴郡周氏，都是拥有部曲的大地主，绝不允许北方士族侵犯他们的利益。王导定侨寄法，在南方士族势力较弱的地区，设立侨州、侨郡、侨县，安置北方逃来的士族和民众。侨州多至司、豫、兖、徐、青、并六州，侨郡、侨县为数更是繁多。这种侨州郡县大都在丹阳、晋陵、广陵等郡境内，形势上可以保卫建康，同时流亡士族保持原来的籍贯，凭借着势力，在寄居地依然从北方流亡的民众中荫占佃客，为自己创立新产业。侨州郡县有大量的各级文武官职，当然又是流亡士族的出路。所以，侨寄法虽然是紊乱的行政系统，加深人民穷困的恶劣的制度，但对东晋政权维系来说，却是安置流亡士族、缓和南北士族间矛盾的重要措施。

东晋政权的建立，由于获得江东世家大族之拥护而更加巩固，但是当江东世族缙绅（如周勰、沈充二族）的武装力量无限发展，威胁到东晋政权本身存在时，那么，它就会回过头来打击他们。但是，假使其他江东世族地主对东晋政权还能起一定的支持作用，也必然会迫使其他江东世族缙绅对东晋的和平共处，成为东晋政权的必要支柱。倘若江东世族地主的经济利益被触动时，江东世族缙绅不但立刻不肯发挥它支持东晋新政权的作用，甚至不惜一切来拆垮这个政权。东晋认识到这一问题的严重程度，便停止土地争夺战，于是北来的世家大族就转而去开发东土的浙、闽。从此，南北两大豪宗集团之间便从地域上划分开各自的经济势力范围，从而两者间激化着的统治矛盾也取得一定程度上的缓和。这样，南北集团在利益一致的基础上，共同维持江左偏安之局有百余年之久。

东晋之能够偏安江左百余年，亦非单以侨旧合作所能造成的，北府军的崛起在这方面亦占重要因素。北府兵的兴起，不但成为长江下游的主要军事力量，改变了荆、扬的形势（镇压苏峻、桓玄等内乱）；而且在淝水会战中，在江、淮以南广大人民力量的支援下，粉碎了苻秦南侵的百万大军，把江南从苻秦的手里抢救出来，使东晋国祚得以延长达百余年之久。

另一方面，北方胡族长期内乱。匈奴所立之汉，自刘聪死后，其部将刘曜与石勒先后建立前赵、后赵，互相攻伐，不暇南侵。彼等缺乏政治组织能力，又怎能使东晋无法立足于江左而为其所并？

再者，东晋祖逖、庾亮、殷浩、桓温、刘裕等人之北伐，虽未能获全功，但亦能屡挫胡人锐气；加以东晋初年，一般士人如陶侃、谢安等，处于危难之际，无不坚忍自励，戮力同心，以誓保国土、克复神州为己任者，此点精神，对东晋国力之发展与维系，实有赖焉。

第三节　淝水之战及其影响

战前背景

淝水之战是公元383年东晋与前秦在今安徽寿县一带进行的一次大战。战争的结果是弱小的晋国因对方的草莽而打败了强大的秦军。然而，淝水之战的发生是与当时的时代背景分不开的，现分述如下。

第一，秦晋南北对峙。公元316年，西晋王朝灭亡，出现了大分裂的局面。当时，内迁的游牧民族主要有匈奴、鲜卑、氐、羌、羯五族，由汉族和这些少数民族建立的国家达十六个之多，故史称"五胡十六国"。在北方，占据陕西关中一带的汉族以长安为都城，建立前秦。公元357年，苻坚即位，国力一度强盛，并统一了北方。在南方，西晋灭亡后，琅琊王司马睿在建康称帝，建立东晋王朝，与前秦对峙。

第二，前秦不断扩张势力，苻坚急欲统一中国。苻坚统一北方后，不断向南扩张，首先夺取了东晋的梁、益二州，随后又攻占了襄阳、彭城两个重镇，并且一度包围三河，进袭堂邑，于是秦晋矛盾日趋尖锐。加上苻坚急于攻占南方，统一南北，更且鲜卑将领慕容垂等竭力赞同（因他亦可从中取利），于是苻坚骄横地排除其弟苻融及大多数大臣的反对，坚持出兵南下。

战争经过

东晋太元八年（公元 383 年）八月，苻坚命令苻融率领张蚝、慕容垂等步骑二十五万为前锋，命姚苌指挥另一支部队沿长江东下，命幽、冀等州部队由彭城南下，三路共九十万大军。九月，苻坚经洛阳到达项城时，前锋苻融所率部队已经进到颖口，但从凉州出发的部队才到达咸阳。东晋方面，大臣谢安、桓冲等坚决主张抵抗。晋以桓冲为江州刺史，控制长江中游，阻止秦军由襄阳南下；任命谢石为征讨大都督、谢玄为前锋都督，率"北府兵"八万沿淮河西上；又派胡彬率领水军五千增援寿阳。

同年十月十八日，苻融率领前锋攻占寿阳，慕容垂部占领郧城。晋军胡彬退守硖石。胡彬困守硖石，粮食用尽，处境十分艰难，写信要求谢石增援，却被秦军截获。苻坚得报，把部队留在项城，带了八千骑兵赶到寿阳，又派尚书朱序到晋军劝降。朱序本为东晋襄阳守将，他到晋军后，反向谢石布告秦军虚实。建议谢石乘秦军未集中时发动攻势。谢石从朱序计，于十一月派刘牢之进攻洛涧。刘牢之分兵一部迂回到秦军敌后，断敌退路；又亲自率兵渡洛水，夜袭梁成中大营。秦军抵挡不住，梁成战死，五万秦军大溃。洛涧之胜，鼓舞了晋军士气；而苻坚在寿阳城上看到晋军部阵严整，攻势猛烈，心里恐慌，以为晋军为数极多，连淝水东面八公山上的草木也当成士兵。

洛涧胜后，晋前锋谢玄派人用激将法使苻融把秦军稍向后退，让晋军渡水，决一胜负。虽然秦军将领都不赞成，但苻坚想乘晋军渡水之际用骑兵夹击砍杀，于是苻融挥军后退。秦军本来内部不稳，阵势混乱，这一撤退，大乱遂生。晋军则抢渡淝水，展开猛烈攻击。朱序在阵后大喊"秦军败矣！"秦兵于是争相逃命。苻融看势不对，欲赶往后方整顿部队，却被晋军追兵杀死。晋军乘胜猛追，秦军人马相踏，漫地遍野，昼夜不停地拥挤着往后退，听到风声鹤唳也以为是东晋追兵。就这样，几十万秦军，逃散和被歼灭的占了十之七八，苻坚也中箭负伤，逃回洛阳。

晋胜秦败的原因

秦晋淝水之战，双方军力悬殊，但晋军能够抓住秦军各路兵马未齐的时机，转守为攻，以五千精兵出敌不意夜袭梁成中军大营，大挫秦军锐气，鼓舞了晋军士气。淝水决战的时候，晋军兵力仍居劣势，晋将谢石又乘洛涧胜利的余威，抓着苻坚举措失当和秦军内部不稳、阵势混乱的时机，猛烈反攻，击破了秦军的主力，取得全胜。

秦军兵力虽占上风，但在内部，苻坚骄狂轻敌，等不及各路兵马会齐，在主力中路军也分散处于郧城、寿阳等地的情况下，为晋军胡彬局部困扰所迷惑，贸然发动进攻，结果洛涧受挫，先失一着，造成被动。苻坚及秦军惊惶失措，草木皆兵，当晋军要求渡过淝水决战时，苻坚反希图半渡而击，欲侥幸取胜，既不作通盘的考虑和打算，又没有周密的调整部署，以致阵势大乱，给晋军造成胜利的条件。

苻坚欲以汉族文化融化各族为一家，对于降服的各族能平等看待。他的政策，若假以时日，以秦国长期的统一和安定，一定会成功。但一旦遇到外来的挫折，王国也很容易土崩瓦解。秦国内各族的势力都意图乘着这个机会挣脱秦的统治，正如主张苻坚出攻的慕容氏一样。若坚败，他可复国；若坚胜，他也能领功。在此种情况下，秦内部根本未有统一出战之准备，哪能有战胜之把握。

尽管苻坚对待各族的政策比较好，但在南北对比的情况下，南方的汉人固然全力以赴抵抗北方的侵略威胁，就是在北方苻坚统治下的人，民族意识也很强，不愿意帮助苻坚向南方汉人侵袭。而苻坚所俘获的晋将朱序，协助晋军击败苻坚，在战斗进行当中，在阵后大呼"秦军败矣"。为什么朱序一呼，却有如此大的作用？这是因为汉人兵士也不愿意与南方的汉族作战的缘故。

淝水战后的影响

苻坚败亡以后的半个世纪，黄河流域先后出现了很多边疆民族建立的短期王国：丁零翟氏、鲜卑慕容氏在山东、山西先后建立翟魏、西燕、后燕、南燕；鲜卑冯跋在辽东建立北燕；羌族在陕西建立后秦；匈奴在河套建立的夏国；而在今甘肃一带的部族更为复杂，前后出现了氐族的后凉、鲜卑族的南凉、乞伏氏的西秦、胡沮渠氏的北凉与汉人李氏的西凉。这些建立于边区的国家，除了战争和掠夺以外，几乎没有什么政治可言。在不断的战争中，他们不仅掠夺和屠杀汉族人民，同时也掠夺和屠杀其他各族人民。

由于北方陷入不断的征战和分裂，以致农业生产无法进行，而演成"河北人相食"，"百姓死几绝"，"关中人皆流散，道路断绝，千里无烟"（《晋书·苻坚载记》），在此情况下，这些边疆民族建立的国家也已到无可掠夺的境地，只有取死人肉作为粮食。武装的军队尚且有被敌人吃尽的危险，没有武装的中原汉族人民和各族人民，其生命财产更得不到任何保障。

淝水之战可以说是民族大移动中最大的一次战争，也是决定南北能否统一的一次战争。本来，不是北方边疆民族王国的苻坚消灭南方的汉族王国东晋，便是东晋收复中原，但却出现了南北对峙的局面。考其原因，在于东晋没有收复中原失地的决心。东晋王朝，为一己之统治利益而出发，不得不抗御苻秦。淝水一战，氐族是打败了，追击氐族的时机来临了，可是他们只想保存在江南既得的庄园，却没有统一中国的决心。

中原既没有统一的力量出现，东晋的统治者又苟安江表，志在抄掠"生口"，没有收复中原的决心，塞外拓跋氏的势力在毫无阻拦的情势下便逐渐发展起来。公元395年，参合陂一役，拓跋氏歼灭了后燕慕容垂的骑兵主力八万人；公元402年，蒙坑一战，又消灭了后秦姚兴的步兵、骑兵各四万人。于是，拓跋氏率领其优越的骑兵部队入主中原，统一了黄河流域一带。

第四节　门第社会制度的形成与背景

自汉代崇儒以后，通经可以入仕，在政治制度上建立了士人政府，形成所谓"布衣卿相"的局面，因而促使经学特盛。另一方面，由于学术环境之不普遍，遂有所谓家法，有师承与学术授受的限制。当时的儒者对于经学的授受限制甚严，不愿把自己独得之秘轻易教人，所以又有传子的习惯。清人惠栋《九经古义》云："汉人通经有家法，故有五经师，训诂之学，皆师所口授，其后乃著竹帛，所以汉经师之说，立于学官，与经并行。五经出于屋壁，多古字古言，非经师不能辨，经之义存乎训，识字审音，乃知其义，是古训不可改也，经师不可废也。"学术之授受既有此限制，故形成累世经学的现象。最著者莫如孔子一家之后世传《古文尚书》、《毛诗》得名；其次西汉大儒伏生世传经学，历两汉四百年；又次如东汉桓氏，自桓荣以下，一家三代为五帝师。由是学术之家博师授形成累世经学，渐变成一种高尚之书香门第。

自西汉武帝以来，因崇尚儒术的缘故，官僚也多以经术起家。两汉人才登进，入仕之条件乃在经学。家学累世相传，于是又有累世公卿之产生。西汉时权贵如韦、平二族皆再世宰相，又于氏为两世三公，时称佳话。及至东汉，此风更盛，如邓氏、窦氏之流；更有杨震一家四世三公，袁安一家四世五公，世族之盛，较之西汉更无与比。累世公卿造成士族传袭之势力，积久遂成门第。

清儒赵瓯北先生论门第肇始于经学传家，渐进而累世公卿，积世以来，遂成门第。考之史籍，斯说诚是。惟其间尚有另一方面之条件，似亦不可忽略者，为当时富家巨室子弟之由读书而入仕是也。盖自汉一天下，高祖起于徒步，用人弗论世家，故汉初门第未显；及汉武帝崇儒以后，通一经即可入仕，经学遂成利禄之途，贫者益无论矣。其富甲一方之大族，独不令其子弟受经以求仕宦欤？况其时印刷术与纸张尚未发明，经本传抄极感困难，家藏一经即如获至宝，所谓遗子黄金满籯，不如一经。其时学子入学资格虽无分贫富，惟家道富有者进受经业较贫家容易，殆为不可忽略之事实。此情迄于东汉，其势益显，换言之，汉世门第之起源，其另一条件厥为富家巨室之转变为士族，士族积世显宦，遂成门第。

任子制度在汉代是一种重要的仕途。如二千石在任一年，例得任同产若子一人为郎。任者，保也，不以德选。当时一般人颇以为非，故其后有罢任子之令，然终汉之世，任子制犹盛未息，在魏晋以至南北朝依然盛行。任子为郎入侍，完全是国家给予世家宦族子弟优先入仕的一种捷径。自魏晋以降，尚书郎、秘书郎、中书郎，以及其他给事中、博士员外郎之类，都成为宦门士族子弟以其门荫与祖父官资起家的官位，可以说仍然是汉代任子制度与门第制度相互继续发展出来的典型情态。后魏父任与门荫制度极发达，举凡刺史，例得一子解褐，邢晏前后二任，其弟之子与兄之弟，遂均得以释褐。其他或曰"以父任为中散骑"，"以父任拜秘书中散"，"以父任拜给事中"，或曰"以名家子擢为中散"，"以功臣子拜御史散"之类，遂造成门荫之集团。

东汉以察举之人为孝廉，东汉之大族做官的人较多，孝廉往往移于大族身上，故东汉晚年大族形成一特殊阶级。地方的察举权在太守，无客观标准，因此易于营私。一面是权门请托，一面是故旧报恩，两者互为因果，使天下仕途渐入于特殊阶级之手，造成门第势力。此种势力在社会上有其特殊地位，已颇具南北朝世族的雏形。东汉末年，察举制度（即经朝廷的征辟和郡国的推举，以经学赡富为上选的制度）已趋败坏，仕途也渐为权门所垄断，更加速了特殊阶级的成长。

世家豪族除了出身于官僚机构以外，也有从商人转来的。汉武帝以后，由于盐铁等重要生产专业收归国营，商人无法插手，于是商人们的财富都集中于土地兼并。这些商人取得大量土地以后，已经不是商人身份，而是大土地所有者。这些"身不为编户一伍之长，而有千室名邑之役"之商人大贾，于东汉末已部分转化为拥有部曲、佃客的庄园主人。这些从商人巨贾转化过来的庄园主人，往往与"武断乡曲"的豪强不容易格分得开，故在当时统称之作"地方豪强"，成为另一种新兴的门第势力。

东汉世族与寒门之分尚不太严，寒士之作高官或显名于世的仍不乏人。汉献帝建安时代，曹操当政，他是宦官之后，为世俗所轻，所以仇视高门。他得志后，便肆意摧残望族，结果，杨、袁、孔诸氏都被他诛除。但到魏文帝时，因推行九品官人法，却又造就出一批新世族。九品官人法为陈群所创。最初的用意是在谨慎选才，以矫正汉末滥选之弊，但末流所及，仍为权门所把持。权贵子弟依其家庭地位及社会关系，本易获致名誉，膺列上品，而若干中正不肖，逢迎权贵，徇私舞弊，于是权门在这种制度下占尽上风。此外，魏时大臣子弟不必由中正推举即可得官，而寒士的进身之阶则完全操于中正手中，他们自然没有与权门抗衡的力量。这种制度演变至后期，终成"上品无寒门，下品无士族"的局面。及五胡乱华，晋室南渡，中原士大夫相率南迁江左，因环境的变迁，士人每自高身份，而门阀之见更深。

司马氏系出望族，因此专魏政后，复重门阀，使世族复兴，如晋室的佐命功臣贾充、王沈、裴秀等都是贵族世胄。及晋篡魏后，世族乃渐成为政治社会上的特殊阶级。他们的势力并未因中原的丧乱而受到多大挫折。晋元帝江左立国，有赖于世族的拥戴，世族的政治权力与社会地位也照样在江南维持着。北方的世家大族大批南渡，借着晋室的名义，各自占地名田，封山锢泽，成为南方的新主人翁。没有南迁的世族，则大都与政府合作，以保持其门第，政府也利用他们以笼络汉人。因此，无论南方还是北方的世族阶级，都没有因战乱而衰落，甚至反而因此更兴盛。

第五节　门第社会衰落原因的分析

南北朝士族的没落情况

在南北朝的后期，世族等虽然能位居公卿，但由于他们渐趋腐败，又复风流尚任，不以世情物务关怀，致令人主不敢寄以大任，故自宋孝武帝以后，皆信任寒素的中书舍人。豪族在军事上无权，政治上也不过是素餐；加以侯景乱时，士大夫死者无数；梁末陈初，于谨南伐江陵，衣冠之士多没为仆隶；至隋师平陈，江南世族跟着南朝的瓦解而完全消灭了。

魏晋南北朝的后期，由于天下事世族多不屑管，于是寒门便逐渐出头。寒门之中，当然有好有坏，好的能尽忠报国，于是产生"大臣不管，政由小吏"的现象，在出身世族的看来，当然很不顺眼。但由于世族放弃职责，兼且贪污之风既盛，寒门当政也就模仿起来，其奢侈亦不下于世族。从此南北朝也趋向着豪华的生活，已无论门第的高下了。

南北朝后期，由于北朝豪族分为山东及关中二系，山东以崔、卢为大，关中以韦、斐为首。基于北朝为鲜卑所建，其对中原遗黎未必信任，秉政之人多系宗室或有军功的人。崔玄伯、崔浩虽有大功于后魏，竟遭灭族之祸。世家子弟因畏祸而晦迹，不敢有所建树，或因养尊处优失去进取心，故在当时，在外边做镇守领大军的，皆为寒门。到了这个时期，只有蛮族最能打仗，寒门次之，世族便一无所表现。

隋唐时代士族的没落情况

隋承丧乱之后，地广人稀，故仍沿北朝之制，实行均田，一以限制豪族和土地，二以增加国家税收，借以打击豪族的势力，使他们在政治上的地位动摇，而世族受到此打击，势力大为削减。

魏晋以来，户口多被世族挟持，世族成为政府与人民的中间人，而有害于国家的统一。故隋文帝对于户口逃隐，初用搜括政策，后乃直接根治，行轻徭薄税，使百姓离开豪族，成为国家的编户。由于户口游离，豪族在政治上的权力大打折扣，势力益见衰退。

九品官人法是一种政府选用人才的政制，虽有谨慎选才的理想，但可惜末流所及，仍为权门所把持，致造成"上品无寒门，下品无世族"的情形出现。隋文帝有鉴于此，决定废除九品官人法，取消世族垄断的力量，改行科举制，使到平民可以考试得官。寒门仕进的机会大增，世族在政治上的特殊地位自然大大动摇。

武后时，大量起用科举进身的新人才，培植个人势力以打击李唐旧贵族的潜在势力。此举一则可以削减旧贵族势力，二则颇能树立新进的寒门势力，以免日后两方相争。另一方面，此后科举任人渐兴，寒门有更多机会参政，打破门第贵族对政权的垄断，故门第制度在武后的影响下更加没落。

两晋南北朝时，学术知识多集中在世族手中，平民无进修机会。唐初，太宗命订《五经正义》，行之天下，以为考试课程；又置国子学等。此后历世君主多喜学术，或有教育方面的建设，如武后、玄宗等。学术较南北朝开放，加上中唐时韩愈和柳宗元推行的古文运动，使学术更能接近庶民，平民求知识的机会增加。科举以学术取士，循环影响下，寒庶得以入仕，又是打击门第势力的一重要力量。

进士科多寒门，明经科多贵族。开元后进士科得势，而两方竞争甚烈，牛李之争便是一端。此亦贵族力量挣扎失败的证明，由于进士科人才受用，门第乃更衰落。

宦官得势自玄宗高力士始，至中唐多典禁军，及后，君主废立皆在彼等手中。政治上宦官势力既盛，贵族政治力量自然衰落。没有政治上的优势，从此，南北朝之优待世族条件已不复见。

安史之乱后，藩镇割据，成为武人天下，地方势力多已被方镇所代替。士族得不到地方势力的凭借，又失去势力凭借的来源，武人因此能垄断朝政，士族在政治上已完全失去影响力。

虽然如此，但由于门第势力在南北朝时已奠下一定的基础，且世族更具有数百年的传统力量，重视门第的观念已深入人心，加以隋至唐初科举制度尚不十分发达，故尽管门第势力不断受打击，但仍具有一定的社会地位。社会上重视门第的风气，至唐代中叶依然存在。直至五代，世族的势力才完全消灭。

宋代士族势力的没落情况

五代学校虽甚式微，而其颇能贡献于教育文化者，则为印刷术之提倡。中国自汉魏至唐，虽有石经，然拓印究不简约，故学者读书，仍赖抄写。拓本写本，俱须卷轴，抽阅卷舒，甚为烦重，收集整比，弥费辛勤。自五代雕印诸经，鬻售流通，联合篇卷，装为册子，易成难毁，既节省费用，又便于藏书。文明之化，乃日以广。遂使宋代学术更促进，故为教育史上一最有价值之事。宋代亦由于印刷术的进步，促成平民接受教育的机会渐广，而使得以前贵族士人于接受教育方面的优先权大大削减，门第亦因此更不受重视了。

唐代科举虽甚发达，然而重关节、采素望，一种原为平民而设之制度，反为贵族所垄断。宋惩其弊，力抑贵族子弟之登第。太宗雍熙二年，令考官亲临别试，以防关节。此后，贵族势家不得登第，遂成定例，而其势力亦至此委靡不振。

在韩琦和富弼之前，欧阳修曾为知贡举，他重新用庆历改革时所倡导的古文作标准。虽然曾受到士人的大力抨击，然而由此等标准所选出的士子（如苏轼、苏辙兄弟）确是高选。自此以后，风潮早已平息，文风逐渐改变，古文乃开始大盛。由于熟读古文的多是平民进士，致令熟读经学的高门大族反而没有晋身朝廷的机会。

第六节　东晋亡国原因的分析

晋室自南迁荆扬，由于江南富庶，大族世家遂视为乐土，生活流于奢靡，恢复河山的意志已消磨净尽。况且，高门大族只为保存家门而拥戴中央，并不肯为中央而牺牲门第，而门第自有其凭借与地位，并不需要建树功业，故世家子弟相率务为清谈，纵情肆志，谓要不受外物屈抑，因而对事物世务漠不关心便成高致。而有志远略者，非晋室近戚（如庾亮、庾冰兄弟），即寒族疏士（如陶侃、桓温），但他们却招清谈派所排斥。又谓庾为政欲任江裁物，而才具微不足，皆不能安其位，故虽然多次北伐，如元帝时之祖逖、成帝时之庾亮、穆帝时之殷浩、桓温等，都是功败垂成，晋室复兴遂告无望。同时此等寒士、近戚，对外之功业，既不得逞，乃转而向内，因而造成东晋末年之叛乱，最显著者乃桓玄之乱。而英雄功名之士，意气郁激，则竟为篡弑，如桓温自身带书生名气，故他既不能流芳后世，亦不致遗臭万年。君臣名教，桓温心尚有之，故篡逆终不成。一传至桓玄，再进为刘裕，则晋祚不保。加上晋室之有天下，其历史本不光明，故世族与功名之士，皆不忠心翊戴。

淝水战后，前秦瓦解，北方各族纷纷自立，遂成许多小王国。这时期本是东晋向北发展的好机会。但东晋的统治阶级满足于偏安的局面，没有恢复失地的要求和决心，以致不能扩大战果，乘胜逐北，收复中原。虽以北府兵之善战收复了徐、兖、青、司、豫、梁六州（今河南、山东、陕南等广大地区），但当时东晋统治集团的内部矛盾却日益尖锐化，皇室内部，皇室与世族之间，中央与方镇（荆、扬）之间，均展开了错综复杂的明争暗斗。他们不但不能通力合作，收复失地，反而互相牵制，破坏北伐。终于，后燕攻入临淄、滑台；南燕且在青、兖一带建国；不久，洛阳又失守，淮、汉以北悉为后秦所占；最后，谯纵据益州称成都王。总之，东晋统治阶级内部的矛盾，一方面削弱了东晋向外发展的力量，另一方面在外来威胁消失的条件下，更导致内部公开的政权变革。

淝水会战胜利以后，谢安进位太保、太傅，都督扬、江、荆、司、豫、徐、兖、青、冀、幽、并、宁、益、雍、梁十五州军事，威望极高，也因此招致了皇室的猜嫌，主、相之间，渐渐隔膜起来。谢安于是请求北伐，出镇广陵，实际是把中央事权推让出来，交给孝武帝弟会稽王司马道子去负责。在道子主持东晋政府期间，政治更加昏乱。官以贿迁，选举以私，政治上宗派各立，内部权力之争更见表面化。

然而，孝武帝与司马道子兄弟之间——同时也是主、相之间，也发生了摩擦。孝武帝命王恭（太原大族）为南兖州刺史，镇北府；又以殷仲堪（陈郡大族）为荆州刺史，掌握上游事权。他想培植方镇的力量来牵制朝廷中的权臣，使自己死后，道子有所顾忌。及孝武帝死，子德宗继位，是为安帝，道子以太傅摄政，引用主张削弱方镇的太原大族王国宝、王绪为心腹，以抗王恭、殷仲堪。于是王恭以诛王国宝为借口，从京口举兵；殷仲堪也在荆州举兵，与恭响应。东晋政府成立北府兵，本来是为了拱卫首都，充实长江下游力量；现在的北府兵，却在王恭统领下联络了荆州军来对抗中央。道子无法抵御，只得把王国宝、王绪杀死，请求王恭退兵。

不久，王恭二次举兵，荆州刺史殷仲堪、雍州刺史杨佺期、广州刺史桓玄等并起兵响应，沿江东下，会攻建康。司马道子以子元显为征讨都督，元显以北府军将领刘牢之倒戈回击王恭，恭兵败而死。桓玄亦乘机火并了殷仲堪、杨佺期，据有上游。东晋以玄为都督荆、江、襄、雍、秦、梁、益、宁八州军事及荆州、江州刺史。桓氏世镇荆楚，旧部甚多，因此桓玄得以"树用腹心，兵马日盛"。

元显考虑到上游荆州的威胁和北府兵的桀骜难制，想建立一支由自己来指挥的新军。因为当时兵源缺乏，于是下令强制征发江、浙、闽一带其本身或父祖本来是奴隶，而本身已获得赦免为佃户的壮丁，集中首都，担任兵役，称之为"乐属"。这一措置，造成世族对政府之普遍不满，使东晋政府失去部分世族缙绅之支持，因此命令一颁布，顿使"东土嚣然"。另一方面，扬州的生产组织受到破坏，荆州的势力自然凌驾于扬州之上，因此荆州都督桓玄便乘东土饥馑，漕运不继，政府财政、粮食极困难之际，封锁长江，不准上游物资向下游运输，而迫使朝廷下令讨玄，造成其后的桓玄之乱。晋室元气因而大伤，后虽为刘裕所平，但不久晋室也被刘裕所篡。

在这种情形下，唯一得利者是新兴的北府军阀。他们都在战争结局中得到了利益。他们从以王、谢为首的世家大族手里，夺得了北府兵的领导权，消灭了以桓玄为首的荆州系统的军阀势力，在因战争而崩解了的东晋帝国废墟上，建立起新的皇朝。

第十章 "五胡乱华"与北朝之汉化

第一节 "五胡乱华"与民族的迁徙

晋初西北民族的纷扰

"五胡乱华",又称永嘉之乱,前者指肇乱之人,后者是指时间而言;唯严格言之,五胡乱华时期,乃指自惠帝永兴元年(公元304年)匈奴族的刘渊建号称王始,至南朝宋文帝元嘉十六年(公元439年)北凉降魏为止,合百三十六年长期的混乱。然仅就历史事实看,今人以"五胡乱华"称之,极不恰当。所谓五胡,乃指匈奴、氐、羌、羯、鲜卑而言。羌与氐族,其聚居地厥为今之青海及西藏一带,彼等渐向东南部发展,散布至今之甘肃、陕西、四川、云南等境内;至于匈奴、鲜卑,日人白鸟库吉著《东胡民族考》以为即今之蒙古族,其聚居之地,大抵即今之宁夏、内蒙古、河北、辽宁一带,其后逐渐南移,散布到甘肃、陕西、山西、河北省境内;羯族在五胡中是汉化较浅的胡人,魏书石勒传谓其先匈奴别部,分散居于上党、武乡、羯室,谓之羯胡。故就其居住位置言,"五胡"民族大抵在中国西北部。自汉魏两晋隋唐至今,彼等早为汉族所同化,已属中华民族一分子,胡汉畛域已不复存在。再就其时称兵乱晋者,除五胡以外,尚有张祚之前凉、李暠的西凉、冯跋的燕等，均为汉族人建立的国家而参与乱晋者。故侵扰者既不限五胡，则在此段混乱期间里何得谓之五胡乱华？故在历史上此乃极不恰当之称谓。更就其历史发展事实看，五胡时期变乱的开始，可以说是胡汉各族人民对晋室的联合反抗，削弱了大族的政治地位及其经济基础，五胡各族先后在中国的北方建立了政权，此种政权既无光明远大的目标，更由于残酷的屠杀与劫掠，不仅破坏了魏晋以来渐渐稳定了的农村经济，同时也造成了史无前例的民族仇恨与浩劫，益见增加此段时期的黑暗与混乱。部分地方势力为着自保，多与胡人合作，互相利用，所谓五胡十六国之见于史籍记载者，如《晋书·载记序》所说："大凡刘元海以惠帝永兴元年（公元304年）据离石称汉。后九年（载记本文记石勒称赵在元帝太兴二年，即公元319年，则已是十五年后而非九年后矣），石勒据襄国称赵。张氏先据河西，是岁，自石勒后二十六年也，重华自称凉王。后一年，冉闵据邺称魏。后一年，苻健据长安称秦。慕容氏先据辽东称燕，是岁，自苻健后一年也，儁始僭号。后三十一年，后燕慕容垂据邺。后二年，西燕慕容冲据阿房。是岁也，乞伏国仁据抱罕称秦。后一年，慕容永据上党。是岁也，吕光据姑臧称凉。后十二年，慕容德据滑台称南燕。是岁也，秃发乌孤据廉川称南凉，段业据张掖称北凉。后三年，李玄盛据敦煌称西凉。后一年，沮渠蒙逊杀段业，自称凉。后四年，谯纵据蜀称成都王。后二年，赫连勃勃据朔方称大夏。后二年，冯跋杀离班，据和龙称北燕。提封天下，十丧其八，莫不龙旌帝服，建社开祊，华夷咸暨，人物斯。或篡通都之乡，或拥数州之地，雄图内卷，师旅外并，穷兵凶于胜负，尽人命于锋镝，其为战国者一百三十六载，抑元海为之祸首云。"在此百三十六年中，先后兴起之国家，不只十六国。今按《晋书·载记》提及的十六国为五凉、四燕、三秦、二赵、夏、蜀等，而实在此期间建国称号的，匈奴族有前赵、北凉、夏三国，羯族有后赵一国，鲜卑族有前燕、后燕、南燕、西秦、南凉、西燕、辽西、代、宇文等九国，氐族有前秦、后凉、仇池三国，羌族有后秦一国，汉族有前凉、西凉、北燕、魏、蜀等五国，合计二十二国以上。何得谓十六国？盖因五胡十六国之称，始见于崔鸿《十六国春秋》，后人惯用此耳。且各国的建号，虽则在同一时间内，常有两个以上之国家并立，唯诸国之兴，并非同在一时间内。

"五胡乱华"原因的分析

五胡之乱，据劳贞一先生分析，以为八王之争，兵财并竭，以致洛阳饥荒，兵源无法补充，而据守江南的人又勤王不力，对京师未作有效的支持。现据各种史料详细分析如下。

西北部诸民族生存所系的天然条件，不及汉族，此进逼的主因。氐、羌是西部民族在今之青海、西藏等地。这等地方的天然生活条件，远不及汉族所栖息之地方。氐、羌在这些地方，常利用机会向东南较优之地迈进，实为事理之必然。匈奴、鲜卑、羯是北部民族，在今内蒙古等地。天然环境，远不及汉族之优。其利用机会向南部较优之地进逼，也为事理之必然。故西北诸族，或向东侵，或向南进，当时中国的西北部，不断地有所谓异族者进而与汉人杂居，愈来愈多，势亦愈大。在汉族内部无事之时，自易处理他们；一旦汉族统治力薄弱时，他们与汉人杂居，就成问题了。

西晋初年，北起今辽东半岛、内蒙古，南至今河北、山西中南、陕西西南和四川北部，都有胡族杂居，对晋帝国中心地区，成半包围形势。胡族与汉族杂居，因语言习惯之不同，及民族观念之不能消减，自然难免冲突，往往因为愤恨，而有害长史之事。当时有识之士，基于以上的原因，引以为忧，主张徙戎，将杂居汉人中之他族，全部徙移出去。侍御史郭钦主张乘晋室平定孙吴之余威，把平阳、弘农、魏郡、京兆、上党杂居的匈奴赶出去。不让在今之山西、陕西一带与汉人杂居。江统则主张徙冯翊、北地、新平、安定界内杂居之羌，令居先零、罕并、析支之地；徙扶风、始平、京兆界内之氐，令居陇右、阴平、武都之地。至于并州之匈奴，他也主张徙出去，并痛论其对汉族的危险。但晋室贪图苟安，未肯接纳郭钦、江统从戎建议，胡人之势力因此坐大，以致不可收拾。

胡汉互市间，常带着掠夺行为，自西汉以降，即已如此。如景帝与匈奴和亲，通关市。武帝即位，借和亲约束，厚过关市，饶给之，匈奴自单于以下，皆亲汉，往来长安城下。汉使马邑人聂翁壹间关出物，与匈奴交易，阳为卖马邑城以诱单于。是后，匈奴绝和亲，攻盗路塞，往往入盗于边，不可胜数。然匈奴贪，尚乐关市，嗜汉财物，汉亦通关市不绝以中之。这时国家有胡市律，兵器与铁禁止出关。元和元年武威太守孟云上书言北单于复愿与吏人合市，诏书听云遣驿市迎呼慰纳之，北单于乃遣大且渠伊莫訾王等驱中马万余头，来与汉贾客交易。有时又可以说是以互市为安边保塞之一法。又西北敦煌各地的豪族与羌胡贸易，则以侮易诈取为务，胡人常怀怨望。自汉至魏及五胡之乱，刘石已经割据之后，仍然有华戎间的互市关系。

人口的互相掠卖与逃亡事件，自汉以降颇多。汉武帝时，近西羌保塞与汉人交通，吏民贪利，侵盗其畜产妻子，以此怨恨而背叛，世不绝。又边人奴婢愁苦欲亡者，闻匈奴者乐，亦有亡出塞外者。东汉以来其事例更多。汉末魏晋，互相逃亡与掠夺犹盛行不息，如袁绍因宠尉柔以安北边，"及绍子尚败，奔蹋顿。时幽、冀吏人奔乌桓者十万余户，尚欲凭其兵力，复图中国"。魏文践祚时，牵招拜使持节护鲜卑校尉屯昌平，是时边民流散山泽又亡叛在鲜卑中者，处有千数。黄初二年，此能出诸魏人在鲜卑者五百余家，还居代郡，明年遣魏人千余家居上谷。晋时王浚为政苛暴，将士贪残，并广占山泽，引水灌田，溃陷冢墓，调发殷烦，下不堪命，多叛入鲜卑。又晋时北部边将，大多执卖胡人，以充军实。如石勒羯人，太安中，并州饥乱，勒与诸小胡散亡，北泽都尉刘监即欲缚卖之，为人所匿，乃免。可见北部华戎间的互相逃亡与掠卖人口之盛。

对胡戎的役使与强制剥削。大抵凉州并州的吏民豪强自汉以降，即多有此种行为。《后汉书·西羌传》载建武九年司徒掾班彪上言："今凉州部皆有降羌，羌胡被发左衽，而与汉人杂处，习俗既异，言语不通，数为小吏黠人所见侵夺,穷恚无聊,故致反叛。夫蛮夷寇乱,皆为此也。"至曹魏时,凉并诸地刺史守宰对于胡戎,多以和平的政治经济方法加以剥削,以充裕军用财政。而诸郡直接用政治经济的方法剥削以外,在并州太原的豪家又常剥削匈奴人的劳动力,役使于生产部门,主要的方法是用胡人作为佃客。至晋时政府对于胡人,依旧加以赋役,太康中所须户调,规定夷人输布户一匹,远者或一丈,远夷不课田者,输义米户三斛,远者五斗,极远者输算钱人二十八文。其时吏人之从下对胡人加以横敛者犹不止此。

司马炎是西晋的开国皇帝,却不是一个英明的君主。平吴之后,他广蓄后宫,只知纵情声色,日事游观;不但在政治方面毫无作为,对于皇位继承的问题,也未经深思熟虑。惠帝昏庸愚骏,自古所无,对晋室政治有重大影响,外族遂得乘机乱政。晋初,侈靡成风,上行下效,为了满足物欲要求,贵戚公卿都不惜收贿聚财,贪纵枉法。此外,当时"清谈"已逐渐盛行,士大夫一面置身功名利禄之中,一方面又大作出世玄谈,造成很多怪现象。吏治之坏,可以想见。吏治败坏,造成国力衰弱,使外族有机可乘。

司马炎即位不久,即大封亲属子弟为王。王国得设置官属,掌有军队;封国内的民政,财政,也由诸王直接管理。咸宁三年(公元277年)使诸王就国,并以其中若干位都督诸州军事。平吴之后,武帝更裁撤州郡兵备,刺史只掌察举;这一来,地方武力更完全以王国为重心。诸王实力既强,渐进而觊觎中央政权,终演成"八王之乱"。"八王之乱"自惠帝元康元年(公元291年)起,至光熙元年(公元306年)止,凡十六年之久,把统治势力全给动摇了,促成外族内犯的绝好机会。地方武力既弱,有事不能及时镇压,最后也使五胡得以乱华。

西晋自惠帝继位后第二年开始,七年之内,整个黄河流域,连续发生水灾旱疫,迫得灾民无法生存,大多离乡背井,游食远方。晋室统治力,便在今之甘、陕、晋、冀各省首先瓦解,因此匈奴南下时,几乎没有遭遇抵抗。

惠帝初年，各族反抗晋室的战乱相继发生，尤以关中的氐族与羌族勾结六郡豪民，在巴蜀大族如李特、李雄兄弟的煽动下，以大饥为理由，开始在关西扰乱；加以当时晋室地方官吏贪暴与处理不当，遂引致大暴乱，巴蜀亦被占据。除六郡豪民以外，更具有土著大姓与宗教等连锁性的政治成分在内。李雄占有巴蜀的翌年（即晋惠帝永兴元年），并州的匈奴族首领刘渊在离石起事，打开五胡乱华的缺口；因此，历史上五胡乱华之局面，开始便以汉族为首的六郡豪民与晋室官吏的贪暴失职而起，大规模的变乱遂开启此百三十六年间的胡汉混战局面。

汉人役使胡儿富兵，此亦自汉以降开始。灵帝时，鲜卑寇边郡，诏发南匈奴兵配幽州牧刘虞讨之；汉末董卓军中有胡兵；曹操定幽、冀后，亦以乌桓人从军，号为乌桓名骑。至晋八王内乱与五胡互争雄的长时期，东海王越曾利用胡兵作战，中原的军事组织大都华戎晋混合。如王浚、刘琨诸人的部曲以至苻坚的军队，多属于戎夏参杂的部曲。积多年怨愤的胡人，一旦武装起来，乱事自然容易发生。

五胡入据后对中国的影响

五胡乱华历时凡一百三十六年，造成巨大动荡，但对中华民族的政治、文化、经济及民族各方面之影响，如从另一角度去看，则利弊互见。兹分述如下。

五胡之入据中原，直接造成西晋混乱灭亡局面，仅历五十二年而亡，并且导致东晋以至宋、齐、梁、陈之偏安局面。同时，五胡乱华亦构成中国历史上长期分裂，中国自秦汉以来在历史上有三个长期分裂的时期：三国分裂约六十年，东晋南北朝分裂有二百六十余年，唐末五代分裂为五十余年，而其中以东晋南北朝分裂为时最长。

在五胡入侵中原以前，北人的文化优越，非南人所及，所以轻视南人。但南方自孙吴经营以来，人才蔚起，新兴文化，富于朝气。晋室播迁，中原人士开始与吴接触，再经南朝宋、齐、梁、陈四代的长期发展，南人北人往来日密，于是南北文化，混而为一。再者，五胡侵据中原后，北方人民相继大量南迁，辽使中原文化散播于江南，从此南方文化突飞猛进，人才辈出，渐有凌驾北方之势。另一方面，胡族虽为北方之统治者，但他们一向向往中原文化，所以他们占据中原后，便全面地接受汉人文化的洗礼，以致促成中华民族的融合，与中华文化的扩大。

中国有史以来，经济重心点向在关中一带，五胡入据中原后，北方人民相继大量南迁，他们运用其卓越之才智及刻苦耐劳之精神，对江南地区，广泛开发，使南方渐趋繁荣，经济日益进步，逐渐造成日后江南地位取代关中，成为全国之经济中心。

五胡乱华，晋室偏安江左后，一方面内地人民与南方部族如百越、诸蛮等相处融和，导致南方部族归宗于中华民族；另一面，入居北方之胡人，与留居中原之汉人通婚，血统混合，在不知不觉中，胡人遂同化于汉族，使中华民族更形强大。同时，胡族割据北方，造成中华民族之大迁徙。内地人民，因不安于胡人的扰乱，相率南迁，当时称为流人。此等流人移迁路线如下。

一、江左线

元帝定都建康，是为江左。以中央政府所在地，于是晋代王公士族，及青、兖、并、冀诸州流人，由泗水、沂水、菏水诸水，先栖息于彭城、广陵，沿中渎水（古邗沟）渡江至京口，分寄建康晋陵及太湖一带。故于彭城置有司、冀、幽、并四州，于广陵置有青、兖二州，及泰山、辽西等郡，于京口置南徐州及下邳、东海等郡，于建康置有广川、高阳等郡，于晋陵置有兰陵、东莞、清河、东安等郡，盖东晋侨置之郡，共七十有八，而江左一隅，占四十四郡（自海虞至建康并入广陵），是三分之一的中州人物，多寄居于此矣。刘师培氏谓："吴下之音，多与古合，则古代朔方士族，萃居江表之故也。"

二、淮南线

司、豫二州流人，沿汝、颍、涡水，暂托足于寿阳、钟离，而以芜湖、寻阳为栖息之地，更及于鄱阳湖域。乃于党邑侨置秦郡，于和县侨置颍川郡，于寿阳侨置陈留郡，于芜湖侨置豫州及上党郡，于寻阳侨置弘农、松滋二郡。《南齐书·州郡志》："南兖州镇广陵，时百姓遭难，流移此境，流民多庇大姓以为客。元帝大兴四年（公元321年），诏以流民失籍，使条民上有司，为给客制度。"则知所谓客家者：由流民寄居大姓以为客，或流民失其原籍，另给客籍。晋元帝以来，即有给客制度。而江州南康郡所辖赣县、雩都、平固、南康、揭阳等五县（《宋志》尚有宁都、南野、虔化三籍），即今日所谓客家地区矣。

三、汉江线

五胡之乱，洛阳长安二城，首遭破坏，而汉水与关洛邻近，其流人或来自汉中，或来自武关，或来自南阳，必先经汉水，而以襄阳、南郡为栖息之地。故元帝建立新兴及南河东二郡，以安置司州、并州流人。及李雄进据汉中，又侨置梁州于襄阳。其后赵亡氐乱，秦、雍流人，多出樊、沔，又侨置雍州、秦州于襄阳，并立京兆、扶风、河南等郡。而义阳人来南郡者日多，又侨置义阳郡、东义阳、南义阳等郡，盖环居于洞庭湖滨一带。

四、栈道线

关中扰乱之际，秦雍流人，或取道北栈，或取道略阳，既弃汉中，乃上书求食巴蜀，朝议不许入剑阁。时侍御李芯上表："流人十余万口，非汉中一郡所能赈赡，东下荆州，水湍汛险，又无舟船。蜀有仓储，人复丰稔，宜令就食。"朝廷从之。由是流人散在益、梁二州者，殆数万家。时巴西宕渠氏李特，先从祖父迁居洛阳，至是亦随流人入蜀。乃厚结流人，阴为己用，卒成割据之势。永嘉时侨置南阴平、北阴平二郡于梁州，以安辑秦州流人。其后又侨置置康郡于成都，以安辑关陇流人。又立晋昌郡于长乐，以安辑巴汉流人。更于剑阁附近，别立南汉中郡，以安辑汉中流人。于是流人在巴蜀中者，几遍及各郡县。

五、仇池线

仇池在今甘肃成县之西，世外桃源也。《宋书·氐胡传》："略阳清水氐杨氏，秦汉以来，世居陇右，为豪族。汉献帝建安中，有杨腾者，为部落大帅。腾子驹，勇健多计略，始徙仇池。仇池地方百顷，因以百顷为号，四面斗绝高平，地方二十余里，羊肠蟠道，三十六回，山上丰水泉，煮土成盐。驹后有名千万者，魏拜为百顷氐王。千万子孙名飞龙，渐强盛，晋武帝假征西将军，还居略阳。无子，养外甥令狐氏为己子，名戊搜（《晋书》作"茂搜"），晋惠帝元康六年，避齐万年之乱，率部落四千家，还保百顷，自号辅国将军、右贤王。"盖关陇流人，沿渭水而上至天水郡，南转而入仇池。虽良田仅有百顷，亦可暂时托足，而杨氏对来者能延纳抚接，对去者能卫护资遣，使流人忘转徙之苦，有足称者。

六、辽东线

当石勒、石虎占据中原之日，南北道阻不通时，慕容廆为平州牧，仍系心江左，奉表称臣。廆刑政修明，虚怀引统，流亡士庶，或假道分青州，浮海入辽；或道出幽、蓟，归附龙城。廆乃立郡以统治之。冀州人为冀阳郡，豫州人为成周郡，青州人为营丘郡，并州人为唐国郡，流人皆能安居之。其后慕容廆之记室参军封裕尤重劝农力田，称："先王（指慕容廆）以神武圣略，保全一方，威以殄奸，德以怀远，故九州之人，塞表殊类，襁负万里，若赤子之归慈父。流人之多旧土十倍有余，人殷地狭，故无田者十有四焉。……宜省罢诸苑，以业流人。人至而无资产者，赐之以牧牛。……善藏者藏于百姓，若斯而已矣。……句丽、百济及宇文段部之人，皆兵势所徙，非如中国慕义而至，咸有思归之心……抚之以恩，检之以法……习战务农，尤其本也。"廆纳其言，罢苑囿以给百姓无田业者。贫者不能自存，各赐牧牛一头，流人皆能乐业矣。后罢成周、冀阳、营丘等郡，以渤海人为兴集县，河间人为宁集县，广平魏郡人为兴平县，东莱北海人为育黎县，吴人为吴县，悉隶燕国。

七、河西线

凉州张轨，本汉代张耳十七代孙，世以儒学显于陇右。后出任护羌校尉凉州刺史。八王之乱，四方解体，轨亦有据一方以自保之意。会鲜卑若罗拔能来寇边，一战破之，威名大震。乃大城姑臧，设险自卫。及刘曜犯阙，中州避难来凉州者，或取道天水，或取道安定，皆转徙河西。日月相继，数逾万人。轨乃分武威置武兴郡以抚辑之。追轨卒，子张实继位。时南阳王司马保退守上邽，为陈安所败，余众奔走凉州者，又有万余人，实皆安置河西。其后郭黁寇武威，武威、张掖以东流人西奔敦煌、晋昌者数千户。及西凉李暠都酒泉，分南人五千户置会稽郡，中州人五千户置广夏郡，余万三千户置武威、武兴、张掖三郡。盖张氏、李氏向东晋朝问，故对中州流人乐于安置。

流人迁徙的影响

中华民族的大迁徙，自以两晋时代，最为纷繁。就日后胡汉融和言之，固有助于文化之交流；唯就当时民众迁徙言之，亦万分沉痛。《刘琨传》载："流移四散，十不存二，携老扶幼，不绝于路，及其在者，鬻卖妻子，生相捐弃，死亡委危，白骨横野，哀呼之声，感伤和气。郡胡数万，固匝四山，动足遇掠，开目睹寇。"此流人在道路流离之痛苦也。《郗鉴传》载："鉴寝疾上疏曰：'臣外统杂错，齐多北人，或逼迁徙，或是新附，百姓怀土，皆有归本之心。臣宣国恩，示以好恶，处与田宅，渐得少安。闻臣疾笃，众情骇动，若当北渡，必启寇心。太常臣蔡谟，平简贞正，众望所归，可为徐州刺史。晋陵内史郗迈，谦爱养士，甚为流亡所宗，可为兖州刺史。'朝廷从之。"是知当时流人去国日远，怀土思家之心甚迫切矣。《慕容儁载记》载常炜上言："自顷中州丧乱，连兵积年，或遇倾城之败，覆军之祸，坑师沉卒，往往而然，孤孙茕子，十室而九。兼三方岳峙，父子异邦，存亡吉凶，杳成天外。……孝子糜身无补，顺孙心丧靡及。"此又当时流人，深感音息隔绝，父母兄弟存亡莫卜之痛苦也。及桓温北伐中原，进至灞上，百姓持牛酒欢迎桓温于道路者，十之八九。耆老感泣曰："不图今日，复见官军！"此当日父老欢迎官军早日光复中原之热烈情绪也。桓温攻克洛阳，身居太极殿之日，乃不先据石门，握漕运之便，而孤军深入坊头，飞刍挽粟，水涸中梗，后援不继，致焚舟败退。于是慕容氏得徙都邺城，苻氏遂据有长安。二寇坐大，加深神州陆沉之祸，终晋之世，竟未能恢复。而迁徙流人，征蓬久转，长滞天涯，追帆影归来之日，城郭人民，俱非当年气豪矣。

第二节　五胡对中国文化渐染与贡献

五胡君主的汉化

五胡乱华虽肇祸于匈奴族的刘渊，然在五胡中，刘渊受汉化最深，且极端向往中国文化。反晋以前，刘氏早对中国文化具有深厚认识，渊从祖刘宣师事乐安孙炎，好《毛诗》、《左传》，每读《汉书》至萧何、邓禹传曰："大丈夫若遭二祖，终不令我公独擅美于前矣。"《晋书·刘元海载记》说："刘氏虽分居五部，然皆家居襄阳汾涧之滨。"因此，他虽为师帅，但久已不营部落生活。《载记》又说他幼好学，习《毛诗》、《京氏易》、《马氏尚书》，尤好《春秋左氏传》，孙、吴兵法，略皆诵之，史汉诸子，无不综览；又善于长啸，声调亮然，盖魏晋风行啸歌，文人逸士如嵇阮清谈家等所优为，而元海能之，益见其濡染汉文化程度之深且博。而其子刘和，于汉文化之濡染亦不下于乃父，幼习《毛诗》、《左氏春秋》、《郑氏易》。凶悖如刘聪、刘曜，亦崇染汉化极深，史称刘聪究通经史，兼综百家之言，孙、吴兵法，靡不诵熟，又工草隶，善属文，刘曜读书志于广览，不精思章句，亦善属文，工草隶，自比乐毅、萧曹。故匈奴族刘氏一家之文化程度与汉族士人无异。史称刘元海与王浑、李熹"以乡曲见知"，此其纯以并州人之自居可见，这是对中国文化向往的一面，然其对于种性意识，固未尝少泯。刘元海有"大禹出西戎，文王生东夷"之说，刘宣亦尝言"方当兴我邦族，复呼韩邪之业"，如此更见彼等均兼有胡、汉两种背景，一方面在汉地定居，统治汉人，过着中国式生活，濡染汉文化，取得汉人的信任，另一方面亦能立大单于之制，善御境内各胡族，调和胡汉之冲突以利用之，亦胡刘成功要素之一。

羯胡石勒，汉化程度虽比不上刘氏，胡汉关系亦搞不好，惟其幼年便操耕作，亦曾为小贩，以致被人出卖为奴，生活经验丰富，对于中国文化认识颇深，且喜研读中国书籍。《晋书·石勒载记》说："勒增置宣文、宣教、崇儒，崇训十余小学于襄国四门，简将佐豪右子弟百余人以教之"，石勒又言其"从事中郎裴宪，参军傅畅、杜嘏并领经学祭酒，参军续咸、庾景为律学祭酒，任播、崔濬为史学祭酒……勒亲临大小学，考诸学生经义，尤高者赏帛有差。勒雅好文学，虽在军旅，常令儒生读史书而听之，每以其意论古帝王善恶，朝贤儒士听者莫不归美焉。尝使人读《汉书》，闻郦食其劝立六国后，大惊曰：'此法当失，何得遂成天下！'至留侯谏，乃曰：'赖有此耳。'其天资英达如此。"其深受汉文化如此，尝于宴会中语众宾客群臣，谓如见汉高祖，则北面而事之，如遇光武，则与之逐鹿中原，未知鹿死谁手。若司马氏狐媚以取天下者，大丈夫不为也。盖胡人入居中原后，鉴于本身之文化低落，极力吸收中国文化，免为汉人轻视，故五胡之乱华，实有与彼等向往中国文化有莫大关系。石勒从子季龙载记说他"会诸郡国立五经博士……复置国子博士助教……遣国子博士诣洛阳写石经，校中经于秘书。国子祭酒聂熊注《榖梁春秋》，列于学宫"。综上等观之，则其对于中国文化之向往与提倡不下历代帝王。

羌胡姚苌初建国号大秦，自谓以火德承苻氏木行，服色如汉氏承周故事，受先秦阴阳家与汉经学影响甚深，又"立太学，礼先贤之后"。长子姚兴，耽于经学，史载其时"天水姜龛、东平淳于岐、冯翊郭高等，皆者儒硕德，经明行修，各门徒数百，教授长安，诸生自远而至者万数千人。兴每于听政之暇，引龛等于东堂，讲论道艺，错综名理。凉州胡辩，苻坚之末，东徙洛阳，讲授弟子千有余人，关中后进多赴之请业。兴敕关尉曰：'诸生谘访道艺，修己励身，往来出入，勿拘常限。'于是学者咸劝，儒风盛焉"。又说他"如逍遥园，引诸沙门于澄玄堂，听鸠摩罗什演说佛经。

罗什通辩夏言，寻览旧经，多有乖谬，不与胡本相应。兴与罗什及沙门僧略、僧迁、道树、僧睿、道恒、僧肇、昙顺等八百余人，更出大品。罗什持胡本，兴执旧经，以相考校。其新文异旧者，皆会于理义。续出诸经并诸论三百余卷。今之新经，皆罗什所译。兴既寄意于佛道，公卿以下莫不钦附，沙门自远而至者五千人。起浮图于永贵里，立波若台于中宫。沙门坐禅者恒有千数。州郡化之，事佛者十室有九矣"。

氐胡苻洪，本姓蒲，后"以谶文有草付应王，又其孙坚背有草付字，遂改姓苻氏"，及苻健（洪三子）之信谶言"三羊五眼应苻"，而立苻生为太子二事观之，皆两汉经学遗绪。洪季子苻雄，"少善兵书而多谋略，好施下士"，苻洪孙苻坚，史载其修废职，继绝世，礼神祇，课农桑，立学校，鳏寡孤独高年不自存者，赐谷帛有差，其殊才异行，孝友忠义，德业可称者，又说他"广修学宫，召郡国学生通一经以上充之，公卿以下子孙并遣受业。其有学为通儒、才堪干事、清修廉直、孝悌力田者，皆旌表之。……亲临太学，考学生经义优劣，品而第之。问难五经，博士多不能对。坚谓博士王寔曰'朕一月三临太学，黜陟幽明，躬亲奖励，罔敢倦违，庶几周、孔征言不由朕而坠'"，则实以卫道者自居矣。又说他"复魏晋士籍，使役有常，闻诸非正道典学一皆禁之。……自永嘉之乱，庠序无闻，及坚之僭，颇留心儒学，王猛整齐风俗，政理称举，学校渐兴。关陇清晏，百姓丰乐，自长安至于诸州，皆夹路树槐柳，二十里一亭，四十里一驿，旅行者取给于途，工商贸贩于道，百姓歌之"。太元八年即淝水之战以前，是北方政治最修明的时代，文化最昌盛的时代，赵石所办的学校，仅为贵族子弟而设，至苻坚之立学官，更自贵族而遍及平民。史载苻坚为流矢所伤，单骑遁至淮北，饥甚，人有进壶飱豚髀者，坚食之大悦，命赐帛十匹，辞曰："陛下臣之父母也，安有子养而求报，弗顾而退。"由此，益见其时人民感激苻坚仁政之深且切。车胤《秦书》（汤球辑自《太平御览》九一六）曰："苻坚时，关陇乂安，百姓丰乐，民歌之曰：'长安大街，两边种槐，下走朱轮，上有鸾栖。'"可见一斑。淝水战后，中原残破，吕光乘势占据凉州，其时姑臧一带的情形亦有可观。段龟龙《凉州记》（汤球辑自《说郛》及《初学记闻》）所引当时之民歌谓"远出武威郡，遥望姑臧城，但事弦歌乐，谁道山川远"，可见一斑。

鲜卑族的慕容氏，比之拓跋氏汉化程度更深，大抵其部族未南下取得政权以前，早已汉化，《晋书·慕容廆载记》："其祖莫护跋，魏初率其诸部入居辽西……始建国于棘城之北，时燕代多冠步摇冠，莫护跋见而好之，乃敛发袭冠，诸部将呼之为步摇，其后晋讹，途为慕容焉，或云慕二仪之德，继三光之容，遂以慕容为氏"，由此可见其对中国文化之向往。"太康十年，以大棘城即帝颛顼之墟也，元康四年乃移居之，教以农桑法制，同于上国"，又说："时二京倾覆，幽、冀沦陷，廆刑政修明，虚怀引纳，流亡士庶多襁负归之。廆乃立郡以统流人，冀州人为冀阳郡，豫州人为成周郡，青州人为营丘郡，并州人为唐国郡。于是推举贤才，委以庶政，以河东裴嶷、代郡鲁昌、北平阳耽为谋主，北海逢羨、广平游邃、北平西方虔、渤海封抽、西河宋奭、河东裴开为股肱，渤海封弈、平原宋该、安定皇甫岌、兰陵缪恺以文章才俊任居枢要，会稽朱左车、太山胡毋翼、鲁国孔纂以旧德清重引为宾友，平原刘赞儒学该通，引为东庠祭酒，其世子皝率国胄束脩受业焉。廆览政之暇，亲临听之，于是路有颂声，礼让兴矣。"五胡乱华时期，北方战乱频生，士人大量逃亡江左以外，北方以张轨的凉州，与慕容氏统治下的辽东，均为士人逃难荫护之处，保存了不少中原文化，两地之文化传至北魏而北周，入隋唐，遂成为中国文化之北统。《晋书·慕容皝载记》："自永嘉丧乱，百姓流亡，中原萧条，千里无烟，先王以神武圣略，保全一方，威以殄奸，德以怀远，故九州之人，塞表殊类，襁负万里，若赤子之归慈父，流人之多旧土十倍有余……"

北方汉人政治势力的发展

五胡君主对汉文化如此重视，故在魏晋南北朝时代，北方汉人在政治势力之发展及其对文化之贡献自然甚大。

西晋末迁往辽东一路的汉人如高瞻、韩恒等,自东晋投奔慕容廆,加上王浚为石勒所杀后,幽州衰乱,寄居其地的豪族如朱左车、孔纂、胡母翼等都逃奔慕容氏去,后来为前燕所任用。汉人逃亡多至数万家。廆遂为各地流入立成周唐等国侨郡。而廆又从避难的豪族中选拔贤才,委以庶政,这些人才对前燕的建国有很大的贡献和影响,一时人才如裴嶷、鲁昌、封抽、皇甫岌、韩桓等;而廆更在刑政之暇,亲临听之,以致路有颂声、礼让兴。汉人在文治方面有很大的贡献,甚而居于"教师"的地位;且在武功方面,也有很重要的建树,因为鲜卑虽骁勇粗犷,但组织力较弱,经汉人的帮助,使慕容氏统一了辽东和高句丽,如廆以裴嶷为长史委以军国之谋;及悉独官寇逼城下,外内骚动,廆问策于嶷,嶷曰:"悉独官虽拥大众,军无号令,众无部阵,若简精兵、乘其无备时则成擒耳。"廆从之,遂陷寇营。而慕容俊也大量任用汉人,以封弈为太尉,阳骛为尚书令,皇甫真及张希尚分为尚书左右仆射,宋活为中书监,韩恒为中书令,燕国政治几乎全握在汉人手中。

避难凉州的中原汉族,亦对当地有很大的影响。如北凉君主沮渠蒙逊对于汉人中的硕望很尊重,并且大量招用。因以玄冲、赵诞为博士祭酒,张穆为中书侍郎,委以机密之任,而其朝仪也皆由汉人所出。其他如江式、宋钦、张湛、刘昞、索敞等都被延置。及凉州为魏所平定,仍用上述汉人,对凉州士族亦礼遇有加。此等凉州士族,对北魏之影响非常重大。如李冲、李韶等人皆助成文帝之汉化。凡制定礼仪律令,及营建都邑宫庙诸役,以及其他有关变革夷风,模拟汉人之事,无不使冲参决监令;至于改革车服羽仪诸制,悉令韶典之,对元魏发生了很大的影响。又如延明在武昭王时为儒林祭酒,蒙逊拜为秘书郎,牧犍尊为国师学徒数百。常爽门徒七百人,索敞为之助教,敞入魏以儒学为中书博士,贵游子弟成就显达者数十人,在此汉化深浓、儒学兴奋之空气下,乃酝酿了孝文帝之迁都与汉化。

至于北齐,汉人的势力亦很快便抬头。高欢时代,鲜卑甚轻中华朝士,唯惮高昂。欢每申令三军常为鲜卑之语，但昂若在时，则为华语。高洋即位后，群臣皆汉魏衣冠。直至末年，洋乃数为胡服，征行市里，杨愔事高洋，时称主昏于上，政清于下。而李铉、邢峙、冯敬德、冯元熙皆以经学为帝室师。而苏绰、卢辩诸人，卒为北周创建了一个新的政治规模，为后来隋唐所取法。将来中国全盛时期之再临，即奠基于此。

第三节　河西文化及其影响

河西文化的形成

五胡乱华时期，中土士人流徙他方避难较多者，厥有三地：其一为慕容氏辖下之辽东，其二为长江以南之东晋王朝，其三为张轨建立之西凉（包括中国河西五郡之地）。于战乱之中，中国知识分子与文化之得以保全，实赖有此三地。长江以南属中国文化之南统，辽东与河西之文化，成为中国以后之北统，其后北并南，二统文化合流，成为隋唐文化之主流。故就历史与文化上言之，河西五郡之发展，与隋唐盛运及此下之中国文化有莫大关系。其事首发于清儒王船山《读通鉴论》，云："永嘉之乱，能守先王之训典者，皆全身以去，西依张氏于河西……拓跋焘礼聘殷勤，而诸儒始东，阚骃、刘昞、索敞师表人伦，为北方所矜式……流风所被，施于上下，拓跋氏乃革面而袭先王之文物；宇文氏承之，而隋以一天下；苏绰、李谔定隋之治具，关朗、王通开唐之文教，皆自此时也。"近儒陈寅恪先生著《隋唐制度渊源略论稿》亦疏通此说。所谓凉州辖地，据《后汉书·郡国志》称，包括河南之陇西、汉阳（天水）、武都、安定、北地五郡，及河西之金城、武威、张掖、酒泉、敦煌等五郡与张掖属国、张掖居延属国，共十郡二属国。至汉献帝以后，略有改变。此地在西汉时本为月支胡族聚居之地，后为匈奴所占有。至武帝开塞出击，霍去病军至祁连，匈奴昆邪王以其地降汉。此后，汉军乃借河西以为图西域之前锋据点。《汉书·地理志》："初置四郡以通西域，隔绝南羌匈奴，保边塞，二千石治之，咸以兵马为务。"是初时汉室之经营五郡，以军事为先，此后觉得河西既需永久占领之必要，故于军事之余，随当建设郡县，徙民以实之，并开始实行屯田，然终两汉之世，其成效未著。至曹魏时始大量兴农立学于凉土，打下张轨立国的良好基础。曹魏之经营凉土，固由其国防需要甚于两汉。盖蜀汉诸葛亮屡出祁山无功，至姜维时，乃转而谋五郡，故其设施均针对当前致乱根源，先整齐其经济，使边民有乐生之意，复修学明训以移其悍风。《三国志·魏书·苏则传》说他抵达金城以后，"外招怀羌胡，使其牛羊以养贫老，与民分粮而食，旬月之间，流民皆归，得数千家，乃明禁令，有干犯者辄戮，其从教育必赏，亲自教民耕种，其岁大丰收，由是归附者日多"。西晋永嘉之乱，张氏乃据此地而王，承两汉及曹魏之经营与教育基础，更凭山河之固，途成偏安之局。中州避难而来者，日月相继，彼等不乏家学渊源之士，挟其儒风学养而来，而前凉张氏亦世代儒学，对儒士尊崇备至。《晋书·张氏传》："张轨……家世孝廉，以儒学显。……（张）寔……学尚明察，敬贤爱士。……（张）祚……博学雄武，有政事之才。……（张）天锡少有文才，流誉远近。"据此观之，张氏实为当代儒学世家，因此，不仅凉土汉人受到儒学之风化，原居此地之胡人亦多受熏陶，秃发，沮渠，世居凉土胡人也，以久受河西儒学熏陶，沮渠蒙逊"博涉群史，颇晓天文"。南凉君主虽乏于学术，亦能延儒立学，诸梁君主皆受儒学熏陶，知敬礼学之士，任用儒贤，而诸儒得以从容诱掖，屡代相承，不唯家学得以延绵（如郭瑀家学可渊源于六世祖，下及刘昞、索敞、程骏、阴兴，师承脉络历历可稽），历位通显如宋繇者，犹倒屣迎儒，引谈经籍，兵燹之余，讲诵不废。其后元魏，既平河右，诸儒内迁，其所以备受元魏重臣如崔浩、高允等所景仰而乐为荐拔者，以河西尚能保存司马氏中朝学术之遗说，与浩等中州汉人仅存之家学冥会。故汉魏至隋唐五百年间，其文化能一脉相承者在此。

河西文化的影响

河西走廊一地，对中西交通与保存我国固有文化之重要既如上述，现在就此地对后世文化影响略陈于后。

隋创建新都大兴城，其宫市之位置与前时之长安市不同，世有追究其所以如此殊美的原因，而实受到北魏孝文之营造洛阳都城及东魏以前之邺城与南城之影响，可见隋代典章制度多承袭北魏太和文化而来的。原因是北魏洛阳新都的建造者李冲之家世素与河西关系至为密切。

北魏孝文太和时，曾改定刑律两次，尤以第二次所定之刑律与河西文化关系特为显著。至于宣武正始之定律，则河西与江左二者之文化因素亦参与其中，故元魏之刑律，实汇集中原、河西、江左三大文化体系于一炉，而加以取精用宏，其后经由北齐下及隋唐成为两千年来刑律之准则。

隋乐兼采梁、陈之旧，乐器中的琵琶、箜篌原为胡中之乐，实非纯粹华夏正乐可知。《隋书·音乐志》谓："西凉者，起苻氏之末，吕光、沮渠蒙逊等，据有凉州，受龟兹声为之，号为秦汉伎，魏太武帝遂谓之国伎。今曲琵琶、箜篌并出自西域。"琵琶箜篌既来自西域，河西乃西域入中原必经之咽喉，可见河西之影响于魏齐，周隋唐音乐之发展又一例证。

友人曹仕邦君尝撰《两汉迄南北朝河西之开发与儒学释教之进展》一文，谓："五郡本属中西交通孔道，佛教东渐，此为主要途径，当地所受之沾染非浅，永嘉而后，诸凉皆佛教国，沮渠父子更属护法之信徒，大为僧侣所归依，及二秦关中译场遭赫连劫毁，凉土遂成佛经翻译中心。则河西以有限之地利，当时不独供儒士之资廪，复给沙门之斋供，北方儒释二统不坠，端赖乎此。"

第四节　北魏汉化的过程与盛衰关系

魏孝文帝以前的汉化

过去学人多以为北魏的汉化始于孝文帝，又以为孝文帝的汉化很彻底，其实在孝文帝以前，鲜卑汉化已有很重要表现。兹列举表现如下。

第一，建国号。公元310年，穆帝猗卢受晋怀帝封为大单于、代公。公元315年，晋愍帝封其为代王。道武帝珪在登国之年改称魏王。皇始元年，讨平慕容宝，东晋安帝司马德宗遣使北来。道武为了答聘，诏议国号，朝臣认为应称代。他们的理由是说，鲜卑既起基云代，而"昔周秦以前，世居所生之土。有国有家，以王天下，即承如号。"（《魏书·太祖纪》）但是崔宏（玄伯）则主张称魏，他的理由是："国家虽统北方广漠之地，逮于陛下，应运龙飞，虽曰旧邦，受命维新。改代为魏。"道武于是采宏议，以魏为号。

第二，都平城。天兴元年，道武迁都平城（今山西大同）。这是鲜卑汉化过程中的一件大事。虽然鲜卑以前也曾城盛乐（位于今内蒙古和林格尔），但仍未脱游牧色彩。在都平城前后，曾有多次移民，如道武皇始二年、天兴元年、天兴五年。明元泰常三年，太武太延元年、太延五年、太平真君七年、太平真君八年、太平真君九年、正平元年，献文皇兴三年等。这些移民，包罗胡汉。目的在充实京畿，供给京师消费的生产力。道武天兴元年冬十月起天文殿，后又建昭阳殿。建筑的规制完全是汉式的，"将模邺、洛、长安之制"。（《魏书·莫含传》）

第三，定官制。鲜卑本为游牧民族，什翼犍时才渐有粗略的官制。《魏书·官氏志》说："昭成之即王位，已命燕凤为左长史，许谦为郎中令矣。余官杂号多同于晋朝。"道武天兴元年都平城以后，诏吏部郎邓渊制订爵品，二年"分尚书卅六曹及诸外署。凡在三百六十曹，令大夫主之。天赐元年，初置六谒官，准古六谒官，减五等之爵，分为王、公、侯、子四等。

四年,增置侍官,侍值左右,出纳王命,世祖神麚元年,置左右仆射,左右丞。"

第四,订礼仪。道武天兴元年即皇帝位。诏百司议定行次。尚书崔玄伯奏从土德、尚黑、数用五等。鲜卑人本无宗庙,《魏书·礼志》说:"魏光之居幽都,凿石为祖宗之庙于乌洛侯西北。"天兴二年太庙成。明元以后诸帝常有敬老尊贤(胡俗本"贱老贵壮")和祀中国历代明帝及山岳之举。道武天兴二年,诏礼官"备撰众仪,著于新令"。崔玄伯、邓渊参定朝仪。

第五,修刑律。鲜卑初期谈不到刑律,"无囹圄考讯之法,诸犯罪者皆临时决遣"。(《魏书·刑罚志》)道武以后,才开始整理法制。《魏书·太祖纪》说:"天兴元年十有一月,诏三公郎中王德定律令,申科禁。吏部尚书崔玄伯总而裁之。"《刑罚志》说这次改订法律的基本精神是"除其法之酷切于民者,约定科令"。太武时,游雅、胡方回、高允等再度参与订律。主持北魏司法改革者多为中原士族,崔玄伯、崔浩、高允、游雅,更是"贤俊之胄,冠冕州邦"。高允深通《春秋》,常以经义断狱;崔浩深通汉律。他们的改革方向,自然是汉化的。

第六,劝农耕。太武以前,鲜卑人尚未摆脱游牧本色。不过在穆帝猗卢时,已稍有趋于居国的倾向。《魏书》载:"晋怀帝进帝(猗卢)大单于,封代公。帝以封邑去国悬远,民不相接。乃从(刘)琨求句注陉北之地。琨有以托附,闻之大喜。乃从马邑、阴馆、楼烦、繁畤、崞五县之民于陉南,更立城邑,尽献其地。东接代郡,西连西河、朔方,方数百里。帝乃徙十万家以充之。"这区域是后来北魏的"心脏地带",也是拓跋氏有领土及人民概念之始。太武以后诸帝,屡下劝农之诏,语气在急切中带有威严。当然这不无压榨民力的成分在内,但也可证明鲜卑已看出农业的重要性。

第七,饬吏治。注意吏治、减刑、省赋、恤民,原是中原王朝贤君的作风,并不为当时的胡人所熟悉。北魏自道武时,开始整饬吏治。他先从健全地方政治组织着手。天赐元年，诏限县户不满百者罢之。太宗明元帝更注意到地方官员的节操，神端元年，诏使者巡行诸州，校阅守宰资财非自家所赍，悉簿为赋。守宰如不法，听百姓诣阙告之。太武神䴥元年，曾精选良吏以代不法者。高宗文成帝常考察各地方官吏的政绩。此外诸帝亦常薄刑轻租，省用刑罚，与民休息。例如太宗神端二年诏，世祖延和三年诏，太平真君四年诏等，皆具有此种精神。

第八，设学校。北魏立学，始于道武。《魏书·太祖纪》说："天光二年三月甲子，初令五经群书各置博士。增国子太学生员三千人。"《魏书·儒林传》曾对北魏学校作一概括叙述："太祖初定中原，虽日不暇给，始建都邑，便以经术为先。立太学，置五经博士，生员有千余人，天兴二年春，增国子太学生员至三千。……太宗世考国子为中书学，立教授博士。世祖始光三年春，特起太学于城东。后征卢玄，高允等，而令内郡各举才学。于是人多砥尚，儒林转兴。大选儒生，以为小学博士员四十人。……神龟中将立国学。……未及简置，仍复停寝……暨孝昌之后，海内淆混，四方校学，所存无几。"

第九，奖文物。道武帝好黄老，《宋书·索虏传》说："开（道武帝珪）颇有学问，晓天文。"据《魏书·太祖纪》，皇始二年他进军讨慕容宝之弟贺驎，"太史令晁崇奏曰：'不吉。'帝曰：'何也？'对曰：'对以甲子亡，兵家忌之。'帝曰：'周武不以甲子胜乎？'崇无以对"。由此可见他的"汉学"素养之精深。《魏书·太宗纪》："帝好文物，好读史传。以刘向所撰新序，说苑于经典正义多有所阙。乃撰新集三十篇。采诸经史，该洽古义。"故世祖、高宗、显祖诸帝亦颇能振兴文物。诸帝既爱好文物，而倡导文物又可优礼士人，巩固政权。河西儒学停顿，及平凉州，乃诏浩曰："……史阙其职，篇籍不著，每惧斯事之坠焉。公德冠朝列，言为世范，大小之任，望君存之。命公留台，综理史务，述成此书，务从实录。"浩于是监秘书事，以中书侍郎高允、散骑常侍张伟参著作，续成前纪。至于损益褒贬，折中润色，浩所总焉。

日后的修史问题虽不幸成为胡汉冲突的导火线,崔浩及许多修史者于太武太平真君十一年被杀,并罢史官,但在高宗成帝和平元年又恢复了史官。

第十,敬儒学。太武始光三年,起太学于城东,祀孔子,以颜回配之。北魏诸帝敬重儒学,如《魏书·儒林传》所记,许多儒者皆甚受礼遇。如新兴人梁越,国初授礼经博士,太祖拜为上大夫,使授诸皇子经书。明元帝就是他的学生。张伟和高允皆拜中书博士。河北人陈奇因为有才气,深为清河王怿所重。而河内温人常爽,尤受尊敬。他本居凉州,世祖平凉之后归北魏,置馆温水之右,教授门徒七百余人,尚书仆射元赞、平原太守司马贞安、著作郎程灵虬都是他的高足。常爽讲学二十多年,时称"儒林先生"。华阴人徐遵明亦讲学二十余年,海内莫不宗仰。又博陵饶阳刘献之的学生、顿丘卫国人董征亦为大家,世宗使他授京兆、清河、广平、汝南四王。

魏孝文帝的汉化及其后果

一、时代背景

在当时中国正处于南北对峙之分裂局面。其时齐武帝永明八年(公元490年),北魏冯太后死,孝文帝始得亲政,他可能受冯太后的熏陶,倾慕汉化,颇有"大一统"的思想。在孝文帝以前,已有北朝胡人汉化之实情如上述,如刘渊父子、石勒、慕容廆、苻坚、王猛、姚兴、拓跋珪等。因而孝文帝之汉化颇有先例可循。至于其政治、经济、文化各方面之改革,皆无不与汉化有密切之关系。当时元魏政制久已汉化,塞北荒寒,不适为新政治中心,在北方统一以后,若图吞并江南,需先将首都南移,并且魏孝文帝实在想用迁都的政策来给予他的人民(鲜卑人)一种新刺激。基于以上原因,孝文帝不得不迁都,而迁都又是改革之必需条件。

二、迁都与汉化

中原地区推行均田制成功,基本上改变了拓跋氏过去虽然是农业已经占主导地位，而实际上农业、畜牧业并存的情况。北魏皇朝从此期起在全国经济中，已经占据到绝大的比重。中原地区推行起来的均田制，已经成为北魏皇朝唯一可推行的方法。同时，农业化的过程也就是拓跋部更急速地向汉化跃进的过程，如果他们再以塞外为政治中心和保持塞外的生活方式，对他们来说，已经不大适合时宜。所以魏孝文帝在中原地区推行均田制后的十年中，必须要把都城从平城迁到洛阳，还必须作一系列符合典型农业社会跃进的改革。

三、迁都洛阳之原因

北魏从道武帝建国（公元383年），其后进兵中原（公元398年）到太武帝统一黄河流域，及至孝文帝太和十七年（公元493年）迁都洛阳，统治中原已历一个世纪之久。在这个世纪中，由于拓跋部贵族的残酷统治，及其迫害汉人与其他各族人民，不仅汉族的反抗情绪日益高涨，方式日益增多，规模日益扩大，同时在中原地区内，逐渐推进到农业生产领域的各族人民也一步步在和汉族融合，共同抗拒拓跋贵族的统治，其中以公元445年至446年卢水胡盖吴的起事规模最大。孝文帝除了在中原地区推行均田，减轻租调，对各族人民作出让步以外，为了更有力地"镇压"中原地区的人民，进一步巩固拓跋的统治权起见，乃不得不把国都迁进关内以东。孝文帝迁都的重要原因，此其一。

北魏自道武帝定都平城，僻处塞外，虽不断地移民塞外，给耕牛，计口授田，也只能供应六镇的军粮，至于平城自作为首都以后，人口集中，游食者多，粮食供应感到困难，又在明元帝时代，平城一带经常荒年，而有打算迁都就丰收地区的计划。即使不是荒年，平城的粮食也还是不够，北魏政权通常令关内诸州郡用牛运粟塞上，劳费也是很多。太和十一年（公元488年），平城一带又是大旱荒，旱到春天"野无青草"，"饿死衢路，无人收识"（《魏书·食货志》），可见其饥饿之严重。接着又流行"牛疫"，牧畜也死了很多。北魏皇朝至此实已不得不迁都，定都洛阳。中原地区的农业经济已经成为北魏皇朝的主要基础，从关外的平城移都到中原政治经济文化中心的洛阳，从社会经济发展的特殊阶段来说，也就有其特殊的意义了。此其迁都原因之二。

过去，拓跋氏族成员与被征服国家的"豪杰"、"名家"往往戍防六镇，构成北魏皇朝军队的基本核心。随着时代过程的转变，拓跋内部阶级分化更为急遽，他们的经济逐渐衰颓起来了，这也使得北魏皇朝的军事威力逐渐衰落，可是当时居于拓跋氏北方的柔然人的势力，却大大扩张起来。太和十七年（公元493年），高车族南攻柔然，取柔然故地，柔然益更南徙，逼近平城。孝文帝遣阳平王拓跋颐等率数万募骑北拒柔然，值大雪，魏军人马死伤甚多。如若魏仍都平城，稍一疏忽，便有被柔然包围的危险，甚至平城有失守的可能。而且孝文帝认为如大举南侵，南北统一可期。是平城有累卵之危，洛阳有磐石之安，故定都洛阳，为孝文帝迁都的重要原因，此其三。

根据上述三个原因，孝文帝不得不迁都，新都的地点有两处，不是洛阳便是邺。洛阳在黄河之南，邺在黄河之北。从经济方面来讲，邺比洛阳要优越；但洛阳究竟是中原政治与文化的中心地区，孝文帝既已迁都塞内，必须以华夏文化的继承者自期，应以定都洛阳为宜。都洛阳，便能迷惑中原的一批醉心于"华夏正音"的士大夫，孝文帝舍邺而都洛阳的原因在此。

四、孝文帝的汉化动机

孝文帝认为既然迁都洛阳，就应该与代都（平城）时代有所不同，也就是应该用一种适合于当时当地经济的生活方式来代替"佛狸已来，稍僭华风，胡风、国俗、杂相糅乱"的塞外生活方式。他认识到鲜卑族既已发展到这一特定阶段，还要保持固有的生活方式，已不可能，所以他主张彻底汉化，换句话说，他是想用汉族固有的传统方法来统治汉族人民，何况通过鲜卑族的彻底汉化，正可以消灭鲜卑、汉族两大部族间的矛盾。他们的政权，因此会更巩固，他和他的子孙，可以更好地统治汉族人民。这一派的主张，由于适应社会经济发展的客观形势，因此终于战胜了反迁都派的意见,于是孝文帝迁都后,开始在政治社会风俗上作一系列的汉化。

五、北魏汉化的内容

孝文帝为了适应社会经济的发展,为了巩固政治体制来缓和国内阶级矛盾和民族矛盾,不得不彻底推行汉化。在迁都洛阳以前,孝文帝已经开始清除鲜卑人的氏族制度残余与奴隶制的残余,已经开始执行汉化政策。太和七年(公元483年),下诏禁鲜卑族人的同姓相婚。太和八年(公元484年),采用汉制,规定百官俸给等差。太和九年(公元485年),下令"自太和六年以来,买定、冀、幽、相四州饥民尽还所亲"。同年,推行均田法。太和十六年,又下令禁革鲜卑人袒裸之俗。公元494年迁都洛阳后,更加速汉化的过程,三数年间,先后实行以下的重要改革。

(一)经济方面

第一,班禄制。时魏官无禄力,"唯取给于民,宽善抚纳,招致礼遗,大有受取,而与之者无恨。又弘农出漆蜡竹木之饶,路与南通,贩贸来往。家产丰富,而百姓乐之。诸镇之中,号为能政"。(《魏书·崔玄伯附崔宽传》)和平二年正月,诏曰:"刺史牧民,为万里之表。自顷每因发调,逼民假贷,大商富贾,要射时利,旬日之间,增赢十倍。上下通同,分以润屋。故编户之家,困于冻馁;豪富之门,日有兼积。为政之弊,莫过于此。其一切禁绝。犯者十疋以上皆死。"(《魏书·高宗文成帝纪》)按魏初百官无禄,取给于人民,廉者不得温饱,贪者坐拥厚资,实政之最粃者。旋知其弊,勒为厉禁,然不制禄以养廉,徒持法以诛赃吏,非正本清源之计也。孝文帝时,淮南王奏求依旧断禄,文明太后会召群臣议之。尚书中书监高闾乃上表请准其奏:"自中原崩否,天下幅裂,海内未一,民户耗减。国用不充,俸禄远废。此则事出临时之宜,良非久长之道。……饥寒切身。慈母不保其子。家给人足。礼让可得而生。但廉清之人,未必皆富,丰财之士,未必悉贤,今给其俸,则清者足以息其滥窃,贪者足以感而劝善,若不班禄,则贪者肆其奸情,清者不能自保。难易之验。灼然可知。"(《魏书·高闾传》)"帝从其情,乃下诏班禄,并严定罚章,以止贪墨。太和八年六月,诏曰：'置官班禄。行之尚矣。'……自中原丧乱，兹制中绝。先朝因循，未是厘改。朕永鉴四方，求民之瘼。……故宪章旧典，始班俸禄。罢诸商人，以简民事。户增调三匹，谷二斛九斗，以为官司之禄。均预调为二匹之赋。即兼商用。虽有一时之烦，终克永逸之益。禄行之后，赃满一匹者死。"（《魏书·高祖孝文帝纪上》）

第二，三长制。魏孝文帝于公元486年，采取李冲的建设，立三长制。其内容大约如下：五家立一邻长，五邻立一里长，五里立一党长。邻、里、党是称三长。立三长是为了更严密地管制人民，一方面和豪族争夺人口，一方面限制人民的逃亡。三长制和均田制是相辅而行的。（详第四项）

第三，均田制。时民困饥流散。豪右多有占夺。李安世乃上疏曰："臣闻量地画野，经国大式；色地相参，致治之本。……田莱之数，制之以限。盖欲使土不旷功，民罔游力。雄擅之家，不独膏腴之美；单陋之夫，亦有顷亩之分。所以恤彼贫微，抑兹贪欲，同富约之不均，一齐民于编户。窃见州郡之民，或因年俭流移，弃卖田宅，漂居异乡，事涉数世。三长既立，始返旧墟，庐井荒毁，桑榆改植，事已历远，易生假冒。强宗豪族，肆其侵凌，远认魏晋之家，近引亲旧之验。又年载稍久，乡老所惑，群证虽多，莫可取据。……争讼迁延，连纪不判。良畴委而不开，柔桑枯而不采。……欲令家丰岁储，人给资用，其可得乎？愚谓今虽桑井难复，宜更均量，审其径术，令分艺有准，力业相称，细民获资生之利，豪右靡余地之盈。则无私之泽，乃播均于兆庶……然后，虚妄之民绝望于觊觎，守分之士永免于凌夺矣。"高祖深纳之。后均田之制起于此矣。（《魏书·李孝伯附李安世传》）太和九年，下诏给天下民田。诸男夫十五以上，受露田四十亩，妇人二十亩，奴婢依良。丁牛一头受田三十亩，限四牛。所授之田率倍之，三易之田再倍之，以供耕作及还受之盈缩。诸民年及课则受田，老免及身没则还田。奴婢、牛随有无以还受。诸桑田不在还受之限。但通入倍田分。于分虽盈，后则还田。不得以充露田之数。不足者以露田充倍。诸初受田者，男夫一人给田二十亩。课莳余，种桑五十树，枣五株，榆三根。非桑之土，夫给一亩，依法课莳榆枣。奴各依良。限三年种毕，不毕，夺其不毕之地。于桑榆地分杂莳余果及多种桑榆者不禁。诸应还之田，不得种桑榆枣果，种者以违令论，地入还分。诸桑田皆为世业，身终不还，恒从现口。有盈者无受无还，不足者受种如法。盈者得卖其盈，不足者得买所不足。不得卖其分，亦不得买过所足。诸麻布之土，男夫及课，别给麻田十亩，妇人五亩。奴婢依良。皆从还受之法。诸有举户老小癃残无授田者，年十一已上及癃者各授以半夫田；年逾七十者不还所受；寡妇守志者，虽免课，亦授妇田。诸还受民田，恒以正月。若始受田而身亡，及卖买奴婢、牛者，皆至明年正月乃得还受。诸土广民稀之处，随力所及，官借民种莳。役后有土居者，依法封授。诸地狭之处，有进丁受田而不乐迁者，则以其家桑田为正田分，又不足不给倍田，又不足家内人别减分。……进丁受田者，恒从所近。若同时俱受，先贫后富。再倍之田，放此为法。诸远流配谪，无子孙及户绝者，墟宅桑榆，尽为公田，以供授受。授受之次，给其所亲；未给之间，亦借其所亲。诸宰民之官，各随地给公田，刺史十五顷，太守十顷，治中别驾各八顷，县令、郡丞六顷。更代相付，卖者坐如律。(《魏书·食货志》)

第四，户籍。太和十年二月，初立党里邻三长，定民户籍。(《魏书·高祖孝文帝纪下》)。魏初不立长，故民多荫附。荫附者皆无官役。豪强征敛，倍于公赋。《魏书·食货志》载太和十年给事中李冲上言："宜准古，五家立一邻长，五邻立一里长，五里立一党长。长取乡人强谨者。邻长复一夫，里长二，党长三。所复：复征戍，余若民。三载亡愆则陟用，陟之一等。"又《通考》卷一二《职役考一》后魏初不立三长，惟立宗主督护。所以人多隐冒，五十三家，方为一户，谓之荫附。太和十年，纳给事中李冲之言，遂立三长。

（二）文化方面

第一，改姓氏，禁归葬。太和二十年正月，诏改姓为元氏。而鲜卑族是多缀语的部族，他们的姓氏也是多缀语。孝文帝把鲜卑复姓改成汉字单姓。此外，北魏皇族九氏，以及北魏初期所统的部落一百八十氏，姓皆重复，皆改为单姓，例如改拓跋氏为长孙氏，达奚氏为奚氏……独孤氏为刘氏，贺楼氏为楼氏……尉迟氏为尉氏，其余所改不可胜计。(《通鉴·齐建武三年》)又命鲜卑贵族死于洛阳者，即葬于洛阳北邙山，不得还葬平城，同时又改他们的籍贯为河南郡洛阳县人。

第二，禁胡服。太和十年正月，帝始服衮冕，朝飨万国。始制五等公服(《通鉴》注"魏书卷七下高祖孝文帝纪下"：公服，朝廷之服。五等：朱、紫、绯、绿、青。法服衮冕，以见郊庙之服)。太祖天兴六年，诏有司制冠服，随品秩各有差。时事未暇，多失古礼。世祖经营四方，未能留意，仍世以武力为事，取于便习而已。至高祖太和中，始考旧典，以制冠服，百寮六官，各有差次。(《魏书·礼志四》)《魏书·咸阳王元禧传》言："高祖……责留京之官曰：'昨望见妇女之服，仍为夹领小袖。……何为而违前诏？'"

第三，禁鲜卑语。魏初鲜卑语与汉语并行，孝文帝特禁之。太和十九年六月，诏曰："不得以北俗之语，言于朝廷。若有违者，免所居官。"高祖曰："……今欲断诸北语，一从正音。年三十以上，习性已久，容或不可卒革。三十以下，见在朝廷之人，语音不听仍旧。若有故为，当降爵黜官，各宜深戒。"北魏初定中原，鲜卑族人自然使用本族的语言，军中号令，也都用鲜卑语或置"传译"。但是鲜卑文化经济远较汉族为落后，鲜卑族人口不多，政治上他们固然是征服者，而暂居优势，但是在经济文化，特别是语言的势力上，鲜卑族却是居于劣势。孝文帝之禁鲜卑语是想通过清除鲜卑、汉各族在语言方面的隔阂，来逐渐消除氏族的隔阂，以达到其汉化的最终目的。

第四，婚名族。太和七年十有二月，诏曰："……周世绝同姓之聚，斯皆教随时设，沿因事改者也。皇运初基，中原来混，拨乱经论，日不暇给，古风遗朴，未遑厘改，后遂循因，迄兹莫变，朕……思易质旧，式昭维新，自今悉禁绝之。有把，以不道论。"(《魏书·高祖孝文帝纪上》)高祖诏曰：

"……至于诸王娉合之仪，宗室婚姻之戒……人乏窈窕，族非百两，拟匹卑滥，舅氏轻微，违典滞俗，深用为叹。以皇太子茂年，宜简令正，前者所纳，可为妾媵。将以此年为六弟娉室。长弟咸阳王禧可娉故颍川太守陇西李辅女，次弟河南王干可娉故中散代郡穆明乐女，次弟广陵王羽可娉骠骑谘议参军荥阳郑平城女，次弟颍川王雍可娉故中书博士范阳卢神宝女，次弟始平王勰可娉廷尉卿陇西李冲女……"（《魏书·咸阳王元禧传》）

第五，重文学。太和中，改中书学为国子学，建明堂辟雍。……又开皇子之学，及迁都洛邑，诏立国子太学，四门小学。高祖钦明稽古，笃好坟典，坐舆据鞍，不忘讲道。刘芳、李彪等人，以经书进；崔光、邢峦之徒，以文史达。其余涉猎典章，闲集词翰，莫不縻以好爵，动贻赏眷。于是斯文郁然，比隆周汉。（《魏书·儒林传序》）"雅好读书，手不释卷，五经之义，览之便讲……史传百家，无不该涉，善谈庄老，尤精释义，才藻富赡，好为文章，诗赋铭颂，任兴而作。……自太和十年以后，诏册皆帝之文也。自余文章，百有余篇，爱奇好士，情如饥渴，待纳朝贤，随才轻重。……悠然玄迈，不以世务婴心。……帝之雅志，皆此类也。"（《魏书·高祖孝文帝纪下》）

（三）政治方面

鲜卑人自公元420年大战后，害怕与南朝作战。当时北方的柔然早已衰弱，南朝成为唯一的敌国。如果北方士族响应南朝的北伐，鲜卑统治者将很难应付这个局势。公元489年，魏孝文帝向群臣访问安民之办法，李彪建议：应在河表七州人中，选择高门，召来京城，同中州人（鲜卑贵族）平等待遇，给予官做。这样，可以调和新（新选七州高门）旧（鲜卑贵族），也可以阻止士人投向南朝。魏孝文帝很重视李彪的建议，此后行政多着重在利用汉士族与调和汉士族及鲜卑贵族间的关系上。

汉化的影响与评价

北魏迁都与汉化是历史上一个非常重要的事实，就其迁都与汉化政策来说，对于鲜卑全民族前途而论，确有部分的成功，而对于拓跋民族政权的统治来说，却是失败的。

北魏汉化改革遂使胡汉两族的血统、宗教、言语、风俗和习惯等，融冶于一炉，胡族彻底混入于汉族的集团中而不复炽，使中华民族又来一次扩大。故这时期在政治上虽说被征服的是汉族，但就文化上来说，被征服的是胡人。而汉化的失败使得以后统治中国的胡人不敢全盘汉化，尤其是文物已很盛的金人或清人，始终要保持他们和汉人的界限，这一点终于成为清代皇朝的致命伤。

北魏孝文帝之汉化与迁都，原则上都不算错。鲜卑汉化是一定的趋势，而平城为漕运所限，不能成为统一全中国的都城，也是势所必迁。由于魏孝文帝对于南北朝时的世族政治毫无批评地全盘接受，因而形成了北魏后期贵族政治的腐化局面。当然，其中尚有其他重要的影响。现分述如下。

一、六镇之变

魏初都平城，于缘边置六镇，曰武川，曰抚冥，曰怀朔，曰怀荒，曰柔玄，曰御夷，皆恃为藩卫。魏兰根，巨鹿人也。尚书令李崇讨蠕蠕，以兰根为长史。因说崇曰："边缘诸镇，控摄长远，昔时初置，地广人稀，或征发中原强宗子弟，或国之肺腑寄以爪牙。中年以来，有司乖实，号曰府户，役同厮养，官婚班齿，致失清流。而本宗旧类，各居荣显，顾瞻彼此，理当愤怨宜改镇立州，分置郡县。凡是府户，悉免为平人，入仕次第，一准其旧。此计若行，国家庶无北顾之虑。"崇以奏闻，事寝不报。

《北史·广阳王建附子深传》载深上书曰："昔皇始以移防为重，盛简亲贤，拥麾作镇，配以高门子弟，以死防遏。不但不废仕宦，至乃偏得复除。当时人物，忻慕为之。及太和在历，仆射李冲当官任事，凉州土人，悉免厮役；丰沛旧门，仍附边戍。自非得罪当世，莫肯与之为伍。征镇驱使为"虞候"、"白直"，一生推迁，不过军主。然其往世房分，留居京者，得上品通官；在镇者，便为清途所隔。……多复逃胡乡。及峻边兵之格，镇人浮游在外，皆听流兵捉之。于是少年不得从师，长者不得游宦。……自定鼎伊洛，边任益轻，唯底滞凡才，出为镇将。转相模习，专事聚敛，或有诸方奸吏。犯罪配边，为之指踪，过弄官府；政以贿立，莫能自改。"

《通考》卷一五一《兵考三》："拓跋氏起自云、朔，据有中原，兵戎乃其所以为国也，羽林、虎贲则宿卫之兵，六镇将卒则御侮之兵，往往皆代北部落之苗裔，其初借之以横行中国者。自孝文定鼎伊、洛，务欲以夏变夷，遂至矫枉过正，宗文鄙武，六镇兵卒，多摈弃之，有同奴隶，边任浸轻，裔夷内侮，魏之衰弱实肇于此。"

二、速使魏亡

自是魏人政教学术，多与华同，然只是学中国之华饰而已，于汉民族弘毅幽深执中重义之精神，未能悉有也。故虽文物煌然，而国势由此弱矣。自是凡历数帝，皆以不振，内有胡后之乱，而孝明帝以毒死；外有六镇（均在平城附近）之叛，而尔朱荣起祸。荣本驻军晋阳，至是以清君侧为名，督兵入洛，沉太后于河，杀魏权要两千余人，立孝庄。孝庄杀荣，而为荣弟兆所弑，高欢等起兵讨乱，立孝武帝。欢自为大丞相专政。孝武，畏偪，走依关西宇文泰，是为西魏，欢别立孝静帝于邺，是为东魏，东西魏之分始于此；时梁大同元年，公元五三五年也。北魏自太武帝焘于公元四三九年并灭北凉，统一北方以来，至是已九十四年，凡传九主。

三、汉胡融和

孝文帝的汉化政策，促进了鲜卑和其他胡族彻底跟汉人同化。胡汉之间，渐形成了经济，文化等方面不可分割的联系，表现了一种有进步作用的自然融和的过程，为隋、唐时代中华民族的统一和发展，奠立了新的基础。更由于文学的提倡，教育得以推广，设立国子学，太学及四门小学，讲授经学。学生可以被州郡选为茂异（州）、孝廉（郡)，取得官职。鲜卑人为求得官职，乃致力于文学之中，沾染了汉人奢侈文弱之风，以致勇武遗风消失，但鲜卑人的文化及生活水准却提高了。

四、重文轻武

在洛阳贵族的立场来说，他们觉得"镇"和"州"的权利和义务都是完全不同的。他们觉得州才是真正的老百姓，镇只是一些防御北方游牧民族入侵的武士们。镇既然有它们特殊的任务，当然不能轻于改变。同时到了迁洛以后，在一种长期太平状况之下，多少也养成了重文轻武的意念。当然，在胡后时期也还有武人跋扈的事件发生，不过当政的贵胄大臣们，决不把武人的地位和文臣的地位放在同一的标准上面，这一类的事实可在魏书上找到例证的。这是源于一般人的自私，以及生活方式的隔绝，这不是原来主张建设大帝国的魏孝文帝所能预料得到，而其结果，却使得北魏的安定局面，就此毁坏了。

五、重用汉人

拓跋氏之任用汉人，始于桓、穆二帝。其时之卫操、姬澹、卫雄、莫含等，虽皆乃以华夏，非欲依虏以立功者，然于虏俗开通所裨必大，则可想见。六脩之难，晋人多随刘琨任子南奔，虏之所失，必甚巨也。昭成愚懿，其能用汉人，盖尚子逮桓、穆。其时汉人见用，著于《魏史》者，唯许谦、燕凤而已。道武性野蛮。破燕以后，不得不任用汉人，然仍或见诛夷，或遭废黜，实不能谓为能用汉人也。然既荐居中国之地，政务稍殷，终非鲜卑所能及，故汉人之见任者，亦稍多学。后来北齐高氏，重用汉人，尊儒者为帝师，西魏在宇文泰执政时，崇儒好古，任用汉人苏绰、卢辩、依《周礼》定官制，后来北周的宪章法制大都出于两人之手。故元魏之国情，实至孝文迁洛而一大变。孝文之为人，盖全出文明太后所孕育，其能令行于下，亦太后专政时威令风行，有以致之。惜乎孝文南迁五年即死。他的抱负未能舒展，鲜卑人追不上他理想，而变乱起，以至分为东西魏。

第五节　胡汉矛盾与两者势力的消长

胡汉的待遇与地位

胡人和汉人，是有着许多差别和不同待遇的。虽则上文已述及五胡之汉化与汉人在北方的地位，但一般而论，胡汉始终仍有着一定的界线与待遇之不同。如惯常来说，鲜卑胡人是"国人"。魏收《魏书》是在北齐暴政之下修的，他对于许多事情都讳莫如深。他尽可能避免有关胡汉对立的叙述。但他有时也提到这个名词。《魏书·序纪》："炀皇帝复立，以七年为后元年。烈帝出居于邺，石虎奉第宅、伎妾、奴婢、什物。三年，石虎遣将李穆率骑五千纳烈帝于大宁。国人六千余落叛炀帝。"在此略述国人所受的待遇与汉人大有分别的原因。

他们聚居京畿以内，即平城附近地区。《魏书·食货志》说："天兴初制定京邑，东至代郡，西至善无，南极阴馆，北尽参合，为畿内之田。其外四方四维，并八部师以监之。"畿甸是特别行政区，设官与其他区不同，采"八国制"。鲜卑人便集居此特别区内，不轻易他徙的。鲜卑人集居的原因，不外人数不多（鲜卑人初来中原时，控弦不过四十万）和便于集中力量对付汉人。当然鲜卑人并不能完全集中在京畿，各地镇戍也需要他们。畿内更是有许多非鲜卑人，北魏政府多次大规模的移民就是例证。

他们彻底地控制军权。《通鉴》一五七："（高）欢每号令军士，常令丞相属代郡张华宣旨。其语鲜卑则曰：'汉民是汝奴，夫为汝耕，妇为汝织。输汝粟帛，令汝温饱。汝何为陵之？'其语华人则曰：'鲜卑是汝作客，得汝一斛粟，一匹绢，为汝击贼，令汝安宁。汝何为疾之？'"《通考》一五一马端临按语说："拓跋氏起自云朔，据有中原兵戎，乃其所以为国也。羽林虎贲，则宿卫之士；六镇将卒，则御侮之兵，往往皆代北部落之苗裔。其初借之控制中国也。"《魏书·高祖纪》："太和二十年，以代迁之士，皆为羽林虎贲。"

因为他们是统治阶级，所以做官是他们的专利。北魏虽然也有汉官，但是这些汉官殊少实权。中央官吏，差不多都是由鲜卑人包办的。孝文之后，情形才渐改观。《魏书·官氏志》说任官"皆取诸部大人及豪族良家子弟"。还有我们再看一下历朝实际的情形：凡握有实际上的军政权力，担任过太尉、司徒、司空、大司马、大将军等职务的人，汉人几乎绝无仅有。汉人更是甚少有封王或加仪同三司的。即有之，也多是外戚。

拓跋氏任用汉官，或出于建国的需要，如崔玄伯、邓渊之流；或出自技艺上的需要，如晁崇、张渊、周澹、李修、蒋少游（见《魏书·术艺传》）。再不，根本就是出自利用。虽然北魏也有诏征举。例如太武神䴥年间，诏征范阳卢玄、博陵崔绰、赵郡李灵、河间邢颖、渤海高允、广平游雅、太原张伟叙用。但是基本用意，旨在怀柔。他们不过是拜著作郎、散骑常侍一类的闲官，整理制度律令，做做皇家教师，或者出使南朝，装点门面而已。卢玄、游雅、张伟都曾出使刘宋。高允写过《征士颂》，无非歌功颂德而已。不仅此也，因为鲜卑人对于汉人的猜忌，使许多汉官没有安全感。崔逞因为与道武帝有一点口头上的小争执，便被赐死。太武太平真君十一年，崔浩被戮。《魏书·仇洛齐传》说他当初入朝做官是为"兄弟试祸福"，而且他还是外戚。一般汉官更常告诫子弟不可"远诣台阁"（《魏书·宋隐传》）。本来地方官吏也限制汉人出任，后经朝麒麟建议说于统治者有利，才被接受。

汉人（指世族或豪宗）的待遇与地位

以下所说的汉人，还是指世族豪望，至若一般民众更不待言。

汉人是无迁居自由的。如魏书高祖汉太和七年，因冀定民饥，才"弛关津之禁"。又太和十一年岁饥，始"听民出关就食"，私逃是要治罪的。魏书世祖汉太延元年诏羁旅他乡者归里，"不问前罪"。魏害高祖汉延兴二年诏："流迸之民，皆令还本。违者配徙他镇。"太和九年颂均田令，说："乐迁者听逐空荒，不限异州他郡。"但又加上："唯不听避劳就逸。其地足之处，不得无故而移。"

汉人有很重的赋税负担。太和八年和十年，曾经两次调整税率。政府更常随意加征，如高祖延兴二年、肃宗孝昌二年，都曾由政府的一纸命令就增征赋税。至于力役，那就是无定则，政府几乎任意征发。太宗泰常六年，发京师六千余人筑苑；高祖太和七年，诏青齐东徐四州之民户，运仓粟二十万石送瑕丘、琅琊。世祖太延二年发定州七郡一万两千人通莎泉道。太和元年发州郡五万人治灵邱道。世宗景明二年，发畿内夫五万人，筑京师三百二十三坊等。

汉人是无社会地位可言的。北魏承袭了魏晋门阀之风。高宗文成帝和平四年诏，不许百伎工巧卑姓与高第者通婚。孝文太和二年再申前诏。

汉人经常受胡人权贵的欺凌。《魏书·酷吏传》中所记虐民情形，令人发指。《魏书·京兆王传》："（继）在青州之日，民饥馁，为家童娶民女为妇妾，又以良人为婢，为御史所弹，坐免官爵。"有些王公竟然向百姓预征税赋。《魏书·长孙道生传》："今王公素餐，百官尸禄，租征六年之粟，调折来岁之资。此皆出入私财，夺人膂力。"高欢为了抵抗尔朱兆，策反六镇胡人，说兆要将他们配契胡为部曲。他们便推高欢为主。欢与之约定："不得欺汉儿，不得犯军令。"可见此一问题的存在。

这些汉民还是介于农奴和自由人之间的。北魏有许多奴隶，奴隶多来自俘虏，这又是大部以汉人为对象的。他们的情况更惨，《通考》十一引《容斋随笔》："元魏破江陵，尽以所俘士民为奴。无问贵贱，盖北方夷俗皆然也。"根据以上的析论，我们知道北魏时代，胡汉之间是有许多差别待遇的。鲜卑人凭借其政治和军事的力量，成功为统治阶级，他们建立了一个严酷的社会。

胡汉矛盾原因的分析

在宗教信仰上，胡人信佛教，中原世族多信道教。佛教是外来的宗教，且从中亚及西域等国传入，因与胡人有甚深的渊源。石勒宗信天竺沙门浮图澄，苻坚时释道安，姚兴时胡沙门鸠摩罗什及中国僧人法显等，均甚受尊重。北魏远自神充帝力微时，就笃信佛教。太祖道武帝更于太兴元年下诏曰："夫佛法之兴，其来远矣。济益之功，冥及存没，神踪遗轨，信可依凭。其敕有司于京师建饰容范，修整宫舍，令信向之徒，有所居止。"（《魏书·释老志》）此后明元、太武更是大建佛图，招徕名僧，太武平赫连昌得沙门惠始，也是崇信一时。此时中国道教经寇谦之弘扬，"帝以清静无为，有仙化之证，遂信行其术"。崔浩更怂恿他排佛。于此，我们不难看出胡汉在信仰上的冲突。

双方存在社会势力上的冲突。中原世族，世代传袭，息息相关。他们重视传流，维护阶级利益。他们不免相互标榜，皇帝和政府也重祖阀阅。这自然会引起胡人的嫉妒。《魏书·王慧龙传》："崔浩弟恬闻慧龙王氏子，以女妻之。浩既婚姻，及见慧龙，曰：'信王家儿也。'王氏世齄鼻，江东谓之"齄王"。慧龙鼻渐大，浩曰：'真贵种矣！'数向诸公称其美。司徒长孙嵩闻之不悦。言于大武，以其嗟服南人则有讪鄙国化之意。太武怒，诏浩责之。浩免冠陈谢得释。"可见胡人嫉忌到什么地步。

双方存在权力上的冲突。权力欲是人类原始的本能之一。崔浩在太武帝时，官拜司徒，任此宰辅，太武帝认为他"德冠朝列，言为世范"。太武帝将讨赫连昌时，曾诏问群臣，先讨蠕蠕，还是先讨赫连昌？当时鲜卑重臣如长孙嵩、奚斤、长孙翰等皆主先讨蠕蠕，崔浩则坚持先讨赫连氏，汉人寇谦之及杜超等皆附和浩议。太武乃决意先攻赫连氏。"崇等因谏不可，帝大怒。责嵩在官贪污，使武士顿辱之。"（《魏书·长孙嵩传》）平赫连氏后，崔浩又主张攻击蠕蠕，大败之。"（帝）乃敕诸尚书曰：'凡军国大计，卿等所不能决，皆先谘浩然后施行。'……平凉既平，其日宴会。世祖执浩手以示（沮渠）蒙逊使曰：'所云崔公，此是也。才略之美，当世无比。朕行止必问，成败决焉。若合符契，初无失矣。'"

崔浩主修《国纪》，又因为《国纪》直笔，暴露了鲜卑人许多原始的不荣誉的事迹，引起他们的愤激，暴发了胡汉大规模的冲突。崔浩对北魏的贡献很大，把他比作石勒的张宾和苻坚的王猛都不为过。崔浩事件，可以说是鲜卑人有计划的打击中原世族。"自宰司之被戮辱未有如浩者"，而"真君十一年六月诛浩。清河崔氏无远近，及范阳卢氏、太原郭氏、河东柳氏皆浩之姻亲，尽夷其族"。有人以为，崔浩事件含有民族意识的成分，此事含有复国深谋。虽然在明元和太武二帝时，崔浩都书谏止过南伐，而且都未为皇帝所接纳；太武帝南侵，独不用浩策，南伐王师在太平真君十一年四月，同年六月浩即伏诛。但我们仍然没有充分的证据说崔浩事件含有推翻鲜卑人的意图。不过，崔浩事件是有胡汉之争的背景的。汉人世族受此打击之后，历高宗、显祖以迄高祖前期，还未复元气。孝文一朝是胡汉权力的转移期。同时也是胡汉关系另行建立的时期。这个时期以后的胡汉问题，在性质上，已由民族的转移为社会和文化的问题。孝文帝很重视门第，世族力量因得复苏。他的重视门第近乎信仰的程度，可以从《魏书·韩麒麟传附兴宗传》中所记他与李冲、李彪辩论的情形可以看出。于是在孝文帝信宠门第和全力推行汉化的情形下，北魏的社会组织和胡汉关系又重新起变化。

第十一章　隋的开国及其盛治

第一节　隋统一天下在历史上的意义

自曹操挟献帝于许都,至隋文帝开皇九年灭陈为止,前后凡三百九十四年,为中国在历史上之混乱时期。其间三国鼎峙垂六十年,西晋政权有十四年(自晋惠帝永宁元年至刘渊据离石称汉为止),东晋偏安百有三年,华夷糅杂之僭伪及晋宋对峙之局有三十六年。而南北朝截然划分,南朝刘宋五十九年,齐二十三年,梁五十五年,陈三十二年,北朝之魏一统有九十五年,其后之东魏十六年,西魏二十二年,又为北齐二十八年,北周二十四年,至隋文帝篡周后九年,南北复归统一。在此纷乱至于统一过程中,在历史文化演进上约有数端。

我国文化中心,向在北方,但至隋统一时,南方更趋繁盛,文化重心亦自北而南。自东汉后期,鼎足三分,孙吴立国江南,与魏颇有南北抗衡之势。吴国人才,多产南方,且山越之地,渐经开发,及于交广。至晋武平吴复告统一,吴人入洛,虽颇为北人所轻,而永嘉之乱,中土纷扰,北方士民,相率南迁。元帝定都建康后,南方成为汉族正统之所在者二百七十多年。中州士人,侨居不归,久而相安,北人日渐南化,南方学术文化及冠冕君子,盛况空前。而北方文物,多遭破坏,优秀之士,又多南迁，大河流域，反成退化迹象。虽其时之学术风气，南北各有不同长短，其优劣相悬，虽未可轻下判论，但南方之开化与文物中心之自北而南，固以此时更进一步。

我国民族之活动历史，向以汉族为主，后来入中国者，多以被治者而同化。但自晋南北朝以来，西北诸族之入侵，与汉族分据中土，政治主权已非汉族所独占。虽则其终为我国所同化，然以征服汉族者而同化，非以被治者而同化。至隋唐时代之开国元勋，尤其是关陇集团人物，多属胡汉混种，而西北民族教俗之输入中土者亦不少。汉族自上古经春秋战国之争竞，至秦汉而孕育完成，经历若干年，民族已呈老态，而西北诸族以骁雄劲悍之种性，渐被汉化之后，转而有新兴之趋向。新陈代谢，相磨相镞，而成两晋南北朝之局，而隋唐历史正唯胚胎于此时期。

我国之治道教化，以成周为最备。秦汉政治虽杂有王霸思想，然立国尚有规模。此时期则政教大纲，自一二因时补苴之外，可称道者甚少。篡弑秽史，弥漫充塞，民族互相惨杀情状，在在皆是。魏晋以下篡弑相仍，帝王之昏暴与宫闱之淫乱，与帝室骨肉屠杀之祸，亦皆前史所未有。若就文化而论，汉族虽仍能以固有之文化，使诸族同化，学术文物，亦间有创造发明，足证其时尚继续进化；然大体而论，均已呈现衰态，其发展滋长之精神，较之先秦汉魏，相去甚远。但印度文化，自汉代输入以来，至此而日臻大盛，间接使我国社会思想礼俗及美术建筑等，均产生巨大变化。而汉族吸收力之大，每能使印度文化蜕为中国化。故就此时代之民族而论，不独混合各方之种族，更且混合各方之文化。

第二节　隋统一前的社会与政治

中国自汉末历魏晋南北朝四百多年之长期分裂，而隋文帝能使之复归一统，其故安在？赵翼《廿二史札记》论之颇详，略谓：自汉末历魏晋南北朝至隋之统一前，中原分裂扰乱达四百余年之久。而隋之能一统大业，全非隋之功，实则南朝已腐化至极点，是以摧枯拉朽而已。故隋之统一在意义上仅为北方统一南方，分言之。

一、政治原因

南朝宋齐梁陈与东魏北齐之皇室，荒淫无度均达于顶点。据《廿二史札记》十一"宋世闺门无礼"条谓："宋武（刘裕）起自乡豪，以诈力得天下，其于家庭之教，固未暇及也。是以宫闱之乱，无复伦理。赵倩尚文帝女海盐公主。始与王潜（帝兄）出入宫掖，与主私通，倩知之，与主肆詈搏击，至引绝帐带，事上闻，文帝诏离婚，杀主所生母蒋美人。孝武闺庭无礼……帝又与南郡王义宣（叔）诸女淫乱，义宣因此发怒，辽举兵反。义宣败后，帝又密取其女（其妹）入宫，假姓殷氏，拜为淑仪，左右宣泄者多死。"又据《廿二史札记》卷十五"北齐宫闱之丑"条："古来宫闱之乱，未有如北齐者。……魏庄帝后尔朱氏，荣之女也，建明帝后小尔朱氏，兆之女也，以及魏广平王妃郑氏，名大车，任城王妃冯氏，城阳王妃李氏，皆魏宗室之妃，魏亡后，神武（高欢）一一纳之。是开国之初，已肆情荡检。长子文襄（高澄）踵其淫风……与神武妃郑氏（即大车）私通……又烝于神武之妻（后母）蠕蠕公主，生一女。……文宣（高洋，澄之弟）篡位后，文襄后元氏居静德宫，文宣曰：'兄昔奸我妇，我今须报。'乃淫于后。……文宣后又为武成（洋弟）所污。"南朝风气至梁武帝时稍有起色，惜武帝信佛，缺乏尚武精神，唯同时之西魏、北周政治则较好。《廿二史札记》卷十五载，宇文泰开国时，用《周礼》"家庭之内，不越检闲"。平时固无荒淫之事，甚至亡国之时，后妃中多殉国而无失节者。从政治言，此乃北方胜于南方之第一原因。

二、社会原因

南朝之门第制度远较北朝严谨。南北朝同样盛行门阀制度，然南朝社会中，上层阶级穷奢极侈，生活糜烂，中下阶层生活尤困苦。至于北方门阀，虽亦行于关西，然盛于关东，即使关东氏族，亦较南方为厚重。按门第中，最重通谱，同族相处，南北厚薄不同，如《北史·杜铨传》所载，杜豹虽贵为后戚，实为小姓。杜铨乃杜预之后，社会名望甚高，而竟能迁居，同属魏郡，不加轻视。反观南朝如《宋书·王懿传》所载王愉薄待来投之同姓王懿，这是南方风气。相反来说，杜铨之迁居魏郡，还足证北方风气之淳厚。至关西宇文氏得国后，遵服古礼，压抑浮侈，社会风气更佳。而南朝立功为国者，皆为寒门小族。而寒门小族，虽有功劳，却受轻视，离心力日大，国家不能团结，此北方胜于南方之二因。

三、学术文化原因

北方学风较南方为佳。北朝学者一到南方，稍久便名气日低，成就不大；但南朝学者至北朝，不久顿成名学者。如宋怀方于北魏携《仪礼》、《礼记》等书至南方，秘而不传，临死语家人曰："戚衮来即予之，否则同葬。"盖南方人重玄学而虚谈，不切实际。相反地，虞翻到北方，发挥孟子学说，最为权威，盖南北学风不同之故，是以北朝经学家甚多。南北学风既见不同，故其影响亦异。北方学风重经学，研究治国方法，社会制度，较南方为佳。南方尚清谈，置国家大事不顾，因此北方胜于南方，此第三原因也。

四、军事原因

北方能统一南方，在军事上言，南北间先后有瓜步、寿阳及淮堰三场大战，北方均获胜，以致南朝国家元气大伤，且版图日小，只能保存长江以北之平原地带。梁武帝晚年，有侯景之乱，萧绎（元帝）为向西魏借兵，割汉中；西魏遂沿汉水取成都，沿长江取襄阳，于是南朝成为无险可守之平原地带。杨坚篡位，即居高临下，结果能顺利统一南方。

按北方之能战胜南方，实乃有优良之府兵制之助。北朝实行府兵制，故将士质素较优；再者一切被服、器械、军粮不用国费。反观南方军队虽多，但受社会风气影响，无作战能力。且南方乏尚武精神，朝廷将相，非昏庸则无能，焉能作战，此北方统一南方之四因。

第三节　隋唐皇室血统的讨论

隋代皇室的血统问题

隋皇室父系为汉族，母系为胡族。《隋书·帝纪》云："高祖文皇帝，姓杨氏，讳坚，弘农郡华阴县人。汉太尉杨震八代孙铉，仕燕为北平太守。铉生元寿，后魏世为武川镇将，子孙因家焉。元寿生太原太守惠嘏，嘏生平原太守烈，烈生宁远将军祯，祯生忠，忠即皇考也。"据上列记载，有两点可疑之处。

第一，杨震为汉代名臣，但杨震后裔未有仕后燕的记载，《册府元龟》、《隋书》、《太平御览》均不见杨震至杨铉间八代之名字，故可能只是附会为杨震之子孙而已。

第二，据《周书·杨忠传》，元寿之子为杨烈，并无惠嘏其人。《杨忠传》载"忠，小字奴奴，高祖元寿……祖烈……父祯"，大概元寿时为武川镇将，遂落籍于此。武川为北魏版图，故杨元寿及子烈均仕于北魏。至杨祯时，因遭魏末丧乱，辽南迁中山，其地为北齐北周相争之地。祯先世均仕于胡族，居于胡地，所谓出于杨震之后，无事实可考。似是附丽名人之后而已。

隋之祖先既仕于胡族，居于胡地，当然是胡化之汉人，故杨坚之胡姓为"普六茹"。据《隋书》："齐王宪言于帝曰：'普六茹坚，相貌非常，臣每见之，不觉自失。'"杨忠从周太祖起义关西时，赐姓为普六茹，直至杨坚受后周禅后始恢复姓杨，可知隋皇室父系是胡化汉人。

隋皇室之母系则为胡族。举例如下。

杨忠之母（祯之妻）盖氏，应是羯族。按《官氏志》，盖刘氏，后改为盖氏，姚薇元北朝胡姓考，更考订盖氏为羯族人。

杨忠之妻吕氏，可能是胡化之汉族，通志外戚传，谓吕后为山东之微族小姓，坚为帝后，往访舅族，得吕永吉，为无知小民，而山东久为胡人所占，故推测吕氏，若非胡人，亦必为胡化之汉族。

杨坚之妻独孤氏为胡族，据《通志·氏族略》："独孤氏本族刘，北蕃右贤王（匈奴）之后，其先尚公主，因从母姓刘氏，后汉度辽将军刘进伯击匈奴，兵败被执，因之孤山之下，生尸利单于，以为谷蠡王，号独孤部。"《通志·后妃》载独孤后小字伽罗，此是胡名，至于杨忠小字那罗延，杨坚小字奴，均是胡名，可证隋皇室是汉胡混合之血统，仍尚以胡族血统居多。

唐代皇室的血统问题

一、父系方面

唐代皇室父系母系俱与胡族有关系，新、旧《唐书》由七世祖起叙，但《册府元龟》则远溯于颛顼："唐高祖神尧皇帝……其先出自颛顼，颛顼生大业，大业生女华，女华生咎繇。其子孙绵历虞夏，代为理官，遂为理氏。"理氏后改为李氏，上代有李伯阳、李信与李广，再十六传而至凉武昭王李暠，自李暠而下共八世：李暠—李歆—李重耳（奔于江南）—李熙—李天赐—李虎—李昞—李渊。以上所载，《册府元龟》与新、旧《唐书》相同。但陈寅恪之《隋唐政治史述论稿》，提出两大疑点：第一，李暠之后，疑无李重耳其人；第二，据《北史》、《魏书》、《宋书》，刘宋之汝南郡守仅有李初古拔一人，且曾投降北方，故以为李重耳即为李初古拔，重耳之子即其子李买得，由此证明唐皇室父系乃胡人。但陈氏之后，虽有朱希祖等驳斥其理论谓李初古拔非重耳，而其亦非出于赵郡，然而要承认唐皇室之父系纵是汉族，亦必为胡化之汉族，其说较允。

二、母系方面

至于唐皇室之母族为胡族之明证更多，据《唐会要》谓："宣皇帝（李熙）皇后张氏，光皇帝（李天赐）皇后贾氏，景皇帝（李虎）皇后梁氏，元皇帝（李昞）皇后独孤氏，高祖皇后窦氏，太宗皇后长孙氏。"张、贾均是汉姓，其为汉族当无可疑，但梁氏于胡族中有梁御氏，故有胡族之嫌疑，独孤氏、长孙氏均非汉姓，乃是胡族。至建国后，睿宗皇后窦氏，代宗皇后独孤氏，宣宗皇后晁氏，均非汉人，可知唐皇室母系多是胡族系统。综上观之，隋唐社会人伦风气，颇有大异于前者殊不足怪。

第四节　篡周经过与得国原因

北周初年的政局

宇文泰死后，公元557年，子宇文觉在权臣宇文护摆布下，废西魏恭帝自立，是为北周孝闵帝。觉因年幼，由宇文护辅政（宇文泰侄），未几，护杀觉立毓（周明帝）；毓死，立邕（周武帝，三人均为泰之子）。公元五七二年，邕杀宇文护，取回政权，是为周武帝，继续推行中央集权，扩大府兵之兵源，压制僧侣及庄园经济之过度发展，并出兵消灭北齐，统一北方，完成宇文泰以来未竟之事业，然在其功绩方隆，正欲饮马江淮之际，不幸殂折，嗣子宣帝立（宇文赟），在位二年而卒。

篡周的经过

宣帝疾笃时，杨坚以后父关系应诏侍疾，大象二年（公元580年）五月，宣帝崩，与汉人刘昉，郑译等合谋，矫诏由杨坚辅政。时周静帝年仅八岁，受其播弄，即位后，晋杨坚为左大丞相，总领朝纲，都督内外诸军事。是年十二月，加九锡，晋爵隋王，于是军政大权遂入杨坚手，外镇总管如相州尉迟迥、益州王谦、郧州司马消难等，相继起兵，唯缺乏联络与完善计划，先后为杨坚逐个击破。外藩宗室，如毕王贤（明帝子）越王招与越王盛、陈王纯、代王达与滕王通（皆文帝子），均于是年六、七、十、十二月先后以谋夺政权罪被诛杀。杨坚乃于大定元年（公元581年）二月正式篡位。计其受诏辅政迄于篡位，前后仅九个月，顺利而移周祚，历代史家颇推寻其原因。清儒王船山《读通鉴论》以为："坚虽有后父之亲，未尝久执国柄，如王莽之小惠遍施也；抑未有大功于宇文，如刘裕之再造晋室、灭掳破敌也；且未尝如萧道成仅存于诛杀之余，人代为不平而思逞也。坚女虽尸位中宫，而失宠天元（周宣帝），不能如元后之以国母久秉朝权也。然而人之去宇文也如恐不速，邕骨未冷而宗社已移……恶有盛德如斯，不三岁而为权奸所夺，臣民崩角以恐后者乎？"

篡周的原因

然则坚之篡周，当别有原因。近儒亦多以鲜卑与汉人武力消长，及受遗诏辅政为一大枢纽，然此不过表面观察耳，而忽略整个历史发展过程之因果。窃意以为此乃南北民族融合发展之必然趋势所致。

西晋自永嘉乱后（公元317年）起，至隋之统一为止（公元518年），北方中国在此差不多两个半世纪之中，先后为匈奴、羯、氐、鲜卑等塞外民族统治。然此等民族进侵中原时，本身之文化制度并不发达，口众亦不多，一旦以武力攻占北方中国，为着巩固本身之统治，与补充向外征战的兵源，不得不起用汉族士人、豪宗大族，及一般农民以供其驱使，尤以当时之鲜卑族主为甚。故在政权方面，"其始也，公卿方镇，皆故部落大酋，虽参用赵魏旧族，往往以猜忌夷灭"。至于军队方面，起初均由鲜卑人构成全部军队，汉族农民，仅"服勤农桑，以供军国"，而即就其后驱使汉族农民参加作战，亦仅以步兵为限，骑兵则由鲜卑族担当。换言之，鲜卑人乃构成当时军队中之主要攻击力，其后鲜卑人渐渐汉化，体质日见文弱，昔时塞外之雄风，已无复当年之刚劲，战斗力大为削减。宇文泰虽曾筹组府兵，吸收关陇地区汉人之望族，及提高兵农之身份，但终未能挽回此种颓势，故军队之来源不得不依靠大量汉人作补充。北齐文宣帝（高洋）受禅时，已简举汉人之勇力绝伦者，谓之勇夫，以备边要。及北周武帝（宇文邕），杀宇文护亲政，旋命其弟（齐王宇文宪），往宇文护相府收兵符及诸簿书以后，府兵始正式直辖于君主，成为名副其实的禁卫军，又募百姓补充兵源，扩大府兵之组织编制。其时军队中之将领，汉人已占要数，凡此胡汉军力之转移，亦为南北民族融合发展之必然趋势。

　　杨坚顺利篡周之原因，虽以受遗诏辅政为一枢纽，然王船山之《读通鉴论》已指出，杨坚个人之声望与行政经验皆未到篡位水准。考坚自周明帝（宇文毓）即位后，始授坚小官伯之职，复进封大兴郡公。至周武帝（宇文邕）天和三年七月，杨坚袭爵隋国公。建德二年九月，武帝又为其皇太子（宇文赟）聘坚长女为妃，虽颇见礼重，然未见掌握实际行政权力。及宣帝（宇文赟）即位，因以后父关系，征拜上柱国大司马，继又迁大后丞，与当时之大左辅、大右弼，虽同为北周四个最高级辅政官之一，然在宣帝有生之日，杨坚殊不得志，亦并未掌握兵权。其掌握兵权之时间，必在宣帝死后兼领都督内外诸军事，始将全部兵权接收，其后即利用此训练有素之府兵，击溃了强大的外镇宗室势力，奠定隋之基业。然造成此种有利形势，杨坚除以后父关系之外，汉族集团之支持，厥为主要原因。周末之政权亦多随着胡人武力之消长渐渐移到汉人手上，其时居中任事之汉人御正大夫刘昉，与坚有同学之旧；内史大夫郑译亦素知坚有驱胡兴汉之意；顾命大臣刘之仪等均同具此心；至如杨素、李德林、柳裘、高颎、崔仲方、崔弘度等汉族集团的支持，军事与政治人才为汉人绝对居多的形势下，加以主少国疑，焉得不顺利篡周。然寻其因果，亦南北民族融合发展之必然趋势。

第五节　隋伐陈

　　隋文帝开皇二年（公元582年），陈宣帝卒。次年，子叔宝继立，是为陈后主。后主年少倜傥，雅好文学，为着享乐与生活上之舒适，又建临春、结绮、望仙三阁，以沉檀香木为材，又饰金玉珠翠其上，极尽奢华。宠幸爱妃张丽华，夜夜笙歌，寄情文酒游宴之中，而绝鲜过问政事。此种情形正好给予北方大敌杨坚一个很好机会，因此时之陈国，无论于军力、人才、土地、政治方面，殆难与北方相比较。

隋灭陈的经过

隋文帝杨坚于公元581年篡周平定北方后，早已处心积虑解决南方独立势力以谋求全国之统一。即位未及一月，便以名将韩擒虎为庐州总管，贺若弼为吴州总管，委以策划平陈事宜。可惜其时北边之突厥势力强大，未敢轻师南伐。及开皇八年（公元589年）突厥叶护可汗继沙钵略当政，又忙于西征波斯，对南方的中国自然采取守势。隋北边紧张形势渐解，无后顾之忧，遂于开皇八年三月下诏伐陈，暴露后主罪状。十月，命晋王广、秦王俊，与杨素并为行军元帅。杨广率兵出六合，杨俊出襄阳，杨素出信州，刘仁恩则出江陵，王世积出蕲春，韩擒虎出庐江，贺若弼出吴州，燕荣出东海，分兵八路，合总管九十，兵力五十余万，并以晋王广为统帅，节制前线各路大军。是年十二月，杨素与刘仁恩水军自三峡顺流东下，经四十余战，大破陈将吕肃于险滩与荆门之地，乘胜直迫汉口，及与秦王俊会师时，建康已破。

隋开皇九年（公元590年）正月，贺若弼军队自广陵渡过京口，韩擒虎则过采石，对建康采取钳形攻势，陈军措手不及。擒虎先占钟山，贺若弼以八千甲士攻陈师，陈军孔范部畏敌，引至全军瓦解。二月，擒虎从朱雀门入建康，获陈叔宝及张、孔二贵妃于一古井中，晋王广遂命叔宝手书招抚余众，于是长江上游一带与其他各地守军，皆先后略定。

隋统一江南的原因

晋南北朝以来，北方首次之统一，始于公元439年北凉之被消灭。至公元534年，复分为东西魏。经四十四年，北齐为北周所并。再过三年（公元581年），隋文帝杨坚篡周，平定北方。又八年（公元589年），灭陈，而统一全中国。唯南北之统一，不一定是北方并南方，亦可以南方并北方。更不一定是兵多必胜兵少，亦可以兵少胜兵多，然则隋文帝之能以短时间内平定江南统一全国者，实由下列各点因素所造成。

第一，民族意识瓦解。自公元317年晋愍帝被掳，至公元581年杨坚篡周为止，其间经过匈奴、羯、氐、羌、鲜卑等族先后入主中原，北方汉族差不多有两个半世纪以上受异族人统治。至杨坚篡周时，黄河流域一带之统治权又重新回到汉族人手里。南北朝对峙时期，南朝人民支持南方自己之政府，乃绝无疑问的。因在此南北对峙时期，民族意识之警觉极高，而南朝毕竟是汉族人建立之政府，即如北方政权与人民心目中，亦往往暗许南方为正统之所在。至杨坚篡周以后，形势便有所改变，因北朝之统治权已重新回到汉人手里，南北民族意识之警觉与矛盾不复存在。南方人民及政府一般文武官吏，对拒抗北方人入侵之精神与耐力渐见瓦解。加以在杨坚统治下之北方政权，正步向富国强兵基础上迈进，而南方政权却在陈后主治理之下，日见腐化。此均有助于杨坚平定江南，统一全国之条件。

第二，地理形势有利于进攻江南。南北朝末期，陈、周、齐鼎足而三。北周拥有雍、益二州，其势力较二者为强，故在北齐未为北周所并以前，江南之陈国每效诸葛连吴拒魏之策，联齐以抗周，故一时尚能保持均势。换言之，其时之淮河南北，为守江者不可失之要地。盖守淮者，不于淮，而着重于徐、泗；守江者，不于江，而着重于两淮；古来用兵早有明训。陈宣帝不顾此利害，与齐交兵于淮上，欲掣北齐之肘，虽得其地而反为北周所乘。既灭齐，又控有两淮之地，于是陈北面失去屏障，而西亦不得蜀汉，仅以长江为界，幅员日狭，国祚弥短。于是隋师顺巴东而下，并于采石，京口同时并济，作钳形攻势，陈师措手不及，此亦形势有利于隋师之攻陈。

第三，隋无北顾之忧。突厥之为患中国，自南北朝末期，日趋严重，尤其在北边要冲，突厥人控制下之势力甚大。齐，周争相结纳以换取和平。保定五年，可汗以女妻周武帝，势力更大。又于大象二年，北周即以赵王招女千金公主妻沙钵略可汗，换取一时之和平。隋文帝即位，沙钵略妻千金公主怀报复之心，屡促沙钵略用兵，自开皇二年，遂率众四十万，分别于今之陕西、甘肃一带入寇，一时凉、秦、泾、兰、敷、延诸州，六畜皆尽。故在文帝即位初年，举国军力已疲于应付北方之突厥，对南方之统一，实感有心无力。及突厥叶护可汗继沙钵略当政以后，忙于内争，又得应付西征波斯，对南方之中国已无暇侵扰。隋既无北顾之忧，遂得集中主力以伐陈，其成功要点在此。

第四，进攻部署计划周详。文帝之欲平江南，早在篡周末及一月已有此意图，惜其时北边突厥正大举南掠中国，一时未便兴师伐陈。虽然如此，唯在即位不久，已开始部署平陈策略，以名将韩擒虎为庐州总管，贺若弼为吴州总管，一方面摆出和平姿态，另一方面，却积极做特务之渗透工作。复用高颎谋，乘其秋收之际，屡遣兵扰之，借以废其农时以弱敌。开皇七年，又命杨素于永安大造船舰，准备伐陈。开皇八年三月，下诏暴露后主罪状；十月，动员五十多万，分兵八路。未及四月，一举而灭陈，部署极尽周详。反观后主自始对隋即无戒心，而态度傲慢，迷于文酒歌戏之会。及隋师自巴东而下，告急文书为佞臣施文庆、沈客卿所扣，结集于建康之水军，一时无法增援上游。其时江防要地之京口、采石，亦未加派大军驻防，守军又多畏敌厌战，结果为韩、贺所乘，防守部署陷于混乱，焉得不败。

第五，以有道伐无道。隋开皇七年八月，隋命后梁主萧琮入朝，不归。至九月，萧琮叔安平王岩，及其兄义兴王献，率领满朝文武男女十余万口，渡江投奔陈国。而陈国在既未积极设防戒备情况下，又予萧梁等十余万口政治庇护，造成隋伐陈之借口，殊为不智之举。《陈书》引魏徵语："后主生深宫之中，长妇人之手，既属邦国殄瘁，不知稼穑艰难。初惧贴危，屡有哀矜之诏；后稍安集，复扇淫侈之风。宾礼诸公，惟寄情于文酒。昵近群小，皆委以衡轴。耽荒为长夜之饮……"其生活奢侈腐化一至于此，故绝鲜过问政治，日与张丽华、孔贵妃及狎客、女学士，并江总、孔范、施文庆、沈客卿辈，寄情于文酒之会，歌其《玉树后庭花》，燕巢危幕，恬不知耻，于是朝野政治，造成后妃宦官与轻妄之徒内外交结，弄权贿赂，以致纲纪败坏。傅综，章华因谏失败，竟而引至自杀，故在隋师入江南以前，已形成举国阴森，如日之将暮。晋州刺史皇甫绩上书言陈可灭之理有三："大吞小，一也。以有道伐无道，二也。纳叛臣萧岩，三也。"则隋能在当时之伐陈与统一江南，似非偶然。

第六节　隋代的隆盛

开皇盛世的表现

隋国祚短促，自立国至于败亡，前后不过三十九年。在此期间，自文帝开皇时代，以至炀帝之大业初年，隋国运均在隆盛时期，无论在政治、经济、军事、文化等各方面之发展，正如日中天。尤以史称所谓"开皇之治"，更为后世政治家所津津乐道。大抵在此期间，政治颇上轨道，人民生活安定，经济上之发展，远超魏晋南北朝任何一代。人民对国家的印象是：轻徭薄赋，府库充实。对于军力上之加强，不但稳定了西北以至东北方之形势，使胡儿不敢南下而牧马。在江南方面，梁、陈先后降服，呈现出大一统之气象。加以对西域，及东南海诸国之经营，东土文物随国威远播，一时列国皆来朝贡。然造成隋代隆盛富强之原因，殊非偶然所致，盖必有其各种因素之积聚与历史背景而成。兹分别自政治，经济，军事，文化各方面加以分析之，乃可了然造成隋代隆盛与富强之原因与历史背景。

隋之隆盛，过去治史者每津津乐道隋代国库之丰盛，而引为后世借鉴。杜氏《通典》七谓："隋氏西京太仓，东京含嘉仓、洛口仓，华州永丰仓，陕州太原仓，储米粟多者千万石，小者不减数百万石。天下义仓又皆充满。京都及并州库布帛各数千万，而锡赍勋庸，并出丰厚，亦魏晋以降之未有。"再就《通鉴·隋炀帝纪大业二年》所述："（是年）冬十月设置洛口仓于巩东南原上，筑仓城，周围二十余里，穿三千窖，窖容八千石以上，置监官并镇兵千人。十二月,置回洛仓于洛阳北十里,仓城周围十里,穿三百窖。"以观之,仅就此两仓之容积,已足纳两千六百余万石谷米,而隋代去西京太仓,东京含嘉仓之外,其较大者,黎阳尚有黎阳仓,偃师有河阳仓,陕县有太原仓,华阴有广通仓等。考此等仓之储存,较保守之估计,亦足供隋室数十年乃至百年之用,隋时国库积聚之丰盛,殆史无前例。然而隋之立国既如此短速,府库丰盛一至于此,其因何在?向之治史者及坊间大中教科书,又皆多推诸隋文之躬行节俭。而隋文之厉行节俭,固不无多少影响于当时社会风气,若谓因此而使国家暴富者,似无可能,且隋文之所谓节俭实积近于虐民。开皇十四年大旱,是时仓库盈溢,仍不放赈令民逐粮,不怜百姓而惜府库。仁寿元年,诏减国子学生,留七十人,太学四门州县学并废,虽有谏者不听,则隋文殆以急赈设学校当靡费,轻重倒置,苛刻则有余,利民则不足,故推其致富原因当别有条件。

隋初致富原因的分析

第一,南北政令统一。隋初府库丰积原因,有一显而易见迹象者,与国家之统一关系至大。南北朝末期以来,分立于北方者有北齐,北周。南方较为强大者,首推陈国。换言之,此时全国分为三个中央政府,其军政、经济规模亦大致相同。及杨隋统一天下,中央政府组织并未扩大许多,地方政府员属则大大削减。而隋文则兼有原来解归其他两个中央政府之赋税,国家焉得不富?宾四师又以为中央政令之统一,与社会阶级之消融,亦为助长隋初致富原因。盖谓古代之贵族封建,以及魏晋以来之门第,至此皆已消失,全社会走上一平等路线,而隶属于一政权之下。故下层之负担甚轻,而上层之收入已甚足,此乃隋代与西汉不同之点。西汉积高、惠、文景三世四帝六十年之休养,至武帝始盛。隋则自文帝初一天下,即已富足,盖汉初尚未脱离封建关系,有异姓同姓诸王侯,及有韩彭吴楚之乱,财富不能集中于中朝。中央政权所直辖者,不能及全国三分之一,王室虽恭俭,而诸王侯封君莫不骄奢自纵,与隋初形势大不同。

第二，简化行政机构。若论我国之行政制度，自秦废封建行郡县，西汉以前，大抵未见甚大之变动。东汉末年，三分天下，地方行政之划分始有变动，继至混乱。时魏有司、豫、兖、青、凉、秦、冀、幽、并、雍、荆、扬十二州，统郡一百；蜀有益州，统郡二十二；吴有扬、荆、交、广四州，统郡四十七。魏郡多仍汉之旧，无大变化；蜀则新旧郡各半；吴旧郡十八，新置郡二十九。晋一天下，全国有司、冀、兖、豫、荆、徐、扬、青、幽、平、并、雍、凉、秦、梁、益、宁、交、广十九州，统郡百七十三，较之汉代，州增三分一倍，郡增三分二倍。永嘉以后，中原丧乱，晋室偏安江左。贵胄南渡者，谓之侨人，皆取旧地之名，侨立州郡，始其作用在于安置难民，后乃假为夸大，南北东西，相承同辙，一郡分为四五，一县割成二三，百家之邑，便立州名，三户之民，空张郡目。由是地愈狭而州益多，国家应付地方行政开支，已疲于奔命。北齐天保七年，虽曾下诏并省三州，百五十三郡，五百八十九县之数，然殊不足以矫正南北朝以来地方行政之混乱与开支之巨大。及隋文帝即位后，因杨尚希议州郡繁多，遂于开皇三年下诏尽罢诸郡，以州统县，一改三级制为二级制，北方地方行政经三百年之紊乱不合理，至此上轨道，使地方官吏，可减省三分之一至四分之一，国家开支相对减少，此亦造成隋初隆盛之原因。

第三，裁减冗官冗吏。南北朝以来之地方政府组织，不仅机构繁多，组织庞大，抑且吏员猥多，行政效率甚低，国家支付冗官冗吏之开销数目庞大。隋统一天下以后，曾于开皇十五年，罢州县乡官，此后又继续简化郡县及其他不必要之吏员。此举之结果，不但使行政效率提高，同时替国家节省巨大开支，隋初府库之丰积，殆与此有甚大关系。汉代州刺史为监察官，非行政官，故吏员较少。魏晋时期，州刺史为统率郡国之行政官，非复监察之职务，其在政治地位上远超郡守之上，故其属吏组织之膨胀，殆为必然之趋势。此后，战乱频生，地方大吏尤其州刺史，多加将军或持节都督之号，开府置佐，有长史、司马及诸曹参军，比于将相，谓之军府。而原有承汉制以来设置之别驾，治中，诸曹从事诸职，是谓州吏。州吏之用，一仍汉制，由大吏自署，限用本州人，而军府则由中央除授，以外籍为原则，故长官虽仍一人，而佐吏则分为两个系统。至于荆、雍、宁、广各州，因兼统蛮夷，刺史又兼带蛮夷校尉之职，并置蛮府，比于军府，则其佐吏复增至三个系统。南北朝末期，佐吏之体制大致相同，据统计，此时全国州郡约数三百，州府将吏约十二万以上，兵士一百万以上；有郡七百，郡吏约十万以上，兵士三十万以上；有县一千五六百，县吏约十五六万，兵士盖亦称是。此诸数字皆为根据现存史料作最保守之估计，则全国地方政府之将佐吏员合计在三十七八万以上，兵士必逾于一百五十万，再就通典食货七所记后周大象中，有户三百五十九万，口九百万九千六百四，参以陈亡时之户口数（户五十万，口二百万），则南北朝末期，托籍户数四百万有奇，口一千一百万有奇作计算，是十户需供一将吏四兵士，而对于中央政府之负担尚不在此限。则南北朝以来，人民之担负既重，政府之开支亦绌。隋统一天下以后，逐渐削减此等冗官冗吏之存在，不但人民可享轻徭薄赋之待遇，而政府则节省大量开支，国家焉得不富？

第四，澄清吏治。隋文帝在澄清吏治方面，主要为铲除贪污风气与裁抑不称职之官吏等，此与造成隋初府库丰积颇有密切关系。南北朝地方政府，不唯吏员猥多，且贪污风气颇盛，南朝地方官吏廉洁自守者，固不乏人，然贪污风气远较廉洁自守者为普遍，此举亦应溯源到魏晋以来，老庄思想影响下而产生之颓废人生观有莫大关系。加以其时政治社会不安定，而南朝君主亦往往不以地方大吏贪污为意，乃至于公开鼓励贪污，或参与其事者有之。而北朝吏治之贪污风气更有甚于南朝者，不仅贪污，且残暴成性，历魏晋以来，腐败成风。魏世宗时，袁翻议边戍党痛述当时之官吏，"唯知重役残忍之法。广开戍逻，多置帅领。或用左右姻亲，或受人财货请属，皆无防寇御贼之心，惟有通商聚敛之意"，"战功诸将，出牧外藩，不识治体，无闻政术……聚敛无厌，淫虐不已……卖官鬻狱，上下相蒙，降及末年，黩货兹甚"。然其时之君主，虽知真情，奈以某种形势之矛盾，亦无如之何。故一时之贪污风尚，亦为造成南北朝国库空虚，人民困穷重要原因之一。杨坚得国以后，励精图治，兼且天资刻薄，政局既已安，自不容贪污枉法之普遍存在，《隋书·柳盛传》云："持节巡省河北五十二州，奏免长吏赃污不称职者二百余人，州县肃然。"此不特为其较大一次对吏治之整肃，循此而下，不仅上裕国库，下舒民困，隋初之隆盛，此亦要因。

第五，输籍厘定。户口之升降，容易表露某一朝代之经济发展，而户籍之隐瞒不清，亦足以减低国家收入，魏晋南北朝以来，经三百多年之大动乱，豪宗大族荫庇下之部曲，与庄园经济之发展，或因宗教关系而脱离户籍者，为数甚巨。隋一天下以后，鉴于"时承西魏丧乱，周齐分据，暴君慢吏，赋重徭勤，人不堪命，多依豪室，禁纲隳紊，奸伪尤滋"，乃在开皇三年高颎厘定输籍之法。至四年，普行天下，"于是定其名，轻其数使人知为浮客，被强豪收大半之赋，为编甿，奉公上，蒙轻减之征，以至烝庶怀里，奸无所容"。输籍之厘定，尽扫魏晋南北朝以来隐瞒户籍之积弊，对国家政权之巩固，赋役收益之增加，皆显而易见；另一表现却在人口之增加。此举之结果，使生产力比例提高，国家赋税自然增益，隋代府库之丰积，此亦要因。故虽在隋初轻徭薄赋政策抵消之下，但因客户属籍关系，使税户倍增，故政府收入视南北朝末期三个中央政府收入之总和，仍必有若干之增加。隋初中央政府开支既减省三分之二，地方政府之开支又减省四分之三，是全国用于行政之经费，仅及魏晋南北朝时期中央政府开支三分之一到四分之一而已。诸假定南北朝末期三国政府之收支均能平衡，今支出减为三四分之一，收入若增以二分之一论，两者相乘，即每年支出仅收入六分之一，则十年剩余之积蓄，足支五十年以上之用度，故隋代国库之丰积，不无远因。

第六，于南方推行均田制度。隋代之富饶，既非重敛于民，究其原因，亦与推行均田制于南方有关系，因均田制乃按人口授田。且隋以前之均田制仅行于北朝，南朝各代，仍继东晋以来推行之土地私有制度。隋统一全国后，土地面积骤增，如《隋书·地理志序》谓："开皇三年，遂废诸郡，洎于九载，廓定江表。寻以户口滋多，析置州县。炀帝嗣位，又平林邑，更置三州。既而并有诸州，寻即改州为郡。乃置司隶刺史，分部巡察。五年平吐谷浑，更置四郡。大凡郡一百九十，县一千二百五十五，户八百九十万七千五百四十六，口四千六百一万九千九百五十六。垦田五千五百八十五万四千四十一顷。"（垦田数目虽不可尽信，盖见当时情况）隋鉴于当时之实况，灭陈以后，天下一统，均田遂扩及江南而普行于全国。且就人口而论，北朝人口本多于南方，史载北齐人口两千万余，北固有九百余万，而江南之陈共仅二百万而已。人口少，均田自易推行成功，此举既可增加赋税，又可稳定经济发展。且南朝士族，亦渐由衰弱至于消灭。无豪强地主之反抗，均田制度自易推行于江南，无形中对隋初经济发展收益甚大。

第十二章 隋代建设及其衰亡

第一节 隋唐运河在国防、经济上的意义

隋代的运河

隋代开凿运河，其动机究竟在于当时之民生、国防着眼，抑如后世史家所论，为着游乐而大兴土木？后世史家多以为享乐而訾责，殊不知在当时开凿之运河，均有积极之作用，故其本身价值，亦不因隋之速亡而荒废。自隋末至唐、宋六百年来，对国防经济同样起了很大作用。至于隋时开凿之运河，应分别在文帝、炀帝两个阶段而言，而其动机与作用亦略有差异。

一、隋开运河之动机

自隋以后，中国的经济重心虽然已经南移，军事政治的关系，却仍旧留在北方。因此，在中国的第二次统一时，发生了一个新的问题，即把一向已经南移的经济重心和尚留在北方的军事政治重心联系起来，以便这个伟大的政治机构能够运用灵活，尽量发挥它的作用。能够满足这种需要的交通线，便是沟通南北的运河。由于当时生产力仍停滞在手工业阶段，木船是经济而有效的水路运输工具。由上所述可知，运河在隋唐大一统帝国

的客观形势下产生，它的开凿是适应时代的需求。

隋行关中本位政策，以陕北高原作为国都。原因是一方面由于该处地势险要，便利防守，另一方面便于向西北拓展，更可以控制全国。但关中土地虽然肥沃，唯地方狭小，出产不足以供应京师之需，一旦遇着水旱，饥荒频生，为着解决此粮食不足之问题，需从富庶之江淮地区，把粮米运至京师去；而运送所必须解决的是漕运问题，故隋代大量开凿运河。

隋开运河，主要是为了上述两个目的，是在便利关东诸州食粮向关中的输送和沟通南北方而已。不过，炀帝所开凿的运河仍有享乐的动机。据史载："通济渠广四十步，旁筑御道，自长安至江都离宫四十余所，造船（龙船）四重，高四十五尺，长二百尺，挽船士二百。舳舻二百里，骑兵翼两岸。"可见炀帝筑运河，多少尚带有游乐的成分。

二、运河开凿的内容

（一）文帝时代开凿的运河

一为广通渠。隋文帝开皇四年（公元584年）六月壬子，开渠自渭达河，以通漕运。《隋书·郭衍传》："开皇元年（应作四年）征（衍）为开漕渠大监，部率水工，凿渠引渭水，经大兴城北，东至潼关，漕运四百余里，关内赖之，名之曰富民渠。"唐代之漕渠是继承广通渠加以扩改而成的，其目的在利用关东运来之粮食以实京师，故此渠对唐开元中之漕运帮助很大，因唐都长安，关中号称沃野，然其土狭，所出不足以给京师，备水旱，故常转漕东南之粟，即赖此渠之功。

二为山阳渎。隋文帝开皇七年（公元587年）夏四月庚戌，于扬州开凿山阳渎以通漕运。按：隋于开皇八年大举伐陈，开山阳渎之目的，固然为灭陈进兵前之准备。此河渎南起江都（今扬州）北至山阳（今江苏淮安），主要是沟通江淮之漕运，大体上利用古代吴国之邗沟故道扩展而成。山阳渎开凿后，大大帮助了伐陈的运兵与运粮。

（二）炀帝时代开凿的运河

一为通济渠。此渠在唐代称为广济渠，又名汴河。炀帝大业元年（公元605年）三月辛亥，发河南诸郡男女百余万，开通济渠。自西苑（今洛阳）引谷、洛水达于河，自板渚（在今河南荥阳）引河通于淮。此渠在当时开凿的作用，主要是利用汉魏晋宋以来的汴水故道扩充而成，由汴水入泗水，再由泗水入淮水。此渠自炀帝以后至晚唐的二三百年间，仍是沿着汴水故道，先会泗水，然后入淮水，表面上此河虽由黄河至雍邱一段完全与旧日汴河故道相同，唯抵达雍邱附近以后，却东南流至泗州，入淮河，结果使南北水路交通干线大为缩短，其对南北交通发达之贡献非少。

二为永济渠。大业四年（公元608年）春正月乙巳，诏发河北诸郡男女百余万，开永济渠，引沁水，南达于河北通涿郡（隋涿郡治蓟，在今北京西南郊外）。炀帝之开永济渠与当时用兵侵略高丽有直接关系。永济渠是隋代运河系统的北面干渠，利用沁水、淇水、卫河；从天津以北，大概是利用永定河（当时名卢沟），较现在的大运河北段则偏在西南。这条运河开通以后，物资便可从长江直达涿郡，沟通江淮河，和海河四大水系，从而把各地物质资源人力，经水道直达北京以北之地，此对当时攻打朝鲜有莫大的帮助。

三为江南运河。《通鉴》一八一《隋纪》："大业六年（公元610年）冬十二月，敕穿江南河，自京口（今江苏镇江）至余杭八百余里。"（《镇江府志》以为江南河在六朝时已有端倪，不始于隋，颇有见地。）因为炀帝开通济渠，自东都西苑引谷、洛水达于河，又自板渚引河水达于汴水，又自大梁东引汴水入泗，达于淮，又自山阳至扬子达于江，于是江、淮、河、汴之水，相汇而为一矣。又开永济渠，因沁水南连于河，北通涿郡，又穿江南河，自京口至余杭八百里，元明以来所用者，皆其旧迹也。

三、运河开凿对隋代的贡献

（一）交通方面

促进帝国内部之交通，中国境内水系因地形关系，都是自西而东，故形成东西交融而南北隔阂；但自运河完成后，使北方至南方，有水路可通，交通大为增进，南方大可以从余杭乘船北行直达涿郡，西行直达洛阳和大兴，使东西南北的交通隔膜都打通了。

（二）经济方面

便利漕运，使江南财赋，聚于关中。将黄河、泗水、淮水、长江等水源连贯一起，使南北交通获得联系，由是便利了自南方把粮米漕运至关中，使江南财赋聚于关中。据《唐国史补》卷下云："东南郡邑无不通水，故天下货利，舟楫居多。转运使岁运米二百万石输关中，皆自通济渠入河而至也。"安史之乱后，唐室经百多年不倾，颇赖此运河之功。

（三）军事与经济互相协调

运河北起陕，通豫、冀、鲁、苏、浙支流，及泾、洛、卫、海、淮、江、钱塘、黄河诸水，各设仓库。按西北民性强悍，东南地方富庶，故"能以东南财富，养西北士马"。此亦为唐代极盛之原因。隋祚仅三十九年，且江南渠筑成未久便已群雄并起，是以在隋代未见其利，在唐则充分发挥其功能。据王船山《读通鉴论》卷十九《论隋文帝》："隋沿河置仓，避其险，取其夷，唐仍之，宋又仍之，至政和而始废，其利之可久见矣。"

（四）设仓储粮

《隋书·食货志》："开皇三年，朝廷以京师仓廪尚虚，议为水旱之备……于卫州置黎阳仓，洛州置河阳仓，陕州置常平仓，华州置广通仓，转相灌注，漕关东及汾晋之粟以给京师。"其中最大者可储二亿多石，此等仓窖，至隋唐间已见其效。

（五）政治、文化、社会方面

自运河凿成后，南北打成一片，隔膜自易破除，对政治的长期统一，实收很大的效果。故自隋迄今，一千三百年间，分裂时期加算起来，不到一百年，其余都是长期统一的局面，这不能不说是运河政策的成功。而中国文化自古以来，都是北方较南方为发达。自运河完成后，北方人士南来甚多，于是江南文化蔚然大盛。同时运河凿成后，固收交通之便，但河渠纵横，也得灌溉之利，影响所及，常得丰年，民生乐利，对社会有安定之功。

（六）隋亡原因的影响

炀帝开凿运河，耗费人力物力甚大，不惜耗费大量国家资财与民力去达成其目的。每一条运河，皆动用百余万的人力，人民皆苦于其虐政；再加上炀帝本身之猜忌，诛杀元勋，造成隋亡之主因。

唐代运河及其改革

唐代运河系统，尤其在唐中叶以后，主要仍利用隋代所开的通济渠和山阳渎，西起长安，由漕渠至华阴入渭，再由渭入河，至河阴入汴，由通济渠通汴州（今河南开封）入淮，最后由淮阴经山阳渎至扬子入江。二百年来虽有局部变更和兴废，但大体上不出隋代运河范围。

一、改革运河之动机

唐兴以后，运河对唐政权更重要，但由于时代之转变，需加以改革者不少。

第一，关中需求量增加。唐代国都所在的关中，一方面因为人口的增加，他方面因为土地生产力的减耗，其生产不足以满足当地的需要，故每年需从江淮输入大量的物产，尤其是米粮以接济京师。在唐初高祖太宗时，中央政府的组织比较简单。驻在那里的府兵又都自备粮饷，故每年只由江淮经运河输入一二十万石的米便已足用，问题自较简单，但自高宗以后，一方面由于政府组织的扩大，他方面由于府兵制渐变为募兵制，政府经费的开支，无论是官吏的薪俸，或是军队的给养，都一天比一天增大，每年仰给江淮的粮食也就急剧增加，从而有扩大漕运数额的必要。

第二，运河时有淤塞。隋因客观形势而建造沟通南北运河，但时至唐代，此等运河或受战争之破坏，或因自然的淤塞，不免受到阻塞，使这大一统帝国的结构，常因军事政治重心与经济重心的分离而不能发挥它的作用。因此唐需重新开凿、沟通或改革运河以适应时代的需要。

二、唐代运河改革的内容

（一）广济渠

西北段自河阴至汴州之间一段利用隋代的通济渠之外，其余均为唐代新开之运河，其上游是利用睢水（睢水发源陈留观省，自白沟和通济相通）下游是从宋州（今河南商丘）以东，是利用蕲水，经过虹县（今安徽泗县）至淮阴北十八里入淮，这是唐代广济渠流经的位置。

（二）漕渠

唐代漕渠主要是利用汉代之漕渠与隋代之广通渠开扩而成，目的在便利从关东运来之漕运以实京师，《新唐书·食货志》："唐都长安，而关中号称沃野，然其土地狭，所出不足以给京师、备水旱，故常转漕东南之粟。高祖、太宗之时，用物有节而易赡，水陆漕运，岁不过二十万石，故漕事简。自高宗以后，岁益增多……（开元）二十九年，陕郡太守李齐物凿砥柱为门以通漕……然弃石入河，激水益湍怒，舟不能入新门，候其水涨，以人挽舟而上。天子疑之，遣宦者按视，齐物厚赂使者，还言便。齐物入为鸿胪卿，以长安令韦坚代之，兼水陆运使。坚治汉、隋运渠，起关门，抵长安，通山东租赋。乃绝灞、浐，并渭而东，至永丰仓与渭合。又于长乐坡濒苑墙凿潭于望春楼下，以聚漕舟。坚因使诸舟各揭其郡名，陈其土地所产宝货诸奇物于栿上。……天子望见大悦，赐其潭名曰广运潭。是岁，漕山东粟四百万石。"

（三）通济渠

《新唐书·刘晏传》："（代宗时）俄进御史大夫，领东都、河南、江淮转运、租庸、盐铁、常平使。时大兵后，京师米斗千钱，禁膳不兼时，甸农授穗以输。晏乃自桉行，浮淮、泗，达于汴，入于河。右循底柱、硖石，观三门遗迹；至河阴、巩、洛，见宇文恺梁公堰，厮河为通济渠，视李杰新堤，尽得其病利。"

又据《刘晏传》所说，当时通济渠之利与害各有："京师三辅，苦税入之重，淮、湖粟至，可减徭赋半，为一利；东都凋破，百户无一存，若漕路流通,则聚落邑廛渐可还定,为二利;诸将有不廷,戎虏有侵盗,闻我贡输错入,军食丰衍,可以震耀夷夏,为三利;若舟车既通,百货杂集,航海梯崎,可追贞观、永徽之盛,为四利。起宜阳、熊耳、虎牢、成皋五百里,见户才千余,居无尺椽,爨无盛烟,兽游鬼哭,而使转车挽漕,功且难就,为一病;河、汴自寇难以来,不复穿治,崩岸灭木,所在厥淤,涉泗千里,如冈水行舟,为二病;东垣、底柱、渑池、北河之间六百里,戍逻久绝,夺攘奸宄,夹河为薮,为三病;淮阴去蒲阪,亘三千里,屯壁相望,中军皆鼎司元侯,每言衣无纩,食半菽,挽漕所至,辄留以馈军,非单车使者折简书所能制,为四病。"元载"方内擅朝权,既得书,即尽以漕事委晏,故晏得尽其才。岁输始至,天子大悦,遣卫士以鼓吹迓东渭桥,驰使劳曰:'卿,朕鄠侯也。'凡岁致四十万斛,自是关中虽水旱,物不翔贵矣"。

（四）灵渠

灵渠沟通湘水上游和漓水,使长江和珠江两大水系连接起来,是我国运河史上一大事,据说灵渠开凿始于秦代,唯文献不足征。秦汉以来,用兵运饷可能早已利用过此条运河,《太平寰宇记》称秦命御史监史禄,自零陵凿渠至桂林,故汉归义侯赵岩为戈船将军自零陵下漓水,即此,不过到了唐代李渤才大规模加以开凿,及至北宋、南宋屡次修建,均遵李渤遗制。《读史方舆纪要》卷一〇六《广西志》云:"漓水上流,谓之灵渠……昔秦戍五岭,命史禄凿渠,以通舟楫。……又东汉建武十七年,马援讨征侧,因史禄旧渠,开湘水六十里以通馈饷。后江水溃毁,渠遂廞浅。唐宝历初,观察使李渤立斗门以通漕舟,自是累加修浚。或谓之埭江。……咸通九年,桂州刺史鱼孟威因大修灵渠,增置斗门,渠复通利。宋初,计使边诩复修之。嘉祐四年,提刑李师中更加浚治。"

隋唐运河对当代后世的影响及贡献

第一,开发江南经济。隋唐南北运河沟通以后,对于平衡南北经济,开发东南,以至安史之乱后维持北方经济及提高江南文化水准有密切关系,首先是淮河南部一带之经济得到发展,运河成了南北东西交通与平衡经济之总枢纽,沿着运河一带的商业城市,如楚州、扬州,先后繁荣起来。又因隋代运河全部开发不久便亡国,所以运河的开凿对隋代的作用不大。但到了唐代的时候,却大大不同,此时淮南一带成为全国的经济重心与粮食仓库,唐代宗时,正值安史之乱后,藩镇割据,北方经济破产,国家的开支有赖于江淮经济的支持。因以刘晏为东都河南淮西江南东西转运使,运江淮的漕米以接济关中,使唐代国运延续了一百五十年之久。

第二,刺激人口之增长。江南一带经济逐渐开发,人口也逐渐增加。南北朝末期,南朝经年战祸,人口减少,经济衰退,陈朝所据土地不过荆、扬之区,合四十二州,五百零九郡,四百三十八县,六十万户。自隋统一南北,开通济渠和江南运河,经隋唐两代,江南逐渐开发,人口日见增加,兹以《隋书·地理志》所载江南各郡户口与《新唐书·地理志》所录江南各州户口之比较如下。

《隋书·地理志》所载江南各郡户口

郡　名	县　名	户　数
丹阳郡	三县	二四一二五户
宣城郡	六县	一九九七九户
毗陵郡	四县	一七五九九户
吴　郡	五县	一八三七七户
会稽郡	四县	二〇二七一户
余杭郡	六县	一五三八〇户
新安郡	三县	六一六四户
合计七郡,三十一县,一二一八九五户。		

《新唐书·地理志》所载江南各州户口

县　名	户　数	口　数
润州（丹阳郡）四县	一〇二〇二三户	六六二七〇六口
升州（江宁郡）四县	一〇二〇二三户	六六二七〇六口
常州（晋宁郡）五县	一〇二六三三户	六九〇六七三口
苏州（吴　郡）七县	七六四二一户	六三二六五〇口
湖州（吴兴郡）五县	七三三〇六户	四七七六九八口
杭州（余杭郡）八县	八六二五八户	五八五九六三口
越州（会稽郡）七县	九〇二七九户	五二九五八九口
宣州（宣城郡）八县	一二一二〇四户	八八四九八五口
歙州（新安郡）六县	三八三二〇户	二六九一〇九口
合计九州，五十四县，七九二四六七户，五三九六〇七九口。		

就隋代七郡和唐代九州的地理范围来看，大致是相同的，但在隋炀帝时代尚不能超出十二万一千多户，而到了唐代天宝年间，激增到七十九万户，人口达到五百三十九万之多。虽然户口的激增，其他因素尚多，但江南运河的沟通与发展，对经济繁荣与人口的激增，却是主因之一。

第三，提高江南文化。由于南方经济发达，生活安定，人口增加，城市建筑自然发达，文化自然随着兴盛。苏州自中唐以后，已成为文人荟萃之地，产生了陆龟蒙、皮日休等名诗人与陆贽等大政治家。下及五代时候，吴越王钱镠又大兴水利，使太湖流域经济有飞跃的发展，遂有所谓"上有天堂，下有苏杭"的美称。《容斋随笔》卷九《唐扬州之盛》谓："唐世盐铁转运使在扬州，尽斡利权，判官多至数十人，商贾如织。故谚称'扬一益二'，谓天下之盛，扬为一而蜀次之也。杜牧之有'春风十里珠帘'之句。张祐诗云：'十里长街市井连，月明桥上看神仙。人生只合扬州死，禅智山光好墓田。'王建诗云：'夜市千灯照碧云，高楼红袖客纷纷。如今不似时平日，犹自笙歌彻晓闻。'徐凝诗云：'天下三分明月夜，二分无赖是扬州。'

其盛可知矣。"

第二节　隋代置仓在政治、经济、军事上的意义

隋代置仓的动机

隋代大量建造粮仓之动机何在？杜氏《通典》谓文帝"以京师仓廪尚虚，议为水旱之备"，若仅以此为理由而兴建如此大量粮仓，其解释殊非使人满意。要知自秦汉至隋唐之多数王朝，均以关中地区作为当时的政治军事重心。因此，过去许多王朝对此区域之农田水利都比较重视，且也曾取得一定的成绩，但关中地区毕竟地狭人多，生产量永远不能供应庞大之中央政府和驻军需要。隋及唐代均以长安为首都，当时亦以为"关中号称沃野，然其土狭，所出不足以给京师、备水旱"。而农业生产较为发达之地区，却在离开关中地区较远之黄河下游，河北平原及江淮流域。因此，在此等地区所征得的粮食和物资，调运到京师长安之漕运，正是隋唐两代必须解决的重大问题。再就近年敦煌发现之唐代《水部式》残卷记载，知道桂、广二府和岭南诸州之租庸调均需先运往扬州集中，再由通济等渠运送至洛阳。且江淮地区不仅供应关中长安之需要，还要负担北方军需物资补给，此等物资都需经通济渠运送至黄河，再转入永济渠。唐安史乱起时，地处永济渠附近的清河郡（今河北清河县）曾积聚了大量从江淮河南地区调来之布、帛、钱、粮等，都是江淮地区物资供应北方之明证。但南北大运河流长地广，运河之不同河段与流经地区之自然条件不同，在流水量，含沙量以及河床特性等，都存在一定差异之程度。要从长江流域将粮米运往西面的长安或东北方之涿郡，都不可能倚靠同一艘船一次运到，而需要有适应不同河段水性之水工分段来运送，因此，隋代开始便在大运河沿线之枢纽地区，修筑了大量巨型粮仓，分别用来储藏从各地运来之仓米，然后根据不同河段水位流量及需要等情况，再转运到目的地去。

文帝时代设置的四仓

隋代设仓分为官仓与义仓两类，而官仓又分为文帝与炀帝时代建造之不同，兹分别略述。《隋书·食货志》载，开皇三年，即在黄河沿岸之洛州（今河南洛阳偃师市）置河阳仓，陕州（今河南三门峡市陕县）置常平仓，华州（今山东临沂费县）置广通仓，卫州（今河南卫辉）置黎阳仓；大业二年，又在洛阳附近增设洛口仓、回洛仓，并为隋代著名之六大官仓。

六大官仓在文帝时代建置者四。

一为广通仓。开皇三年置。大业初年改为永丰仓。位于今陕西华阴县东北三十五里渭河入黄河口处，约在今之潼关附近。关东漕米运入关中须先集于此地，其地位重要，是关中地区最大之粮仓，隋开皇五年曾出广通仓米三百余万石以解决关中地区由于严重旱灾所造成之政府机构和驻军缺粮问题。大业九年，杨玄感反，进攻洛阳不能下，部将李子雄以为"不如直入关中，开永丰仓以振贫乏，三辅可指日而定"。义宁元年时，亦有向李渊建议："自龙门济河，据永丰仓，传檄远近，关中可以取也。"不久，李渊果进军关中，华阴令以永丰仓降李渊。关中诸县多遣使请降，故从历史事实证明，在当时使能占有永丰仓，亦即控制整个关中地区，盖见此仓之重要性。

二为常平仓。开皇三年置，位于陕州西南四里，其地临焦水，西俯大河，地势高平，故又名太原仓。在隋代和唐初，自洛阳往西至陕州一段漕运，因三门峡险要之缘故，多采取陆运，自陕州至长安一段则利用河、渭水运，所以史称陕州太原仓。其重要性在于能控制两京之水陆运输系统，太原仓尤其在天宝年间，地位又较隋时更重要，且成为仅次于唐代最大米库河阴仓之次。由于其位置在河阴仓与永丰仓之间，成为河阴至长安之中继站，每年从河阴仓有七十万石漕米运到太原仓。其中三十万石留贮于此，累年积压成很大之粮仓。当时漕运全线以三门峡一段最为艰险，假使漕米能通过三门峡到达陕州之太原仓，亦即到达关中。例如唐贞元二年四月，关中地区因运河长久阻塞不通，长安城中仓廪枯竭，时韩滉运米三万斛至陕州，唐德宗闻知对太子说："米已至陕，吾父子得生矣……"可见关中政权对关东租米之依赖程度，和陕州太原仓在漕运线上之重要地位。

三为河阳仓。《隋书·地理志》谓偃师县有河阳仓，开皇三年于洛州置河阳仓。《读史方舆纪要》卷四八谓河南府偃师县云："河阳仓在县北。"偃师县故治即在今偃师市之东南老城，县北为邙山山脉，地势高燥，适宜修建粮仓。从洛阳城中流出的通济渠在偃师县以西入洛水。河阳仓是为洛口仓转运粮食入洛阳城所需要而设。唐代后期，由于漕运整顿，沿线粮仓增置，及当时社会政治经济情况之转变，粮仓之分布与前大不相同。此时洛阳附近之河阳仓与同洛仓经已废弃，一改过去在洛阳附近集中几个大粮仓之情况，原因是在洛阳至陕州一线上，增设了柏崖、集津、三门等仓，加强了此段之运输；同时，漕运方法经过改良以后，江淮租米不必全部集中洛阳，而可以直达长安。其次是天宝末年之洛阳经安史之乱，受到严重破坏，此地区已不适宜于中央政府之用。

四为黎阳仓。开皇三年置，位于卫州黎阳县，即今河南浚县东二里大伾山以北之地，此处西濒永济渠，东临黄河，水运颇便，从河北地区征调而来之租米，均先集中于此，然后再从永济渠或黄河运往洛阳，长安。隋用兵东北时，由江淮运来之米粮军需，也先储集于此区，然后运往东北，是河北地区唯一重要之粮仓，隋唐两代对此仓之设置极为重视，如隋末几次征高丽，均曾派专员在此仓督运漕粮，杨玄感反隋时，乃先据此仓，作为经济上之凭借。徐世积曾对李密谓："天下大乱，本为饥馑，今更得黎阳仓，大事济矣。"其后李密据有黎阳仓，开仓恣民就食，由是争取二十多万之众。及后窦建德夺得黎阳仓，亦曾凭借其经济实力，雄霸山东一带，可见此仓在隋唐时代之经济军事政治价值。

炀帝时代所建造的仓窖

一为洛口仓。又名兴洛仓，位于洛州之巩县（今巩义市之东北），东临洛水东岸，因地处洛水入黄河之口，故称为洛口仓。大业二年置，建筑仓城周围二十余里，穿三千窖，每窖容八千石，置监官及镇兵千人守卫，估计全仓储粮约有二千四百万石，是隋代第一大粮仓。由于此仓距东都洛阳不远，隋代东南运来之漕米，大部贮藏在这里，因为由此往西，可运往洛阳与长安，当用兵于东北时，又可由此运粮渡黄河，经沁水，折入永济渠而运往东北，故洛口仓可以作为东都洛阳之外围粮仓，更是用兵东北的军需转运站，地位极重要。隋末天下大乱，李密曾占洛口仓，并扩建洛口城，周围四十里，并以此为根据地，与隋军作长期争夺战，又借此仓之经济潜力，扩充军队至数十万之众，可见此仓储藏漕米之多。后因其部将邴元真以洛口城降王世充，李密只得投奔李渊，及后李世民攻王世充，同样先占有洛口仓以切断洛阳粮食之供应，继之包围洛阳城，而取得胜利。

二为回洛仓。大业二年十二月建于洛阳城北七里处，仓城周围十里，穿三百窖，是隋代东都洛阳之粮库。此地在隋末曾一度成为李密与隋军剧烈争夺之目标，入唐以后，其地位渐为含嘉仓所代替。含嘉仓在含嘉城内，此城约建于大业元年，据元《河南志》和清徐松所著之《两京城防考》所述："东都宫城，皇城之东有东城，东城的北门名含嘉门，门北部含嘉城，城北即外郭。"含嘉城建成之初，是否即作为大型粮仓则未可知，但含嘉城正式作为大型粮仓，可能是开始于隋末唐初。因隋末将回洛仓之粮食运入城内，起初可能储藏在此地，入唐以后正式沿用作为东都之大型粮仓，又因为随着储粮之增加，而不断修筑了许多粮窖，含嘉仓在唐初地位非常重要，不仅是洛阳的粮仓，并且对于关东和关中之漕运起了转运之作用。隋代东南漕米先集结于洛口仓，唐初则规定东都以东之租米先集中在含嘉仓，然后由此地陆运至陕州，循河、渭入长安。含嘉仓在唐代替代了洛口仓在隋代的地位而成为最大之粮仓。

隋代的义仓

隋于广设官仓之余，更大量兴建义仓，其动机何在？隋代人口不比两汉多，垦田数字则较两汉为高，如推行均田、兴修水利工作，亦为汉以来所不及。隋更以未雨绸缪之计，于开皇五年五月，纳工部尚书长孙平之建议，广设义仓。"长孙平奏曰：'古者三年耕而余一年之积，九年作而有三年之储，虽水旱为灾，而人无菜色，皆由劝导有方，蓄积先备故也。去年亢阳，关内不熟，陛下哀愍黎元，甚于赤子。运山东之粟，置常平之官，开发仓廪，并加赈赐。少食之人，莫不丰足，鸿恩大德，前古未比。其强宗富室，家道有余者，皆竞出私财，递相赒赡。此乃风行草偃，从化而然。但经国之理，须存定式。'于是奏令诸州百姓及军人，劝课当社，共立义仓。收获之日，随其所得，劝课出粟及麦，于当社造仓窖贮之。即委社司，执帐检校，每年收积，勿使损败。若时或不熟，当社有饥馑者，即以此谷赈给，自是诸州储峙委积。"（《隋书·食货志》）即是说，其办法是命诸州的百姓军人，到农作物收获时，以贫富为比例，捐出部分如粟麦等之收获物，不超过一石，各存入其所属之社仓里，又设社司管理账目和储存之事项，若社内收成不佳，发生饥馑时，可以社仓之存粮赈济饥民。其后，由于义仓贮藏在民间，多有费损，乃改民办为官办，诏令社司移交州县管理，据《隋书·食货志》谓："（开皇）十五年二月，诏曰：'本置义仓，止防水旱，百姓之徒，不思久计，轻尔费损，于后乏绝。又北境诸州，异于余处，云、夏、长、灵、盐、兰、丰、鄯、凉、甘、瓜等州，所有义仓杂种，并纳本州。若人有旱俭少粮，先给杂种及远年粟。'"

开皇十六年（公元596年）正月，又下诏："秦、叠、成、康、武、文、芳、宕、旭、洮、岷、渭、纪、河、廓、豳、陇、泾、宁、原、敷、丹、延、绥、银、扶等州社仓，并于当县安置。"

就上引诏文看来，隋广设义仓多集中在甘陕一带之干旱地区，则其用意可知。开皇十六年二月，又下诏："社仓准上、中、下三等税，上户纳谷一石，中户不过七斗，下户不过四斗。"则原为地方性民办之义仓，已渐成官办之社仓，其不同点是官仓大而集中，社仓小而分散，至高祖仁寿二年（公元620年）九月，复置常平官以统筹经理之。故隋文之世，承平日久，虽遭水旱之患，而户口续增者，其与仓粮丰满、赈恤得宜不无关系。

第三节　隋亡原因的分析

关于隋代衰亡原因，历代学者多推寻其事迹，然皆缺乏全面性之观察，若论较为切实而又与杨隋有关系者，莫如唐高祖李渊。高祖不仅历任隋室中外要职，且与杨家亦有亲戚关系，故对隋室之成败兴衰，应该较为透彻。李唐立国以后，高祖常引杨隋以为监戒之事例很多，然皆一鳞半爪，很难得到全面性之观察，兹就有关史料作系统性之分析。

隋代劳役人民之工程，除修筑长城、开河、置仓、筑驰道等，对于当代之国防、民生，以至后世之经济水利有莫大裨益，吾人不宜深责之外，其他穷奢极侈之花费，劳役百姓之举，自文帝以下，史不绝书，论史者又以隋文节俭为开皇盛治主因。岂以一国之大，系之个人俭约而可致富者，未之闻见，况杨隋父子，均以取民无艺，役民如辙，举例如下。

一为仁寿宫之兴建。开皇十三年，文帝命杨素于岐州以北，建造仁寿宫，使役严而急，丁夫疲惫，死者数万，尸体堆填坑坎，覆以土石，筑为平地。宫成，帝所幸焉，时方暑月，而死人相次于道。如此，则又可窥见隋文之另一面目。

二为大兴城之兴建。此城之兴建，亦非对当代国计民生有若何重大贡献，然动用民力财力之大，却足以动摇隋室基础。当时之动机，以汉城水皆咸卤，不甚宜人为理由，考其实，欲借此新都之设计将衙署与民居分离，以便于统治而已。文帝开皇二年六月，下诏于城东南廿一里龙首川处，营建新都，以宇文恺为新都副监工，命名大兴城，据估计其面积有七十平方公里之大。大业九年二月，又发丁男十万增高大兴城墙一事观之，此城工程之巨，民役财力之大，亦足以动摇隋室根基。

三为东都之营建。隋自平陈以后，曾以杨广为扬州总管前后十年，熏染江南奢靡风气，加以欲迎合独孤后之好，诸多整饰，久而沉湎浮华不能自拔。大业元年（公元605年），又于洛阳旧城以西十八里处营建东都，就意义上，虽有利于关东中原与江南地区之控制，和便于财物贡赋之集中转运，然实际上却是满足炀帝奢侈之欲。总其事者为宇文恺，规模之大，每月役使丁男百万，效法始皇，徙豫州城内居民及诸州富商、巨贾数万户以实之。其显仁宫则采海内奇禽，华木之类以实之，宫内筑西苑，周围二百里，内有海渠，缘渠十六院，各以四品夫人主之，宫树冬凋，缀以剪彩，海沼内亦有剪彩为荷、菱、芡，便于月下从宫女数千骑游，以消永夜。

四为游猎之耗费。炀帝将幸江都，遣官往江南采木，造龙舟凤艒、黄龙、赤舰、楼船等数百艘。龙舟四层，高四十五尺，上层有正殿，中二层凡二十房，皆饰金玉。以元年八月幸江都，挽船之上八万余，相接二百里，所过州县，五百里内皆令献食。又性嗜猎，四年九月，征调鹰师，悉集东京，至者万余，盖见其穷奢极欲至于此。

五为西苑与迷楼之兴建。大业元年五月，炀帝命人筑西苑，周围二百里，其内为海，周十余里内有蓬莱，方丈，瀛洲诸山，高出水平百余尺，台观殿阁，罗络山上，穷极华丽。至晚年，又建迷楼以享乐，凡役夫数万，经岁而成，千门万牖，工巧极致，人若误入其中，终日不能出，则其沉醉于享乐与花费之大，极古帝王所未有。

文帝独孤后共生五子，次序为勇、广、俊、秀、谅。勇为嫡长，立为太子。又以宇文氏孤弱而亡，遂于开皇二年先后置并州、洛州、益州行台，分以广、俊、秀三子为尚书令，领所辖各州总管兵事，使能互相牵制，外防夷狄，内安社稷。太子勇颇好学，性仁厚，初立时，军国政事多与参决，然奢侈，多内宠，尤嬖云昭训，独孤后代为选立之元氏妃又暴卒，颇招独孤后之忌。次子晋王广洞悉内情，乘隙短勇于母后前，而自身则深作矫饰，务为俭素，不近女色。返扬州前，入内辞后，自言恐为勇暗害。又以平陈有功，重臣宿将，多曾隶其麾下，于是阴结杨素、张衡、宇文述、郭衍等，从中布置，以窥东宫。开皇二十年，勇废为庶人，改立广为太子。仁寿四年七月，殆文帝崩，广矫诏赐勇死，其所生十子均被杀。三子秦王俊，平陈后，初为扬州总管，后转任并州总管，好财色，盛治宫室。妃崔氏拟毒杀之，遇疾征还，数岁而卒，生二子皆为宇文化及所杀。四子蜀王秀，镇蜀时，奢侈违制，为广所构谗，仁寿二年征还京师幽禁，宇文化及之乱被害。五子汉王谅，开皇十七年出为并州总管，一时自山而东至于海，南抵黄河，五十二州皆隶其管辖。十八年，辽东之役为行军元帅，无功而还。每以废太子事颇有微词，早存异志。文帝崩，征诏不赴，以所部十八州发兵反，败降后幽禁而亡。其子颢，于宇文化及乱时被杀。由于杨隋之内争演变为骨肉相残，一旦内外有警，襄助无人，其亡之速，殆非偶然。

炀帝大业元年（公元605年）四月，废诸州总管，集兵权于中央，此举对于隋之速亡，影响甚大，尤其造成隋末各地群雄之独立势力，或勾结外族盘踞一隅者甚多。隋初负担国防任务者，主要为军政上之总管区域，以刺史统之。隋制刺史可以兼理军事，谓之总管刺史加使持节，其在军事方面之权力，可以兼辖数州至十余州，作用在防御边区或镇压其他之反叛。西魏，北周已开此制之基础，隋初设置于西北防御突厥者八府，御契丹者东北占七府，扼守江源。拱卫京畿者，有利、荆、襄、信、益、汶、潭、豫八府。其余叠州以防吐谷浑，南宁以御爨蛮，遂、泸二府作用镇压西南边区之反叛。唯自开皇中叶以后，天下太平，六合统一，内地各州总管区，渐次废弃。仁寿末年，全国可考者，仅余三十六府。逮炀帝大业元年，拟集兵权于中央，遂废诸州总管，全国内外，军事控制开始松弛，殆群雄蜂起，隋失去均衡力而不能制。

造成隋末乱亡之另一主要原因，为文帝以下积习而来的严刑苛政。至于篡周后大权在握，宇文氏子孙以次诛杀，殆无遗种，则又可能在维护政权或种族之斗争加以绝灭，不予深责之外，唯史家多盛赞文帝的政治事功，而造成开皇盛世，却很少注意到隋代的苛政，亦为促成隋帝国崩溃主因之一。据《隋书·刑法志》谓："文帝以文法自矜，明察临下，每于殿廷打人。开皇十六年因合川仓粟缺少，是后盗边粮者，一升以上皆死，家口没官；一时相承以残暴为干能，守法者为怯弱。然京市白日犹公行掣盗，于是又诏，有纠告者，没贼产业以赏纠人；无赖之徒，或候富人子弟出，故遗物于其前，偶拾取则擒以送官而取其赏。驯至盗一钱以上，或闻见不告言者皆坐死。四人共盗一榱桷，三人同窃一瓜，事发即时行决；更有人劫官属要其转奏，古来是否有盗一钱而死之条。"则隋代自文帝以来，无论对待臣下或百姓，均过于严苛，不近情理之刑罚或使人民对政府产生不满。开国元勋或黜或杀者，有梁士彦、宇文述、刘昉、郑译、卢贲、柳裘等；名将如贺若弼、高颎、李德林等，皆不得志而终。炀帝晚年，盗贼蜂起，更立严刑酷法，下令天下犯盗窃以上罪者，无论轻重，不待奏闻，格杀勿论。而百姓益转相蚁聚，攻割城边，诛罚不能禁，蜀王秀获罪，州县长吏诛杀甚多。辽东之役，遣许嗣到东莱海口监造船舰，诸州役丁，苦其捶楚，官人督役，昼夜立于水中，略不敢息，自腰以下，无不生蛆，死者十之三四，其严刻峻法，至末年益甚。

杨隋开国以来，为着应付西北突厥与东北之契丹，虽曾先后增置诸州总管，发丁男数十万掘堑以置关防，又屡次修筑长城，工程不可谓不大。然此均着意在国防之建设，乃不得已而为之，史家不宜深责。至其穷兵黩武之毕，则不仅为后世所訾议，亦为导致隋亡之原因。统计自杨隋开国后之对外用兵，开皇以下，几无日无之。乃至于迄西域，西讨吐谷浑，海外及南方诸国之用兵，师出流求，兵加林邑，遥控西羌，而在当时皆无此急切需要。文帝开皇十八年之征高丽，目的在反击其入侵中国之辽西，甩意仍在保卫国防。炀帝三征高丽，师出无名，而屡兴兵役，征敛无度。自大业七年部署军事，于八年，九年，十年先后出征高丽，无功而还。其间战士馈运，填咽于道，昼夜不绝，于是自"燕、赵、跨于齐、韩、江、淮入于襄、邓、东周洛邑之地以至西秦陇山之右，僭为交侵，盗贼充斥……人相啖食，十而四五，关中疠疫，炎旱伤稼"，同年之"山东、河南大水，漂没四十余郡，重以辽东覆败，死者数十万"，物资损失无数，官兵逃役，引至溥天同怨，隋亡之速，殆非偶然。

隋室威望大减最显著之事莫如杨玄感之叛，与雁门之围。玄感本隋室重臣杨素之子，杨素曾替杨广争夺帝位立下很大功劳，可算是炀帝最心腹之重臣，然而其子却首先发难，揭起了隋暴动之序幕。公元616年，因不满隋室对其贬黜，罗艺据有涿郡及近地诸郡，自称幽州总管，成为燕地之心腹大患。公元617年，朔方郡守将梁师都杀隋官员，勾结突厥，自称大丞相。后又攻取雕阴等郡，自称梁帝。马邑郡军官刘武周、金城郡军官薛举、武威郡军官李轨及李密、王世充、李渊等之先后起兵叛隋，间接多受到杨玄感叛变之鼓励。

其次为雁门之围。自东突厥启民可汗卒，其子咄吉世立，是为始毕可汗，于是上表求尚义成公主，隋室允其请，部众日盛。其后裴矩献策，欲削弱突厥势力，诱杀始毕谋臣史蜀胡悉。始毕大怒，乃于大业十一年八月，乘炀帝北巡，围帝于雁门。官军拒战不利，欲突围时，却为群臣谏止，乃征调诸郡率兵赴难，并遣使驰告义成公主，拖延几及一月，突厥始解围而去。自此以后，突厥声势益张，经此役后，隋室威望大减，群雄多勾结突厥以对付隋室。

隋代之户调，基于受田为主，故以床为课征标准："丁男一床（夫妇）租粟三石，桑土调以绢纯，麻土以布，绢纯以匹加绵三两，布以端加麻三斤。""单丁及仆隶各半之。"但奴婢是私人财产，所受之田属诸主人，受之田多而负担少，所以奴婢便成为增加财产之一种工具，容易造成贫富悬殊机会。又隋虽行均田制，但仍有得不到田的，乃计户征税，所谓"无课调诸州于所营户内，计户征税"。且有品爵及孝子贤孙亦免课役。贵族阶级既无课役可负担，故隋朝土地大多集中贵族阶级。如此，国家之赋税势必加重于小农身上。就历史而论，每当赋税繁重，社会贫富不平衡，农村面临破产，偶有水旱之灾，民无积蓄，户口流亡，饿殍满野，严重灾情自然出现。大业年间，农村荒凉到什么程度？"……九年杨玄感叛变时，黄河以北千里无烟"，"江淮之间，则鞠骄茂草。"此后日甚一日。《隋书·炀帝纪下》："八年……大旱，疫，人多死……山东尤甚。"隋书卷三炀帝纪上："七年秋大水，山东、河南漂没三十余郡，民相卖为奴婢。"《资治通鉴》卷一八一《炀帝纪上》："大业七年……耕稼失时，田畴多荒。加之饥馑，谷价踊贵。"又云："百姓困穷，财力俱竭，安居则不胜冻馁，死期交急，剽掠则犹得延生，于是始相聚为群盗。……群盗蜂起，不可胜数。"

故大业九年杨玄感之叛变即以"为天下解倒悬"为借口，《隋书·杨玄感传》谓："盗贼于是滋多，所在修治，民力为之凋尽……加以转轮不息，摇役无期，士卒俱填沟壑，骸骨蔽原野，黄河以北则千里无烟，江淮之间则鞠为茂草。"《隋书·食货志》又谓："（大业）九年……百姓废业……无以自给。……初皆剥树皮以食之，渐及于叶，皮叶皆尽，乃煮土或捣叶为末而食之。其后人乃相食。"又谓："自燕、赵跨于齐、韩，江、淮入于襄、邓，东周洛邑之地，西秦陇山之右，僭伪交侵，盗贼充斥。宫观鞠为茂草，乡亭绝其烟火，人相啖食，十而四五。关中疠疫，炎旱伤稼，代王开永丰之粟，以赈饥人，去仓数百里，老幼云集。吏在贪残，官无攸次，咸资锱货，动移旬日，顿卧墟野，欲返不能，死人如积，不可胜计。"民众在此极度恶劣环境压迫下，加之水旱降临，长吏赈给之不当，安居则不胜冻馁，农民之流亡和叛变便益发不可收拾。

隋亡更重大因素之一，乃杨广妄杀元勋大臣，莫分青白，引起臣下之离心。《隋书·高颎传》："帝时多侈靡，声色滋甚，又起长城之役，颎甚病之，谓太常李懿曰：'周天元以好乐而亡，殷鉴不遥，安可复尔。'时帝遇启民可汗恩礼过厚，颎谓太府卿何稠曰：'此虏颇知中国虚实，山川险易，恐为后患。'复谓观王雄曰：'近来朝廷殊无纲纪。'有人奏之，帝以为谤讪朝政，于是下诏诛之。"颎有文武大略，明达世务，及蒙任寄之后，竭诚尽节，进引贞良，以天下为己任。苏威、杨素、贺若弼、韩擒虎等皆颎所推荐，各尽其用，为一代名臣，自余立功立事者，不可胜数。当朝执政将二十年，朝野推服，物无异议，治致升平，颎之力也。论者以为真宰相，及其被诛，天下莫不伤惜，至今称冤不已。颎既为隋开国功臣，杨广以诽谤罪诛之。又《隋书·贺若弼传》："炀帝在东宫，尝谓弼曰：'杨素、韩擒虎、史万岁三人俱称良将，优劣如何？'弼曰：'杨素是猛将，非谋将；韩擒虎是斗将，非领将；史万岁是骑将，非大将。'太子曰：'然则大将谁也？'弼曰：'唯殿下所择。'弼意自许为大将也。及炀帝嗣位，尤被疏忌。大业三年，从驾北征，至榆林，帝时为大帐，其下可坐数十人，召突厥启民可汗飨之，弼以为侈，与高颎、宇文弼等私议得失，为人所奏，竟坐诛。"此事在王船山《读通鉴论》言之颇详："（广）忌天下之贤，而驱之不肖，于是而流毒天下，则身戮国亡，不能一朝居矣。逆广之杀高颎，贺若弼也，畏其贤也……谓贤者之可轧己以夺己，而不肖者人望所不归，无如己何也。故虞世基、宇文述、裴矩、高德儒之猥贱，则委之腹心而不疑；乃至王世充之凶顽，亦任之以土地甲兵之重；无他，以其耽淫嗜利为物之所甚贱，而无与戴之者也。……以宇文化及之愚劣，可推刃以相向，夫岂待贤于己者而后可以忘己哉？……故天下之恶，莫有甚于恶天下之贤而喜其不肖者也。"

隋设义仓，盖惩于前代常平之失，徒有利民之名，而内实侵刻百姓，且豪右因缘为奸，以至小民不能得其半。故重设义仓，使百姓自经营之，本欲达到"取于民不厚，积之既久，自足以御灾荒。迄隋末，炀帝淫侈，国用不足，常贷义仓以充官费，且开仓须待中央命令，往返迁延。而地方官吏畏获罪，不敢自作赈给，至使社会储蓄虽富，百姓反不得其利，尽失民心，于是隋亡矣"。《旧唐书·食货志》载戴胄言："隋开皇立制，天下之人节级输粟，名为社仓，终文皇代，得无饥馑，及大业中年，国用不足，并取社仓之物以充官费，故至末途无以支给……"《隋书·张须陀传》："大业中为齐郡丞，会与辽东之役，百姓反业，又届岁饥，谷米踊贵，须陀将开仓赈给，官属咸曰：'须待诏敕，不可擅与。'须陀曰：'今帝在远，遣使往来，必淹岁月，百姓有倒悬之急，如待报至，当委沟壑矣'。……先开仓而上状。"《通鉴》卷一八三"大业十二年"："民外为盗贼所掠，内为郡县所赋，生计无遗，加之饥馑无食……乃自相食……吏皆畏隋，莫敢赈救。"试观隋末起兵者，无不以开仓赈济口号，借之以争取民心。其间虽或未明言社仓，要亦必包括其内也。如《通鉴》一八三："罗艺将作乱，先宣言以激其众曰：'吾辈讨贼数有功，城中仓库山积，制在留守之官，而莫肯施以济贫乏，将何以劝将士……'众皆怨愤……乃……开仓原以赈贫乏，境内咸服。"又《通鉴》"义宁元年"："刘武周斩仁恭，于是开仓以赈饥民，驰檄境内……皆下之。"又李密说翟让曰："今百姓饥馑，发粟以赈穷乏，远近孰不归附？"乃知隋末由于义仓之失政，导致亡国者，颇足为后世殷鉴。此隋代国富民贫之实情也。

第四节　秦、隋亡国原因比较

秦、隋立国背景比较

秦、隋之兴，同是统一数百年之分裂乱局而成。自平王东迁后，历史上有春秋战国凡数百年分裂的局面，至秦始皇才成一统霸业。而汉末魏晋南北朝之分裂亦历时四百年，至隋文帝篡周平陈而一统天下。秦隋在历史上皆享国祚不长，秦自始皇立国，历二世胡亥，至于婴而亡，统三主，国祚仅十五年而亡。隋自文帝称国号，历炀帝，至恭帝而亡，凡三世，享国仅三十九年而终。两国衰亡之速，其间有颇多相似之处，兹略分析两者衰亡原因异同于后。

秦、隋衰亡异同

一、相同之处

（一）君主方面

一为荒淫好色。始皇成一统霸业之后，他的雄心开始有所松懈。其在位其间，后宫佳丽竟达三千余人。而炀帝荒淫好色更甚，广征美女以供其享乐，于两都及各名城营宫宛，多置后妃于其间以为享乐之用。

二为好大喜功。始皇雄图大略，拓展疆土，命蒙恬北修长城以防匈奴，又令屠睢南平百越，置象郡等四郡，扩充中国版图。但军民无异被流放于外，遂致民生叛逆之心。炀帝亦好大喜功，在位其间，亦曾三次亲征高丽，惜无功而还；此外尚有伐琉球，征林邑等，用兵无岁无之，造成府库空虚，民怨沸腾，以至动摇国本。

三为穷奢极侈。始皇为满足其享乐欲念，大兴土木，劳民伤财，动辄征调数十万人民以兴建阿房宫、骊山陵墓，内宫达二百七十余座，巡幸岁月颇多。而炀帝亦挥霍无度，耽于逸乐，登位后即营两都，兴建显仁宫、西苑于洛阳；自长江至江都，建有离宫凡四十余所，又造以金玉为饰的龙舟多艘，以为其数下江南之用，耗费不少。他们虚耗国库之巨，由此可见，亦为导致秦隋速亡之原因。

四为劳役人民。始皇视人民如草芥，为了应付建阿房宫、筑骊山陵墓、修长城、筑驰道、御道、疏浚河道等庞大工程，动辄征调数十万人民从事每一件工程，役民之甚，可说空前。炀帝劳役人民，亦不遑多让，掘运河、建离宫、营两都、无不征用数以百万计的百姓，而其巡幸江南，仪仗队亦达万数之众，由此可见他们劳役人民之一般情况。

（二）政治方面

一为君权过大。始皇统一后，崇尚法术，集大权于一身，不恤民命，刻薄寡恩。二世更肆行杀戮，尽失民心，故乱起肘腋之间。然炀帝的独断专横，亦不让始皇专美，妄杀重臣高颎，贺若弼等，专信奸佞谀诌之臣，不恤众意，偶有不顺，辄以杀戮为事，使群臣钳口，不敢直言。

二为佞臣当道。赵高取信于胡亥，杀李斯而独揽大权，指鹿为马，排斥忠良，败坏朝纲，天下大乱。炀帝得杨素之助而得帝位，故宠信素，素专横，朝政日非；素后失势，含愤而终，其子玄感造反，震撼隋室。

三为刑政残暴。秦代行法治，但用法之苛，杀戮之惨，皆前所未有。如偶语诗书者弃市，赴役衍期者斩，一家犯事，比邻连坐，一人犯法，诛及三族等。陈胜、吴广之徒，亦因政刑残酷而被迫揭竿起义。隋之法令，亦属苛酷，当时有偷粮一斤者死，银一文弃市之令，并且任意杀戮功臣、奴役百姓，以致怨声载道，众叛亲离。

四为立储之失。始皇临终时，意欲传位于太子扶苏；但宦者赵高与宰相李斯合谋，矫诏立二世胡亥，杀扶苏，然二世昏庸懦弱，赵高遂得以专权弄政，加速秦亡。隋文帝则受杨素及皇后独孤氏之怂恿，废太子勇，立次子广为储，结果广嗣立为炀帝。然炀帝猜忌残忍，骄奢成性，劳民伤财，自然使国家走上衰亡之途。终观两代之招致亡国，立储之失实为其中一个主要原因。

（三）建设方面

一为修筑长城。秦始皇为了巩固北方的国防，命蒙恬把战国时燕、赵、秦原有之长城连接修筑，由函谷关至山海关，为我国古代北方国防屏障，对中国后世的影响颇为重大。隋文帝时，亦为了防御东突厥之内侵，于开皇六年大事修筑长城，自灵武至朔方。炀帝大业三年，亦发民夫修筑长城，西自榆林，东达于紫河，为的是增强北方国防实力。

二为大兴水利。不论是隋文帝、炀帝，或是秦始皇，都在水利方面大施建设，对水上交通大有帮助。秦皇一面发民疏浚鸿沟（汴河），贯通淮、泗诸水；另一方面又凿灵渠，沟通湘江和珠江上游漓江，以利漕运。文帝时亦为了便利关东与关西粮食之运输，于开皇四年开凿广通渠，其余之通济、永济渠、邗沟和江南河，均于炀帝时开凿，规模宏大，我国南北水上交通得以贯通，此举对南北经济、政治、文化之消融，起了巨大的作用。

三为开治驰道。始皇为了便于控制全国及促进全国之经济发展，以咸阳为中心，修筑全国驰道，东南达于吴楚、东北至燕齐，南至零陵，北达九原。这些驰道对国防经济均有很大的贡献。炀帝对南北陆路的交通亦甚为注意，先后筑御道两条：一自太行至并州，一自榆林北境至蓟城，以沟通北部的东西交通，并备军运，自是西北路通张掖、武威等。

四为兴建宫室。始皇于长安西北建阿房宫、于骊山建皇陵，内宫凡二百七十余座，均备极宏伟华丽。炀帝营东都，极度宏侈，穷极壮丽，又建显仁宫和西苑，离宫四十余所，建方丈、蓬莱、瀛洲仙山，搜天下奇材异石，珍禽名卉于其中。

其实，秦、隋两代都是由纷乱的分裂环境下复合为一，实不应在短短的数年内大兴建设，应该先与民休息，然后按部就班的施行建设。急功近利，致使人民无从得寻生计而起来谋反，在此环境下，倾覆乃是时间上的迟早问题而已。

二、相异之处

（一）政治方面

一为管制方面。秦隋两代，虽同有暴君严法，但隋代之苛刑远不及秦代。秦自商鞅主张法治，始皇用法尤苛，对人民管制太甚，如没收天下兵器，铸铜人十二于咸阳，以防叛乱；徙东方富豪十二万户于咸阳，便于监视；又其对臣民不惜罗织罪状，动辄得咎，偶语诗书者弃市，以古非今者族，赴役衍期者斩等，管制人民之甚，前无史例。

二为民变方面。虽然隋秦两代的末期皆有民变，但起义者的身份则各有不同。秦末群雄起义是基于遗民思变。因为六国百姓，在暴秦统治下，深感国破家亡之痛，时怀复国之心，及至陈胜、吴广揭竿起义，六国遗臣均纷纷响应。但是隋代的起事者则为盗贼及旧臣叛将等，性质略有不同。

（二）武功方面

秦、隋两代武力成就实难比较。始皇雄图大略，命蒙恬北修长城，以防匈奴，又命屠睢南平百越，添置桂林等四郡，又移民于五岭，屯田实边，对外武力成就辉煌。隋代于文帝时，虽能力扼东突厥，然炀帝三征高丽，均铩羽而归，国力大损，国威下降。

（三）经济方面

秦代征税浩繁，使男子力耕不足食，女子勤织不足衣。据说其赋税三十倍于古，人民不胜负荷。隋代税轻，文帝时又俭约，故国库充裕；而炀帝时挥霍无度，又广设义仓，以存谷物，故史云："隋之亡也，民困苦而国未贫。"

综观秦、隋两代在政治、建设及君主的行为品性上，实在极为相似，而文帝与始皇等的不必要设施和嗣君的无能，实足以导致秦隋于极短时间内亡国的主因。

第十三章　盛唐政治的商榷

第一节　李唐的开国

开国功业纷争的讨论

《资治通鉴》谓："唐高祖所以有天下，皆太宗之功，隐太子以庸劣居其上，自不相容，一若高祖与太子建成，皆与李唐创业轻微者。"《旧唐书·高祖本纪》载称："太宗与晋阳令刘文静首谋劝举义兵。"《新唐书》、《资治通鉴》和《通鉴纪事本末》等书，均有相似的记载。千余年来，太宗首谋劝举义兵之说，几乎成为定论。然根据近世学者之考究，李唐太原起义实为高祖所策动，决非太宗首谋，所谓"太宗首谋"之说，实为史官伪造。其论据如下。

根据《通鉴》融合各书的记载，太宗直接劝说高祖起义的时间，当在王仁恭、高君雅为突厥所败以后。然"太宗首谋起义"的第一步骤，是入禁所见刘文静，时间当在大业十三年四月以后。而太宗直接劝说高祖事，是所谓"太宗首谋起义"的第四步骤，依照程序论，时间当远在太宗入狱见文静之后（因为中间还隔着太宗设法联络斐寂和斐寂乘机劝说高祖几个过程）。则太宗劝说高祖的时间，怎能早在王仁恭、高君雅为突厥所败之时（大业十三年二月初以前）呢？岂不是前后颠倒？

而且根据《大唐创业起居注》，太宗已知高祖的起义准备行动，并且自己已经参加，则太宗绝没有再提出劝说之必要。《通鉴》述太宗再三劝说高祖的记载，显然是另有目的。

至于唐高祖留守太原时已有起义之心的证据，《大唐创业起居注》云："炀帝后十三年，敕帝为太原留守。……帝遂私窃喜甚而谓第二子秦王等曰：'唐固吾国，太原即其地焉，今我来斯，是为天与，与而不取，祸将斯及。'"前"私喜以为天授"，后又以"与而不取，祸将斯及"。由此可见高祖于奉命为留守的时候，确已萌起义之念头。及唐高祖对于劝他"首建义旗"的徐世绩"亲顾日厚"，对于劝举兵的武士彟表示"当同富贵"。高祖萌起义的大志，不是已见于行动吗？

高祖早在为河东讨捕使时，即听信夏侯端之劝说而萌起义之念，及调任太原留守后，劝说起义者更多，高祖不断的延揽人才，招收亡命暗作起义准备，十三年初（王仁恭、高君雅为突厥所败）在炀帝令系高祖时，他即向世民说明将要起义之意。二月，马邑、刘武周杀太守王仁恭。三月，南进汾阳，高祖以讨贼为名，令世民使刘弘基、长孙顺德募兵，并派李思行探听长安虚实，副留守王威、高君雅欲收弘基等，因武士彟劝阻未果，而唐高祖与王威、高君雅的暗斗从此益烈。四月，李密围逼东都，炀帝命令不行于北方。高祖一面遣密使召建成于河东，一面令世民入狱访问任晋阳令数年的刘文静，接着把他释放，令他募兵对抗王威、高君雅。高祖本拟待建成到达太原，一切布置就绪后起兵，不料王威、高君雅因怀疑而谋不利。五月，高祖得到消息，癸亥之夜，即令世民布置军事。甲子旦，先使人告王威、高君雅谋反，以兵执之而系于狱，两天以后，索性把他们两个斩杀。接着便派刘文静使突厥，令建成世民徇西河，并组织大将军府。七月，自太原出发。十一月克长安。立隋代王侑为帝，自为大丞相，改元义宁。次年（武德元年）五月甲子，受隋禅即帝位，改元武德。自起义以来，高祖对建成、世民同等重视，对他们职权分配亦同样重要。六月，因以长幼关系，立建成为太子，立太宗为秦王。不久，温大雅著《大唐创业起居注》成，内容即为太原起兵至高祖即位间三百五十七日的写实。不料自立建成为太子后，太宗的军力日盛，实力可与太子对抗，至武德九年六月四日，遂发生玄武门之变。事后，太宗恐天下后世议己，遂先亲阅国史，继又令许敬宗删改实录。许敬宗便将真事予以增减，将太原起兵改为太宗首谋；另一方面，隐没太子建成之军功，又极力夸大太宗之功业，以便伪造高祖本想立太宗为太子的话。

许敬宗奉太宗命作高祖实录，曾掩没建成的军功一项工作，就在所修实录里而完成。掩没建成军功的方法有下列各点。

第一，对建成立的军功，除去建成之名，如平西河之役。

第二，对建成部下将领立军功的，不书名属于建成部下。如克长安之役，将雷永吉改名雷绍，而且不书名属建成部下。

第三，对建成的职权或官衔从略，使受建成指挥的军队所建立之功不属于建成，如书"太子屯蒲州以备突厥"，及以后各战役均如是。

第四，对建成部属的战功，特别从略。如对太子建成平刘黑闼时其部将钱元陇、窦琮等的军功，毫不加以描述。若与对秦王世民平王世充、窦建德时其及部属军功的描述相比，尚不及数十或百分之一。

第五，对建成的军功战略，往往改为战败或罪过。如霍县之役。

由于许敬宗作伪巧妙得很，或者真伪相配合，或者伪与伪相辅而行，所以很难分辨，不过，伪终属伪，作伪总有暴露痕迹的地方。建成的军功，有的可以由环境里衬托出来，有的可以由微细处透露出来，细心求证，尚可看出其梗概。

高祖起义后，因西河当着入关的行道，建成和世民奉命攻下西河，打通入关之路。

攻长安时，建成部将雷永吉首先登城，遂克长安，奠定后来高祖称帝建国的基础。

义宁二年七月，令太宗东讨王世充时，突厥与王世充沟通。处罗可汗为阻止唐的统一,即立隋的后裔杨政道于定襄,称隋王,又培植李仲文于并州,准备着洛阳兵交后,即直捣长安。处此危机时,建成奉命镇蒲州备突厥。建成大将段德操于七月二十五日,击败梁师都和突厥、稽胡的联军。武德四年正月,建成奉命进讨寇掠北疆的稽胡,大破之于鄜州。经两个月的征剿,三月,稽胡酋刘仚成被击溃,逃到梁师都去。四月,突厥颉利可汗进寇雁门,李大思把他击退。是月,太子建成还长安。他在北疆总计九个月,粉碎了突厥入侵的计划,击败了梁师都,击溃了稽胡,掩护世民得以擒王、窦。及四年八月,太子建成又往北边安抚去了。

武德五年六月,刘黑闼借突厥兵寇山东。十一月初七,建成奉命讨黑闼,当时秦王所辖的陕东道大行台和淮安王神通所管的山东行台,以及河南河北诸州,都受建成节制,高祖并令他便宜行事。当时他的洗马魏徵劝他改变向来的杀伐,而采用安抚的策略,建成对每次战胜所获的俘虏,局面也随着急转直下。十二月二十五夜,黑闼狼狈而逃奔,二十七日,复被建成军追到馆陶击败,黑闼狼狈而逃,至武德六年正月初,才告平定黑闼。此次共历时五十六天,比前次秦王世民用一百零一天平定黑闼还短四十五天。

颉利可汗是个枭雄,对唐作不断的寇掠,在平刘黑闼以后,防御突厥多由太子建成和秦王世民两人担任,因为秦王有意夺嫡,建成、世民兄弟不和,至晚在武德九年起,建成荐元吉代替世民、于是北边防御突厥的责任,成为建成和元吉所共任。

在武德七年到九年的三年内,在北边防御突厥的军事记载极为简单。建成纵有军功,已被史官所掩没,无法可考。唯据突厥入侵的地方看,多在边疆,少达内地,只有武德八年八月一度侵入内地的潞、沁、韩三州,但是离京师还有千里以上。大体说来,突厥都受唐军的牵制而不得手,军功前段是建成、世民所共有的。

武德九年六月四日,玄武门事变发生,建成、元吉被杀了。突厥的颉利可汗大举入侵,如入无人之境,一日竟南下三百余里,在泾阳与太宗的第一流大将尉迟敬德交战，竟直逼渭水北岸的便桥，迫得太宗倾府库以赂突厥，突厥才退。

统一群雄的经过

李渊称帝后，首先便是注意如何平各地群雄的割据势力。

第一，平凉州。由于盘踞于金城方面的薛举、薛仁杲父子，曾发兵进攻李唐的心脏地区扶风。于是由李世民先联合薛氏后方凉州的李轨，孤立薛举。薛举死后，武德元年（公元618年）十一月，世民进军败薛仁杲于折墌城（今甘肃泾川县境），并掳之至长安处死。于是李唐又与李轨部下及凉州豪杰安兴贵合作从内部反对李轨，结果于武德二年（公元619年）四月，凉州豪族安修仁，安兴贵兄弟执李轨，于是凉州的薛氏，李氏盘踞势力被消灭。

第二，平晋北。其次就是开始对付盘踞于晋北的刘武周，宋金刚等势力，刘、宋的称雄本得力突厥人之助，因此结连突厥进陷并州，挥军南下，有动摇长安之势，唐急命李世民尽发关中兵以反攻，连败刘、宋军队，武德三年（公元620年），唐大军收复并州，刘、宋逃到突厥去，突厥斟酌到形势不利，遂于年底杀刘、宋二人，以讨好李唐，于是李唐关中形势更见巩固。

第三，平河南、河北。武德三年（公元620年）七月，李唐巩固其关中形势后，旋命李世民率兵进击盘踞于洛阳的王世充，世民出关以后，关东州县闻风来降，继而屯军邙山，开始进攻洛阳。王世充向窦建德求援，建德率兵十余万，往救洛阳。世民抢先发兵握守虎牢，建德大军不能通过，而军队亦饿且疲，于是世民纵兵出击，窦建德大败被俘。武德四年（公元621年），王世充知外援已绝，遂率众投降李唐。

第四，平刘黑闼。建德军败后，其旧部共推刘黑闼为首，于武德四年年底，起兵抗唐，次年正月进陷洺州，并引突厥兵进攻山东，李唐驻守山东、河北之兵将相继败亡，黑闼尽复建德旧地，称汉东王，唐又派李世民率军进击，三月，黑闼败逃突厥，世民复移兵进击盘踞于鲁南的徐图郎，将其清灭，唯黑闼又借突厥兵再起，武德六年（公元623年）为唐太子李建成所败，黑闼被执杀，于是李唐在河北山东的统治力才稳固起来。

第五，平定两湖。武德四年，李唐于东击王世充的同一时间内，又命赵郡王李孝恭与大将李靖由四川出击顺流而东，攻打盘踞于两湖一带的萧铣。铣迁都江陵以避其锋，并杀其部下大将董景珍。是年十月，唐兵涌至，铣兵投降。萧铣被执杀于长安，由是两湖割据势力遂平。

第六，平定江南。武德五年（公元622年），盘踞于江淮一带的杜伏威，受唐封为吴王尚书令，至长安为李唐扣留，其部下辅公佑率领所部军队，起兵抗唐，建都丹阳，自传宋王，唐派李孝恭、李靖率军前往进攻，辅公佑部将阚棱叛变，唐军大胜。武德七年（公元624年）春，辅公佑被杀，江南之地尽归唐有，其他个别的割据力量都先后为唐所消灭，于是中国又再度统一起来。

剪灭群雄与统一中国的分析

李渊之所以顺利消灭群雄统一中国，并非偶然，兹据各种史实加以分析如下。

李唐家世与杨坚家庭背景，同为北魏六镇军人出身，渊祖父李虎与坚父杨忠亦为关陇集团之主要人物。杨坚后独孤氏为李渊姨母，由此可见李唐与杨隋亲戚关系。李渊不仅对隋室政治得失了如指掌，其长子建成、次子世民、三女平阳公主及四子元吉在统一战争中之亦表现极佳。建成曾到河东一带潜结英俊，其麾下军队对于防止突厥之入侵有极大作用。次子世民亦于统一战争中，曾到晋阳一带密招豪右，尤其策反了许多对隋室不满之官吏与地方势力，并剪灭了割据北方之群雄。三女平阳公主与四子元吉，在吸收游勇与统一战争中，同样起了积极作用，故李渊以父子兵之精神，配以府兵之制度，对于无组织，缺乏训练而孤立之群雄，胜败自见。

其次，在战略上，李渊亦颇能把握机会。《大唐起居注》载李渊谓："密夸诞不达天命，适所以为吾拒东都之兵，守城皋之阨更觅韩、彭，莫如用密。宜卑辞推奖，以骄其志，使其不虞。于我得入关，据蒲津而屯永丰，阻崤函而临伊洛。东看群贼鹬蚌之势，吾然后为秦人之渔父矣。"李渊表面故作推许李密，使李密专意于东都与隋军之对抗，而无心外略，忽略了李渊西进之威胁，助自己顺利取得关中根据地。

李渊稳定关中局势后，即以为根据地，续步向外发展，清除一切阻力，更由于太原与长安都是隋朝之屯粮区，李渊既拥有此两地，军粮方面便可解决，隋末天下大乱，饥民遍野，大业九年杨玄感之叛变，即以"为天下解倒悬之急"为借口，故众皆悦，从者如归市，所谓无粮不聚兵，盖见当时拥有粮米者，对战争之胜利，起决定因素。

李渊在统一战争中，对突厥之策略颇为成功。南北朝后期以至隋初，突厥之势力极大，隋初突厥数十万曾寇其边疆要地，隋末北方受突厥支持之群雄甚多，如刘武周、梁师都、郭子和等。李渊欲取得统一战争胜利，必先解决北方之突厥，以免腹背受敌，乃以刘文静向突厥报聘，约为外援，渊则自为手启，不惜畏词厚礼，始毕可汗为书更谓："苟唐公自为天子，我当不避盛暑，以兵马助之。"虽则突厥实际助唐兵力不大，然就声望上，对军队士气之鼓舞，作用不少。

李渊在政治上亦颇能收服人心，在群雄割据下之地区，推行善政者，虽略有其人（如杜伏威等），唯可惜绝大多数多未脱盗贼本色，且更承袭了隋室腐败残暴作风，在其统治地区之人民，处境与隋末并无分别。李渊称帝后，令军队所经行之处，给复三年，废隋之暴政，以解人民痛苦，因而多乐意归附，一时三秦士庶，衣冠子弟，郡县长吏，豪族兄弟老幼，相携来者如市，帝皆引见，亲劳问，仍节级授官。

"玄武门之变"与唐初政局

唐武德九年六月四日，唐太子李建成与其弟世民，由于夺嫡之争，在玄武门发生了激烈战斗，演变成为骨肉相残，结果太子建成与元吉被杀。八月，高祖内禅。此役之经过，学者多由于引用史料之错误，以至颠倒史实者有数点：一为高祖有废太子建成之意；二为玄武门事变前，世民之军功过于建成者；三为尽量暴露高祖之无能与缺乏主见；四为使唐以后均信太子建成与杨文干同谋造反事等。其目的冀使后世人观点有利于唐太宗而已。事实上，玄武门一役，不仅影响唐初之政局，且由于太宗夺嫡之成功，鼓励了唐代诸王子之争权夺嫡，而使各朝太子地位处于不稳定状态，太子地位不稳，亦即唐代政治之不稳定，故"玄武门之变"对唐代政治之影响极大。

一、"玄武门之变"前的形势

高祖任太原留守时，已由长子李建成、次子李世民协助积极部署起兵反隋。大将军府建立后，建成为左领军大都督，世民为右领军大都督，及自太原出兵，西破长安，兄弟间之职务大致相似。武德元年六月七日，高祖立建成为太子，封世民为秦王，为将来帝位之继承作了初步之安排。其后由于唐初需内外安讨，建成、世民各立军功，各结人才，因而日渐造成两派间之不同势力，而摩擦亦日见加深。高祖采用两人互调方法，欲减轻兄弟间冲突。武德三年七月，高祖本着建成职责稍重之观点，令世民率军讨伐较弱之王世充，建成则奉命镇蒲州以防强大之突厥。建成防止了突厥与王世充之合兵，又降服了稽胡刘仚成，但并无得到新领土与人才。而世民却于擒王、窦战争中，取得大河南北之土地，人才归之者亦众，乃延揽人才，开文学馆，继又自请帅兵讨刘黑闼，不久勋业克隆，威震四海，遂起夺嫡之志。

二、"玄武门之变"的经过

武德七年六月，高祖诣仁智宫，世民、元吉同行，留建成守京师。天策府兵曹杜淹先使人上书告建成潜构异端，未得要领。及杨文干反，伏诛，杜淹又使人告建成与杨文干同谋，高祖将建成召至仁智宫，对他和世民责以大义，并流放王珪、韦挺、杜淹于巂、越了事。这次世民与杜淹希望假高祖之手废建成失败了。武德八年,高祖想抚慰世民之心,加世民为中书令,并令其部属宇文士及检校侍中以提高世民之政治地位。但世民及其部属并不以此为满足,世民又改采建树地方实力政策,令温大雅镇洛阳,又派张亮带千余人到洛阳,厚结山东豪杰,但此事为元吉所告发,捕张亮回长安审讯。世民又欲出镇洛阳,却被元吉阻止破坏,乃另谋于李靖、李勣,亦不予支持。世民在一筹莫展情势下,乃铤而走险,决定发动玄武门事变,以武力对付建成、元吉。武德九年,高祖与建成对世民之行动略有所闻,但建成自恃优势兵力,且戒备森严,而高祖也提防不幸事情之发生,罢斥秦王府智囊房玄龄、杜如晦,并使尉迟敬德下狱,但拘于父子感情,对世民仅采取监视政策,而拒绝任何处置世民之建议。世民恳求高祖释放尉迟敬德出狱,又密召房玄龄、杜如晦筹划对策。五月,傅奕上奏高祖,谓"秦王当有天下"。高祖遂将奏状交世民,想借此警告,世民更感自危,遂不惜一切,以极优厚之条件,利诱建成旧部屯守玄武门之常何。条件商妥后,常何答应世民可以带武装干部埋伏于玄武门以内之禁地。然后世民于六月三日上书告建成、元吉之罪状。高祖不知是计,尚欲排解其兄弟间之纷争,建成虽知有变化,但以玄武门内为法定之安全地带,且外有强大兵力驻守,何惧之有。六月四日,由于高祖与建成之错误判断之下,世民发动了玄武门之变,杀建成元吉而取得胜利。高祖在尉迟敬德之"宿卫"下,手敕诸军授秦王处分,六月七日,诏立秦王为皇太子,八月初九日,高祖内禅与世民,而世民终于登位为皇帝,是为唐太宗。

三、建成、元吉失败的原因

世民之所以得胜,建成、元吉之所以失败,主要是由于世民先以伏兵夺取玄武门(宫城之北门)之控制权,同时更进一步阻止宫城外隶属于建成之援军。巴黎图书馆藏敦煌写本伯希和编号二六四零,有李义府所撰之常何墓志铭,根据内文所录,乃知当时世民与建成、元吉双方均曾收买敌对之勇将。常何曾隶属建成,而为世民所利诱。武德九年六月四日,玄武门事变,常何任屯守玄武门之职,及建成、元吉被杀后,常何遂统率北门禁军，其后官至中郎将，可知玄武门之失与建成、元吉被杀，实与常何叛变有莫大关系。

四、"玄武门之变"对唐代政治的影响

玄武门事变发生以后，受影响而是最直接者，首为太宗以下诸王子，他们觉得夺嫡之举，不仅是条可通之路，而且有例为先，上有好者，下必甚焉。太宗即位不久，立恒山王承乾为皇太子，承乾乃长孙皇后之长子，既居嫡长之位，其他诸子又无如太宗之功业声望可以启其窥伺之心，然承乾终被废弃。承乾虽被废弃，与其争位之濮王泰亦不得立，使晋王治得继太子位而承正统，其事亦非太宗始料所及，故高宗之得立，不仅直接受玄武门事变之影响，且其后武则天之得册立为皇后掌握大权者，基础亦间接建筑在高宗李治之得立，及后高宗废皇太子忠及皇太子贤之举，已视为家常便饭，至如武后之废中宗、睿宗二帝，固虽由于武后之称制以为事先安排，唯另一主要原因却在于玄武门事变以后，各皇太子之废立有例可循。皇太子被废在唐代既成风气，每使未即位之皇太子产生不安感觉，变乱遂由不安情绪而产生。中宗复位后，太子重俊之反即为一例。重俊虽不若太子承乾说出由衷之言，但明知处于武三思父子与安乐公主欺凌之下，将来未必能取得帝位，遂先发制作冒险行为，此种思想固亦受玄武门事变之间接鼓励。韦后虽已立温王重茂为皇帝，但临淄王李隆基（唐玄宗）掌握羽林军，景龙四年二十日夜之举兵，正与三年前重俊发动之玄武门事变相类似。所不同者，乃玄宗能预结羽林万骑诸营长万福顺、陈玄礼等，而韦后亲党守卫玄武门之羽林军诸统将如韦播、韦璿、高嵩等，皆为其部下所杀之故也。玄宗虽有大功得立为皇太子，而其皇位继承权仍不稳固，其后虽监国受内禅，即帝位，但皇位仍不稳定，必至诛太平公主党徒后，睿宗不得已乃放弃全部政权退居百福殿后，其皇位始见安定。废太子瑛，玄宗第二子也，开元三年正月立为皇太子，后因故被废，至于此后所立之太子，即后来继位之肃宗，其皇位继承权，亦屡经动摇，若非承安禄山之乱拥兵自立为帝，则其结果能否继嗣皇位与否，殊未可知，则玄武门之变，影响唐代皇太子嗣位不稳定,而关系整个唐室政治之安危者殊大。

第二节 贞观政治的得失

贞观之治,在我国史上推为盛世,历代史家以至近儒著书,莫不津津而乐道,或有以贞观、永徽时代堪此汉初文景之治。若就时间而论,贞观时代应包括自公元627年至649年之二十三年,此间之政绩被称为"贞观之治"。唯细检史书分析之,则又觉得此段历史并不如我们所憧憬之美好。就贞观初年而论,大抵确有一段时期是天下晏安,轻徭薄赋,人民生活安定,刑政修明;对外军事则节节胜利。如《新唐书·食货志》说:"贞观初,户不及三百万,绢一匹易米一斗。至四年,米斗四五钱,外户不闭者数月。马牛被野,人行数千里不赍粮,民物蕃息,四夷降附者百二十万人。"再以刑政修明之表现看,《旧唐书·本纪》"贞观四年"条:"是岁,断死刑二十九人,几致刑措,东至于海,南至于岭,皆外户不闭,行旅不赍粮焉。"

又同书同卷"六年辛未"条云:"帝亲录系囚,其应死者,闵之,纵使归家,期以来秋就死,乃敕天下死囚,皆纵遣,使至期来诣京师。"

《通鉴》一九四"唐纪贞观七年十二月"条:"从上皇置酒故汉未央宫,上皇命突厥颉利可汗起舞,又命南蛮酋长冯智戴咏诗,既而笑曰:'胡越一家,自古未有也。'"就以轻徭薄赋而言,《贞观政要》十《慎终》第四十条:"贞观之初,频年霜旱,畿内户口,并就关外,携负老幼,来往数千,曾无一户逃亡,一人怨苦。"可见其时社会经济之稳定与赋役之轻。唯在历史上一个时代之盛衰,又每每系诸帝皇关键甚大,现先就积极方面以论太宗时代之文治武功。

太宗的文治

贞观时代之盛治,向来多推房玄龄、杜如晦二人之功,如《唐会要》

卷五七说:"台阁规模,皆二人所定。上每与玄龄谋事,必曰非如晦不能决。及如晦至,卒用玄龄之策。盖玄龄善谋,如晦能断故也。二人心相得,同心徇国,故唐世称贤相者,推房、杜焉。"又《新唐书·长孙皇后传》说:"玄龄久侍陛下,预奇计秘谋之称赞。"更使人误以贞观初年之政治皆房杜之功,但房、杜入相前后未及二载(贞观二、三年入相),而房杜之处事能力亦非想象之能干。如《贞观政要》卷三载,贞观二年,太宗责房杜曰:"公为仆射,当助朕忧劳,广开耳目,求访贤哲。比闻公等听受辞讼,日有数百,此则续符牒不暇,安能助朕求贤哉?"因敕尚书省细碎务皆付左右丞。又《贞观政要》卷一载,二年,太宗谓侍臣曰:"中书、门下,机要之司……诏敕如有不稳便,皆须执论。比来惟觉阿旨顺情……若惟署诏敕、行文书而已,人谁不堪?自今诏敕疑如有不稳便,必须执言,无得妄有畏惧,知而寝默。"及《贞观政要》卷二载太宗责房玄龄等于北门营造,及玄龄拜谢为魏徵所纠等事观之,可反映出房杜办事之无能与太宗对他们不信任态度。考房杜本逮属建成幕下,为太宗收买之文臣,《政要》五七与《新唐书·长孙皇后传》对房、杜之称赞,乃指其在太宗为秦王时参与帷幄,玄武门事变前参与之功劳而已。然则贞观之治,系于太宗个人治道得失者颇重要。由来称颂太宗较为详尽者推《贞观政要》卷一,谓:"太宗自即位之始,霜旱为灾,米谷踊贵,突厥侵扰,州县骚然。帝志在忧人,锐精为政,崇尚节俭,大布恩德。是时,自京师及河东、河南、陇右,饥馑尤甚,一匹绢才得一斗米。百姓虽东西逐食,未尝嗟怨,莫不自安。至贞观三年,关中丰熟,咸自归乡,竟无一人逃散,其得人心如此,加以从谏如流,雅好儒术,孜孜求士,务在择官,改革旧弊,兴复制度,每因一事,触类为善。初,息隐、海陵之党,同谋害太宗者数百千人,事宁,复引居左右近侍,心术豁然,不有疑阻。时论以为能断决大事,得帝王之体。深恶官吏贪浊,有枉法受财者,必无赦免。在京流外有犯赃者,皆遣执奏,随其所犯,置以重法。由是官吏多自清谨。制驭王公、妃主之家,大姓豪猾之伍,皆畏威屏迹,无敢侵欺细人。商旅野次,无复盗贼,囹圄常空,马牛布野,外户不闭。又频致丰稔，米斗三四钱，行旅自京师至于岭表，自山东至于沧海，皆不赍粮，取给于路。入山东村落，行客经过者，必厚加供待，或发时有赠遗。此皆古昔未有也。"是知政要所载对太宗个人风范与治道推崇备至，若归纳其他资料，太宗个人在文治方面大要如下。

太宗颇能做到从谏如流，认为"人之意见，每或不同，有所是非，本为公事，或有护己之短，忌闻其失，有是有非，衔以为怨，或有苟避私隙，相旨颜面，难违一旨之小情，顿为万民之大弊。"(《贞观政要》卷一）他认为法律乃天子与百姓所共有，故为政莫如至公，人主应兼听，而特别奖励谏净，谓："以铜为镜可以正衣冠，以古为镜可以知兴替，以人为镜可以明得失，朕常保此三镜以防己过。"又说："君自为诈，何以直臣之直乎？"故员观时代能直言谏净之臣特多，奠下唐代政治之民主风气。

隋末天下骚动，纲纪紊乱，有志节者多栖息山林，不愿入仕，太宗既有天下，乃广求贤哲以为国家之用，尝谓："吾为官择人，惟才是与。苟或不才，虽亲不用；如其有才，虽仇不弃。"如唐名臣房玄龄、杜如晦、魏徵等均曾隶属于太子建成幕下，萧瑀为炀帝妻舅，虞世南本隋朝旧臣，李勣、程知节皆臣李密部将，尉迟敬德原为宋金刚部将，王珪等亦曾隶属于建成幕下。故尝对封德彝谓："君子用人如器，各取所长，贞观一朝，人才济济，各能以一技之长显用于时，是故政事可观。"

太宗对于整饬吏治、裁汰冗员亦颇能留意。他曾谓："致治之本，惟在于审，量才授职，务省官员。若得其善者，虽少亦足矣。其不善者，纵多亦奚为？且千羊之皮，不如一狐之腋，当须省汰官员，使各当所任，则无为而治矣。"贞观元年十二月，太宗下令裁汰冗员，中央文武官员仅留六百四十三员，对部分滥竽充数之官吏加以革除，对于都督、刺史、县令等之亲民官吏，均自行简选，并详考其行为政绩以备升降之标准，又派员经常到各地方视察吏治，以省察民间疾苦。

唐以前，凡犯案判死刑者，经过廷尉与大理之决案后，不再上申复审。自太宗时，颇以有关系人命者必须慎重行事，于是贞观元年曾下令规定，死刑之判决，须经中书门下，四品以上及尚书九卿等共议决乃生效。又在贞观五年，太宗因张蕴古案误判死罪，后悔处置不当，乃下诏："凡有死刑，虽令即决，皆须五覆奏。"其次为放宽连坐法。贞观初年，若一人谋反，兄弟连坐皆死，贞观十一年，房玄龄受诏定律令，以为"兄弟异居，荫不相及，而谋反连坐皆死，祖孙有荫，而止应配役，据礼论情，深为未惬"，太宗从其议。从此，天下死刑除其大半。

就大体而论，贞观时代一切政治措施之表现，主要是太宗个人之表现，其间之得失，亦即太宗个人之得失。自唐以至宋代推尊者，如房玄龄、范祖禹、欧阳修、司马光等，莫不对其文治武功推崇备至。唯历史事实记载之真实性，又往往系于史家之识力与偏见，或过于渲染美化历史之事实者，在在颇多。贞观时代之政治，与太宗个人雄才伟略经营，无可否认的确曾一度使这个大帝国炫耀于世界历史上，但造成贞观致治之原因，是否一如过往史家所论之如此大成就？

政治得失方面的讨论

一、纵囚赦罪之讨论

唐贞观六年（公元632年），太宗亲录囚徒，放死罪三百九十人归家，令次年归来就刑，结果囚徒皆能如期至归，乃下诏赦免其罪。此事更为后世儒家张扬以为历史之盛事。细考纵囚之事亦并非始自太宗，自汉代以来，纵囚之事多有记载。清儒赵翼《陔余丛考》卷十九"纵囚不始于唐太宗条"："纵囚事，唐太宗最著，但乐天所咏：死囚四百来归狱，是也。然不自唐太宗始。"明儒王船山《读通鉴论》卷二十所论则以为太宗此举旨在弄权术而已，且就当时社会制度之下，死囚纵使放归亦无处容身，故归狱并非出奇。他说："言治者而亟言权，非权也，上下相制以机械，互相操持而交雠其欺也。以仪、秦之狙诈，行帝王之大法。乱奚得而弭，人心风俗奚得而不坏哉？王伽之诈也，与李参朋奸而徼隋文之赏。唐太宗师之，以纵囚三百九十人，而三百九十人咸师参之智，如期就死。呜呼！人理亡矣，好生恶死，人之情也，苟有可以得生者，无不用也。守硁硁之信，以死殉之，志士且踌躇而未决，况已蹈大辟之戮民乎？太宗之世，天下大定，道有使，州有刺史，县有令尉，法令密而庐井足，民什伍以相保，宗族亲戚比闾而处，北不可以走胡，南不可以走粤，囚之纵者，虽欲逋逸，抑谁为之渊薮者？太宗持其必来之数以为权，囚亦操其必赦之心以为券，纵而来归，遂以侈其恩信之相孚，夫谁欺，欺天乎？夫三百九十人之中，非无至愚者，不足以测太宗必赦之情，而徼幸以逃；且当纵遣之时，为此骇异之举，太宗以从谏闻，亦未闻法吏据法以廷争；则必太宗阴援其来归则赦之旨于有司，使密谕所纵之囚，交相隐以相饰，传之天下与来世，或惊为盛治……"

二、太宗个人风度之讨论

据《贞观政要》所载对太宗从善如流，奖励批评之风气，认为乃开唐代民主风气之先河。然而，若据其他史料，则颇有相反之记载，《通鉴·唐纪》"贞观六年十二月"谓："帝与侍臣论安危之本，中书令温彦博曰：伏愿陛下常如贞观初则善矣。帝曰：朕此来怠于为政乎？魏徵曰：贞观之初，陛下志在节俭，求谏不倦，此来营缮微多，谏者颇有忤旨，此所以异耳。"同书唐纪贞觐八年，谓："中牟县丞皇甫德参上言修洛阳宫，劳人；收地租，厚敛；上怒……欲治其谤讪之罪。"观此，则太宗之所谓开唐代民主风范者，殊非笃论。就以魏徵之于太宗可谓忠直之臣，太宗亦尝评誉之，然因怒其谏己之过，而有杀戮之心。因太子与侯君集事，又有仆碑停婚之举，使太子与侯君集事发生于魏徵死前，则徵恐有杀身之祸。是知太宗平日之所信任与敬重之人，皆伪饰而已。贞观十三年，魏徵上十渐疏，曾就太宗行事不及初年者凡十条，如宽求珍玩，轻使民力，远君子，近小人，好奢靡，弃淳朴，任人不察，恋于狩猎，君因未能下达，傲长欲继，乐极志满，徭役繁重等，可见太宗此时已疏于治道，伐辽之役房玄龄尝谓："吾受主上厚恩，今天下无事，唯东征未已，群臣莫敢谏……"

三、"玄武门之变"开唐政争风气

唐初，由于世民生夺嫡之心而发生玄武门事变，开唐代骨肉相残先例，太子建成及其弟元吉于此役之战争中被杀，高祖李渊在世民要挟下而内禅。此事对唐代政治影响极大，因为太宗夺嫡之成功，间接鼓励了唐以后各朝诸王子之野心，认为夺嫡之举，乃条可通之路，使唐以后之太子地位常处于不稳定状态。太子地位之不稳，亦即唐代政治之不稳，故有唐历代皇太子之被杀，与宫闱政事杀戮之风气。甚且武曌之得册立为皇后，直接或间接受到太宗夺嫡风气之影响。换言之，唐代各朝因夺嫡而导致政治混乱之坏风气，实在渊源于太宗之夺嫡。

军事方面的讨论

向之治史者，多有称道太宗之武功，关于此点，亦不可讳言，太宗在武功方面确曾震铄中外，就简单之统计，贞观初年以来对外用兵与东征西讨之结果，使国家疆土大有收获，国际声威媲美汉代。如：贞观四年，平东突厥，招降伊吾；贞观九年，平吐谷浑，其王伏允死；贞观十二年，唐封薛延陀酋夷男为可汗，平吐蕃；贞观十四年，克服高昌；贞观十八年，平焉耆；贞观二十二年，平龟兹及天山南路之外族势力；贞观十五年与二十年，先后平薛延陀与降铁勒；贞观三年，党项内附；贞观二十二年，契丹与奚内附。

但太宗三次伐辽，以狮子缚兔之力，大败而还，对唐之声威不仅大有所损，而于人力物力之耗费，超过其他征讨损失之总和，国力从此衰退，太宗一向仁民爱物，此次为满足私欲，驱无罪之民，要于锋刃，实非明智之举，清儒王船山甚且讥为不擅于用兵故也。日儒冈崎文夫谓太宗之征高丽："无论怎样地说，也是太宗一朝的失败。"

经济政策的讨论

贞观时代之人民生活，究竟如何呢？根据史料记载，亦非如想象之美好。尤其在贞观十年以后，由于太宗之好大喜功，连年征战，使社会经济与民生渐呈凋残迹象。《唐会要》卷八十三载贞观十一年侍御史马周上疏谓：" 今百姓承丧乱之后，比于隋时才十分之一，而供官徭役，道路相继，兄去弟还，首尾不绝，远者往来至五六千里，春秋冬夏，略无休时。陛下每有恩诏，令其减省，而有司作既不废，自然须人，徒行文书，役之如故。臣每访问，四五年来，百姓颇有嗟怨之言，以陛下不存养之。" 疏云 " 四五年来，百姓颇有嗟怨之言"，亦即指出贞观六年开始，已发生积怨现相。《旧唐书·褚遂良传》说："太宗既灭高昌，每岁调发千余人，防遏其地，褚遂良上疏，请复立高昌国以缓征调。疏云：'王师初发之岁，河西供役之年，飞刍挽粟，十室九空，数郡萧然，五年不复，陛下归遣千余人远事屯戍，终年离别，万里思归。去者资装，自须营办，既卖菽粮，倾其机杼，经途死亡，复在其外。'"《贞观政要》卷十《畋猎》三十八贞观十一年太宗谓侍臣曰："朕昨往怀州，有上封事者云：何为恒差山东众丁于苑内营造？即日徭役，似不下隋时。怀、洛以东，残人不堪其命。"

上引三例，间接说明了贞观六年以后，由于应付强大军事开支，使徭役繁重，农民不堪其苦之证。又据魏徵言贞观十三年已有农民逃亡之情形出现。《通鉴》一九六贞观十六年诏语云："自今，有自伤残者，据法加罪，仍服赋役。" 同年诏又云："敕天下括浮游无籍者，限来年未附毕。" 故知在贞观十三年以后，人民避徭役者不但成为普遍现象，且有自残其肢体，及浮游逃亡，不著户籍之情形发生，此种逃亡潮发生于贞观时代，至高、武之世更见严重。唐代立国以后，由于承袭隋制于武德二年颁天下之租庸调法，似较南北朝时期为轻，但租庸调之负担力，乃基于计丁依令授田，一切丁口能如田令受足应受之田，方能维持其负担力，然在事实上，应受之田罕能受足，而唐代农民之赋役则除天灾可减免外，不会因受田不足之故而随之低减，于是表面上甚轻之赋役，实际成为人民很重之负担。故贞观时代之太平盛治时期，若以较保守估计，实则只有数年之光景，然则此早期数年间，何以致太平？就经济观点而论，主要原因在于贞观初年人口过少。人口少，社会上不能解决之问题均可迎刃而解。唐自贞观十年以后，社会经济渐感难于解决，原因在于人口渐渐增加，直接影响到均田制之不够田土分配,在田土不够分配之情形下,租庸调之征税便无法履行义务,而且直接影响人民之所得,不堪徭役之苦者,只有逃亡而已。若再就《通志》、《通典》、《隋书·食货志》、《旧唐书·本纪》、《通鉴》、《新唐书·食货志》、《旧唐书·地理志》、《困学记闻》、《山堂群书考索》、《唐六典》、《文献通考》、《唐会要》、《驹阴冗记》、《皇朝类苑》等所载隋唐户口作一表较:

朝 代	户 数	口 数
隋大业二年	八 九〇五 五三六	四六 〇一九 九五六
唐武德初年	二 〇〇〇 〇〇〇	
太宗贞观初	三 〇〇〇 〇〇〇未满	
高宗永徽元年	三 八〇〇 〇〇〇	
中宗神龙三年	六 一五六 一四一	
玄宗开元十四年	七 〇六九 五六五	四一 四一九 七一二
玄宗开元廿八年	八 四一二 八七一	四八 一四三 六〇九
玄宗天宝十三年	九 六一九 二五四	五二 八八〇 四八八
玄宗天宝十四年	八 九一九 三〇九	五二 九〇九 三〇九
玄宗天宝末年	八 九一四 七〇九	五二 九一九 三〇九
肃宗乾元三年	一 九三三 一七四	一六 九九〇 三八八
代宗广德二年	二 九三三 一二五	一六 九二〇 三八六
代宗大历中	一 三〇〇 〇〇〇	
德宗建中元年	三 八五五 〇七六	
宪宗元和二年	二 四四〇 二五四	
穆宗长庆中	三 九四四 九五九	
敬宗宝历中	三 九七八 九八二	
文宗太和中	四 三五七 五七五	
文宗开成四年	四 九九六 七五二	

上表显示隋大业二年之户口数字，比之唐初，实在相去很远，又据《旧唐书·马周传》记贞观六年上疏谓："今百姓比于隋时才十分之一。"则唐初户仅九十万，口仅四百六十万余而已。当然，隋户口统计数字与唐初距离过远原因，乃在于隋末天下大乱迄于唐初，因战争死亡或流散各处，一时无法统计者有之，或由于隋代实在户口数字之增加，例如经过整顿户籍制度，公平赋役租税力役等，但唐初户口数字之锐减却属实事。

私德方面的讨论

太宗本人并非节俭，此层亦颇有自知。尝对太子说："吾居位以来，不善多矣，锦绣珠玉，不绝于前，宫室台榭，屡有兴作，犬马鹰隼，无远不致，行游四方，供顿烦劳，此皆左口之深过，勿以为是而法之。"

其次，太宗最为后世责难者，为玄武门事件（详唐初政局与玄武门之变）与纳元吉妃。范祖禹评之曰："太宗手杀兄弟，曾不愧耻，而后纳元吉之妃，恶莫大焉。"戈直更以为"太宗之于正心修身、齐家明伦之方，诚有愧于上帝三王之心矣。"玄武门之变，实为太宗终生惭德，而太宗却以为是"周公诛管蔡以安周，季友鸩叔牙以存鲁，朕之所以为亦类是耳"。然周公之诛管、蔡是为周，因管、蔡流言挟武庚而反，而事平之后，周公亦未夺管、蔡之封；季友之鸩叔牙，亦未攘其位。建成、元吉虽与太宗争斗，但对唐未尝有叛逆冀图，故太宗此举是为私利，未可与周公、季友相提并论也。清儒王夫之《读通鉴论》评之谓："天子之不仁者曰：吾以天下故杀兄弟也。……导天下以不仁，而太宗之不加蔑以加矣。万世之下，岂无君子哉，无厌然之心，恻隐羞恶，两侧灰烬，功利杀夺，横行于人类，乃至于一掩恶饰伪之小人而不易得也。"

开皇与贞观政治事功的比较

公元581年，杨坚篡北周；589年平江南，统一全国。然隋之国家基础，实奠于"开皇之治",人民得到苏养生息,国家财赋增加,此乃隋之盛世。兼之杨坚父子兴筑的运河,当时借此沟通财赋,增加税收。隋自统一以后,国势直线的上升,国威远被,府库的充裕为亘古所未有,后来唐朝三百年的基础,也可以说是隋替它奠定的。

贞观则为唐太宗李世民的年号,太宗在位二十三年(公元627年至649年),刷新政治,奖励文教,任用贤能,整饬吏治,提倡文教及平抑门第,亦写下光辉的一页,史家称之为贞观之治。

从开皇及贞观的政治而论,同是中国辉煌的时代,文治武功皆有可观,然而从隋文帝与唐太宗的表现来看,特别从立国的意义及私德方面,则文帝较太宗为优,兹将两者及其政治此论如下。

一、政权之统一与盛世表现

隋文帝统一了三百余年的战乱局面,而过去战争所给予生产建设的破坏,其损失更难以计算。人口的流亡,田地的荒芜隐没,三个中央政府(北齐、北周、隋、陈)的开支,以及无数叠屋架梁的地方政府和冗员的清费,这些都是促成南北朝经济衰落的因素,至隋一天下,一扫而光。政治步入正轨,人民的生产不受阻碍,举国上下都可以从安定中求取进步及繁荣,这一切不仅是文帝统一的立国意义,更重要者,是将政权夺回,一统数百年的乱局。太宗则是承受其父高祖的开国功业,加上从玄武门事变,杀长兄建成及其弟元吉而夺得政权,故其立国之意义与文帝不同,况且他是承受武德统一的功业而来,虽则他在开国战争中,立了不少功劳,就其大处看,当逊于隋文的功业。

隋文帝统一天下后,中央政府并未扩大许多,而北齐南陈之中央政府及地方官吏则大为削减,而隋则兼有其他两国的赋税,益以中央政令统一,与社会上阶级之消融,造成隋代国库的充实。此外,又于开皇四年重整户籍,又以高颎制定的输籍法推行全国,故隋初府库甚为充实。太宗了解隋末人民起义的意义,故太宗君臣尝自警惕地说:"可爱非君,可畏非民,天子者有道,则人推而为主;无道,则人弃而不用,诚可畏也。"因而在政期间,力行均田制,减轻徭役。但国库实力仍不能上比开皇时代。

隋文帝开皇年间的建设,如运河,官仓及义仓等,对于当代及后世影响甚大。《隋书·食货志》:"开皇三年,朝廷以京师仓廪尚虚,议为水旱之备,于是诏于蒲、陕、虢、熊、伊、洛、郑、怀、邵、卫、汴、许、汝等十三州,置募运米丁,又于卫州置黎阳仓,洛州置河阳仓,陕州置常平仓,华州置广通仓,转相灌注,漕关东及汾、晋之粟,以给京师。"而粮仓的建设实为了补救饥馑的出现,其中尤以运河影响尤大,不但能使江南财富,养西北士马,更有助于安史乱后唐室虽经百多年仍然不倾。太宗在建设方面,没有及得上文帝。太宗曰:"夫圣世之君,存乎节俭,富贵广大,守之以约,睿智聪明,守之以愚。"故其结果是:二十年间,风俗素朴,衣无锦绣,公私富给而已。然个人之奢侈享受,非隋文可比。

二、用人与政治措施

贞观六年（公元632年）,太宗亲录囚徒,放死罪三百九十人归家,令次年秋来就刑,结果囚如期至,乃诏悉赦之。此举有人誉之,亦有人讽之。细考当时情况,亦颇与事实不符。人有罪必刑,方合于法,使归家已是额外之赏,复又赦之,何以警凶被害之人？甚至有奖励奸邪,粉饰伪行之意？王船山虽以此事是太宗邀名的权术。然而隋文帝却没有赦放死囚的问题出现,且为人苛刻,察察为明,则又较太宗为甚。

以中央官制来说,隋承袭了北齐所谓"三省"（尚书省、中书省、门下省）制度。但三省制的长官都是宰相之职,而三省权职的划分,则漫无定制。到了隋建国后,对三省内部虽加以整理,至于其相互关系,尚没有明白厘定。而地方政制方面,隋文帝纳杨尚希之议,以南北朝时州郡太多,乃于开皇三年,尽罢诸郡,改三级制为二级制,简化了地方之行政制度。唐代制度,大体承袭隋代。中央官制取隋之三省制。但基于隋对中央最高行政机构的尚书、门下、中书三省,未有明白厘定相互关系,太宗乃明文规定三省职权,使其发挥制衡作用,以杜绝偏蔽的流弊。至于地方行政制度，仍沿袭隋的郡县"二级制"，只是把郡改为州，郡守改为刺史。贞观元年（公元622年），太宗更把全国分为十道。

隋之兵制，大体依据西魏宇文泰所创的府兵制，隋文帝代周后，把府兵制作进一步的革改，由征调扩大化进而为普遍的兵农合一化。开皇十年，文帝下诏命军人的户籍，属于州县，受田办法，也与百姓相同，于是兵民合一。唐之府兵，也是承袭了隋的兵制，不仅组织更加以改进。贞观时，全国设立六百三十四个兵府，名曰折冲府，分属于十四个卫，各辖数十府，每府的最高长官是折冲都尉，属下相越骑、步兵、步射。

隋的田赋制度，大体采北魏的授田制，授田制又称均田制，即由政府将定数的田授予人民耕种，而课之租赋。唐之田赋制度，也是和隋大同小异，男子十八岁以上为丁男，给田一顷即百亩，以二十亩为"永业"（隋之桑田），不收回，八十亩为"口分"（隋之露田），死后收回。不过由于唐代人口日渐增加，终至造成失均现相，租庸调也无法推行。

隋文帝严惩贪污，整饬吏治，乃统一法典为治国急当之务，尤其贪污方面，隋文对于官吏之选用，督奖虽甚注意，而对司法行政人员之训练养成，亦予加强，全国官风为之刷洗一新，结果上裕国库，下舒民困。唐太宗也能留心吏治，曾派李靖等十三人做"黜陟大使"，巡视全国，查察官吏政务人员的得失，并将刺史姓名录于屏风，作为升迁之标准。故两者在此方面皆有表现。而民主风气之提倡，太宗亦颇具影响力。

三、文治武功

明胡应麟《少室山房丛考》卷二："隋牛弘谓典籍的兴废，自仲尼之后凡五厄，秦火为一厄，王莽之乱为二厄，汉末为三厄，永嘉南渡为四厄，周师入郢为五厄。"因此，开皇初，牛弘即上献书之路，据《隋书·牛弘传》："献书一卷，赏一匹。"可知隋之文帝喜欢搜集典籍。唐太宗之好学，也是有所表现。在他做秦王时，因爱好文学而开设文学馆，用以延纳当时的文才杜如晦、房玄龄、孔颖达等人，在听政之暇，把学士们引到内殿，讲论前贤往事，相讨治道。其即位时又改置弘文馆。可见两者对于学术之爱好。

隋文帝经常查核官吏工作，以为升黜之参考，官吏因而尽心政务，不敢贪污害民；此外又整顿户籍，以五家为保，保有长，五保为闾，闾有正，四闾有族，族亦有正。户口整顿以后，人民无法逃避赋税及兵役，国家经济因而大为改进，奠下开皇之世。唐太宗之为政初亦有表现，如提倡文教及任用贤能等。但至贞观末期却见松懈。贞观十三年（公元639年），魏徵上十渐疏，即举太宗行事不及初年者凡十条，如觅求珍玩，轻使民力，远君子，近小人，好奢靡，弃淳朴，任人不察，恋于狩猎，君恩未能下达，傲长欲纵，乐极志满，徭役繁重等。可见太宗此时已有怠懈之象。所幸因魏徵之辅佐规谏，尚无大过，及征死，朝臣之中，已无如征之能谏及敢谏者。伐辽之役，房玄龄谓其子曰："吾受主上厚恩，今天下无事，唯东征以来，群臣莫敢谏……"可知太宗晚年对政事的疏怠。

隋文帝喜用离间政策。在讨突厥一役中，使其分裂为东突厥及西突厥。在讨高丽一役，虽不能将之击败，但亦不甚损耗国库。唐太宗在武功方面，虽亦有所表现，但在征高丽一役，得不偿失。太宗三次伐辽，既无大功，且对唐之声威亦有所损，而人力物力耗费，更不待言。太宗一向仁民爱物，此次只为满足私欲，驱无罪之民，委于锋刃，实非明智之举。

隋文帝对于消费方面，颇为节俭，据《隋书·食货志》："开皇三年……帝既躬履俭约，六宫咸服浣濯之衣，乘舆供御有敝者，随令补用，皆不改作。非享燕之事，所食不过一肉而已，有司尝进干姜，以布袋贮之，帝以为伤费，大加谴责。后进香，复以毡袋，因答所司，以为后诫焉。"唐太宗虽有节俭的一面，但仍有奢侈的一面，太宗自知这种短处，他曾对太子治说："吾居位以来，不善多矣。锦绣珠玉，不绝于前，宫室台榭，屡有兴作，犬马鹰隼，无远不致，行游四方，供顿烦劳，此皆吾之深通过，勿以为是法之。顾我私济苍生，甚益多，肇造区夏，其功大；益多损少，故人不怨，功大过微，故业不堕，然比之尽美尽善，因多愧矣。"可当两者在消费方面之不同。

四、私德

隋文帝统一魏晋南北朝的混乱局面后，便励精图治，勤政节俭。《隋书·本纪》："每旦听朝，日昃忘倦……乘舆四出，路逢上表者，则驻马亲自临问，或潜遣行人，探听风咱吏治得失，人间疾苦，无不留意，常遇关中饥，遣左右视百姓所食，得有豆屑杂糠而奏之者，上流涕以示群臣，深自咎责，为之撤膳，不彻酒肉者殆将一朞。及东拜泰山，关中户口，就食洛阳者，道路相属（开皇十四年八月事）上敕斥候，不得辄有驱逼。男女参厕于仗卫之间，逢扶老携幼者，辄引马避之，慰勉至去，至艰险之处，见负担者，辽令左右扶助之。"此外，文帝早年不近女色，及平陈后稍宠陈国妃嫔，较诸太宗的乱伦，不可同日而语。故其私德较佳。唐太宗私德则有亏于正道。元吉之妃，为其弟妇，杀弟而纳其妇，实于人伦有渎。又太宗于文德后崩时，欲立元吉妃为后，若非魏征之谏而止，其过益矣。

隋文帝在纳谏方面，是鼓励大臣奏谏，特于开皇九年（公元589年）四月下诏求谏。《隋书·高祖纪》："开直言之路，披不讳之心，形于颜色，劳于兴寝，自顷逞艺论功，昌言乃众，推诚切谏，其事甚疏，公卿士庶，非所望也。冬启至诚，匪兹不远，见善必进，有才必举，无或嘿默，退有后言。颁告天下，咸悉此意。"唐太宗虽亦有善于纳谏之心，但毕竟对于一代谏臣，亦有怒谏杀臣之心。魏徵可谓忠直之臣，太宗亦尝赞誉备之，然因怒谏己之过，而有杀戮之心。因太子侯君集事，又有仆碑停婚之举（若太子君集事发于魏徵之前，则征恐有杀身之祸），则其平日之所敬所信或皆伪饰耳，此亦是为人所诟病之事。

隋文帝废太子勇而立广，可谓有得有失。例如隋代因炀帝之好大喜功而扩大建设，如开筑永济渠、通济渠及江南河等，对隋代及后代之运输影响甚大。缺点是炀帝之挥霍及劳役百姓，导致隋室之速亡。太宗之易太子承乾而立晋王治，虽亦如隋帝位之易储，但却没有导致唐代之衰亡。但此种易储行动，实受玄武门事变之夺嫡影响。缺点是导致唐以后诸王子互相争权夺嫡,以求获得帝位,影响太子地位不稳,亦即唐代政治不稳。故两者在立储方面皆为不智。

第三节　武周时代之政治得失

武曌的出身及其夺权经过

一、武曌之出身

武曌出身低微(近儒姚薇元著《北朝胡姓考》,无武氏条,可见武氏出身汉族之小姓,绝非关陇集团人物),原籍太原文水。其父武士彠为贩木商贾,李唐起义时,随高祖入关,武德年间为工部尚书,历任荆州都督。母杨氏,隋观王雄之侄女,虽为隋室宗亲,然杨氏在唐初已成亡国遗族,故非令族名家可知。贞观十一年,十四岁入宫为太宗才人,贞观十七年,太子承乾多过失,太宗废之而立晋王治,因此,太子常入侍左右。贞观二十年,并置别院于寝宫殿侧,使太子居之。太宗因忙于国事,而文德皇后长孙氏亦早于贞观十年辞世,太子既得不到父母之教爱,留连接触者,尤非宫内之妃嫔与才人。素智多计,而明艳夺人之武才人,自然为太子李治所赏识。贞观廿三年五月己巳,太宗驾崩于翠微宫之含风殿,李治即位后,是为高宗。唐律循例外放一批年老色衰之宫人。是年武才人二十六岁。出宫后,似未落发为尼。是年八月,太宗下葬昭陵后,约于年底,武氏重返后宫。永徽五年,立为昭仪。六年,在许敬宗、李义府与李勣支持协谋下,武氏得册立为皇后,随着,许敬宗又上疏立武后所生子弘为太子,结果皆如所愿。

二、册封皇后的讨论

武曌之得册立为皇后,实与关陇集团胡汉势力消长有关,自宇文泰组织关陇集团势力以来,历北齐、周、隋、唐之统治者,莫不出身于此集团势力范围人物,而其间之变乱兴替,亦不过集团内胡汉势力消长而已。

武氏得册立，其间之斗争，乃关陇集团与非关陇集团之斗争（关陇集团内虽有胡姓寒族成分，然自北魏历齐周隋唐以来，皆居统治阶层要津，积数百年来之封土食邑，养尊处优，故此时之关陇集团分子，均应以高门世胄视之）。太宗驾崩前，指定长孙无忌与李勣为顾命大臣。长孙为帝舅，握国家行政大权，名臣如褚遂良等，均附和之而反对立武氏，换言之，他是维护关陇本位政策之代表者；赞成者为李勣，他虽是开国元勋，但太宗晚年对他颇疑忌，与长孙无忌亦不协，但握有兵权，附和者为许敬宗等。李勣虽属关陇集团人物，因与长孙无忌不合，欲夺权，乘机投帝之所好，《新唐书·李勣传》说："帝欲立武昭仪为皇后，畏大臣异议，未决。……帝后密访勣，曰：'将立昭仪，而顾命之臣皆以为不可，今止矣！'答曰：'此陛下家事，无须问外人。'帝意遂定，而王后废。"

高宗既得到握有兵权之李勣暗示首肯，何惧之有，遂决定册立武氏为皇后。然武氏之得册立，当有两大意义。

第一，表示门第势力至此已开始衰退，因武氏出身寒族，但非胡姓，握政以后，即特重开科取士，吸收新进，造成一新兴统治集团，以抵消关陇集团为主之旧有门第势力。

第二，表示关陇集团内，胡汉势力消长中，汉族势力之胜利。永嘉以后，山东甲姓渡江，居南朝政治要津，其后南并于北，关陇集团胜利。历隋唐之世，山东甲姓集团与江左士人，在政治上皆不得志，武氏虽非高门大族，亦可引山东士族集团与江左士人之力以自重。

三、武曌取得政权及其专政长久的原因

唐载初元年（公元690年），武后改唐号为周，称天授元年。以睿宗为皇嗣，改姓武氏，居洛阳，称为神都，自号神圣皇帝，改官制，易服色。以皇后身份干政者二十四年，太后称制者七年，称帝者十五年，以一妇人而君临天下者，垂数十年，其所以专政如此长久及其取得政权之因素甚多，兹分别详论于后。

武氏十四岁入宫为太宗才人，并早与太子李治有染，宫闱政事，明争暗斗，了如指掌。且个人天资聪敏，通晓经史诗文、而高宗早年患病不能视事，武氏既接近帝皇日久，处事又甚见得体，初则仅助帝皇公文之批答，渐而接管政务，以致官吏之黜陟与生杀大权皆操其手，自上官仪上疏欲废武后不成，下狱而死，由是朝臣知高宗亦不能制之，乃相皆胆丧畏言，事事奉承以求苟安。

武后既出身寒族，亦非关陇集团人物，故掌握政权后，为着巩固其政治基础，乃不得不大杀唐宗室，如流放长孙无忌于黔州而逼其自杀，杀太子忠，鸩太子弘，废太子贤，立太子哲。高宗死后，废中宗，立其弟旦，是为睿宗。家国大事一决于武后，御紫宸殿以朝百官。复杀太子贤，迁中宗于房州，唐宗室人人自危。李敬业（李勣之孙）与骆宾王等，于嗣圣元年（公元684年）七月起兵于扬州，开三府以匡复庐陵王（中宗）为辞，移檄州郡，声讨武氏，武后遣李孝逸将兵三十万讨平之，此后欲反对武后者，更无人问津。

武后之专政而未过强大阻力者，乃其适逢唐代儒学式微时代。盖自古以来，儒家理论对男女人权之看法，无论从多方面来说，均足以防碍女子涉足社会政治，更何况有称帝之野心？儒家经典不容妇人与闻国政之事例甚多，如《尚书·牧誓》："牝鸡无晨。牝鸡之晨，惟家之索。"伪《孔传》云："雌代雄鸣则家尽，妇夺夫政则国亡。"《诗·大雅·瞻卬》云："如贾三倍，君子是识，妇无公事，休其蚕织。"《毛传》云："妇人无与外政，虽王后犹以蚕织为事。"《郑笺》云："贾物而有三倍之利者，小人所宜知也，君子不知之，非其宜也。今妇人休其蚕桑织纴之职，而与朝廷之事，其非宜亦犹是也。"若就上述理论为标准，则武曌岂能谈论国事？称帝之举，益无问津机会。然而她所处之时代，乃承魏晋南北朝以来，玄学与佛学支配下的唐代社会，其时男女社交风气甚为放宽，而一度曾为太宗所提倡之道教，其浪漫风气，成为历史上之美谈。故武曌之能专政与称帝，亦时势造英雄耳。

武曌之能够顺利取得权力与专政，实得佛教支持有莫大关系，盖彼以一女流之身而称帝,实开中国政治史未有之创局,高宗显庆年间,就实际而论,武曌早已取得国家实权,然而何以迟迟不敢称帝?其所惧怕者,未能找到以一女流辈可称帝之借口耳。故如欲要证明其本身特殊地位,自不得不求诸宗教支持。唐代佛教势力虽大,但佛徒更需觅一政治支柱以挽救日就式微之佛教势力,故在两厢情愿之下,乃利用大云经颁行全国,借此证明武曌为帝之合法地位(昙无谶译《大方等大云经》四"大云初分如来涅槃健度第三十六"云,佛告浮光天女言:"汝于彼佛暂得一闻大涅槃经,以是因缘今得天身。值我出世复闻深义,舍是天形,即以女身当王国土,得转轮王所统领处四分之一。……汝于尔时实是菩萨,为化众生现受女身。"又同经六'大云初分增长健度三十七'。详《陈寅恪论文集》)。其事颇与新莽之遣五威将军王奇等十二人班符命四十二篇于天下,作为篡汉理论的根据正同一作用。

武曌的政治措施

从最保守之估计,武曌掌握唐代政权之时间;应该在显庆五年以后之事,盖其时高宗李治已因风眩病不能视事,故国家一切奏章之批答与策划,皆由武曌代为执行,后世史家仅就武曌之淫乱、残杀等来批评她的统治,却不从当时之国力、政治制度之措施,与及人民生活情况如何来下判断。《新唐书·则天武皇后传》说她建言十二事:一,劝农桑,薄赋徭;二,给复三辅之地;三,息兵,以道德化天下;四,南北中尚禁浮巧;五,省功费力役;六,广言路;七,杜谗口;八,王公以降皆习《老子》;九,父在,为母服齐衰三年;十,上元前勋官已给告身者,无追核;十一,京官八品以上,益禀入;十二,百官任事久,材高位下者得进阶申滞。

就上文武后提出十二点建议高宗采纳之政纲中,主要部分可归纳为三点:一为注意人民生活水准之提高;二为采行儒家理论为治国之本;三为提拔有才识之后进,使庶族有进身机会。

至于武后施政颇注重人民生活水准之提高，与提拔有才识之后进，使其得到进身机会之记载资料甚多，此处不再赘述。唯其探行儒家理论为治国一点，似与武后行为施政大有出入。相反而论，武后当政期间，由于政治上及其他需要，佛教反而极为得势，儒家政策不过点缀而已。陈寅恪先生著有武曌与佛教一文指出：武后利用佛教经典遂其篡唐借口可知。

隋唐开国者，其系统皆来自关陇地区集团人物，亦即施行所谓关中本位政策，在此政策推动下，隋唐高层之统治者与后妃之册立，都非与关陇集团有直接或间接关系不可，武曌出身既非高门大族，亦非关陇集团人物，故其册立皇后时，曾为长孙无忌、褚遂良、韩瑗、来济等之关陇核心人物所阻，故在她握有实权以后，上述集团人物如长孙无忌、褚遂良、于志宁、韩瑗、来济等，相继被贬杀以杜后患。自李敬业起兵失败以后，既疑天下人多欲图己，又以久专国政，惧宗室大臣之怨怼，任用酷吏，盛开告密之门，李唐宗室及其与关陇集有关系者，如斐炎、魏玄同、李昭德、程务挺等均相继被诛杀，李敬业与越王贞起兵失败后，因此案而株连者不少。周兴、来俊臣、索元礼、丘神勣等酷吏，甚见重用。

武后之能够专政，盖其颇能明黑白，辨是非，知人善用，故人才竞为效力而不辞。将相之中，若魏元忠之公正，娄师德之清慎，姚元崇之纯直，狄仁杰之宽厚，俱为当代名臣；而武后犹能重用仁杰，称国老而不名。至如刘仁轨、姚璹、王方庆、杜景俭、王求礼、张庭珪、朱敬则、李峤、桓彦范、苏安恒等之论朝政，武后颇能曲意相从，孙甫《唐史论断》上谓："武后临朝僭窃二十余年，所用之人，奸正相半，盖后俊智之性，有过于人，谓不用奸人，无以成己欲；不用贤人，无以庇己过。然持大权者，多贤才也，如狄仁杰、姚元崇相于内，娄师德、郭元振将于外，天下何事虑乎？故虽凶残不道，不至祸败者，以此也。"

唐代纳谏风气虽倡于太宗时代，而能够坚决执行与延续者，颇推武后，当其握政时，曾置延恩、招谏、申冤、通玄四匦，设匦使官职，以听取当时朝廷上下之意见，即或有指她淫乱，亦不加罪，多少尚能接受大臣宰相之意见，终则天之世，宰相之责任制未见破坏，即此一例，盖见在其掌握政权时候，自太宗开例以来之民主风气尚见存在。《廿二史札记》卷十九"武后纳谏知人"条谓："……夫以怀义，易之等床笫之间，何言不可中伤善类，而后迄不为所动摇？则其能别白人才，主持国是，有大过人者，其视怀义、易之等，不过如面首之类。人主富有四海，妃嫔动至千百，后既身为女主，而所宠幸不过数人，固亦无足深怪，故后初不以为讳。至用人行政之大权，则独握其纲，至老不可挠撼。"陆贽谓"后收人心，擢才俊，当时称知人之明，累朝赖多士之用"。李绛亦言后命官猥多。但开元中名臣，多出其选。《旧唐书·本纪赞》谓"后不惜官爵，笼豪杰以自助。有一言合，辄不次用；不称职，亦废诛不少假，务取实才真贤。然则区区帷薄不修，固其末节，而知人善任，权不下移，不可谓女中英主也"。

科举考试之推行，自隋废九品官人法以后，已有开科取士制，唯此时末见普遍推行，延至唐代，门第势力亦未因科举之发展而衰退，故科举考试并未为时人普遍重视。自武后掌握政权以后，基于其家世与政治背景，乃全力发展科举，使寒族白衣得以进身仕途，借此抵消以关陇集团为核心之唐宗室大臣势力。故在武后天授元年，曾亲自策问贡人于洛城殿，数日方了，唐代殿前试人自此始。长安二年，又增设武举，规定每岁如明经，进士之法，行乡饮酒礼，送于兵部进行考试。《通考》卷三四选举七"武举"条下按语谓："按选举志言唐武举起武后之时，其选用之法不足道，故不详书。然郭子仪大勋盛德，身系安危，自武举异等中出，是其可概言不足道耶？唐登科记所载异科出身者众，独轶武举，亦一憾事。"盖武举之创设对唐贡献甚大。其次又提高各州送赴考试举人之身份，将原旧贡举人排在贡物之后，一改为贡物之前，使帝皇能亲自视阅，诸如上述各种措施，无异给予寒族白丁进身仕途机会。

至于武后掌握政权力以后，曾解决了隋唐以来未能征服之高丽，此事已于上文详析之，不再赘述。近儒朱希祖先生撰《日本国名考》一文指出：

"日本之国名亦为武后于接待其使臣时所代改者，考日本之名始见于《新唐书》，隋以前志乘，皆称之为倭国，故《新唐书·东夷》'日本国'条所云日本古代名名号，证之日本旧史，大略相同。自范晔《后汉书》首立倭传，迄于《隋书》，皆沿所述，未尝有日本名称。宋祁修《新唐书》列传，于日本世系，虽考之颇明，然不知其新名所出。此盖以宋祁去唐稍远，于日本名称，研考稍疏，故将著疑词，至于正义作者张守节，则为唐武曌时人，其撰作《史记正义》，即在唐玄宗时。身仕其朝，而又长于史地之学，自非如日后推论可比。此盖以武后长安元年，适值倭国文武天皇嗣位后四年，改元大宝，遣朝臣真人粟田，出使中国，武后宴之于麟德殿，授司膳卿，还之。则其代改倭名为日本，当在此赐宴时也。"其次在武后掌政期间，曾改制颇多新字，如"年"改"秊"，"月"改"⊕"，"日"改"囜"，"星"改"囸"等，又自创一"曌"字以为己名。当时所制之新字，流行到边区之昆明、罗定州及敦煌等地，近年面世之敦煌户籍残卷中，发现"年"字均作"秊"等，即此一例，盖见在武后统治下之帝国，其政令通行到遥远边区，国力之强，与声望之高，不下于太宗时代。

武后握掌政权期间，无可否认地，例如大力推行科举之发展，起用人才，国际声望上提高等，均有相当成绩，然而在经济方面又如何？据《唐会要》卷八四户口数字之统计，从唐高宗永徽年间之三百八十万户，至神龙元年为止，显示出人口增加到六百一十五万多户。人口增加之迅速，间接显示到社会民生之安定与经济繁荣，然而此种人口数字之增长，尚有其他因素存在，如隋唐以来开凿运河及其他水利之建设等，到武周时代，已经到达收获时期，唯高武时代经常对外用兵，计自高宗，历武后、中宗、睿宗，至开元之初，在此六十多年间之军事征发，与权幸恩戚之滥食实封，渐而促成赋役加重与逃亡相继之潮流出现，亦间接窥见高武时代在经济上之外强中干。高宗显庆五年，刘仁轨破百济军事表里提及百姓已不愿充当兵役之情况。陈子昂《谏高宗灵驾入京书》亦指出："燕、代追匈奴之侵，巴、陇婴吐蕃之患，西蜀疲老，千里赢粮，北国丁男，十五乘塞，岁月奔命，其弊不堪。顷遭荒馑，人被荐饥，自河而西，无非赤地，循陇以北，罕逢青草，莫不父兄转徙，妻子流离。"狄仁杰请曲赦河北诸州疏更指出："诚以山东雄猛，由来重气，一顾之势，至死不回，近缘军机，调发伤重，家道悉破，或至逃亡，拆屋卖田，人不为售，内顾生计，四壁皆空，重以官典侵渔，因事而起。"此外，类此记载之史文尚多，盖亦反映出高武时代之社会经济并未能彻底解决。农户逃亡之潮流，自高武以后，日益严重，贵家豪右私产之增殖，日甚一日。《新唐书·食货志》谓永徽中，曾有禁买卖口分田之令，但豪富兼并，贫者失业之情况日益严重，已非禁令所能遏止。武曌死后，皇室贵戚占地之广，可以太平公主私庄为代表。韩愈《游太平公主山庄》诗更谓："公主当年欲占春，故将台榭押城闉。欲知前面花多少，直到南山不属人"。可见一斑。

武曌改字对文化的影响

一、改字之原因

就武后改制新字之原因而论，因高宗晚年多病，高宗驾崩后，弘道元年十二月（公元683年），遂握实权，垂拱四年（公元688年）四月，由武承嗣制造符瑞，使凿白石为文曰："圣母临人，永昌帝业"。末紫石杂药物填之，庚午、使雍州人唐同泰奉表献之。借以取信于臣民，自立为王，并改字以配合，其意皆在于政治作用。

二、改字之时间

今考则天时代之碑志拓片证之，应在永昌元年四月十六日至载初元年一月之间（永昌元年十一月改为载初元年正月，用周正）。如唐故忠州司马娄德臣墓志铭云："以垂拱四年八月二十日遘疾；终于官舍，即以永昌元年四月十五日葬于北邙山、礼也。"文内未见改字，而唐高行仁墓志铭云："以鳳蘭元秊𠂤㘴二十二囜卒于私宅，春秋七十有一。"已将所改之字镌入墓志。

三、改字之人物

以常理度之，武后改字，当非亲拟，司其事者，实由宗秦客、武承嗣二人为之，《通鉴》二百四天"授元年"条下云："凤阁侍郎河东宗秦客、改造天地等十二字以献。"及同卷"垂拱三年"下云："武承嗣又使人诬李孝逸，自云名中有兔。兔、月中物，当有天分。"是其证。

四、改字之数目

计有曌（照）、囸（星）、秊（年）、恖（臣）、𠤕（人）、𠁈（君）、𢍎（载）、𡆬（初）、𤪺（证）、𡸅（圣）、䄅（授）十一字为政治作用而改。匨、㪅（月）囗（日）二字，据神话传说所改；而丙（天）、埊（地）、㞢（正——武后作正，实是㞢字）、囻（国）四字，为武后所借用（武后之前《玉篇》已收此等字）后人不察，谓为武后所作。总之，武后时所制之新字，仅十七字而已。

今就改字一事而论，盖见武后为人巧慧而多权术。迷信"玉兔金乌"为日月中物，遂改月作匨、㪅，日作囗；自喻光照天下，以明、空为曌，使己名之；欲享万世帝业，有千千万万秊之祚；恐臣民二心，合一、忠为恖；自认正统，取㞢（正）、主、镸（长）为𡸅；祈己安康长寿，集主、永、金为𤪺；制"一生"为𠤕；"天大吉"为𠁈；复以古文埊、㞢、囻、西篆文而代天地、正、国、天四字示复古。总而论之，武后时之改字，皆含有神话、迷信、愚民思想，以达其政治目的。（详董作宾、王恒馀《唐武后改字考》）

武曌对唐代政治的影响

李唐皇室本出于北魏六镇之关陇集团，其性质颇具有关中代北两大人物系统。故历北周隋唐以来掌握政权与后妃之婚配册立非此集团人物莫属。太宗在世时，颇深恶山东士族，如施行压迫七姓十家之政策。元吉妃杨氏家世虽未确考，若以唐皇室初期婚姻观念推之，则似应为杨隋宗女。郁林王恪以母为隋炀帝女之故，极欲使其继承皇位，则其重视杨氏可知。如此方可解释，陈隋覆亡以后，其子孙犹能显贵于新朝，而不以亡国之余孽见弃者。但自武曌崛起以后，竟以一山东寒族身份加入李唐皇室系统，遂产生另一以李唐皇室为主而杂以武氏之牵混婚姻组织，此一组织，成为一牢固之婚姻集团，控制盛唐政局面达百年之久，近儒陈寅恪先生撰《记唐代之李武韦杨婚姻集团》一文指出："高宗女镇国太平降薛绍，后降武攸暨。中宗女新都降武延晖。安定降王同皎，后降韦濯，三降崔铣。长宁降杨慎交，后降苏彦伯。永寿降韦镇。永泰降武延基。安乐降武崇训，后降武延秀，成安降韦捷。"

武曌掌握政权时期，固无不少过失，然就历史之演进观之，促使北朝以来之政治传统局势，又跨进一步。如武曌以其生子与李氏子孙之混合婚配。以造成另一统治集团，乃知神龙之复辟不能彻底，虽狄仁杰之忠义，仅能取温和手段，张柬之等亦仅能诬指张易之、张宗昌为谋逆，挟持中宗以成事，使中宗反觉自有贪功迫母之嫌，因中宗之谋复辟，实得张易之力，而五王贪功之讥亦无辞以对。故在李武婚姻集团形成之后，造成使忠于李者，亦势难不忠于武，以致当时谋复唐室者，皆未如所愿。武后统治势力所以长久而不衰者在此。

武曌擢升人才，使其感激终生为己效用。要知隋唐关陇集团政策施行之下，如非与之有血统上或其他直接关系者，殊难见用，故非如上述之人才，而得到武曌重用于世，自然感其知遇之恩，武后之政治势力亦得以延长百年而不衰。《旧唐书·陆贽传》谓："贽论奏曰：'……往者则天太后践祚临朝，欲取人心，尤务拔擢，弘委任之意，开汲引之门，进用不疑，求访无倦，非但人得荐士，亦许自举其才。所荐必行，所举辄试，其于选士之道，岂不伤于容易哉！而课责既严，进退皆速，不肖者旋黜，才能者骤升，是以当代谓知人之明，累朝赖多士之用，此乃近于求才贵广，考谋贵精之效也。'"再就中宗神龙初至玄宗先天末年间，唐室中数次之政变，不过武曌集团内派系之争而已，如韦后、安乐公主一派与太平公主、玄宗一派之争，及其后太平公主与玄宗之争，同一道理。至于重俊之举兵，乃以局外之孤军而与此强大集团决斗，强弱悬殊下，失败乃当然之事。韦后集团内争之失败在乎韦后，安乐公主之无能，盖武曌拔取之人才皆不为所用。

韦氏败后，其旧有人才又分属于太平公主与玄宗两派，玄宗派如姚崇、宋璟等较太平公主派之岑羲、萧至忠等才略为优，故玄宗胜而太平公主败。然此两派皆与武曌有直接或间接之关系。

另一为武曌集团势力延续最有功劳者，乃高力士，此人潜身禁宫，成为武氏政治势力之维系者，因其与玄宗一生政治关系之密切，殆有过于专宠之宰相或镇将者，由于文武大臣之任用仅限于外朝及边区，而任用期间亦不如高力士之长久。开元时代名相如姚崇、宋璟、张说、张九龄等先后拜相，而此诸人皆为武曌一手拔用。其为武氏之党自不待论，即如天宝时期最具实权之宰相李林甫、杨国忠二人之得用，实在与高力士有直接或间接关系。盖李林甫之得仕，实由于高力士与武惠妃之助；杨国忠之进用，乃由于杨贵妃之专宠自不待论。然而贵妃何以入宫得玄宗之眷宠？盖亦由于高力士之荐。世人往往误认贵妃之容貌绝世而为玄宗眷宠，殊不知贵妃之得以独宠专房，乃与武曌组织下之李武韦杨婚姻集团颇有密切关系，其穿针引线者，高力士此人是也。故就实际而论，武曌势力之长成自高宗显庆年间，至安史之乱前犹存，影响盛唐政治近百年之久。至安史之乱后始衰歇，其间之影响力，可谓非少。

第四节　开元天宝的政治得失

盛治的表现

公元712年，李隆基即位为唐天子，大赦天下，改元开元，史称开元之世。天下太平，河清海晏，百姓安居乐业，《新唐书·食货志》谓："是时海内富实，米斗之价钱十三、青、齐间斗才三钱，绢一匹钱二百，道路列肆，具酒食以待行人，店有驿驴，行千里不持尺兵，天下岁入之物，租钱二百余万缗，粟千九百八十余万斛，庸调绢七百四十万匹，绵百八十余万屯，布千三十五万余端。"《唐语林》卷三"夙慧"条云："开元初，上留心理道，革去弊讹，不六七年，天下大理。河清海晏，物殷俗阜。安西诸国，悉平为郡县。置开远门，亘地万余里。入河湟之赋税满右藏；东纳河北诸道租庸，充满左藏。财宝山积，不可胜计。四方丰稔，百姓乐业。户计一千余万，米每斗三钱。丁壮之夫，不识兵器。路不拾遗，行不赍粮。"范祖禹《唐鉴》卷八《玄宗上》云："开元之初，明皇励精政治，优礼故老，姚宋是师。"《新唐书·刑法志》云："玄宗自初即位，励精政事，常自选太守、县令，告戒以言，而良吏布州县，民获安乐，二十年间，号称治平，衣食富足。"杜子美在安史之乱后有《忆昔》诗云："忆昔开元全盛日，小邑犹藏万家室。稻米流脂粟米白，公私仓廪俱丰实。九州道路无豺虎，远行不劳吉日出。齐纨鲁缟车班班，男耕女桑不相失。"

此正为人烟稠密，产物丰盛之描写。大抵唐兴百年以来，至开元之世，对外战争稍为和缓，正如元稹诗谓："戍烟生不见，村竖老犹纯。"长安是位于中国西北之大都市，也是当时对外交通的重要都会，四方交通发达，建筑华丽雄壮，王侯宅第，密布其中，及当时都市冶游之盛况，莫不表现出太平景象。清河，乃当时国家之北库，主要是供应北军之用，所储江东布匹三百余万匹。河北租调，绢七十余万匹，与历年积下税钱之多，亦约略窥见当时财富之丰积、国力之雄厚，而呈现一片太平盛世景象。行险犯罪之人更少。据开元十八年之统计：全国奏死罪只有廿四人，因社会安定，人口自然增加，《唐六典》卷三记载：开元廿二年，统计全国户八百〇一万八千七百一十户，口四千六百二十八万五千一百六十一。及至开元廿八年之统计：户增至八百四十一万二千八百七十一，口四千八百一十四万三千六百〇九。比至天宝十三年，户增至九百六十一万九千二百五十四，口五千二百八十八万四百八十八。两者前后比对增加了六百五十九万五千三百二十七口。户口密度平均每十户约五十八口，户口增加至此，已达到唐代人口最高点。此后由于安史之乱，藩镇交兵与残唐五代之乱，人口数字又走下坡。若以北宋真宗时代之大中祥符六年（公元1014年），其时全国户口之统计为：户九百零五万七千，口二千一百九十七万来看，与开元天宝时代相差太远。

其次，玄宗即位以来，延揽人才之盛，亦盖见一般，文臣如姚崇、宋璟、张说、张九龄、韩休、杜暹、萧嵩等贤相之安内，武将如张守珪、王晙、信安王祎、王忠嗣、哥舒翰、高仙芝、封常清等戮力于外，故开元时代之国力达到武威一带，因而在国际声望上，亦已达到极点。《旧唐书·礼仪志》载开元十三年冬封禅于东岳之文，谓："文武百寮，二王后，孔子后，诸方朝集使、岳牧举贤良、及儒生文士上赋颂者，戎狄夷蛮羌胡朝献之国，突厥颉利发，契丹、奚等王，大食……昆仑、日本、新罗、靺鞨之侍子及使，内臣之蕃，高丽朝鲜王，百济带方王，十姓摩阿史那，兴昔可汗，三十姓左右贤王，日南、西竺、凿齿、雕题、牂牁、乌浒之酋长，咸在位。……播告群岳。于是中书令张说撰《封祀坛颂》、侍中源乾曜撰《社首坛颂》、礼部尚书苏颋撰《朝觐坛颂》以纪德。"

上文引录之封禅文乃记载当时国际要人参加典礼之盛况，与士民欢乐情绪之表现，足见开元时代之盛世。而《旧唐书·玄宗纪论》谓："我开元之有天下也，礼之以典刑，明之以礼乐，爱之以慈俭，律之以轨仪。黜前朝徼幸之臣，杜其奸也；焚后庭珠翠之玩，戒其奢也；禁女乐而出宫嫔，明其教也；赐酺赏而放哇淫，惧其荒也；叙友于而敦骨肉，厚其俗也；搜兵而责帅，明军法也；朝集而计最，校吏能也。庙堂之上，无非经济之才；表著之中，皆得论思之士。……贞观之风，一朝复振。"

行政缺点的讨论

今考开元时代共二十九年，而玄宗之所谓开元时代政绩，是否一如上述所记？事实上并非如此！

上述记载而有年月可稽者，多发生于开元十二三年以前，换言之，开元中期以后之政治，未见乐观。

新君登位之初，社会面貌一新，上自君主、下及小吏，皆存战兢心理，故政治尚算粗安。

开元初期政绩之表现与经济繁荣，应视为高、武施政之因果。因国家之经济与政治，不可能于数年内，便有显著之成绩，如开元名臣姚崇、宋璟、张说、张九龄等皆为武曌所拔用者。

基此数因，我们不难看到开元时政治之真面目，而且亦由于玄宗个人所做成者。

唐行三省制，其主要目的在利用三省互相制衡，以避独裁之发生，但玄宗既过度倚赖宰相，又不欲宰相闻有不和现象，否则，必罢之，如李元纮、杜暹议事多异同，罢去二人相位。李林甫、张九龄、裴耀卿不和，于是罢张九龄、裴耀卿之相位。在此情形下，一相当宠，群相必须相从。于是造成相权之过度独尊，致使当宠之相对当时实际政治影响甚大，如此可以明了李林甫、杨国忠能掌握大权，欺君误国之解释。《通鉴》卷二一五"天宝元年"条："李林甫为相，凡才望功业出己右，及为上所厚、势位将逼己者，必百计去之，尤忌文学之士，或阳与之善，啗以甘言者阴陷之，世谓李林甫口有蜜，腹有剑。"《唐史论断》卷中"用李林甫平章事"条："林甫任用浸久，内则起大狱，引杨国忠使倚贵妃势以害忠良，致其权力；外则保任番将，使专节制，利其夷狄贱类，无入相之路，养成禄山凶威，则天宝之乱，林甫致之也。"故《旧唐书·崔群传》谓："安危在出令，存亡系所任，玄宗用姚崇、宋璟、张九龄、韩休、李元纮、杜暹则理。用林甫、杨国忠则乱，人皆以天宝十四年、禄山自范阳起兵是理乱分时，臣以为开元二十四年罢贤相张九龄，专任奸臣李林甫、理乱自此分矣。用人得失，所系非小。"

由于玄宗个人之好恶，言利之臣苟得其宠信者，如风虎云龙，于是身兼多职，如王铁身兼二十余使。杨国忠身兼四十余职。兼职过多，容易造成不良后果，一是政务过烦，不能亲理，引致吏治腐败。其次是任使者，剥夺了本官职权，造成主管之官吏"失职充位"。《通鉴》卷二一六"天宝七载六月"条引苏冕评之谓："设官分职，各有司存、政有恒而易守，事归本而难失，经远之理，舍此奚据。洎奸臣广言利以邀恩，多立使以示宠，刻下民以厚敛,张虚教以献状,上心荡而益奢,人望怨而成祸,使天子有司,守其位而无其事,受厚禄而虚其用。宇文融首唱其端,杨慎矜、王铁继遵其轨,杨国忠终成其乱。"

君主专制政体下,帝王具无上权威,其所喜恶,臣民自多效之。如开元初年,玄宗经政变而得来帝位,故处处小心谨慎,用贤纳谏,讲礼节俭,俨然一体国恤民之君主,然在位既久,国内承平,天下晏安,则判若两人,非但花费无度,并且奢侈成风,任意赏赐,对杨国忠及其家属恩宠备至,对大臣亦十分豪绰,如李林甫为相,特以薛王别墅赐之。为安乐山于京师治第,奢侈豪华备至。又尝"引百官观左藏,赐帛有差,是时州县殷富,仓库积粟帛数以万计",于是玄宗"以国用丰衍,视金帛如粪壤,赏赐贵宠之家,无有限极"。因此"上有好者,下必甚焉",更以帝王之尊提倡奢侈享乐,如玄宗时宫中以锦结成楼殿,以祀牛郎织女星,要乐达旦,士民之家皆效之,更有官吏沉迷于"进食"之风气,玄宗竟任宦官为"检校进食使"者,一时豪贵争效之。陈鸿《东城老父传》云,唐时斗鸡之戏最盛于上巳之辰,元宗在藩邸乐此戏,"及即位,治鸡坊于两宫间,索长安雄鸡……千数养于鸡坊,选六军小儿五百人,使驯养教饲,上之好之,民风尤甚。诸王世家、外戚家、贵主家、侯家,倾帑破产市鸡,以偿鸡直。都中男女,以弄鸡为事,贫者弄假鸡"。贾昌以善弄鸡,得为五百小儿长。开元十三年,昌之父忠从封东岳道死,得旨沿途护送丧车,天下号昌为"神鸡童"。时人为之语曰:"生儿不用识文字,斗鸡走马胜读书。"生活既如此奢侈豪华,渐渐造成入不敷支,于是冀望臣下进献,此等进献固然不入国库,唯供个人之挥霍而已,一时有进献者,皆得高官,以至剥括之臣如杨崇礼、杨慎矜、王铁等,大见重用,政治焉得不腐化?

政权之行使对为政者而言,最要者为了解情况,如下情能否上达、上令能否下行。如果壅塞不通,此政权之基础,自难长久。玄宗时代行政效率之低,亦不始自李林甫任宰相之后,如开元十六年,地方官已有不将中央政令通告百姓之情形。崔隐甫于开元十四年为御史大夫,凡御史事无大小，悉禀大夫咨决，稍有忤意，即列上其罪，前后贬黜者过半，乃使御史事不得转达而受到大夫之控制。此种情形，虽然可以减省玄宗批阅公文之数量，却减少了玄宗了解下情之机会。其后在位既久，耽于享乐，对国家大小事之关怀兴趣大减，更谓高力士曰："朕欲高居无为，悉以政事委林甫。"而林甫益意恣惠玄宗享乐，少问政事，已而独揽大权，乃遂其"杜绝言路，掩蔽聪明"。杨国忠替鲜于仲通战败掩饰，而反以捷报上闻，政情壅塞情形之严重可知。《通鉴》卷二一八"至德元年六月乙未"条引述郭从谨进言可谓一针见血。他说："禄山包藏祸心，固非一日，亦有诣阙告其谋者，陛下往往诛之，使得逞其奸逆，致陛下播越。是以先王务延访忠良，以广聪明，盖为此也。臣犹记宋璟为相，数进直言，天下赖以平安。自顷以来，在廷之臣，以言为讳，惟阿谀取容，是以阙门之外，陛下皆不得而知。草野之臣，必知有今日久矣，但九重严邃，区区之心，无路上达。事不至此，臣何由得睹陛下之面而诉之乎？"

开元、天宝之际，天下盛平，玄宗以声色犬马为羁縻诸王之策，加以番将之重用，异族入居长安者更多，胡化盛极一时，如玄宗建凉殿、即采用西亚之建筑形式。开天之际，诸杨用事，安禄山赐宅亲仁坊，一时贵游竞饰宅第，争奇炫丽。而京兆尹王铱谨事李林甫，复得玄宗宠信，尤为奢侈。后虽以罪赐死，有司籍其第舍，数日不能遍。唐代所谓法服，实多参戎狄之制，长安外人麇集其间，汉人胡服者不少，尤以突厥装为普遍。开元以后之贵人御馔，尽供胡食，慧琳《一切经音义》云："此油饼本是胡食，中国效之，微有改变，所以近代亦有此名，诸儒随意制字，元无正体，未知孰是。胡食者，即饆饠、烧饼、胡饼、搭纳等是。"安史之乱时，玄宗西幸，仓皇途路，至咸阳集贤殿，无可果腹，亦以胡饼充饥，盖见一般。而开元之初、宫人骑马俱用胡帽，民间因之，相习成风，《旧唐书·舆服志》谓："开元初，从驾宫人骑马者习着胡帽，靓妆露面，无复障蔽。士庶之家又相仿效、帷帽之制、绝不行用，俄又露髻驰骋，或为著丈夫衣靴衫，而尊卑内外，斯一贯矣。……开元以来……太常乐尚胡曲，贵人御馔尽供胡食,士女皆竟衣胡服,故有范阳羯胡之乱,兆于好尚矣。"观此,安史未乱,而胡风大盛于中国,益思过半矣。

军事缺点的讨论

玄宗当国时代,由于军事方面屡遭败绩,耗费国力不计之外,尚有以下各种情况存在。

杜佑《通典·总序》谓:"我国家开元、天宝之际,宇内谧如,边将邀宠,竞图勋伐。西陲青海之戍,东北天门之师,碛西怛逻斯之战,云南渡泸之役,没于异域数十万人。"更重要者,尤以怛罗斯之败,影响国际声望,使唐在西域势力,从此不振。怛罗斯原是中亚细亚一河流名称,七世纪时,楚河(古碎叶水)一带商业繁盛,依水之右岸建城。正确地约在今天山之西北端。此役之启端由于唐将高仙芝以石国不遵守蕃臣礼节与义务,趋炎附势,臣事日渐强大之大食,两唐书《西域传》、《大食传》云,大食国灭波斯(今伊朗)、破拂菻(东罗马),始有粟麦仓庾;南侵婆罗门,并诸国,胜兵四十万人;康国、石国皆往臣之。于是唐要既保西域权益与国际声望,乃攻石国。《旧唐书·李嗣业传》:"天宝十载(应作九年冬)又从平石国(昭武九姓之一)……初,仙芝结石国王,约为和好。乃将共袭破之,杀其老弱,虏其丁壮,取金宝、琴瑟、驼、马等,国人号哭。"又《新唐书·高仙芝传》:"(天宝)九载讨石国,其王车鼻施约降。仙芝为俘献阙下,斩之。由是西域不服,其王子走大食乞兵,攻仙芝于怛罗斯城。"石国王子既因高仙芝杀父、灭国,痛恨交集,乃联合西域各小国,同向大食求援,大食既有占中亚西部野心,乃借题发挥,发兵围唐军于怛罗斯城,《旧唐书·李嗣业传》:"……从平石国。……石国王子逃难,奔走告于诸胡国,群胡忿之,与大食连兵将欲攻四镇(龟兹、焉耆、于阗、疏勒。唐自小勃律胜战后,此四镇受安西节度)。仙芝惧,领兵二万(依杜佑说七万为确),深入胡地,与大食战,仙芝大败。会夜两军解、仙芝众为大食所杀,存者不过数千。"唐与大食争霸中亚西部之结果,唐军惨败，西部势力尽失，威望大减。罗香林教授著有唐代天可汗制度考（见《唐代文化史》）谓："大食侵略诸国……而玄宗所用番将如高仙芝等，每不善安抚诸国，终以对石国处理失宜，致石国转投大食，发兵与高仙芝战，终有怛罗斯之役，仙芝兵败逃归，而天可汗之组织与威德，遂为所动摇。"

唐代重文轻武之观念，至少至睿宗朝早已存在。刘餗《隋唐嘉话》谓："徐彦伯常侍，睿宗朝，以相府之旧，拜羽林军，徐既文士，不悦武职，后迁，谓贺者曰：'不喜有迁，且喜出军耳。'至玄宗时代，此种风气更为普遍，一时缙绅之徒，以能赋为贤，所谓"用文章耕耘，登高不能赋者，童子大笑"。甚而子弟为武官者，父兄摈之不齿，因此，武职为人所轻视，国内无人愿意当兵，府兵不得不撤销，而改用募兵制，但募兵既花钱而素质差，造成"六军诸卫之士，皆市人白徒，富者贩缯彩，食粱肉，壮者角抵拔河，翘扛木铁，日以寝斗，有事乃股栗不能授甲。"试问此种军队如何能作战？

降及开元中叶，玄宗颇有"吞四夷之志"，而对外用兵，但时人厌战心理之存在，又不能与玄宗吞四夷之军事行动相配合，于是产生边塞用兵频繁，而国内则普遍厌战之现象。天宝十载讨南诏，已无人愿应募，社会上厌战之声载道。观唐代诗人对此情形歌咏者不少，如刘随州《疲兵篇》正道出一般厌战者之心声，诸如李白、杜甫等亦多有厌战诗篇，读之使人怅然。

经济政策的讨论

玄宗掌握政权之时代，另一弊政，乃在未能遏止大量土地集中到富豪手上，仅就《新唐书·张嘉贞传》中盖见当时一般情况。其谓："嘉贞虽贵，不立田园，有劝之者，答曰：'吾当相国矣，未死，岂有饥寒忧，若以谴去，虽富，田产犹不能有也。近世士大夫，多广田宅，为不肖子酒色费，我无是也。'"然而，以张嘉贞为例者，能有多少？其时官宦士大夫之广置私田风气，成为玄宗时代之普遍现象。《旧唐书·李憕传》谓："憕丰于产业，伊川膏腴，水陆上田，修竹茂树，自城及阙口，别业相望，与吏部侍郎李彭年皆有地癖。"《新唐书·李憕传》则云，郑岩"产利埒憕"。盖见岩与憕及彭年皆为兼并土地之官僚。此外如《全唐文》卷廿四《玄宗贬萧嵩青州刺史制》谓："城南别业，地即膏腴，亩直千金，盖谓于此。遂将数顷，辄遣仙童。"亦见其占有土地之广。此外如卢从愿、高力士、李林甫等，数之不尽，士官既如此，其非士宦之家，更恣其兼并，无所顾忌。天宝十一载十一月，玄宗曾发布，整顿田亩经济之重要诏文，就此敕文中，可窥见当时贵族豪右在均田制度下兼并土地方法，一为借荒请射。二为置牧。此唐人对于公家保留尚未分授地之侵吞方法。三为违法买卖。其余则郡县地方官假"寄庄"之名以侵损土地者。而玄宗对于此辈地主，既采软弱妥协态度，却又暗许事实之存在，要之在玄宗理政下之均田制，已名存而实亡。

当时情况下，玄宗虽曾起用宇文融之建议，实行安辑户口，检责剩田以谋补救，如先于开元七年，玄宗实行科禁诸州逃亡制，已有限令逃亡人自首归籍之规定："诸州背军逃亡人，限制到日，百日内各容自首，准令式合所在编户，情愿住者，即附入及据令式不合附者，首讫，明立案记，不须差遣，先牒本贯知会，至秋收后递还，情愿即还者听，待本乡讫免今年赋租课役。如满百户以上，各令本贯差官就户受领。过限不首，并即括取递边远附为百姓，家口随逃者亦便同送。"（《全唐文》卷廿二）至开元九年，乃用监察御史宇文融之建议，实行安辑户口检责剩户以图补救。《唐会要》卷八五"逃户"条、卷八五"户口使"条、卷八三"租税上"等均有记载，乃知自开元七年限令逃亡人自首归籍。及开元九年，宇文融之实行检括户与检责剩田以后，终开元天宝之世，未尝稍懈，然未见生效，原因是玄宗对于安辑逃户及土田支配两事，均曾加以委曲之措施。故在开元十八年裴耀卿上疏加以补充谓："窃见天下所检客户，除两州计会归本贯以外，便令所在编附。年限向满，须准居人，更有优矜，即此辈侥幸，若全征课税，目击未堪。窃料天下诸州，不可一例处置，且望从宽乡有剩田州作法。窃计有剩田者，减三四十州，取其剩田，通融支给。其剩地者，三分请取一分以下。其浮户，请任其亲戚乡里相就，每十户已上，共作一坊，每户给五亩充宅，并为造一两口屋宇，开巷陌，立间伍，种桑枣，筑园蔬，使缓急相助，亲邻不失。丁别量给五十亩以上为私田，任其自营种，率其户于近坊，更供给一顷，以为公田，共令营种。每丁一月役功三日，计十丁一年，共得三百六十日，营公田一顷，不齐得记。平收一年，不减一百石，使纳随近州县，除役功三百六十日外，更无租税。既是营田户，日免役徭，安乐有余，必不流散。官司每丁收纳十石，其粟更不别支用，每至不熟年，斗判三十价，然后支用。计一丁一年还出，两年已上，亦与正课不殊，则官收其役，不为矜纵，人缓其税，又得安舒，仓廪日殷，久远为便。其狭乡无剩地客户多者，虽此法未该，准式许移窄就宽，不必要须留住。若宽乡安置得所，人皆悦慕，则两三年后，皆可改涂。弃地尽作公田，狭乡总移宽处，仓储既实，水旱无忧矣。"据此疏文，则知当日推行安辑户口，检责剩田之举仍然存在缺点与困难，例如，荒地未尽垦，未能协助贫农移徙以就耕，政府未能为客户建造屋宇、立巷陌、修间伍，政府未曾资助贫农以耕具、种子等。

《册府元龟》四百九十五记天宝十一载十一月敕文里，更明显看出玄宗对当时权贵豪右采取软弱妥协之态度，一面虽欲维系制度，一面欲承认事实，如谓："旧是无勋荫地合卖者，先用钱买得，不可官收，限敕到百日内，容其转卖。其先不合荫，又荫外请射兼借荒，及无马置牧地之内，并从合荫者，并不在占限，官还主。其口分永业地先合买卖。若有主来理者，不限载月远近，宜并却还。至于价值准格并不合酬备，既缘先已用钱……特宜官为出钱，还其买人。其地若无主论理，不须收夺。"既谓"准格不合酬"，何以又谓"官为出钱，还其买人"，无主理论，即可不须收夺，则更无异承认其违法广占。又如对于郡县官人之寄庄方面，既谓"言念贫弱，虑有侵损"，又谓"先已定者，不可改移"，则无形中承认已成之事实，要之，均田制至此，已名存而实亡，加以玄宗之改革田制，主要目的在敛财，以挽救国库之耗虚，对于宇文融在开元十八年安辑户口与检责剩田补充之建议，当然不会乐于实现，而使开元天宝间之经济有每况愈下之感，结果不三年而安史乱作。

贞观与开元政治事功的比较

唐太宗与唐玄宗，在唐代整个朝代及事功看来，是比较能够称盛治的时代，太宗朝有"贞观之治"之称，而在玄宗朝则有"开元盛世"之名，可惜开元末年的玄宗，已经厌于政事，渐事奢侈，恣意聚敛，又崇信神仙，企求长生，政治遂由盛而衰；兼且宠信谄佞，委政权于不学无术之李林甫、杨国忠，宠信宦官，导致安史之乱，因此开元之治亦是唐代盛衰的转折点。然而玄宗虽有可取之处，其缺点亦不可不知，兹将两者之文治武功、时代背景与及私德方面此论如下。

一、政权之获得与盛世表现比较

唐太宗之得位，与玄武门之变关系十分密切，其政权之得来，可以说是直接引致高祖的内禅。在武德九年六月四日，唐太子建成及其弟世民，由于夺嫡之争，在玄武门发生激烈战斗，演成骨肉相残，结果太子建成与元吉被杀，八月，高祖内禅，唐太宗便取得帝位。玄宗则是与太平公主讨平"韦后之乱"，才得到帝位。在睿宗时，隆基虽为太子，太平公主权力却很大，于是隆基便率禁兵杀死太平公主门下之亲信，继而将之赐死。所以睿宗在这形势下，便内禅与玄宗。

太宗贞观之治是始于贞观元年（公元628年），共二十三年之长治，且文治武功皆是唐代最盛的时代。至于玄宗开元之治，则始于开元元年（公元713年）共二十九年，时间比贞观晚且较长，但末年之政治败坏，宠信小人，却是唐代盛势走下坡之转折点（早年严格行官吏的考选办法，并经常以具有才识的京官调为都督刺史，又以绩效的地方官调任京用，来增加他们的行政经验及办事能力），以致政治腐化，玄宗在此方面则逊于太宗。《唐书·李林甫传》中，指出李林甫之祸国："同时相若张九龄、李适之皆遭贬，至杨慎矜、张瑄、卢幼临、柳升等缘坐数百人，并相继诛，以王銲、吉温、罗希奭为爪牙，数兴大狱。"可知玄宗后期之政治已走下坡。

从盛世的表现来说，贞观时期人口较开元少，而且征税较易，所以均田制仍能实行，而当时之富饶可此汉之文景。《新唐书·食货志》："贞观初，户不及三百万，绢一匹易米一斗。至四年，米斗四五钱，外户不闭者数月，马牛被野，人行千里不赍粮，民物蕃息，四夷降附者百二十万人。"至开元时期，人口急剧增加，可能是基于唐初政局之稳定，及社会之繁荣。大概武韦时户籍不整，实际人口虽不确，但由开元至天宝间人口增加七百万，则社会繁荣可知。据《新唐书·食货志》："是时海内富贵，米斗之钱十三，青齐间斗才三钱，绢一匹值钱二百，道路列肆具酒食以待行人，店有驿驴，行千里不持尺兵。"可知两者在盛世皆有表现。

二、用人与政治措施之比较

太宗时期之人才，较开元为多。贞观十七年，诏国功臣二十四人于凌烟阁，其中著名的有长孙无忌、杜如晦、魏徵、房玄龄、高士廉、尉迟恭、李靖、杜淹、王珪、温大雅、褚遂良、姚忠廉及孔颖达人、他们都是杰出的人才，对于贞观的贡献功不可没。但初年群臣亦争权，唯太宗善于驾驭，使功臣各书其善终。然玄宗时期之人才，大多是武则天时期所训练出来的人才而加以使用。《新唐书》说："太后不惜爵位，以笼四方豪杰自为助……至不称职，寻亦废诛不少纵，务取实材真贤。"故武则天用人虽滥，确也选到像狄仁杰、娄师德、徐有功、张柬之等人才，并且选拔了姚崇、宋璟等，为玄宗时所任用。但玄宗毕竟先后重用了像李林甫、杨国忠等的小人，也开了重用宦官的先例，较诸太宗，逊色多矣。

太宗曾命房玄龄省并冗员，中央政府仅留六百三十四员名额。又命五等以上官员，轮流值宿于中书省，以便随时延见，垂询民间疾苦和政治得失。选任地方官吏尤为谨慎，尝录刺史于屏风，坐卧观看，得其在官善行恶迹，便注于名下，以备黜陟。又常派官员巡视各地，九品以上官员得直接上奏。玄宗早年勤求治道，对地方发展非常留意。他下令了解民生疾苦，但曾几何时，政委于小人，晚年声色犬马，无所不好，军政措施，更轻重倒置，经济政策亦未能使百姓解困境，结果导致安史之乱，则又较诸太宗逊色多矣。

太宗规定三省职权，尚书省执行法令，中书省制度法令，门下省则审法令，使其发挥制衡作用，以杜绝偏重的流弊。其后又创立三省省长联席议政的办法，以解决相互间的争执。及到中宗、睿宗时代，韦后和太平公主，相继乱政，三省旧制，破坏愈甚。当时一切政事均取决于宫中，政事堂诸相的联席会议，徒拥虚名，初玄宗虽使三省恢复旧观，但多信任一宰相，致宰相权力大增。形成一相当权宰相听命的局面，无形中有助于三省制的破坏。

太宗分天下为十道，《旧唐书·地理志》谓，贞观元年，据山川河流，分天下为十道，曰关内、河南、河东、河北、山南、陇右、淮南、江南、剑南、岭南，官吏无一定额，官员或设采访使（民政）、按察使（司法）。开元年间，玄宗分天下为十五道，并沿边各地设立十大兵镇，其中九个兵镇的长官叫"节度使"，用以长期屯防边地，统理异族，保固疆土。而所分十五道，就是分山南道为东西两道，江南道为东西及黔中三道，分关内道设置京畿道、河南道设都几道，连同其余六道，共十五道。而玄宗设立之节度使，因职权过大，渐渐形成方镇势大，危害唐代国运。

三、文治武功之比较

太宗嗣位后，乃于弘馆聚四部书二十万卷，简选文学士欧阳询等以本官兼学士，又数幸国子监，征名儒为学官，学生能明经者得补官，四方学者云集京师，甚至高丽、新罗、吐蕃亦遣子弟入国学，崇尚文教。义令魏徵修隋陈北周之史，诏褚遂良撰《晋书》。玄宗也勤于文教，他下令搜访遗书，选吏缮写，先后命褚遂良、元行冲主持此工作。至九年，凡上群书四万八千一百九十七卷。其后又命张说等修五礼，七年而成，定名开元礼。

可见两者对学术之注重。

当太宗平突厥后，西北国家，多遣使入唐，推唐太宗为天可汗，使其维持国际和缓，初期为防止突厥，吐蕃入侵，天可汗得制强暴，援助弱小，解决国际间之纠纷，太宗除了克服突厥外，又击败回纥、吐蕃、天竺、龟兹等国，武功甚盛。故唐自太宗，高宗至玄宗朝，均被选为天可汗，负起当时的国际联盟。可惜开元末年，玄宗为政不纲，宠幸小人，节度使权力坐大，安史乱起，反使唐代国势走下坡。平安史乱时，更需依赖外族之力以致为外族所轻视，唐中叶以后，更以大量金钱，购买外族驽劣之马匹，得物无所用，而此举更未能解决外族入侵的野心。此玄宗之逊于太宗多矣。

四、私德方面之比较

太宗之宠爱女色，与唐代外族入侵颇有关系。太宗因好女色，杀了齐王元吉，纳其妃杨氏为妻；庐江王瑗既诛，又纳其美姬；后复纳故荆州都督武士彟女才人等。宫闱之内，惭德很多。于其作弟范十二篇赐太子，关于修身治国的道理说得无微不至，只不以女宠为戒。因此太宗以后，高宗、中宗、睿宗、玄宗四代，都几乎是以女子亡国，而高宗因宠武曌，使唐室易空多时，玄宗因宠杨贵妃，致激成安史之乱，后虽平定，但招致外族入寇，太宗之乱伦好色，遗其恶习于后代，不能辞其咎。

玄宗之好色，亦颇似太宗。他宠爱杨贵妃（本为玄宗儿媳），过着奢靡豪华的生活，而厌于为治。《太真外传》言："与国忠五家于宣阳里甲第洞开，僭拟宫掖，车马仆从，照耀京邑。递相奢尚，每造一室，费逾千万计，见制度宏壮于己者，则毁之复造，土木之工不舍昼夜。"唐代初年，一般来说，宦官没有多大权力，但也有个别的例子，如"内侍汶江县开国侯张阿难……作范垂勋，谟陈九德，勇冠三军，郭平汧、陇"，评者谓"宦官而曰勇冠三军，得无溢美乎！唐初开国，宦寺为公侯，鱼李之祸兆矣"。不过，总的来说，太宗对于宦官权力是有限制的，内侍省不置三品官，从此直到高宗死时，宦官没有大权力。

玄宗时，后宫宫女四万余人，使用的宦官也更多。黄衣以上者三千余人，衣朱紫者一千余人，其权力益重。特别在玄宗后期，将朝中事务，交与李林甫、杨国忠，内廷事务，则委托宦官高力士，宦官权力从此日渐膨胀。安史之乱后，宦官权力大增、差不多成为国家权力的主宰。故就大体而论，玄宗的政治事功与私德方面殊不足与太宗并论。

第十四章　隋唐对外的武功

第一节　隋唐对高丽用兵的得失与影响

隋用兵动机与失败的分析

我国东部之朝鲜半岛，至隋立国时，已有高丽、新罗、百济三个国家之建立。其中以高丽较强大，和中国之关系也较长久而密切，北魏时代已开始来中国朝贡和通商，隋立国以后，仍继续派遣使节来中国。但在开皇十八年（公元598年），其王高元竟发兵进侵我国之辽西地区。《通鉴》卷一七八《隋本纪》载之甚详，谓："（开皇）十八年二月，高丽王元帅靺鞨之众万余寇辽西，营州总管韦冲击走之。上闻而大怒，乙巳，以汉王谅、王世积并为行军元帅，将水陆军三十万伐高丽……周罗睺为水军总管……六月丙寅，下诏黜高丽王元官爵。汉王谅军出临渝关，值水潦馈运不继，军中乏食，复遇疾疫，周罗睺自东莱，泛海趣平壤城，亦遭风险，船多飘没，九月己丑，师还，死者什八九、高丽王元亦惶惧，遣使谢罪，上表称'辽东粪土臣元'。上于是罢兵，待之如初。"

炀帝即位以后，既经多年之休养生息，又凭着隋朝之富强，以为高丽本一向臣服于我国，其地亦一向为我疆土，不应别为化外。大业三年，炀帝在启民帐见高丽使，遂征其王入朝，高丽王高元既不至，且摆出傲慢态度，乃积极准备攻高丽。大业七年春二月，炀帝下诏讨高丽，事前诸如开凿永济渠及后来之山阳渎，都是为便利于进攻高丽时转运粮械和军马而设。又在涿郡，建临朔宫以为用兵辽东之前进根据地，并大量造船于东莱口，养马于山东，及大量积聚军需用品，自大业七年（公元611年）至大业十年（公元614年），先后三次进攻高丽，结果大功未成，却因此动摇了隋帝国的统治基础。大业七年，炀帝事先由江都乘龙舟至涿郡，而军队与辎重亦先后集结于此地。《通鉴》卷一八一《炀帝纪》："八年正月，四方兵皆集涿郡，壬午，诏左十二军出镂方、长岑、溟海、盖马、建安、南苏、辽东、玄菟、扶余、朝鲜、沃沮、乐浪等道。右十二军出黏蝉、含资、浑弥、临屯、候城、提奚、蹋顿、肃慎、碣石、东暆、带方、襄平等道。骆驿引途，总趋平壤，凡一百一十三万三千八百人，号二百万，其馈运者倍之。"近儒金毓黻以为：是役军容之盛，诚为古所未有，然所谓辽东三十四道，则仅有九道可考，实则炀帝率以渡辽者，仅九军三十万人，《隋书·宇文述传》与《通鉴》亦同谓初渡辽九军三十万五千人。故《通鉴》列举为九道，其余十五军并未出师，不过虚列其名而已。至于海道方面，则由大将军来护儿统率江淮水军四万余，由东莱向高丽推进至浿水（距平壤六十里），虽获小胜，却在继而进攻平壤时为高丽军所败，残部数千从水路撤回，未能接应陆军。陆军方面，由炀帝亲率大军进攻辽东城（今辽宁辽阳东北），久攻不下，于是左翊卫大将军宇文述和右翊卫大将军于仲文率大军渡过鸭绿江，人马皆给百日粮，作急行军，军士不胜负担，多弃之而行，未及半路，粮尽。隋军饥寒交迫，高丽大将乙支文德率兵大举反扑，于隋军溃退至萨水时将之击溃。炀帝首次进攻高丽，损失惨重而还，是役失败原因，据金毓黻之分析如下。

《通鉴》卷一八一云："诸将之东下也，帝亲戒之四：今者吊民伐罪，非为功名，诸将或不识朕意，欲轻兵掩袭，独军独斗，立一身之名，以邀勋赏，非大军行法，公筹进军，当交为三道，有所攻击，必三道相知，毋得轻军独进，以致失亡，又凡军事进止，皆须奏闻待报，毋得专擅，辽东数出战不利，乃婴城固守，帝命诸军攻之，又敕诸军，高丽若降者，即宜抚纳，不得纵兵，辽东城将陷，城中人辄言请降，诸将奉旨，不敢赴机，先令驰奏，比报至，城中守御亦备，随出拒战，如此者再三，帝终不寤。"

《通鉴》卷一八一云："高丽遣大臣乙支文德诣其营诈降，实欲观虚实。于仲文先奉密旨：'若遇高元及文德来者，必擒之。'仲文将执之，尚书右丞刘士龙为慰抚使，固止之。仲文遂听文德还，既而悔之……仲文与（宇文）述等既失文德，内不自安，述以粮尽，欲还。仲文议以精锐追文德，可以有功，述固止，仲文怒曰：'将军仗十万之众，不能破小贼，何颜以见帝？且仲文此行，固知无功，何则？古之良将能成功者，军中之事决在一人，今人各有心，何以胜敌？'时帝以仲文有计划，令诸军谘禀节度，故有此言。由是述等不得已而从之，与诸将渡水追文德。"

《通鉴》卷一八一云："述等兵自泸河、怀远二镇，人马皆给百日粮，又给排甲枪、稍并衣资、戎具、火幕，人别三石以上，重莫能胜致。下令军中：'士卒有遗弃米粟者斩！'军士皆于幕下掘坑埋之，才行及中路，粮已将尽。"

《通鉴》卷一八一云："四方兵皆集涿郡，帝征合水令庾质问曰：'高丽之众不能当我一郡，今朕以此众临之，卿以为克不？'对曰：'伐之可克。然臣窃有愚见，不愿陛下亲行。'帝作色曰：'朕今总兵至此，岂可未见贼而先自退邪？'对曰：'战而未克，惧损威灵。若车驾留此，命猛将劲卒，指授方略，倍道兼行，出其不意，克之必矣。军机在速，缓则无功。'帝不悦曰：'汝既惮行，自可留此。'"

帝王之善于用兵者，前有汉高祖征匈奴，被困于白登，后有唐太宗征高丽亦不得志，饮恨而终，此帝王亲征四夷不易收效之显著例证。故大抵历代征伐四夷，命一上将专征，则往往获胜，若帝王亲征，胜则得不偿失，败则尤损国威，当炀帝大军集涿郡，已有人谏止之，昔不听忠言以致招此大败，此读史者尤须注意及此。

大业九年（公元613年）三月，隋开始第二次进攻高丽。炀帝于是年四月自涿郡抵达辽东，命大将宇文述、杨义臣率兵进攻平壤，水军则仍由来护儿统率，拟由东莱出海趋平壤；突接隋重臣杨素之子、礼部尚书杨玄感起兵黎阳、进围东都洛阳的消息，于是仓皇撤军。事为高丽知悉，乘机追击，殿后部队伤亡惨重，军资器械损失亦不计其数。

大业十年二月，隋第三次进攻高丽。是年三月，炀帝到达涿郡，但兵士厌战，时有逃亡。水军在平壤附近获小胜，高丽亦因屡次应付隋军进攻，国力已呈疲弊，于是送还去年逃亡高丽的降臣斛斯政，遣使议和。炀帝亦鉴于当时国家内忧外患，再无力作大举进攻，遂以高丽王元入朝为条件而罢兵。但高元亦未至中国。

隋自文帝以来，前后四次发兵进攻高丽，除首次以辽西受侵而还击之外，炀帝时代其他三次进攻高丽皆师出无名，损失惨重。考其所以发兵侵略高丽，原因不外如下。

隋自统一中国南北以后，兵威远被四夷：北败契丹；南平林邑，服赤土；西通西域，破吐谷浑；东招日本，发兵琉球。时突厥称雄北方，东西分地而治，而东突厥尤为强大，文帝时用离间之计，使其相攻，东突厥沙钵略可汗遂上表称臣，帝又以宗女义成公主妻启民可汗。炀帝北幸榆林，启民及公主来朝于行宫，后又入朝东都，西突厥亦来纳贡。当此之时，东北之高丽虽奉表遣使，纳贡受封，然每恃其兵强地险，亏失藩礼，侵寇边疆，故不能以一隅之梗顽，致国威之有损。此用兵动机之一也。

炀帝以启民可汗及诸番来朝，欲以富乐夸之，盛陈百戏，诸番入丰都交易，绐之曰："中国丰饶，酒食例不取直。"又以缣帛缠树，以示中国之富。其北幸启民帐也，令宇文恺为大帐，其下可坐数十人，又御大帐，备仪卫，宴启民及其部落，以此夸示突厥，诸胡为之骇悦。此皆好大喜功之表现也。是时，高丽使者在启民帐，为炀帝所见，裴矩为之说曰："高丽本箕子所封之地，汉、晋皆为郡县，今乃不臣，列为异域。……安可不取，使寇带之境，遂为蛮貊之乡乎？今其使者亲见启民举国从化，可因其恐惧，胁使入朝。"

炀帝遂敕其使，还语高丽王入朝，否则将帅启民往巡彼土，高丽王惧以致藩礼颇阙。此用兵动机之二也。

唐用兵动机与先败后胜的分析

唐初朝鲜半岛上的形势，仍然以高丽、百济和新罗三个国家鼎立。高丽位于朝鲜半岛的东北部，百济位于半岛的西南方，新罗则处于两国之中，常受他们的包围压迫，故因地理环境与政治的因素，新罗除却实行亲中的政策之外，别无他途，因此，当高丽与百济联合进攻新罗时，新罗便只得屡次求救于唐。唐初，此三国在表面上均遣使来朝，此时高祖亦正急于巩固内部，无心于向外用兵；但自太宗李世民即位以后，形势便不同了，国家内部的政治经济已相当稳定，对外用兵又渐渐积极起来。然而统观唐征高丽之原因，据金毓黻之分析殆有数点。

《通鉴》一九六，贞观十六年十一月，"营州都督张俭奏高丽东部大人泉盖苏文弑其王武"。《新唐书·高丽传》："帝曰：'盖苏文杀君擅国，朕取之易耳，不愿劳人，若何？'司空房玄龄曰：'陛下士勇而力有余，戢不用，所谓止戈为武者。'司徒长孙无忌曰：'高丽无一介告难，宜赐书安慰之，隐其患，抚其存，彼当听命。'帝曰：'善。'……群臣皆劝帝毋行，帝曰：'吾知之矣，去本而就末，舍高以取下，释近而之远，三者为不祥，伐高丽是也。然盖苏文弑君，又戮大臣以逞，一国之人延颈待救，议者顾未亮耳。'"《通鉴》一九七："（贞观十八年）手诏谕天下，以'高丽盖苏文弑主虐民，情何可忍！今欲巡幸幽、蓟，问罪辽、碣，所过营顿，毋为劳费'。"

《旧唐书·高丽传》言，其王高建武，前王高元异母弟也。高祖感隋末战士多陷其地（武德）五年，赐建武书，建武悉搜括华人，以礼宾送，前后至者万数。《新唐书·高丽传》："武德初，再遣使入朝。高祖下书修好，约高丽人在中国者护送，中国人在高丽者敕遣还。于是建武悉搜亡命归有司，且万人。……诏使者陈大德……入其国，厚饷官守，悉得其纤曲。见华人流客者，为道亲戚存亡，人人流涕，故所至士女夹道观。"《通鉴》

一九七:"(贞观十九年三月)上谓侍臣曰:'辽东本中国之地,隋氏四出师而不能得,朕今东征,欲为中国报子弟之仇。'"

《新唐书·高丽传》:"帝自洛阳次定州,谓左右曰:'今天下大定,唯辽东未宾,后嗣因士马盛强,谋臣导以征讨,丧乱方始,朕故自取之,不遗后世忧也。'"又谓我国自三代燕秦以来,辽东之地向隶疆索,故唐人一则曰辽东故中国郡县,再则曰辽东故中国地,不独辽东为然,即乐浪、带方之地,始辟于箕子,继拓于汉武,至东晋之世,始与辽东、玄菟先后沦于高丽,故隋人曰高丽本箕子所封之地,汉晋皆为郡县。是时东征之师,本为恢复已失之旧疆,师直气壮。隋师东征战士,陷没高丽者,固居多数,然旧居辽东之民,因无资力内徙,陷没高丽者,度亦非少。武德中诏敕遣送之华人,不必限于隋末之战士,且观陈大德在高丽所见之华人,流客未得归者尚多,是皆由彼国抑留所致。东征之役,可拯救汉民,义无疑义,至于养痈贻患,魏晋五胡可为殷鉴,高丽略取辽东已逾二百年,若不大张挞伐,则日后契丹、女真、蒙古之事不难先见于唐代,太宗灼见及此,故曰"朕自取之,不以遗后世忧"。然则东征之役,实为深谋远虑之举,此三者皆其远因也。若夫盖苏文手弑其君,诛戮大臣,有不可恕之罪,其国人皆陷于水深火热之中,唐人声罪致讨,师出有名,此又更为其近因,故唐征高丽之动机有大异于隋者。

唐征高丽的经过

唐贞观五年(公元631年),唐太宗开始派人到辽东收瘗隋时战亡之中国军队骸骨,毁去高丽用隋战亡士卒尸骸所筑成的京观。高丽因此惧唐来攻,于是东北自扶余城,西南达海,均筑城驻兵以备战。

唐贞观十六年(公元643年),高丽权臣泉盖苏文弑其王高建武,立其侄高臧为王,自为莫离支(相当于唐代尚书兼中书令之职),集大权于一身。其后更联合百济进攻新罗,新罗求救于唐,太宗遂借此机会,发兵进攻高丽。贞观十八年,部署妥当之后,太宗便下令进军,以刑部尚书张亮为平壤道行军大总管，率江淮劲旅四万、战船五百艘，从山东的莱州渡海，直趋平壤。陆军方面以李世勣为辽东行军大总管，率李道宗、张士贵等步骑六万向辽东，太宗则亲率六军主力至前线督战。至公元 645 年，虽先后攻下了盖牟、辽东等城，但进攻安市时，三月苦战，屡攻不下，至深秋九月，因兵士苦寒与粮械缺备，遂收兵，于次年返抵长安。太宗怒甚，于贞观二十一年、二十二年先后遣军讨之，惜未遂其志愿而崩。

唐显庆五年（公元 660 年），经多年来的部署与休养，高宗又开始进攻高丽，但在行军策略上已有所改变。此次吸取了隋炀帝及唐太宗的失败教训，认识到孤军深入，军队虽多，若粮运不继，终招败绩，因此必须在朝鲜半岛先找到根据地。乃以救援新罗为借口，于公元 660 年遣大将苏定方率水军十万攻占朝鲜半岛西南方的百济，分其地置五都督府。百济引日军为援，唐将刘仁轨于龙朔三年（公元 663 年）大败日兵于白江口，焚其舟四百艘，是为中日首次之交战。于是唐兵在百济经营屯田，积粮抚士，以经略高丽，对高丽造成包围形势。

唐乾封元年（公元 666 年），高丽发生内乱。因高丽泉盖苏文死，其子男生代为莫离支，与其弟男产、男建争权相攻；男生败，遣子泉献诚向唐求援。唐乘此机会，于次年命大将李世勣率领郭待封、薛仁贵等部二万余攻入高丽乾封三年（公元 668 年），唐占平壤，平高丽，设置九都督府、四十二州、一百县，受安东都护府节制；以薛仁贵为安东都护，镇平壤。

新罗原有统一朝鲜半岛之野心，其手段是利用唐人与高丽之冲突，间中渔利。果然，唐灭百济、高丽以后，在初期虽然依赖重兵之威力以镇压其遗民，但并未使其心服，一时亡命新罗者甚多。新罗乃乘此机会，在国之西境与唐启衅，煽动百济、高丽遗民，以困扰半岛之唐军政府。唐兵开抵问罪，则退而表示恭敬，兵去则又起而骚扰。唐人苦于奔疲，乃释放高丽王臧，置于辽东，册封为朝鲜王，欲借其抚控遗民，但未收效。仪凤元年（公元 667 年），复移安东都护府于辽东故城一改重兵镇压而为外方牵制。此时唐朝西境之吐蕃势力日盛，为争夺西域之控制权，唐不得不把主力西迁，因此，安东都护府又由辽东撤至新城（今辽宁抚顺附近）。朝鲜半岛之统治权渐为新罗所替代，唐军势力已被驱逐于半岛以外。就大体而论，自隋初以来至唐高宗乾封三年，隋唐动用大军，经过多次战争，始算把高丽平定，然而，何以在杨隋时代与太宗之亲征皆无功而还，至高宗时代反而获胜？既得高丽，何以不能守？兹分析如下。

炀帝承隋初之富盛，唐太宗借安内攘外之威，二人均倾中国之力，以攻高丽小邦，终招败绩，炀帝竟因此而倾覆社稷，太宗亦遗恨以终。陈寅恪氏著《唐代政治史述论稿》中《外族盛衰之连环性及外患与内政之关系》一文指出，其原因皆具有天时、地理、人事之要素："唐承宇文氏关中本位政策，其武力重心偏置于西北一隅，去东北方之高丽甚远，中国东北方冀辽之间，其雨季在旧历六、七月间，而旧历八、九月至明年二、三月又为寒冻之时期，故以关中辽远距离之武力而欲制服高丽，攻取辽东之地，必在冻期已过，雨季来临之短时间获得全胜而后可，否则，雨雪泥泞冰雪寒冻，皆于军队士马之进攻，粮械之输送甚感困难，苟遇一坚持久守之劲敌，必致无功或覆败之祸。唐以前中国对辽东高丽进攻之策略为速战速决者，其因实在此，若由海道以取高丽，则其邻国百济新罗为形势所关之地，于不擅长海战之华夏民族，尤非先得百济以为根据，难以经略高丽，而百济又与新罗关系密切，故百济新罗之盛衰，直接影响于中国与高丽之争竞，唐政府结连新罗，制服百济，借以攻克高丽，而国力分于西北吐蕃之劲敌，终亦不能自有。"

至于高武时代获胜之重要原因，乃乘高丽之内乱及据新罗、百济之形势；然既得其国而终不能有，则以吐蕃炽盛，西北危急，更无余力经营东北，观其徒新克高丽胜将薛仁贵讨吐蕃而致大败之事可知也。唐之弃守高丽，吐蕃势盛乃原因之一而已，事实上驻大军于高丽，对于粮运方面亦需顾及。我国去辽东路远而艰阻，若赖水路接济之，其时航海困难情形与人才方面殊难解决，加以新罗又诸多作梗，故在军事、经济、政治压力下，唐遂放弃高丽。

第二节　隋唐对突厥的经营

隋对突厥的政策及其成功原因的分析

南北朝末期，西北广大土地的匈奴族中，蔚然兴起一强大部族，名为突厥，迄隋唐而大盛。《周书》载："突厥者，盖匈奴之别种，姓阿史那氏，别为部落。……臣于茹茹。居金山之阳，为茹茹铁工。金山形似兜鍪，其俗谓兜鍪为'突厥'，因以为号。"突厥自称狼种，无疑即上古之狄，酋长首见于中史者，曰土门可汗。西魏大统八年（公元542年），突厥从连谷（榆林）入寇，与中国开始发生关系，是为突厥出现于汉语史籍之首次。土门始至塞上购缯絮。大统十一年（公元545年），宇文泰遣酒泉胡使其国，翌年，土门遣使来献方物，是为两国建立外交之始。其后土门向蠕蠕求婚，受蔑视；转而向西魏求婚，魏以长乐公主妻之。

突厥部之居住地原在天山系与阿尔泰山系中间，渐向东部蔓延，至于西伯利亚之贝加尔湖，在匈奴之北，东西甚长。初与匈奴接壤，匈奴既西逃及南移，漠北之地为鲜卑所据，其后鲜卑亦南移，突厥族乃随其后而迁居于漠北之蒙古。土门先破铁勒，至木杵击蠕蠕，灭之，乃建牙都斤山，并西破嚈哒，东走契丹，北并结骨（坚昆），南服吐谷浑，威行诸国。领域东自辽海以西，西至西海万里，南自沙漠以北，北至北海五六千里。皆有突厥踪迹。

文帝因闻突厥之叛，大为震怒，下诏海内，命将出塞凿之。窦荣定将兵讨之。沙钵略率阿波、贪汗等可汗拒战，皆败走，遁去，死者极众。时突厥又有内争，沙钵略遣使称臣告急，请将部落渡漠南，寄居白道川内。隋许之。已而遣其七子奉表以闻，并愿立约，以碛为界，时在隋文帝开皇五年之事。然而终隋之世，突厥对隋威胁最大，隋亦先后运用各种手段以对付之，且突厥帝国是匈奴帝国以后，北亚最大的一个强族。其与中原朝廷的关系，比匈奴时代又远为复杂。

自突厥兴起以后，接替东魏、西魏而互相水火的北齐和北周，对之均极力拉拢，如财帛厚赂与争结婚姻等，以免这强大的马上行国偏袒对方。可是，长城以南的分裂局势，不久就为隋所统一。而建立起一个强大的朝廷，用不着再向突厥赂以币帛，于是掠边之事屡见不鲜。周千金公主又自伤其宗祀绝灭，日夜言于沙钵略，请为周室复仇。因此，悉众为寇，控弦之士四十万，叛而侵隋。突厥两道入寇，凉、秦、泾、兰、敷、延诸州，六畜咸尽。不久突厥有内争，引兵而退。像这样大规模的军事行动，似乎超过了一般掠边的范围。其实突厥这次的寇边，其目的不外是夺取物资，除弄得这些地区"六畜咸尽"外，对于新兴的隋朝没有什么政治上的目标。

游牧民族对中原入侵的动机，多半是经济的；农业富裕的经济环境，时时构成诱惑游牧民族入寇的吸引力。同时，农业民族强大的经济力量，也经常是迫使外族在政治方面让步或就范的压力。隋对于突厥民族的每一个行动，差不多都具有政治意义。其能使对方接受这种要求，而肯作出让步，则是朝廷的经济力量。结果得以维持和平，软化对方，现分述如下。

隋文帝与可汗之间，以"贡献"的方法，进行贸易而促使和平基础扩大，各部族的首长们也得到物资供应。更由于这样"入贡"的成功，使他们更进一步的要求"缘边置市，与中国贸易"。文帝亦鉴于和平之确立而敕许。这样，贸易就更扩大起来，因之，和平也就更得到了保障。

穷困与物资匮乏，往往会刺激一个尚武、机动、强悍的游牧民族发动战争，夺取物资。隋唐亦有见及此。因和平确立，由南方向北输入物资，使突厥民族战士们的意志消沉，财富增加迟缓，不能刺激好战的情绪，而使其软化下去。隋文帝的"赏赐甚厚，沙钵略大悦，于时岁贡献不绝"。当然赏赐也是陆续不绝的。在这以后，两者间的和平更为确立。《隋书·突厥传》："（突厥可汗）沙钵略卒，上及帝，为废朝三日，遣太常吊祭焉，赠物五千段"。又说："大业三年四月，炀帝幸榆林，启民（可汗）及义成公主来朝行宫，前后献马三千匹，帝大悦，赏物万二千段。"隋朝的皇帝就是以他强大的经济力量做后盾，用丰富的赏赐，完成了对突厥上下的宣抚工作，使他深感"天朝"的伟大，而生"向化"之心。其实仍不过是含有重大政治意义而已。

为了平抑为掠夺物资而起的与外族战争，隋室在必要时，也不得不采取某一种和平方式，来促成这种相通的贸易，利用对方经济上的弱点，笼络突厥民族，使他们不敢犯边。其中最有效的方法就是关市的开放。在《隋书·突厥传》中，亦留下了一条突厥与隋朝的"缘边置市"的纪录。原传说："寻遣使请缘边置市，与中国贸易，诏许之"。从"缘边置市"及"诏许之"两点来看，隋与突厥间的互市，已是相当制度化，更设立了专司互市的衙署，可见那时的互市已经频繁而产生作用。

在隋与突厥对立的时候，在初两者间的情势甚为恶劣。及后由于隋文帝政治运用的成功，使一个敌对的马上行国，一再改变它的态度。其国书的称谓，甚至由"从天生大突厥天下贤圣天子……可汗致书大隋皇帝"，不久就要变成了"大突厥……可汗，臣……言"，遣子入朝。这不能不赖于政治策略运用的成功，现分述如下。

在魏末和齐、周时代，与突厥的外交虽不全是主动，甚至大致可以说是被动的，但都能把握机会，积极的予以利用。而突厥可汗对通婚的目标，每是放在经济上，南方朝廷则是以政治为其目的。故文帝为了剪除周千金公主推动之突厥反隋活动，减少内在的政治问题，同时还想利用机会造成突厥内部的分裂，遂借突利遣使求婚之时，令裴矩谓之曰"当杀大义（千金）公主，方许婚"。至大义公主被杀后，便妻以宗女安义公主，上欲离间北夷，故特厚其礼。结果隋文帝所推动的婚姻政策非常成功，赢得对方归心。及安义公主卒后，复有义成公主之外妻可汗，以达其政治目标。

开皇十三年，隋灭陈，南北一统。隋以所掳陈叔宝屏风赐突厥大义公主（千金公主）。公主以其宗国之覆，心常不平，并书诗于屏风，叙陈亡以自寄。流人杨钦，亡入突厥。都蓝可汗听信钦之言，因此不修朝贡，渐为边患。文帝乃遣使往突厥索杨钦,废公主。内史诗郎裴矩请说都蓝杀公主。时北方突利可汗遣使求婚。隋使裴矩往告:"当杀大义公主,乃许婚。"突利乃谮公主于都蓝,都蓝怒杀公主,更表请婚。这便是一大离间计之背景。

隋采长孙晟策,虑都蓝反复无信,不许,并于开皇十七年,以宗女安义公主妻突利。上欲离间都蓝,故赐赉特别优厚。都蓝闻之大怒,曰:"我大可汗也,反不如染干(突利可汗)。"于是朝贡遂绝,屡来抄掠边鄙。十九年,都蓝掩袭突利,突利大败,独身与长孙晟南走入朝。文帝以都蓝屡为边患,遣杨素领大军往讨,师未出塞,都蓝为其部下所杀,国中大乱,而启民可汗(突利可汗)则忠为边守。

其实自东西突厥之分立,彼此相抗不休,以至难于出现统一之强大帝国,亦不尤外在之原因存在。当时中国制驭突厥,是采取离间政策,以夷制夷方式。达头原隶属于突厥本部,中国见达头势强于沙钵略,乃以狼头纛赐达头,谬为钦敬。且达头使臣至,又引居于摄图使臣之上。反间既行,果相猜忌,隋文帝开皇四年,文帝幸陇州,达头可汗遂来请降。嗣后,中国又助北突厥使之对抗达头,连年兵燹,相争不息。总之,中国对突厥始终用其"远交而近攻,离强而合弱"的策略,因此东、西突厥亦始终处于敌对之状态,无机建立统一而持久之帝国。如沙畹曰:"设无此反间政策,突厥之国势不难推想得之,数百年后,蒙古之得势,可以例已。"此论颇为得当。

在隋与突厥对立的时期,朝廷对分立的小支派,曾采册立的方式,以加深其分裂程度,易于控制。对于战败,或初起实力未强大之的部落,也曾封赐汉式的爵位,官职,并施以汉地式的"编制"。如册拜沙钵略子为柱国,封安国公,并赐姓突厥可贺敦周千金杨氏,编之属籍,改封大义公主,便是显例。

突厥内部分裂,叛乱分子率多为文帝的离间政策所乘。不久,东西突厥则由表面化而形成军事行动,沙钵略可汗向隋求援,文帝辅予物质和道义上的支持，同意他们由大汉北避难于隋朝势力可及的漠南蒙古，使沙钵略在隋朝的经济、军事支持的情形下，在政治上作大让步，自称臣下。这说明隋朝对东突厥可汗的军援果使沙钵略态度作了一百八十度的转变。到了炀帝时，又因隋朝不断的施以武力和经济支持，这次使继沙钵略而立的启民可汗的态度比前更为让步，甚至自动提出习俗也可以华化的主张，对隋朝一心恭顺。

大业五年，启民可汗死，子咄吉立，是为始毕可汗。因炀帝时缓服突厥大为成功，对隋本无异志。其所以使始毕可汗十万骑于炀帝巡北塞时，围帝于雁门，使和平变成战事的原因，则是由于隋采取裴矩之计，另以宗女妻其弟叱吉，以分其力，又屠杀了入市交易的突厥属民所致。矢及御前，后赖诸将用命死守，与义成公主相救，及勤王军至，围始得解。

自雁门事件后，突厥对隋朝贡亦由是而绝。此后，隋室衰微，国内大乱，国人避乱，多往依之，突厥势力遂更强大。甚至北方诸侯亦多臣服之，欲借其力以谋天下。这时是能与突厥拉上关系的一些独立政权的首脑们，又都采取了联齐和周的旧策，当然这是突厥方面求之不得的。隋末的群雄包括创建唐朝的李渊在内，都是借联合突厥以自重，而且大部分还只是要借用突厥人马来"共定京师"的，而提出的报酬是"金币子女，尽归可汗"。于是骄横无度，控弦之士百余万，北方部族之盛，亦古之未有也。及高祖即位，始毕更恃其功益骄踞，大唐皇帝不仅要对突厥可汗"优容"，同时"前后赏赐，不可胜纪"。故在唐室并未强大安定之前，仍是过着屈辱的和平。

唐对突厥的经营与得失

唐高祖李渊起兵太原，约突厥为外援，请求突厥出兵的条件即是"人众土地入唐公，财帛金宝入突厥"。换言之，长安要受到物质的掠夺。高祖即位，东突厥自然成为唐室最大的威胁。《旧唐书·突厥传》："颉利初嗣立，承父兄之资，兵马强盛，有凭陵中国之志。高祖以中原初定，不遑外略，每优容之，赐与不可胜计。"可汗持功而骄，高祖要对突厥的使节优礼有加，同时更要遵守"金币子女，尽以归可汗"的诺言，"前后赏赐，不可胜纪"。可以说，唐初未强大安定之时，是要受到屈辱的和平。由武德三年（公元620年）至九年（公元626年），突厥每岁均入寇，多饱载而归，可见一斑。

突厥对唐的领土，可说是没多大野心，政治亦没有兴趣，而他们所希望得到的只是所需的农业物资及财富而已。突厥可汗甚至不惜牺牲与吐蕃的军事同盟，来换取与唐的互市。唐室也为了免得同时在北、西、西南三面国境上受到来自突厥与吐蕃双方包围，极力拉拢突厥，不仅同意开互市之所，并且每年送给缣帛数十万匹，来换取边境上的和平。这也证明唐初的经济力量是可以制止北方游牧民族内部统一及与其他国家和部族的联系的。总观唐对突厥以经济手段，来达成其政治目标的方式，不外乎"低姿式"的和亲和"高姿式"的许可互市、赏赐等。这以后，唐与突厥间，虽时有战争爆发的可能，但皆因经济上的满足，维持了冷战的局面。而唐对待突厥政策如下。

始毕可汗兴兵助唐之时，李渊势力远不及突厥，故唐初对突厥尽量作了物资供应，以满足对方的要求。及始毕卒，高祖为之举哀，"赙物三万段"，处罗（可汗）此后频遣使朝贡（《旧唐书·突厥传》）。双方的吊祭赙赠，也是敦睦拜交的一种方式，然始毕可汗在病死之前，并不是与唐站在一条战线的，而是支持唐的敌方如梁师都和刘武周等。但唐高祖还是予以隆重的吊唁，"持物三万赙之"。显明的是要以经济手段，达成他政治的目的。

关于唐与突厥的互市，《新唐书·兵志》说："其后，突厥款塞，玄宗厚抚之，岁许朔方军西受降城为互市，以金帛市马。"这时唐帝国虽然是处于极盛，但西及西北的形势，仍是相当严重，假如突厥与吐蕃联合，自西北两方加以压力，国防的负担，势必更趋严重。因此，为了笼络突厥，孤立吐蕃，唐不仅开了互市的场所，并且每年还输送数十万匹帛缣，作为在边市交换的物资。这样自然也可保持北部边防的平靖，而又专心应付吐蕃。

唐与突厥不断地以农业物资交换畜牧生产品。关于唐与突厥间的绢马贸易，唐玄宗曾说："国家买突厥羊马，突厥受国家缯帛，彼此丰给。"其实，所谓"彼此丰给"，亦是软化突厥的侵略政策而已。

唐对突厥所采取之政治策略如下。

唐对突厥分立的小支派，曾采册立的方式，以加深其分裂程度，使易于控制。对于战败或初兴实力未强大之部落，也曾封赐汉式的爵位、官职，并施以汉地式的"编制"。

太宗为了加强对西突厥的联系，曾派使者去册立一个"叶护"（仅次于可汗的尊称）为可汗，并以经济攻势，送给他"彩帛万段"，使他"名利双收"。这样，借利的诱惑，可以使对方不致拒绝"名"的颁赐。如此可以达成远交近攻的目的，以便增强对东突厥颉利可汗的压力。同时也可使西突厥内部的分化更形加深。其后弥射兴步真更相继来归，唐代皇帝也给他们汉式的官爵，以及半汉半突厥的可汗尊称。虽然在事实上，这不过是表示外族的可汗，等于唐室的臣下。此外别无意义；但假如他们仍能返回西突厥，那么这在政治上就会有深远的意义了。

唐对突厥所采取之军事策略如下。

武德元年、三年，突厥已有两次侵唐之举，恰遇可汗死，故未竟其功。武德七年（公元624年），颉利突利二可汗，举国入寇，道自原州，连营南上，李世民受命北讨。值关中久雨，粮运阻绝，士卒疲于征役，器械顿弊，朝廷及军中咸以为忧。世民与突厥遇于豳州，勒兵将战，可汗师万余骑奄至城西，阵于五陇阪，将士震恐。世民乃亲率百骑驰诣敌阵，指其背约，纵反间于突利之间，并挑战于二可汗。正将渡沟水，颉利见世民轻出，又疑突利与世民有谋，于是遣使止世民，引兵稍退。突利因反间计悦而归心，遂不欲战。固有内离，颉利欲战不可，因此请准和亲。世民亦许，并以恩意抚之，与盟而去。

八年，颉利集兵十余万大掠朔州，又袭将军张瑾于太原。九年，颉利自率十余万骑寇泾州，进至武功，京师戒备。突厥再进军高陵，尉迟敬德与之战于泾阳，大破之。颉利进至渭水便桥以北，遣使入见，以观虚实。世民囚其使，自出玄武门，至渭水上，与颉利相隔水而语，责以负约，颉利疑有伏，大惊又退。来请和，诏许之，斩白马，盟于便桥之上，突厥遂引兵返。大抵唐太宗两次轻骑退敌，均因国内准备未足，及至突厥退兵，遂整军经武，以图讨伐。

贞观三年，颉利可汗请和亲，复援梁师都，太宗遂以为借口，因此命分军六路往讨。众合十余万，皆受李靖节度。四年，李靖夜袭定襄，颉利惊退。李世勣出云中，与突厥击战于白道，大破之。嗣李靖又破突厥颉利可汗于阴山。颉利既败，遣使谢罪，请举国内附，稍自安，靖乘间袭击，大破之。颉利单骑逃走，旋又受擒，送返京师。太宗赦之，并授右卫大将军，东突厥遂亡。

初，唐与西突厥之冲突尚少，贞观十四年候君集讨高昌，西突厥来援，闻唐兵至即投降。高昌平，唐遂置安西都护府，对西突厥作积极的进攻。高宗永徽三年，因沙钵罗可汗进寇廷州，诏梁建方率府兵三万，合回纥骑五万讨之。六年，又以程知节率诸将进讨，得捷。显庆二年，以苏定方及回纥兵，自北道讨沙钵罗可汗。定方轻兵取胜，尽收其所据之地，西域至此遂平。沙钵罗既灭，裂其地分为州县，以处诸部。

突厥既平，太宗待以宽仁，是故贞观年间以后，三十多年，无突厥之患。东突厥亡后，其众曾助征高丽，拓土至铁门，接受汉化；西突厥方面，以前臣于其下的十六督府，遂全入唐的版图。现分述其意义如下。

隋、唐每一次对外战争的结果，外族失败者，若不逃窜，必请求徙居内地。及至"天可汗制度"成立，此等降附人更多，亦有仕于隋唐王室，功劳甚大。于是民族大融合，蕃人读汉文、与汉人通婚者，不知有几。

另一方面，外族失败时或失败后，隋唐王室为示恩威，常以"公主"下嫁，因此，我国民族至隋唐时扩大了许多，增加许多新血液，这种民族的大融合，对隋唐立国精神影响甚大。

自贞观四年，颉利可汗被擒。东突厥亡国，余众大半投入西突厥诸部中，显庆二年，沙钵略可汗被俘，西突厥名义上灭亡，然各部仍独立，唯无法产生一大可汗而已。此庞大之部族，仍游猎于东起阿尔泰山，西至伏尔加河，北起塔尔巴哈台，南至印度河之间。是时吐蕃与大食均兴起，于是西突厥之一部乃联合吐蕃入侵，另一部则西走阿拉伯，信仰伊斯兰教成为塞尔柱突厥，后击败东罗马帝国，因而对欧、亚两洲政治、经济、社会有巨大之影响。

由于政治因素，使节互从各交通要道来往，于是在不知不觉中亦促进对相互的地理、文化认识。及突厥平后，以前西北各国曾为突厥所压迫的，以至西南部的邻国，也都派遣使臣到中国长安通好，并且推尊唐太宗为天可汗。而这首领制的联合国机构的发展，则全以敦煌道的交通为重点。所以使臣的来去、军队的调遣，以至商贩的往还、僧侣的经行，均以敦煌为要道。各国人士，通常要在这里过冬，学习些中国语文过了一些日子，才到中国京师或各地。故亦成为中外文化交流的总汇，各国语文，各种写经，各种艺术，都无不盛极一时。这正是敦煌道对外交通文化发展的黄金时代。

第三节　隋唐对西域的经营

隋对西域的经营

西域的范围，以广义言，殆指我国西部地区天山南北路及葱岭以西的中亚细亚，更而推及高加索、黑海北部、伊兰高原，以及西至阿拉伯及小亚细亚等，亦可包括西域地区之内，不过此就广义而言。若以狭义来说，西域，乃指我国天山南北路一区而已。我国对西域的经营，远自汉时的张骞、班超之出使西域，其时中国内地到西域的道路已打通。东汉以后，接着便是南北朝的分裂，对西域的来往虽然比较疏一点，但很少间断。杨隋立国初年，由于突厥的强大，吐谷浑又崛起西境，故此时亦谈不到对西域的经营。

到炀帝的时代，形势便不同了。此时东突厥已衰，且与隋和好，炀帝要进一步削弱西突厥和吐谷浑，因而开始对西域的经营。

炀帝大业初年，派侍御史韦节，司隶从事杜行满，出使西域，到罽宾国，得玛瑙杯，到王舍城得佛经，到史国得狮子皮及火鼠毛而还，大业中，引致相率而来的四十余国，并遣西域校尉以应接之。

大抵隋炀帝的经营西域，除对伊吾曾用兵之外，其他多以和平方式进行。故在炀帝大业五年（公元609年），炀帝西巡河西时，有西域二十七国使者同来相会，可见其时中外商业，日趋发达，西域诸番，往来相继，至于隋时与西域交过的要道，据裴矩《西域图记》序所说有三条：其一为北道，在天山北路，由伊吾经蒲类海、铁勒部等地而至西海；二为中道，即天山南路之北道，由高昌、焉耆、龟兹等地而至西海；三为南道，即天山南路的南道，由鄯善、于阗、朱兴波等地而至西海。伊吾、高昌和鄯善是西域门户，敦煌则为三道会合的咽喉。

唐经营西域的得失与影响

有唐一代之隆盛，为我国历史所仅见，太宗、高宗二朝外征较内治尤宏，中国声威，于斯为最。

唐初，中亚细亚之霸主是西突厥。西突厥以东，大漠南北有东突厥，青海地方有吐谷浑，皆与唐为邻，屡犯边境，尤以东突厥为最横暴。故当时唐之大患，北为东突厥，西有吐谷浑，而西突厥因与唐相隔于此二者间，故为患尚不大。

唐初舶运未盛，我国对西方，凡物品运输、官私往来，多以陆路为主；尤其高昌至龟兹绾毂丝路，是经济大动脉之所在，不能不出全力以维持，"十箭"（西突厥十个政治区）雄踞西北，领导高昌三国，阻我交通，唐用兵对付，势非得已。质言之，唐太宗讨东突厥，讨高昌之国，系为自卫而战，为经济生存的交通而战，若置于侵略之列，误也。高昌八城皆有华人，故平定之后，开置郡县，仅驻兵以维持交通。故唐之经营西域虽有发展，唯并不彻底，都护、长史无民政关系，从属之最大目的，只在防止北方民族之占据，保护汉土与葱岭以西诸国之交通，免贸易上发生障碍而已。

太宗先灭东突厥，取漠南，漠北为薛延陀所占；继平吐谷浑，又与吐蕃和亲；乘西突厥之内讧而取得天山南路高昌诸国。高宗承其志，先灭薛延陀，次平西突厥，葱岭以西诸国亦称臣奉贡，以安西都护府统治之。及经武、韦以后，国际转变，而突厥遗众、吐蕃、大食乘机与唐争西域。玄宗继位，政治革新，声威复振，置安西、北庭两节度以经营西域，政治势力远达里海之南。不幸晚年荒怠，卒导致安史为乱，两京失陷。吐蕃蹑之夺取陇右。中原与西域交通，为之阻绝，北庭、安西先后告失陷。其后至宣宗时，虽尝复河陇开西域之大道，然内乱频仍，国基动摇，虽有志恢复西域，然力不从心，其详细事迹容于下节分述之。

唐初，天山南路较大者有一城五国，即伊吾、高昌、焉耆、龟兹、疏勒、于阗是也。伊吾为西突厥之领土，诸国为西突厥之属国。然亦尝入贡于中国，实因其背唐有西突厥为后盾，唐军欲进取，有西突厥之抗拒。太宗乘西突厥之内讧，乃伸展势力于玉门关外，由近而远，自东徂西，将诸国次第收入版图。考其取胜之道，乃在于西突厥势力分散不敌新兴之唐军，而太宗所用以取诸国之士卒亦多杂有胡汉健儿与名将使然。

太宗崩，高宗立，承贞观余荫，武将多材，且获降附突厥之效力，先后任命梁建方、程知节、苏定方为大总管，经营五载调动兵马不下数十万。卒赖苏定方统领汉回之众，克奏殊功。唐平西突厥，声威大振于中亚，于是西突厥之属国，除里海西北以外，余皆内附于中国。授其君以封号，析其地为府州。且西突厥未克服或势力未达到之若干国，如波斯、天竺等，亦与大唐发生密切关系。岭外诸国相继内附者有：帕米尔高原一区,如识匿、俱蜜、护蜜等国;锡尔河以南至阿母河区之康国等昭武诸姓国及拔汗那国;阿母河以南区有吐火罗所属诸国及波斯国;印度河、恒河流域之五天竺等国。可见天山南北、葱岭西及南皆已入于大唐版图,自取伊吾以至收抚波斯,先后经营凡三十一年,始造成超越两汉之西域大属土。

大唐已取得西域各地,乃设法使此区内诸部落或国家之诚心内向,于是采用两大政策。

一为列置府州。以其地设立府州,用其首领为都护,都督,刺史。府州乃民政,归属地方政府管理之怀柔政策。按其性质少数为普通州,大部分为羁縻州。前者刺史州世袭户口赋税上户部,其施政应秉承京师之诏令。后者与唐之关系仅有宗主国与属邦之关系,非如内地府州而有直接统治权者叩比。唐室羁縻属国首领之方略计有四种。一是册封汗土,即封西突厥首领为汗,其他各国君则封为王。二是授予官职,即各汗王兼受官衔,并理实职。三是赏赐器物,即如金银器皿,锦帛,袍带。四是保护安宁,即属国被邻国侵凌,应予实力保护。属国对于大唐履行之重要义务亦有四事,即称臣奉贡;遣子侍宿卫;助兵马;唐如用兵,可征发诸国兵马,助军用。

二为建立军府。驻戍重兵,由中央政府布置,乃基于震慑政策。太宗、高宗二朝,统治西域之最高机关,为安西都护府。而其职权,一面统摄藩部诸府州,一面管理当地之驻兵。驻兵分布于重要地方,以镇藩部而固国防。至武后临朝,增置北庭大都护府,分掌山北诸府州。玄宗又增设安西,北庭两节度使,委以兵马财赋大权,使经略西域。

第一,建安西大都护府。贞观十四年,侯君集灭高昌,太宗以其地置西州,又于西州置安西都护府,职掌"抚慰诸藩,辑宁外寇,觇候奸谲,征讨携贰"。责任重大。

第二,置四镇戍兵。太宗徙安西都护府统龟兹、于阗、碎叶、疏勒四镇,治地位于其国都。四镇皆驻重兵,有将及镇副各一员,属国防机关。至高宗时，以其劳民伤财而罢，吐蕃乃乘隙而入，朝廷始悟"四镇无守，胡兵必临西域，西域震则威胁诸藩"，至武后遂复之。

第三，增置北庭大都护府。自太宗以来对西域之建制，重视山南而略于山北，至葱岭以西更不暇顾及。至武后增设北庭大都护府，经制规模为之扩大。于是安西、北庭两大都护府，成为西域两个最高统治机关。

第四，置安西北庭两节度使。武、韦时，北方有回纥，西有吐蕃及大食，边境民无安逸。玄宗嗣位，乃于边陲要地，置十节度使，委以兵马财赋大权，使经略四方。其中经略西域者，有安西节度使与北庭节度使。虽经费浩繁，费财耗巨，收效不少。如唐在西域之主权能维持数十年而不失者在此；能制突厥遗众扰乱山北者在此；能拒绝吐蕃再侵，振威于葱岭之外者在此。

唐代统治西域，最重要而又最困难之工作，在于捍御外患、安抚反侧。因大唐自西突厥手中夺取西域统治权后，未几即有三大民族起来与唐竞争：复兴之突厥余众，分为东、西突厥，扰攘于山北；崛起于西藏高原之吐蕃，攻陷山南四镇；新兴于阿拉伯之大食，蚕食葱岭以西诸国。

西突厥阿史那氏降而复叛，至苏定方大破之，西域悉平。诏分其地置濛池、昆陵二都护府。继则东突厥攻于东，西突厥施扰于西。其后东突厥扑灭突厥施，并有十姓部落，统一东西突厥，幸经郭虔瓘击退之而徙离西域，后虽曾复燃火焰，然皆因民族内讧而熄灭。吐蕃之根据地在今之西藏，太宗之世，吐蕃已有东进之意，并遣使求婚于唐，唐以公主下嫁之。高宗时，吐蕃并吞吐谷浑，东犯陇右，西侵西域，屡与唐军发生激烈战争。为唐代西边之大患。初，唐军进攻吐蕃者，在青海方面屡遭败北，故不能发大军以援西域。吐蕃继而谋取四镇，进犯安西，然皆未遂。于是大唐与吐蕃互相攻守，西域二十余国贡献遂不入于唐。

吐蕃取东西二路复谋四镇，先后经营凡二十八年，虽败不休。幸而唐对于塞外诸国或以政治手腕，或用军事力量，应付得策，诸国内附之时期为多。又陇右河西军备森严，因此西线巩固，东路畅达，四镇无忧。天宝十载，陇右节度使哥舒翰大破吐蕃，收回河西九曲地，置郡州，驻军其中，自是边患暂时敛迹。大食发源于今之阿拉伯，建国于太宗初年。以宗教为工具，向四邻发展其势力。高宗时，大食东北攻波斯，占有伊兰高地，更北侵中亚细亚，玄宗时，中国势力曾推至西域，与大食角逐于葱岭以外，惜为大食所败。

大食并吞葱岭外各羁縻府州。高宗收抚葱岭外各蕃部，置为府州之日，大食也灭波斯，向阿母河方面入侵。故当时诸郡纷迫于大食之威而附唐。唯其时唐室威严尚在，故能坚持数十年。高宗中叶后，山南四镇为吐蕃所陷，岭外各府州也先后为大食所鲸吞。西天竺、波斯、吐火罗先后受大食严苛之统治，故诸国求助于唐。

唐克四镇后，天山南北路复驻重兵。玄宗即位，驻二节度使控制西域诸藩。此时，大食势力曾一度侵入葱岭以东，唯基于内乱，唐在岭外之声威复振。西域诸国，纷纷内附。惜唐在葱岭以西，无军事基地，虽有劳师远出，究不能经常控制，坐看大食欺凌诸国。或请令以救，唐以西突厥方强，未能越疆而理，抑大食东侵，西突厥固感切肤之痛，亦非坐视不顾也。及是西突厥内争，唐斩杀其可汗，葱岭西之声威大振，诸国内附，盛极一时。

天宝九年，高仙芝借口讨石国，大掠其宝货，一时群胡忿激，王子乞援，大食夹攻唐军，高仙芝大败，幸以身免。唐代百年来，在极西所树立之基础，遂因昧于国际情势而面临崩溃。

唐失西域，主要由于内乱。因西域之数世经营，有相当之武备与殖民。当时主要外敌为吐蕃，吐蕃企图占陇右，争域已数十年，唐承平之时，志不能逞。及安史乱起，侦悉河西兵内调，守备空虚，吐蕃乘势占陇右，隔绝西域之交通。安西，北庭遂成囊中之物，又复联合南诏，窥伺西南，使唐常处于心腹受胁之劣势。

西域自脱离唐室管治，北庭以南至伊州、西州，成为吐蕃势力范围，焉耆以西为其兼属，葱岭以西则属大食。贞元中以后，大食与吐蕃互争，吐蕃兵多半调往西方以御大食，故唐朝西方边患较少。回纥助唐，加上南诏与之失和，国政渐乱，遂有起而反抗者。先是沙州人张义潮驱逐吐蕃当州守将，以十一州图籍归朝，命为归义节度使。陇右又得离吐蕃势力，继而又复凉州，唐朝至西域之路复通。

经营西域之影响约有数端。

一为对唐代中西商业文化交流之影响。唐代开疆拓土，远及中亚细亚。于是中西交通，复见昌明。此期中外货物，运转不息，华番贩客，络绎于途。中西文化互相传播者，不胜枚举。其中对于人类生活之增益，社会文化之发扬，大有帮助者，例如中国养蚕术、造纸术之流行西方，以及西方之棉花，乐舞等之输入中国。兹分述如下。

自唐取天山南路，平西突厥之后，削去国界之隔阂，交通更为便利，西贾前来贸易者，更形踊跃。而中国商人之赴中亚细亚、波斯、印度等地通商者，亦络绎于途。中西贸易既如此兴旺，唐乃置互市监掌蕃国贸易事务，征收国税。吐蕃陷陇右，隔断西域交通。然中西陆道贸易，还未因此而全绝，是时中西商人假道回纥，求回纥人保护，继续经营商务。

唐代于西域置郡设官，开屯列戍，复有商贾云集，汉人之流寓西域者，为数不少。因此，汉人教育亦曾推行于当地，成绩斐然可观，非清朝对新疆之可比。

我国发明养蚕，相传始于黄帝时代。而养蚕术之西传，先起于高昌。因高昌人多是汉魏之遗黎，输出中国文化，指不胜屈。养蚕术既流行于天山南路，其后逐渐西行，越葱岭而传于波斯。造纸术为后汉和帝时蔡伦所改进。至高仙芝被大食所败，大食从中国俘虏中学得造纸术。自是造纸术传布于伊斯兰教诸国。而流传于西方。

二为西方宗教之东渐。西方宗教传入中国者，在唐朝有摩尼教、景教、伊斯兰教。各教势力之发展，有由于教士热心、宏布宗法者，有由于商贾远征、为宗教先锋者，有由于武力或政治力为宗教后盾者。

三为西方乐曲之输入。唐诗革新，始于开元中之趋重声律，皆受西方乐曲之影响。开元中，凉州进《凉州曲》，后来赐名《霓裳羽衣》，一时贵胄习染成风，达官贵人皆喜言音律。唱诗尤盛。西方乐谱大量涌入，有调无词，正合迁就流行之诗篇，此开天间七绝、五绝所以特别流行原因。行之稍久，或渐推及律诗。故唐诗之变化，西方乐曲实具莫大之影响力。若委其功于进士科，则又不尽然，因进士试诗、赋、策三者并行，岂诗独蒙其影响？而此等乐曲之再行推化，更影响及于词。总之，唐对西域经营，虽甚耗费，果实未尝不甘。他如民族之混合更形扩大，及天可汗制度之维系，颇足称道。

第四节　隋通海外与对吐谷浑的征讨

隋对南洋诸国的用兵

隋通海外之经过及其目的，较早见诸《北史·南蛮传》谓："至于林邑、赤土、真腊、婆利，则地隔江岭，莫通中国。及隋氏受命，克平九宇，炀帝篡业，威加八荒，甘心远夷，志求珍异，故师出流求，兵加林邑。"可知隋通海外之目的，不外是满足执政者的好大喜功，冀能达到"威加八荒"，"克平九宇"与"志求珍异"而势在必得，惟其时外夷之入贡中国，亦自有其个别原因与利益，兹分述如下。

一、流求

隋时用兵之流求，是否即后所谓之琉球？唐刘恂《岭表录异》作"流虬"，《宋史》以为"流求国在泉之东，有海岛曰彭湖"，《元史》谓："流求在南海之东，漳、泉、福、兴四州界内，彭湖诸岛与流求相对。"历来学者多有异说。《隋书·东夷传》谓："（大业）三年（公元607年），炀帝令羽骑尉朱宽入海，求访异俗……因到流求国。言不相通，掠一人而返，明年，帝复令宽慰抚之，流求不从，宽取其布甲而还。……帝遣武贲郎将陈棱、朝请大夫张镇州率兵自义安浮海击之。……进至其郡，频战皆败，焚其宫室，虏其男女数千人，载军实而还。"据此所云自义安渡海言之，殊非用兵于近世琉球之适当出发地。考义安即今之潮州，若就《隋书·东夷传》记载出发所经之路线谓："至高华屿又东行二日，至鼊鼊屿，又一日，便至流求。"其进兵之方向明是向东而行，若今世所指之琉球，其方向则属东北，故隋时征讨之流求，似非后世之琉球。

二、林邑

中国史书称占城，其本国自名占婆，冯承钧尝译乔治·马司培罗所著之《占婆史》，对其史实叙考甚详，其位置约在今之越南中圻，秦时属于象郡的林邑县。及汉末，邑人区连，因中原丧乱，杀县令，称林邑王。三国时，曾入贡于孙吴。晋永和以后，林邑屡寇九真、日南等地，大为交州之患，晋亦先后遣阮敷、杜瑗等讨之。刘宋初年，杜慧度大破林邑，曾乞降，旋又骚扰边境。元嘉二十三年，遣交州刺史檀和之讨平之。其后范阳度统治其地，历齐、梁、陈皆有入贡。隋仁寿末年，遣刘方攻林邑。大业元年正月，刘方军至今之灵江口，击败其王梵志，于是渡过阇黎江，隋军开入其都城，又将其地分置荡、农、冲三州，后改为比景、海阴、林邑三郡并搜获金庙主十八枚，佛经五百六十四夹，共千三百五十余部及占婆文之昆仑书等，唯军队亦因不合水土而死者十之四五、不久因隋乱烽起，刘引军还，其王梵志复国，遣使谢罪。

三、赤土

炀帝大业三年（公元607年），屯田主事常骏，虞部主事王君政等建议出使赤土，乃于同年的十月，常骏等自南海郡乘舟出发，经"昼夜二旬……至焦石山而过，东南泊陵伽钵拔多洲，西与林邑相对……又南行，至师子石，自是岛屿连接。又行二三日，西望见狼牙须国之山，于是南达鸡笼岛，至于赤土之界。其王遣婆罗门鸠摩罗以舶三十艘来迎，吹蠡击鼓，以乐隋使……骏等奉诏书上阁，王以下皆坐。宣诏讫，引骏等坐，奏天竺乐。事毕，骏等还馆……寻遣那邪迦随骏贡方物……令婆罗门以香花奏蠡鼓而送之。……浮海十余日，至林邑东南……循海北岸，达于交趾，骏以六年（公元610年）春与那邪迦于弘农谒帝，大悦，赐骏等物二百段，俱受秉义尉，那邪迦等官赏各有差"。则隋时常骏的出使赤土，不特宣扬国威于海外，且不须加兵而使赤土臣服于我国，实为成功之外交，有关出使赤土的时间问题，《隋书·赤土传》所言与《隋书·帝纪》所述略有出入，案《本纪》所述："大业四年（公元608年）三月壬戌，百济、倭、赤土、迦罗舍国并遣使贡方物。丙寅，遣屯田主事常骏使赤土。……五年（公元609年）二月辛丑，赤土国遣使贡方物。"是《本纪》与《赤土传》所载出使年月颇有出入，待考。

隋通海外对中国的贡献

就大体而论，隋通海外目的，在当时主要为满足炀帝之好大喜功与欲望，所谓"威加八荒，克平九宇"之观念下，使海外及南洋诸邦，一时多臣服我国，然就实际而论，对当时之收获，似不及对后世影响之大，约其要者，可分四点言之。

六朝以来，佛教大盛，往来南海僧人为数不少，当时东西交通航行之地不一，大抵北至山东半岛之东莱及长广，南及交广二州，至于长江流域之扬州、江陵，亦时有外船出入。唯有计划之航海，实始于隋，今者马来群岛之侨胞，虽以明清时渡海者居多，然上溯较早之移殖，则当必推及隋代。前此，中国虽已有海外事业之发展，如汉武帝时与南海之交通情形，其时中国船舶亦曾抵达柬埔寨与马来半岛，而直接与南洋诸邦交往，则多由外国商船转送。故隋代之通海外，亦可视为我国华侨海外事业发展之先河。

我国自秦汉以后，推唐为最大之帝国，唐以前，魏晋之纷乱与东晋南北朝之战乱及偏安，宇内鼎沸，绝无向外发展之可能。隋受命以来，民生粗安，颇有余力作域外经营，虽碍于其他条件而未竟全功，朝鲜用兵之际，而中原盗贼已起，以至败亡。然隋之通海外诸国，颇造成唐代开拓疆土之基础与征伐四夷之先河。

我国文化自秦汉以来,外传甚少,张骞、班超之使西域,虽曾使我国文化部分西传,唯其产生之作用与影响不大。至隋时,东方文化唯印度与我国共称巨擘,至日本之仰慕华风,更谓"西有大隋,礼义之国,故遣使朝贡,我夷人僻在海隅,不闻礼义,冀闻大国维新之化"。南洋诸岛文化,尤较日本为低,多相皆内属,入贡方物。隋时向海外之用兵,除流求,林邑之外,他如朱江、婆利、真腊等,均自动先后内属,亦非全出于畏惧心理,实为向慕中国文化使然。

我国自古以来,即以夷狄鄙视四邻。汉晋以后,虽屡经异族侵扰,终以吾国文化较高,异族反为我所同化,因而自尊心未能稍戢。隋通海外,发觉南洋东海诸岛国之文化,远逊于我国,益更造成我国之自大心理,以为世界民族皆不若汉族之优秀。此种心理之存在,直至清代鸦片战争前,实甚普遍,以至故步自封,甚而对外国传入之科学知识多不屑为之。道光以后,国势日弱,屡败于列强,国人观念始逐渐改变。然养成妄自尊大之心理,实亦渊源于隋代对海外及南洋诸国之用兵。

隋对吐谷浑的征讨

隋时之吐谷浑,为游牧民族,据《隋书·吐谷浑传》所载,其所盘踞之地约在今青海以西一带,当魏、周之世,始称可汗,建都伏俟城(青海以西十五里)。但民族之流动性大,而部族组织与类别亦有相当规模,马匹尤为主要特产,民族性贪心,而具侵略者之性格。

杨坚立国时,吐谷浑王夸吕在位已五十余年而个性燥暴,以坚之初立,欲乘隋国势未定而有所获,遂兴兵侵掠凉州,但为隋兵所败。其后吐谷浑太子因浑王被废而见杀,继立者不安于位,屡欲来奔隋室,为文帝所拒。隋平陈后,夸吕遁逃保险,不敢为寇,开皇十年遣使来朝,次年夸吕卒(在位六十二年)。其子世伏立,使其兄子无素奉表称藩,又请以女备后庭,隋拒之。开皇十二年,世伏屡使人朝贡。十六年,文帝以宗女光化公主妻世伏,次年国乱被诛杀(世伏在位七年,隋西边无事)。世伏死后,弟伏允立，遣使于隋，谢专命之罪，欲依俗尚公主，帝允之，终文帝之世皆来朝贡。

炀帝初即位，吐谷浑王伏允欲讨炀帝之好，遣其子顺来朝。大业三年六月己亥及五年四月壬寅，又遣使来朝。但未几炀帝即于是年四月癸亥陈兵于西平（今青海西宁），亲征吐谷浑。炀帝此举之用心，大抵为个人之好大喜功所驱使，而其时吐谷浑新为铁勒所败，遣使于隋请降。但炀帝命宇文述屯兵于西平之临羌城，伏允见隋兵势盛，不敢降而西逃，为宇文述等追击，尽取其地。大业四年七月，浑王南走云山，伏允连遭败绩后，元气大伤。次年再遣使入朝，欲修旧好，然炀帝欲用武于西夷，而御驾征之。大业五年四月癸亥，出临津阁，渡黄河，至西平，陈兵讲武，五月乙亥，大猎于拔延山，实则对吐谷浑进行大围剿，击败之，获降众十余万口，伏允则逃脱，率其徒众数十骑，客于党项。于是隋以所得之地置山郡，发天下轻罪者徙居之，并大举屯田。伏允既逃党项，国中无主，炀帝遂立顺为王，遣人送之出玉门关，令统其众，以其大宝王尼洛周为辅。顺至西平，其部下杀洛周，顺不果入而还。大业末年，天下大乱，浑王伏允复其故地，又屡寇河右，诸郡无宁日。

第五节　唐对四夷经营的成功与影响

唐初经略异族所以成功的原因

唐代对于异族之经略，约可分三个时期，一为初唐与盛唐时期，二为中唐时期，三为安史作乱以后，安史之乱后，不仅未能向外进取，更常需倚赖异族军力支持以维系政权，故此时已谈不到对异族之经营。中唐时代，大抵自武周以后至安史之乱前，国力已开始衰退。玄宗初年之奋发图强，帝国虽一度强盛，但维持不久，连锁性之积弱，一发不可收拾。对于异族之经略，已由攻势改为守势，亦颇感吃力。但初盛唐时代则不然,唐帝国之能扬威异域,开拓疆土,大抵完成于此时,对异族经略成绩,远超汉代者。亦唯此时,除了唐室本身兵力强大之外,尚有其他原因数点。

太宗对异族之经营,应讨则讨之,应和则和之。随机应变,初无一定方式,而最足使人感佩者,乃以恩信感动异族,使其诚心降唐,不至为日后之患,如便桥之役,颉利可汗引突厥之众,号称百万雄师压境,而太宗与高士廉、房玄龄等六骑,径诣渭上,与颉利隔水而语,责以大义,突厥皆大惊,乃斩白马为盟,不费一兵一卒,而退突厥大军,威信足以降敌。贞观元年十二月,鸿胪卿郑元璹,还自突厥,目睹突厥之饥馑,乃力劝乘机进讨突厥,群臣亦多附和之,太宗独以为背盟不信、利灾不仁、乘危不武,"纵其种落尽叛,六畜无余,朕终不击,必待有罪,然后讨之"。贞观四年三月,太宗以西突厥种落散在伊吾,诏以李大亮为安抚大使,贮粮碛口以赈之。后虽因事而罢,然其对异族之宽厚可见一斑。及太宗亲征高丽,诸军所掳高丽民万四千口,安集幽州,将以赏军,太宗悯其父子夫妇离散,命有司平其道,悉以钱帛赎为民,欢呼之声,三日不息。五年春,并以金帛赐突厥,赎男女八万口,以恩信感人之风气一开,使其后如张说之于突厥,郭子仪之单骑退回纥等,亦无不受其影响。

唐初边疆镇抚得人。我国历代边患,虽颇复杂,然而边吏之贪暴枉法,致使边民怨忿,铤而走险,实为主因。唐代开国之初,君主皆能知人善用,视蛮夷为一体,其守边将吏,亦多能上体君心,尽其抚驭之能事,如并州长吏李世勣,在职十六年,令行禁止,民夷怀服,边尘不惊。太宗誉之为"北方之长城"。李素立为燕然都护,"统六府七州,抚以恩信,夷族怀之,共率马牛为献,素立唯受其酒一杯,余悉遣还,于是远近悦服,北边无事者,数十年"。可知当时守边将吏,不特能为国家保护疆土,间接亦替朝廷树立恩德,一时之夷狄君长,争相入献,远如骨利、结骨、波斯等国,莫不奉使进贡以为荣。及安史之乱,中原鼎沸,唐室犹能利用契丹、回纥、吐蕃之兵平内乱者,盖见唐初以来,树立之恩德,已深入异族。

由来务远略者，必疏于内治，勤于征伐者，必流于劳民伤财，故汉武穷三十年之功，经略西域，引致国力大困。唐初鉴于前代之失，思力矫其弊，一面整军经武，一面修明内政，举贤任能，整饬吏治，广开言路，太宗曾谓："养民者，唯在都督、刺史，朕尝疏其名于屏风，坐卧观之，得其在官善恶之迹，皆注于名下，以备黜陟。县令尤为亲民之官，不可不择。"又尝谓魏徵曰："齐后主、周天元，皆重敛百姓，厚自奉养，力竭而亡。譬如馋人自啖其肉，肉尽而毙，何其愚也。"又尝谓房玄龄曰："甲兵武备，诚不可阙，然炀帝甲兵岂不足邪？卒亡天下。若公等尽力，使百姓乂安，此朕之甲兵也。"盖见其留意吏治民生如此，故能本固邦宁，民富力强，及其盛也。斗米不过三四钱，终岁断死刑才二十九人。东至于海，南极五岭，皆外户不闭，行旅不赍粮，取给于道路。故唐初之所以能战胜攻取而无后顾之忧者，实未尝因勤于军旅而放弃文治。

唐天可汗与国际声望

唐代盛世，治道最称，而太宗、高宗等，俨然得兼当时国际之元首，被尊为天可汗。唐太宗时，中国与西北边外各邻国，产生一种近于维系国际和缓关系之机构，即所谓天可汗制度。天可汗为国际共同盟主，共推唐皇帝为之，以维系各国安和为任务。故天可汗，亦称天下皇帝，盖可汗为西北诸国对国君之通称，天可汗，犹言出众可汗之可汗也。天可汗如遇各国间发生纠纷，则当为之裁判解决，如遇有侵略人国者，即须调遣各国军队以抗拒之，受侵之国，亦得请天可汗予以援救或抚恤，各国亦得受征至唐平乱。各国君主，如遇有死亡或缺失者，其嗣君继位，亦必由天可汗诏册立，以示承认。此与今日联合国之作用，颇为近似，特联合国为委员制组织，而此天可汗制度，则为有首长统率之组织。

东西突厥之平定开天可汗制度之由来略述如下。

考天可汗一尊号及其制度，起于唐太宗贞观四年（公元630年）平定东突厥之后，而其扩充与发展，则在唐高宗平定西突厥后。《新唐书·太宗本纪》："贞观四年，四月戊戌，西北君长，请上号为天可汗。"按西北诸君长请上尊号，本以平定东突厥颉利可汗而起，故于正月大破东突厥，至四月，而诸国君长或使臣，遂共上请唐太宗为天可汗。

盖突厥自西魏至北周时已渐趋强大，其首领吐门可汗崛起漠北，称伊列可汗。传子木杆可汗，势浸增，夷柔然，破嚈哒，降吐谷浑，东结契丹，北灭结骨。威令远自辽东，西达亚洲西北。木杆驻东方都斤山，后属东方诸国，令从弟达头可汗，居千泉，控制西北诸国。前者称东突厥，后者称西突厥。西突厥更与东罗马连和，而屡压波斯。东突厥则于隋唐之际，数为中国边患。故至贞观四年，东突厥平定及西突厥亦投降后，诸国曾受突厥压制者，皆喁喁望治，而欲得一防止其再起之策，乃共推唐太宗为国际和缓机构首长也。

其后，以西突厥内部纷争，叛服靡常。唐高宗显庆二年（公元657年），乃命苏定方统率诸军，平定西突厥，擒其首领沙钵罗可汗。而旧日役属于西突厥诸国，更归向于唐，受天可汗指挥。越四年（显庆六年，公元661年），虑大食之侵扰，乃以西域十六国置为十六都督府，其出自昭武九姓之康、石等国，亦并置为都督府。以各该国首领兼为都督，而天可汗组织遂更为扩张，唐代对西方之交通亦更为发展。

唐代天可汗制度，其设施由太宗贞观时起，经高宗、武后以至玄宗，历百余年，相沿未替，至安史乱平，代宗去世，始渐消歇。而此曾传演百余年之天可汗历史，复可折为三期。大抵自贞观四年（公元630年）平定东突厥以后，下至高宗显庆二年（公元657年）平定西突厥时止，凡二十七年，是为此制度之初期发展；其时参与诸国，多以联结大唐声威，以防范突厥再起为意向。自高宗龙朔元年（公元661年）天可汗于西域十六国与昭武九姓诸国等设都督府与诸州，以诸国之首领为都督或刺史，为一种军事上之联防，至玄宗天宝十载年（公元752年）唐安西节度使高仙芝于怛罗斯城为大食所击败，其间演变，凡九十一年，是为此制度之中期；其时所参与之诸国，多以联结大唐军力，以抵抗大食侵凌或防御吐蕃寇掠为意向。自玄宗天宝十载年（公元755年）安史乱起，以至代宗去世后郭子仪于德宗建中二年（公元781年）亦卒，凡二十六年，此时凡唐帝与名将为西北诸国所推重者，皆先后凋谢，而天可汗制度亦无形解体矣，是为此制度之衰落时期。

唐太宗为天可汗，是当时各国心悦诚服表现出来的，不是以武功造成的，故太宗对于国际和缓产生极大之组织作用。太宗于西域各国设都督府及羁縻州以为和缓各国的机构。当时西域各国间发生争执时，太宗便派唐军平定之，并给以适当之制裁。就是中国有事，太宗亦可征调西域各国军队帮助唐军，以下便是唐太宗在维系国际和缓之行动。

一为平龟兹。龟兹就是今之库车，贞观二十一年，其王布失毕嗣位，屡失臣礼，侵渔邻国。及焉耆谋叛，布失毕遣兵助之，太宗大怒，诏以阿史那社尔前部都降，凡得七百多城，勒石纪功而还，后来以龟兹为安西都护府。

二为平天竺。西域之南，有天竺，就是今日之印度。其国有五，而中天竺最强，自古为中国兵力所不及。贞观时，王元策奉使至其国，会天竺王卒，其臣阿罗那顺自立，发兵攻元策，元策单身逃遁到吐蕃西境，征西域诸国兵，吐蕃和泥婆国都遣兵赴之。元策率领进讨，径到天竺，连战三日，大破之，城邑聚落，投降的有五百八十余所，俘那顺以归。唐室威夷，遂震于西南海。

查天可汗制度之作用，不唯唐代声威之远播，太宗、高宗等得享国际盟主之殊誉，盖天可汗之推尊与组织虽其主旨在维系所参与诸国之安和，与商旅交通之发展。然其影响，遂使中外文化亦随着交流并进。如叙利亚传入波斯之景教，即基督教聂思脱里派。其大师阿罗本，经碎叶东来，即于太宗贞观九年抵达长安，初称波斯教，旋称大秦景教，又波斯之袄教。其大师何禄，亦于贞观五年经碎叶入华。其他如中亚之音乐与艺术及杂技等，亦多沿之盛行于唐。而中国文化，亦沿之传入中亚与西亚，如法律、绘画、蚕丝纺织，乃至造纸技术等，亦因之西传。更如唐人诗歌，亦以天可汗组织之推广，浸假而传入中亚者，以张宣明之《使至三姓咽面》诗，及岑参之《北庭西郊候封大夫受降回军献上》与《登北庭北楼呈幕中诸公》等诗篇，可为明证。可见天可汗制度之推行，其于国际局势，及中外交通，商旅文化、宗教之传播交流及影响既巨且大。

汉、唐文治武功的比较

汉、唐二代均为我国显赫之时代，贡献及建设奇多，无论在文治及武功方面，对后世影响至巨。汉、唐二代之文治及武功，虽均为史家称颂，然深究之，异同之处尚多。汉代芸芸君主中，以武帝之政治措施，于有汉一代之关系至深。盖汉兴七十年，恭俭无为之治，继承不替，及至武帝，社会财富，日趋盈溢。又功臣外戚同姓三系纷争，亦至武帝时而止，中央政府统一之权威，于是确立。而民间古学复兴，学者受新鲜之刺激，不肯再安于无为之治。但边患亦迄未宁息，抑且与时俱进。此均为促成汉武一朝政治改革之背景。而武帝自以雄才大略，乘时发奋，文治武功，俱臻全盛；实为有汉之代表。至于唐太宗，励精图强，政通人和。贞观年间，转隋末饥馑之势而至大稔之局，流散者咸归乡里，米每斗不过三四钱，终年全国断死刑者二十九人，东至于海，南至五岭，皆外户不闭，路不拾遗，打通东西交通，贡献甚著，亦为有唐代表之君主。现特就汉武帝，及唐太宗之文治武功两方面，作一比较，或能略窥汉、唐两代之异同。

一、文治方面的比较

武帝文治创举甚多，于后世影响显见。《汉书·武帝纪》亦赞云："孝武初立，卓然罢黜百家，表彰六经。遂畴咨海内，举其俊茂，与之立功。兴太学，修郊祀，改正朔、定历数，协音律，作诗乐，建封禅，礼百神，绍周后，号令文章，焕焉可述。后嗣得遵洪业，而有三代之风。"由是可知武帝之政治措施，主要是阳儒阴法，现就武帝之治绩，归纳几点如下。

文帝时曾一度举贤良方正之士，武帝一再行之，后世科举之兴始于此。《汉书·武帝纪》云："元光元年五月，诏贤良曰：'……贤良明于古今王事之体，受策察问，咸以书对，著之于篇，朕亲览焉。'于是董仲舒、公孙弘等出焉。"可见自武帝下诏州郡，举贤良方正之士，擢董仲舒为第一，开汉代以郡国察举人才登进之风。

武帝接纳董仲舒等建议，独尊儒术，罢黜百家，表彰六经，遂开献书之路，置博士之官，修明学校贡举之制，用儒吏，尚文词，立乐府。公孙弘以治《春秋》，位至丞相封侯，又诏吏凡通一艺以上者，皆选择补职，学者靡然从风，中国以儒家之言为国学，以儒术为利禄之途，由此始也。

中国古无建年号以纪年者，有之，自武帝建年号曰"建元"为始。建元元年，即公元前140年，自是历代君主皆以年号纪年，法简易行，史家便之。又武帝太初元年，诏行《太初历》，改以寅月为岁首，中国之有历元，始此。

武帝用兵四方，国用不继，令民纳资为吏，后世捐纳之例，始于此。《汉书·食货志》云："此后四年……有司请令民得买爵，及赎禁锢，免赃罪，请置赏官，名曰武功爵。"

武帝既频年征伐，以金币招致外国，又好神仙，广营宫室，国用不足，除开捐纳外，又定盐、铁、酒为官卖品，课缗钱，设均输平准法以东郭咸阳、孔仅、桑弘羊等绾干度支，三人言利事，析秋毫，诸兵事外交，巡游土木之费，盖赖以济。后世言国家经济政策者，莫之能先也。

唐自武德九年玄武门事变后，李世民此以二十九英年即位，是为唐太宗，励精图治，文治改革亦有创举，与武帝相比，则有过之而无不及之处，兹将太宗之文治归纳主要几点如下。

太宗用人唯才，如贞观诸臣中，仅长孙无忌为其舅，而房玄龄、杜如晦为秦王旧属外，他若魏徵、王珪，俱属太子建成手下，尉迟敬德、李靖等，皆为降将，太宗亦能捐弃前嫌，重加委用。太宗更注意吏治，曾遣李靖等十三人为"黜陟人使"，巡视全国，查察吏治得失。又命五品以上京官轮值夜宿中书省，随时延见以垂询民间疾苦。

太宗即位后，于宫中设弘文馆，选虞世南等各以本职兼学士，听政余暇，于内殿与众学士商讨治道。此外又大兴国学，罗致学者集京师，当时国学生近万人。又数幸国子监，征名儒为学官，学生能明一经以上者，皆得补官。于平抑门第方面，命高士廉等修氏族志，以功臣代世胄，科举门第。此外更命宗室出任官吏，以革除宗室坐享富贵恶习。此法自太宗创立后，历朝因之不替，是以唐代宗室人才之盛，古今罕有，皆太宗为之也。

太宗袭周、隋旧制，更善加运用，以中书制定法令，门下省审查法令，尚书省执行法令，使权力确定而分立，使中央组织更巩固，更进步。其后又创立三省首长联合议政的办法，以解决相互间的争执。这类改革，均为前代所未有。

太宗竭诚纳谏，更把谏官的职权扩大。制定中书、门下两省首长及三品官员入阁议事时，使谏官随侍，每遇缺失，即刻谏正。

二、武功方面的比较

武帝之政治措施，除上述文治外，对于匈奴之征伐，亦一大端也。匈奴为患，由来已久，武帝雄强，乃于元鼎二年，卫青出云中以西，至陇西，夺取其地，建朔方郡。后六年元狩二年，匈奴西方昆邪王杀休屠王，并将其众降汉。由是陇西北地河西尽为汉土，武帝以其地为武威、酒泉郡。元鼎六年建河西四郡，遂开汉通西域之路，而匈奴之右臂遂折。又后二年，即元狩四年，再令卫青、霍去病分击匈奴。卫青军出定襄，败单于，追至寘颜山赵信城。霍去病出征两千里，至封狼居胥山，临瀚海而还。武帝更派张骞出使西域，通大月氏，打通东西交通路线。

唐太宗除国内文教政治成功外，在国际上的声誉亦盛。当太宗平定突厥后，西北国家多遣使入唐，推崇太宗为天可汗，使其维持国际和缓关系。

初期为防止突厥，后为防止大食、吐蕃的扩张，天可汗有制裁强暴，援助弱小，解决国际纠纷之任。唐自太宗、高宗至玄宗，均被选为天可汗，负当时国际联盟重任。而各国贤豪亦多来中国为官，使中华文化更能扬传异域，太宗丰功厥伟。

以上文治武功的略叙，皆可证明汉、唐两代之治业厥功甚大，为中华文化奠定不朽的基础，而武帝、太宗两人亦为古往今来不可多得的君主。

第十五章 安史之乱与唐代的弊政

第一节 安史之乱及其影响

安史作乱原因的分析

李隆基掌握政权的时候,便是被后世史家盛称为"开元天宝治世"的时代。这段时间包括了开元二十九年至天宝十五年,其实玄宗的黄金时代是在开元之世,也是唐代国力发展到巅峰状态的时候。到天宝年间,唐代自开国积聚下来之弊政,和玄宗荒怠与行政措施失当的表现结果,已开始发生作用。这种积压下来的弊政,一朝并发,如江河之决堤,不可收拾。从此,唐代国运开始走下坡而至衰亡。首先发生者,为安史之乱。造成安史变乱的原因颇多,兹据史实以分析之。

有唐一代,治少乱多。太宗以至高武之世,掌握政权者,多属精明能干之君主,所以吏治尚算粗安。及中宗即位以后,官场中之坏风气已到表面化。景龙二年,宰相韦嗣立曾为此事而上书弹劾。歌舞升平之社会,容易消耗官员小吏之战兢心理,于是行政官吏敷衍行事,很少注意民间疾苦。此种情形,在开元初期,因新君登位不久,玄宗"励精政事,常自选太守、县令,告诫以言,而良吏布州县,民获安乐",曾一度有所好转。但在开元九年，阳翟县尉皇甫憬已上疏指责地方官侵害黎民，以致户口逃亡。及开元十六年，诏书亦指责州县牧守"不遵法式，自紊纪纲，贸迁营利"。二十二年正月敕责："府县应洗心惩革，不得使然，其或不悛，所犯之人当有处分。"二十四年二月敕责："浮竞之辈，未识朕怀，俾其宰邑，使为弃地，或以烦碎而不专意，或以僻远而不畏法，或以徇己而贪婪，或以畏法而巽懦，浸染成俗，妨夺为常，嗷嗷下人，于何寄命。"从玄宗诏书指责中，盖见其时吏治已极腐化。虽宇文融曾提出搜括逃户办法，应是利民善政，然而"使者竞为刻急，州县承风劳扰，百姓苦之"。宇文融替国家整理财税，使百姓平均负担之意甚善，可惜政风不良，吏治腐败，造成执行上之偏差，反而贻害百姓。

因此，在开元中叶以后，政治腐败，国家税收不断增多，小税变大税，旧法变新例，上自帝皇、高官，下至小卒，无不沉醉于太平盛世之中，不知国家的根基已开始动摇，官吏系统已呈腐化。到了安史乱事起，其他连锁性的社会问题便一齐发作出来。

唐代自高祖开国以来，至太宗、玄宗期间，极力向外扩充势力，相继征服了中国北部的许多边区游牧部族，因此，从东北方的高丽，至西北部的诸胡部族，随时都有反扑的可能，甚至进行掠夺侵扰。唐帝国为了保卫已得的领土和通往西域的通商路线，先后在边境要地设置大都督，统率精兵屯戍镇守。高宗永徽以后，大都督并可"带使持节"，表示直接代表皇帝的权威，称为节度使。睿宗景云二年（公元711年），正式以贺拔延嗣为凉州都督，置河西节度使。节度使之官，从此开设，以后逐渐增置。到玄宗时，边区相继增置九个节度使和一个经略使，即平卢节度使，治所营州（今辽宁朝阳）；范阳节度使，治所幽州（今北京）；朔方节度使，治所灵州（今宁夏吴忠）；河东节度使，治所太原府（今山西太原）；河西节度使，治所凉州（今甘肃武威）；陇右节度使，治所鄯州（今青海乐都）；北庭节度使，治所庭州（今新疆吉木萨尔）；镇西节度使，治所龟兹（今新疆库车）；剑南节度使，治所成都府（今四川成都）；岭南五府经略使，治所广州（今广东广州）。最初，节度使只领军权，其所辖州县的行政、财政，多由朝廷另派官吏管理。至开元中，朔方、陇右、河东、河西诸镇所置的节度使，每以数州为一镇，节度使可以统治此数州，州刺史尽成为其部属，节度使多兼领按察使、安抚使、度支使等职权。如此，节度使拥有土地、人民、军队与财政的指挥权，造成藩镇势大。安禄山即以平卢、范阳、河东三大边镇的实力而起兵叛唐。

唐自开国以来，颇着意于边土的扩张，故很重视对外族的和绥政策与通商关系。太宗至高武之世派出的边镇大臣和早期的节度使，多由汉将或高级文臣担任，既不兼职又不久任，地位很高；又因其在外熟悉边事，加以任内政绩显著，调返朝廷，可升任宰相。自初唐以来，虽常起用各族投降首领为将，称为番将，但不委以统帅的重任。玄宗开元中叶以后，为防制北方新兴的契丹、回纥各族的入侵，渐渐提高番将地位并委以重任。天宝初年，胡人安禄山先后被任命为平卢、范阳、河东节度使，番将的地位日见重视，天宝十一年（公元752年），宰相李林甫欲巩固自己的相位，杜绝边将入相之路，认为番将不识汉文，调返朝廷亦不能任宰相，遂建议多委番将代汉将或文官为镇将，以为易于控制，于是相继任用安思顺（突厥人）、哥舒翰（突骑施人）、高仙芝（高丽人）、史思明（胡人）等为西北重镇的节度使。从此，唐室在军事上完全倚赖握有重兵而兼有财政权的番将节度使，势必造成尾大不掉、割据独立的形势。

唐代初年，全国兵力的布置，边镇如范阳、朔方的军力，带甲十万，足以外防夷狄，内镇反叛。贞观时代，府兵制尚未破坏，天下之兵有八百余府，而关中占五百府，占总数大半以上，故能内外牵制。兵力之分配，尚能保持平衡。玄宗时代，由于缺乏远见，变更军事体制，又听信李林甫之言，大量起用蕃将为节度使，使重兵猛将多被安置在西北边区的重镇，造成外重内轻的现象。若以地域统计兵力之分配，则南方军府之数，不及北方十分之一。天宝元年，全国总兵力计为五十七万四千七百三十三人，设置于边区九个节度使的兵力总数则为四十八万六千四百人，达到全国总额的百分之八十左右。安禄山身兼平卢、范阳、河东三节度使，兵力总数十五万（号称二十万），占北方边镇总兵力三分之一强；而皆属精锐、训练有素的杂胡部队，只要时机来临，焉得不反。

唐行之府兵制，本上承周隋以来的一种地方性的军事组织。其优点是国家不须花费巨量金钱，而养质素优良、数目很大的兵额。此种兵制在隋唐主要是寓兵于农，在唐初以至高武中叶以前，曾经产生很大的作用。太宗当国期间，府兵南北的配置亦很适当，既可以抗拒夷狄，又足以控制地方，不至于此轻彼重。可是历史上每一制度之存在，必有其时间性，且必须配合清明的政治与精明的君主，否则，无论制度如何的优良，总归趋于破坏。到了高武之世以后，由于天下盛平日久，武备荒废，对于府兵制的特质、运用与维持，已没有人注意到了。开元之世，此种情况更见严重，贪官污吏欲夺取府兵私财，极尽折磨他们，致死者甚多。在此折磨摧残之下，百姓多耻为府兵，甚而有毁身避役逃亡等事情发生。高宗时，刘仁轨为洮河镇守使，目的在对付吐蕃，所以将原为轮番更替的府兵（"近不逾时，远不经岁"）改为久戍边境。府兵开始变质，逃亡的更多。玄宗不循此弊而改革，听信张说建议改府兵为募兵，是为彍骑，其性质与府兵大致相同，不过是挑选精壮者充任，而国家需要花较多金钱募兵而已。但此种军队建立以后，经二十年歌舞升平的天下，同样腐化下去，以至天宝年间，各折冲府无兵可交。彍骑废后数年，安史乱事便发生。安禄山作乱时，州县仓库发出的铠甲兵器多"牙朽钝折不可用"，而此时的唐室，已无可用之兵，仓猝征集的杂牌部队，既无训练，又不善战，禄山叛唐，实在是看准了这个机会。

安史之乱与唐室衰亡，宰相李林甫、杨国忠二人应负一部分责任。李林甫本为唐的宗室，在开元二十二年由得宠宦官高力士的引荐而拜相。他是个不学无术的小人，但却有小聪明，恰巧此时玄宗耽于荒怠的生活，迷宠杨贵妃。李林甫暗通玄宗左右，探悉其喜恶心情，故于每次奏对的时候，均能"上体君心"而称旨，于是大权独揽，排除异己。名相张九龄、李适之等皆遭贬逐；又以王铁、吉温、罗希奭等为爪牙，数兴大狱，杨慎矜、张瑄、卢幼临、柳升等数百人前后均受到他的逼害。又因欲巩固自己的相位，于天宝十一年建议玄宗尽量起用胡人为边镇节度使，以杜绝贤能进相之路，因而引致安史乱事的发生。

杨国忠是杨贵妃的堂兄，借着这种裙带关系，又因在他做官的时候聚敛了一些政绩而为玄宗另眼相看，于是李杨争权的结果，是天宝十一年李林甫郁郁地死去。自此，杨国忠便继李为宰相，扶摇直上，掌握大权。杨家姊妹豪华奢侈，国人为之侧目。他当政的时候，贿赂风气甚盛，贤能之士多被他贬逐，边吏大臣多与他有隙。又常向玄宗奏报安禄山反唐，激成安禄山先发制人。故安禄山叛唐与杨国忠的当政有很大关系。其后又忌哥舒翰守潼关立功，对己不利，极力主张出战，结果潼关失守，以致长安陷落。

南诏与中原发生关系很早，《后汉书》有叙述其出处，到三国分立的时候，诸葛武侯南征，军队抵白崖，并立其酋长，赐姓张氏。至公元748年，阁逻凤嗣立，玄宗册封他袭云南王。至唐天宝九年（公元750年），阁逻凤往谒剑南节度使鲜于仲通，过云南时，太守张虔陀对他诸多苛求，更与其王妃私通，继又密奏他的罪状，阁逻凤一怒之下，发兵攻陷云南，杀太守张虔陀，取姚州及夷州（即羁縻之州）。天宝十年，剑南节度使鲜于仲通闻知其事，自将兵八万往讨，与阁逻凤战于西洱河，唐兵大败，丧师六万，仲通仅以身免。杨国忠既不追究，反而大事宣扬战功，于是南诏开始北面称臣于吐蕃。天宝十三年，杨国忠因领衔剑南节度使，私心自用，调集大军十万，命侍御史李宓攻打南诏，为阁逻凤诱至大和城闭壁不战，唐军粮尽，士兵因饥饿瘴疫而死者有七八万，又在回师途中遇伏，李宓被擒，全军覆没。杨国忠反而一面报捷，一面加派大军往讨南诏，前后战死近二十万。唐室军力布置外重内轻，经此战役后，国家元气大伤，中央已无兵可调，倚赖边镇番将更殷，正好给了安禄山叛唐的大好机会。不出一年，天宝十四年，安禄山果然举兵于范阳。

安史肇乱的经过

安禄山本营州柳城胡,姓康,母阿史德氏为突厥人。其少孤,随母改嫁安延偃,乃冒姓安,通六蕃语,尝为互市郎。《旧唐书·哥舒翰传》载:"禄山尝谓哥舒翰曰:'我父是胡,母是突厥,公父是突厥,母是胡。与公族类同,何不相亲乎?'"然则所谓杂种胡人,乃指昭武九姓之月氏种。《新唐书·回鹘传》言回鹘人中杂有九姓胡,而《旧唐书·张先晟传》记同一事,则记为杂种胡,故推知安禄山亦昭武九姓之杂种胡。安禄山后由幽州节度使张守珪收养为子。开元二十八年,为授营州都督、平卢军使。天宝元年,授平卢为度使。又因他为人机巧,善于应对而诙谐,李林甫极力提拔他,玄宗亦对他很宠信。故于天宝三年使兼领范阳节度使,十年又兼领河东节度使,势力与声誉日涨。他看准了当时唐室之腐败,社会经济之衰落,军事措施之失当,早萌异志。于是他开始贿赂朝中大臣,刺探国家机密,豢养契丹、奚、同罗族的壮士八千多人为心腹爪牙,诱降、合并突厥族阿布恩的部众,以自己嫡系的番将三十二人代汉将,把汉军势力清洗出其核心集团;又积极蓄养战马数万匹,大量聚集和制造兵器弓矢。在军力上,安禄山组成了一支强大的武装部队。在经济和政治上,他积极分遣胡商到各地去经营生意,一面窥探各地虚实与散布谣言,一面积累资财。又私结土豪劣绅如高尚、严庄、孙孝哲等作为谋主,策划叛变,于是在他统治的平卢、范阳、河东势力范围内,政令赏罚,全出己意,俨然成为一个独立的小军国。

天宝十四载(公元755年)十一月甲子,安禄山以范阳为中心,发动其部众与契丹、同罗、奚、室韦、突厥等组成十五万大军叛变。他一面假称奉密诏讨杨国忠,传檄州郡;一面沿着河北以东边区地带作急行军,直扑京师,所谓"渔阳鼙鼓动地来,惊破霓裳羽衣曲"。叛乱后的第七日,消息抵达长安,正沉醉于霓裳羽衣舞曲的玄宗为之大惊失色,乃于忙乱之中,与宰相谋臣部署抵御安军的策略。

一是起用安西节度使封常清为范阳、平卢节度使，安禄山原领的衔头职务撤销（当时河东未失，故仅能夺安贼的平卢、范阳节度使的职衔），并命他负责握守洛阳以抵挡安禄山的军队，封常清于当日离长安到洛阳整顿防务与募兵，旬日之间，便募到六万人，可惜都是未经战阵的新兵。

二是以荣王琬为元帅（玄宗庶子），高仙芝为副，统率飞骑，边兵与新募的壮丁约五万人，屯驻在陕境要地，又以宦官边令诚为监军，时距安禄山起兵已十三日。

三是起用张介然为河南节度使（新设），使他负责握守陈留一带十三郡之地，作为保卫洛阳的一个前哨阵地。

四是撤换太原守将杨光翙，并以王承业代领军，握守太原防线。

五是任命郭子仪为朔方节度使，使在北方，确保长城阵地。其后，封常清、王承业、荣王琬、高仙芝、张介然等各路大军先后为安军击破，唐不得不完全依赖郭子仪的朔方军，已而李光弼继领中军，出井陉，握冀、晋二省交通要隘，收复常山，解饶阳的围，以至收复两京，就是靠这支朔方军而已。

是年十二月丁亥，安禄山造反后的二十四日，安军前锋已攻陷灵昌，直扑陈留，守将河南节度使张介然被杀，太守郭纳投降。是役，唐军被斩杀近万人。二十六日安军陷荥阳，开始抵达洛阳外围防线，守将封常清，统领着新募来的几万市井流民和小数的地方军队，先后在虎牢、葵园（一名上春门）、上东门为安军所击败，十二月二十九日，洛阳陷落，封常清再度集结军力，在洛阳近郊的驿亭与宣仁门，与安军再度接战，结果未能扭转局势，于是带着残余部队向西撤至陕郡（今河南陕县）与高仙芝大军汇合，随又建议高仙芝将主力退守潼关，以确保京师的安全。高虽然同意他的见解而退保潼关（当时亦唯有此策最可靠），但为宦官监军边令诚诬奏封常清作战不力，高仙芝怯战失地数百里，与贪污等情，结果朝廷命斩封高二人于军中以儆来兹。

至此，禄山发动叛变以来，前后不过两月，黄河北岸与南部州郡，大都望风瓦解，唐师封常清、张介然、高仙芝三路大军皆非安军对手，除部分实力退保潼关之外，余皆伤亡惨重。禄山若于此时急速向西推进，或取道太原、云中，西南下朔方，对长安采取迂回战略，来一个措手不及，抢先郭子仪一步，不但长安可下，且朔方军队能否发挥作用，甚而肃宗能否即位于灵武，亦很成问题。可惜安禄山攻下洛阳以后，留恋东都的繁华、财货，又急于筹备称帝，坐失时机，给郭子仪的部队由朔方抢先抵达云中，使郭军得以自北而南捣安军之后，安史之乱能扭转局势，主要原因在此。

唐军退保潼关以后，又因封常清、高仙芝受处分被斩，不得不起用素与禄山私见甚深的哥舒翰为兵马副元帅以镇守潼关，哥舒翰本人，时已年纪老迈，且患上了半身不遂之症，勉强率领六万嫡系部队开抵潼关布防，加上封常清与高仙芝之原有少数驻守部队，号称二十万大军。哥舒翰的战略是采取守势，因为潼关形势宜于固守不利于出击。其时郭子仪、李光弼亦主张潼关采守势，因为潼关采守势，吸住禄山大军，然后可由朔方部队自云中南下直捣范阳。假使此策略能见诸实现，则安史之乱时间必见缩短。惜哥舒翰因曾在玄宗前救助其老上司王忠嗣而开罪了杨国忠，及哥舒翰领大军守潼关迟迟不出战，杨国忠深怕他回师长安，对自己不利，所以在玄宗前力促出战。哥舒翰只得勉强于是年六月引兵出战，军队抵达灵宝西原险地，先头部队中伏，大军便在这里与安军大将崔乾佑交兵。由于训练欠佳与轻敌的缘故，唐军互相残杀，夺路逃命，结果全军几乎尽没。哥舒翰率领仅余的八千部队退回潼关以后，其部下火拔归仁叛变天宝十五年（公元756年）六月辛卯，潼关失守，哥舒翰成阶下囚。潼关一失，禄山军队便可长驱直闯京师。然而，何以二十万大军而不能守潼关？其原因大致有三。

玄宗起用哥舒翰，大抵是利用他在军中的名气作为一种号召力。更重要的，是他与安禄山的私怨甚深，用他当统帅以抗禄山是比较可靠的，可惜那时哥舒翰年已老迈，又患上半身不遂病症，对于指挥大军作战，当然会很吃力，故军事上的策划，多交给行军司马田良丘，而田良丘又分以王思礼负责统率骑兵，李承业负责统率步兵，两人之间又时常发生争功摩擦，影响士气很大。

潼关的形势是宜于固守，不利于出击，它的位置大约在现今陕西省，华阴县以东的地方，当黄河之曲，有崤山、函谷关之固，控制着秦、晋、豫三省的要冲。战国时代，苏秦为纵约长，联合齐、楚、燕、韩、赵、魏之兵，扣关以攻秦，结果，秦国就是利用潼关的形势击退六国之师。因此，李光弼等均认为应该取守势，一方面可以吸住禄山军队的主力，另一方面，朔方军队可以自云中南下直捣范阳，使禄山首尾不能兼顾，结果由于杨国忠与玄宗的力促之下出战，而使潼关失守。

唐代的军队自府兵制破坏以后，军队质素与作战力已日见衰退。负责保卫潼关的二十万部队。除了六万人由哥舒翰带来之外，其他多数属于封常清与高仙芝退守潼关的部队，哥舒翰带来的六万人，是否嫡系部队不得而知，不过从灵宝一役，证明这些军队的质素亦很差。故二十万大军里，由于番号的复杂与隶属关系的不同，对于统帅的指挥，自然很难达到"运用之妙，存夫一心"的境界。安禄山的军队却不然，他们早有预谋、有组织、有训练、有目的，以部族组织的形式出战，禄山又以族主家长的身份来指挥这些骑射很精、能征惯战的杂胡部队，故在两者对比之下，未战而胜负自见。

马嵬驿之变

天宝十五年六月辛卯（唐肃宗至德元年），潼关失守，哥舒翰被擒的消息传到长安，杨国忠私心自用，因为剑南节度使所隶属的势力范围是他的嫡系，故坚持玄宗西狩入蜀，以便于控制，乃于是年六月乙未凌晨时分，由龙武大将军陈玄礼整顿三军保护下，玄宗与宰相杨国忠、韦见素，内侍高力士及太子、贵妃等人，从长安的延秋门悄悄地向西进发，其他王公、妃嫔大臣等却来不及随行，次日丙辰，玄宗等在军队护卫之下，开抵离长安一百零八里的马嵬驿（今陕西兴平县西二十里），将士既饥且疲，怨声载道，时有吐蕃使者二十余人遮国忠马，交涉粮食事，兵士借口国忠与胡虏谋反，杀国忠及其子暄、韩国夫人与秦国夫人等，玄宗知事急，不拟追究，下令起程西进，兵士不应，以为祸首尚在，龙武大将军陈玄礼请杀贵妃以息众怒，玄宗不得已乃赐贵妃自尽，大队才继续西进。

马嵬驿之变，表面上为军队不满意杨家的专权误国而发，但内里却是拥太子派与玄宗之争，可以说是外戚与宦官势力之争，大抵策动此次政变的，是以太子内侍李辅国为首，哥舒翰部将王思礼次之，因为政变的前一日，王思礼自潼关而来正为此事发，使无河西军队为后盾与太子的首肯，陈玄礼绝不敢以如此小数的近卫军发动政变，结果无非是使玄宗交出部分政权而已。经此役后，玄宗在西去之前，分兵二千与太子奔朔方的灵武（今宁夏灵武）。是年七月十三日，四十六岁的太子李亨得到河西诸将的拥护，即位于灵武，是为唐肃宗，改元至德。

至德元年六月，安禄山大军开入长安，大肆搜掠。叛军每破一城，衣物财贿妇女皆为所掠，壮健的男子则迫令随军负担，羸弱老幼皆以刀槊戏杀，禄山派往各县府的官吏，也大事搜劫，尽情蹂躏人民，京畿百姓纷纷起而杀贼，遥应官军，诛而复起，相继不绝。

安史失败原因的分析

安史作乱未能得志的原因，一是战略上的错误，二是无大志，滞留洛阳时间过久，三则兵威未能窥东南大门，使唐室有喘息的机会，其实当时禄山有两个成功的机会，但他没有采用，否则，唐室便不堪设想。

当禄山兵陷洛阳以后，其部将何千年曾建议：令高秀岩以兵三万出振武（今内蒙古和林格尔），下朔方，诱诸番将夺盐州、夏州、鄜州和坊州；使李归仁、张通儒以兵二万取道云中，取太原，团弩七万二千入蒲关以动关中；禄山自将兵河阳，取洛阳，使蔡希德、贾循以兵二万渡海收淄、青以摇江淮，则天下无复事矣（《新唐书·安禄山传》）。这个计划假使为禄山接纳，则唐室江山不堪设想，乱事亦不会如此轻易平定。若先以兵北向振武,西南下朔方,采取迂回攻势,不但长安可下,其他反抗势力,亦无法抵挡,可惜他没有采纳这个战略,而失去机会。

禄山本营州杂胡,其部众均惯于游牧生活,对于帝皇大业并无深远理想,以为享乐至上。攻陷洛阳后,他迷于东都之繁华与财贿美女,又忙于筹备称帝而坐失时机,全无大志。《旧唐书·高尚传》说:"始,尚与严庄、孙孝哲计画,白禄山以为事必成。……河北路绝者再……河南诸郡皆有防御,潼关有哥舒翰之师。禄山大惧,怒尚等曰:'汝元向我道万全,必无所畏。今四边若此,……万全何在?更不须见我。'尚等遂数日不得见禄山,忧闷不知所为。会田乾真自潼关至,晓谕禄山曰:'自古帝王,皆有胜败,然后成大事,岂有一举而得之者乎?今四边兵马虽多,皆非精锐,岂我之比?纵事不成,收取数万众,横行天下,为一盗跖,亦十年五岁矣,岂有人能制我耶?'禄山喜曰:'阿浩,非汝谁能开豁我心里事,今无忧矣!遂召尚等饮宴作乐。'"则禄山初欲取大唐天下之志,一变欲为盗跖,率领几万部众横行十年五载于愿足矣的想头,其志可知。

禄山用兵,本欲以急行军疾进攻取洛阳,继续下长安,可惜他的军队南下至黄河以南的郓山(在今山东省)与齐州(今山东济南)时,东郡太守、济南太守,与德州的颜真卿、沧州的贾载等均起兵抗敌,把禄山主力缠着,影响进军速度,及其大军抵达真源(今河南鹿邑)时,张巡在雍邱(今河南杞县)击退禄山李怀仙部,又与太守许远坚守睢阳(今河南商丘),而南阳方面,唐军鲁灵部紧握防线,使敌军既不得窥江淮,又不能下江汉。南阳距襄阳百八十里,洛阳长安相继失守后,这道防线是捍卫东南大门的咽喉。北方乱起以后,经济系统紊乱,国家全部收入,须仰给于江淮,东南财赋物资,成为唐室主要财赋来源区,其后国家战事的延续以至于光复失地,亦全赖东南之财赋物资,使当时不能坚守,唐室不堪设想。

安史另一失败原因,是遇上劲敌。当幽燕胡骑兵自范阳出发,进攻洛阳,指向长安时,不仅颜真卿纠集之民兵未能抵挡,即哥舒翰率领之西边国防兵亦一触即溃,一时潼关失陷,长安不守,但遇上朔方军以后,此种一面倒之趋势已完全改变，且朔方军在击溃安史、恢复李唐政权中起了决定性作用，然而唐官兵遇到安史之幽燕胡骑，便望风而降，何以朔方军能与之抗衡！且可以战胜？大抵朔方军校士兵之组成，主要是汉胡混合部队，将领除郭子仪一人外，其他均为北边少数民族，如铁勒部之仆固怀恩、浑瑊、阿跌光进等。且番兵多骑马，负大部分攻击性责任，其将校兵士多为父死子继之世袭兵，父兄子弟皆在军中，亦即一族一家皆在军中。其次，朔方军之地理环境，所居住的多为以铁勒部为主体之少数民族部落，这些少数民族，乃蕃胡中最善征惯战之仆固、浑、阿跌三部落，在开元初降唐后，均受朔方节度，而成为朔方军之主要攻击力，此等勇悍善战之蕃胡，较诸沾染一切腐朽官场陋习之唐室官兵，则优劣自见。

安史之乱的影响

安史之乱，影响大者，约有下列数点。

天宝十四载，户部上天下户数八百九十余万。安史之乱后六年（公元760年）统计，天下户一百九十余万，较乱前减少七百余万，天下人口一千六百余万。户减五分之四，人口减三分之二。造成此种户口锐减之原因有三：第一，戎马干戈中丧乱流离；第二，财政上之摊户陋规，压迫民户逃亡；第三，政令效率低落，疏于检查申报。以上数目，虽未必翔实，但人户顿减，则为可信之事。杜少陵《无家别》诗云："寂寞天宝后，园庐但蒿藜。我里百余家，世乱各东西。存者无消息，死者为尘泥。"再合《石壕吏》、《新安吏》等诗，所描写捉老妇夜应河阳役及未成丁男子远征情景，可知户口锐减自是意中事。乱后数十年，疮痍未复。李渤于元和十三年（公元818年）奉朝命吊祭泽潞节度使郁士美，路经陕西，上书言："窃知渭南县长源乡本有四百户，今才一百余户；阌乡县本有三千户，今才有一千户。"其严重情形，一至于此。

租庸调制之实行，以均田为主，而均田之基础，又建立于地籍户籍调查之上。均田制度之实行，有其本身之困难，复以田地少而负担重，造成户口逃亡，再经战乱，户籍破坏，人口锐减，资料散失，无法整理，推想地籍亦必凌乱，租既无均田为根，难以征课，调庸从户从丁，亦无法着手，而国家大乱之后，中央临时扩充之军队，急切难以裁汰，地方新起之镇兵，方源源增加，即军费一项，支出已倍增于前，不能不采取治标办法，以解燃眉之急，首先于大历四年（公元769年）恢复九等户税法，分天下百姓为九等，上上户年纳四千文，以下至下上户七级，每级递减五百文，下中户七百文，下下户五百文，现任官吏一品视上上户，九品视下下户。此种笼统不合理之税则，自难行之久远，亦无补大局，其他临时摊派，不胜枚举。欲知其详，可参阅《陆宣公集》。至建中元年（公元780年）杨炎遂制两税法，后代行之千年而不替。

　　肃、代二宗，收复两京，削平安史，在中原鼎沸之际，财政经济上仍能支应裕如者，在于重取于江南，沿江之财物，溯江以达于汉水，溯汉水再达于洋州（今陕西洋县）转输入于雍歧之间，此第五琦之长策，而后代理财家莫不宗之。挹彼注此，江南负担加重，而兵革不扰于斯邦，生产偏兴于江表，自荆楚以至吴越，经济勃兴于此一时代，奠定江南繁盛甲于北方之基础，其利害两端，殆得其平。王船山《读通鉴论》谓："自唐以上，财赋所自出，皆取之豫、兖、冀、雍而已足，未尝求足于江淮也。恃江淮以为资，自第五琦始。当其时，贼据幽、冀，陷两都，山东虽未尽失，而隔绝不通，蜀赋既寡，又限以剑门栈道之险，所可资以赡军者唯江淮，故琦请督租庸自汉水达洋州，以输于扶风，一时不获已之计也。乃自是以后，人视江淮为腴土，刘晏因之，辇东南以供西北，东南之民力殚焉，垂及千年而未得稍纾。"此徒知取于东南害东南，不知就经济观点言之，取于东南亦所以利于东南，近世谓"军需景气"，即指此种事例而言。至黄巢起事，唐之经济命脉已丧，而唐亦因之而亡。

　　唐代引用回纥统治者的帮助，加重了人民的灾难。安史军队南下攻唐时，人民是积极起来抗击的，如军民帮助张巡守睢阳，鲁灵守南阳，城中食尽，搜罗鼠雀、薪马革、煮牛皮而食，终无背离者。这说明人民的力量可以击退叛军。但唐室不能好好休养人民力量，急于收复长安、洛阳，因而请来了回纥军队。在收复长安时，回纥欲入城劫掠，广平王固止之。及收东京，回纥遂入府库，收财帛，于市并村坊剽掠三日而止，财物不可胜计。回纥军再到洛阳时，"恣行残忍，士女惧之，皆登圣善寺及白马寺二阁以避之。回纥纵火焚二阁，伤死者万计，累旬火焰不止"。唐室京城是收复了，但人民经过安史战祸后，又再一次遭受回纥军队的残杀抢掠。

除了回纥兵在境内劫掠外，吐蕃又乘机进扰。河西、陇右一带，唐中央无兵可调，于是将河西、陇右、朔方诸镇军队，东调以讨安禄山，因此，西边空虚，吐蕃乘机而入。《旧唐书·吐蕃传》说："及潼关失守，河洛阻兵，于是尽征河陇、朔方之将镇兵入靖国难，谓之行营。曩时军营边州无备预矣。乾元之后，吐蕃乘我间隙，日蹙边城，或为掳掠伤杀，或转死沟壑。数年之后，凤翔之西，邠州之北，尽蕃戎之境，湮没者数十州。"陇右、河西走廊之地，尽没于吐蕃，安西四镇尽失，唐室从此不但在西域的力量大为削弱，而关中也不能确保无虞，造成以后吐蕃攻入京城长安的事。

唐代的中央力量，益趋衰落，而安史降将，尽领大镇。不仅河北、山东，列镇相望，即腹心之地，也遍设节度使。于是方镇益强，中央更弱，中央集权日趋瓦解，地方割据势力更加强大。形成了中央和方镇、方镇相互之间连年不断的内战，这就更加破坏了中原的社会经济，削弱了李唐王朝的统治力量。

第二节 藩镇割据及其影响

藩镇割据势力的形成

唐自安史乱后，中央政府的统治大为削弱，国际声望亦不如前，尤其在国内方面，给予在政治、经济与军事上图谋独立的地方节度使制造了有利条件。因为在战乱平定后，归降唐室的安史旧将，仍拥重兵，占据一定的地区。唐室既无力发动征讨，只得面对现实，承认他们既得地盘利益，封为节度使。如奚人李宝臣（原名张忠志）封为承德节度使，辖地属今冀中冀南一带；胡人李怀仙为卢龙节度使，辖地属今冀东冀北一带；田承嗣为魏博节度使，辖地属今之冀鲁豫地区。他们都曾是史朝义部将，而后降唐，地盘势力多集中在河北一带，故称为河北三镇；各拥重兵，互通声气，并与淄青节度使（辖地山东半岛）李正已联兵与唐室相抗。其他的降将如田神功、令狐章、薛嵩、李怀玉等，都先后为唐室所承认而封为节度使。至于安史乱时有功于唐室的将领，亦相继封为节度使。据《新唐书·方镇表》，肃宗至德元年，即安史作乱的一年内，已增加了京畿、关内、东畿（观察使）、河南、淮南西道、青密、郓齐兖（都防御使）、河中（防御守捉蒲关使，次年升为河中节度使）、泽潞沁、南阳、兴平、山南、淮南、岭南等十七镇节度使，其后又续增至七十七镇之多，于是在淮河流域一带造成了藩镇割据的局面。

节度使势力与数目的扩张，亦即唐室势力范围的缩小。节度使不但自为势力，拥有重兵，不听中央调度，甚而割据地方，大者连州数十，小者也占三四州。所属范围，自署官吏，他们的部队统称"镇将"，又有镇遏将使、镇遏使、镇遏兵马使、镇遏都知兵马使等官职。而镇遏使多兼任州刺史。其性质是军政一体的，又私自缴纳赋税，征集壮丁为兵，参加藩镇混战，势力之大，俨然成为小王国。节度使死后，又自为世袭，或由部将推举一人以代，称为"留后"。据《新唐书·藩镇列传》举当时最强大的八镇及其世袭的情形如下。

魏博节度使田承嗣，平州龙卢人，出身龙卢军系统，隶属安禄山麾下，为武卫将军。安禄山起兵范阳，承嗣与张忠志为前锋，攻下河南、洛阳有功，调升颍川守将，郭子仪收复洛阳时，承嗣举郡降唐，但拥兵自固，自为世袭。自承嗣以下，历田悦、田绪、田季安、田怀谏，凡五世，至元和八年，田弘正始归顺朝廷。长庆二年（十年后），**魏博牙将史宪诚夺帅**。自宪诚以下，又传何进滔、韩君雄、乐彦祯、罗弘信，五姓共十世。其地盘包括魏、博、相、卫、磁、洺、贝等州。

镇冀节度使李宝臣，原名张忠志，范阳内属之奚人。禄山起兵范阳，与田承嗣同为前锋大将，尝以骁骑十八人劫太原尹杨光翙，追兵万余人不能近，陷河洛有功，后又移兵握守井径，隶属安庆绪麾下为恒州刺史。唐军反攻包围相州时，降唐。史思明引军渡河，忠志复叛唐。思明死，不肯追随史朝义而降唐，但拥兵自固，自为世袭。自忠志以下更二姓，传李维岳、王武俊、王士真。元和四年，其子王承宗归顺朝廷。翌年（敬宗长庆元年），王庭凑反，自庭凑以下，历王元逵、王绍鼎、王绍懿、王景崇、王镕共六世，其地盘包括恒、赵、深、冀四州。

卢龙节度使李怀仙，柳城胡人，世事契丹，善骑射，禄山反唐时为裨将，其后追随史朝义，朝义委他为幽州节度使，朝义败，乃降唐。仆固怀恩即荐他为幽州卢龙节度使，仆固怀恩反唐后，即据地拥兵自固，藐视中央，自为世袭。自怀仙以下更二姓，传朱希彩、朱泚、朱滔、刘怦、刘济。至刘总入朝，及长庆元年六月朱克融反，此下又更换了李载义、杨志诚、史元忠、陈行泰、张仲武五姓，共传了十二世，所据地盘包括幽、蓟、妫、檀、易、恒、定、沧、莫九州。

平卢节度使李怀玉，高丽人，为营州副将，在初追随侯希逸入青州，希逸母亲亦即怀玉姑母，杀平卢节度使王玄志之子，推侯希逸为平卢节度使，颇得军队的拥护。希逸对他又忌又怕，于是借着他犯了小过而解其职，但军队反而拥李怀玉为师而把希逸逐走。渐渐扩充势力拥有淄、青、齐、海、登、莱、沂、密、德、棣十州的地盘，永泰二年八月疽发病卒。其子李纳向朝廷申请袭父位，不许，于是年十一月李纳自为世袭，称齐王。李纳之后，传李师古、李师道，至刘悟斩师道始归附朝廷。

义昌节度使程日华，定州安喜人，其父为安禄山时的定州刺使，故日华自少便隶安禄山军籍，他做过张孝忠的将，传子怀直。贞元九年，怀直入朝，至贞元十一年，沧州大将程怀信逐走怀直，自为镇帅。此下又传其子程执恭，至元和十二年，入朝，拥有地盘沧、景、德、棣四州之广。

昭义节度使刘悟，悟祖父正臣，曾经做过平卢军节度使。少时不务正业，初追随其叔父宣武节度使，后又投到李师古麾下，师古卒，杀其子师道。朝廷封他为义成节度使，后又为昭义节度使，传子从谏，从谏传子稹，共三传而灭，地盘拥有潞、泽、邢、洺、磁等州。

淮西节度使李忠臣，为其麾下将族侄李希烈所逐，开始背叛朝廷。希烈，辽西人，少在平卢军籍，后从李忠臣浮海，为人凶横残暴。史载："自希烈以来，申、蔡人劫于苛法而忘所归，及耆长既物故，则壮者习见暴掠，恬善搏斗。地少马，乘骡以战，号骡子军，尤悍锐。甲皆画雷公星文以厌胜，诅詈王师。"希烈后为牙将陈仙奇鸩杀，淮西遂归附朝廷。至贞元三年，淮西兵马使吴少诚杀陈仙奇自为留后，传吴少阳、吴元济三世。地盘拥有蔡、申、光三州。

宣武节度使刘洽，贞元八年卒。朝廷以陕虢观察使吴凑接任，未及下车，至泛水闻变而返。是年四月，将士拥汴州长史刘士宁为节度使。九年，宣武军乱，驱逐士宁，将士又以副使李万荣为留后，共传四世而灭。地盘有汴、宋、亳、颍、陈五州。

节度使不仅以土地传子传孙，父死子握其兵，或由部下自择将帅，号为"留后"，各自维持独立之局面，企图夺取唐室的政权，而诸镇之间，时又因互相争夺地盘而攻杀。唐德宗时，想收复河北诸镇的统治权，没有成功，反而因军费的不继，引起泾原兵变，将士拥立曾为卢龙、泾原节度使的朱泚为帝。德宗仓皇逃出长安。及宪宗时，使尽各种方法如收买、分化和武力征讨等手段，一时更易了节度三十六人。割据局面，表上面似已结束，但藩镇势力基础并未动摇，主要是武装力量还掌握在各镇部将手中，所以宪宗一死，河北三镇又复拥兵割据，而且较前更趋猖獗，其他各镇也时常背叛，朝廷只有借助沙陀军队以平乱。结果，做成沙陀族首领李克用势力的坐大。到僖宗时，经黄巢事后，大河北部与南部分由沙陀人李克用与黄巢降将朱全忠控制。宦官与藩镇虽然先后为此新兴的两大势力所替代，但大唐的国运至此已回天乏力。

藩镇拥有权力的分析

唐代藩镇为带使之职，唐初常为某一目的而遣使、藩镇之使称节度、防御、经略均为军事性质，其初节度使与采访使各置一人，至天宝始一人兼领之，其权势渐重。而藩镇之职权大约可分为多方面。

节度使、防御、经略使之任务，显然属于军事的目的，其职权亦在管制军旅。防御使、经署使皆治军旅，唯其权较轻而已。且安史乱后，经略使唯岭南而设，他区少有，防御使多由观察兼带，因此，唐代之称藩镇，多笼统指节度使观察而言，节度使与防御使既然掌理军政，其对于本藩镇军队之征募、配备、将校之任免，战争策略拟定与指挥，城寨之修筑等，遂握有大权。理论上，藩镇虽在本镇有甚大之军事权，但重大的军事措施必须由中央最后裁定，例如军队之增加或减少，须经中央命令。然而事实上，只有对中央态度恭顺之藩镇才重视中央之最后裁定权。跋扈之藩镇，尤其是河北三镇，其镇区内一切军事措施由节度使自行决定，中央最多只能作形式上之认可而已，甚至对于态度恭顺之藩镇，中央由于鞭长莫及与实际的需要，也尽量给予其统驭一镇之军事全权。

观察使由采访使演变而来，均为"察所部善恶"，其属监察之性质极为明显。《全唐文》卷四十八《代宗谕诸道考察所属官敕》："自今后，别驾县令录事参军有犯赃私，并暗弱老耄疾患不称其职户口流散者，并委观察节度等使与本州刺史计会访察，闻奏与替。"观察使既掌有监察大权，又因例兼一州刺史，长驻其地，被监察之刺史遂不敢不听命于观察使。

因与监察之刺史权连带有关，藩镇遂对本道州县官有荐举、考第之权。元和七年八月，中书门下奏诸州府五品以上官，替后委本道观察使及长史，量其材行干能，堪奖用者，具人才资历，每年冬季，一度闻荐。《全唐文》

卷七十九《宣宗委观察选择县令制》："县令员数至广，朝廷难悉谙知，吏部三铨，只凭资考，访于近日，多不得人。委观察使于前资摄官内精加选择，当具荐论。"

藩镇对于刑罚事宜，可根据国家法令而执行之。如天宝元年裴宽为范阳节度使，"时北平军使乌承恩恃以蕃酋与中贵通，恣求货贿，宽以法按之"。实际上，唐代藩镇多有滥施刑罚之事。可见藩镇刑罚权力之大。固然节度观察使杖杀巡内官吏，典法无文，然而当时藩镇常有责罚刑杀巡内官吏之事，甚少受到中央之驳斥或抑制，偶有中央对藩镇之滥施刑杀表示不满，亦不过略予薄惩而已。

中央政府之赋税、课征、命令由观察使发布，虽课额由中央裁定，而观察使可拟议。可见观察使对本管区内课税之拟议权甚大。而且有时地方赋税之是否输中央，权亦在藩镇。而藩镇对于本管区内州县之赋税课额得酌量作增减，中央无权过问。

藩镇为一道最高行政长官，因此对管区内州县大小行政无不具有管辖之权。甚且在特殊情况下，藩镇得决定并实行相应措施。藩镇除对管区内州县有强大之行政权外，有时由于中央之授权，尚兼带有其他职衔而增加其权力。例如陇右节度使，开元十五年后，常兼经略、度支、营田等使；幽州节度使，天宝元年之后，常兼经略河北、度支、营田、河北海运等使。

以上就藩镇在所管州县内之职权观察，其权力不可谓不大。固然一个拥有大权力的藩镇，未必一定会对中央跋扈叛逆。然而拥有强大权力者，总是造成藩镇叛逆的资本。

镇兵与府兵性质的比较

府兵系直隶中央之军队，藩镇兵则系隶属地方之军队。唐之府兵虽散在诸道，然折冲都尉并遥隶于诸卫，乃是内任官，故官志系文于诸卫之后，不与外官同。是府兵平日虽散居各地，折冲都尉与刺史均负练兵之责，但对府兵之调动，权在中央，折冲都尉又遥隶于中央，因此，府兵实是直隶中央之军队。至于藩镇方面，既身在边镇，深练兵权，进退动静，唯变所适，不但平日接受边将藩镇之训练，而且动指挥之权，亦在边将。尤其安史乱后，藩镇多自行募兵，自行训练，如河东马燧练河东兵，均为藩镇兵，地方色彩浓厚，由节度使指挥调动。

府兵之部署，以关内居多，旨在保卫京师，关内置府特多之用意，据陆贽所称乃"举天下不敌关中，则居重驭轻之意明矣"。在府兵制下，中央所控制及护卫京师之武力特强。及府兵制度破坏后，节度使地位渐形强固，藩镇兵力扩张。开元时，边镇兵已驾乎中央之上，及天宝元年，边兵共达四十九万，中央兵力反而空虚，原先内重外轻之势，遂一变为外重内轻。

府兵纪律良好，纵使受到不平等待遇，心虽怀怨怼，但以顾恋家园，终不敢为叛作乱。藩镇之兵出于召募，当兵者既无家园，又无宗族，遂无所顾忌，唯利是图，于是军纪败坏，祸乱易生，以致下陵上替。尤以安史乱后，藩镇兵骄，每每逐帅为乱，军纪荡然。藩镇兵既不直接受中央指挥，军纪又坏，中央国防武力，遂失去控制力。

在府兵制下，将帅皆临时派遣，无事之时，将居于卫，兵散于各折冲府，兵不识将，将不识兵，平时受折冲都尉教练，有事则受将帅指挥，事毕辄将归于卫，兵散于府。将不能长期专兵，府兵才是真正属于国家。藩镇军则由国家召募而来，不仅无退任之规定，且常驻一地，不许逃亡，又不许逃入他军。

从上述四点之不同，不难发现府兵制乃是一种有利于中央之制度，而藩镇对于中央之控制力却是有害的。藩镇军愈强，对中央愈不利，唐人论藩镇之祸，每归咎于府兵之被破坏与藩镇之强大者在此。

藩镇割据的远因

藩镇祸害，以安史为最大叛乱，乱后又以河朔最为根深蒂固，继而蔓延至江淮与江南西南各地，形成地方性割据之局面近二百年，影响唐与五代政治、社会、经济以至国家之兴衰关系尤大,然而造成藩镇势力之兴起,自其远因而观之,主要由于唐帝国初期向外之扩张,及与外敌长期对抗所致。由于需要注意边防军事,其后之藩镇势力即由边防而及于各地。现分析如下。

我国自秦汉以来,东北、西北与整个北方诸族与中原王朝之关系极为复杂,其间之战争、掠夺、和亲、市易、归化和叛变等,影响于中国至大。故每一代之兴亡祸乱,实与外族盛衰有不可分离之关系。及魏晋南北朝以下之五胡,由于不断继续同化,至隋已经成了汉族的整体,但新兴与未同化的外族亦不断继起为患。隋代三征高丽,军力财力消耗极大,结果内部的叛乱遂乘时而起,而隋亡唐兴,蛮夷更迭盛衰,常与中原王朝相抗衡,如突厥、吐蕃、回纥与南诏之盛衰与入侵,更与唐代国运息息相关。隋唐之际,突厥最盛,中国北部地方割据势力如薛举、窦建德、王世充、刘武周、梁师都、李轨、高开道之徒,殆无不北面称臣,唐取得天下以后,太宗借突厥内部纷乱之际,摧毁其势力,而成有唐一代之隆盛局面。自开元之后,武备不修,国家有事,遂致借用外族武力,唐肃宗以后,吐蕃、回纥强盛。自懿宗咸通以降,南蛮之入侵与由此而引起之内乱,使整个长江流域与珠江流域陷入兵乱与破坏之中,消耗人力财力至大。咸通中,南诏盗边与戍兵之叛,遂有庞勋之乱,沿江下窜,而祸及徐州等地,卒于用沙陀、吐蕃之兵力,始克戡定。由于历来与外部蛮族有各种复杂关系,国家遂不得不在军事上与政治上有各种防御征伐的措施,如都护府的设立,即是开拓属地、抚慰蛮方的一种军事政治措施。至开元中八节度使之设立,全是基于防御外族。如河南节度使的作用在断绝羌胡;河北节度使在临制奚与契丹;朔方节度使之作用在捍御北狄;陇右节度使之作用在备御羌戎;剑南节度使之作用主要在西抗吐蕃;碛西节度使在防制突骑施;岭南经略使在"绥静夷獠",因为外患严重,遂不得不加重边防节度使之权力,结果造成外重内轻之局。开元天宝以后,所谓藩镇之祸,其势力即由边防区域渐渐蔓延于内郡,此乃藩镇兴起之远因。

节度使之设置，原本为节制度内诸军事。其沿边为军事防戍频繁之地，因之，节度使之初置均在沿边区域，其作用在防御蛮夷，如开元中八节度使设置之作用均如此，但其后由于政治军事与整个社会动向之变迁，造成中唐以至五代藩镇势力之形成，实与此制度之存在有关，与汉代刺史州牧领兵由边区诸郡逐渐蔓延于内郡之趋势颇相似。其次，节度使有总领军事之地位和势力，在社会政治动乱时期，由于形势造成，逐渐侵据地方民财监察诸权。诸权在初本由朝廷特派专使如度支、营田、采访、观察、转运等使分道经理其事。其后社会政治既陷于动乱，非有军事力量为后盾，则诸事每多受到掣肘，于是过去诸特使之职务，朝廷亦正式委任节度使兼领。由此而成常习，自开元以下，愈演愈烈。如朔方节度使开元元年定称后，至十四年，除王晙带关内度支营田等使；十五，年除萧田景，又加盐池使；二十年，除牛仙客，又加押诸蕃部落使；二十九年，除王忠嗣，又加水运使；天宝五载十二月，除张齐邱，又加管内诸军采访使，此后遂成定额。开元九年十一月，敕河东河北不须别置支使，并令节度使自领度支。陇右节度使，开元十五年除张志亮，又兼经略、度支、营田等使，以后遂为定额。河西节度使，开元二年除阳执一，又兼赤水九姓本道度支、营田等使；十一年除张敬忠，又加经略使；十二年除王君㚟，又加长行转运使，自后遂为定额。幽州节度经略镇守使，开元十五年除李尚隐，又带河北度支、营田使；二十七年除李适之，又加河北海运使；天宝九年改称范阳节度使，以裴宽为之，兼带河北度支、营田、河北海运使，以后遂为定额。平卢军节度使，开元八年除许钦琰，又带管内诸军诸蕃及度支、营田等使；二十八年除王斛斯，又加两蕃及渤海、黑水等四府经略处置使，遂为定额。剑南节度使，开元五年，除齐景胄带度支、营田兼姚、雟等州处置兵马使；至八年，除李浚，始下兼兵马使；二十七年，除仇琼，又兼山南西道采访使，其后或兼或不兼，无定制。其他兼领之民、财、监察等使事例甚多，军民财政以至刑赏监察之权既归节度使，于是造成财赋不入中央，养兵置使得以培植私人势力，形成地方割据，藩镇之祸，即由此而起。

安史之乱以后，藩镇势力益见强大，深为中央之患。而能助长藩镇势力者，乃一辈士大夫颇愿为鹰犬。在唐末以前，对中央恭顺之藩镇不少，且带以使府宾介能登朝列为荣，所以向中央推荐其幕佐为当然之事，士人任藩镇幕佐，如有心至中央任官，经藩镇之推荐，自易达成愿望，但由于其后科举选士之滥取与黑暗，士人求仕不易，而藩镇则有辟署之权，可自由引用人才，向欲问鼎中原之藩镇，莫不争取人才以为己用，符载《送崔副使归洪州幕府序》谓："今四方诸侯，裂王土，荷天爵，开莲花之府者，凡五十余镇焉。以礼义相推，以宾佐相高，长城巨防，悬在一士。"唐代任官理论上由吏部控制，自然，中唐以下，六品以下官与诸使佐职之授任多不在吏部，地方政府用人之权既重，士人在中央求得一官半职自不容易，遂转至地方政府，藩镇因为之奏援，此现象造成士人对中央之离心。士人既能依赖藩镇得官而多至显达，如郭子仪"幕府六十余人，后皆为将相显官"，宣歙观察使崔衍之幕府"后多显于时"，于是士人为求本身之政治出路，遂多仕于藩镇。其次，唐自安史之乱后，中央政府常在战乱中，经济屡临困境。肃、代时，京官时欠薪俸，生活困苦。大历以后，元载当国，"以仕进者多乐京师，恶其逼己，乃制俸禄，厚外官而薄京官，京官不能自给，常从外官乞贷"。至大历十二年杨绾代元载为相，奏京俸太薄，诏加京官俸，但京官生活仍极清苦，颜鲁公为刑部尚书，而至举家食粥。基此情形下，仕宦者多转而外求。如肃宗时，李皋由秘书少监，求贬外职。姜公辅以京职而求兼京北府佐职。宪宗元和时，白居易为左拾遗翰林学士，当改官，亦以家贫效公辅之例，而求外调等观之，就个人政治出路与经济利益及科学之黑暗，士人之所以乐于趋附藩镇者，自有其重大原因。

藩镇为患的近因

肃宗开藩镇"留后"之先例。所谓"留后"，有两种解释。一为中央大臣以挂名方式遥领某地之节度使，而以自己的亲信代掌职权，称为"留后"。这种制度大抵始于开元十六年宰相萧嵩以牛仙客为河西节度使的"留后"。至二十六年，李林甫遥领陇右节度使，以杜希望为"留后"，天宝十载十一月杨国忠遥领剑南节度使以崔圆为"留后"，故在其时的"留后"制度，仅限于中央大臣方面的遥领而设，地方藩镇则未开此例。另一解释为地方节度使或主帅死后，原属行政军区无人主管，暂时空缺，留待中央委任状到达时，始行决定由谁代替。但安史作乱以后，骄兵悍将目无中央，节度使死后，自为推举"留后"，以待中央追认。又因肃宗一时的糊涂，而开此先例。《通鉴》载："（肃宗乾元元年冬十二月）平卢节度使王玄志薨，上遣中使往抚将士，且就察军中所欲立者，授以旌节。高丽人李怀玉为裨将，杀玄志之子，推侯希逸为平卢军使。希逸之母，怀玉姑也。故怀玉立之。朝廷因以希逸为节度副使。节度使由军士废立自此始。"于是节度使多以自己地盘传子传孙，父死子握其兵，或由部将推举新统帅，号为"留后"。此后，唐中央更无力委派新官接任节度使的职位与地盘。而只能补办追认手续而已，于是藩镇割据遂形成。

安史之乱时，建立军功最大的是朔方军，这支军队先后由郭子仪、李光弼、李怀仙等率领。朔方军的组成，并非全部是汉人，而却杂有很多朔方兵及其他外兵组成的，仆固怀恩本隶属于朔方军的系统，又因他是胡人，在李光弼麾下，负责统率回纥兵作战，而事实上这支回纥兵对于平定安史之乱，曾经发生很大作用，尤其是讨平史朝义的功劳最大。仆固怀恩既非汉人，功劳既大，又拥重兵，很容易招人的注意。怀恩又自恃功高，而颇有自卑感，认为天下太平，朝廷可能不予重用，反不如保留贼兵势力以自固，于是他"乃悉请裂河北分大镇以授之，潜结心腹以为助，嵩等卒据以为患"。安史降将，如薛嵩、张忠志、李怀先、田承嗣，见怀恩皆叩头，愿效死力以报，而此等叛将受封为节度使以后，并无真心投效唐室之冀图，反而拥兵自固，扩大地盘组织，甚而有替安史父子四人立嗣以表故主情深。可见朝廷未能细察当时情势，接纳仆固怀恩分封诸镇与安史降将，做成以后河北藩镇的跋扈，开割据的先例。

安禄山叛唐后，即以急行军直取东都洛阳，又继续西进破潼关，陷长安，转战西北方，兵力早已分散。至肃宗即位灵武，开始部署反攻策略时，李泌曾建议肃宗："诏李光弼守太原，出井陉，郭子仪取冯翊，入河东，则史思明、张忠志不敢离范阳、常山，安守忠、田乾真不敢离长安，以三地禁其四将也。……徐命建宁王……北并塞，与光弼相掎角，以取范阳。贼失巢窟，当死河南诸将手。"这个战略，假使见诸实行，不但安史乱事的结束可以缩短时间，而且贼军巢穴已彻底扫平，绝不会留下安史降将割据河北三镇的基础。但当时肃宗因为急于收复两京，又持着已借来的十五万回纥兵足够杀敌，没有采取以上的建议，以先收复两京为急务，结果乱事虽平，河北安史余孽势力未除，种下藩镇割据的祸根。

安史之乱前，宦官派赴边区作监军的已很多，而且权力很大，此措施的主要作用在监视边区节度使的行动，以防其背叛朝廷，监军之设立，较早记载见于玄宗天宝六年（公元747年），唐将高仙芝（高丽人）伐小勃律，其军队里已发现有监军。及安史乱发，宦官派赴军中作监军的已很普遍，由于宦官对于军事常识一无所知，参与军谋，无不败事，专横贪贿，干扰军政，诛杀良将，如监军边令诚斩高仙芝、封常清于潼关等。安史乱后，宦官势力更大，最重要的莫如对平安史之乱有功的朝廷大臣，采取不信任态度，宦官鱼朝恩忌郭子仪的功高而奏请朝廷解其兵权，程元振因私人仇怨而建议代宗以宰相位作饵，引来瑱入朝后，又诬以通贼罪把他杀死，又贬逐宰相裴冕，因而曾立大功的李光弼不敢入朝。仆固怀恩与中使骆奉仙交恶，乃先发制人而叛变，从各点史事记载证明，唐军平安史之乱，所以功亏一篑者，原因之一由于朝廷过分信任宦官，而宦官对于平定安史之乱有功的大臣将领，既不信任又不合作，进而加以杀害，致造成方镇解体，吐蕃入寇，原降唐的安史叛将，始则采观望态度，继则索性拥兵自固，自为世袭，于是藩镇割据之祸遂起。

藩镇割据形成所产生的影响

安史乱后，其余孽在河北开割据的先例，相继延到山东，大河南北，以至淮北一带，均为藩镇割据的天下。此等藩镇不仅在军政方面自为世袭，擅署官吏，且所得赋税亦不缴纳与朝廷。其时成德节度使李宝臣，魏博节度使田承嗣，相卫节度使薛嵩，卢龙节度使李怀玉收容安史余孽，各拥劲卒数万，治兵定城，自署文武将吏，不供贡赋。另一方面，自肃宗至德年间，战事继起，在河南、山东、荆襄、剑南一带，驻有政府大军的地方，除以该地赋税养兵之外，亦无剩余赋款交中央，当时国家的经济情形，确实到了很严重的地步。《通鉴》卷二三七说："是岁（元和二年），李吉甫撰元和国计簿上之，总计天下方镇四十八，州府二百九十五，县千四百五十三。其凤翔、鄜坊、邠宁、振武、泾原、银夏、灵盐、河东、易定、魏博、镇冀、范阳、沧景、淮西、淄青等十五道七十一州不申户口外，每岁赋税倚办止于浙江东西、宣歙、淮南、江西、鄂岳、福建、湖南八道四十九州，一百四十四万户，比天宝税户四分减三。天下兵仰给县官者八十三万余人，比天宝三分增一，大率二户资一兵。其水旱所伤，非时调发，不在此数。"故知安史乱后，北方国家收入差不多完全停止，农民负担亦加重，中枢的经费不得不全部仰给以江淮为基础的南方经济，但南方物资北运时，又因藩镇的割据而使这条作为唐帝国生命线的运河不能随时畅通，代宗德宗时代，中央与藩镇之间接连不断地发生战争，运河的交通线时常被切断，以致江淮物资不能大量供应北方，使中央政府形成财政的艰困与粮食恐慌，而遭遇到空前的危机。

唐末在各地割据的藩镇，不独切断运河的运输线，以打击仰给于江淮财赋的中央政权，同时又因互相争夺地盘的结果，以致破坏了运河的水路，当日以汴州为根据地的朱温，因为要取得江淮财赋，便屡次派兵南侵淮南，欲打通运河直达长江，但由于扬行密在淮南的防御，每次用兵都没有成功，昭宗乾宁四年十一月的清口（位于今江苏淮阴）之役，更对淮汴两方的均势发生决定性的作用。由于庞师古、葛从周统率的汴军，驻于清口，因地势低下，为淮军自上流决海堰纵水来攻，结果汴军失败，"行密由是遂保据江淮之间，全忠不能与之争"。这样一来，过去二百多年把军政重心和经济重心联系起来的大动脉，便丧失了它的作用，向来专靠江淮财赋来支撑的中央政府，既然因运河交通线的切断而得不到江淮物资大量供应，自然要大受打击，因此政府的开支经费便无法筹措，甚至连军队的衣粮供应亦发生问题，安史乱后仍能存在百五十年天下的唐室就此崩溃。唐亡时，朱温虽然篡了帝位，但由于他打通运河的计划未能重新把军事政治重心和经济联结起来，故他建立的后梁，国势并不强大，此下的后唐、后晋和后汉亦复如此。

藩镇割据形成后的北方中国，全属武人天下，知识分子的黄金时代已成过去，年轻一代唯一出路就是当兵，读书应考已不合时宜。五胡入主中国后，亦知文化水准不如汉人，所以还大量起用汉人以帮助他们治国。北魏孝文帝尚且以帝王之尊，自身作则，实行汉化。五胡君主如刘渊、刘曜、苻坚等，都深受中国文化熏陶，雅好文学，立学官、设博士、修典籍，竞相模仿中国政教，但安史乱后的藩镇，多属胡化的武人，但知割地自肥，军队亲如自己生命，故在其辖区内，只有全副精神放在如何挑选精壮兵士、如何计划扩充自己的地盘，对于一切的政教体制、文化学术，置若罔闻。杜佑在建中年间，已指出藩镇"田悦之徒，并是庸琐，繁刑暴赋，惟恤军戎，衣冠士人，遇如奴虏"的情况，杜牧《唐故范阳卢秀才墓志》亦说："秀才卢生，名霈，字子中。自天宝后，三代或仕燕，或仕赵，两地皆多良田畜马。生年二十，未知古有人曰周公、孔夫子者，击球饮酒，策马射走兔，语言习尚，无非攻守战斗之事。"一个青年读书人，却不知有孔子、周公，盖知当时北方的中国，在藩镇割据和互相交兵的情况下，不但长安与河北形成两个不同文化的体系，甚而失意士人亦多投河北，文化水准已降至如何低落的程度。

河北的胡化绝非始于藩镇的割据，不过唐代藩镇的割据，加速了其胡化程度而已。所谓河北，是指黄河以北、燕山以南、太行山以东一带而言，就其地形而论，南连中原，北接漠南，西部则有山西高原为之屏障，自汉以来，胡人南下牧马，或要问鼎中原，均须通过此区域，晋时刘琨因不能固守此险地，没于石勒，因而蹂躏司、豫。石赵之亡，冉闵不能保是险，并于慕容儁。元魏时代，尔朱兆能用其险，归于高欢。魏博以相州为捍蔽，终唐之世，称雄于河朔。故知此地自汉魏北朝以来，都是胡人南下必争之地，亦为胡人势力最大而盘踞最久的地方。玄宗时代，安禄山为范阳、平卢节度使，为着积极部署叛唐，早已把汉人势力清洗出去，政令亦由己出，河北的胡化已呈表面化。因之，此地的民风多勇武、残杀、乐货、好色，重意气，轻儒士。及安史乱后，其余孽盘踞于河北三镇，所在地区，中央政令不能行使。魏博节度使田承嗣，且曾替安史父子立嗣，称为"四圣"，以表故主情深。成德、卢龙节度使区域内，一切政令风俗均已胡化，其最重要者，为藩镇禅代，习惯以胡人推举方式立新帅，风气蔓延到五代以至赵匡胤的陈桥兵变，同受此种风气的影响。石敬瑭自称"儿皇帝"于契丹，并割燕云十六州之地，亦不能以汉人立场观点评论，因为石敬瑭本身已是胡化极深，其对于汉人的观点，即如汉人之对胡人差不多而已，益知当日河北社会全已胡化，非复东汉、南北朝之旧。

第三节　唐宦官擅权及其相关的弊政

唐宦官权势形成的过程与因素

宦官影响国家政治而引至衰亡者，首推汉、唐、明三代，若就此三代皇朝作比较，则东汉与明代宦官之气焰及对国家兴亡之影响又不如唐。唐代宦官，尤其在安史乱后，气焰之大与权力之根深蒂固，足以左右国家一切措施。清儒工夫之谓唐之亡，亡于宦官。语虽过激，亦颇有根据。然而唐代宦官权势之造成，亦非单一原因所致，而是积多项因素之结果。客观上，诸如财权、兵权等之为宦官所夺得，主观上，由于帝皇之昏庸而对宦官之信任，遂使唐代宦官集团获得空前绝后权势，兹就各点逐一分析之。

若论宦官取得权势之原因，最主要者，莫如帝王之昏庸，或心理上对宦官之信赖，在理论上，专制政治下的君主，乃唯一授权者，换言之，未得帝王信赖，任何臣民均难获得权势。唐初自玄武门事变以后，皇帝继承之争斗不断发生。如高祖、睿宗、玄宗和顺宗之四次内禅，给予李唐帝室警惕者甚多。故中唐以后之皇帝，对继承者采不信任态度，乃可想见。皇帝既对朝臣有隔膜，对继承者不敢信任，则唯有视宦官为心腹，加以宦者常与帝王接近，无隔膜，又可做帝皇耳目，在先天上，宦官本身亦无篡位之可能与条件，故就皇帝立场言，宦官对皇位之威胁远较朝臣或皇位继承人为小。且事实上，自东汉以至唐、明之宦官均曾有翼戴之功，如宦官高力士参与平定太平公主与韦后之祸，对玄宗嗣位有功；安史之乱时，宦官李辅国策划马嵬驿政变、拥太子（肃宗）即位灵武等，无怪帝皇信赖宦官之专且深。中唐以后，时因宦官之权势过大，须欲诛除宦官，然其所欲诛者，不过少数首恶而易以其他宦官而已。昭宗恶宦官，在天复以前，与宰相崔胤谋去宦官，唯在天复三年正月，宣武军节度使朱全忠以兵尽诛宦官后，昭宗反撰文以祭之。可证唐代皇帝对宦官始终并未失去信心。基此要因，唐代宦官能先后掌握财权、兵权、监军、枢密之职任者，殆可想见。

有唐一代，中央库藏之职责归太府寺。太府寺内有左藏署、右藏署，为国家财货储藏之所。除太府寺外，唐尚置有少府监，其职掌为进奉宫室宗庙所需之钱物。在唐初以至玄宗以前，不论太府、少府，皆由外朝官所主理。但至玄宗时，迷于眼前太平享乐，乃接受臣下私人之贡奉，此种贡奉不入左藏而入宫内，于是宫内置琼林、大盈二库，以为皇帝之私藏，朝臣虽有反对者，均未见效，故自玄宗时，国家财政与皇室财赋逐渐分开。玄宗时之大盈库是否由宦官掌管，由于史料缺乏，不可确知，但肃宗时则确知大盈库为宦官所掌管。于是宦官取得皇室财政之控制权。肃宗时，第五琦为度支盐铁使，将左藏库之金帛尽移于大盈库，于是宦官又进而控制国家财政有二十年，至大历十四年，由于宰相杨炎之请求，交出国家财政权,但皇室财政似仍由宦官主管。德宗还京以后,继续接受臣下进奉,皆入大盈内库,并不时向臣下宣索,进奉之金帛者极多。皇室财政最后之决定权虽在皇帝,而宦官乃主要负责管理者,常擅立主见,倘遇昏庸皇帝,宦官自然成为皇室财政之主宰者,甚或假借帝旨,干预国家财政,既掌握皇室财权,又可干涉国家财政,宦官之权势焉得不大?

唐初兵权掌握于武将手中,宦官无法过问。虽有韦后杀中宗后,命宦官左监门大将军薛崇简帅兵五百人往筠州以备醮王重福,及玄宗时,命宦官杨思勖领兵征讨蛮夷等,然均属临时性之差遣。安史乱发,李辅国专掌禁兵,开宦官掌握兵权先例。经李辅国后,宦官程元振亦掌总禁兵,权震天下。代宗时,宦官鱼朝恩控制神策军。永泰元年,吐蕃入寇,鱼朝恩以神策军入屯禁中,自此以后,神策军遂由地方军变为天子之禁军。鱼朝恩死后,神策军虽一度由非宦官出身之刘希暹、王驾鹤、白志贞相继统领,但至德宗建中三年京师泾原兵变,皇帝仓促出奔,白志贞统领之神策军并无至者,独宦官窦文场等随行。及德宗回銮后,尽罢统兵宿将,而以宦官代之。贞元十二年六月,置左右神策军中尉,以宦官担任,于是中央兵权遂正式落入宦官集团之手。代宗以后,北衙禁军中之神策军,不仅压倒南衙诸卫兵,且势力发展至京师以外,而又有神策行营之设,亦统于宦官,受神策护军中尉节制。贞元四年,武库之器械由军器使掌管,由宦官兼任,南衙诸卫军无法与神策军抗衡,原因在此,宦官既领神策军,又兼治京城武器,中央兵权遂成为宦官权势之基础。

唐代监军制萌芽于御史监军,御史监军本隋代临时性之遣派官职,至唐代则较早于高宗时之李峤,以监察御史身份监岭南军。武则天时之苏珦以监察御史身份监河西军等。至玄宗开元初年,此制尚见存在,始有以宦官为监军,而御史不复任监军之职。就大体而论,皇帝心理上,宦官较朝臣更为亲近可靠,认为宦官代御史监军更有效控制地方军队。且宦官遇事可直接上奏皇帝,监军奏事不必经由节度使转达。因此,监军在方镇地位与气焰甚高,藩镇对监军亦多不敢开罪,其职权虽不固定,然所管之事甚多，诸如领兵，或遇战事时，干预战略，或直接承皇帝命令对军中之赏罚，或在藩镇更易之际，或藩镇不能视事时，监军可代藩镇指挥军事。由于监军地位崇高，又得皇帝宠信，故藩镇对监军使多持畏惧态度。如德宗时，河东监军王定远专河东军政，且欲杀河东节度使李说等。宪宗时严绶为河东节度使，但军政补署，一出于监军李辅国，严绶奉命行事而已。刘辟之乱，刘贞亮为高崇文之监军，竟擅杀节度使李康等，甚且对藩镇幕僚或州刺史亦加干扰。如马总任职郑滑节度使姚南仲幕下，以其道直，为监军所诬奏，贬泉州别驾；王正雅为汝州刺史，因不堪监军之怙权而谢病免等，均见当时监军权势之大，对一般藩镇，并不放在眼内，遂使宦官势力不但扩展到地方去，且更为根深蒂固矣。

唐代宗时，开始以宦官为枢密使，其职掌为受表奏，于内中进呈，若皇帝对臣下有所处分，则宣付中书门下施行，故论其工作，不过属皇帝个人之文书收发而已。但由于有承受表奏之权力，便能察查表奏，进而干涉外朝大臣之行政。亦由于有宣布诏令之权力，便能假传圣旨，潜窃帝皇大权。元和中，中官梁守谦掌枢密，印权重当世。枢密使刘光琦亦干涉宰相议事，甚者以为任命宰相而枢密使不预知，被指责为坠败旧风。故知其时枢密使通例皆能预知命相之事。会昌中，伐昭义刘稹，宰相李德裕与枢密使杨钦义、刘行深议，约敕监军不得干预军政一事，观之，因监军乃宦官之职任，令监军勿干预军政，须征得枢密使同意不可，宰相不能单独决定。可见其时枢密使权势之大，而枢密使之地位无异不仅与左右军中尉同为宦官领袖，且为当时最有权势之人物。唯在僖、昭以前，枢密使虽拥有权势，仅在幕后干预政治，至僖宗时，杨复恭为枢密使，更于堂状后帖黄指挥军政事，公开侵夺相权，宦官既能公开侵夺相权，权势焉得不大。

宦官掌权所产生的现象

宦官掌握权势以后，最重要者，莫如参与皇位之废立。宝应元年四月，肃宗病危，张皇后谋立越王系，宦官李辅国、程元振拥戴太子，辅国带兵入宫，幽禁张皇后，收捕越王系及同谋之中官朱光辉等，并拥立太子即位，是为代宗。顺宗即位，因病不能朝，翰林学士王叔文依宦官李忠言专政，欲夺神策兵权，引起宦官刘贞亮、刘光琦等人之反对，乃拥立太子即位，是为宪宗。穆宗之立，虽以太子继位，然元和时，宦官吐突承璀谋立澧王恽为太子，事未成，宪宗遂立王宥为太子，至元和末，承璀之谋尚未息，宪宗被杀，宦官王守澄等谋立穆宗。文宗于开成五年病危，其时已立陈王成美为太子，而神策中尉仇士良、鱼弘志以太子之立，功不在己，乃更立颍王瀍，是为武宗。宣宗在位十三年，未立太子，临终，欲立夔王滋，而宦官左军中尉王宗实矫诏立宣宗长子郓王漼，是为懿宗。僖宗乃懿宗之第五子，从宦官刘行深、韩文约之拥立等史实观之，可知唐代宦官在肃宗以后，已成为皇室皇位继承权之主宰者。统计自肃宗至唐亡共十四帝，除德宗、顺宗、敬宗与哀帝外，其余均由宦官之拥戴而得位，即此一点，盖见唐代宦官权势之重。

自安史乱后，宦官过度弄权，每使帝皇陷于困境。广德元年九月，吐蕃入寇，边将告急，宦官程元振任骠骑大将军判元帅行军司马，专权自恣，不以吐蕃警上闻。十月，吐蕃逼京师，代宗仓促离京幸陕，诏方镇勤王，均不至。僖宗光启元年，宦官田令孜握权，令孜欲夺河中盐池之利，遂与河中节度使王重荣交恶，令孜发兵讨河中，重荣求救于河东节度使李克用，克用兵逼京师，令孜火焚长安，挟僖宗出奔。昭宗乾宁二年，凤翔节度使李茂贞与邠州节度使王行瑜、华州节度使韩运，发兵入朝，宦官骆全璀胁昭宗出奔。昭宗之出奔，实非所自愿，乃迁过于李茂贞，遣使召李克用攻茂贞、王行瑜。但天复元年十一月，昭宗又为宦官韩全诲等逼离京师。

唐代宦官能干扰军事，主要是直接控制中央之禁军，及常利用监军之身份，干涉作战，但事实上，监军宦官干涉下，使军队屡遭败绩。如安史乱时，玄宗令高仙芝、封常清抵御安禄山，并以宦官边令诚监其军，因不满高仙芝退守潼关，乃举奏高仙芝、封常清作战不力，扣减军粮等。玄宗乃命边令诚斩高仙芝、封常清于潼关。继又诏哥舒翰为兵马副元帅，讨安禄山，其后哥舒翰之败虽受杨国忠之促战，兵出潼关为安军所乘，然宦官之干扰军事，实难辞其咎。至肃宗即位，用房琯讨安军，遇叛军于咸阳县之陈涛斜，房琯欲取守势以待敌，因宦官邢延恩等促战而大败。上元二年，李光弼屯军北邙山下，与史思明军相持，受宦官鱼朝恩及中使之促战仓皇失据而大败。肃代以后，此种情形尚屡见不鲜。德宗贞元时，讨淮西吴少诚，诏征十七镇之师以讨之，军队中，皆以内官监之，军队之攻守令亦不在主帅，以至大败于小淀河。宪宗元和时，讨淮西吴元济，"诸道皆有中使监阵，进退不由主将，胜辄先使献捷，不利又陵挫百端"。后以裴度为淮西宣慰处置使，奏请去宦官监军以后，战事乃转败为胜。穆宗时讨幽州、成德，各道节度使皆有宦官监军，干扰军事，胜则据为己功，败则诿过于人，使战事每况愈下。武宗会昌时，讨昭义刘稹，以宰相李德裕主其事，德裕禁宦官监军干预军政而使战争获胜一事观之，益可反证监军阻碍军事之胜利，亦唐中叶以来一弊政。

唐代宦官名义上虽任职中央，然宦官与藩镇间之关系甚密切，盖由于宦官常以监军身份干扰方镇军政，或遇有藩镇纠纷，宦官亦常受命察曲直。此类察事工作，每每增加宦官对地方政治之影响力，更由于多数宦官，品德不端，或贪图私利，而颠倒是非黑白。开元廿七年，幽州节度使张守珪隐败以胜闻，事泄，玄宗命宦官牛仙童往察之，守珪重赂仙童，归罪其将白真陀罗，逼令自缢而死。天宝时，幽州节度使安禄山有异谋，玄宗遣宦官辅璆琳往观察，辅璆琳受禄山贿赂，在玄宗前盛言禄山之忠。武宗会昌三年十二月，河东横水戍兵作乱，推杨升为首，逐节度使李石，武宗遣宦官马元实往太原观察，元实受杨升贿赂，回京言升兵强势众，应予节钺，幸宰相李德裕明察，不从元实之言，令诸军攻太原，生擒杨升。更或因宦官之观察错误而使方镇受祸者。肃宗至德二载，史思明归降，封归义王为范阳节度使。时张镐兼河南节度使，持节都统淮南道诸军事，上疏力言史思明不可靠。因镐素不与中官交好，会有宦官自范阳从渭州使还，反言思明、叔冀之忠，肃宗竟信其言而免镐之河南节度使。其后史思明果再叛，许叔冀降史思明。李逊在元和时为山南西道节度使，亦因宦官观察之错而引至贬降。

宦官除了贪污误国之外，又常欺凌藩镇，使中央与方镇间之关系恶化。肃代时，宦官程元振诬杀襄阳节度使来瑱，又潜同华节度使李怀让，而使之自杀。德宗时，河东监军王定远专河东军政，河东节度使李说不能尽从，由是交隙，定远竟以刀刺李说。宪宗时，严绶任河东节度使，军政补署，皆出监军李辅光，严绶虚有其位而已。文宗时，山南西道监军杨叔元煽动兵变，杀节度使李绛。僖宗时，桂管监军李维周强取观察防御使印，擅捕知州官，荆南监军朱敬玫与节度使段彦谟不和，敬玫以兵攻杀彦谟，故宦官贪利不识大体，欺凌藩镇，招致方镇之不满，转而迁怒于中央或叛逆者甚多，导致方镇解体。广德元年，朔方节度使仆固怀恩之叛，起因于宦官骆奉仙诬其谋反，怀恩上书自辩，责皇帝听信宦官谗言，陷害藩镇，使藩镇畏惧自保，不敢信任中央。大历十年，魏博节度使田承嗣拒命，时成德节度使李宝臣与承嗣有隙，上表请讨之，宝臣屡败承嗣军，擒承嗣将卢子期送京师斩首，但由于出使之宦官马承倩，贪图私利，不识大体，羞辱宝臣，宝臣反而与田承嗣勾结，使中央失去控制河北三镇机会。建中二年八月，平卢淄青节度使李正己卒，其子纳，求袭位，德宗不许，纳遂作乱。宣武节度使刘洽屡败纳军，纳请降，宦官余凤朝欲立功，竟不许之降，纳遂与河北三镇联结，扩大叛乱。穆宗时，刘悟为泽潞节度使，对中央本甚恭顺，后因受宦官刘承偕之困辱，乃一改其对中央之态度等，凡此种种史实，盖见其时中央与藩镇间之交恶，宦官应负部分责任。

唐代中叶以后，政风败坏，主要原因之一，乃为宦官之招权纳贿。玄宗时，京师甲第池园、良田美产，宦官占有十之六七，高力士家即财厚于王侯。唐中叶以后，常令宦官出使，出使之宦官即可到地方尽量索取，结果势必造成地方吏治不良。如骆奉先之恃恩贪甚；窦文场、霍仙鸣、杨志廉、孙荣义之怙宠骄恣，贪利冒宠之徒，利其纳贿，货产百万；仇士良为内外五坊使，所至邀吏供饷，暴甚于寇盗；田令孜之贩鬻官爵，除拜不待旨，假赐绯紫不以闻，百度崩弛、内外垢玩、鱼虐百姓之事，层出不穷。而最为时人所指责者为宫市之事。所谓"宫市"，即宫中向外购物，初以官吏主其事，至德宗时，改以宦官任宫中采购事宜，宦官遂得借宫市之名以鱼肉百姓。及顺宗时，虽明禁宫市，但顺宗于永贞元年八月即禅位于太子，故顺宗以后，宫市之弊政，似又再恢复，百姓受害者更广。武宗会昌六年七月敕犹道及宫市，虽明令不得损害百姓，但亦反证当时宫市之弊尚存在。

总而言之，唐代中叶以后，国家日走下坡，以至衰亡，推其原因固多，然宦官之得势与虐政，尤其在唐末，朝臣与宦官形成对立情势后，朝臣既不多掌握兵权，又无法常与帝皇接近，欲与宦官对抗，只得求助于藩镇，结果宦官虽被诛，却再造成了藩镇势力，终至篡唐，此点，宦官似须负部分之责任。

永贞改革及其失败的分析

"永贞内禅"为中唐宦官与士大夫之争一大事，因德宗顺宗以来之唐代政治，除藩镇割据之外，尚有三事较为重要者。一是皇位之继承与否，全出于宦官之手，李唐子孙只是傀儡。二为永贞以来，内廷宦官党派竞争激烈，影响外廷士大夫之进退。三为牛李党争，亦起于宪宗元和年间。此三者皆与永贞内禅一事有直接或间接关系，而王叔文之成败，对中唐以下政治影响甚大。现分别就其政变原因、经过、失败及影响，逐一分析如下。

一、促成政变之原因

唐初曾发生玄武门的政变，不仅影响唐初政局，且由于太宗夺嫡成功，鼓励了唐代诸王子争权的风气，而使各朝太子地位，处于不稳定状态，太子地位不稳，即唐代政治不稳，故玄武门之变，实导致"永贞内禅"的主因。

大体天宝以后的中央政局，可以说是皇帝与内廷宦官的联合政府，皇帝本是国家最高权力的象征，宦官能与他联合，无形中取得最大的政治权力，故天宝以后的政治重心在宦官，不再是唐初以来的外廷三省官。这种政局转变的最大原因，可以分两点来说：第一是宦官参与皇位继承的政治斗争；第二是宦官自天宝以后不断掌握中央军权。既然军政两方的最高权力都属于宦官，中央政局自然为宦官操纵，永贞内禅的发生，自然不足为奇。

由于顺宗长期患病，后来更患上风眩症，不能视事，宦官乃乘机拥立太子，以保朝政为借口，迫顺宗内禅，而实则宦官眼看当时王叔文掌握大权，其所推行之一系列改革，对宦官极其不利，尤其是王叔文要夺取宦官兵权，使宦官更觉处境危急，非采取断然手段不可，加上唐代自玄武门政变以后，太子地位经常不稳定，一旦得到宦官支持，自然乐于发动政变。

二、永贞政变之经过

顺宗在贞元二十一年（公元805年）即位，王叔文结纳李忠言，得帝王信任，任职为太子侍读。叔文是个颇通治理的人，他借着侍读机会，时常向太子密陈政治利病与官吏之贤与奸，并吸纳一批贤俊之士如柳宗元、刘禹锡、韩晔、韩泰、吕温、陆贽等。顺宗虽因患病不能视事，但仍能励精图治，曾诏回在德宗时被贬逐的贤臣杨城等，又以杜佑掌理财政，这些大多出自王叔文的规划，一时政治顿有革新现象。此后王叔文又欲进一步，夺取宦官兵权，以宿将范希朝等统领中央诸军，因此大为宦官所不满。不久，王叔文以丁母忧去职，叔文之同党韦执谊、王伾等皆庸鄙无能，因此宦官乘机反击。其时宦官领袖俱文珍利用太子欲想早做皇帝的心理，外结藩镇韦皋、裴均、严绶等先后上表，以顺宗有疾，不能视事为借口，请太子监国，顺宗不得已内禅于太子。太子即位后是为宪宗，宦官由于拥戴有功，于是重新取得大权。首先便是贬逐王叔文，次年赐死。而所谓"元和八司马"的韦执谊、韩泰、柳宗元、陈谏、刘禹锡、韩晔、凌准及程异皆坐王叔文党，同被贬逐。据章行严《柳文指要》列出："永贞元年十一月壬申，贬正议大夫中书侍郎韦执谊为崖州司马；已卯，再贬抚州刺史韩泰为虔州司马，河中少尹陈谏台州司马，邵州刺史柳宗元永州司马，连州刺史刘禹锡朗州司马，池州刺史韩晔饶州司马，和州刺史凌准连州司马，岳州刺史程异柳州司马，皆坐交王叔文也。"

三、王叔文党之政治改革措施

永贞事件政变以后，下及明清，学者多有责难王叔文党之非，或有以为是小人之行径。其后王鸣盛曾为文替之洗脱，然而就事实而论，在王叔文的当权短期间内，确曾做了相当的惠政。

所谓宫市是皇宫中之购物，一向由官吏主持，随时给价。贞元中，改以宦官担任，往往克扣价格，中饱私囊，其后宦官购物竟至不再讨价，亦无文书证明，但口称宫市而已，无形是夺取货物，以至商人怨恨。而又有所谓五坊小儿，本来是负责饲养皇宫狩猎所用的鹰犬的小儿，但此等人多由宦官操纵，对民居极为横暴，随时取人钱物，此等虐民之政，至王叔文当政时，尽扫而空。

代宗大历以后，宫女渐多，宫廷费用日增，而在宫女方面，自青春至老死于宫内，亦颇有违反人道，时思外放。叔文时，下令安国寺解放宫女三百人，其后又解放了宫女和教坊女妓六百人，使得回家团聚。

当时的京兆尹李实时常榨取民间钱财。贞元十九年大旱，京畿缺食，李实毫不同情，上奏今年虽旱而谷甚好，由是租税皆不能免。有欲申诉的，即以诽谤朝政罪名杖死，激起人民的公愤。王叔文贬李实为通州长史，民心大快。

叔文又对过去的贤臣加以表彰，例如追封德宗时被贬官的陆贽为兵部尚书，以报其不遇。因陆贽曾为宰相，声誉甚浓，曾与德宗的宠臣裴延龄相争被谗，贬为四川忠州别驾，由是大为鼓舞人心。

贞元二十一年二月，王叔文下令禁止一切税收以外的附加税，当时之所谓"羡余"，六月，又将贞元二十一年以前所滞缴的税金约五十二万六千八百四十一贯免缴，使人民得以渡过经济困难。

唐自安史乱后，内则宦官专权，外则藩镇割据，王叔文实行政治改革，最难对付的，亦是宦官与藩镇，因此王叔文与藩镇发生冲突，乃势所必然，而当时的宦官与藩镇之间，亦是水火不容，王叔文未能利用两者的矛盾以控制他们，而错误在对两者同时加以制裁，因此，在宦官与藩镇合力之下，二王八司马政权便从此结束，据《旧唐书》载："唐之中叶，所逆命者，藩镇也，韦皋在西州，命副使刘辟求兼全蜀，且曰：公如不与，必有以相酬，叔文欲执以斩之……宰相不可，纵辟使归，而韦皋扫除侧之奏至矣。是年皋死，刘辟阻兵称留后，次年求兼全蜀，举兵遂反，杀叔文以骄叛人，使强藩得执人主进退之权。"

王叔文及其党人，虽欲改革时政，但中央兵权一向落在宦官手上，此实为一大阻碍，于是叔文欲夺宦官兵权，产生了一场大的斗争。《册府元龟·邦计部·俸录》："唐顺宗以贞元二十一年正月即位，……诏停内侍郭忠政等十九人正员官俸钱。"但此文未书郭忠政等罪名，据《顺宗实录》、两唐书等，贞元二十一年二月，罢宫市、五坊小儿，而宫市与五坊，必有主其事者，此被停俸之十九宦官，或即其人，如或不然，此十九人或为宦官中之尤奸恶者。虽然如此，但宦官的实权并未因此而削减，因其时中央军力调配之权，仍操于宦官之手，要彻底解决宦官的势力，非接收其军权不可。此亦王叔文政治生命的最大考验，结果由于未能取得宦官兵权而遭失败。

四、永贞政变王叔文党失败的原因

永贞政变实为宦官与士大夫之争，叔文党人之所以败，而宦官得胜，大体而论，盖军政之权操于宦官之手，叔文党势力孤立无援为其主因也，此外尚有数端，兹逐一分述如下。

每一政党之欲统率国家，主要因素在于其能掌握军政大权与否。换言之，倘某一政党能操纵兵权，其统治国家，简直易如反掌。过去的发展如是，时至现今亦无异也。叔文党人之受挫，亦是因为军政大权落于宦官之手里。据《旧唐书》所录，德宗时以中人窦文场、霍仙鸣为左右神策军中尉，"（贞元）十五年已后，杨志廉、孙荣义为左右军中尉，亦踵事窦、霍之事，怙宠骄恣。贪利冒宠之徒，利其纳贿，多附丽之"。自德宗惩京师之变，禁军仓促不及征集还京后，不欲以武臣典禁兵，乃以神策天威军，置护军中尉、中护军等官，以内宦窦文场、霍仙鸣等主之。于是禁军全归宦寺。《旧唐书》又云："叔文在省署，不复举其职事，引其党与窃语，谋夺内官兵柄，乃以故将范希朝统西北诸镇行营兵马使，韩泰副之。初，中人尚未悟，令边上诸将各以状辞中尉，且言方属希朝，中人始悟兵柄为叔文所夺，中尉乃止诸镇无以兵马入。希朝、韩泰已至奉天，诸将不至，乃还。"从以上我们可知道当时兵权实际仍在宦官之手，叔文党人没有兵马支持，怎能不败呢？

中唐宦官势力强盛，渐能掌握行政及军政大权，朝上一班忠志之士虽知其不是，但也不敢开罪他们，以致未能投入叔文党下，造成其势力孤立。另一方面，宦官中亦有小部分是赞成叔文党的，但他们权力低微，不足以影响大局。据《顺宗实录》卷四录，拥立宪宗之宦官为刘光琦、俱文珍、薛盈珍等人。今据此志，得知俱文珍亦为"翼戴"宪宗之宦官，可见宦官中反对二王、刘、柳政治革新者之众，赞成派之李忠言势甚孤立也。

大学士任事于内宫，与皇帝有很密切之接触，所得的权力自然较大。王叔文被宦官领袖俱文珍削去其大学士之职，自然与皇帝隔离，权力亦同时削减，政事未能贯彻而失败，《旧唐书·王叔文传》云："俱文珍恶其弄权，乃削去学士之职。制出，叔文大骇，谓人曰：'叔文须时至此商量公事，若不带此职，无由入内。'王伾为之论请，乃许三五日一入翰林。"不久王叔文以丁母忧去职，叔文的同党韦执谊、王伾等，皆庸鄙无能。因此，宦官乘机施以反击。

在当时的环境而论，势力最强的当然是宦官，他们拥有行政及军政两者的大权，叔文党理应与外边的藩镇联盟以抗之，藩镇的势力其实亦甚为强盛，足以与宦官抗衡，但叔文党不仅未与藩镇结纳，更而开罪他们，形成势力孤立，哪有不败之道理呢？

甘露之变及其影响

一、导致甘露之变的原因

唐自玄宗以后，宦官的政治势力日大，若干士大夫欲从宦官手中夺回政权，使他们能够重新成为政治的中心。由是，外廷士大夫与宦官集团便形成对立的局面，甚而发生权力的冲突。

文宗本人是深恶宦官的，他随时都希望联合外廷大臣以诛除宦官。但在宋申锡事件中，文宗表现得少断而多疑，既信任宋申锡而与之谋除宦官，又信任宦官之诬宋氏谋反而罢贬宋氏。此事之后，文宗自有感悟，痛下决心，亲自参与甘露之役，以洗刷自己的过错。

二、政变发生前的背景

早在顺宗时，士大夫便曾与中官发生冲突，史称"永贞内禅"。及文宗即位，用宋申锡做宰相，和他谋诛宦官，惜谋泄失败，申锡被贬死，其后文宗又与廷臣李训、郑注联络，首先对宦官进行分化，继而正陈弘志弑逆之罪，鸩杀王守澄，以李训为相，并出郑注为凤翔节度使，谋选精兵入京，内外互应，并计划乘送王守澄葬之日，诛灭宦官。

三、政变发生经过之大概

大和九年（公元835年）五月廿一日，早朝，韩约奏称左金吾殿后有甘露降，诱使宦官往验，欲一网杀尽，然后以兵抢出文宗。仇士良等到达金吾左仗，发现伏兵，因而迅速逃回，并以软舆劫文宗入宫，发动神策军，宰相以下二千余人皆死于难，朝臣受牵连而遭诛杀的，为数极多。各地藩镇除了昭义节度使刘从谏曾上表宣扬宦官之罪，余多无表示。

四、政变失败的分析

举大事者，必立威信，李训郑注，为相仅一年，威信尚未建立，然其急功近利，文宗虽对其信任，而其僚属则对其疑之，韩约之所以"气慑汗流"者，正是其缺乏信心的显著表示。加以起事仓促而准备不周，虽令郑注等多募壮士，但所募不多，又未经训练，竟因"训畏注专其功，乃先五日举事"。图功急战，焉得不败。

当时现场宦官无兵，而竟可让其调集禁军，足证所用之人多庸碌之辈，而罗立言等又未能即时呼应，韩约亦因惊慌而忘"报平安"。兵败之后，王璠与罗立言竟逃"私第"而卒"尸横关下"，而王璠更是宋申锡谋诛宦官的泄者，李训的部属如此，欲求成功，岂有可能？

政变前的保密工作虽然成功，但在起事之时却屡失时机。幕后之伏兵为士良所发觉时，便应立即杀出，但其只是伏而不动，直等得"风动庑幕"，士良已"惊走出"。此刻若伏兵齐出，仍可济事，可想当时的韩约必已目瞪口呆。而伏兵仍蒙在幕里，既闻士良惊呼，便应把士良拿下，但李训竟只懂攀舆大呼，错让士良逃出而领来五百禁军。此间不容发的时机，可谓一失于韩约，再失之于李训。

李训未能周密部署，正当行动之时，方才"集合"而当众"受敕旨"，焉可保密？更且伏兵之处，竟会"风动庑幕"，令士良"见执兵者"，可见事前并未验点周密。讵李训既公开传其"密旨"于前，而伏兵又彰显之以"惊走"士良于后。事未发而机先泄，则不败何待？

时李训的兵虽多于阉党，惜其五百"壮士"竟连呼喊的勇气都没有，因此"甘露之役"中的李训，正如战于长坂坡的赵云，活跃的只他自己，再无别人与他同声。孤军奋斗尚难取胜，独夫强战焉得不败。

李训等人于顺利杀死弘志守澄后，已有"轻敌"的感觉，所以他们只想如何杀死仇士良等宦官，却未考虑如何防范阉党，因此宫殿周围通道，无重兵驻守。反之，士良在危急情况下，虽不曾想到文宗与训注竟会借"甘露"的美名而起事，但他自必有所准备，则为事实。李训等只计成功，却未必成功，不计失败，岂保不败！

李训在首都举事，不但应与凤翔的郑注联络，亦应取得昭义刘从谏的遥相声揭，俾得内外合势，但起事之初，注竟不知，及李训败后也应早奔郑注，再一同东投昭义，俾得联合两方共襄义举，惜李训竟一误再误，致使大事无法挽回。

李德裕评李训致败之由，因失"天下之常势"，不懂得利用禁军，而欲以神州灵台游徼搏击之吏，抱关拥彗之徒，当精甲利兵，亦犹霜蓬之御烈火矣。赖中人觉其变，未及其乱，向使训计尽行，所诛者不过侍从数百人而已，其徒尚数千人，与北门协力报怨，则天下横流矣。此亦训不懂以阉党制阉党之道。

五、政变的影响

朝臣政变失败后，中官的权势更为扩张与巩固，外廷所仅能用与宦官对抗的都城卫军的武力，自此也被消灭，国家大事全由他们决定，外廷宰相一点不能过问。

文宗自"甘露之变"后，皇权因之而没落，阉寺因之更嚣张，文宗自是心灰意冷，自愧不如周赧王与汉献帝，愁颜不展。他本有"神思衰减"之症，至此更厉害起来，旋即病逝。

乱后，仇士良"遣骑各千余出城追亡者，又遣兵大索城中"。王涯、贾𫗮、舒元舆等将相大员，皆被诛；王璠、罗立言等，皆于"私第"被捕处死。其不得出宫门者，六百余人皆死，诸司吏卒及民酤贩在中王者皆死，死者又千余人。及后，李训、郑注亦先后被擒杀。

时各地藩镇，只有刘从谏上表曝仇士良之罪，但其他藩镇大都没有表示，由此可略知宦官与藩镇，有着一点微妙的默契。盖藩镇亦因畏忌宦官，而多与勾结。

甘露事变之后，宦官虽未有行杀逆之事，但仇士良等"愤文宗与李训谋，屡欲废帝"。文宗死后，仇士良以太子非他所拥立，乃矫诏废之，而立文宗弟颖王泸，是为武宗。而宣宗以后的懿宗、僖宗、昭宗等无一不是由宦官所拥立。故自此次事变以后，唐室皇位的继承完全操于宦官之手。

若甘露之役得胜，则"大和之治"或可能媲美于"元和中兴"。唯此后的唐代，除武宗与德裕将阉酋仇士良等逐出朝廷，惟宣宗之后，终于在宦官与藩镇交相为祸的厄运中，走上了衰亡之路。

第四节　唐代朋党之争与影响

唐代朋党相争原因的分析

　　唐代朋党之争，对中唐以下政治社会影响甚大，历代史家多有论及，本来此乃东汉以来之社会政治经济与学术文化演变过程中之旧问题，也是几种实际之学术政治中心问题。如朋党与非朋党之对立，经学道艺与文学辞章之对立，士族门阀与庶姓寒人之对立，实用主义与浮虚风气之对立。虽然随着时代之不同，客观条件和内容之变易，有畸轻畸重之各种姿态，但总离不了上述诸问题，唐代数次之党争如玄宗时代之张说、张九龄与崔隐甫、宇文融之争；代宗德宗时期之元载、常衮、杨炎与李揆、崔佑甫、刘晏、卢杞之争；宪宗、穆宗时代之牛僧孺、李宗闵与李吉甫、李德裕父子之争等。党争经过时期颇长而复杂。大抵自元和至长庆，是牛李党争逐渐由酝酿而至公开暴发时期。敬宗、文宗之世，是两党掺杂并用与互相斗争最激烈时期。武宗会昌中，为李党全盛时期。武宗崩，宣宗即位，贬李德裕，牛党遂代之而兴。至于促成唐代党争之详细原因何在，兹约要分析如下。

　　我国政治社会，自汉魏南北朝以来，即已产生门第社会观念，在此观念影响下之一切社会、经济、政治，均造成对立之形态，更进而在政治上产生了明争暗斗。虽然每一朝代之兴替，旧有门阀已消失其在政治上之地位，但新的统治者，无论其家世本寒族或军阀出身，倘积年累久，即成显贵之门阀，故高门显贵与寒门庶族之争，汉魏南北朝以来，始终不替。唐代党派之斗争，其基本之结症，亦魏晋南北朝以来，高门大族与寒门庶姓争竞之余波。在隋唐科举制度未盛行时，寒门庶姓在政治社会上绝对无地位，对士族门阀只屈服而无竞争，但自隋唐以后，社会、政治产生变化，科举制度渐盛行，新兴士人阶级渐抬头，于是又产生了士族门阀与新兴士人阶级之对立。玄宗时张九龄为相，反对加朔方节度使牛仙客以实封。玄宗即谓："事总由卿？"又谓："卿以仙客无门籍耶？卿有何门阀？"其后李林甫当政，援引寒族，衣冠子弟无仕进之门，对于边疆委任，亦主用蕃族寒人，当政二十余年，朝野侧目，后为杨国忠所诬构，其间斗争，皆士族门阀与庶族寒门之对立有关。

本来三省制之主要精神所在，作用在分权与制衡，其程序是中书出令，门下审驳，而尚书受成，颁之有司。但所谓"中书出令"者，不过承旨宣行而已，故唐初中书无异皇帝之秘书长。如此相权，已相当低微，还须经门下之驳难，然在其交互作用中，往往发生困难，主驳者认定政策来自中书，每每吹毛求疵，多所刁难；主出令者，因怕诏书阻于门下，自不免模棱委婉。主奉行之尚书省，只有被动之接受命令，敷衍塞责。此种杂凑之相制，在唐初已见端倪，以至造成中书门下时常意气用事。其后虽经改革，置政事堂，张说又改政事堂印为中书门下印，并列五房以掌庶政，权力较前提高，唯以属官检察上官，则深恐今日封驳，明日有左迁之虑。于是敷衍塞责、应付公事之弊，在所难免。甚至上官可以指挥下官，使给事封驳徒具名义，且按唐制，凡出席政事堂者，皆为宰相之职，又无定额，或三五人，或七八人不等。睿宗景云元年，增至十八人，而政事堂之建制，亦无堂长之设，在群龙无首之下，则其中之"模棱宰相"与"伴食中书"等自然产生。若宰相之中，意见不合，在上又无一行政首长以综其成，如在文宗时，"议政之际，是非锋起，上不能决"。何况宰相若要坚持主张，自不免结成朋党，以为声势，而朋党结成，又不免排斥正人，更有但求保身立位，不敢担当责任，遇到困难问题，又难免互相推诿，故唐代政治之所以乱多治少，朋党误国，此与三省制度下，相权之不固一，有莫大关系。

唐代由于科举考试之盛行，又产生了座主与门生，举主与被举者之私恩结合，此种关系亦为造成党争之主要原因。此乃中国政治史上，尤其在魏晋南北朝以来常见之形态。每一重要仕途之产生，则依附此重要仕途为中心而有社会政治上私恩私党之结合。战国秦汉之际，卿大夫招士养贤是唯一之仕途，结果便有主人与游侠食客集团出现。西汉中叶以降至东汉时期，察举岁贡和辟召是重要入仕之途。结果产生故吏与旧君，被举者与举者等之私恩结合，为旧君故主奔葬守丧之举，遂相率成风。魏晋以降，婚姻阀阅之制成立。九品中正选举必循婚姻阀阅之高卑，于是婚姻援引士族勾结现象随之产生，至隋唐，承南北朝之余绪，一方面婚姻阀阅相互党援之风气犹存，而同时因科举考试制度盛行之结果，而产生座主与门生之私恩结合，政治意见之从同，每多以此为背向。故婚姻阀阅之联系与科举考试入仕关系所产生之私恩结合，颇造成党同伐异之因素。

当唐代藩镇势力发展初期，朝廷士人间权力政见之争，往往与藩镇暗通，或互相凭借以为实力之声援，如李林甫与张九龄互相倾轧时，林甫颇与朔方节度使牛仙客通。安禄山所以能在河北蓄养势力，与在朝得势之杨国忠初期亦颇有密切关系，元和以降，乃唐室中央与藩镇对抗最末而较尖锐剧烈时期，依附于中央势力而存在之朝官，却产生两种派别，一主尊重王室主权，主张讨伐政策，一主反对用兵，采用优容政策，如宪宗元和中，处理刘辟、吴元济诸藩之对策，即有此两派之斗争。如李林甫、裴度等即属前派，李逢吉、钱征、萧俛等（消兵政策即钱、萧所主张）则属后一派，由于主张不同，乃进而发生嫉沮之事。《旧唐书·李逢吉传》载："时用兵讨淮、蔡，宪宗以兵机委裴度，逢吉虑其成功，密沮之，由是相恶。及度亲征，学士令狐楚为度制辞，言不合旨，楚与逢吉相善，帝皆黜之，罢楚学士，罢逢吉政事，出为剑南东川节度使、检校兵部尚书。"此两种政见之对立，随当时君主之向背与时势之推移互有胜败，因而有权位之升黜，此亦造成党争之要因。

朝廷中，党派之斗争莫不有宦官势力左右其间，尤其在宦官掌握禁军实权以后，依附者更多，于是因皇储之废立，权势之争夺，及对藩镇消兵与用兵各种问题之错综关系，而宦官之中亦有党派，每与朝中党派互相呼应，互相引援，其势力又互相消长。其间又因各种前后形势与所发生之政治事件不同，党派与宦官之间又有多种形相，勾结宦官者有之，谋诛宦官者有之，联宦官而诛宦官者有之，初期勾结宦官而后诛杀宦官者有之。及其最后，则又有朝士全然一致与宦官抗衡者有之。所以宦官势力之存在，也是唐代党争所以导致加剧与复杂之主因。

唐代党争的经过

一、玄宗时张说、张九龄与宇文融、崔隐甫之争

张说为新起庶族（范阳人），垂拱四年才以文苑科及第。张九龄乃荒徼微贱之人，神龙三年举材堪经邦科；景云三年再举道侔伊吕科。两人出身相同，互为依结。时北方贵族宇文融，受张说压抑，《新唐书·张说传》载："宇文融先献策，括天下游户及籍外田，署十道劝农使，分行郡县。说畏其扰，数诅格之"。宇文融乃联结清河大族崔隐甫及宗室李林甫共劾说，说因此去职。"隐甫既与张说有隙，俄又递为朋党，帝闻而恶之"，结果，张九龄相连为李林甫所逐，崔隐甫亦被免职。

二、代宗、德宗时元载、常衮、杨炎与李揆、崔佑甫、刘晏、卢杞之争

元载、常衮、杨炎为科举出身之庶族，后者为凭恃门第之士族集团。元载于开元二十九年举"庄老文列"四子科。李揆则为陇西大族，及载执政，揆遂流落十六年。常衮乃天宝十四载进士，代宗时宰相，时颇重用文词之士，常衮既重文词之士，当然出身于博陵大姓之崔佑甫自不欲与之同流，本传称佑甫"家以清俭礼法为士流之则"，先后数次以礼斥常衮，最后，得郭子仪之助力，遂罢衮以佑甫代之。刘晏初受知于元载，载荐之任度支转运使，然载握权时，"非党与不复接，生平道义交皆谢绝"（《新唐书·元载传》），故刘晏不值载之所为。元载得罪，晏为主审，处以死刑。庶族杨炎，长于文词，而宰相元载又与杨炎同郡，擢炎为吏部侍郎，故后来为载报仇，加害于刘晏，而范阳大族卢杞，遂诛杨炎为晏报仇。

三、牛李党争

所谓牛李党争，起于宪宗时牛僧孺攻击宰相李吉甫，吉甫之子德裕为私愤而与牛僧孺相争，其初争"政见"，最后成为意气之争。历宪宗、敬宗、文宗、武宗，而终于宣宗朝，分述如下。

（一）宪宗时的党争

宪宗时所谓"政见"之争乃指"用兵"与"销兵"之争。宪宗欲力图

中兴，对藩镇用兵，李宗闵、牛僧孺上策攻击，并及宰相李吉甫，据《通鉴》卷二三七"元和三年"条："（夏四月）上策试贤良方正、直言极谏举人，伊阙尉牛僧孺、陆浑尉皇甫湜，前进士李宗闵皆指陈时政之失，无所避；吏部侍郎杨於陵、吏部员外郎韦贯之为考察官，贯之署为上第。上亦嘉之，诏中书优与处分。李吉甫恶其直言，泣诉于上……"李吉甫是宪宗朝主张用兵最烈者，时吉甫之主战理论，固不能实行，而终正合宪宗之作风，故牛僧孺等非战理论，固不能实行，而终宪宗之世，牛僧孺、李宗闵亦未见重用。

（二）穆宗时的党争

主张用兵一派宦官的首领吐突承璀为反对派的宦官王守澄所杀，反对派既得胜，所以外朝的反李吉甫派也得势。牛僧孺做了宰相，与逢吉、宗闵联合，形成了所谓"牛党"。李德裕被外放为浙西观察使，八年不迁，因而对牛党的忿恨日深。穆宗死后，牛李两党已达到势不两立的地步。

（三）敬宗、文宗两朝之党争

内廷宦官仍是王守澄等掌权，但牛僧孺因不赞成敬宗继承皇位，与王发生冲突，因而被出为武昌节度使。敬宗死后，文宗继位，升德裕为兵部尚书。不久，宦官郑注、李训得势，宗闵得其帮助，逐德裕为四川节度使。其后"甘露之变"，李、郑被杀，内廷宦官王守澄势力也被消灭。

（四）武宗、宣宗两朝之党争

武宗时，仇士良继起秉权，德裕复入相，贬宗闵、僧孺于远方。宣宗嗣位，深恶德裕过于专擅，遂一再贬斥，德裕旋死于崖州，而僧孺、宗闵亦先后死。计两派互相倾轧，意气用事，相争历四十年。

党争的后果与影响

由于朝上意气用事，互为朋党之争，以至宦官更加得势，因而使君主感觉宦官必须制裁，从而整饬宫禁，统制宦官。如文宗以宦官权过重，因而用李训郑注计，借宦官之力以诛宦官，结果自元和以来负弑逆名之中官陈弘志，与自长庆以来即知枢密典禁军之王守澄，均被诛杀。自此以后，宦官自分党派而与外朝党派互相勾结之局势为之一变。大和九年甘露之变，外朝宰相李训、王涯等被害，显示宦官集团对外朝党派之生死斗争。自此以后，宦官内部更无党派之存在，其势力更强大而集中，皇储之废立，全决于宦官，而天下之政事，皆决于北司，宰相不过行文书而已。

君主对于牛李党派之疾恶，而引用第三者之新人，对内抑杀宦官，对外摧毁党派，冀能申其主权。如文宗以李德裕与李宗闵之朋党，绳之不能去，尝谓侍臣曰："去河北贼非难，去此朋党实难"。在君主施行此种政策之下，李训、郑注在诛杀陈弘志、王守澄之后，遂得转其方向于二李，《旧唐书·郑注传》谓："是时，训、注之权，赫于天下。既得行其志，生平恩仇，丝毫必报。因杨虞卿之狱，挟忌李宗闵、李德裕心所恶者，目为二人之党，朝士相继斥逐，班列为之一空。"训、注之所以得排斥二李，绝不单纯是挟嫌，君主之意向为其重要之凭借。在君主利用第三者摧毁党派与宦官全体对付外朝的双重压迫之下，牛李两党内部矛盾相继消失，也渐变为一致对付宦官之状态。

敬宗为穆宗长子，故外朝诸臣请立为皇储，又值穆宗初即位，元和逆党方盛之时，其党魁王守澄既赞成其事，而穆宗不久即崩，其皇位继承权所以未动摇也。然观外廷士大夫如李逢吉、刘栖之流，俱借皇储问题互诋其政敌，并牵涉禁中阉寺党魁，则可见唐代皇位继承之不固定及内廷阉寺党派与外朝士大夫党派之互相关系。

唐之末世，士大夫阶级暂时联合，与阉寺全体敌抗，且甘露变后，仅余以藩镇武力对抗阉寺北军之唯一途径，此时宦官统制中央全局，不可动摇分裂，故激成士大夫假借黄巢余党朱全忠之力，而唐皇室亦随以覆亡。

晚唐以轻薄为诟厉朝臣之口头禅，故朱全忠斥御史大夫赵崇，谓之"轻薄之魁"。李振对朱全忠之杀朝士，亦以浮薄为罪名。马端临谓"进士科当唐之晚节，尤为浮薄，世所共患"。朱全忠入汴，振对以尽诛缙绅，曰衣冠浮薄之徒，紊乱纲纪。全忠然之，缙绅为之一空。

第十六章　唐代社会经济与外扰内患

第一节　刘晏与中唐的经济改革

刘晏以前的经济改革及其得失

一、转运的改革

转运制度在刘晏少年时，已屡加更改。唐初各州府租赋，多由纳税人出脚钱，由州郡差纲部送到长安、洛阳等地。开元十八年，宣州刺史裴耀卿首主改革转运，主张仿汉隋旧制。开元二十一年，因京师谷价踊贵，玄宗欲按照自唐初以来皇帝的定例行动，幸东都就食，裴耀卿又重新上疏议改革。他说："臣望于河口置一仓，纳江东租米，便放船归。……三门之西，又置一仓，每运至仓，即般下贮纳。水通即运，水细便止。……缘河皆有旧仓，所以国用常赡。"裴氏因此得玄宗宠信。在转运使任内，通北运。但北运通行之时，由含嘉仓到太原仓，经由陕郡的陆运，仍然没有停废。裴罢相后，北运亦绝。安禄山乱起，第五琦继裴为转运使，但不久又罢。然其时运路，仍采取江汉商于之路。汴河因陷于战乱，不能应用。

二、盐法的创革及其得失

唐初并不专卖食盐，只是征收一种"出产税"。开元中，刘彤始上议税盐铁，曾兼解县安邑盐池使的姜师度，因此与强循兼理天下盐税。但不久又罢归州县，按照"令式"收税。开元二十五年颁布"格式"中，曾记明蒲州的盐池是使有力之家营种，四川盐井则定一税额，征收"盐课"。安禄山乱起，颜真卿首以"专卖食盐"方式，筹措军饷。第五琦仿其法而行于全国，大规模地专卖食盐："天宝至德间，盐每斗十钱，乾元元年，盐铁铸钱使第五琦初变盐法，就山海井灶近利之地，置盐院，游民业盐者为亭户，免杂徭，盗鬻者论以法。及琦为诸州榷盐使，尽榷天下盐，斗加时价百钱而出之，为钱一百一十。"措施实行后，虽对扭转安史之乱后社会经济之衰弊略有裨助，惟自兵起以来，流庸未复，税赋仍不足供国家用费。

三、税制的创革及其得失

刘晏以前，唐之税制大抵有租庸调制，按丁纳赋。但自安史乱后，人丁大量流散，而这种以人口户籍为依据之赋税制度，遂失其作用。宇文融之括户，只能补救一时。又于开元二十四年之长行旨条中规定，始有"折纳之法"，使不以贫富为收税之，租庸调制亦迫得要受贫富差异影响。租庸调以外之地税，按耕地每亩二升收税的地税，即王公亦须缴纳。第五琦曾在永泰年间，在京畿推行"十一税法"，不过旋因转运有成绩而停罢。此外，按人口收入之差等所征收之"户税"，及安史乱起，因官吏多无俸禄，乃又创按亩征收之"青苗钱"。第五琦的十一而税，实行不久，而于大历元年至四年，更下诏整理夏麦之税与秋税。而大历四年对于地土之诏敕中，谓所资军费，皆出邦畿微调荐兴，日加繁重。帝念民之苦，终未安居，令其他税，固可减轻，其后青苗屡减。京兆府耕地的青苗钱，大历二年增税至一亩三十文，外加"地头钱"。大历五年，第五琦被贬，始将青苗钱与地头钱合并为苗钱，税率屡有所减。

四、常平与铸钱

（一）常平

唐初各地设有常平仓，置有一定本钱，以备谷物丰收时，加价收籴，谷物昂贵时贱价出卖以平衡粮价。开元七年各州府常平仓本钱数量可见于开元七年六月敕："关内、陇右、河南、河北五道，及荆、扬、襄、夔、绵、益、彭、蜀、汉、剑、茂等州，并置常平仓。其本上州三千贯，中州二千贯，下州一千贯。每籴具本利与正仓帐同申。"（《唐会要》卷八十八"仓及常平仓"条）至十六年更加至三钱。天宝六载更定常平仓可以"赊粜"纳钱，代以粟帛。

安史乱后，地方势力仍大，朝廷为要恢复残破之农村及社会经济，首先必要安定社会物价。第五琦乃于广德三年，首先恢复常平制，但不包括谷米。广德二年奏请每州置常平仓及库，使自商量本钱，随当时米物时价，贱则加价收籴，贵则减价粜卖。而此时常平制较之天宝时为不同，是以"使领"区域作单位的。

（二）铸钱

唐开元天宝前，设铸钱使。天宝十一年，韦伦请厚价募工匠铸钱，计算铸钱之所得与所费，为国家独占的一种经济事业。官府虽独占铸钱事业，唯民间私铸仍盛行。安禄山之乱，第五琦曾铸大量货币，以充军费，其后竟演成通货膨胀，经济组织面临破产，政府不得已，只有回复原来之单位组织。第五琦因负币制紊乱而招致经济破产之责任，被贬忠州刺史。而铸钱之害，影响甚深。《旧唐书·韦伦传》云："农夫既非本色工匠，被所由抑令就役，多遭棰罚，人不聊生。"又据《新唐书·食货志》云："是时增调农人铸钱，既非所习，皆不聊生。"更而私铸盛行，有谓"江淮偏炉钱"。渐而经济紊乱，终于演成通货膨胀的现象。

刘晏改革的内容

刘晏处当前经济情况下，缅怀着幼年时代的仓库盈溢，甲戈入库，体验到社会矛盾的发展与扩大，及老年时，目睹农村残破，社会秩序紊乱，军费之膨胀等，深知自己的责任，要供应军费政费之调度，要恢复农村与社会的秩序及繁荣，要恢复已失掉的中央权威，要克服割据的军阀。诸如此类，都有赖于赋税之适当的调敛与运送，刘晏便是处此情况与抱负之下改革经济，而被当时人誉为"管萧之亚匹"。

一、转运的改革

刘晏继第五琦为转运使，巡行江淮。他在致元载书中，详言运路附近的社会政治状况，与运路的阻塞，北运路线荒凉，运路附近军人跋扈的状况下，刘于转运之要项外，更需要拟订两项转运计划：第一，借转运之通行，以恢复残破的农村；第二，借此显示中央威力，以恫吓四夷与割据之军阀。

而旧日之转运制，则更加推广施行，其法详载于《新唐书》中："河南尹刘晏为户部侍郎，兼句当度支、转运、盐铁、铸钱使，江淮粟帛，繇襄、汉越商于以输京师。……（代宗广德中）晏即盐利顾佣分吏督之，随江、汴、河、渭所宜。故时转运船繇润州陆运至扬子，斗米费钱十九，晏命囊米而载以舟，减钱十五；繇扬州距河阴，斗米费钱百二十，晏为歇艎支江船二千艘，每船受千斛，十船为纲，每纲三百人，篙工五十，自扬州遣将部送至河阴，上三门，号'上门填阙船'，米斗减钱九十。调巴、蜀、襄、汉麻枲竹筱为绹挽舟，以朽索腐材代薪，物无弃者。未十年，人人习河险。江船不入汴，汴船不入河，河船不入渭；江南之运积扬州，汴河之运积河阴，河船之运积渭口，渭船之运入太仓。岁转粟百一十万石，无升斗溺者。轻货自扬子至汴州，每驮费钱二千二百，减九百，岁省十余万缗。又分官吏主丹杨湖，禁引溉，自是河漕不涸。"文中引述，其要如下。

（一）设施的要点

他的设施是把转运作为政府一种经济营利事业。以榷盐所收得的利益，作转运费用，佣雇船工水手，遣纲利督运，将士护送。转运所需之船只据于扬子设十场自做，船只所需之其他东西，则以赋税形式收集起来。

（二）制度的设施

转运之制，大抵承袭裴耀卿之"分段运输"计划。更扩推由润州到扬子的运输，改成极端方便的"囊米而载。"可节省"扬掷"之虚耗，与分段运输装卸之烦费。汴河因兵乱，久未"淘拓"，在他任内，亦曾加疏浚。

（三）成就

刘晏之改革，节省了不小各段运输的费用。船只坚牢，与熟练之水手，得以省去船破粮溺，转运时间大大节省。

二、盐法的创革

晏除特别注重盐税，推进生产，除了榷盐以外，另征"食盐进行税"。设"常平盐"以济路远之地。其设施是："上盐法轻重之宜，以盐吏多则州县扰，出盐乡因旧监置吏，亭户粜商人，纵其所之。……晏又以盐生霖潦则卤薄，暵旱则土溜坟，乃随时为令，遣吏晓导，倍于劝农。"商人籴盐，不必然用钱，若以绢代钱，则更为诱引商人，也可省转购之繁。

晏法仅官收其盐，仍由商运销。既不夺盐民之业，亦不夺商贩之利，为专卖制中之最善者。且刘晏治盐，其事例多有足为后世取法者，特举其显著数端言之。

第一，盐政整理，用人有方。盐政整理，在于得人，不在官多。刘晏以盐吏多，则州县扰，故其总领盐政，首以省官为第一要义。《新唐书·刘晏传》言，晏所辟用，"皆新进锐敏，尽当时之选"。即有权贵，或以亲故为托，晏亦应之，俸给多少，必如其老，然未尝任事务。晏谓"士有爵禄，则名重于利；吏无荣进，则利重于名"，故俭劾出纳，一委士人，吏唯奉行文书而已。所属官吏，虽居数千里外，奉教令如在目前，寝兴晏语，无敢欺给，四方动静，莫不先知。此其用人之方，足为后世所取法。

第二，盐产场整理有方。盐产于场，整理场产，实为治盐之本。晏当时领东南盐务，凡属海盐，皆晏主之，而山南道属所有井盐，亦有归其兼领者，产区不为不广，然所设盐监，仅有嘉兴、海陵、盐城、新亭、临平、兰亭、永嘉、大昌、侯官、富都十处，大都择旺产之地置吏及亭户，其卤淡产稀者则行消灭。此其整理场产之方，足以取法者二。

第三，行常平盐之法。晏既采用商运商销，然商人重利，大都趋易避难，僻远之地，不免有缺盐之患。故晏转官盐于彼贮之，以备不时之需，如商绝盐贵，则减价以粜之，名曰常平盐。其始也场无弃地之货，其既也市无骤涨之价，民无淡食之苦。其终也，官获其利而民不知也。

第四，多建仓栈。采行专卖，官收场盐，必须多建仓栈，以为场盐贮积之所。故晏于吴、越、扬、楚设立盐廪有数千之多，既可杜场盐之透漏，又可免销市之缺乏。

第五，布置缉私。晏法就场粜商，纵其所之，固无引界之说，为自由运销。然于场灶之漏私，商人之夹私，未尝不设法查缉，故于盐场之外，酌择要地，别设巡院，凡十有三，曰扬州、陈许、汴州、庐寿、白沙、淮西、埇桥、浙西、宋州、泗州、岭南、兖郓、郑滑，一以防止私盐，一以调节盈虚。《新唐书·刘晏传》言："诸道巡院，皆募驶足，置驿相望，四方货殖低昂及他利害，虽甚远，不数日即知。"

他如蠲除加榷盐钱，使民无复税之业，禁止堰埭邀利，以轻商人负担，此皆足为后世治盐者之借镜。史称："唐当代宗之世，兵事未息，赋税所入，不足供济，晏专用榷盐法，充军国之用，凡宫闱朕御，百官俸禄，全国军饷，皆系辨于晏，敛不及民，而用度足。"于此可想见其法之美善者矣。

三、税制的创革

刘晏以丰富之社会经济知识，及社会政治政策，充分巩固财政收入，发挥赋税政策之社会作用。

第一，取消加等税。有邸店行铺炉冶的，昔有"加本户二等税"，皆罢之。刘晏以为战争后社会之凋敝，欲复社会之残破，则商贾之力，不可忽视。故采取对商贾轻税政策。

第二，寄庄寄住户。皆为贵族所置产业。虽有开元之"括户"，但此等住户仍有所优待。安史乱后，大族南下购置产业于南方，逃避赋税者自当增加。为防人民逃避课税，德宗时，曾下令逃户田宅，官为租赁，收取价值，以充课税。广德二年，更下诏清射逃人物的规定。大历元年，又定逃户复业；无地者得清射其他逃户之田产。这种种事前之改革，均对刘之户税整理有莫大帮助。

第三，优待诸将。战事虽止，但军人仍然跋扈。为防其叛变生事，对于有势力武将，便大为优待。

第四，增加官吏赋税。一方面，行"一户数处任官，亦每处依品纳税"的方法，借增加世为官宦之大家族；另一方面，保持安史乱后兼职之地方官之纳税。

四、常平与铸钱

常平措施是以常平之制，以救"钱流地上"之患。货币经济时代，交易迅速频繁，交易范围扩大，"钱流地上"之现象渐生。晏以常平制度，主张率先救济，使之未成灾荒，而不赞成事后补救。平抑物价，追求商业的重要组织，设迅速缜密情报网。以全国赋财力量，用各道盐铁院之普遍组织，以全国为对象，作平抑物价措施。

铸钱改革的内容包括设炉与钱监。晏统四炉，比第五琦少七炉；饶州设永平监、信州设玉山监，以管铸钱之务。其次是节省赋税转运费。以南方诸州所出的税物，易为铜薪，铸为钱币，以省税运之费，即《新唐书·食货志》所云："易铜铅薪炭，广铸钱，岁得十余万缗，输京师及荆、扬二州，自是钱日增矣。"

中唐后经济得失及其影响

刘晏之改革，乃上承第五琦、裴耀卿等政策而加以扩充之，至于各项改革之设施，其得失及影响，兹逐一分述于后。

一、转运改革对唐以后经济之影响及改革之成绩

第一，转运事业国营化，增加收入。晏把转运作为政府经营事业，以榷盐所收利益，作转运费，雇佣船工水手，遣纲吏督运，将士护送。建船的所需，皆以赋税形式收入，而用以转运之费。实无形中增加国库之收入，

而减少国家对于转运费之特别虚耗。

第二，改革转运路线，减少虚耗与分段运输之烦费。把润州到扬子的运输，改成极端方便的"囊米而载"，节省了"扬掷"之虚耗，与分段运输装卸之烦费。

第三，沿途减少粮米毁坏，自可减少国库之损失。其于扬子设十场自造运船，船只的坚牢，加上所任的皆为年轻熟练水手，得以省去船破粮溺之现象，转运组织系统化，运输时间自然节省。

二、盐法创革之成绩

第一，在合理的组织与经营之下，使盐税成有利的、富于开发性质的税源。在各地战争仍然不停、社会状况未完全恢复之情况下，而能做到盐税收入，占国赋之大半："晏之始至也，盐利岁才四十万缗，至大历末，六百余万缗。天下之赋，盐利居半。宫闱服御、军饷、百官俸禄，皆仰给焉。"（《新唐书·食货志》）

第二，设置监院。监与院之设置，不只是捕私盐，更是官府推销官盐的机构，因"广、牢、益以来商贾，凡所制置皆自晏始"。设置既精密，组织既能灵活运用，自对当时之贸易，促进不少，商旅之来往频繁，社会民生经济自然提高。

三、税制的创革成绩

主要是取消加等税，增加商人财富。晏为迅速复原战后之农村经济，故采商贾轻税政策，由此，商人财富力量大为扩展，社会随之兴盛起来。其次增加官吏税赋，税收大增。"一户数处任官，亦每处依品纳税"的方法，及使兼职之地方官员一样纳税，税制上虽无改变，但实况收益，则有显著成就。

四、常平与铸钱之成效

首先是平抑物价，从中取利，以供国用；追求商业利润，户口因而大增。"由是民得安其居业，户口蕃息。晏始为转运使，时天下见户不过二百万，其季年乃三百余万。"（《通鉴》）其次是组织健全，朝廷获利。各道盐铁院普遍而有人才的组织，以平抑物价，收效颇大。据《旧唐书》本传载云："自诸道巡院距京师，重价募疾足，置递相望，四方物价之上下，虽极远不四五日知。故食货之重轻，尽权在掌握，朝廷获美利而天下无甚贵甚贱之忧，得其术矣。"中可见其实效。更且易税物为铜薪，钱自日增。

刘晏的各种改革措施与影响

刘晏之经济改革，于战后社会经济残破局面下，上承第五琦而推广之。其各项改革，虽不能完全达成，然转运事业之得以推广，使各地货物，能迅速到达京师，对于河沟疏凿以利船只之往来，不仅利于财货易集京师，更而促成河沟两岸商业的兴起。处于战后民间经济仍未复原之际，其法以绢代盐税，实有便于转购之效，更可保障了社会的收入。盐利为官府税收之一半，对于安史乱后经济之兴复，实有赖之。其分夏秋两季之税收，实是上承租庸调制之破坏，而下开杨炎两税法之基础。减收取消加等税，增加商贾的财富力量，其力量增加，即社会残破经济便因而迅速复生。然户税之整顿，虽获至小小成绩，然实际上很多人仍有免税之特权，故政府于此方面的收入，仍感不足，但亦不至扩大开元以来社会之矛盾。平抑物价，天下无贵贱之忧，国家从而取道当之利润，以供国用。铸钱之务，虽收为国营，以税物易铸铜，减少赋税转运费用，然江淮私铸仍盛行，其政策于此方面仍感不足。至于平抑物价、军需品以外，能影响大众生活者，首推粮食物价之稳定。以上种种措施，其对国防民生，可想而知，户口之充实，乃用物价之稳定，国防之增强，有赖于税收之增加，更于转运、通沟、铸钱各方面省了不少人力财力，故其政策，实具开源节流之作用，故其经济政策，使唐自安史乱后，得以迅速复活，经济繁荣，户口大增，究其根源，刘晏经济改革之功，实不可没。对苟延残喘之唐帝国，无疑起了强心作用。

第二节　唐代马政与中唐之经济、政治关系

唐以前马政的沿革

马匹供应军用、民食、邮驿、运输，为用至大，历代经国者，多注意马政。汉代有专司马政之太仆卿，西北诸郡亦置苑三十六，养马三十万匹，故汉代军力强大。隋代马匹供给军用颇受注意，其数亦颇多。隋末李唐太原起义，军中缺马，刘文静等劝引突厥为援，资其士马以增兵势，故知当时唐军缺马之严重程度。唐代以太仆掌马政，尚乘供御马，官司组织规模甚大，唐代掌马政之机关谓之监牧，皆上总于太仆寺，监牧有上中下三等。凡马五千为上监，三千为中监，不足三千为下监。上牧监有正监一人，副监二人，丞二人，主簿一人。中下牧监设正监副监丞主簿各一人，其下复有司官牧尉、排马、牧长、群头等职，皆有正副（凡群置长一人，十五长置尉一人）。高宗仪凤以后又有监牧使、群牧都使、闲厩使，及东南西北各使，名称皆临时派遣，以检教各监牧者。其马之驽、良，皆登记簿籍，良马称左，驽马称右。每岁孟秋，群牧使综合诸监之簿籍，以仲秋上于太仆寺，送细马，则有牵夫、识马小儿、兽医等。凡马游牝以三月，驹犊在牧者，三岁别群。孳生过分有赏，死耗亦以率除之。岁终监牧使巡按，以功过相除为考课。马之教法，凡国有征伐而发牧马，先尽选强壮，不足则取其次，皆选详其色泽、年岁、肤第印记、主名送军，以帐驮之，数上于省。故马政之兴废，不仅对当时政治影响极大，且对西北外族之盛衰亦颇有连锁性之关系。大抵唐代马政之发展，以安史之乱为一大分野，制度的盛衰距离很大，而马政之盛衰，亦反映出唐代国势之盛衰。唐代前期马政之盛与监坊制度之发展，实由许多有利因素所促成。其一为天子锐意经武而重马政；其二为监坊所在地得其地利；其三为监牧得人，养马得法；其四为政治方面稳定，敌寇路不通监牧。大抵在唐代初盛时期，骑兵势盛，故在贞观开元间，马军不仅可以自保，且可御侮，甚且用之平抚四夷。

至天宝以后，安史乱发，政府大量急于军备，牧马之地又为胡番所据有，除征用民马而外，乃至取市于胡番，马政大废，影响所及，西北牧马之地从此荒凉。自唐末五代以至宋，政治、经济、文化各方面之发展偏向于东南，国势亦不足与西北民族相抗衡，而招致辽金入侵，蒙满入主，盖彼等均能凭借西北草原养马，故兵强，我失西北监牧之地，使马政荒废而兵弱，故就唐代马政对国家之经济、政治、军事影响之大，确非今人所能凭空想象。

马政与中唐以后之经济、政治关系

我国自秦汉以来，对于防御外寇，多兴修长城作边防设备，而此种措施，仅为治标而非治本之策，只有积极扩张国家军力始为基本办法，故马政向为人所重视。就唐代而言，唐人求诸异族最迫切者为马匹，尤其在中叶以后，马不仅对国家经济影响很大，且对国家之政治、军事同样亦有连锁关系。

唐代对外市马之对象主要有突厥、回纥、吐蕃和党项等，其中以市突厥马为最早。高祖太原起义，曾求助于突厥市马，开唐代市马之先例。贞观、麟德年间，官私马牛之群虽多，边州市马渐弛，开元后，复市突厥马，故知中国与突厥之市马贸易，仅在平时不于战时。且市马之数量向有规定不多，但其后突厥输入中国之马，体质渐不如前，或杂以驽病马种，我得马既不堪用，反造成每岁国家财政开支上之负担，关于此点，亦可间接窥见突厥势力之开始衰退。结果，天宝以后，突厥在我西北边区牧马之地，尽为回纥势力所替代。

玄宗天宝以后，北方草原民族以回纥为最盛。安史乱发，回纥助唐讨伐有功，常岁入马，索求高价，肃宗以后，国家更须凭借其武力牵制来自西南的吐蕃。而回纥在每次军事行动中，要求唐室付出很高的代价买马，使国家耗费甚大，益且屡见欠负。欠负之原因，在于市马过多，以至超出国家财力所能支付之限度。市回纥马之问题，过去许多学者曾加以讨论，多以为市回纥马是促成唐中叶以后经济萎缩之主要原因。同时也认为回纥马的输入是无理而贪婪的要求，却反而把当时的整个国际形势局面予以忽略。

其实唐室之所以维持此一项不受欢迎的贸易，一方面是有不得已的苦衷，另一方面都有自己的如意算盘。要知唐代对吐蕃方面的策略却不如对突厥分化政策之成功，从盛唐时代，吐蕃已成为唐室最大威胁，不仅占据了西部若干领土，甚而还时常切断唐与印度间的佛教通路与西域的商业交通。公元763年，吐蕃一度攻入长安，代宗一度出奔陕州，故开始衰微的唐室在北有回纥、西有吐蕃压力之下，决定了北联回纥、西制吐蕃之策略。

而回纥之所以愿为唐室效命者，无论是对付唐的内乱与外患方面，就回纥而言，若联吐蕃，经济上无很大之利益，在供求关系上，远不及联唐为上算，就唐室而言，若回纥以武力支持，对内可以使天子不致失位，对外则可能解除来自吐蕃之压力，使大乱后，有喘息机会。而回纥亦绝不会白费支持李家重建政权及替他们御外侮，故除去回纥替唐室出师平逆而获得每年两万匹绢布，与不定期之赏赐，及随公主下嫁而来之大量妆奁外，还主动而积极地向唐提出市回纥马之贸易。

若就过去史书纪录观之，似有点被迫性，甚至认为此乃促使唐代经济衰退、财源枯竭之主要原因。然而当时唐室之种种经济衰退与财源枯竭之原因，绝不能说都是为了支付回纥马费所致，其真实原因，恐怕还是连年征战，内政不修，均田政策之失败而使人民脱离了生产所致。即以宪宗时代，李绛奏言指出："北狄贪没，唯利是视，比进马规直，再岁不至，岂厌缯帛利哉？殆欲风高肥马，而肆侵轶。故外攘内备，必烦朝廷。一可忧。……北狄西戎，素相攻讨，故边无虞。今回鹘不市马，若与吐蕃结约解仇，则将臣闭壁惮战，边人拱手受祸，五可忧。"以此观之，唐室君臣尚深恐回纥不来市马，势必造成边境上之严重问题而引以为忧。

虽然唐室以大量金钱缯帛市驽劣之回纥马，回纥则替唐室安内扩外，计算起来极为划算。然则唐室何以大肆宣扬"朝廷苦之"的感觉？实因购买回纥马的马价乃出于租赋，变成人民的额外负担，在久经战乱之唐朝，人民正感疲惫不堪，朝廷虽不欲重敛于民，但奈于当时之情势，不能不市马，为着缓和民间的指责，不得不表示"朝廷苦之"的感觉，其实回纥与唐之市马贸易比较起来还是唐室占了绝大便宜。

第三节　唐代的外患

南诏崛起及其对唐代的影响

南诏即蒙舍诏，本在今云南西部居住的蛮族六部之一。这六部由六个渠帅分领，自号"六诏"（蛮语称王为"诏"），即蒙舍、邆赕、施浪、浪穹、越析、蒙嶲等六诏。蒙舍诏在最南，所以又叫"南诏"，意思是"南方之王"或"南方王国"。据旧史说，南诏是"乌蛮别种"，近人则说是藏缅语族的一种。六诏之地，两汉时虽列入版图，但其种族在当时并无史迹可寻，旧史只说三国时诸葛亮曾远征至此。至唐初，蒙舍诏兴起，才有较详细的记载。

南诏的国王姓蒙氏。唐初，其国主为蒙舍龙，下传至其孙细奴逻，曾于高宗永徽四年遣使入朝。至玄宗时，南诏开始强大，其他五诏微弱。南诏国主皮逻阁，贿赂唐剑南节度使王昱，求合六诏为一国。唐室应允，于开元廿六年封他为云南王，赐名归义。此后归义徙居太和城，号"大蒙国"，威服群蛮，击破吐蕃，渐成为唐室南陲的边患。南诏崛起后与唐室之交兵情况，自玄宗天宝起屡有记载。

玄宗天宝九年，云南王归义死，子阁罗凤嗣立。天宝九载，因受云南太守张虔陀的欺侮，发兵反叛，攻陷云南，杀虔陀，取夷州三十二县。次年，唐派剑南节度使鲜于仲通讨南诏，结果大败，死六万人。从此阁罗凤北臣吐蕃，吐蕃以其地为"赞普钟"（"王弟"之意），号称"东帝"。鲜于仲通为杨国忠党，虽然失败，国忠仍为他张扬战功。其后唐室大举募兵，以击南诏，国忠更派人四出强行拉夫，但终不能取胜。十三载，唐又派剑南留后李宓，率七万人伐南诏，结果全军覆没。杨国忠又以捷闻，更发兵进讨，总计因伐南诏而丧失的士卒，前后达二十万人，不久安史乱起，南诏又乘机扩展了不少地盘。

代宗大历十四年，阁罗凤的孙子异牟寻立，因苦吐蕃的赋重，乃脱离吐蕃而独立，但对唐也不恭顺。大历十四年，吐蕃、南诏合兵寇维、茂诸州，为唐将李晟等击败，异牟寻又附吐蕃。

德宗贞元初年，曾命剑南西川节度使韦皋招抚南诏，并诱之脱离吐蕃，至贞元十年，南诏与吐蕃交恶，归附唐室，此后南诏成为吐蕃的敌人。南诏自天宝中叛唐，与唐离绝四十余年，至此再度附唐。异牟寻四传至丰佑，其间南诏向唐室朝贡不绝凡二十年。

文宗大和三年，唐剑南西川节度使杜元颖减削部下衣粮，戍卒衣食不足，多入南诏境内抄掠。这时丰佑在位，权臣王嵯颠谋大举入寇，以这批戍卒为向导，连陷巂、戎、邛三州，进围成都。德宗贬元颖而以郭钊代之，南诏兵围成都十月而退，掠去男女百姓数万口及不少珍货。次年，李德裕继郭钊节度西川。德裕至成都后，练兵储粮，以备边患，并索还南诏所掠成都百姓四千人，此后南诏与蜀人相安无事达三十年。

宣宗大中十三年（懿宗咸通元年），丰佑死，子世隆继立。唐室以他的名字与太宗、玄宗讳相近，因而不行册礼。世隆乃于同年自称皇帝，国号大礼，并遣兵攻陷播州。懿宗咸通二年，唐克播州，南诏改向东南方发展，与安南土人会兵攻陷交趾。次年，唐夺回交趾。四年，交趾再陷于南诏。至七年，又为唐将高骈所克复。十年，世隆又倾国入寇，连陷嘉州、黎州、雅州等地，于次年进围成都，不克而退。

僖宗乾符元年，南诏再寇西川，唐以高骈为西川节度使，高抵任后，大修守备，南诏遂不再寇蜀。高骈以南诏崇信佛教，乃遣僧人景仙出使南诏，劝世隆归附唐朝，世隆从之。南诏于世隆在任期间，两陷交趾，两寇西川，因而国力疲弊，极须休养，故此南诏不再入寇唐室。乾符四年，世隆死。其后南诏与唐帝国一直保持着和平的关系。昭宗天复二年，南诏为其臣下郑氏所篡，持续二百五十年的蒙氏王室至此而终。

南诏自唐代崛起以来，其间对唐的寇掠影响非轻，试分析如下。

天宝九载，剑南节度使鲜于仲通，行为不检；而另一方面，云南太守张虔陀与南诏王妃私通，贿赂仲通，故南诏王阁罗凤申诉仲通不理。阁罗凤称兵反，而仲通不敌，士卒死者六万多人。仲通只身逃去，国忠在朝又为之掩饰，反谓有战功。其后李宓为剑南留后，攻南诏，又败，丧师二十万，李宓亦被掳。三次用兵，前后损失二十多万，国家精锐顿失，以致安史乱起，国无精壮士兵与之对抵，此为一重大之影响。

因南诏在唐中叶后屡犯边境，故唐室增加边将之权力，以便应付南诏之南侵，亦因此而使边将权力坐大，对唐室有威胁。初时，他们只是设一个节度使，只管军事，后其权力逮增，兼管民、财等大政，渐而拥兵自重，形成藩镇割据的局面。此现象甚至高力士，亦洞悉其弊，上疏谏之。《通鉴》二一七"天宝十三载"："（李宓）击南诏。……杨国忠隐其败，更以捷闻，益发中国兵讨之，前后死者几二十万人，无敢言者。上尝谓高力士曰：'朕今老矣，朝事付之宰相，边事付之诸将，夫复何忧！'力士对曰：'臣闻云南数丧师，又边将拥兵太盛，陛下将何以制之！臣恐一旦祸发，不可复救，何得谓无忧也！'上曰：'卿勿言，朕徐思之。'"可见因南诏入侵导致边区将领权力坐大，对唐室的安危有极大影响。

南诏自皮逻阁建大蒙国后，渐渐强大，然仍臣服于唐。唯其子阁罗凤在天宝九年叛唐，其后四十余年，南诏不断骚扰唐边。至德宗贞元初始再度附唐，然仅维持二十年，文宗大和三年又叛，此后历文、宣、懿三朝，大举入寇。懿宗时，世隆更两陷交趾，两寇西川，唐室因而损失甚大。至僖宗时，南诏才归附唐朝，并且走上灭亡的道路。

唐室与南诏之战争，自玄宗至僖宗时（德宗年间除外），共持续了二百多年。在此长期战争中，唐室消耗不少国力，同时亦虚耗国库。可见当时唐室无论在社会经济上、军事上或多或少受南诏之入侵而使其走向衰落之道。再加上边区将领权大，造成日后的藩镇之乱与朋党之祸，此等因素，使唐随着南诏之灭亡而同样走上结束的道路。

回纥兴起及其与唐代盛衰的关系

一、回纥之兴起

《新唐书》谓："回纥，其先匈奴也，俗多乘高轮车，元魏时亦号高车部，或曰敕勒，讹为铁勒。……臣于突厥……"但《旧五代史》则以为："后魏时号为铁勒，亦名回纥。"《旧五代史》所载极不当，近人考证则谓突厥与回纥为兄弟民族，同出于高车、铁勒，高车与铁勒乃为一族之二称，源于丁零，或即古时赤狄之遗种。回纥为突厥语 Vigus 的音译，其原意为"同盟辅助"，或即丁零与乌揭联合之遗裔。若以为匈奴后裔，尚无确切证据。唯在匈奴强盛后，曾为匈奴王国之一成员，故在血统上，或与匈奴较为接近，则尚属可信。而回纥或谓汉之乌揭，隋时称"韦纥"，德宗时改译为"回鹘"。唐初独居洛河北之娑陵水上，部内分为十姓，属部中别有九姓乌护，后世又分为黄头回纥等支派。回纥以于阗文拼音读作"回回"，其居天山且奉天方教（即伊斯兰教）。羽田亨云："回教"系因回纥人最先信奉而得名。林干以"回回系指大食国"，实未能追溯其原义。

二、回纥为患之远因

回纥在安史乱后为患于唐，其主因是唐在此之前过于倚赖回纥，现分析如下。

（一）土地方面

回纥为北方草原游牧民族，善于骑射，第一任部落君长特健俟斤之子菩萨，勇而有谋，率骑兵大败突厥。菩萨死，其酋长胡禄俟利与仆骨同罗，共击薛延陀多弥可汗，并其宗族，遂称霸漠北。东接室韦，西至金山，南至贺兰山而临黄河，北濒贝加尔湖，过去东突厥故地已尽为回纥所有。贞观二十一年，唐拜吐迷度为怀化大将军，兼瀚海都督，吐迷度自号可汗，设置官吏，至骨力裴罗立，杀突厥白眉可汗，东突厥亡。回纥遂南控大漠，尽得左匈奴之地，雄视塞北。回纥既为强国，故一旦唐有内乱，须借助外援时，便自然转到此一方向。

（二）经济方面（入贡）

贞观三年，回纥向唐朝贡方物，突厥亡，再度遣使向唐贡献，其后还有多次入贡，又诸部酋长开一参天可汗道，置六十八驿，各有马及酒，以供过使，岁贡貂皮，以充租赋，由是观之，时唐室部分收入有赖于回纥，且回纥占有一重要孔道——参天可汗道。

（三）军事方面

一为市马。战争，"出奇"方可以"制胜"，要"出奇"则必行动迅速敏捷，在当时情况下，唯有多使用马。而马是游牧民族的主要产品，所以唐人马匹缺乏时，必然向边疆民族市马。但当时雄踞边疆的为回纥，故一旦发生战争，唐定要倚赖向回纥市马。

二为军力。安史之乱前，回纥已助唐平边患，其助唐之平突厥，功不可没。显庆元年，从伊丽道行军总管任雅相等，破贺鲁于金牙山，尽收其地。后又从讨高丽有功。其后唐常取其壮骑佐赤水军独解支卒回纥，又助高杀默啜等，由此可见，于军事方面，唐倚赖回纥甚重。

三、安史之乱后回纥对唐室之助

第一，助唐收复两京。安史之乱，肃宗即位，葛勒自请讨安禄山，率兵与郭子仪首先破禄山部下逃往朔方之同罗、突厥于榆林河北。肃宗遣敦煌王李承寀往回纥，与约并请兵，至德二载，回纥又遣太子叶护及其将帝德等，领精兵助唐讨逆，与郭子仪等收复长安，立功甚伟。广平王俶与叶护约为兄弟。回纥又随广平王俶、郭子仪追贼，破贼于陕州，安庆绪弃洛阳，走河北，遂复东京。回纥大掠东都三日。叶护自东京还，优礼甚厚，封忠义王，以酬其功。叶护请归灵夏取马，愿更助收范阳，讨除残贼。

第二，助唐破史朝义。仆固怀恩与回纥右杀为先锋，会同诸道兵攻史朝义，破之，收复洛阳。仆固怀恩率回纥兵追蹑朝义，枭其首，河北悉平。

第三，助唐拒吐蕃。回纥为叛臣仆固怀恩所诱，与吐蕃同寇边。会怀恩道死，回纥、吐蕃不和，郭子仪屯泾阳，数挫其锋。其大将可汗弟胡禄都督等，遂又向子仪请和，子仪叩回纥营与胡禄结盟，共击吐蕃，吐蕃遁走。回纥合子仪部将白元光追击，大破之于灵台西原及泾州。贞元三年，李宓联回纥以拒吐蕃，始以咸安公主下嫁。回纥上书请助讨吐蕃，并改回纥称回鹘。是时，回鹘与吐蕃争北庭，回鹘大相颉干迦斯与战，不胜，北庭遂陷入吐蕃。后颉干迦斯率举国兵数万，将兵北庭，又为吐蕃所败。附吐蕃部落之三葛禄，乘胜取回鹘之浮图川，回鹘乃悉迁西北部落于牙帐之南以避之。咸安居回鹘二十一年，保义自领兵击败吐蕃，其武功颇为煊赫。穆宗长庆元年，保义可汗卒，立嗣为崇德可汗。时吐蕃以唐与回鹘婚而入寇。崇德奏以万骑出北庭，万骑出安西拒吐蕃，迎公主，后回鹘请以兵从度平河北。朝议恐回鹘恃功难制，止之不从，赐缯帛乃还。开成四年，回鹘开始内乱。

第四，婆闰助唐征贺鲁。永徽二年（公元651年），瀚海都督婆闰以五万骑助契泌何力破西突厥贺鲁，收复北庭，以功迁右卫大将军。永徽中，又遣兵随鼎嗣业讨高丽省功。婆闰卒，子比粟嗣立，与同罗仆固犯边。唐命郑仁泰为铁勒道大总管讨之。龙朔二年（公元662年），郑仁泰、薛仁贵败铁勒于天山。

四、回纥对唐之扰乱

（一）回纥兵之为患

回纥兵助唐复东京时，大掠东都三日。复洛阳时，回纥又大掠，并火焚圣善、白马二寺，死避难者万余人，大历中，回纥留京使者，常出鸿胪寺，劫掠街市，伤人不法。又武宗会昌二年，回鹘奉公主至漠南，入云朔，杀掠甚众，又转掠天德振武间，盗畜牧。

（二）回纥对唐经济方面之患

一论和亲。配合政治上的作用为主，促使文化与血统上的交融为次。唐与回纥和亲，除以唐公主下嫁外，有时回纥公主亦嫁唐将，兹据史实述之如后。肃宗时，以幼女封为宁国公主出降葛勒可汗，俾能达到政治安定与军事的胜利。大历三年，仆固怀恩死。明年五月，册其幼女为崇徽公主，嫁牟羽可汗；六月，公主辞行，至回纥牙帐，赐缯彩二万，成为牟羽可汗继室。德宗贞元三年，联回纥抗吐蕃，诏第八女蓬州咸安郡公主下降。自咸安公主殁后，回纥屡请归款，仍继前好请婚，久未之许。至是保义可汗，又再请婚。时以中原正讨淮西，降主费用太多，仍未允其请。宪宗之末，回鹘又遣合达干等来朝，固请婚，以回鹘有功于唐室，又在边境比岁为患，不得已而许之，元和三年，可汗屡遣使向唐请婚，朝廷以公主出降，费当五百万贯，故未之许。礼部尚书李绛上言："回鹘凶强，不可无备；淮西穷蹙，事要经营。今江、淮大县，岁所入赋有二十万缗者，足以备降主之费。"于穆宗初立时，遂封策十妹为太和公主下降。由是观之，唐采用和亲政策，所耗费亦相当庞大，足以导致经济之破产。

二论市马。天宝以后，中原动乱，所产之马，不足军用，于是向外市马日增，而唐在安史劫余之后，国力未苏，故常负马价，如："时回纥有助收两京功，代宗厚遇之，与中国婚姻，岁送马十万匹，酬以缯帛百余万匹。而中国财力屈竭，岁负马价。"又唐室不仅拖欠马价，且数目相当庞大，偶有一岁不与回纥市马，即可能与唐失和，准备战争，因此，市马尤为于经济之害。

三论互市。《新唐书》载："始回纥至中国，常参以九姓胡，往往留京师，至千人，居赀殖产甚厚。"据《新唐书》记九姓胡即中亚昭武九姓族类，所谓西域，贾胡者是也，其假借回纥势力侨居中国，居赀殖产以致富，对平民经济影响至大。（陈寅恪《唐代政治史述论稿》）

五、唐对回纥采用的政策

一为和亲（前述）。

二为互市（前述）。

三为册封。唐对回纥曾作多次之册封。天宝元年（公元742年），回纥首派遣使臣入贡，唐封为奉义王。天宝三年（公元744年），回纥骨力裴罗自立为可汗，唐封之为怀仁可汗。德宗建中元年，又册封顿莫贺为长寿天亲可汗。贞元五年（公元789年），又封阿啜为奉诚可汗。贞元十一年（公元795年），唐册封骨咄禄为怀仪可汗。文宗开成五年（公元840年），唐又册立庞特勒为可汗。

四为拉拢。玄宗开元二十七年（公元739年），唐招回纥助讨突厥。天宝十四年（公元755年）时，安史之乱，助收复两京。登里可汗又助唐平史朝义之乱，继又助讨吐蕃。（详见"安史之乱后回纥对唐室之助"）

五为征讨。高宗龙朔元年（公元661年），唐以郑仁泰、薛仁贵大破回纥于天山。天宝年间，回纥欲叛唐入寇，唐命将御之。武宗会昌元年（公元841年），回纥乌介可汗屡扰云朔等州，唐命刘沔等大举进攻，败之，乌介速依黑车子，然唐对回纥之征讨多是被动，绝少主动。

六为安抚。高宗龙朔元年，回纥入寇，唐虽以薛仁贵大破回纥于天山，然终以深入天寒，遭受失败，故改用安抚政策，始略定之。

七为羁縻。贞观三年，铁勒十一部归顺唐，且请置唐官。唐太宗乃置都督府，以回纥部为瀚海都督府，且封吐迷度为怀仁大将，此都督府之设，实以资统治回纥也。

八为赏赐以求和。安禄山反，肃宗乞兵于回纥，后回纥入东京，纵兵大掠，广平王欲止不可，耆老以缯帛万匹赏之，始止。自此唐岁遗回纥绢二万匹。

九为容忍（详见"市马"及"回纥兵之为患"）。

其实，回纥之入寇，反映出唐国势之衰弱。回纥能先后入东京抢掠，横行长安，故显示出唐之实力薄弱。及后，回纥之助唐平乱，同样反映出唐之国力已衰，不依赖外援实难以讨平乱事。反观唐所采用拉拢、和亲、征讨、赏赐等政策，皆以委曲求全为其出发点，综观回纥，自唐初至大中初年二百十余年间，除代宗时极短年份外，始终维持亲睦和平关系。初期之菩薪、吐迷度及中期之怀仁可汗，均始终归顺唐朝，葛勒、牟羽助唐收复长安，两复东京，灭史朝义，并多次助唐牵制吐蕃。前后三尚公主，为历史上最为亲善邻族之一。虽每岁索取缯帛马价，恃功骄恣，街市杀人，抢掠坊间，但与东突厥颉利默啜之患，西突厥贺鲁苏禄之叛，以及吐蕃之反复无常，长期侵扰相比较，又不可同日而语。

吐蕃边患

吐蕃乃古代藏族所建立的政权，位于中国青藏高原，建庭于逻莎（今西藏拉萨），太宗贞观八年（公元634年）始通中原王朝。十二年，开始寇边，以求婚为名，进攻松州。唐命侯君集率执失思力、牛进达等三总管兵伐之。与吐蕃之边境纠纷，始于此时。贞观十四年，以文成公主和亲。此后在太宗十年内，边境无事。高宗永徽元年（公元650年），吐蕃赞普弄赞卒，其孙嗣位。国相禄东赞主国政，吐蕃益见强大。至高宗龙朔三年（公元662年），又十四年，无吐蕃边患。高宗麟德二年（公元665年），吐蕃侵于阗。咸亨元年（公元670年），吐蕃寇陷白州等十八州，是年起，至懿宗咸通七年（公元866年）论恐热被斩为止，吐蕃之患，始告终止。

天宝以前，西域防御严密，吐蕃虽时时为患，亦仅在四镇边区一带。安史作乱，唐朝边防空虚，吐蕃遂乘机进陷内地州县，威胁京师，更结合南诏，以侵扰西南。吐蕃边患，共计几二百年，然当中可分为六个时期。

一为文成公主和亲时期。侯君集败吐蕃后，赞普弄赞谢罪，固请求婚。贞观十四年，以文成公主妻弄赞。她在吐蕃四十年，教民种植庄稼织布，藏民怀念历千余年而不绝。

二为禄东赞、论钦陵事政寇边时期。自咸亨元年入寇十八州起，直至中宗景龙元年（公元707年），三十七年之间，除极少数年份外，几无时不为边患。

三为金城公主和亲时期。此时期由武后久视元年（公元 700 年），至开元二十二年（公元 734 年），在赤岭与吐蕃分界立碑止。吐蕃于是时起，又复款附，贡献方物，报聘往还。

四为吐蕃再绝朝贡，侵犯四镇及河陇时期。自开元二十五年（公元 737 年）以来，至德宗初年韦伦使吐蕃修好止，共四十四年，此四十四年间，吐蕃几无岁不寇扰边境，进而攻陷京师，威胁京畿四次。安史乱作，吐蕃更乘虚进取河湟诸州，又进而略取泾邠二州，长驱直入以威胁长安。

五为平凉劫盟及吐蕃逐渐衰落时期。文宗开成二年（公元 837 年），彝泰赞普卒，弟达磨立。彝泰在位二十四年，多病，国事委之大臣，仅能自守，多年边境晏安，此亦为原因之一。达磨荒淫残虐，国人不附，国内灾异频仍，吐蕃由此益衰。

六为吐蕃内乱时期。武宗会昌二年（公元 842 年），吐蕃发生内战，国内大乱。至懿宗咸通七年（公元 868 年），吐蕃衰绝，无复边患。综观唐代二百九十年中，吐蕃之患，即占一百九十年。在安史之乱以前，虽时扰边境，然随寇随退，不过侵略人畜，焚毁庐舍。安史乱后，变化最劣，其影响如下。

自代宗宝应元年（公元 762 年）起，数年间，河陇各州几已全部陷落，且陷入吐蕃时期之长久。几近百年。更结合南诏，侵扰西南，使唐朝常受心腹威胁。清水之盟，虽系双方和平协定，约定唐蕃疆界，事实等于正式承认失陷廿年之河陇各州均属于吐蕃领土。穆宗长庆联盟，亦不过重申前约。可见当时唐朝对吐蕃之退让，及所受威胁之大。然吐蕃仍视会盟为废物，终代德两朝，几乎无岁不入寇，贞元以后，寇边较少，因吐蕃内部官族倾轧剧烈同时与大食相攻，无暇侵扰唐境，亦不能谓为会盟之功效。吐蕃其时在绝对优势下，而屡次请和，亦由于大食之威胁。故吐蕃盛衰，几与唐代相终始。

唐代边防兵力，开元以后，大部分用于防御吐蕃。天宝元年，置边防十节度使，以安西北庭河西备西边，以朔方河东范阳备北边，以平卢备东边，以陇右剑南备西及西南边。边州军镇，天宝中所置者，陇右十三处、朔方八处、剑南六处、范阳四处、河南三处、河西四处、北庭一处、平卢一处，几全偏重于西及西南。天宝元年，边区各节度使，所领军镇守卒在内，共兵四十九万人，马八万匹。其中北边兵二十一万，西边兵十一万七千，西南十万六千，东边兵三万七千五百，南边兵一万五千四百人。西边西南边及北边之大部分，均系应付吐蕃。吐蕃边患对唐之劳民伤财，可以想见。

终唐之世，吐蕃与唐室交往频繁，然仍无补于边境纠纷之解决。使臣往还，据史籍所载，贞观八年起，至武宗会昌二年，二百零九年间，唐使入蕃，约五十二次。蕃使来唐，约一百次。其任务，不外和亲、告哀、吊祭、修好、议盟、封赠、朝贡、报聘等。

第四节　唐代的民变与衰亡

唐末民变的时代背景

李唐江山，自安史乱后，连续发生藩镇交兵，宦官擅政与朋党倾轧相互交侵下，中央统治力日见陵替，关中政府赖以苟延残喘之东南财赋，自宣宗太中十三年（公元859年）来，已不可靠。因其时江淮地带已发生连串严重民变，战争渐渐扩及全国各地，关中政府既得不到江淮经济给养，于是日见加速其瓦解。促成唐末民变的主要原因，在初固然由于戍军的抗命，然汇成此种民变的巨流，主要还是当时贫富关系过于悬殊——失去土地之农民与流亡盗贼等，都投到变乱集团去了。

唐代后期社会经济何故造成此种贫富悬殊之局面？开元天宝以前，土地失均，贫富悬殊的情况本已存在，其时民户之逃亡，已呈现社会骚乱、经济衰退之预兆。安史乱后，经济衰落趋向益甚，两税法之推行与发展，仅以增加国家收入为目的，殊非以改善人民生活为依归，对于旧日各种促使经济衰落之因素，非但不能消解，且因顾虑国家收入短绌缘故，各种行政措施，尽量采取苟简应付政策，致令社会经济崩溃因素益增。安史乱后，户口锐减，土地自多荒废，使其时唐中央政权果有决心，重新整顿推行均田制，实属一良好机会，然而却适得其反，朝廷佞幸腐蚀于内，藩镇势逼于外，中央政权，日陷穷困之中。肃、代之世，屡见下诏招诱逃户或处置逃死户田宅之举，其目的虽欲恢复租课以解救国库之穷困，但民户逃亡后，征税者，率以租税摊派于未逃亡之亲邻，或货卖逃亡者之田产，一如安史之乱前之情形，而在此种民户逃亡潮流中，豪富之家与官吏，并恣其吞并民户田宅之欲，乃知其时政府在经济措施上，除谋恢复增加国家财库收入外，对于豪富官吏土地兼并之防止，实不甚注意。加以两税制度推行下，所产生租税负担不均之现象，极为普遍，造成贫富更悬殊，逃户益多，社会情况之不安，已颇有"山雨欲来风满楼"之感。

先是懿宗咸通元年（公元860年），浙东人裘甫聚众占领象山起事，一举攻下剡县（今浙江嵊县），并迅速发展至三万人，又分兵取浙东诸县。唐派王式率领大军前往，并招募充配江淮之吐蕃与回纥人组成之骑兵，向敌进击。裘甫退守剡县，战败被擒。事虽平，不久又引发徐州、怀州（今河南沁阳）等地人民的暴动。懿宗咸通九年（公元868年），政府用以对付南诏进侵交趾的原有八百屯驻桂林、徐、泗的戍卒，原定三年一代，但已过期六年，仍不得还，愤而生变，乃共推粮料官庞勋为首，夺取仓库兵器，自动北归。所过州县大肆劫掠，至宿县（今安徽宿县），势力扩充至数千人，连下濠（今安徽凤阳）、滁（今安徽滁州）、和（今安徽和县）等州，又因求为节度使不遂，武宁军节度使崔彦曾因而被囚杀。庞勋自称天册将军，唐遣康成训借沙陀、吐谷浑兵，联合地方武装力量，将之讨平。庞勋之事虽平，但其残余分子流布于徐、泗之间，响应王仙芝、黄巢继续进行活动。

僖宗乾符元年（公元854年）底，因庞勋起事，连续发生凶年与饥荒，濮州（今山东鄄城）人王仙芝、尚让等，在黄河北岸的长垣（今河南长垣）聚众数千人起事。次年，先后攻占濮州、曹州（今山东菏泽）等地，又与冤句（今山东菏泽）人黄巢之部队会合，战事益见扩大。

黄巢起事的经过

黄巢出身盐商家庭，曹州冤句人，少时尝与仙芝同贩私盐，家财富有，善骑射，喜任侠，粗涉诗书，屡举进士不第，又鉴于其时政治黑暗，因而聚众蓄谋叛变。僖宗乾符二年初，与王仙芝合兵起义于濮阳，檄告四方，指责唐政弊端，一时苏、鲁、豫各地"困于重敛者争归之"，数月间，众至数万，但不久为唐军所压迫，遂由苏北、鲁南地区流窜到河南中部。乾符三年，唐中央政府檄调各地节度使率兵握守潼关、洛阳、汝、郑等地，并进行堵截义军向西发展之道路。乾符四年，仙芝与黄巢分兵，前者由蕲州西进鄂州，黄巢则东北进攻郓州、沂山。乾符五年八月，仙芝军队在江淮一带为神策军统领宋威讨平，仙芝亦败死，其余众一部分由王重隐率领东破洪州（今江西南昌），另由曹师雄率领流窜两浙外，主要残余部队由尚让率领北趋亳州归黄巢，并推巢为王，称冲天大将军，开始自置官署。

另一方面，唐中央与各路藩镇重兵亦先后分兵堵截，巢军数面受敌的形势下，渡过长江，下江西诸州，又窜入浙东，开山路七百里，入福建，乾符五年底陷福州。六年，攻入广东，于所过州县大举活动。巢部连年流窜，因而先后向唐室要求安南都护、广州节度使等官职，唐中央以广州为中外交通要道，亦为市舶宝货所聚，认为巢军"得益富而国用屈"，不许。于是黄巢遂攻下广州，自称"都统"，发布檄文，痛斥贪官污吏之虐民，及科举流弊等黑暗情状。唐中央此时更遣王铎率兵大举向黄巢防地进攻。且在乾符六年夏天，巢部队在广东染上瘴疫，死者十之三四，要求北还，巢遂率军自广州西向桂林，又自桂林沿湘江顺流而下，兵锋所至，连陷衡州、潭州，攻下王铎总部所在地的江陵，声势复振，号称五十万。当继续进逼襄阳时，为山南东道节度使刘巨容伏兵于荆门将之击溃，但却未予穷追，巢军损失惨重，乃终止北上计划，渡江而东，陷鄂州，转掠赣、浙、饶、信、杭等十五州。

僖宗广明元年（公元880年），黄巢突破镇海节度使高骈的防线，陷睦（今浙江杭州建德）、婺（今浙江金华）二州，旋于是年七月，由采石渡江，围天长六合，挥军入淮，趋河南，陷洛阳，自称天补大将军，继续西破潼关，进逼唐王朝的心脏地区长安，宦官田令孜仓皇率领五百神策禁军挟僖宗"西狩"四川。

黄巢失败原因及其影响

僖宗广明元年十二月，黄巢在长安即帝位，国号"大齐"，以尚让为太尉兼中书令（宰相），年号金统。又命麾下大将朱温屯东渭桥以拱卫长安。巢兵入长安时，曾纵兵大肆杀掠，故未能取得广大人民的支持，环绕京区的群众，纷纷组织武装力量，或筑碉堡，或率众避入山谷作附隅顽抗。因此，黄巢做皇帝的美梦不久便开始破灭。

黄巢虽然占领长安称帝，但唐室的根基尚固，又因黄巢军队仅是"乌合之众"，攻城略地，到处起事，并无一固定地盘。及攻下长安后，其外围防线甚少，差不多仅保孤城一个，主力军队未能作机动运用，因此，勤王兵不久便从四方涌至。僖宗中和元年（公元881年），唐将王处存、唐弘夫曾乘夜攻入长安，逼巢军一度退至坝上，旋又反攻夺回长安，纵兵洗城，尽失民心。李唐二百年来，关中转粟为其主要命脉，巢入长安后，遑论其时江南已非其所有，且潼关以东亦未打通，局处于长安一隅，亦经常处于包围状态，纵使太仓稍有积粟，亦难以久恃，使京畿百姓不特未解倒悬之急，更因巢军之进驻而加深痛苦，怨声载道。僖宗中和二年，巢大将朱温（其时镇守同州）反降唐，唐封他为同华节度使，赐名朱全忠，挥军反击黄巢，因此动摇了黄巢的军势与士气。唐又以沙陀人李克用为雁门节度使，率兵会合藩镇援军围攻长安，巢军各路均战败，尤以在长安附近渭桥一役决定了黄巢的命运，结果在僖宗中和三年，退出长安，率众东定蓝田，经商山入河南境，继续在许、洛等数十州活动。中和四年，李克用率兵五万与朱全忠合兵击溃黄巢军于陈州（今河南淮阳）。从此巢众屡战不利，其部将万从周、尚让降唐。最后，黄巢率千余残部逃入泰山，降将尚让等穷追至狼虎谷，其甥林言，斩巢降唐。

统计黄巢自公元875年至公元884年败死，前后历十年，遍及山东、河南、湖北、安徽、江西、浙江、福建、广西、江苏、陕西等十余省，唐帝国经此次大动乱后，元气大伤，此后大权又落到朱温手上。巢死后，原蔡州节度使秦宗权，于黄巢退出长安东逃时，屯兵于陈、蔡间，秦惧其势大，举城而降巢。巢败死后，宗权遣兵寇掠荆、襄一带，继而攻陷东都洛阳，兵烽所至，烧杀劫掠，关东一带保存宁静的，仅有陈、汴二地而已。宗权之乱，至昭宗即位，始为其将申丛擒送解朱全忠转京师枭首，余党孙儒后转掠江南，为杨行密败死。

第五节　安史之乱后国运的挣扎

论者向谓安史乱后仍能维持百多年的原因何在？唐自天宝十四载经安史之乱，国势一蹶不振，政治败坏，诸如宦官擅权、藩镇割据、朋党相争、外族入侵与民变等，直接或间接地对唐中央政权打击甚大，然而唐之国祚还能延续百多年而不替者，考其原因，除了在政治、经济上的改革，庄园制度之稳定民生，宦官存在的重要性，藩镇势力的互相牵制，以及广州税收日见重要等的发展，都足以维持延续唐之经济政治，因此，使唐室能苟延残喘，否则在德宗或文宗时早已亡国，兹分别论述于后。

政治上的挣扎

安史乱后，内有藩镇之祸，外有吐蕃、回纥之骚扰，中央无力制裁。

及宪宗即位，以杜黄裳为相，杜深论德宗姑息的弊病，认为如果要振举纲纪，制裁不法藩镇是第一要务。宪宗采纳其意见，首先讨伐抗命的西川节度使刘辟，又先后对不服从的藩镇用兵。到元和十三年，全国所有藩镇，至少在名义上服从了中央，史称"元和中兴"。其后宪宗渐对国事荒怠，而着意于池台馆宇的营建崇饰。又以聚敛之臣皇甫镈、程异为相，同时又染上服食金丹的恶习，终为宦官陈弘志所弑。元和中兴遂成昙花一现，功亏一篑。不过对唐代挣扎却起了一点强心作用。

武宗死，宣宗立。宣宗有文武才略，恭谨节俭，奸臣畏法。那时宦官已自觉内部有不团结的危险，因此团结一致对抗外敌。宣宗虽曾设法对付宦官，但成果不大。而宣宗又怀疑臣下，用人不专，以致浙东乱后，瞬即燎原。虽然如此，但"大中暂治"，实在对唐末政治产生了一种挣扎作用。

唐宦官弄权祸国，横行不法，操纵废立，使中央政治败坏，此事被一般史家公认导致唐的衰亡。但若从另一角度来看，宦官虽专横不法，仍须倚赖帝国之存在。换言之，宦官罪大莫如操纵废立，而不能代唐为天子，使朝中大臣或藩镇等，只要取得实力与政权，便可称帝。果然朱温杀宦官后，唐帝国宣告瓦解，而事实上宦官在延续唐代国运，起码有两次以上之表现。例如宦官曾先后两次利用统率的神策禁军敉平反叛的藩将，保卫王室。如德宗建中四年，泾原节度使姚令言率兵五千到京师，但得不到丝毫赏赐，而粮食又甚恶劣，军士因而生变，德宗仓皇出奔奉天。泾原兵众进入长安，推朱泚为帝，史称"泾原兵变"。神策行营节度使李晟即率神策兵还救长安，击败反叛的藩将朱泚，收复京师。其次于宪宗元和元年，西川节度使刘辟作乱，左神策行营节度使高崇文，又以神策兵平刘辟之乱。且宦官由始至终大体上都积极主张对藩镇用兵，这足以证明宦官也为了他们本身的利益，尽力延续唐室之政权。至其祸国殃民，又当别论。

僖宗以前跋扈藩镇间之勾结，虽然是反中央的力量，但却能维持几个跋扈藩镇之间势力的均衡,所以部分藩镇虽曾屡次威胁中央,却无问鼎取代之力。其次,由于地理之限制,若干跋扈、叛逆藩镇亦有时形成孤立状态,未能与其他藩镇互相勾结。此种孤立的叛逆藩镇,因为势单力弱,不易抵抗四周忠于中央之藩镇大军围攻,常在短时期内败亡。如武宗时,昭义节度使刘从谏卒,侄稹求嗣袭,宰相李德裕力谋讨伐,在河中节度使石雄、义成节度使刘沔之围攻下,使刘稹目的终未得逞。同时安史乱后,割据之藩镇只是各自为政,互相牵制。例如景福元年李克用侵成德,幽州节度李匡威以兵三万救成德。贞元二年,义成节度使李澄死,子克宁求袭嗣,宣武节度使刘玄佐屯兵境上,阻止克宁之袭嗣。因此唐室能在岌岌可危的形势下,得以苟延残喘者,藩镇间的不团结与互相牵制的因素,不能忽视。

　　唐自开国以来至安史乱后,对外方面的强弱对比与国际形势之转变,亦先后起了很大的变化。太宗,高宗时期,不但对外武功显赫,俨然成为亚洲盟主,天可汗威名远摄西域诸国,异族文武人才入仕于唐代者,不可胜数,及于开元之世,国势达到巅峰状态。惟自安史乱后,此种形势已大有改变。首先是唐室本身之武功已大不如前,平安史之乱及收复两京需回纥之助,始能臻功,"天可汗"之威名,不攻而坠。肃、代之世,这个以唐天子为首的和绥组织,不再为外族所尊敬而无形中解体。新兴的外族强大势力如南诏、吐蕃、回纥,反成为中原之大患。加以安史乱后,藩镇的割据,宦官的弄权,党争的倾轧,经济萧条与民变迭起等逼迫下,唐帝国的命运仍能维系百五十年之久者,亦与当时国际形势转变有关。肃、代以后,大抵此时西有强大的吐蕃,北有回纥,与唐鼎足而三,唐欲消解两者的势力是不可能的,故在政治上,只能用"以夷制夷"的方法,即联回纥以制吐蕃,如大量加以赏赐、通婚、购买回纥马等。在回纥而言,若联吐蕃以攻唐,无论在政治、经济方面亦不划算,因回纥也是个产马国家,仍须向外找寻外销市场,不可能购买回纥马,故回纥之愿为唐所利用以制吐蕃者,及经常出兵以平唐内变者,由于对本身之经济政治利益大大超过与吐蕃合作。如此乃可明了，唐得以利用回纥对抗吐蕃，兴回纥之所以愿为唐驱使者在此，故在肃、代以后，由于国际形势所起的均衡作用，间接拖延了唐代的国运。

经济上的改革

唐中叶以后，税法紊乱，收入大减，又因兵役繁兴，国用遂感不足。刘晏乃广收杂税，成为国家重要收入，当时杂税，以盐、铁、茶、酒及矿冶为主，刘晏均收归官卖。例如，盐税规定官责商销，其法为籍民制盐，免其徭役，谓之灶户，制成之盐，卖与商人，听其转运出售，不复过问，此后即称为就场征税。此种杂税收入既敛不及民，遂使国用常足。

德宗两税法实行后，规定以钱纳税，钱益不足，为适应商业上需要，宪宗时，商人遂发明了飞钱："时商贾至京师，委钱诸道进奏院及诸军、诸使富家，以轻装趋四方，合券乃取之，号'飞钱'。"虽然飞钱办理制度并不完善，但飞钱的出现使资金易于流动，促进商业发达，助长经济的发展，对中晚唐的经济起了稳定作用。

安史乱后，土地兼并激烈，而土地兼并所造成的土地所有形式，可称为庄园制。所谓庄园，就是大地主所有的广大田地，由佃户为之耕种，成为一个经济单位，其名称叫庄园。从庄园的所有者来看，唐代的庄园可分为政府和皇室的庄园、官僚贵族的庄园、寺院的庄园、一般地主的庄园四种。庄园的耕作者是那些失去了自己的土地，穷到无立足之地的农民，因此被迫依托豪强，以为私属。同时在庄园主的庇护下，一般农民可以免除政府的苛捐杂税和繁重的徭役，以及长期兵役的痛苦。在这种情况下，庄园的生产遂得到维持，并得到一定的发展，唐代的社会经济才不致陷于崩溃。而安史乱后，唐代商业的继续发展多少建立在庄园经济发达之上。

交通的发展

由于安史余孽在河北、山东等地的割据，在大河南北割据称雄的藩镇，不但在军事、政治上不服从中央政府，就是财政经济上也要占据以自肥，中央只有倚赖江淮财赋。故沟通南北运河益形重要。例如使运河的运输量增加，及航运的畅通等，长安的粮食问题得以初步解决。江南运船在河阴仓卸下租米后，便可南返，不必航行于水性不大熟悉的黄河以及在三门山中开路十八里作陆运之用，都使运输比较安全，运输的效率也相继增加。除粮用外，军用器材及布帛也从江淮运往长安，又以布帛购买回纥的马匹作为巩固国防之用。故漕运的改良，间接对唐中央的经济需求起了很大帮助。

唐代对阿拉伯之海道交通与贸易，主要以广州为枢纽。唯自中唐以后，其地位更见重要，税收比往日大增。因为吐蕃、大食之兴起，西陲交通受阻，同时安史之乱，北部交通亦受阻塞，是以广州对于来往阿拉伯之海道交通，遂成为东西交通之主要路线。广州既有市舶之利，岁贡珍珠宝货，对一国家之收入当然甚巨，所以设市舶使以招徕海外番舶，以利国库。黄巢曾要求唐中央委任广州节度使，唐因广州税收日重，对当时国家经济影响甚大而不答允一事观之，可见其时广州在经济上的价值。至晚唐，来华营商者更多，因而增加了国家收入。据记载，黄巢于僖宗五年陷广州时，杀害外国商人等达二十万人，及任职广州的高官多成巨富等的情形看来，显示出广州在晚唐时，商业发达与中央政府对广州税收的倚赖。故广州经济地位日见重要，直接或间接地对残破的西北中央政权的延续，起了积极作用。

唐代衰亡原因总论

唐自太宗以来，一百廿余年，太平无事，虽有武韦倾覆王室，而民间晏然，及安禄山史思明作乱，而海内始糜烂矣。禄山思明，皆营州杂胡，少隶幽州节度使张守珪，禄山以狡诈、多权谋，数年间，擢至河东、平卢、范阳三镇节度使；思明亦以骁勇，累迁为将军。时玄宗在位已久，耽于荒淫，任李林甫为相，宠杨贵妃，国本寝虚。禄山久蓄谋反，惧林甫权数，不敢发。会林甫死，而杨国忠继为相，处置失宜，禄山遂举兵反。于公元755年，由范阳陷洛阳，入长安，玄宗奔蜀，肃宗即位于灵武。后因安史奸党内哄，禄山为其子庆绪所杀，郭子仪、李光弼等借回纥、大食等国兵，收复两京。庆绪走保邺，史思明又杀之，率兵西走，寇乱复炽，幸李郭竭力抗拒。后思明又为其子朝义所杀，其部下李怀仙复杀朝义乞降。至此，乱始平，时为唐代宗广德元年（公元763年）。

然而安史乱事之平定，实由安史内部溃乱，部众才纷纷降唐，唐室为苟且偷安计，凡来降的将领都封为节度使，给予实权，同时曾致力平安史乱而有功的将领亦各自拥兵据地，因此造成日后的藩镇之祸。肃宗请回纥兵入境助唐平乱，两京收复后，回纥横行两京，民众不胜其扰，而唐又不能制。安史乱后，举国动摇，虽幸平息，但九年之间地方糜烂，国家元气大伤，唐的黄金时代从此一去不返。由于黄河流域于战祸中，饱受摧残，北方的经济遭受破坏，文化及经济因而南移，安史之时，西北精锐士卒皆被调往平乱，由是边地空虚，外藩乘机侵近，河西、陇右尽为所占。安史之乱实为唐室由盛转衰的转折点。自此以后，遂有藩镇之祸，宦官之争，经济衰退，外患以至民变，至此，唐室势力日走下坡，已不能自保，遂成五代十国之局面，详究唐代覆亡原因，略作分析如下。

一、政治方面

唐初宦官本来无足轻重，自从玄宗重用高力士，擢为右监门将军，宦官才逐渐得势。肃宗时更任用宦官李辅国为大将军。德宗时，又命宦官掌禁军。顺宗时，想要削平宦官的专权，但却反被宦官胁迫而退位，其子宪宗及传至敬宗，二帝皆为宦官所杀。宦官连君主废立的大权亦拥在手，文宗、武宗虽亦心想诛戮宦官，以清祸源，但积重难返，大势已去。自武宗死后，宣宗、懿宗、僖宗、昭宗诸帝，都是由宦官所拥立的，宦官此时的势力，已达极点。昭宗召宣武节度使朱温的兵队进京诛杀宦官，宦官虽然被消灭，可是朱温的野心忽萌，把昭宗杀了。不久，连哀帝也遭其害，以遂其篡位的野心，唐代也随之灭亡。

穆敬文武之世，不唯宦官横暴，即朝臣亦分朋党。当时以牛僧孺、李德裕二人最烈，时称"牛李党争"。他们各植私党，相与排挤。初时，李德裕以宗闵对策，讥其文，吉甫不德，怀恣，心颇恶之。穆宗时，德裕为翰林学士，构贬李宗闵，逢吉乃请穆宗引僧孺为相，合宗闵以谋倾轧，出德裕观察浙西，八年不一迁。及文宗在位，两党倾轧甚烈，文宗叹说："去河北贼易，去朝廷朋党难！"文宗曾一度以李德裕为相，命牛僧孺为淮西节度使，不久德裕与宦官不合，又被排去。逮武宗即位，复召德裕为相，尽贬牛党。宣宗时，恶德裕专权，屡贬至崖州司户而死，而僧孺宗闵亦先后死于贬所，党争始息。两党相争垂四十年，经过穆宗、敬宗、文宗、宣宗、武宗五朝。李党正人较多，但多争者皆为意气，对朝廷无所裨补，而且各引宦官为助，结果，两败俱伤，反而宦官势力益盛，骄横专权，终陷唐亡。

二、军事方面

唐玄宗于沿边十道各设节度使，以防外寇，是为藩镇建置之始。这些节度使各领数州的兵甲土地、人民和赋税。从此，藩镇之势日大，外重内轻，造成尾大不掉之势，安史之乱亦是在这局面下产生。及乱平后，藩镇势力变本加厉，都门之外尽为藩镇所据，而且这些节度使多是归化的胡人，傲慢而不听命，自相世袭。肃宗、代宗之世，为了急于安定民心，便采用姑息政策，凡是贼将愿意投降的，都封他们为节度使，拥有相当的财富大权，他们亦有权任命所属的文武官员，而不须向中央请命。团结一起，互为声援，不供贡赋，并且公然违抗朝廷命令，胡作妄为。宪宗之世，用杜黄裳、李绛为相，决心制裁强藩，派杜黄裳、裴度等讨平四川、夏绥、镇海三镇，再派裴度、李诉平淮西镇，淮河西北六州自动归顺，诸镇由此震慑，唯命是从，国威大振。至其子穆宗继位，恣情声色、喜好犬马，政治又搞得一团糟，藩镇乱源又复萌，河北三镇相继反叛，朝廷攻讨无功，而别的动乱亦相继而来，因而加促了唐代的衰亡。最后朱温终以宣武节度使篡夺唐祚，而演成五代十国的局面。

唐代因过分的开边，激起内乱。及中国内部发生动摇以后，而其对外情势，遂突然大变。最为唐患者，在初本为东突厥，及突厥平，安史乱又起，唐室因曾借兵于回纥，以至造成回纥势力日大，安史乱虽平，而东京又惨遭焚掠，自此唐岁赐回纥绢二万匹。宝应元年又征回纥兵讨史朝义，太子见辱，回纥再入东京，又肆行杀掠，自此回纥横行长安，唐却不能禁，每岁和市，无异于行贿。到德宗时，回纥始稍衰。然而唐室仍须与回纥和亲，以缓其激绪。文宗开成后，回纥因内乱而不振。唐中叶以后的外患，除回纥外，尚有吐蕃。安史之乱时，潼关失守，尽征河陇朔方镇兵入国靖难，边州无备，吐蕃乘机侵扰。数年之后，凤翔以西，邠州以北，尽为番戎之地，湮没者数十州，自此屡为边寇。肃宗时岁入寇。代宗时，陇右地尽失，长安被掠夺一空。武宗以后，吐蕃始衰，宣宗时，始收复秦陇河湟之地，然而唐亦垂亡。

三、社会经济方面

由于藩镇割据，法度废弛，内臣戎帅，只知聚敛，于是竞务奢豪，影响所及，造成社会经济的破产。藩镇一方拥兵据地，同时坐收财赋，且藩镇每奉命征讨，国家即须拨出大量粮糈，致令朝廷陷于枯竭。然而唐代财政，其初专属户部，中叶以后，始令他官主判，遂各立使名，如转运使、水陆运使、铸钱使等，而度支使、盐铁使、判户部，当时则谓之三司，专主财用出纳，皆以重臣领使，后遂以宰相兼之。而德宗之苛锐括富商钱，见叠层出。镇兵每小捷，辄张其数以邀赏，实欲困朝廷而缓贼。穆宗时，有动议裁兵，镇兵则相聚山林为盗，利未见而祸已成。由于经济的破坏引至社会的不稳定，因而促成唐代的衰亡。

唐自天宝以后，藩镇宦官，横暴内外，民已困敝不堪，加之外患频仍，赋税之苛扰，天灾常至，人民无所生计，故懿、僖之际，民变遂起。首先起事的是裘甫。懿宗咸通元年（公元860年），他因不堪官府所迫，聚众起事，蔓延至江南一带，在同年亦被朝廷平定。继裘甫而起者乃是庞勋。他起事于咸通九年，率桂林戍卒，沿湘江、长江东下，在徐、淮一带活动，不久为沙陀人李国昌讨平（沙陀王是突厥族的一部，经此一役，沙陀又从此得势）。

僖宗乾符元年（公元874年），王仙芝起兵长垣，黄巢亦起兵响应。公元878年，仙芝死，巢收聚其众，势力大盛，先从淮河南下江浙，继而经江西南下广州，更自广州北返，经湘、鄂、皖等地再渡江、淮，西向下洛阳、长安，率众几十万，如入无人之境。黄巢起事先后凡十年，给予了唐朝沉重的打击。

四、政府组织及制度方面

科举制让人自由应考，即是广泛地开放政权，此制度易引官少员多之患。且唐代入仕之途极广，科举只不过是其间的一项，于是官员有数，入流无限，以有数供无限，人随岁积，其势循至于为人择官，而非为官择人。其时则官倍于古，士十于官，求官者又十于士，于是士无官，官乏禄，而吏扰人，在此情势下，政府的用人，遂至于徒循资格，推排禄位。然而禄位仍有限，资格乃无穷。在政海角逐中，渐渐分成朋党，而使在上者亦束缚困制，无可展布。以前的弊害，在于社会有特殊阶级之存在，政权之不公开，政治事业只操于少数人之手。现在的弊害，则因特权阶级逐步衰落，社会各方面人平流竞进，皆有参政之机会，而政权一解放，政治事业时有不易督责推动之苦。以上所说，其先并不即是科举制度之弊病，只是科举制亦在此种政权公开之趋势下存在。此后科举制逐步推进，入仕之途，逐步集中到科举一门之下，则上述种种弊病，亦全由科举制来保留。照理论，国家一面公开政权，一面便应实施教育，好使两者分途并进，此在贞观初年颇有其意。但一到高宗武后时，此风陵替。国家既无教育，空悬一格以为考试，而考试标准又渐渐趋重于进士科之诗赋，开元以后，成为风气。全国上下尚文之风日盛，尚实之意日衰。诗赋日工，吏治日衰，唐代的政治风习，大有从北朝经术转向南朝文学的意味，促使唐代盛运中衰之要因。

政权无限止开放，同时政府组织亦无限止扩大。唐代的政府组织，其第一可见的缺点，即重规叠矩，有许多骈拇无用的机关。六部与九寺，职权即多重叠，新机构产生，旧机构不取消，造成冗官坐食，不仅有损国赋，同时还妨碍整个政治效能之推进。贵族门第特权阶级逐步取消，政权官爵逐步公开解放，引起了官僚膨胀的臃肿与官员日增相因并起的现象，便是官俸日高。这一个趋势，愈来愈失其本意，遂使为官只是发财分赃，而不是办事服务。一方面又因用人进退之权，完全集中于中央，欲求精密反而不精密。而授官任贤之事，渐变为挨资得官。中央政府规模扩大，政权集中，官僚充塞，阶资增多，地方官权位日落，希求上进的自然多趋中央，遂引起内重外轻之势。在一种繁委丛脞的政治情况之下，很容易使人陷入放弃宏纲，而注意到簿书案牍上去的种种弊病。自贞观以后，经过高宗之懈弛，武后之放恣，及中宗韦后之乱，到玄宗时日显呈露。然苟有大有为的政府，尚可革新，并非死症。不幸玄宗在盛大光昌的气运下始则肆意问边，继则溺于安乐。上述各种弊病，反而加甚益厉，遂致激起安史的大变，以致唐代从盛世而走向中衰。

國史論衡

兩宋至明清篇

下冊

邝士元 著

上海三联书店

第十七章　北宋的立国及其政治措施

第一节　北宋立国前的政治、经济、社会形态

国家兴替

北宋立国之前，是我国一个大动乱与分裂的时代，史家称此时期为"五代十国"。所谓五代是指后梁、后唐、后晋、后汉、后周相继占据中原一带的五个王朝，虽言五代，却是八姓，更换了十四个皇帝，历经五十三年。十国是指吴越、吴、南唐、闽、南汉、楚、荆南、前蜀、后蜀、北汉围绕在五代周围的十个小国。此外，还有燕、岐、殷、清源等割据政权未计算在内，故实际上还不止十国，大概史家为求整齐数目，才有这种称谓。五代十国这段期间，是中国史上自五胡十六国以后一个最纷扰割裂的时期，从残唐藩镇割据的局面发展而来，也是藩镇割据进一步发展的结果。由于五代十国时，国与国之间互相攻伐，或内部篡夺，所以战争频仍，造成此大动乱时代。加上统治者多出身行伍，对政治毫无认识，因而政治纷乱，人民生活困苦。现将五代十国之政治特征略述如下。

朱温篡唐，而友珪杀之；友珪既立，而友贞讨之；友贞即位，又诛友孜。此后梁父子兄弟之相杀也。庄宗既立，杀其叔父克宁、其弟存乂；明宗篡

立,杀其次子从荣。此后唐父子叔侄之相杀也。复有刘守光囚父弑兄,李彦珣射母拒晋,杨承勋幽父请降。如此伦常乖异,天性灭绝,亦有史以来所稀见。

五代不仅是一个大动乱时代,也是唐末之间的大分裂时代。每个朝代的国祚都非常短促,计后梁十六年、后唐十三年、后晋十一年、后汉四年、后周十年。其皇室则共历八姓十三君。这种纪录,在中国史上找不出前例。

唐代用人,循资格声望,至于五代,其习始衰,而执政柄者,不必尽属士流。就其著者言之,如苌从简以屠户显,王峻以善歌遇,他如伶人宦官,乘时窃柄者,其人尤众。历世用人,其漫无准则若此?官邪政弊,胥此之由。

五代政治之另一特殊现象,即政风多贪黩而贿赂风行。欧阳修《五代史记·郭延鲁传》论:"呜呼!五代之民其何以堪之哉!上输兵赋之急,下困剥敛之苛。自庄宗以来,藩镇进献之事稍作,至于晋而不可胜纪矣。……盖自天子皆以贿赂为事矣,则为其为民者其何以堪之哉!"五代之世,官吏俸禄,大抵皆薄,俸禄寡薄而政风侈靡,于是括敛民财以自给,此亦政风贪黩之一因。

五代乱世,本无刑章,视人命如草芥,以族诛为常事。如后唐之安重诲,后汉之苏逢吉,皆一代重臣,位兼将相,或族或诛,无一幸免。其尤惨酷者,莫如刘信对待军士之犯法者。至于屠城杀降,史不绝书,益无论矣。

五代军人之跋扈情形

军人之跋扈,唐时已然;至于五代,厥风尤盛!由于皇帝皆由军人拥戴,事成之际,又复肆行剽掠,民不聊生,人心不附,亦固其所。古来军人之横暴,未有如五代者!兹将五代军人跋扈之情形,略述如下。

五代帝王多起自行伍,故内而宰相,外而节度,多用武人;而枢密之权,至唐而特重。不待诏敕,更易大臣,枢密之权,等于人主,而武人横恣,竟唯意所为。至于藩镇,率用武人,仅冯道、桑维翰以文人为节度,为时虽暂,于五代为仅见。牧民之事,非武人所习,而除拜刺史,亦论军功。于是武夫悍将恃功纵下,为害于民。

唐至中叶,藩镇势力已显,五代风气益厉。于是强者称兵,弱亦难制,朝命不行,徒事姑息。而唐明宗、废帝之立,石晋、郭周之篡,亦莫不起自藩镇,此五代之世所以极乱,而干戈终无已时也。

唐自中叶以后,河朔诸镇,各自分据;节度废立,权操军士。至于五代,其风益恣。计五代诸镇,由朝命除拜者十五六,而军士拥立者十三四焉。风气所染,虽帝王亦假手于军士而后得立。盖拥立主帅,则恩自下出,虽有犯科而不敢问。于是藩镇蔑视朝廷,而军士又挟制藩镇,僭乱既极,祸乃无艺。

五代十国的社会经济

五代十国的经济情况,大体来说,自安史乱后,中国北方不但由于唐末藩镇的连兵不息,五代时依然是兵连祸结,加上沙陀族的残暴统治,契丹的抢掠,造成了中原经济十分残破的情况。仅北方自后周以来,才开始进行一些经济复原工作。

一、中原经济的破坏

由于藩镇军阀的混战,将大批农民束缚在军队中,放纵兵士大肆抢掠,因战争而造成的人为大水灾,这些已充分说明军阀混战祸害之大。至于锋刃所加,僵尸百里。后梁、后唐相争,战争持续三十余年,祸害之大,实难尽言。

自唐庄宗以孔谦为三司使,峻法剥下,厚敛奉上,如盐一斤,税白米一斗五升。至于藩镇私敛如赵在礼之"拔钉钱",尤使民不堪命。其更甚者,拥立帝王则纵兵劫掠,赏赐功臣则重敛暴征。而契丹入洛,抢掠尤甚。

五代时的刑法,确实残酷,经常使用族诛之法,如朱全忠族诛王师范。

至于屠城杀降，史不绝书，益无论矣。在这样的酷法下，人民的灾难必更深重，而在农村中，全村抄斩的暴行，严重地破坏了农业生产。

由于当时社会经济受到严重的破坏，所以表现在钱币上，问题也很复杂。当时钱币不但缺少，而且钱的质量也很差。还有盗铸的滥恶钱，充斥市面，造成钱币极为紊乱的情况。反映出当时经济残破，与阻碍商业交换的发展。

后梁、后唐以来，契丹侵扰渐频。唯后唐还曾几次打败契丹，为害不算太深。但到后唐末年，石敬瑭为了抢夺后唐的政权，无耻地乞援于契丹，将燕云十六州割给契丹为报酬。从此侵扰之祸害日烈，破坏北方经济更甚。

二、后周的经济恢复工作

郭威所进行的改革，一为严惩贪官污吏；二为将官府营田的土地、舍宇、耕牛、农具等给佃户充永业；三则减轻剥削，除去不少苛捐杂税。郭威这些措施，对中原经济的恢复起了不少作用，境外农民迁居到境内者有数十万人。

周世宗柴荣，在太祖郭威改革的基础上，进一步实行改革，取得了更大的成效。他继续实行郭威严惩贪官良污吏，免除杂税和放免农民的欠租的政策，还明确规定两税交纳的期限。而其中最重要的措施，有下列诸项。

后周显德二年（公元955年），规定应有逃户庄田，许人请射承佃，供纳租税，其本质是增加租税收入。同时，多少解决了户口流亡和土地荒废的问题。并且在规定中对于流落契丹者的还乡者，给予一定的优待，以利于招还陷番的人户。

柴荣勒令僧尼还俗和限制剃度出家，使政府能控制到较多的劳动人力，不致流入寺院而扩大其经济势力。在毁佛寺后，下诏"悉毁天下铜佛像以铸钱"，以解决钱币短缺。

显德五年（公元958年）七月，柴荣"赐诸道节度使、刺史均田图各一面"，均定田租，多少打击了当时的豪强，使租税负担较为平均。同时，在均定田租时就要进行检括户口，故其最终目的还是为了增加纳税户充实国家的税收。

唐末五代以来，黄河连年为灾。柴荣曾派李谷、吴延祚去修筑河堤。几次修筑河堤，多少减轻了黄河的水灾。至于疏通漕渠和灌溉农田方面，也曾起了积极的作用。

三、中国南方的经济发展

五代十国时，中国南方的经济情况，和北方比较来说，是发达的。自安史乱后，南方经济发展的水平较高，在这个较高水平上继续上升，当然显得更发达。而且南方所受战祸较少，这种和平安定的环境，对经济发展很有利。而北方战乱频仍，不少人民或西迁西蜀，或南徙江南，交换了北方的生产技术和经济，更增加了南方的劳动力，给予南方经济发展有利的条件。而南方割据诸小国的创立者，大都起自贫寒，知道民间的疾苦，故能对农民作某些让步，有利于生产的发展。由于南方具备了这些较好的条件，在人民的积极支持下，更能促成经济的繁荣。

五代的社会风气

梁太祖病，而诸子各邀其妇以入侍，友文与友珪妻皆侍疾。刘皇后，庄宗妻也，而其弟友漼奸之。冯皇后，重胤妇也，而其侄出帝娶之。淫乱无行，是岂知人间有羞耻事哉？又五代之际，君臣之义不笃。欧阳修《五代史记·一行传论》云："五代之乱极矣……当此之时，臣弑其君，子弑其父，而搢绅之士安其禄而立其朝，充然无复廉耻之色者皆是也。"是五代之际，士大夫多不以名节为重。冯道历事四姓十君，还自谓孝于家，忠于国。是则五代人对忠贞之观念，止于所事之君能尽献替之责而已。推其原因，不外二端，即五代国祚皆短而创业之君皆以篡弑得国。

在五代时，有三种现象普遍存在于统治阶级社会中，即生活豪侈、人性暴虐与义养之风气。自唐末以来，藩侯镇帅即以侈靡相尚，迨五代时，侈靡遂成风气。晋少帝豪侈尤甚，影响所及，勋贵大臣，亦多以豪侈相尚。生活豪侈与政风贪黩有连带之关系，盖习俗崇尚奢侈，俸禄不敷其所费，则借其权位敛下取贿以足之，于是形成贪黩之政风，为政贪则必丰于财，生活之流于骄恣豪侈，亦属必然之结果。

五代君臣性多暴虐并非无因。执政者皆武夫，好杀成性而无文采。五代诸君，梁太祖起自盗贼，尤残暴好杀。五代之中，即便如周世宗，号称英主，然其为政仍失之惨酷好杀。其刑政之峻刻，盖受五代暴虐风气之影响甚大。

义养风气流行于五代上层社会中，朱梁、后唐庄宗、明宗、末帝、石晋、刘汉、周太祖，世宗凡八姓，而唐明宗、末帝及周世宗皆出于义养。而前蜀主王建及岐王李茂贞初起，亦尝为唐宦官田令孜养子。凡此皆可见五代义养之风甚盛。

第二节　宋太祖创业与开国

宋太祖赵匡胤以一介甲胄之士，而轻取天下，成其帝业，此殊足耐人寻味。究其得国之时代背景与原因有四。

"五季为国，不四、三传辄易姓，其臣子视事君犹佣者焉，主易则他投，习以为常。故唐方灭即北面于晋，汉甫称禅已相率下拜于周矣。"士大夫忠节之义，至于五代，变化殆尽。值此君纲不振，名分已坠之际，周室殿前都点检赵匡胤乃利用时势，演出一幕陈桥兵变、黄袍加身之事。据史实记载，事变既起，太祖率众还京师，返公署，释黄袍，见将士拥早朝惊散之宰臣范质、王溥等俱至，故为呜咽流涕曰："吾受世宗厚恩，为六军所迫，一旦至此，惭负天地，将若之何！"质等震慑之余，"不知所为，溥降阶先拜，质不得已，从之，遂称万岁"。五代士大夫之无耻，一至于此！其王朝之享祚，又何能久远？盖一代政权之所以奠其不拔之基，政治理念之维系至关重要，君臣之义，一旦名分解纽，忠义不立，则国本不固，颠覆自在意中事，此赵氏之所以轻易得国，篡取周祚，而人情习以为常之故也。

李唐末世，藩镇跋扈，天下瓦解。五代乃唐末乱政之延续，军阀夺国，唯力是视，一旦兵制京师，即可成为新朝人主，所谓"天子兵强马壮者当为之，宁有种耶！"然而不旋踵之间，他人又复取而代之。此欧阳修所以慨然谓"五代为国，兴亡以兵"。而且，五代政风，政权之取得，"多由军士拥立，相沿为故事，至宋祖已第四帝矣。宋祖之前，有周太祖郭威；郭威之前，有唐废帝潞王从珂；从珂之前，有唐明宗李嗣源，如一辙也"。以陈桥兵变、黄袍加身一幕而论，宋太祖显然以周帝郭威澶州兵变"裂黄旗以被帝体"为模式。宋祖之发迹，完全得力于殿前都点检所掌握之禁军，匡胤父子，即曾"分典禁兵，一时荣之"。而禁军中之义社兄弟，殆即为宋祖之爪牙，终发陈桥兵变，成其禅代之业。

五代之世，纷然割据。迄至后周，犹未统一，其间"交、广、剑南、太原各称大号，荆湖、江表止通贡货，契丹相抗，西夏未服"。周室所能掌握者，即以汴梁为国都之中原心脏地带耳。故宋太祖一旦凭借禁军，发难都门，名号转移，大势可定。而境内州县，恪于形势僵进之下，望风输城，自在意中。设使宋太祖于篡位之际，周围疆域广漠，则赵匡胤以一无名之殿前都点检发动政变，开创帝业之机会不大。其演变后果，或则诱发列藩之窥伺神器，长驱勤王之师，爆发攘位之战；或则刺激列藩之割据抗命，使可统一之局，又成土崩之势。幸而周之国邑不广，疆境逼蹙，宋太祖在政变之后，易于控制，大势乃定。

宋太祖之篡夺成功，无疑得自于"主少国疑"之有利时机。初，周世宗驾崩，幼主恭帝立，年仅七岁，翌年，即发生"陈桥兵变"之事。据《续资治通鉴长编》记载，当日赵匡胤统师北征，军至陈桥驿之时，将士相与聚谋曰："主上幼弱，未能亲政。今我辈出死力为国家破贼，谁则知之？不如先立点检为天子，然后北征，未晚也。"此一兵变之酝酿，幕后自有主使者，然如无"主少国疑"，人情不安之事实，则他人自不易产生篡夺之动机，而窥伺者亦无从授其计。是则"主少国疑"确为有国者之大忌，宋太祖乘隙蹈虚，得天下于孤儿寡妇之手，殆为历史之定论。

以上论列之四点客观形势，显然对当日身为殿前都点检掌握禁军之赵氏，发生强烈刺激之作用，加强其夺取政治权力之动机，因而以禁军为中心，结合党羽，形成一个怀有高度企图雄心之军人集团，遂爆发"陈桥兵变"逼取周祚之一幕，此所以太祖母杜太后闻变时云："吾儿素有大志，今果然。"由是可见时势造英雄，风云际会，太祖蓄此异志已久，当不能以偶发事件论之。

第三节　宋初的政争与赵普功过

宋太祖陈桥兵变，黄袍加身，当时左辅右弼，促成这件事的是太宗与赵普二人，一是亲弟，一是掌书记，是太祖最亲信的左右手，所以预闻太祖的密谋。《宋史·赵普传》说："人谓普及太宗先知其谋，理势或然。"但是中道参商，太宗与赵普有过一段不愉快的时期。淳化三年（公元992年）秋七月乙巳："上闻讣悲悼，谓近臣曰：'普事先帝与朕，最为故旧，能断大事。向与朕尝有不足，众人所知。朕君临以来，每待以殊礼，普亦倾竭自效，尽忠国家，真社稷臣也。闻其丧逝，凄怆之怀，不能自已，因出涕。左右皆感动。"太宗悲悼赵普，故而明说"尝有不足，众人所知"，则太宗与赵普之间，必有一不甚小的裂缝，彼此不很愉快。兹将双方的政争，特分为两类，举证如下。

赵普对太宗攻击的事例

一、符彦卿事件之争

若论太祖与符彦卿的关系，则太祖对符彦卿是没有什么好感的；况且太祖其时正解去藩镇的兵权，义社弟兄如石守信等都要解去，为何要厚爱于旧藩镇符彦卿？《宋史·石守信传》于叙述解兵权一节后，即接着说："已而，太祖欲使符彦卿管军。"似乎是用符彦卿来接石守信，任疏去亲，似非情理之常。但符彦卿是太宗推荐的，更是太宗的丈人，而太宗于建隆二年七月壬午"兼开封府尹，同平章事"。太宗在任河南开封尹后，张琼即接替了太宗的殿前都虞候,太宗对于禁军的兵权是不忘情的,所以赵普劝太祖削除藩镇,而太宗荐符彦卿来掌管禁军,疏不间亲,太祖当然信亲弟之言。赵普以太祖负周世宗一语,挡住了符彦卿的任用,在表面上是忠于太祖,实际上是打击太宗,并且赵普也志在取得禁军的兵权。因此时的殿前都指挥使是韩重赟,他是倾向赵普的。根据《邵氏闻见录》所载,王晋公佑别太宗于晋邸,升屏左右,大约想与王佑谈符彦卿之事,足见关系之深切。王佑径自趋出,怕太宗说了,反而不好开脱符彦卿。太祖对符彦卿前后不同,完全受着赵普与太宗政争的影响,而符彦卿是被动的。

二、冯瓒事件之争

《续资治通鉴长编》卷七"乾德四年八月"条说:先是上与赵普言:"枢密直学士、右谏议大夫冯瓒,材力当世罕有,真奇士也。"尝欲大用之,普心忌瓒,因蜀平,遂出瓒为梓州。潜遣亲信为瓒私奴,伺察其过。阅一岁,奴遂亡归,击登闻鼓,诉瓒及监军绫锦副使李美、通判殿中侍御史李楫等为奸利事。上急召瓒等赴阙,面诘之下,御史鞠实而奴辞多诬,普复遣人至潼关阅瓒囊装,得金带及其他珍玩之物,皆封题以赂刘熬,熬时在皇弟开封尹光义幕府。瓒等乃皆伏辜。狱具,普向上言"瓒等法当死",上欲贷之,普执不可,上不获已。庚戌,诏并削名籍,瓒流放沙门岛、美海门岛,熬免所居官。

刘熬是太宗藩府的判官,即开封府判官,如冯瓒事仅涉及刘熬,赵普看太宗的情面亦要略为放松,乃竟铁面无私,必欲法办,置冯瓒于死地,固然是忌才,怕冯瓒将来夺他的相位,安知冯瓒不是太宗的保荐,是一种政争,所以赵普打击到如此地步。太宗即位,就用因贿得罪的冯瓒掌三司使库,不是亲信,知之有素是不能与其选的,这就证明了冯瓒是太宗的人,其贿赂的对象就是太宗,保荐的人也就是太宗。赵普打击太宗的党羽,确实是对太宗的攻击。

三、姚恕事件之争

《续资治通鉴长编》卷十二载"开宝四年十一月"条说:"河决澶州,

东汇于郓、濮，坏民田。上怒官吏不时上言，遣使按鞫。是日，通判、司封郎中姚恕坐弃市，知州、左骁卫大将军杜审肇免归私第。恕，博兴人。事皇弟光义于开封为判官，颇尽裨赞。尝谒宰相赵普，会普宴客，阍者不通，恕怒而去。普闻之，亟使人谢焉。恕遂去不顾，普由是憾恕。及上为审肇择佐贰，普即请用恕，光义留之弗得。居澶州几二年，竟坐法诛，投其尸于河。"姚恕的死，虽然出于赵普的报私怨，然姚恕是太宗的判官，赵普使人谢罪，而姚恕不顾而去，也就是恃太宗的宠信，赵普所以必欲去之，太宗竟留之不得，则赵普是打击太宗的判官了。这又是赵普与太宗的政争。

四、石熙载事件之争

《宋史·高锡传》说："太宗尹京，石熙载在幕中，锡弟铣应进士举，干熙载，望首荐，铣辞艺浅薄，熙载不许，锡深衔之，数于帝前言熙载裨赞无状。帝具以语太宗，且曰：'常为汝择人代之。'太宗曰：'熙载勤于乃职，闻高锡尝求荐其弟，熙载拒之，虑为锡所构。'帝大悟。"石熙载在开封为推官时，高锡请熙载首荐其弟，熙载以其辞艺浅薄而不许，高锡于是在太祖前进谗言，想将其更调，经太宗说明而止。从表面上看，这是高锡对石熙载的报私仇，实则是赵普打击太宗幕府的政争，因为高锡与陶谷同附赵普，见于《陶谷传》。

五、窦仪事件之争

《续资治通鉴长编》卷七"乾德四年十一月"条说："上以翰林学士、礼部尚书窦仪在滁州时弗与亲吏绢，每嘉其有执守，屡对大臣言，欲用为相。赵普忌仪刚直，遂引薛居正及吕余庆参知政事，陶谷、赵逢、高锡等又相党附，共排仪，上意中辍。癸丑，仪卒。上悯然，谓左右曰：'朕薄佑，天何夺我窦仪之速也。'"窦仪受知太祖并且"清介重厚"，有入相之望，遭赵普之妒及陶高辈共同排挤而止。窦仪与太宗本无关系，不过赵普命相，由太宗署敕，出于窦仪的建议。窦仪弟俨是太宗开封府的判官，窦仪或者因此而与太宗接近。但窦偁是太宗的幕府。《东都事略》说"太宗宴群臣，以偁丧故罢"，《宋史》说"车驾突临"，足见太宗待偁之厚，窦氏兄弟是不会与太宗没有关系的。此亦属赵普打击太宗幕府之事例。

太宗对赵普攻击的事例

至于赵普被攻，有出自太宗，有出自卢多逊。王夫之撰《宋论》说："卢多逊守太后之命，始之欲全太宗于太祖之世，继之欲全秦王于太宗之世。"卢多逊在太祖朝是守太后之命，保全太宗，所以是联合太宗打击赵普的。还有些攻击赵普的，看不出是谁主使，也许是赵普自取其咎，也未可知，举例如下。

一、赵玭事件之争

《宋史·赵玭传》说："二年，改左监门卫大将军、判三司。玭狂躁婞直，多忤上旨，太祖颇优容之。尝廉得宰相赵普私市秦、陇大木事，潜以奏白，然惧普知，固称足疾未解职。五年春，罢使，守本官。自是累献密疏，皆留中不出，常疑普中伤。六年，诣阙，纳所授告命，诏勒归私第。又请退居郓州，不许。玭不胜忿，逾年，伺普入朝，马前扬言其短。上闻之，召玭及普于便殿，面质其事。玭大言诋普贩木规利，上怒，促令集百官逐普，且谕其事。王溥等奏玭诬罔大臣，普事得解。上诘责玭。令武士挝之，令御史鞫于殿庭。普为营救，得宽其罚，黜为汝州牙校。"赵玭对赵普，恐是私人的嫌怨，不是被人指使的，不过赵普也受相当影响。

二、雷德骧事件之争

《续资治通鉴长编》卷九"开宝元年九月甲戌"条说："屯田员外郎雷德骧责授商州司户参军。德骧判大理寺，其官属与堂吏附会宰相，擅增减刑名，德骧愤惋求见，欲面白其事，未及引对，即直诣讲武殿奏之，辞气益厉，并言赵普强市人宅第，聚敛财贿。上怒，叱之曰：'鼎铛犹有耳，汝不闻赵普吾之社稷臣乎？！'引柱斧击折其腭二齿，命左右曳出，诏宰相处以极刑。既而怒解，并用阑入之罪黜焉。"又据《宋史·雷德骧传》说："数年，其子有邻击登闻鼓，诉中书不法事，赵普由是出镇河阳。召德骧为秘书丞，俄分判御史台三院事，又兼判吏部南曹。……太祖崩，以德骧为吴越国告哀使。还，迁户部员外郎兼御史知杂事，改职方员外郎，充陕西、河北转运使。历礼部、户部郎中，入为度支判官。……初，帝谓宰相曰：'朕前日阅班籍，择官为河北转运使，所患不能周知群臣履行，自今令德骧录京朝官履历功过之状引对，既得渐识群臣，择才委任，且使有官政者乐于召对，负瑕累者耻于顾问，可以为惩劝矣。'……会赵普再入相，宣制之日，德骧方立班，不觉坠笏，遽上疏乞归田里。太宗召见安谕之，赐白金三千两，罢知考课，止以本官奉朝请。……讫赵普出守西洛，帝终保全之。"

雷德骧事件是赵普罢相的重要原因，德骧在普罢后同年的丁西就被起用，不过重用还是在太宗即位之后，先派他任吴越国告哀使。此等事件，由太宗多派他的幕府亲信担任，如程羽任吴越国王妃孙氏吊祭使；陈洪进入朝，派程德玄往宿州迎荣；者程都是晋邸的亲信。又派他录京朝官履历的功过，则更非亲信不可。还有赵普复相宣制的时候，德骧惊而坠笏，太宗既赐白金三千两，又面允保全，则可知雷德骧与太宗的关系，绝非疏浅。可以说，雷德骧打击赵普，太宗不是指使者至少也是赞成者。

三、韩重赟事件之争

《宋史·韩重赟传》说："建隆二年（公元961年），改殿前都指挥使，领义成军节度。……（乾德）四年，太祖郊祀，以为仪仗都部署。时有谮重赟私取亲兵为腹心者，太祖怒，欲诛之。赵普谏曰：'亲兵，陛下必不自将，须择人付之，若重赟以谮诛，即人人惧罪，谁复为陛下将亲兵者。'太祖纳其言，重赟得不诛。后闻普尝救己，即诣普谢，普拒不见。五年二月，出为彰德军节度。"韩重赟不知为何人谮说，但赵普救他，乃是明显的事实。如由符彦卿之事及太宗想把持禁军军权去观察，则能使太祖想杀义社弟兄的韩重赟，则舍太宗外，恐无他人。而能救他及愿救他的，亦只有赵普。这是太宗与赵普的政争。

四、赵普子承宗娶李崇矩女事之争

《续资治通鉴长编》卷十三"开宝五年九月"条说："枢密使李崇矩与

宰相赵普厚相交结，以其女妻普子承宗，帝闻之，不喜。先是，枢密使、宰相候对长春殿，同止庐中，上始令分异之。"宋制，中书与枢密院对立，称为"二府"，使中书管政治，不管军事，二府都直接受制于皇帝，皇帝可以独揽大权。赵李联姻，宰相与枢密使联结，太祖当然不快，怕中枢完全为他们操纵。至于太宗对赵李的态度，据《宋史·宋琪传》说："乾德四年，召拜左补阙、开封府推官。太宗为府尹，初甚加礼遇，琪与宰相赵普、枢密使李崇矩善，出入门下，遂恶之，乃白太祖出琪知龙州，移阆州。"

李崇矩任枢密使是乾德二年，罢官在开宝五年，宋琪任开封府推官是乾德四年，宋琪入赵李之门应在开宝五年以前，则太祖对于赵李结合的不快，大约先有太宗的不快，然后太祖不快，这不是太宗因不快而向太祖潜说吗？并且除了太宗也没有第二人好说宰相的闲话，我们推论起来，觉得在太祖前能够打击赵普的就是太宗，其原因是双方争夺军权。这是太宗与赵普的政争。

五、吴越王钱俶送瓜子金事

《宋史·赵普传》说："（开宝）六年，帝又幸其第。时钱王俶遣使致书于普，及海物十瓶，置于庑下。会车驾至，仓卒不及屏，帝顾问何物，普以实对。上曰：'海物必佳。'即命启之，皆瓜子金也。普惶恐顿首谢曰：'臣未发书，实不知。'帝叹曰：'受之无妨，彼谓国家事皆由汝书生尔！'"赵普与太宗本是太祖最密的亲信，商量国家大计，恐怕只有他们两人参加，所以太祖幸赵普家，太宗多是陪去的。吴越王送瓜子金，太宗没有陪去，而太祖好像事前知道似的，使赵普不及掩藏，岂非事先有人报告吗？赵普能派家奴跟随冯瓒寻其麻烦，太宗就不会派人在赵普身旁吗？因此事前知道，太祖亲自去查，太宗与赵普双方的冲突，可称剧烈。

六、卢多逊攻赵之争

《续资治通鉴长编》卷一四"开宝六年六月"条说："赵普之为政也专，廷臣多疾之。上初听赵玭之诉，欲逐普，既而止。卢多逊在翰林，因召对，数毁普短，且言普尝以隙地私易尚食蔬圃，广第宅，营邸店，夺民利。上访诸李昉，昉曰：'臣职司书诏，普所为，臣不得而知也。'帝默然。自李崇矩罢，上与普稍有间，及赵孚等抵罪，普恩益替。庚戌，复诏薛居正、吕余庆与普知印押班奏事，以分其权。"

太宗与赵普对军权的争夺

一、枢密使的争夺

《宋史·职官志》说："宋初，循唐、五代之制，置枢密院，与中书对持文武二柄，号为二府。"宋代以中书主民，枢密主兵，统于帝，以便君主的专制。枢密院有枢密使，是军事最高长官。五代时，开国重臣多居此职。赵普是太祖任归德军节度使的掌书记，主持陈桥兵变。太祖即位，任为枢密直学士，逐渐升至枢密使。乾德二年（公元964年），赵普任门下侍郎平章事，李崇矩任枢密使。赵普专任宰相，不能再与问军事。但是开宝五年（公元972）九月，有赵普子娶枢密使李崇矩女之事，触怒太宗。太祖命宰相与枢密使隔离直庐，就是不许赵普与李崇矩勾结，于是遭郑伸的诬告而出为节度。这是太宗与赵普对枢密使的争夺。

二、殿前都检点或侍卫亲军马步都指挥使的争夺

宋代枢密院掌军政，三衙掌兵籍。三衙是殿前司与侍卫司。侍卫司分马步二军，各自独立，称为三衙，具南北相制之意。殿前司有殿前都检点，副都检点及都指挥使。与侍卫亲军相较，殿前司略为重要，以品级而论，也高于侍卫司。乾德元年二月，符彦卿来朝，太祖欲使彦卿典兵，恐怕就是想任为殿前都检点，因为以符彦卿的资历与地位，不会任为都指挥使的。侍卫亲军有马步军都指挥使，统领马步二军。陈桥兵变后，由韩令坤任马步军都指挥使，韩令坤与殿前都检点慕容延钊同罢，继韩令坤任者是石守信。建隆二年杯酒释兵权，石守信虽未罢职，其实兵权不在。建隆三年九月，"石守信表解军职，许之"。符彦卿于乾德元年二月来朝，所以太祖欲命他典兵，不是殿前都检点，就是马步军都指挥使，此事因赵普的反对而作罢，可以说是太宗与赵普对于殿前都检点或侍卫亲军马步都指挥使的争夺。

三、殿前都指挥使的争夺

殿前都检点及殿前副都检点取消后,殿前司以殿前都指挥使为首脑,非常重要,太祖曾经做过,当然也是争夺的目标。上面所记韩重赟之事,有人潜说韩重赟"私取亲兵为心腹",太祖怒欲诛韩,经赵普劝谏而止,或者可能韩重赟是赵普推荐。乾德五年(公元967年)二月,韩重赟"出为彰德军节度"。及韩重赟被诼时,赵普曾对太祖说:"亲兵,陛下必不自将,须择人付之。"因此韩重赟罢殿前都指挥使,六年不补,大约难在人选。开宝六年(公元973年)九月辛未任杨义为殿前都指挥使,是有意义的。总之,殿前都指挥使关系着军权的转移,韩重赟是赵普的人,太宗必去之不可,但是,韩去而难有后继者,一直等到赵普于开宝六年罢去,太祖用一哑巴守位而已。在杨义任职期间,还有谋叛事件,由其逮捕,这都是可疑的问题。

四、殿前都虞候的争夺

殿前司于都指挥使及副都指挥使外,有一都虞候。虞候是宫禁之官,掌斥候,伺奸邪,主不法,负有特务责任的重要官职。周世宗整顿殿军,太祖就任殿前都虞候,由此起家,太祖即位后,建隆元年正月甲子,"以皇弟殿前都虞候匡义领睦州防御使,赐名光义"。太祖将禁军的统率交给了太宗。《续资治通鉴长编》卷二"建隆二年七月壬午"条说:"以皇弟泰宁节度使兼殿前都虞候光义兼开封尹、同平章事。"

赵普只思揽权专宠,对太宗固然不好,其实杯酒释兵权,也是赵普嫉妒功勋所致。王夫之《宋论》卷一说赵普:"以幕客之雄,膺元勋之宠,睥睨将士,奄处其上,而固无以服其心也。"陈桥之起,石守信等尸之而普弗与。下江南,收西川,平两粤,曹彬、潘美等任之而普弗与。则当时推诚戮力之功臣,皆睨普而愤其轧己,普固有不与并立之势,而日思亏替之以自安,所深结主知以使倚为社稷臣者,岂计安天下以安赵氏哉。唯折抑武臣,使不得立不世之功,以分主眷而已。故其受吴越之金,而太祖曰"彼谓国家事皆由汝书生尔",则太祖亦窥见其情,徒疑忌深而利其相制耳。

太祖已经疑心赵普，开国武臣亦多怨普，开宝六年，太宗更予普以致命的一击，一切反赵普的事件都在这一年爆发。

雷德骧子有邻，为报父仇控告赵普，卢多逊在翰林短毁赵普，于是太祖疑普，"诏薛居正、吕余庆与普知印押班奏事，以分其权"。到了七月，赵普外调河阳。

太宗与赵普的政争，表面上太宗并不露面，只用破坏的方法；赵普也用破坏的手段，攻击太宗的党羽。在实际上都是为继统，这是不能明说的。到了开宝六年，赵普大败，大体已决定。《续资治通鉴长编》卷一四"开宝六年九月己巳"条说："封皇弟开封尹光义封晋王。以山南西道节度使光美为永兴节度使兼侍中，皇子贵州防御使德昭为山南西道节度使、同平章事。吏部侍郎、参知政事薛居正为门下侍郎，枢密副使、户部侍郎沈义伦为中书侍郎，并平章事。翰林学士、兵部员外郎、知制诰卢多逊为中书舍人、参知政事，左骁卫大将军判三司楚昭辅为枢密副使。"同书同卷同年月壬甲条说："诏晋王光义班宰相上。"这是在赵普倒台后，一种更革的公告，有几种意义：一，照五代通例，如唐明宗于李从荣及周太祖于周世宗都封晋王兼开封尹，等于储位的决定，而太宗又居宰相上，更是明显；二，皇弟光义及皇子德昭的升官，表示"金匮之约"的次序，轮流继统；三，薛居正与沈义伦任宰相，改革了赵普独相的局面；四，石守信、高怀德及王审琦升作使相，这是安抚开国功勋，将杯酒释兵权的责任推到赵普身上；五，卢多逊升参知政事，得其反普；六，楚昭辅任枢密副使及上面提过杨义也同时任殿前都指挥使，表示军权的归属，不再有人争夺。然而赵普命运的决定，是否真出自于太祖？但事实的表现，却是军权已全落入太宗手上，读史者可自推知。

太宗与赵普相争的目的与结果

一、赵攻太宗

综观太宗与赵普的政争，赵普攻击太宗的是篡夺军权，蓄养党羽，夺继统。例如，符彦卿之事及太宗攻击赵普的韩重赟之事，这都是太宗想篡夺军权，赵普加以破坏而起的冲突。

赵普攻太宗为继统私营党羽。冯瓒之事，姚恕之事，石熙之事，窦仪之事，都是太宗想蓄养党羽，赵普对于太宗的党羽，予以打击而起的冲突。太宗广养幕府，目的是为继统。军权是继统的本钱，自然是太宗最重要的一着。王夫之《宋论》说："迨及暮年，太宗威望隆而羽翼成，太祖且患其逼。"这就是太宗夺到军权及党羽养成的结果。

二、太宗攻赵

太宗攻击赵普的是好殖利及专权独断。例如，赵玭之事、雷德骧之事、卢多逊之事及吴越国送瓜子金之事，都是赵普的贪浊及揽权。赵普的好货，似乎不是大病，因为《五朝名臣言行录》载《谈苑》说："太祖尝与赵普议事不合，上曰：'安得宰相如桑维翰者与之谋乎！'普对曰：'使维翰在，陛下亦不用。'盖维翰爱钱也。上曰：'苟用其长，当护其短。措大眼孔小，赐与十万贯，则塞破屋子矣。'"

太祖以为"苟用其长，当护其短"，足见赵普只是贪财，恐怕还不是大病。《谈苑》说：普秉政，江南后主以银五万而遗普，普白太祖，太祖曰："此不可不受，但以书答谢，少赂其来使可也。"既而后主遣弟从善入贡，常赐外，密赍白金，如遗普之数。江南君臣始震骇上之伟度。太祖准许赵普收纳李后主送银五万两，气度阔大，并不计较。钱俶送瓜子金，太祖笑说"受之无妨"。

太祖不高兴的是赵普的揽权，所以说："彼谓国事，皆由汝书生耳。"《东轩笔录》说："赵普当国，每臣僚上殿，先令供状，不敢诋斥时政，方许登对。田锡为谏官，尝论此事，后乃少息。"《邵氏闻见录》说："普为相，于厅事坐，屏后置二大瓮。有投利害文字，皆置中，满即焚于通衢。"《续资治通鉴长编》卷四〇"至道二年六月丙寅"条说："上又曰：前代中书有堂帖指挥公事，乃是权臣假此名以威福天下。太祖朝赵普在中书，其堂帖势重于敕命，寻亦令削去。"

从上面这几条看，可知赵普的揽权。因为赵普起自霸府书记，只知怙宠专权，妒贤保位，所以冯瓒、窦仪都吃他亏，进而谮说太宗，打击他的继统计划，表面上是忠于太祖，实际上陈桥兵变后，赵普与太宗对立，他想专政，当然不想太宗位居其上。于是赵普与太宗展开了军权的争夺战。一旦军权全入太宗手上，继统之权，自然轻易取得，故史家颇疑太祖不立其子孙而立亲弟者，原因大抵在此。

第四节　北宋初年的对外政策

国策的决定

当赵匡胤建立北宋时，摆在他面前的，有两条不同的道路。一是趁着契丹在耶律述律的腐朽统治下，继承柴荣胜利的果实，打垮契丹在燕云的统治势力，分割北汉政权与契丹的联系，然后合并孤立的北汉。二是采取先南后北的策略，避免和契丹发生冲突，首先攻取长江流域及其以南的割据政权，然后兴师北伐，留着北汉充当缓冲地带，作为最后消灭的对象，待全国统一后，再和契丹打交道，从而收复燕云。两者之中，权衡利害，赵匡胤采取了后一条道路。根据这个策略，赵匡胤对契丹采取了防御的守势，着重在"保境息民，不欲生事"。

宋初对外采守势的原因

赵匡胤虽然在"市不改肆"的情况下取得政权，却并不如想象中那般平静无事。这时国家的内部，充满着各种各样的矛盾。分析起来，如赵宋和后周新旧两大势力之间的矛盾，中央政权和割据势力间的矛盾，最高统治者和藩镇实力派之间的矛盾，此外还有皇帝和功臣宿将之间的矛盾等。这些问题如果不尽先解决，便直接威胁到皇朝的生存。北宋的政权尚未巩固，国内形势动荡不安，不能与柴荣统治时期相比。当一个政权建立时，不能不以巩固自身作为首要任务。集中力量来解决这种矛盾，这才是赵匡胤当前最主要的课题。

从敌我的力量来做对比，北宋虽然在统一集权过程中，加强了武装部队的战斗能力，但和契丹比较起来，却未见得能占到优势地位。又从契丹内部看来，当时女真、回鹘、黠戛斯等族，还一直和他保持着从属关系，也可说明他的国力的强盛。赵匡胤在统一战争中，虽然取得连串的胜利，事实上是他的对手太弱，而不是他自己太强。所以当匡胤想发动对北方攻势时，不但赵普一人反对，其他议臣，也多表示反对。

契丹在汉族先进经济文化影响下，它的社会正在飞跃向前发展。游牧经济此时也获得更大的发展，所谓"冀北宜马"，契丹统治者经常畜养南征马几万匹，用以确保燕云地区的占领。《辽史》明白地指出，述律之所以"沉湎失德"，正因为"其资富强之势以自肆"。说明契丹的社会经济，正在不断向前发展。反观北宋国内的生产事业，有待于恢复和发展的很多，社会秩序也有待于安定和巩固。同时，单靠中原地区的人力物力，不但不足以支持大规模的对外战争，而且因为经济重心的南移，自中唐以来，北方政权即依赖南方的物质财富，来支持其军队以及庞大的官僚机构。由于五代分裂的缘故，建立在中原的皇朝，南北联系被割断，便感到财政上的窘乏。

结果及其影响

赵匡胤在对外关系上采取守势的结果，是北宋初年的大后方安稳宁静，无复北顾之忧，能够集中力量，次第统一诸国，对于北宋统一国家重建，有着积极的意义。同时，赵匡胤基本上恢复了统一，给国家带来经济、政治和军事力量的增强，在一定程度上巩固了边防，提高了国家的威望。在这种进步的情况下，宋和契丹在公元975年有了第一次平等的外交。

由于北宋中央集权专制制度的弱点，对武人的猜忌，将帅无权，以致国家军队战斗力逐渐降低等，影响到外侮力量的削弱。赵匡胤统治时期，这种因素还只处在潜伏状态，却已影响到当时的外交，使其软弱无力。此等影响具体的表现在两个问题上。

一是收复燕云失地。他对这个问题的态度，是反对使用武力，倾向于息事宁人的贿赂政策。叶梦得《石林燕语》："太祖初削平诸伪国，得其帑藏金帛，以别库储之，曰'封桩库'，本以待经营契丹也。其后三司岁终所用，常赋有余，亦并归之。尝谕近臣，欲候满三五百万，即以与契丹，以赎幽、燕故土；不从，则为用兵之费，盖不欲常赋横敛于民。故不隶于三司，今内藏库是也。"从这个计划本身，已经表现其懦弱的妥协态度。以至次第合并西川、岭南等地，贮备充实，却一直未见他行动起来，因此，他所声言要贮蓄金帛，进行赎取燕云，仅变成了虚张声势，是一种不兑现的诺言而已。

二是迁都议。在和契丹通好以后，他首先提出迁都问题，主张先迁都洛阳，再迁于长安。他的理由是："吾将西迁者无他，欲据山河之胜而去冗兵，循周汉故事以安天下也。"从表面看来，似乎是个一劳永逸的长远计划，但仔细分析，实质上仍是一种怯懦的逃跑政策。因为开封的地理位置，是在黄河以南，自从燕云地区沦陷，北方门户洞开，这里以北，正是一片平原，契丹兵马南下，京师易受威胁。但是，保护这个政治、经济、文化中心的最好办法，应当是积极收复燕云，进守长城一线，来据有"山河之胜"，而不是要将首都迁避到西北。然而，赵匡胤在强化中央集权制度中，虽实行了"强干弱枝"、"守内驭外"的政策，但他对于边防，却非常注意。他任用边将的特点是久任、官卑，并给以经济特权。总之，赵匡胤采取防御措施，对于他的统一事业的成就，多少起了一点促进作用。

第五节 宋初内政和经济政策

内政方面的整顿

一为减轻刑罚。为着缓和人民对统治皇朝的仇恨，赵匡胤实行了减轻刑罚的政策。公元963年颁布新编的刑统，新刑统的特点是"参酌轻重，时称详允"。同年又颁布了"折杖法"，将流、徒、杖、笞等刑罚，规定一个较轻的折数；用杖的大小，也颁布了划一的标准。此外，又减轻了窃盗、私盐、私酒的刑罚。在他统治时代，对于苛刑，一再下令宽减。

二为惩治贪污。鉴于五代吏治腐败，赵匡胤就严惩贪污，虽遇大赦，也坚决不予宽贷。

三为选用人才。赵匡胤认为五代吏治腐败，官僚任用非人，是一个重要原因。所以在建立政权以后，一方面淘汰"昏耄笃疾不任从政"的官吏，一方面注重官僚人员的选择，务求达到用人唯材的目标。他又利用科举考试制度，吸收中下层和商人参加政权，来扩大自己的统治基础，从而巩固其专利统治。通过殿试等制度的确立，打击了"势家"把持科举的弊端。任何人按照科举考试的要求，就有可能应考做官。

四为加强专制。赵匡胤派遣许多军校出外探事，其实就是一种特殊性质的组织和活动。赵匡胤本人，也时常出外"微行"，来"阴察群情向背"，他又下令禁止私藏天文图谶，禁止和尚道士私习天文地理，同时也禁止京城民家贮藏兵器。对公开起来反抗的异己分子镇压不遗余力。如义武节度使孙行友的武装反抗，在没有起事前，就被宋军迅速扑灭；又如岭南和西川，先后都有反抗势力发生，但因规模较小，组织涣散，被赵匡胤一面武装镇压，一面分化打击，终于宣告失败。

五为压抑门第。在用人方面，他提倡选用人才，压抑门阀势力，这对于政治的清明，是有裨益的，但是科举考试规定得严格了，就会有许多人读一辈子的书，结果仍然"困顿风尘，潦倒场屋"。这又和发展科举制度，广泛吸收人才，扩大其统治基础的初意，发生矛盾，于是又不得不制定一些变通办法来补救。例如九经科举人落第，由不许再试改变为许再试。又有一部分"学而不讲，业亦难专"的落第人，也给予"特恩"，各赐本科出身。但从此发展下去，官僚数目必然日益膨胀，人才质量也必然更低，和他当初选用人才的愿望，有了抵触。后来北宋官僚机构的臃肿，行政效率的迟缓，赵匡胤在这方面所执行的两面手法，实在很难辞其咎。

经济方面的整顿

一为减轻赋役。减轻赋役，目的在于缓和民情，恢复和发展社会生产。五代后期直至宋初，人民生活依然处于水深火热之中。一旦遇着灾害发生，农民势必被迫四散逃亡，致使国家赋役来源，大受影响。所以当每一个国家被合并的同时，赵匡胤总是首先罢除一些苛捐杂税。例如灭西蜀后，罢免茶的禁榷、米面之征、民户嫁装税等。公元 966 年又令"川、峡诸州长吏察民有伪蜀日所输烦苛，诏所未蠲者，悉便宜除之"。赵匡胤对征收方法的改进，付出力量尤大。从建立皇朝的开始，就颁布新制的度量衡，为划一税收的标准。又曾派人员从京畿至各道，监督州府长吏征收赋役，发觉有额外"增羡"的，给予惩罚，甚至有因多入民租，被处死刑的。北宋初年，版籍散乱，等第不明，官府沿袭五代习惯，非法奴役人民，徭役漫无限制。赵匡胤先后罢去急递铺之失，搬送戍军衣服，皇家建筑物的缮治修葺等劳役，使差役有所根据。经过一番整顿，随便点差徭役的现象，便逐渐泯除。

二为奖励农垦水利。北宋初年，各处荒旷土地依然很多，又因连年战争，户口不断逃亡。赵匡胤在统一战争中，就注意到了这个问题。在合并的土地上，除去收编一部分精兵外，其余被迫入伍的，设法资助他们回乡生产。九六一年，赵匡胤仿照柴荣行过的办法，派出一批中央官员，到各州均括田租。目的是为了保持政府的税收和打击强宗豪族，减轻农民部分不合理的负担，为发展生产创造了条件。赵匡胤还在北方兴修水利，发动了丁夫来修治黄河，减轻黄河的水患。同时开凿和疏浚通到开封的四条运河，便利了京畿一带的粮食运输，也发展了农田水利的灌溉。对于开垦荒田，用免课的办法来鼓励农民。同时，对具有垦荒成绩的官吏，给以一定的鼓励。

三为促进工商业发展。手工业方面，赵匡胤继承了前代的政策，规模较大的部门，都掌握在官府的手里；而且官手工业的规模，更加扩大。其煮盐、制茶、采矿、冶铁、铸钱、造船等，多半成为国家财政收入中的重要部分。赵匡胤修治了北方几条运河，进一步改善了以汴京为中心的水道交通网，使汴京成为全国最大商业中心；为南北物资交流，奠定了基础。从建国的第二年开始，就新铸了"宋通元宝"钱，代替混乱的旧有货币流通。同时，又实行对商人让步的减税政策，首先下令："所在不得苛留行旅赍装，非有货币当算者，无得发箧搜索。"又颁布了商税则例，标出应行纳税名物，使商人知道遵守。官方官吏不得擅自修改，或增减和创收新税。

第六节　宋初政制及其改革

北宋的"强干弱枝"措施

一为收兵权。赵匡胤最初是郭威的部下，因参加拥立郭威而起家。及至自己掌握兵权，又仿效郭威故技，经"陈桥兵变"而黄袍加身，从殿前都检点，摇身一变，登上最高统治者的宝座。惩前毖后，对于军人权力过甚的危险性，体会特别深刻。为着结束五代政权迅速更代的混乱局面，使新建立的皇朝能够享祚长久，集中军权削弱藩镇力量，便成为一时当务之急了。其时，中央军事力量的重心在于禁军。五代时的禁军反复无常，成为中央政权的心腹大患。赵匡胤的处理方法有二。

一是罢禁军宿将兵权。此事是从公元961年的"杯酒释兵权"事件开始的。其后在九六九年，以同样手段罢去一些耆旧宿将的兵权。而在第一次罢免诸将兵权前后，分别解除了殿前都检点慕容延钊、侍卫亲军都指挥使石守信的兵柄。同时撤销这两个禁军最高统帅的职衔，以较低级的殿前都指挥使、马军都指挥使和步军都指挥使，作为禁军的最高将领，谓之"三衙"。三衙将领分领禁兵，有握兵之权，而没有发号施令的权力。凡调发更戍，给降兵符，大权都操于枢密院的枢密使。若有事出征，又多是临时命将，或由赵匡胤自任主帅。事定之后，兵归宿卫，将还本职。

二是整顿军队。赵匡胤首先淘汰老弱怯懦的士兵，诏各州长吏选择部下骁勇军卒，送至京师补入军旅。又选择强壮军卒定作兵样，分送诸道，其后又以木梃作为等差，委州军长吏都监召募教习，等到精练即送京师。编入禁旅之后，赵匡胤亲自督率训练，"令诸军毋得食肉衣帛，营舍有粥酒肴则逐去，士卒有服缯彩者笞责之"。尤其注意对于军风军纪的整顿，他严格制定军队里的等级制度，"为一阶一级之法，动如行师，俾各伏其长"。从过去兵骄将悍，一变而为"上下相制，等级相轧，虽有暴戾恣睢，无所厝于其间"。

二为收政权。

一是地方政权。为了集权中央，从公元963年开始，赵匡胤陆续派遣文官外出，代替武人掌握州郡之行政。同年又开始遣官带原衔出知外县，及特选强干人员做知县，使"专恣不法"的节度使有所顾忌。文官出外守州郡，叫"权知军州事"。赵匡胤实行下列几项措施，来防止他们专擅。

第一，在差遣中冠上"权知"二字，使他们感到"名若不正，任若不久"，打断他们盘踞称雄的妄想，来压抑地方势力的抬头。

第二，任期规定三年，期满他调，使他们不能长久握有权力。

第三，从公元963年开始，在诸州设置通判官，来分割州官的权力。赵匡胤又将新占领的各国土地，州郡直接隶属于京师，诸州长吏得自行奏事，藩镇的政治权力，遭到极大削减。对于县级官僚机构，赵匡胤也做了一番调整，县令一职，也参用京官、幕职等出知，来改变武人把持县政的局面。

二是相权。赵匡胤在改革其官僚机构时，首先着意于相权的分割。宋初仍以"同中书门下平章事"为宰相，又特设"参知政事"作为副贰，来分夺宰相的大权。并将枢密院改组成为管理全国兵政的机构，宰相和枢密使，分持文武二柄。财政方面，从相权分割出来的，有三司使。此外，赵匡胤又实行"不罪言者"，提高台谏官的地位，使他们随时随事，得以弹劾执政。经过这番改革，宰相便剩下有限的权力。

三是司法权。赵匡胤建立北宋后，便从藩镇手里收回司法权，在诸州各置司法参军，专掌一州的刑狱。后来增设司寇参军，来分化司法人员的权力，令司法专掌议法断刑，司寇专掌讼狱勘鞫。至于中央的司法部门，除刑部之外，复设大理寺和审刑院，重重叠叠，互相制约。对于违法越权的官吏，则给予重重的惩罚。

三为收财权。藩镇之所以尾大不掉，除了拥有军政大权之外，还因为他们把持了地方财政。因此，"太祖之制诸镇，以执其财用之权为最急"。其具体措施有三。

一是置税收场务监当官。故建隆以来，置官监临，制度一新，利归公上。

二是于公元964年命令州县将全部赋入，除去必要支出外，其属于货币和布帛部分，尽数输送京师。

三是在公元965年开始设置各道转运使，以他们与诸州通判主管钱谷之政。

后果与影响

一、优点

赵匡胤的实行"强干弱枝"、"内外相杂"等政策，整顿军队组织纪律的结果，是骄兵悍将，从过去的飞扬跋扈，一变而为俯首听命。同时，将地方权力收归中央，将中央大权归皇帝，而大大加强了皇权，使强有力的中央政权得以树立。加上将财政、司法等权约束于上，减少地方割据的可能性。

其次，恢复全国政治的统一，结束列国并立互相混乱的形势，使得日后的社会经济，很快从恢复走向发展以至繁荣。

与此同时，赵又提出"养兵可为百代之利"的口号，每当凶年饥岁，乘机大量吸收农村饥民入伍，要将和政权对抗的因素，转化成为对皇朝有利的支持力量。这种手法，大大削弱了农民的反抗力量。故有宋一代，始终没有爆发过全国性的动乱。

二、缺点

由于集中最大力量用于对内防范，相对地削弱了宋对外敌的抵抗。当时尊京师抑郡县的结果，诸州的厢兵，逐渐变成缺乏训练、有名无实的兵种。防御力的薄弱，达到严重的地步。

至于"兵无常帅，帅无常师"的结果，削减了将帅的权力，将帅地位下降，就形成将帅无权，指挥不灵，以致战斗力的削弱，不能有效地抵御外侮。

通过养兵政策，北宋将大量破产失业农民，收编入伍，以防止他们起来反抗，以后变本加厉，成为冗兵冗费的来源。雇佣兵制度的弱点，加上训练的渐渐废弛，以致养兵虽多，而战斗力却日益衰弱。另外由于发展了科举制度，后来的官僚机构愈庞杂，冗官愈多，而行政效率则日益降低。到了北宋中叶，冗兵冗官大量增加，成为大宋政权的严重危机。

第七节 燕云十六州的地理与宋的国防

燕云十六州的地理形势

北宋的地理国防，其最关紧要且足以影响到宋代盛衰存亡的，就是"燕云十六州"。所谓燕云十六州，其地区包括今河北省北部，即燕山山脉及军都山以南，河间、任丘及涿县三线以北的地域。此即所称的"燕"，亦称"山前"，而以今北京市为其首府，辽人建南京（亦称燕京）于此，以统治汉民。其次为内蒙古南部及山西雁门山以北的地域，此即史称的"云"，亦称"山后"，而以大同为首府，辽人建西京于此。这两个地区兼着宋辽的国境线，东起今天津市的塘沽（时名泥沽），沿大清河以北，西至涞水县之拒马河（时称界河），亘山西省的灵邱县北，然后沿恒山、雁门山，即雁门关、宁武、保德县三线，线上属宋。这条国境线上以北的地区，自周、秦、汉而至隋、唐两千年间，都是中原王朝北方防线上的重地，也就是中原民族保卫生存，免为燕山、阴山以北游牧民族所扰的民族自卫的生命线。但自五代的晋主石敬瑭将这个地区割让给契丹人的辽朝之后（公元963年），中原便一直受到侵害。且自那时起，直到南宋三百余年间，中原民族就一直无安枕之日。在这个长时期中，除后周、北宋未曾称臣于辽外，其他如后晋、后汉，莫不称臣，而为辽朝的藩属。南宋亦称臣于金，终宋之世不能复振。由此，可见这个地理上的国防线，关系于中原王朝的盛衰存亡，是如何之大。宋吕中形容这个地区的形势说："燕蓟不收，则河北不固，河北不固，则河南不可高枕而卧。"清顾祖禹也说："山西居京师上游，表里山河，称为完固。且北收代马之用，南资盐池之利，因势乘便，可以拊天下之背而扼其吭也。"

燕云十六州与宋代的国防

宋自太祖立国以来，直至徽宗时止，并未失去此种志气，而务必积极恢复，以燕云失地关系宋代的盛衰，实有无比的重要性，仅略论如下。

燕云之地，自古以来为中原王朝北方天然之国防屏障，北有燕山之险，西有太行山及长城可守。燕云任何一州有失，则蓟之险尽去。至石敬瑭一旦割十六州全部给予契丹，北疆藩篱尽撤，从此中原王朝北方遂无险可守，千里平原，完全暴露于契丹铁骑蹂躏之下，而无抗拒之凭借。李攸《宋朝事实》记太宗曾谓宰相曰："幽州四面平川，无险固守，难于近控扼异时收复幽蓟，当于古北口诸隘据其要害，不过三五处，屯兵设堡寨，自绝南牧矣。"倘幽蓟收复，不须再增一兵一卒，据险以守，足可防御胡人南侵。职是之故，中原甫经统一，必须进而收复此等失地，以求国家的安定与生存，此乃势所必然之事。

宋与汉唐并称，但无汉唐的盛况，积弱不振，始终是在敌人威胁困扰之下，主要的原因，由于建都开封，实有莫大的关系。宋沿五代之旧，仍都开封,但自燕云边地险要尽失以后,汴京逼近契丹,强敌压境,黄河南北,旷野平原,无险可守,寇骑长驱西南。太祖曾有迁都长安之意,据山河之险,居建瓴之势,下兵大同,进窥幽燕,循周汉故事以安天下。其所以未成事实者,乃由于洛阳长安两地,自唐末战乱以来,历经五代的纷扰,已是残破不堪,兼且缺乏广大沃野的经济条件,不足供京师所需。自隋唐以来,东南财赋日饶,京师所需,大都由江南漕运供给。若定都洛阳长安,交通运输不及开封近便,则势须大兴交通运输之建设。但此种建设,由于山险地势的限制,及唐以后,经无数之战乱,运道久已失修。因此,宋非动大工程与长期建设不可。然宋初承五代大乱之后,元气未复,人思休息,皆怀苟安,而国家方统一不久,确须一番休养生息,故群臣上下由于时代与环境的限制,难免缺乏远大眼光与魄力,故此种长久远大之计,实不易于达成。因此,宋定都开封,有其不得已的苦衷。既无天然屏蔽,为了备御北方的威胁,唯有集兵京师,以兵屯为险阻。但"国依兵而立,兵待货食而后可聚",及外患日逼,则兵额势须不断增加,而国家财政的负担亦愈来愈重,为了解除契丹的威胁,也为了减少兵多财拙的困难,最根本而彻底的办法,就是收复燕云失地为要,北宋之一切措施,其目的皆在于此。

燕云两地皆产马之区。宋代的积弱,亦与马匹之驽劣有关。而幽、燕、云中产马之地,全入他人之手,国子博士李觉上言:"夫冀北燕代,马之所生,胡戎之所恃也。故制敌之用,实兵骑为急。议者以为欲国之多马,在乎啗戎以利,使重译而至焉。然市马之费岁益而厩牧之数不加者,盖失其生息之理也。且戎人畜牧转徙,旅逐水草,腾驹游牝,顺其物性,由是浸以蕃滋也。暨乎市易之马至于中国,则系之维之,饲以枯槁,离析牝牡,制其生性,元黄虺颓,因而耗减宜然矣。"

中国史上之南北军事胜数,往往由于马匹之多少,占极重要因素。胡人兵强以此,如杜牧说:"冀州产健马,下者日驰二百里,所以兵常当天下。"契丹战马之盛,即因占有燕、云等优良牧地,接辽旧制常例南征马数万匹牧于雄、霸、清、沧间,以备燕、云缓急。反观宋人所以积弱,终无法与胡人在武力方面一争长短者,马少为其一因,蔡绦《国史补》云:"金人犯阙,诏尽括内外马,及取于在京骑军,不及二万。"因此,宋人如能恢复燕云,充足战马便可迎刃而解,马壮兵强,燕云能否收复,重要的关键在此。

第八节 宋弃长安、洛阳而都汴的分析

隋文帝杨坚、唐高祖李渊同以长安为首都。隋的建国,固然凭借关中氏族集团的支持;就是唐的初起,也得关中人士的响应,始顺利攻下长安,即位后,自不肯放弃此根据地,以长安为首都。而长安,地当南山之北,渭水以南,关中之心脏,左崤函,右陇蜀,沃野千里,被山带河,四塞为固,进可以攻,退可以守,能防御突厥,控制胡寇,农业发达,人口众多,自古为兵粮重心,无论从地理上、经济上,皆宜于定为国都。所以隋以前的秦、西汉等都是建都在这一带。至于洛阳,因它比较偏东,漕运比较方便,对于江淮物质及粟米的供应当然胜过长安,故隋炀帝及唐高宗之经营洛阳为东都,大抵也是作为长安饥馑时,车驾临幸之所,未必尽如旧史所言的"惑于术士之言"那么简单。但隋、唐以后的帝国,都不再建都于长安或洛阳,如宋则以汴为都。考其何以弃险而都一四战之地,略有下列原因。

军事、经济、文化方面

中唐以前,中原所受少数民族之侵扰,多来自西北方:如汉时之匈奴,隋、唐时之突厥。上述各代之都于长安,在军事上自有指挥控制作用。自中唐以后,外患如五代时之契丹,宋时之辽、金、元,皆来自东北方,因此首都亦宜东移,以资应付,故长安地位渐趋低落。

自秦汉大一统的帝国崩溃以后,经四百年的分裂扰乱,到了隋唐时代,大一统的帝国又一复出现。这时的帝国,在政治方面虽然像秦汉时那样大

一统，但在经济方面，因为经过许多历史潮流的激荡，所以经济重心日渐南移。此种经济重心向南的趋势，自隋代已甚明显。在中唐以前，关中地区由于注重水利，农业尚称发达。唯以后灌溉失调，日趋干旱，农业衰落，长安在经济上已失去建都条件，而东南部平原广大，土地肥沃，所以唐代以后各朝，渐将首都移洛阳，再移汴梁。复以中唐以后，藩镇之乱，关中社会经济，破坏尤甚。所以北宋建国时，因要顾及经济的南移，再不能都于长安，而以较偏处东南的汴州为首都，以免如唐代因经济及首都的分割而亡的弱点。

两汉以来，代表中国文化中心的是长安和洛阳，但长安经王莽末年和东汉末年的大战乱，受到严重残毁，洛阳经过五胡之乱，也成瓦砾之场。东晋以后，由于中原汉族大举南下，尤以江左为中心政府所在，中州人士，多寄于此，从而促成江南之开发，使中国一向囿于黄河流域的范畴，慢慢改变起来。此后宋、齐、梁、陈四朝之培植，文人辈出，建康隐然成为文化中心所在。至唐统一，长安、洛阳再度成为全国文化重心，但南方文化仍盛。安史乱后百余年间，长安连遭兵乱，终成废墟，即使洛阳一带，文物也遭受破坏，无法恢复昔日繁华，下及五季，日益糜烂，江南一带，反成乐土。故关中地位渐渐失去重要性，东南方却经济日益繁庶，文化日渐浓厚。自此隋唐以后的国君，大都向东南方发展，而首都亦渐向东南移置，宋乃选汴为其首都，原因在此。

国策兵制与关中的残破

自隋以后，中国经济重心，虽然已南移，但在西北方面，因须防御其他漠北民族的入侵，国防问题很迫切，有配置重兵的必要。军事重心，既然仍在北方，为着便于控制边疆驻屯的重兵，中央政府只好仍旧留在北方。在北方较偏于西的长安，处于陕北高原与秦岭山脉之间的渭河盆地，地势险要，一方面便于向西北拓展，另一方面，可以控制全国，故成为隋唐大一统帝国的首都。其后到了北宋，主要敌人仍在北方（契丹）和西北（西夏），为防御外患的威胁，全国的军事政治重心也在北方，当时政府鉴于唐宋五代藩镇的跋扈，采取中央集权政策，从而集重兵于中央，造成强干弱枝之势，以便随时能够镇压各种叛乱。兵多了，对于粮食的需要便激增起来，为着要供应巨量的粮食，政府不得不选择便于漕运江淮米粮而又能照顾北方和西北边防的地方来建都，当日最适合这个条件的地方，就是位于运河北段的汴州，因此，长安、洛阳便弃而不用了。

宋代开国，承接五代一段长期混乱黑暗残破的局面，当时国防线早经残破，燕云十六州失地未复，需要大量养兵防驻。而古代所谓大河中原地带，亦早在唐末五代残破不堪。反之，江南一带，自孙吴以来，历代都能注意兴修水利，农业技术也不断改进，经济蒸蒸日上，相比之下，长安洛阳更是相形见绌，国都的建设再不于此地，而大多注重向江南一带发展，故宋建都于汴。

漕运与交通的因素

唐都之长安及洛阳常借江淮之赋税支撑，及安史乱后，藩镇割据，运河交通时有中断，变成淤塞，唐代遂因此政治经济之分割而覆亡。及周世宗时，削平淮南，重新打通运河，使江淮资源，能直达汴京，于是军事政治及经济重心又密切联系起来。由于世宗在位不长，汴京以西的河道未能复通，宋代纵然有意在长安及洛阳建都，亦因运河不通，使运费大增，而改以漕运便利又能收天下财利的汴州为首都。

隋唐以来，水陆两路交通发展，关中经一番战乱后，残破不堪，自五代时多战乱，故关中对水陆两路交通与外贸易均感不便。五代及宋都汴京，就因为它居南北交通之要冲。汴京位于黄河南岸，乃一水陆都会，北据燕赵，南通江淮，位置适中，交通便利，建都于此，可以控制大局。又为华东至长安与洛阳必经之地，再加上它位于运河（通济渠）之中部，故在运输、交通、商业、军事各方面的地位，都有值得重视之价值。所以，汴州虽然四处无险可守，但仍能成为一代国都，亦由于此。

其他方面的因素

汴州自运河开凿后，已成南北交通的枢纽。中唐以后，因为汴州控制着运河的交通，地位日形重要，政府在那里配备了十万人的军队。到了唐末，以汴州为根据地的朱温遂得夺帝位，以之为京都。至后唐建都于洛阳，但不久以后，石晋鉴于汴州的经济价值及契丹的威胁，复用汴州为都。后汉后周亦复如此，因为汴州有这样的历史背景，所以宋太祖亦不免因循，以迁都就事实，故以江淮物质容易到达的汴州为首都，而名曰汴京或东京。由此可知，北宋帝国所以以汴京为首都，运河实具有决定性的作用。

太祖立国之初，北方有强大的契丹，南面仍有南唐，初时太祖召议群臣，厘定国策，以先灭南唐为要务。由于南唐处于中国南部，若仍以长安洛阳为首都，则相隔甚远，军运不便，不能兼顾，所以要选一较为偏南，而又交通方便的地方为首都，以便发兵下攻南唐，因此，汴京遂因漕运方便而为京师。

《续资治通鉴长编》卷十七"开宝九年"条云："上生于洛阳，乐其土风，尝有迁都之意。始议西幸，起居郎李符上书，陈八难……上不从。既毕祀事，尚欲留居之，群臣莫敢谏。铁骑左右厢都指挥使李怀忠乘间言曰：'东南有汴渠之漕，岁致江、淮米数百万斛，都下兵数十万人，咸仰给焉。陛下居此，将安取之？且府库重兵皆在大梁，根本安固已久，不可动摇。若遽迁都，臣实未见其便。'上亦弗从，晋王又从容言曰：'迁都未便。上曰：'迁河南未已，久当迁长安。'王叩头切谏。上曰：'吾将西迁者无他，欲据山河之险而去冗兵，循因汉、唐故事，以安天下也。'王又言：'在德不在险。'上不答。王出，上顾左右曰：'晋王之言固善，今姑从之。不出百年，天下民力殚矣！'"乃知宋太祖鉴于汴京的无险可守，曾拟把首都迁往形势险要的洛阳或长安，可是因臣下的力议，以为汴京比较便于漕运，所以迁都的计划只得告吹。

第九节 北宋特别礼待士人的分析

北宋对士人特别礼待的原因

五代时，多以军人为重，文人皆不出掌重要职位。这种情况，到宋初时有了转变，宋代对文人特别优礼，而压抑军人。考其原因的表现和影响，逐一论述如下。北宋对士人特别优礼原因，可从下列各点看出。

一是为抑压武人跋扈之势。五代以来，藩镇节度使诸武臣，非重禄厚赐不足餍其欲，宋既积重难返，又深惩武人跋扈之病，意欲提奖文吏，压抑武吏。既然以高官厚禄夺武臣之权，自不得不以高官厚禄慰文吏之心。

二是为转移社会风气。五代之世，不单骄兵悍卒专横，人民生活困苦；社会风气更尚贪婪，气节沦亡。如背公死党、鬻贩宗社的崔胤、张文蔚及冯道，视改朝易主为常事，皆为一时颓风。太祖引以为忧，故欲倡文治，以转移风气，巩固基业。宋代既立意要造成一个文治的局面，故处处要礼待文官，使他们不致对武职相形见绌。

三是出于宋的国策。宋代立国时，燕云十六州已落契丹之手，所以，宋王室尽力要收复北方失地。在用兵之时，而同时又不让军人操握政权，故宋王室特别优礼士大夫，希望永远让文人压在武人的头上。

四是因为立国人才缺乏。宋代立国，武将勇夫易找，而治国之才难得。这实因五代时，贪婪成风，人不悦学，所以太祖欲重文士，求取人才。太宗曾言："朕欲博求后于科场中，非敢望拔十得五，止得一二亦可致治之具矣。"可见宋初人才的缺乏及上位求才之渴，所以礼重士人自属必然。

五是因为君主好尚书文。北宋君主有好尚书文者，故对文人特别见重。如太祖虽出身戎马，但性好读书，当以藏书被赞，读《汉书》及《五代史》多有见解，且他欲令天下武人多读史书，以戢其嚣陵噬搏之气。又如徽宗，性近诗文，而对士人亦颇见礼重。故终北宋一代，对士人而言，其礼重与君主之好尚书文有关。

对士人礼待的表现

一、不杀文臣

宋国策既欲以文人压于武人头上，以讨好文人，对其特别礼重，太祖有誓约，藏之太庙，云不杀大臣及言事官。徽宗被虏于金，尚以此事命使臣转告高宗，足见宋代对士人的重视。

二、科举方面

（一）进士登第即释褐。唐进士及第，未得即登仕牒，尚须再试于吏部。中格者，亦仅补畿赤丞尉。宋则不然，进士及第之前三名，多可出领州郡，从此释褐。

（二）登科名额较前大增。隋唐初设进士，岁取不过三十人。宋太祖开国时，进士岁无十数。至太宗时，赐进士诸科五百人遽令释褐，或授京朝官，或倅大郡，或即授百馆。进士中第多至七百人，后遂成例。

（三）恩科与例不黜落。太祖开宝三年，有考不及第者，由天子"恩赐出身"，其时谓之"恩科"。至仁宗时，遂诏进士与殿试者皆不黜落。

（四）状元及第，无上光荣。太宗临轩放榜，三五名以前，皆出二郡符，迁擢荣速。状元及第者，不十余年皆望柄用。每殿廷胪传第一，公卿以下，无不耸观，虽皇帝亦为注视。

三、士大夫的优厚待遇

（一）官俸逐步增添

真宗时，杨亿上疏，极论当时吏俸之薄，其后乃逐有增益。士大夫既有正俸、禄俸、职钱、公用钱、职田等，也有绫绢、棉花发给，出差有路费、吃喝有厨料、薪炭、酒肉，连他们的仆役，也有粮、布、棉花发给。

（二）退职之恩礼

宋代年老优良官吏退职后，亦有优遇，名曰"祠禄官"。始自真宗时的王旦，熙宁以后，日渐增多。

（三）额外恩赏

此盖始于武官，其后波及文官，掌执大臣皆优渥，如大臣之病卒均有赐银等。

（四）恩荫之制

宋代官户，有免役免税之特权，台省官三品以上，其他官五品以上，每三年南郊大礼时，皆得"任子"，即子孙不经选举而有任官之机会；品级最低者，可荫子或荫孙一人；品级最高者，可荫六人。大臣致仕时，有"致仕恩泽"，死后有"遗表恩泽"，均可荫若干人。

北宋特别礼待士人的影响

第一，冗官形成。宋代压制武人，努力创造士人政府，其定期举行的科举考试，是读书人入仕的好途径。而且取录名额亦较前大增，于是，官员的数目，只有增加没有减少，造成冗官充斥于各机关衙门。

第二，国家财力枯竭。宋代优礼士人，除了正俸外，还有各种恩赐和特权，再加上官员数目不断增加，至令每岁国库开支浩大，所以国家虽竭力设法增进岁入，到底追不上岁出的飞快激增，造成国家财力枯竭不振，积贫难疗。

第三，军人质素低落。宋室宠信文人，中央最高军事机关的枢密院，因以文人主之，即统兵大员，亦用文人，甚至对外军事行动亦派文臣出任统帅。由于武人遭受鄙视，军人质素自然日益低落。

第四，武功不振，国力大衰，加促灭亡。宋室以文人代武将，以毫无战阵经验的文人主持军务，自然常遭败绩。宋代对外战争屡遭失败，武功不振，与此大有关系。又由于屡次对外失败，引起外敌入侵，加速了北宋的灭亡。

第五，士大夫阶层形成。北宋由于要压抑武人，遂对士人礼重，所以把科举尺度放宽，兼转移五代大臣图利之风，因此士大夫人数日益增加。在质和量都在提高的条件下，士大夫阶层于是形成。

第六，造成社会失调。宋代服官之众称为官户，而官户照例可免其赋役。由于冗官充斥，官户骤增，纳税纳役户便告递减，农民赋役因而加重，而逃税役之风日益猖炽，遂使社会失去调和。

第七，党争形成。宋代重文轻武，优待文臣，士大夫荣誉既高，责任感亦随之加重，彼等均好论列时政，以博取高名。由于论政之风气盛行，朝臣往往为某一小事而争辩不休，又各自寻求志同道合之人，以为声援，因而渐分派系，造成党争。

第八，冗兵形成。文人气势日高，宋室想竭力抑压武人，但宋代却根本不能去兵。宋代又竭力想提高文治，然而宋代亦根本不能对文吏有一种教育与培养。结果军队虽多而不能用，兵队愈不能战，则愈感军力之少。虽极端优待文臣，而亦得不到文臣之效力，结果文臣气势日高，太阿倒持，文臣一样像骄兵悍卒，只来吮吸国家的精血。

第十八章　北宋的变法与党争

第一节　庆历变法及其失败原因

庆历变法的时代背景

赵宋是中国历史上统一国家中最贫弱的一个，建国以来，先后遭受到北方少数民族契丹、党项、女真等的侵略，以致纳币饵敌，勉强维持一个暂安的局面，因而内部的经济危机，也日渐加深，政府终年穷困，国力日衰，当时的局势大体如下。

宋室自公元979年至1004年，前后二十五年间，与辽人多次作战，而宋室却无法取得胜利。同时，在公元986年西北方的西夏兴起，直至1044年，前后五十年间，不断侵扰宋室。宋室在这段时间中，因受到东北的辽族及西北的西夏的侵扰，无法抵御，只得纳币饵敌，以图苟安于一时，不但纵敌强大，更使国家积弱不振。

财政方面，入不敷出也是个重要原因。宋代开国后，国库终年穷困。太祖末年，全国有兵不过三十七万。仁宗时，全国兵数增至一百二十五万。英宗时，兵数略减。从太祖到英宗时代的百年间，兵额竟增加三倍以上。军队的来源，绝大部分来自招募，其分子多半是无业游民和负罪的亡命者，每遇荒年，朝廷更加以招兵救荒，以这类分子组成的军队，又不勤加操练，故兵额数愈多，质素却愈来愈差。宋代军队之多，固然是由于外患，而宋室为推行国策，一意扩充禁军，也是主要原因之一。

宋代的科举录取多至数百人，其高第者，多仕至公辅，至于官吏的俸禄，在真宗以后，异常优厚，更有额外的恩赏，又有所谓"恩荫"，就是官吏的子孙，甚至异姓亲属及门客，均可获得官禄。因此官吏愈来愈多，这样一来，便引起财政上的严重危机，国家已到非变法图强不可。

变法的经过与内容

北宋由于在太祖、太宗时所实行的政策有很多漏洞，造成了很多积习，如冗官、冗兵、冗费等，做成了宋的"三冗"，及至仁宗时，更因困于强敌，内忧外患，便欲改革旧制，以济时艰，于是在仁宗时产生了庆历变法。宋仁宗庆历年间，范仲淹为参知政事，他眼见国家积弱不振，便主张在经济、军事及财政各方面，都要实行大改革。有一次，仁宗特开天章阁，召对赐坐，重询改革政治意见，范仲淹立刻奏上《十事疏》，提出十项改革的原则。

第一，明黜陟。宋代有所谓磨勘制度，即是文职三年一迁，武职五年一迁，不限内外，不问劳逸，均可循资晋级。范仲淹认为这种升迁的办法不合理，而且还会养成官吏的惰性，故主张以其功绩作升降之标准。

第二，抑侥幸。乃针对当时之恩荫制度而发。在宋代，凡是大官，其子孙甚至异姓亲属及门客，可获得官禄，而这些官吏未必有才能，故范仲淹要抑制此等侥幸蠹国之徒。

第三，精贡举。为针对当时的科举制度偏差，科举制度表面上虽说人人有份，严格公正，实际上仍由权势子弟取得优先权，范仲淹主张各地广设学校，教育士人，应试者不仅须艺业及格，更须稽考其平日行谊，试进士者以试策论为主，其次始试其诗赋。

第四，择官长。此法乃针对当时的监司制度而说，范仲淹认为要地方政治好，便要注意监司的人选，更要由逐级保举，才算合理。

第五，均公田。所有公田即职分田，是特别拨给地方官的，以减少官吏贪污。仁宗时，有人主张废职公田制度，认为公田侵占了私田。但范仲淹则认为不应取消，其理由是不均者均之，不给者给之，如此才能责其廉洁。以上五点主要是从澄清吏治方面着手。

第六，厚农桑。主张政府帮助农民兴利除害，开河渠，筑堤堰等，以提高社会生产力，使整个经济情况好转起来。

第七，修武备。范仲淹因鉴于军政腐败，无力抵抗外敌，所以他主张在京畿之内，仿效唐代兵农合一之府兵制度，募集强丁，使其"三时务农，一时教练"，训练成为劲旅，代替募兵先行于京畿。成功之后，再推广到各路。

第八，减徭役。宋代的役法甚多，总名"色役"，人民负担繁重，范仲淹认为人民徭役过多，会影响生产，他主张以人口的多寡定服役，省并户口稀少的县邑，以减省其他人民的徭役，便不会影响生产了。

第九，覃恩信。恩信即政府对人民的赦令。范仲淹认为政府对一切赦令应立即执行，令人民感激政府。

第十，重命令。国家的命令不能随意修改，拟好后应有施行的时间。范仲淹十项的改革，前五项是提高吏治的效能，如明黜陟、抑侥幸、精贡举、择长官、均公田等，至于厚农桑、修武备、减徭役，是针对富国强兵的，最后覃恩信与重命令是厉行法治方面。

范仲淹之改革，主张强兵富民，则先从澄清吏治着手，其重点是先安内，然后攘外。仁宗庆历三年，实行十事疏的改革，除了修武备一项之外，其余都一一付诸实行了，可是在执行时，却遭遇到强烈的反对。

庆历变法失败的原因

宋仁宗对范仲淹的建议甚表嘉许，但朝臣却对他的十事疏极大的反感。范仲淹和宰相杜衍极力压抑，退回了皇亲国戚们许多恳求恩荫的表章，并且制止了荫官请命的发布，因而引起了许多守旧官吏的不满。另一方面，范仲淹和富弼将那些无能的诸路监司官，逐出政路，又推举了杜杞、张盅之、刘立等任诸路转运按察使，以纠举一般贪污的官吏，于是招致了官吏的愤恨。朝中官吏，多起来攻击他，范仲淹只有仓皇引退，新政遂告失败。庆历新政的失败，固有其内在的因素。

一、改革派本身的缺点

议论多而实际的行政条件未必具备。如恢复唐之府兵制及继续推行徭役制，都非工商业已呈高度发展的宋代社会所宜采用，故遭遇阻力，当是无可避免。

个人的性格和作风亦有问题。主持改革的范仲淹，共政治理想虽高，但行事则少忍耐性，因此与其他官僚当中引起摩擦，而影响事功。

他们树党树敌的毛病，亦是主要问题。政敌指摘他们"凡所推荐，多挟朋党，心所爱者尽意主张，不附己者力加排斥，倾朝共畏"，树党之余，不免偏袒，范仲淹用人往往重才气，而略其细故。

其中人物往往好标奇立异。他们好标奇立异，言行不检点，易为政敌所乘，范仲淹领导改革，似乎不免"引游士以为党助"，甚坏风俗。

二、遭受政治上的阴谋与破坏

1044年夏天，若干人开始攻击改革派，自成朋党的罪名，宦官从而谮之。同年秋天，夏竦阴谋诬告富弼准备造反，宦官更协力陷害。同年冬天，王拱辰、刘元瑜等御史借"奏邸之狱"排除范的党羽苏舜钦、王益柔等新进少年。庆历五年（1045年）正月，宰相章得象暗中排挤范仲淹，罢政事，重去陕西知邠州，改革派经此打击，一蹶不振。政治上的波涛激动，终于使这个彬彬君子风度的范仲淹乞身引退。

庆历变法的影响

由于企图改革，党议大起，滋长了士大夫之言论风气，政情政制迭起纠纷，成为北宋中期以后的大病。

由于庆历变法失败，宋室的困难仍未能解决，造成日后王安石大举变法的伏线。

第二节　熙宁变法的得失与影响

唐末五代而至宋初，在中国历史上，为混乱时期。宋太祖得国于孤儿寡妇之手，用兵数十年，至太宗太平兴国四年，始完成政权之统一，凡一切制度典章，因仍苟且。真、仁两朝，休养生息，对于民生国计，初未能有很大的建置以起积弊。但契丹强盛于北，元昊崛起于西，宋不战言和，卑辞厚礼，岁输巨款，换取苟安。国家经济每感捉襟见肘，君臣上下，不欲偷安旦夕者，未有不亟思求治，故安石既相神宗，亟为除旧布新之策，故有熙宁变法之产生，兹述其变法背景于后。

熙宁变法的时代背景

宋代实行"强干弱枝"政策，削减了边防的力量，更且重文轻武，军人质素日低，再加上建都汴京的不当，故宋初开国，即受制于辽，继而西夏崛起，屡犯边境，而历次战争，多遭败绩。割地赔款，丧权辱国，以致国家元气大伤，弱点暴露，苟不从速改革，宋室之亡，指日可待。

宋代国库终年闹穷，考其原因，有下列数点。

第一，冗吏虚耗国币。宋代科举三年一试，录取多至数百人，凡及第者立即释褐，俸禄异常优厚。且时有额外恩赏，又有所谓恩荫，官吏渐多，开支日大，故在仁宗时，便有"三冗"之说："天下有定，官无限员，一冗也；天下厢军不任战而耗衣食，二冗也；僧道日益多而无定数，三冗也。"

第二，冗兵虚耗俸饷。宋初，兵员庞大，如太祖时全国兵额不过三十七万余人，至仁宗时已增加为一百二十五万余人，政府收入，军费已去其大半。

第三，行更戍法的错误。宋代更戍法的推行，实际是浪费时间和金钱之举，因为虽然年年不打仗，而经费上则等于年年动员，年年打仗，所以耗费不止。

第四，对外纳币。宋代立国以后，外患日急，东北的辽，西北的夏，时常入寇，宋室无法抵御，故只得纳币饵敌，而宋室财库亦更形空虚。此外，宋皇室的穷奢极侈，亦是原因之一。而宋代的疆土，本来比汉、唐为小，但财政的开支，却较前代为大。如不开源节流，恐无力支持国家经济。

宋初政府为了应付庞大的开支，不能不加重人民的赋税和徭役，同时富豪又兼并土地，操纵物价。一般平民在这重重的压迫之下，无法生活，使能及早改革，尚可挽救当前多难的国运。

在政治方面，执政者每以保守现状为是，不敢有所作为，以免为同僚所不容，为谏官所非议。结果，弄至暮气沉沉，朝纲不振，改革的暗流早已潜伏。

仁宗时志欲革新，乃于庆历三年用范仲淹为相。仲淹上十事疏，提出十项改革计划，大部分关乎澄清吏治、富国强兵的献议，但经不起旧势力的反对，以致未竟全功。神宗即位，局势更见艰危，于是王安石变法之议，更见需要急切推行。

宋室的积弱情形，神宗早已洞悉，但在早年却未能有所作为。到他取到权位后，眼见宋室贫弱，认为非改革不足图强，庆历变法之先例亦加深了神宗改革的意念。而且王安石因事得入宫，神宗重任之，因而加强了变法的效果。

新法的内容

一、财政方面

第一，设置制置三司条例司。这是中央政府整理财政的总机关，表面上用来制定全国一年用度的预算，颁布施行，以节省开支，且审核三司（户部、盐铁部、度支部）的用度，实际上欲将财权收归相府指挥。

第二，行方田均税法。令县官于每年九月遣官吏到农村测量土地，按土质的肥瘠分为五等而定税，以革除豪强隐税的积弊，平均百姓的负担。

第三，农田水利法。遣使考察全国的农田、水利和赋税，另制订管理办法，以尽地利而增税收。乃于熙宁二年，遣官行诸路，相度农田水利赋税等利害，又诏诸路设置农田水利官。

第四，行青苗法。政府于农民青黄不接时，需款甚急，乃把诸路救济贫民所用的常平、广惠等仓的积谷，变钱借给贫困的农民，到秋收时加息二分收回，以免其蒙受富豪的剥削，因为每年禾苗方青时施行，故名"青苗钱"。

第五，行免役法。以贫富为标准，分百姓为五等，按等输"免役钱"。本来没有差役的"单丁"、"女户"、"官户"等人家，可出"助役钱"。政府即以此钱募役，不再签差，使百姓免去徭役痛苦，且不妨碍工作，对于无职业者，亦多一谋生出路。

第六，行均输法。旧制，各路上供之物，均有定数；年丰不超额，年歉不减少，而此法推行后，政府以钱交发运使，令其在江浙荆淮地区，调查当地出产，对中央所需物品，便宜者盖就地购买。上供之物，非中央所需用的，发运使可就当地之经营商业，以抑制商贾。

第七，行市易法。设置"市易务"于京师，凡货物可买而滞销的，由政府平价收购，或易以官物，其后诸州设市易务，人民可以田地或金帛为抵押，向县官贷款，取息十分之二；若民间有所需要时，随时由政府估价卖出，以免商人操纵而达到稳定物价的目的。

二、强兵方面

第一，裁汰冗兵。宋初养兵过多，年耗所入三分之二，然不堪与敌国一战，安石乃次第裁汰之。禁军不胜任者，降为厢军（地方军）；不任厢军的，则取清兵籍，另增置武卫兵，以备国家之用。

第二，改定更戍法。宋初收四方劲卒，悉隶禁旅，分番外戍，虽无难制之患，而兵将不相识，缓急不可恃，于是乃将全国各部之兵，各置镇将一员，总隶中央，以资统率调遣，分别训练，使兵将相习，无番戍之劳，亦谓之"将兵法"。

第三，置保甲法。保甲之意，一为国民自治之警察，一为国家之后备兵。此为逐渐实行征兵制而设，以十家为保，公选一人为保长；五十家为大保，设大保长；十大保为一都保，有都保正和都保副，也是公推的。百姓家有二丁的，出一丁，每日练武习战，兼备盗贼。

第四，行保马法。命人民畜养官马，政府以马一匹或二匹交百姓饲养，或给钱令其自行买马，用以逐盗驱寇，每年由政府派人阅视一次，死病者均由人民补偿。

第五，置军器监，改良兵器。自仁宗以来，君臣荒于太平，军器皆窳不可用。安石特设军器监以改良之，于是分设军器监于各地，设官领之，以制造武器，供其附近数州之用；并募良工为匠，务求精利。

三、教育方面

第一，更贡举法。自唐以诗赋、帖经、墨义取士，获用者多不通时务。宋科举有进亡、明经二科，至此发展经义，进士科免试诗赋，专试经义策论，以通经有文采者为合格。并颁王安石所著的《三经新义》(三经指《诗》、《书》、《周礼》)于学官，以为经义考试的标准。又设明法科，试律令及刑统大义，以待不能进士者。

第二，太学三舍法。神宗以前，太学生员仅三百人，有名无实，安石立三舍法，学生仍限官宦子弟。新生入外舍名额七百人，由外舍升内舍，额二百人；内舍升上舍，以一百人为限。各舍除月考外，年有总考，凡上舍生成绩列上等者，由政府授以官职；中等亦可获得进士及第的同等资格。三舍法的主要目的，是逐渐以学校代替贡举。平情而论，安石的新法，大都切中时弊，然以种种因素的阻挠，大部分改革失败者居多，然亦有部分有显著成绩，那是不可抹杀的。

新法失败原因的分析

在我国历史上，曾有三次重要变法，其一是商鞅变法，结果完全成功。其次是王莽改制，则是完全失败，其三是王安石之变法，有成功亦有失败。

然则其失败之原因何在？现检讨其原因有如下各点。

一般对安石新政失败批评，多归咎于用人不当，而使每项新政措施尽变为奸徒胥吏中饱私囊的工具。如苏轼曾攻击青苗法说："官吏无状，于给散之际，必令酒务设鼓乐倡优……每散青苗，即酒课暴增。"《宋史·食货志》对方田官的失职亦有如下记载："宣和元年，臣僚言：'方量官惮于跋履，并不躬亲，行缒拍埠，验定土色，一付之胥吏。致御史台受诉，有二百余亩方为二十亩者，有二顷九十六亩方为一十七亩者，虔之瑞金县是也。有租税十有三钱而增至二贯二百者，有租税二十七钱则增至一贯四百五十者，虔之会昌县是也。望诏常平使检察。'"试问用这种人推行新政如何会成功？当然这种现象之产生，绝非制度本身不妥，而是人事执行上流弊所致。

宋代初年，政尚清简，力避扰民，田制不立，故丁口之隐瞒兼并与伪冒之事情颇多。《宋史·食货志》说："天下荒田未垦者多，京、襄、唐、邓尤甚。至治平、熙宁间，相继开垦。凡百亩之内，起税止四亩。欲增至二十亩，则言者以为民间苦赋重，遂不增。"明知地籍失实，赋税不均，但又不能更改，否则被言者以为民间赋税日已重，不能再有更改，政府亦无魄力改变，此种情形，实不能不归咎到社会习俗和人类惰性。其次，丈量田亩，对地主阶级发生不利影响。行青苗法，对高利贷者不利。行市役法、均输法，对富商大贾不利。上述等人在政策实施以前，总是极力反对，及其实施之后，又多方面抨击或破坏阻挠，对于社会习俗，私人利害及人类惰性等阻挠下之新政，正如王安石《答司马谏议书》说："至于怨诽之多，则故前知其如此也。人习于苟且非一日，士大夫多以不恤国事、同俗自媚于众为善，上乃欲变此，而某不量敌之众寡，欲出力助上以抗之，则众何为而不汹汹然？"

安石执政前，一般士大夫对其品学极为钦佩，安石执政后，国家要推行变法，遂惹起执政者之反对。于是在政治上产生新旧党派，旧党极力攻击；不生效，便采取不合作态度，务求使新法失败。梁任公说："即如青苗法者，公在鄞行之而既有效矣，李参在陕行之而又既有效矣……据条例司所核定，凡全国置提举官四十一人，以当时贤才之众，欲求得如李参者四十一人，谅非难也，而公又非不欲与诸君子共之也，而无如诸君子者闻有一议为公之所发，则掩耳而不听，初不问其所发为何议也；见有一诏为公所拟，则闭目而不视，初不问其所拟为何诏也。"

安石变法，从技术观点而论，是颇有问题的，如清儒陆世仪曾批评安石之方田法在推行技术上之不当，并指出丈量法之困难。今按清陆世仪是清代讲究丈量田亩的专家，故其认为荆公之失败在技术上的错误亦颇重要。故荆公之方田法由于技术之粗疏与当时人才缺乏，以至未收良果，当亦意料中事。他如青苗、市易、均输都需要专才去执行，以解决技术上之问题，但荆公推行新法时，稍有经验之干部亦不多见，更遑论专业人才？

变法就是改制，改制的成功与否，不能忽略时间因素。任何良好政策在推行之初，难免不发生流弊，绝难尽善尽美。若执政者对所行新政，不能贯彻，必至中途而废。荆公当国不过八年，其新党当政时间，也不过九年。有些新政在安石罢相后不久便被废止，有在司马公拜相后便废止，不论哪项新政，推行的时间，很少超过二十年。但事实上，有些改革是要长期始能成的，如清丈田亩，方田法，从熙宁五年至哲宗八年止，前后推行不过二十年，若以此数字与西欧国家比较，相差甚远。如意大利十八世纪时在唐巴泰的地方举行土地丈量，由1714年开始，1760年才完成，前后耗时四十六年；奥地利曾举办土地测量，开始于1797年，完成于1881年，耗时八十四年之久。而荆公之方田法，经时短暂，故其失败理所当然。

宋代读书人患有严重之时代病，此种情形更促使国家衰落。由于开国以来，过度优礼读书人，养成此等人在政治上之气焰，以致士大夫议论太多而不重实行。在此情形下，政治上的反映是机构设置之激增，法令颁布之太繁。《宋史·食货志》对此曾加以批评说："宋臣于一事之行，初议不审，行之未几，即区区然较其得失，寻议废格。后之所议未有以愈于前，其后数人者，又复訾之如前？"

荆公之变法，尤其财政改革，颇受时人的抨击。由于当时一辈意见多注重节流，而安石财政改革似乎偏重开源，其青苗及免役二法，在当时人看来是朝廷与民争利或谓之聚敛（于庸之外又征庸）。故此，当时朝廷中，大臣如刘击及陈次升等均上疏表示反对，其实开源与节流均为良策，但两者不容有偏差，又在安石新政中，其执行法令之行政人员，多为群小所误。因此，宋自开国以来，一直已嫌官冗的问题，在安石的改革中又增出许多冗官闲禄，成为财政上之一大缺点。

依照王安石当时情况，欲要实行变法，非要澄清吏治，不足以宽养民力；非宽养民力，不足以厚增国本；非厚增国本，不足以遽命武功。但安石的新政，一面既忽略了基本人的问题，一面又抱有急功速效的心理，在此等情况下，实难免造成新政措施毫无头绪之现象，这也是安石之改革则重在死的法制，而忽视了人事问题带来的恶果。

王安石之新法，有些似在南方人特见有利，而在北方人或特见有害。我们从罗从彦之《遵尧录》中谓司马光所改法，无不当人心，唯罢免役失主。王安石之免役法，正犹如杨炎之均税，东南人实利之。今按罗氏亦为南人，故其言必信，政繁则役重，当时东南之役，谅必较重于北方，及致元祐新政，王安石一党尽斥，而所反对的多是南人。

安石情性执拗，并且自视过高。反对他的，他便骂他们不读书。安石初为相，争位执法，议论不协，安石曰："公辈坐不读书耳。"又说他们是流俗。安石曾告神宗说："陛下欲以先王正道胜天下流俗，故与天下流俗相为重轻。流俗权重，则天下之人归流俗；陛下权重，则天下之人归陛下。"神宗信之，故益依安石不顾群情矣。此外，他又固执不受人言，当时谓安石有天变不足畏、祖宗不足法、议论不足恤之狂论。而结果为群小所包围，当时批评安石的，亦以此为攻击目标。

当安石等新党得势之时，旧派便借端加以攻击。安石在这种情形之下，已遭困难，时更竟有同党的倾陷，如吕惠卿本是安石引进，由于与安石亲弟不和，安石恨他奸诡，当面侮辱他，这样一来，王姓与吕姓之间，发生了不可补救的裂缝，吕氏遂由安石的一党变而为仇敌。凡可害安石之处，无不尽情陷害，成了安石之致命打击。

安石在新政措施全无头绪的当日，却同时想借对外用兵，争取胜利来安定人心。他先伐安南，无功而还。转讨西夏，也失败。而辽乃乘机寇边，于是天下骚然，旧党反对更烈，安石遂不得不引退。

新法部分成效的表现

新法推行时间不多，但并非全无收效，兹述如下。

一、财政方面

第一，裁省冗费。制置三司条例司之成立，虽仅一年又三月而远罢，但其整理财政积弊之成绩，尚有可得而言者。自"制置三司条例司"设立后，神宗即命考三司簿籍，商量终久废置之宜。凡一些用度，皆编著定式。内廷土木工作，多所罢省，计裁省冗费十分之四。

第二，垦田日广。自农田水利法推行后，计其成绩，自熙宁三年起至九年止，府界及诸路所兴修水利田，凡一万七百九十三处，为田三十六万一千一百七十八顷有奇。此当时报税之田数超过一半。

第三，军费减少。全国保甲，民兵共有七百余万，相当于仁宗时的养兵数约六倍，但训练民兵的费用，只占以前募兵费用的十分之一二。

第四，国库岁入增多。免役法的推行，于国计方面也有裨益。按自熙宁九年至元丰七年，雇役未见加多，而岁入比前增广，至元丰八年八月，神宗崩，哲宗即位，据户部结算役钱所留宽剩，竟有及三四分以上者。

第五，税收增加。因方田均税法的推行，税收渐增，国用较为充裕。故若就荆公在理财方面而论，其所推行之新法，大抵都是无可非议的，无论哪一项新政，都是济时之弊，嘉惠人民，而亦有显著成绩，首先是财政收入增加，国防较变法前充足。荆公曾与曾公立书，谈到青苗法之实行情形："始以为不请，而请者不可遏，终以为不纳，而纳者不可却，盖因民之所利而利之，不得不然也。"其又在《上五事札子》中说："昔之贫者举息之于豪民，今之贫者举息之于官，官薄其息，而民救其乏。"又如苏子瞻在初是反对新法的，后来亦颇有忏悔之意，他在《与滕达道书》中说："盖谓吾侪新法之初，辄守偏见，至有异同之论。虽此心耿耿，归于忧国，而所言差谬，少有中理者。今圣德日新，众化大成，回视向之所执，益觉疏矣。"当司马光执政，尽罢新法，复报差役时，旧党中之范纯仁亦忍不住反对说："去其太甚者可也。差役一事，尤当熟讲而缓行，不然，滋为民病。愿公虚心以延众论，不必谋自己出。"

二、国防方面

正由于安石理财之有所成，国库收入日增，使国力亦较前为强大。例如王安石执政期间，王韶击败吐蕃，收复岷、宕、洮、叠四域，又复河湟之地；章惇降梅山、山同蛮，置安化县，又讨平江南蛮，置沅州；及赵卨数征交趾等，都是宋开国以来，少有的军事胜利表现，可见荆公理财对国防之充实有一定影响。

三、学术教育方面

设学校，改科举制及立"太学三舍法"，欲造成一个开明、合理、教育普及的社会，安石自谓经术所以经世务，又劝神宗为治当择术，效法尧舜，何必唐太宗？其成就正在此等处表现出来。

四、社会方面

第一，农民受惠。青苗法的推行，使农民获得低利贷款；方田均税法，革除豪强瞒税积弊，平均了百姓的负担；均输、市易二法减少了进贡土产的痛苦；而免役法则除去负担差役的痛苦。所以王安石新法的推行，使普遍农民受惠。免役法之裨益于民生者，一言以蔽之曰"农民得意于稼穑，解除向日之困敝"，向日农民之困敝一旦解除，享利不鲜。

第二，减少盗贼。保甲法虽未达到安石"成民兵，代募兵"之最后目的，故其效仅见于检阅，而于初步之除盗，则颇有善绩。史载开封府素多群盗，攻劫杀掠，一岁之间，至二百人，保甲法既行，止盗之效立见。

第三，物价下降。荆公新法的失败，缺点虽多，但实行后的结果，有一显而易见迹象，就是物价的下降。要知北宋物价，到了神宗熙宁年间，较诸变法前，尤其与西夏战争期间的物价，普遍下降许多。物价下降，亦即表示国家社会经济稳定，荆公新法所推行的募役法，对这方面所起的作用尤大。北宋人民对国家的义务，除缴纳赋税外，要提供徭役，此制度从北宋初年已开始推行，时间久了，便流弊丛生。如社会上有权势者，可以免除全部或部分徭役，投机取巧者，可以金钱或其他办法避役。荆公于熙宁二年颁布募役法："凡当役人户以等第出钱，名免役钱。其坊郭等第户及未成丁、单丁、女户、寺观、品官之家旧无色役而出钱者，名助役钱。凡敷钱先视州若县应用雇直多少，随户等均取。"募役法影响物价变动。第一，过去政府向人民征取徭役，如今不要徭役，改征钱币来代替，结果，市场上的钱币复因需要增大而价值提高，从而物价便相反地下降。其次，政府向人民征收的钱币，除足够用来另雇人充役之外，又加征十分之二，称为免役宽剩钱，此种钱蓄积于国库内，数量日多，反之，在外流通之钱币则越少，由于货币紧缩的结果，钱币便因流通数量减少而价值不增，从而影响到物价的下降，比亦读史者不可不察。

第三节　庆历、熙宁变法得失之比较

宋帝国的建立，是在一个异乎汉唐的背景中产生，其时外敌频仍，对于立国根基浅薄的宋廷颇造成威胁。但宋太祖因鉴五代之积弊，而欲以中央集权来巩固基业，终因矫枉过正，流弊渐生，降及中叶，军事因受文人操撑，而老弱的兵又不能淘汰，以致兵多而不可用，财政则因冗兵冗吏及岁赐，使国库日形空虚；政治上又因台谏权力过大而士大夫均以保守为事，造成朝中暮气沉沉。在此内外压迫的情况下，宋室遂不得不变法，以图富强。先是仁宗时范仲淹的庆历变法，复有王安石的熙宁变法。唯此二次变法为时短暂，瞬息失败，若细观其成果，则各有得失，现就其时代背景的不同，比较其得失异同。

两次变法的得失比较

两者均能针对时弊，对当时财政拮据方面下手。《十事疏》中言财政者占其三，即厚农桑、减徭役、均公田；至熙宁变法，王安石便以谋求国家富强为重点，不但设置制置三司条例司，遣使考察全国的农田、水利和赋税，更设免役、均输、市易、方田、均税等法，以济时弊。由于范仲淹首重澄清吏治，王安石则首重富国，因此从财政观点而言，范以富民为基本，而王则以富国为目的，故王安石的变法成效又较范仲淹为高。

在革新教育方面，范仲淹提出了精贡举，主要是要州郡学校奏举通有道之士，专责教授，此外更大兴学校。王安石对教育更为积极，更贡举法，扩充考试科目，延纳多方人才，又立太学三舍法，求逐渐以学校代替贡举，来培养真正人才。这一种理想，自有深远的泉源，旨在造成一个开明合理教育的社会。在这方面，王安石眼光是比较远大的。

范仲淹首重吏治的澄清，用人行政方面，定下了明黜陟、抑侥幸、择长官三个原则。这几种措施，除使政府省回一笔无聊的开支外，更使国家行政走上轨道。至于王安石，仅看重死的法制，而忽视活的人事，但其于淘汰冗弱，却不遗余力，计自其整顿军队，用保甲法后，全国民兵，相当于仁宗时的养兵数六倍，但训练民兵的费用，只占以前募兵十分之二。

范仲淹提出《十事疏》，仁宗对此甚表称纳，但却引起士大夫的绝大反感。仁宗比较温和，因朝臣反对即不坚持，故仲淹变法仅十月便仓皇求去。而神宗则乾纲独断，尽人反对依然任用，因此王安石变法得以维持七年始罢，故虽然两次变法皆得皇帝的支持，但因为熙宁变法为时较长久，不少措施得以部分实行，故成效更比庆历变法来得深远。

熙宁变法的效果与庆历相比较，是来得有效和长久些的。庆历变法，只是改善了科举，其余各方面无改造建设，但熙宁改革是有些建树的，如税收增加，垦田日广，农民受惠，获低息贷款，边防渐固，因而收复河湟、交趾，拓地千里，而军费也减少了。反过来说，在两次变法以前，民生已感困顿，而仲淹之大改革，更形扰民，安石的丈量田亩、青苗、均输等，则对地主、豪绅和富商不利，对于社会习俗、私人利害及人类惰性，更无涉及新法的失败因素。

两次变法失败原因比较

自宋兴到仁宗的百年间，士大夫受政府种种优待，变成特权阶级，大家都安于现状，以保持其既得地位。仲淹的澄清吏治政策，等于完全剥夺他们的特权，故自然群起反对。安石为人执拗，无法接纳不同意见，当时反对安石的，大都因安石狷急固执，故不愿与之合作。事实上，此等人对政治问题，并无任何卓见，他们攻击安石，大都基于意气，对人而非对事。但此等人中如司马光、韩琦、富弼当时大都负有盛名，故安石的遭遇与仲淹不同，反对范的，全是当时所谓的"小人"，而反对安石的，则大多是当时所谓的"君子"。

安石具有浓厚的法家气质，例如财政方面，他着重开源，这与当时受儒家思想影响着重节流的士大夫，观点大有不同。至于仲淹则重先秦一套澄清吏治的工作。因此，后人说范仲淹是儒家，而王安石为申韩，因范之政见，先重治人而后及于治法，王则似乎单重法，不问人，只求法的推行，不论推行的为何等人品，然而，二者皆变成顾此失彼，以致失败。

变法就是改制，改制之成功，不能疏忽时间因素，任何良好政策推行之初，难免不发生流弊，绝不能尽善尽美，若执政者对于所行的新法不能贯彻，必至半途而废。荆公当国不过八年，继他执政的新党，当政之时间也不过九年，无论哪一项新政，推行的时间，很少超过二十年，但事实上，有些改革是需要长时间始能完成的，如丈量田亩。而仲淹的变法，为时更短，只得十月，其影响力就更加薄弱，失败亦在所必然。

范仲淹的改革计划，虽较远大，但实施起来，着实困难，如恢复唐府兵制及继续推行徭役制，都非商、农已呈高度发展的宋代社会所宜采用，遭遇阻力，自是无可避免。王安石对于军事改革，只是对时下兵制略加整顿，农业方面，又仅重福利救济，而最重要的是他仅看重死的法制，而忽视活的人事，使全盘计划无法推行，同时，由于新法推行过于急迫，民以为扰。由此可见，安石新政欠高远和彻底；仲淹新法则难行而不实际，缺乏完整周详的计划，乃两者变法的一大弱点。

宋代的相权，较唐代低落得多。因三省之中，仅中书居于禁中，单独取旨，而尚书、门下并列于外，未能预闻政事。而宋代财政掌握在三司，司本是唐代尚书六部下的官名，但唐代自安史乱后，往往因财政困难，甚至有宰相自兼司职的。但至宋代，三司的地位提高了，独立起来，掌握着全国的财政。因此，虽然仲淹、安石自居要职，但却因权力的单薄和财政大权的不集中，对于推行新法成了一大障碍。王荆公推行新政，第一措施便是设置制置三司条例司，目的就是想把户部、盐铁、度支三司重新组织起来，把财政大权重新掌握至宰相手里，但这种措施，也为旧党司马温公等反对，不能继续施行。

两次变法产生的影响

当时反对安石的有司马光、韩琦、富弼等人，他们的思想比较保守，对于政治问题大都无任何卓见，他们攻击安石是基于意气，是对人而非对事。他们认为新法扰民，安石引去后，新法仍然实行，而当权用事之辈只图权利，反对安石之人便联成所谓旧党，与新党人对抗，形成党争，但庆历变法失败后，反对者因为求保自己的利益，所以只是仲淹引退，却未造成党争。

第四节　宋代党争与政风

北宋之世，在政治上值得重视者，可有两方面。一为政治上之改革，即熙宁、庆历二次之变法；二为党争。一般论史者，均以为北宋党争始于熙宁二年，其实在仁宗时早已发生，一直伸延至北宋末年，前后凡百多年之久。宋代党争，大体上可依时间及性质方面分论之。时间方面，可分为仁宗时期的范、吕之争，及欧阳修与吕党之争，神宗时之熙宁党争，元祐党争，后来更发展到元祐北党分裂之洛朔蜀三派之争。从性质方面而论，则大略可分为新旧党争与南北之争。何以北宋之世党争祸连百年，而为前代之所未有？兹推寻其原因如下。

促成宋代党争的原因

宋代行"中央集权，强干弱枝"政策，故中央之发展实较地方快而盛，由于发展快，所需人才自然相应增加。另一方面，自太祖以来开科取士，取录千人，此等士子拥塞京师，以致位少人多，或更凭借户位，造成冗官大增，闲仕太多，彼等为了巩固己位或求寸进，只有结党相依，互为庇荫，但由于利害相关，排斥贬谪之事乃现，遂产生党争之问题。

宋代科举取士之道，以多为胜，南北界限亦十分严明。太祖为北人，承五代之世，五代处北方，而十国则在南方，故太祖以北统南之势，亦相应以北方人才较南方为胜。但十国位居长江流域，无论文化、经济上已发展到成熟阶段，既然文化大盛，在人才培育方面当然大增，士子金榜题名者自不少于北人。由于南人之新跃进，在政治舞台上，影响力渐增，原有北人在朝中之势力，为了巩固自我利益和地位，唯有压抑南人。然而南人的势力却逐步地侵逼到北人上面去，真宗时候的王钦若，仁宗时的晏殊都打破了南人不为相之先例。南人既在政治上得势，定不甘受压制，每援引己方，于是造成南北剧烈党争。

两宋党争，亦可远溯南方之逐渐开化。唐末时，佛教已发展到南方，于是讲学风气大盛，角逐功名之仕子亦相应增加。但自太祖、太宗、真宗时所用之宰相均为北人，社会上自然产生一种观念，认为北人较诚实可靠，南人较轻佻，此现象在科举考试中已尽量表现无遗。最明显的例证便是司马光与欧阳修之争。司马光为北人,他主张古之取士以郡国户口多少为比例,但鉴于数路中并无一人及第,乃请贡院逐路取人,要取录之人数与地方上之人数成正比例。但欧阳修则非之,谓国家取士,应唯才是论,不应以各路选人为准。但事实上南人在政治上抬头者实较前为多,以至司马光出言压制。由司马光与欧阳修为贡院逐路取士而起的争议,便已十分表现出当时南方文学风气已超驾北方之上甚远。

在南北两方文风盛衰比较下,又反映出南北经济状况之荣枯,而使其在人才、志趣、意向方面,大有不同。北人自开国以来,均比较保守及厚重;然南人既多为新兴阶级,优点在于有革命性之思想与进取精神,但缺点则在于轻率不定。从王安石的主张新政而论,他的改革,似乎是代表着当时南方知识分子一种开新与激进的风气。相反来说,代表北人者,如司马光等,则似乎是代表着当时北方知识分子一种传统与稳健态度。

中国因疆域广大,南北两方之地形、气候及物产等均有差异,影响及于社会风习以及人民性情。南北双方骤然接触,不免因思想态度及言论风格不同而易生抵牾。北人多为大地主阶级,而南人多为小地主阶级,经济背景自然不同,政治意向有所分别,如王安石新政中之均输法,对南方务农者自然大有帮助,而保甲、保马之法,皆推行于黄河以北,民间觉其骚扰,但南人则不知。由是可见南北经济、人才意向观点不同之下,产生矛盾自然更多。

上述南北人才之不同,所处文化之区域亦异,因而对学术研究探讨方面之方式与范围自然亦不同。北人较慎重保守,在治学方面,比较注重章句注疏和训诂、探究考证等工作;但南人则不甘为旧有学说所束缚,不喜章句注疏之学,反而对人性之探讨大感兴趣,故宋代最大之创见便是理学之产生,也可说是南人激进冒险精神鼓舞下的成就。一如新旧党争与洛朔蜀等党争,主要由于学术不同,从而政策与生活态度亦相歧异,党争即由此而起。在党争发生后,双方除攻击对方的政策或讥讪对方生活态度外,自然亦对其学术加以攻击。如安石之推尊孟子,在科举中,《孟子》与《论语》并列为兼经,为考试科目之一。但司马光则反对安石,遂作《疑孟》以攻其瑕疵。其后新旧党学术之争,渐渐变成似乎是经史之争。

宋代党争的经过

一、范吕之争

仁宗之世,一般有识之士已觉察到国内的隐忧,认为非改革无以图存,而此等有识之士,尤以南人最为活跃。他们对当时朝廷及国家产生的问题均大加批评,其中最激进者当推范仲淹。时在朝为相者乃北人吕夷简,他为人非常稳重,但当时实际在地方上之隐忧甚多,故南人遂有上言劝谏,而范氏又为最能放言高论时政者,因而先后被贬三次。范氏恶吕氏援引私人,故为吕氏所不悦。但南方士子均甚拥戴范氏,即如欧阳修等。吕氏有见及此,乃下令百官不准越职,希望能阻止范氏等攻击北人。但因为欧阳修起而参奏,批评谏官(北人)高若讷不尽职守,结果造成范、吕、欧阳、高四人皆被贬,讽之有《四贤一不肖诗》之作。从此南北各成一党,互相攻击,开宋代之党争先例。其后到韩琦出来调停,两党争执始告暂时停息。韩琦此时为谏官,他本是北人,但在南方生长,故兼有北人之稳重宽容和南人之革新思想,而均受南北二党之礼重。两党之争暂告平息后,范仲淹亦被外调至西夏出任转运使。

二、庆历党争

吕夷简罢相后,南党如欧阳修等仍不满北党作风,他骂吕氏谓:"二十四年间,坏了天下。人臣大富贵,夷简享之而去;天下大忧患,留与陛下当之。"仁宗迫于无奈,乃引用韩琦、范仲淹为相。庆历年间,范氏上十事疏,指陈时弊,实行变法改革,但党争却又由此而引起。因范氏所上之十事疏中多针对冗官,而当时北人在朝为官者大不乏人,彼等皆以为范氏针对旧党,乃群起罢斥欧阳修及范仲淹等,谓其结党以图谋不轨,而南党为表明心迹,遂有欧阳修所作之《朋党论》,略云:"大凡君子与君子,以同道为朋;小人与小人,以同利为朋。"变法始终未能彻底实施,而招致失败，范被外调，是次党争亦告不了了之。

三、新旧党争

（一）熙宁党争

此次党争之再度引起，可说是王安石新政所致。王安石为南人，且属南方士子中较为激进者。安石初入相时，举朝皆非之，即如韩琦曾说："安石为翰林学士则有余，处辅弼之地则不可。"其他严厉的责难亦屡见于朝。安石未执政已遭举朝之忌，故后来一切措施，不论是非，动遭抨击。朝上旧人既不与之为伍，安石自然不得不引用新进以为己助，如吕惠卿、陈升之、章惇、曾布等。安石为了实行自己的政见，凡诋毁新政者皆斥逐之，如刘琦、孙昌龄、程颢、刘挚等。当时反对安石新党之北方旧党，以司马光为首，他们均认为安石之新政推行过急，并未予民生息，反而固执己见，三思孤行，致令南人如欧阳修者亦反对之。时旧党借此攻击新党者甚力，如："（熙宁）七年春，天下久旱，饥民流离，帝忧形于色……监安上门郑侠上疏，绘所见流民扶老携幼困苦之状，为图以献，曰：'旱由安石所致。去安石，天必雨。'"由于旧党攻击日烈，以致新党内哄，安石遂不安于位，辞职而去。新党之内哄，可从吕惠卿受王安石重用说起。吕惠卿迎合安石建立新法，故安石力加援引。唯惠卿得志后，竟生射羿之意，忌安石复用，遂欲闭逆其途，凡可以害安石者，无所不用其极。由于新党内哄，遂给予旧党可乘之机，复超以压抑新党。

（二）元祐党争

神宗崩后，哲宗继位，时年十岁，皇太后高氏临朝听政，而以司马光为相，光素诋新法，司马光在抨弹王安石说："臣之与安石，犹冰炭不可共器，若寒暑不可同时。"其之所以如此，实与其政治思想颇有关系。王安石主张政府应有为，司马光则主张无为之治，他理想中的政府乃是消极性的，轻徭薄赋不扰民。主张无为的政府，当然不必变法。光既执政，乃起用旧人，复行旧制。然光罢新法，措施过急，未免流于报复之嫌。如元丰八年七月诏罢保甲法，十一月罢方田，十二月罢保马法、市易法等，未免施行太急，即旧人亦有非难者，如范纯仁面谏朋党难办，恐误及善人，遂上疏曰："朋党之起，盖因趣向异同，同我者谓之正人，异我者疑为邪党。既恶其异我，则逆耳之言难至；既喜其同我，则迎合之佞日亲。以至真伪莫知，贤愚倒置。国家之患，率由此也。"南人既受贬抑，在政治上已不能起作用，新旧党争至此可说已完结。惜司马光在位不久后便去世，其门生仍控制旧党中之大部，于是引起其他旧人之不满，意气之争遂生，开洛、朔、蜀三派之相争。

（三）洛、朔、蜀三派之争

旧党之分裂为三派者，可说是旧人中，治学方法与思想不同所致。另一方面，亦由于取仕之标准有所分别。

洛党以程正、严侍讲为领袖，朱光庭、贾易为羽翼。此派所抱之政见，大体上颇有与王安石相近处。他们主张彻底改革，在政治上最主要的理论，是有名的所谓"王霸之辩"，在政治上可称为经术派，或理想派，他们主张用理想来彻底改造现实，而古代经籍，则为他们理想辩护之根据。故洛派对于元祐之排斥新政，并不完全赞成。

蜀党以苏子瞻为领袖，吕陶等为羽翼。此派以四川及长江流域一带为活动中心。其主张和态度与其他二派皆有不同，其学说根据，上层则为黄老，下层则为纵横，尚权术，主机变，故其意见常在变动中，不易捉摸，他们又多谈文学，不似洛、朔两派之严肃做人。

朔党则以刘挚、梁焘、王岩叟、刘安世为领袖，羽翼尤众。朔派为正统之北方派，他们与洛阳的中原派洛党不同，洛主理想，朔则主经验，前者主彻底改革，后者则主逐步改良，故一为经学派，而另一则为史学派。朔党成员多为司马光的门生，自然对乃师学说维护备至，与其他二派学术既有不同，各为求贯彻自我的信仰，相争之事乃起。

约而论之，三派中以洛派二程之说最有理想，有改革思想，重视人才。而朔派治学态度之好处，则在平稳而不偏激，切于事情，其弊则在于无鲜明理想，因应事实不够彻底，结果陷于空洞与松弛。蜀派则重小我，对政治亦无多参议。然就诸子而论，虽则异说争鸣，但他们都没有实际把握到政权，而仅在学术上愈推行愈深细，愈博大，各家完成各家的精神面目。但北宋诸子则不幸同时全在朝廷，他们的学术意见，没有好好发展到深细博大处。而在实际政治上，便发生冲突，既为群小所乘，正人见锄，学术不兴，而国运亦遂告中断。

（四）绍圣时之争

元祐之世，哲宗年幼，诸臣言事，纷纭不已，但取决于太后，帝有言或对者，皆不得用。元祐八年，太后崩，哲宗亲政，改元绍圣，复行新法，引用王氏旧人章惇为相，元祐时所革一切复旧。又引蔡卞、林希、黄履、来之邵、张商英、翟思、上官均等居要地、任言官，协谋朋奸，报复仇怨，因而旧党大小臣无一幸免。

（五）建中崇宁时之争

哲宗崩后，徽宗继位，章惇之获罪被罢，改拜韩忠彦（韩琦之子）为相。忠彦虽居上，然柔懦，事多决于曾布。时议以元祐绍圣，均有失，欲以大公至正，消弭党争，乃于明年，改元建中靖国，邪正杂用。徽宗即位初年，太后仍有临朝听政，太后起用陈瓘、邹浩等，而贬蔡京、蔡卞等，又进复文彦博等三十三官。但太后临朝听政仅七月，后又由徽宗亲政。时曾布为相，乃进绍述之说，改元崇宁，有崇尚熙宁新法之意，并把元祐之当政者共百二十人，列其罪状，谓为"元祐奸党"。其后又自书元祐奸党碑，颁发各州县，令监司长吏，厅告刻石以示与众同弃。又诏宗室不得与元祐奸党子孙缔结婚姻；士庶不得以元祐学术政事聚徒传授。满朝官吏，俱为蔡京父子之党羽。兹列举绍圣元年至元符二年间旧党之遭贬官者于后：司马光、吕公著（已卒），追贬官，并夺谥；吕大防、刘挚、苏轼、苏辙、梁焘、彭汝砺、范祖禹、常安民、范纯仁、刘安世、韩维、程颐皆贬官，其后诸人多死。至绍圣中，定元祐党人之数仅三十二。至徽宗崇宁九年，蔡京当国，遂立党人碑于汴京端礼门，籍宰执以下百二十人，各列其罪状。其中，宰执有司马光、文彦博、吕公著、吕大防、刘挚、范纯仁、韩忠彦、曾布、梁焘、王岩叟、苏辙、王存、郑雍、傅尧俞、赵瞻、韩维、孙固、范百禄、胡宗愈、李清臣、刘奉世、范纯礼、安焘、陆佃等；待制以上官职者有苏轼、范祖禹、孔文仲、孔武仲、孙觉、鲜于侁、贾易、邹浩等；余官有程颐、秦观、张耒、晁补之、黄庭坚、孔平仲等；武臣有王献可等；内臣有张士良等。

后虽徽宗即位，主张调停而新旧并用，乃以韩忠彦、曾布为相，因忠彦属旧党，曾布属新党，故改元曰建中靖国，意即执两用中之意。未几曾布又主绍述，引用蔡京以排忠彦，已而蔡京又排曾布而居相位，独揽政权，仍以新党自居，引安石以为护法之名，然蔡京用事时，不过假借绍述之名，以为固位擅权之计，是则蔡京得徽宗之信任者，此亦要因，而北宋之党争，亦随靖康之难而告一段落。

（六）宣和之酿乱

新旧党争之结果，佥壬悉夤缘登用。靖康初，陈东曾伏阙上书，论："今日之事，蔡京坏乱于前，梁师成阴谋于后，李彦结怨于西北，朱勔结怨东南，王黼、童贯又结怨于辽、金，屡开边衅。宜诛六贼，传首四方，以谢天下。"于是又激起此六人之党人与陈东党人间之轧争，直至终北宋之世。

党争的结果与影响

北宋党争自仁宗时至北宋末年，其间持续百多年之久，扰乱朝廷自不免，而国家因疲于应付，亦消耗元气不少。其最要之点，便是党争自北宋末期，其性质已大不如前之具有理想，而是发展到个人意气之争，与涉及恩怨之互相迫害，再不是为国家着想。结果是无形中把国家之中坚骨干人物及有作为之士，消磨于党争之中。

蔡京当国时，虽国库稍裕，但京官视爵财物如土粪，故累朝所储，尽被挥霍殆尽。大兴工役，无虑数十万，两河之民，苦不聊生。政和时，蔡京致仕，黻阳顺人心，悉反其所为，四方翕然称贤相。阴置应奉局，擅用全国之财，四方官吏进异珍之物，皆入其家。北宋宦官之掌大权者，莫若童贯，累官至检校司空，颇恃功骄恣，选置将吏，不复问朝廷，与西夏之战，贯隐其败而报捷。徽宗好花石，命浙中进珍异，初，每岁三贡，政和时，舳舻相望，号"花石纲"。置应奉局于苏州，取内帑如囊中物，士民家一石一木，稍堪玩赏者，即领健卒，直入其家，以黄帕遮覆，指为御前物，故民有物小异，即认为不祥，隐弃之唯恐不速，民或鬻卖子女以供其需，花石之灾垂二十年。主其事之朱勔，东南人皆欲食其肉。

由于政治腐化，激成民变之酝酿，北宋民变之大者有宋江、方腊之事。宋江于宣和二年二月初起仅三十六人，犯淮阳军，又犯东京、河北，入楚海州，军官数万无敢抗拒，然民间颇对之同情。如宋龚圣与作《宋江三十六人赞》、钟嗣成作《录鬼簿》，多取材梁山泊故事，而以施耐庵《水浒传》更广传民间。而宣和二年十月，"魔教主"方腊亦起事，托摩尼教为号召，借吴越民困于"花石"之扰，怨声载道，贫乏游手者多归之，不旬日聚众数万，杀官吏，陷睦、歙二州，南陷衢，杀郡守，北掠新城、桐庐、富阳诸县，进逼杭州，而方腊初起时，王黼专政，恶闻有贼，命浙西提点刑狱张范勿报，盖见当时政治之腐化与民心对政府之恶感。

两代党争影响的比较

唐代的党争，直接地促成了唐室内政混乱、腐败、不安，国家元气大伤。藩镇跋扈于外，宦官专横于内，即臣下百官，皇帝亦不足服之，朝中文武诸臣，恐一旦被黜，官爵不保，更而聚众成党，分为派系，植党营私，以树立本身势力，并尽力排除异己，彼此争夺不休，演成互相倾轧的局面，凡数十载，至唐亡而止。使唐代廷臣，同心一志，戮力以匡皇室，内净宦官，外制藩镇，则唐之亡，或不致如斯之速也。

宋代的党争，到演变为意气之争以后，已不涉及政见，徒以排除异己、伸张权力为务。彼此互寻瑕疵，互相攻击，以国事为儿戏，攻奸不休，遽至政风大坏，海内骚然。计党争由神宗末直至宋亡，中经长时间的斗争，尤其到了徽宗朝，蔡京为相，斥司马光等旧党一百二十人为奸党，立党人碑以志其罪状，党争至此，至于极点。结果，新法既无所成，而小人幸进，政治败坏，外寇一至，便无可收拾。

第十九章　北宋的衰亡

第一节　澶渊之盟及其影响

澶渊之盟的经过

宋自两度攻辽无功，兵衅遂开，而不可复戢。太宗雍熙以后，至真宗景德初，辽军时常入寇，河东河北之地，数被兵祸，人民不得安枕者，近二十年（公元986年至1003年），宋室君臣以防边为焦虑，宰相宋琪习知敌情，尝上书言边事，对辽之制度兵备甚详悉，张齐贤田锡亦疏陈边计，然无以消灭辽人南侵之野心。真宗景德元年冬，辽圣宗奉其母萧氏大举南犯时，值辽母后主国，嬖臣韩德昌辅政，亦汉人之为契丹用者，内政休明，士马精强，辽兵由瀛州一路南下，直抵大河北岸之澶渊。是役辽军取道保州南下，莽莽平原，如入无人之境。是时宋廷诸臣，如王钦若、陈尧叟，皆主迁都以避之，真宗恒怯，不能自决，唯宰相寇准力主亲征。其间，辽统军使萧挞览以轻骑略地，中伏弩死，敌军一时为之夺气，给以宋廷反击的好机会。然而宋却弃战言和，此事在宋人记载谓出于辽的主动，《辽史》则谓宋遣使求和。此固不必深论，不过继忠早以云州观察使战败降辽，颇得辽方信任，然心不忘宋，极言和好之利，后纳其说，命继忠奉书致意于宋，但须由宋遣人至辽帐议和，真宗初颇以为难，继以事急乃遣使前往，辽亦遣韩杞来报。辽初要请还关南之地，结果，宋允许岁遗辽绢二十万匹，银十万两，宋辽两国以白河为界，辽主则呼真宗为兄，和议始定。是役之始末，史家称"澶渊之盟"。宋制，州名以下例系郡名，澶州一名澶渊郡，即澶州西南境有水名澶渊，是为"澶渊"所由来。

促成澶渊之盟的原因

宋太宗时是主张求和的，所以到真宗即位后，盈廷都是主和，并且主张乘即位的机会，正式通和，大约淳化五年的求和是秘密的，可能与《宋会要》载："（淳化）二年，虏遣人至雄州求通好，总管刘福以闻。帝遣中使麦守恩谓曰：'朕以康民息战为念，固无辞于屈己。后有来使，当厚待之，勿拒其意。'既而使不复至"是相同的。先由秘密接洽，再正式遣使，如建隆二年辽涿州刺史耶律琮通幽，至开宝八年始正式遣使。总之辽宋的议和，在当时似乎是一致的主张。

宋辽自高梁河及歧沟关两战后，宋固不能战，辽也并不想打，例如《辽史·耶律休哥传》："又上言：'可乘宋弱，略地至河为界。'书奏，不纳。……休哥以燕民疲弊，省赋役，恤孤寡，戒戍兵无犯宋境，虽马牛逸于北者悉还之。远近向化，边鄙以安。"

契丹自辽太宗征晋，渡河入东京，归途失败后，游牧民族的辽人并不想再南下，宋辽之战，起因在幽州的争夺，宋既不能克复，辽于土地亦不欲多增益，诚如宋太宗说："啖之以利可耳。"因为辽亦不想战，所以辽宋的将吏都在暗中策动和议，如康保裔的降辽，辽将的降宋；而王继忠的降辽更促成宋辽订立"澶渊之盟。"

宋太宗的继统成了宋史上一个问题。他在未继统时有一个幕府，称为"晋邸集团"，对于他后来用人在行政上受到不少影响。宋真宗克绍箕裘，也有一个幕府。这次"澶渊之盟"的订立，有种种迹象表现出，是襄邸幕府所策划而奏功的。真宗订立"澶渊之盟"，襄邸幕府亲信参与其事的，除王继忠、毕士安、王继英外，尚有张旻、夏守恩、夏守赟诸人，而且杨崇勋及夏守赟每遇契丹使至，必任馆伴副使，这些人又担任过走马承受，可知真宗时代对于契丹事务的处理，是由襄邸幕府这个集团推动的。

澶渊之盟的影响

自澶渊结盟以后，迄于宋徽宗宣和四年，中经一百九十年，两国间盟好不见兵戈，自结盟以来，所生较大之纠纷，亦不过增币割地之事而已，澶渊盟后，在辽国北部之女真亦在此时崛起，对辽产生牵制甚力，加上其时辽势已弱，兵力无复凌轹中原，更不敢轻言南下。另一方面，自缔结盟约后，宋纳予辽人之岁币甚亦数有增加，以至促成两国间维持百多年和平局面。其次，辽对宋始终抱着"恪守条约，衅不我始"的态度，而宋则对和约颇为尊重。

澶渊盟约乃宋与外敌订下的屈辱条约之始，此后，宋对外政策仍一贯屈辱以求苟安。自结盟后，宋予辽之军国经费，多所仰给于民，无异养虎为患，其影响南宋财政至巨。两宋对外敌之输金帛以换取和平，尤将国家财政带入窘境，有宋一代，国家之穷，实史之未有。而澶渊之盟对此影响甚大。

宋辽议和以来，虽维持和平局面达百多年，然其间也曾肆意向宋室苛索，盖澶渊之盟，足证宋之可欺。自结盟后，辽曾求割关南之地。再主以分水岭为界，皆予宋人以难堪，且宋人心目中，仍不忘燕云之地，以为终可恢复，积此种种原因，至徽宗时之一发，盖为久屈思伸之结果，毅然与金人盟于海上，共谋灭辽之策。故辽人之需索予宋人之难堪，实乃促成宋金联盟之主因。

真宗于澶渊一役后，耻胁于敌，而侈心顿生。澶渊和议既成，散兵归农，罢方镇，招流亡，饰治平之象，弛不测之防，遂启其骄心，非徒钦若辈之导以恬嬉也。王钦若又以天书之说进曰："唯封禅可以镇服四海，夸示外国。"其次更力主真宗封禅告功，谓自古封禅，当得天瑞。未几天书纷降，遂有事于泰山，以此耸敌，然而契丹愚昧，惑于灾祥，以戢其心者抑数十年。其次真宗之崇奉天书之说，祠祀渐盛，而靡费日增，财政遂形拮据，此与后世仁宗朝之国用不足尤关重要。

北宋之积弱，国策错误虽为基本因素，而澶渊之盟，对北宋朝臣及其军队之士气，打击亦属不少。宋与辽自结盟以来，表面虽为平等之国，然而纳币于辽，究为示弱。宋臣中仅一寇准而可退敌，真宗亦不能用，致辽势益强，而宋则益弱。此外，则辽人厚得岁币，振旋而归，应笑宋室之无人，后起之金亦讥宋之可欺。于内则士气国势受挫，终宋一代之积弱，盖由于矫弊太甚，内重外轻，益以燕云未复，北征亦失利，自澶渊之役后更受制于敌骑。故宋代积弱不振，澶渊之役究为其关键所在。

第二节　宋代宰相蔡京当权误国及其影响

蔡京的出身

蔡京，字元长，兴化仙游（今属福建）人。登熙宁三年进士第，调钱塘尉、舒州推官，累迁起居郎。使辽还，拜中书舍人。时弟卞已为舍人，入官以先后为序，卞乞班京下。兄弟同掌书命，朝廷荣之。改龙图阁待制，知开封府。至其能够夺权之原因，略据史料分析如下。

夺权的原因

第一，迎合君心。徽宗为神宗第十一子，对父十分崇拜。蔡京在哲宗朝已与吕惠卿、曾布等"称述熙宁、元丰政事"，故徽宗即位遂加引用。而徽宗具有极高的艺术天才，是中国史上一流的书画家，但对政治既无能力，也无兴趣，蔡京则投其所好，一味掊克聚敛，引导徽宗奢侈淫靡，借以特宠固位。

第二，置讲议司。此制度始于崇宁元年七月，至三年四月并归都省。

以蔡京为提举,表面上是效法熙宁时制置三司条例司,而实际则为蔡京借此而揽权。讲议司虽是议事机构,但其范围甚广,而为高层负责人者,除张商英外,如吴居厚、王汉之等,均为蔡京党羽,故其所讲议之事,无非是借口行熙宁之政而揽权,作为争夺权力的主要根据。

第三,罢请议司。崇宁三年四月,蔡京经已独相,大权在握,当然不容许大臣有所讲议,乃罢讲议司,进而集大权于一身。

误国事例

第一,当十钱。崇宁元年十二月,蔡京当国,志在敛钱,先铸"当五钱",翌年,铸当十的"崇宁重钱",三年专用"当十钱",其含铜量只有六成,利润有四成,即贬值三分之一强。使民间大表不满,甚至罢市以拒用。结果,在政治压力下虽得以流通,但信用不足,人民售物,市有二价,当然物价大涨。另一方面,苏州发生盗铸,至兴大狱。私铸当十钱,质量更劣,影响至"买卖阻滞"。自崇宁五年始复铸"小平钱",物价才渐稳定,是蔡京初次拜相时窳政之一。

第二,破坏般输法。据《宋史·漕运》:"崇宁初,蔡京为相,始求羡财以供侈费,用所亲胡师文为发运使,以籴本数百万缗充贡,入为户部侍郎。来者效尤,时有进献,而本钱竭矣;本钱既竭,不能增籴,而储蓄空矣;储积既空,无可代发,而转般之法坏矣。"宋都于汴,主要是利用汴河,集中四方之粟以运京师。至于陆路之粟,则自真州转船般输至京师。而诸州回船则自真州购盐,以互得其利。至胡师文献羡余,各仓已无籴本,而盐法亦遭破坏。结果皇室财用大增,遂有"大观东西库"之设,但漕运之般输法废。各地方既无储蓄,所以靖康初,金人入侵时,各地常因军饷缺乏而引起叛变,致使金人长驱南下。另一方面,羡余之上贡,助长徽宗奢侈之心,一切劳民伤财之窳政,由是而起,故曾孝序与蔡京论讲议司曰:"天下之财,贵于流通,取民膏血以聚京师恐非太平法。"

第三,置四辅而控兵权。崇宁四年七月丁巳,蔡京请于京畿四面置四辅，各屯马步军共二万人，积贮粮草每州五百万。《皇宋通鉴长编纪事本末》云："京意盖欲以密亲如宋乔年、胡师文等为之，则兵权归己矣。"威福在手，中外莫敢议。

第四，更盐钞茶法。本是利民人法，但旧钞悉不用，不少富商因而破产，"商贾不通，边储失备。"

第五，建"元祐党人碑"，以排斥异己，命童贯置局于苏杭，以朱勔领"花石纲"于苏州，虽可取悦于君心，而固恩宠，致生民因是大困，均是蔡京首次拜相时之窳政。

第六，太学生陈朝老追疏京恶事十四，曰"渎上帝、罔君父、结奥援、轻爵禄、广费用、变法度、妄制作、喜导谀、箝台谏、炽亲党、长奔竞、崇释老、穷土木、矜远略"，乞将其投畀远方，以御魑魅。

第七，御史张克公论京辅政八年，轻锡予以蠹国用，托爵禄以市私恩，役将作以葺居弟，用漕船以运花石。方田扰安业之民，圜土聚徙郡之恶，不轨不忠，凡数十事。

对宋代政治的影响

《宋史·奸臣列传》云："京起于逐臣，一旦得志，天下拭目所为，而京阴托'绍述'之柄，箝制天子，用条例司故事，即都省置讲议司，自为提举，以其党吴居厚、王汉之十余人为僚属，取政事之大者，如宗室、冗官、国用、商旅、盐泽、赋调、尹牧，每一事以三人主之。凡所措施，皆由是出。……罢科举法，令州县悉仿太学三舍考选，建辟雍外学于城南，以待四方之士。推方田于天下。榷江、淮七路茶，官自为市。尽更盐钞法，凡旧钞皆弗用，富商巨贾尝赍持数十万缗，一旦化为流丐，甚者至赴水及缢死。"

其罢相时，朱熹论曰："京怀奸植党，威福在手，托绍述之名，纷更法制，贬斥群贤，增修财利之政，务以侈靡惑人主……每及前朝惜财省费者，必以为陋。至于土木营造，率欲度前规而侈后观。时天下久平，吏员冗溢，节度使至八十余员，留后、观察下及遥郡刺史多至数千员，学士、待制中外百五十员。京因睹帑庾盈溢，遂倡为丰、亨、豫、大之说，视官爵财物如粪土，累朝所储扫地矣。"

由于蔡京视官爵财物如粪土，而徽宗本身亦是好挥霍之君，结果把累朝的积蓄，挥霍净尽。崇宁五年，徽宗采纳言事者的建议，毁党人碑，恢复被谪贬者的仕籍，蔡京也因而罢相，但徽宗对之异常宠眷，次年复相，此后十数年，蔡京三度罢政，均能起复，但其贪黩浪费的作风，始终不改，反之对权力掌握更甚，曾作"御笔"，反对者作"违制"论，群臣不敢言，劫制人主，禁锢士大夫，羽党遍布内外，遂使宋代政治败坏到不可收拾的绝境，金人南下，蔡京虽被罢去，而国亦已衰。

第三节　宋徽宗与北宋的亡国

宋徽宗的弊政与误国

裁剪冰绡，轻叠数重，淡著燕脂匀注。新样靓妆，艳溢香融，羞杀蕊珠宫女。易得凋零，更多少、无情风雨。愁苦。问院落凄凉，几番春暮？　凭寄离恨重重，者双燕何曾，会人言语。天遥地远，万水千山，知他故宫何处。怎不思量，除梦里、有时曾去。无据。和梦也，新来不做。

这是靖康二年，金兵入汴京，徽宗被虏北狩，路途上正值杏花盛开，有感而作的一阕《宴山亭》词。事实上，以词、工笔画，与独特风格的瘦金体书法论，在中国艺坛史上，徽宗不愧是个成功的作家。可是站在政治观点来看，他却是个失败者，与陈朝后主、南唐的李煜同样错生于帝皇家，徽宗更客死异乡，悲惨收场。在客观和主观上，徽宗的措施及其用人方面直接或间接都影响到北宋的灭亡，现详细分析他的误国措施与失败原因。

徽宗为哲宗介弟，生长天潢贵胄，工于书画，颇具巧思，名士习气甚深，等于纨绔子弟，向使不为天子，自可终保令名，与后来入元之赵孟頫（宋宗室）同传于后，不幸乃蹈南唐后主之覆辙，以名士而为天子，无术以任天下之重，更以蔡京之流，导以奇技淫巧，长其侈心。蔡京前后为相二十年，实以国事为儿戏，凡徽宗所好，京亦无不好之，上以戏求，下以戏应，结金攻辽之举，亦其以国事为戏之一端，至于将来如何演变，及持何术应付，皆以为无足介意，终致一败涂地，不可收拾。此以国事为戏，亦为靖康之祸原因之一。

《宣和遗事》引吕省元作《宣和讲篇》曰："盖宣和之患，自熙宁至宣和，小人用事，六十余，奸幸之积久矣。彗犯帝座，祸在目前而不知；寇入而不罢郊祀，怕碍推恩；寇至而不告中外，怕妨恭谢；寇追而不撤彩山，怕碍行乐。此小人之夷狄也。……自古未有内无夷狄，而蒙夷狄之祸者。小人与夷狄皆阴类，在内有小人之阴，足以召夷狄之阴。……以类召类，此理之所必至也。宣和之间，使无女真之祸，必有小人篡弑，盗贼负乘之祸矣"。杨万里《独醒杂志》卷九载京师童谣有："杀了穜蒿割了菜，吃了羔儿荷叶在。"又潘永因《宋稗类钞》卷二载："打破筒，泼了菜，便是人间好世界。""穜"、"筒"，指童贯；"菜"，指蔡京；"羔"，指"高俅"；"荷"指"何执中"，皆当时之小人而当国者，人民莫不欲诛之以为快。

宋自神宗以后，国家收入虽渐增，但皇帝之享受亦随之而提高，花石纲之起，即由于宫中增建华丽殿宇。御苑中多珍禽异木，今据宋人图书可见一斑。徽宗与名妓李师师相恋故事，恐非尽属小说家虚构。《宣和遗事》记当时行乐之情形如"春乘宝马，芳径闲游"，或"夏泛画船，长湖恣赏"，或"秋辰采菊，龙山登高"，或"冬月观梅，兽炉畅饮"等，如此流连风月，不事朝政，以致父子被虏，楚囚对泣，不胜感慨。

政和七年，王黼、童贯用燕人马植之谋，建议联金伐辽，徽宗纳其议，京师精锐禁军尽调前方应敌，而以辽人组成的常胜军，和招纳后汉儿组成的义胜军以充实京师，一旦与金人战事起，旧有的禁军已外调，外籍兵团的常胜军、义胜军又叛，使金人势如破竹，直捣汴京。宋自宣和以来，正规禁军常外调作战，童贯、谭稹等，以燕云健儿勇悍可用，故招募之，成立常胜军与义胜军，以至靖康难发，铸成不可补救的错误。因燕云健儿虽属汉人，但久陷契丹，多已胡化，几与蕃人相若，久已失去忠君爱国观念，视易主投降为等闲，徽宗不察，竟用之充实京师，焉得不败？

宋徽宗迷信道教及其影响

史称，宋徽宗初"于释、老好尚，未有适莫。鲁公喜佛，因导上以性理。……方士刘混康有节行，为上所听信，大诋佛氏"。鲁公即鲁国公之简称；方士刘混康有节行，《长编本末》亦载其事，并谓"颇为神宗所敬重，故上礼信之"。然《宋史·蒋静传》又云："茅山道士刘混康以技进，赐号'先生'。其徒倚为奸利，夺民苇场，强市卢舍，词讼至府，吏观望不敢治。"则道士刘混康所以为徽宗听信者，其主要当在方术。窃疑徽宗自初即迷信方术或利用方术而崇尚道教；而蔡京亦尚道术，其迷信或利用方术之用意相同，乃各引方技以为援，而遂其君臣之位。《宋史·郭天信传》云："郭天信，字佑之，开封人，以技隶太史局。徽宗为端王，尝退朝，天信密遮白曰：'王当有天下。'既而即帝位，因得亲昵。"同书《张商英传》亦载其事云："（惠州）有郭天信者，以方技隶太史，徽宗潜邸时，尝言当履天位，自是稍眷宠之。"

郭氏既以方技隶太史局，则所谓"王当有天下"、"当履天位"，当据卜筮占验星相等术，或天神之旨为言。此徽宗迷信方术，或利用方术，而遂其君位之明证也。《挥麈后录》卷三云："元符末，掖庭讹言崇出，有茅山道士刘混康者，以法箓符水为人祈禳，且善捕逐鬼物。上闻，得出入禁中，颇有验。崇恩尤敬事之，宠遇无此，至于即其乡里建置道宫，甲于宇内。"

此明谓徽宗迷信方术，而崇尚道教。崇恩者，即刘氏册封为元符皇后以后，尊为太后时，所上之宫名也。刘氏始而假符水为左道，以驱孟后；继而以其有验，而敬事及于所为之人，其一方迷信，一方用利。故道士言堪舆之学有验，亦徽宗崇尚道教之一因素也。其次，厥为方士与朝士之互相结纳及其谋反。当徽宗信用刘、郭二王及林灵素等，其乘时活动而未克同邀眷顾者，当大有其人，张怀素即其一例。怀素身处"纯宗教之信仰坠落，方术之权力扩张"时代，而不能扩张其权力，唯有走入"谋反"之歧途。况当时新旧党争，余波未息，而心怀异志者，遂相与结纳。然亦有迷信或利用其方术，而与之结纳者。

一、崇尚道教之措施

就其影响而言，其特殊者，如作万岁山，及因作万岁山而设置之"花石纲"与"应奉司"是也。按，作万岁山，实起于道士言"堪舆之说"有验。当时作万岁山之真相，《九朝备要》卷二八及其原注云："政和七年冬十二月，作万岁山。上之初即位也，皇嗣未广，道士刘混康……建言：'京城东北隅，地协堪舆，倘形势加以少高，当有多男之祥。'始命为数仞冈阜，已而后宫占熊不绝，上甚喜。于是崇信道教，土木之工兴矣。一时佞幸因而逢迎，遂竭国力而经营之。至是，命户部侍郎孟揆，筑土增高，以象余杭之凤凰山，号万岁山。后因神降有艮岳排空之语，因名艮岳，宣和四年始告成，御制记文凡数千言。六年有金芝产于万寿峰，改名寿岳。门号阳华。……运四方花竹奇石，积累二十余年，山林高深，千岩万壑，麋鹿成群，楼观台殿，不可胜纪。"

然则徽宗作万岁山，实因其崇尚道教而然。此谓"一时佞幸因而逢迎，遂竭国力而经营之。"又谓"运四方花竹奇石，积累二十余年。"则其影响，必深且巨。特随其事实发展，而分节考详如次。

观《备要》此云："作万岁山之筹备工作，盖始于徽宗即位不久。至是，方命户部侍郎孟揆，就禁城东北隅之原有冈阜筑土增高，以象余杭之凤凰山，号万岁山。"而蔡绦《宫室苑囿》篇则谓："又于宝箓宫，命工部侍郎孟揆鸠土功，梁师成主作役，筑土山，以象余杭之凤凰山，雄于诸苑。"而山石之进贡，则又远始崇宁中。故《备要》谓其始筹备，继动工。

观《备要》此云："后因神降有艮岳排空之语，因名艮岳。"盖本蔡所谓"俊神霄降其诗，有艮岳排空霄，因改名艮岳"之说。然当时命睿思殿应制曹组所为赋则云:"国家寿山,子孙福地,名曰艮岳。"兹再选录御制记及诸家诗赋有关崇尚道教之说,以说明徽宗作万岁山,实受道教之影响。御制记云:"朕万机之余,徐步一到,不知崇高富贵之荣……玩心惬志,与神合契,遂忘尘俗之缤纷,而飘然有凌云之志。"又云:"朕履万乘之尊,居九重之奥,而有山间林下之逸,澡溉肺腑,发明耳目,恍然如见玉京、广爱之旧。"曹组赋云:"阜成兆民,而道济天下。夫惟不为动心,侔于造化,则兹岳之兴,固其所也。"又云:"五岳之设也,天临宇宙;五岳之望也,列于百神。兹岳之崇也,作配万寿。彼以滋庶物之蕃昌,此以壮天支之擢秀。是知真人膺运,非特役巨灵而驱五丁。自生民以来,盖未之有。"又如二臣共作艮岳百咏诗,其叙艮岳云:"势连坤轴近乾岗,地首东维镇八方。江不风波山不险,子孙千亿寿无疆。"又叙椒崖云:"团枝红实身秋成,曾按方书合五行,不遣汉宫涂屋壁,此间吞饵得长生。"就宣和四年艮岳告成说,李质为赋云:"兹岳凡经营于六载之间。"又谓:"其南则寿山嵯峨,两峰并峙,列嶂如屏。"《华阳宫记》云:"冠于寿山者,曰南屏小峰。"观二臣共作艮岳百咏诗,其于寿山条亦云:"太上御名大崇高秀气连,清风不老月长圆,春游玉座时相对,花发莺啼亿万年。"考蔡绦又云:"其(万岁山)最高一峰九十尺,山周十余里,自西介亭岩峣重复东西二岭,直行南山。"《地理志》亦云:"万岁山,山周十余里,其最高一峰九十步,上有亭曰介,分东、西二岭,直接南山。"

二、关于花石纲之设

其始也,可自以下诸说得之。蔡绦云:"上在藩潜时,独喜读书学画、工笔札,所好者,古器、山石,异于诸王。……及即位,谦恭雅尚。崇宁中,始命官访古图籍。……命伯氏俾朱勔密取江浙花石,其初得小黄杨木三株,以黄帕覆之而进也。上大喜,异然。其后,岁不过一二贡,贡不过五七物。大观末,朱勔始归隶童贯,而所进已盈舟而载。伯氏亦自命使臣,采以献焉,俱未甚也。政和初,鲁公被召,上戏伯氏,须土宜进,遂得橄榄一小株,杂诸草木进之,当时以为珍。其后,又有使臣王永从、士人俞辊应奉,皆隶伯氏。每花石至，动辄数十舟，号成纲矣。盛章守姑苏，及归，作开封府尹，亦主进奉，然勔之纲为最，延福宫、艮岳诸山皆仰之。"（《长编本末》卷百二十八原注）

此外，如《能改斋漫录》卷一、《独醒杂志》卷十及《青溪寇轨》，亦均载朱勔进花石媚上事，其说与此《引事略》、《宋史》本传约略相同。是花石纲之起，一则由于徽宗自好、二则由于群小逢迎，而群小之中，则以朱勔为最，先少数而后多数，自秘密以至公开。要之，正式号称"花石纲"，盖系政和中事，而《宋史纪事本末》记花石纲之役则谓："徽宗崇宁元年春，三月，命宦者童贯置局于苏杭，造作器用。……四年，十一月，以朱勔领苏杭应奉局及花石纲于苏州。……大观四年，闰八月，以张阁知杭州，兼领花石纲。"则万岁山之造作，除设花石纲负责押运花石，及为供应花石而置之应奉局以外，又专委管勾计置发卸，并设御前制造所总其成。此谓发卸稽延，押运滞留，阻节造作，乃诏画一闻奏，是在上者爱好之初也。在上者既如是爱好之，在下者当如是逢迎之。唯逢迎过分，遂生骚扰。《东都事略》："朱勔取浙中珍异以进，号曰花石纲，置应奉局于平江，监司徐铸、王安道、王仲闳等济其恶，空竭县官经常以为应奉，类以亿巨万计，而所贡之物，豪夺渔取，毫发不偿。"又有："江南数十郡深山幽谷，搜剔殆遍。或有奇石在江湖不测之渊，百计出之，必得乃止。程限惨刻，无间寒暑。士庶之家一石一木稍堪玩者，即领健卒直入其家，用黄帕覆之，指为御物；又不即取，因使护视，微不谨，则重遣随之；及启行，必发屋彻墙以出。由是人有一物小异，共指为不祥，唯恐芟夷不速。民预是役者，多鬻田宅子女，以供其需，思乱者益众。"抑似此种逢迎，非仅南一路为然，他处率亦如此。同卷原注云："政和四年以后，东南监司郡守，二广市舶，率有应奉，多主伯氏。至六七年间，则又不待旨，但进物至，计会诸阉人，阉人亦争取以献焉，天下乃大骚然矣。大率太湖、灵壁、慈溪、武康诸石，二浙花竹、杂木、海货，福建异花、荔子、龙眼、橄榄，海南椰实，湖湘木竹、文竹，江南诸果，登、莱、淄、沂海错、文石，二广、四川异花、奇果，贡大者，越海渡江，毁桥梁，凿城郭而置植之，皆生成，异味珍苞，率以健步捷足，虽万里，用四三日即达，色香未变也。"

长此逢迎，不徒骚扰，矧亦浮滥。实则如此采运山林竹石，比之声色犬马之好，殆有甚焉。今又以阉人董其事，小人得志，更不可一世矣；自然利用职权，申请划一。当时除由提举御前人船所统一指挥花石纲运以外，其应奉人亦由御前指定。蔡绦云："令每岁会所用花石，从御前降下，使系应奉人，始如数得贡。自余监司、郡守等，不许妄进。"于是朱勔专揽大权，"而又增提举人船所进奉花石"，为非作歹，更肆无忌惮矣，史称："（勔）声焰薰灼，裹人秽夫，候门奴事，自直秘阁至殿学士，如欲可得，不附者旋踵罢去，时谓东南小朝廷。"花石纲之扰，亦因是而益甚。所谓"纲运所过，州县莫敢谁何，殆至劫掠，遂为大患。"其时太学生邓肃，尝为此上诗讽谏。《九朝备要》卷二八记宣和元年十一月太学生邓肃事云："时朱勔以花石纲媚上，东南骚动，肃进十诗讽谏，末句云：'但愿君王安百姓，圃中何日不春风。'上即宣取。时皇太子在侧，上曰：'此忠臣也。'蔡京奏曰：'今不杀肃，恐浮言乱天下。'"

其后鉴于国防需要的迫切，政府才下令废罢花石纲，以便漕运。然而在上者，对于罢花石纲之措施，并非乐意。《长编本末》言花石纲略云："（宣和）三年之秋，贯平方腊而归……见应奉司取花石复如故，又对上叹曰：'东南人家饭锅子未稳在，复作此邪！'上为怒。故贯虽以功迁太师，遂复致仕，而董耘即得罪矣。"

此正可以代表徽宗心理。而王黼则乘机阿顺徽宗，代余深而起。故此后凡提议罢花石之事者，均被其运用职权，加以陷害。而应奉司应运而兴。至应奉司所以于此时应运而兴，显见王黼计谋得逞。《东都事略》卷一〇九《李熙靖传》有云："王黼为相，立应奉司……他执政皆勿得与，熙靖数为言：'应奉之职，非宰相事也。……'黼怒，积四年不迁。"

王黼如此抑遏忠臣，可见其本心实在弄权势，牢荣宠。而徽宗本人亦因其所好，遂极乐从。其乐从心理，可于上述童贯致仕，董耘得罪事例见之。至于置应奉司，应在宣和三年闰五月后，《宋史纪事本末》卷五十《花石纲之役》略云："宣和三年，闰五月，复置应奉司，王黼专总领，梁师成总领于内，遂复诸应奉局，夺发漕运挽之卒为用，户部不敢诘，自是四方珍异之物，充归二人之家，而入尚方者才十一。"长此以往，诸军衣粮不足，而冗食者坐享富贵。士气消沉，国防危殆，政治腐化，国计枯竭，以迄于亡。时人虽已察觉，奈何病入膏肓，终难根治。

宋徽宗荒政的影响

花石纲之扰，虽系朱勔首谋；然上自中央君臣，下自地方守卒，实不能辞其咎。惜乎彼等冥顽不灵，终致大祸。此种大祸，诚如上引史称，除影响当时一般国计民生以外，其最恶劣者，厥为影响漕运与引起方腊起事。

关于花石纲引起方腊起事之恶劣，据《续宋编年资治通鉴》云："宣和二年十月丁酉，方腊反。睦州青溪县有洞，曰帮源，广四十里，群不逞，往往橐橐其间。腊家有漆园，时橐作局多科须，而两浙苦花石纲之扰，腊以妖术诱之，数日之间，哨众至数万人，遂以诛朱勔为名，纵火大掠，两浙都监蔡遵、颜坦击贼败死，遂陷睦州，杀官兵千人，于是寿昌、分水、桐庐等县，皆为贼所据。"又方勺《青溪寇轨》云："宣和二年十月，睦州青溪县堨村居人方腊，托左道以惑众。……县境梓桐，帮源诸洞，皆落山谷幽险处，民物繁夥，有漆、楮、松、杉之饶，商贾辐辏。腊有漆园，造作局屡酷取之，腊怨而未敢发。会花石纲之扰，遂因民不忍，阴取贫乏游手之徒，赈恤结纳之。众心既归，乃椎牛酿酒，召恶劣之尤者百余人会，饮酒数行……腊涕泣曰：'今赋役繁重，官吏侵渔，农桑不足以供应，吾侪所赖为命者，漆、楮、竹、木耳，又悉科取，无锱铢遗。……诸君以为何如？'皆愤愤曰：'唯命。'腊曰：'三十年来，元老旧臣贬死殆尽，当轴者皆龌龊邪佞之徒，但知以声色土木淫蛊上心耳。朝廷大政事，一切弗恤也。在外监司、牧守，亦皆贪鄙成风，不以地方为意，东南之民苦于剥削久矣。近岁花石之扰，尤所弗堪。诸君若能仗义而起，四方必闻风响应……不然，徒死于贪吏耳。诸君其筹之！'皆曰：'善。'遂布置其众千余人，以诛朱勔为名，见官吏公使人皆杀之。民方苦于侵渔，果所在响应，数日，有众十万，遂连陷郡县数十，众殆百万，四方大震。"

关于花石纲影响漕运之恶劣，全汉升先生所著《唐宋帝国与运河》引龚明之《中吴纪闻》卷六云："（朱）勔既进花石，遂拨新装运船充御前纲以载之，而以余旧者载粮运直达京师。……粮运由此不继，禁卫至于乏食，朝廷亦不问也。"又方勺《青溪寇轨》云："逮徽庙继统，蔡京父子……又引吴人朱勔进花石媚上。上心既侈，岁加增焉。舳舻相衔于淮、汴，号花石纲，至截诸道粮饷纲，旁罗商舟，揭所贡暴其上"。又李光《庄简集》卷九《论胡直孺第二札子》云："况直孺佞邪，天下所闻，与应安道、卢宗原相继为转运使及发运使，欺罔朝廷，如循一轨。将上供物料及粮纲船尽充花石之供，号为应奉，州县帑藏，为之一空。"又《宋史·张根传》云："改淮南转运使。……寻以花石纲拘占漕舟……因力陈其弊，益忤权幸。"又同书《陈遘传》云："未几，升为（发运）使。朝廷方督纲饷，运渠壅塞，遘使决吕城、陈公两塘达于渠。漕路甫通，而朱勔花石纲塞道，官舟不能行。"其后，到了宣和七年（1125 年），鉴于国防需要的迫切，政府才下令罢花石纲，以便漕运。

而政和七年前之花石纲，已然影响漕运制度。又《九朝备要》卷二九及其原注云："宣和三年，二月，罢御前纲运，禁船载花石入京。初，江淮发运司于真、杨、楚、泗各有转般仓，纲运兵士各有地分，不相交越，每舟虚二分，容私商，以利舟人。又载盐回运，兵士稍便之。后因内侍何忻以宿州灵璧县山石进御前，又朱勔以江浙奇花果木起纲，发运司新装舟船拨充御前纲，以载花石，其余弊旧者，以载纲运直达京师，而转般仓废矣。纲多重载，不容私商，又盐法变改，无回运，舟兵苦之，多逃亡而为盗，粮运不继。至是罢花石纲，使之般运粮道。"

《宋史笔断》论花石纲之害云："徽宗取败之道，固始于蔡京丰亨豫大之对；然致天下之骚动，强敌之凭陵，而身不能守其宗社者，皆由朱勔花石纲之运,有以促亡之耳。……向使徽宗早信邓肃之言,诛蔡京,戮朱勔,窜童贯,诛王黼,绝愉目之奇玩,救劳苦之生民,则尼雅哈、斡哩雅布虽勇猛过人,亦岂敢越边塞而蹈我中国哉?惜乎徽宗悔悟已晚,噬脐无及。故虽有改辙之心,而莫能为谋矣,悲哉!"(《汴京遗迹志》卷四)《宋史纪事本末》亦云:"宋徽宗之亡也,宫新延福,山成万岁,花石应奉,云扰东南,而青城之祸,蒙尘霅郡,甚哉!为人君者,乐不可极也。"

第四节　靖康之难

时代背景

宋金相约攻辽之初,约定辽亡后,宋得收回五代时后晋所失去之土地。但战事既过,金以宋人无功,不肯践约。几经交涉,得结果如下。

一、宋对金

(一)岁输银绢各二十万两、匹,又别输燕京代税钱一百万缗。

(二)遣使贺金主生辰及正旦。

(三)置榷场与金贸易。

二、金对宋

交割出燕京。宋方出如此代价,仅得燕京一空城而已。《大金国志》曰:"童贯、蔡攸入燕,先曰交割,后曰抚定。凡燕之金帛、子女、职官、民户为金人席卷而东。宋朝损岁币数百万,所得者空城而已。"这一度的交涉,已足以促使宋金不睦。而引至金人不久便大举攻宋,遂致发生靖康之祸。

靖康之难原因的分析

导致金人大举攻宋,演成靖康之祸,则有数因。

宋纳金叛将张觉。觉本为辽兴军节度副使,因镇民杀节度使萧谛里,觉遂被州人推领州事。当金人入燕时,觉以壮丁五百人,马千匹降于金。

这可算是一名降将了。于是金人把觉所驻之平州升为南京，并加觉为同中书门下平章事。但觉又因当地辽之臣民请求他仍事于辽，并迎辽故主，他居然答应下来，这就动了金人的气，于是金人对他用兵。他不得已，躲在宋人知燕山府王安的甲仗库中。这样一来，金人的怒气，便由张觉身上移到宋帝国方面来。其后张觉虽仍然被金人索去处死，但金对宋颇表不满。

宋失信，不许金人糇粮二十万斛。本来宋赵良嗣使金时，曾许金人糇粮二十万斛。金天会二年（宋徽宗宣和六年，即1124年）派人来索，宋方不与。因此金对宋更不满。金人对宋，既有这些不满，同时金人所处之天然环境，又远不如宋，时时欲进攻宋之疆土，取得优良生活环境之必要。于是以这些不满为导火线，便大举向宋进攻。

昔人有言："宋人议论未定，兵已渡河。"此非过苛之论也。当此之时，朝廷大臣，主和主战，莫衷一是，大抵金人来犯，京师危急，则主和，金兵既退，形势稍缓，则又主战。因此，国是无定，如白敏中、李邦彦、耿南仲、唐恪、吴敏皆金兵来则主和，退则主战者也。其不因金兵之进退而始终主战者，仅李纲一人，但屡为人阻挠，不能尽其用，迨金兵退，上下恬然，以为太平无事，不复措意于守卫，勤王兵来，辄麾之使去，以免开罪于敌人，此皆和战不定之表现。钦宗生长于深宫之中，更事甚少，宰执者朝曰主和，夕曰主战，各陈其是非利害，使听者耳荧心惑，持此应变，其何能济？此以和战不定为靖康祸原因之三。

《宋史·兵志》言："崇宁、大观以来，蔡京用事，兵弊日滋，至于受逃亡，收配隶，犹恐不足。政和之后，久废蒐补，军士死亡之余，老疾者徒费廪给，少健者又多冗占，阶级既坏，纪律遂亡。童贯握兵，势倾内外，凡遇阵败，耻于人言，弟甲逃窜。河北将兵，十无二三，往往多招阙额，以其封桩为上供之用。陕右诸路兵亦无几，种师道将兵入援，止得万五千人。故靖康之变，虽画一之诏，哀痛激切，而事已无及矣。"盖自神宗用王安石变法，以富国强兵为务，西北两边，军储颇足，苟能善用，大可有为，然西边之储，先丧于徐禧，北边之储，继丧于刘延庆，伟画贻谟，付于流水，重以宦官童贯为统帅，讳疾忌医，以逢君好，及闻金兵南下，遂弃太原而逃，统帅如此，其他可知，此以军备堕废为靖康祸之原因四。

上述数端，皆为靖康祸之近因。至其远因，则为新旧党之交哄，交哄之极，以致因小失大，置国事于不顾，故于军备之是否充实，武备之是否修整，以为缓图，不复措意，其后兵临城下，而和战之局，尚不能定，亦为党争之尾声。若以蔡京王黼，出身甲科，何尝不以士大夫自命。然长君之恶，以国事为戏，实为新党之败类，使王安石、司马光二人有知，必饮恨于九泉，是则党争之误，应由新旧两方负之，直至靖康之难，而始究其结局焉。

靖康蒙尘的经过

金兵分两路，一为东路，由斡离不主之，从燕山出发，侵河北路，最后围攻汴京；另一路为西路，由粘罕主之，从云中出发，侵河东路，最后围攻太原。次年正月，金东路军已渡河围宋之京师，与宋将李纲何灌等大战。宋军惨败。这时宋主徽宗离京师东狩，留李纲固守以待援兵。就当时的情势看，似非不能转败为胜。金人之兵，只有六万，而勤王兵却云集不少，集结京师城下之兵，达二十万，倘依李纲以逸待劳办法，料可获胜。只惜姚平仲急于邀功，先期以骑兵万人攻金营，未得结果。反惹金人之怒，宋主和派如李邦彦等，罢李纲以谢金人。遂使人情愤激，民族意识可算强极了。但大势已去，勤王师到处挫败，即勉强把李纲捧出来，又有何用呢？结果仍只是与金人议和，订下屈辱之条约：一，宋输金人金五百万两，银五千万两，表缎百万匹，牛马万头；二，宋尊金主为伯父；三，割太原、中山、河间三镇与金；四，派亲王、宰相为人质。

条约既定，金人搜刮都城金银，及倡优家财，得金二十万两，银四百万两，并带肃王枢为人质。斡离不才解汴京之围北去。

斡离不解围北还时，围攻太原未下之粘罕，闻其与宋议和，饱载金银北去，亦援例遣使要求大赂。宋以与金既订和议，不应再有此事，于是责金人败盟,加以拒绝,并命三镇固守,且派兵往援。三镇者,即和议时约定割与金人之太原、中山、河间三镇也。因而,金又责宋不守信约,复大举分道南侵。金主于天会四年(宋钦宗靖康元年,即 1126 年)八月,诏左副元帅宗翰、右副元帅宗望伐宋。宗翰,即粘罕;宗望,即斡离不。粘罕自云中出发,斡离不自保州(今河北清苑县)出发。攻战的结果是,粘罕攻下太原,斡离不攻下真定。

宋方派刑部尚书王云使金交涉。云归,谓金人亟欲得三镇土地。否则,一定进兵攻取汴京。消息传出,宋朝文武百官,相与集议。当时意见,凡分两派。范宗尹等七十人主割三镇媾和。而秦桧等三十六人坚持不可。集议的结果,主和派得势。于是派聂昌赴粘罕军中,耿南仲赴斡离不军中进行和议,但毫无结果。和议不成,金人遂渡河围汴京,斡离不军屯刘家寺,粘罕军屯青城。终将汴京攻下。

金人攻陷汴京后,其军队仍屯郊外。战事并未结束。这时钦宗乃冒万难,亲往金军屯驻之青城,与粘罕议和。金人索金一千万锭,银二千万锭,绢帛二千万匹。这是钦宗亲往金军的第一次。这次幸未被扣留。自从第一次由金军营回来以后,靖康二年(1217 年)正月,"金人遣使致书,欲钦宗再幸其军。……钦宗亦不欲亲出,而㮨(何㮨)独以为必须亲出。钦宗信之。……幸金营。……遂留不遣"。如此,徽钦二帝如绑票般被掳北上,史称"靖康之祸"。太祖开国以来的北宋,从此结束。

第五节　靖康之乱与北方人口的南迁

战争影响民族的迁移

中国历史上民族急激的大迁徙共有两次,一为西晋末年永嘉之乱,二为北宋末年靖康之难。人口自北而南的流动也大致走同一路线,比较起来,实有许多相似之处。关于前一时代影响人口流移的研究,因有侨州郡县的制度，知之较详，而宋则较少。

中国南北户口的消长，以宋代之转变为一大枢纽。据明章潢《图书编》卷三十四统计，东南户数西汉时仅占全国十分之一，至北宋元丰末年已占全国一半。其逐渐增进的情形大概为：西汉元始五年（公元5年）东南户数约占全国十分之一；东汉建康元年（公元144年）占十分之二；晋太康元年（公元280年）占十分之三；唐开元二十八年（公元740年）占十分之四；宋元丰八年（1085年）占半数。加上四川，则元丰三年时，南方户数已达全国三分之二。南渡以后，南北户口之间更有显著的差异。其主要原因乃由于新地位的环境较优和旧中心的文化毁灭。但南宋没有侨州县的设置，对如此重大的一次社会变迁，正史上几乎只字不提。

宋代民族大量迁徙，先后约分三个阶段：一是靖康南渡之役，二是海陵南侵之役，三是蒙古南下之役。前者系黄河流域住民向长江流域的迁徙，次者为淮河流域居民向长江流域的迁徙，后者乃长江流域人民向粤江流域的迁徙，其中以第一次的规模较大，影响社会中心的转移与南北户口的消长尤多。所谓靖康之乱，亦应包括和约订立以前的全部战争，前后共十七年（1125年至1142年）。在战争期间，宋、金直接冲突总共七次，其他边境上的接触不计其数，于是常有大批流民向南方迁徙，大抵每次移动与时局的缓急都很有关系。兹分析如下。

靖康元年（1126年），京都告急两次，汴都人口即变动两次。一在正月，当徽宗避难到镇江时，百姓亦多潜遁；同时亲贵士民南徙甚众。另一次在十一月，汴京已陷，士族百姓诸军夺门南奔者数万。同时金人经营两河，八月，张思正、折可求河东溃师，九月太原陷，十月真定陷，使山西、河北住民纷纷渡河南奔，西北州县为之一空。

建炎三至四年（1129年至1130年），金人第二次南侵，战争范围扩至浙江、江西及湖南，压迫淮南一带，住民再向南徙，于是渡江之民充溢于道；而西北士族与百姓奔赴东南者尚络绎于途，北方有数十或数百里无烟舍者，四年遂有"士大夫皆避地……衣冠奔踏于道者相继"之说。

绍兴四年（1134年），金兵再渡淮，淮南士民大量渡江。淮北人民继续南迁，至五年尚多襁负而至。

绍兴八年（1138年），金废刘豫，入居河南、陕西，西北人民又复"襁负而归，相属于路"，至九年末止。大概九至十二年间，虽有移徙，总不及这四个时期激烈。因在九年宋、金有第一次和约的签订，以后金人的四次南侵，简直处处吃败仗，直至十二年和约签订后，战争方告一段落。

流民迁徙各处的情况

东南和四川成为当时流亡者的乐土，一因压力乃由北方而来，人口沿着同一方向逃避；一因政治中心南移，北方士大夫望之以为正朔所在。加以南方所受战祸较小，一时尚可苟安，建炎三年以前系黄河一带人民南迁江淮之间的时代，以后则多流向长江以南地带。东南吸收的人口来自北方，则因当时中央政府驻在浙江。四川吸收的人口多来自西北，这是因为地理接近的关系。但两地北方人口南迁的究竟为数若干则很难断定。现分述如下。

一、浙江

莫濛说："四方之民云集二浙，百倍常时"。其地容纳人口至多，因系政治中心的所在，自不必言。而流来的分子籍贯非常复杂，战时的临安，即为一例。南渡将相北人尤多，如韩世忠、岳飞、张俊、刘锜……都是从汴梁迁来的人民。又有许多商人从东京迁来做买卖，南宋末年的临安风俗，几全染上东京的成分。此外又有从西北来的，如《宋史·程迥传》所说："西北士大夫多在钱塘。"他如越州（会稽）、明州、秀州、温州等，大都容纳各方来客，尤以越州一地，建炎四年奉诏诸处流移百姓所在孤苦无依者，并仰安泊赈济。当时收纳各处迁来的难民必多，且士大夫世族多喜寄居其地，陆游因有"子少时犹及见赵、魏、秦、晋、齐、鲁士大夫渡江者"一语可知。

二、江苏

郑毅说："平江、常、润、湖、杭、明、越号为士大夫渊薮，天下贤俊多避地于此。"高宗未渡江前，一度驻驿扬州，士大夫有举族搬迁的，亦暂止于此。宋的宗室亦止散处江淮间避敌，为便于管理，政府将西外宗正司也移来扬州，后也只移泰州及高邮军。这一时期避地者尚多止于江北。及至金兵南下，淮南也不可安居，于是江北人口纷纷南移。所以苏州、常州多淮南、山东、京西徙来的人，而淮南两路人口，南宋时一直零落不堪。江南人口远比江北稠密。南渡初又置大宗正司，管理留居宗室。镇江府于绍兴二年，淮、汉人民来归者不绝。十一年，张俊又迁海州人民南来，海州四县九万九千余人，以四分之一算，南徙者已及二万余。这都是江南的地带。

三、安徽

在江北的只有濠州，于建炎三年时，招信县的横山尚称流移者的乐土。以后经金人数次摧残，人口便纷纷移入江、浙，或本省江南的池、宣等州，南渡初年，北方宗室移入宣州城县水阳村的有四千多人。

四、江西

移入者以河南人最多，分由京师、郑州、睢阳入洪州、信州、袁州等地。又有从均州、洛州、郓州的移民入信州等地，则河北、山东人亦多有迁来。

五、湖北

湖北近边陲，人口有向别处流徙的现象，但因地近陕、豫，南通湘沅，北人经此南下者固多，留居以望北返的人也有。避难者或从山西来，如靖康元年粘罕寇河东，士民扶老携幼，适汝、颍、襄、邓避难者莫知其数。有从河南来的，如翟琮、陈与义等，又有从河北、山东来的。

六、湖南

洪迈说："西北士大夫遭靖康之难，多挈家南寓武陵。"万俟卨，阳武人，绍兴初亦避湘沅；向沈南渡后家于潭州，皆为其中表表者。

七、福建

本路去中原绝远，又未经兵燹，人口加增自必然。庆元四年（1198年），邵武县的户口达十四万二千一百，比元丰时增五万四千二百余户，其中有不少当系靖康之乱时迁入。又宗室徙闽的以福州、泉州为中心，金人渡江后，南外宗正司移泉州。西外也一度移福州。又有秦州人迁泉州，长安人迁福州者，可说无远不至。

八、广东

江北士大夫多避地岭南，盖因中原遭乱，避地两广的幸获安居之故。《宋史·本传》："洛人……高宗南迁，遂避襄、汉，转湖湘，越岭峤。"这大概是避难者共趋的途径。又金人入江西，南至吉州、虔为赣、粤交通孔道，北宋时交通已极发达，推断必另有一部分人是从大庾岭来的。

九、广西

避入本路的人或此广东稍多，据上述东路人数是减少的，但西路则相反。绍兴末年的人口此元丰多二十八万余。王象之《舆地纪胜》说："客介桂、广间，渡江以来，避地留家者众。"都可说明北人流入广西的状况。

十、四川

入四川者陕人为多，西北遗民和关、陕撤退的军队即多入蜀。然亦有自河北来者，刘挚后人著家即定居嘉定之龙游。有自河南来者，尹焞洛人，金人陷洛，便由商州奔涪州。建炎中，宗室入蜀避难者甚多，故不仅限陕西人而已。

流民对南宋的影响

从第一次金人寇两河起，即有许多人民因逃避兵火，有随军南迁者，有自愿归正者，有作计划迁移者，分别向南方迁徙，定居于东南和四川。这种人力的保存，对南宋自属有利。一来金人签民为兵，可以减少其兵源；二来利用中原人力，可以开发中国的南部。所以政府对流民的安集不遗余力。反之，在金人方面，便由种种方法，加以阻止。如建炎三年，金人陷扬州，揭榜命西北人从便归乡。秦桧所建二策中的"南自南，北自北，以河北人还金，中原人归刘豫"，即系金人所授意作为媾和条件的。果然前后两次讲和，金人都来索北方人口，所以绍兴九年有"官吏军民愿归山东、河北者听"之命。然翌年金人即败盟，北归者亦不多。十一年，再度讲和，且明载在誓书里，但不强迫北人北返，取其情愿而已。到十二年，北归者只数十人。

金人见交涉的手段失败，一面在境内用种种方法阻止北人的南流，又限制人民出入，令诸路百姓不得擅离本籍，必须申请发给凭证，始许外出。绍兴十年（1140年），归河南、陕西地后，又下令沿河置寨铺，防偷渡归宋者，有偷渡或故纵者罪至死。但八十三年后的嘉定十六年（1223年），南宋全国人口共有两千八百多万，比较元丰时只耗减了五百万左右，这固然因为八十年来生息涵养的关系，而影响较大的仍为多陆续南迁的结果。其对南方经济文化开发于贡献，影响甚大。

第六节　北宋积弱原因的检讨

宋室以特殊的姿态出现于历史，即与秦汉隋唐的统一和相随并来的富强不同，北宋始终摆脱不掉贫弱的命运。宋自太祖开国后，虽然大致统一了中原地区，结束了五代十国七十余年的分裂割据局面，但却从来没有强盛过。究竟北宋积弱不振的原因何在？现从以下数方面加以分析之。

政治上的积弊

宋得国后，有两个国策选择推行，一是先攻黄河北岸，把北汉及辽扫平了，长江流域便可不攻自下。这个政策是积极进取的，不过也很危险，若战败便连退路都没有。另一为先平定长江流域，统一南方，再向北攻，这个政策比较持重稳健。宋太祖采取了第二个政策，先平南方，却留着艰难的事给后人做。太宗即位后，两次对辽亲征，均吃败仗。宋不能进取地统一中国，便只有受尽欺凌。

宋太祖恐防唐末穷兵黩武之情形再现，遂尽量重用文人，贬低武人地位,而统兵大员亦多以文人出任。军人遭受卑视,其质素日益低落,宋代兵多而弱,亦与此有关。此外,宋室对统兵将帅的猜防,也始终不懈,对于具有勇略的将领,疑忌尤深。所信用者,大都才调平庸,不足克敌。由于宋室一方面行中央集权,使地方防御力削弱;另一方面,又以文人知军事,遂使宋室之兵力不振,无力作战。

宋的大敌辽在宋立国前五十多年已具规模,至宋开国时更形强大;此外金及西夏又相继乘时而兴,屡扰宋室边防,使宋室疲于奔命,倾全力于外患之防御,然又不能一举而灭之,遂使国势愈贫弱。故北宋积弱主要原因虽为宋人无法振作,但另一方面则是由于历史给予它的负担过分沉重,以致宋代成为中原王朝中边防实力最弱的一个朝代。

五代中国政治紊乱,就以五代之乱而言,已扰攘达五十余年,在政治方面,则篡弑相寻,几无治术可言,中原则被征敛无厌,加以兵祸灾荒,连年不息,人民困苦已达极点。北方经济,因而急剧下降,文化亦呈现衰退现象。以社会而言,则贪婪成风,气节沦亡,苟且偷安,寡廉鲜耻,以上均对宋深遗长毒。

北宋政治腐败,变法之议遂出。有宋之庆历与熙宁二次变法,俱因守旧派势大的阻挠而失败;而旧党当权时又为新党所攻击。宋自仁宗始,党争即迭有发生,直至北宋末年,持续达百余年之久。朋党之互相倾轧,不但扰乱朝廷,消耗国家元气,至后来更发展到个人间意气之争,而再不是为国家着想。结果是把国家有为之士,消磨于党争之中。此对北宋之积弱,不无影响。

北宋自仁宗开始,连续有四位女主专政。由于女主对政治措施较为保守,遂失去一改革机会。统计自刘后开始专政,至向后的还政(1022 至 1101 年),中间经过七十九年,宋代直接受女主统治凡二十二年。在此期间,虽颇能墨守祖宗之法规,稳定政局,但若再详细分析,在刘后专政时上距开国六十二年,积弱已渐暴露,而急需改革,但数位女主政绩循谨,怯于改革,以致失去良机,及曹后之扩大党争,高后、向后之袒护旧党,意气用事，以致国事日非；加上道君皇帝的误国，北宋遂因此而亡。宋之积弱加深，无法图强，与女主之专政不无关系。

经济上的积弊

宋承唐末五代召募兵士之制，招徕强壮者入营，衣食之资，悉仰国家税入。独惜其养兵以守京师，戍边疆，不求精炼而唯以多为功。兵既由国家给食，费财繁巨，终成宋代财政上的重大支付项目。此外，募兵含有职业救济之意，每于饥馑发生时，兵队数目自然有增无减。虽然此可防止饥民铤而走险，然兵愈多愈惰，久之便成为国家之寄生虫。又因兵愈多，其所需之兵器亦多，监督制造兵器的军器监和负责打造之军器役工甚众，开支尤巨。

宋代财用之蠹者，首为冗兵，次为冗官。宋代中央为士人政府，而定期举行的科举考试，亦是读书人入仕之阶。宋代进士一登第即释褐，待遇远较唐为优，而登科名额，亦较唐代为多，俸禄又异常优厚，且时有额外恩赏，又有所谓恩荫，致使冗官冗吏日益增多，于政治上无甚贡献，徒然增加国家财政上之负担。

宋代诸帝对宗室皆采取恩惠政策，待遇优厚，生活富裕，添差到各机关及州县政府任职者更难以计数。他们均为无用之官吏，坐食俸禄，徒增地方政府之负担，为害不轻。此外尚有特别节目的赐予，宗女出嫁，其夫婿亦得恩荫补官，恩额赏赐显然泛滥。是以宗室愈繁衍，则国家财政支付愈庞大，年深岁久，为害益巨。

宋代官多兵冗，固为一患，而政府更实行厚禄养廉政策，尤将国家财政带入窘境。官员除得到正俸及每年春冬两季的定期衣料赏赐外，还有藩粟的分配。除此以外，尚有职钱及随身仆人衣粮，甚至茶酒厨料及薪炭、盐诸物等的施与。政府虽仁厚，但毕竟是加重国家的负担。此外官员除厚禄外，更有退职的恩礼。凡此种种，皆为导致宋代财政崩溃的因素。

宋代郊祀，每三年举行一次，每至祀成，例颁赉群臣衣带鞍马银绢，军士赐缗帛有差，即使国家有至急之事而郊祀之赏仍不废于百官。宋代养兵不断增加，而郊赏亦随之，贫乏的州军，如郊祀之年，筹不到一笔相当数目的钱帛，以应付驻守在该州厢军的赏赉，便很容易激起军变，其弊不可胜言。

宋代立国以后，外患日急，东北的辽，西北的夏，时常入侵，宋室无法抵御，只得纳币饵敌，图苟安于一时。最初有澶渊之盟，宋每年以银十万两，绢二十万匹赠辽；仁宗时宋辽和议，宋又岁贡银二十万两，绢三十万匹与辽；徽宗时纳银三十万两，绢四十万匹与金；另与西夏和议亦每年输银绢各十万。此等岁贡，实为宋代国家财政上之一重负。

军事上的积弊

宋有禁军、厢军两种设置，禁军守中央，厢军只在地方当杂差。因宋室行中央集权，强干弱枝政策，故地方之厢军皆质素较差，疏于战阵。故各边防守，全须中央派禁军前往，但采分蓄戍守制，调兵不调将，以防将士跋扈，惟其弊则是将士两不相熟，作战效果自然减低。一方面虽连年不战，但经费上则年年动员，致使财力衰竭。而募兵养至六十岁，其间实只有十多年可用，兵士老了，又再招新兵，故冗兵日多，而纪律质素皆不好，是以宋室兵力始终不振。

宋初建国，东北有辽，西北有夏，太祖以安内为主，对辽及西夏均采消极政策。太宗曾对辽、夏用兵，惜无功。其后和战屡起，真宗时行退守政策，与辽订澶渊之盟，自此得与辽保持和平关系达百多年。自金崛起后，辽国力日削，然宋始不可利用作为缓衡，以缓和宋金局势。唯徽宗妄图立功于外，联金灭辽，然燕云十六州并未完全收复，仅以银、绢各二十万两、匹，钱一百万缗的条件，赎回燕京其附近六州。从此辽虽亡，而宋与金边境相接，所受威胁更大，终成"靖康之难"而北宋亡。

太祖统一天下，定都开封。开封为一片平地，豁露在黄河边，太行山以东尽是平原，骑兵从北南下，几天就可到黄河边，一渡黄河即达开封城下,所以宋代立国是没有国防的。本来建都于洛阳或长安均有险可守,因欲抵长安,必须经过形势险要的潼关,潼关最宜固守,不易为敌所破。但因为宋太祖时国防线已破,燕云失地未复,不能不养兵;而当时军粮要靠长江流域地区供给,米粮到了开封,如要继续运洛阳,而汴渠已坏,靠陆路转运则耗人力物力太大。宋代承五代黑暗残破局面,无力运粮到洛阳,长安一片荒凉,更是不济。是以宋为省运粮之费而不得不建都开封。

中国地理形势,到了黄河流域,就是大平原,一出长城,更是大平原,是以在北方作战,一定得用骑兵;而对付北方塞外敌人,更非骑兵不可。骑兵所需之马匹,在中国只有两个出产地,一在东北,即蓟北之野;一在西北,即甘凉河套一带。但此两地在宋开国时,一为辽所据有,另一为西夏所并,宋之骑兵力量遂弱。同时,与马相关联的铁,为铸造武器的必需品,而中国精良的铁矿,亦多产自东北塞外,唯已落于边疆民族之手。这也是宋代弱征之一。

制度上的积弊

宋代宰相权力,就一般而论,实较前代为低落。乾德二年,薛居正、吕余庆以本官兼参知政事,宰相权力被分割,而枢密院更与宰相并称"二府",三司使之称为"计相",军、民、财三者各自独立,宰相不获预闻军事,亦无用人之权,而坐论之礼,亦自宋始废。故宋代虽称中央集权,而其权实不在宰相。宋主虽猜忌相臣而加裁抑,又不能如明代之明令废相臣,集大权于一身,则宋制乃适成为一种弱征。

自唐代镇兵拥立留后,积习相沿,直至五代,造成国擅于将,将擅于兵的局面。宋太祖之得位,亦是由陈桥兵变被拥立。由不断的兵变产生出来的皇室,终于觉悟军人操政之危险,遂有所谓"杯酒释兵权"之事,瞬间夺取众武将之军力;更削弱藩镇的权力,凡节度使来朝,即把他迁移别处,使其脱离原有之地盘和凭借;此外尚控制地方之刑事和财赋,并于诸州设置通判,以监察州政。于是地方之军、政、财、法等权都归于中央,使中央之权力处处超越地方。如此所谓"强干弱枝"政策，只有造成边防力弱，不能抵抗外敌之入侵。

宋代废三省制，谏议司谏等官在门下者亦废，遂有谏院，乃脱离宰相而独立，当时称"台谏"，权势气力，与宰相等。台谏主要是论奏与弹劾宰执之臣，对相权多所牵制，宰相欲有所作为，势必招谏官之指摘与攻击。宰相与台谏既相对立，加以文臣好议论，朝暮更张，常为政事之大害。

大抵宋代文人之出仕，多由科举，而科举之中，制举、进士、明经三科尤为重要，三者之中，进士科最盛。宋代之进士科较唐代多一殿试，取士最滥与得官最易。殿试之内容，初为"诗"兴"赋"，后再加"论"，三者虽据于经典，但多是空泛之词，对国事实无多大裨益，其量才不外"学究"而已，非取录治国之长才。熙宁八年，王安石著诗书周礼"三经新义"颁诸学官，以为取士之标准，士子改而背诵三经。至崇宁三年（1104年）更罢科举，全用"三舍"取士，更以王氏之学为标准，同者取，异者则黜。诗书周礼者，乃三代之故事，其流弊则士子不复知秦汉以后相因相革之事，此等士子为政府之基层人员，不知前事之兴革，焉能治国？进士科既难产生人才，却特受器重，登第即释褐，全获授职事官，由于无实际治事经验，于治事时了无分寸。国家既培育不到治国之长才，无怪乎积弱不振了。

第二十章　辽、金与西夏兴亡经过

第一节　"五胡乱华"与辽、金等犯宋之比较

自后梁开平元年，辽太祖阿保机称帝，而契丹立国于我国的东北，传九世，凡二百一十九年（公元907年至1125年）。宋仁宗宝元元年，夏景宗元昊称帝，而西夏立国于我国之西北，传十世，凡一百九十年（1038年至1227年）。宋徽宗政和五年，金太祖阿骨打称帝，而女真遂灭辽而与宋平分中夏，传九世，凡一百二十年（1115年至1234年）。宋宁宗开禧二年，铁木真称成吉思汗，而先后灭夏、金、南宋，入主中原，国号曰元，传十四世，凡一百六十三年（1206年至1368年）。宋介其间，初困于辽夏，继亡于金，终灭于元，虽延祚十八帝，凡三百二十年（公元960年至1279年），而积弱已甚。故自五代迄元末，实为汉族式微而北方诸族崛兴时代——自阿保机称帝迄元之亡，凡四百六十二年（公元907年至1368年）；自宋太祖称帝迄元亡，则凡四百又九年（公元960年至1368年）。治国史者，多以两晋南北朝为外族第一次入侵华夏时期，而自宋迄元，则为第二次入侵时期，然比而观之，前后史实，有未可一概论者，约有三端。

当时汉族之式微，远甚于晋隋之际，外族之事，亦烈于刘、石、拓拔、宇文。且契丹、党项、女真、蒙古，各有国书，虽自蒙文外，亦皆出于华文，

然与五胡之仅各有语言，而文字一同华夏者固异。辽、金、元三代皆以"国制"与"汉制"并用，著名三史者，种人亦视汉人倍蓰，与胡羯、氐、羌、鲜卑之一切师法中土，与文职十九任用华人者亦殊。盖五胡自汉魏以来，杂居边陲，久习吾国之政教。契丹、党项，虽兴于唐世，而渐染华化之程度甚浅，女真、蒙古，则在宋世尚僻处穷荒，与中土相隔绝。特诸族之以武力兴者，仍多歆羡华夏之文教，用汉人以启其政学，此之五胡，开化虽有先后，而其同化于汉族及其与汉族之混合，亦无大异耳。

自晋室南渡，华夏文物中心，虽渐自北而南，及鲜卑革夷从夏，洛革犹视江左为盛。隋唐之世，以北统南，五季沙陀入主，契丹南牧，北方亦为正统，宋因后周之成势，仍都于汴，南服虽继续开辟，文化中枢，犹在中原。至女真入侵，宋室南迁，巨室世家，多随以俱行，南渡名将，自张俊、韩世忠、岳飞、刘光世、刘琦、吴玠、吴璘、杨存中以下，尤无一非出自山陕，故虽南宋之偏安，犹是北宋之余力。然淮河以北之文物，既饱受外族摧残，汉民或死于锋镝沟壑，或被驱掠转徙，罹祸尤深，女真、契丹之入据中原者，又皆游牧蛮民，由是文化陵夷，人才湮没。而南方为汉族正统所在，各地优秀分子，麇聚杂居，人文之盛，既远迈往昔。朝廷欲增库入，复招徕远人，阜通货贿，商业之发达，经济之繁荣，尤凌驾北方以上，故南宋以降，南方之开化实远非东晋南朝可及，大江以南，亦自南宋后始为吾华文明中心。

魏晋以降，篡乱相仍，丑秽之史，充塞弥漫，易代之际，士大夫亦莫不传舍其朝，忠义之气，变化殆尽。自宋祖受命，崇重儒学，表彰节义，行事一以忠厚施之，其宽仁待士，尤累世奉为典则，宋代政治，亦多出于士大夫之手，历代女主外戚宗室强藩之祸，宋皆无之，宦寺虽为祸，亦视汉唐为不侔。故吾国之君主政体，实以宋世最为纯洁，与两晋南北朝之黑暗，迥不相同。对外虽力多不竞，而文治之隆，则度越前世远甚。中外缙绅，亦率以"名节相高，廉耻相尚，尽去五季之陋矣。故靖康之变，志士投袂，起而勤王，临难不屈，所在有之，及宋之亡，忠节相望，班班可书"。

流风余沫之所踵，虽金、元以外族入主，其亡也，殉节殉难者，亦不绝史书。

第二节　辽的兴起及衰亡经过

辽的兴起

辽初号契丹，自后梁末帝贞明二年至宋徽宗末年即宣和七年（公元916年至1225年）时，立国已二百一十年，先于宋立国五十年，国土广大不下于宋。契丹世居辽河流域，渔猎为生，亦事畜牧，逐水草而居，大抵属东胡种。其始，族号大贺氏，后分八部，部各有大人，另推八部长统率全族，设旗鼓，大部长三年一选举，唐末，中原扰攘不安，多有往辽地避乱者，时耶律阿保机为八部长，乃乘机入寇，掠男女甚多。阿保机连任八部长九年，犹无退让意，八部大人齐起攻击，始交出旗鼓，并自请在上京别设一部，专治汉人，各部许之。辽之上京曰古汉城，即元魏时之滑盐县（今河北、辽宁、内蒙古交界地带），阿保机在位时，汉人移入辽境者甚多，皆集中于此城。其地产盐铁，宜农事，阿保机得韩延徽为谋主，土地日辟，市易亦渐兴盛，势亦愈强，乃大宴八部长而杀之，并为一国。

辽的建国

阿保机自唐末统一族内诸部，进而北降室韦，侵女真，破回鹘、吐谷浑、党项诸族，内蒙古及东北一带，皆入版图。是时，中原骚乱，有机可乘，乃先寇云州，不得逞，转而侵入营、平一带，向西攻幽州，为李克用子存勖所败，始转而经营渤海，公元923年，李存勖自称帝，国号后唐，在位三年被杀，适契丹灭渤海，后唐告哀，辽使乃提出割让土地之要求。然未几，阿保机赍志以殁，子仍南寇，后唐明宗（克用养子）于天成三年大败之，乃旁寇云州。明宗以其爱婿石敬瑭为河东节度使以防御之。数年后，明宗殂，敬瑭据太原，作谋叛之计，雁门以北无形放弃，遂为契丹所据。时云、应、营、平四州已入辽手,石敬瑭知其欲得以幽州为中心之中部地带,乃以之为饵,求得其援,公元936年,石敬瑭即帝位(后晋高祖),即称臣于契丹,为报援立之劳,次年割燕云十六州之地于契丹。自此,契丹势力渐大。后晋出帝末年(公元946年),契丹兵入大梁,执出帝而去;次年刘知远入大梁,改国号为汉(后汉)。契丹太宗亦改元大同,建国号为大辽。

宋辽战争的经过

辽人所处的天然环境,远不如宋人之优,所以辽人乘机进逼,宋为自卫计,当然予以反攻,甚或欲逐之使北,永绝外患。这样一来,双方便大开战端,自高梁河、歧沟关西两次败绩后,兵连祸结,边境之民烂焉。计宋辽战争,以太宗太平兴国四年五年,及雍熙三年,与真宗景德元年,最为严重,兹略述于次。

宋太宗太平兴国四年(公元979年)高梁河之役,宋太宗率师伐辽大败,宋太宗为流矢所伤,仅以身免,十八年后,即因箭伤而死。

太平兴国五年(公元980年)瓦桥关之役,辽师南侵,宋太宗再次亲征大败。

宋太宗雍熙三年(公元986年)歧沟关之役,宋太宗命曹彬、田重进、潘美领兵分路北伐,后因粮食不继,及部下争功与其他不利之因素,终敌不过辽人之持久战术而大败。

真宗景德元年(1004年),辽人进犯,时宋方有主张真宗逃往金陵,有主张逃往成都,只有寇准力主强硬,当辽人进犯澶州时,准竭力请帝亲至澶州与敌人作战,辽人知难而返,遣使议和,结果宋辽约为兄弟国,澶渊之盟乃结。

辽的衰亡

宋徽宗时,欲乘机收复燕云十六州,遂遣使与金结盟,相约南北夹击辽。宋自南攻燕京(即辽之南京),金自北攻中京,辽若被灭,以燕云十六州归宋，余地归金，宋则转以赠辽之岁币与金。于是宋金联兵击辽。宋兵连战失利，金则每战皆捷，攻下中京、西京，后复破燕京，掳天祚帝，辽亡。

第三节　西夏的兴起及衰亡经过

西夏的起源及其建国

北宋之世，东北有契丹，西北有西夏，皆与其为敌。然契丹与真宗盟于澶渊后，两国维持和好逾百余年，而西夏则于太宗、真宗、仁宗三世，叛服不常，宋人用兵西陲近六十年，最于赂以重币，始获名义上之臣附。是则西夏之祸宋，尤甚于契丹。考夏人之为患于宋，始于太宗之李继迁，次以仁宗之李元昊，终于神宗时永乐之战，兹略述如后。

李继迁出于党项，本姓拓跋，其先有名思恭者，于唐末讨黄巢有功，僖宗中和元年，以为定难军节度使，赐姓李氏，是为李氏据有银夏之始。宋太宗太平兴国七年，思恭之玄孙李继捧，无术抚辑族人，乃入朝献五州地，继迁为继捧之族弟，尤桀骜难制，会宋命尹宪知夏州，发李氏缌麻以上亲俱赴阙，继迁乃率其族人窜至地斤泽，据其地以扰银、夏，并臣附于契丹，欲得其助。厥后太宗用赵普之谋，乃命李继捧回镇银夏，赐姓名曰赵保忠，未几继迁亦伪降，赐姓曰赵保吉，然继捧实与继迁相通，且附于契丹，已而继捧为继迁所袭，宋人遂废捧而以计迁，是时银夏为宋有，迁难得志，迨真宗初立，继迁求款，乃悉以五州之地与之，以迁却如虎添翼，势力渐大。继迁子德明，皆受宋西平王之封，迨德明主国时，事宋尤谨，故宋之西北隅犹可苟安于一时。

李元昊一名曩霄，德明之子，性雄毅多大略，数谏其父勿臣宋，及嗣立，遂专以侵宋为事，东取河套之半，西攻回鹘，拓地万里，置州十余，至宋仁宗宝元元年，遂自帝于国中，以夏州为其祖始与之地，建国号曰大夏，称其首都曰兴庆府，是为西夏建国之始。

西夏兴起的分析

西夏李氏一族，保聚西陲，为时甚久，盖自拓跋思恭时起，至李元昊称帝前一年止（公元881年至1037年），凡一百五十六年，又自元昊称帝至亡国（1038至1227年），凡一百九十六年，合之三百五十二年，考其原因有三。

李氏所初据者，仅夏银五州之地，考其地位于河套。唐末五代，中原多敌，吐蕃又跳梁于西，守河东陕西者无暇经营河套，遂予李氏以累世割据之机会。宋兴，以河套之地不可废，乃借李继捧入朝之便，收其地为己有，此举诚无可厚非。然而河套之北，为沙碛之地，东可通往契丹，渡河而西则为回鹘所据，其西南则吐蕃也，李继迁固守沙碛地以与辽通，深得其助，李元昊则以回鹘之分裂，而蚕食之，终得定都河西，东则与宋争衡。宋人进保银夏，已患防守之太远，馈运不继，更何能北绝大漠，西略瓜沙？此以地势之优，予夏人之兴起者。

当继捧入朝，全族将内迁时，设无继迁出而抗衡，则李氏之灭亡已久。但继迁不忍将祖宗世守之地一旦断送于捧之手，乃挺身北走，觅机兴复，屡蹶屡起，历尽苦辛，卒能复其故业，此继迁意志坚定历久不渝之効。然自元昊称帝以来，能创立法度，制作文字，以兵法勒诸部，番汉人并用，每举兵必率部长与猎，各问所见，择取其长，以嵬名守全、张陟、张绛、杨廓、张文显辈主谋议，钟鼎臣主文书，成逋、克成赏、都卧、移如定、多多马窦、惟吉主兵马，野利仁荣主番学，皆一时之选。

是时与西夏接境者，以宋辽为大，继迁元昊两世，皆用远交近攻政策，即以亲辽侵宋为其国策，然元昊之世，辽方睦于宋，亲辽之结果，不过得其声势之援助，无实惠之可图，故有时亦不能不转而玩宋以利其岁赐，是以夏人急则投辽，缓则玩宋，两得其利，由于环境之佳所致。要之，西夏兴盛，在内者二，在外者一，时值五代以后，辽先宋兴，南北分疆，河西之李氏，遂得乘时崛起，可谓天之骄子，语曰"天之所兴，谁能废之"，西夏是也。

西夏的衰亡

西夏继世之君，多贤明。谅祚、秉常二世，年幼无可称述。至乾顺、仁孝二世，皆在位五十余年。乾顺建国学，立养贤务。仁孝普建学校于国中，又于禁中立小学，视为训导，尊崇孔子，修鼎新律，立翰林学士院，俾修实录，诚西夏右文之主。至纯祐之世，而国始衰，因蒙古之侵夏，始于纯祐之世（宋开禧元年）。其后蒙古两围西夏首都，第一次纳女请和，第二次陷之，然皆不久退兵。遵顼之世，专与金人为敌，南结宋，北会蒙古，以攻金之西边，后以会攻凤翔不克，引兵先退，为蒙古所不悦，由是生隙。遵顼惧祸，传位于其子德旺，是时又与金人弃恶言和，益触蒙古之怒，至末主睍嗣位之第二年，遂为蒙古所灭。

第四节　金的兴起及衰亡经过

金的起源及建国

女真之先出靺鞨氏；靺鞨之称始于隋，唐初有黑水靺鞨，盖元魏时，其族共分七部，至是，仅存黑水、粟末二部之名，其他五族无闻。粟末靺鞨附高丽，后为渤海称王，渐强，黑水役属之。五代时，契丹尽取渤海地，黑水靺鞨遂属契丹，号熟女真，其在北者，不在契丹籍的，号生女真。生女真混居同江东北，熟女真则居西南。后因辽兴宗名宋真，乃避讳称女真。

生女真有完颜部，仁宗时，部长乌克鼐，是为景祖，诸祖多听命，辽主以为生女真节度使，自是有官属，渐立纪纲。据其山川险要，以计谋不使辽兵入境，得知其道里。辽主尝欲刻印与之，使系籍，不从。以厚资易邻境之铁为甲胄，兵势大振。至其孙阿骨打，生女真势益盛。

宋徽宗政和五年，辽祚天庆五年（1115年）正月朔，阿骨打称帝，曰："辽以宾（镔）铁为号，取其坚也；宾铁虽坚，终亦变坏，唯金不变不坏；金之色白，完颜部色尚白，于是国号大金，建元天辅。"是为金太祖。

金势力的发展

金人向外发展最大一端，厥为灭辽。此事又可分别论说之。第一便是辽之就衰。辽的帝统，传至天祚帝时，便已就衰。这是游牧贵族，握着统治权之后，因生活优裕必然趋于腐烂的结果。第二便是金太祖大败辽兵。辽的情形如此，而金正当方兴未艾之时，且金主太祖复"英谟睿略，豁达大度，知人善任，人乐为用。"收国元年（1115年）即位之后，即自将兵攻取辽之黄龙府。辽主闻黄龙府被侵而大惧，自将兵七十万往救，已行至驰门，这时，金主乃命驸马萧特末，林牙萧查剌等将骑兵五万，步兵四十万，亲自统领预备御敌。而此时，辽之西部有事，辽兵不得不撤退，于是金兵乘势追击，至让步答冈，与辽兵大战，获全胜，于是四方闻风来降。其三便是宋金相约夹击辽人。金太祖虽然将辽人打败了，但并未完成消灭辽国，同时宋帝国也历次对辽用兵不利，想联合金人共同灭辽，于是有宋金相约夹击辽人之举。宋宣和四年，金天辅六年（1122年）约定以长城为兵界线，金兵由平地松林攻辽中京，宋兵由白沟攻辽南京，其次，辽灭之后，宋得五代时后晋所失之地，同时并将缴纳给辽的岁币转赠给金。相约进攻的结果，金兵颇得势，取中京及西京，并掳天祚帝，宋兵却不得逞，其进攻的目标南京，仍是由金攻下。

金人于灭辽后，便大举攻宋，宋徽宗宣和七年，金主吴乞买借口宋纳其叛将张觉，命完颜翰进攻太原，完颜宗望进取燕京，宋徽宗闻报大惊，下诏悔过，禅位太子桓，是为钦宗，宋钦宗靖康元年（1126年），金王宗望围攻汴京，朝臣李邦彦等劝钦宗出幸襄阳，暂避敌锋，独李纲再三谏阻。时金兵已抵城下，群臣和战未决，钦宗卒从李邦彦计，遣使议和，金人乃解围而去。

金本两路侵宋,东路宗望之兵既与宋订约北还,但西路宗翰之兵久攻太原不下,闻东路大有所获,于是亦遣使求赂,宋人不与,金作第二次南侵。钦宗遣弟康王议和,至磁州,知州宗泽慰留不去。靖康二年(1127年),金人索金银益急,掳徽宗、钦宗及后妃、太子、宗室等三千余人北去,史称"靖康之难",北宋亡。

自徽、钦二帝被掳北去,金人立宋旧臣张邦昌为楚帝,但金兵退出开封后,张邦昌由于舆论及内疚,自动退位。其时宋徽宗九子康王即位于南京,改元建武,是为宋高宗,宋室南迁,未几金人北返,立刘豫为齐帝,介于宋、金之间,为金之傀儡,史称为"伪齐"。其后,刘豫南侵失败,金人以其无用,乃废之。此后宋金尚有交战,亦时有和战。

金人南渡后的弊政

《归潜志》卷七、卷八中有若干段札记,对于金末弊政失当之处,尤其南渡后的政治,有很明显的记载。这也是它被后人用作编纂金史重要材料的原因,兹将重要的摘录如下。

南渡以后,为宰执者往往无恢复之志,上下同风,止于苟安目前为乐。凡有人言当改革,则必以生事抑之。大臣尤当以至公至正,黜陟百官,不可畏嫌避党为自保计。南渡为宰执者,多怯惧畏懦,不敢有为,凡处一事,先恐人疑己。如宰执本进士,或士大夫得罪,知其无辜,不敢辩言,恐人疑其为党也。又或转加诰责,以示无私。或要职美官,宁用他流,取媚于众。一登省府,遽忘本来。用心如此,望其成功名,立节义,难矣。然亦往往不能以富贵自终。向使以公正自恃,未必以是得罪也。人之用智巧者,竟何如哉!且南渡于为宰执者,自非亲戚故旧,往往不得登其门。若夫百官士流,未尝接议论,局局自保,唯恐失之。如此望其所用得人,闻见不塞者,未之有也。

南渡之后,近侍之权尤重。盖宣宗喜用其人为耳目,以伺察百官,故使其奉御辈,采访民间,号行路御史。或得一二事,即入奏之,上因切实,台官漏泄，皆抵罪。又方面之柄，虽委将帅，又差一奉御在军中，号监战，每临机制变，多为所牵制。辄遇敌先奔，故其军多丧败。又说金朝近习之权甚重，置近侍局于宫中，职虽五品，其要颇与宰相等如旧日中书。故多以贵戚世家恩幸者居其职，士大夫不预焉。南渡后，人主尤加委任，大抵视宰执台部官皆若外人，无所谓心腹，则此局也。其局官以下，所调奉御、奉职辈……反在士大夫右。故大臣往往曲意奉承。南渡后，吏权大盛，自高琪为相，定法，其迁转与进士等。甚者，反疾焉。故一时之人，争以此进。虽士大夫家，有子弟读书，往往不终辄辍，令改试台部令史。其子弟辈既习此业，便与进士为仇。其趋进举止，全学吏曹，至有舞文纳赂，甚于吏辈者。

小人把持政治，当然有作为的正人君子都被排斥。因此一般人步入仕途时亦不由正路，已见上述。而且金朝的考试制度，也不能真正选拔人才，用人只是取长于吏事而已。

金朝兵制之弊，每有征伐或边衅，下令签军，州县骚动。其民家有数丁男，好身手，或时尽拣取无遗。号泣怨嗟，阖家以为苦。驱此辈战，欲其克胜，难哉！会一时任子为监军者，以春赴吏部调数，宰相使尽拣取，号监宫军。……元光末，又下令签军，诸使者历郡邑，自见居官者外，无文武小大职事官，皆拣之。……以任子为兵，已失体，况以朝士大夫充厮役乎！因金人以种人分屯各地，猛安谋克分领兵户。种人一方面与土著血统混合，造成组织上的松懈；一方面又以少数统治多数，连年对外战争，加以政治腐败，中原人民当然对金朝怨恨痛心，而金朝的崩溃也就一发不可收拾。

南渡以后，为将帅者，多出于世家，皆膏粱乳臭子。若完颜白撒，以能打球见称；又完颜讹可，亦以能打球，号"杖子元帅"；又完颜定奴，号"三脆羹"，有以忮忍号"火燎元帅"者；又纥石烈牙忽带，号"卢鼓椎"，好用鼓椎击人也。最后，完颜陈和尚等虽骁勇，也无能为力，守大梁的完颜白撒、赤盏合喜辈，既无远略，又刚愎自用，不能抵御蒙古人，自是意料中事。

金朝钱币，向时只用铜钱。正隆、大定、泰和间，始铸新钱，余皆宋旧钱。及高岩夫为三司副使，倡行钞法，初甚贵重，过于钱，以其便于持行也。尔后兵兴，官出甚重，民间始轻之，法益衰。南渡之初，至有交钞一十贯不抵钱十文用者。富商大贾因钞法困穷。官知其然，为更造，曰宝券。又为更造，号曰通货，又改曰通宝。最后以绫织印造，号珍货，抵银。一起一衰，迄国亡而钱不复出矣。

金衰亡的原因

南宋末年，金主执政者唯知窃弄威权，国事益坏，金国日渐衰微，而此时北方蒙古族则日益强大，其酋长铁木真，即位于斡难河，号成吉思汗。蒙古人于南宋理宗宝庆三年（1227年）灭西夏，乘胜屡败金人，进围燕京。金人被逼迁都于汴，于是黄河以北土地尽为蒙古所有。金据河而守，蒙古不能克。窝阔台（元太宗）乃于宋理宗绍定五年（1232年）遣使来宋，商议联合攻金，约事成，以河南地归宋。明年，汴京降于蒙古，金哀宗出守蔡州（今河南汝南县）。1234年，蒙古围蔡，哀宗自缢，金亡。

金之衰亡原因以致亡于蒙古亦自有其内在与外在的因素，金末名士刘祁撰有《归潜志》对金代治道盛衰颇中要害。《归潜志》"辩亡"对于金朝一代盛衰大势，有很深刻的看法，兹摘录如下。

刘祁认为金朝之亡，是因为女真人的立国精神未能树立。"或问金国之所以亡，何哉？末帝非有桀纣之恶，害不及民。疆土虽削，士马尚强；而迟至不救，亦必有说？余曰：观金之始取天下，虽出于边方，过于后魏、后唐、后晋、辽；然其所以不能长久者，根本不立也。"

金朝开国的典章制度，都出于汉族书生。及取宋，责其背约，名为伐罪吊民，故征索图书车服，褒崇元祐诸正人，取蔡京、童贯、王黼诸奸党，皆以顺百姓之望，又能用辽宋人才，如韩企先、刘彦宗、韩昉辈也。及得天下，其封诸废置，政令如前朝。虽家法边塞，害亦不及天下，故典章法度，皆出于书生。

海陵帝并非昏庸暴君，继之以世宗、章宗的统治，造成金朝的极盛时代。但金朝的衰颓亦自章宗始，因他不知道长治久安之道。故佞幸外戚用事，金朝因以很快地转入衰微。举例如下。

（一）海陵庶人虽淫暴自强，然英锐有大志，所定官制、律令，皆有可观。又擢用人才，将混一天下。功虽不成，其强主矣。

（二）世宗天资仁厚，善于守成。又躬身俭约，以养育士庶。故大定三十年，几致太平。所用多淳朴谨厚之士，如石琚辈为相，不烦扰，不更张。偃息干戈，修崇学校。议者以为有汉文景风，此所以基明昌承安之盛也。

（三）宣孝太子最高明绝人，读书喜文。欲变夷狄风俗，行中国礼乐，如魏孝文。天不祚金，不即大位早世。

（四）章帝聪慧，有父风，属文为学，崇尚儒雅。能吏直臣，皆得显用。政令修举，文治烂然，金朝之盛极矣。然文学止于词章，不知讲明经术为保国保民之道，以图基祚久长。又颇好浮侈，崇建宫阙，外戚小人多预朝政，且无志圣贤高躅，阴尚夷风；大臣唯知奉承，不敢逆其所好。故上下皆无维持长世之策，安乐一时，此所以启大安、贞祐之弱世。

卫绍王以后，诸帝皆无大志。因循苟且，终至亡国。

《归潜志》云："卫王荷荅。……不足言已。宣宗立于贼手，本懦弱无能，性颇猜忌。故大臣宿将有罪，必除去不贷。其迁都大梁，可谓失谋。……况南渡之后，不能苦心刻意，如越王勾践志报会稽之羞，但苟安幸存，以延岁月。由高琪执政后，擢用胥吏，抑士大夫之气不得伸，文法焚然，无兴复远略。……又偏私族类，疏外汉人。……人主以至公治天下，其分别如此。望群下尽力，难哉！故当路者惟知迎合其意，谨守簿书而已。为将者……无效死之心。幸臣贵戚，皆据要职于一时。士大夫一有敢言敢为者，皆投置散地。此所以启天兴之亡也。末帝……虽资不残酷，然以圣智自处，少为黠吏时全所教，用术取人，虽外示宽宏以取名，而内实淫纵自肆。且讳言过恶，喜听谀言。又暗于用人，其将相止取从来贵戚。虽不杀大臣，其骄将多难制不驯。况不知大略，临大事辄退怯自沮，此所以一遇勍敌而不能振也。……大抵金国之政，杂辽宋，非全用本国法，所以支持百年。然其分别番、汉人，且不变家政，不得士大夫心，此所以不能长久。……向使大定后，宣孝得立，尽行中国法，明昌、承安间复知保守整顿，以防后患，南渡之后，能内修政令，以恢复为志，则其国祚亦未必遽绝也。"

第二十一章　宋与辽、金、夏的和战及其影响

第一节　宋夏战争经过及影响

宋夏交恶与战争经过

《宋史·夏国传》上记元昊即位之先，表遣使五诣五台山供佛宝，欲窥河东道路，与诸豪歃血约，先攻鄜延，三道并入，遂建坛受册，即皇帝位。宋乃"诏削夺官爵互市，揭榜于边，募人能擒元昊；若斩首献者，即为定难军节度使。"

宋初以夏竦、范雍往御，皆败绩，以夏守赟代之，亦无功，乃起用韩琦与范仲淹。《宋史·夏竦传》，谓其"依违顾避"。《范雍传》谓其"知延州，元昊先遣人通款曲，雍信之，不设备；元昊兵至城下，会大雪，得不陷"。又《夏守赟传》则谓其"性庸怯、寡方略，不为士卒所服"。元昊反时，韩琦过自蜀归，论西师，详悉形势，即命为陕西安抚使。旋副夏竦，为经略安抚招讨使，奉诏督兵出征。竦又进仲淹，仲淹自请知延州。瑜与仲淹之战略迥异，瑜主速战速决，集中兵力，深入进攻，乘敌骄惰，一举而灭敌之主力；仲淹则主张持久战，盖以当时无宿将精兵，认为宜先巩固边境

之防御工事，屯兵营田，充实关中，固本自强，以待敌劳疲，寇至边城，亦不与大战，以坚壁清野之法，退守关中；关中兵力既强，敌自不敢深入；如此二三年，则敌之国力消耗必多，自趋困弱。此后，陕北与甘肃东北一带乃成为宋夏主要战场。西夏骑兵颇精，非宋所能敌。然仲淹防守得宜，西夏竟不能破其防线，而仲淹之能坚拒西夏之原因分析如下：在宋夏战争中，范仲淹固比其他将领为优。如范雍之流，怯懦无能，当夏兵临延州城下时，则闭门诵经，求佛庇护。后仲淹出镇延州、庆州时，始将形势大事改善。其要项如下。

仲淹鉴于迭次战败，由于贸然进攻所致，故力主坚守。然朝廷不纳，用韩琦之攻策，遣任福出击，好水川之战，全军尽没。至是始用仲淹之谋，沿边各地大修城寨，加强防御，并于延州筑青涧城，控制夏人，以资防守。当兴工之际，夏人屡次来犯，但均为仲淹预为防范，迎头痛击，敌惨败而退。

仲淹以延州兵一万八千人，分隶六将，每将各三千。六将统帅所属佐校，平时负责训练士卒，战时则估计来敌之强弱而轮流迎战及策应。经此整顿，遂成劲旅。一改过去"兵无常帅，帅无常师"、"兵不识将，将不识兵"之弊病。及熙宁变法，王安石之"将兵法"以此为蓝本。

仲淹令其僚属，尽力安抚陕甘沿边番户，为之解决耕牛农具，及按口借给粟米，使无缺食之虑，并"仍带切照管安存，无令失所"。沿边番户，闻风而来，争相效顺，对防御夏人进犯，产生甚大效果。

仲淹储蓄力量，准备大举进攻。先以"浅攻挠耕"之战术，经常派遣队伍，扰乱敌人，使其疲于奔命，不得耕作；然后大军进据横山之险，以居高临下之势，直捣银夏，收复故土，根除西北边防威胁，惜此良策不为所纳，朝廷徒以向西夏屈节求和为能事！

宋与西夏战争的平息

和议成后四年（宋庆历八年），元昊占新娶媳妇，为子谅祚所杀。谅祚遣使贺英宗即位，语不逊，诏惩之，不受，并大举来攻，被击退，乃献方物谢罪。因西城诸国遣使入宋，必绕道西夏，故宋熟知西夏内部情形，神宗即位，欲复燕云十六州，有北伐之志，乃有先去西北之念；自熙宁二年以后，不数年，宋得地甚多，西至兰州，南至巴蜀，皆为宋有。而西域人以经济上利益，亦乐与宋交通。然熙宁以后之官军、熟羌、义保死者六十万人，钱、粟、银、绢损失不可胜计，而夏人亦困弊，遣使贡表曰："自历世以来，贡奉朝廷，无所亏怠；至于近岁，尤甚欢和。不意憸人诬间朝廷，特起大兵，侵夺疆土城砦，因兹构怨，岁致交兵，今之朝廷示以大义，特还所侵，倘垂开纳，别效忠勤。"赐诏曰："王师徂征，盖讨有罪。今遣使造廷，辞礼恭顺，仍闻国政悉复故常，益用嘉纳。已戒边吏毋辄出兵，尔亦共守先盟。"宋夏和好后，宋曾以四砦归还于夏，因划界不定，侵寇仍不绝。宋分数路同时进兵拓地，夏不能支，介辽人乞和。哲宗元符二年和议再成，终北宋之世，战事未再起。

第二节　促成宋金媾和的原因及其结果

徽宗宣和末年，各地人民困于苛政，时有暴动。其后金人入寇，京师沦陷，高宗南奔扬州，定都临安，史称南宋，从此造成偏安的局面。宋室南渡后，黄河南北以及陕西之地，几乎全陷于金，而南方的湘、浙、闽、粤为群盗所占，宋版图实只有今浙江、江苏、安徽三省。当时的政权极其紊乱，幸金人以刘豫为傀儡，统治北方，而豫庸驽无能，南侵屡次失败，宋室遂得以喘息。而当时盗匪之最强悍者皆被岳飞、韩世忠讨灭，更屡挫豫前锋，金人的援兵，亦告败退，于是宋室之声势与士气已远较往昔为盛。当群盗平定后，岳飞、韩世忠、张浚诸将，皆图恢复中原，但高宗无意收复失地，却倾心于和议。朝中士大夫由于对将领之猜忌，欲削弱藩镇，早持传统成见，对于高宗的主和，自表赞同。因此，高宗遂信用主和的朝臣秦桧，专意向金乞和。

同时，金亦换了新主。金太宗死于绍兴五年（1135年），侄孙亶继立，是为熙宗。熙宗即位时，年仅十六，大臣挞懒、蒲鲁虎等辅政，各怀异志。七年，金废刘豫，宋遣王伦使金乞和，当时挞懒守开封，欲结宋为外援，因而全力和议。次年，挞懒回朝，与蒲鲁虎等合议以伪齐之地归宋，熙宗许之。九年正式交割，以河南、陕西地归宋。同年，挞懒与蒲鲁虎以谋反被诛，兀术执政，反对归地，于是战端再起。次年，兀术兴举国之兵，分道南侵，渡河陷开封，为宋将刘琦败于顺昌；兀术自与岳飞战于郾城，又大败，且河北豪杰多暗中与飞相通，以待王师。金人连败之余，军心极为不稳。但由于宋室决计求和，乃解韩世忠、岳飞等大将兵权，十二月，更诬以"莫须有"之罪杀岳飞父子。飞死，一切形势改观，宋室的防御力已不如前，终于与金媾和。然而促成金宋媾和的原因尚多，现分析如下。

宋金媾和的原因

一、金人方面

女真是边疆民族，文化不高，灭辽之速，已出自己意外，若吞并了庞大一个国家，须得慢慢消化；若使宋人应付得宜，金人实无力南侵，及金人渡河，亦无意灭宋，故得割让三镇之约即北去。第二次回师南侵，自觉与宋结下深仇，恐宋报复，故尽掳二帝后妃太子宗戚，而立张邦昌为楚帝。唯因黄河南岸，金人实在无暇兼顾，但求不与他为难，以便慢慢地整顿黄河以北之地。

逮南宋高宗既立，金人彻底消灭赵姓政权之计划失败，他们一面仍想在黄河南岸留一个非赵姓政权做缓冲，故张邦昌之后，继立刘豫；一方面拥立刘豫作为缓冲，一方面却仍试探与南宋进行和议。因此九月刘豫立为齐帝，而十月秦桧自金放归。而自金废刘豫，更对宋廷改变了政策，主张与南宋划黄河为界，表面上将黄河以南占领的土地归还宋室，而目的在于要宋廷永远为大金帝国的附庸，称臣纳贡，由金人劳役支配，是以金人早有与宋媾和之意图。

当日金人所以立伪齐，志在制宋，然刘豫与宋既势不两立，又不能独力对宋，屡为宋兵所败，不得不乞援于金，连累金兵也屡败于宋。如是则刘豫并不能为宋金交兵之缓冲而实为宋金言和之障碍。金人有见于此，于是毅然废弃刘豫，其后金人对于宋室，亦感无法抑服，而宋廷之秦桧又力主言和，于是金人便直接与宋言和。

金太宗死于绍兴五年，侄孙亶继立，是为熙宗。熙宗即位时年仅十六，大臣挞懒、蒲鲁虎、干本等辅政，各怀异志。七年，金废刘豫，宋遣王伦使金乞和，当时挞懒守开封，欲结宋为外援，力主和议，后卒以谋反被诛。九年，兀术执政，故主战派得势。兀术分道大举南侵，但于顺昌、扶风、郾城、柘皋等地先后为宋刘琦、吴璘、岳飞等所败，金人军心极为不稳，主战派锐气已挫，内部更形分裂，遂益造成和战不定的局面。

绍兴九年，蒲鲁虎及挞懒以谋反被诛，兀术执政，反对归地，于是战端再起。次年，兀术兴举国之兵，分道南侵，渡河陷开封，但为宋将刘琦败于顺昌，既而兀术自与岳飞战于郾城，又遭大败，飞进军朱仙镇，离开封仅四十五里。河北豪杰亦多暗中与岳飞相通，以待王师。绍兴十一年春，兀术再度南侵，连陷淮南重镇，又为宋将刘琦败于柘皋。金人连败之余，不但军心动摇，军力及士气亦大挫，此对导致将来和议之事，不无影响也。

金以骑兵胜，在大河南北，平原旷野，东西驰突，为其所长；及至江淮之间，骑兵失所便。金兀术与韩世忠相持于长江之上，因江淮地带水道纵横，江面广阔，舟船狭小，江淮地区，自古已为天险之地，成为宋抵御金人南侵的第二天然防线，东北游牧民族之马队，到此遭受到阻挠，乃势所必然；不但金人不能渡江，即使其后代替金势力之蒙古人，到了江淮地带，亦全无办法。金人既领略到南侵之困难，遂有意于议和。

江淮暑湿，对来自北方或东北方边区的游牧民族，自然是一个阻碍，同时也是一种天然限制，再加以河流交错，马队驰驱不便，粮贮不备，饮食各异，而江南地广阔，兵士建功不易，且粮运不继，此亦促成宋金媾和原因之一。

一向受金人役属居于漠北的蒙古部族，到南宋初年，已日益强大，金熙宗曾遣兵征伐，反为蒙古所败，此后蒙古势力更强，金人既有后顾之忧，自无南下图宋之力，自得急于议和。

宋室南渡后，虽国力贫弱，但勇猛之将，亦大不乏人。如岳飞、韩世忠、吴玠、吴璘、虞允文等皆骁勇善战，屡破金兵，尤其岳飞一军，更使金人畏惧，至有"撼山易，撼岳飞军难"之叹。另一方面，则金人老帅宿将，日就死亡，更不善于水战，在此消彼长下，金人议和是必然之势。

北方汉人在金人统治之下，民族的贫者，横遭蹂躏，且为民族意识所迫，自不免于生变。即汉以外的民族，如女真人、契丹人等，其内部也并非没有贫富之别，贫者为生计所迫，亦生民变，民变则不免动摇国家根本。到了蒙古人进逼时，更在山东、河北各地大举骚动，金室在不得不先安内而攘外的情势下，只有急切谋于和议。

二、宋室方面

终宋一代而论，燕云十六州沦于契丹太祖，太宗久欲取回，自高梁岐沟关两败后，兵连祸结，边境之民烂焉，澶渊盟而后两国享无事之福者且百年，元昊跳梁，虽韩、范名臣不能制，亦赂以岁币饵之，而中原始安枕。当北宋强盛时已如此，况南渡乎？且南渡之初，其兵力已沟弱，却又值辽、金、元皆当勃与之运，天之所兴固非人力可争，以和保邦，犹不失为图全之善策。

徽宗宣和末，各地人民困于苛政，时有暴动，其后金人入寇，京师沦陷，到高宗南奔扬州，黄河南北及陕西之地，几乎全陷于金，而南方地区盗匪猖獗，秩序极其紊乱，起事中较具规模者为方腊、宋江、李成、张用、刘成、刘云等，至公元1136年，始被平定，而长江中下游已甚残破，须重新建设，方可言进攻，故和议是当时急务之策。

高宗对于收复失地，并无兴趣，相反的却颇倾心于和议。一是由于高宗新败丧之余，对金人深怀恐惧，以致不敢轻启战端。另一方面，宋将的口号是"还我两君，复我疆土"，如果战而获胜，二帝得还，则必然会发生皇位问题。即使钦宗宁愿让位，其发生纠纷的可能性仍存在，如有人煽构其间，则冲突随时可起。万一在交战之时，金人立钦宗于北方，则其皇位仍然感受威胁。因此，必须与金议和，使二帝不能南归，其皇位才能巩固。

武人只贪图私利，向政府百端要挟，这自然使宋室有所害怕，于是主和。其次，武人不肯牺牲，凡只顾私利者皆不肯牺牲，遇着大战将临，或不上前线，或临阵而退，致使宋室更有戒心。再者，武人彼此内讧，各相夸耀，互生仇疾。在此情形下，当大任者，对武人戒惧之心更切，故力主和议。

当时宋室和战意见纷纭，而主战派皆为武人。在高宗心目中，如果一旦战而获胜，则武人势将跋扈难制。朝中之士大夫，对于猜忌将领，削弱藩镇，也早有传统的成见，对于高宗主和一事，乃表赞同。

宋将如岳飞、韩世忠、张俊等，皆图恢复中原，屡败金人，气势更盛，唯高宗却积极于言和，而此等军将之胜利，为议和的一大绊脚石，于是以秦桧之名义，囚韩世忠，杀岳飞，宋室北上之势力终于消失了，便可和议；但宋室的武力，从此不振，更不得不议和取媚于敌人，过其苟延残喘的岁月。故杀岳飞之前，宋是以兵力作本钱议和，其后则由于兵力孱弱，不得不和，称臣纳币以图苟安。

宋高宗在位三十二年，传位孝宗，孝宗虽有意匡复，无奈执政朝臣，大都苟且偷安，不思进取，以享江南物富，"直把杭州作汴州"，而不以复国为务。

宋宁宗时，韩侂胄当国。韩因伪学之禁，颇为清议所不容，因欲建立武功,以塞众口,于是对金鲁莽用兵。战端一启,宋师不利,金人乘势渡河,襄阳两淮之地尽失,兵锋直达江北,宋人大惊,金追索祸首,宋乃杀韩侂胄求和,并订1208年之约。

和约内容

既然宋室与金人,双方各自存在着以上种种问题,结果达成和议,现分别说明之。

一、庆和之约(1141年)

当时主和派有张浚、陈与义、高宗等。赵翼谓和议既已大有赞成,而武人又多不可靠,延至绍兴十二年,和议终告达成,其重要条款如下:一,宋称臣奉表于金,金册封宋主为皇帝;二,宋岁贡金人银二十五万两、绢二十五万匹,春季在泗州交纳;三,金主生日及正旦,宋主遣使致贺;四,宋割今河南、陕西一部分土地与金;五,两国交接之处,东以淮水,西以大散关为界。

二、隆兴和约(1165年)

绍兴十九年,金废帝海陵庶人亮弑金熙宗,自立为帝,改熙宗皇统九年为天德元年。亮既即位,因蒙古人在北方威胁之故,乃尽力向南方发展,初营汴京而都之,继则大举伐宋。绍兴三十一年,金兵初驻采石,继续越过扬州,势颇凶猛,但卒为虞允文所败,不免受一大挫,而当时金人内部又发生乱事。及金世宗立,不想用兵,愿意和议。是次和议举行之先,在军事方面,宋人既几度得胜,收回失地甚多,故和议内容得把1141年所订之屈辱条款,改善不少。其内容如下:一,宋主称金主为叔父;二,两国文书称国书;三,岁币银、绢各减五万两、匹,并不称岁贡;四,疆界与绍兴时同;五,归被俘人,唯叛亡者不与。

三、1208年和议

1165年之和议,是因金人内部发生变乱而促成;1208年之和议,却因宋人反攻失败而促成。宋宁宗时,韩侂胄当国,因伪学之禁颇为清议所不容，因欲对外建立军功，以塞众口，又值蒙古兴起，屡败金人，遂以为有机可乘，乃于开禧元年出师北伐，轻启战端，招致大败，宋乃杀侂胄求和。其条件主要如下：一，依靖康故事，世为伯侄之国；二，增岁币为银、绢各三十万两、匹；三，宋别以犒军银三百万两与金，金亦尽以所侵淮陕之地归宋；四，函苏师旦、韩侂胄之首送金；五，疆界如前。

和议后的影响

一、和约对宋的影响

宋与金和议所蒙受之屈辱与损失，是无法估计的。这时的疆土较北宋时大为削减，徽宗宣和时，全国共有二十三路，一千二百三十四县，但和约成后，仅剩下三路与七百零三县。而以东南半壁供应庞大的岁贡和政府开支，经济自然出现危机。计宋自南渡后，亦数度有可乘之机，如顺昌之捷、千秋湖之捷、郾城之捷、颍昌之捷等，宋室若能乘势策励诸将，进兵大河以北，则恢复中原，指日可待。惜当时君相为私利而急于求和，造成南宋日益贫弱，终致亡国，此亦无疑拜和议所赐。而以这么大的代价所能换取的，就是钦宗的羁留北方以及高宗帝位的保存而已。

二、和约对金的影响

由于宋代国策上之处理失宜，金人得以与之媾和，致可以从容整理北方未定之局，一面在中原配置屯田兵，一面建都燕京，中间经过二十年的休养生息，最后还是由金人先破弃和约，而出现有海陵之南侵，其与宋连年交兵，最后卒引至宋室灭亡。虽自1208年与宋室议和后，双方又相安无事地过了六七十年，唯经此以后，宋金皆衰，继又有蒙古的崛兴，使政治形势产生了大转变。

第三节　北宋联金与南宋联蒙得失讨论

联金灭辽经过

北宋自开国以来，国势积弱不振，不仅历数朝而燕云之地未复，且屡受外敌侵扰；北敝于辽，西困于夏，宋曾数度与辽夏交兵，宋太宗与辽凡三战；高梁河之役，瓦桥关之役与歧沟关之役皆失利，后以双方厌战，真宗时乃与辽订"澶渊之盟"，宋割地纳岁币予辽。至徽宗，辽势渐衰，金人代兴，乃有宋联金伐辽之举，其时蔡京当国，与内侍童贯，朋比为奸，朝政日非，海内日困，京复使贯出击吐蕃，既复河湟，西夏合吐蕃兵与宋人战，胜负亦相当，贯遂言辽亦可图，燕人马植，因说贯联金攻辽，贯等信之。徽宗因遣马植往说女真。时金正欲灭辽，乃纳宋议，约定宋自南击辽，金自北攻其中京，辽灭则剖分其地，燕云归宋，契丹本部归女真，并以宋纳辽岁币转赠。由是约成，会期进兵，女真势如破竹，连下辽上京、中京，进陷西京，而宋则大败，女真胜兵自居庸关入，陷之，辽遂亡。而宋童贯、蔡攸等曾两攻燕京不果，且遭挫败，迨燕京为金所下，辽灭后，金人遣使责宋未能履行条约，要求除前致辽岁币外，并岁增钱百万缗，粮二十万石，前许燕云十六州之议，只许归还蓟、景、檀、顺、涿、易六郡；而六郡归还时，富民及财货，皆为金人掳去，宋仅获空城而已。由是金愈强大，且又与宋接壤，遂思图进河北，适值宋纳其叛将张觉，又不输所许粮食，金遂以为借口，大举南侵，宋不能御，其时朝臣分和战两派，而徽宗亦和战不决，遂予金以可乘之机，卒演成靖康之难，高宗南渡，北宋沦亡。

联蒙灭金经过

南宋之世，数度与金交兵，各有胜负，时朝臣又分和战两派，主和派秦桧得势，不惜陷害岳飞以求和，致使国力不振，此后两国和战不定，至光宗杀宰相韩侂胄求和，订约凡五度矣。后金渐衰，蒙古人崛起于大漠。金废帝永济时，蒙古南侵金土，西北诸州亦相继失守；金宣宗时，迁都以避之，蒙古君主窝阔台南侵益亟，宋理宗绍定五年，并约宋夹攻金人。金亡后，蒙古背约，拒宋师入汴京、洛阳，宋人再遭北宋惨痛之教训。自后宋与蒙古接壤，蒙人深悉宋室积弱，进而图宋，值宋人杀蒙古驿站守兵，忽必烈遂以此为借口，率兵来犯。渡江围鄂州，中外大震，宋乃遣宰相贾似道往御，唯似道畏缩，不敢与蒙古交兵，图苟且息事，与蒙古私订和议，且伪报捷于朝，误国者再，自是南宋一蹶不可复振，卒见灭于蒙古。

联金灭辽得失的讨论

综而论之，北宋联金灭辽，而为金所灭，而南宋联蒙灭金，亦陷同一覆辙，读史者以为此种措施，乃失策之举，其实未必尽然，现就当时全盘的情势观察，加以分析，归纳几点如下。

此种措施为了完成北宋立国以来收复燕云失土的长期国策。我们如果稍注意北宋一代兴亡盛衰史，即可发现宋自太祖赵匡胤以至徽宗赵佶诸帝，几乎无时不以收复幽蓟为最终之鹄的。宋太祖乃一开国英明的君主，固未尝一日忘怀，即如徽宗虽下驷之才，处国力萎靡不振之秋，竟欲一举而收复燕云，而不惜求助于强邻，招致亡国之恨，其故无他，无非是在执行北宋立国以来的长期国策，及为了力雪百年来的耻辱，北宋的灭亡，不宜完全归咎于参与此盟这些人的采取联金攻辽的外交手段。

造成北宋的覆灭，其咎不在联金政策的本身，而毛病出在"人为"这方面的因素为最大关键所在。语云："徒法不足以自行"，仅有好的政策、办法或制度规模，而没有好的人作有效执行，其事终不能成，况以当时北宋末年的整个情势来看，无论出自何种外交政策，都不是最上的方法，唯有决定结盟政策为较佳之途径，所以，可重视的与其说是实施方案的内容，毋宁说是参与盟约的领导阶层，其本身执法重法的精神与能力如何。

史家常谓北宋之灭亡，乃由于联金灭辽，等于自撤藩篱，而与强敌为邻，不知唇亡齿寒，辽亡遂及于宋，当代宋臣的反对联盟，皆持此理由。但设使是时宋辽联好以御金，是否能成功，深表怀疑。当辽天祚帝遁入夹山，契丹国土只余幽燕一地时，连此一仅延岁月的北辽，宋犹不能胜，两次伐燕，反被大败而归，以宋如此的不堪一战，又岂能援兵共抗锐不可当之女真呢？北宋以"兵冗将怯"及辽国势之岌岌可危，虽两者力量相加，彼此结援，终也无法克制女真，其理甚明，且宋若结辽抗金，适足以开罪敌人，俟辽一亡，女真必乘战胜余威，直捣京师，则北宋的覆灭，恐将更为提早而已。

再者，当时宋室为汲汲于求地，竟舍当时较好的政策，只图目前之利，而不计劳费，增岁币，益礼数，夸富示侈，军事的失败与不竞，既暴露于前，又不急为善后之计，以防久远之患，外交政治及国防上，处处自露弱点，遂为金所轻。此是宋之无策，非政策之罪。由于金之轻宋，故敢侮宋；侮宋，故敢灭宋，终于造成联金复燕政策的失败，北宋仅收回燕京七空城而已，而金始终不与平营及山后诸州，后来得以此两地为侵宋的根据地，直入宋境，一路无阻地覆灭北宋。

以上所述，联金策略若运用成功，北宋不但不会灭亡，而且可以解除自五代以来北方国防的威胁。即使夹攻失败，只要不继续尽露腹心，力谋战备，保有旧疆，犹不至启金南侵之祸，因此，将靖康之祸，归罪于联金的政策，非切合实际之论。弊处不在联金政策的本身，却在联金之后，宋人的无策，宋竟至无策来对付金人，乃由于领导阶层的颟顸无能与私心，故王夫之《宋论》云："汉用南单于攻北单于，而匈奴之祸讫；闭关谢绝西域，而河西之守固；唯其为汉也。庙有算，阃有政，夹攻可也，援辽可也，静镇尤其无不可也。唯其人而已矣。"唯其为北宋徽宗之时，庙无算，人不臧，北宋乃不得不亡也。

联蒙灭金得失的讨论

南宋的联蒙灭金之举，后世读史者认为是失策，这亦未必尽然，盖金人之使宋二帝，流亡死于北边荒寒之区，又屡以兵迫宋，使其称臣纳币，所谓不共戴天之仇，虽九世而必报复者，而金受蒙古之祸，予宋人此复仇之机，会师挞伐，有何不可？此以是非论，宋应灭金之理由一也。即使是时宋转以兵粮助金，适足以开罪蒙古，蒙古灭金后，自必转锋以攻宋，德祐祥兴之祸，又必早演出数十年前，善谋国者，讵肯出此？是则乘机复仇，正为得计，此以利害论，宋应灭金之理由二也。若说保存金朝以为障蔽，则金人此时岂能终御蒙古？不急进而与蒙古联合，恢复一些失地，坐视金人为蒙古所灭，岂不更糟？要知约金攻辽，并不算失策，其失策乃在灭辽之后，不能发愤自强，而又轻率启衅。金亡之前十年，宋宁宗崩，无子，史弥远援立理宗，仍专政。金亡前一年，史弥远死，贾似道继之，似道表面上似有才气，但不是能切实办事的人，贾居相，越权议和，虚报捷讯，又不纳所允岁币与蒙古，蒙古进兵，又隐瞒朝廷，不作准备，且又猜忌诸将，多所罪责，因报军队离心，甚至有以地降敌者，以如此的人执政，试问如何当得此艰难的局面？金亡之后，宋朝倡议收复三京，入汴、洛而不能守。蒙古反因此南侵，江、淮之地多陷，至贾似道假传捷报于朝，自此蒙古使者来智拘之，而借议和以图自强，待敌人之弊的机会遂绝。而蒲寿庚之降元，对宋元势力之消长，影响尤大。因元人不善海战，而蒲则老于海事，为之扩充海军，此更为宋之致命伤。自此，宋元气大伤，虽有文天祥、张世杰、陆秀夫等忠贞之士，誓死抗元，亦终为元人所灭，诚可哀也。

第四节　岳飞与秦桧的冤案

　　南宋与金和战过程中，名将岳飞之死，诚宋代一大事。后世国民之传统观念中，岳飞一直代表着"精忠报国"的形象；而在其屡败金人，捍卫家国之余，反于高宗绍兴十年被诬造反，以致被诛狱中。一般言论，多把责任归咎于因主战主和问题而与岳飞有政见冲突之秦桧身上。实际上，岳飞之被杀，主要是由于高宗与岳飞之矛盾，引致高宗对其猜忌；而秦桧杀岳飞之动机，则远不及高宗之殷切。而当时宋代国策之重文轻武，及作为统治阶层之士大夫所具有的儒学的忠君观念，亦为构成岳飞被害之动机。兹从各方面，加以分析讨论之。

高宗杀岳飞的动机

宋室偏安之初，高宗置御前五军，而统领中称三大将者，一为韩世忠，官淮东宣抚使，置司楚州；二为张俊，官淮西宣抚使，置司盱眙；三为岳飞，官湖北宣抚使，置司襄阳。三者皆领重兵驻外，本属捍卫之意；其后高宗懦弱求和，欲享偏安之乐，遂感岳飞等武将妨碍议和。另一方面，高宗时恐武人叛变，为免蹈五代之覆辙，所以遵循太祖定下之国策，严防武将，不惜杀一儆百。总括论之，高宗杀岳飞之动机，可有下列数点。

宋高宗赵构以兵马大元帅即位于南京应天府（归德），改元建炎，时为钦宗靖康二年五月。其后迁都于临安，成偏安江左之局，时徽、钦二帝皆落金人之手。而岳飞之最犯高宗忌者，是在绍兴七年（1137年）向高宗提到皇位的问题。岳飞曾面奏虏人欲立钦宗子来南京，欲以换南人耳目。乞皇子出阁，以定民心。时孝宗方十余岁。高宗云："卿将兵在外，此事非卿所当预。"高宗拒绝之后，岳飞颇显得不快。这是由于岳飞的个性强，"忠愤激烈，议论不挫于人"，不易与人合作，此其弱点。故岳飞之被害，正如明代之文征明说："念徽钦既返，此身何属？"主要是因为高宗存有保持自己皇位的私心，恐防岳飞重演苗刘兵变，迫其让位于孝宗。

宋金相争之时，宋室有主战主和两派。深切于求和者，乃高宗及丞相秦桧；主战者当以岳飞为首之武将。高宗于建炎二年及四年遭金人两度南侵，饱经颠沛之苦，从江北逃往扬州，又从宁波避难逃到海上，及在金营中为人质等风险，都足以使他丧失继续抗金的胆量。况且，历尽艰辛才能南渡造成偏安的局面，高宗之深欲求和，安享其帝位的心情是可以理解的。唯于绍兴十年，正值高宗与秦桧急切求和时，岳飞自襄阳出师，经略中原，连战皆捷，中原大震。飞更大败兀术军于郾城，继而进军朱仙镇，距汴京四十三里。兀术遁还汴京,自燕以南,金军号令不行。飞方欲直捣黄龙。旋奉十二金字牌,令从郾城回师,因而愤惋泣下,东面再拜曰:"十年之力,废于一旦。"足证其主战之切。岳飞既妨碍议和,益增高宗诛除岳飞之决心。

宋承五代之乱,对五代武将篡位政变方式颇引为鉴戒,故自太祖开始,已定下国策,严防武将。而高宗本人经过苗刘兵变,曾一度被迫退位,对武人更具戒心,尤以对岳飞为甚。绍兴七年,岳飞因母丧守孝,未得高宗批准,先把兵权交给张宪。高宗对此擅先行动的过失,虽未加以追究,唯其心既以岳飞与张宪联系之深,当会进一步怀疑岳飞的可能不忠。其时和岳飞往来的还有一个皇族,判大宗正事赵士㒟。因而高宗还不免顾虑到岳飞可能叛变,除强迫其退位,让位孝宗外,更有拥戴像士㒟那样身份的皇族之可能。故高宗在岳飞郾城回军后,即利用秦桧,采用范同之建议,重演宋太祖收兵权的措施,罢三大将兵权,以张俊、韩世忠为枢密使,岳飞为副枢密使,并命所部将领直隶御前,化整为散。但事后发现,岳飞与其旧部将领张宪等仍旧维持联系,才引起杀岳飞的决心。

宋代官僚和儒学忠君观念的影响

中国历代的传统,特别是从宋代起,都是任用文官,尊崇儒学,由士大夫组成一个领导阶层。他们坚守儒教理论标准的思想观念,对岳飞被害一事,亦有一定的影响。当分四方面再讨论之。

宋代既是一个士人社会,作为领导集团的士大夫,不但对宋太祖杯酒释兵权的措置,歌功颂德,而且一贯主张重文轻武,军权亦应由文臣掌握。高宗再收兵权,并非是从用秦桧开始。后来罢韩、张、岳三大将兵柄,也是范同的计策,经过秦桧而由高宗采纳的。足见这是君主专政,官僚辅佐制度下的必然结果。

宋代因重文轻武,故有儒将的出现。而士大夫对于儒将的确定,有一定的观念。朱熹是赞许岳飞的,谓张、韩所不及,为其识道理也;又说岳侯以上者，次第无人，但是并没有说他可以算儒将。关于岳飞奏请立皇太子事，朱熹说："如飞武人，能虑及此，亦大故，是有见识。"虽然对其赞许，还是称之为武人。这可能因为岳飞出身低微外，其次是岳飞虽然能文识理，但他英雄的气质，不合儒家的修养。例如朱熹所说："今人率负才，以英雄自恃。以至恃气傲物，不能严谨，卒至于败而已。"换言之，在儒将的观念下，是不赞成英雄式的正义作风的。且当时官僚政治里，不用虚伪掩饰的手段去应付环境，是一定会失败的。

岳飞当时与一些官僚亦颇有交往，唯在其被诬下狱后，竟无一个文官替其说情，只有武将韩世忠心感不平，曾诘其实于秦桧；另有宗室赵士㒟曾设法营救。此外，只还有建州布衣刘允升上书，指飞冤枉，结果刘被处死。在岳飞子孙被充军湖南福建一带山区时，竟有地方官僚建议绝其钱米。凡此种种，充分暴露了儒教国家黑暗的一面。

朱熹亦认为岳飞是忠臣，可惜"高宗忌之"。儒教是讲上下名分的。朱子说"父子君臣，天下之定理"，他对于忠的观念，还是着重在"事君"。换言之，忠是忠君，主要是对个人的；至于对国家民族的忠，亦应该受忠君的拘束。忠于君，或忠于领导集团，并不一定等于忠于国家民族，反过来说亦然。忠君和忠于民族所可能发生的矛盾，朱熹是理解到的，但一般人则不然。例如胡铨在绍兴八年反对和议时，高宗下令申斥说："倘诚心于体国，但合输忠。唯专意于取名，故兹眩众。"忠君是要服从的，不容引起舆论来批评朝政。普及的儒学思想，早已渗透了整个社会，要忠君，才能报国。如果不被认为忠君，在那政治圈及社会里，根本没法立足，也就无从再报国了。历史上有些统治者的心目中，认为忠于民族并不等于忠于国，忠于国并不等于忠于"君"。故岳飞之死是可以理解的。

秦桧对岳飞被杀的责任

至于杀岳飞的责任，民间一般的看法，都是把秦桧列为第一罪人，责任全推在秦桧身上。但根据《宋史》和《宋史纪事本末》，都明说岳飞被害主要的责任者是高宗,秦桧还在其次。例如《宋史·岳飞传》,结语是:"高宗忍自弃中原,故忍杀飞。呜呼冤哉!呜呼冤哉!"《宋史纪事本末》有张溥的评语曰:"帝之忌兄,而不欲其归,其本心也。而性复畏敌。桧揣而持之,相得益深。……至于杀岳飞,而人道绝矣。"又如晚清学人俞正燮的《癸巳存稿》说:"宋高通观大势,不可不和。而君父之仇,不敢居其名。群臣又内荏色厉,多旁观之论,独一秦桧,公任其事。"换言之,高宗不得不用秦桧出面,而达到求和的目的;既欲求和,便不得不诛除岳飞。故谓秦桧矫诏杀岳飞而高宗瞪然不知者,实不可能也。因宋代士大夫之为宰相者,仅有重臣及权臣,未有跋扈不臣目无君上者,而终宋之世,无奸相逼君之事。盖高宗素畏恶武臣跋扈,此为飞不免一死之主因。飞又反对和议甚力,更为高宗所不容,桧乘机构成其罪,亦为显然之事实。秦桧当然对岳飞之死有责任,但只是次要的。总之,岳飞被害,主要由于他与高宗间之矛盾;而秦岳之间的矛盾,显为政见上之冲突而已。故高宗杀岳飞的动机实强于秦桧。在历史上,高宗是诿过于人,秦桧可说是一半负责,一半代人受过而已。

第二十二章　南宋的立国及其衰亡

第一节　宋室南渡初年的国势

"盗贼"的问题

宋室南渡，承靖康大乱以后，州县残破，民生凋敝，散兵溃卒，相聚为盗，所在萧然。李心传《建炎以来系年要录》（以下简称《要录》）卷七："时（建炎元年），淮西盗贼充斥，庐人震恐，日具舟楫为南渡计。"同书卷八："时（建炎元年），以金人内犯，朝廷命令隔绝，盗贼踵起，民不奠居。"按《宋史·李纲传》载，"是时，四方溃兵为盗者十余万人，攻劫山东、淮南、襄汉之间"，其势不可谓不盛，而骚扰之地域亦至广。抚戢建炎初期"群盗"最著功绩者为宗泽。泽为汴京留守，锐意收复，"群盗"多受招抚，"独淮宁之杜用，山东之李昱，河北之丁顺、王善、杨进，皆拥兵数万，不可招"。然"盗氛"已较前为戢。宗泽死，"群盗"之受招安者复散去，而中原大扰。《要录》卷十八有云："初，宗泽之有为留守也，日缮兵为兴复计，两河豪杰皆保聚形势，期以应泽。泽又招抚河南群盗聚城下，欲遣复两河。未出师而泽卒，（杜）充无远图，由是河北诸屯皆散，而城下兵复去为盗，掠西南州县，数岁不能止。"自是"寇氛"大炽，充斥宇内。

按《要录》卷二十三云："时，淮南盗贼踵起。"建炎后期，"群盗"之悍者，山东有刘忠，淮甸有张用，中原有桑仲。仲在建炎三年十一月据襄阳，荆湖亦沦为"盗区"。鼎州人钟相自称楚王，其势尤盛。此外，还有张琪、孔彦舟、李成、张荣等。然则绍兴初期，"盗寇"不惟限于中原、淮甸而已，且遍及东南诸地。而南宋初期"盗患"，约可分为三期。

第一期自靖康之难至宗泽之殁。"寇氛"炽于黄河流域一带，经宗泽之抚绥，其势渐戢。

第二期自宗泽之殁至建炎之末。此时期招安"群盗"，复溃散为患；兼以金人南侵，江淮残破，于是荆湘淮甸之间，"寇氛"大炽。

第三期为绍兴改元后。闽浙岭南，皆成"盗区"矣。

宋室承靖康之难而南渡，然"盗寇"四起，考宋初"盗寇"之来源有二，曰饥民，曰溃卒。盖小民由于兵燹、剽掠或赋敛，既饥困无以为生，遂相率为"盗"。"盗寇"愈盛，靡费愈广，赋敛愈急，流民愈众，相因为果，遂至炽烈。而溃卒历与金战皆遭败绩，逃亡而成流民，相率以盗掠为生，为害尤大。

民生的情况

南宋民生之凋敝，除盗贼剽掠与兵燹为患外，又可自赋敛之繁重，胥吏之刻剥与官军之骚扰等三方面论之。

宋室之所以赋敛繁重，推究其因，实源于军费浩大。宋室不仅要应付外患的辽、金、夏、蒙古，且国内的饥民和溃卒所形成的盗贼也是一种内忧。所以军队兵马不断地扩充，亦即是军费之增加，而直接影响于人民的生活。军队增加，使人民的赋敛更蒙受重大的压力。绍兴六年六月诏曰："遭时艰厄，虏伪相挺，师旅方兴，赋役重困，寝寐恫矜，未知攸济。"盖宋自南渡以后，"大计所入，充军需者十居八九"，其势不得不掊克横敛以充之，又何由而攸济之耶？

赋敛之苛，可由宋室南渡后官场有换度牒、鬻官爵、出卖户帖的情形看出；此外，政府向民间预借租税以济军用，但所纳太重，近于重敛。预借以外，病民之甚者为月桩钱。月桩本非税名，然以所桩仅限于酒税、上供、经制等钱，所应付者少而所责办者多，此所以州县横敛以为民患也。高宗虽洞悉其弊，终以军费浩大，所需孔急，故终绍兴之世，月桩钱卒不能罢。赋重民疲，高宗亦自知之，故绍兴二年五月诏云："悼师旅凋残之极，国用虚而费广，兵力弱而民疲。"唯其费广，赋税自重。

搕克之政，虽源于军队之庞浩，然胥吏得逞其箕敛之术，则由于版籍之散失。盖自绍兴以来，几历战乱，流离迁徙，户籍所以无从厘定。《宋会要稿·经界杂录》云："兵火之后，文籍散亡，户口租税，虽版曹尚无可稽考，况于州县乎？豪民猾吏，因缘为奸，机巧多端，情伪万状，以有为无，以强吞弱，有田者未必有税，有税者未必有田，富者日以兼并，贫者日以困弱。"其实赋税之繁重，民已不能堪，兼以胥吏之刻剥，遂至重困。而版籍的散亡，更是贪官污吏得以夤缘横索的好机会。民既不胜其求，故不得不为隐匿，而国用以匮，于是刻剥搕克之政生而民困极矣。当时的吏治，夤缘徇私，不恤民困。有宁负诏旨，而不负权势之请托；宁缓贡赋，而不缓亲故之券给；宁缺军饷，而不缺公使之馈遗的景象。除了贪官污吏中饱私囊外，更私自辟举，引致政府多了一批冗官，一方面影响着政府的支出，另一方面更使民生困苦，毫无抵抗地被剥削。

当时的军队，为着应急，所以无论在质素方面，或从战斗力而言，都较隋唐时之府兵相去甚远。当时军队多是乌合之众，对于强悍的外敌均多遭败绩，因而相率逃亡，沦为盗贼。宋室南渡后之盗贼，多是败兵逃卒，既因生活困苦，遂沦为盗贼，而致有溃卒为害之情形。祸害不仅及于民生，以致统治根基动摇。其次就当时形势而言，为着保存宋室，军人的权势益形重要。为对付外患辽、金、夏等连年的入侵，军人地位渐渐提高，而致将士骄悍，纪律荡然，流毒遍及东南诸郡。《宋会要稿·军制篇》有军兵借取平民死尸之首级以充纳级之数以取赏赐之记载，可见当时将士骄横程度之一斑。另外更有"诸军以救火为名，持刃乘闹，公然抢夺钱物"的记载，由此可知军人与当时的盗贼无异，同样的扰民以自饱。

财经的困敝

南宋财用之所以匮乏，其因大约可归纳为四端：曰民困、币政、养兵、恩赏是也。兹分析如下。

赋税乃人民所纳而支撑着政府的财经。可是，宋室经战乱频仍，户籍散失，而影响到课税。另一方面，宋室为着对付各个面临的困难，尤以外患的抵抗为甚，不得不加重赋税，又有换牒鬻爵，预借和买等苛敛的名目，而且加上一些贪吏舞弊、军人抢掠等情况，以致民生困苦。民困则国家之财用不足，不足则掊敛之政生，加以管理不善，贪吏奸蠹，则失亡多矣。

虽说赋税是由人民缴交，但国家也需要一个完善的理财系统，互相配合才能臻善。南宋虽有一个这样的系统，但却是一个贪污的不完善的系统。绍兴五年闰二月宋臣张纶论当时南宋之国计民生云："伏见朝廷数年以来，财赋浸虚，用度滋广。庙堂责之户部，户部责之漕臣，漕臣责之州，州责之县，县责之民而止。"可见当时只知系统的存在，赋税的征收，而不知抚恤人民。反之，更增多预借和买等多项条目，政策之不合理可见一斑。

南宋时人有语："经费之大，莫过于养兵。"宋室南渡，为着偏安一隅，不得不于边防驻守重兵，而令到当时十之八九之人民为军士。这样庞大的军队数目，不但使政府支出了一笔巨额的军费，而且亦相对地减少了赋税的收入。因此南宋养兵之费用的浩大，冒请之众，实对宋室经济有着一定的打击。高宗亦自语曰："今天下财赋，十分之八，耗于养兵。"是终绍兴之世，兵费之支出，例占南宋财用之大半。虽有屯田的建议，然或因招徕不易，或士卒侵扰，或因官吏苟简，倡之虽力而终鲜著效。

宋人杨炜云："东南数十州，所有几何？频年以来，换度牒，鬻官爵，出卖户帖，预借和买，头会箕敛，衰世掊克之法，略已尽行；剥肤椎髓，无所不至，膏血无余，不知何所出手？加以供奉礼物，动计百万。异时以有限之财，充无厌之欲，是以江南实漏卮尔！"可见当时在一个贪污的财政系统下，礼物之供奉以百万计，所谓羊毛出自羊身上，这些钱财也是从人民处苛敛得来的。尤以恩赏的制度，不但促使贪污风气的传播，且令钱财流通于官吏手中，下使民困，上削国库，对宋室的经济不可谓不是一大漏洞。

兵力单薄

高宗南渡之初，国土支离，州县残破，宋军望风而溃，则金宋兵力，强弱不侔甚明。然南宋初期兵力不振之因有七，一曰冗兵，二曰怯敌，三曰无马，四曰训练不精，五曰纪律不严，六曰滥于功赏，七曰将帅不协。其他问题尚有如下数端。

南宋兵额，自来历年有所增加，但与北宋盛世比较，则仍相悬甚远。盖南渡后，离乱频仍，招徕不易。故至绍兴十三年金宋议和之际，南宋军额仍滞留在二十万之谱。然建、绍时期南宋国势之不竞，其症结尚不在兵力之薄弱，而在于军政之冗腐。兵弱疲软者不足以当敌人之锋而多败事；又广收羸弱之兵，不求实效，以益请粮之数，故财赋竭于养兵，而兵费又耗于冗食。是以南宋国势始终不振。

《金史·郦琼传》有曰："江南诸师，才能不及中人，每当出兵，必身居数百里外，谓之持重；或督召军旅，易置将校，仅以一介之士，持虚久谕之，谓之调发；制敌决胜，委之偏裨。"由此可见当时将帅之怯敌情形。

南宋初期，卒多步卒，缺乏骑兵，以西北道阻，马市不通也。故其战马皆自滇桂购之。金宋兵力之悬殊，步多骑少，实其主因。故李纲为相时，即力主买马建立骑军。但未几纲罢相，其议遂寝，至是淮北沦陷，西北道阻，马无所括，遂不得不购自南疆。南马不如北马，自不待言；况产量不多，购求不易，此殆南宋兵力薄弱之一因。

军政之冗腐，直接影响到军队的质素。且军士多中饱私囊，所以在训练方面并不严密；加以滥收兵士，俨成一乌合之众，更需长时间之训练。然训练不素，更影响到军队的实力。

宋虽广收兵士，结果成为一个乌合的团体，加上训练不素，纪律固然不佳，而对南宋兵力单薄也可说是原因之一。盖当时的军队，集而为兵，散则为盗，骄逸玩忽，纪律荡然。

《要录》有云："今诸将行军，丧师失地，则未尝有罚，收复残破之空城，则等弟推赏。"是以败为常，以无胜负为功，有赏无罚，而不图进取。

当时之兵力有分张家军、岳家军、杨家军、韩家军等，相视如仇雠，相防如盗贼。故将帅不协，则师老而无功，是以难于克敌制胜，恢复中原。

第二节　南宋的开国与偏安

南宋开国的条件

南宋开国虽如上述困扰问题之多，但毕竟却能偏安江左百多年之久，自金人掳徽、钦二帝北去后，立张邦昌为楚帝，使其统治宋室原有土地，金兵既退，宋臣迫张邦昌退位，迎哲宗皇后孟氏听政，并由后立徽宗子康王构于南京（今河南商丘），是为高宗，改元建炎。绍兴八年（1138年），高宗正式定都临安，史称南宋。究其开国之条件，与其能偏安江左之原因，约有如下数点。

金人立张邦昌为楚帝后，势力北返，宋臣迫张邦昌退位，迎哲宗皇后听政，再由后立康王构于南京；可见朝臣在国家危急存亡之秋，尽忠职守，力图保卫朝纲。

北宋灭亡时，河北河东军民纷纷组织军队抗敌，金兵受此牵制，使南侵速度受阻，而使南宋有充分时间迁都开国。

南宋立国之初，高宗为了巩固政权，不得不起用坚持抗战的李纲为相，李纲执政后，积极筹备战守，规划法制，又荐宗泽为东京留守，加强开封防御。建炎二年，金兵长驱直进，河南州镇，相继陷落，赖宗泽坚守开封，阻遏了金兵的攻势，宗泽志切恢复，治军严明，两河忠义民兵以及京东西各路军马，俱愿接受他的指挥。

南宋能偏安江左的原因

一、客观条件

气候剧烈的转变，可以阻碍寒冷地带游牧民族对温湿区域农业民族的进攻，这样的例子，金朝史上不胜枚举。又如《金史·刘豫传》："宗弼曰：'江南卑湿，粮储不易，恐无以成功。'又金太宗天会十年兀术分道渡江，穷追高宗，兀术自和州（今安徽和县）渡江，宋杜充降，高宗大恐，吕颐浩进入海之策曰：'敌兵多骑，必不能乘舟袭我，江浙地热，敌势难久留，候其退复还两浙，彼出我入，彼退我进，此兵家之一奇也。'高宗从之。"由此可见气候阻碍东北游牧民族向南侵，南宋自然可偏安。

据姚从吾指出："十二纪初年的女真，是'善骑马，勇悍不畏死，耐寒忍饥，不惮劳苦'。"女真南侵时的对象是文弱的宋朝。依照当日客观的情势，新兴的女真是可以统一中国的。但是他们没有达成任务，推究原因，则纯粹是长江天险阻止了善于骑兵攻势的女真。又如《宋史·韩世忠传》谓兀术与韩世忠相持于江上，每见宋人驾舟乘风使蓬，往来如飞，谓其部下曰："南军使船如使马，奈何！"《大金国志》云："兀术自江南归，每遇亲识，必诉说遇危，自言几不能免。"而女真自1230年以后，未再挥军渡江，却是实事。据此观之，南宋得以偏安江左，金人不敢南侵者，盖受到长江天险阻止其扩张。

女真是边疆部族，文化不高，吞灭全辽，已觉消化不下，南下目的志在搜括财物，实无余力统治中国，金人屡次大举南侵，表面看来，很像要把宋室推倒后，另立一个傀儡政府，听其指挥，任其苛索，于愿已足，并没有统治中国领土的野心。所以建炎四年九月，金主使册立刘豫为大齐皇帝，其目的不过是想供其利用而已。

刘豫的傀儡政府，因为要应付金人的苛索，自然是赋税繁重，民不聊生，当日金人之所以立此傀儡政府，志在用以制宋，然刘豫成立伪政权后，却常为宋兵所败，不断乞援于金，使金兵疲于奔命，金人既未偿所愿，乃于高宗在位十一年后，把刘豫废了，其后金人对于宋室，亦感到无法抑服，他如秦桧等又力言和议，于是宋金开始和谈。时间一拖，宋便得以偏安江左。

高宗决意南迁后，金人认为南京可取，于是分兵三路入寇，这是高宗即位后，金人第一次的入侵。时为建炎之末，宗泽尚在，选精锐骁勇袭金兵之后，兀术大败而去。黏没喝（即粘罕）一路既陷西京，意图东出复围汴京，泽遣将王宣大破金兵，自是金兵不敢复犯东京。于是娄室之兵，自渡河后，连破同、华诸州，并陷长安，他们趾高气扬，鼓行而西，不料熙河大将刘惟辅以两千人迎击于秦州之新店，竟斩其帅，金兵为之气夺。此次金兵南侵，诸路受挫，全赖宗泽之指挥若定，大局得以转危为安，高宗才能安然偏居。

正当南宋高宗初建国于江南时，适金太宗死，金熙宗继立，年幼，大臣挞懒、蒲鲁虎等辅政，各怀异志，挞懒欲结宋为外援，力主和议，后卒以谋反被诛。金兀术执政后，虽曾大举南侵，但履为宋所败，军心甚为不稳，金人既分裂，对南宋之偏安极为有利。且金人是边疆部族，文化不高，吞灭全辽，已觉消化不下，南下的目的，志在搜括财物，实无余力统治中国，是故南宋尚能造成偏安之局。

金熙宗即位初年，黏没喝与兀术先后柄权政，他们两人都忠于国事，所以当日的金朝还能纪纲整饬，群小有所畏惧，两人相继死后，熙宗亲政，猥昵群小，日以饮燕为乐，朝政因而日益腐败。是时，有海宁王完颜亮，也是金太祖阿骨打诸族之一，性情栗急，残忍好杀。其后熙宗失德日甚，而亮又位居丞相，于是揽持政权，收结人心，继而杀了熙宗自即帝位，又深忌宗族勋臣之强，因而把宗族勋臣的子孙大加屠杀。虽完颜亮曾屡次南侵，但终于失败，由于他性残酷，动辄杀人，至使部众人人自危，不得不杀亮自救。二则由于采石之败，更促其早亡，亮死后，和议复开，金兵在荆襄两淮者，有鉴于战役之胜利无把握，便急于劫营北去。高宗在位三十六年，金廷下令解散南师，于是宋金和议便复炽。

金之侵宋，其初的主帅为黏没喝，其后即为兀术，兀术之雄勇，较诸黏没喝尤过之。建炎三年秋，兀术又大举南侵，分兵两道而下。一自滁而入江东，一自蕲、黄入江西，总计是役，金兵尽东浙海，而至长江，南迄五岭，士民受害者，不可胜数，这是江南一次最后的灾难。建炎四年春，兀术因江南地天气早暖，加以湿度又大，不宜于金兵生活，便于临安任意焚烧后，班师北返。

正当金人灭辽后，而正忙于消化其所得之战果，另一方面，又须挥军南下对付地方广大之中原，但在此时之蒙古部族，却日益强大，对金人威胁日增。金熙宗时，曾遣兵征伐，反为蒙古所败，蒙古势力既强。金人在北方感到有后顾之忧，且加以处处防备，自无余力南下攻宋，因此，南宋立国在此客观矛盾条件下，得以偏安江左。

二、主观条件

南宋初年，出现一些忠贞体国、骁勇善战、为国为民的将领，其中最著名的，如防守长江上游的张俊、吴玠、吴璘；防守长江下游和淮南一带的刘锜、韩世忠；防守长江中游和襄阳一带的岳飞等，都能悉力以赴，屡挫敌锋，使南宋得以恢复元气，实赖上述诸名将之功劳不少。

靖康时，中原地区太平已久，兵革生疏，庙堂之相，方镇之将，皆出于童贯、蔡京、梁师成等之门，无一可倚仗，至南渡之将帅，皆自行伍出身，且多于战阵见功，陈亮所谓人才之用，以见其能否。又曰"东西驰逞而人才出韩世忠、岳飞等将，皆一时之良选，反观金朝到南宋时，则老帅宿将，日就死亡，所用之人，亦未能如开国时之盛。"两者比对下，颇有今非昔此之感。

金以骑兵胜，在大河南北，平原旷野，东西驰突，为其所利，及至江淮之间，骑兵失所便，王庶谓淮上虚荒，地无所掠、大江浩渺，未可易渡，兵势不同是也。

北族以骑兵胜，宋非不知，故北宋防辽，多植榆柳以限马足、拒马车、陷马枪等兵器，但由于承平日久，已见荒废。吕颐浩曾上疏指出当时敌军兵器便利而衣革紧合，所以多胜，宋之兵器不便利，衣革不够紧合，所以多败。此为宋金交兵之初，强弱胜负一大关键，然而宋代在积数十年抗敌经验之久，国家为着求生存，对于过去的弊习，渐渐革除。如顺昌之战，已扭转过去强弱之形势，如岳家等以麻扎刀入阵破兀术的拐子马等，均见南宋时期之战斗兵器，已胜北朝。

金人最初侵犯中原时，所过名都大邑均以虚声喝降，南军望风瓦解，直至兀术渡江之初，此情形尚见存在，此皆金人先声夺人，使宋军失去斗志，其后兀术在江南形势穷促，韩世忠横截之于江中，可见其时韩军胆量毕竟和以前不同，世忠以军士八千，与金兵十万相持凡四十八日，此后金兵不复有渡江之志，故以韩世忠一人为例，前后勇怯，判若两人，正为当时诸将于败绩之后，神志渐清，勇气复生之一例。

宋削藩镇权过分，其时如江淮诸郡，皆毁城隍，收兵革，撤武备，书生领州郡，大郡给二十人，小郡减五人，以充常从，号曰长史，北方自太宗以下，由于推行中央集权之结果，使地方财政空洞无存，而欲兵之强，莫如多聚谷财，而自熙宁以来，财务益见集中，州郡厢兵亦直归中央，因此，地方无财无力可以应急。但自南渡以后，诸将擅兵于外，稍自揽权，财力渐见充足，兵势自壮，故较之北宋时期，又不可同日而语。综上各点观之，南宋之能够偏安江左，亦颇有其客观及主观之因素存在。

第三节　东晋、南宋立国与偏安的比较

东晋、南宋立国的时代背景

西晋为匈奴所迫，洛阳长安失守，怀愍二帝先后被俘北上，史称"永嘉之乱"。于是王导等拥立琅琊王司马睿为帝，组织新政府于南方，建都建康，以续晋室司马氏政权，立足于江左。宋自太祖立国始，因五代时石敬瑭割燕云十六州于契丹，无险可守，故长期以来深受外族侵袭，积弱不振，乞和于胡虏，于终为金所迫，汴京为其所破，徽、钦二宗被掳北去，

史称"靖康之难";李纲等立康王构于南京,成偏安政权。

东晋、南宋建国的经过

晋室自经八王之乱,元气已伤,国力衰退,因而引起外族可乘之机。时怀帝在位,永嘉四年(公元310年),匈奴主刘聪遣刘曜、石勒等南侵。六年,匈奴兵破洛阳,掳怀帝。长安诸臣听讯,奉武帝孙业即位,是为愍帝。建兴四年(公元316年)刘曜引兵逼长安,愍帝出降,西晋遂亡。时琅琊王司马睿正在南方都督军事,长安陷后,愍帝遇害,诸将遂拥立睿为帝,建都于建康,是为元帝。史家因称立国江南的为东晋,而称以前在洛阳建都的为西晋。结果东晋在南方一共支持了一百零三年。

自金人灭辽,益轻宋室之地位,早有入寇中原之志。靖康元年,宋与金有城下之盟,因而丧权辱国,割地赔款,苦不堪言。后宋室虽用离间之策,以图使金人内变,借以削弱金人势力,唯金人洞悉,大怒之下,于靖康二年挥兵袭汴京,汴京失守,徽、钦二帝及后妃太子宗室三千余人皆被掳北去,北宋遂亡。唯康王构即位商丘,开南宋之局,此时我国中原地带被金人所尽占,南方荆湖两淮区,亦为群盗所据。后金人颇想与宋议和,而高宗亦有苟安之心,绍兴八年,高宗正式定都临安,史称南宋,从此造成偏安之局。

东晋、南宋得以偏安江南原因的比较

东晋、南宋均能偏安江南,实有其主要政治、经济、文化、人才等的因素,使东晋偏安于建康一百零三年,而南宋偏安临安亦一百五十三年之久,而两代得以偏安江南,亦有其相异之点,现分论如下。

东晋北府军之崛起,成为长江下游的主要军事力量,改变了荆扬的形势,曾经大挫苻秦于淝水,继存晋室。南宋亦凭江淮天险,沿长江淮河一带驻守,以拒金人南侵,上游为张俊、吴玠、吴璘,下游为刘琦、韩世忠,中游及襄阳为岳飞,均曾挫敌军之南侵。

胡族及金人皆长于骑兵作战，在大河南北，平原旷野，自可纵横驰骋；及至江、淮之间，山岭河流交错，骑兵遂失其优势，因而使东晋、南宋取得作战优势，并能扭转劣势。

自淝水一战，使东晋局面转危为安，北方的五胡，一心在中原互相争夺，此起彼伏，更因北方胡族鉴于前秦之失败，也纷纷独立起来，而陷入分裂状态，无形解除了东晋的威胁。例如公元318年，刘聪死，匈奴所建立的汉分裂为刘曜的前赵与石勒的后赵，彼此攻伐不已，无暇南顾。其次，南宋偏安江左，金人乃女真之边疆部族，文化不高，吞灭辽夏，已觉消化不下，南下目的，志在搜括财物美女，实无余力统治中国。时金太宗死，金熙宗立，年幼，大臣挞懒、蒲鲁虎等辅政，各怀异志，益使军心不稳；而金人内部既分裂，实已无力侵宋。亦鉴于漠北的蒙古部族的威胁，曾轻兵伐蒙，反为蒙古强悍民族所败，故金人颇有后顾之隐忧，因而无暇侵宋。要之，东晋时的胡族及南宋时的外族（金）均有军事上之缺点——内部不稳。军人、将士之间的内部冲突，仍有隐忧，故无暇南下占我土地，杀我子民，此皆有利东晋及南宋偏安之要因。

东晋时，有志之士，一扫前朝清谈陋习，积极地致力于复国兴邦行动，如祖逖之慷慨渡江，陶侃之守荆平乱，皆以复兴国家为己任。北宋亡国时，中原军民纷纷组织义军抗敌，以捣金人之南侵，且宋初一些忠贞善战之将领张俊、吴玠、吴璘、韩世忠、岳飞等亦屡挫敌锋，颇有奋发力保河山之志向。相反来说，金人多采守势以应付南宋，且临阵畏缩，唯宋室名将均能秉着坚贞卓绝的精神，以复国为己任，士气已无复北宋时之低沉。

晋兵的刚毅，虽然对外抗拒，初时不无若干裨益，然不能使国家走上力量均衡的道路，结果拥兵的权臣，进而以禅让方式篡取帝位，做成南北朝之局。而宋室南渡后，一些地方豪杰多招纳大众，树立威望，组成私人军队，有些更辄假北伐为名，且南渡以来，许多名将擅兵于外，对朝廷命令不加注意。

自五胡入据中原后，北方人民相继大量南迁，内地的人民，因不安于五胡的扰乱，有迁移力量的或有迁移机会的，都相率南迁，当时称为流人。他们迁移的路线与到达的地点或移居的结果，形成了三大支流。其一为分居于今日陕西、甘肃，以及山西一带的人民，当时称为秦雍流人。其二为一徙居于今日河南及河北一部分的人民，当时称为司、豫流人。其三为一徙居于今日山东，以及江苏、安徽一部分的人民，当时称为青、徐流人因而使中原文化散播于江南，从而南方的文化突飞猛进，人才辈出，渐有凌驾北方之势。

晋元帝初立，江南民心未归，后经王导笼络南方之周、顾、沈等大族，国基始固，其后之庾亮、谢安等亦曾力扶晋室，国祚得以持续。宋高宗亦先后得李纲、宗泽之扶助，国基尚稳，不致为胡虏所乘。

东晋承孙吴开发江南之余荫，经济繁荣，商业发达，尤以金陵、扬州等地，有"六朝金粉"之美称，益见其繁华。南宋大力发展市舶，增加国库收入颇有助于国防，故能勉强负担庞大的对外族赐币与战争开支。

东晋、南宋偏安的影响

晋室偏安建康，而宋室则偏处临安，不断使北方经济、政治、文化重心转移至南方来，这亦是南北文化的一种新汇合、新融洽，彼此互不相拒，文化得以均衡，作全面性的发展。经济上则开发南方之产业，增进南方之生计，在政治上，因南渡的人民渐多，权臣将相遂落籍于此，在南方奠下基础。

五胡乱华后，避居南方以长江流域为中心的东晋，惩后西晋州牧权轻，无力捍御外患，且格于大族势力之强大，乃任由权臣拥兵，东晋南移的人民是大规模的，路线是深入不毛的，路程是遥远的，而南宋则远远不及东晋。此外东晋偏安时所行的"侨寄州郡"制，均能对流人加以完善的辑抚，使政纲井然，增加内地人民与南方部族之联系。而南宋方面，金、夏、辽入寇中原，因得与汉族文化接触，他们也和东晋北朝的五胡一样，尽量吸收中原文化，结果，在中华民族的躯体内，又增加了几种新的组成分子。

第四节 东晋、南宋意图规复的事功的比较

东晋、南宋两代皆由于外族的压迫，成偏安之局，而致东晋偏安于建康一百零四年，南宋屈居临安一百五十三年。其立国背景、经过、偏安原因、影响皆有相似之处；然而，两国虽偏安江南，生活安定，不求振作，但一些有志之士皆能以匡复河山，驱逐胡虏为己任，因而引起北伐之事，现分别论述如后：

东晋意图规复的事功

东晋自立国江南后，曾发动多次的对外战争，大都失败而回，虽有机会重光故土，仍因当时苟安之士大夫，多认为谁能驱逐胡虏，谁便有称帝的资格；而若干野心家，都思北伐立功，以求名正言顺之称帝，故晋室多不加支持，反而处处掣肘。东晋政权初建立时，匈奴刘聪的势力，才扩张到晋南、豫北和关中一带，羯人石勒南进失败，北据襄国，开始经营河北；但除了成汉以外，由于刘、石仇视汉人，肆行残杀，激起北方汉人反抗。如中山刘琨、东郡魏该，河南郭默等皆与匈奴相拒，使刘聪"愤急发病而死"，粉碎了匈奴王国进攻之企图。

以上的形势，对于东晋北伐是非常有利的；同时，此时"荆、扬晏安，户口殷实"，也还有北伐之可能，可是以司马睿为首的东晋政权却是无意收复北方，唯范阳祖逖以一军北上，独力难支，仍归于失败。

一、祖逖北伐

祖逖，范阳人，"世吏二千石，为北州旧姓"。洛阳沦没，"逖率亲党数百家，避地淮泗。所以乘车马载同行老疾、躬自徒步，药物衣粮，与众共之"，因此获得流民的爱戴，被拥为"行主"。到达泗口以后，司马睿任命祖逖为徐州刺史，徙居江南之京口，逖以"戎狄乘隙，毒流中原，今遗黎既被残酷，人有奋击之志"，请求司马睿交给他北伐的任务。司马睿乃用逖为豫州刺史，仅给他少数廪给，布三千匹，不给武器，命他自行募兵。

逖遂率其原来随他流徙南下的部曲数百家渡长江，北上后，沿途招募流民，进屯雍丘。数出兵击石勒，北方的抗战将领如赵固、上官己、李矩、郭默等皆受逖指挥，由是黄河以南，尽为晋土。石勒来攻，屡为他所败，他与石勒隔河为界，听任互市，以是公私丰赡，且黄河北岸人民对祖逖都加以支持，以致"石勒不敢窥兵河南"。

但祖逖刚把北方的局面打开，使东晋外部的威胁减少的时候，东晋统治阶级内部的矛盾却大大尖锐化起来。同时东晋政权又派遣戴渊为都督，兖、豫、幽、冀、雍、并六州诸军事，征西将军来指挥他。逖虑有内难，大功不遂，感慨发病，卒于雍丘。逖死，东晋内乱旋起，不久，逖收复的失土，自淮水、汉水以北，又悉为石勒所攻占。

二、桓温的三次北伐

自王敦死后，陶侃继镇荆楚。侃死，庾亮以帝舅代侃镇武昌，而王导以丞相居中辅政。咸康五年，王导死，亮弟冰为中书监扬州刺史参录尚书事。后亮死，其弟翼继督荆州，有志北伐，朝廷不许，但他违诏北行，至襄阳因国丧而回。庾翼死，中书令何充与庾氏不合，乃以桓温继翼为都督，从此荆州又成为桓氏的禁脔。

桓温，谯国龙亢人。父彝，曾为宣城内史，死于苏峻之乱。温有雄才，志在收复中原，同时他更企图以军事上的胜利来提高威望，以便代晋称帝。时西蜀李氏的成汉渐衰，在"取乱侮亡"的策略指导下，温于公元345年都督荆州，次年冬挥军直指成都，平蜀后声望极高。时中原大乱，桓温思北伐之念，几次上表朝廷讨论进兵事宜，朝廷恐温北伐成功，更无法控制，故意把他的建议搁置不复。公元351年，温不等朝廷命令，声称北讨，因宰辅司马昱力劝，温乃罢。后又把北伐交扬州刺史殷浩，浩于是统兵北上，从寿春进据许昌，大败而回。东晋的大族，本来就不主张北伐，至此北伐偶然失利，他们便主张应放弃河南，就是保淮之志，也非复所及。东晋政府只好将司州拨归桓温节制，也就是把收复河南的任务交给温来负责。温上表弹劾殷浩，浩被罢免，在此形势下，谁也不能阻止桓温的北伐了。

第一次北伐在公元354年，温率步骑自浙州进攻关中，连败秦军，直抵霸上。在关中人民的支持下，晋军才能取得胜利，后秦率锐兵出战，晋军战败，加以缺粮，只好退兵。

第二次北伐在公元356年，逗留在河南许昌一带的羌族酋长姚襄进攻洛阳，桓温自江陵北伐，大败襄众于伊水。桓温在收复洛阳后，建议政府还都洛阳，但因南渡的北方大族反对，不得而罢。公元358年，豫州刺史出缺，以谢万为之，但行兵失策，洛阳又告失守。

第三次北伐在公元363年，温任为大司马，都督中外诸军事，后又加扬州牧。温至此企图对外获得胜利，建立威望，以便代晋称帝，因而在369年决定北伐前燕，自姑执出发，至金乡后，转入黄河，由水路进军。燕迎战大败，晋军进至坊头。燕以慕容垂迎战，桓温数战不利，又闻秦兵将至，而粮食将尽，乃烧船自陆路奔回，损失惨重，而所收复的失地，重被夺回。

桓温北伐的失败，皆由于东晋统治阶级内部矛盾所至，荆扬之争，牵制着桓温，打击其北伐之胜利。当然桓温欲做皇帝的缺点，也使他的北伐受到不利的影响。不过桓温的三次北伐，给予氐、羌、鲜卑族一定的打击，在客观上并支持了北族人民的反压迫斗争，多少符合了当时中原人民的愿望。

三、刘裕的北伐

刘裕，原籍徐州彭城。曾祖混，渡江侨居丹徒之京口，官至武原令。祖靖，东安太守。父翘，郡功曹。刘裕虽说是士族，但自少勤劳，父早亡，后为前将军刘牢之府参军。刘裕虽得桓玄之信任，可是另一方面，刘裕却在密谋推翻桓玄。公元404年，刘裕与北府将领何无忌、魏咏之等在京口起兵，于公元408年，又入为扬州刺史录尚书事，实际掌握了东晋政权。这时，南燕主慕容超，乘东晋衰乱之际，不断侵入东晋边境，裕遂率兵北伐南燕。

（一）北伐之原因

刘裕的对外用兵，一方面想满足人民抗敌的要求，以缓和国内的矛盾；另一方面刘裕也企图以对外用兵获得胜利，建立自己的威望，使和他同时起兵的北府将领以及世家大族不敢与他抗衡。

(二) 北伐之经过

第一期为北伐南燕。东晋义熙五年(公元409年)四月,自建康出发,从淮河、泗水到达琅琊,越大岘;六月,进围广固。慕容超向后秦求救,义熙六年(公元410年)二月,裕攻下广固,生擒慕容超,灭南燕,收复了青、兖广大地区。

第二期为北伐后秦。公元413年,裕灭刘毅、刘藩后,独吞了北府兵。公元415年,刘裕又欲诛讨东晋宗室荆州刺史司马休之与雍州刺史鲁宗之,休之、宗之兵败投奔后秦。义熙十二年(公元416年)正月,后秦王姚泓遣鲁宗之子轨率兵进攻襄阳,裕乃于八月北伐姚泓。北伐大军在彭城集合,裕分两路进兵,一路由王仲德督前锋诸军事,率北师由黄河推进;一路由檀道济、王镇恶任前锋率兵出淮、泗,进取许昌、洛阳。而刘裕亲率北府兵从水道出,由聊城入河,西到洛阳,又分两路进攻关中,一路从武关包抄长安的后路,一路由潼关直取长安,义熙十三年(公元417年)七月,姚泓出降,后秦亡。其取得胜利乃由于府兵之英勇,刘裕之指挥,更重要的是取得中原人民的支援。

南宋意图规复的事功

宋室南渡后,有两役是最重要的,一是韩世忠之扼兀术于江上,乃使金人不敢再窥江南;一是吴玠、吴璘之败兀术于和尚原,兀术之败于和尚原,乃使金人不敢再图陕南,而使南宋得以延续百年之久。

一、岳飞之北伐

南宋中兴诸将主战最力者,首推岳飞。在此时,南宋的军事形势渐趋好转,不过高宗却无战志,遂用秦桧为相,一意言和。绍兴十年,金兀术又出兵南下,飞时进驻郾城,大破金人拐子马,乘胜进军朱仙镇,又大破金兵,一时两河军民,闻风响应。飞正待指日渡河,直捣黄龙,不料此时高宗深恐飞成功,不利和议,一日以十二金牌召飞班师。飞归,桧诬以"莫须有"之罪，杀飞父子，与金成和议。

二、孝宗之北伐

绍兴三十二年六月，高宗传位于子太，是为宋孝宗。孝宗即位之初，锐意恢复北伐，时金人求海、泗、唐、邓、商五州之地，及岁币，其余一依皇统故事（绍兴十年和约），宋人不许，次年为隆兴元年，遂命张浚督师江淮，浚乃遣李显忠、邵宏渊，分道出师，旋复宿州，终以金人大举来攻，二将不和，师溃于符离，军资器械略尽，而恢复之志又成泡影。次年秋，宋遣魏杞与金议和。

三、宁宗之北伐

宁宗之世，韩侂胄当国，铲锄异己，大兴党狱，得罪于士大夫，有劝其宜立盖世功名以自固者，侂胄然之，恢复之议遂起。开禧二年五月，下诏伐金，命郭倪进攻宿州，皇甫斌规取唐、邓，金以仆散揆为左副元帅，行省于汴以御之，未几，宋两路之师皆败。是时金国北边方困于蒙古，觇敌者以为可乘，实则金之国威尚未大替，虽疲于对北，而其力尚足以制南，侂胄不知此而召败。金人继起问罪，非诛首谋不能罢兵，次年十一月，宋礼部侍郎史弥远乃杀侂胄于玉津园，函其首以谢金人，并与和议。此后相安六七十年，直到蒙古崛兴，国际形势又一转变。

第五节　南宋式微原因的分析

南宋亡国与二王搬迁的经过

宋恭帝德祐元年（1275年），元军三路趋临安。右翼自建康出四安（今浙江长兴西南与广德接界），趋独松关，左翼水军由海道趋澉浦（位于今浙江海盐），正面入常州，合击临安。文天祥、张世杰主张一面令淮军击蒙右侧背，一面集勤王军于临安进行决战，一面布置闽、粤后方。宰相陈宜中不许，三次遣使至平江（今江苏吴县）向伯颜请降，最后仅请求封一小国以奉祭祀，均被拒绝。恭帝德祐二年（1276年）二月，元军进至皋亭山（临安附近），文天祥、张世杰请一面移恭帝及两太后入海，一面由他们率军死战，陈宜中又不同意，乃由全太后派杨应奎奉传国玺，降表献"两浙、福建、江东西、湖南、两广、四川、两淮见存州郡"。张世杰（戍卒出身）、苏刘义、刘世勇等各率部出临安，继续抵抗。文天祥与吴坚、谢堂、贾余庆奉命到元军议事，请伯颜退兵至平江或嘉兴，然后彼此以国地位议和，天祥反被扣留。

张世杰、陆秀夫、苏刘义等，携度宗子赵昰、赵昺逃温州，旋又浮海入福建。同年五月奉昰为帝（即端宗），即位于福建，建元景炎。文天祥从蒙军逃出，与张、陆等共负兴复重责。张、陆等护端宗守福州。文天祥于是年秋七月，派"吕武招豪杰于江淮，杜浒募兵于温州"，自己"开府南剑州（今福建南平）经略江西"，"冬十月，师师次于汀州。……遣赵时赏等将一军趋赣，以取宁都，吴浚将一军取雩都，刘洙等皆自江西起兵来会"。元军阿楼罕等分路入闽、粤；陈宜中奉端宗至惠州，又私自奉表于元请降，引起国人疾愤。公元1277年，张世杰奉端宗入广东浅湾，旋又入秀山（东莞西南海中），搬迁海上，后迁驻碙州岛（今属广东湛江，今名硇州岛）。翌年五月，端宗死于碙州，文天祥、张世杰、陆秀夫又共立昺（即卫王），改元祥兴。七月，世杰、秀夫等奉帝昺自碙州迁崖山（今广东新会南大海中）。

次年一月，文天祥率义军走海丰，于五坡岭遭元军张弘正追袭，被执。二月，元将张弘范攻崖山，断宋军饮水道，不十日，宋军不能战，二月初六日，元军进攻，张世杰率杨太妃突围；陆秀夫抱祥兴帝投海，君臣上下以至士兵，除战死者外，均相率蹈海殉难，至尸浮海上者共十余万。世杰等出海欲觅宋后裔，至海陵山遇飓风而殁。崖山破，弘范送天祥至元军，天祥途中不食。至燕京，天祥不降，被下狱，狱中作《正气歌》，大义凛然。留燕京三年，天祥终被元廷惨杀。其他如谢枋得、郑思肖等的耿耿志节，也都贯彻到底。他们在最后失败前，在极艰辛困苦的条件下，力图恢复,活动于粤、闽、赣、浙各地,不时打击敌人,收复州郡,只是随得随失。然其赤胆忠心,坚持到底的顽强精神,永垂不朽。元军南下时,投降者甚多,如张世杰之族兄弟张弘范。甚至文天祥之弟文璧,亦降元后被封广西宣慰使。很多高官、大将和贵族,都不肯死节,甚至充任敌人的帮凶者,大不乏人。

政治上的积弊

南宋自高宗立国,至卫王昺而亡,共历九主,一百五十三年,然而南宋建国之初,得人民名将支持,元气也曾回复,理应长亨国祚,唯其历九主而亡,不能不谓之君主昏庸,小人误国矣。兹从下述各点,分析南宋式微及亡国之原因。

南宋宰相最擅权者为秦桧、史弥远、韩侂胄、贾似道四人。盖南宋宰相总兵财,权莫与此,一人得政,俨然首辅。其他执政,倍位盖诺而已,当艰难缔造之会,非此不能有所设施,但韩、史弄权,秦桧诬于岳飞,叛于国家。由此造成国家疲弱,名将被诛,招致灭亡,若宰相权重,遇不贤之相,国家岂能兴盛。《廿二史札记》卷廿六"秦桧史弥远之揽权"曰:"斯则亡国之运:主既昏庸,臣亦狂谬。"

(一)秦桧

《宋史·李浩传》曰:"自桧用事,塞言路;及上总揽权纲……浩与王十朋等,始相继言事。"《宋史·秦桧传》曰:"桧两据相位,凡十九年。……一时忠臣良将,诛锄略尽。其顽钝无耻者,率为桧用,争以诬陷善类为功。……察事之卒,布满京城,小涉讥议,即捕治,中以深文;又阴结内侍……伺上动静。郡国申省,无一至上前者。"其弄权误国可知。但秦桧之弄权,尚有高宗的主意与政策。(详见"岳飞与秦桧的冤案"一节)

(二)史弥远

《史弥远传》曰:"弥远既诛韩侂胄,相宁宗十有七年。迨宁宗崩,废齐王,非宁宗意,立理宗,又独相九年。擅用意,专任憸小。……理宗德其立己之功……虽台谏言其奸恶，弗恤也。"《廿二史札记》曰："则弥远未死以前，理宗不能有权可知也。"

（三）韩侂胄

韩侂胄以谋危社稷罪诬赵汝愚，使罢其位而得政。复遭汝愚之党群起攻之，侂胄欲根绝异己，遂倡伪学之禁，凡不附己者，悉指为伪学，而尽逐之；一时海内知名之士，窜贬殆尽。

（四）贾似道

其人误国与欺君之事迹，则又更甚于前三者，举例如下。

一曰虚报假捷。窝阔台崩后，宋本可乘机生聚教训，惜为贾似道所误。似道因姊为贵妃，故得当权，理宗宝祐五年知枢密院事，威权日盛。宝祐六年，蒙哥亲领兵南下，分三道侵宋。忽必烈以一支围鄂州，中外大震，宋闻边报紧急，乃遣贾似道等抵御。唯似道畏缩，密遣宋京至忽必烈军中请和，愿称臣，输岁币，忽必烈不允，攻益急。适蒙哥死合州，发生继立问题，蒙军北去，似道乃再遣宋京议岁币，忽必烈许之。似道私订和议，而妄报捷于朝。忽必烈归至开中，河北诸大臣皆劝进，遂即帝位，遣郝经使于宋，索取岁币，当时举国皆不知所谓和。翌年，元世祖再派人追问，宋亦未答复。世祖以宋拘留使臣为名，下诏伐宋。

二曰专恣淫乐。《宋史·贾似道传》曰："理宗崩，度宗又其所立，每朝必答拜，称之曰'帝臣'而不名，朝臣皆称为'周公'。……入朝不拜，朝退，帝必起，避席，目送之出殿，始坐。"又曰："似道专恣日甚。畏人议己，务以权术驾驭上下，以官爵牢笼一时名士，以故言路断绝，威福肆行，相视以目。"又曰："时襄阳围已急，似道日坐葛岭，起楼阁亭榭；娶宫人、娼、尼有美色者为妾，日淫乐其中，故博徒日至纵博，人无敢窥其第者。……尝与群臣锯地斗蟋蟀，所押客入，戏之曰：'此军国之重事耶？'酷嗜宝玩，多建宝阁，日一登玩。"

三曰以利诱太学生。周密《癸辛杂识》曰："贾似道做相，度其不可以力胜，遂以术笼络。每重其恩数，丰其馈给，增拨学田，种种加厚，于是诸生畏其利而畏其威，虽目击似道之罪，而不敢发一语。及贾要君去国，则上书赞美，极意挽留，今日曰'师相'，明日曰'元老'，今日'周公'，明日'魏公'，无一人敢少指其非。"《齐东野语》亦记曰："贾似道欲优学舍以邀誉，乃以校尉告身钱帛俾京庠，拟试时黄文昌方自江阃入为京尹，益增赏格，虽未缀，犹获数百千，于是群四方之士，纷然就试。"

四曰屈节而退。咸淳七年，蒙古改号为大元。十年，度宗崩，子四岁继位，是为恭帝，太后称制；八月，元军大举南下。贾似道都督诸军马十三万，自将后军，驻鲁港。伯颜帝军陕江而进，炮声震百里，宋军阵动，将领夏贵先遁，呼曰："彼众我寡，势不支矣！"似道闻之，仓皇失措，遽鸣金，军溃。似道走扬州，贵走庐州，虎臣走泰州。元军追杀一百五十余里，俘宋船二千余艘。蒙古军入建康，江东诸郡皆下，淮西、滁州诸郡亦相继降。似道至此乃上表请恭帝迁都，朝中诸臣相率离临安。陈宣中言贾似道丧师误国，请诛之。止罢平章都督，予祠官，然事已不可为矣。恭帝德祐年十一月，伯颜军分三路直迫临安，景炎元年正月，元军到达离临安三十里之臬亭山，太后不得已，上表投降。有云："权奸似道，背盟误国，献全部土地，并乞存赵氏。"可见似道屈节而退，误国至此，至使南宋为元所倾覆。

"山外青山楼外楼，西湖歌舞几时休？暖风熏得游人醉，直把杭州作汴州！"这是林洪的《题临安邸》诗，可说是当时宋室南渡后，耽于逸乐的贵族和士大夫的写照。高宗、孝宗，均为南宋令主，然优柔寡断，妄听奸臣之言，主和政策，割地赔款，使小人得志，忠良尽废，国家命脉，于焉断送。加上偏安江南多年，人心耽于逸乐，亡国之痛，消磨净尽，更无复国之豪情壮志矣。一旦强敌压境，国家亦无从抗拒。

宋尊崇文士，士大夫均有崇高之荣誉，彼辈亦自认为国家之精英，文物衣冠所寄，唯下焉者，则务为高名，好持苛论，而不必切于事理。士大夫既喜论朝政，争辩遂起，日久派系自分，流于朋党倾轧。宋室南渡后，党争之势未衰。宋室南渡，秦桧主张王安石之学，赵鼎主张程颐之学，党派之分遂基于此。厥后互相倾轧，愈演愈烈。至赵汝愚与韩侂胄争权，益纠结不已，使政治食其恶果，韩侂胄为排除异己，倡伪学之禁，史弥远执国柄，引用道学派以自保，而终于不合。当时似道更利道学名为尊崇，实徒持高论，空疏误国。宋臣各树党派，互相倾轧，徒以排除异己、打击政敌为务，致空疏国事，朝纲渐替，南宋国势亦日衰矣。

学生论列时政，自陈东始，而当时学风，亦殊不纯，"是时独有太学生邓肃上书讲述花石之扰"。（王明清《挥麈后录》卷一）高宗南渡以后的太学生，尤其骄横。周密《癸辛杂识后集》有云："太学之横，盛于景定、淳祐之际，凡其所欲出者，虽宰相台谏，亦直攻之使必去。……其所以招权受赂，豪夺庇奸，动摇国法，作为无名之谤，扣暗上书，经台投卷，人畏之如虎狼。若市井商贾，无不被害，而无所赴愬，非京尹不敢过问。虽一时权相如史嵩之、丁大全不恤行之，亦未如之何也。"这可见太学生打击当局之凶猛。太学生势益骄横，其志在于利禄，易受权相笼络，助纣为虐。由此可见太学生既不能勉力于恢复故土，反重于名利，妄议朝政，间接扰乱朝纲，造成政治败坏，加促南宋的衰亡。

南宋抗外形势，优于北宋，惜和战不定，主和势力大而难复中原。南宋自高宗即位，屡欲与金和，而起用秦桧为政，朝廷分和战二派，主和派得势，而主战者如岳飞遭诛灭。后宋与金战，屡欲复河南地而终不果，乃战和之际，未能把握时机。其后元兴，宋更联元以灭金，是为自撤藩篱，故有唇亡齿寒之感，最后宋亦见灭于蒙古。

正当宋金在几次和议之下，勉强相安无事之时，蒙古、中亚一带有一伟大势力在发荣滋长，这便是蒙古的势力。成吉思汗称大蒙古国后，致力于武功之发展，建立四大汗国，版图日广，剩下未克服之主要敌人南宋。蒙古自灭金与西夏后，其国界与宋相接，遂与宋发生长期战争。1260年春，忽必烈（宪宗之弟）在上都自立为帝，改国号元，并开始率军向东南进攻南宋。

经济上的积弊

宋代因长期受外患之侵扰，财政长期陷于困境，尤以南宋时为甚。宋室南渡后，力不足与金人周旋而大张挞伐，只能屈辱求和，议定和约，宋室一方面只有大事搜括民资，作为求和之岁币；另一方面又不得不养兵以自保，致令财用陷于绝境。当政之秦桧、韩侂胄、史弥远及贾似道等均为一丘之貉，财政紊乱非常，所谓经制钱、总制钱、月桩镜、和买折帛钱，名目尤多。南宋疆域只合北宋二分之一，而税收在孝宗淳熙年间达六千五百三十余万缗，与北宋之最高税额相仿，而约十倍于唐时。宋代人民所受苛捐之苦，概可想见，而南宋尤甚，州郡上供逐年增加，剥削之能事，人民不胜困苦，国家经济濒于崩溃，财政枯竭造成衰亡之征兆。

南宋经济上之一大弊端，为土地集中于贵势之家，即官房田之大量存在。初仁宗时曾诏限田，而任事者终以限田不便，未几即废。后承平浸久，势官富姓占田无限，兼并冒伪，习以成俗，重禁莫能止。而官户田例免差科。政和中，乃诏品官限田，一品百顷，以差降杀，至九品为十亩；限外之数，并同编户差科。南渡后，官户田之优待废。绍兴二年户部侍郎柳约请复政和之制不果。然其后官户田不仅回复政和间之优待，且全免役。

南宋初年占田逾百顷者尚少，至南宋末年则百顷之田主已无足齿数矣。理宗时，孙梦观进讲，言："迩来乘富贵之资力者，或夺人之田以为己物，阡陌绳联，弥望千里，囷仓星列，奚啻万斯。"官户田在南宋已占郡县之半，至南宋末，更当远逾于此。据景定四年陈尧道等之估计，两浙及江南东西二路逾限之田有三千万亩。其占田逾限之地主在限内所有之田共得若干，史无明文，试从低假定为限外之半，则集中于彼等之田地，已有四千五百万亩。淳祐六年，谢方叔推原兼并促成之因曰："小民百亩之田，频年差充保役，官吏诛求百端，不得已则献其产于巨室，以规免役。小民田日减而保役不休，大官田日增而保不及。以此弱肉强食，兼并浸盛。"官户田既免科役，则专取于民，必致重困。

楮币本源出于唐之飞钱，然直接为交易媒介之楮币，似创于宋。真宗时始行于蜀之民间，不久政府即收其发行之权而专之，更推行于他地。南宋初年，楮币用途始广，至南宋末，中国已成一楮币世界矣。宁宗开禧以后，楮币发行之数量（仅中央发行之数），今可考者如：宁宗开禧间，一万四千余万贯（据戴埴《鼠璞》上）；宁宗嘉定间，二万三千余万贯（据同前）；理宗绍定六年，三万二千余万贯（据同前参《宋史·食货志》）；理宗淳祐六年，六万五千余万贯（据《雪窗先生文集》一）。

由此可知从绍定六年至淳祐六年（1233至1246年）之十三年间，楮币突增加一倍以上。其后增加之数虽不可考，然其时财政艰窘之情形推之，增加之率只有更多。楮币既滥发，而政府又不能尽量兑现，即兑现亦不十足，且赋税之缴纳又不能全用楮币，其低折乃势所必然。宁宗开禧间，"朝廷始诏江浙诸道，（每贯）必以七百七十行用，（折扣）终非令之所能禁。嘉定初顿损其半"。（《鼠璞》上"楮卷源流"条）

楮币事实上已降低，而法令却不许其低降。商贾为避法及预防楮币低折之损失，只有高抬物价。此亦为宋季朝野大苦之事。到理宗上半期（1225至1239年），物价比开禧年间高涨一倍以上，及理宗下半期（1240至1264年），恶性的通货膨胀更趋严重，物价增贵竟达十倍。《清正存稿》卷五《论待房救楮二上枢密院》札云："自轻楮以来，民间随其低昂，入以此直，则出以此直，初不为病。受其弊者独朝廷尔。二税之数，无增也，祠牒官告之直，无增也，征商牙契之入，无增也。及其出也，市物之直增矣，戍兵之生卷增矣，诸军衣粮虽如故，而非时之给犒增矣，官吏正俸虽如故，而添给之暗增者，亦不少矣。"是以南宋在没有充分的准备下大量滥发楮币，形成恶性通货膨胀，于一般对军民官吏，甚至政府本身，均有非常坏之影响，实为间接构成南宋亡国原因。所以嘉熙年间袁甫说："楮币蚀其心腹，大敌剥其四支。危亡之祸，近在旦夕。"

理宗初年，言理财者已承认农商之赋税，已重至无可复加矣。然宋季人民之负担除赋税外，尚有所谓"和买"、"和籴"者。二制皆源于北宋，其初由官先给民钱，而民输绢帛谓之和买，输粟谓之和籴。然和买在宋季竟成为不给直之强取，或令民输钱以代绢。和籴则在北宋已有"官虽量于钱布，而所得细微，民无所济，遇凶岁不蠲，最为弊法"之怨声，至宋季则"计产抛数非其（民所）乐，低估高量，几于豪夺一矣"。

"和买"、"和籴"非一时一的偶尔之事，岁岁有之，且除权势之家外，户户有之。（《宋史·食货志》载淳祐七年谢方叔言："今日国用边饷皆仰和籴，然权势多田之家；和籴不容以加之。"以此例之，和买当亦不及巨室。）是以"和买"、"和籴"之负担，均落在一般平民身上。宋季言财政而纾民因为意者，虽视"和籴"与"和买"之废除为急务，然以阻力之大，终宋之世，和籴之免限于浙西而已。

景定五年，似道又行一富国之策，即清丈田土，以杜匿税，当时谓之推排，亦即所谓经界。景定推排之法，始行于平江绍兴及湖南路，遂命讲路漕帅普施行。至度宗咸淳六年以郡县推排，虚加寡弱户田租，害民为甚。推排之施行，所招地主之怨毒不亚于公田，或且过之，以其推行之地较广，当时有传诵之讽刺诗曰："三分天下二分亡，犹把江山寸寸量。纵使一丘添一亩，也应不似旧封疆。"

公田推排之实施，使南宋政府与豪势阶级发生利益冲突而相乖离。南宋政府瓦解之速，未始非一要因。在民众未有组织之前，豪势阶级之拥护与一政府之存在关系甚大，此乃无可如何之历史事实。最后南宋政府虽不能不向豪势阶级低头，然少帝德祐元年春，贾似道既去国，北军已抵升润，察院季可奏乞罢公田之籍，以收农民之心，谓："此事苛扰，民皆破家荡产，怨入骨髓；苦尽还原主，免索原钱，而除其籍，庶使浙西之人，永绝公田之苦。"然而仅放欠租。季遂再奏，始有旨云："公田之创，非理宗之本意，稔祸召怨，最为民苦，截日住罢，其田尽给付其原佃主，抑率租户义兵会合防拓。"其后勘会谓："招兵非便，且其田当还业主，于种户初无相干。秋成在迩，饷军方急，合且收租一年，其还田指挥，候秋成后集议施行。"有旨将平江嘉兴安吉公田照指挥蠲放，却从朝廷照净催米数回籴，其钱一半给佃主，一半给种户，以溥实惠。业主竟无与矣。盖业主佃主之分，当时用事者亦不能晓也。然边事日急，是时仍收公租。还田之事，竟不及行。要之，南宋晚年屡欲自固不能不扩军，欲扩军不能不用财。然是时国中财富集于巨室。齐民盖藏既鲜，而税担已重。加敛于齐虽，则齐民无以堪命，强征于巨室，而巨室离心。此南宋之所以不得不亡者在此。

军政上的积弊

宋太祖惩唐宋五季之弊，外召藩镇以还京师，别遣文臣，以为牧守，然捍边之臣，则久其考任，假以事权，固不与内郡同也。未几而初意渐失。并、汾、闽、越甫平，江淮诸郡已令毁城隍，销兵甲。淳化咸平，距建隆不过四十年间，盗发两川，唯陵、梓、眉遂有城可守。濮盗作于近辅，如入无人之境。王禹偁自黄冈上疏，极陈江淮空虚之害，至谓名曰长吏，实同旅人；名为郡城，荡若平地。富弼论江、浙、荆、淮、湖、广诸道，亦谓处处无兵，城垒不修；或数十人持锄耰白挺，便可尽杀守令，开府库，谁复御者？至宝元、康定以后，有事西边，则内地武备之削益甚。五年间，盗杀巡尉至六十员，入城剽劫者四十州。王伦起沂，并淮，渡江，历数十里无一人御之。张海等辈剽吏御人于京、淮、湖、陕间，州郡莫敢谁何。然是时，郡国犹有不会之财，留州之缗，可以为招兵缮城之费，可以应一方缓急之需也。熙宁以降，拓州郡财利以富中枢，州郡之军备日坏。一日盗起东南，连跨州郡，震摇汴都，久而后殄。更当新造之余，非拱手死难，则望风弃城。盖自建炎四年以前，唯知敛兵避敌，未尝有敢于拒抗者。逮渡江航海，金人相迫不已，然后兵刃稍接，不数年而议和之使遣矣。绍兴之末，虏闯淮薄江，既迫而后应之，士气稍伸，然犹不敢尽用其胜。宁宗之世，承平日久，吴曦盈尺之纸，足以惊奔列雉，李元励乌合之众，足以震扰三道，张福千人之众，足以披靡群辟。金人闯梁，洋三泉，窥蕲黄五关，如升虚邑，此皆强干弱枝之弊也。南宋初年，李纲尝欲分长安襄阳建康为三郡都；胡舜陟尝欲析三京关陕为四巨镇；张守尝欲以大河州郡，仿唐藩镇，付之帅守；范宗尹尝欲分画诸镇，更不除代；李弥逊尝欲假帅守事权，以销奸宄，策皆不行。宁宗时，值史弥远当国，怙权无所更革。故其后三十七年，当理宗开庆元年（元兵入临安前十七年），文天祥上封事，又有"仿藩镇以建守"之议，略曰："宣靖以来，天下非无忠臣义士、强兵猛将，然各举一州一县之力以抗寇锋，是以折北不支，而入于贼。中兴之臣，识循环救弊之法，盖有建为方镇之议者矣。失此不图，因循至今日，削弱不振，受病如前。及今而不少变，臣不知所以为善后计矣。今陛下命重臣建宣阃，节制江东西诸州，官民兵财从调遣，庙莫渊深，盖已得方镇大意矣。……州县之事力有限，守令之权势素微。虏至一城，则一城创残，至一邑，则一邑荡溃，事势至此，非人之愆。若不别立规模，何由戡定祸乱？"此内重外轻，而守御之权不集，为宋季军政之一大弊，迄于亡而不变者也。

宁宗嘉定七年，起居舍人真德秀论之曰："今连营列戍，虚籍不填，老弱溷肴，教阅弛废，衣廪朘削，憔悴无聊。荆淮所恃义勇民丁，而团结什伍，反成绎骚，无以作其超距翘关之勇。东南所长者舟师战棹，而绘画图册，徒事美观，而未尝习以凌破浪之技。……掊敛成风，而士卒之怨弗恤。忌克成习，而偏裨之长莫伸。"十三年，德秀既出知江西隆兴府，又言："自视事以来，讲求军政本末，乃知州郡禁卒多以供工匠，备厮役；事艺未尝练习，教阅只为具文，则兵不足以为兵矣。有副总营，有路钤，有路分，又有州钤，有将副，下至都监监押，皆以主兵为职，而未尝知兵。问其得官之由，或宗戚、或阁门，或国信所，或堂都吏。其间岂无可用之材？要于将略鲜曾闲习，或习文墨以自喜，或矜富贵以自娱；甚者阘茸废放，无所不有。则将不足以为将矣。兵不足以为兵，将不足以为将，则帅之为师，是亦具员而已矣。"理宗即位之元年，德秀解湘南安抚使任远朝（寻擢礼部侍郎直学士院），其奏陈各地将帅之剥削士卒，言尤痛切，曰："诸道摁戎之帅，训肄不勤，而掊克是务。自偏裨以至士卒，其家赀稍厚者必使之治货财；非优之也，盖幸其负课而掩有也。其廪给稍丰者，必以之供役使；

非亲之也，盖利其捐金而求免也。主帅剥削偏裨，偏裨剥削队伍。有日给千钱而不足衾絮者，有月廪数斛而不饱糟糠者。以此饰苞苴，以此买歌舞，于是乎兵贫至骨矣。"魏了翁对策亦言："国家休兵四十余年矣。旧臣宿师日替月零，骄将呆夫久靡廪粟。未尝有横草尺寸之功，而高官厚禄，宠异逾等，不复有功名之望。剥下媚上，背公首私；升差夺于货贿，拣汰挠于请嘱；庸者有输假贷子钱者，有输每旬宣限帮给银会，或以铁钱兑给而规其倍称之息。戍兵之愤惋不恤也。市刍草以给战骑，往往抑配均备，而干没其四分之三。将队之怨嗟不问也。甚者收房廊，掌回易，置簰筏，建宅第。古人之所与同甘苦者，今役使科抑几同奴隶。方时晏安而专事朘削，士有离心而无斗志；万一有犬吠之警，则忧不在敌而在我矣。"

宋非淮州郡之兵不可用，即禁卒亦同虚设。端平初，魏了翁奏言："异时江淮有警，或出禁旅以为声援。今也殿步二司久为庸奴所坏，平居则冒虚籍，有急则驱市人。福建江西之行，所至辄败。况自近岁驭失其道，赏罚无章，中外之军，往往相谓战不如溃，功不如过。风声相挺，小则浮言诤语以扇其类，大则拥众称兵以凌其上。而欲持此以为守，臣知其不可也。"奏上不数月，遂有临安首都军兵交哄之怪剧。禁卒之失律，遂成为朝野交谪之事实矣。

官兵如此，民团则何如？开庆元年（元兵入临安前十七年），文天祥上封事言："近时朝廷以保伍为意，官府下其事里胥。为里胥者沿门而行，执笔以抄其户口，曰官命而各为保伍也。已而上其籍于官，又从而垩通涂之壁？取其甲分五五而书曰保伍。如古所谓保伍，如此而已！臣居庐陵，往往有寇警，则乡里又起所谓义丁者。一日隅总击柝以告其一方曰：寇至毋去，诸而等各以某日聚其所，习所以守望。至其日也，椎牛酾酒以待。随其所衣，信其所持，从而类编为之伍。村墟井落之间，翕然而聚，忽然而散，则义丁者又止如此而已。计其数目当自不少。然其分也散而不一，其合也多而不精，故富其分别，则乡村无以通于镇市，镇市无以通于城郭。虏突如其来。彼一方者，力不敌，势不支；老弱未及拣，教阅未及施，虽有金鼓旗帜之物，而未和坐作进退之节也；虽有城池山泽之险，而未知备御攻守之方也。"

宋季军队不惟战斗力弱，即其数量亦不敷边防。端平初，魏了翁已言："两淮民兵见谓骁捷，然轻进易退，不足以当坚忍之铁骑。淮西精甲数万，自去岁东附龙门两败，所失盖一万五千，而他州陷没者犹不计。江上诸军稍堪行陈者，制司并其器械舟船，摘所以去，今得还与否，皆未可知？而军分不明，尤为可虑。如骑司戎司之军，皆非旧来屯戍之地。将不知兵，兵不习险，缓急不可倚仗。荆襄所持保捷一军，十余年来颇已凋落；虽有新招镇北二万人，其与南北军殆如冰炭。荆鄂旧军二万余人，粗若可用；然仅存者六七千人。虽有外五军，亦不满数千。蜀中诸军，旧管九万八千，马二万；嘉定核实，裁为八万二千，马八千；则气势已不逮昔也。近者更加核实，官军才六万余人，忠义一万五千；而其间老弱虚籍者又未可计。是以五六万人，当口一千七百里之边面，众寡强弱，此盖难见也。"理宗宝祐四年，文天祥亦言："自东海城筑而调淮兵以防海，则两淮之兵不足。自襄樊复归，而并荆兵以城襄，则荆湖之兵不足。自腥气染于汉水，冤血溅于宝峰，而正军忠义空于死徒者过半，则川蜀之兵又不足。江淮之兵又抽而入蜀，又抽而实荆，则下流之兵愈不足矣。荆湖之兵又分而策应，分而镇抚，则上流之兵愈不足矣。夫国之所恃以自卫者兵也，而今之兵不足如此，国安得而不弱哉？扶其弱而归之强，则招兵之策，今日直有所不得已者。然召募方新，调度转急；问之大农，大农无财；问之版曹，版曹无财；问之饷司，饷司无财。自岁币银绢外，未闻有画一策为军食计者。"盖宋末之民生与财政状况，已使大规模之扩张军备，为不可能。

蒲寿庚降元，使宋元海军力量之消长起了很大变化。《元史·世祖本纪》至元十三年（1276年）二月条曰："伯颜遣不伯、周青招泉州蒲寿庚、寿晟兄弟。"据《宋史》，蒲寿庚自淳祐六年（1246年）至德祐元年（1275年）任宋市舶使凡三十年，其间操纵海上商舶。宋末宗室之在泉州者，经常劫夺外商海舶，蒲寿庚为泉州市舶使，而不能保护外商，益令其对宋宗室嫉恨。南宋守军，于临安沦陷前，且强征蒲氏资财，更增其对宋室不满，遂愤而降元。日本桑原骘藏说："蒲寿庚弃宋降元之举，有关于宋元势力之消长实大。盖蒙古虽长于陆战，舟师实不敌宋，寿庚老于海事，拥海舶甚多，一旦降元，定为元南征之助。于元为莫大之利，于宋直致命之伤，故景炎帝遂不能驻闽而匆递移粤矣。"蒲寿庚以市舶降元消灭宋最后努力之希望，而此一代巨奸降元后，又为元政府造船充作战舰，蒙古之能灭宋，实由于蒲寿庚能训练水军，替元建立海上武力优势，以致能跨越江淮，直捣临安。

南宋的盛与衰，可说与外族盛衰和国家制度人事方面有莫大关系，倘若外族强而有力，本身国力衰退时，便容易为外族所乘，偶遇外族势衰而宗室人才济济，贤君名臣辈出，外族犯境，谈何容易。

第六节　两宋灭亡原因的比较

宋以前，中国历史上有过两次统一国家，一次是秦汉，一次是隋唐。五代分裂局面维持了五十多年，至公元960年，宋又再度统一中国，建立了三百余年的王业。不过宋的统一开始仅是松懈的统一，开国时，国家的基本问题已有困难：一，财政紊乱，人民负担很重；二，隋唐极盛时代的府兵制未能恢复，部队成了流氓集团；三，外患势力膨胀，东北方的契丹人，占领了燕云十六州，西北方的党项人，占领了陕西一带。至南宋则偏安一隅，臣庶苟且，不图北复大计，故终与北宋同一命运而亡。纵观两宋灭亡之原因，无论从地理、政治、财政、军事及外交各方面看来，有颇多类同之处，现论述如下。

地理形势方面

北宋都汴京（今河南开封），南宋都临安（今浙江杭州），此两处虽有利于国家之经济，但无利于军事，实不宜成为首都。故两宋建都之失，是促成其衰亡原因之一。契丹自唐以来，多次侵扰中原，更与北宋相对峙，成为宋代的大患。汴京接近契丹，位置旷野平原，无险可守，所以太祖欲迁居长安，据山河之险，出兵进攻大同，进窥幽燕，依从周汉之迹以安定天下。太祖英明睿武，计谋至深，但当时群臣大力劝阻，晋王光义更力言不便，用"在德不在险"的说法，坚请还汴。太祖不得已，于是还都汴京。以后正如他说："不出百年，天下民力必殚矣！"所以若非晋王和群臣的苟安目前，则中原必不至沦没，而帝必不至蒙尘，国家必不至南渡。从前汉唐定都关陕，扼天下之喉，据四塞之固，虽然不能长治久安，国势总能保持常尊的地位，不像宋一遭溃败，便不可收拾。宋南渡初期，张浚力言中兴应从关陕开始，盖因长安乃天下精兵健马之所在，但高宗因循畏避，宁都临安。然而临安距北太远，不闻战伐之声，且米粮充足，山明水秀，偏安多年，使士大夫耽于安逸，受到"不向关中兴事业，却来江上泛渔舟"的指责，终于恢复无望。

要之，两宋建都之失，北宋弊于心脏豁露，须时加戒备而不能免，南宋虽国计稍振，君臣却又畏怯而南避，亦失于计较。故两宋之亡，与此有莫大关系。

政治方面

宋代政治大病之一，为坚守成法，牢不肯变，以为祖宗立法，尽善尽美，万不能变。国史上有地方割据者二，一乃东汉末年之州牧，二乃唐代之藩镇，晋承汉末武人割据之弊，乃夺取地方武人之兵权，托付于宗室，结果亡于外患（五胡乱华）。宋承唐末五代武人割据之病，不得已又将军权托付于文人，结果不免亡于外患（北宋之金、南宋之蒙古）。高宗南渡，既遭亡国之痛，犹死守祖宗家训，重文轻武，以文人掌军，压抑武人，不知变通。故两宋之亡，殊非偶然。

宋太祖的"强干弱枝"国策，从大的方面说，则为强中央以弱地方，从小的方面说，则为强禁军以弱诸道之兵，这是世传的国策，而这个国策显明的表现，则为北宋的杯酒释兵权，及南宋的解除三大将兵权。如此正是两宋武功薄弱，而终为外族所乘之根由。宋初杯酒释兵权，目的是肃清禁军，削弱藩镇，这是对的，五代更迭之局，一变而为太平之世，确是有利的。但因太祖伐辽战败，于是仓皇失措，年年防秋。一敌未了，一敌又兴，而西夏暴兴，更难于应付。澶渊之盟后，仍因西事而兵不能撤，这是北宋最大的病根。

降及南宋，高宗解除三大将之兵权，其影响不可谓不大，总之，自坏长城。而强干弱枝，转为猜忌将领，南宋虽到亡国，仍然不变。其时宗室已到夕阳西下，唯一的大将孟珙，朝廷还要猜忌，宋代所以武力不竞，可以想见，故终为外族所灭。

北宋除太祖外，余皆昏庸无能之主，哲宗、徽宗之继统尚未亲政，即有高、向二后临朝，结果或用新党，或用旧党，弄至国事日非。徽宗文士气质太重，虽有艺术天才，但无心于治道，骄奢淫逸，大权旁落，及金兵南下，朝廷和战不定，以至先机尽失。至于南宋君主，如高宗、孝宗均优柔寡断，一听廷臣主和策略，遂令奸佞得志，忠良失位，国家命脉，于焉断送。

宋代为士大夫政治，其兴盛由于士大夫，其衰亡亦由于士大夫。士大夫的代表，即为宰相。宋开国功臣赵普，由书生起家，书生即是士大夫的异名。中叶之变法党争，亦为士大夫之交哄。南宋宰相皆兼掌枢密与兵权，其权重于北宋，而后世目为奸臣者，有四人，一为秦桧，二为韩侂胄，三为史弥远，四为贾似道，此四人亦属士大夫林中人。其收北宋终场者为蔡京，而于南宋则为贾似道。故两宋之亡，说是士大夫所造成，亦不为过。

北宋因变法而引起新旧党之争，至南宋则扇其余风，纲纪日坏，陷两宋于衰亡之境。

北宋朋党之争自王安石变法议起，即趋激烈。计新旧两党相倾，由神宗末直至宋亡，中间垂五十多年。尤其到了徽宗朝，蔡京为相，斥司马光等旧党一百二十人为奸党，立党人碑以志其罪状，党争至此，达于极点。结果，新法固然一无所成，而小人幸进，政治败坏，外难一至，便无可收拾。

及至南宋，仍遗有党争之余响。宋室南渡，秦桧主张王安石之学，赵鼎主张程颐之学，党派之分遂基于此。厥后互相倾轧，愈演愈烈，至赵汝愚与韩侂胄争权，益纠结不已，使政治食其恶果。韩侂胄为排除异己，倡伪学之禁，史弥远执国柄，引用道学派以自厚，而终于不合。当时似道更利用道学名为尊崇，实徒持高论，空疏误国。宋臣互相争持，各树党派，朝政日非，南宋国力因而至衰，终难逃劫运。

财经方面

北宋与契丹及西夏对峙，南宋与金划淮而治，及其晚年，又受制于蒙古，始终在强敌的欺凌下，故为使国祚延续，不得不养重兵，如是军费的支付日益浩大，国库遂有不给之虑，故宋代政府理财，但以充裕国库为第一要义。于是多方开拓财源，尽量增加赋入。宋臣一方面批评五代十国横征暴敛，巧取豪索，一方面却承袭五代时期的弊政，学凡二税之内的附征溢收，如法定官耗，二税之内的沿纳，如杂变之赋，无不皆然。为了充裕国库，给养边军，也只有出此下策。为了兵食所资，不仅不能革五代时的恶税，反而又以军兴为理由，多方聚敛，如经总制钱和月桩钱，皆因军兴而起，久之视同常赋，故国防问题，实为两宋财政的症结所在。至于军队编制的扩大，官吏数目的增加，俸禄的丰厚，郊恩的滥赏，祠禄之赐予，宗室的无限给食，岁币的长期损耗，无一不是国家的重负。久之，终使财政陷于崩溃，而国益不足以为国了。

盖宋立国之始，承五代苛敛之余，积重难返，未有藏富于民之远大计划。及真仁之世，户口岁增，兵籍益广，官吏日众。国人生活亦崇尚奢侈，释道之信仰更为普遍，辽夏之侵略也交互配合，遂把上两代的积蓄耗费净尽，从此虽欲藏富于国亦不可得。继是以降，需财之处屡增，生财之道有限，在这种长期的支出膨胀势下，终至内外交困，举国财荒，国事益不可为。

社会民生方面

在两宋开支日益加剧的情形下，为达成收支平衡，除加重赋敛外，别无良策。以两宋相比较，南宋疆土减削一半，而官员俸禄兵廪及岁币之费反较北宋加多，故民户的负担较北宋还要重。参看前述及种种财政上的问题，正是宋代税重的根本原因所在。总之，南宋季世欲自固不能不扩军，欲扩军不能不用财，然是时国中财富集于巨室，齐民盖藏既鲜，而税担已重，加敛于齐民，则齐民无以堪命，强征于巨室，而巨室离心，此两宋之所以不得不亡。

汉唐以来，土地分配不均的情况，于宋代更为严重。北宋豪宗官吏，占田无餍，且贵势之家，有田无租，而贫苦无田，尚要负担租税。宋初衙前理政，已使中产之家为之破产。南宋承北宋之弱，社会问题更趋严重，土地更为集中，农民生活更苦，而税收日重，百姓无以为生，结果正如《宋史·食货志》所载，"富者有息有余，贫者败亡相继"，"于是不得已者为盗贼"。这是社会变乱的根源，而两宋的国祚也就无法苟延。

军事方面

由于兵权集中于中央，兵无常帅，训练不严。又因宋代重文轻武，一方面所有地方首长，率由文人充任；另一方面，为武臣的，徒挂空名，赐第留京，终其身不得赴任。结果，寇患一至，州郡望风而降。这是宋代兵制上一大弊点。宋代军队分两种，一为禁军，一为厢军。宋代兵制算是中国历史上最坏的兵制，然而也有其因缘来历，故未可全责宋人。在唐末五代时，藩镇骄横，兵乱频仍，当时社会上几乎大家都当兵，读书之现象没有了。开头军队还像样，以后都变成老弱残兵。军队不能上阵打仗，便当罪犯劳役用。至宋初，因积重难返，太祖只能在这种军队中挑选一批精壮的，另外编队，称禁军，不合标准的，便留在地方做厢军。厢军不用打仗，只在地方当杂差。由于宋代未能恢复隋唐极盛时代的府兵制，部队成了流氓集团。宋代军队大半来自招募，应募者非游手无籍，即负罪亡命。又往往因岁凶募饥民，遂使长大壮健者游惰，而留耕者胥老弱。如是久之，农村生产力日渐减削。且募兵终身在营伍，自二十以上至衰老，其间四十余年，实际可用者至多不过二十年。廪之终身，实际即是一卒有二十年向公家无用而仰食。如此，军队最易流于骄惰。以这样的军队御侮，无怪强敌压境而不能制。

外交方面

昔人有言："宋人议论未定，兵已渡河。"此非过苛之论。两宋君臣对外族和战不定"宋以致坐失良机。北宋时，廷臣主和主战，莫衷一是，大抵金人来犯，京师危急，则主和，金人既退，形势稍缓，则又主战，因此国事无定，误国甚大。"钦宗生长深宫，更事甚少，其和战不定为靖康之祸酿成之要因。降及南宋，抗外形势，优于北宋，惜又和战不决。南宋自高宗即位，屡欲与金和，而起用秦桧为政，朝廷分和、战两派，主和派得势，主战派如岳飞则遭诛灭。后宋与金战虽屡胜，而河南地终不复，乃主和之弊。故两宋便因此而亡于外族。

北宋联金灭辽，而为金所灭，南宋联蒙灭金，亦陷同一覆辙。读史者以为此种措施，乃失策之举，其实未必尽然。盖南宋与金有不共戴天之仇，不能不报，若以金为屏障，则金亦未必能御蒙古，反不如联蒙以灭金。要之，北宋联金以灭辽，南宋联蒙以灭金，并非失策，失策者，在于灭辽灭金后，不发愤图强，因循畏缩，予外族可乘之机。

第二十三章 元代的兴起与立国

第一节 蒙古的兴起与亡宋原因

蒙古的兴起与亡宋的分析

蒙古原是唐代的室韦蒙兀部，初居望建河（今额尔古纳河）一带，其后徙居斡难河（今鄂嫩河）源的不儿罕山，一向受辽、金役属。南宋初年，其酋长合不勒始与金对抗。数传至铁木真，勇武有谋略，先后吞并若干附近部落，征服大漠南北的广大地区。1206年，蒙古各酋长在斡难河源召开"忽力而台"，推铁木真为共主，称"成吉思汗"。此后，铁木真伐金，降高丽，而征花剌子模，回师灭西夏。1260年，忽必烈不经"忽力而台"决定，自立为大汗，迁都燕京，改名大都（今北京），更于1271年改国号为大元。集中全力南侵，终于取得长江流域及南方，灭南宋统一全中国。盖蒙古起自漠北游牧民族，文化朴野，竟能于短期间，倾灭建国一百五十余年的南宋，统一中国，除了南宋本身的积弱以外，其原因尚可论列如下。

蒙古一族久居漠北，以游牧为主，人民皆体格刚健，弓马矫捷，兼培养成坚苦尚武的精神。男子年十五以上、七十以下者，皆服兵役。故蒙古人凭坚强尚武的精神及刚健之体魄，得以纵横驰驱，所向无敌。反观宋室苟且偷安，风气柔靡，士民久不习兵，自非蒙古劲旅之敌。

蒙古初起时，事事掳掠。后来用降人史天倪，渐禁焚杀。至耶律楚材奏定租税之法，招抚流亡，设官治民，禁绝专杀，大河以上，民困稍苏。忽必烈继汗位后，用人不拘一格，才智之士，都获登用。使金降臣姚枢、许衡等定内外官制，政治渐趋正轨。在领导阶层上，成吉思汗及其诸子，均长于用兵，勇武有方略。反观南宋方面，大臣如丁大全、贾似道等专务蒙蔽，有知之士如李庭芝、汪立信等遭先后罢斥。

蒙古人用兵，分三大步骤，先取黄河以北地，灭夏。再联宋灭金，取金于黄河南岸，使南宋处孤立地位；继而全力南侵，取长江流域及南方，灭南宋。此三步骤，均井井有条。反观金亡后，南宋收复河南部分失地，不能乘机发愤自强，反以积弱之国，轻率启衅，其后又和战不定，屡失良机；且不早为战备，更予蒙古可乘之机。在作战方面，蒙古不但善用骑兵闪电战术，且于每战之先，派间谍深入敌方活动，然后进军，或施诱敌，或加突袭，故能势如破竹。

蒙古初兴时，宋、金、夏正苦于战事，所谓国势中衰，于是给予蒙古一个良好进攻发展的机会。蒙古初期未知宋之虚实，屡次南攻，都不敢深入。自刘整、吕文焕等先后北降，为之向导，元军因此长驱直进，攻陷临安。加以蒲寿庚之降元，使宋元海军势力的消长大为改变。

自成吉思汗起，蒙古军之一贯战略，即为轻装趋战，采用掠夺方法，因粮于敌，故行动快捷；并将夺得与归附之男子，编成向导，故其人力物力，从不匮乏。诚所谓以战养战之道也。

元初的建国与用儒

蒙元时代的历史，大体上可分为两个阶段，一是游牧帝国时代（1206年至1259年），一是征服王朝时代（1260年至1368年）。其间以世祖忽必烈创建元朝为分野，一切典章制度有因袭也有更革。即以元代社会阶级制度而论，在宪宗蒙哥汗以前仍未确立，当时重用西域人，主要是由于历史渊源和迫于事实需要。自蒙哥汗即位，拖雷系取代窝阔台系以后，西方的各汗国已成半独立状态。而世祖定制以后，整个帝国已以汉地为中心，一方面恢复中国传统的官僚制度，另一方面却建立有效的统治策略，以消弭汉人的反抗，巩固蒙古政权为要务。

蒙哥汗时代，由于汗廷中蒙古本位主义流行之故，汉人遭受排斥，西域人则较受重用。另一方面，在长城以南，忽必烈却因改革政治，恢复汉法的成功，受到汉人普遍的爱戴，形成一股汉地重心主义的洪流。后来他依仗这股洪流，冲溃了蒙古本位主义，进一步跃登汗位，君临整个蒙古大帝国。他把以蒙古为重心的大游牧帝国改建为一个以漠南农业地区为主干的中国式的王朝。

世祖即位之初，大量起用汉人，把蒙古汗国的政府组织，跟中国传统以士大夫为核心的官僚制度密切结合起来；活跃已久的西域人，除去曾参加他的潜邸幕府的廉希宪及阿里海牙等数人外，多数遭受到冷遇。忽必烈于1251年受蒙哥任命，以皇太弟身份出治汉地，改弦易辙，擢用汉人，创设幕府于金莲川，征聘汉地学者干吏，以汉法治汉地，政尚宽宏，以求恢复汉地秩序及经济繁荣，进而击败奉行蒙古本位主义的保守派，建立以汉地为重心的元朝。

汉文人对蒙元政治"中国化"的贡献

张留孙及其对蒙元政治"中国化"的贡献，举例如下。

第一，立访隐荐贤之功。袁桷《张留孙家传》说："（至元）十七年，（张留孙）奉诏祠名山川，给驿马五十，令访遗逸以进。敕辅臣设宴崇真宫，复饯于国南门外。回朝，以所闻刹于上，上悉用之。"留孙此举使朝廷得士，而士得其所。自己又不居功，功归朝廷，禄归贤豪。此后，元廷乃再有使程钜夫江南访贤之举。

第二，奏分翰林集贤院为二。赵孟頫著《张碑记》："擢公（张留孙）商议集贤事。列集贤翰林共一院。用公奏，始分翰林掌诏诰国史，集贤馆天下贤士，以领道教。"此事约指至元十八年间，由是政教攸别，职位分工，张氏不但安分守己，不侵翰林，更为新皇朝树立了新的政治制度。

第三，助元世祖决疑，立完泽为相。世祖打天下不难，守天下倒不容易，最使他头痛的，是难得帮他守天下的好宰相。至元二十八年，张氏精通三玄，一卜而定，助世祖决疑，立完泽继桑哥而为相。以后完泽"卒受遗辅政"，保定成宗、武宗、仁宗守成之局。

第四，支持郭守敬开通惠河。通惠河是一条把北京内城与通州联络起来，也就是联络那时中国唯一交通大动脉的大运河的小运河，全长一百六十四里一百四十步。在此之先，首都与全国交通均感不便，首都粮食也时成问题。于是郭守敬建议要开通这一条河。朝臣有赞成的，也有反对的，意见分歧。张留孙才大心细，顾到朝臣正反两派的意见，赞成郭守敬开通惠河，对于建设、民生，都有积极的贡献，而又主张"减民力"，自无劳民伤财之弊。通惠河首建于至元廿九年春，告成于三十年秋，漕运诚为益便。

第五，维护御史台的尊严。此事发生在成宗初立，或者尚未改元的时候。监察制度自秦汉以后，早已成为中国政制的一个重要部分。元世祖建立御史台，可说是他推陈出新的杰作，张留孙指出它的来源和重要性，自然是后世皇帝和大臣所不能蔑视的。张留孙使这个传统的监察制度，不因当时朝臣的误会而废止。影响所及，不仅为元朝一代弥缝国体、一脉相传，对于后来的五权政府制度，可说也有其间接的贡献。

耶律楚材虽非汉人，但对蒙元政治汉化功劳不少。耶律楚材是一个"以佛为体，以儒为用"的政治家，太宗三年（1231年），开始扩大和林的必阇赤为中书省，并以楚材为中书令。他主要的理财原则不外儒家的损上益下、敦本抑末和藏富于民，以社会安定和人民安居乐业为目的，着眼点是上下兼顾的。

第一，奏立十路课税所（太宗二年），欲改中原之废地为牧地，所荐长官，皆用儒者，使儒生渐次抬头。

第二，建议诸路军民分治。

第三，赦免汴梁的屠城之劫（癸巳）。

第四，索亡金礼乐及名儒梁陟等北上。

第五，于燕京置编修所，平阳置经籍所，以广文治。

第六，奏开俘囚之禁。

第七，议定中原户赋，奏招户口皆籍为编民，上《陈时务十策》，如信赏罚、正名分，皆儒家传统的治术。

其实耶律楚材的事功，最重要的有两点：一是在大汗左右，乘机劝谏，减少杀戮，如前述的保全汴京和解放俘臣；二是建议用汉法，使儒学得渐次注入。第二点在太宗伐金以后，于各路开科试士，为最有影响。许多儒生因召试中第而踏入仕途，其不做官的，也以儒户而免其租税，解脱奴隶的生活，对当时文人造福不浅。

所谓金莲川者，实指桓州一带地方。此地又为蒙古入塞的起站，当成吉思汗时代，耶律阿海即以桓州尹来投诚，引之入塞，故蒙古汗才指定为汉地行政中枢。忽必烈在1253年，受封京兆，从京兆封区之六盘山祃牙西征大理，范围更广，汉族儒臣的进用也更多。所有应聘的儒臣，为便于记述起见，统名之曰"金莲川幕府"，里面有两个系统，一是亲王左右，一是征聘而来，著名的有如下二位。

一是刘秉忠。字仲晦，初名侃，因从释氏始改今名。辅佐忽必烈创建大业，平生大事，如修建开平府为上京、创议行交钞、建议以大元为国号等，此外还有颁章服、定朝仪、给俸禄、立官制等。没有他，也许中统至元的政治，不能汉化。可是荐人用事之始，是自他的故乡邢州，正因为忽必烈的封地在邢州，他荐人治理得法，才能认识儒生的有用。他与张文谦对于儒学，可谓穿针引线的人物。

二是姚枢。他最大的成功，是在初见忽必烈时的献策，差不多把元代儒治的规模皆为预定，纯粹是中国历史上英主争天下者所应采的道路。此后姚即侍从左右，以"不杀人能一天下"的道理，来劝忽必烈攻下大理，而不屠城，从此博得了四方归心。这便是统驭天下的窍要。姚枢首以二帝三王为学之本，为治之叙，与治国平天下之大经，汇为八目，曰修身、力学、尊贤、亲亲、畏天、爱民、好善、远佞；次及其救时之弊，为条三十，本末兼赅，细大不遗，都是中国历代儒家政治的条目，后来终元之治，多半不出这个范围。

安童相业，《元史》及同时私家记载，都很称道，其实是许衡和汉儒生的抒展。元代儒学由于他的支持，而飞跃进展，一代典章，皆立于此时，安童是成吉思汗四杰之一穆华黎的曾孙，幼而不凡，见知于忽必烈，又受蒙汉臣僚的爱戴，以世臣出为宰相。立御史台，以正纲纪；立太常寺，以崇礼乐。其规划应溯源于许氏的《时务五事》，在其影响下，中原儒治，有几项大政，兹为分别引述如下。

一为设御史台。虞集《御史台记》云："昔我世祖皇帝即位之十年，始立御史台，以总国宪……按御史台，至元五年置，秩从二品，二十一年升正二品。后增至十六人，皆汉人，又增蒙古、色目人，如汉人之数，今三十二人。至元十四年既取宋置南行台。二十七年莅江南之地，号江南诸道行御史台，御史是监察之官，在儒臣之建议，则主于谏诤。在至元中，汉人御史之卓卓有声者，如姚天福、张雄飞等。中堂记事的作者王恽，建白很多。要之，御史论事最有风骨者，唐宋而下，实推元代。对国计民生，多所裨益。"

二为设学校。此为儒治之中心。考学校建制的次第，国学之始，据《元史·选举志》："世祖至元八年春正月，始下诏立京师蒙古国子学，教习诸生，于随朝蒙古、汉人百官及怯薛歹官员，选子弟俊秀者入学。"地方学则较早，同篇："国初，燕京始平，宣抚王楫请以金枢密院为宣圣庙。太宗六年，设国子总教及提举官，命贵臣子弟入学受业。"其实在太宗朝以后，地方长官都在兴学教士，最著名的为东严氏父子。其他各处，皆有修学之举。其价值为延续文化，保存儒学的精神。当蒙古人入主中原大混乱的局面下，的确保存了许多学人，使他们发挥所学，把传统的礼乐制度、衣冠文物传给蒙古人，使他们相当汉化，奠定中统、至元儒治的基础。

三为劝农桑。农政为许衡建议，而由张文谦奏请实行。所以施行原因，自金亡前后，中原锋镝，人民不死于兵，则被俘，户口虚耗，农田荒芜。到忽必烈时代，既迁都长城以内，便以中原为根本之地。非恢复正当生产秩序，不足以维持国用，所以农政为元代的大典，一如三国时曹魏之屯田汝、颍政策无异，皆是大动乱后安抚流亡的措施，却因此而建立乡社之制。据《元史·食货志》："至元七年，立司农司，以左丞张文谦为卿。……是年，又颁农桑之制一十四条，条多不能尽载，载其所可法者：县邑所属村疃，凡五十家立一社，择高年晓农事者一人为之长。增至百家者，别设长一员。不及五十家者，与近村合为一社。……其合为社者，仍择数村之中，立社长官司以教督农民为事。"其制大体谨严，极合中国农村的需要。

四为开经筵。中国历代为君主所开的经筵，明是讲学，实是儒臣借古事以议今制，最能影响君主的言行。蒙古人虽不知此道理，可是当成吉思汗初起时，即有"说话人"的设置。畏兀儿人塔塔统阿投降后，被命教诸皇子书，也就是这种职务。儒生开始与蒙古人接触时，也是几个能通国言的亡金遗臣如杨惟中等。窦默在中统初年为翰林侍读学士，极论王文统奸邪，也是利用经筵讲学的机会而发。因此中元儒治的推行，开经筵也是重要的条目。

元初用儒与影响

蒙古人草昧初兴，并不知什么是儒学，因为他们用兵立国有用，才被容纳。多少金源士大夫，做了俘虏，渐渐地使蒙古人认得中原文明，他们被见用后的设施，却不脱儒生思想与作风。太宗窝阔台汗一朝的文治，以耶律楚材为中心，主要的设施是复儒户，开科选，立十道征税所，创经籍所；尤其中朝有儒生出身的人做宰相，一般草莽风尘的读书人，便有所归依。但他们的用世，只可以说是求生，不能说是行道。

尽管蒙古汗廷宫闱乱政，骨肉构衅，但汉地的建书院，印行四书、小学、《近思录》等，尊孔兴学，却把金元以来的士习变化过来，由"干禄"、"志道"，影响了若干杰出人物。如刘秉忠、张文谦之荐引儒生，来充实忽必烈汗幕府，使藩邸宾僚，成为瀛洲十八学士，把草原尊长式的忽必烈，陶铸成汉武帝、唐太宗一流人物。又如姚枢之三十策，郝经立政诸议，皆是为万世建太平的大计。这一期文化形态，已渐窥儒学之阃奥，儒生的地位亦从俘虏与奴隶中解放出来。蒙古统治者，更认识了儒生的有用，用"汉法"成为当时流行的口号。

1260年至1294年，因制定了国府州县儒学的规模与各种儒治的措施，保证了儒学的存在。其间以许衡为主，他的《时务五议事》，是安童做相用儒的中心政策。国学的建立，把儒学传给了蒙古人、色目人的贵胄子弟，门弟子遍布北方，使濂洛、关闽之学，成了儒学的偶像，一直影响后来，使程朱学说成为思想界的主流，支配了中国政治社会，乃至日常生活。

综而言之，蒙古自铁木真称大汗（1206年）始，中经三次西征，建四汗国，直至忽必烈吞并南宋（1279年），其间不过七十四年；灭宋后亦有九十年的历史（1279年至1368年）。以一边疆民族来统治高文化的中原领土，竟可维持近百年的国祚者，实因中统、至元到延祐、至顺年间曾出现了儒治的局面，这倒要归功于中华文化的感染力与韧性精神，以及中国儒生的"不变塞"、"强哉矫"的刚毅能力。

第二节 元代统治汉人的政策

蒙古人入居中土后虽借用儒之功得以建立统治权，但在另一方面，对汉人的统治极其残酷。

政制方面的措施

一、分定等级

元代政府区分全国人民为"蒙古人"、"色目人"、"汉人"（即以前金辖区汉人和契丹、女真、高丽、渤海人）、"南人"（即以前宋辖区的汉人及其他民族）四等，并贱称汉人为"汉子"，南人为"蛮子"。同时在行政区划上，以山东、山西、河北为所谓"腹里"，直接统治于"中书省"，另置所谓"行中书省"十一，即岭北、辽阳、河南、陕西、四川、甘肃、云南、江浙、江西、湖广、征东，统治其他一百八十五路及直属府、州、军等，其中岭北"行中书省"则是一个特殊区域。这不仅在法律上确立了蒙古贵族的统治地位、色目人的优越地位，以及汉人和南人的奴属地位，而且在政治上分化汉族，在地域上分裂汉族住区，造成了"汉人"、"南人"和"色目人"的对立。

二、政府的组织

元代规定自元廷的中书省（总管政务）、枢密院（管兵马）、御史台（"司纠察"或"司黜陟"，即掌监察）以至地方行省的行台、宣慰使、廉访使及路、州、县主管，大都由蒙古贵族充任，即所谓"其长则蒙古人为之"。蒙古贵族不能为者，及各种副职，则尽量任用阿拉伯、波斯、欧洲、康里上层人物，即所谓色目人充任。汉人只能充任属员，他们认为最可靠的，也大都只能任副职——只有杨惟中、史天泽与贺惟一当过宰相，卢世荣掌管过赋税。同时科举方面也规定：蒙古人、色目人为右榜，汉人、南人为左榜；考试科目不同，考试后放官，蒙古人高色目人一等，色目人高汉人、南人一等。这样，把汉、契丹、女真等族人的政治权利，完全剥夺。

三、刑罚及法律的措施

元代法律规定，蒙古人与汉人争，殴汉人，汉人勿还报，许诉于有司；蒙古人无故杀死汉人，仅罚金或罚其出征，或偿一头驴价；汉人杀死蒙古人，夷族，并罚偿烧埋银（丧葬费）；杀死伊斯兰教徒，罚四十巴里失黄金；奴婢打骂主人，或杀伤与奸犯主人，处死刑；主对奴婢有生杀全权，打杀或戏杀他人奴婢，杖刑或赔偿葬费；奴婢告主，有罪（当时汉人被抑为蒙古和色目人奴属的，至少在一千万以上）。色目人对汉人、南人，也在法律上与蒙古人享有同样的特权。而在实际上，自蒙古诸王、将、僧侣以下，全无规定法律，任意逞其横暴，是谓"任意而不任法"。

四、荫叙之制

荫叙又名承荫。元代荫叙制度，对蒙古人及色目人显然较对汉人为优异。大德四年省议诸职官荫叙：正一品子为正五，从五品子为从九，中间正从以是为差。正六品子，流官于巡检内任用，杂取于省札钱谷官任用；从六品子，近上钱谷官；正七品子，酌中钱谷官；从七品官，近下钱谷官。诸色目人比汉人优一等荫叙。

五、以儒制汉

元政府又利用汉人、南人出身的文官武将，如张宏范、范文虎、吕文焕等充任其军事上的先锋和向导，利用卢世荣、史天泽、贺惟一等助其在政治上的策划。并尽量利用儒生，帮他去麻痹人民，订立制度。太祖时（1206年至1228年），起用儒生出身的姚枢。太宗时（1229年至1245年），库腾（亦作阔端）南下攻宋，特命姚枢从军去收罗儒、道、释、医、卜士，在"民尝拒命，俘戮无遗"的反面，"凡儒生挂俘籍者，辄脱之归"，得"大儒"赵复等，为建太极书院，立周子祠。世祖（1260年至1294年）征用"大儒"窦默、许衡、郝经等，帮他讲求立国规模与"经国安民"之道，使"下至童子，亦知三纲五常为人生之道"；后又不断求遗逸，得吴澄等儒生，使他们兴学校、立科举、尊孔子；他们甚至不知孔子为怎样的人，却给田致祀，令路、府、州、县均立孔子庙。另一方面，蒙军过江之初，为镇压汉人反抗，在湖北，想杀绝"大姓"；在江西，则广事牵连。都昌一地已达三百余家；在河南，脱脱说"河南汉人造反"，想杀尽河南人；在浙江，伯颜想杀绝刘、李、张、王、赵"五大姓"等，都可以看到当时蒙古人统治汉人的真正面目。

经济方面的措施

一、人力方面的政策

一为任意抑配大量的汉民族为奴隶。元代政府，常任意抑配几千万户

"汉人"、"南人"良民和手工业者，用作手工业奴隶（本纪多所记载），《元史·镇海传》也说："先是收天下童男童女，置局弘州；既而得西域织金绮纹工三百余户及汴京织毛褐工三百户，皆分隶弘州。"《辍耕录》也说："至于丁丑（1337年）……民间谣言，朝廷将采童男女以授鞑靼为奴婢……故自中原至江之南，府县村落，凡品官庶人家，但有男女十二三以上便为婚嫁……盖惴惴焉，唯恐使命戾止，不可逃也。"尤其是蒙古贵族以至一般自由民、色目官吏、富贾、寺院、道观、教堂，也到处拘掠和强制良民为奴婢（《元史》列传记载很多）。如在江南，他们"蔽占王民奴使之者，动辄百千家，有多至万家者……有藏收粮……五万石以上者"。这是全国普遍的情况，元廷并不认为不对，只是要他们输粮而已。

二为贩卖和劳役人民。元代的公私奴隶数量，据说经常至少在千万人以上，而蒙古诸王将领的"部民"还不在内。这种数量庞大的奴隶，都用在官私杂役，军队运输，大都、上都、杭州及其他的毡帐、织染、陶器、皮革、金属等官工场，私家和寺观教堂的私工场及农庄。另一方面，元廷不断拘捕大量"汉人"、"南人"的良民和工人，送至其各汗国，用作手工奴隶及杂役优妓等；如在西辽，"汉民工匠络绎"；在撒府儿干，"汉人工匠杂处城中"，在高昌西的葡萄园中，"侏儒伎乐，皆中州人士"。蒙古贵族和色目官商，也私自掠捕"汉人"、"南人"男女贩运出口，并公然见之于海关税例。

三为设立屯田制度。元政府的屯田，有"诸卫兵屯"，诸"屯田总管府"民屯，各行省的兵屯、民屯，其中"卫屯"的"屯田千户"、"屯田万户"到处皆是，民屯尤多，占有全国很大面积的耕地；耕种民屯地的屯民，全系勒拨"汉人"、"南人"良民充当；"兵屯"除奴隶式的兵卒参加劳动外，也是抑配民户。这两种屯户，为数均不少。

四为以汉族民户充当军屯户。元廷将全国各地以至各汗国驿站的军屯户，统属勒拨汉族民户充当。他们在形式上是半奴隶地位，实质上却是过着奴隶式的生活，受到极残酷的剥削。所以除去奴隶和半奴隶式的民户外，所谓"全科户",为数并不太多。

五为严厉控制"新降户"的"工本"。元政府常拨汉族民户(最初叫作"新降户")交主管机关,充当煮盐灶户、采茶园户、煎矾户等,所给"工本"常不能维持其生活(如河东捞盐一担给工价钞五钱,辽阳七钱半)可见一斑。

六为常以汉民充当特权阶级之"部户"。元廷统治下,汉民族的财产和田地,常为蒙古、色目权势、无赖及僧道强夺,并抑其充当"部户"。佃种蒙古、色目人及僧道所占田地者,实际上成为半奴隶式的"部户";汉族大地主豪霸与契丹、女真贵族,则皆奴颜婢膝,或派子弟承奉官府,随其出入,或充当衙门皂隶,也依势奴役佃户,欺压人民。其他小商人,如民船业者,舟楫往来,无不被扰;名为和顾,实乃强夺,鬻妻子质舟楫者,往往有之。因此,那些"全科户"、"半科户"等的汉族以及契丹、女真族人民,也都在半奴隶式的压榨状态下过活。

七为徭役繁重。农民们不仅负担沉重的赋税,还有许多兵役和劳役。如元世祖至元四年(1267年)正月,"敕平阳、延安等处签民兵三千人……"。至元六年(1269年)六月"罢金、银、铜、铁、丹粉、锡碌、坑冶所役民夫。"至元八年(1271年)二月"发中都、真定、顺天、河间、平滦民二万八千余人筑宫城"。至元二十年(1283年)正月,"起诸军贴户年及丁者五千人,民夫三千人"运木材。这些徭役,严重地妨害了农民的生产时间。

八为"括马"和"和买马"之制。马对于游牧的蒙古人本是重要的财产,蒙古人入主中原以后,为了军事上的需要,为了防止汉人的反抗,也特别注意马政。因此,人民的马便成了剥削的对象。当时所谓"括马",又称"刷马",就是无代价的从人们手中把马夺过去。元廷究竟括了多少马呢?精确的数目已无法统计。但有数字可查的,从至元十一年(1274年)到天历元年(1328年)五十多年中,所括的马约在八十万匹以上。至于只说"括马"未提括了多少的材料也不少,那就无法统计。但在元代统治的百年中,汉人马匹被括总数在百万匹以上,恐怕还是非常保守的估计。这只是"括马"的一项损失,另外还有"和买马",就是用低价强买人民的马和牛,因此而被夺去的马和牛恐也为数不少。

九为匠人阶级的管制。元代手工业劳动者的遭遇也不比农民好多少。在草原上的蒙古人,除了极简单的工具用物能自造外,大部分的手工业品都仰自外来,因此对于工匠便特别重视。蒙古军队对于攻陷的城市,多采取极端手段,但对于工匠则不加屠杀。不杀,可并不让他们安居,而是把他们作为俘虏,分配给元政府和贵族官僚们使用。这是在战时。平时,元政府也时常下令搜括工匠。如窝阔台八年(1263年)时,曾在中原括得民匠七十二万户;其中工匠应不在少数,元世祖至元十三年(1276年)籍江南民为工匠,凡三十万户。这些工匠被分配给元政府、皇室、贵族等。元政府设立了广大的手工业机构管理他们,另外,在军队中还有军匠,他们仅得到维持生活的衣食。他们所制出的成品是无代价的被统治者们占用了,人身自由也大受限制。

二、土地方面的政策

一为设"官田"、"助役田"。所谓"官田",并非指仍宋、金之旧。蒙古贵族从南下之日起,到处圈占耕地为牧场,由于杀戮残破的结果,华北中原地区,到处形成广大无主的荒原,也都成了官地。同时,也常任意没收民田为官田。自世祖至元二十六年(1289年)以后,复不断借口人民隐占官田,限期迫令"出首";并实行所谓"经理之法"(即派员赴各路、各省,检查、算理田亩),不仅指民田为官田,且以无为有,处登于籍者,往往有之,以致民不聊生(如新丰一县,撤民户一千九百区,坟墓都被夷平)。又如在长江以南,还有所谓"助役田",即民户有田一顷以上的,均抽田入官"助役"。"兵屯"强占民田,更是常事。同时,对长江以南地区,官吏一律不给薪俸,只给予职田,任其剥夺佃户。

二为准许特权阶级任意强夺民田。蒙古贵族以自由民、色目官吏、僧道,除由元廷不断赐予土地外,诸驸马及权豪,或所谓王公大人之家,每强夺民田，或占民田近千顷，僧道也到处占夺土田，占有大量佃户（如江南寺观占佃户五十余万户），元政府并令"凡良田为僧所据者，听蒙古人分垦"。他们占有的土地，占所谓"民田"中相当大的部分。

三为准许特权阶级占地征赋役。汉族大地土与色目豪富（如"杭州……八间楼皆富贵回回所居"）在江南三省，一面"重其财贿，结托上下，专令子孙弟侄……从朝至暮相随省官，窥伺所欲，竞为趋诣，要一奉百，侈其念心"，一面则借兼并、强占或买贫民田而仍用其旧名输税。因之，"（在）江南，豪众占农地，驱使佃户，无爵邑而有封君之贵，无印节而有官府之权，恣纵妄为，靡所不至"。在江西，有的地主占有二三千户佃户，每年可收租二三十万石。"荆、楚之域，至有雇妻鬻子者，衣食不足，由豪强兼并故也。"在福建，如崇安，五十都之田，纳的官粮是六千石，其中"大家"五十家拥有六分之五的田，佃民四百家共只有六分之一的田。"大家"之田连跨数郡，而有司常以四百之佃民配五十"大家"之役。因此，在民田里面，人民占有的比例，在崇安仅占六分之一。离"腹里"较远的蒙古、色目势力较薄弱的崇安尚且如此，他处可想而知。

三、税收方面的政策

一为繁重的田租和高利贷之剥削。被富豪剥削的农民过着穷苦悲惨的生活，他们向富豪所纳的田租，一般是收获量的一半，这是自治以前的办法，也有抽一定数量的谷或米的。纳谷的数目每亩从一石三斗到二石六斗。纳米的数目，每亩从三斗到一石不等。租额已经够重了，还有在纳粮外再征税的。在农民青黄不接时，地主们又利用高利贷剥削他们。当时的高利贷者，叫作"斡脱"，他们放的钱，叫作"斡脱钱"，即所谓"羊羔儿息"。诸王妃主、西域贾人以钱贷于人，如期收本利，累数倍，至没其妻子，犹不足偿，强行拖拽人口头匹，准折财产，如札忽真妃子遣使人追征"斡脱"钱物，亦无原借"斡脱"钱数目，辗转相攀索，累一百四十余户；元政府并立"斡脱所"以掌追征之事。

二为沉重的赋税。元代的自耕农民，情况也并不好。蒙古人所占的牧场，大都是取自他们的土地。能够保存几亩地的，又要负沉重的赋税。元政府对江南和中原的农民用两种抽税的办法。对中原的农民抽丁税和地税，对江南的农民抽夏税和秋税。丁税按人（成丁男子）抽，地税按地数抽。按至元十七年（1280年）规定，丁税每丁纳谷三石，地税每亩纳三斗。纳时每石附加"鼠耗"三升，"分例"四升。江南税法本仍南宋旧制，秋税纳粮，夏税纳木棉、布绢、丝棉等物。但税额都是根据亩数计算，为何江南和中原地区纳税不同呢？这是因为江南经济比北方发展高，中原地区，经过金朝的统治和蒙古初期的战争，经济残破，生产力不高，每家所占土地不多，若完全按土地出产抽税，对统治者不利，所以改成抽丁税和地税两种。这样即令一家只有很少的土地，地税虽纳得少（如十亩只纳三斗），但至少却要纳三石丁税（丁多还多纳），这对于统治者有利，而人民却吃了大亏。

三为捐税的负担。元代人民除了正常的租税负担以外，还有其他捐税。一种叫"丝料"，根据户等高下，最多者每两户出丝一斤和颜料送给政府；另外每五户出丝一斤和颜料给他们直属的贵族和官僚（蒙古行分封之制，各地多归贵族管辖，抽一部分赋税）。一种叫"包银"，每家出银四两，其中二两纳银，二两折收丝绢颜色等物。这两种统称为"科差"。丝料包银之外，又有"俸钞"，高等户年纳银一两。此外还有许多间接加在农民身上的各种名目的税项。

四、专卖方面的政策

控制主要用品的买卖。元代的农具、盐、茶、酒、醋等项都是由官专卖的，这都是对人民的残酷榨取，如食盐，实行按路按省抑配，引（四百斤）数常常远超过消费量，价格定得特别高，即就大都来说，官卖名曰二斤四两，实不到一斤。在陕西甚至令百姓一概均摊解盐之课，即"认纳干课"，另出钱"食韦红之盐"。山东情形也是一样，其他茶和酒醋等都按地区规定应缴"酒课"、"醋课"等银数，实行抑配的情况差不多。元代的盐户必须世代从事制盐，不得改业。他们有特殊的户籍，与民户分开。他们固定在一定的盐场上，不能随便移动。在行政系统上，他们"不统于有司"，除了"犯强窃盗贼、伪造实钞、掠卖人口、发冢、放火、犯奸及诸死罪"等刑事案件"并从有司归问"外，其余"斗讼、婚田、良贱、钱债、财产、宗从继绝及科差不公自相告言者"，都归本管盐司"理问"。元代在占有盐业生产的基本生产资料的基础上，对盐户实施了严密的劳动力编制，并用法权形式将这一编制固定下来，盐业生产中，生产者和基本生产资料的结合，是通过政权强力来实现的。这种方式，充分显现了元政府具有直接支配生产者的权力。

五、财政与金融的政策

（一）财政政策

元代税收有"朴买"之制。此制本始于金，元太宗十一年，富人刘廷玉等请以银一百四十万两朴买天下课税，但为耶律楚材所谏而止。后回回人奥都剌合蛮，请以二百二十万两朴买，楚材虽力谏，但仍不得。世祖虽为开国贤主，但先后任用阿合马、卢世荣、桑哥等相继为计臣，尽量搜括，使人民怨恨。中统三年，阿合马兴铁冶、增盐税，小有成效，拜平章政事，后更以之平章尚书省事。其措施，专以掊克敛财为事。虽有史天泽、安童等争之，崔斌等劾之，皆不能胜，又陷害阿里伯、燕帖木儿于死。擢用私人，以其子忽辛及抹速忽分据财赋要职，并援引奸党郝祯、耿仁等，征敛无度，阿合马被杀死后，又用卢世荣，亦以增多岁入为能。盐铁、商税、田课凡可以获利者，都加以搜括。肆恶二年被揭其奸受诛。但未几，又用桑哥，再立尚书省，改行中书省为行尚书省，六部为尚书六部，大增天下商税，腹里二十万锭，江南二十五万锭，已视七年定额增十倍以上。元中叶以后课税所入，视世祖时增二十余倍。但国用犹感不足，此由于虚靡巨费于佛事，重赏贵戚恩幸，加以大兴土木，穷奢极侈。在这种大量支出的情形下，只有向人民搜括，而人民生活更感困苦。

（二）金融政策

元代又采行钞法，以钞票代现钱。世祖中统元年，始造交钞。其法系以丝为本，每银五十两，可兑换钞丝一千两，一切物价，皆以丝价为标准。民间流行的，均为钞票，现款则有入各路的官库。既而又造"中统元宝钞"，至元十二年，添造"厘钞"。二十四年，改造"至元钞"，与中统钞并行。其后发行渐滥，钞票价格日益低落，遂致物价腾贵，民不聊生。又因旧钞破烂，不能换取新钞，人民拿在手中的钞票终成废纸，而奸民又常造伪钞，于是钞法大乱，贬值益甚。

宗教方面的政策

一为利用道教。元政府利用土生土长的道教为他们宣传无欲、无争、命运、劫数以及不老长生之术。他们在两河、山东肆行之后，便招致道士邱处机以为长春真人，封为国师，命其总领道教，到处建立道观，即所谓"全真教"。宪宗（1251年至1259年）封道士郦希诚为"真大道教"的教宗，李居寿为太乙掌教宗师。世祖封龙虎山道士张留孙为真人，命其总领江南诸路道教（号"正一教"），并参与枢机。他们利用道教为其服务，去统治人民的精神生活，同时又正式把道教分裂为互相对立的四个流派。另一方面，又严禁人民自己的宗教活动。

二为利用喇嘛教及其他宗教。元朝政府极力提倡、尊崇喇嘛教，八思巴及其继承人都被封作"帝师"，用他们去"抚慰""险远"之俗、"犷狷"之民。对于穆斯林，元朝政府持宽容态度，兴建礼拜寺，任用其上层分子为国家服务，在各级政府中充任官员。对于中国内部的基督教徒，他们进行优待，助其于大都、泉州、杭州等地建堂宣教，并同样任用其上层分子。同时，凡萨满教（蒙古原来的宗教，也是女真、契丹等部落部族原来的宗教）的巫师、喇嘛教的僧人、汉传佛教的和尚、道教的道士、基督教的也里可温、犹太教的迭屑、伊斯兰教的达失蛮（或阿訇、毛拉）等，都予以免除赋役等特权，明令保护，并强令人民对他们尊敬。

军事方面的政策

一为严禁汉民族武装。汉人及南人的各种武器和马匹,一律没收、"禁绝",禁绝私藏。南方故老相传,菜刀也只准五家共一把;练习武艺和打猎,也一概严禁。除有四顷以上土地的地主,一家三丁得选一丁当兵外,汉人、南人得为兵,但不得参与军政,即不得掌兵权,中央"立五卫以总宿卫诸军,卫设亲军都指挥使"。

二为严厉实行军事控制。于全国各"行中书省",都派蒙古诸王,其他要镇以至州县都派蒙古将领,领"蒙古军"(蒙兵)或"探马赤军"(各部落和部族兵)留守、驻防(如路有万户府,县有千户府,重要州镇有都督),亦即所谓"外则万户之下置总管,千户之下置总把,百户之下置弹压,立枢密院以总之",各官均由中书省礼部"铸造印信""发下"。所谓"新附军"(即投降的宋军和金军)则离屯其间。为加强其对统治地区的军事控制,又遍设"站赤",即驿站,如"腹里"共设一九八处,浙江等处行中书省共设立二六二处。

三为对军户的剥削。元代的兵制,既非征兵制,又非募兵制,而是"军户制"。成吉思汗初入中原,采用金降将郭宝玉的建议,规定:"蒙古、色目人每丁起一军(兵),汉人有田四顷、人三丁者签一军,年十五以上成丁,六十破老"。换言之,即蒙古、色目人实行全民皆兵制,而汉人则家有田四顷以上者,三丁征一兵,这些被佥当兵的称为"军户",与普通民户分开,另编入军籍之中,以后世代当兵,永不得脱籍,军户服兵役,没有粮饷,只有四顷地的免税权,并有贴军户稍加补助,但还道镇戍,所费一年不下千缗,四顷地的免税,还不足以补贴其损失,所以军户往往贫乏。

四为对站户的剥削。元代"站赤"遍布全国,皆征发百姓供役,名为站户。站户土地四顷以内不输税,与军户同,其限内田应纳的赋税,全部供给站赤费用。其站户应供给者,第一为驿马及其他一切交通工具。至元十九年规定:"随路站赤,三五户共当正马一匹,十三户供车一辆,自备一切杂物公用。"其次是过路使臣人畜食料的供应。元代使臣往来频繁,站户负担极重,加以西僧往还,商人献宝,皆得驰驿,供应更无限制,故凡当站户者无不破产,或至鬻妻卖子以充站役。

五为军屯制度。元代的军屯制度,是一种劳役人民的特殊制度。军士自己生产出来的粮食,除正粮充作正饷以外,绝大部分被将官们和其从属层层榨取,所以军士生产的真正积极性是谈不到的。元代军屯的征收则例,史无明文记载。但从《元史·兵志》《续文献通考》、田赋等有关记载,也可以约略看出元代军屯的特殊苛刻制度。基本上是规定每一卫所的军士以半数下屯,官给农具、耕牛、种子;每一军士耕种五十亩左右(也有至一百或一百五十亩的),岁输粮三十石,即每亩六斗的定额地租;而所谓不定额的分成制,一般是四六或对分的。原来政府规定屯田军"差免一切差徭",但实际上,他们却担负种种繁重徭役,如运输、驿役等。可见元代屯田军人,实际上也受着剥削和奴役。由于屯田军户受到将官及其从属的各种压迫,受到统治者的残酷剥削,他们有的"鬻妻卖子",贫困不堪,有的则相继逃亡,投充诸色户计,或为寺观的佃户者不少。

社会方面的政策

一为实行社瞳组织。以五十家为一社,规定:"有游手好闲及不遵父母教令者,社长籍记姓名,俟提点官(蒙古人)到日,实问情实。"种田者以木牌立于田侧,上书某社某人。"凶恶无道者",社长书其犯罪于门上。社长除为其监视社民外,还为其催收和摊派"差科",即税役。社长虽系"汉人"或"南人",但在其上有提点官,另有蒙军(长江以北)或探马赤军(长江以南)驻社,名义上也与"汉人"共同编社。湖南故老相传,五家一连,五十家一社,都有"达子"管事,夜晚也不准闭门。同时凡聚众结社,鸣铙作佛事等,都要治罪;读禁书和言语讽刺者徒刑;读词曲及其他文字有"犯上"者死刑。

二为严分社会阶级。元代社会上层阶级,大体言之,有皇室、贵族、军人、僧侣、商人、地主、官吏，而一般平民之政治地位则甚低。而当时社会有十色之说，即一官、二吏、三僧、四道、五医、六工、七猎、八民、九儒、十丐。官、吏为贵族，僧、道为宗教人员，亦相当于贵族。医工即平民中地位较高者，如匠户主类。七猎、八民者，元特有捕猎鹰人，籍隶鹰房总管府，此虽是残民，但为贵族所御用，因此较农民地位高。而所谓民，即是汉人、南人农民。九儒、十丐者，儒是民间自由学者，但其本身职业对元代国家实无贡献，而蒙人也不了解儒者地位的重要性，因此与丐同列。大抵当时的社会阶级，除贵族军人外，僧侣最高，其次是商人，再其次是工匠，包括各种特殊技能如医生等，再次是猎户与农民，而社会上自先秦以来甚占重要地位的士人，在蒙古人眼中看来是最低贱的。

第三节　元代色目人的贡献

色目的涵义

《资治通鉴》卷四二《唐纪》，"德宗建中元年春正月"条曰："始用杨炎议，命黜陟使与观察刺史，约百姓丁产，定等级，改作两税，此来新旧征科色目，一切罢之。……玄宗之末，版籍浸坏，多非其实。及至德宗兵起，所在赋敛，迫趣取办，无复常准。赋敛之司增数，而莫相统摄，各随意增科，自立'色目'，新故相仍，不知纪极。……"

《渊鉴类函·政术部》"贡举"条引《记纂渊海》："唐大中以来，礼部放榜，岁取三二人姓氏稀僻者，谓之'色目人'。"

《北征纪实》载："方讨小斛禄，以未得天祚也。粘罕遣使谓贯曰：'海上元约，不得存天祚，彼此得即杀之。今中国违约招来之，今又藏匿，我必要也。'贯拒以无有，即有遣使迫促贯，语大不逊。贯不得已，遣诸将出境上，曰：'遇有异色目人，不问便杀，以首授使人。'然金人俄自得之，事乃息。"

元代所称的色目人的涵义

日本人高桑驹吉《中国文化史》说："色目人者，指西域诸国人而言，谓其为异色目之人，即外国人之义，汉人南人则皆为中国人，其区别的来由，是这样的：其初金取辽地的中国北边人民，以为汉人，继取宋的河南山东人民，遂以为南人；元则先取金地的河南山东以北之民为汉人，继则取南宋之地的人民为南人也。"

日本人箭内互《元代蒙汉色目待遇考》："由元代蒙古人之眼光观之，汉人、契丹、女真人、高丽人，固亦为外国人；但比之西域人，则为见惯闻惯之外国人，而西域人，则彼等新见新闻之外国人也。故蒙古人总称契丹女真等曰汉人，而称此新接触新征服之西域人曰'色目'人。"

对经济的贡献

元代色目人亦算统治阶层者，对汉人、南人虽诸多抑压，但亦非无贡献，吾人读史固不可以一概而论。事实上，色目人在元代不但有其本身的贡献，且由于色目人的关系，减少了汉民遭大屠杀的事例不少，而对经济的贡献尤多，兹据史实分论如后。

一、促进农业生产

色目人在农业贡献方面，提出了一些建议，皆能适应中国农业生产特点，从而缓和了元代的高压统治，使农业生产在某种程度上得以恢复或保存。例如，西夏（唐兀）人李恒"禁军毋得掳掠"；成吉思汗下令屠肃州城民，经昔里钤部建议，"得免死者百有六户，归其田业"；蒙古将领建议屠中兴，"察罕力谏止之，驰入安集遗民"；畏吾儿人廉希宪在四川奏请"申敕军吏，无妄掳掠"。这都使一城一地的人民免遭屠杀或掳掠。又田税额超出实有田亩，畏吾儿人塔海"以其弊言于朝，由是省民间虚粮二十二万，民赖以安"，使人民免遭苛敛之苦，得以安居生产。再如汪古（雍古）人马祖常建议重视农业生产；赛典赤赡思丁父子在云南屯田；汪古人世延

"议重庆路立屯田，摘军千二百人垦之，岁得粟一万一千七百石"。直接提倡和组织了农民生产，对恢复农业生产有显著作用。此外，色目人因应征军役，进行屯田，直接参加了农业生产。如回回炮手在南，斡端可失合儿工匠一千五十户在甘肃、陕西等地屯田，乞儿吉思七百户在合思合屯田，当时的钦察卫和宣忠扈卫亲军万户府就是专门管理他们屯田的机构。以钦察卫看，至元二十四年在清州屯田的即有一千五百一十二名之多，其后又有增加，屯田达六百五十六顷。

二、兴修水利方面

兴修水利是农业生产的重要保证。因此色目官吏为了保证政府收入，兴修了一些水利。如回回人赛典赤赡思丁于至元十一年，以平章政事行省云南。他筑垄修闸，挖堰开塘，疏浚河水有功，封为咸阳王。在赡思丁与其子纳速剌丁努力下，云南境内，水利大兴，耕地增加，到至元二十一年，仅屯田课税一项，即达岁五千两之多。又廉希宪曾在荆湖一带，排泄积水，使为耕地，"遂得地数百万亩，招谕富民，随力耕种，约以三年后减半收租，贫民趋之"。这也是色目人治理水患的一例证。

三、手工业方面

色目人的手工业，本来已很发达。成吉思汗西征时，往往以比较极端手段对付西域人民，但对手工工匠则不同。这些西域工匠后来很多来到中国内地，从事手工业生产。为了管理色目工匠生产，设有撒答剌欺提举司，由色目人札马剌丁领导工匠制造撒答剌欺，又在河西"置毛段提举司"，工匠皆为色目人，进行毛织品生产。此外，当时弘州成为色目织工匠集中的一个地方，元政府曾"收天下童男童女及工匠，置局弘州。既而得西域织金绮纹工三百余户，及汴京织毛褐工三百户，皆分隶弘州，命镇海掌焉"。他们用犬毛、兔毛制成的织物，品质优良，即仿西域纺织品而成，被视为珍品。

四、矿业方面

在汪古人马同合乃做礼部尚书时，"兼领已括户三千，兴煽铁冶，岁输铁一百三万七十斤,就铸农器二十万事,易粟输官者凡四万石"。故色目人对开矿事业,亦有一定的贡献。

五、商业方面

色目商人当时非常多,他们大多贩运西方珠宝、香料等奢侈品,供元廷统治者享用,但亦有把一些西方普通商品带到中国内地的。如泉州丁夔曾"商贩于外,往来于苏、泉之间"。这必然是一般民用商品。可见色目商人对中西经济交流和沟通中国内地市场,也是有所贡献的。

六、西域经济作物传到中国内地

由于大批色目人入居中国内地,西域一些经济作物也随之而来,主要是水果和棉花。据波斯拉施特《史集》说:"由大都冬宫,往开平府有三道……第二道沿桑干河,经涿州,其地丰产葡萄及他种水果。涿州城附近,有赛玛利城,城中居民,大半为萨马儿罕人,植有萨马儿罕式的果园多处。"而植棉和纺织技术亦由色目人传至关陕,亦有自南方少数民族处学得的。

对文化的贡献

一、对蒙古初期文化科学的贡献

蒙古初期本无文字,后经西域商人将畏吾儿字传至蒙古。至元六年,吐蕃人八思巴又创造了一种方形文字,共四十二个字母,大致仿藏文制成,与前一种文字同时使用。有了文字不但可以减少社会生活中互相交通的困难,而且使蒙古人获得总结自己文化科学知识的功用,大大推动了蒙古文化的发展。

二、文学方面

许多色目人接受了中原文化,成为典型的中国知识分子。据统计,作家凡三十六人,著书达八十八种。如回回人赡思对易经、天文、地理、钟律、算术、水利等学问"皆究极之",著作非常丰富。维吾尔人阿鲁浑萨理于经史百家及阴阳、历数、图纬、方技之说,皆通习之,尤其对天文学通晓。

元末色目文人以回回丁鹤年最有成就，他"善诗歌，而尤工于唐律，为文章有气，至于算数、导引、方药之说，亦靡不旁习。"他对古诗、五七言律诗都很擅长，"其入人之深，感人之妙，有非他诗人之所可及。"

三、艺术方面

（一）音乐方面

元代西域各国音乐在中原流传最普遍的是西夏和回回音乐。这些音乐与中原原有的音乐混合，构成元代宫廷音乐。当时在礼部之下，设仪凤司，"掌汉人、回回、河西三色细乐；每色各三队，凡三百二十四人"。仪凤司下，又设常和署，"管领回回乐人"；天乐署，"管领河西乐人"。

（二）美术方面

色目人在山水人物和龙的绘画上都有所造诣，而塑像随佛教而传入中国。元代著名的塑像艺术家是尼波罗人阿尼哥，由于他修复了许多名工匠不敢承修的铜像，名噪一时。他的学生刘元也"独长于塑"，据说当时塑像，"一出元之手，天下无与比"。这是色目人传授塑像艺术给中国人的范例。色目人对建筑艺术贡献最大的是回回人亦黑迭儿丁。至元时，他曾建议修筑了琼华岛。

（三）词曲方面

元曲在中国文学史上占有重要的地位。色目人贯云石、马九皋、琐非复初、不忽木等四人，在元曲方面，都有独特风格。丁野夫的作品如《俊憨子》、《赏西湖》、《清风领》、《浙江亭》和《双鸾栖凤》等都驰名寰海。由此可见色目人在元曲方面的成就不下于汉人。

（四）科学方面

在天文历法方面，回回历法很得元朝政府重视，在大都豢养有星者、卜人约五千。中统四年，设置专门管理机构。而医药机构于至元七年始设置广惠司，专掌"修制御用回回药物及和剂之事，其后民间也有回回医药的流传"。据记载，回回药物有的可治一百二十种症，而外科手术亦治愈奇疾，甚为人所称道，自有其中丰富经验和科学原理为基础，此种医药知识都为汉人所接受,成为中国医药学不可分割的一部分。蒙古西征时,回回炮成为蒙古军攻城的有力武器,后来,许多汉人、新附人学得了回回炮术。至此,回回炮术迅速在中国传播开去。

第四节　元代的海运与国运

蒙古人以马上得天下,在陆地上的战事,由于擅长马军战术,攻无不克,但当元朝建立以后,形势已有所改变。亦即以前只是一种攻城略地的战术,现在则虽要注意如何统治人民,如何巩固其既得土地与成果,尤其在元兵到南方以后,渐感海运的重要,1276年,元丞相伯颜率兵攻破南宋首都临安后,曾将所得的库藏图籍,交给两个贩私盐海盗出身而富有航海经验的朱清和张瑄,从崇明州航海运到直沽,然后转往大都。至元十九年,伯颜向元帝建议,利用海道运粮,乃命罗壁、朱清、张瑄造船从海道运粮至京师。至元二十年(1283年)抵达直沽。这是元代海运成功的第一次,其后逐渐设立海运机构,进行了大规模的海运。所谓"海运",就是要把江南经济地区征收而来的粮米,通过海上,运送到大都去,借此支持这个强大的帝国,保证了帝国的生存与发展;相反地,元代海运事业衰落时,也可以看到这大帝国式微的迹象。

元代大量推行海运的原因

十三世纪时,中国经济重心已在南方,尤其是东南沿海一带,自唐宋以来,南北经济不平衡的发展,由来已久。在十二世纪南宋和金对峙时期,很多北方人民南下,因此,长江流域的生产力日渐提高,东南沿海并有海外贸易的影响,商业和手工业更趋繁荣。反之,北方在金人的统治下,生产力从多方面受到长期的破坏,加上蒙古军和金人调动北方的人力和物力侵略南宋,因此,北方经济受到破坏,而经济重心渐见偏于南方。故元廷不得不实行海运,借以控制南方经济。

元因要从江南运粮到首府大都，中间路途遥远，各地漕渠时常败坏，有的因水灾淤塞，有的因水源不足，不能经常保持畅通无阻。同时，由中乐到淇门旱站转运，也延缓时间，浪费人力。因此，自丞相伯颜提议海运后，元代海运便迅速发展起来。

十三世纪期间，中国运输的途径有三，一曰陆运，二曰河运，三曰海运。一般来说，河运比陆运的费用节省十分之三四，而海运比陆运之费用，更可节省十分之七八。由此可见，元廷若把江南每年所得税收的粮食，海运返大都，则可以节省大量运输费用与时间，所以元廷实行海运。

元代海运这样兴盛，乃由于有好的开始，而元初海运成功，实靠罗璧、朱清、张瑄三人之助。罗璧是宋代的旧军人，降元后曾平过海盗，后徙镇上海造船运粮。而朱清与张瑄均是宋末的海盗，他们活动的范围很广，在海上的威胁很大，到元世祖时代，由于世祖与丞相伯颜用招怀政策，使他们归附，因而变成海防一大势力。及至元十九年，伯颜建议海运，由他们领导，成功之后，海运便逐渐发达起来。元代海运的基础，实在是从他们手里建立起来的。

元代海运的路线

元代海运路线，约有二次更改，现将其分说于后。

元初海运路线，据《元史·食货志》："初海运之道，自平江刘家港（今江苏太仓县东北浏河）入海，经扬州路、通州、海门县、黄连沙头、万里长滩开洋沿山屿而行，抵淮安盐城县，历西海州、海宁府东海县密州胶州界，放灵山洋投东北路，多浅沙，行月余，始抵成山。计其水程，自上海至杨村马头，凡一万三千三百五十里。"从至元十九年（1282年）八月启程，次年三月才到达直沽，历时七个月。

至元二十九年（1292年），朱清等指出来海道的阴恶，又提议开海运新航道。据《元史·食货志》："至元二十九年，朱清等言其路险恶，复开新道。自刘家港开洋至撑脚沙转沙觜至三沙洋子江，过匾檐沙大洪又过万里长滩放大洋至青水洋,又经黑水洋至成山过刘岛至芝罘、沙门二岛,放莱州大洋抵界河口,其道差为径直。"

第二次更改海运路线,是在至元三十年,为千户殷明略所更改,据《元史·食货志》又云:"明年,千户殷明略又开新道。从刘家港入海,至崇明州三沙放洋,向东行,入黑水大洋,取成山转西至刘家岛,又至登州沙门岛,放莱州大洋入界河。当舟行风信有时,自浙西至京师,不过旬日而已,视前二道为最便云。"

元代海运的贡献

元大都每年从江南方面调用大批粮食以支持其开销,经海运的粮食数字,历年有所增加,从至元二十年(1283年)的四万六千五十石,一直增到天历二年(1329年)的三百五十二万二千一百六十三石,在不到五十年间,竟增加了七十六倍以上,除所需食品外,尚有种种手工业品和珍贵的特产。由此,我们得悉元代国力之所以雄厚,海运的帮助,不可谓不大。

在唐宋期间,海上的航线和商港,南自广州、泉州、宁波,以及杭州、秀州、澉浦等处,多在东南沿海。长江以北,只有密州(今山东诸城)的板桥镇,尚是不发达的海港。但经过元代海运的发展,北方沿海的密州随着发展起来,成为定期寄泊的海港。尤其是松江府的上海和河北海上的直沽(今天津),从两个小城镇变成海运线上南北两端的重镇。这都是中国经济史上的创举。

交通运输上的发达对商业和城市的兴衰,有着密切的关系。因元代海运发达,遂使大都及沿海城市(例如杭州)迅速地发展。据《马可·波罗游记》中有关大都(即所谓"汗八里")情况有云:"所有来自印度的东西,如宝石、珍珠和许多稀罕物品,全运到汗八里来。……还有,在汗八里周围有二千多自己所需要的用品。不用奇怪,汗八里城就像我所说的那样大的一个商场。"

元代之海运，曾经更改航线，而在每次探求新航线中，均须访问傍海居民、渔户、灶丁，逐一次第踏视有无泊舟港，又须察看沙石多寡，洲渚远近，设法绘画航海路线地图，从实践中，熟习了黄海与渤海海上的航线，使中国海上运输，进入了新的阶段。

因元代海运发达，刺激着沿海造船业的发展，造船技术也有所提高。据元末史料记载，"华船之构造、设备、载量皆冠绝千古"，"舶之大者，乘客可千人以上云"。从以上的记载，可知元代海运对当时造船业和造船技术上的影响。

对元代衰亡的影响

元代海运虽然成功，但海运在海上的漂溺损失也是惊人的，由此埋下明代中叶后，反对海运的重要原因。柯劭忞对于元海运的损失，曾加以批评。《新元史·食货志》有云："伯颜建海运之议，事便而费省。然一卒有不虞，则举千百人之命投于不测之渊，若非近世舟航之利，可以保万全而无覆溺之患也。今考其事故，粮则一岁所损坏者多至十余万石，少亦四五千石，其军人水手之漂溺者可知矣。重利轻民命，岂仁人之政哉！"

元代海运的基础，是从海盗朱清、张瑄手中建立而成的，但到顺帝至正晚年，海运数字突然从最高的数字跌下来。因此时，又有一些新海盗势力建立起来，影响了海运。这时，最有势力的海盗，首推方国珍和张士诚。方国珍本是浙东盐贩子，其后与其兄国璋，弟国瑛、国珉逃亡入海，聚众数字，专劫运粮船，成为大海盗。张士诚则本是靠运盐为生，后来起兵盘踞江南富饶之地，在至正十三年，据高邮，自称诚王，僭号大周，建元天佑。其对元政权的影响非轻，分析如下。

由于海盗方国珍与张士诚的兴起，元廷自然不断出兵讨伐，但均不幸失败，最后还是用原来对付宋末海盗的招怀政策，使他们归附。但因时代不同，方国珍与张士诚归附后，依然有他们独立的势力，无时无刻不在为争取自己的势力而奋斗，因此，元廷已失去控制江南富饶之地和海上的力量，海运已被他们控制。虽然元廷还可以从他们手中征得粮饷，但只是极少数的十余万石而已。这十余万石的粮米又如何能支持元末战乱的大帝国呢？因此，元廷自从缺乏了从江南运来的粮食和物资后，已开始种下元廷式微的基础。

由于元代末年，政治已走上衰落的路，天下战乱群雄并起；当时除方国珍与张士诚外，布贩子徐寿辉在江西起兵，卜士的儿子郭子兴起兵于淮南，白莲教的韩林儿称帝于河南。但实力最强的，首推朱元璋与陈友谅。当朱元璋夺取金陵后，方国珍与张士诚为了保持个人势力，乃全力与朱元璋搏斗，于是在至正二十三年九月，张士诚与方国珍已不能海运粮食给元廷，但他们均不幸战败，从此，元廷更不能取得他们手中的粮米，而朱元璋则夺取了他们所有的势力，其后，朱元璋拥有了江南的粮食和物资，加上海上的势力，于是便全力击败元末所有群雄，然后直上大都，迫走元顺帝，建立明代。可知元代海运受到元末群雄的困扰，而开始受到亡国的苦痛，这是元人所料不及的。

元代海运的发展使元朝成为我国历史上最大的一个帝国，亦影响到元代灭亡。此外，元代海运使我国南北交通和运输，开辟了新阶段，便利了商品经济的活跃。同时，在十三、十四世纪造船业技术逐渐有所提高，对十五世纪明代初期的郑和下西洋和海外贸易的推广等壮举，也提供了有利条件。另从世界航海史上看，在十九世纪的时候，中国帆船在设计和制造上，仍然居领导的地位，可见元代发展海运是功不可没的。

第五节　元代的吏治及其速亡原因

元代吏治败坏原因的分析

中国历史上，边疆部族得以入主中原的，有北魏、辽、金、元、清等，除清朝外，大多国运不长。不数十年而亡者，大抵昧于治道，以致吏治败坏为其主要根本。究元朝速亡之原因，亦与史治之败坏有绝对关系，若详细分析之，约有下列数因。

太祖创业之初，令约事简，设官至少。仅以万户统军断事官秉政，任事者，不过一二亲贵重臣。后以西域抵定方置达鲁花赤于各城，以为监守，及淹有中原，太宗始有十路宣课司及中书省之设置，至金人来归者，率以其旧官而授之，初非有制规可循。世祖即位，始命刘秉忠、许衡，酌古今之宜，定内外官制，大新制作。于是一代典章灿然大备。惜中晚期以后，爵赏滥竽，秩位遥授。黄冠可秩特进，阉宦得位三公。甚至一事而分数官，一官而置数员，职繁官冗，十羊九牧。《续通鉴》谓："至大元年……十一月己未中书省言：世祖时自中书以下诸司，官有定员，迩者……一司多至二三十员，事不改旧，而官日增……"是以杂流之人进，贿赂之窦开。事有因循敷衍之弊，民有刻剥烦扰之苦。《新元史·赵天麟传》又说："臣窃以冗官之弊有三：一曰选法之弊，二曰政事之弊，三曰军民之弊……三弊不绝，而徒立法以防之，不知法立而惧法之人，奸欺之计益生矣。"及群盗蜂起，又专务姑息招抚之政，縻以官爵，豢以土地，于是民乐从贼，有元一代，亦因此导致衰亡。

元廷豪侈靡费，不知撙节浮蠹。大德中，朝廷费用，已百倍昔时，且透支甚巨。《续通鉴·武宗本纪》说："大德三年……中书省臣言：'比年公帑所费，动辄巨万，岁入之数，不支半岁，自余皆借及别支。臣恐理财失宜，钞法亦坏'。"至大以降，度支浸广，日增月益，赤字之巨，竟至千余万锭，考其原因，一为赐赉无度。赐赉之类有三：一为五户丝，一为江南钞，一为岁赐。而岁赐之外，诸王后妃，复时有赐与，縻款之巨，一次之赏，竟罄两都所储，犹有半数未及。二曰縻于佛事。醮祠之繁，布施之巨，赐予之滥，《续通鉴·张养浩上时政书》尝谓："国家经费，三分为率，僧居其二。"以致府库空虚，言利敛聚之臣大进，掊克之政亦生。是以税课暴增，视世祖之世，倍蓰十百不偝。《新元史·食货志》亦谓："元中叶以后，课税所入，视世祖时，增二十余倍，即包银之赋，亦增至十余倍，其取于我者，可谓悉矣，而国用患其不足。"滥发交钞，至日不暇给，朝廷横敛于上，恶吏迫煎于下，遂致百姓穷困失所，相携逃亡。有元一代，亦因此而迅速覆亡。

元初百官，皆无俸禄。故浸渔推剥民众，成为常事。世祖即位，始命给之。《元史·食货志》"官俸"条谓："世祖即位之初，首命给之。内而朝廷百司，外而路府州县，微而陕吏胥徒，莫不有禄。"然江南官吏，至元二十年始有禄秩。大德六年，致用院所属，方给钞俸。《新元史·程钜夫传》说："一，给江南官吏俸钱。仕者有禄，古今定法。无禄而欲责之以廉，难矣！江南州县官吏，自至元十七年以来，并不曾支给俸钱，直是放令推剥百姓。"后虽以俸薄钞虚，累增所给。唯仰事俯蓄，仍属不足，以致元代贪风之炽，赃款之巨，殊为骇人听闻。《新元史·成宗本纪》说："大德七年，诸道奉使宣抚，罢赃吏凡一万八千四百七十三人，征赃四万五千八百六十五锭，审冤狱五千一百七十六事。"

元人入仕，多由吏进。虽中州小民，习半行字，能治文书，积年累月，可至通显，兼以朝廷鬻爵，巨宦卖保。《续通典·选举志·杂议论下》说："汉人南人……其得为者，不过州县卑秩，后有纳粟获功二途，富者往往以此求进。"滥官放逐，复可任用，奖励考课，未臻周密。遂致侥俸之门多，方正之途绝。《元史·百官志》说："大德以后，承平日久，弥文之习胜，而质简之意微，侥幸之门多，而方正之路塞，官冗于上，吏肆于下，言事者屡疏论列，而朝廷讫莫正之，势固然也。"刀笔下吏能入津跻显，封疆省臣竟不通文墨，以之秉政，何堪优为？官吏之品质如此窳劣，故常居多舞文弄法倾诈百姓。奉使每颐指气使，横恣无状。加以风靡俗多，苟且因循，虽言者累疏论戒，朝廷竟讫莫正之势。《新元史·张养浩传》又说："疏时政万余言：一曰赏赐太多，二曰刑禁太疏，三曰名爵太轻，四曰台纲太弱，五曰土木太盛，六曰号令太浮，七曰幸门太多，八曰风俗太靡，九曰异端太横，十曰取相之术太宽。"言皆切直，当国者不能容，逮至兵兴四郊，宣命敕牒，随索即给，益使名爵日滥，纲纪日紊，虽欲拨乱返治，遂不可得。

按元制，百官首长悉为蒙古人。初期牧民之官，皆世守。然彼等以擢自将校，或起自行伍，或承荫纨绔，或剿戚故旧，故率不谙汉政，昧于治术。《新元史·崔彧传》说："贵游子弟，用即显官，幼不讲学，何以从政。"甚而宰辅重官，不能执笔，花押竟以图章为之。遂致郡邑长吏皆为皂役，治内之民悉视奴仆，掊克聚敛，号令蠢浮。兼以初无律令，以为上下遵守，益使官吏奸民得以并缘为恶，凌弱暴寡，恣其所为。其虽复律令，设学校，立迁转之法，行科举之制，力谋匡救，然蒙汉分榜，场屋污弊，既无法选拔真才，且学校蒙员甚少，亦不足使向学蔚然成风，以树人才。兼以汉人南人率又无权，复大受排挤，故终元一代，吏治窳劣，此为根本要因。《续通鉴》说："元贞二年……御史台言，汉人为同僚者，尝为奸人据摭其罪，由是不敢言，请于近侍中择人用之，帝曰安用此曹，其选汉人识事体者为之。"考元突起之速，史无前例。然不恤其民，昧于治道，终至不旋踵而亡者，吏治之坏，亦其主因。

元代速亡原因的分析

蒙古入据中原未及百年而败亡，较之清代手段与治民方法，不可同日而此语，考其原因，亦有多方面者。自忽必烈称帝算起的一百零九年间，统治者对人民施行专制与强迫性的军治，并以阶级和部族的划分作统治方策。先天上，充满了分化性的不安因素，结果酿成全国性之变乱，最后更走上亡国之路。兹将元代速亡的原因论列于后。

在此一百零九年中，世祖的三十余年，几无岁不用兵。甫灭南宋，又继续以武力对付亚洲各地。至元十八年，阿娄罕统兵讨日，遇飓风，丧师十万。故元内用聚敛之臣，而对外只顾大兴无名之师，嗜利黩武，并未能在文治上树立基础，因而政治终不能上轨道。

蒙古虽长于军事，但缺乏政治组织能力，所以军力所到的地方，只晓得破坏摧残，不知怎样去组织控制。即如维系国家的法纪，是应该明订颁行，但中央和地方都没有统一的法令可循，遂不免发生"号令不常，有同儿戏"、"家自为政，人自为国"的现象。

蒙古汗位之继承，乃经"忽烈而台"部族大会公推，而非定有储位之制度，或采用父子世袭法。公推之制本属至公，但亦屡造成帝位争夺纠纷，以致骨肉相残，内讧不休。故自成宗至顺帝，而篡夺之祸不息，循至削弱元室力量，国势由是渐衰。

蒙古人自恃其武力优越，并不重视文治，故其政治情态，与中国历来传统，判然绝异。其中最显著者，为政治上之划分阶级，一切地位不平等。全国人民划分四等，一为蒙古人，二为色目人（西域及欧洲人），三为汉人（金亡以后中原居民），四为南人（宋亡后江南居民），无论政治、科举及法律上，均对汉人及南人采高压歧视政策，更以蒙古军与诸部族之"探马赤军"分驻诸要冲地，以镇压反抗，禁止南人私藏兵器，而驻防官兵，又诸多干扰闾里，欺压平民，故汉人苦极必乱。

蒙古文化朴野，缺乏政治经验。世祖入主中原后，虽开始创制立法，又因用兵过滥，国用不足，任用聚敛之臣，各种商税课额，日增月涨；常赋外，复有科差，其额又极重。行省及州县长官，多为色目人，彼皆不谙政事，以承荫得之，又因不识汉文，统理不得法，致盗贼滋溢。此外，贪污亦为元代政治上一普遍风气。成宗时，曾罢赃官污吏一万八千七十三人，可见当时贪风之盛。元政府又以分赐民户为恩典，奴隶的献赐、买卖、投靠遂成为一时常态。贵族们一面拥有奴隶，一面又广占土地。蒙古人以军人兼贵族，既享有政治上种种特权，又多用色目人为经营财利，剥削生息，百姓受其鱼肉者甚众，终至群雄四起，更加速了元室走上灭亡的道路。

蒙古人在武力的镇压与财富的攫掠之外，实缺少一种精神生活的陶冶。他们只有宗教上的迷信，就是喇嘛教。喇嘛僧侣在当时蒙古政局里及社会上，占有很高的地位。皇室在宗教上之花费，耗资固然不少；而寺院亦拥有盛大之产业，与贵族王公等，同样为封建势力之一种。

元代强大，有一不可忽略的因素是海运之发展。世祖建立元朝后，建都北方的燕京。又因其时的经济重心已移于江南，元廷仅凭海上大量的转运以维持帝国之给养，故每年海运竟达三百余万石。但元廷海运基础是建立于招降海盗而来的，如宋末的朱清、张瑄等势力非常雄厚，因而成为元廷海防一大势力。及元顺帝时，海运势力与江南经济重心，又落到方国珍、张士诚等海盗手里。元廷虽用招怀政策使他们归附，但每年从他们手里讨到的，不过十余万石，比元初时海运相差甚大，其时北方经济的困难可以想见。到至正二十三年以后，方国珍、张士诚更因与朱元璋争夺江南控制权而发生激烈战争，对元廷粮饷的供应完全断绝。元廷在江南既得不到给养，而直接影响其亡国。

元代没有一定的宗教信仰，除喇嘛教外，伊斯兰教、基督教、道教、儒教、汉传佛教等，都得以在国内流行，同受优待。虽说信仰自由，值得称许，但宗教上之不统一，实有碍于各民族精神上之联系与团结，而缺乏思想信仰重心。

蒙古人本有语无字，世祖时，始令人根据维吾尔文字，并参考梵文、藏文，创造蒙古文。以后元代诏令，多用蒙文，但蒙文终不能推行于中国境内及被元人征服之国家去。加以元室君主大臣，均疏于学习汉字，致使汉、蒙两民族之间，精神固多隔阂，而对政令之推行，亦成为一种障碍。

蒙古人本有坚苦尚武的精神，唯入主中原后，君主多耽于逸乐，纵欲穷奢。各地驻军，也多与富人结党，侵害百姓。上下既流于骄惰，昔人刚悍勇武之风习，渐积消磨殆尽，末年之义军四起，元室便感无法控制。综观上述各点，可知蒙古人只是长于军事，缺乏政治理想，自开国以来，只知防止反抗，横征暴敛，官吏贪污，致令政治腐化；加以王室本身亦不健全，帝位纠纷时起，君统紊乱，王族零落；终以汉人中有志之士如徐寿辉、陈友谅、郭子兴、张士诚、朱元璋等之起义而结束了元朝之统治。

第二十四章 明初的政制得失

第一节 明初开国及其政治措施

明太祖剪灭群雄取得政权的原因

明太祖朱元璋，字国瑞，濠州人。家贫，年十七，父母兄相继病故，孤苦无依，曾入皇觉寺为僧。时元政不纲，天下大乱，群雄并起，定远人郭子兴起兵濠州，元璋时年二十四，往依之。子兴悦其状貌，留为亲兵，每战皆胜。子兴死，元璋领其余众，势力渐大。旋收复两湖、江西之地，自称吴王。继而南征北伐，平定群雄，统一中国。后即位为帝，定都应天，建国号明，改元洪武，是为明太祖。明太祖之所以能成功地驱逐胡人，除了元政本身弊点以外，元璋个人固有其成功之因素，兹分析如下。

朱元璋所以能够驱逐胡人，第一个原因，便是他有正确的宗旨。起义之初，以"驱逐胡虏，光复华夏"为号召，富有种族革命思想，自然能唤起汉族人民群起响应。他还提出复兴道统，亦即旧有文化思想的系统之恢复，因而更能打动儒生士大夫的注意与同情。

朱元璋起兵后，以"救民安民"为第一，纪律严明，周恤贫苦。与群雄及元人战争时，均能重视人民生命财产，甚至对于曾为元朝官吏之汉人，亦一律宽待，不加杀戮。又宣布废除元代苛政，保护人民生命财产，对于守法之蒙古人及色目人亦加以保护，且军纪严明，秋毫无犯，故能天下归心。

朱元璋出自汉民族系统，深知民族和谐政策的重要，故他首先打破部族等级权的限制，无论汉民族或边疆部族，皆得公平待遇，使部属乐于效命，更知人善任，不轻杀降臣，重用勇将，所以每有群雄被消灭，其部将必来投靠。武臣有徐达、常遇春为大将，刘基、李善长为谋臣。元璋还喜欢养士，儒士多半在地方上有名气，因而更争取大部分的归向。故每在新占之领地，必罗致当地读书人任府内要职。

元末天下大乱，有喜欢收留孤儿作义子的风气。而元璋也收留不少。他利用义子出任军将，来监视诸将行动，探求情报以防叛变，另一办法是留将士的家眷作抵押，将官遂不敢投敌反叛，或反抗征调的命令。

元璋明白若向平民征收粮草，不但平民受苦，也必失去拥护。乃于至正十八年，以康茂才为都水营田使，负责修筑河堤，兴建水利工程，恢复农田生产，供给军需，且耕且战，军食足够。同年，十一月又立管领民兵万户府，抽民间壮丁作民兵，农时则耕，闲时则习武，作为维持地方力量。抽正规军专门进攻作战，把作战与生产力结合为一。

元璋战略，异常周密，先攻取南京以作基地，后西灭陈友谅，东擒张士诚。江浙既定，不急攻燕京，而先取山东，移兵两河，藩篱既破，才进兵元部，谋略深远，计划周详，故能剪灭群雄，完成统一大业。

群雄中陈友谅之军队是野心最大和精锐最多的。至二十一年，曾为元璋所败，友谅为人忌能护短，杀徐寿辉，寿辉的将帅不服，纷纷投降元璋，使其势力大增。其他如张士诚之时叛降元室，方国珍又四处抢劫，毫无进取心，又焉能成大业？

顺帝十六年，元璋大败元兵于采石，又以徐达攻克镇江，邓愈攻取广州后，基础遂固，元璋遂自称吴国公，但未建自己的年号，所用还是韩林儿的龙凤年号。到至正二十三年，刘福通被张士诚部下吕珍所杀，韩林儿虽无所依靠，仍是唯一民族主义的象征，故元璋把他迎至滁州，仍奉其年号。直到至正二十六年韩林儿死，他才于次年称吴王，继而称帝，建元洪武。

其实，太祖在韩林儿未死前奉他的年号是很明智的。因林儿所称的乃是宋，故太祖之仍奉龙凤年号，可给人一感觉就是其目的是推翻元政，拯救汉人，不是为着称皇，因而得到了广大民众的支持。

明初的惠政与吏治

尽管太祖在政治措施方面，由于一己之私所驱使以致作出许多倒行逆施的弊政，而深深影响于后世，但毕竟还有其优良政制方面的表现，对于帝国的延续颇有影响，现分论如下。

明太祖一面废相，用重刑，一面却极看重学校。明太祖深知政治不得不用读书人，故一面加意培植养成，一面却设法削其权任，杀其气焰。于洪武八年，颁行学校贡举事宜，生员分二等：一等为府州县学舍之生员，二等为乡里学舍之生员。考得之贡士由天子临轩召见，按其所学之科目分别擢用。在当时学校之盛，为唐宋以来所不及。明府州县卫所皆建儒学，教官四千余员，弟子无数。又凡生员入学始得应举，则学校与考试两制度已结合为一，此实唐宋诸儒所有志而未逮者。

明代翰林院规模，益臻崇宏，经筵官、史官均归入翰苑，翰林院更明显地变成一个中央政府里唯一最高的学术集团，这一个集团，与王室保有很紧密的关系。内阁学士，即从翰林院分出。至于詹事府（主辅导太子）官职，亦为翰院旁支，与侍讲侍读等同为王室导师。而明代翰林院有庶吉士，正如国子监有历事主，以诸进士未谙吏事，俾先观政，候熟练然后任用。大率进士第一甲得入翰林，而二甲、三甲则得选为庶吉士。因此，翰林院遂带有教育后进之性质。皇帝以及储君，时时与翰林学士接近，既可受到一种学术之熏陶，又可从他们得到很多政治上有价值的献议或忠告。在贵族门第的教育消失以后，在国家学校教育未能切实有效以前，此种翰林院教习庶吉士的制度，实在对于政治人才之培养，极为重要。

明代中外大小臣职，皆得推举，拔用人才，不拘资格，故由布衣登大僚者不可胜数。又俾富户耆民皆得进见，奏对称旨，辄予美官，又奖励人民上书言事。如此，只要上面有精明能干的皇帝（如洪武、永乐时），下面学校贡举制度能继续不懈，则社会优秀分子逐渐教养成才，逐渐加入政府。又有翰苑制度为政府特建一个极富学术意味的衙门，成为政府领袖人才的徊翔地。故洪武以来，吏治澄清百余年。

明初，因易代关系，干戈肆扰，以致地多荒芜，农业生产，自然衰退，为恢复农村生产，政府乃奖励垦荒。洪武时，政府曾许人民自由开垦荒地，占为私有，于是农业渐兴。唯其后民田多给贵族占有，农民受到剥削，相继破产，成为明末民变之原因。元末丧乱，版籍丧失，到了明代，为了整顿赋役，必须对于丁口、户籍与土田之情况，逐一查明白，便有黄册与鱼鳞册的编制，皆为户口册，又废除元代苛捐杂税，以恤民艰，此两种措施，对生产迅速恢复，及国库充盈，均能发挥极大作用。

整顿地方吏治。明初要造成一个特殊的贵族阶级，不予以治权；对于文武功臣，又杀个干净，这都是厉行集权制度，提高专制权威的好办法。但镇压民众，仍需好的亲民官，非皇帝一人所能办，于是整顿吏治成了必要之途径。与大明帝国统治之巩固关系极大，兹分下列五项论述之。

明太祖惩元季吏治纵弛，民生凋蔽，府州县吏来朝陛辞，谕曰："天下新定，百姓财力俱困；如鸟初飞，木初植；勿拔其羽，勿挋其根。然唯廉者能约己而爱人，贪者必朘人以肥己，尔等戒之。"洪武五年（1372年）下诏有司考课，首学校农桑诸实政。日照知县马亮善督运，无课农兴学之效，立命黜之。一时守令畏法，洁己爱民，以当上指，吏治焕然丕变矣。下逮仁宣，抚循休息，民人安乐，吏治澄清者百余年。英武之际，内外多故，而民心无土崩瓦解之虞者，亦由吏鲜贪残，故祸乱易弭也。（《明史·循吏传序》）

宣德五年（1430年）五月，又择廷臣九人为知府：赵豫松江，况钟苏州，罗以礼西安，莫愚常州，邵旻武昌，马仪杭州，陈本深吉安，陈鼎建昌，何文渊温州，皆赐敕乘传行。是年十一月，又择廷臣二十五人为知府：李骥河南，王莹肇庆，徐鉴琼州，许敬轩汀州，郑恪宁波，王昇抚州。英宗正统元年（1436年），亦择廷臣十一人为知府：王源潮州，李湘怀庆，翟溥南康。（赵翼《廿二史札记》"特简廷臣出守"条）

　　明初以十五布政司分治天下。永乐初，遣给事中御史分行天下，有司奸贪者逮治。其后又遣蹇义等二十六人巡行天下，安抚军民，还朝，不为例。寻又遣郭敦以礼部侍郎偕给事中陶衍巡抚顺天，吾绅以刑部侍郎奉敕考察两广福建方面官，有故人官参政者黜之。正统初，又分遣大臣考察天下方面官，刘辰往四川云贵，悉奏罢其不称职者。徐琦奉命与工部侍郎郑辰考察南畿官吏，黜不法者三十人，段民为左参政，奉命与巡按考州县吏廉墨以闻。景泰中亦遣大臣行天下，黜陟有司。礼部侍郎邹干至山西，黜布政以下五十余人。巡抚朱鉴请召干还，干并劾鉴。时已设巡抚，又遣大臣考察，重吏治也。（同上"遣大臣考察官吏"条）

　　《明史·魏观等传赞》言："太祖起于闾右，稔墨吏为民害，尝以极刑处之。然每旌举贤能以示劝勉，不专任法也。尝遣行人赍敕，并钞三十锭，内酒一樽，赐平阳知县张础。又建阳知县郭伯泰、丞陆镒为政不避权势，遣使劳以酒醴，迁其官。丹徒知县胡梦通、丞郭伯高、金坛丞李思进坐事当逮，民诣阙言多善政，帝并赐内尊，降敕褒劳。永州守余彦诚、齐东令郑敏等十人坐事下狱，部民列政绩以请，皆复官。宜春令沈昌等四人更擢郡守。其自下僚不次擢用者，宁远尉王尚贤为广西参政，祥符丞邹俊为大理卿，静宁州判元善为佥都御史，芝阳令李行素为刑部侍郎。至如怀宁丞陈希文、宜兴簿王复春，先以善政擢，已知其贪肆，旋置重典。所以风厉激劝者甚至。以故其时吏治多可记述云。"

　　洪武十八年（1385年），诏尽逮天下官吏之为民害者赴京师筑城。帝初即位，惩元政弛纵，用法太严，奉行者重足而立。官吏有罪，笞以上，悉谪凤阳屯田，至万余人！又按《草木子》记："明祖于吏治，凡守令贪墨者，许赴京陈诉；赃至六十两以上者枭首示众，仍剥皮实草。府州县卫之左，特立一庙，以祀土地，为剥皮之场，名曰皮场庙。官府公旁各悬剥皮实草之袋，使之触目惊心。法令森严，百职厘举。祖训所谓'革前元姑息之政，治旧俗污染之徒'也。"（赵翼《廿二史札记》卷三三"重惩贪吏"）

明初弊政及其对后世的影响

从来帝王立法，其着眼点多在防制人民的反抗，以维持其一姓一家之专荣，因此，中国的法令，一朝严过一朝，君主的权威，一天大过一天。但历朝创业的君主，多由篡夺而来，即位之初，还要沽恩市德，以求收拾人心，不敢太过苛严。但在明代却占了两大便宜：第一，当时阶级矛盾和民族矛盾均已激化，明太祖取元而代之，全国之人莫不予以赞同，较诸历代创业君主之由篡夺而来，显然有别；其次，蒙古人当日统治汉人，异常专横，汉人处于水深火热之中，太祖起来统治中国，稍为整饬纪纲，大家便乐观厥成，不必沽恩市德来收拾民心，而民心自然驯服。有了这两种便宜，所以明太祖便敢于放心任意地施行其高压政策。加以他出身寒微，知识浅陋，气量狭窄，常引汉高祖以自比，于是事事取法汉高，结果遂比汉高更为专制，更为刻薄，竟做成了数千年中国历史上无与伦比的崇高君权。当略将其影响性概括如下。

一、政治方面的影响

自太祖罢相后，政治大权皆集中于皇帝一身，太祖以开国创业之君，尚能乾纲独断，百废俱兴，执行皇帝之大权，但其后诸帝颇多昏庸，没有指挥运用的能力，使朝政废弛而日益腐败。自仁宗宣宗以后，大学士的权力渐隆，但究非成宪所许，是以皇帝与内阁之权，便互为消长，宦官遂得因之以播弄其间，颠倒是非，扰乱朝政。纵观明一代，大政所出，至无定所，有时出自皇帝，有时为权臣把持，有时又为宦官所窃取。在此情形之下，又安能有良好政治表现？太祖或曾料及此，是以曾立铁碑于宫门之前，禁止宦官预政，然而他的子孙，总不能遵守遗训，所以明代宦官之祸就较历代为烈，政治之腐败亦比历代为甚，确是出乎太祖意料。

明初刑制有所谓廷杖，太祖对于触规制或不称意之公侯大臣，常于朝堂中杖打。其后诸帝承太祖遗训，都以严刑为唯一之治法，是以大辟、廷杖、枷示朝堂种种峻刑，几于史不绝书。又大施杀戮开国元勋，自以为可绝后患，其实适足以做成后患，因为从此有识者不敢有所作为，昏庸者得以缄默尸位，此所以有明一代，柔懦承旨贪生畏死之臣充斥于朝廷，特立独行有所建白者少之又少。

太祖鉴于宋代行郡县制而帝室孤立之弊，于是择名城大邑分封诸子，使他们各领封地，外卫遥睡，内资夹辅。太祖这样立制，自以为设计周详，不料未及再传，而燕王棣靖难之师起；至宣宗时，而汉王高煦索诛奸臣之乱作；至武宗时，安化王寘鐇、宁王宸濠又复先后叛变，一反太祖封藩本意。

明太祖对臣下猜疑甚大，所定制度固然要把政治与军事之主管机关分开，而且主管军事之机关，又不止一人。分大都督府为前、后、左、右、中五军都督府，以掌军旅之事及分辖各地方之都司卫所。又畏惧五军都督权力尚大，足以为害，于是更加以限制，定为兵部掌兵政，五府掌军旅征伐；使兵部与五府相互制衡，使明代始终没有一个统率全国军事的机关，成为极大缺点。

太祖设锦衣卫，又将这种特务机关操诸宦官武人之手，可以随意捕人，一经被捕又可以任意罗织罪名，任意敲打。大审又往往以太监为主审，这种制度，可谓荒谬绝伦。明太祖立法之初，虽曾痛诋元律苛繁，声言要另立简明之法律，以免人民误投法网；但其结果，明之朝臣亦动辄受廷杖至死，得不到法律之保护，其余士庶更不必说。

二、经济方面的影响

据《农政全书》所记："太祖加意重本抑末，十四年，令农民之家，不许穿紬纱绢布；商贾之家，只许穿布。农民之家，但有一人为商贾者，亦不许穿紬纱。"十八年又谕户部，以"业本必先于黜末"，又谓"足食于禁末"，由此足见太祖对于商业始终不肯重视。不过他出身寒微，尚知民隐，对于商人还能体恤。开国之初，除将元代遗留下来的许多繁苛商税减免外，其惠商之政，还有"禁和买、和雇"、"平货物价值"、"校勘斛、斗、秤、尺"。这三项措施，原是一种惠商之政，可是后来所表现的事实，适得其反。中叶以后，所谓"三十取一"的商税，已徒具空文。此时渔梁关津，私擅抽税者，日有增加。神宗之时，更巧立种种税目，向商民苛敛，弄到中官遍天下，皆以税使名义出现。光宗之时虽虽蠲免额外税课，然仅五年又复苛征如故，此后直到明末，商人负担只有加重，未尝减轻，概括言之，明一代，商人所遭受之意外损失，可谓无时或已。

三、社会方面的影响

明太祖只知垦田，而不加规定，于是这种奖励开垦政策便产生两种后果。就有利方面而言；因为他的奖励，确足以加速荒田之开辟。洪武二十六年，总核天下垦田，共八百五十万七千余顷，这个数字不独在明代足称最多，洪武间之垦荒，确有成绩。但谈到害处方面，则有不胜其苦之感。太祖至宣宗时，上距开国不过六十多年，国内土地已经兼并成风，逐渐集中于豪强之手，且多恃势以规避赋役；当日豪强既可借势以规避赋役，久而久之，赋役之负担，遂悉落于农民身上，农民负担过重，不胜其苦，只有弃田逃亡；农民逃亡太多，垦田之数目自然减少。

明太祖只会要大臣"扣头跪俟"、"膝行而前"，稍有不逊的，就责以"廷杖"，甚至"族诛"，把人臣视作犬马奴隶一般，故意伤害人臣的自尊。他以为这样就可以养成皇帝的尊严，怎知才德出众、洁身自爱之士，反因此望而却步；只有无德无才者，才肯阿媚取容，以求禄位，于是朝廷充满甘为奴隶的无耻之徒。明代统治者的无耻风气，就是明太祖这样做成的。中国自古以来的"士可杀不可辱"的观念，便在这种严峻的朝仪下丧失尽了。

四、学术与宗教方面的影响

宋代理学自朱熹集大成以后，便在当日学术上取得正统地位，明太祖得天下后，复盛倡理学，于是理学之势尤盛。又因为太祖喜欢朱熹学说，规定考试制度须以朱注为本，从此理学中朱熹一派更为得势，同时朱熹学说亦无形中变成禁锢思想的利器。从此下及明清五百余年间，朱注四书，在学校内便被奉为规范，不敢稍有异议。其间虽经阳明学派及清代许多学者之批评，但因有科举制采用朱注的保障，终不能使之有丝毫动摇，其潜力之大，可以想见。

明太祖是中国历史上著名的疑忌最多的皇帝，当时许多文人都曾因文字而得祸，以至闻风生畏，不愿以笔墨而招杀身之祸，所以文坛寂静。一般士子都埋头于八股文里，无心于学术研究，不过超卓的文人，其情绪始终是要发泄的。他们感觉得到政治的专制与腐败，既不甘于歌颂，也不敢去抨击；至于束缚思想、陈陈相因的八股文，更不感觉兴趣，只有把情绪与天才表露于当日所谓无关宏旨的小说和戏曲方面去，小说和戏曲的作品至此就走入成熟时期，珠玑满目。至于诗文方面，多是以摹拟为务，互相毁誉为习，既无创作精神，亦无磅礴气概，实乃诗人忧潜惧祸之赐。

明太祖以皇觉寺僧人起家，对于佛教自然抱有好感，因此，明初佛教更见流行，出家为僧者益众。顾炎武《日知录》说："太祖曾以僧道日多，蠹财耗民……（令）非有戒行通经典者，不得请给度牒。又禁女子年四十以下为尼。"《明史·职官志》又说："洪武二十四年，太祖命礼部，凡僧道，府不得过四十人，州三十人，县二十人。民年非四十以上，女年非五十以上，不得出家。"太祖原是崇佛的，反而于小家为僧者屡加限制，这正可见当日信佛者众，出家者多，对国家损害之大不可估量。

五、外交方面的影响

明太祖鉴于蒙古人仍拥兵漠北，窥伺塞外，对于小国犹有莫大之威胁；又鉴于元代用兵日本与爪哇皆告失败，遂认为劳师海外，未必有益；因此，明太祖的全部精神都集中于注意北方边塞。对于东南海外，无意于经营，甚至占城、安南、暹罗、真腊等国之屡来朝贡，也认为劳费太甚，不必如此。故于洪武七年手谕中书及礼部，引古代"九州之外，每世一朝"之义，着其通知各国，不必朝贡过频。于是明初的海外政策，完全取消极态度，无丝毫野心，且无与海外诸国建立关系之意。于是，成祖登位后，欲扬威海外，遂有郑和下西洋之举。

第二节　明初废宰相的原因与后果

明初设置宰相的前后经过

明代设置相国，始于太祖即位之前。元至正二十四年，太祖称吴王，始定官制，仿元制设中书省，置左右相国，以李善长为左相国，徐达为右相国。达方统兵，连年转战中原，实不与中书省之政事，而由善长独事省务。洪武元年，太祖即帝位，厘定官制，改相国为丞相。直至洪武四年，皆由李善长独相。洪武四年正月，善长致仕，以汪广洋为右丞相，徐达为左丞相，徐达仍统军，由广洋独相。六年，广洋左迁广东参政，而以胡惟庸代之，惟庸亦以右丞相独专省务。十年九月惟庸转任左丞相，仍以广洋为右丞相。至十二年十二月，广洋贬广南，惟庸又独相。洪武十三年正月，胡惟庸反事发觉，伏诛。太祖恐权臣专政为乱，同月即下诏罢中书省，废丞相制，并著祖训，不许后代设置宰相，明代仅太祖初年设丞相职，先后任丞相者计李善长、徐达、汪广洋，胡惟庸四人，历时十六年，而惟庸居相位凡七年。

明初废相原因的分析

中国宰相制度自秦代创立后，历汉唐而极盛。及至宋代，由于厉行中央集权的结果，三省之中，只中书居于禁中，单独取旨，而尚书，门下并列于外，未得预闻政事，所以宋代实以中书为真宰相，而此中书既无用人考绩之权，复无独立议政之责，仅成为一个办理文书的机关而已。且采文武分权之制，总政务者，曰中书省，秉兵政者，曰枢密院。及元代政务机关中则只有一个中书省，而门下尚书早已废置了。由此说来，废宰相制度是中央集权的结果，换言之，也是皇权发展的结果，丞相职位已由极盛而趋于式微。明初废相可说是沿历史潮流而造成的。

洪武初，承元制设中书省。中书省总掌全国大政，丞相对政务有专决的权力，统率百官，只对皇帝负责。理论上丞相是辅佐皇帝治理天下的，实际上皇帝和丞相的职权，没有清楚的界限，相权和君权容易演成对立和冲突。为了解决君权与相权间的矛盾，所以实行废宰相，杀戮功臣。

太祖时，胡惟庸为相。其任期长久，与朱元璋冲突最为厉害，胡惟庸大权在手，威福随心，门下故旧僚友，隐然结成一个以胡惟庸为核心的庞大力量，危害明政权的集中。朱元璋于洪武十三年，对胡惟庸及其同党实行严厉镇压，杀胡惟庸后，废中书省，不设丞相，由皇帝兼行相权。

明初宰相之废，远因是历史潮流的激成，近因是丞相胡惟庸的谋反，但若不是太祖自卑心理的作祟，可能未必能这么迅速付诸实现。太祖出身寒微，贵为天子后，不时有自卑之感。废了丞相，没有了"一人之下，万人之上"的人，从此唯我独尊，无所忌惮。自卑感越强的人，越要高抬自己的身价，以显示自己威风。太祖后来屡兴文字狱，都是与这种自卑心理有关。

太祖的猜忌性格，到晚年更变本加厉，他晚年曾有两次对朝臣作集体的屠杀。其中一次是洪武二十三年（1390年）的胡惟庸之狱。洪武十三年（1380年），左丞相胡惟庸以"图谋不轨"被诛，但他的"逆谋"，直到二十三年后才完全显露；一方面太祖察觉相权过重，妨碍皇权的进展，乃罢中书省，废丞相，以防止权臣弄权的情况再度发生。另一方面，太祖因胡惟庸之事件怒而肃清"逆党"，而牵连此案的三万人被杀。总言之，太祖废相最大原因，因是其"家天下"之思想作祟居多。

明初废相的影响

自中书罢废，亦即相国之罢废，六部独立，尚书地位提高。六部之外有府院、寺、监等与六部并列，同掌国之庶务。其诸卿长官皆直辖于天子，此为自唐宋以来之大变局，实为明太祖之非常措施。此外，又改御史台为都察院，与六部并列。都御史与六部尚书并称为七卿，其职掌为"专劾百官，为天子耳目风纪之司"。更之取消原隶属门下省之司谏正言等谏议之官。此外，仅置吏户礼兵刑工六科给事中若干员，名为侍从规谏补阙拾遗，实则只作六部百司稽察之事，且其位卑职小，虚应故事而已。总之，明太祖废宰相改动中央官制，使所有限制君权之机构削弱，而控制臣下之机构则多方加强，形成君主独裁强横而不可制。

明初废相后，把中书省的大权划归六部，以六部尚书分理全国政务，六部以上，更无领袖，而由皇帝总其成，另设殿阁大学士，为皇帝襄理文墨。大学士的官位，不过正五品朝会的班次，在尚书、侍郎之下。当时大学士的责任，是随侍皇帝左右，以备顾问，至于奏章的批答，则必须有皇帝的命令，且须在御前执笔。成祖以后，大学士渐受亲任，始有"内阁"之称。成祖和仁宗每召阁臣密议国家大事，但奏章的批答仍出自皇帝，不委他人。宣宗时，阁权渐重，杨溥、杨士奇、杨荣皆以三孤（少师、少保、少傅）、尚书等官而兼任大学士，因而地位日隆。宣宗开始命内阁用小票墨书，具陈意见贴于奏疏表面，由皇帝裁夺，谓之"条旨"（又称票拟）。如皇帝同意，即以红书照条旨批出，但遇大事时，犹命大臣面议。宣宗以后的皇帝，日渐颓废，不亲政事，他们深居内殿，不复常与大臣相见，若干皇帝如世宗、神宗竟至二十余年不视朝。皇帝既不亲政，乃一方面专命内阁条旨，一方面又命宦官代为批决，因此又给予宦官专权的机会。然而内阁的权力，最高仅止于条旨，亦即仅能条陈对国政的意见或办法。最后决定权虽在皇帝，但由宦官代为批决，于是国家大权，渐落入宦官手中。

明自洪武罢相之后，章奏均先呈御前，由宫奴口传，转发阁中票拟，阁中又缴之御前，而后下各衙门施行，苟非精力绝伦、日理万机之主，则大权多将落于宫奴之手，明之辅臣入阁办事，职在批答，犹之开府书记，其事既轻，而批答之事，又皆内授而后拟。传授之人，咸属阉宦，则阉宦先辅臣而知内授之意矣。故黄梨州曰："吾以谓有宰相之实者，今之宫奴也。"又曰："使宫奴有宰相之实者，则罢相之过也。"辅臣既无宰相之实，又不若宫奴之密迩天子，则凡关朝政内决大权，辅臣自不能与宫奴争。其荒谬之甚者，则内廷生活之所需，一切取办于禁城。数里之内，遂使人主之天下囿于此一细小范畴之中，而阉宦欺蔽人主之势亦遂至于巅极。究其源流所自，太祖废相于先，成祖开阉宦弄权之渐，宦官窃弄政权，而导致明朝之衰亡。

第三节　明初知识分子的遭遇

太祖开国对儒生的依赖

明太祖以布衣出身而得天下，且深知知识分子具有若干项能力（如理智权力、道德权力等），最能影响一般群众，在社会上具有领导的力量，能笼络知识分子即是笼络一般群众，故初期对一般知识分子极度礼遇。且常喜欢搬弄文墨，以争取知识分子对他有好的评价。

许瑗曾谒明太祖于金华，曰："方今元祚垂尽，四海鼎沸，豪杰才勇之士势不独安。夫有勇略者可以驭雄才有奇识者，然后知奇士，阁下欲扫除潜乱，非收揽豪杰，难以成功。"太祖曰："予用英豪有如饥渴。"瑗对曰："此实皇帝之道，天下不难定也。"创业之主纵使才智绝世，也难以身顾四方，因此不能不委任臣下，共同创业开基，于是信任智能，遂成为"帝王之道"。明祖深明创业帝王身处激烈竞争之际，更须用智能。谁能争取天下智能之士，谁便有成功机会，反之，若舍弃天下智能之士，便有失败可能。所以一时文儒如陈遇、李善长、刘基、宋濂、戴良、吴履等，皆为明祖所用。

明太祖定鼎金陵时，元至正二十一年三月玉珍来献金玉马鞍，太祖却曰："今有事四方，所需者才，所用者粟帛，宝玩非所好也。"于是能将儒士，一时云集，故《明史》辩太祖经营天下，曰："虽曰天授，抑亦左右丞弼多国士之助欤！"

太祖且谓建立基业犹构大厦，割伐斫削必资武臣，藻绘粉饰必资文臣。

可见他对文臣之尊重与重视。明祖又清楚地表示，他对知识分子任用的条件，是使各人能够尽量发挥自己的长处，以协助他治国安邦。同时，明祖还鼓励群臣能抗言直谏，他认为"臣不谏君是不能尽臣职，君不受谏是不能尽君道。"明祖这种政策，在建国初期，确有一定作用。

太祖到处访儒生的经过

太祖到处访儒以示他对学问的尊重，此为明祖对儒生竭力争取之证。且日与群臣大谈"仲尼之道"，大力提倡尊孔，以招年轻知识分子的欢心。再者他且有时常引孔子，来训谕群臣，以示他对孔子的尊敬和了解。

为了加强对知识分子的争取，明祖即位后，即遣人四出求贤，并展开安抚政策来对付知识分子。他首先提倡孔子以恢复礼教，并优待孔子后人，以示对先圣的尊荣，借以标榜。另一方面，又挑选品行良好的国子生多人，陪伴皇储，在内廷共习经史。继而又遣使四出求贤，以备辅国安邦。洪武元年九月至十一月间，明祖先后两次号召知识分子入朝，且一次此一次更具体化。据《明太祖实录》卷三十五载："洪武元年九月癸亥下诏求贤。诏曰：'朕唯天下之广，固非一人所能治，必得天下之贤共理之。向以干戈扰攘疆宇，彼此致贤养民之道未之深讲。虽赖一时辅佐匡定大业，然怀材抱德之士，尚多隐于岩穴……今天下甫定，愿与诸儒讲明治道，启沃朕心，以臻至治。"同年十一月戊戌条载："遣文原吉、詹同、魏观、吴辅、赵寿等分行天下，访求贤才。"更进一步，明祖常在宫中设宴招待知识分子，宴会时明祖与各人赋诗，商榷古今，评论文字，以示对知识分子的尊重。

明祖为了争取儒生的好感，竭力搬弄文墨，以望改变知识分子对他的看法。他亲自注《道德经》及《洪范》，并说老子《道德经》对养生治国之道有莫大帮助，《洪范》则为导致帝王致治之道。论历代创业，对汉高祖、唐太宗及宋太祖非常尊重，特别对汉高祖的行径，欣赏万分。明祖对自己所作的大诰非常重视，因此令所有生员都加以细读，能背诵的还有特别赏赐。终身不愿替明祖做事的陶宗仪，晚年被迫出来领导群生试读大诰。

儒生不愿襄助太祖的原因

在明祖号召下，愿替他效忠的儒生，并未达到理想。因当时许多有名望及具有影响力的知识分子，都借故隐居山林而得善终。那些在明祖号召下入朝辅政的知识分子，只有些少极幸运地得善终，如陶安、宋讷、秦裕伯、詹同、陈基、乐韶凤、范常、罗复仁、桂彦良等。其他如宋思颜、高见贤、孔克仁、刘基、高启、魏观、宋濂、李仕鲁、吴沉、黄肃、李善长这些曾舍命协助明祖夺得政权的儒生，都直接或间接地为太祖以事论死。

明祖一生，为了争取知识分子的拥护，对他们可谓极度礼遇。然一般文人因未能忘怀过去的放纵生活，故大多不愿厕身效力新朝。且儒生崇重先朝已蔚成风气。这并非他们不知民族大义，而是因经过数十年动荡局面，明祖虽已定鼎金陵，但仍未能赢取知识分子的信任。

明祖对有影响力的知识分子的监视，是从不放松的。就宋濂而言，明祖是非常的礼遇，但对他的监视，也一直从不放松，据《明史·宋濂本传》记载："（濂）尝与客饮，帝密使人侦视。翌日，问濂昨饮酒否，坐客为谁，馔何物，濂且以实对。"从《明史》这段记载，可见明祖为人是多么的猜疑。

明祖践祚，知识分子仍不忘元季时之自由放纵生活，故对明初之采取法家政策，多乏好感，对明祖之所谓"求贤"，绝不重视，故先后坐事为明祖残杀。而胡惟庸之狱，株连被诛者三万余人。又蓝玉之狱，株连一万五千余人。《草木子》谓京官每旦入朝，必与妻子诀，及暮无事，则相庆以为又活一日。故时之文人多不仕。且鞭笞捶楚，亦成为朝廷士大夫寻常之辱。洪武九年，叶伯巨上书："今之为士者，以溷迹无闻为福，以受玷不录为幸，以屯田工役为必获之罪，以鞭笞捶楚为寻常之辱。"

太祖何以对儒生猜忌？有如下数端。

求贤、赐宴，并不能说明太祖对知识分子的信任，在遣文原吉、魏观等人四出求贤时，明祖对在朝的所谓贤者即发生疑问，因一般所谓贤者，往往是名实各异，明祖对知识分子的出身和背景，始终是采取怀疑的态度的。每次遣人出外求贤，每次他的结论总是求贤不得其人。

明祖因出身寒微，故有极大的自卑感，他时常怀疑所有的知识分子都看他不起，故在杨宪伏诛后，对知识分子即加监视。自汪广洋、胡惟庸事发生后，明祖对知识分子的猜忌更是日甚一日，但求贤仍为其安抚知识分子的政策之一。然他仍时常坦白表示："天下贤才，来者虽众，贤智者甚寡。"洪武十三年明祖在诛杀胡党后，对在朝知识分子更严加监视。

明祖了解如要控制众多有影响力的知识分子，非找机会把他们弄在一起不可，于是即位后马上诏修元史。当时参与修史者计有以李善长为监修，宋濂、王祎为总裁，及其他有名的儒士，在知识分子中都有一定的影响力。然修史在匆匆中召开，也在匆忙中结束。洪武二年八月，只是短短七个月时间，《元史》即告修成。参加此事的知识分子，也即纷纷求去。明祖为再图将他们联结起来，同年又马上召修礼书，然只有曾鲁再度参加，其余等人，都已悄然离去。洪武三年二月又召再修元史，当修礼书及续修元史后，明祖对各人极为礼遇，并厚赐，并望众人能留朝辅佐国事，但众人都坚辞不仕，纷纷求去。在这情形下，明祖内心对众人的痛恨是可理解的。

明太祖以蒙古人出塞后，中国社会上比较可怕的只有读书人，但所谓传统政治，便是一种士人的政治。明祖无法将这种传统政治改变，于是一面广事封建，希望将王室的势力扩大，一面废宰相，正式将政府直辖于王室。既不能不用士人，遂不惜时时用一种严刑酷罚，以期使士人震慑于王室积威之下，使其只能为吾用而不足为吾患，这是明太祖一人的私意。一人的私意，不足以统治一个天下，而明代的政治亦走上歧途。

明祖此种态度造成了如下影响。

第一，太祖在各知识分子的冷淡反应之下，采取报复。手法是离间、监视、恐吓或侮辱，最后才找一不可饶恕的罪名而加以屠杀。

明祖离间的手法，先在知识分子中制造矛盾。即位初，李善长与刘基间不和，刘基与徐达见猜，明祖除加深两人之间的误解外，并未加以调停。

恐吓和侮辱，更是明祖惯用的政策。户部尚书茹太素为人正直，但不为明祖所喜。某日明祖赐宴，借机对茹太素说："金杯同汝饮，白刃不相饶。"吓得茹尚书频频叩头说："丹诚图报国，不避圣心焦。"但后来还是坐事处死。

明祖对儒生的侮辱，绝对不留余地。他因要牢笼四方八面的知识分子而下召修元史，因此也礼聘亡元遗老危素参加。然他对危素并无好感，只因当时一般儒生对他极为尊重，故明祖也不得不对他加以礼待。后因各知识分子在《元史》及《礼书》成后相继离去，独危素仍在，故明祖对他更加卑视。

第二，亦有建设性的结果。

一是扶掖年轻知识分子。知识分子只要肯尽力替他做事，明祖是适意培养的。老一辈具有影响力的知识分子，入朝做事偶然犯了些微错误，则极难逃过明祖的屠刀，明祖这种政策，对年轻的知识分子确有一定的鼓舞作用。洪武晚年，明祖认为是才子的年轻知识分子的解缙，就大胆地向明祖上万言书。明祖当时正斥责廷臣缄口不言朝政，故对解缙那具有鼓动性的万言书只有表示非常的欣赏。解缙当时不过二十岁，正是明祖有意扶掖年轻知识分子为己效忠一大明证。

二是鼓励荐举。对未入仕的年轻知识分子，则加以提拔。为了争取他们，明祖此时乃鼓励荐举，希望因而得到更多为他效力的新血。

三是大力提倡尊孔，且日与群臣大谈"仲尼之道"，作为招徕年轻知识分子的本钱。这都是胡案后太祖竭力争取在野知识分子的表现，因他对在朝的已失去信心，故不得不吸新血。

四是定下制度。太祖于洪武元年三月定文武科取进士之法，洪武三年五月始设科取士定条格，十五年定三年一试为定制，十七年三月颁科举定式。

第三，破坏性方面也很明显。

一是廷杖大臣。朝臣奏对忤旨时，即当廷加杖，甚至有被杖死的，朝臣的人格，为之扫地以尽，这是明代特有的酷政，也是中国政治史上的一大污点。

二是滥兴"文字狱"。明代以前，历朝的"文字狱"，多因为有人公开讪谤朝政或诋毁皇帝而发生，但明初的"文字狱"则大不相同，有人往往为了一两个毫不相干的文字而被处死。例如，有人因奏表中有"光天之下，天生圣人"的字句而被杀，因为"生"与"僧"同音，而"光"又是僧人头颅的写照，以致太祖怀疑上表者在讽刺他的出身。这些"文字狱"，真是极尽无理取闹的能事。

三是宁枉无纵，实行屠杀。洪武廿三年有胡惟庸之狱。因此案牵涉而被杀的三万人，其中封侯的大臣，就有二十余人。廿六年又有蓝玉之狱。蓝玉是北征沙漠扫荡元室余孽的名将，因恃功粗暴，被人控告谋反而被诛，牵连被杀的达一万五千人，元勋宿将极少幸免。

太祖对臣下这样恣意杀戮，心理显然有些变态，基本原因，仍是"家天下"的思想在作祟。

第四节　明初削藩经过及其影响

明初的封建

明祖"家天下"的思想极浓，又鉴于元代王室孤立无援，内不能制民变，外不能屏障中央，要使国家能长治久安，非靠自己的子孙负起捍卫国家的责任不可。这比武将出征镇抚，更可安心，于是封皇室子孙的制度便实行起来，借以控制出征镇抚保卫国家的军事职权。明代封诸子为藩王，有爵位、藩禄、封都及王府一套完备的官制，共封了二十五位藩王，各负有保卫国家的军事职权。在制度上，通常藩王有三护卫，但太祖又可视需要而随时增加藩王之兵力，藩王并可率领将官都督府都司卫所兵出征，因而军事职权甚大。这种政策无疑是想把保卫国家的责任交到藩王身上，以嫡长子在京都做皇帝处理朝政，封诸子于全国各地，"上卫国家，下安生民"。

明代宗藩所以能严重影响国家及社会，正因明太祖对朝廷的功臣宿将不信任，而扩充了皇帝子孙的势力。由于藩王拥有军事职权，而军事力量，往往是夺取政权的重要因素。因此，皇帝与宗藩间渐形成对立的关系。亲王持有兵权威胁朝廷的问题，早在东角门的密议及太祖遗诏中已充分流露出削藩的决心。《昭代典则》记高皇帝遗诏曰："……诸国王临国中，无得至京师。王国所在文武吏士，听朝廷节制，唯护卫官军听王。诸不在令中者，推此令从事。"由此遗诏看来，惠帝禁止诸王至京奔丧，很明显是为了避免对皇位有威胁。同时王国所在地的文武吏士必须听朝廷的节制，显然，惠帝站在朝廷立场想控制诸王，不欲其有独立的势力；并且在当时社会充满皇位应以长子嫡孙来继承的传统政治观念下，皇位不容亲王有所威胁和篡夺。相反的，诸王见到这样充满削藩气氛的遗诏，自然对惠帝很愤慨，对谋臣也是忌恨。惠帝即位后，实行削藩政策，委实也改变了明太祖原有封诸子为王持有兵权保卫国家的制度，自然激起诸王反抗。所以在这种矛盾下，皇帝与诸亲王间的对立，更进一步走入纷争的旋涡。所以建文时代，削藩政策便急遽地进行开来。

亲王中较长者如秦、晋、燕、楚诸王等，在洪武时代都曾率领几十万大军征讨外患，身临战阵而有战争经验。尤以北平的燕王，据于险要的地理形势，士马精强，又是位雄才大略的亲王，实是朝廷的劲敌。诸王拥有兵权固然是建文朝的威胁，但在亲王对朝廷尚未有行动前，朝臣黄子澄、方孝孺、齐泰所拟定的孤注一掷、积极以武力削藩的政策，违背了太祖既定的封藩制度，在诸王没有明显值得削夺杀戮之罪时，首先对亲王加以残杀征讨，实给予亲王举兵的好借口。

"靖难之役"的经过

建文元年七月，燕王听从其谋主僧道衍之言举兵，以诛齐泰、黄子澄为名，史称"靖难之役"。惠帝曾命耿炳文、李景隆率师征讨，唯屡战不胜,幸济南为铁铉、盛庸固守。既而燕军又为盛庸败于东昌,燕王乃回师,此后两军相持约三年。建文三年,曾有宦官密报宫中虚实,燕王乃大举南犯,由徐泗渡江径趋京师,惠帝不得已贬齐泰、黄子澄于外,并下诏罪己,请割地罢兵。燕王不许,京师遂陷,宫中火起,惠帝不知所踪。燕王乃自立为皇帝,是为成祖,改元永乐,肃清旧臣,杀戮惨绝,并复周、齐、代、岷四王国,改北平为北京,设顺天府,徙富民以实之。至永乐十九年,成祖徙都北京。

削藩失败的分析

由于削藩而促使建文时代的倾覆,再把参与国事的齐泰、黄子澄、方孝孺辅政时所施行的削藩政策,加以分析评论,先就朝廷军事削藩与亲王战争而论。我们认为在举兵之先,居于宰辅职位的齐泰、黄子澄、方孝孺必须要了解当前的局势。明初太祖封亲王有二十四位,封都遍及山东、山西、陕西、河南、浙江、江西、湖广、四川、广东、广西、云南等省;并且在封建制度的原则上,诸王有守镇兵及护卫兵,遇有紧急,亲王有权调遣将领及率领卫所官军捍卫国家。何况亲王中较长者如秦、晋、燕、楚诸王等,在洪武时代都曾率领几十万大军征讨外患,身临战阵而有战争经验。尤其是封于北平的燕王,据着险要的地理形势,士马精强,又是一位雄才大略的亲王,实在是朝廷的劲敌。在这样的局势下,齐泰、黄子澄、方孝孺只顾积极地以军事行动削藩,而以孤注一掷的政策废除亲王,使亲王置于死地,自然会引起皇帝与亲王间直接的血战。齐泰、黄子澄、方孝孺以积极军事行动削藩政策的结果,带给建文时代朝廷的不是成功,而是加速的灭亡。由于齐泰、黄子澄、方孝孺辅政时,积极实施战争杀戮的削藩政策,使燕王更有理由加速举兵向朝廷进攻夺取皇位,这确是齐泰、黄子澄、方孝孺等决议施行这样削藩政策的不得当。

再看削藩政策施行时,放归燕王三子的错误。明太祖死去刚足一年,周、齐、湘、代、岷诸王相继削除,接着便是袭击燕王了。当时燕王三子皆在京师（南京），而燕王忧惧，不敢起兵，则称病乞三子回北平，既然齐泰、黄子澄、方孝孺等已拟定削去燕王，与燕王准备血战，就不该放归燕王三子，如拘留于京师，亦可羁縻燕王，但事实则不然。《明史·黄子澄传》云："燕王称病笃，乞三子归，泰欲遂收之。子澄曰：'不若遣归，示彼不疑，乃可袭而取也。'"当齐泰、黄子橙议决放归燕王三子，尚未及"示彼不疑，袭而取也"，燕王立即起兵叛变。齐泰、黄子澄身居宰辅职位，其筹划议决政事则如此肤浅可见。

又如燕王起兵，齐泰、黄子澄议决战略及遣将之不当。如《明史·齐泰传》云："乃拜长兴侯耿炳文为大将军，帅师分道北伐，至真定为燕所败。子澄荐曹国公李景隆代将，泰极言不可，子澄不听，卒命景隆将。当时帝举五十万兵畀景隆，谓燕可旦夕灭。燕王大喜曰：'昔汉高止能将十万，景隆何才？其众适足为吾资也。'是冬，景隆果败。"黄子澄与齐泰之议决命这一位轻浮而无将才的李景隆率倾国五十万精兵北征，又是失策。黄子澄等无知人善任之才，难怪有雄才的燕王大喜云"其众适足为吾资也"。假若事先齐泰、黄子澄议决不遣燕王三子返回北平；当耿炳文败处不撤还，令戴罪仍守真定，不以轻浮无将才的李景隆代将，再以山东济南之能将铁铉继其后，则燕王不敢离北平取大宁，可免郑村坝、白沟河丧师数十万，燕王便不能顺利地南下篡位，明代似可另成一个政治局面。

"靖难之役"的影响

成祖对付异己手段的残酷，杀戮的冤滥，都不亚于太祖。正因藩王有过军事力量发生夺皇位与皇权的事实，成祖对宗藩更严加防范，使繁盛的宗藩子孙困于法网之下，不能有谋生机会，只靠国家付出的禄米为生，又影响到国家经济的困窘。再者，由于"靖难"之影响，酝酿日后宗室之篡夺；如宣宗时，皇叔高煦之乱。武宗正德十年，安化王寘鐇及十四年宁王宸濠之乱，是皆沿"靖难"之流风所致。更有甚者，乃造成宦官之祸，盖成祖以"靖难"得宦官助力不少，即位后大更太祖严束宦官之遗制，由是宦官权力日增。而东厂之设，更造成日后党锢之祸。

在进步方面而论，明成祖却从太祖晚年留下保守的政治局面，转变到重新开拓而向外发展的局势。又鉴于明代的外患在北方，成祖因而向北方发展，并曾五次深入漠北亲征蒙古。又迁政治重心到国防边缘的北京去，浚通南北运河，使在北方的政治重心与江淮流域的经济重心联系起来巩固为一体。又如疆域扩充，征鞑靼、瓦剌，讨安南，平西南蛮，御倭寇，使版图重新划定。又命郑和下西洋，向海外发展等，使永乐朝成为中国史上辉煌的时代，又如永乐时代国内建设，以及典章制度的改革拟定，更奠定了明代两百余年的政治局面，不能不说是"靖难之役"的影响。

第五节　明成祖的政治、经济措施

成祖开拓北方的背景

明成祖打进南京，篡了惠帝政权，明代从此开始大转变，使明太祖晚年休养生息局面予以结束，把国家重新整顿。先前明太祖所注重的经济重心在江南，政治重心建立在江南金陵；而在北方军事要地，仅封了几个亲近而怀有野心的子孙做藩王来镇守，又以边疆屯田的丰收来支持军事上的需要。这样，在国家升平时代或许可以相安无事，但谁能保证国家永远平静无事？所以，明太祖的主张在明成祖认为是陈旧了。他觉得要维持国家升平，还需要有强大势力支持才可以，也感到国家的升平系于北方的安宁，所以当他即位后，便开始发展北方。这种动机的背后，无疑少不了江南经济的支持。故南北经济的畅通，是明成祖在北方发展的迫切需要，因而南北转运工作便急于建立，明成祖向北方的发展才得到成功。

对北方经济、政治的整顿

明成祖建设北方，首先把北方几个重要地区租税免除，给当地一大苏息。永乐二年（1404年）八月，北京所属府、州、县一次的丰收，户部主张发钞三百万锭籴粮，以减当时转运工作的痛苦，待农隙时，再令军民把江南的粮运往北京，这些事在户部左侍郎古朴的奏言里可以见到。永乐三年（1405年）正月，明成祖又提出一项免税的事实，他鉴于数年的用兵，北京顺天、永平、保定供给特劳，又免租二年，明成祖在北方免去北京顺天等八府的税租三年，后又免北京顺天、永平、保定税二年，自然可减轻当地的负担。但北方的经济需要是无停息的，北方地区赋税的免除，间接便造成江南经济供应的加重，所以南北转运工作更急需建设。

当明成祖即位后，虽把政治重心的京师依然留在金陵，但事实的逼迫，使他实行了惠帝的削藩政策，而把明太祖封于保卫北方的宁王等内移，尽释诸王的兵权，军事要地的北方便异常空虚，因此他把政治重心的金陵，迁到北方军事边缘的北京去，借此可以身当敌冲，以镇守北边的安宁。政治重心的北移，更促使北京忽遽的建设。所以明成祖早在永乐元年（1403年）的正月，已把北平改为北京，自然增高了北方的地位。在永乐二年九月又徙山西民一万户以实北京。永乐四年（1406年）闰七月，文武群臣以备巡幸的理由请建北京宫殿，于是明成祖命军民各地采木及工匠烧制砖瓦，每月都发给钱粮。北京宫殿的兴建，几乎动员各地的人力物力，自然这是经济上的一笔大开支。永乐七年（1409年）闰四月，在北京又设立和南京同样的宝钞提举司、钞纸局、印钞局。永乐九年（1411年）二月，以南京为例又在北京增设造就人才的国子监学官，《大政记》卷九："增北京国子监学官，如南京例。"国子监学官的增加，无疑是生徒的增多。永乐十年（1412年）三月，升顺天府为正三品，官制和应天府同。永乐十三年（1415年）二月，又开始在北京举行朝廷中的会试，选拔全国优秀的人才，以备治国之用。北方的政治地位更日见提高。

在北京兴建期中，明成祖的几次北巡，又是政治重心逐渐北移的一个铁证。明成祖第一次北巡，是在永乐七年三月抵北京。第二次北巡，又在永乐十一年（1413年）四月到达北京。第三次北巡是在永乐十五年（1417

年)五月。第三次北巡后,便不再南返。这时明代的政治重心可以说已移于北方。到永乐十八年(1420年)九月,北京宫殿建成,明成祖便毅然下令十九年元旦改北京为京师。

虽然如此,这仅是明代政治重心由江南迁往北方最后的一个形式。实际上,北京的建设,和政治重心北移,早在明成祖即位后已逐步在实现。在这些事实实现的背后,自然都需要大量江南经济的支持。所以《明史·食货志·漕运》指出明成祖屡次的巡狩,百费仰给江南的接济。成祖肇建北京,"转漕东南,水陆兼挽",是仍元人之旧以参用海运。《明史·河渠志》又明确地指出,在成祖即位后对北京的兴建,转运东南的经济来接济,在陆地上有车船转搬的陆运,在海上有海运,以政治的观点来看,必须要有大规模的转运工作,才能应付这样大量经济的北上,来支持北方发展的要求,因此南北转运工作的建立,也是必然的事实。

自明成祖篡了惠帝位后,便积极地实行削藩政策。他把明太祖封于镇守北边的宁王等内移,尽释诸王兵权,在军事势力空虚的北方,不得不再作一番部署。《明史·兵志·边防》所载:"建文元年,文帝起兵,袭陷大宁,以宁王权及诸军归。及即位,封宁王于江西。而改北平行都司为大宁都司,徙之保定。调营州五屯卫于顺义、蓟州、平谷、香河、三河,以大宁地界兀良哈。自是,辽东与宣、大声援阻绝。又以东胜孤远难守,调左卫于永平,右卫于遵化,而墟其地。先是兴和亦废,开平徙于独石,宣府遂称重镇。然帝于边备甚谨。自宣府迤西迄山西,缘边皆峻垣深壕,烽堠相接。隘口通车骑者百户守之,通樵牧者甲士千人守之。武安侯郑亨充总兵官,其敕书云:'各处烟墩,务增筑高厚,上贮五月粮及柴薪药弩。墩傍开井,井外围墙与墩平,外望如一。'重门御暴之意,常凛凛也。"

明成祖对北方边防这样重视,缘边"峻垣深壕,烽堠相接",官兵昼夜防备,经济的资源更是迫切。当时运粮宣府的实例有永乐十二年正月辛丑,发山东、山西、河西,及凤阳、淮安、徐、邳民丁十五万,运粮赴宣府;其运民丁悉给行粮及道里费,仍免差徭一年。宣府是防守北方边疆的重镇,粮运到宣府，自然像血脉般输到边疆所需要的地方。

成祖对北方军事的措施

明代开国时，太祖毕竟没有把蒙古人彻底地征服，故成祖对北方异常重视，他认为北边的安宁就是国家的安宁。随即他便决意率大军亲征北方，因此造成成祖五次亲征轰轰烈烈的事迹。从永乐八年到十二年之间，前后两次大规模的亲征，几乎用去将近一年的时间。第一次和第二次亲征，都是在永乐十三年运河凿通前所发生的事。成祖的后三次亲征"胡虏"，全在永乐时代的晚年，亲征的目标都是为了阿鲁台的侵犯。如第三次亲征是在永乐二十年（1422年）的三月，第四次亲征是在永乐二十一年七月，第五次是永乐二十二年的四月。最后明成祖就死在第五次亲征途中的榆木川。可以说成祖后三次的亲征是在运河畅通后的事。成祖的第一次和第二次亲征不但是在运河凿通前，也是在北京的建设和政治重心逐渐北移的时期中。因此由江南转运到北京的粮米，除了支持北京建设及政治上的需要外，还得供给边疆军事的需要。

对海陆运输的整顿

明成祖即位后所做的种种积极措施包括：一，北方几个重要地区赋税的免除，以及给当地的苏息；二，北京的建设和政治地位一天天地提高；三，政治重心逐渐由江南的金陵移于北京；四，北边军事的重视；五，明初成祖在北方大规模的亲征。这些都是靠江南经济的支持，才得到成功。这时的局面，绝异于明初太祖时代，政治重心建立于江南经济体系中，在经济转运上省去了许多麻烦。明太祖时代的南北经济转运，只是靠着海运，明初海运供给了北方一部分边疆的军事需要，到太祖的晚年。国家走上休养生息之路，北方边疆屯田的丰收足以供给当地的需要，所以在洪武三十年（1397年）仅有的海运也废止了。因此，成祖时代北方的局面，绝非太祖时代所能比。试看成祖永乐时代北方发展的规模，故北方经济的需要量自然大增而迫切，南北转运工作不得不大规模而迅速地建立。

成祖时代海运的开始是在永乐元年三月，陈瑄和宣信的督运北上，这是在明成祖即位后急遽进行的措施。这一个海次在急遽中能够建立成功，最值得注意的是，永乐时代的开始，毕竟和明太祖时代相去不远，从洪武三十年废海运起，经过建文时代，到永乐元年明成祖行海运时，不过是隔了五六年的时间。明成祖已目睹太祖时代海运的成就，他便因循太祖在明初用武将督运的基础，在永乐时代把海运的基础建立在武将身上，《明史·陈瑄传》："建文末，迁右军都督佥事。燕兵逼，命总舟师防江上。燕兵至浦口，瑄以舟师迎降，成祖遂渡江。既即位，封平江伯，食禄一千石，赐诰券世袭指挥使。永乐元年，命瑄充总兵总督海运。"

陈瑄是建文时代江防的武将，明成祖南下篡位时，迎降于浦口，封为平江伯。明成祖用这位武将恢复了明太祖时代武将担任的海运工作。再看和陈瑄一同督运北上的宣信，他是明太祖晚年督海运的主要人物，宣信到永乐时代又担起督海运的责任，故明成祖是利用明太祖旧有的海运基础把永乐时代的海运建立起来的。他所以毫不迟疑地这样做，完全是在北方需要大量江南经济的要求下，而急切进行的。

明太祖时代的海运，只是供给北方一部分的军事需要，所以海运基础的规模不大。明成祖在急遽中承袭了这一个基础不大的海运系统，自然不能满足永乐时代北方大发展的要求，因而又有陆运的建立。明成祖时代的陆运也在海运开始后三个多月的永乐元年七月开始了。《明实录·太宗永乐实录》卷二十："丙申，户部尚书郁新等言：'淮河至黄河多浅滩跌坡，馈运艰阻，请自淮安用船可载三百石以上者，运入淮河、沙河，至陈州颍歧口跌坡下，复以浅船可载二百石以上者，运至跌坡上，别以大船载入黄河，至八柳树等处，令河南军夫运赴卫河，转输北京。'从之。"

永乐时代是陆运最初的开始，是明成祖接受了明初整理邦赋和定召商开中法的经济专家郁新的计划。郁新的计划，撇开已淤塞的会通河故道，把江淮间的粮从淮河过沙河，运到陈州颍歧口跌坡下，以浅船运往跌坡上，再用大船入黄河，黄河做了运道，从黄河水道一直往上流航去，到新乡八柳树等地方，这里距卫河（御河）的源已近了，这时才用河南当地的车夫转入卫河，从卫河的上流再往下航行，东流经大名东北出临清直沽（天津），再从白河转输北京，这是明成祖时代陆运的路程。

郁新何以要主张这一条陆运的运道？我们看元代开凿的南从东平安民山，北接卫河直通南北漕运的会通河，在明太祖时代洪武二十四年（1391年），黄河在原武的一次决口，把会通河给淤塞了。会通河被淤，南北在运河上的转运已断绝。郁新的计划是绕过这条已淤塞的故道，虽然在水上的路程远了许多，而陆地上车运的距离却短了，所以减去了许多陆路的痛苦，水上的航行毕竟是省力的，在当时来说，再找不出比这条路线更简便的了，这是郁新主张这条运道的理由，也是郁新的卓见，因此，明代在永乐年间的陆运才建立起来。

明成祖时代，经济上的转运工作已在永乐元年开始。由江南经济所支持向北方的大发展，不断地在进行，因而海运和陆运不断地由南方向北方输送。史籍称这时期明代的转运工作为海陆兼运时期。海陆兼运一年运往北方的数字，可参见《明实录·太宗永乐实录》卷六十七："是岁，馈运北京粮一百八十三万六千八百五十二石。"这是海陆兼运在永乐七年运往北京总计的数字，我们从这时一年一百八十三万六千八百五十二石，可见北方一年中的需要。但由永乐七年到永乐十二年，转运的数字不断地在增加。《明实录·太宗永乐实录》卷九十四云："是岁（永乐十二年）馈运北京粮二百四十二万八千五百三十五石。"海陆兼运输送到北京的数量，比起永乐七年的数字已多出五十九万一千六百八十三石。因而断定，由海陆兼运所支持的北方的发展，正在日见扩张。

海陆兼运不停地北上，全国的经济才得到畅流，有不少发展的事业都在北方成功了，这是海陆兼运的功绩。然而在成祖的计划和看法中，绝不是短暂的，他把政治重心迁往北方军事的地区，若北方稳固了，子孙的基业就不会动摇，因此在他心目中，现有海险陆费的海陆兼运绝不能使他满足，所以自即帝位后，海陆兼运在急迫中建立起来。经过一段时期后，明成祖便有余力重新为南北转运工作再开辟一条畅流而省力的运道。

永乐九年，明成祖又接受了济宁州同知潘叔正的建议，决心重凿日久淤塞的会通河。《明实录·太宗永乐实录》卷七十四记永乐九年事："二月己未，开会通河。河自济宁至临清，旧通舟楫。洪武中，沙岸冲决，河道淤塞。故于陆路置八递运所，用民丁三千，车二百余辆。岁久，民困其役。永乐初，屡有言开河便者，上重民力末许。至是，济宁州同知潘叔正言：'会通河道四百五十余里，其淤塞者三分之一，浚而通之，非惟山东之民免转输之劳，实国家无穷之利。'乃命工部尚书宋礼、都督周长往视。礼等还，极陈疏浚之便，且言天气和霁，宜及时用力，于是遣侍郎金纯发山东及直隶、徐州民丁，继发应天、镇江等府民丁，并力开浚。"

明成祖命宋礼和金钝负开凿的责任，到了永乐九年六月河道凿通。会通河凿通并不是整个的南北运河得到畅通，因为江淮间，清江浦的运道依然艰难。后来到永乐十三年五月，陈瑄发军民开河置闸，案时启闭，清江淮河道于是修通。清江浦的凿通，北方运河从此畅通，陆运自然不必要了，成祖在初年所建立的海运也罢去。永乐十三年运河的凿通，正当明成祖在北方发展的时期，运河之通，不但促成北方发展的成功；甚至于这时运河的凿通，也是十五世纪初叶以后，中国史上的南北运河也重新发挥作用。而运河毕竟支持了明代二百余年的强大，对明代国运的延续，起了很大作用。

第二十五章　明代宦官专政与党争

第一节　明代宦官干政与阁权的消长

太祖抑制宦官权力的原因

明初，就抑制宦权而论，太祖深谋远虑，诚不失为识时务之俊杰。明代宦官权势下至明季虽未曾因太祖之抑制而敛迹，但太祖确曾鉴于历代政治之得失，禁止于先，惜乎后世诸帝，未曾严格遵守，致宦官跋扈，成为明政治制度上之一大患害。如洪武十七年，铸铁碑，置宫门中，曰："内臣不得干预政事，犯者斩。"又敕诸司，毋得与内官监等文移往来，尝谓侍臣曰："朕观《周礼》，奄寺不及百人，后世至逾整千，因用阶乱。此曹止可供洒扫，给使令，非别有委任，毋令过多。"时有内侍，侍帝最久，言及政事，太祖立斥之，且终身不再召用。由此可见太祖对宦官之戒惕痛恶，无时或已。因而定制，内侍不许识字。宦官既不识字，自无预政之能力，在太祖看来，历代宦官之祸，当可从此根绝。

成祖重用宦官的原因

太祖驾崩四年之后，成祖即位，乃反其道而行之。永乐元年，命李兴等赍敕劳暹罗国王，此宦官奉使出国之始。三年，命郑和等奉兵二万，行赏西洋古里、满剌诸国，启宦官将兵之始。八年，敕王安等监都督谭清等军，马靖巡视甘肃，此宦官监军之始（以上俱见《明史·职官志》）。永乐十八年，又于京师内设东厂刺事，宦官自此进用。成祖所以重用宦官之原因，大致可以分析如下。

由于宦官策应其夺取天下。当成祖靖难之师起，各路进军与战事的进行并不理想，且多为中央军所击退，燕王在此一筹莫展情况下，突然得到京师宦官之助，暗通消息，把中央虚实、与军队布置的轻重，报告燕王，因而使靖难军队得以承隙长驱直入，而建文生死下落，至今历史并无清楚交代，是否宦官奉命于乱军大火中就地处决建文亦未可知。则成祖之信任宦官自然可以理解。

宦官之所以忠于成祖，由于惠帝管束太严所致。《明史纪事本末》卷二八云："帝（建文）御内臣甚严，皆怨望，遂密谋戴燕王，告以金陵空虚，宜乘间疾进。"又《御批历代通鉴辑览》卷一〇二云："初，惠帝御内臣严，燕兵逼江北，多逃入军中，漏朝廷虚实，帝（成祖）深以为忠于己。"

成祖违反祖训，令宦官干预政务。迨宣德之世，不但不予改正，反更甚之，并将内官不许识字之祖制，亦予推翻。《御批历代通鉴辑览》卷一〇三云："洪武中，设内官监，典簿掌文籍；以通书等，小内使为之。又设尚宝监，掌御宝图书，皆仅识字，不明其义。及永乐时，始令听选教官入内教习，至是（宣德元年七月），开书堂于内府（后称内书堂），改刑部主事刘翀为翰林修撰，专教小内使书，其后，大学士陈山、修撰朱祚，俱专是职。选内使年十岁上下者二三百人，读书其中，后增至四五百人，翰林官四人教习，以为常。"此后，习教内官，成为定制。内宫既通晓文墨，既可逢君作奸，又可与外廷交往。如《明史》云："初，太祖制：内臣不许读书识字，后宣宗设内书堂，选小内侍令大学士陈山教习之，遂为定制。用是多通文墨，晓古今，遒其智巧，逢君作奸，数传之后，势成积重。"

宦官专权的事实与经过

永乐时代，宦官开始用事。迨仁宣以降，宦官因通晓文墨，频见召用，但仁宣二帝，对宦官管束甚严，故尚无宦官专权现象。正统年间，三杨相继去位，王振为皇帝所宠信，开宦官专政之始。《明史纪事本末》卷二九云："宣宗宣德十年春正月甲戌，帝崩于乾清宫，皇太子方九岁，即皇帝位，秋七月，命司礼太监王振偕文武大臣阅武于将台。振矫旨以隆庆为右卫指挥佥事，纪广为都督佥事。振，山西蔚州人，初侍上东宫，及即位，遂命掌司礼监，宠信之，呼先生而不名。振遂擅作威福，时辅臣方议开经筵，而振乃导上阅武将台，台在朝阳门外近郊，集京营及诸卫武职试骑，殿最之。纪广者，常以卫卒守居庸，往投振门，大见亲昵，遂奏广第一，起擢之，宦官专政自此始。"从上述事例中，知道在阁臣方议开经筵时，宦官王振，却导帝阅武于将台，王振又伪造诏令以纪广为都督佥事。显然，英宗之时，宦官王振已大权独揽。

王振专权，朝中百官皆畏惧之。正统六年十月三殿工成，宴百官，而英宗破例下令东华阁中门，听王振出入，百官皆候拜。王振专权之时，廷臣附之者，仅王佑、徐晞等数人。其他不肯俯首者，如薛瑄、李时勉辈，皆被诬陷。及成化间，汪直擅权，附之者渐多。成化十三年正月，设西厂，令汪直督责之。此后，大政、小政、方言、巷语，悉采以闻。奉使出，巡按御史等迎拜马首，巡抚等亦戎装谒路，甚且"公卿皆避道，兵部尚书项忠不避，迫辱之"。更结王越、陈钺为腹心，天下"知有西厂，而不知有朝廷，但知畏汪直，而不知畏宪宗"。

成化间，汪直虽然擅权，但尚有大学士商辂、刘翊连章劾奏，是阁臣犹未尽屈。至正德间，刘瑾用事，引焦芳、曹元、刘宇、张彩等为腹心。焦芳、曹元、刘宇且被引至大学士，由此可见宦官已可进用阁臣。不仅如此，其更可逐黜阁臣。

《明史》载："韩文将率九卿劾刘瑾，疏当首吏部，以告芳。芳阴泄其谋于瑾。瑾遂逐文及健、迁辈。"刘瑾以前，虽有宦官王振、汪直等之窃柄，然票拟仍在内阁。迨刘瑾用事，除可进退阁臣外，票拟奏章，亦归之宦官，刘瑾之专揽，可云空前。如刘健上疏："迩者旨从中下，略不与闻。有所拟议，竟从改易。"可见正德初年，已有此弊，其后凡有奏章，瑾皆持归私第，与妹婿孙聪、华亭、大猾张文冕相参决。词率鄙冗，焦芳为润色之，李东阳俯首而已。瑾败后，李东阳疏言："臣备员禁近，与瑾职掌相关。凡调旨撰敕，或被驳再三，或径自改窜，或持回私室，假手他人，或遁出誊黄，逼令落藁，真假混淆，无从别白。臣虽委曲匡持，期于少济而因循隐忍，所损亦多。"

自刘瑾以后，司礼监遂专掌机密。凡进御奏章，及降敕批疏，无有不经其出纳者。神宗不豫，召阁臣沈一贯入，谕："矿税事，可与江南织造、江西陶器俱止勿行，所遣内监皆令还京。建言得罪诸臣，咸复其官。"一贯出，中使捧谕至，一如帝言。明日帝疾瘳，悔之。中使二十辈至阁取前谕，仍缴进。由此可见，帝降旨，即有司礼监写出事目，然后付阁臣缮拟，故其地位尤为亲要。

天启间，魏忠贤当权，朝臣附之者，文臣有崔呈秀、田吉、吴淳夫、李龙、倪文焕"五虎"，武臣有田尔耕、许显纯、孙云鹤、杨寰、崔应元"五彪"，复有尚书周应秋、太仆少卿曹钦程等"十狗"，又有"十孩儿"、"四十孙"之辈。自内阁六部至四方督抚，多属同党，骎骎可成篡弑之祸，岂徒侵夺宰相大臣之权已耳。当时，王体乾为司礼监，避忠贤，处其下，凡奏章至，体乾与秉笔李永真先摘窍要以白忠贤议行，故如许誉卿劾忠贤疏曰："内阁政本重地，而票拟大权，拱之授之内廷。"其后杨涟劾魏忠贤，忠贤矫旨叙己功百余言。大学士叶向高大骇然曰："此非阉人所能，必有代草者。"探之，则徐大化也。由此可见，诏敕已悉出司礼，并不借内阁润色矣。于是，"朝廷之纪纲，贤士大夫之进退，悉颠倒，于其乎，伴食者承意旨之不暇，间有贤辅，卒蒿目而不能救"。不仅如此，内阁权限之微弱，几等于无，即使宦官不有批红之权，如欲乱政，内阁亦无可奈何。故宦官跋扈，至天启时已达巅峰，崇祯时，虽欲有所纠正，然已积重难返，明室瞬即倾覆矣。

至于魏忠贤取得权势的原因，有如下数点。

《明史·宦官二·魏忠贤传》云："长孙乳媪曰客氏，素私侍朝，所谓对食者也。及忠贤入，又通焉。客氏遂薄朝而爱忠贤，两人深相结。光宗崩，长孙嗣立，是为熹宗。忠贤客氏并有宠。未逾月，封客氏奉圣夫人，荫其子侯国兴、弟客光先及忠贤兄钊俱锦衣千户。忠贤寻自惜薪司迁司礼秉笔太监，兼提督宝和三殿。忠贤不识字，例不当入司礼，以客氏故得之。天启元年（1621年）诏赐客氏香火田，叙忠贤沿皇祖陵功。"可知魏忠贤之能把持政权的原因，客氏之裙带关系，实有很大的影响。

在专制时代，皇帝之明断最为重要。若皇帝幼弱无能，邪枉的势力便乘之而入，构成大集团，驱逐正人君子。熹宗以幼年即位，故宦者魏忠贤得乘机而入。赵翼谓明代宦官之祸，并非由于宦官本身之通晓文义，乃由于人主童昏，漫不省事。而魏忠贤目不识丁，熹宗之昏庸，造成他能恃势专权的最大原因。《廿二史札记》"明代宦官"云："有明一代，宦官……致祸之由，不尽由于通文义也。……忠贤则目不识丁，而祸更烈。大概由于人主童昏，漫不省事，故若辈得以愚弄，而窃威权。……英、熹二朝，皆以冲龄嗣位，故振、忠贤得肆行无忌。"故知魏忠贤之得权势，主要由于熹宗冲龄嗣位，昏庸愚昧，大细事情都以魏忠贤的主张作则，忠贤乃得以把持政权。

上述的两点原因，也不过和前朝的刘瑾、冯保一样，魏忠贤还不至于起党狱，开黑名单，建生祠，称九千岁，闹得民穷财尽，天翻地覆。而群臣的依附，才是最大的力量。政府在他手上，首相以下不但和他合作，魏广微还和这位太监攀通家，送情报，居然题为"内阁家报"。另外，由于他有政权，就能养活一批官，反正官爵都出于朝廷，俸禄都出于国库。凡要官者入我门来，于是政权军权合一，内廷、外廷合一。魏忠贤的威权不但超过以往任何宦官，也超过任何权相，甚至皇帝。当时有所谓"左右拥护"、"五虎"、"五彪"、"十狗"及"十孩儿"等名号，皆为依附忠贤大臣的称号，可见群臣对忠贤之依附与巩固其把持政权的力量。

明代的东厂是直接受皇帝指挥的，就是说，除皇帝以外，任何人都在他的侦察之中。事关机密，责任重大，所以皇帝也特别重视，派去主持的宦官都是亲信的心腹，颁发的关防此其他宦官衙门也隆重得多。其他宦官奉差关防，都是"某处内官关防"几个字，唯独这个机关是书明"钦差总督东厂官校办事太监关防"。又特给密封牙章一枚，一切事件应该封奏的，都用这个钤封，到魏忠贤时更见隆重，文曰"东厂密封"（《酌中志》卷十六）。专制帝王时代，"钦差"已经凌驾于一切官吏之上，何况又有钦赐的"密封"印章，一切奏本不必经过任何手续，便可直达皇帝，这种权力，无论哪个衙门都比不上。魏忠贤由于掌握了这种权力，所以他能舞权弄政，胡作妄为。兹将明代宦官弄权事例列表如下：

时代	姓名	官职	事迹
成祖时	山寿	镇守	镇守安南，左袒叛臣黎利，致令安南复失。
英宗时	王振	司礼监	唆教帝撩拾小过，杖辱大臣，或下狱，或荷校，甚至谴谪，殆无虚藏。盛兴边防镇守，京营掌兵，经理仓场，提督营造，珠池银矿，布帛织造等，皆以中官掌之。 兴麓川之役，前后大举兵三次，老帅费财，以一隅骚动天下，而终无成效。邀功北鄙，擅遣将侵兀良哈，引起瓦剌入寇，酿成土木之变。
英宗时	郭敬	镇守	镇守大同，岁造箭镞馨十瓮遗也先。 也先寇大同，诸将宋瑛、朱冕拒战，为敌所挠，俱战殁。
英宗时	喜宁	太监	降也先，为之谋主，后为独石参将杨俊所擒，伏诛。
英宗时	曹吉祥	司礼监	景帝病危，与石亨、徐有贞等密谋。演出夺门之变。天顺四年，石亨以罪诛，吉祥自危，遂与从子钦等举兵反，皆伏诛。

续表

时代	姓名	官职	事迹
宪宗时	汪直	提督西厂	罗织细故，屡兴大狱，冤死者相属。
	梁芳	太监	与方士李孜省、僧继晓等结合，表里为奸，务为奇技淫巧，结万贵妃欢。
	韦兴	太监	同上
孝宗时	李广	太监	与寿宁侯张鹤龄等互相交结，狼狈为奸。
武宗时	刘瑾	司礼监	与马永成等八人用事，时号"八虎"，日导帝游戏，数廷杖朝臣，引用私人入阁，把持政权。
熹宗时	魏忠贤	提督东厂	与帝乳母客氏朋比，引用群小为爪牙，大兴罗织之狱，陷害正人甚多，晚年几欲谋篡位，后为庄烈所诛。
毅宗时	高起潜	总监	督师卢象昇拒清兵于巨鹿，起潜拥重兵，屯鸡泽，不赴援，坐视象昇战死。
	曹化淳	监视	监视京兵，开彰义门迎李自成。

明代宦官权势形成的分析

三杨辅政，为明政治之盛世。但迨正统初年，宦官王振由于英宗之宠信，势压廷臣，即四朝老臣之杨士奇亦莫可奈何。成化之初，彭时不失为贤相，而竟有向中官发誓之丑态。时宪宗即位，议上两宫尊号，中官夏时传周贵妃旨，言钱后久病，不当称太后，而贵妃，帝所生母，宜独上尊号。阁臣李贤、彭时不从。中官厉声，怵以危语，时拱手向天曰："太祖、太宗神灵在上，孰敢有二心！钱皇后无子，何所规利而为之；争臣义不忍黜者，欲全主上圣德耳。"

张居正为一代最有实权之宰辅，亦不得不与宦官委曲周旋。《明史·张居正传》云："初，（张）居正与故所善掌司礼者李芳谋，召用高拱，俾领吏部，以扼赵贞吉而夺李春芳政，穆宗不豫，居正与宦官鸿保密处分后事，引保为内助，而拱欲去保，居正遂代拱居首辅，保欲媚帝生母李贵妃，封居正以并尊两宫，居正不敢违，两宫遂无别。"此外，从阁臣对待宦官之礼节看，更足以看到明代宦官之专横。陆深《金台纪闻》云："内阁侍中官之礼凡几变，英宗天顺间，李文达公贤为首相，司监巨珰以议事至者，便服接见之，事毕揖之而退。后彭文宪时继之，门者来报，必衣冠见之，与之分列而坐，阁老面西，太监面东，太监第一人位对阁老第三人，常虚其上二位。后陈阁老文则送之出阁。后商阁老辂又送之下阶。后万阁老安又送之阁门矣。今凡调旨议事，则掌司礼者间出，其余或使少监并用事者传令而已。"

直至明末崇祯年间，阁臣对宦官之崇敬，因已习为故事，未曾少衰。总上观之，明代宦官之权威，已凌驾宰辅之上。其所以然者，盖明代阉官与古代不同，汉唐宋有干预朝政之阉官，无奉行朝政之阉官，今（明代）宰相六部，为阉官奉行之员而已。进而言之，明代宰辅奉行朝政，尚须对皇帝本人负责，宦官则不然，除为大奸大恶、危害皇室或国家、为皇帝所不容外，毫无责任可负。"阉宦之祸，历汉唐宋而相寻无已，然未有若有明之为烈也。"盖明代宦官之特点，在其有古代宦官所未有之朝政权，所谓朝政权者，包括行政、任免、军事、司法等，逐一论述于后。

一、行政权

行政权起源于"批红权"，批红原系皇帝处理政务之权。盖明代仁宣而后，朝政面议者少，悉代以内阁之票拟，内外一应奏章，由大学士条旨后，送请皇帝批红，皇帝批红后，再交付执行。如斯，皇帝权力本无窃夺之虑，但其间公文往返，皆宦官传递，此时宦官若不识字，或仅识数字而不通其意，则宦官尚不致窃权，然因当时宦官在内书堂之习读，不仅识其字，更通其意，加以皇帝宠信宦官，批红之事，常委由宦官代行，因而"内阁之票拟，不得不决之内监之批红，而相权转归之寺人"。宦官掌批红及命令大权之后，己所不直之事，可以批红权批驳之，己所赞成之事，更可假命令以行之，以故，行政大权尽归阉宦之手。

二、任免权

明代大吏本皆由特擢或廷推，其他文武官吏分由吏兵二部主之，但自宦官王振专权以后，举凡宦官当政，莫不尽揽用人之权，如："太监王振矫旨，以徐晞为兵部尚书，时振权日重，晞以诏见擢。"不仅如此，宦官对大学士之进用，亦可以干预操纵。阁臣之进用，既为宦官所掌握，国家行政大权自然亦归之阉官。如："以吏部尚书焦芳兼文渊阁大学士，入阁办事，芳潜通瑾党，瑾遂引芳入阁。"宦官不唯有用人权，若认为在职官吏谋事不合己意，更可令其去职，由此亦可见宦官之权力远较内阁为大。如："刘瑾矫诏京官养病三年，不赴部者，革为民，未久者，严限赴京听选。""吏部推总督两广右都御史熊绣掌南京都察院事，刘瑾矫令致仕。"又如："天启二年春三月，刑部尚书王纪，劾（沈）淮与客、魏交通，彼此攻讦，忠贤矫旨削纪籍。"

三、军事权

明代宦官之军事权，约分为二，一曰统军、一曰监军，统军以郑和始，监军以王安先，此二恶例均肇兴于永乐。自后沿为定制。

（一）统军

宦官可统率军旅。如："景泰三年，立十团营，以太监阮让、都督杨俊等分统之，仍听（于）谦及石亨、太监刘求诚、曹吉祥节制，以备征调。"又如："成化十六年三月，命太监汪直、保国公朱永、尚书王越，率兵出塞，袭敌于威宁。"此外又可出为地方之镇守。如"宣德三年冬十日，命中官郭敬镇守大同。"又如："魏忠贤欲任天下兵柄，以提督忠勇营太监刘应坤、陶文、纪用镇守山海关。"宦官出为镇守，沿至明末，仍未废辍。而其为害地方之情形，从下述记载，可概见一斑。"陈奄（分守太监陈镇夷）抵任先，有郭名扬者，先往保定迎接，馈银三百两，一到任即题充旗鼓，开通贿赂，倚为腹心。因关把总何起龙托旗鼓送银二百两，求管关税，每日抽黄钱二三十千不等，单身人过，亦索钱二十文，怨声载道，营月兵饷二两二钱，乃每名扣除四钱二钱不等，五营官总送衙内，至领兵上关，每名该行粮升半，只给一升，草每束折银四分入己，马多饿死，以致兵士愤恨，并纵兵为盗，任文秀跃马截劫于晋州，王家远、司二等行劫官路，当经刘均艾等人马连获，乃偏听千总王道新曲禀。"

(二）监军

明代出兵征讨，亦常由太监监军。如"正统六年春正月，命定西伯蒋贵为征蛮将军，统兵讨麓川思任发，以太监曹吉祥监督军务。"又如"成化十七年秋八月，亦思马因寇大同，以威宁伯王越佩征西前将军印镇守，太监汪直监其军"。又如"天启四年九月，命中官王坤、刘文忠、刘允中监视宣大山西军马，王应朝监军关宁，张国元监军东协，王之心监军中协，邓希诏监军西协。"因君主之不信任将士，乃有监军之设，结果宦官监军成为用兵之大害。《明史纪事本末》卷七云："监军之设，只多一扣饷之人，监视欲满，则督抚镇道，皆有所恃，以饰功掩过。"监军可诽谤将帅，亦可为将帅饰过，更可牵制军事，亦可推诿责任。既可邀功，亦可隐过。故明代宦官之害，可谓大矣。

四、司法权

皇帝信用宦官，更给予司法权。如，"正统十四年五月，命太监金英同法司司录囚。筑坛大理寺，英张黄盖中坐，尚书以下左右列坐。九卿抑于内官之下，遂为永制"；又如，"成化十五年夏六月，命汪直同刑部尚书林聪，即讯辽东事。逮兵部侍郎易文升下锦衣卫狱，谪戍重庆"，盖见一斑。

明代法院组织与古代不同，有锦衣卫、镇抚司及东西厂等。锦衣卫初本专司卤簿侍从，后处理诏狱。有罪者，往往下锦衣卫鞫实。施以治狱者多非法凌虐，乃焚刑具，出系囚，送刑部审录，诏内外狱，咸归三法司，罢锦衣卫。成祖时，复置之。镇抚司，原各卫皆置之，理卫中刑名。成祖时称为南镇抚司，另增北镇抚司，专治诏狱。并刻印畀之，狱成得专达，不关白锦衣，锦衣官亦不得干预。

此外，又有东西厂者，为明代内官掌理之法院。永乐十八年，始立东厂于东安门北；缉访谋逆妖言大奸恶等，与锦衣卫均权势。且也，阉臣刺事，乏客观标准，全凭自己好恶以为断，因之，上自文武大臣，下至贩夫走卒，偶有微告，即陷身囹圄。宪宗时，复置西厂，以汪直督之，所领缇骑倍东厂，冤死者甚众。末年始罢。武宗时，刘瑾用事，再设西厂，以其党领之，瑾又设内厂自领之，酷烈尤甚，瑾诛俱废。神宗时，中官冯保擅权，又建内厂，盖即西厂之变相，于是更名东厂曰外厂。魏忠贤秉政，于内外厂备刑剧惨实为一代之羞。

五、其他

中官可奉派为使官，如："洪武八年五月，遣中官赵成使河州。自钞法行，西番马至者少，帝遣成赍罗绮及巴茶往河州市之，马稍集，中官奉使自此始。"

此外，中官又可正立法，如："刘瑾创罚米法。凡朝官忤瑾者悉诬以旧事，罚米输边，刻期完纳，违者罪之。韩文已落职，瑾憾不已首逮之，下锦衣狱数月，罚米千石输大同。寻又罗织他事，罚至再，家业荡然。"

宦官掌握上述大权，虽又受知识字，然因究系内侍小人，鲜有善加运用，谋利国利民之举者，反借其权柄，更加祸国害民，由其敛财一端，即可窥见一斑矣。王振时，每朝觐官来见，"以百金为恒，千金者始得醉饱出，是时贿赂初开，千金已为厚礼。及振籍没时，查有金银六十余车，玉百盘，珊瑚高六七尺者二十余株，则其富已不赀矣"。李广殁后，孝宗得其贿赂籍，文武大臣馈黄白米各千百石，帝曰："广食几何，乃受米如许？"左右曰："隐语耳，黄者金，白者银耳。"则较振为更甚。刘瑾时，天下三司官入觐，例索千金，甚至有四五千金者。科道出使归，例有重贿。给事中周熻勘事归，淮安知府赵俊，许贷千金。既而不与，熻计无所出，至桃源自刎死。偶一出使，即须重赂，其他可知也。至魏忠贤窃柄，史虽不载其籍没之数，然其权胜于瑾，而富更胜于瑾可知。

内阁与宦官权力的比较

内阁与宦官，就二者权力之发展过程看，宦权日渐超越阁权之上；就二者权力所及之范围看，宦权亦较阁权为广大。窥其原因，不外下述四点。

就二者所处之地位而言，内阁因阁臣"侍左右，备顾问"，常在君侧，而权力日大。但宦官较之内阁大学士，更为亲近皇帝。按皇明祖训所载宦官之职衔及职掌，宦官供职大内，侍皇帝起居，自然较阁臣接近皇帝。以故，易于熟悉皇帝之好恶，更进而利用皇帝之好恶，窃权柄。如"（刘）瑾时杂构戏玩娱帝，候帝娱，则多上章，奏请省决。帝曰：'吾安用尔，为何一再烦朕！'瑾由是自决政。"再如："帝（熹宗）性机巧，亲斧锯髹漆之事，积岁不倦，每引绳削墨。（魏）忠贤辈辄奏事，帝厌之。谬曰：'朕已悉矣，汝辈好为之！'忠贤以是恣威福，唯己意。"

就皇帝之作风而言，专制政体之下，是非曲直，取决皇帝本人，故宦祸之形成，人主不得辞其咎，盖皇帝若不直阉官之作为，阉宦何由专横？历代皇帝，若能委心于国事，取决于事理，则阉宦自无得逞；反之，遇荒诞多欲之主，置国事于不顾，唯声色等私欲之自娱，斯时，襄理国政之宰辅自然疏远于朝，而宦官由宠信而窃国柄矣。《明夷待访录·阉宦下》云："阉宦之如毒药猛兽，数千年以来，人尽知之矣，乃卒遭其裂肝碎首者，曷故哉？岂无法以制之与？则由于人主之多欲也。"明代宦祸虽肇始于成祖，却由于英宗、武宗、熹宗三帝之宠信奄宦而壮大。如英宗正统二年，太皇太后本欲诛王振以安社稷，而帝曾跪为请免。英宗九岁即位，或谓年幼无知，不能辨别善恶，故舍阁臣而宠信宦官王振，然自正统十一年（1446年）杨溥死时，英宗已满二十岁，不得谓之无知，但仍信用王振，乃至于统军出征，其间虽有廷臣、内侍等之忠言责振，不惟不听，反加告发者以极刑。及英宗身陷异域，追悔之余，不惟不自反省，反谓"振未败时，群臣无肯言者，今日皆归罪于我。"此诚自欺欺人之言，若其不倾心向振，何致如此！再从王振窃去祖传"宦官不得干政"之铁碑一事，更足证明帝宠信之事："洪武中，太祖鉴前代宦官之失，置铁碑高三尺，上铸'内臣不得干预政事'八字在宫门内。宣德尚存，王振去之。"振去铁碑后，不但不为皇帝责备，反益加信用，因而开宦官专政之始。武宗爱以狗马等物自娱，刘瑾乃朝夕与其党八人者，为狗马鹰犬，歌舞角抵以娱帝，帝狎焉。

熹宗亦以此为乐，魏忠贤乃引帝为倡优声伎狗马射猎，朝臣疏谏非惟不听，"明年增至万人，衷甲出入，钲炮喧震内外"。上述足以妨害国政之事，阉宦投其所好，阁臣反常劝阻，故每逢多欲昏庸之君，自然远阁臣而就阉官。

就阁臣与宦官之习性言，阉宦出身奴隶，阁臣则出身儒士。奴隶中虽亦不乏善良之辈，然多奴颜婢膝，不择手段。阁臣中虽亦有逢迎阿谀之徒，然多数讲求正道，有所顾忌。如瑾受内阁弹，"遂夜趋上前，环跪哭"，一旦再蒙上宠，即"夜传命榜（王）岳、（范）亨、（徐）智，逐之南京，而外廷未知也"。又如给谏杨涟疏参魏忠贤，"忠贤泣求魏朝于王安，力营救之，一旦为客氏眷顾，乃矫旨发（魏）朝凤阳缢杀之，自是得专客氏"。此种行为，以儒士出身之阁臣鲜能做到。以故，二者相争，阁臣自然失败。即使明代掌权之宰辅，如张居正者，亦须与中官冯保结合，借其力量而掌大权。

就内阁制度而言，明代宦官窃权，最大之原因，在于制度不善。盖仁宗而后，内阁职权虽因票拟而渐崇，他方面却又因票拟而导致宦官干政。当时票拟，乃推行政令之有效方式，票拟虽由内阁主之，取决于皇帝，然内阁与皇帝间公文往还，即由宦官传递。传递公文本为极其平常之事，原亦不足为病，但宦官由于皇帝之宠信，不仅传递奏章，更可拆阅奏章，对奏章之票拟，按帝意作成批答，甚至不经皇帝御览。如魏忠贤用事，"旨意多出传奉，径自内批"。于是传递之职，成为决策之官，或者宦官置票拟于不顾，如刘瑾用事之时，竟矫旨传命。结果，内阁赞成之事，宦官可以批驳其票拟，内阁不赞成之事，宦官更可以矫诏行之，最后政令之推行，胥视宦官意向而定，因而宦官权力驾乎阁权之上矣。

第二节　明代厂卫制与司礼监

明代的厂卫制

厂是指东西厂和内行厂，卫是锦衣卫，同为明代的特务机关，目的是巩固明代政治的极端中央集权政治。

一、东厂、西厂和内行厂

（一）东厂

东厂是明代最大的一个负责侦缉和刑狱的特务机关。成祖永乐十八年始设立，直至明亡。这期间的一切侦察、诬陷、屠杀、冤狱，直接间接都是从它这里发动与执行。这个特务机关直接受皇帝指挥，就是说，除皇帝以外，任何人都在它的侦察之中。主持这几个特务机关的是掌印太监一员，他的官衔是关防上的"钦差总督东厂官校办事太监"，简称"提督东厂"，厂内的人称之为"督主"或"厂公"。下设掌刑千户一员，理刑百户一员，二者或也称为"贴刑"，都是从锦衣卫拨过来的，其下便是掌班、领班、司房四十多人，分十二科。实际在外面侦察缉访的是役长和番役，役长又叫"挡头"，共有一百多人，也分为十二科。役长各统率番役数名，番役又叫"番子"，又叫"干事"，共一千多人。这些人也是从锦衣卫挑选"最轻黠环巧"的来充任。他们侦察访缉的范围非常广泛，上至官府，下至民间，都有他们的踪迹。至于他们访缉的情形，如《明史·刑法志》："每月旦，厂役数百人，掣签庭中，分瞰官府。其视中府诸处会审大狱，北镇抚司考讯重犯者曰听记。他官府及各城门访缉曰坐记。某官行其事，某城得某奸，胥吏疏白坐记者上之厂曰打事件。"访缉既如是严密，以京师之大，千余名番役自然感到不够，而番役本身活动范围也究竟有限，不能无微不至。于是自然地要和流氓无赖结合起来，作为他们的外围，打听事件，这就等于凭空增加了一批准特务。流氓来担任准特务，借此骗钱或者报仇，而且可以得到特务的津贴。其实特务出钱买事件，流氓就卖事件，这里面自然是串通勾结、连成一气的。

（二）西厂

西厂共设置两次。

第一次设于成化十三年，由太监汪直提督厂事，直至成化十八年才结束。设立西厂的起因，是成化十二年黑眚现于宫中，一个叫李子龙的人以符术和太监韦舍勾结起来，竟然私入大内，事情发觉后被杀。帝深感单是东厂不足以侦察外面情况，于是另设西厂。汪直所侦察的范围，不仅限于京师。各地王府边镇，以及南北河道重要地方，甚至各省府州县，都布有他的特务。老百姓家里吵嘴打架、争鸡骂狗等琐碎事情，他们都要罗织牵引，锻炼成狱。范围如此之广，侦察如此之密，所以西厂所领的特务人数，比东厂要多到一倍。其权势威焰超出东厂之上。

第二次设于正德元年，由司礼监刘瑾掌权，止于正德五年。在这五年之间，东西两厂提督，都是刘瑾部下，于是互相争功，彼此竞争起来，两厂都争着派遣特务到各地去侦访，特务网遍于全国，穷乡僻壤都有他们的踪迹。时边远州县的老百姓只要看见骑着高头骏马，穿着华丽衣服，说着京师口音的人，就吓得纷纷躲避。地方官一听到风声，就也赶紧去献贿赂，谁也不敢问他们的来由。在这样"草木皆兵"的情况下，一些流氓也就趁火打劫，冒充特务敲诈钱财，使天下人民都敢怒而不敢言。

（三）内行厂

内行厂亦是刘瑾设立的。原来独裁政治发展到最厉害的时候，独裁者不但对一切臣民都不放心，就是对他自己的特务也不会完全信任，往往另外用一批特务来监视侦察这一批特务。内行厂就是这种特务的机关，东西两厂都在它伺察之中，宦官行动也归他们侦缉，其行为比东西厂更为酷烈。内行厂地点在当时的荣府旧仓地，设立时间不可考，大约从正德元年刘瑾用事起，至正德五年刘瑾被诛时止，前后约有四年。

二、锦衣卫

（一）设置沿革和所属机关

锦衣卫是皇帝卫队"上十二卫"中的一卫，它的来源是朱元璋即吴王位时所设的拱卫司。洪武二年将司改为亲军都尉府，管左右中前后五卫的军士，又以仪鸾司隶属之。十五年取消府司，便置立这个锦衣卫。所以它一面继承这个亲军都尉府的"侍卫"之责，一面又担负了仪鸾司管卤簿仪仗的任务。又因为是贴身卫队负了保护皇帝之责，他们事前就必须有所防备，于是便时时四出，作秘密调查工作，他们可以直接逮捕任何人，不须经过外庭司法的法律手续而逮捕人，并且还叫他们审问，这就是所谓的"锦衣狱诏狱"。锦衣卫就是这样成为明代的一个巨大的特务机关，和东厂遥遥相对，而并称"厂卫"。锦衣卫的长官是"恒以勋戚都督领之"之指挥使。它的下面领有十七个所，分置官校，官的名目有千百户、总旗、小旗等，死后许以魁梧材勇的亲子弟代替，无则选民户充之。校是校尉力士，挑选民间壮丁无恶疾过犯者来担任。他们除了侍卫掌卤簿仪仗而外，便专司侦察，当时名为"缇骑"。这些缇骑人数，在太祖时仅五百人，以后逐渐增加，到了朱厚照时代，锦衣卫人数达六万以上，加上收买的流氓无赖洋特务等，总达十五六万之众。锦衣卫所属除十七所外，还有南北两个镇抚司，南镇抚司掌管本卫刑名，兼理军匠。北镇抚司是洪武十五年添设的，职务是专理诏狱，所以权势极大，使其与卫互相牵制，分散权力，而统治者自己从而折充之。

（二）侦缉逮捕的情形

锦衣卫的官校在四出缉访时，便有数不清的暴行。按规定，凡缉事，必行贿受贿有人，现获有赃，获赃有地，谓之"四角全"，而没打人事件，有一不全，不敢行，恐反望也。但事实上他们所缉访的都是止属风闻，多涉暧昧。《明史·刑法志》云隆庆初给事中欧阳一敬所奏：有盗经出首幸免，故令多引平民以充鳌者。有括家囊为盗赃，挟市豪以为证者。有潜构图书，怀挟伪批，用妖言假印之律相诬陷者。或姓名相类，朦胧见收，父诉子孝，望以忤逆。所以被访之家，谚称为划，毒害可知矣。抓到以后，便百般拷打，锻炼成狱，然后再送交法司。东厂特务逮人也是同样情形。而法司即使知道是冤枉，也不敢改动原案。至于逮捕人，则只凭驾帖，真伪莫辨。奸人矫命，何以拒之。

（三）锦衣狱

被抓来的人一律送入锦衣狱。这狱就是北镇抚司所管的，一进狱门，十九无生机。《瞿忠宣公集》卷一《陈政事急著疏》言："往者魏崔之世，凡属凶纲，即烦缇骑，一属缇骑，即下镇抚。魂飞汤火，惨毒难言。苟得一送法司，便不啻天堂之乐矣。"狱与刑狱相比，竟有天堂与地狱之别，则其惨毒，不难想见。至于狱内刑法更是残酷，《明书》卷七十三《刑法志》载："五毒备尝，肢体不全。其最酷者，名曰琶，每上，百骨尽脱，汗下如水，死而复生，如是者二三次。"荼酷既然成，自然不复有生理了。

（四）廷杖和会审

太祖接受元代廷杖遗规，无论是多大的官员，只要皇帝一不高兴，立刻就把他拖下去痛打一顿，打完了再拖上来，打死了就抛下去完事。拿棍子的人就是锦衣卫的校尉。监刑就是司礼监太监。至于会审，《明史·刑法志》云："锦衣卫使亦得与法司午门外鞫囚，及秋后承天门外会审，而大审不与也。每岁决囚后，图诸囚罪状于卫之垣，令人观省。"这样说来，锦衣卫不但自有法庭，连法司审鞫也要干预。

明代的司礼监

司礼监是明代宦官二十四衙门的首席衙门，是一切宦官机构的首脑部与领导机关。因此，也是明代特务的最高指挥机关。明代是一个极端中央集权化的朝代，废除宰相制度后，集大权于皇帝一人，大臣既不被信任，政务丛脞，皇帝又管不了许多，于是政权便落到宦官身上。而司礼监又是宦官机关的首脑部，司礼监的太监们在所有的宦官中，自然更容易获得这旁落的政权，这样，他们就成了实际上的全国政治指挥者，如黄宗羲所说的"无宰相之名而有宰相之实"了。至于其职权，大致可有两点。

一、真宰相

司礼监的职务据《明史》记载是批答大小宦官的一切奏章及传宣谕旨。皇帝是不大动笔的，有事要办，便口头说出，司礼秉笔太监便从旁记录下来，然后交付内阁缮拟。这种口授笔录，很可能和原意大有出入，同时记录的太监在这里参入自己意见，当时也是极容易的事。而内阁拟就之后，仍要呈上，太监们看了不合意，仍可以更改。但这种记录办法，还算是慎重的，有些时候，竟连记录也没有，就用口头传达，甚至只派一个小宦官到内阁传口谕，军国大事也是如此。因此，所以就常常出现"旨从中降"的事，这就是说根本不交付内阁，径自降敕。而明代的宦官常有假传圣旨的事发生，其根源便是在此。司礼监既负有批阅奏本、传宣旨意的双重重责，单凭几个太监自然是忙不过来的，它底下有一个附属机关，专做司礼监的助手，就是文书房，《明史·职官志》云："掌房十员，掌收通政司每月封进本章，并会极门京官及各藩所上封本。其在外之阁票，在内之搭票，一应圣谕旨意御批，俱留文书房落底薄发。"

这种职务就相当于机要秘书，所以他们威风也极大。而更增加他们威风的是：宦官升上司礼监，必须是从文书房出来的才行，这就是等于是司礼太监的预备班。司礼监既掌有宰相实权，那么内阁的挂名宰相自然只有拱手听命，仰其鼻息。所以明代内阁大臣，照例要拿着名刺，捧着礼物，先拜谒司礼太监，然后才正式就职。

二、特务最高指挥官

在特务系统上，除了皇帝而外，它又是最高指挥者，它是领导其他各监局全部宦官的。司礼监并且特设一名提督太监，专门管理大小宦官。司礼监既是宦官总管，所以一切派往各地主持各地特务机关的宦官，如各地镇守、军队监军、榷税采办等，也全由引司礼监呈请皇帝调遣任命，如若工作表现不好，司礼监有权撤他们的职，或是惩办他们。司礼太监除了任命全国特务机关首脑外，还兼领其他重要机关，如东厂（最大的公开执行侦缉刑狱的特务机关）、南京守备（驻南京的皇帝代表）、内书堂（宦官学校，训练培养宦官的机关）、礼仪房（掌管应选婚、选驸马、诞皇太子及选择乳妇诸吉礼）、中书房（掌管文华殿中书所写书籍、对联、扇柄等件，承旨发写，完日奏进）、御前作（掌管营造龙床龙桌箱柜之类）。

厂卫与司礼监互相倚结。厂卫一向是并称的，虽然系统不同，但职务却并无差别。锦衣卫是侦察一切官民的，而东西厂则是侦察一切官民及锦衣卫，至于刘瑾所设内行厂，则厂卫又均在其伺察之中。但这只是大体的区别，有时也不尽然，要看皇帝的信任程度如何而定。无论厂卫权力消长如何，但二者同是特务机关，同由皇帝自己和司礼太监领导指挥，虽然偶或互相内斗，一般说来，彼此还是合作得很密切，相依相辅，狼狈为奸。东厂在明代末期是规定必须"专用司礼秉笔第二人或第三人为之"，这就是说司礼监和东厂是一体的，监既能得之于内，厂又能得之于外，集行政立法司法三权于一。监与厂既二位一体，握有这样最高的实权，那么，对于一个不是由宦官主持的特务机关锦衣卫，他们自然也要控制在手中，进一步造成三位一体。既成三位一体，监与厂不可分，而厂与卫更不可离。在卫方面，高级人员如卫使多半是宦官私人，而在厂的方面，底下所有的番役，都是从卫里挑选来的。因为关系如此密切，所以有些任务由厂卫共同执行。

故而司礼太监又是全国政治最高指挥者的"真宰相"。

第三节　唐、明宦官的比较

唐明两代，宦祸尤烈，然均成为唐明灭亡之主要因素。宦官乃生理上有缺陷的人，生长在被认为"不孝有三，无后为大"的中国旧社会中，其心理多发生变化，自卑心重，多猜疑，有大志者甚至希望在政治上显出其能力。然得势宦官，正直者少，奸邪者多。他们仇视正人，残害忠良，甚至无恶不作，纪纲大坏。现将唐明两代宦祸做一比较。

唐、明宦祸的形成

唐初宦官不立三品官，其工作只限于侍奉皇帝、妃嫔及传达、接待等，不过是皇帝私人的管家奴仆而已，而且人数不多。明太祖鉴于东汉及唐宦官之为祸，禁宦官读书识字，为杜绝将来宦官之遗祸，制铁碑于宫门，上有"内臣不得干政事，预者斩"字。由此，可知两代初期宦官地位之低微。

唐太宗、高宗，以至武后时，宦官人数已开始增加，但还没有实际参与政治。唐代宦官之参与政治，是中宗景龙元年，太子重俊与左羽林大将军李多祚等起兵讨韦后，宦官杨思勖护卫中宗有功。其后，临淄王（玄宗）起兵讨诸韦，杨思勖从临淄王为爪牙，故杨思勖也颇得玄宗宠信。但宦官之揽权，却从玄宗时高力士起。他因参与诛太平公主有功，最为玄宗所信任，高力士虽不算强横，但不能不负一部分祸国之罪，故范祖禹曰："唐室之祸，基于开元。"（《唐鉴》卷八）另外的政变便是李辅国助肃宗即位于灵武，开创了宦官拥立皇帝之先河。明太祖死后，建文帝管束宦官更严，引起了宦官之不满。"靖难"兵起，燕王师直逼南京，朝中宦官逃入燕军者很多。南京陷落，宦官内应之功不少，成祖以宦官忠于己，对宦官多所委任，宦官便开始活跃于政治上。唐皇位之承继使宦官涉足于政治上，然此皆是玄武门之流毒，而明初宦祸却由于对宦官过分管束而激使参与政变，皆是前人所料不及的。

唐、明宦官参与政治后，立刻掌军政大权。唐肃宗因安史之乱而不信武人，命李辅国专典禁兵，以防宫中禁军落入武人手中而危及自己的地位。代宗因李辅国统禁军，对之容忍，事无大小，均请参决，并尊之为"尚父"，封博陆王。其后鱼朝恩、程元振出掌监军。武宗时，霍仙鸣、宾文玚掌枢密，宦官之权力逐渐升级。明成祖在"靖难"以后，遣宦官出使，专征及监军，最明显之例证就是三保太监郑和之下西洋，明皇帝为防止反对势力滋长，成祖时设"东厂"、宪宗时设"西厂"，武宗时又另设"内厂"，皆由宦官主之。英宗以后，司礼监之太监成为真宰相，批决一切奏章、降旨。到此时，两代宦官之权力已变为可以决定国家之命运。

宦官之为祸，魏征说出一个很好之原因，他说："阉竖虽微，狎近左右，时有言语，轻而易信，浸润之潜，为患特深……"（《贞观政要》）宦官之狡诈手段，往往得到皇帝之信任，如仇士良告诸宦官以固宠之术曰："天子不可令闲暇，暇必观书，见儒臣，则又纳谏，智深虑远，减玩好，省游幸，吾属恩且薄而权轻矣。为诸君计，莫若殖财货，盛鹰鸟，日以球猎，声色蛊其心，极侈靡，使悦不知息，则少斥经术，暗外事万机在我，恩泽权力欲焉往哉。"(《新唐书·仇士良传》)由此可知宦官手段之高明。明武宗受刘瑾之迷惑，不理政事，并常导武宗嬉游微行。故可知两代宦官都导君主嬉游，以此来夺取政权。

宦官势力之强大，朝臣多依附，借宦官之力以自壮，宦官之势力更强大，又更多朝中人士依附以保身。此种连锁结果，使宦官地位牢不可破。唐明两代亦不例外，两代党争便是最好之例证。

唐皇帝多由宦官所立，于是皇帝受宦官之控制，事事不可从己意，但皇帝并不是个个都是在幼小时立的。明自英宗后多幼弱无能，如王振借英宗幼年即位而得权势，又如熹宗时之魏忠贤亦是如此。清儒赵翼谓明宦祸乃由于"人主童昏，漫不省事"，实颇有理。

两代宦官为祸的经过

唐肃宗以后，宦官可立君主，穆宗、文宗、武宗、宣宗、懿宗、僖宗、昭宗，均为宦官所立，宪宗为宦官陈弘志所弑，敬宗亦为刘克明弑死。唐代宦官此时已到达横行无忌之地步，这也可说是宦官代表了皇帝之地位。陈寅恪先生认为"皇帝居宫中亦是广义之模范监狱罪囚"。宦官政治势力之膨胀与士大夫发生权力冲突而影响宫中的，首推"永贞内禅"。顺宗时，王叔文欲夺宦官之权，宦官大为不满。宦官俱文珍外结藩镇韦皋等，先后上表请太子监国。顺宗只好传位太子，而王叔文等皆被贬。除此之外，还有"甘露之变"，唐文宗乃与李训、郑注发动政变诛除宦官，假称天降甘露以杀之，但为宦官仇士良等发觉，李训、郑注等反被杀。明皇帝虽多幼主，然宦官并无拥立皇帝之事例，于内廷而言，明只有英宗时之"夺门之变"，英宗于土木之役被也先所俘，明朝廷拥立郕王，是为景帝，后也先还英宗，宦官曹吉祥阴谋拥英宗复辟，幽杀景帝。但这次除了是宦官集团间之斗争外，亦是明室兄弟及朝臣之斗争，故比较起来，唐内廷所受宦官之祸害比明室为大。

唐自宦官干政，三省制形同虚设。宰相虽立，然毫无实权，事事须经宦官同意。明太祖行君主独裁，废宰相，统率六部，后代君主力有不逮者，政权遂落入宦官手中。然两代亦间有良臣，使两代之政权不至立刻崩溃，如唐代宗时之刘晏、杨炎以理财著名；宪宗时之杜黄裳、武元衡力主制裁藩镇，造成"元和中兴"；此外，还有宣宗时的"大中暂治"。明自英宗以后，司礼监为真宰相，朝臣只有趋附之始能有所作为，如张居正之依附冯保，为职十年，海内称治。唐明两代比较起来，唐代在宦官控制下之良臣可以展其才的较明为多。

唐皇帝虽常出奔，然均由于内乱或外寇，然不像明帝一次出征即被俘。宦官王振蛊惑英宗，挟其亲征，招致"土木之祸"，除皇帝被俘外，明半壁江山几被断送。然唐明两代有不同之处，就是唐室常受制于藩镇，而宦官常激怒藩镇，故唐代之情形较明为复杂。而唐代宦官之势力，只限于京师，对于各地之藩镇，不敢有过分行事；明代宦官掌管东厂、西厂、内行厂等特务机构，全国布满特务，残害忠良善民，全国陷入恐怖政治之中，权势伸展较唐宦官为广。

唐明宦官皆与党争有关联，所不同者为唐之党争是两党都勾结宦官，明之党争为正直之士与奸党及宦官之争。唐初到唐末经常发生外朝士大夫之冲突，而最大规模的是"牛（僧孺）李（德裕）党争"，双方都勾结宦官以自壮，借以排除异己，两方没有纯粹政治思想，影响唐室政治颇大。明士人多论政事，批评朝政，对当时奸官及宦官之行为非常不满，自成一党，称之为"东林党"。明代党争有三案，即"梃击"、"红丸"、"移宫"。但党祸尚未严重，及非东林党依宦官魏忠贤，东林党羽遭伏诛，杨涟、左光斗、魏大中等，皆被诬害下狱惨死。发展至此，于国事而言，明受宦祸影响较唐为大。

唐代宗因李辅国掌禁军，代宗尊之为"尚父"，而杨复恭称昭宗为"门生天子"，但却不及明代。王振被尊为"翁父"，刘瑾之手下称"八虎"，但到了魏忠贤却更荒谬，他手下除了被称为"十狗"、"四十孙"、"五虎"等外，魏忠贤废天下书院，自立生祠，自配孔子。唐明宦官之无耻，亦直接影响政风，"唐之乱，贿赂充塞于天下为之耳"，而宦官"京师甲第池园，良田美产"。宦官亦借其权势，任意乱为。正如白居易所说："意气骄满路，鞍马光照尘。借问何为者，人称是内臣。"（《秦中吟》十首之七《轻肥》）。

明宦官同样如此，收受货赂，并擅夺民田，垄断盐利等，又魏忠贤于正税外，复征苛杂赋。此乃唐明宦官无耻之例证，但比较之，明代尤甚。

对唐、明两代宦官的评论

唐、明两代，均直接或间接亡于宦官之手。唐昭宗时，崔胤与宣武节度使朱全忠谋诛宦官，宦官之祸虽平，然唐室亦为朱温所灭。明思宗时，宦官曹化淳大开彰义门以迎李自成。明江山亦因而断送，故两代宦官，均要负起亡国之责任。王夫之说："唐之亡，亡于宦官"（《读通鉴论》）。赵青藜说："亡唐者，宦竖耳。"（《星阁史论》），因"唐虽亡于藩镇，而中叶以降，其不被并于吐蕃回纥，与灭黄巢者，未必非藩镇之力"（《日知录》），故可知藩镇之功过乃参半。而唐室受制于宦官，不但不可以制裁藩镇以自强，至唐末宦官之势力根本不可灭。明宦官虽较唐为无耻，然明皇帝仍可制裁，即如跋扈之魏忠贤，亦在明思宗即位处被执处死，然明思宗之昏庸，不明是非以自强，使明室陷于困境。唐宦官之祸因藩镇而多限于中央。若宦官势力能达全国，唐之宦祸必比明为烈。然宦官权力无论多大，由于"无后"，皆不能篡位。而唐、明两代，若非宦官之为祸，国祚必不会如此短，这是可以肯定的。

第四节 明代党争及其影响

明代党争原因的分析

隋唐以下朋党之祸，多与科举制度有关联。两汉魏晋南北朝，考试制度不甚发达，故朋党之祸，尚不甚烈。唐宋以后，科举与朋党，几成不可分割之事实。因登第难，则赖关节，欲赖关节，则需朋党，此登第之有赖于朋党者，而权术之士，欲争权柄，必有势力；欲增势力，必广结党羽，此朋党之有赖于科第也。明代八股文章，人人皆有佳构，取录甚为困难，谚称："童子入学，困难有如登天。"富裕之子，可买通贿赂，穷困之士，以赖入社，以谋关节。崇祯时，有张溥、陈大士，皆名满都下，声通朝野，结社讲学，志在复古。一时高才宿学，多出其间，门生故旧，遍布天下，乡试科考，得以操纵。天下童生不入复社者，几无入学之望。外有豫章社、几社等，皆志在操纵科举，结收党羽，互相标榜。此时与复社隐然成对抗之势者，则为阮大铖所领导之中江社，党派相攻尤甚，终至明代灭亡。故黄汝成曰："科第莫盛于明，党伐亦莫过于明。"诚笃论也。

党争的发生，必先有两个条件：一是人民必须有发挥言论自由权，二是政府必须有发挥言论的机关，合这两个条件，然后才有党争的发生。明太祖以平民出身，关心民间疾苦，故其定制，吏民均得上书言事。《明史·邹缉等合传》赞曰："明自太祖开基，广开言路。中外臣寮，建言不拘所职。草野微贱，奏章咸得上闻。沿及宣、英，流风未替。虽升平日久，堂陛深严，而逢掖布衣，刀笔橡吏，抱关之冗吏，荷戈之戍卒，朝陈封事，夕达帝阍。"明代虽沿汉唐旧制，但监察机关权特别的高。监察机关是御史和六科给事中。御史之职，直隶于都察院，有都御史、副都御史、佥都御史的设置。都御史职，专纠劾百司，辩明冤枉，提督各道，为王子耳目，风纪之司。六科给事中是稽察六部的机关，并且有封还奏章的权力。此外，还有十三道监察御史。这些规谏言事官之设置，其初颇能补朝政之得失。但自明中叶以后，君主荒于政事，所有奏章，皆留中不发，曲直不分，诸臣意见，无由申诉，于是益树党援，意气用事，任情恣横，专事抨击。党社之争，由是而起。

明中叶以后，君主昏庸，怠于政事。自神宗即位，张居正居首辅的地位。他很有政治主张，手段也非常的老练。因此万历初年，财政和吏治很上轨道。但他独揽大权，用高压的手段，权力都归到内阁，言事官形同虚设，取媚于内阁。而一般无耻士大夫，借着机会来弹劾正人君子，以取媚当权者。例如赵用贤以劾居正夺权被杖，户部郎中杨应宿复力诋用贤。高攀龙、吴弘济等，又来论救，皆被贬谪。党论之兴，燎原于此。继任张居正为首辅者，如申时行、王锡爵之流，只知唯诺因循，取媚于皇帝，想尽方法巩固自己的地位，造就党羽养成势力。而庸愚的神宗，也只知道儿女之情，而不知道国家的大计，明代政治已呈纷乱现象，卒至宦竖当权，国事益不可问。其时士大夫中之正人君子，既不屑与阉竖为伍，又目睹国事日非，于是纠合同志，群起抗争，而依附权势一派，为保持其地位，亦不惜运用权柄，加以反击，致演成党争之祸。

中国自汉以来，由于提倡儒术、崇尚气节的影响，因而在士林中养成一种砥砺学行、批评政治的风气，而名之为"清议"。清议既在政治上形成了一种力量，自然为敌对势力所嫉视，当这两种势力对立达到尖锐化的时候，党争便因之而起。明代东林党与非东林党之争，便是由于社会一股清议风气所激成。明代士人，好论政治得失，往往过于矫激。神宗时，昏君在上，国是日非，无锡顾宪成、高攀龙重兴东林书院，聚徒讲学，砥砺风节。在讲习之余，往往讽议朝政，裁量人物。东林党既兴，敌党亦立，皆欲吸收党羽，以便操纵政治，树立门户，诛锄异己，终演成朋党之争。

明代党争的经过

一、万历朝的党争

（一）请立太子

党争之烈，以争立东宫为始。争之者皆东林党人，故有大东、小东之曰。大东谓太子，小东则东林也。盖以攻讦时相，兼欲以爱立邀异日之恩。初神宗久不立太子，诸臣疑郑贵妃有夺嫡之意，交章上言，辄逢帝怒。时论遂归咎首辅申时行，王锡爵依违其间，无所救正，举朝哗然。《明史·福王常洵传》:"初,王皇后无子,王妃生长子,是为光宗。常洵次之,母郑贵妃最幸。帝久不立太子,中外疑贵妃谋立己子,交章言其事,窜谪相踵,而言者不止。帝深厌苦之。"《明史·王锡爵传》:"锡爵密请帝决大计。帝遣内侍以手诏示锡爵,欲待嫡子,令元子(兴宗)与两弟(常洵、常洛)并封为王。锡爵惧失上指,立奉诏拟谕旨。而又外虑公论。……帝竟以前谕下礼官,令即具仪,于是举朝大哗。"或作《忧危竑议》,大旨言郑贵妃欲夺位,牵连多人,几兴大狱。《明史·陈矩传》:"陈矩……(万历)二十六年提督东厂。……尝奉诏收书籍,中有侍郎吕坤所著《闺范图说》,帝以赐郑贵妃,妃自为序,锓诸木。时国本未定,或作《闺范图说》跋,名曰《忧危竑议》。大旨言贵妃欲夺储位,坤阴助之,并及张养蒙、魏允贞等九人,语极妄诞。"嗣又有《续忧危竑议》,史所谓妖书者,亦挟私报怨之作,而廷臣即欲假之以相倾轧。是时沈一贯当国,东林诸人目为浙党之魁,积衅已深,欲借题逐之,而一贯反借之以陷沈鲤、郭正域。终以瞰生光当罪,勉强结案。神宗晚年,悚于浮议,另立皇储,而不遣福王就国,群臣疑犹未释。诰伏阙力请,不得已而评之,而党局纠结不可复解矣。《明史·孙慎行传》:"皇太子储位虽定,福王尚留京师。……宵小多窥伺,廷臣请之国者愈众,帝愈迟之。……慎行乃合文武诸臣伏阙力请,大学士叶向高亦争之强。帝不得已,许明年季春之国,群情始安。"

(二)三案

三案者,是指"梃击"、"红丸"、"移宫"三案。

一为梃击案。《明史·王之寀传》:"(万历)四十三年五月初四日酉刻,有不知姓名男子,持枣木梃,入慈庆宫门,击伤守门内侍李鉴。至前殿檐下,为内侍韩本用等所执。……明日,皇太子奏闻,席命法司按问。巡城御史刘廷元鞫奏:'犯名张差,蓟州人……语无伦次。按其迹,若涉疯癫……'时东宫虽久定,帝待之薄,中外疑郑贵妃与其弟国泰谋危太子……差被执,举朝惊骇,廷元以疯癫奏。……之寀心疑其非。是月十一日,之寀值提牢,散饭狱中,未至差,私诘其实。……差供:'马三舅名三道,李外父名守才,不知姓名老公乃……庞保,不知街道宅子乃住朝外……之刘成。二人令我打上宫门,打得小爷,吃有,著有。'小爷者,内监所称皇太子也。……成与保皆贵妃宫中内侍也。……谕令磔张差、庞保、刘成,无他及。"

二为红丸案。《明史·方从哲传》:"……八月丙午朔,光宗嗣位。……帝已于乙卯得疾。……辛酉,帝不视朝。……时都下纷言中官崔文昇进泄药,帝由此委顿,而帝传谕有'头目眩晕、身体软弱、不能动履'语,群情益疑骇。……辛未,召从哲、一燝……至乾清宫。席御东暖阁。……帝复问有鸿胪官进药者安在。从哲曰:'鸿胪寺丞李可灼,自云仙方,臣等未敢信。'帝命宣可灼至,趣和药进,所谓红丸者也。帝服讫,称'忠臣'者再。……可灼出,言复进一丸。从哲等问状,曰:'平善如前。'……九月乙亥朔……帝崩。中外皆恨可灼甚。而从哲拟遗旨,赉可灼银币。"

三为移宫案。《明史·方从哲传》:"……及光宗崩,而李选侍居乾清宫。给事中涟,及御史左光斗,念选侍尝邀封后,非可令居乾清,以冲主托付也。于是议移宫,争数日不决。从哲欲徐之。至登基前一日,一燝、爌邀从哲立宫门请。选侍乃移。岁鸾宫。明日庚辰,熹宗即位。"

二、东林党议及天启间之党祸

(一)东林党之由来

顾宪成削籍里居,讲学东林书院,慕风者遥相应和,忤帝意,削籍归。……暨削籍里居。……邑故有东林书院,宋杨时讲道处也。宪成与弟允成倡修之。……偕同志高攀龙、钱一本、薛敷教、史孟麟、于孔兼辈,讲学其中。……讲习之余,往往讽议朝政,裁量人物,朝士慕其风者,多遥相应和,由是'东林'名大著。"

(二)非东林党之派系

当时又有所谓齐、楚、浙、宣、昆五党。齐以亓诗教为首,楚以官应震为首，浙以姚宗文为首，宣以汤宾尹为首，昆以顾天俊为首。他们皆以东林为公敌，联合攻东林，是为非东林党。

（三）李三才案

诸党相攻，每假借题目，怀抚李三才，才气凌厉，居腥膻之地，挥霍金缯，发踪指示，俨然党魁，遂为一时弹劾目的。"李三才……擢升淮凤巡抚、漕运总督，加户部尚书。时矿税诸奄，横行恣睢，陈增在淮尤无状，三才力与之搘柱。……东南胥得安枕。而功高望重，颇见汰色，时议欲以外僚直内阁……意在推戴三才……遂为时目所议。兼以日明妖书，京察二事，大拂公论。三才条陈国是，攻之甚力。又太仓密揭，实自三才钩得之，播扬于众。于是四明之党，合谋驱除。邵辅忠首出疏劾之。……攻者四起。锡山顾公宪成，贻书福清诸老，谓三才任事任劳，功不可泯，当行勘以服诸臣之心。一时攻抚者，并攻锡山……从此南北党论，不可复解。"（文秉《定陵注略》卷九《淮抚始末》）

（四）东林与宦官之争

自"梃击"、"红丸"、"移宫"三案发生，两党相争更烈。熹宗既立，与东林友善之叶向高为首辅，起用党人，非东林党人废黜殆尽。"熹宗初政，群贤满朝，天下欣欣望治"（《明史》）。不久，宦官魏忠贤用事，群小附之，杨涟、左光斗、赵南星等力弹其非，忠贤于是逮杨、左等下狱，卒死狱中。《明史·叶向高传》："……魏忠贤、客氏，渐窃威福。……其时朝士与忠贤抗者。……四年……杨涟上疏，劾忠贤二十四大罪。……忠贤虽愤，犹以外廷势盛，未敢加害，其党有导以兴大狱者，忠贤意遂决。……忠贤首诬杀涟、光斗等，次第戮辱贬削朝上之异己者，善类为一空云。"而前此被东林党所斥诸人，咸欲倚忠贤以图报复，甘为虎狗儿孙而不辞，于是缙绅以次斥逐。

《明史·阉党传》载："宵小希进干宠，皆陷善类以自媒；始所系者，皆东林也；其后目所欲去者，悉诬以东林而逐之。自天启四年十月迄熹宗崩，毙诏狱者十余人，下狱谪戍者数十人，削夺者三百余人，其他革职贬斥者，不可胜计。"

明代党争的影响

自东林党与非东林党互相倾轧，结果，奸邪得势，忠良失位，朝廷善类一空。先有"六君子"（汪文言、杨涟、魏大中、周朝瑞、顾大章、左光斗）之死，后又有"七君子"（高攀龙、周顺昌、缪昌期、周宗建、李应升、黄尊素、周起元）之死。《明史·叶向高传》："……忠贤首诬杀涟、光斗等，次第戮辱贬削朝士之异己者，善类为一空云。"《明史·周起元传》："（天启）六年二月，忠贤欲杀高攀龙、周顺昌、缪昌期、黄尊素、李应升、周宗建六人，取实空印疏，令其党李令贞、李朝钦诬起元为巡抚时乾没帑金十余万，日与攀龙辈往来讲学，因行居间。矫旨逮起元，至则顺昌等已毙狱中。许显纯酷榜掠，竟如实疏，悬赃十万。馨赀不走，亲故多破其家。九月毙之狱中，吴士民及其乡人无不垂涕者。"自是朝无贤良，国事日坏。

崇祯年间的社局，由诗文的结合，而参与政治的运动；弘光以后，由于感到国亡家破的苦恨，遂由诗酒流连之逸兴，而发为保种抗敌之伟举。像王翃、李长祥等人，在浙江大兰山、安徽英山及霍山依岩结寨，足足闹了五六十年。他们都是社局中人，虽然复国的希望断绝了，但是那一种坚强不屈的精神，河山故国的感念，遂由他们的悲歌怨曲、诗声琴韵而流传下来。

明末与清对峙，如非屡杀名将，国事本有可为。思宗虽诛杀魏忠贤，然党争之风已成，范围自不限于官府之内，而对外边事亦被波及，边帅熊廷弼及袁崇焕之死，便是一例。《明史·熊廷弼传》："二月，逮化贞，罢廷弼，听勘。四月……奏上狱词，廷弼、化贞并论死。后当行刑，廷弼令汪文言贿内庭四万金祈缓。既而背之。魏忠贤大恨，誓速斩廷弼。及杨涟等下狱，诬以受廷弼贿，甚其罪。……会冯铨亦憾廷弼，与顾秉谦等侍讲筵，出市刊《辽东传》潛于帝曰：'此廷弼所作，希脱罪耳。'帝怒，遂以五年八月弃市，传首九边。"可见党争之风已蔓延至边事，名将熊廷弼也因牵连党祸而罹极刑。其后袁崇焕复以"纵敌胁和"而被处死。思宗刚愎多疑，边将亦处死，无疑自毁长城，使清兵得以长驱直入，加速了明代之灭亡。

第二十六章 明代的外患与影响

第一节 明代外患原因的分析

明代国防，向以北方边镇最为重要。1368年（洪武元年），元统治者在明大军全力进攻压力下，从大都逃往塞外，但还有相当雄厚的力量。故北边塞外各部族入侵的威胁，始终没有解除。明代对外声威，实远逊于唐，虽在明祖之际，北破元裔，南并安南，又招致南洋诸国，称盛一时。然再传至宣宗以后，日就陵替，边疆多事，国力虚耗，遂成衰亡之因。现将明代外患的远因及近因分析如下。

明代外患的远因

明太祖对于蒙古贵族的残余势力，虽始终采取争取通好，但坚决防止他们的侵扰，故特地在长城以北建立了大宁卫、开平卫、东胜卫三个重镇，作为北方九边中坚部分的外围军事据点，使边防相当稳固。但兀良哈三卫曾受明成祖利用参加他的"靖难之役"。明成祖在夺得帝位以后，就把宁王朱权徙封到江西去，而把大宁卫所辖边地送给兀良哈三卫。又封兀良哈各部大小酋长为都督、千户、百户等官，每年供给他们耕牛、农具、布帛、酒食等大量物资。并约兀良哈各部为明的"外藩"，使他们平时充当边疆侦探，战时协助防御。明成祖猜忌宗室诸王，不让诸王掌握重兵驻在边疆，而想用"以夷制夷"的政策制止外患。但这一企图是落空了，不久兀良哈依附东蒙古的阿鲁台部，成为其羽翼，侵扰明室边疆。明成祖自动放弃大宁卫，使边防大为削弱。

永乐年间，战争屡起，明帝逐渐放弃了长城以外的军事据点，北方边镇——暴露在敌人面前。到宣德年间（1426至1435），明军力渐弱，骁悍的蒙古骑兵时常伺隙南侵，入塞劫掠。例如兀良哈各部及阿鲁台部的联军时常在喜峰口外出现。当时较强的阿鲁台部屡次迫犯开平、偏关，明军不敢出击，实际上北方国防线在步步南移。

宣德五年（1403年），明放弃了开平卫。开平卫是从前元帝国的上都，在国防上的地位相当重要。自永乐年间放弃了大宁卫及兴和、东胜等地以后，开平卫孤悬塞外，守备困难，军粮也供应不易，因而历年在此损兵折将。这年四月，明宗室派阳武侯薛禄监筑永宁卫所辖的团山、赤城、雕鹗、云州、独石等五堡，调发军民三万五千人，紧急动工，并派精骑一千五百名到场防护。六月，迁开平卫到独石，从此又丧失塞北三百多里的领土。开平形势险要之地完全落入鞑靼手，边防越显空虚。

军卫屯田制在明代是非常重要的统治制度，经过明太祖、明成祖的竭力进行，在一段相当长的时期里，不但解决了军队的给养问题，并且相对地减轻了一些人民的负担。且屯田对于巩固国防、发展生产亦起了积极的作用。明代边军的屯田，在宣德时已开始被侵夺。分驻各边镇的亲王太监军官等，往往侵占军士的屯田，役使军丁替他们耕种，但是经营屯粮的官吏，不问屯田有无，只管逼征屯军的额粮，军丁不堪剥削和虐待，相继逃亡。正统末年，明帝国北方各边区因军卫屯田被侵夺，军丁又多被私家所占役，国防力量更单薄。故明代比较正派的官吏都积极主张充实边防，并提出了一些办法，但在王振等人阻挠和破坏之下，各边镇的军政得不到整顿。边防一天天地废弛下去，而西北塞外的瓦剌侵略势力却步步逼近了。

明代外患的近因

明开国之初，虽有太祖及成祖之励精图治，遂使国家升平，对外又能远驾亲征，以压抑外患之猖獗，无奈世宗毕竟并非贤明君主，即位后因为崇祀与献王典礼一事，酿成大礼议之争，以致朝臣党派分立。其后大礼议之争平息了，又进用严嵩，信任方士，置朝政不理，而日求长生术，率至鞑靼入寇、倭寇扰乱沿海等。后来虽然幸能平定外寇，唯朝政日趋腐败，人民亦憔悴不堪。

永乐三年（1405年），鬼力赤又被部酋长阿鲁台所杀，本雅失里被拥立为鞑靼可汗。时明代继续执行明太祖的政策，一面遣使与鞑靼各部通好，一面严饰边防。永乐七年（1409年），鞑靼可汗本雅失里杀死明特派使臣给事中郭骥，明与鞑靼的战争因而爆发。此外，在明嘉靖年间，日本诸道争贡，大起冲突，以致毁堂劫库，扰乱地方，杀戮官吏。明廷以日使进贡，原为敦睦邦谊，今竟引起纠纷，不如禁止对日通商进贡，以绝纷扰。市舶既绝，于是不只日本正式商人相率为倭寇，采取海盗劫掠政策，甚至沿海的豪势，也加以策动和掩护，组织"蝴蝶军"，向中国沿海进扰，倭寇由是更猖獗。

明代宦官之为祸，更促成外患的入侵以至于灭亡，追其根本，宦官之祸国，实始于成祖，成祖以靖难成功，宦官出力不少，为酬答功劳，遂委以重任。英宗以年幼即位，王振揽权恣纵，勾结内外官僚，擅作威福，朝野均对之无好感。宦官煽动英宗对外用兵，用意在于示威，更欲邀功，遂劝帝亲征瓦刺，并借此博取英宗之欢心，巩固本身的地位，于是便引起"土木堡之变"。

至世宗时，更有严嵩用事，使明政治极为腐败，且南有倭寇连年侵扰，北有鞑靼入寇。严嵩虽发动出击敌人，但又不肯负责，于是各地援兵因粮饷不足，兵马疲乏，皆怀怨恨，明兵既不敢作战，鞑靼便乘虚而入。其后，严嵩专政，以其党赵文华督视海防，又颠倒功罪，牵制兵权，致使诸军解体，倭寇愈炽。倭寇之入侵，除了严嵩之用事，更因有汪直、徐海、陈东等人诱煽日本奸人。

正统末年，明帝国北方各边镇因军卫屯田多被侵夺，军丁又多被私家所占役，国防力量单薄。明代比较正派的官吏都积极主张充实边防，并提出一些办法，但在王振等人阻挠和破坏之下，各边镇的军政得不到整顿，外患遂乘虚而入。此外，明末海防不修，卫戍空设，一与倭遇，便望风奔溃。故倭寇往来纵横，如入无人之境，亦内地空虚之故。

元末群雄并起，割据沿海郡县的有张士诚、方国珍、陈友谅等。士诚、国珍皆以贩盐浮海为业，其部曲多委托身舟舶，狎习风涛。及方、张既灭，其余党便亡命海上，与日本沿海奸民相勾结，从事剽掠，于是中国山东、浙江、福建等省沿海都受到侵扰。

明初，朝鲜受册封为藩属。神宗时，日本权臣丰臣秀吉平定国内军雄，遂思向外发展，有囊括亚洲之志，兼并中国之心，乃先向朝鲜假道入寇，并遣使逼朝鲜李昖称臣入贡，与中国为敌，李昖拒之，秀吉便于万历二十五年发动大军侵入朝鲜，李昖向明乞援，明以身为宗主国，义不容辞，遂出动大兵，中日之战于是展开。

第二节　土木堡之役及其影响

瓦剌的兴起

瓦剌是蒙古族的一支，本在贝加尔湖西南一带游牧。成吉思汗统一北方以后，瓦剌臣服于蒙古。由于元帝国发生了海都争夺帝位的战争，当时贝加尔湖地区受到很大的破坏，瓦剌部遂迁离叶尼塞河上游，向南发展，牧地逐渐扩张到阿尔泰山山麓。十四世纪末叶，当元代衰亡、明代兴起之际，瓦剌各部在猛可帖木儿统治下，部众繁衍，势力强大。明代初年，瓦剌在蒙古各部族中是比较强大的一部。1400 年，鞑靼部南侵，燕王棣派人去联络瓦剌，借以牵制鞑靼。永乐初年，明代更屡派使臣联络瓦剌。1417年，瓦剌首领马哈木死，儿子脱欢袭位，势力独强。明宣宗时，瓦剌酋长脱欢拥立元室后裔脱脱不花为可汗，自为丞相，雄视漠北。脱欢死，子也先继位，兵力益壮。

也先不断扩张其势力，攻破明政府的哈密卫，俘获明所封的忠顺王瓦答央里；并和沙州各部酋长联结，常阻截西域各国与明的交通线。也先又向东征服兀良哈三卫，勾结建州、海西各地的女真部落，屡次迫扰辽东、蓟州、宣州、大同各边镇。因此，瓦剌的势力高涨，其疆域西起中亚细亚，东接朝鲜，北连西伯利亚南端，南邻明廷的边境，形成元代以来最大的蒙古势力。

瓦剌为患原因的分析

明代对蒙古的长期战争，到明英宗时发展到剧烈阶段。在明统治层逐渐腐朽的情况下，政治黑暗，人民痛苦加重，国内的矛盾日渐加深，同时军队也腐朽起来，边防力松弛了，使这元代以后最强大的蒙古势力——瓦剌，得以长驱直入。

正统十四年（1444年）以后，瓦剌积极准备大规模进攻明室，北方的许多部族在两大国间摇摆不定。明既没有及时充实国防，联络近塞各部族，以孤立瓦剌；反而欺压这些弱小部族，使他们投到瓦剌方面去，成为了明政权的敌人。

瓦剌成为明代最危险的外敌已经非常明显，而王振反要粉饰太平，对瓦剌派来的贡使，厚加招待，赏给金帛无数，凡所要求的全部应允。洪武、永乐年间瓦剌贡使员额，每年不过五十人，到正统末年，竟增至两千多人，贡使在塞外时常劫掠挑衅，也因王振庇护，守边将领不敢干涉。宣、大边防吃紧，明室只好将紫荆关一带的关口封锁起来，添派一些守军，虚弱畏缩的情形，完全暴露在强敌的面前。

瓦剌顺宁王脱欢自杀鞑靼阿鲁合并吞诸部后，国势日强。正统八年，脱欢死，其子也先嗣位。其时英宗宠信宦官王振，也先再遣使进贡，王振为示中国富强，赏赉极为优厚。正统十四年二月，也先遣使贡马，人数达二千名，而诈称三千人，竟欲多获赏赐。王振恨其虚报人数，令礼部计口给费，又故意核减马价。也先大怒，于是诱挟诸部，分道大举入寇，是年七月，也先自统大军直逼大同。

瓦剌入侵的经过（土木之变）

明使臣曾到瓦剌"许嫁"公主于其子，并以瓦剌所进马匹为"定亲"之礼物。而后明廷"毁婚"，也先于是大举南侵。在边报紧急声中，一向专权的王振想乘机怂恿王上亲征，企图侥幸，冒滥边功，明英宗听信王振言，下令亲征。百官谏止不从。

正统十四年七月十六日，英宗、王振率五十万军兵从北京出发，过庸关、宣府，八月一日抵大同，却听到前方惨败真相，震惊非常，秘密决定退兵。三日，大军东撤。从大同到紫荆关，经王振老家蔚州，他想邀皇帝临幸，于是大军向蔚州进发。但调动错误，勒军东向，循原路奔宣府，被乱军进迫，英宗急逃。十三日至土木堡，离怀来城仅二十里，因辎重未到，王振不肯进城，英宗乃留驻土木堡，翌日被瓦剌四面包围。土木堡旁近无水泉，掘地深二丈不得水，人马饥渴。十五日，瓦剌军诈退，遣使者议和，英宗派通事到瓦剌军营议和，王振立刻下令移营就水，明军阵势动摇，而瓦剌骑兵突从四面冲杀而来，大呼"解甲投刃者不杀"，明军大乱，弃械奔逃，死伤不计其数。英宗被虏，而王振亦为将军樊忠用铁锤锤死。明军五十万，死伤过半，马二十余万头，衣甲、器械、辎重全被瓦剌军所夺。这就是历史上所谓的"土木之变"。

明反击瓦剌的紧急措施

"土木之变"的惨败消息在八月十六日夜间传到京师，当时京师形势危急，人心震恐，英宗弟郕王集群臣议大计。以兵部侍郎于谦为首的主战派占优势。八月二十一日，升谦为兵部尚书，九月郕王即帝位。于谦为了反击瓦剌，进行了一连串的紧急措施，以解救国家的危机。

第一，调集两京、河南所募新兵，江北及北京诸府运粮民兵，山东及南京沿海备倭的军兵急赴京师担任守御。

第二，亟派人四出募兵，令工部赶造军器战车，并令各地动员人民协同攻守。

第三，从附近城郭居民入城，通州集粮令官军自诣关支，毋弃以资敌，实行坚壁清野政策。

第四，严令诸边守将，竭力防遏。命杨洪守宣府、郭登守大同、韩清守紫荆关、罗通守居庸，坚决抗敌。

第五，奏调辽东提督王翱、河南巡抚王耒率精兵向京进发，增强声势。

第六，肃察京内外间谍奸细。

第七，派石亨（守德胜门）、陶瑾（守安定门）、刘安（守东直门）、朱瑛（守朝阳门）、刘聚（守西直门）、顾兴祖（守阜成门）、李端（守正阳门）、刘得新（守崇文门）、杨节（守宣武门）等分率兵二十二万"列阵九门外"。于谦亲自率兵布阵于德胜门外，当敌正面。

十月，瓦剌军破紫荆关，进逼京师，列阵西直门外，置英宗于德胜门外，于谦谏主"社稷为重，君为轻"，反对议和，败其先锋，军威大振。后经五天激战，瓦剌军连战连败，士气低落，死伤众多，前阻坚城，后有民兵袭击，又闻明各路援军和新募"勤王兵"将至，恐归路被截断，十月十五日，也先遂拥祁镇从良乡西退，出紫荆关退去。景泰元年（1450年）也先又对明发动攻势，惜均被明军击退。

景泰初，明国防在于谦的指挥下，予瓦剌以沉重的打击，也先原以祁镇为奇货，屡次诱明媾和，但明室坚决抗敌，也先无隙可乘，且失掉通贡和互市的好处，不得已于景泰元年八月将祁镇送回北京，并要求恢复"通贡"和"互市"的外交关系。

"土木之变"的影响

瓦剌也先对明的侵略,既然遭到惨重的失败,从此在北方各部族中,也先的威望大为降低,而也先在蒙古各部酋长间,纷争从中国所掠掳的大量财物,又特别专横,遂在其统治层内部,引起互相猜忌、迫害和仇杀。一四五五年,也先为其部下阿剌所杀,瓦剌部属分散,势力衰落。既可以说,因瓦剌侵明失败引起内部矛盾的扩大,也可以说,于谦的坚决抗战,间接促成了也先的灭亡。

经过"土木之变"而来的北京之围中,明采坚决抗战态度,加强了将士抗战的决心。瓦剌军队退后,明室以于谦为首的主战派执政,采取一系列的措施改良内政,加强国防力量,国内情况逐渐好转,对敌也更有办法,同时对边防也发挥了更大的作用。

瓦剌也先在侵明失败后,由于本部内讧被杀,势力衰落,东方鞑靼部乘机复兴,鞑靼酋长中哈剌真部的孛来、翁牛特部的毛里孩武力最强,孛来与毛里孩击杀阿剌,求得脱脱花的儿子马可吉儿吉斯继承汗位。

及明英宗复位后,于谦被杀,边防废弛。天顺时,鞑靼别部酋长阿罗出,率部"潜入河套,逼近西边"。随后小王子、孛来、毛里孩也侵入河套,劫扰内地,杀掠人畜。成化时,孛来杀小王子,毛里孩又攻杀孛来,独擅大权,屡次寇掠延绥、榆林等地。官军屡次"征讨无功","数以捷闻……而敌据套自如"。实际上时常"败绩",冒报战功,骗取升赏。十五世纪末,明孝宗弘治时期(1488年至1505年),鞑靼领袖达延汗武力统一了漠南蒙古各部,势力强大。明代西北边防,日趋严重。

瓦剌衰微后,明边境虽得赖以稍安,可是朝廷纷争又起。原来上皇(英宗)自瓦剌还京后,景帝待之不厚,上皇万寿时,群臣拟赴南宫朝贺,亦不许见。其后又废了太后所选立的太子见深(上皇子),而代之以自己的儿子见济,因此两人私见日深。后来见济死了,景帝亦病重,储位未定,朝臣多以择立太子为请。武清侯石亨、右都御史徐有贞、都督张𫐐、太监曹吉祥等，以景帝病难有起色，便密谋拥护上皇复辟，以邀封赏，谋议既定，遂于景泰八年之春某夕深夜，跑入南宫，拥上皇朝。是时群臣待漏阙下，对复辟一事，仍未预闻，及见上皇临朝，始相惊骇入贺。上皇既复位，即由皇太后下诏，废景帝仍为郕王，迁之西内，皇后汪氏复郕王妃号，出居旧府，改元天顺。

英宗复辟，全赖石亨、曹吉祥、徐有贞等辈之力，及复辟成功，他们自然以功首自居，事事专恣，大有包办朝政之势。其中最专恣者莫若石亨，亨以复辟为己功，事成后，冒功请求升赏者，不下四千余人，后更卖官鬻爵，公然贪污，往往以纳贿之多寡，为授职美恶之断，此时石亨之权势，可谓盛极一时。其初徐有贞本与亨同党，但亨势力太大，有贞嫉妒之余，便思自异，利用其大学士职权，对于石曹所为，间或稍加裁抑，石曹心有不快，乃设计害有贞，卒置他下狱，诏徙金齿为民。有贞既去，石亨更为专恣，与其从子石彪把持兵权，中外将帅，半出其门，权倾人主，都人为之侧目。其后彪以欺上下狱，廷臣乘机上章劾亨，英宗诏把亨拘讯，坐以怨望谋叛罪，处斩。后彪亦被戮于市。石亨死后，曹吉祥当然不能自安。他屡出监军，阴结将士，私藏兵甲，培植势力。其养子借其祖护，竟官至都督，封昭武伯，势盛一时。曹钦素有谋反志，其后钦因私擅杀人被英宗警告。钦惧而与其私党密谋，决自拥兵入宫废帝，吉祥则以禁兵应之。不幸事泄，吉祥被擒。钦仓皇率众攻长安门，为怀宁伯孙镗所败，投井自杀，旋吉祥伏诛，叛事遂平。

第三节　明代倭寇为患的因果

倭寇为患的原因

元世祖时，曾遣兵屡攻日本，无功而还，嗣后两国互相禁止通商，于是日本沿海奸民，因生计断绝而流为盗贼。元代中叶，日本分南北朝，未几,南朝为北朝所并,南朝遗民多逃入海中与海盗结合,扰乱中国沿海,是为倭寇的起源。不过,日本南北分裂后,兵革不息,诸将叛服无常。由于当时武人日务攻伐,无复纪纲,甚且侵及邻邦如朝鲜等地,势所难免。影响所及,溃兵败将,无家可归而沦为海寇者有之,至于日本正式军队而从事寇掠行为者,当亦不在少数。而这些由正式军队组成的倭寇的真正意图,在于掠夺财物,而不在"侵略其国"。

元末群雄并起,割据沿海郡县的,有张士诚、方国珍、陈友谅等。士诚、国珍皆以贩盐浮海为业,其部曲多托身舟舶,狎习风涛。及方、张既灭,其余党便亡命海上,与日本奸民相勾结,从事剽掠,山东、浙江、福建等省沿海均受侵扰。时明太祖虽屡遣使日本,责令日本政府加以禁抑,终未见效。太祖因命汤和行视浙东西诸郡,整饰海防,筑城置街,以资防备,并于闽、广、浙等地设立市舶司,以便管理制驭。及胡惟庸阴结日本,谋反事发,太祖深恶日本,遂与绝交。

在宪宗时期,日本正如我国的春秋时代,在世宗时,则如我国的战国时代。宪宗时,日本的各封建诸侯,反对足利氏的军事行动。直至世宗时,其大小封建诸侯,随着商业的发展和奢侈品的提高,需要大量的中国货物,例如丝绸、食品、辅食品、瓷器、茶叶。明与日本一旦进行"勘合的贸易",此贸易对双方有利,但明廷认为日本是一个国家,所以单和足利氏的幕府进行贸易,不与其他诸侯进行贸易是不对的,贸易的对象既限足利幕府,虽然足利幕府有时将若干合同分配其他诸侯,亦得到些小利益,但可惜受年期、船只数量、合同分配的限制,不能满足其他诸侯的欲望和要求,结果其得不到勘合的,不能与明通商的"藩侯"和"寺社"更加不满,于是,就资助一些商人和浪人入中国沿海抢掠。换言之,乃日本的商业资本做后盾,加上日本的野心,暴力的掠夺,沿海的海盗如张士诚等奸民及倭寇,加上葡人传入日本的红衣大炮为武器,带给中国沿海人民空前的大灾祸。

日本各封建主争来中国通商,他们在国内争夺勘合,即争夺对明的合法贸易权。争贡事件的发生,明代市舶司太监的贪污行为引起恶果诚然可恨，但是若从明初到嘉靖二年（1523年），中间相距一百五十余年中，倭寇不断向我国沿海劫掠，千百次的侵扰屠杀，都是没有任何借口的，所以争贡之役，不过是矛盾爆发的焦点而已。日本贡使争阅货先后的问题，不从外交上提出抗议，而乃互相仇杀，以至发展到攻杀中国官吏，劫掠中国人民，完全蔑视中国的法纪，这种海盗行为是比宦官贪污更为可怕的。

日本足利义满时代，是足利幕府之隆盛时期，至明成祖时，日本权臣足利义满当国，因欲与明室通好贸易，遂遣使来明朝贡，成祖封其为日本国王，义满因常协助剿捕倭寇，以利通商，倭寇之祸稍衰。及足利氏衰，西南沿岸海盗始大寇中国，我国沿海诸省多不堪其扰，其时正是我国嘉靖之世。

嘉靖二年，日本讲道争贡，大起冲突，以至毁堂劫库，扰乱地方，杀戮官吏。明廷以日使进贡原为敦睦邦谊，今竟引起纠纷，不如禁止对日通商进贡，以绝纷扰。市舶既罢，于是不仅日本正式商人相率为寇，甚至沿海诸侯，也加以策动和掩护，组织"蝴蝶军"向中国沿海进扰，倭寇由是更猖獗。然市舶司从防倭的角度来看，多少可作为明之耳目，足以探查倭情，以为防范，市舶司一废，反失防倭机关。从贸易方面看，海禁深严固能防寇，但却打击了东南沿海的工商业，由于政治腐败，明廷遂下令禁止通商，然通商实无法禁止。于是，对以劫掠财富为目的的倭寇和奸商的非法贸易是无法限制的，还可能迫使若干合法贸易也转变成为非法贸易。奸商、土豪乘机勾结日本商贾以自利。所以说，自市舶司废后，管理对外通商之责，乃从政府转移到沿海豪势之手，非法商贾，更诱使日本海盗、商贾劫掠沿海各地，为害匪浅。

所谓倭寇，实指中国的海盗而言，因当时倭寇作乱，多由汪直、徐海、陈东等为主谋，诱煽日本奸人而入寇，他们偕倭入巢拓林、乍浦等处劫掠。内地亡命者附之。其后朝廷以胡宗宪代赵文华，整饬军旅，擒陈东，诛汪直，平徐海，倭寇顿失内应，江南两浙倭寇略平。

自罢市以来，日本对明贸易，因不能直接通于官府，遂转而私结强豪。

这些强豪常克扣和拖欠日商货价，贵官势家拖欠尤巨，甚至有取货不给值的。日本人不甘损失，又以贫困乞食，遂相率出海为盗。

从宣德年间开始，边将及朝中的权贵、宦官就开始侵夺军卫屯田。此外，卫所的军官对士卒的克扣粮饷，亦为崩溃原因之一。在正统年间，《英宗实录》云："沿海卫所官旗，多克减军粮入己，以致军士艰难，或相聚为盗贼，或与贩私盐。"又《世宗实录》云："军士失去土地，或被豪强世家占役废种，或遭卫所军官剥削虐待，无以为生，相率逃亡入海。其倭者占十分之三，从倭者占十分之七。"按嘉靖年间之统计，浙江卫所，平均每卫一一零四人，仅原数五千人之百分之二十二。福建为百分之四十四，广东为百分之二十三，即使战船、哨艇，仅"十存一二"（《世宗纪》），"军伍不振，战守无资"，当日海防之废弛，可见一斑，无怪倭寇如入无人之境。

洪武时代，政治已显腐败，如洪武十三年春正月，胡惟庸谋叛，约日本，令伏兵贡舻中，会事觉，悉诛其卒，而发僧使于陕西、四川各寺中，示后世不与通，嗣后。于嘉靖时期，皇帝朱厚聪昏庸好道教，妄求长生，道士官至礼部尚书，奢侈浪费。严嵩为相，贪污之风转盛，最可恨的是通倭大僚（如福建巡抚阮鹗）贿严嵩得免罪。严嵩子严世藩，党羽赵文华，贪污搜刮民脂民膏，陷害爱国将领。当日严嵩专政，不仅加强了对人民的压迫，而且从容勾结倭寇的官僚，助长了侵扰的凶焰和活动的有利条件。

综观嘉靖三十二年至三十四年间，倭寇之为患于明，殆达最高点。当时倭寇横行江浙，如入无人之境，而新倭入寇，贼虽不过数十人，亦能蹂躏千里，可谓悍矣，按倭寇之所以深入内地，破府陷城者，考其原因，固由于倭寇之凶悍，而明廷之处置不当及失意明臣之勾引等，亦不能辞其咎。《明会要》"日本"条云："永乐十五年，倭寇拾门，金乡、平阳，有捕倭寇数十人至京者，廷臣请立法。帝曰：'威之以刑，不若怀之以德，宜还之。'乃遣使责令其悔罪自新。"又《明史纪事本末》，"沿海倭乱"中，曾载"朱纨上奏曰:'去外盗易,去中国盗难,去中国群盗易,去中国衣冠难.'遂镌暴贵官家渠魁数人姓名,请戒谕之"。因此朱纨招大姓之忌,为之构陷而死。总督张经大破倭于王江泾,亦被赵文华、严嵩辈潛之下狱而死。《明史纪事本末》"沿海倭乱"中,亦谓"失职衣冠士及不得志生儒,亦皆与通,为之向导,时时寇沿海诸郡县。"故倭患之所以易兴难灭在此。

由于沿海卫所制之破坏,海防废弛,可见一斑,倭寇遂如入无人之境。此外,北方之鞑靼在此时日渐强大,早有入侵中国之野心,遂于中国饱受倭患之际,乘虚而入,其鞑靼可汗俺答率部入寇,与倭寇入侵,起了交逼迭乘的作用,这都是造成倭寇扩大与蔓延的重要原因。

倭寇为患的经过

元代中叶,倭寇已侵扰朝鲜沿岸,《高丽历史》曾记:"至元十五年(1478年),高丽忠烈王曾奏请忽必烈,请留合浦镇元戍军以备倭寇。至元十七年,再扰高丽沿海,并掳渔人,其后凶锋指向中国。"元制本不许外国船带兵器入港,然日人罔顾法令,携械来华。大德元年(1303年),乃置"千户所",戍浙江定海,又监倭人互市者;惧外夷情叵测,必严兵自卫,如待大敌。

朱元璋洪武年间,倭寇出没海岛中,掠苏州、崇明岛,杀害居民,劫夺货物。太祖派使者至,日谋解决不果,于是在沿海设立卫所(仿唐之府兵制,屯田,兵农合一,世袭而有军籍,采募兵方法),并厉行海禁,订立捉拿倭寇赏格以激励海防将士和平民。又在南京附近的钟山种大量桐漆树,造船以备战。结果,倭寇入侵极难,祸患鲜有发生。

永乐时,海禁稍放宽,与日倭订定"勘合贸易"(彼此用符契,盖印在合同的缝处,各持一半,以便于勘合才许互市,可以限制次数和识别)。然日倭"包藏祸心,得闲,则张其威器而肆其侵杀,不得闲,则陈其方物,伪称朝贡,侵杀则卷民财,朝贡则沾国赐"(《明史考》),故其祸并未稍减。

永乐九年,成祖断绝"勘合朝贡贸易",日本更大肆入侵,至永乐十七年，日倭二千余人，登岸辽宁省之望海埚掠劫，被辽东总兵刘江预为设伏，破之。倭或死或俘，无一得脱，自此倭焰稍减。

中国人恢复"朝贡式的勘合贸易"，然而一部分日本藩侯，因得不到"勘合"（监官贪污），遂组成倭寇，侵袭沿海。其勘合船间中亦有乘机博乱、掠民财伤人于市之事。

日倭日形猖獗，彼等将官庚民舍"焚掠一空，驱掠少壮，发掘冢墓，束婴竿上，沃以沸汤，视其啼号，拍手笑乐。捕得孕妇，卜度男女，刳视中否为胜负饮酒。荒淫秽恶，至有不可言者。积骸如丘，流血成川，城野萧条，过者陨涕"。

世宗时最为高潮。理由是此时日本藩侯需求物质更多，故力谋向中国诈取，但又被"勘合制度"所限，于是资助商人及其浪人（日本战国时代失了俸禄的武士食客），便来中国掠取。当时明权臣严嵩专政，大事搜括，皇族又与倭勾结。加以皇庄制度下的土地日见兼并，沿海卫所被破坏，结果遂发生所谓"争贡之役"。

平定倭寇

明廷以倭寇扰乱如此，遂罢日本通商互市。然自罢市以来，日本对明贸易，因不能直接通于官府，遂转而私结强豪；国内奸民，以利之所在，重相结纳，其中不少强豪亦有取其货而不给其值者，日人以血本无归，被迫作乱，大恣劫掠，尤以宁波、台州一带，受害最大。明廷闻报，乃于嘉靖二十五年，特派右副御史朱纨巡抚浙江。纨严守海禁，闽浙人多感不便，群起攻击。但纨性刚直而敢为，每获通番者必处斩，对于闽浙大姓之与倭有关者，亦必绳之以法，不稍姑息。于是诸大姓相与诋诬不体，御史周亮等竟信流言，疏劾纨措置乖方，专杀启衅。而世宗不察，又竟诏夺纨官，命还籍听候处分，纨遂愤而自杀。朱纨一死，海禁复弛。在浙江有四年不设巡抚，于是倭寇声势复张。嘉靖三十一年，倭寇进犯台州，破黄岩，掠象山、定海诸县，知事武伟战死。倭寇凶狠，冥不畏死，作战时往往赤身露体，挥刀而前，当者披靡，加以当时亡命海盗汪直、徐海、陈东等助之以为谋主，遂至侵扰沿海不已，而滨海之民困于徭役者，又多逃避入倭，于是倭寇之势更大。嘉靖三十二年，沿海告急，昌国、上海、金山诸城镇卫相继沦失。其后赵文华事发免职，诏以胡宗宪总督军务，宗宪于浙东江北一带，悉力防卫，捕杀海寇首领徐海及汪直，并严惩通番者，倭寇不能立足江浙，乃转掠闽广沿海，于是广东福建备受骚扰。明廷以俞大猷为总兵官，戚继光副之，专负平剿之责。大猷与继光乃明中叶出色儒将，大猷以献略见称，继光以节制见著，两人能和衷共济，同时巡抚谭纶、总兵刘显又以兵助之，彼此合力痛剿，大败倭人于平海卫，斩首二千余级，坠崖溺水死者无算。倭寇知无法立足，相率遁去，自是沿海居民得以安居。

倭寇对明室的影响

倭寇作乱之地区甚广，东自辽东，南至闽、粤，范围六行省，延袤数千里，历时数十载；蹂躏驰逐，备极凶残，财物损失，更形惨重，使明代势力大为衰弱，元气大伤，间接促成了明代的速亡。

倭寇侵扰中国沿海各地之残酷情形，真是罄竹难书。倭寇焚劫杀掠，经行数千里，杀戮及战伤，无虑四五千人。又掳劫名士大夫和巨室，以勒索赎款，偶有不从，便腰斩锯解之。甚而挖掘坟墓以求资赎尸。倭寇淫辱妇女，剖杀孕妇，虐待孩童，给人民带来了极大的灾难和痛苦。财物损失惨重外，死伤更不计其数。

明代此时东南沿海农业和工商业，都正在发展，然而却遇上了倭寇在各地区的摧残破坏。中国人民受外族侵犯，历朝有之，唯受东夷日本之进侵，且波及大陆之腹地，当以此次为首，中国人民生命和财产均遭受严重的损失。

总观倭寇扰乱范围之广，时间之长，规模之大，牺牲之重，若谓此种事件为单纯的海盗性质，没有政治意图，其谁信之？而这次倭寇的入侵，并未得偿夙愿，日本的野心遂转向朝鲜。

第四节　明万历援朝之役及其影响

明遣兵援朝的动机

明代至永乐年间，因社会经济渐次恢复而得到发展，对外政策便产生明显的变化。首先是恢复了市舶司，对周边国家建立外交与贸易的关系，及进行控制或干涉。位于中国东北边邻的高丽，亦与明互派使节，建立外交关系；明室视高丽为属国，每年颁科举诏，在贸易上也有往来。直至洪武廿五年（1392年），高丽国内发生政变，大将李成桂篡位自立，改国号朝鲜，自此朝鲜与明的关系遂更密切，除在贸易上之发展外，明室也常借朝鲜的力量来控制东北各民族。

及明万历初年，其时日本以丰臣秀吉为相。秀吉早有用兵海外之志，及扫平国内，掌握霸权，其志愈决，欲假道朝鲜以伐明，遂发动侵略朝鲜的战争。明万历十九年（1591年）冬，起水陆兵凡十五万人，准备入侵。秀吉致书朝鲜王云："吾欲假道贵国，超越山海直入于明，使四百州尽化我俗，以施王政于亿万斯年"，明显地说明其侵略中国的最终目的。及朝鲜不敌，遣使求援于明，明以国防形势上的危险，"以朝鲜为国藩篱，在所必争"，遂不得不派兵以援救。援朝一役，至万历三十五年方结束。

明援朝之役的经过

一、壬辰之乱

明万历十九年（1591年，朝鲜宣祖二十三年），日相丰臣秀吉致书朝鲜，欲令朝鲜为先驱而入明。朝鲜初未敢奏闻于明，恐明罪其私通日本。后使黄廷彧作奏本，使贺节使金应南报于明。丰臣秀吉怒朝鲜不奉其旨，乃于万历二十年四月，使小西行长、加藤清正、黑田长政、岛津义弘等，率兵二十万渡海，分东、中、西三路至京城，郡县望风瓦解。变报达京城，中外大震。乃使李镒为巡边使，下中路；成应吉为左防御使，下东路；赵儆为右防御使，下西路。又使柳成龙为都体察使，以监督诸将；申砬为都巡边使，引重兵以从镒后。不久，尚州、忠州相继为行长、清正之军所破，申砬败死，李镒走脱。王惧敌攻入京城，乃速修防备。时王已有弃城之意，与领议政李山海谋出奔事。又立光海君为世子，及驰使征诸道勤王之兵，唯无一援京城者。遂分遣王子于诸道，使召援京勤王之兵。后王终逃离京城，辗转至开城，士民皆责其不念民事，更以李山海与金公谅误国败事，至不得已，乃窜山海于平海，而公谅亦远遁。是时行长等由忠州分兵三路，进攻京城。朝鲜将金命元及李阳元遁走，日兵得陷京城。众不知所措，王即遣使乞救于明。其后，与汉城并称"三都"之开城及平壤亦陷敌手，李洸、金晬、尹国馨等之军皆溃走。敌军转向北道，二王子临海君被擒。

明廷以朝鲜遣使请救虽急，唯内则纪纲渐弛，外则西北边多事，朝议多不欲救朝鲜。独兵部尚书石星谓不可不亟发救兵。七月，使辽东巡抚郝杰发辽镇之兵五千，副总兵祖承训率之，与左参将郭梦征，右参将戴朝弁、游击将军史儒等，同援朝鲜。承训由义州进兵平壤，失败遁走，史儒、戴朝弁等皆被击杀。于是第一次救援，成为泡影。明接败报，除下令益严海防外，更募游说缓兵之士，有沈惟敬者应之，乃使到朝鲜说行长，倡封贡之议，言和好之便，约期五十日处分之。一时缓兵之策，遂达目的。明更命宋应昌为经略，李如松为东征提督，兵援朝鲜。十二月，如松分兵三协，凡四万三千余人渡鸭绿江；万历廿一年正月，进达平壤。平壤既复，行长亦遁京城，如松乃进军至开城，渡临津至碧蹄馆，但于砺石岭为日军所败。初李如松不喜言和，经此败绩，大为挫折，和议复兴。四月，又使沈惟敬议和。日军以粮食不继，欲许和，先命驻屯京城等地诸将，退兵至庆尚道之南边。明又使沈惟敬及徐一贯、谢用梓至日本，秀吉乃使三成、行长等议和约条项，终定七条，俱由日本所提出，内容包括：（一）迎明主之女，备日本之后妃；（二）定勘合之印；（三）明与日本大臣交换誓词；（四）还朝鲜四道；（五）以朝鲜王子一人及大臣为质；（六）还朝鲜二王子；（七）朝鲜大臣立誓累世不渝。唯双方之条件既不同，和议自难成事。日方仍命清正、行长等陷晋州，以报前年败绩之怨。万历廿二年二月，王遣许顼于明，言日本反复多诈，讲和不可恃。明遣参将胡泽，谕以讲和之策。王尤不喜讲和，领议政柳成龙等主张讲和为不得已。其后明愈欲讲和，廿四年五月，以杨方亨为正使，沈惟敬为副使，遣于日本。朝鲜亦派黄慎、朴弘长为正、副使随行。于是清正、行长等先后撤兵而还。惟彼等至日本后，仍以双方要求大相径庭，和议终告失败。

二、丁酉之乱及讲和

和议交涉既败，日本再于明万历廿五年丁酉正月，使清正、行长等率兵凡十四万余攻朝鲜。朝鲜举国大惧，乃遣使乞援于明。其时朝鲜水、陆两军，均遭败绩。水军统制使元均与藤堂高虎等战，军溃败死；庆尚道之各防将，亦未战先遁，至南边无抗敌军者。明因朝鲜之要求，立使右佥都御史杨镐经理朝鲜军务，兵部尚书邢玠为总督，督兵官麻贵为提督，使副总兵杨元、吴惟忠、游击茅国器、陈愚衷等援朝鲜。因而明军陆续渡鸭绿江，麻贵先至京城，六月，分派诸将守各道。是时日本以行长、清正为先锋，分路略庆尚道南，更进向全罗道。九月，围南原，水陆两军会合。杨元等军败溃走，南原遂陷。全州守将陈愚衷闻讯，大惧遁走，全州亦不战而溃。明军退守京城，据汉江之险。杨镐又使副总兵解生、于伯英等守稷山（忠清南道），与黑田长政等战于素沙坪，破之。十月，日本军退至庆向、全罗之南边，于是明军益得势。十二月，邢玠留京城，杨镐、麻贵分兵四万余人为三协，会朝鲜之李德馨、权憬等于庆州，大备器械粮食，进攻清正所屯之蔚山。万历廿六年正月，清正得长政等之援兵，杨镐等大惧，仓皇逃回庆州，后更撤兵还京城。杨镐后为赞画主事丁应泰劾奏二十余罪，而遭罢职。明又以万世德代为经理，使董一元、刘綎、陈璘等率水陆军凡十四万来援，分兵四路，朝鲜诸道之防御使皆分属之。李舜臣复为统制使，在珍岛破敌船；陈璘之水军，又于古今岛破敌船。但董一元由晋州进军，攻泗州之新寨，却大为义弘所破，死伤不可胜计。十月，游击茅国器与义弘议和，送其弟茅国科为质；刘𫄨亦与行长议和，以刘天爵为质。自丰臣秀吉于八月薨，遗言秘密班师，日本已渐次撤营，陆续渡海。总兵邓子龙及李舜臣等同扼海口，欲乘日本军之还，邀而击之。与行长、义弘等苦战，子龙、舜臣战死于露梁，而义弘终收军而还。明人之与义弘、行长等议和，双方俱不带全权，原不足恃；会秀吉死，日本尽撤兵，战争告一段落。明廷亦陆续撤军，至万历廿九年九月，明军全数撤退。日本之德川家康亦使宗义智与朝鲜讲和，屡屡遣使，议和之意甚决。朝鲜遣僧惟政于日本，使探情状，然和议终不易成。万历三十四年，王遣使至明奏之，遂许和。翌年正月，遣佥知吕佑吉，校理庆暹，佐郎丁好宽至日本议和，议通商之约，遂定己酉约条，达成和议。

明援朝一役的影响

明自中叶以来，在经济上可谓濒于危机。嘉靖末年，国家财政的困境形势更为明显，据云："嘉靖之季，太仓所储无一年粮。"至万历初年，明室因内政及国防政策上之紊乱，社会及财经上之矛盾与危机仍然存在。万历二十年开始之援朝一役，虽因国防上之必要，有不得不出兵之势，但战事持久，所需兵力甚多。明兵援朝鲜，由万历二十年至廿九年撤军止，几连年用兵，持续七八年之久，前后动员大约有四五十万之众。明王德完论当时兵饷曰："本朝岁入大约四百万两，岁出四百五十万两，然宁夏用兵之结果，支出一百八十七万八千余两。朝鲜用兵共七年，于饷银五百八十二万二千余两外，支出二百余万两……"由是观之，援朝之举，虽然使朝鲜感明室恩谊之深；然明丧师数十万，费饷数百万，其消耗之军力财力实甚巨，因而直接加深了明室财政上破产的危机。

第五节　葡萄牙的入侵与商业交通

欧亚交通的起源

当明清之际，中国历史上，渐开一从古未有之变局，即中西国际之交通之变化。前此千余年间，欧亚两大陆，未尝无一二交通之事实，西人至中国者，唐贞观中，则有景教教士阿罗本；元初，则有威尼斯巨商尼哥罗·波罗父子。而马可·波罗任官元室，留居中土者前后且二十余年；其所著旅行记，一时倾动欧洲人之耳目。然此不过艰苦卓绝之旅行家，旷代一至于国际上无任何之关系，未得谓为近世东西交通之起源。东西交通之起源，实在印度航路发现之后，而发现此航路者，为葡萄牙政府之力，故交通中国者，亦以葡萄牙人为最先。且是时航海术渐次发明，西欧诸国如英吉利、法兰西、葡萄牙、西班牙，已渐次成立民族主义之国家，互相争雄，尤热心于商业上霸权之获得，故力谋向外发展，竟以奖励航海为事，尤以葡萄牙其最著。

自噶马发现印度航路以后，葡王以马弩利第一东略之志益显。弘治正德间，遂县卧亚（Goa），略马剌加（Malacca），设印度总督，以掌贸易拓殖之务，置僧正以综理东洋布教之务，势力及于苏门答腊、爪哇诸岛。马剌加被占领后五年，印度总督阿布葵葵（Alfonsode Albuquerque）遣葡人剌匪尔·别斯特罗（Rafael Perestrello）附帆船入中国，是为欧洲船舶入中国之始，时正德十一年（1516年）。其翌年，印度总督复遣使臣比勒斯（Thomas Pixes，或作 Fernao Pexez），求与明廷缔约，遣卧亚市长裴迪南·安剌德（Ferdinand Andrade）测量中国港湾。两人至广东，讲事驯良，地方官颇欢迎之，使碇泊上川岛（Shangchuan），即欧人所谓圣约翰岛（St. John's Island）之地。明年，裴迪南弟西蒙（Simon Andrade）者踵至，有暴行，大为吏民所恶。先是，明武宗闻比勒斯之至，使留广东待命；及西蒙事作，遂遣使鞫之，坐以间谍罪下诸狱。正德十六年（1521年），遂下令放逐葡人于境外，未几令弛，葡人来者益众。嘉靖中，广东附近，有葡人居留地（即租借地之意）三，即上川岛、浪白滘，及澳门是也。十余年间，浪白为诸港之冠，葡商寄居者，常达五六百人；及澳门兴盛，遂驾而上之。当时沿海诸省，亦多有葡人足迹，而宁波泉州等处，尤为葡商出入处。居宁波之葡商，或结党四出，诱掠妇孺。居民大愤，争起复仇，以嘉靖二十四年（1545年），屠杀教徒一万有两千，焚葡船三十七艘；而泉州之葡人，亦于二十八年，为吏民所逐。于是澳门遂成为葡人极东贸易之要港。澳门互市之起源，盖在嘉靖十四年。是时，都指挥黄庆者，得葡人巨贿，为请上官，始以濠境（即澳门）为通商之地，岁输课二万金（关税岁额）。其后三十二年，葡船有遭风涛之害者，以贡品被水为辞，请于海道副使汪柏，乞地晒干，岁纳租千金。三十六年，葡政府公然以澳门为殖民地，设官吏治理，于是葡人自其本国携家至澳，为户凡四百二十有奇，明政府亦不拒之。万历元年（1573年），明于澳门附近筑境壁为区划，置吏守之，不啻默认界外为葡人属地。自是葡人屡要减少地租。十年，规定每年地租五百金。至清道光年间不易云。明人因伊斯兰国家对西人通称"Farang"（Franks），遂名葡萄牙曰佛郎机。

对中西文化商业交通的影响

第一，勾结倭寇侵扰华南沿海一带，造成倭寇之坐大。葡人占领澳门后，更数次深入广东、福建、浙江沿海一带，时适倭寇于华南沿海一带侵扰居民，葡人于是联倭寇以谋华南一带，其先入华南沿海各省为内应，引倭寇深入抢掠，渐渐造成倭寇势大，沿海居民不胜其烦。

第二，教士纷纷来华。由于葡人占领澳门，给以欧人来华之方便，于是天主教教士均纷纷来华传教，其中最著名者如利玛窦之入华凡三十余年，教士之来华传教，正当清初康熙朝。教士之入华对中西宗教文化科学之交流有莫大之贡献。

第三，欧商来华者渐众。葡人占领澳门后，欧洲各国商人均以此为与华通商之基地，此种情形维持至清中叶后中英鸦片战争之前，凡二百余年之久。而当时欧商来华主要购中国之茶、丝、瓷器等，大量运回欧洲销售。

第四，吸收更多欧人东来，促进中西交通发达。在葡人占领澳门以前，欧洲大多只认识东方印度，对中国等地认识甚浅；及葡人占领澳门后，欧洲商人，传教士纷纷来华，更加深了欧洲人对中国之认识。

第五，铸造炮铳。中国近世之火器，为明成祖征交趾时所得神机枪炮法。其后中西交通，欧洲新式之火器，亦由商舶输入中国。然明廷以为夷品，不屑利用。及朝鲜之役，日本以炮铳获微胜，而是时金汗崛起，辽东用兵，在在均有改良军器之必要，于是天启二年，明帝遣使如澳门，命罗如望（Jean de Rocha）、阳玛诺（Emmanuel Diaz）、龙华民（Nicolas Longobardi）诸教士，制造炮铳。次年，又召用艾儒略（Jules Aleni）、毕方济（Francesco Sambiaso）等，于是至者不独耶稣会士，即凡在澳门之外人，亦相率偕来；或制造武器，或驰驱疆场。铳与炮原属同类之火器，明人以铳初传自葡萄牙人，故称"佛郎机铳"。

第六，开中国建立殖民地之先河。葡人之得澳，间接上给以英人于清中叶在华建立殖民地以方便通商之启发，于是英人便借着鸦片战争中，战胜中国之余，乘机迫清廷割香港，于是列强纷纷竞效，在中国近代史上留下了辛酸的一页。

第六节　汉至明清长城、黄河、长江对中原文化的保全

历代的形势

中国文化与民族发展的次第，是自北而南的。边疆民族的进入，也以北方与东北方的南下为主潮，甚至说我国的历史，是由北方、东北方民族与中原文化交织而成的，亦无不可。因此"长城"、"黄河"与"长江"也确实形成了中原文化的三道防御线。

长城，奠基于秦代，显耀于两汉，形成隋唐以后中原文化对东北与北方边疆民族势力消长的关键。它可以说是中原汉民族的前进基地，也可以说是中原民族与儒教文化的门户。自东汉以后，北方与东北边疆民族，欲问鼎中原者，必先占领长城。占领了长城，才能有权力过问中原黄河流域的政治；才能对中原政治有发言权；才有用武力干涉的机会。契丹是如此，女真是如此，蒙古更是如此。黄河，就大势说，位置我国之中，为历史上之心脏地带。公元947年，契丹太宗耶律德光占领了黄河，即一变从前番不治汉的态势，正式宣布建立辽朝，改元大同。倘非归途得病而死，则以开封为中心的中原黄河区域，第十世纪即已归属契丹了。至于长江对于南宋的保障，更是显而易见。1127年以后，1141年宋金划淮议和以前，这一阶段，女真铁骑的被阻止，南宋人犹能在杭州，初则苟安图存，进而开发闽、桂、湘、黔，可以说全是受了地势的限制，也可以说是长江在第十二世纪上半期拯救了南宋。

中国疆域辽阔，这就是我们所说的"本钱宽，凭借厚，基础广固"。就秦汉以后的历史事实说，凡欲过问华北黄河流域的政治者，必须先占领了长城。契丹族能在华北建立辽朝，即由于此。再进一步，若欲问鼎中原（姑以当时的开封为代表），统治黄河流域者，必须占领开封。即是必须占有黄河流域的政治中心，才能统治中原各地。女真人能统治华北，中原（北宋淮北旧疆）划淮水中流与南宋并峙，即是他们有力量占领黄河中心地带的结果。

至于元朝和清朝的建立，都是因为边疆民族不但占领了长城、黄河，而且也同时占领了长江的缘故。蒙古人是边疆民族第一次统治整个中国的。他们的成功，是第一步侵入了长城（1211年），占领了中都（1215年）。第二步继续侵入了黄河，占领了整个中原，改元中统，建号大元（1260年）。以忽必烈的雄才大略，中间又经过了廿余年，先占有襄樊，继有长江上游，到了1276年才占领了杭州，统一了中国。今列举中原文化的三大天然保障如下，并略述地理上的要点，以著梗概。

长城在历史上的重要性

一、两汉与匈奴

《汉文帝答匈奴老上稽粥单于书》载"先帝(高祖)制:长城以北,引弓之民,受令单于。长城以内,冠戴之室,朕亦制元。使万民耕织,射猎衣食,父子母离,臣主相安,俱无暴虐。"(见《史记·匈奴传》)

二、唐与突厥

唐自贞观(元年为公元627年)至天宝末(公元755年)约一百三十年,国势极盛,长城虽仍为中原的门户,而东征西讨,前进基地,皆远在长城以外,故重要性不甚显著。

三、契丹

这一时期中原对契丹关系,据下文《辽史·营卫志》所载,又有些类似汉代。长城的地位,至是复见重要。《辽史·营卫志》说:"长城以南,多雨多暑,其人耕稼以食,桑麻以衣,宫室以居,城郭以治。大漠之间,多寒多风,畜牧畋渔以食,皮毛以衣……随水草就畋渔,岁以为常。"长城在辽朝历史中所占的地位,不但不是中原民族向边区民族进攻的前进基地,而且也放弃了国防上抵御外侮的使命。它只是契丹文化与中原文化不同的一种里程碑。

四、金朝(女真)

世宗(1161至1189年)、章宗(1189至1208年)以后,曾利用汉人修筑长城的智慧与技术,在更北后东北边境,兴建了许多很长的界壕,用以阻止来自更北边的敌人(蒙古人)。

五、元代

成吉思汗与忽必烈也和契丹人一样,都把长城以外、长城以内,分作两个世界,用两种方法或不同的政治制度加以处理。成吉思汗在1206至1211年之间,先统一了塞北的游牧部族。1211年以后,乃专心入关对付居住在长城以内的金朝。忽必烈效法契丹,实行两元政治。长城以内,实行汉法治理汉地，以大都为施政中心，长城以外仍行蒙古旧俗，以上都为中心。

六、明代

重建长城，缩小范围，改为边墙，用以防制蒙、满两族的进入，同时也用以保障中原。

七、清代

入关后才能统一中原与边疆各地。"入关"就是进入长城，这一步骤是清代发展成为大帝国的一个关键。

黄河在国防上的价值

辽金元以后黄河在国防上的价值，如石晋时代，契丹入汴，黄河却丝毫没有起到防阻的作用。宋金时代，黄河（黎阳渡）守兵，不战而溃，清汤运泰《金源纪事诗》有《渡河笑》一词，描写甚见匠心："河南渡，众兵笑。江山如此弃不守，函谷何用戍卒叫！"但女真人则能利用黄河天险，防阻蒙古的骑兵，所谓"金国所恃，潼关、黄河与哈达而已"。即可证明女真人的独能利用黄河。

长江在北骑南下时阻止了女真的扩张与拯救南宋

1126年以后女真南侵的对象，是文弱分崩的南宋，依照当日客观的情形，当年新兴的女真族，是可以统一中国的。但是他们占领开封以后住手了，没有达成统一的任务。现在推究原因，一半是女真人发展得太快，没有统一中国的准备，一半则是长江天堑，阻止了女真人的向南发展。换句话说，当年南宋的偏安，虽由于宋高宗、孝宗君臣的努力恢复，抵抗外敌，而实在也是长江拯救了南宋。

其次，长江防御北方骑兵的入侵，南北朝时已屡著功效。到了女真南下（1130年左右）遭受大江阻挠，更是有目共睹的。

江淮是北宋南渡的第三天然防线。时淮水纵横，舟船狭小，江面广宽。

江淮表里，自古为天险。东北游牧民族，到此遭受阻止，势所必然。不但女真不易渡江，即如代替女真族的蒙古人，初到江淮，也是毫无办法。

江淮暑湿，对来自北方或东北的游牧人，自是一种苦恼，一种天然限制。再加以河流交错，驰驱不便，粮储不备，饮食各异，他们当然知难而退。

金兀术与韩世忠相持于江上，每见宋人驾舟乘风使篷，往来如飞，谓其下曰："南人使船如使马，奈何！"（见《宋史·韩世忠传》）盖见一斑。

江南地域广阔，兵少不易见功，人众粮运难给。公元1161年（海陵正隆六年，宋高宗绍兴三十一年），金海陵聚兵六十万，号称百万，欲渡江灭宋，统一海内。但渡淮以后，前阻大江，后无粮草，终致失败（《宋史》所谓"采石之捷"）。这些都可证明占领长江的不易。若能占领长江，自然就可以统治整个中国。

第二十七章　明清的社会经济与科技

第一节　明初的对外贸易及其影响

明代的海禁政策

元朝在对外关系上，尽量发展商业贸易，希望到中国来通商的国家和部族更多，虽然它在沿海一带建立了若干处征收商税的机构，即所谓市舶司，在某种场合上也控制着海上的交通，但却没有把"海禁政策"当作十分重要的问题来看。明太祖在推翻元朝统治建立起自己的统治权之后，对于海外关系采取十分严格的控制手段，除了政府自身与海外某些国家某些部族建立一定的关系外，对于私人与其他国家、部族间的海上贸易，一概加以严格的禁止，这就是所谓的"海禁政策"。永乐至宣德间，由于当时的社会经济得到初步时恢复和发展，又由于统治者自身的要求，海外贸易获得大规模的发展，郑和等七次下西洋，在客观上也使"海禁政策"略呈一种宽弛的状态。正统至正德间，土地高度集中，但手工业与商业资本的发展也较为迅速，对于海外贸易的要求更为迫切，而国家也逐渐认识到发展海外贸易对于解决财政困难问题的重要性；所以在此时，虽然依然执行着旧日的"海禁政策"，但在弘治正德间，却发生了一些开放"海禁"的倾向。自正德末世至嘉靖后期，由于葡萄牙侵略势力的东来以及"倭寇之患"逐渐严重，"海禁政策"又严厉执行起来。只是在嘉靖末年，"倭寇之患"初步平定之后，由于社会发展的必然趋势，又出现了开放"海禁"的先兆。隆庆至崇祯间宣布开放"海禁"，默许私人进行海外贸易，但仍加以种种的限制，还不能说"海禁政策"完全废除。

明代海禁政策下的贸易方式

在"海禁政策"下，明代对外贸易的方式可以包括在王圻之"贡舶与市舶一事也"一语之中。这就是说，若不是贡舶，互市贸易是不许可的。朝贡本身可视为贸易之一种，因为每次朝贡，朝廷照例以赏赐的名义，付与相当的代价。但大多数的国家，在朝贡以外，尚附带经营普通方式之贸易，且后者往往较前者更为重要。关于朝贡一事规定有种种烦琐的仪式和手续，如贡朝贡道，入贡人数或船数皆有一定的限制。同时，此种朝贡贸易制度，在财政收入上，不仅无利，且属一种负累，因此入贡必限定期限（琉球二年一贡，安南、占城、高丽三年一贡，日本独限十年一贡，其他国家，以三年一贡者为最多。）又为了辨识贡舶的真伪，洪武十六年（1383年）礼部制定勘合制度，于是遏罗国及其他占城琉球等五十九国开始发给勘合文册。每于贡舶到达时，市舶司与之对合号簿，并验视表文方物，皆无诈伪，乃送入京。海外诸国到中国"朝贡"之后，明政府依例给予"赏赐"。

朝贡领赏以后，贡使本应立即就途返国，但若于正贡外有附带来的货物，许于会同馆开市二日或五日，唯朝鲜琉球不拘限期。各铺行人等亦可带物入馆内卖与夷人。双方公平交易，以不违禁的物品为限。其次，关于会同馆互市之抽分率，若依弘治年间的规定，则课税为五分，但这种规定事实上等于空文，朝贡国大部分是依着特旨，将抽分免掉。《续文献通考·市籴考》云："丘濬《大学衍义补》曰：'明虽治前代市舶司之名，而无抽分之法。'"从以上及其他史书记载来看，从明洪武年间，经过永乐、正统，直到弘治年间，皆无市舶抽分之事，这是敢断言的。盖明初是依恤商政策，商税力求简约，同时也是为了振兴衰退的对外贸易，所以会同馆互市，市舶互市，都采取免抽政策。

至于本国商人出国贸易限制甚严，与外国来华的不同。自洪武时起，因沿海倭患，常有集私往诸番互市之令。成祖一登帝位，亦于登基诏书中重申通番之禁。永乐二年（1404年），又禁民间下海船。民间原有海船的，尽改为平头船以防其私通外国。

明代的朝贡贸易制度在永乐年间郑和远征以后是最旺盛的时代，弘治年间也还继续着。但是，到了正德年间已起了性质上的变化。第一，自从宣德以后，南洋远方诸国入贡者已远不如前时之盛；至于入贡的诸国，又多不守贡制，往往挟带私物，不依时限至，弊端百出。第二，沿海沿边人民因生计关系，往往私自出境贸易，甚且勾引夷寇入犯。第三，因为自葡萄牙人东来以后，欧洲他国人接踵而至。一方面，中国在南洋的政治地位与经济势力渐为欧人所排挤而相形见绌，另一方面，这些欧洲的国家，还要与中国直接通商。他们挟有强有力的组织与雄厚的资本，当然不像南洋诸国的驯和肯居臣属的地位，往往用武力强迫中国互市或勾引奸民做内应挑起叛乱，使中国没有办法，只好多开江岸以延纳这些与寇舶没有多大分别的商舶。自此以后，诸国入京进贡的事情渐少，会同馆互市的盛况亦渐冷落，原居附从地位的市舶司互市反日见繁盛。

就是在这个时期起，政府的国际贸易政策，从怀柔主义转变到了收入主义上面去。在弘治正德以前，对于贡舶市舶入口货物，差不多没有执行过"抽分"的办法。但这种招徕的政策，后来也许因为财政上的理由，也许因为番舶所载的私物日多，所以不能不有所改变。于是"抽分"制度便被严厉地执行起来。弘治间规定，凡番国进贡，国王、王妃及使臣人等附至货物，十分之五抽分入宫，五分给还价值，以钱钞相兼支付。其后自正德十二年（1517年）至嘉靖五年（1526年）改为十分抽二。至于抽分所抽的是货物，而非货币。这种办法，或者有它的困难及不公平的地方，所以最迟到了万历初年，入口番货已改征货币。此外，对西洋来中国的夷舶及中国人下番的商舶亦分别征税。由于贸易方式的改变，所以明末的海外贸易，在一定程度上是得到了发展的。

贸易影响方面

明初在朝贡贸易制度下固然无抽分之事，官牙私牙也不承认其存在，对于互市贸易，似乎是采用自由放任政策，然而，有所谓"非朝贡不许贸易"一条大的原则，而且那繁琐的形式主义亦为大害，这不能不说是贸易发展的大阻碍。又于明中叶的抽分制也还没有采用，政府的收入，只是朝贡品而已。在政府一方面，对于朝贡使节的赏赐品、接待费的支出，达到相当的数目，从政府收入的观点来看，这种事没有大的意义，也是很明白的。无论如何，明代之朝贡贸易，不论从贸易政策上或财政政策上讲，都没有重大的价值，只是属于所谓朝贡礼的服从关系而已。

"倭寇之患"，自明一代，不断地出现于沿海各地，北起山东，南至广东，到处都有。而最严重的时期则在嘉靖中世，即公元十六世纪的四十年代至五十年代，地点则集中于江、浙、闽三省。"倭寇之患"是如何发生的？兹先从"朝贡关系"的贸易说起。自公元十四世纪的后三十年至十六世纪的前六十年，日本的政治局面是一种领主割据的形态。但因为中国认为日本是一个国家，而不是许多国家，所以所有和日本的"朝贡关系"，大体上说是以足利幕府为对象的。虽然足利幕府有时将若干勘合分给某些"藩侯"、"寺社"（指大寺院地主），使他们也分享到对中国贸易的利益，但这样还不能满足"藩侯"和"寺社"的要求。而那些得不到"勘合"的，就把自己境内的商人和浪人组织起来，利用他们到中国私行贸易或进行劫掠。这些私商和浪人，就以此为业，成了正式的"倭寇"。但不能说这是导致"倭寇"发生的根本原因，而是发生了某些客观的影响。"倭寇"根本是从日本来的一伙劫掠中国的盗匪，即使中日间的贸易关系不受到限制，中国的海禁没有那样严格，这伙盗匪还是要劫掠中国的，只不过在程度上或许有些不同而已。至于参加到"倭寇"里面去的那些中国的奸商、流氓分子，不能认为他们是为了发展私人贸易而被迫如此，他们不过是替日本海盗做帮凶而已。

明代的"海上之患"，除"倭寇"以外，还有"海寇"。"倭寇"与"海寇"的分别，在于"倭寇"是外来的，虽然也有中国人参加，但就其整个历史看，主要的还是日本的私商和浪人。而"海寇"则不然，它是中国内部的一个问题，虽然或许有某些外国人参加，或许与海外某些国家发生关系，但毕竟是由中国人自己组成的一种武装力量，外来的成分不多。这种性质的"海寇"，也是与明一代相始终的。然而明代后期才逐渐出现了很大规模的"海寇"，像隆庆万历间的吴平、曾一本、林道乾、林凤，天启间的郑芝龙等。他们都拥有大批船只，人数也有几千或几万之多，内部也有一定的部署和组织，形成了一股强大的武装力量。虽然"海寇"的性质是比较复杂的，但也是私人海外贸易活动者为了突破他们所受"海禁政策"和"朝贡贸易制度"的束缚和限制而已。

第二节　明中叶的社会经济与张居正的改革

改革时代背景

明嘉靖以后，国政日非，人民陷于水深火热之境，社会、朝廷中，遂有一派改良风气之产生，希望拯民于苦境，俾民以生息，张居正乃是此时期改良派之代表。张居正于隆庆间在内阁时，以至隆庆六年及万历十年为首辅，继续推行了一连串的改革活动，以缓和国内外的危机。而张居正所处的时代，面临的困境，分列为以下数点观察。

嘉靖中期以后，勋戚豪势掠夺侵占土地更趋剧烈。如严嵩"广布良田，遍于江西邻郡"，更"广置良田美宅于南京、扬州，无虑数十所"。其他诸王均"王店王庄遍畿内"，无形中促使土地高度集中，农村破产，人民流亡，至使里甲制度，军卫屯田制度备受破坏，国家田赋自然减少，间接削弱了国防之补给。

世宗好道教，土木祷祀之费，月无虚日。只香蜡一项，宫中年需过十万两，香品亦占有数十万两。除帝王宫室之奢华耗费外，自明初以来，冗官冗吏不断增加，明初武职只一万八千余，但成化时已超八万。至嘉靖时，已是"岁增月益，不可悉举"，致使财政花费太大，无力分担国防所需。

北有俺答入寇，南有倭寇侵扰，军费日增。正统以后，边用已不敷，乃由政府补助岁费，名曰"年例"，当时只补助廿余万两，但到了弘治、正德以后，竟增加至四十三万两。嘉靖廿九年，俺答再度入寇，明兵饷已无所出，于是朝廷唯有增收田赋。嘉靖三十年，除北方诸府及广西、贵州外，其他各地均增赋银一百二十万两，"加派"于是开始。由于倭寇侵扰日甚，乃于嘉靖三十六年，在南畿、浙、闽的田赋加额外提编（"加派"）。然当时"一切取财方法，行之已尽"，此等消极之片面增加人民负担，实于事无补。

张居正对边防的整饬

张居正所处之时代，正值外寇侵边频仍，故于国防，须定期驻重军，以策安全，尤以北边甚为。张氏于选将防边方面，尤见特出，在他任内，曾选拔名将如王崇古、方逢时、张学颜等，而尤以发掘戚继光及谭纶二人为著。隆庆元年（1567年），御倭名将谭纶及戚继光被调北上防边，屯兵于蓟州、昌平、保定，以防鞑靼从古北口入侵北京要塞。时边卒多老弱，于是谭戚二人乃上书请练新兵，以为补充。居正遂奏请穆宗，许二人训练新兵。而在边防巩固方面，尤以戚继光贡献最大。戚氏以边兵多习马战，不习车及步战，乃调浙江精兵三千为主干，从事训练。塞外山谷仄隘之地用步战，平原广陌之地用车战，近边之地用马战。他又扩大车营，马步军之选用。以车一辆用四人推挽，战时结为方阵，马步军处其中，寇至以火器先发，稍近，步兵持拒马器排列向前，间以长枪赘先。寇奔则用骑兵追击。史载"御冲以车，卫车以步，方敢出入伸缩，以图一逞"。可见此种新创之车营，不仅是扼守长城边要之防御战术，简直是塞外活动之堡垒。

此外，更沿边建筑空心台，自庚戌之变后，俺答仍不断"东入蓟昌，西掠忻代"。戚、谭于防区内，西起居庸，东至山海关，筑台三千，"跨墙为台，睥睨四达，台高五丈，四面广十二丈，居中为三层，上有雉堞，台百有人，铠仗糗粮具备"，此外，在"积钱谷，整器械，开屯田，理盐法"等方面，也有建树。惜万历十年，居正死后，朝中权贵，不重边防。万历十一年，戚氏被调回广东，十三年，竟挂官而去，时人惋戚氏之志，有诗云："谁把旌麾移岭表？黄童白叟哭天边。"由上述戍边名将之各种设施，盖见张居正掌政期间，边区之防范，可谓周详备至。

潘季驯治河

明中叶至隆万之际，黄河皆不断决口，冲淤运河，阻塞漕运。而朝廷一向皆抱着保持南粮北运和政令推行便捷之原则，对黄淮之患均极重视。然所遣治河官吏皆不得要领，他们只认为开新运河，于河近筑堤，决口不塞便可解决河患。然而黄河主流水患日渐，运河亦不断被冲断及淤塞。居正见及此，乃荐潘氏治河。潘季驯曾于嘉靖隆庆年间两度治河，成绩颇佳，但受同僚所排挤，迫于无奈只有弃官就里。万历三年黄淮相继决口，朝廷派人治河，均无功而还。潘氏乃再受诏治河。潘氏主张治河之法与众不同，他以为"分疏"会造成河身淤塞，成为溃决之根本原因。他主张浚河泊，反对开新河，主张筑堤（如遥堤、月堤、缕堤），使黄淮归入旧道，沙刷水深，定然流畅无阻。即他所谓的"筑堤束水，以水攻沙"，但潘季驯治河，只于徐州以下之黄河下游，可谓不甚彻底。然当时"人心玩于积习，法制废于因循"，故其政策之不敢彻底推行，亦不可谓其法不佳。另一方面来看，亦可见居正对国民生活体恤之情，虽云河患，亦能尽力而为，俾民大德。

"一条鞭法"的推行

张居正从万历六年起，建议实行对天下田亩，进行丈量，限三载竣事。对禁地区之贵族庄田，在一定程度上加以清理和限制。"两京、山东、陕西勋戚庄田，清溢额、脱漏诸弊"，结果"总计田数七百一万三千九百七十六顷，比弘治时税田多出三百万顷"。于是豪猾不得欺隐，里甲免赔累而小民无虚粮。正合居正主张"以溢额为功，有司争改小弓以求田多，或掊克见回以充虚额。"由此税田增加，国家赋税收入增多，社会民生固然安定，亦间接归功于张居正之改革。

土地丈量基础上，针对田赋、徭役制度存在的积弊，张居正又主张并实行赋役制度之改革。万历九年，通令全国行"一条鞭法"。前者"一条鞭法"已于嘉靖年间实施，然而由于地方豪强、污吏之勾结，此制只能在部分地区推行。但自万历九年后，张居正硬性规定全国一律要行此制。其内容为："总括一州县之赋役，量地计丁，丁粮毕输于官。一岁之役，官为佥募。力差，则计其工食之费，量为增减；银差，则计其交纳之费，加以增耗。凡额办、派办、京库岁需与存留供亿诸费，以及土贡方物，悉并一条，皆计亩征银，折办于官。"(《明史・食货志》) 简言之就是明政府对于各州县的田赋、徭役以及其他杂税，合并征收银两，计应折纳，总为一条。所以"一条鞭法"是简化赋役征收的一种政策。

"一条鞭法"之采行，完全是适应客观情势的需要。根据时代观点，论及一条鞭的优点，有清儒任源祥，他说："明之条鞭，犹唐之两税。两税之行也，天下有不得不两之势，议者或咎其轻于变古，卒未有更两税而善其法者。条鞭之行也，天下有不得不条鞭之势。张江陵不过因其势而行之，议者或病其奉行之不谨，名实之不副，卒未有舍条鞭而善其法者。自古赋出于地，役出于丁。明初编审税粮，则以地为经，以丁为纬。编审民力差徭，则以丁为经，以地为纬。但银差、力差有数，杂泛差无数，中叶以降，官吏得以上下其手，里长率至破家。隆庆中，江西巡抚奏行一条鞭法，合算力差银杂泛差之数并入田亩折征。头绪不纷，征输两便，此条鞭所由始也。万历初江陵当国，知天下差役之苦，非独江西为然，遂通行于天下。是以两税行而租庸调并合，条鞭行而税粮银力杂差并征，其义一也。"

《天下郡国利病书·安丘县志》曾例举一条鞭十利，并将它比作宋代的免役。所举十种优点是：第一，通轻重苦乐于一色之中；第二，法当优免者（指贵豪不当役者），不得割他户以私荫；第三，铁输于官，而需索不行；第四，民不赔累；第五，合银力两差（明制：出银应役者曰银差，出力应役者曰力差），并公私之费；第六，去正副二户（按：洪武之季，分粮为正副二人），则贫富平；第七，承案有制，侵渔无所穴；第八，官给银以募人，募人不得反复抑勒；第九，富者得弛担，而贫者无加额；第十，银有定额，则册籍清而诡计无所容。

《天下郡国利病书·武进县志》，载唐鹤征论条鞭之利甚详。我们归纳其所论，可得四点：第一，不签头役大户，则无包赔之苦；第二，不役里甲，不募均徭，则蠹吏无所施其讹诈之计；第三，合并征收，条目简单，更无额外之索，百姓无分外花费；第四，官征官解，而民无赂贿赔累之苦。

反对条鞭的，认为此种税法，有下述缺点：第一，已征在官，偶遇蠲免，赃吏得以窃而有之；第二，一概混征，如有蠲，小民不得详知其数；第三，一时总征，民力且有不堪；第四，工匠和富商大贾皆以无田免役，而农夫独受其困；第五，一条鞭税法，行于富庶区域无甚问题，但行于土壤硗瘠之区则不利于贫民。

我们用现代眼光看，一条鞭税法，可视为一种好的税制。第一，它吻合赋税由繁趋简的原则。第二，它适合赋税便民的原则。第三，合并征收，用费较减，它又适合征收费少的原则。第四，据《续通考奏一》载："（一条鞭）立法颇为简。嘉靖间数行数止，迨隆万之世，提编增额如故，又多无艺之征。遗根愈多，规避亦益巧。已解而愆限，或至十余年未征，而报收一县有至十万者，逋欠之多，县各数十万，赖行此法，无他科扰，民力不大绌。"这样，它又适合赋税的国民经济原则，不过，我们应知，一条鞭法只是地税稽征方法的改进，并非赋税制度内容的改进。赋税制度本身的缺憾，还是没有被矫正，而只课农业，忽视工商，也确有违赋税公平原则。但是，我们就整体看，一条鞭毕竟利多弊少。江陵逝世后，因不断增加田赋，此法就逐渐被破坏了。

田赋积弊的铲除

我国田赋，历史最久，积弊也最深远，于是构成田赋负担极度失调的现象。这些积弊，在税务行政方面的表现，比较税制方面还要厉害。居正为均赋，曾采最彻底的清丈田亩政策，也曾改革征收方法，而采行一条鞭法，除此之外，他又铲除若干田赋征收上的弊端。他严追大户抗粮逃粮。《明史》本传称："居正以江南贵豪怙势，及诸奸猾吏民，善逋赋，选大吏精悍者，严行督责，赋以时输，国藏日益充，而豪猾率怨居正。"他答应天巡抚胡雅齐书中，也曾说明此旨："盖吴中财富之区，一向苦于赋役不均，豪猾挠法，致使官虽两困，仆甚患之。住属阳山公稍为经理，而人心玩惕日久，一旦骤绳以法，人遂不堪，谤议四起，然仆终不为动，任之愈力。"

江陵理财，不避权贵，严治奸猾，力扫大户抗粮匿粮的积习，也可看出他政治作风的一斑。他铲除对平民带征税粮的积弊。谷应泰《明史纪事本末》卷六十一"江陵柄政"载："（万历）十年二月丁酉，大学士张居正上言：'安民之道，在察其疾苦。今尚有一事为民害者，带征税粮也。夫百姓财力有限，一岁之入仅足供一岁。不幸岁歉，目前尚不能辨，岂复有余力更完累岁积逋乎？有司避责，往往将今年所征抵完旧逋，即今岁所欠，又为将来帮征矣。况征输额绪繁多，年分淆杂，小民竭脂膏，胥吏饱溪壑。甚者不肖有司因而渔猎。夫与其朘民以实奸负之橐，孰若尽蠲以施旷荡之恩？乞谕户部核万历七年以前积负，悉行蠲免，将见年正额责令尽完。在百姓易办，在有司易征，是官民两利也。'上从之。诏下，中外大悦。"由"中外大悦"这句看，可见这项积弊的铲除，是如何惠国利民！

国用的节省

在江陵还没有执政时，他曾上陈六事疏，其中有一事是固邦本，主张节俭省用、兴民休息的财政政策。在这里，他曾说："臣闻帝王之治，欲攘外者，必先安内。书曰：民为邦本，本固邦宁。自古虽极治之时，不能无夷狄盗贼之患。唯百姓安乐，家给人足，则虽有外患，而邦本深固，自可无虞。唯是百姓愁苦患乱，民不聊生，然后夷狄盗贼，乘之而起，盖安民可与行义，而危民易与为非，其势然也……天之生财，在官在民，止有此数，譬之于人，禀赋强弱，自有定分。善养生者，唯撙节爱惜，不以嗜欲戕之，亦皆足以却病而延寿。……与其设法征求，索之于有限之数以病民，孰若加意省俭，取之于自足之以厚下乎？"他这种财政节流政策，是有客观背景的。明代历朝财政状况，都异常艰窘。官吏多，士卒滥，宫室浪费，外患频仍，都是财政艰窘的主因。穆宗隆庆元年，居正其时任礼部尚书兼东阁大学士，帝曾问户部："京帑贮金，以瞻军国，足备几年？"户郡回奏说："所存仅足三月，计今岁尚亏九月有奇。边军百万，悉无所需。"国家财政这样艰窘，盖可想见。所以，江陵秉国政后，极力调整收支。一方面是开源，如测丈田亩，改革税法，铲除田赋积弊，另一方面则是节流，就是尽量缩减政府不必要的开支。

万历七年，神宗征光禄寺十万金，居正上言止之。时帝命工部铸大钱供用，居正以利不胜费，请准停止铸造。又请停修英殿工和裁省外戚迁官恩数，帝尽为曲从。万历九年，江北淮凤和江南苏松一带，连被灾伤，民多乏食，至以树皮充饥，或相聚为盗。居正因请求免欠赋，予施赈，趁机又请贯彻节用政策。神宗很受感动，耗费已知撙节。

按明制，两京织染，内外都置局，内局以应上供，外局以备公用。各地织造，岁有定额，即遇岁歉，也少减免。于是内庭赐赏愈多，人民织造的负担也愈重，而国库的支出也愈大。英宗天顺四年（1460年），遣中官往苏、松、杭、嘉、湖五府，于常额外，增造彩级七千匹。工部侍郎翁世资请减，被下锦衣狱，谪衡州知府。武宗时，刘瑾用事，中官赴各地监督织造，威胁官吏，弊尤不堪。万历七年，当居正秉国政七年后，苏松水灾，给事顾九思、王道成等，请罢浙直织造内臣。帝不听。居正力陈年饥民疲，不堪催督，并言"地方多一事，则有一事扰；宽一分，则受一分之惠"，乃请准停减织造。

江陵理财另一德政，便是查驿传。驿传原来是从前交通不便时代的一种公差护送制度。当时，驿传制度极滥，几乎无论任何官吏或宦官亲属都可乘驿传。有司既不胜其烦，人民也不堪其扰。江陵秉政后，乃严加限制，切实稽查。于是，减省国用，保存国力，实可谓使国计民生两受其利。

对张居正的评价

张江陵为相十六年，在这期间，他曾权倾人主，威震宇内。因为权太大了，政治的措施太彻底了，曾引起不少人的反对，《明史·张居正传》和谷应泰《明史纪事本末》对他都有微词。《张文忠公全集》附录曾载有周圣楷所著《张居正传》，对居正的批评略异前述。当时以及后人，对居正的批评，可谓毁誉不一。但我们应知，明代中叶以来，社会风气和政治都极端不振。不着实际的议论太多，国家政令纷更太频，政治上的因循姑息，人事上的懈怠偷弛，没有是非，没有纲纪，当时的社会和政治可谓极端颓废与混乱。在这种环境下，如果想有所作为，必须不顾一切，大刀阔斧地干一下。

其次我们得看张江陵的理财成就。《明史·张居正传》和《明史纪事本末》对居正个人虽有微词，但对于他的理财成就，不能不赞扬。江陵的理财政策，已达到富国的目的，因为富国也就强兵。在他执政期间，鞑靼的俺答来归顺，明廷封他为顺义王；用曾宪吾、刘显平西南夷都蛮；用李成梁、戚继光，委以北边，攘地千里，并在沿边，荡平倭寇。军费充裕，国威大张，这也不能不说是江陵理财的成就。

第三节　清代的社会经济与吏治得失

清初的社会现象

清自勃兴以来，颇能讲求农事，故军士有蹈田禾者"重则射之，轻则鞭之"的训令。太宗皇太极尤注重农事，故屡有及时耕种之谕。崇德元年谕："树艺所宜，各因地利。卑湿者，可种稗稻高粱，高阜者，可种杂粮。勤力培壅，乘地滋润，及时耕种，则秋成刈获，户庆充盈。如失时不耕，粮从何得耶？"二年又谕户部："昨岁春寒，耕种失时，以致谷贵。今岁虽复春寒，然农时不可违也。宜早勤播种，而加芸治焉。夫耕耘及时，则稼无灾伤，可望有秋；否则，或被虫灾，或逢水之涝，谷何登乎？凡播种，必相其土之燥湿，而布其种。该管屯堡各员，有不勤加董率，致废农事者，罪之。"

尽管太宗竭力提倡，然终天聪崇德年间，尚难得家给人足，民物繁息之现象。观天聪元年，建州大饥，斗米价银八两，银多无处贸易，故诸物腾贵。良马匹值银三百两，布一匹当银九两，盗贼繁兴，劫杀时闻，乃大发帑金，散饥民。崇德二年谕："今岁告饥，凡有粟之家，宜与牛录内困乏者，卖则取值，借则取息，如此有无相通，则民气自裕。若私自埋藏，以致朽烂，非我国之人也。至贫民无力耕种，坐使土地荒芜，食何由赖？"

清代虽以农牧立国，然射猎之风未减，且连年战争，农牧不得不受其影响。天命之时，建州薄瘠，终岁所需，半仰互市。盖以建州饶参貂之利，明人亦借粟帛为交易之品。及两国失欢，互市遂绝。然清占有辽沈，而刈获所得，已不似赫图阿拉之叹减，唯以招徕太繁，亦终觉不敷耳。皇太极知民食根本之所在，故一面希望与明议和，一面南下朝鲜，资以掠取，且请互市纳饷。此种现象，岁丰则仍不足，岁歉则立蹈饥馑；此清初一般生活之状况。而富者囤积居奇，又为农民困苦之一种原因。崇德元年，严禁囤积之令说："谷甚贱伤农，甚贵伤民，有粮之家，辄自居奇，必待市价腾贵，方肯出粜，此何意邪？今当各计尔等家口足用外有余，即以粜卖，毋得削壅积，致有贵谷之虞！先令几家各出粮一百石，交市粜卖，以充民食。"

此不仅禁囤积，又兼强令出粜也。然社会现象，仍不能充足平衡，故崇德六年，都察院参政祖可泛等有言："今岁禾谷未收，秋霜早陨，恐收获之时，米粮未能充足，价渐跷，市籴日稀。"于是奏请豫为筹划，条陈四事。一曰严沽酒之禁。时京城及大小城堡，造米酒数，每日不下数百石。停止一年，可省米数十万石。二曰杜囤积之弊。有粮之家，或卖或借，卖则从市平粜，借则从时起息，并得有无相通，不许居有奇长价。三曰议疏渠之路。东土以辽沈为肥饶，夹河六屯尤为沃壤。年久不浚，故河壅而水不流，雨泽偶多，遂致泛溢，河沿一带，度田委弃。若及时挑修，用力不大。四曰开纳粟之例。论罪之大小，限以粮数纳赎；或无罪平人，有急公输粟，量加奖录，秋丰停止疏入，得者称是。着即照办，故岁歉之事，得以稍事补救焉。可见清初皇帝虽努力于农耕积谷，然国家经济未见充盈。

清初的财政经济状况

清初财政，颇难稽考，而经济情况之散见于史籍者，亦多零星散碎，摭拾维艰。仅就观察所及，以见一斑如下。清初国库岁入，本无定额。盖当时赋税之征，使各官不能按职给俸。且国之收入，严格而论，亦无财政之可言。初成部落，掠夺为食；继建国家，征伐是赖；臣下之收入以此，公共收入亦以此。土地所有，分赐群臣，给了供役，以赏有功。是以俘获不均，垂为例禁；崇德七年，皇太极谕诸王大臣曰："此次出征……各旗王、贝勒、贝子、公等多取，以致将士少获；开报归公之物，及行减少耳。前征燕京山东，皆赐出征之王、贝勒及各官等，即少有所留，不过欲给新附之人及穷乏之人，以为国家经费之计，故皆寄之外帑，未尝多取以私为已有也。"可见当时俘获所得，国库所入，供赏赐而已。太宗亦常言："理财裕国，亦为民而已。"

至于人民方面之赋税，又有征徭一法，即三丁抽一，以供驱使，乃力役之征，犹唐代之庸法也。清初赋税之可考者，唯此一种。盖为兵工，胥有赖于此也。人民经济，以农牧为大宗，并兼采参市易之利；行猎，亦人民最重要之收入。初，建州与明人互市于开铁之间，以实物相交换，物价之值，略可窥察。及明市大坏，朝鲜市兴，中江之地，遂成商务中心。清人之西走者，亦恒市易于长城诸口，唯有特定之市场，故其事不著。清既以人参为出产大宗，其价若何？天聪七年，曾致朝鲜王倧书，责减参价。盖原议参价每两银十六两，朝鲜只给九两。参价之贱，观此可知。清以银块为交易之媒介，盖因袭中国之制，亦铸铜钱，天命通宝凡二品，一满文，一汉文。天聪通宝亦二品，但皆未必多耳。米谷之价视年岁之丰歉而定，难知其详。天聪元年大饥之时，诸物腾贵，斗米银八两，马一匹银三百两，牛一匹银百两，蟒缎各一匹银一百五十两，布一匹银九两，其数似不符。盖天聪初之经济，即使国内饥馑，亦不至腾涨如此。此虽不可尽信，亦可见物价之一斑，与银面贵贱之趋势。

清初吏治的惠民

历代帝王临宇，每以蠲免为市恩之具。马端临《通考》言："宋以仁立国，蠲租之事视前代为过之，岁不胜书。"而清王庆云《石渠余记》亦言："本朝田赋役素轻，二百余年以来，未曾增及铢黍；而诏书停放，动辄数千百万，敛从其薄，施从其厚，所以上培国本，岂唐宋以来，所可同年而语？"盖清以少数民族入主，其市恩之具，自当较历朝为尤显。故顺治首除三饷，并免都城被兵居民之赋役三年，嗣与除偏灾赈蠲外，凡逋负之在民者，与民粮食之贷而未收者，遇国家庆典，或巡幸，或军兴，辄止勿责。每库藏稍充，即务推所有以益下，于是又有普免钱粮、输免漕粮之举。玄烨以恭俭为本，其蠲免较他帝尤多，如康熙二年，普免已抱逋欠三年以上，顺治十五年以前及沿顺治例以前民之逋欠皆免。康熙三十一年，因储积足用，各省以次蠲免漕粮一年，其他如各省通免一周地丁粮等。如康熙四十九年谕曰："朕省方已阅七省，民俗靡不周知，而民所以未尽殷阜者，良由承平日久，户口殷繁，地不加增，产不加益，食用不给，理有固然。"又谕户部有云："民所为邦本，勤恤为先，政在养民，蠲租为急。"又尝读汉文帝赐民田租诏叹曰："蠲租乃古今第一善政，下至穷谷荒陬，皆沾实惠；然必宫廷之上，力约节俭，然后可以行此。"又尝谓："本朝自入关以来，外廷军国之需，与明略相仿，至宫中服用，则以各宫计之，尚不及当时妃嫔一宫之数，以三十年计之，尚不及当时一年之数。"盖玄烨以节俭爱民自诩，故普免之令屡下。至辇毂所经，蠲减并行，不可缕指。

清初户口亦有赋役，其制率仍前代，故有编审之法，五年一举，丁增而赋随之。康熙二十四年，总计天下人丁二千三百四十一万七千四百十有八；二十五年，以原定编限期太宽，胥吏得以任意作弊，乃更定一年岁终汇报，每年陆续稽查缺额，于下次编审时补足。至五十年，直省人丁凡二千四百六十二万一千三百二十有四，视前数未甚加增。玄烨以承平之久，滋生日繁，而有司编审时，不将所增实数开明具报者，特恐加增钱粮故也，乃下谕曰："朕览多省编查人丁数目，并未将加增之数，尽行开报，应令直王抚，将现今钱粮册内有名丁数，勿增勿减，永为定额，其后所生人丁，不必征收钱粮。编查时，只将增加实数审明，另造清册题报。朕欲知人丁之实数，不在加钱粮也。"又谕大学士九卿等曰："朕凡巡幸地方，所至询问，一户或有五六丁，只一人缴纳钱粮；或有九丁十丁，亦只二三人缴纳钱粮。诘以余丁何事？咸云：'皇上洪恩，并无差徭，共享安乐，优游闲居而已。'此朕之访问甚晰者。前云南、贵州、广西、四川各省遭叛逆之变，地方残坏，田园抛荒。自平定以来，人民日增，渐次开垦。或沙石堆积，难于耕种者，亦间有之；而山谷崎岖之地，亦无弃土，尽皆耕种矣。由是观之，人民生齿实繁，朕但欲知人丁之实数，非在加征钱粮也。今国帑充裕，频年蠲免，辄至千万；而国用所需，并无遗误不足之虞。"于是廷议以康熙五十年额定丁册为准，新增者谓之"盛世滋生人丁"永不加赋，以后户口增减，转移除补，易至不公，行之数年，渐觉不便。及雍正元年，因以丁税摊入田赋，输纳征解，通谓之地丁。而无业游民遂终身无纳税之义务矣。此制之推行，实有助长人口增加，生产发展之进步，使人民生活安定，社会繁荣，但另一方面则使一部分人民，不安于生产，此亦为其弊端。

先是江南之苏州、松江，浙江之嘉兴、湖州，自明代以来，赋税较他处为多，每年且至数十万两；故地方人民，未免艰于输纳。雍正三年三月，吴民以为请命，管理户部事务怡亲王胤祥奏之，乃命酌减苏州正额银三十万两，松江十五万两；嘉、湖不与焉。至雍正五年十月，乃谕户部："查各省中赋税最多莫如江南之苏、松，浙江之嘉、湖，其赋税加重之由，始于明初洪武时。因四府之人民，为张士诚固守，故平定后，借诸富民田以为官田，按私租为税额。夫负固之罪，在士诚一人，而乃归咎百姓，加其租赋，是洪武之苛政也！明二百余年，减复不一，我朝定鼎以来，亦照明例征收。""尽因陆续办理军需，经费所在，未便递行裁减。我皇考圣祖，常论及此。雍正三年，将苏、松二府额征浮粮豁免，彼时颁发谕旨甚明，本欲一体加恩二府，因浙江风浇，正需他导，故而暂止。今见浙俗渐次转移，朕心涣然。查嘉兴额征银四十七万二千九百余两，湖州府额征银三十九万九千九百余两，俱将减十分之一，二府共免银八万七千二百两有余，永著为例。"于是嘉湖之浮粮亦减，而各省无独多之额赋矣。又当时社仓救急之法，必经州县申详，督抚咨奏，得部示命后始行，故往返需数月。雍正十一年，胤禛以社仓原为济急，而公文往返，徒延岁月，小民悬待孔殷，仍不免有重利告借之苦。乃命州县遇有应行借给之时，一面申详上司，一面即速举行，方可以济阎阎之缓急，是皆注意民生之事，亦即所谓惠民之政者也。

胤禛在藩邸四十余年，于人情世态，无不洞悉。康熙末年，玄烨以"省事"为政，政不免失实；而疆吏州县，玩法者多。胤禛即位后，即以诸王之事，防制不遗余力，又恐官吏疏懈，政纲不举，故御极之初，首颁谕旨十一道，训饬督抚提镇以下文武各官，词旨严厉，以勤求吏治，严绝贿赂为主。胤禛又以各省督抚事烦任重，势必筵请幕宾，但幕友不肖之徒，疏通内外，肆行作弊，清浊混淆，是非颠倒，贬本宫之清节，彼则饱囊而去，深可痛恨，着即严行查察；而从容书吏差役，狐假虎威，无恶不作，亦饬令督抚痛自革除。又当时有部费，凡各省题奏事件，不讲部费，不能结案。盈千累万，遂小人无厌之求，屡下旨禁之而不能绝，胤禛以题奏俱系亲览，交部定议，大臣不知自爱，甘为蠹役傀儡，复严行禁止。又各部书吏，惯于作弊已经满秩者，改换姓名，窜入别部；盘结其中，居然世业，乃令各堂官于五年考满，勒令回籍候还，如有前项事情，立行驱逐。至是朝野肃清，弊端尽绝，而天下皆懔然奉法。胤禛以法治国，综核名实，凡大臣之严酷苛细者无不得帝之宠。如田文镜、李卫、鄂尔泰等皆一时有名之督抚，然其行政之要，亦适如胤之为人，田李之辈，殆亦善于揣摩心理者！

清中叶的吏治与和珅用事

清中叶以前，社会秩序官场风气及人民生计等尚可过着小康之局，例如顺治时代承明代丧乱之后，闾阎凋敝，城邑荒凉，然户口骤减，谋生反易。故顺治末年，物价低廉，财货充斥，渐复承平气象，故其生活之易，可以想见。康熙六十余年，深仁厚泽，轸恤民生，蠲免之诏屡下，亦所以藏富于民，故物阜财富，号称盛世。唯至末叶，吏治稍偷，经济变动颇剧，物价渐昂，人民资生，顿感不易，故《吕留良文集》谓："今日之穷，为羲皇以来所仅见。"此虽过语，亦可知当时确有不安之现象，致影响于国民生计不少。所谓不安之现象者，则河患、兵戎、水旱之灾等事。不过此种现象，当清代兴盛之时，尚不足为民患，况朝廷顾念黎民，出全力以补苴之，故未见任何之穷困矣。

雍正锐意整顿，一切治术，皆较康熙时为愈，故不恃财政充裕，国民生计亦安固焉。乾隆之时，累洽重熙，民物丰阜，小民生活之安乐，盖以其时为极盛，顾无平不陂。但物极必反，极盛之时，即见衰微之渐，天下之事，大抵如此。乾隆累次南巡，供费繁奢，民生凋敝，此一原因也。加以和珅当国，贿赂公行，影响所及，吏治败坏。民间财赋，尽充私囊，而人民处此情况之下，乃不得不流为盗寇，遂以猖獗。事态之平，固借乡勇之力，然乡勇衣无布履，食无兼粮，时或啖敌肉以为生，人皆呼曰丐兵，则民穷财匮之景象，于斯盖见。嘉庆承乾隆之余流，社会现象，愈觉不安，盖人民连年困苦于刀兵之下，不能从事耕植，生产之力大减。又因河道屡决，饥馑荐臻，政府至此，亦无力以救济之，于是贫弱顿露。道光之时，西洋贸易渐盛，人民之所以颠连无告者，又不仅属于国内问题，洋货之输入，鸦片之供给，皆足敲骨吸髓，使吾民形存神销而不自觉，故终归引起战争，然一败之后，更不堪问。故在鸦片战争以前，外国之影响尚小，鸦片战争后，经济之变动始烈。故唯前期在乾隆中叶以前者，则可谓之"安定时期"。在末叶以后，可谓之"衰敝时期"。自此以降，则时处于恐慌贫困之中，人民呻吟憔悴，苟延残喘，益以吏治日坏，无形中加速了清朝皇朝的腐化。吏治的恶化，在乾隆中叶以前并不严重，但自和珅专宠以后，吏治败坏与贪污风气日盛，影响清中叶以后的政治不少。

乾隆中，汉、满大学士之声势赫奕者，自张廷玉、鄂尔泰以后，于敏中、和珅最为卓著。和珅于乾隆中叶，秉政揽权，而朝政士风，为之大变。盖其树党植货，略无顾忌，后人谨守衣钵，故或谓为君子小人消长之渐。虽死后斥革世职，谕谓与外省官吏，夤缘舞弊，然仍不如和珅当国之久，劣迹之著，而为国家治乱之所由分也。

和珅固无学行，及得志，则以聚敛自丰为目的。而又贪黩无厌，征求财货，督抚司道，畏其倾陷；不得不辇货权门，结为奥援，清廷执法，未尝不严，当时督抚如国泰、王亶望、陈辉祖、伍拉纳、浦霖辈，赃款累累，屡兴大狱，侵亏公帑，钞没资产，动至数十百万之多，为他代所罕有。其始皆和珅之党，迨罪状败露，和珅无能为力，则亦相率伏法。然诛殛愈众，而贪风愈甚，或且惴惴焉惧罹法网，唯益图攘夺刻剥，多行贿赂，隐为自全之地，故薛福成谓："非其时人性独贪也，盖有在内隐为驱迫，使不得不贪者也！"观于和珅家产之丰，则可知当时聚敛之术，与财货之所由来。

和珅用事时，中外多其私党。朝士之持正者，亦噤口不言，任其恣睢，以故宠益隆而势尤赫。文臣中如纪昀，武臣中如海兰察，皆功业昭然，颇蒙帝眷者，因与珅不和，不得大用。故和珅辄专决，或取或舍，其气焰可想。嘉庆初年，珅自负拥戴之功，鸱张益甚，外而封疆大吏，领兵大员，内而掌铨选，理财赋，决狱讼，主谏议，持文柄，大小臣民，顺其意则立荣显，稍露风采，折挫随之。及嘉庆二年，阿桂卒，和珅乃更肆无忌惮。珅专政既久，吏风益坏，卒酿成川楚民变，为清室中衰之最大原因。彼复任意积压军报，授意各路将帅，虚张功级，以邀奖叙，而已亦得封公爵。且于核算报销时，勒索重贿，以致将帅不得不侵克军饷，民变乘时蔓延，几不可收拾。盖至嘉庆初年，而康、雍、乾三朝之元气，殆尽丧斫于和珅一人之手。

乾隆即位之初，宽严互济，明罚饬法，无所假借，然官吏苞苴请托之习，未尝不行于隐微之中。自四十二三年以后，和珅专宠用事，而此风益长。于是疆吏侵吞刻削，聚敛行贿，皆恃和珅为奥援，虽大狱频兴，贪悦伏法，而其风自若，皆和珅一人启之。故内有聚敛之臣，外有贪黩之吏，相为因果。国家致乱之缘，即肇于此。

先是乾隆极盛之时，蒋洲以亏帑伏法。蒋洲者，大学士蒋廷锡子也。内部曹外放，游升山西布政使。乾隆二十二年，军权大臣曾奏洲亏帑至二万余金，勒派通有属员弥补。因命大学士刘统勋等讯办，洲自认不讳。又以杨龙文身为监司，曲意逢迎，士赟以知府迎合上司，朋比为奸，皆革职，洲与龙文正法。旨谓："山西一省，吏治之坏，至于此极，朕将何以用人？何以信人？"其后三十五年，贵州巡抚良卿以执法婪赃被诛，四十五年云贵总督李侍尧以贪纵营私问罪，然皆不如甘肃捐案之奇巨，国泰营私之苛虐。国泰者，和珅私人也，任山东巡抚，勒索属员，贪黩秽乱，亏帑数十万，各州县靡然从之，每处亏空，亦至数万之多。而布政使于易简朋比为奸，纵情攫贿，与国泰相垺。从上例观之，可知当时贪官污吏之败行情形。

甘肃官吏侵粮冒赈。甘肃出产米谷较少，边地仓储，必须充实，故藩库有收捐监生之条，借所收粮谷，以资衰益。行之日久，不免弊窦丛生，而官幕仆吏，竟视为利数，因缘滋弊。如乾隆四十六年五月，大学士阿桂剿办回事，李侍尧再起为陕甘总督，有旨饬二人查办，盖以甘省地本瘠薄，而藩司金称美缺，前任王亶望于捐办海塘工程，捐银五千两，王廷赞奏缴积存廉俸四万两，以资兵糈，仅任藩司，何以家计充裕若此？因疑收捐监粮必有私收折色，多得平余之弊也。清廷以捐监收粮，原为仓储赈济，何得公然定数折色，从未奏闻，且甘肃每年报灾需赈，则粮价必昂，而五十五两之数，断不敷采买，既言粮贱，收成自必丰稔，而捏灾冒赈之弊，可以显然矣。

当时官吏之贪黩，其已经发觉而治罪者，已复累牍皆是；其未经发觉，或经人指摘，而事先弥补者，更不知凡几矣！其他例加伍拉纳、浦霖之赃款累累，富勒浑、黄梅、德明之婪索层层（乾隆五十一年及六十年事），句容书吏之侵盗粮漕，高邮粮书之私印冒征（皆乾隆五十五年事），侵渔动辄数十百万，而官司属员，合通一气，上自督抚，下至粮吏，一省如此，他省亦复如此，小民冤抑莫伸，闾阎扰累无已，故嘉庆时，民变皆谓"官逼民反"，其故可知。虽谕旨屡下，而玩试比比，甚至全省亏空，令官吏赔补；则桀骜者更以快其饕餮之私，清廉者不得不望属员之所助，吏风益偷，国势益坏。如内阁学士尹壮图奏曰："各省抚声名狼藉，吏治废弛，经过各省地方，体察官司贤否，商民半皆蹙额兴叹，各省风气，大抵皆然！若问勒派逢迎之人，彼上司属员授受时，外人当能得见？徒以道路风闻，漫形牍奏，断不敢作此孟浪之行？"因请简派满族大臣，会伊密往各省盘查。

还有最甚的是以谠言直陈而诬为谬妄，以蹙额兴叹而谓为熙皞，将谁欺乎？嘉庆四年，弘历崩，和珅治罪后，壮图复起，旨谓："尹壮图曾奏各省仓库多有亏缺，经派令前赴近省盘查，各该督抚等冀图蒙蔽，多系设法挪移，弥缝掩饰，遂致以陈奏不实，降调回籍；此皆朕所深知。"嘉庆虽能干父之蛊，唯是祸胎已成，为时亦晚矣。

概观清代之吏治，在顺治、康熙、雍正、乾隆等，各朝君主不遗余力，整饬吏治，使家给人足，经济向荣。尤在康熙时，有蠲免，以解民困及推行人丁永不加赋之制，实有助于人口增加，促进生产，使社会安定。乾隆而下，国势日衰，对外战争频繁，经济受到破坏，人民生活于水深火热之中，虽曾推行改革，但积重难返，无法恢复往日之盛世。然而地方官对吏治好坏影响更重要，不少在位的官吏虽有改革，以求整顿当地的社会经济，但继任者是否能继续推行或有所增损，或弃之不用，各种情况之存在，故吏治的好坏亦可视乎官吏的治绩而定。另一方面是国家对外不多启战端，则人民生活波动也不致太大。

第四节　明清西学输入中国概述

近世西方学术输入中国，可分为二期：第一期，始于明万历中叶（1573年至1619年），盛于清康熙间（1662年至1722年）。至乾隆中（1736年至1795年）而绝；第二期，始于清咸丰（1851年至1861年）、同治（1862年至1874年）间之讲求洋务，以至近世。而第一期西学输入之史迹，尤其与我国学术界之关系较重要。此期西学之输入，为耶稣会士传教之附带事业。输入以天文学为主，数学次之，物理学又次之，其余则为附庸而已。对我国建设影响最大者为天文学，与清代学术团体关系最深切。天文学与数学唯均。而天文学实最先与我国学术界发生影响，故先述之。

西方天文学的输入

我国天文学，截至明代止，已有三千余年之历史。其间亦尝有外国天文学之输入。但欧洲天文学输入中国，则自耶稣会教士始。推其原因如下。

第一，利玛窦介绍西方天文学。耶稣会教士之最先传教中国内地者，为意大利人利玛窦，利氏于万历九年（1581年）抵广州。他曾专研天文学及数学。既入中国，撰《乾坤体义》，其上卷言天象，述日月食由于日月与地球之相掩，及七曜与地体之比例。又著《经天该》，将其时西方所已测知诸恒星造为歌诀，以便观象者记诵。尝制浑天仪、天球仪、地球仪诸器以示人。徐光启、李之藻、周子愚辈从之游，习其术。利氏尝以简平仪授李之藻，之藻耳受手书，得其用法，因阐其术作《浑盖通宪图说》。此实中国人介绍西洋天文学之第一部著作。

第二，明廷对于新法之需要。利氏既卒，继之而来之教士，多以天文学见称中国，从之习其术者颇众。及万历三十八年（1610年）十一月日食，钦天监预推不验，礼部遂奏请博求知历者与监官昼夜推测。于是，五官正周子愚乃上疏请令西洋人庞迪我、熊三拔等尽译携来西法之书。礼部因疏请，以邢云路主理历事；而以徐光启、李之藻、庞迪我、熊三拔，同译西法，俾云路参订修改。盖云路主改历甚力，颇负知历之名。然云路乃旧历家，其天文学知识实甚肤浅。时光启以病南旋，乃召云路，之藻入京董其事。

第三，西法之继续输入。万历四十一年（1613年）李之藻奏上西洋天文学说十四事，言地圆、日月食及行星运行之理。疏中力言西法所以专长之故，竭力摧廓当时守旧之风；并论我国天文学不振之缘，亦洞见症结。又请亟开馆局，翻译西法。时礼科姚永济亦以之藻之言为请，然朝廷以庶务因循，未遑开局。

数理及其他学术的输入

据王徵《远西奇器图说》序所载，天启初来华之西士，携有图籍七千余部，可见携来西籍之多。惜其译成华文之书，关于学术者甚少，综观此时所输入学术，除天文外，可得而考者有如下述。

一、数学

利玛窦著《乾坤体仪》其下卷言数"以边线、面积、平圆、椭圆互相容较"。是为西方数学入中国之始。及利氏入北京，与徐李辈译西籍，亦以数学为各科学之本，数学书之最先成译者于万历三十五年之几何本六卷。原为利马氏丁氏所编。利氏口授，徐光启译。此书是本期所输入西学中较完整者，是书《四库提要》称为"西学之弁冕"，可见其重要。

此外天学初函中，关于几何学之书，尚有：圆容较义，乃李之藻从利氏所译，内引申几何原本之义。而测量法义，乃徐光启从利氏继几何原本而译，内述用几何原理，以测量之法，为术十五，每述悉详加证明。西方近世"平三角、弧三角"之术，在此时早已成立。其术为测天所资，故亦随《崇祯历书》而输入。对数术，西方自 1620 年，已臻完备。

二、物理学

天启六年（1626 年），汤若望撰《远镜说》一书，是为西方光学输入中国之始。全书仅十六页，首言远镜之用法，末言其制法，中则言其原理，其解释甚详。最初输入西方学者，为艾儒略授王征所译之《远西奇器图说》，书成于天启末，《远镜说》后。书中第一、二卷分言重心和杠杆滑车、轮轴斜面之理，第三卷言应用上述各原理，以起重引重、转重、取水及用水力代人力诸器械。各器及其用法均有详细图说。此外有《自鸣钟说》一书，王氏《远西奇器图说》凡例中尝称之，其书或与物理学有关，惜今已佚。此时所输入之物理学于我国学术界，影响极少。二百年来，唯方以智著《物理小识》一书，颇有受西说影响之处；戴震"因西人龙尾车法作《螺旋车记》，因西人引重法作《自转车记》"，此外知有此学者甚少。

三、舆地学

利玛窦初入中国居肇庆，每以西方舆地图示人；后又将之译成中文，粤疆吏刊之，以印本分送各省，中国人始闻地圆及五大洲之说。及利氏入京，所贡方物有万国舆图一。后庞迪我奉命翻译西刻地图，据所闻见，著为图说；书未上而遭逐。天启初，艾儒略得其遗稿，更采所携手辑方域梗概为之增补，成《职方外纪》一书，述当时西方各情况颇详。中国人见其所述西方文物，远迈中华，力斥其荒诞；而于其五大洲之说亦等诸邹衍瀛海之谈，直至乾隆中叶所纂之《清通考》犹谓"……即彼所称五大洲之说，语涉诞诳"，诸如此类，亦疑为剿说野言。此外清初西人所撰关于外国地理书，有利类思、安文思与南怀仁合著之《西方纪要》，及南怀仁之《坤舆全图》与《坤图志》。其后蒋友仁来华进增补《坤舆全图》，又译图说，是为此期输入地理学之最后著作。

四、炮术

葡萄牙人入中国以大炮攻新会，既去，遗其器，中国人始知有西方枪炮。后东来之耶稣会士，多精炮术，渐传其法于中国；当时有《海外火攻奇器图说》一书，其书甚秘，不行于世。徐光启从利玛窦游，习火器之术，力请多铸大炮，以资城守。天启元年（1621年），外患日亟，兵部议招用寓居澳门精明火炮之西洋人，上从之。崇祯三年，龙华民、毕方济奉旨招劝殷商，集资捐助火炮；十五年兵部尚书陈新至东阁述上传言西炮乃中国长技，有"无敌大将军"之称，命汤若望商榷铸造，工部办料。旋上命若望将用法传授兵杖局内监。后若望以炮术从李建泰出征，因随之降清焉。若望尝授焦勖译《火攻挈要》一书于崇祯十六年，于诸式火器之铸法、运用法，以及子弹火药火箭地雷之制造，莫不详述。至清吴三桂乱起，南怀仁义奉命铸造铳炮，分配各省。又编《神武图说》，与《铳炮之术》，说明其细节，后因朝野较承平，火器无所用，其书鲜习之者。

五、采矿术

崇祯元年（1628年），毕方济上疏云："臣蒿目时艰，思所以恢复封疆，而裨益国家者……二曰：辨矿脉以裕军需。……西国……论五金矿服征兆多端，宜往澳门招聘精于矿学之儒。"其后崇祯十六年，汤若望奉命赴蓟督军前，除教授火器水利外，并及采矿之法。惜不旋踵明亡，成绩无可见，此后则绝无闻焉。

六、西方语言

金尼阁以欧洲语言文字，授王征，万历六年成《西儒耳目资》一书。清初刘献廷之《新音》，参以泰西拉丁话，则其时拉丁语亦已输入中国。

七、艺术

利玛窦居肇庆，常以西方乐器及油画等物示其地大夫。及入京所贡方物，有西琴一张，又著《西琴曲意》一卷。毕方济有《画答》及《睡画二答》，盖言画术。清圣祖时有西洋画家焦秉贞供奉内廷，而中国画家亦有习西洋画者。康熙五十二年，御修《律吕正义》，其续编一卷，出西人徐日升、德里格手，述西方"弦音清浊二均递转合声之法"。

八、哲学

明书述当时所输入西方哲学分类及其研究对象云，"落日加"译言"辨是非之法"，"费西加"译言"察性理之道"等，二者或脱物而空论之。明末西士所译《辨学》一书，为西方论理学输入之鼻祖。

西学不振的原因

西学输入之进行，不久乃停顿，耶稣会士遭政府斥逐。初，王丰肃行教于南京；而士大夫之攻击日烈。徐如珂首议驱斥，谓其左道惑众。至万历四十四年，政府下令严禁耶教，所有在华之耶稣会士均命逐往澳门，而其附带之介绍西学事业，亦因而被略。天启初，明廷以外患日亟，须用枪炮，渐召用西洋人。崇祯二年日食，大统、回回推测皆谬误，徐光启依西洋预推而验。帝乃以他督修历法，他疏请以中西法参互考订使与大统会同归一。旋辟历局于京师作观星台。

明清之交，得自由入居内地传授西说，又得清圣祖之提倡，西学之输入盛极一时。自康熙四十三年，其教令改变传教方针，违反我国习惯，朝野愤将教皇派遣来华之代表驱往澳门。雍正元年，除供职钦天监者外，不准入内地，故西学已全无输入之机会。而钦天监所需仅在天文，又在术而不在学，且职在官府，国内学者，罕能与之接触，已不复能在学术界发生影响。而自历象考成后编及仪象考成告成后，钦天监所需测天之术，已达完备之限度。故蒋友仁来华而后至咸同前，西学之输入已全停止。

西学输入对我国学术的影响

总观明清之际，西学之输入，其影响于我国学术界者，有下列各方面。

一、西学与理学

于明末纯任主观，最缺乏科学精神之我国思想界，而骤然有绝对客观，全恃归纳研究的天文学，复挟演绎的，为一切正确观念之模范的数学所侵入，而其学又为政府所重视，故其影响当时之思想界甚大。梁任公先生谓："清代学术，为厌倦主观的冥想而倾向于客观的考察。"而明末西学之输入，亦为此种反动之机兆，明末习西学者，已萌起反对理性之学。徐光启等论我国数学之不振，而痛咎理学家，可见晚明治西学者流于与理学之宣战。

二、学术界内容之增加

西学输入之初，大引起我国学者之研究。明末治西学者除上述之徐光启、李之藻外，现可考者，有瞿式谷、虞淳熙等。其后天文数学日盛，清初最能深入而力谋我国天文算数之独立者有王锡阐、梅定九，此外除此二学名家者，有薛凤祚、方中通……其著述皆传于世，后之乾嘉汉学者，多兼通天文数学者在此。

三、古学之整理

西洋天文学输入之初，习之者日多，对于西学输入，间以西说附会古学，国人向学之风亦盛。王锡阐、梅定九始精究西法及古历之本源。自乾嘉以来汉学掩袭一世，为天文数学独专之学者渐多。而一方面，天文、数学与经学有关，故汉学家多兼习其学，彼辈既得此考古学上之新法，于是整理古天文数学书之风乃大盛。

四、西学与汉学家

天文学与数学，为归纳之绝好模范，而汉学家之代表人物，自惠栋、戴震等莫不精究之。则汉学之所以饶有科学精神，实受西方天文数学之影响。读戴东原之书，深觉汉学受西学之影响，似有迹可寻。昔利玛窦译《几何原本》，于引用西方科学证据中，深以为："虚理、隐理之论，虽具有真旨，而释疑不尽者，尚可以他理驳焉，能引人以是之，而不能使人信其无或非也。独实理者、明理者，剖散心疑，能强人不得不是之，不复有理以疵之。"戴氏述其治学之途径言"十分之见"，及"未至十分之见"与利氏所述"实理"及"虚理、隐理之论"颇合符契，惟戴氏专从考古上立言，故详略不同耳。

若论西学与清代学术之关系，最容易发生一问题。此时期既当西方科学输入，而其时学术界又倾向客观的考察，饶有科学精神但明清科学终未发达者何在？

将此期所输入之西学，与其时西方学术界情形一比对，而知当时西方所已发明之学术，实未能尽量输入我国。其最著者，天文学自哥白尼出，已与占星学分家。而耶稣会士初于哥白尼之大发明未道只字，反谓哥氏有言天动之书，又改刻白尔定律，以实日动之说。而在另一方面，其所输入之天文学，仍不能脱占星学之窠臼。而耶稣会士之输入西学，于原理每多未详。《四部书目提要》云："作新法算书时，欧罗巴人自秘其学，立说很多深隐不可解"。故王锡阐遂谓西人不能深知法意，当时耶稣会士学识肤浅，不足以知此，或知而故秘之耶？西方学术未能尽量输入，实此期科学不盛之主要原因。

更由于"输入者"与"求学者"之宗旨，根本不在学；盖教士以传教为目的，而输入学术，不过为其接近社会之一种方法；中国政府以改良历书为目的，而学习西算及他种科学，不过偶然附及之余事。故在此期内，其欢迎西学者仅知西方有天文数学，而他非所闻。咸同以来，我国朝野仅以"船坚炮利"视西方科学，其结果西学虽输入，而我国科学终不发达。而明清以来，以天文学数学视西学之观念，始终未拔除。此亦其时科学不发达之一原因。

若以明清科学输入比较，清不如明。明清之际，西学之输入，既为上述，始于万历九年（1581年）利玛窦之传教，讫于乾隆二三十年间（1755至1765年）蒋友仁之来华，历时凡四十八载。以人数论，明末来华者以意大利人多，而清初则以法兰西人多，可考者为四十四人。此期西学之输入以北京为中心，其所择译关于输入西方学术之图籍，现可考者九十种。以著作之多寡，论其在清初还不如明末之盛矣。

综观此期西学之输入，天文学、数学、物理学、舆地学、矿术及各方面皆尝见其用。惜此期输入之西学，其于我国学术界之重要影响，仅在研究范围之增加（仅天文学及数学），古籍之整理及治学方法之改进，而终不能发展我国之科学思想，而与远西并驾者在此。

第五节　近世中国文化的西传

中国对世界文化的贡献，除自身发展了一种特殊文化外，要以感化四邻民族为最有功。试看蒙古和西域、朝鲜和日本、安南和暹罗，甚至缅甸的佛教是否都受中国文化的影响，才有今日？要研究现代中亚细亚文化的起源是否要溯源到唐代的文明？至于中国文化对欧洲的贡献，在东西洋航路未通以前，有蚕桑术、印刷术、造纸术、火药、罗盘针等零落的西传，其影响欧洲文化进步之处，西洋人亦多不否认。自从航路开通以后，中国人的思想和艺术更是系统地输入了欧洲，在十八世纪的欧洲文化上产生很大的影响。

中国文化对欧洲的影响

中国和欧洲的交通，可溯到西历的纪元前。但中欧文化的关系到十五世纪末年，葡萄牙人发现东航孔道后，逐渐繁密起来。法国人，尤其是天主教中的耶稣会士，实为介绍中国文化到欧洲的最重要媒介。十六世纪初年，欧洲教士的报告大体都是没有实质的文字，但是不久就有教士以外的著作，颇能把中国的实情介绍出去，且多附有生动的插图。十六世纪末年以后，此种刊物在荷兰出版得渐形丰富，尤以十七世纪中叶时，荷兰各公使的报告最为精彩。耶稣会教士自十七世纪初年利玛窦辈来华之后，颇热心于中国文化的研究，深得中国人的信任。本世纪中叶，耶稣会教士克舍尔著有一本拉丁文的中国图籍，极为风行，几成为当时欧洲人研究中国文化的大辞书，同时科斯太和应托塞太二神父各译的《大学》和《中庸》，亦于1662年和1673年前后出版，后一种译本并附有一篇拉丁文和法文的《孔子传》。此后"中国"、"孔子"和"道德"三个名词，在欧洲学者的心目中，遂成为不可分离的"三位一体"。

中国对洛可可艺术的影响

当十八世纪初年，法国路易十四时代那种思想上和艺术上的严肃生活，因法王的去世而得解放。艺术的解放就在十七八世纪间风行于德法诸国的"洛可可运动"中实现了。这是一种富丽新奇的艺术情绪，而中国文化亦就第一次在欧洲发生了宏大的影响。

一、瓷器

中国文化所给予洛可可派艺术的影响，不在文字，而在中国名瓷和丝绸的光彩，这种光彩暗示出一种乐观的人生。所以当时欧洲的上流社会对于中国的瓷器和丝织品，无不倾倒万分。中国瓷器在十七世纪的欧洲，只是一种新奇的物品，到了十八世纪初年就成为家家必备的东西了。而且，因一时风气所趋，甚至皇宫中亦以瓷器为装饰品。故欧洲渐有仿造中国瓷器的厂窑，成为洛可可派艺术风行时的特色。

二、漆器

中国文化对洛可可派的影响不限于瓷器。原来这派艺术还有一种材料的要求，而中国人所发明的漆正可应付这需要，因此漆在当时欧洲占了第二位置。中国漆法传入欧洲的时间虽然相传很早，但欧洲人仿造真正的漆器，实始于十七世纪末叶的法国。在路易十四时代，中国漆器尚称难得，但不久亦成为普遍的用品。欧洲漆的用途不限于日常用具，且亦施诸载人的轿子。欧洲轿子于十七世纪初仿自中国，因中国式的轿子极足象征欧洲贵族之自视矜重，故此物于欧洲各国盛行。当洛可可派艺术极盛时，坐轿的习惯通行到欧洲极偏僻之地。现代欧洲的马车就是由中国轿子演变出来的。而法国的马丁一族为当时仿造漆器之王。

三、丝织

中国文化在欧洲发生影响，除瓷、漆外，还有丝织品。中国丝织品的传入欧洲虽亦很早，但数量极为有限。到十七世纪，丝织品输入大增。货多价减，风行益广，而法国的巴黎亦成为当时丝织品商业的中心。到如今法国的丝织业虽早已非常发达，但其丝织品技术，如花纹、染色等，实无一不仿自中国。洛可可时代的绣品和棉织品亦完全如此。后来在欧洲，棉织品为英国的特产，丝织品则终为法国的特产；而作为丝棉发祥地的中国，反而须购用英法产品。

四、花纸

从中国传入欧洲的物品中，还有糊墙的花纸。中国花纸在墙壁窗户上的应用原已很久，颜色既美，价值又廉，故一旦传入欧洲，骤成风尚。法国人最先仿造，但最早仿造成功的是英国人。从此欧洲住室墙壁皆糊纸了。

五、美术

中国美术的精彩，尽现于华多的风景画。华多是十八世纪初法国画家，其作品虽不能说直接仿自中国，但确是第一个受中国画法影响的人。他的作品，山色画得极淡，和之前用极浓的彩色并以风景为重心之画法全不同，看去好像是中国宋代名画。他还以中国画法的特色，以单色来作稿。

六、建筑

此时建筑，亦受了不少中国的影响。十七世纪末年，欧洲人对于中国的建筑还不十分了解，但到十八世纪初年，他们就极力赞美。我们虽不能绝对估定中国建筑对当时欧洲建筑术的影响，但洛可可式建筑中凉亭式的设计，确仿中国。尤有实据的为西式建筑中所仿的中国式屋顶，德国易北河上的比尔尼兹宫就是一极著名的实例。它纯是中国式的建筑,为此前欧洲所未有。德国德累斯顿的"日本宫",实亦是一座中国式的建筑。这伞形屋顶建筑式样为洛可可艺术特点之一,如今尚还流行。此外荷兰、法国、瑞士诸地还有不少中国式的建筑,无不饱含东方的色彩。

七、屋内设计

当时欧洲内部的装饰亦大受中国的影响。洛可可式的门楣窗户,仿用中国的格子,变化多端,尤为精美。此种格子式后来并用于家具,同时中国建筑内部的斜形亦经采用,演化而成无角,为欧洲建筑术上一大革命。俄国彼得堡的斯摩尔尼寺是这新式建筑的典型,寺墙的钟楼亦纯仿中国。俄皇还特聘中国工匠赴俄仿造石桥。

八、社会生活

欧洲人生活亦受中国的影响,如中国的灯影戏风行于德法诸国,中国式的茶店和茶室亦初设于巴黎。各国的公园,亦无不设有中国式的石桥和假山,桥下首有中国人所养的金鱼。此后,王室和民间多通行中国的衣冠、化妆、跳舞。当时编演中国戏曲的人亦很多,影响欧洲歌剧的发展很大。总之当十八世纪时,欧洲人的情绪和生活,上自皇宫建筑,下至寻常娱乐,无一不受中国的影响。所以有人说:"欧洲倘使没有中国艺术的影响,绝不会产生洛可可的美术。"可见当时欧洲艺术受中国影响程度之深。

中国思想对西欧的影响

十八世纪中期欧洲思想史上的"启蒙运动",为积极思想建设的开始。这个运动的灵魂是算学。洛可可运动是诗歌的情绪,启蒙运动是思想的态度。这两运动的观念原是相反的,但在中国文化中却可看出它们"相反而相承"的情形。洛可可的精神和中国的老子联成一气,潜伏在中国瓷器、丝绸的美丽色彩之下。启蒙运动包含一种服从定律的思想,这是一种根据因果观念去造成一个合理世界的努力。欧洲启蒙时代的哲学家专注于人类社会和国家构造的问题,想从万物的本身寻出一种规律。他们的文化理想欲以宗教的道德为根据，完全放弃了纯粹的宗教。

就在这时，中国的孔子和经书第一次被翻译成欧文。欧洲这班哲学家料不到，两千余年前的孔子早已用同样方式，抱同样的思想，做同样的功夫了，因此孔子就成了欧洲十八世纪启蒙运动的大师。从此，欧洲学术界无不倾倒于中国文化。德国哲学家莱布尼茨实为承认中国文化对西方文化发展极有贡献。他热心于中国思想的研究，终于1697年出版了一部《新中国》。而为法郎克所注意的偏重在传道事业。他在哈雷设了一个东方神学院，并有中国研究一科。沃尔夫极其崇拜孔子的哲学。他深信古代中国的思想和基督的教义是相同的。他说凡德行是必须不逆人类天性的。中国人的道德和习惯既合乎人情，故非常合理。

当时欧洲崇拜中国的学者，除莱布尼茨辈外，还有法国的伏尔泰。他是法国大革命前夕的一个大思想家。他所有的中国知识初本从耶稣会的学院肄业时得来。耶稣会神父诺爱于1711年出版了六种拉丁文本的中国经书，希望读者把中国的思想见诸实行。怎料经书中的原理实足推倒了他们自己的教义，尤重要的就是他们除介绍中国的哲理入欧洲，还有中国实际的政情。故欧人遂了解了中国的文化，而中国政治亦成为当时动荡的欧洲政局的一个理想模范。当时欧人都以为中国民族是一个纯粹德性的民族，伏尔泰就是此见解之代表人。他曾说："我曾读孔子的遗著，亦曾作札记，深知孔子所说的只是极精纯的道德，不谈奇迹，亦不谈玄话。他以为中国先哲最足惊人的一点就是他们的高尚道德能够得到民众的反应和国家的平治。中国的人民和风尚亦和欧洲的一样，当然有种种缺点和弱点，但就统治阶级的文化和社会组织的均衡而论，中国实为全世界所仅见的一个以父权为根据的国家。"他著作极多，以《中国孤儿》剧本和《风俗论》最为重要。他称《中国孤儿》为五幕的孔门道德剧，用意在于灌输中国的道德观。他说这剧本仿中国的《赵氏孤儿》，通过这剧可充分认识中国人的心理。这一切实足以证明欧洲人在十八世纪崇中国风气之盛。

在欧洲的启蒙运动中,还有一派很重要的政治经济思想为现代西洋经济的起源,受中国思想的影响极大,我们有特加叙述的必要。这就是所谓"重农主义者",他们的领袖是法国的魁奈。魁奈不断学习中国文化,在早期著作中隐藏其材料之根源,但其晚年所著关于政治经济的理论可知来自中国。其思想有两种性质,一面想求得一个足以统括全世界的算学公式,一面又想看到全部宇宙的实情。中国人的天人合一论正合他的理想,因此他对于中国人的国家观和公民观极其崇拜。他的弟子大密拉波曾说:"孔子立教的目的在于恢复人类的天性,不再为愚昧和情欲所隐蔽。……宗教的道德,优美到这地步,真是无以复加了。但是还有一件事要待我们去做,就是把这种道德教训普行于世。这就是吾师的事业。他已发明了自然所给的秘传,这就是经济的体系。"可见其把魁奈当作孔子之继承人,而欧洲重农主义的一派经济学家亦就称他为"欧洲的孔子"。魁奈的经济学说,除方法为他独创外,大都取材于中国,如他曾在1767年的一篇政治论文中专论中国的哲理。

欧洲人赏识中国的文化,到德国最伟大的文豪歌德的时代已成熟,但亦始衰落。歌德对于中国文化的态度可分为两期。前期他所见的只是中国文化的外表,到了晚年他才认识中国文化的精神。他幼年认为中国的艺术过分奇妙,不合自然,因为他是崇拜古典派而反对浪漫主义的,而中国的艺术实和浪漫派相近。他在所著的《情操的凯旋》中,亦以为中国的艺术不如古典派来得简净。不久又有爱尔彼诺一种未定剧本的撰述,为他著作中和中国思想最有关系的作品。他这剧之来源,实受中国的影响。他曾从杜哈尔特所著的《中国详志》中读到一个中国剧本和一篇故事的译本——《赵氏孤儿》,遂始作《爱尔彼诺》,但后终止下来。由于看了游记类的书,他对于中国文化的印象很坏,不能赏识,但经再次潜心研究中国文化,他觉得中国是一个和平发展的象征,心理上起了很大的变化。他曾注释中国的《好逑传》和《老生儿》。他又因受中国《百美新咏》的影响再从事于中国文学的研究,中国的《花笺记》就是在这时大大感动了他。他对中国的建筑亦异常欣赏。对于中国人的德性，他亦以为中国的人生比欧洲人纯洁、清明而道德。他少年时反对中国复杂的艺术，晚年又极爱中国道德的平衡。他认为欧洲文化应以古希腊为模范，而中国文化亦有参考的价值，亦很合理。

中国文化外传终止原因的分析

中国文化的西传，到了歌德时代，既成熟又始衰落。中国文化自西传，以至对欧洲发生影响和进步，统治了欧洲的思想界几达百年，但又骤告衰落，考其重要原因如下。

十七、十八两世纪中，耶稣会传教士实为介绍中国文化于欧洲的媒介。但自1723年后，天主教的各派教士间对于允许中国信徒仍得拜天祭祖等问题起了争执，终引起中国人的轻视和压迫，因此这班教士对于中国文化的论调当然要为之一变。这是一个原因。同时耶稣会本身自1762年后，在法国有解散被逐之令，势力骤衰。中国文化遂失一有力的传布者。又欧洲的实业革命开始进展，资本阶级对于中国文化所见不甚广，先前的怀疑态度便得到了发泄机会。法国和英国的东方学者均起怀疑和痛诉，中国文化到此几又不值一钱。自十八世纪末商业利害关系统治了欧人的心理。后英人几乎独占了中国对外关系，他们介绍中国的文字既纯以商业利害为主，中国文化在欧洲功利主义的眼中已不复见了。这又是一原因。法国的美术家对于中国的美术虽还感兴趣，但十九世纪中叶时研究中国文化的人数实太少，中国文化到此竟一蹶不振，受外人的贱视。

此外中国文化受蔑视之原因，就是希腊罗马文化在十八世纪末的复兴。欧人思想的动向为之一变。欧学者甚至宣传中国文化实仿自希腊。德国的哲学家美纳斯在1778年已有这论调。他甚至证明中国文化是经由阿拔斯朝阿拉伯人传入的希腊文化，虽当时法学者哈格于1806年主张希腊的宗教实由中国西传，但赞同前说者多。百年来做世界文化中心的中国，遂不得不让位于欧洲固有的希腊文化。

但是平心而论，现代欧洲人藐视中国文化，固然徒显其浅陋，他们从前那样崇拜中国，甚至主张"全盘中化"亦未免有点矫情。我们应该明白中国文化自有其不朽之处，日本到如今还不失为一个华化的国家，但他因能兼采西方科学之长，遂成强国，就是证明。所以誉我不足为荣，毁我亦未足为辱。所要者是取人之长、补己之短，而不是盲从他人、轻视自己。

第二十八章 晚明民变与衰亡原因的分析

第一节 晚明民变的分析与影响

晚明的时代背景

明熹宗天启七年（1627年）春，陕西省渭河流域以北的地方，农民正愁于旱灾，政府却催钱粮甚急。一般穷苦的人被迫得无法可想，愤懑的情绪都集中在催粮官身上，遂演成闯城杀官的惨剧。已而聚众劫掠，于是揭起民变的序幕。

晚明民变在腐败的政治之下已经孕育了很久，神宗的怠政聚敛，熹宗的昏聩荒淫，法纪一天天地废弛，政治一团黑暗。内乱外患也交逼而来，兵戈不息，军费浩繁，加派重征，日甚一日。缙绅豪右又乘机渔利，在税役方面包揽诡寄，设法逃避，把一切负担都加在平民身上。特别是边陲的陕西，在政府忽视之下，豪右横暴，官吏贪婪，更属无法无天的世界，民变事件就在这个贫困黑暗之区爆发了。

内乱外患交互影响下，清兵入犯，政府更调平乱的军队去御清；民变扩大了，又调御清的军队平内乱。此起彼伏，无有已时，外患一天天严重，民变事件也一天天地扩大。他们由陕西而山西而河南，黄河长江流域各省几乎都遭到战争的浩劫。及李自成占领北京，张献忠称霸四川，占据了明室半壁江山，接着清师入关，结束了明代二百六十年大一统的局面。

晚明民变的发展

晚明民变的发展，由天启七年至崇祯六年（1633年）冬季是初起时期，六年冬至十七年（1644年）春是极盛时期，十七年夏以后是渐衰时期，隆武（1645年至1646年）、永历（1647年至1661年）两朝是转变为民族斗争时期。

在初期，崇祯元年以饥民为主，二年后叛兵渐取得主动的地位，这时还没有显明的系统，遇着官军各自为战，败了便窜伏山谷作鸟兽散。到崇祯三年，逐渐合并，有若干大股人数出现，攻入山西省境的有三十六营的名目，他们公推首领，形成中心的领导，这是一个大的转变。

崇祯六年冬季，三十六营之众渡河而南，便是极盛时期的开始。我们可以依照首领的兴衰，把极盛时期分成三个阶段：（一）崇祯七年至九年，闯王高迎祥的声势最强，由他发号施令，统率群雄，行军进取，唯迎祥马首是瞻。八年正月，十三家七十二营的八十多个首领开大会于荥阳，讨论作战的方略，这是中原民变势力扩大的一个转折点。（二）迎祥死后，继起的是张献忠，崇祯十年至十三年正是献忠的独盛时期，转战于湖广四川境上，在此期间明官军专把他作主要的攻击对象。（三）直到崇祯十四年，李自成以经济政策的号召攻取河南，声势凌驾于献忠之上，众至数十万，献忠也一度遥奉自成为主。后来献忠南据湘赣，西霸四川；自成则由荆襄北上，破西安，下北京，改元称帝，设置官署，在群雄之中，成了他一人独盛的局面。

李自成占领北京以后，是他极盛的顶点，同时也是渐衰时期的开端。李自成部下的将官，陶醉于享乐，士卒也逐渐腐化起来。兼以政治措置的过激，引起缙绅士大夫的嫉愤，以致吴三桂勾引清兵，都成了自成的致命打击。张献忠在四川亦事杀掠，民不聊生，义军蜂起，政权也随着瓦解。

弘光元年（1645年）夏季，自成死在湖北的通山；翌年，献忠也被清兵杀死于四川的西充；他们的部属——李锦、李定国等都相继走上民族战争之路。

我们把晚明民变和历代民变作一番比较研究，还可发现另一个特质。汉之张角，宋之方腊，元之韩山童、刘福通以及明熹宗天启二年（1622年）徐鸿儒的起事，都带有浓厚的宗教性质。这次事变，正当白莲教起事之后，农村已潜伏着不少教徒势力，而民变中居然没有掺杂着宗教性质。李自成这一集团，并且全以政治社会问题号召民众，这是与前述历代民变不同的一点。

晚明民变兴起的远因

明末民变，激荡中国垂二十年。民变的来源，其类甚杂，有边兵，有逃军，有驿卒，有矿徒，更有白莲教的成员。凡此种种，不一而足。其中，白莲教系流行于中国民间的宗教，肇始于宋之白莲宗，为佛教支派；流行于元、明及清。元朝时已杂入其他宗教的观念，名字也改为"白莲教"；并分为不同支派，其中一派不时起事，反抗当时的统治。明太祖朱元璋深晓白莲教的力量，在登基后明令将其取缔，该教遂转为秘密流传，但仍不时有所行动。清朝入关后，白莲教因主张"反清复明"，受到严禁。诸如此类民变所以相继而起的原因，都不外受了辽事的影响，如分别言之，有远因，有近因，但约而论之，则又不外明代的弊政有以酿成之而已。

此远因，莫大于建州努尔哈赤之起事，而其所以起事之故，则明之朝廷实又不能辞其咎。盖当万历二十七年（1599年）之际，明朝皇帝自以为数年之间，连建了三大武功——平藩、平朝鲜、倭寇，以及平宁夏，天下从此可以无事，于是不再临朝听政，只日与妇女太监辈在一起，一切奏章大都留中不下，因而在内的大臣，也都遇事敷衍，不知以国事为重，在外的文武边官，又皆欺诳壅蔽，尤其是以辽事为甚，以致内外上下，通同扯谎。一面明帝又更受太监辈的怂恿，至为聚敛之计，于其年（万历二十七年）三月丙戌，派出一大批太监分往各省，名目繁多，不必悉举。至于派遣辽东的则为高淮，他的头衔共三十余字，曰"大明国镇守辽东等处协同山海关事督征福阳店税兼管矿务马市太府高"。此太监辈，据其平日自称，有"俺是内官，当行无知之事"。所以高淮自到辽东之后，不但辽东地方被其骚扰不堪，即如邻国朝鲜，也受害不浅。

总而言之，明代税监之病民，与秦之发戍咸阳，都是为国家生事而已。例如太监于朝鲜曾因为需索不满其意的关系，至有"责让继至"的信票，当时礼曹即为启禀于国王，于是国王下敕曰："大府曾遣人累有所求，予必令精美厚应，又必款待差官，意盖有以，而忧未尝不在于隐，有司之能体予意有何人哉？今忽逢彼之怒，至于如此，每读一句，令人坠胆，内相之权，威行中外，御史台省悉趋下风，呼吸足以变霜露，予之所忧非一二端矣。"可见税监所至，大有令人"谈虎色变"之感。对朝鲜如此，于辽东之肆虐更可知，由是辽东的民变因之而起。如万历二十八年（1600年）七月辛酉《宣录》载奏闻使南以信回启曰："到辽东，闻有术士称号金得时者，聚其徒党几至四五万，据险于清河堡近处，无他兵器，只持大梃，将欲作乱。天朝患其或与老酋相通，令祖总兵来在广宁，以观其发动云。"此所云"老酋"同书又尝作"老可赤"、"老乙可赤"，以及"努尔哈赤"种种之称。金得时之事，拥众既有四五万之多，同时努尔哈赤与彼又或相通，则可见金得时后来虽被平定，其党之走入建州者，当然也就是势所必然。关内、关外，皆有人起事，起事民众竟是如此之多，明竟以此亡，此实当初明帝之所料不及。于明室而言，努尔哈赤与李自成、张献忠皆对其冲击巨大，所不同者，唯一东一西，中间仅仅一山海关之分别内外耳。由是可见明代民变蜂起之远因。

据《明清史料》，白莲教徒众好像带了几分汉时黄巾的意味，因为他们也用黄巾裹头之类作为记号。在档案内常常可以见到对他们的记载。如《明清史料·甲编》载崇祯二年（1629年）五月十九日兵科抄出蓟辽督师袁崇焕题本云："一奴发难，合四海之力不能支，历十二年之久不得结，而安奢之祸，白莲之盗因之而起。"又按《明史》，天启二年（1622年）五月丙午，山东白莲教徒徐鸿儒起事，陷郓城等州县。同年十月辛巳，官军夺取邹县，擒徐鸿儒等，山东事平。合而观之，颇可看出明代社会一般的情形。大概白莲之党衣钵相传，其在民间蔓引株连，流布甚广，踪迹诡秘，于北直隶、山东、河南活动者颇众。及自辽东事起，关内征调一空，于是徒众观望生心，不时思动，时人谓之"妄引天道气数之说，以摇惑人心"。所以其时民变之势，也就因此愈聚愈众。其时白莲之党，东南西北无所不到。因其发起之民变，据档案，为常有之事，如崇祯十年十月十三日山东巡按洪启遵题贼谍最狡河东堪虞事有云："徐州河东团铺英果山冈尚集与山东交界地方，有妖贼一起，聚众千余，接应流寇，旬犯渡河。"更足证明白莲之党已是当时民变中一种普遍的力量。

晚明民变兴起的近因

政治机构既渐归败坏，农村破产又无法挽救，明代统治的崩溃遂注定了。促进这一过程的是民变，和民变发生密切关系的是饥荒、兵变、加派和裁驿。现分论如下。

一、饥荒的影响

陕西省由于受特殊自然环境的影响，常常发生天灾，尤其是旱灾。万历四十八年间（1573年至1620年），有灾荒记载的占二十五年。崇祯年间几乎连年灾荒。如崇祯元年（1628年），四月至七月是农作物的生长期，没有落雨；八月又淫雨连绵，天寒早霜，把未曾成熟的禾苗冻死了。陕北的情形尤其严重，肤施因春夏无雨，禾苗都干枯；安塞旱灾外又加上风灾。灾荒的区域，南至于洛河流域的白水、蒲城和渭水流域的泾阳。

崇祯二年（1629年）继续旱灾，受灾最重的又是陕北，延安、庆阳一带,便是灾情惨重的中心。是年四月,马懋才道经延安,以所见闻上了一封详细的奏疏:"臣奉差事竣,道经臣乡延安府,自去岁(崇祯元年)一年无雨,草木枯焦。八、九月间,民争采山间蓬草而食。其粒类糠皮,其味苦而涩,食之仅可延以不死。至十月以后,蓬尽矣,则剥树皮而食,其树唯榆树差善,杂他树皮以为食,亦可稍缓其死。殆年终而树皮又尽矣,则又掘山中石块而食。其石名青叶,味腥而腻,少食辄饱,不数日而腹胀下坠而死。……最可悯者,如安塞城西,有粪场一处,每晨必弃二三婴儿于其中,有涕泣者,有号叫者,有呼其父母者,有食其粪土者。……更可异者,童稚辈及独行者,一出城外便无踪影。后见门外之人,炊人骨以为薪,煮人肉以为食,始知前之人皆为其所食。而食人之人,亦不数日后面目赤肿,内发燥热而死矣。于是死者枕藉,臭气熏天。县城外掘数坑,每坑可容数百人,用以掩其遗骸。臣来之时,已满三坑有余,而数里以外不及掩者,又不知其几矣。小县如此,大县可知;一处如此,他处可知。……国初每十户编为一甲,十甲编为一里。今之里甲寥落,户口萧条,已不复如其初矣。……如一户止有一二人,势必令此一二人而赔一户之钱粮;一甲只有一二户,势必令此一二户而赔一甲之钱粮。等而上之,一里一县无不皆然。则见在之民只有抱恨而逃,漂流异地,栖泊无依。恒产既亡,怀资易尽,梦断乡关之路,魂消沟壑之填,又安得不相率为盗者乎!"

崇祯三、四两年,灾区更扩大了。六年,旱、蝗、霜三灾并至,全省大饿,韩城县民完全没有饭吃的几乎占十分之九,得饱食的不过百分之一。连年灾荒,粮食价格一天天地高涨,陕西平时的米价每石不过一两银子,现在增加了好几倍。陕西北部是一个交通困难而辽远的区域,发生粮荒的时候,外边的接济非常困难,奸商们遂不免故意抬高米价从中牟利,山西军政当局复以防河为名禁止食粮运销省外;陕北素仰给于晋粮,忽然又被断绝,粮价更加高涨。素无积蓄的贫民,购买不起较平时价昂数倍的粮食,只好转徙他地,或从事抢掠。

二、兵变的影响

叛兵溃卒,是初期民变中的主要分子,他们常居于领导地位。因为政府积欠月饷,生活困难,士卒的溃变遂层出不穷。如西北边军饷糈拖欠的情形。当时的边饷,有民运银和京运银两项。民运银,延绥甘肃固原宁夏四镇年额共为八十九万四千七百零六两,但自东北边患发生以来,民运银受辽饷加派的影响,逋欠一天比一天多。

至于京运银的积欠,由万历三十八年至天启七年(1610年至1627年)前后十八年间达九百多万两。以时期言,天启六、七两年拖欠的数目最大;以镇别言,陕西四镇亦复不少。从万历四十六年(1618年)起,饷糈积欠的情形一年比一年严重。天启年间,固原、延绥、宁夏三镇,有数月无饷的,有经年无饷的;至于边远诸堡,有二三年之内未领分银颗粒的。崇祯元年(1628年),陕西镇的兵饷积欠到三十多个月;二年二月,延绥、宁夏、固原三镇皆缺饷至三十六个月之久。政府为应付当前的困难,于是有裁饷之议,延、宁、固三镇每年裁饷银六万多两,与全额比较,为数虽不算多,士卒的待遇却更降低了。

除了政府的积欠和裁减,更有将官的冒领和克扣。先说冒领,当时有"旧饷",有"新饷",兵额并不一定增加,常是新旧两饷兼支。时连年战争,士卒死伤和逃亡的很多,将官们仍照原额冒领。国家这种支出,大都被将吏们吞没,士兵不但不能多分余润,反而间接受到欠饷的影响。关于克扣月饷,更使士卒感到切身的痛苦,万历后期,御史魏允贞疏陈西北边军的情形说:"三军月饷,既克其半以充市赏,复克其半以奉要人。"崇祯年间,兵科给事中魏呈润疏陈士卒愁苦思变的原因,是由于上层的剥削太多。

还有的将吏强迫士卒替他们私人做苦工,以致无暇锄耕公田。将吏对于士卒的虐待,变成了一个严重问题。因为屯政废弛的关系,西北边军更受到粮价高涨的影响。一两银子才能买到八九斗,荒年则少至五六升,兵士们很感饷银不敷支用的痛苦。此后约百年的光景,兵士的生活更加困难,成了"衣不蔽体"、"日不再食"的情形，甚至于鬻卖妻子儿女，质当盔甲器械。到崇祯四年（1631年）五月，士卒每月仅能领饷银五钱，一斗米的价钱却贵到六七钱，五钱银子还维持不了十天的生活。士兵的生活既然没有办法解决，军纪的废弛又无法维系，更加上将吏的克扣、虐待，积怨日深，于是聚众公开叛变，或三五成群私行逃伍，便层出不穷。聚众叛变的事，由天启至崇祯间前后凡数十次之多。至于私逃的事件，当然更多。无论是公开叛变，还是个人私逃，他们家无恒产，脱离军队做何营生？逃到何处去？陕北这个荒凉的边区，素多盗贼，他们多半是边军的化身。兵变与民变的关系，由此可知其大概。

和民变发生有更重要关系的，是勤王兵的溃变。崇祯二年（1629年）九月，后金兴兵入关围蓟州，京师戒严，帝征集四方军队勤王。是年十一月，山西巡抚耿如杞与总兵张鸿功等统帅五千人赴援，如杞的军队到了京师，兵部令守通州，明日又调昌平，后日复调良乡，汛地屡更，兵士一连三日没有领到粮饷，饥而生愤，五千人哄然溃散，逃回山西。接着甘肃勤王的军队，也因粮饷不按时给发而哗变，逃回陕甘，从事劫掠。延绥镇的兵士，则因总兵吴自勉克扣行粮而叛变，后来也逃回陕西，延绥巡抚张梦鲸就是因此忧愤而死。

三、加派的影响

先是嘉靖二十九年（1550年），俺答犯京师，国家兴兵防御，京师和诸边的军饷，骤然增到五百九十五万两，国库支绌，设法开源，于是有加田赋一百二十万两之议，但皆坐派于南畿及浙江各州县。万历十五年（1587年），陕西发生大饥荒，富平、同官、薄城一带的平民，采石为食，户部侍郎孙丕扬进石数升于帝说道："今海内困加派，其穷非止啖石之民也。"陕西在万历中期已经感受到加派的痛苦。

万历晚年，辽患兴起，军费浩繁，国库收支不敷愈甚，议增田赋，万历四十六年（1618年）九月议定每亩加征辽饷银三厘五毫。四十七年十二月再议加三厘五毫，四十八年三月又加二厘。前后三加，每亩共计加银九厘，年额为银五百二十余万两。因专以供御辽军费之用，故特称之为"辽饷"。天启初年，四川贵州山东诸省，因变乱的缘故，于饷银或截留或蠲免，这时全国各地实际交到政府的辽饷为数不过三百四十万八千七百十二两，天启三年为三百五十一万五千七百十二两。

天启年间，田赋加派还不敷用，于是有关税、盐课的加派及杂项的增加。三项增加额共为银二百三十九万余两；如与田赋加派合计则为七百五十九万余两。除拖欠蠲免截留之外，政府每年实收的约为五百余万两，这个加派的数字一直维持到崇祯二年还没有什么变动。明代通常的岁收，除钱钞外，约为银一千四百六十一万两，今加派至七百五十多万两，是已超过通常岁收的一半，如与征敛加派时之额外苛索合计，晚明民众的负担较前何止增重倍蓰！不过由于历年的截留蠲免以及民众的拖欠，尚未曾收到过七百五十万两的额数，实际每年供作辽饷之用的不过四五万两而已。

加派的方法也有可批评之点，按当时各地经济状况说，有偏轻偏重之弊。加派一项，是按亩增加的，省份的穷富不为区别，田土的饶瘠不分等级，各省以往负担的轻重问题也不加考虑。如河南省，主粮一项每年为银一百多万两，京边新旧诸款又银一百六十多万两，所以有若干县份感到加派偏重的痛苦。说到湖广，人力所出，并不比别的省份多，只以幅员广远，"照亩加派，遂甲海内"。至于陕西山西的情形就更严重了。西北地旷土瘠，生产稀少，徒具多地之名，而无丰收之实，地多反为税累，此种情形在陕西北部尤其显著。民众最感痛苦的，尤为"无田之粮"，田鬻富室，产去粮存，加派既因田因粮，这些穷无立锥的人，还免不了加派的负担。

加派和民变的关系，由当时人的奏疏可以看出来。万历四十八年（1620年），张铨巡按山西，痛陈加派的弊害，谓竭天下主力以救辽，辽未必安而天下已危，请停止剥削，联络人心，以固根本，不可驱之使乱。变乱纷起之后，论加派与民变相关的人更多。

四、裁驿的影响

驿传的设置，或以供政府官吏的往来，或供公文等的传送。负担运送的驿夫，官府仅偿予一部分代价，民众得不偿失，驿递愈繁，扰民愈甚，天启二年（1622年），御史方震孺说过："至若驿递，夫只有此数，马只有此数，而自有东事以来，军情旁午，差官络绎，冥蓓百倍于前，而欲其照旧支撑，必无幸也。臣所经过，自通州以抵山海，见夫头、马户以及军户，无不泣下如雨，不忍见闻。而瘦马走死道旁者，又不可胜计。"驿递过重累民，政府尝议"帮贴"、"协助"以谋救济，但都没有实现。

豪右们复倚为奸利，如使用驿传的执照，在兵部的叫作"勘合"，在省中两院的叫作"火牌"，在司道府的叫作"票"，乡官使用的叫作"留贴"。在使用时每递相假借，或假为买卖；有的一纸洗补数次，一次往返数月。差役们也倚恃官府，威如虎狼，借机欺压小民。御史毛羽健深知其弊，特请皇帝严谕各州县：有能拿获"假勘合"、"假牌票"的得升为科道官，并严究"假勘合"、"假牌票"的来源。查出后官削职提问，吏按律正法。时迈值国用不足，兵科给事中刘懋上疏谓裁驿每年可省驿传银数十万两。这个崇尚俭约、同情民众的皇帝，感受毛、刘二人的影响，乃于崇祯二年（1629年）五月正式议裁，变革万历以前的旧驿规，重新定驿传章则，裁撤十分之三，每年省下驿传银六十万两。于是严申号令，非敕使不得给邮传；乘传有定额，不得滥用公家银钱。有滥发邮传的罪不赦。部科监司诸官有不少人因此受到惩罚的。

陕西被裁撤的驿卒有不少参加民变，这是陕西特殊情形所造成的。彭孙贻说过："燕、赵、秦、晋轮蹄孔道，游手之民执鞭逐马，多仰食驿糈。"陕西人依赖驿传为生的特别众多，由此可知。陕西素称贫困之区，谋生不易，恰好又逢上连年灾荒，米贵民饥，被裁撤的驿卒越发无法生活下去。勤王的溃兵这时也逃回陕西，到处煽惑，首先受影响的便是这批失业的驿卒。陕变的爆发，一种极大的潜伏势力是变逃的饥军。崇祯初年的天灾是一个招致变乱的导火线。崇祯二年，被裁撤的驿卒、勤王的溃兵，与民变相合。此后陕西连年的天灾,继续制造出大批民变后备军,成为此后攻扰晋豫川楚的主力。

李、张等致败原因的分析

李自成占领京师,没有能和他争锋的。张献忠盘踞着地大物博的四川,也是一个霸主。但是二人都不能建立永久的基业,鼎盛之后,不过几年之工夫,都失败了。李自成自经山海关败后,放弃北部诸省,退避武昌,走死通山,所部分裂,投归明室。张献忠方面,弘光元年(1645年),在川南有明军的反攻,隆武二年(1646年),在川北有清兵的夹击;献忠就在两者交逼之下死在西充。孙可望等率领部众放弃四川,南走云贵,后来也投降永历。至于他们失败的原因,在当时有很多人谈到过。弘光时兵部司务陈璧上疏说,自成必归失败,曰不长于政治,曰将卒腐败,曰粮刍困难,曰外患,曰义兵,说的已很详细,然尚有未尽者。至于献忠的失败,亦不外上述数端,只有轻重之不同而已。归纳分析如下。

一、军政腐化

李自成在未占领京师前,军纪严肃,号令严明,尚未染上腐败的习气,将领与士卒共甘苦。自成本人就是一个不爱妇女财货、布衣蔬食、刻苦自励、表率群下的首领。他命令部下不得私藏金银,经过城邑不得强占民房,除妻子外不得携带其他妇女,并且把奢靡淫逸的罗汝才处死,在当初确有一种苦干的精神。可是入北京不到几天,自己的政权还没有稳固,过去对于明政府官员的批判却变成自我的嘲讽。他的将官一样骛声色,好货财。刘宗敏、李锦、田见秀诸人,分据官僚的住宅,挟妓狂欢,享受起豪华淫逸的生活。自成虽欲加约束,诸将骄蹇,岂肯听命!革命救民的思想,至是全然丧失。自成对刘宗敏、田见秀等诸将封侯的赏赐,"每人赏珠一大斗,金银一车,币千端"。其余大小将领沿门搜索及拷掠所得的金银,亦动辄数千两。

诸将帅既然整天忙着醇酒妇人的享乐,再无暇顾及士卒,士兵们乐得逍遥法外，也日事淫掠。兵士初入人家，曰"借锅爨！"顷之，曰"借床眠！"继之曰"借汝妻女姊妹做伴！"有藏匿妇女的，押男子遍搜，必得乃已，一兵有挟带三四个妇女的。有的挟到城上行奸，据《甲申纪变实录》载，北京十二三岁至五十岁的妇女，都不能免，仅安福胡同一夜被奸杀死三百七十余人。自成法令虽严，但也不能制止部下的日趋腐化。

关于士兵勒索的情形，王源《秦舍人传》说："孙布政使子某被掳，索十万金。孙某谓金匿秦生所，贼十八人系秦索金。道遇一贼将，曾为孙氏家奴，与秦生相识，秦以情告。贼将曰：'此妄耳，此甚微（指十八人的地位甚微），何得索人金！'一贼魁即请往缚十八人斩之。"盖士兵沿门搜索，已属常事，其因勒索财物被将官刑杀的，仅为例外。勒索所得，私取十分之三四，以其余的十分之六七呈交将领，兵士们得银多的千余两，少的亦四五百两。自成初至京师时，马厮爨丁皆敝衣羸骑；后来便不同了，衣必组绣，银宝满怀。上自将军，下至士卒，都沉沦于过分的陶醉，好像政权已经巩固，天下已经太平，对于近在肘腋的关外大敌，似乎全不在意，几十万人马，都聚集京都里面享乐。李岩见到这危机，提出了一个建议，请令各营兵马仍退驻城外听候出征，禁止军兵借居民房，以免失民望。自成不能用，军纪一天坏过一天，北京在士兵骚扰之下几乎成了一个恐怖的城市。

直隶及各省县的情形，亦大略如是，如威武将军白驹在沧州传令取娼妇百口，其中多以良家妇女充数。制将军董学礼率兵路过德州时，恣行杀掠，向地方官勒索妇女。当时北路诸府州县，每逢军队经过，便要搜索民间妇女供应。士卒横蛮异常，稍或不足，辄殴辱地方官吏。地方官每将拘来的妇女豢养于官府，专以供应来往兵将。将领士卒们耽乐日久，渐无斗志，腰缠既富，遂多乡井之思，这是自成军队在质方面一大转变。所以一闻三桂军至，皆为寒心。及战连败，益肆淫掠。战斗意志的消失，已成强弩之末，占领北京时是自成军队转趋腐化的起点。

自成再有一个致命伤，是内部不能真诚合作。崇祯十六年，自成谋杀善攻战的罗汝才、贺一龙，同辈已多侧目切齿。又拘马守应家属于襄阳，令他率众进攻常德，守应阳不敢违，心实怀恨，所以自成一入陕西，他便首先背叛。自成的数十万大军，并非由自成一手建树起来，他部下的大小首领，不下数十百人，每一首领皆有他自己的部伍（私兵）；每一个部伍内的士卒，或以历史的关系，或以出身区域的关系，彼此间恒以感情相联系，自成一军。自成如能善加笼络，众首领固然乐于听从他的指挥，否则便率部他去。

至于张献忠的军队，以组织较小，内讧不及自成部下的剧烈，但他杀戮部下十分惨酷。如在成都，抚南营都司张斗南逃逸，献忠怒杖抚南将军一百棍，都督一百五十棍，大小官员都遭惨杀。又广置密察，扮作闲人混入兵民中，有道及时事的，同往的人一并杀戮。后明军和义兵所在蜂起，局势日蹙，献忠复举行大阅，围杀川军。一云部将刘进忠的倒戈，即以所部多川人之故，后来献忠竟死于进忠所援引的清军之手，敌人的声势日涨，献忠的杀戮益烈，即宿将旧兵，有时也不能免。部下心怀畏忌，明清军势一盛，他们便多倒戈降敌。

二、政治的失败

最重要的一点就是失掉仕官缙绅的同情。君主时代的政权，上自中央政府，下至地方政治，一向操纵在仕宦缙绅之手，若想建立帝业，必然要设法获得这一群人的帮忙赞助，来笼络号召民众，以从事安定社会秩序的工作，才易于成功，自成和献忠，都忽略了这一点。

明代北京政府虽被推翻，但是旧的政治势力仍然存在，自成入京师，不但未曾充分地利用他们，反向他们严酷拷索，即使投降的及上表劝进的人，有时也不能免。在北京设比饷镇抚司，拘捕缙绅，勒索金银。大学士如陈演等五人，各部尚书如李遇知等四人，侍郎如沈惟炳等十人，以及各院寺大小官吏多被拘拷。不仅京师如此，自成所派往山东、河南的地方官也日以拷掠财货为事，缙绅们很少不破产亡家，或身遭惨杀。吏部尚书李遇知被夹足拶指，输银四万两；户部侍郎王正志，被夹二夹，其子亦一夹一拶，输银得释，留用；太常寺卿王都，被夹三次，输银三次，释夹即死，其余官僚缙绅所遭刑辱大抵类似。自成这种严酷的处置，逼起缙绅的反抗，无论是受到拷掠或是未受到拷掠的，他们时刻准备反动。关于这一点，从以后仕宦豪右所倡导的义军和北方投清的臣僚共同反自成的行动中便可得到解答。固然有的义军带有浓厚的忠君爱国的意识，但是那批投清并协助打击自成的文武臣僚，他们由于切身私人利害的关系尤为重要。

张献忠之失掉官宦缙绅的同情，是由于过度的残暴，被他掳获的官吏缙绅多遭残杀。攻下重庆时，拘官绅于草场，令百姓辨识，很少得免的。兹以兵部右侍郎樊一蘅一门为例，樊曙撰《樊氏一门殉难记》云："刺使公率亲戚宗族还乡，依墓庐，贼至，举家为贼所获……伯祖纫楚公，讳一荃，年七十六……贼探知司马公（指一蘅）胞兄，害之。……伯祖君佩公，年七十二……贼果刃之。伯父锡元公，讳子玠，抱父讳楚刃公痛哭，贼并杀之。伯兄夏卿公，讳斗寅……戕之，堂叔祖一蓉之，起义抗贼，不胜被戮，诸子子瑜、子玮及季男俱殁于贼。堂叔子琇公，以贼故投于水。堂兄斗柄以贼故殁于焚。仲兄斗杓公，集乡勇讨贼，战而死。"即缙绅的妻子，亦多不保。樊曙谓诸母等人，全被杀害，或悬发梁间，射数十创，复断两足死，或割耳鼻死，或斩四肢死，或酷焚死，极其残忍。如此，献忠的部队自然无法获得缙绅的支持。

平民对他们如何呢？自成所以能迅速成功的原因，是由于他均田免赋，行仁义、收民心的号召，获得了下层社会农民的拥戴。但占领北京后，他所宣传的均田并不能够实行，政治方面，除一些名称的更定外，并没有什么实际的改革，自然不能满足民众的愿望。宣传仁义的告示，这时已渐失掉民众的信心。民众在流离痛苦之中，不免怀念起从前比较安定的生活来，对自成渐改变态度，由拥戴而厌弃，自成因此失掉真实的力量，比得罪仕官缙绅的关系还大。

自经畿辅败后，李自成所部益脱离人民。败归山西之时，在所经过的榆次、太谷、定襄诸城行凶，忻、祁的情形尤其凄惨。驻扎陕西韩城二十五日，兴作徭役，以及刍荛饷糈皆迫责于地方，与从前的作风完全不同。民众如有反抗，便可能致祸。自成复严立刑法，甚至盗一鸡的也遭重办。

自成对自己的部将官僚亦杀戮过酷，兵政府尚书张第元以触忌见杀，刑政府尚书耿始然夫妇以畏罪自缢，礼政府尚书巩焴以更定威仪服式不称意，几乎被打死。又怒吏政府尚书宋企郊私其亲故，锁颈至长安，使视事如故。余若户政府侍郎李天笃，被缢杀后并没收他的妻子财物赏军；延安府户贾我祺、郧州牧袁某、三水县令李三楚、朝邑县令某并其教官某，皆坐赃贿斩首。其余以微罪受刑戮而史不传的当不在少数。对于部下既不能善加笼络，于是众叛亲离，所派遣的地方官有很多叛去归明，或倒戈降清。

张献忠在湖广虽也一度赈饥免粮，但始终不能脱离破坏的举动，他攻占庐江，焚掠一空，唯余横尸和瓦砾；下萍乡，尽焚公廨民舍，只剩一座空城；据六安，州民尽断一臂；占蕲州，屠尽缙绅生员。献忠的声势越大，其造成破坏的程度也随着更加厉害。论者谓"民心畏献而服闯"，盖原于此。

三、明臣协助清室

这时兴起两种反李自成、张献忠的力量，一个是明代文武臣僚投降于清室所形成的联合势力，一个是仕宦缙绅和民众所组成的义军；前者是摧毁自成的主力，后者是献忠霸权的致命打击。在河南、山东一带，虽尝兴起反抗自成的义兵，但并不是自成的劲敌；自成失败的主因，却是由于他偏激的作风而引起士大夫的仇恨，增加反自成的力量。

此后清室更充分利用诱降的政策，清兵占据北京后的第一步工作，即为崇祯帝后发丧，保护明廷宗室，追悼被自成杀死的官吏，以讨好官僚士大夫。而一般无气节的人，也就借口清廷为先帝报仇，占据北京是夺诸仇人李自成之手，而甘心迎降了。后来左良玉的儿子梦庚劫总督袁继咸投降清廷，清大学士刚林私劝继咸官道："朝廷为明讨贼，今贼未绝，君入仕，可为明帝复仇"，他替降清的士大夫找出了绝妙的借口。继咸虽然不屈死节，但有不少文武臣僚借口"清非我仇"而投降的。清室又利用免税减租的政策，到处宣布定乱安民共享太平的意旨，以笼络民众，所以清兵初入关的时候，北方民众很少起来抗拒。

四、民团的作用

崇祯十年左右，河南、湖广这些遭战祸掠劫的区域，民众为谋生命财产之安全保障，已在纷纷组织寨堡。到十五、十六年，东至山东，西达四川，几无处不有了。这时，流民、"土寇"不时起事，政府调来攻剿的官军，毫无纪律，如左良玉、贺人龙诸将，都是以纵掠著名的，致有"贼梳官篦"之谣，溃逃的士卒，数十成群，携带武器，更是骚扰不堪。在这混乱的社会里，强凌弱，众暴寡，地方官吏实力微薄，已不能执行保境卫民的任务。乡民在民变、溃兵交互侵逼之下，再不能享受安居乐业的生活，于是互相团聚，或依山结寨，或沿村筑垒，借资防御，寨堡组织遂遍布于各地。这些寨堡，原先防御的对象虽有流民、"土寇"与溃兵的不同，但在崇祯十年后，在预防民变方面却发挥了显著的功效。他们或协助官军，或独立作战，还有的若干寨堡联成一气，形成一个大的联寨，有事互相应援。他们替政府执行了保卫地方治安的任务，有时还接受政府的指挥，时人常称之为"义军"。

反献忠自成的势力，大致可分成两个时期，崇祯十七年（1644年）以前是一个时期，崇祯十七年至南明隆武二年（1646年）是一个时期。在第一期内，只有崇祯十六年的反抗组织较盛，时献忠盘踞于湖广，自成占领河南；在他们占领的地方，缙绅豪右们据险结寨，和他们对抗。比较著名的有，易道三、易祚远在黄冈附近的白云寨，黄云夫、刘侨等在黄麻组成的九十六寨，程良筹、夏时亨在孝感白云山的寨，宋正奇在潜山的据守险隘，以及河南豪右沈万登、刘洪起、毛显文组织的乡勇，都给予献忠、自成很大的威胁或打击。

崇祯十七年春，自成占领北京，他的声势达于最高峰，但又很快地衰败下来。各地的缙绅士子，得到崇祯殉国的消息，或设牌主遥祭亡帝，或作檄文声讨自成。尤其是在吴三桂以复明报仇为号召的军事节节胜利之后，诸处义军，或据城起事，或结寨自保，无论是在自成占领或未占领的地方，都兴起了。先说北方，畿辅之地，在自成统治下不过一个多月的工夫，便被清兵占领，社会秩序迅即恢复，所以义军的事件较少。山东省以连年灾荒，"土寇"纵横，民不聊生，乡村间早已产生自卫的组织。这种以防御"土寇"为目标的乡村组织，及自成军势一衰，马上转变为反自成的团体。于是山东河北诸土寨，闻风响应。

河南省受战事骚扰，所遭受的痛苦也最深痛。地方人民，每据寨称雄，抗拒官府，肆行攻掠，如张长腿、申定邦、任辰、蓝二、李好、王彦宾辈，不可胜数。善良的地主，也常结寨自卫，如崇祯八年柘城刘心乾，择形势之地，捐金筑堡，周围三里许，堞高四丈许，费粮一千三百余石，草薪二万余束，费银一千三百余两，乡民依之得保全的很多。归德乡官沈挺之，把所居的村庄作成营垒的形状，树栅寨插旌旗以自卫，乡民多来此躲避兵乱；寨堡组织尤盛极一时，洛汝之间，鳞次相望，及自成军势一衰，这些寨堡纷起协助官军，打击自成，明巡按御史陈潜夫主张乘机进取以为策应，仅洛阳一府结寨抗拒自成的就数十处。

自成败归山西时，各州县亦多闭城不纳，榆次、太谷的士民拒绝自成的军队入城，定襄的士民杀戮自成所委派的地方官吏，自成发兵镇压，叛变的反而更多。淮、扬一带义兵势力也相当雄厚，明巡按御史王燮尝集义兵至二十万人，兵部尚书史可法亦谓淮人忠义，纷起"碎伪牌，杀伪官"，清政府对他们特加旌表优擢以为鼓励。

四川义兵之盛更是历史上所罕见的，献忠本人本来就有不少的破坏行动，自从占据四川，表现得尤其厉害。上自缙绅豪右，下至于军民，不甘于消极忍受，到处起兵反抗。乡官如渠县李含乙、成都张祖诰等倾家募士；士子如郫县江腾龙、南充樊如善等纠合乡勇；平民如洪雅余飞、眉州陈登皋的据寨自保。诸人或谋抗拒于献忠未到之先，或起义于城邑被占之后，每一集团，多者万余人，少的也有千多人，到处和献忠为难。在开始，献忠企图用武力镇压下去；然献忠的军队一去，义兵便又兴起；献忠所派出的官吏多被义兵杀戮，甚至一县在三四月内有连杀十几个县官的，献忠对于发生反叛的县份，有时把全县的民众杀戮。但是，事实证明民众是不肯为暴力所屈服的。

明室将亡之际，很多曾经历战事的地区，兴起了自发的防卫组织，有的专是自卫，有的听命政府，都直接间接地替明政府执行了安民保乡的任务。不过经济已经破产，下层的政治组织已经解体，明代已无一个统一的政府和支持它的经济基础了。

第二节　明代亡国原因的分析

明太祖统一中国，建立大明帝国，是唐以后中国的自治统一时代，其国势的强盛，远非宋代可比。明代统治维持了二百七十多年，直至明思宗崇祯十七年（1644 年），李自成陷北京，思宗自缢殉国，继而清兵入关，明遂为清所代而亡。考其亡国之原因，约有如下数点：

政治方面

一、中央政局所产生之问题

明代社会，自万历中期以后，日趋衰乱之途，终致积习难返，以迄灭亡。究其原因，乃由于政治措施不当所致，而其事缘之肇始，实系于神宗之怠政。神宗本甚睿明，万历初期，江陵辅弼，社会安宁，民殷国富，治绩颇有可观。迨后体弱倦勤，深居静摄，君臣逐渐疏远，以致朝政不修，纲纪紊乱，两京部院，位多虚设，政事因以日坏。由于神宗怠政耽乐，奏章多不批示，政事仅用中官口传内阁，因之宫府精神未见流通，外廷疑惑，人情观望。此后朝臣奏章，越发不理，阁部每感束手，朝纲日以紊乱。奏章留中不发，万历中期以后，已成司空见惯。而诸般朝政壅滞，亦自在意中。又万历四十三年五月初四日张差梃击事，群臣有二十五年未睹圣颜者。

以一君临天下之主，二十五年不见群臣，则朝纲不振，自不待言，而其间矿税、织造、大工、增饷、灾旱频岁，民生日蹙。终神宗之世，社会弊症已根深蒂固，鲜能挽救。加以官吏奇缺，缺官之始，神宗尚略能采纳群臣之奏，进补些少员额，唯于吏部尚书一席，不即点用，遂启以后缺官之渐。由于地方缺官，代署佐贰又不称职，社会秩序紊乱，各地遂有盗贼之起。此后，朝廷大僚、封疆大臣、地方长官相继报缺。此时政事已因施政荒废困乱不堪，而天灾时变又复接踵而至，是以乱根深固而乱象成。

晚明施政，积弊殊多。盖政治之推动，在于人事之齐备，而齐备之人事，又在于铨法之妥善。今缺官不补，吏部业务废弛，铨法遂以大坏。按铨法乃施政根本动力，一旦法坏弊生，则小人进，而君子黜。小人行政，后果可知。由于神宗晚年政治败坏至极，故社会已呈动摇之象，水旱火灾，屡见不鲜，官军府库，实虚悬殊；边军乏饷，抚房缺赀，漕运搁浅，水旱雨极。循至天启，乱象益露。按神宗不理朝政，数十余年，而光宗又不假年，在位一月宾天。熹宗受制于客魏，是非不正，杀灭忠良，则士民有轻天子之心，势所必然。加以当时南部仕路，藏奸匿瑕，不若此都摘发批引，期于洗净，且当时内臣赃贿受劾罚重，外吏赃贿受劾罚轻。而军事失败之罪，会典正法者，大半为文臣，武臣又多临阵溃逃，望风披靡者，习以为尚，则战事岂能取胜？迄于崇祯之初，社会弊端中，虽鲜有官府直接残杀民命，然赋税仍重，民生久蹙，弊象滋生，触目皆是。当时军伍之中，冗食冒滥情形，极为普遍，而军纪废弛，更不待言。以当时环境言，催赋与募兵实为最急之务。然养民乃培裕军饷之本，而核实为清糜兵饷之本，应当本末兼顾。由于军食冗耗，又不得不奏请节约。然皇室奢阔成习，虽念及民苦，然不能减折宫用所需，以轻民负。则苦者自苦，乐者自乐，人心从何补救。

明祖虽出身微贱，然恢复民族地位、树立帝国之时，随即大封宗室，造成一个特殊阶级加在原来的封建地主之上。原有的封建地主势力已很不小，再加上新封的朱姓贵族，人民更经不了负担。朱姓新封的贵族人数加多，其流弊亦随着增加，成为动摇大明统治的因素。举其最大者而言，凡有数项：一则直接扰害人民，以贵族之尊，居于各地，仗其势力，侵夺人民田宅子女等事，所在皆是。二则妨碍官府行政，贵族虽不管地方行政，然以地位之尊，尝要挟地方官员，地方官员亦莫敢抗拒。三则加重人民负担，贵族全不从事于生产，其食用概来自庄田的田租，无庄田的，即来自人民的赋税。人数多了，两者俱感供不应求。

明太祖为杜绝宦官祸国，曾悬铁碑于宫门，严禁宦官干政。及成祖以靖难兵入篡帝位，因得力于宦官之内应，遂破坏太祖定制而加以宠任。永乐十八年，设置东厂，以宦官主之，专以刺探外事。宦官遂操生杀之权，气焰也益张。不过当时的宦官，尚未能掌握大政，来操纵整个国家的命运。宣宗时，于宫中设书堂，选年幼内侍数百人，读书其中，令朝宦教习之，此后遂成定制。宦官既多通晓文墨，熟知古今，对政治的兴趣益浓厚，作恶手段也益精。但他们的干政握权，固由于皇帝的信任，而明代政治制度本身的缺陷，也是造成这种现象的主要原因。宣宗以后的皇帝，日渐颓废，不亲政事，他们深居内殿，不复常与大臣相见，若干皇帝如世宗、神宗竟至二十余年不视朝。皇帝既不亲政，乃一方面专命内阁条旨，一方面又命宦官代为批决，因此给予宦官专政的机会，宦官由是恃势，屡兴大狱，残害忠良，明之衰亡，导源于此。

人之丑行，莫甚于贪。盖贪为坏事之根，同时也是万恶之源，而明代之失政，乃至于亡国，其弊即在此，盖不但文官、武官受贿款，更甚者是太监。纪昀《登门下谈话》有云："老爷前送礼，不用许多杂物，只用银子折计，开单以示。回礼及王子初见礼，并勿以参绅物开列，以书银子几两，似为使当。"确是一种透骨之论。崇祯七年六月，李自成陷于兴安州之车厢峡，不难成擒，后由于太监杨进朝、京营总兵王朴等贪重贿而纵之。据此，则可知明代疆场之事，凡太监所至，自然也只有日趋溃烂而不可收拾。此外，还有文武大臣之贿赂公行，当万历时，其在士大夫辈，贪风已甚，无怪乎后来崇祯之世更习以成风，乃至于无官不受钱。"只要他人净，不管自己污"寥寥一句话，可见一斑。

明太祖定制，特别注意广开言路，除了都察御史及六科给事中外，无论百官布衣，都可以上书谈论国事。英宗、宪宗以后，宦官权相，迭持朝柄，政治一天比一天黑暗，正直的士大夫，上书抗论时政的很多。加上这时的知识分子崇尚理学，注重气节，与宦官抗衡，演成党争。神宗时，吏部文选顾宪成被免职归故乡无锡，在东林书院讲学，他时常批评政事，议论人物，当时附和他的人很多，朝中的臣僚，也有和他遥相应和的，成为东林党一派。另外朝臣中有所谓昆、宣党及齐、楚、浙三党，都以排除异己为务，互相依傍，以东林为公敌。于是政治上形成东林与非东林两派。恰好在神宗、光宗、熹宗三朝，有所谓"梃击"、"红丸"、"移宫"三案发生，遂成为两派互相攻击的题目，党争愈演愈烈，直到明末，士大夫中的正人，为宦官魏忠贤诛除净尽，明室也走上了灭亡之路。

二、地方政权的糜烂

一为吏治不修。明代初年，吏治最为修明。但因为时间既久，中枢的统治者不免昏庸，对于吏治自然懈怠起来。全国的政治不得不随着吏治之不修而腐化。吏治腐化，地方乃直接遭其糜烂。胥吏固足以害天下，而冗员之日益增加，更是促成吏治之腐败要因。冗员之增置，是每一朝的黄金时代过后所必有的现象。一切施政方法，都不如初期之严密，官员冗滥，士绅阶级努力向官场爬，政府稍稍予以敷衍，结果官员多起来，事情虽未增加，而官员人数加增。有官无事，官也就成了冗官。明自孝宗以后，官员之冗滥即已开始。

二为乡绅横暴。中央腐化了，各地的吏治自然是不修。吏治不修，乡绅乃横暴，农村士绅势力乃无限地活跃起来。赵翼谓："前明一代风气，不特地方有司私人横征，民不堪命。而缙绅居乡者亦多有倚势力恃强，视乡民为弱肉，上下相护，民无所控诉也。"《姬文允传》："文允宰滕县，白莲贼反，民皆从乱。文允问故，咸曰：'祸由董二。'董二者，故延绥巡抚董国光子，居乡暴横，民不聊生，故被虐者至甘心从贼，则其肆毒更可知也。"

经济方面

矿采初起，天下骚然。其后遍及各地，全国为之震动，反应恶劣。地方官员与开矿中官，往往不能协调，开采太监得以任意作为，甚至互相争据地盘酿成事端。矿监如此横行不法，神宗犹令各监考察地方官贤否，并知查盘事，专举劾，遂使诸监益无忌惮，为所欲为。实际各处矿洞开采，多得不偿失，最后往往拿移项银两填补。又开矿无砂，税官竟谋为盗者。实际各区矿监，一遇开采无获，靡不迫令地方官就其地方正额或额外中，如数赔垫。又开矿不赀例。迨至三十三年冬季，终以开采不赀，诏令天下停止，而税征则仍旧进行，论其实际人民痛苦，并未减除。

矿与税系相辅而行，先有矿采，随即遣使权税，继则扩大税收范围。税使既出，旨在搜括民财，而无赖奸民，复多诱之，遂致商旅大受滋扰。此后各地征税，均多榨索骚扰，民愤之暗流，逐渐汇成，有待爆发，阁臣因有疏止之谏。惟神宗之于矿税使，是故纵之征敛民财，又从何而采纳谏言？由于阁臣忠纯之言，尚不足以迁圣意，于是税收愈恃而骄，庶民愈愤而怒。继之遂一连串发生冲突暴乱事件于各地。而税监有恃无恐，贪横益甚，当时社会人心，对矿税之事深恶痛绝。且由于额外苛税，直接打击商业，遂使市面萧条，商店倒闭甚夥，因之影响国家正式钞关之收入。此后收入，每况愈下，究其因素，实系税使榨索所致。盖商人折本关门，其应纳之税，自无须再缴，钞关收入焉能不减？

宫廷既倡奢靡于先，则臣工之中，自亦有不惜物质者效尤于后，于是造成无谓消耗。盖民衣民食，为经国之大计，民间饥寒不济，政府则听其腐朽，如此则民愈穷，国用愈不足。朝廷大僚，地方大吏，员缺不补，造成政治腐败无能，遂使预算不敷所出，势必借支挪移。至其挪移之款，又多为缺官结存银两，此种畸轻畸重，遂成政治实施上之局部缺点。其后边事日坏，边兵日增，而边饷亦随之增加，且有逐年增加之势。此一庞大数字，未必尽数核实用于边军，其中军饷亦被冗兵滥吞，成为军需上之最大弊源。另一弊端,则地方逋欠,时不论丰歉,向以负为常数,不论京边,而以久为常例,遂使粮饷不济。军事方面,而边事因以日坏,加以边情严重,势必增兵,增兵必增饷,本已不足,情状不易维持,长此以往,势将崩溃,故不得不增加民间负担,以达增饷的目的。总之,辽饷援辽,而辽事终不可为;练饷用以练军,而新军无一劲旅,下则叫苦连天,上则宫廷糜烂,其所谓开源之道,尽数榨于民脂民膏、民骨民髓,至于节流,则宫廷以靡浪作示范。毅宗虽能自苦,然措处乖方,偾事取败耳。

晚明社会,日趋不景,市物价钱,时呈波动。一般物价准据,大略以米、麦为主,而丝绢与钞次之。于是谓米、麦为本色,而诸折纳量者谓之"折色"。"折色"多以金银钱钞为之,尤以折银为普遍。由于商(市)价,即相当于黑市,且复发生火耗问题。银两火耗,本自有之,至其耗量之增减,则完全操于官吏之手,久之遂以其弊为当然,而庶民则蒙其大害。自司府下至差委官役,已连成一气,各有吞贪,上下其手,虽有一二抚按必欲论劾,亦难得其实况。此种集体贪污,遍于社会各地之中下官吏。故凡有折,必有火耗,庶民徒受其苦,地方长官如抚按者,亦无可奈何也,而成为晚明社会经济病症之一。

晚明社会,各业不振,国家一般经济生产事业,亦多因政治不良,日益走向衰途。而其中与国民生计关系至为密切者,厥为盐法、屯垦,钱法之完整,维持其正额之输纳,借补军饷之不足。晚明盐法败坏,非特国家收入为之减少,即社会市场之供求,亦不易调节赒济。至于屯垦,尤为军食之主源。明代军队之卫所防守,与屯垦事业相辅而行,而尤于边军战守事宜,至关重要。盖屯守为防御之基础,无此基石,则防御徒耗国币,而终难持久。故晚明屯垦之法坏,造成边事亦因此而日坏。钱法乃贸易脉络,官民之所赖以权衡生计标准者也。明末钱法乃不能畅其流,致使社会金融也因此而呈现萎缩,而百业亦随之不振。至于役法,乃人民为国服役之保障,苟人民服役,而不得役法保障,则为之迫害,明代国家寓迫害于服役,故人民多不安于此侵扰。茶马之法，乃勾通中外有无贸易法之一种。中国之茶，外番之马，两相交易，至为互惠，而所行间有不善，致蒙无辜之损害。至于国内之马政，每多影响人民之生业，且于北直区域，尤为显著，促成晚明在社会经济之衰退，亦为明代灭亡之主因。

国库虚耗，入不敷出。国库为国家财政收支之总汇，亦为维持国计之本源。晚明中期以后，国家多故，盘库既无存积，岁费历年增加消耗，兼以历年收支不平衡，遂致财经走向崩溃之途。

由于国库不能继续支付各项额外费用，遂不得不权宜支借历年储积之马价。此例一开，举凡国家一切额外所需，咸多仰赖于此，积习既久，复无法归还，马价一空，马政则不堪设想矣。迄至天启末年，太仆寺马价已完全借空，此后国用急需，已无贷借余地，国家财政情形，遂至一蹶不振。

马价借空，于是不得不转向内帑之拨发。此在神宗末年，虽屡有请发，然为数均不甚夥，且甚难获准。迄至天启间，边费不足之数，大半仰给内帑。此后，所发内帑，多非实用，以前兵常缺饷，今则有饷无兵，徒耗国帑，无补大局，年年支出，所费极夥，而于边事迄无扭转迹象，而国家经济基础，根本已摧毁。

国家财政，收入减少，支出增多，既不能从事正当开源，又不能节制其流，只图任意加派，而不注重督完岁额之正赋。盖国家开支如此浩繁，而各省直屡年逋欠未完，见年征收未解，又有各处留银留税，荒歉蠲免，财政收入，只有每况愈下。又尚有岁额绢隐匿之弊，而各地钱粮，复因灾情蠲折，此外，尚有虚报钱粮之事，这对于国家粮储，显属有损，而民生困苦，又何知也。如此捉襟见肘，经济体系完全败坏，国事则愈不可为。

明初，募盐商于各边开中，谓之商屯，弘治中叶，变法而开中始坏。世宗时，杨一清复请召商开中，又请仿古募民实塞下之意，而庞尚鹏总理江北盐屯。寻移九边，与总督主崇古先后，区画屯政甚详。然是时，因循日久，卒鲜实效，给事中管怀理言。屯田不兴，其弊有四。疆场戒严，一也；牛种不给，二也；丁壮亡徙，三也；田在敌外，四也。如是而管屯者，犹欲按籍增赋，非扣月粮，即按丁赔补耳，屯粮之轻，至弘正而极，嘉靖中渐增，隆庆间复亩收一斗。然屯丁逃亡者益多。管粮郎中，不问屯田有无，月粮止半给，沿边屯地。或变为斥卤沙碛。粮额不得减，屯田御史，又于额外增本折，屯军益不堪命，屯田日减而军粮日增，其弊如此。

社会方面

织造烧造，采木采办，皇店皇庄之滋困。织造本为宫廷所用与赏赐所需，皆朝廷不可缺少之物。惟其运用，必须得当，始有效而利民。过滥或不足，均可形成社会之病症。晚明时期，社会本已困乏不堪，朝廷服饰赏赐，理应节简，始可适应此一社会，然而事实竟大谬不然者，御用织造之数，如此之巨，一人之服，动用万余套匹，则各地织造供应加多而不恤，频催征解而不厌。至于御用器皿及瓷砖屋瓦，亦劳民烧造不停，盖烧造小批艺术瓷器及日用器皿瓦缶之类，以应社会需求，本系工业上之正常发展。惟御用传造数目过大，非特过度浪费，且困滞于民，而两宫三殿之鼎建，于西南地区征采大木，其烦扰地方之情态，不下于矿税之扰。采木耗费既巨，灾伤死亡复多，尤以贪吏从中克扣，假公济私，益增小民艰苦。而运木之苦，亦复深巨。其中尤关于车户运输及其经济拮据之状，实极可悯。他如采办宫廷御用之物，虽迢迢千万里以外，使者亦常不绝于途。而神宗黩货，惟国家边事，直接影响社稷存亡，而边银又为边防军需之所倚赖，神宗竟亦移济采办，边事焉能不受影响。再则皇店之开设，在与民争利，垄断社会财富，民店无力与之竞争，皇庄之封赐，在夺民土，且尽属膏腴之田，天下不毛之地，多迫为民有，致民无腴田而纳重赋，永远挣扎于饥寒边缘，则民困而永难复苏。

明代政治动摇之一因，乃为私有田制所生之流弊。太祖以民族主义为号召，乘民不聊生之际，建立大明的统治，恢复汉族的地位，但大明统治建立之后，随即大封宗室，造成一个特殊阶级，而对于造成社会变乱的私有田制，毫无改革计划。于是私有田制的一切流弊，一律承受了，一到统治势力腐化时，私有田制的流弊便立显作用，私有田制下的剩余人口也便变成了流民。其次言官田，除军民商屯外，概有私田，而官田为皇族勋戚官僚等所有，故曰官田。普通私田由地主召农民耕种，此种官田，则由管庄的人召农民耕种。此非农民所有无，农民耕田纳租，初无二致，至其流弊则较普通私田为甚。再其次言屯田，明初当局虽不能改革私有田制，却能广设屯田，这对于大明的统治是很有关系的。当屯田盛行时，军民都感富裕，故统治不易动摇。直到屯田废弛，上下交困，于是统治渐呈动摇，显见得屯田对于统治有极密切的关系。

屯田衰废之时，也是庄田发展之日。故庄田的势力愈扩大，而屯田的势力却愈缩愈小。这两者之间有若干相互的关系。大概庄田的势力愈扩大，自不免有强占屯田以充庄田之事，于是屯田之发展受着极大之打击。所谓"屯田坏于豪强的兼并"，即是指这种打击而言。豪强之含义极广，凡皇族外戚、勋臣、官僚、宦官等，都可以包括在豪强的范围之内。至于退职的官僚，以及结交官府的地主，当然都是豪强。不过退职的官僚与结交官府的地主，其土田属于普通私田的范围。只有皇室与贵族的私田，贵族之外戚的私田，乃至文武功臣、宦官等之私田及普通私田之中也有可以"庄"名的，但与皇室等之庄田到底不同。皇庄造成原因有三，一为皇帝的颁赐，二为庄主自己的侵占，三为奸民的投献。

普通私田及皇室庄田等，余一部分属自耕农所有者外，余均由田主召贫民耕种。自耕农所种之田，只需向政府纳田赋，田赋虽也是剥削，但仍较田租为低，只有贫民耕种地主之田则须向地主纳田租。田租剥削的程度是很高的，明代田赋与田租都很重，至于征取的方法与扰民，更有令人惊讶者，官府向人民取田赋，不免扰民；普通地主向佃农取田租，不免扰民。但扰民最厉害的，要算皇室勋戚中官等庄田之管庄人员。盖庄主多以身份太高，不直接管庄。尝派凶悍的无赖代管，遂恃势向小民恣意横行，尽情骚扰。

明代征税非常苛细，除农具与书籍外，凡在市上买卖的任何东西，都是要纳税的，即农村中买卖田宅、牛马，亦须投缴契本，别纳纸价。征税之所，大小达四百余，至神宗时，又增征矿税，于是派一大批税监，到各地督催税。税监之权很高，每到一处，地方官吏无不受其折磨，每一税监复派许多下级人员，到处骚扰。地方官与税监有所争执，税监奏报中央，中央只要增加收入，不问实情，照例左袒税监，结果酿成万历时代绝大的矿税风潮。如此倚势凌人，于是引起人民反感，造成绝大风潮。这也是动摇大明统治之重要因素。

学术方面

由于盛平日久，科举进士日益见重，而学校贡举日益轻。明科举尤重进士，神宗以来遂有定例。州县以上中为进士缺，中下为举人缺，最下乃为贡生缺。举贡历官虽至方面，非广西、云贵不以处之。不由进士出身之人，得投门户以自庇。资格与朋党二者，牢不可破，而国事大坏。翰林之官，又以清华自处，而鄙夷外曹，科第不与资格期而资格之局成，资格不与朋党期而朋党之势立。科举方面，经义渐变为八股，八股文者，乃一种有格律之经义，有一定之体裁、格式。科举推行既久，学者只就四书一经中，拟题一二百道，窃取他人文记之，入场抄誊一遍，便可侥幸中式。士子登名朝列，有不知史册名目、朝代先后、字体偏旁者，使天下尽出于空疏不学，不知经史为何物，是科举为败坏人才之具也。学问空疏，遂为明代士人与官僚之通病。明自正德嘉靖以后，群臣言事渐尚意气。至万历末，怠于政事，奏章一概不省，廷臣益务为危言激论以标异。明末以廷议误国，事不胜举。士风之败坏，官吏之腐化，实是引致明亡之一因。

外患频繁

明中叶以后，又有外患的兴起。对外族的战争，费用浩大，致使明室不得不增赋税，更因要应付外族的入侵，分薄了明室对民变的注意力，最后引致李自成陷北京。同时上海西洋人的势力也日见扩大。这几种势力都具有摧毁日益衰败的明帝国的力量，而最后成功的则是满洲。鞑靼的势力较弱，受中国的笼络，未成大患。至于日本，曾在朝鲜与明师发生历时十一年的战争，最后日兵虽退，明也为之困敝。满洲虽是女真后裔，但实际等于是一个新兴的民族，明室对元未曾介意，而它却在明人的忽视中壮大起来，以新兴民族的勇略，与衰颓中的明帝国对抗，经数十年的恶斗，终获最后胜利。明神宗时，蒙哥铁木儿后裔叫场、他失父子，因受女真别部构陷，被明军误杀。他失之子努尔哈赤，雄武有才略，创立八旗兵制统一女真各部，并向明报仇。万历四十四年，努尔哈赤自称可汗，国号金，四十六年，起兵反明，次年大败明杨镐统率之二十万讨伐军于萨尔浒，以致辽、沈一带逃亡一空。其后，努尔哈赤连续与明之边疆将帅熊廷弼、袁应泰、王化贞、袁崇焕相抗拒，前后虽曾受制于熊廷弼及袁崇焕，却大破袁应泰、王化贞，取得辽河以东七十余城，并将其国都自兴京移置于沈阳。天启六年，努尔哈赤死，子皇太极继位，改国号为清，是为清太宗，自此与明室展开更激烈的战争，并终获最后胜利。

军事方面

明太祖曰："吾养兵百万，不费国家一币"。此明初之所以富强也。明之卫所兵制，为一代特色，其兵屯田，自耕而食，一镇之兵足守一镇之地，一军之田足赡一军之用，其制非不善，唯沿之既久，流弊亦随之而生。其所以为弊者，军队为世袭，子孙相承，自幼至老，终身服役。虽收安居乐业之效，然难免养成骄惰习惯，而且民兵有别，垛调集发之军，背乡里亦不欲，分发天下卫所，远者万里，近者亦千里，时有水土不服，疾病丛生。全家死亡，虽向原籍征补兵额，加以上级欺压下部，官军权要，侵占屯田，私役军亡，扣粮饷，军亡不胜其苦，死亡逃跑，十居其八，以致屯垦乏人，屯政荒废，收支不能平衡，自给自养之卫所制便破坏。又因军人有特殊身份，故兵多骄纵，以致残民，且承平日久，荒废操练，更有兼营他业者，以致战斗力全失。中都大宁、山东、河南附近各卫所,轮班上操,春班三月去,八月还,秋班九月去,二月还,上操者有粮,有行粮,一人兼二人之饷,每岁有二十余万不耕而食之军,破坏了寓兵于农之卫所制度。又一边有事调他边之兵以应付,谓之"客兵",应调者食此边之薪饷,其家人又支旧兵之粮饷,旧兵不归原地,不得不补充兵额,补一名,又添一名之薪饷,以致一军而用三饷,此卫所制便为"客兵制度"所破坏。又屯兵不足,增以客兵,于是坐食者众,耕者无人,屯粮不足,益之民粮,又益之以盐粮京运。卫所军户,不复为民,屯粮复多耗于老弱。至于罪者充谪万里,死伤逃窜,十常八九,枉费可知。

循至晚明,官军三百数十余万,皆仰食于民,而卫所兵制乃破坏不支。其后边事频仍,拙于应敌,不得不采行招募,以充兵源。然召募之弊,得兵十余万,难当三万之选,而所费安家行粮马匹甲杖数百万金,足致天下骚动。迨后崇祯弘光间,一变召募而为大将之屯兵,然而天下不宁,武夫拥兵,足成尾大不掉、专杀通敌之势。稍不如意,则反戈相向,徒资敌之威势。明之兵制,经此再三衰变,虽欲不亡,岂可得乎?军队之中,尽是老弱之卒。

至于重文轻武之道,毅宗专任大帅,不使文臣节制,终至一败涂地,是乃轻武而非重武。明之总兵皆用武人,虽然听节制终督抚经略,然末季总兵竟握大权,坐拥重兵实权,城破之日,终莫肯以一夫入援,是乃毅宗昧于重武之义所致也。夫器甲之精致犀利,用之者为人;人之壮健轻死善击刺者,用之者为将,以将而任之气力小人,其败自不待言。

卫所制在明中叶以后,卫兵废弛,结果从定额之卫军成为无定额之募兵,从世袭的兵制,而变为募兵制,军与兵便成为两种平衡之制度,此实为明代历史上一件大事,也是影响到明代盛衰关键之制度。要之,卫所兵制变为召募,坏于耗粮冗食;召募变为大将屯兵之弊,坏于尾大不掉,资敌专横。兵制之衰变,兵甲霉烂,对外战处于极不利之战争状态,终引致明室之灭亡。

民变的影响

明之亡国，虽亡于清，然亦亡于民变。明自世宗以后，边患不息，财政已极度竭缺，民生也异常困苦；及神宗信任宦官，委宦官为矿使税使，四出扰民，任情诛索，以致民怨沸腾。思宗时，国用不足，加收"辽饷"、"练饷"、"剿饷"，人民苦于重税在肩，乃思变乱，最初出现之民变亦是由于贪官污吏之促成，其后崇祯元年陕西大饥，饥民掠食四方，便四处聚集，形成大规模之民变。当中以安塞高迎祥为最强悍，他自称闯王，掠地攻城，地方官吏无法制止。同时，三边的"欠饷"饥军，驿站被裁的驿卒，山林原有的响马，都随着起来骚动，于是延安、榆林间，盗贼遍地。崇祯三年张献忠起，自称"八大王"。明年，李自成起，自称"闯将"，并与献忠结合。李自成更于崇祯十七年三月进陷京师，思宗登煤山自缢死，明室乃亡。

名将被诛

明廷自对辽用兵以来，督师者之才略，莫如熊廷弼、袁崇焕、孙承宗三人，廷弼、崇焕已先后被谗冤死，至此而承宗又被迫辞职，明廷自坏长城，助长敌焰，使亲者痛而仇者快。万历四十六年，努尔哈赤以"七大恨"告天，起兵反明。明以熊廷弼经略辽东，廷弼设防坚守，形势渐固，边疆无事者岁余。既而熹宗即位，廷议责廷弼不战，以袁应泰代之，应泰不知兵，御敌无方。天启元年，努尔哈赤连陷沈阳、辽阳，辽河以东七十余城尽失。明再起用熊廷弼，而广宁巡抚王化贞与之不协。次年，努尔哈赤率兵渡辽河，明兵大溃，化贞、廷弼退走入关，辽西城堡多陷，二人后均被诛。使明廷能自始至终用熊廷弼，不致落得败亡之收场，反之，廷弼可能把局势扭转过来。

明之边帅自熊廷弼死后，以袁崇焕为督边第一能手。皇太极虽然野心勃勃，无日不想问鼎中原，但崇焕坐镇辽西，经宁锦一役之教训，取道宁锦入山海关的计划终不敢轻于再试。数年来，边疆没有战事发生。其后，兵部尚书梁廷栋以崇焕与己有私隙，乃乘机诬害，谓崇焕前主和议，现则引敌胁和，思宗不察，遂对崇焕发生怀疑。是时皇太极所畏于明者，只袁崇焕一人而已，他风闻崇焕被疑后，便乘机施反间计，谓金之进兵，原与崇焕有密约，思宗信以为真，乃下令诛袁崇焕。皇太极以崇焕已死，心无所畏，便率兵四面并进。熊廷弼与崇焕之死，对明室安危颇有影响，从此边区无异失却了防守，敌军遂得长驱南下，倾覆明室。

疆吏变节。清兵入关，封疆大吏如洪承畴，于崇祯十五年被擒而降，其辖下因降清而使明室最后之资本瓦解，注定了明室的覆亡。他如孔有德、耿仲明、尚可喜、吴三桂等，纷纷变节降清，而以吴三桂之降服清朝更为促成明亡关键之所在。因自洪承畴投奔清军后，明室唯一可以依赖者是吴三桂，其时他守宁远，当李自成进逼北京时，思宗急诏吴三桂入援。三桂率师自宁远入关，行至丰润，而京师已陷，遂屯兵山海关，观望形势。李自成执三桂家人，作书招之，三桂欲降。既而听说爱姬陈沅为贼所掠，怒而据关固守。自成亲率十余万人攻关，三桂惧，乞救于清，约以合兵灭贼，事后定有厚报。崇祯十七年五月，清兵入京师。六月清世祖入关，遂定鼎于北京。使当日吴三桂等疆吏不因一时之气而投降于清，收拾明室余众，纠集余兵，齐心协力，时局也许尚有可为，而明室之国祚得以延长亦未可知。

第二十九章　清代立国及其政治措施

第一节　清代的兴起及其代明原因

满洲在明时为建州女真，统于明之建州卫，对明甚恭，及明将李成梁误杀满人景显二祖，遂与明结怨。明万历四十六年，努尔哈赤经备战妥当，以"七大恨"告天，兴师反明。此时适值明内忧外患频仍之际，满人遂得有机可乘，而愈战愈强。及至皇太极继努尔哈赤，更重用明之降臣，实行以汉制汉政策。而明室则陷于国内宦官、党争之祸，加上经济枯竭，卒致李自成陷北京，而明将吴三桂则领清兵入关，明二百余年之国祚，至此倾覆。盖清之兴起及其能代明而入主中原，实非偶然所致，必有各种因素促成之，现分析如下：

政治军事上的基础

清朝皇帝之祖宗，乃一部分女真人之领袖。女真与蒙古同属东胡族，魏晋时称鲜卑，曾建立渤海国。其后女真人分为两支："生女真"与"熟女真"。生女真至宋时建立金国，实力雄厚，屡犯宋室，至明时则分为三部。满族既有此优厚之传统背景，足以承先启后，助长其民族之兴盛。

建州卫指挥使努尔哈赤具领袖之才，勇悍无比，能冲锋陷阵，手擒敌将，也能直接指挥大小部队，每战必胜，而且他能兼容并包，信赏必罚，故得豪杰归心。观其左右，武有额亦都、费英东等五人，文有额尔德尼、达海、范文程等，凭此数人之力，也颇足以称霸东北。额尔德尼、达海皆通汉文，范文程则为范仲淹之后。在五个武臣中，费英东兼有文人治术，他掌理司法，大公无私。满族借此向外扩张势力，自可事半功倍。

神宗中叶以后，努尔哈赤乘时先后征服建州之浑河、栋鄂、哲陈、苏克、完颜五部，统一建州。又万历二十一年六月，扈伦四部、蒙古三部、长白山二部共九部联兵三万，分三路来攻，为努尔哈赤所破，自此军威大振，倾动遐迩。其后皇太极以英明之才，从事安内攘外，不十年间，南下朝鲜，西荡蒙古，由是国力更盛。

努尔哈赤建立后金，其即位时之训言，已可见其政治渐次纳入正轨。其训言曰："人君无私以修身，则君德清明……无私心以治国人，则百姓安……为治之道，唯在一心耳。"又曰："贤臣翊赞朝廷，必本忠诚之心，视国家如一体，质诸天下而无愧焉。"又曰："用人之道，宜因人用之，有善于征战者，唯用以征战，不可私自驱使。"如此则君臣之责，用人尺度均有标准可绳。

武略与军威的优胜

明万历十一年，满族之景、显二祖为明将李成梁所误杀，自此满人敌视明室。万历四十四年努尔哈赤建立后金汗国。越二年即以"七大恨"告天，宣布明室罪状，兴师犯明。所谓："名不正则言不顺，言不顺则事不成"，今师出有名，言顺名正，自然声势浩大，故其能代明而兴。

明承平既久，兵不习战，军备不修。而满人所带之盔甲、面具及武器，全是精铁制造，反观明兵所用皆为荒铁，胸背之外，有同徒袒，敌于五步之内，若专对准头部，则每发必致命。萨尔浒一役，明军一总兵官杜松便因此而死。总兵官尚无精良之甲胄，士兵更不用说。又有些明兵因未见过冰雪而无法在关外作战。徐光启虽曾上条陈议重整武装，但因府库空虚而作罢。故清兵能长驱直入中原，与此有莫大关系。

万历以后，明室招致西士，制佛朗机炮。此种大炮，比仿制之铁炮，威力较大，射程较远。清太祖曾亲与明兵作战，中炮受伤，接着去世。其后明廷所派镇守皮岛之毛文龙，为主将袁崇焕所杀，其部将孔有德、尚可喜、耿仲明等，挟众哗变，窜据蓬莱，明室之炮厂及重要工匠，都为所劫持，以投降清朝，造成新武器运用者之转变。满人即以旗兵组织，配合新武器，对付明兵，以至北京不保，南明亦以亡国。

反清复明势力的剪灭

一、南明恢复事业之失败

清朝所以能吞灭南明，主要原因为得内应之助。太宗礼遇汉人，欲借为向导，以图大举。孔耿之来归，太宗与行抱见之礼。至清朝入关，以洪承畴经略江南五省，孔有德治广西，尚可喜、耿仲明治广东，吴三桂治四川云南，而三桂功尤大。

南明内政不修，权奸得势。福王时之马士英，唐王时之郑芝龙，皆弄权误国之辈，而忠臣史可法等，反无由正位。而福王之征歌选色，唐王之懦弱无能，鲁王、桂王之不思振作，盖见领导无人，而兴复事业亦无望矣。且内部不和，其时四镇黄得功、高杰与二刘之不和，左良玉与马士英之内哄，鲁王、唐王之冲突，苏观生与丁魁楚之各怀私见，孙可望与李定国之相攻，均显示南明内部问题之严重。力量既分散，遂为敌人逐个击破。

二、三藩反清之失败

一因三桂不得人心。三桂蓄发易衣冠，声言为明复仇，但因其所为，不得人信仰；到湖南后，食言而自称周帝，更失人心。

二因三藩不能一致。如耿、尚二藩时反时降，遭清廷分化，而终归失败。

三因三桂年事已高。三桂只欲计保万全，划江为国，因而坐失良机，为清所乘。

四因康熙少年英锐，办事处置得宜。以"从古汉人叛乱，只用汉兵剿平，岂有满兵助战？"故一时降将张勇等，群策群力，平定三藩之乱。

三、台湾之收服

郑成功到台湾后，不久即告病卒。子经继父志，刻意经营，维持二十多年之久。及经死，子克塽立，幼弱不能任事，于是民心离散。康熙二十二年，清乃乘机攻入台湾，克塽出降。此后反清势力已完全消灭，清帝国遂成就一统之大业。

第二节　清初的统治措施

实行武力驾驭中国

明崇祯十七年（1644年），明北都既陷，帝自缢死，南方争事拥立，先后有福王在南京、唐王在福州、鲁王在浙江及桂王在肇庆相继被拥立。然不到二十年，相继为清兵所破灭。在此期间，李自成、张献忠亦为清兵所消灭。

吴三桂、尚之信、耿精忠助清有功，被封为王而居华南一带，是为三藩，其势颇盛。但三藩不自安，于康熙十二年自请撤藩，以为试探，竟得许，遂反。吴三桂先起，耿精忠、尚之信后应之，然不久即败。康熙十七年三桂死，二十年三藩乱平。

郑成功于南明时已参加抗清运动，后逐荷兰人出台湾，便以此为反清基地，成功于顺治十八年（1661年）入台，翌年病逝。其子继守台湾。康熙二十二年（1683年），清廷跨海攻台，郑氏势力全被削平，台湾终入清朝之手。

清初之统治根基

清初顺康雍乾四朝百余年间，由于君主励精图治，使国力富强，遂奠定清朝得以长期统治中国的根基。

一、顺治朝

世祖年幼登基，大权落在多尔衮手中。多尔衮虽专擅，但仍能以社稷为重，统一中国，使当时政治渐上轨道，国基由是巩固。

二、康熙朝

圣祖恭俭爱民，对臣下出于诚恕，其政治措施，必推求利弊，举其要者，有奖励文学、表彰理学、编纂群籍、惩治贪污、南巡治河、蠲免赋税等。他认为学术为施政之本，借以笼络才子；勤恤是爱民之本，借以收拾人心。故在位六十年，天下太平。

三、雍正朝

雍正眼光透彻，手段高明，处事综核精严，任人赏罚悉当，所以内无权奸，外无贪黩。其政治大要是禁除贱民阶级、于江南蠲免浮粮、于苗疆施行"改土归流"政策等。

四、乾隆朝

高宗初年亦能留心政事，为清初鼎盛时期，其所谓"十全武功"，使清之声威，震慑邻邦。

统治手段刚柔并济

第一，礼葬明帝。多尔衮入北京，即下令禁兵卒入民家，为明思宗发丧，令官民等服丧三月，以礼举葬，并葬殉难太监王承恩于崇祯思陵之旁，以示悯惜。

第二，进用明臣。明臣死难者，均予题谥，生存者令同满员一体办事、其印信并铸满汉文字。于是明遗民为清望所归，与隐居山林而才德可称者，皆征辟录用。

第三，仿行科举。先是努尔哈赤甚恨明儒生，拿捕处死。皇太极欲利用汉人，对于儒生颇为重视。天聪三年，即举行儒理考试，自是继续推行。入阁以后，益精科举以笼络士人，盖亦钳制才士之绝好工具也。

第四，除明苛税。世祖迁都北京后，颁诏中外，废除明代苛税，如"辽饷"、"剿饷"等，撤除厂卫弊政，令士马经过地方，免钱粮之半，未经过者免三分之一。鳏寡孤独及谋生无术、乞丐街市者，皆收养之。

第五，禁止圈地。清初入关，圈近畿民田民房，拨予旗人管业。旋以御史傅景星奏，下令禁止。行文地方官，将原圈地退归原主。

高压政策

第一，禁结盟社。清初推行科举，然士大夫之反清者如故，福临亲政后，即假南北闱佛弊案，以摧抑士子。又于顺治十七年，严禁学子，不得立社名，及纠众盟会。即投刺往来，亦不得称同社同盟诸名义，违者加等治罪。其摧残士气，盖无所不至云。

第二，兴"文字狱"。"文字狱"在康雍乾时代为最盛，但顺治时已开其端。顺治十七年，朝臣张晋彦为已革职的阁臣刘正宗序诗，中有"将明之材"等语，世祖以其"诡谲不可解"绞正宗而斩晋彦。"文字狱"是清室摧残士气的一种利器，士大夫往往为了片语只字而身遭屠戮，同时任意诛杀，极其冤滥。

第三，厉行剃发。顺治二年，北方已定，遂下令剃发，限旬日实行，违者格杀无赦。汉人以是死者甚众。于是中原士族，除僧道妇女外，俱辫发胡服矣。

第四，摧抑绅权。明代士绅的社会地位甚高，经常干预地方政务。清室于大局平定后，即着手摧抑绅权。顺治十八年，江宁巡抚朱国治奏报江南欠粮士绅一万三千人，清室皆治以抗粮之罪。世祖死后，苏州诸生以不满吴县知县，聚哭于文庙，结果以"大不敬"而被杀者十七人。

第三节　清初对汉人及少数民族的政策

清初对汉人的统治政策

清朝国祚能长达二百六十八年，更能造成一百年以上的盛世，这种成就，绝不是偶然的。满族是一个具有颇多优点的民族，它的最大长处是勇武善战而又有政治才能，并有高度的模仿能力，肯吸收外来的文化和人才。但它的缺点是缺乏创造力，一味吸收汉族的文化，结果汉化日深，昔日的雄风已不复存在。清初，明室遗逸，乡里志士，既抱排满复明之志，则朝廷当然视为危险之祸根。故自入关以来，朝廷设政，罔不顾及于此，而思有以消除者。又因时势之不同，与夫历朝君主之治术不一，其所施之政策，亦不能不有所差异。

顺治之时，戎马倥偬，根基未定，一切大政，俱取笼络人心之手段，对于抱故国之思者，亦采一种不闻不问之态度。故清初不惟少文字之狱，亦无诛戮之祸。福临常言："明臣而不思明者，必非忠臣。"盖以大义相激劝，则无形之中，令人之孤愤有所慰托，以潜消于不自知。此种手段，颇为得计。我们可称它为"放任政策"，亦可以说是"感化政策"。

清未入关以前，多尔衮辅助皇太极进攻明室，功劳甚大。及入关之后，以多尔衮为首功，于是权威独隆，加封为"皇叔父摄政王"，后又晋封为"皇父摄政王"，实权遂落入其手。及多尔衮死，福临乃亲政，但仍袭从前多尔衮所施之大政方针，而无所变更。盖多尔衮兼采刚柔互济之道，凡诸政治，莫不借汉人为收揽人心之作用。如用陈名夏，而南方名士，多所荐起。顺治之任用汉官，乐就文学之士，诗书对马，绰有士大夫之风。又谕养故明亲王、郡王（顺治八年事），命金之俊撰崇祯帝碑，予明末殉难诸臣范景文等谥（顺治十年），种种措施，皆不外乎用以笼络明末遗臣之心，减低他们对清廷的仇恨。

福临虽以笼络汉人为政策，然对于满汉之畛域，则仍不能一概免除。

如顺治八年，御史匡兰兆奏朝祭宜复用衮冕，得旨："一代自有制度，朝廷唯在敬天爱民，治安天下，何必再用衮冕？"案衮冕为汉制也。至于握大权的高级官员，亦以亲贵族多任，汉人只是有按命行事之职责而已。虽然清廷尽量笼络民心，但终因此时明室初亡，仍有些仁人志士抱亡国之痛，时聚众结社，以讲学为名，借以抒发其心中的悲痛。顺治十七年，乃下命严禁士子不得妄立社名，纠众盟会，其投刺往来，亦不许用同社同盟字样，违者治罪。至是文人学者乃潜心经史庭户之间，不复有聚集讲论之事，清初大儒，因此多治实学；而清代学术之隆盛，对此有很大的助力。

明代迷信八股科举，至亡国时为极盛，余毒所蕴，假清代而尽泄之。满人旁观极清，笼络中国之秀民，莫妙于导其迷信，始入关则连岁开科，以慰蹭蹬者之心，继而严刑峻法，俾怵求之士称快。丁酉之狱，主司房考及中式之士子，诛戮及遣戍者无数。其时发难者为汉人，受祸者亦为汉人，汉人陷溺于科举，至深且酷，不惜借满人以为屠戮，以泄多数侥幸未遂之人，年年被摈之愤，此所谓"天下英雄，入吾彀中"者也。丁酉狱蔓延几及全国，以顺天江南两省最巨。清兵下江南，虽已改应天府为江宁，废去南雍，然士子耳目，尚以顺天江南为观瞻所系，是年科场大狱，同时并举，以耸动迷信科举之汉人，用意至为明显。

康熙即位，仍沿前朝之旧，而又思有以罗致士人之策。于是十二年，诏举山林隐逸，十七年诏举博学鸿儒，次年复开明史馆。盖假明史以相号召，则节义之士，亦所乐从。因述故国之事，可以寄托其孤臣孽子之心也，是以如万斯同之高蹈，且以私人而襄赞史馆。至庄戴之狱起，表面上似已采取威胁刑诛之态度矣，然方氏之不诛，尤汪之不杀，活者且三百余人，则大体上仍觉其有怀柔之意。我们可称这种政策为"恩礼政策"，亦可称为"怀柔政策"。

玄烨自亲政以来，内则削平大难，巩固统一之基础；外则战胜强敌，扩张清国之威信。外交军事，所在奏功，而其文治，亦斐然比于汉唐之盛。康熙初年，海内新定，明室遗臣，多有存者；士大夫或以逸民自居，著书言论，常慨然有故国之思。玄烨知此辈当以恩礼罗致之。康熙十七年，诏举博学鸿儒，备顾问著作之选，令在京三品以上及科道官员，在外督、抚、布、按及学政各就所知举行兼优；文词卓越之人，不论已仕未仕，举荐送部，户部同给俸廪。又时常与群臣研究经籍。时玄烨对于纂修明史，极为重视。四十三年，以明史关系极大，特制文一篇，以告诸臣。其中有云："……明史不可不成，公论不可不采，是非不可不明，人心不可不服。……"后更命方苞撰《湖南洞苗归化碑文》，越日命作《黄钟为万事根本论》，奏上，帝嘉奖曰："此即翰林老辈兼旬为之，不能过也。"盖当时对于文学之提倡，亦不遗余力。

玄烨既以提倡文学、尊崇儒术为职志，又欲博取草书，兼统一天下之言论与思想。二十五年，下诏购求遗书。但因他说："自古经史书籍，所重发明心性，裨益政治，必精览详求，始成内圣外王之举。……令搜访藏书善本，唯以经学史乘，实有关系修齐治平、助成德化者，方为有用。其他异端稗说，概不准录。"自是宏奖理学，表彰程朱，御纂性理精义，阐明性理。尝出《理学真伪论》，以探词林；又刊定《理性大全》、《朱子全书》等，以广流传。五十一年，特命以朱子配祀十哲之列，对朱子推崇备至。或谓玄烨之尊崇朱子，非真心信服，实系一种权术。盖彼察天下之人心，窥当时之趋势，于是呼号天下，谓朱子之道，即帝室之家学，其实彼何尝识朱子之学问？不过利用朱子学说，以钳制天下之口，避夷狄之称而已。所谓死于法尚有可怜，死于理其谁怜之？试观其一面尊崇中土汉文，而一面仍不改满洲旧俗，果何为乎？其言果然？则玄烨六十年之提倡儒术，亦不过一种假面具而已。

雍正初年，文字之狱，层出不穷，然皆党翼诸王诽谤朝政之事。及曾静之事起，吕晚村身后受祸，刑及死者，威严可畏矣，惟胤禛又以辩护之文，刊为《大义觉迷录》，冀杀反抗思想之势力，消除满汉畛域。故一方面不惜谆谆告诫，以"帝位在德不在人"为言；而一方面又力除猜疑汉人之成见，以示调和二族之诚意。此种政策，可以称为"调和政策"。对于清代之立足，颇有巩固基础作用。

清廷对少数民族的政策

从中华民族的本质和演进的历程看来，中华民族在元代和清代以前，可以说从来只有内部的变动，且亦是日趋于融和的境地。政府对于边区，从来没有施行分隔政策的。唯自元代采取分全国为蒙古人、色目人、汉人和南人四等的政策，肇开分化的倾向。到了清代，对于内地和边区所采的政策，就更见显著，而政府又迟迟不自察觉，遂把整个民族国家与局势都弄坏了。所以清代的分化政策，对中国的前途有着极大的影响，如不了解其错误政策及产生的恶果，就没法了解清代内忧外患的由来和近代中国革命与建国运动的根由。清代所采的错误政策，主要可分为对汉人和非汉人两种，而非汉人中又以蒙古、西藏及新疆三地较为重要。兹分述其对此三地民族所采的分化政策如下。

一、对蒙古民族的政策

清廷对待蒙古，是采取"绝其智而用其力"的政策。只许蒙古同胞信奉喇嘛，而不许蒙古读汉文书籍，如光绪二年奏定："蒙古公文呈词等件，不得擅用汉文，违者照例科罪。"这便使蒙古人民趋于知识不能前进的境地，至于高深的学问，更不能发展。同时清廷认为蒙古骁勇的骑兵和战斗能力可以利用，所以在军队方面特别组织了蒙人的八旗兵，分为若干盟，封了无数的王公，以为统率。而且更星罗棋布地驻派了将军、副将军、参赞大臣、办事大臣、都统、副都统、协领、佐领等，掌管部署和征调的机构。清廷时常把蒙古军队调到最前线，如在征服西藏的过程中，不但调动大批蒙、汉军队到藏作战，并且令他们留驻西藏，长期镇压藏族人民，以转移藏族人民对清廷的仇视，益加强国内民族间的矛盾。另一方面，清廷又恐蒙古人的力量因长期锻炼而加强，对他们的统治地位不利，因此始终保留着蒙古的封建分裂局面。清政府是有步骤地逐渐加强蒙古的封建分裂状态的。如把蒙古地区的蒙古族人民分割隶属于二百多旗，旗与旗之间不准越境放牧和往来，每旗设札萨克统治，各札萨克互不统辖，造成分裂形势。清帝居于最高的地位，控制着蒙古人民和小封建主，且通过这些封建主对蒙古人民进行奴役统治，不但造成蒙古人民的穷困与痛苦，且严重地阻碍着蒙古民族的发展，加上文化的日益低落，不易和内地接触，终使蒙古民族陷入恶劣的境地。

二、对西藏民族的政策

清廷对待西藏，原是采取"崇其教而抑其政"的政策，表面则推重他们的喇嘛教，使西藏人民心悦诚服；实则以各家须送子弟为喇嘛的办法，使西藏人口无法增加。而又派驻藏大臣，以牵制达赖喇嘛与班禅额尔德尼，一方面使其政教不分，而制度无法改善；一方面又使宗教领袖的政治只能为落伍的措施。而且限制藏人与中国内地人民的接触和通婚，使彼此的感情不易融洽。因此，西藏地方渐陷于人口稀少、政治腐败的境地。这也是清廷对边区实施分化政策的恶果。

三、对新疆民族的政策

清廷对新疆采取的是"轻其教而离其人"政策。因为新疆人民大部分信奉伊斯兰教，而伊斯兰教的精神，是教徒的世代相传、家庭生活与宗教生活合为一体，而不是以出世为高的。所以清政府对他们不唯不加推重，而且常以离间的办法，使教徒与非教徒相互仇视，不时发生教案和事变，从而张皇其词，出兵格杀，这也是有意分化的手段。清廷亦挑拨穆斯林民族中的宗教派系对立。伊斯兰教的白山宗在政治上依附清廷，黑山宗则在政治上依靠叶尔羌汗国的势力，清廷扶植白山宗，压制黑山宗，造成穆斯林民族的政治分裂，互相仇杀不已。此外，更特意挑起回汉民族间及各少数民族的仇恨，经常引起各族间的对立，使之不能团结抗清。清廷更在新疆设有伊犁将军与喀什噶尔参赞大臣，组成统治机构。其在新疆和西藏都驻有大量军队，其中满兵的主要任务是防守，汉兵（绿营）的主要任务是屯田；更大量修筑城堡，构成严密的统治网来控制与镇压被征服的民族。此外，中央政府尚设有理藩院，凡关于蒙、回、藏之行政事宜，直接受理藩院指示。不过这也只是粗具规模而已，事实上理藩院所做之事极少，各藩事务大体由各藩自理，自治之意味极浓，清政府不过居于监督之地位而已。

分化政策所产生的影响

清对各民族征服与统治的过程中，给各族人民带来血腥的屠杀、贪婪的榨取，使少数民族的经济受到严重的破坏，生产力受到严重的摧残，物质上与精神上都受到野蛮蹂躏，对少数民族的经济与文化的发展起了消极的破坏作用。而清代的分化政策所产生的一个不良的后果就是内地与边地及边区与边区的分隔。中国在整个中华民族里面，历来是不分彼此的，到此时便有所谓汉、满、蒙、回、藏的划分，意见不能一致，这是民族力量团结所以减削的一个重要因素。

第四节　清代削藩及三藩之乱

清世祖入据中原，东南尚为明宗室所有，故命洪承畴经略五省，以定南王孔有德徇广西，平南王尚可喜、靖南王耿仲明徇广东，平西王吴三桂徇四川及云南。彼等皆为明之旧臣，领所部之绿旗，更征适宜之兵，以补满人八旗兵力之不足。其后耿仲明惧罪而死，其子耿继茂袭爵；孔有德兵败自杀，爵除。至南方征服的军事行动结束后，八旗兵北还，遂封吴三桂于云南、尚可喜于广东、耿继茂于福建（后病死，其子耿精忠承袭），是为三藩并建之始。清廷对此三个汉族武装势力，一方面要利用他们镇压新征服地区的人民，但另一方面也颇引为清廷统治的隐忧，此为政治上之矛盾现象。终于清廷施行"削藩"政策，遂引起所谓"三藩之乱"。

清廷削藩动机

一、主观方面

消除汉族势力，巩固清朝的统治。自南方三藩之建立后，长江以南的闽、粤、云、贵诸省存在以吴三桂为首的汉族武装势力；加以各地出现之反清起义及郑成功对东南沿海一带统治的威胁；清廷之大规模军事征服行动虽然基本上停止，但仍未能取得其统治决定性的稳固局面。因此，清廷如要稳固其统治，一方面除加强其统治以镇压人民起义，及加强沿海之军事防御外，更要施行"削藩"的政策来消除地方的汉族武装势力，以解其对清廷统治的威胁。

二、客观方面

三藩皆拥有重兵，耿、尚二藩所属各佐领十五，绿旗兵各六七千，丁口各二万；而三桂藩属则五十三佐领，绿旗兵万有二千，丁口计数万。故三藩中以三桂为最强，势力最大。三藩所耗之军费甚巨。顺治十七年部议，有云南省一岁之俸饷，超过九百万两。此外福建、广东二藩之军费，统计一岁已越二千万两。清廷须每年支付给三藩以大量银饷，于是"天下财赋，半耗于三藩"。（《圣武记》卷二《康熙勘定三藩记》上）清廷遂不得不撤藩，以整理财政。

三藩跋扈。由于三藩皆拥重兵，其中以吴三桂势力最大，四方精兵猛士来投者甚众，常备之劲兵，大约不下十万。云贵督、抚皆受其节制，用人则中央之吏、兵二郡亦不能掣肘，用财则户部不得稽查，以免迟滞贻误。彼所除授之官吏，假名"西选"为数甚众，布满四方。三桂之态度，更肆无忌惮。若粮饷之支出稍迟，则动辄连三藩而入告，倘有余裕，却不受中央稽查。顺治十年，使太宗之女和硕公主下嫁于三桂之子应熊。康熙即位之年，更晋三桂之爵为开国和硕亲王。彼以云、贵二省为根据地，彼地有明故沐英之庄园七百顷，举而为其藩庄；又致使者于西藏之达赖喇嘛，设茶马互市；更于京城广备耳目，朝议如何，虽微细无不知。藩镇之跋扈至此，益增清廷之戒惧及反感。

削藩经过与三藩起兵

三藩与清廷间在政治、经济上的矛盾，随着南方征服的基本完成和三藩势力日见增长而趋表面化。自康熙六年，康熙帝玄烨亲政后，清廷削藩之谋益急。十二年，平南王尚可喜因受制于其子尚之信，企图求助于清廷，遂上书请求撤藩，归老辽东。清廷竟允其请，吴、耿二藩亦请求撤藩以试探清廷意旨。其时廷臣对此意见分歧，唯以兵部尚书为首的一派则主张撤藩。后以藩镇久握重兵，其势已成"撤亦反，不撤亦反"，清廷乃决定撤藩，并正式颁布撤藩命令。

康熙十二年，撤藩之令既颁，吴三桂乃起兵反。彼欲以"复明"口号为招揽，自称"天下都招讨兵马元帅"，以明年为周元年，一面派人联络耿、尚二藩共同反清，一面遣其部将王屏藩攻四川，马宝等出贵州、云南，除夕陷沅州。三桂之兵威，如燎原之火。清兵虽于洞庭湖，东扼岳州，西守常德，而后援诸将，在荆州武昌两地，濡滞不进；而三桂又招揽四方，襄阳、广西、四川、福建等皆应之，西南六大省，不数月而归三桂之手。三桂又分军南北二路，一自长沙窥江西，一自四川觊陕西。清廷为之震惊，一面下令耿、尚二藩勿撤，以分化三藩的联合，一面布置了西由宜昌经荆州而东至武昌的防线与三桂对峙。

继吴三桂后，耿精忠亦于康熙十三年起兵反福州，幽总督范承谟，以都统马九玉，总兵曾养性、白显忠三人为爪牙，分三路出兵，自仙霞岭攻浙江、金华、衢州，并连严州、徽州"土寇"，沿海震动。

尚之信为尚可喜长子，康熙十年，可喜年老，请以子之信佐理军事。十四年，获晋封亲王，督抚以下咸受节度。其时吴三桂已起兵，之信受三桂招讨大将军号，改制易服，严兵守可喜府，禁出入，移檄诸郡，使纳款。十五年春，可喜忧愤死，趣其出师，索其助饷，三桂封之信辅德亲王。

三藩失败经过

对三藩之叛乱，清廷以全力应付之，一面继续拉拢耿、尚二藩，以破坏三藩联盟；一面则调兵镇压各地反清运动，更主要是集中全力进攻湖南吴三桂的势力。康熙十五年末起，形势转为清军占有优势的局面。耿精忠方面，因马九玉之溃败遁走及白显忠之势孤投降，中、西二路之师遂失。而台湾郑成功，复乘虚逼其后，闽地半为所有。清军至延平，精忠乃出而投降。尚之信虽一旦从三桂，然亦有悔意，潜通款江西清军，复剃发反正，投降于清。耿、尚二藩投降后，陕西之王辅臣亦复降清，长江中游的对峙局面挠转，清兵由江西绕道攻长沙，四川方面也由于清军配置了更多的绿营兵，吴三桂兵战连败。康熙十七年，三桂死，部将拥其孙吴世璠继立。但颓势不可挽，清兵由江西攻入湖南，长沙、衡州相继陷落，长江防线亦破，世璠等遁走云南。二十年，清兵由四川、湖南、粤东分三路攻入云南，包围昆明，城破，世璠自杀死。耿精忠等亦被清军解京处死。凡兵烽九年，蔓延十省的大动乱至此平息，清对全国征服的局面乃进一步稳定。

三藩失败原因的分析

三藩虽同起而反清，然吴三桂与耿、尚二藩之间，始终因存在利害关系而不能合作。尚之信降清后，三桂恐两广联络，乃使马宝、胡国柱攻尚于韶州，吴世琮攻孙延龄于桂林。湖南之兵力既分，遂予清军可乘之机，先后收复永兴、茶陵等湖南十二城及浏阳、平江等地。

吴三桂在军事上不能突破清军的长江防线，既失江西、福建、广东三大藩，复失江西，而清军又云集于湖北江西，其根据地受威胁。而两广复应清军，因是财用耗竭，兵饷不足。并且三桂在根本战略上也只想"划长江而国"（《圣武记》卷二《康熙勘定三藩记》上），不肯长驱北上，是以康熙十五年末起，清军乃转为优势的局面。

三藩之起事，若吴三桂能善为指导，号令严明，一致进行，或不至于败也。彼既以"复明"为号召，后却食言而自帝，反复无常，实不足以收揽天下之人心。断辫发，易胡服，以号召汉人，法似稍善，唯一时以断发易服争相响应者，实乌合之众而已。加以三桂处事，趋重保守，欠缺进取精神。

康熙于中原要地，悉驻重兵，以备应援，如某地有警，则调邻近之兵声援，如此辗转相援，故敌兵虽众，终不能越湖南一步。复命兵部，于驿递之外，每四百清里，置笔帖式及拨什库，军事邮信，异常迅速。凡此种种，皆有助其平定三藩之叛乱。

第三十章　顺治、康熙、雍正、乾隆的政治措施

第一节　顺治朝的政治措施

积极方面

清以马上得天下之故，对于如何统治此地大物博的国家，成为更重要的课题，而清代皇帝确于政治上颇能励精图治，尤以顺治、康、雍、乾隆诸帝的经营下，造成清代三百年国运的基础，此大异于五胡乱华以至辽、金、元政权者在此。

福临亲政之初，一袭从前多尔衮兼采刚柔互济之道，凡诸政治，莫不借汉人以为收揽人心之作用。福临是一英明之主，亲政之初，首正多尔衮之罪；其后请为之昭雪者，如副理事官彭长庚，一等精奇尼哈番许尔安等，无不忤旨徙边。既而，又坐拜尹图、巩阿岱、锡翰、席纳布库、冷僧机为睿王党，以罪伏法，唯尹图以年老，免死，禁锢狱中（顺治九年事）。而官吏之骄横贪墨者，如谭泰、土国宝、陈名夏、陈之遴，无不立正典刑。他如定职官逮问例，八年设宗人府，定京察例；九年改折各直省本色钱粮，仍归于一条鞭法，定限报灾例；十年行加衔成例，行人丁编审法；十一年

定秋审决犯例；十二年严定治赃例；十三年诏直省学臣求遗书；十四年礼部奏定宫闱女官名数品级；十五年设日讲官；十二年置内阁学士，翰林院满汉掌院学士，侍读侍讲学士，并侍读侍讲等官；十六年皆建设之政也，以前圈地归还原主，罢添设榷关人员，严束驿递奉差官员，罢各省巡按；十年停命妇更番入侍后妃之例；十一年撤各省守催钱粮满官，停遣满官榷关；十三年遣大臣清理刑狱；十五年皆革弊之政也。这些措施虽内容或有不适当的地方，但规模大略，粗已具备。

福临虽以笼络汉人为政策，然对于满汉之畛域，则仍不能一概免除。而福临之世，明室初亡，不少志士仁人深怀亡国之痛，时常发生排满运动，惜终告失败。而那些节士遗民，虽不能恢复明室，但亦不肯出仕清廷，他们每藏匿山林，而士子亦复明东林党之旧，如几社复社等，以讲学为名，借以抒发亡国之恨。顺治十七年，严禁士子不得妄立社名，纠众盟会，其投刺往来，亦不许用同社同盟字样，违者治罪。至是而文人学者潜心经史庭户之问，不复有聚集讲论之事，清初大儒，因此多治实学；而学风之转变，此亦与有力焉。

明代之覆亡，宦官实扮演了非常重要的角色，故明亡清兴之时，太祖太宗以来，痛惩往失，不设阉人。福临时，设内务府，罢织造太监。顺治十年，设乾清宫执事官及直殿局。十一年，裁内务府置十三衙门。盖受吴良辅之煽惑。十三衙门凡八监，曰司礼，曰御用，曰御马，曰内官，曰尚衣，曰尚膳，曰司设，曰尚宝。有三司，曰尚方，曰钟鼓，曰惜薪。有二局，曰兵杖，曰织染。后改钟鼓司为礼仪监，尚宝监为尚宝司，织染局为经纬局（十三年事）。复又改尚方司为尚方院。十七年又改内官监为宣徽院，礼仪监为礼仪院，设郎中以下官。于是内官如吴良辅、佟义等，遂妄作威福，任意把持，虽有铁牌而不能制。福临以宫中使用乏人，偶用此辈，立十三衙门，制寺人不过四品，又命工部立铁牌镌敕谕于上，严禁干预政事。然阉茸之徒，积习过深，其弊终不能尽除。故顺治十五年，大学士陈之遴以贿结吴良辅而得罪。至良辅之交通内外官员，作弊纳贿，虽屡为御史所劾，但福临犹优容之。至十八年遗诏，令罢十三衙门，其弊始革。

世祖对于官员的任用，颇为重视，定八法例来甄选官员。顺治十二年，定考满议叙例，初次优等加衔，二三次优等加级，时三年考满，六年京察之典并行。凡三品以上自陈，四品等官，吏部都察院议奏，亲定去留，又令优等给予诰命。另外又订八法处分贪污奸淫之官吏。凡贪酷革职提问，疲软不谨罢职，年老有疾休致，才力不及浮躁降调，凡计典处分官，不准还职。

世祖于顺治六年下令，凡遇灾蠲，均减去起运存留，如存留不足时，即减起运。如有官员借口无项可免者，而使到人民不能受此恩惠的，告受罪。凡灾蠲州县，以蠲免之数列发免单，已入者抵明年正赋，违者以赃论，凡恤灾均要辨其分数。顺治年间，下定被灾八分至十分的，免十之三五分，至七分免二，四分免一，民皆受惠。

自明代万历末年至崇祯初年，饷费之增，统计先后加了两千万，人民在此种重赋饷制度下，生活得十分困苦。故清代开国，首先革除了重赋之弊，又召买津粮。凡江南、淮阳、湖北、蕲黄及流亡荒地的人民，皆免租赋。更且在入关之初，免去都城居民被兵者赋役三年，后因河南被寇，乃赐免田租。顺治二年，减收山西一半田租。三年，只收江南漕粮之三分之一。五年，平湖广，免去衡、永、辰、靖等处钱粮。

缺点方面

顺治时代的惠政虽然不少，但毕竟对汉人的反抗特别敏感，例如屡兴科场大狱，草菅人命，甚至父母弟兄叔侄，连坐而同科，罪有甚于大逆，无非加重其罔民之力，束缚而驰骤之，此是清朝之一贯政策。明代迷信八股科举，至亡国时为极盛，余毒所蕴，假清代而尽泄之。满人旁观极清，笼络中国士民，莫妙于中其所迷信，始入关则连岁开科，以慰蹭蹬者之心，继而严刑峻法，俾伎求之士称快。丁酉之狱，主司房考及中式之士子，诛杀及遣戍者无数。

第二节　康熙朝的政治措施

积极方面

顺治帝在位十八年崩，其子玄烨立，是为清圣祖，改元康熙。圣祖承世祖之德，所有政治设施，皆推求利弊。更且圣祖能恭俭爱民，对待臣下以诚恕，务求得治。故在圣祖年间，清政权更趋兴盛。

玄烨自亲政以来，内则削平大难，巩固统一基础；外则战胜强敌，扩张清国威信。外交军事，所在奏功，而其文治，亦斐然比于汉唐之盛。康熙初年，玄烨以恩礼罗致明室遗臣。康熙十七年，诏举博学鸿儒，备顾问著作之选。令在京三品以上及科道官员，在外督、抚、布、按及学政，各就所知学行兼优，文词卓越之人，不论已仕未仕，举荐送部，户部月给俸廪。明年三月，集诸被举者一百四十三人于体仁阁，试以诗赋，取中一等二十名，二等三十名，俱授为翰林院官，纂修明史。玄烨对于纂修明史，极为重视，若材料之搜集、体例之更正，屡有提示，以补史臣之缺。四十三年，以明史关系极大，特制文一篇，以告诸臣曰："……明史不可不成，公论不可不采，是非不可不明，人心不可不服。……"后又命方苞撰《湖南洞苗归化碑文》；越日，命作《黄钟为万事根本论》。奏上，帝嘉奖曰："此即翰林老辈兼旬为之，不能过也。"盖当时对于文学之提倡，亦已不遗余力矣。

玄烨既以提倡文学、尊崇儒术为职志，又欲博采群书，兼统一天下之言论兴思想。二十五年，谕礼部翰林院曰："朕留心文艺，晨夕披阅，虽内府书籍，篇目粗陈，而搜集未备。……今宜广为访辑，搜罗罔遗，以副朕稽古崇文之至意。"乃下令购求遗书。又曰："自古经史书籍，所重发明心性，裨益政治。必精览详求，始成内圣外王之举。……诸子百家，泛滥奇诡，有乖经术。今搜访藏书善本，唯以经学史乘，实有关系修齐治平、助成德化者，方为有用。其他异端稗说，概不准录。"自是宏奖理学，表彰程朱，御纂性理精义，阐明性理。实则玄烨对于宋学之提倡，乃是为了掩饰其异于汉族，假理学之名以控制汉人思想而已，至其大力表彰程朱，并非真意。

玄烨好学，史言出自天性。年十七八岁时，读书过劳，至于咯血而不肯少休。康熙十六年，以近侍内无博学善书者，特于翰林内选择二员，常侍左右，讲究文义；且令居住内城，不时宣召。即避暑瀛台，亦未尝间断。玄烨既以勤学励行自信，又恐天下士子，竞习浮华，不务正轨。四十一年，特制训饬士子文颁发礼部，命石勒太学，以资勉励。盖帝能不以施施之声色拒人，与朝士布衣讲朴学，为励学而谆谆告诫士子，差等师表，实为罕见，自少至老，不改其初。由其勤学好问观之，孰知其力扫三藩，威行万里，番戎稽首，溯漠归心，观其屡兴文教，亦非浮华饰文之主。

康熙既尽力提倡宋学，以一天下之言论与思想，又复敕撰巨籍，使学者得有所折中。盖玄烨好学成性，上自天象、舆地、历算、音乐、法律、战术；下至骑射、医药、蒙古、西域、拉丁文书字母，无所不习；且无不创立新法，别启津途，以成巨制。其所修诸书，门类甚多，条目繁巨。虽误谬芜杂，在所难免，然综合群籍，条以纲领，俾便学者，嘉惠士林，博稽古右文之名。其牢笼士人之法，功效显著。今举重要钦定之书如下：《周易折中》，《书经传说汇纂》、《诗经传说汇纂》、《春秋传说汇纂》、《孝经衍义》、《性理精义》、《朱子全书》、《律吕正义》、《康熙字典》、《音韵阐微》、《历代纪事年表》、《历象考成》、《数理精蕴》、《星历考原》、《佩文斋书画谱》、《渊鉴类函》、《骈字类编》、《分类字锦》、《子史精华》、《佩文韵府》、《古文渊鉴》、《历代赋汇》、《全唐诗》、《咏物诗选》、《历代题画诗》、《广群芳谱》、《四朝诗》、《全金诗》、《御选唐诗》、《历代诗余》、《词谱》、《曲谱》、《易经通注》、《御注孝经》、《资政要览》、《内则衍义》及《图书集成》等书，对后世学术有很大的帮助与贡献，其影响是深远的。

康熙除学术之发展外，其特可记述者，则算学及地理知识之进步是也。玄烨幼时，以钦天监汉官与西洋人不睦，互相参劾，几至大辟；又于午门外九卿前，当面睹测日影，奈九卿之中，无一知其法者。玄烨因思自己不知，焉能断人之是非，因愤而学习，常于内廷教授诸大臣。时西洋代数学亦已输入中土，玄烨先得其术，译曰"借根方"。后天元一术，遂因"借根方"而复明于世。玄烨又尝制《三角形推算法论》，后又以古人璇玑齐七政，表度准南北，察两至明太阳之回转，识二分为寒暑之变迁；苟非测量，难得其详，有测量而无推算，亦势不可成；是以古人以圆容角，以角容方，自方而三角，勾股在其中矣。此即今世三角测量之术。又前此中国地图，皆不施经纬度线，记里多误；且荒远山川，源委难明。于康熙四十三年，遣侍卫锡拉深视河源，至星宿海而回，至是黄河之源始渐明。玄烨又费三十余年之力，制《皇舆全览图》，山脉水道，悉与禹贡相合，并分命使臣，测量极度精密，差一度为地距二百里。故当时舆图精密，远过前代。又于山脉河流，能穷其源委，而加以系统地研究，其说略见《康熙几暇格物编》诸书，是亦科学思想渐次发达之一征也。

黄河之患，无代无之，俗谚所谓"黄河与官吏道路，为中国之三大忧"者是也。康熙元年，河决原武祥符，河道总督朱之锡，上缓急十事，开治河之先路。之锡治河十载，绸缪旱潦则尽瘁昕宵，疏瀹堤渠则驰驱南北。后玄烨以黄河屡次冲决，久为民害，欲亲至其地，相度形势，察视堤工。且以东南民情，未尽融合，而故国之思，所在潜萌，既思有以震慑。又欲周知地方风俗，小民生计，故屡举南巡之典，前后共六次，亲自监督指挥治河工程，使能控制水患。康熙之六次南巡，往返供亿。悉发内帑，沿途行宫，不施采绩，每处所费，不过一二万金；而轸念民依，省方问俗，察闾里之疾苦，训官吏以清廉。舟行周览运河，辇路登临泰岱，清跸所至，昭盛典焉。

康熙二十五年，汤斌为江宁巡抚，疏言："吴中风俗，尚气节，重文章，而佻巧者每作淫词艳曲，坏人心术。蚩愚之民，敛财聚会，迎神赛祀，一幡之值，至数百金。妇女有游冶之习，靓妆艳服，连袂寺院。……臣严加训饬，委曲告诫，一年以来，寺院无妇女之游，迎神罢会，艳曲绝编，打降敛迹。惟妖邪巫觋，习为怪诞之说，愚民为其所惑，牢不可破。苏州府城西上方山，有五通淫祠，几数百年，远近之人，奔走如鹜。……请示特旨严禁，勒石山巅，庶可永除根株。"疏上，得旨："淫词惑众诬民，有关风化，如所请，勒石严禁。直隶及各省有似此者，一体饬遵。"又康熙五十三年，谕礼部曰："……近见坊间多卖小说淫词，荒唐俚鄙，殊非正理，不但诱惑愚民，即缙绅士子，未免游目而蛊心焉。所关于风俗者非细，应即通行严禁。"旋九卿议奏："凡坊肆一应小说淫词，严查禁绝。著将板片书籍，一并尽令销毁，违者治罪。印刻者杖流，市卖者杖徒。"就两事观之，则康熙时代，已能破巫觋迷信之蛊说，禁诲淫词书之刊行，注意风俗，关心教化，施治之本，亦足多取。

历代帝王，每以蠲免为市恩。清市恩之具，较历代为显。顺治时，已开此策之端。玄烨以恭俭为本，蠲免较他帝为多。如康熙二年，免顺治十五年以前民逋欠三年以上者。二十三年，蠲免江南漕粮三分之一。二十九年，蠲免山东本年地丁等。在康熙年间免除了很多赋税繁重地区的租税。而在四十七至五十年三年内，计免天下地丁粮赋，新旧三千八百余万，浩荡之恩，实史册所未有。初稻不入蠲，又于五十二年免天下明年房地税一年，兼除逾欠等，更且于荒年赈粮贷款给荒民达百万。玄烨尝读"汉文帝赐民田租诏"叹曰："蠲租乃古今第一善政，下至穷谷荒陬，皆沾实惠；然必宫廷之上，约节俭，然后可以行此。"尝论"当以一人治天下，不以天下奉一人，以此为训，不敢过也。自是恭俭相承，累代传为家法矣"（《庭训格言》），以为己责。又尝著《勤俭论》以自警，历举尧、舜、禹、汤、文、武之美德砥砺。盖玄烨以节俭爱民自诩，故普免之令屡下。至辇毂所经，蠲减并行，不可缕指。

清初户口亦有赋役，其制率仍前代，故有编审之法，五年一举，丁增而赋随之。康熙二十四年，总计天下人丁三百四十一万七千四百四十八；二十五年，以原定编审限期太宽，胥吏得以任意作弊，乃更定一年岁终汇报，每年陆续稽查缺额，于下次编审时补足。至五十年，直省人丁凡二千四百六十二万一千三百二十有四，视前数未甚增加。玄烨以承平既久，滋生日繁，而有司编审时，不将所增实数开明具报者，特恐加增钱粮故也。乃下谕曰："朕览各省编查人丁数目，并未将加增之数，尽行开报，应令直省督抚，将现今钱粮册内有名丁数，勿增勿减，永为定额，其自后所生人丁，不必征收钱粮。编查时，只将增出实数审明，另造清册题报。朕欲知人丁之实数，不在加增钱粮也。"于是廷议以康熙五十年额定丁册为准，新增者谓之"盛世滋生人丁"，永不加赋。以后户口增减，转移除补，易至不公，行之数年，渐觉不便。及雍正元年，因以丁税摊入田赋；输纳征解，通谓之地丁。而无业游民，遂终身无纳税之义务。

圣祖极力鼓励人民开垦荒田，又对侵扰开荒者的官吏加以治罪。正如康熙十二年，其谕户部曰："小民拮据开荒，物力艰难，恐催科期迫，反致失业，朕心深为轸念。嗣后各省开荒地方，俱再加宽限。"又："如新任官自图录叙、掩袭前功、纷更扰民者，各督抚严行稽察，题参治罪。"更且，极力推行积粮政策，以备荒年。又经常派遣都督、大学士等亲自监督农业。由水利建设、蝗虫的祸害以至农业生产质量等，非常关注，经常亲下意旨，督促农耕。如二十五年派副都督马喇等往黑龙江督农耕，三十年下令消灭蝗害。对江浙地方水利尤为关心。四十六年，又命江浙京官齐集乾清门外，召大学士张玉书等筹划水利灌溉大计。

玄烨在位六十余年，一切政治之设施，具本实际主义，不尚虚文。因其秉性宽大，故爱民以蠲租为急，待人以不杀为怀。晚年尝言："予年将七旬，在位五十余载，天下粗安，四海承平。虽未能移风易俗，家给人足，但孜孜汲汲，小心敬慎，夙夜未敢少懈，数十年来，殚心竭力，有如一日，岂仅'劳苦'二字所能概括？……昔人每曰：'帝王当举大纲，不必兼亲细务。'朕心窃不谓然。一事不谨，即贻四海之忧，一时不谨，即贻千百世之患。不矜细行，终累大德。故朕每事必加详慎。……朕自幼强健，筋力颇佳，能挽十五石弓，发十三握箭，用兵临戎之事，皆所优为。然平生未尝妄杀一人，平定三藩，扫清漠北，皆出一心运筹。户部帑金，非用师、赈饥未敢妄费，谓皆小民脂膏故也。所有巡狩行宫，不施采绩，每处所费，不过一二万两，较之河工岁费三百余万两，实不及百分之一。"玄烨以君主为天下公仆，勤劳尽瘁，义不容辞、孜孜求治，即本此心。又言："朕之生也，并无灵异，及其长也，亦无非常。八龄践阼，迄今五十七年，从不许人言祯符瑞应；如史册所载景星、庆云、麟凤、芝草之贺；及焚珠玉于殿前，天书降丁承平，此皆虚文，朕所不取。唯日用平常，以实心行实政而已。"玄烨在位六十余年，一切起居饮食，自在常度，未尝稍改；虽酷暑燕处，从未免冠。北征度漠，南巡治河，虽卒役不能逾其劳。年逾六旬，犹扶病力行之，其卓越、励精图治的精神，亦可想而知矣。

缺点方面

官吏贪黩，州县馈送，有清一代，无世无之。如康熙二十三年，查抄尚之信家产，侍郎宜昌阿巡抚金俊乾没之；又侵蚀兵饷，及商人沈上达财物，恐沈先发，谋害之。道员王永祚分取赃物，后均拟律。二十五年，蔡毓荣在总督任内，侵没吴三桂家产人口，因侍卫纳尔泰奉差滇南，恐致败露，送银八千两。其子蔡琳在京，又送银一千两，事下吏、户、刑三部，将蔡革职拿问。二十八年，湖北巡抚张汧，任福建布政使司时，亏空帑款，勒迫属员胡载仁等出银抵补；又勒派盐商垫还几万余两。荆南道祖泽清勒索李二扬等银八万两，一并交部议处。其最著者可见一斑。至于廉谨之官，督抚若成龙汤斌，知府若陈鹏年，知县若陆陇其彭鹏等，亦不过少数耳。

康熙时代虽称盛世，而玄烨虽行怀柔政策，亦赖压制政策互为表里。故文字之狱兴，而人民乃蜷伏于积威之下，不敢放言矣。统治集团内部亦不能团结，屡有朋党之发生，内外诸臣及皇子等，各树朋党，互相攻讦。其著者，则诸臣之中为明珠之党，徐乾学之党，索额图与噶礼之党；而诸王中有胤禩等之党。他们只顾一己之利益而置国家大事于脑后，弄至朝政日非，国家日衰，民生日困。康熙之时，亦屡兴文字狱，如明史狱，沈天甫、朱方旦之狱，戴名世之论《明史》及《南山集》狱，株连及杀戮虽不及雍正时之惨酷，但受祸者亦不少。

第三节　雍正朝的政治措施

积极方面

康熙末年，诸王争位剧烈，各树朋党，互相残害。及胤禛立，深知储位不定，不足以维系国本；而明立太子，又不免陷本人于骄矜失德之地。且左右逢迎，奸宄谗构，皆为历代纷乱之源，乃创储位密建法处理之。亲书应立太子名，各缄封锦匣收贮，留总管事务大臣掌之。自是以后，此制遂成清代家法。胤禛既以储位密建法杜觊觎纷争之端，又以诸王之要结党羽，借谋自卫，宜有以戢之。乃于即位之初，语诸臣曰："朋党恶习，起于明代，此风至今未息。尔大臣有则痛改，无则永以为戒！"反复数百言，告诫至切。然防止愈严，而人心惶恐，门户转深。胤禛又以为欲除朋党之源，当令舆论之是非与朝廷之赏罚，相为一致，于是御制《朋党论》以驳宋欧阳修"君子有朋"之说，颁示满汉诸臣。盖胤禛以异谋得到皇位，朝野惊疑，初必以宽和收人心，故不惜谆谆告诫，冀敌我者转为我用。及大位基础稍固，而敌党怙恶，又必为共工之诛，于是参辰之祸，不久旋起。

清初八旗之制，皇帝所亲者三，曰镶黄，正黄，正白，名"上三旗"。诸王所分将者五，曰正红、镶红、镶白、正蓝、镶蓝，名"下五旗"，下五旗户籍，皆为王公僚属，其关系若奴隶之于主人。诸王既各植党营私，则八旗属籍，亦多为诸王爪牙，抗行朝令。雍正元年，以庄亲王胤禄等言，凡内廷禁近之地，一律换内府护军看守，而撤去旗下护军。盖恐旗下护军之不忠于帝室也。又当时诸王自开国以来，酬庸优厚，习尚骄汰，御下多不法。胤禛知其弊，即位后，禁宗藩与外吏交通，非廷见不得私谒，是使宗室与士大夫气类隔绝，自无植党邀誉之弊。其王府属下，唯议卫诸官，得由本王迁擢，余悉改隶有司，以所属值宿护军，撤归营伍。自是太祖所定八旗平行自主之封建王国，始进而为主权一尊之帝国。且当时宗室八旗子弟，亦以无智识之故，往往挟亲贵之势，恣为威福，胤禛特设学校以教育之，欲借教育之功，延揽人心，使之尊君而事上也。故宗学、觉罗学、官学多创建于雍正年间。

胤禛远不如其父之宽大，然志气之高，统治之才，亦为中主所不逮。雍正十余年间，建革之政，足述者甚多；而尤为有清一代之特色，开人道主义之先河者，厥为奴隶阶级之铲除。先是，山陕有教坊乐籍，世执贱业，不得与平民为伍，世世不能自拔。雍正元年四月，诏各属禁革之，俾改业为良。又浙江绍兴府有惰民，其业与乐籍无异，九月，并令削除。八年，以苏州府常熟、昭文二县之丐户，与惰民无异，从尹继善请，令削除其籍。其余若江西、浙江、福建所属山县内之棚民，世以冶铁造纸为业；广东滨海之盐户，以船为家，不得陆居；至是亦皆先后禁除，视为编氓之例，列入保甲。

清初官制，通政司受内外本章，有敷奏封驳之权。胤禛以通政司职权太重，扼中外庶政要务，主之者不得其人，或与政府因缘为奸，乃别设奏事处，命内外诸臣，有机密事，改用奏折，直达御前。又以议政诸臣，皆贵族世爵，不谙国务；而内阁在太和门外，入直者或有漏泄机务之弊，乃于隆宗门内，设军需房，令内阁中书之谨密者，入值缮写，既而改为军机处，以军机大臣统之。军机处之初设，在于机务繁重，恐秘密外泄，故特分内阁之一部，使之接近宫廷，便于宣召，为指授筹策之地。及后事权渐隆，一切政治，皆出于此，而内阁之任遂轻，议政之弊亦绝。军机处之设置，即意味政权由内阁转至军机，亦即间接奉还君主。又科道诸臣，对于朝廷举动，有发言权；而六科给事中，以自为一曹，无所隶属故，益得放情自肆。胤禛恐朋党假言路为喉舌，故对于言官之陈白，特为注意，又命六科给事中改隶都察院以抑之，由是言路党争之弊，较前代为稍息。

直隶水道庞杂，时有泛涨暴溢之患；而永定一河，自高原下流，尤为难治。雍正初，胤禛以直隶旱涝无备，皆因水利未兴所致。三年九月，特命怡亲王胤祥与大学士朱轼前往查勘。胤祥等因绘图陈奏，请于滦、蓟等处，各设营田，得旨"着九卿速议具奏"。后和硕怡亲王上疏请修水利，从之，时雍正三年十二月也。既而朱轼等复疏请分直隶诸河为四局，攻分司为河道诸官，以责专理，于是直隶之水利渐兴，而河患渐减。

江南之苏、松，浙江之嘉、湖，自明代以来，赋税较他处为多，每年且至数十万两；故地方人民，未免艰于输将。雍正三年三月，吴民以为请，管理事务户部怡亲王胤祥奏之，乃命酌减苏州正额银三十万两，松江十五万两，嘉湖不与。至雍正五年，嘉湖之浮粮亦减，而各省无独多之额赋矣。又当时社仓救急之法，必经州县申详，督抚咨奏，得部示而后始行，故往返须经数月。雍正十一年，胤禛以社仓原为济急，而公文往返，徒延岁月，小民悬待孔殷，仍不免有重利告借之苦，乃命州县遇有应行借给之时，一面申详上司，一面即速举行，方可济闾阎之缓急；是皆注意民生之事，亦即所谓惠民之政也。

苗族当太古时，尝繁殖于黄河长江之间，其后黄帝混一区夏，合为华族，九黎之未同化者，渐次退处于南岭及横断山脉附近，杂居川、广、云、贵之间，为政府法令所不及。其语言风俗，既与中原绝异，中国之治也，亦尝用羁縻政策，仍其旧俗，官其酋长，其长皆得世袭，握强大之自治权。清初，亦袭明制，后因乱事未暇顾及，对其益加放任。惟其生路不广，土官又以积威苛敛虐使，恣为不法，故"苗患"遂为西南一大问题。雍正四年，鄂尔泰上奏，极陈当时行政区划之不当及从来"以夷治夷"之非策。胤禛即诏以东川、乌蒙、镇雄三土司改隶云南。六年，复以三省（云、贵、广西）总督赐鄂尔泰，令兼制广西。后鄂尔泰先后抚顺或兵压三省，三省乃内附。自雍正四年至九年，改土归流之议成，而三省之边防乃粗定。

胤禛即位后，既以诸王之事，防制不遗余力，又恐官吏疏懈，政纲不举，故御极之初，即首颁谕旨十一道，训饬督抚提镇以下文武各官，词旨严厉，以勤求吏治、严绝贿赂为主。胤禛又以各省督抚之幕宾有不肖之徒，勾通内外，肆行作弊，清浊混淆，是非颠倒，深可痛恨，着即严行查察，而纵容书吏差役、狐假虎威、无恶不作者，亦饬令督抚痛自革除。又各部书吏，惯于作弊，已经满秩者，改换姓名，窜入别部；握一司之事，盘结其中，居然世业。乃令各堂官于五年考满，勒令四籍候选，如有前项情事，立行驱逐。至是朝野肃清，弊端尽绝，而天下皆懔然奉法。胤禛以法治国，综核名实，凡大臣之严酷苛细者，无不得帝之宠眷，田文镜、李卫、鄂尔泰等，皆一时有名之督抚。

胤禛既以异谋得位，而诸王又结党营私，阴相排轧，一时蜚言四起。雍正设治，既以严厉为事，故对于朝野之动静，不可不使之上达，于是密设缇骑，四出侦察，凡闾阎细故，无不立闻。当时朝野上下，大小臣工，无不严谨执守，畏惧祸及。或谓胤禛此举，乃察察以为明，得毋近苛敛？不知耳目遍及，民隐得达，此亦专制时为治之一端。但窥伺之严，察及帷闼，不得不谓为太过甚。

胤禛精严综核，手定大政，虑本章转奏，或有泄漏迟滞之弊，乃改令机密用奏折，告可直达御前。胤禛亲加批阅，或秉烛至午夜，所批动辄万言，洞彻窾要；万里之外，宛若觌面。胤禛口讲手批，劳怨不辞，殆亦励精图治，目不暇给者欤？胤禛驭下严肃，然亦每假以辞色，以联上下之情。每佳节时令，必赐诸王大臣游讌，泛舟福海，赏花钓鱼，竟日乃散。当其为亲王时，不履同行人之影，亦不践踏虫蚁；既即位，选谥玄烨庙号，自破揩端，血书"圣祖"二字。于饮食时，虽饭粒饼屑，不忍遗弃。

缺点方面

雍正初年，胤禛有阳为宠信而阴怀疑忌之大臣二，即年羹尧与隆科多是也。惟其宠之至，则肆作威辐，殆亦难免；惟其忌之深，则一旦破露，势必惨核。故年隆二狱，为初年最大之刑谳。而雍正初年，年羹尧、隆科多及诸王胤禩、胤禟等既以怨望致败，其门客党羽，散布中外，流言四起，甚或借文字之著述，发为不平之鸣，诽谤朝政，指斥君主。胤禛察及幽隐，遂坐是以兴大狱。其最大者，则汪景祺、查嗣庭、谢济世、陆生枏诸狱是也。由于文字狱之屡兴，故学者多不敢从事著述，乃转而发展考据之学，以求明哲保身。夫经史原多警诫人君之语，一涉笔即得死罪，谁复敢致力于事理，以兴国家社会相维系乎？乾嘉学者专尚考据，务与政治理论相隔绝，其亦不得已而然。故有清一代汉学之极盛，正谓士气之极衰，士气衰而国运焉得不替？此雍乾之盛世败象已生，亦政治文化交互影响一例。

胤禛性情精严，而偏喜侈谈符瑞，欲求长生之术。田文镜、李卫等首先迎其意旨，疏荐方士贾士芳、娄近垣等入内供奉，十余年来，祷祠林立，封神殆遍。于是内外臣工，无不借端供媚，妄希恩泽。当娄近垣之入侍也，招鹤则仙禽降庭，祷雨则春霖立霈；胤禛信之，欣然以为神仙可致，尊之为"妙应真人"，居之光明殿。其时大臣怙禄而阿谀，小臣畏罪而将顺，故渶涊盈庭，无敢发言者。直至金石燥烈，鼎湖龙升，储君嗣位，始尽逐西苑供奉诸方士还故里。呜呼，胤禛之英明神武不减秦始皇汉武帝，其好神仙长生之术，亦酷似之。

第四节　乾隆朝的政治措施

积极方面

清自康雍以来，抚治臣民之法，宽严数变，利弊相生，难于准定。康熙六十余年，圣祖务以宽大为治，臣下奉行不善，至于人心玩愒，诸事废弛，官吏不知公事，宵小不知畏法。世祖承之以严，期于整顿积习，臣下奉行不善，至于政令烦苛，每事刻核，大为闾阎之扰累。弘历即位，深惟宽猛互济之道，宽则纠之以猛，猛则济之以宽；记称一张一弛，为文武之道是也。所谓刚柔相济，不竞不绿，此所以乾隆六十年为清室之极盛之故也。

弘历承世宗之后，以宽大为政。即位之初，即以蠲免租税、豁除赔累为怀，故从漕督顾琮之奏请免除苏松浮粮及禁关税赢余增加也。既而胤礼奏免江南漕项芦课及学租杂税等银，降谕裁革禁约各地横征苛索之落地税。

又宽免芜湖杂办江夫河蓬钱粮，豁除贵州三年耗羡，泰山进香之税，免大同三汛兵丁徭银，除陕西大耗五分，蠲各省以前民欠。后以番税十五，分惠于佃户，致其有余以赡妻子，是以宽政被于佃农，天下廓然更始矣。其他如甘肃亩粮草束，四川之夷赋，奉天之米豆，山西之本色兵饷，遇届免之年，亦一律停其输纳。

开辟荒地以实农业，清自康雍以来，行之已久，顾地方官吏，仅事粉饰，不知力行，妄报加赋，反累农民。弘历即位，深觉此弊为祸之痛："若不痛洗积弊，仍蹈前辙，经朕访闻，必从重处分，不稍姑贷！"又大学士朱轼奏："请饬督抚，将见在报垦田地，详确查明，如系虚捏，据实提请开除。"议上准行，而开垦之弊政，至是始见肃清矣。捐纳一事，清初即行之。乾隆元年正月下谕："西北两路用兵以来，一应军费须皆取于公帑，不肯丝毫累民。而费用繁多，不得不借资捐纳，以补国用之不足。此中外所共知者。……今大兵渐撤，军需渐省，着将京师各省见开捐纳事例，一概停止。"寻议："应留户部捐监一条，各省一概停止，不令照前考职，并请以每岁捐纳之银，留为各省一时岁歉赈济之用。"从之。

减赦罪犯，为帝王履新之常典，而弘历欲借此示宽大，特增广条例以行，故在雍正时视为罪大恶极者，亦罔不遭遇殊惠，同颁恩诏。如胤祀、胤禟之黜籍异名，胤䄉、胤禵之拘禁宗府，皆以特旨宽宥，或收入于玉牒，或释放于狴犴。至宗室觉罗之同罹斯罪者，亦一体邀恩，而其子孙则分赐红带、紫带，亦不同于庶人。其因谳狱而流放者，如汪景祺、查嗣廷等之兄弟族属，亦皆赦其回籍。

弘历政主于宽，复示以严，执其两端，为所抱之唯一政策。清初太监职近内廷，恃恩骄纵，每与亲王大臣及皇子等，并坐接谈，同席饮馔，而彼等亦复结欢交纳，恬不为怪。弘历为皇子时，即习知之，既登位，乃降敕严禁，责苏培盛等以后效，凡千余言，此之谓防微杜渐也。乾隆初，李绂因保举新进士过多，交部议处，寻降补詹事；励宗万擅将监场御史咨送吏部处分；福敏办理废员，推诿迟误，皆严察议处。乾隆五年，御史仲永檀奏参提督鄂善，受俞姓贿银一万两，讯实赐死。又山西学政喀尔钦以贿卖生童，纵仆营私，违禁渔色，为御史所劾，得旨正法。并谕诸大臣，嗣后当各自儆省，痛加悛改，矢公忠之心，去观望之习。此惩一儆百之举，欲戒臣工之流于疏弛，致乖当严不严之旨。

历代僧人披剃，有官府给予度牒之制，所以稽梵行重律仪也。乾隆初，缁流太众，品类混淆，而无赖之人，游手聚食，且有获罪逃匿者，窜迹其中。弘历恐流弊日深，乃加之甄别，于是仍颁度牒给在京及省僧纲司等，嗣后情愿出家之人，必须给度牒方准披剃，如有借名影射及私行出家者，查出治罪。至于"应付"僧人，令地方官一体给予度牒，若不愿受戒者，即行勒令还俗。至清微正一道士，除龙虎山上清宫由真人给予印照，各直省清微灵宝道士仍给印照，毋庸给牒外，"火居道士"俱令还俗，年老者亦暂给印照，永不许招收生徒。又僧尼亦应照僧道之例，愿还俗者，听其还俗，不能还俗者，亦暂给度牒，永不许招收年少生徒。嗣后妇女必年逾四十，方准出家，年少者严行禁止。此清汰僧道之法令虽严，然究能贯彻执行与否？殊大有问题。

乾隆之时，天下太平，故文治之粉饰，号称极盛。弘历即位之初，以国家久道化成，文人蔚起，及雍正诏举博学鸿词，二年以来，人数寥寥，遂申谕各省督抚，速行保荐，定一年内候试京师。乾隆元年九月，取中刘纶等十五员，授翰林院编修检讨庶吉士等差。次年，复试续到博学鸿词于体仁阁，取四人，授万松龄、张汉为翰林院检讨，朱荃、洪世泽为翰林院庶吉士。乾隆十四年十一月以词苑中寡经术之士，虽翰林以文学侍从，颇致力于诗赋，而求其沉酣六籍者，不少概见。特旨令大学士九卿督抚选举潜心经学、纯朴淹通之士，不拘资格，务精勿滥！

弘历表扬文治之方法，大半模仿康熙帝，而又思有以突过之。如康熙诏举山林隐逸，博学弘儒，乾隆则一开博学鸿词科，二开阳城马周科，三开经学科，特科屡启，颇采虚声。康熙购求遗书，编纂书籍，乾隆亦效之，而书籍之编纂，又较康熙时为多。今依前例，列举如下：《周易述义》、《诗义折中》、《周官义疏》、《仪礼义疏》、《春秋直解》、《律吕正义后编》、《西域同文志》、《音韵述微》、《明史》、《开国方略》、《临清纪略》、《续文献通考》、《皇朝通志》、《历代官职表》、《大清会典》、《大清通礼》、《大清律例》、《天禄琳琅书目》、《经史讲义》、《授时通考》、《医宗金鉴》、《石渠宝笈》、《钱录》、《唐宋文醇》、《四书文》、《唐宋诗醇》、《石峰堡纪略》、《钦定蒙古王公功绩表传》、《钦定热河志》、《钦定盛京通志》、《南巡盛典》、《御制文初集》、《钦定河源纪略》、《康济录》、《钦定千叟宴诗》、《御制拟白居易乐府》、《平定廓尔喀纪略》等。其最庞大之纂修者，为《四库全书》。

缺点方面

鄂尔泰张廷玉以雍正旧臣，同受顾命，乾隆初，诏以身后配享太庙事，缮入遗诏，蒙眷深厚，一时煊赫。且屡降明旨，盛称高才丰功，誉为不世之名臣。惟二人权势相埒，则不免互生忌视，而其下复自立门户，倾轧不已，故卒酿党禁文字之祸。而朝官依附门户者，互相攻讦，浸成仇敌。大抵满人则思附鄂尔泰，汉人则思附张廷玉，俨然政府之两大党。他们二人之争，也可以说是满汉两族之暗斗。及后更有胡中藻之诗狱。

乾隆之世，虽以折中为政策之纲领，但骨子里却隐然有高压政策，如文字狱之屡兴。然当时文字狱之兴，一言之抵触，辄至家破命亡，而清廷又方以购求遗书之名，广搜野史诗文之关于指斥者，胥销毁而焚禁之。《四库全书》之开馆在高宗即有寓禁于征之意，初以人怀疑惧，应者寥寥。

满汉一体，似无歧视。清自开国以来，即以是二语为口头禅，然其处事设心，固未尝不内满而外汉也。朝廷大吏，满汉兼用，汉人则任事而品低，满人则品贵而权重。至于外省、抚司以下，间用汉人，总督则历世不多觏。盖地方之政权军柄，皆在总督一人之手，非我族类，不敢苟托。惟满人中既少治平之才，复多贪黩之辈，是以为政窳败，其弊亦甚著，当时群臣亦谓此种现象不可维持。至弘历即位之初，对于满汉畛域，亦力示无芥蒂存于其心。唯此仅属表面之言。乾隆八年，御史杭世骏时务策有曰：

"意见不可先设，畛域不可太分，满洲才贤虽多，较之汉人，仅十之三四，天下巡抚，尚满汉参半，总督则汉人无一焉；何内满而外汉也？三江两浙，天下人才渊薮，边隅之士，间出者无几。今则果于用边省之人，不计其才，不计其操履，不计其资俸。而十年不调者，皆江浙之人，岂非有意见畛域？"观于此，则弘历畛域之见，实较顺康之时更为显著，故其对汉人亦务取压制之政策。

弘历对于汉人既以压制为其政策，故缘指摘诽谤、以兴大狱者，层出不穷。杭世骏以《时务策》而被斥，胡中藻、鄂昌以影响附会之辞而遭戮，即曾获特赦之曾静，亦不惜翻先朝之旧案而诛杀之，是皆威历之先声也。其后如彭家屏、段昌绪之狱、齐周华之狱、方国泰之狱等，凡此皆对于汉人复明思想，加以摧抑压制。至若明末遗老之著述，有关于前朝遗事之记载，或微吟深讽，以寄其蛮夷猾华之痛者，悉搜剔之不遗余力。如钱谦益之《初学集》、《有学集》，屈大均之《翁山诗文集》等，皆毁版禁行，而禁书之令所罗得者，乃不下万余部。检摘字句，稍有不当，即指罪而刑诛之，一时文网密布，告讦纷起。

乾隆之世，文网密布，罗织极细，文字之间，若有择词不精、引用不当，或无意中有牢骚抑郁之辞，一发告讦，辄多获谴，如乾隆十九年包世臣之狱。世臣盛京礼部侍郎，其诗稿中有"霜侵鬓朽叹途穷"、"秋色招人懒上朝"及"半轮明月西沉夜，应照长安尔我家"之句，弘历谓其："自拟于苏轼黄州之谪，以其品学，与苏轼执鞭，将唾而棰之。且卿贰崇阶，有何'途穷'之叹？"乃遣戍黑龙江。乾隆四十二年，有王锡侯之狱；四十四年，有智天豹之狱，若此之类，不可胜数。故当时比附妖言、告讦诗文之事，纷然而起。

弘历在位，凡南巡者六，东巡者四，西巡者五；至于奠祭于曲阜，秋狝于木兰，近游京几，告诣嵩洛，车驾时出，纪不胜纪。盖以宫廷之间，朝事綦繁，殿阁虽轩，画地自禁，迥不如山庄之旷逸，江南之风物矣。且以安富尊荣，故辉煌于盛典；春花秋月，肆游乐而无度。不知踵事增华，供驿弥奢,劳民伤财,衰弱斯兆,是以一人之遨游,实关于国家之大局与民生之盈绌。

弘历在位时,曾宠信和珅,使其气焰高涨,后至专国政。珅在政专肆,中外多其私党。朝士之持正者,亦噤口不言,任其恣睢,以故宠尤隆而势尤赫。时文臣如纪昀,武臣如海兰察,皆功业昭然,颇蒙帝眷者,徒以与珅不和,不得大用。珅专政既久,吏风益坏,卒酿成川楚民变,为清室中衰之最大原因。彼复任意积压军报,授意各路将帅,虚张功级,以邀奖叙,而己亦得封公爵。且于核算报销时,勒索重贿,以致将帅不得不侵克军饷,民变乘之蔓延,几不可收拾。

乾隆即位之初,宽严互济,明罚饬法,无所假借,然官吏苞苴请托之习,未尝不行于隐微之中。自四十二三年以后,和珅尊宠用事,而此风益长。于是疆吏侵吞刻削,聚敛行贿,皆恃和珅为奥援,虽大狱频兴,贪吏伏法,而其风自若,皆和珅一人启之也。故内有聚敛之臣,外有贪黩之吏,相为因果。国家致乱之源,即肇于此。如于乾隆极盛之时,蒋洲以亏帑伏法。当时官吏之贪黩,其已经发觉而治罪者,已复累牍皆是,其未经发觉,或经人指摘,而先事弥补者,更不知凡几。如伍拉纳、浦霖之赃款累累,富勒浑、黄梅、德明之婪索层层(乾隆五十一年及六十年事),高邮粮书之私印冒征(乾隆五十五年事),侵渔动辄数十百万,而官司属员,合通一气,上自督抚,下至粮吏,一省如此,他省亦复如此,小民冤抑莫伸,间阎扰累无已,故嘉庆时民变皆谓"官逼民反",其故可知。

乾隆承祖父之余荫,国富兵强,民物丰阜,于是好大喜功之念顿炽。数十年间,平金川,荡准部,用兵缅越,戡定台湾,威力所及,西南至于尼泊尔,东北至于库页岛,虽版图扩张,十全纪盛,然军费所需,历代无比。综计乾隆一朝所用军费,约在一万万二千万两以上,以当时国库收入,年仅三千余万两,则岁出之额,不为不巨。国帑虚靡,已启将来衰颓之兆。

乾隆四十七年,弘历以府库充溢,谕令增加兵额。先是各省大小武职,俱有虚额名粮，直省养兵，费天下正供之半，而兵伍不足正额三分之一。帝命将名粮归入养廉，另行挑补虚额，于是增兵六万，岁添饷银三百万两。大学士阿桂以国家经费，骤加不觉其多，岁支则难为继，故不计久远，足为将来财政之忧，曾上疏力争。惜时弘历自恃军藏充溢，颇不以阿桂之议为然，决计行之。殊不知缺伍依旧，冗靡益多，迨嘉庆后，两次议裁兵额，卒不能仍复原数。而国库日绌，不能节养，遂为清室衰敝之一大远因。

第三十一章 不平等条约与对外战争的失败

第一节 《尼布楚条约》及其影响

俄人势力的扩张

明末,欧洲人多由海道东来;其由陆路东向发展,渐与中国发生交涉的,则为俄罗斯国。俄人原居东欧,为蒙古所征服。明末,俄人乘蒙古中衰,逐之而复国。其王伊凡四世,锐意经营西伯利亚,发展甚速。至清初,俄人的东侵,只是几个可萨克队替他做前锋。俄国国家的实力,还并顾不到东面。俄人早于万历十五年(1587年)就建筑托波尔城,以后又建托木斯克等城,作为东方殖民的根据地,这时私人的活动也变成俄国政府的事业。不过西伯利亚是苦寒之地,在粮食接济上很感困难,他们听说黑龙江部落繁衍,适于耕牧,于是在筑城鄂霍次克海滨以后,就锐意南下。

第一个组织黑龙江远征队的是哈巴罗夫,顺治六年(1649年)从伊尔库茨克出发,翌年攻陷黑龙江外的雅克萨城,屡次劫掠黑龙江沿岸诸民族。继哈巴罗夫而至的是斯梯巴诺夫,后为宁古塔章京沙尔瑚达所杀。而叶塞知事泊西库湖,亦组织远征队,筑寨于尼布楚河口,以为经营黑龙江上游的根据地,亦为宁古塔将军巴海所败。然隔了几年,俄人又把雅克萨、尼布楚两个城堡占据了，互相犄角。

这一班远征队，只能为剽掠的行动，绝不能为和平的拓殖。康熙九年，圣祖贻书尼布楚守将，诘问他剽掠的原因，责令他退出。俄人知道不能和中国抵敌，乃差人到北京表明愿意修好通商的意思，先是俄人在黑龙江沿岸剽掠时，土酋罕帖木儿，逃到中国来，怨中国人待之太薄，乃逃入俄境，及圣祖与约，提出不剽掠我边境，交还罕帖木儿，则可以修好。俄人一一答应，然实际却未履行，而且仍在黑龙江左岸，筑城置塞。

康熙帝认为"非创以兵威，则罔知惩畏，将至蔓延，遂决意征剿"，乃命户部尚书伊桑阿，赴宁古塔造大船，筑墨尔根、齐齐哈尔两城，置十驿以通饷道，以萨布素为黑龙江将军。二十二年，俄兵六十余人至瑷珲附近，全为萨布素所俘获。次年，令理藩院致书雅克萨俄人，劝以归还逋逃，离我边境，并刈雅克萨附近田禾，禁蒙古人与俄贸易，施以经济压力，俄人不屈，谋死守。二十四年，帝命都统彭春率水陆两军，渡黑龙江，击败俄人，毁坏雅克萨城，而俄将图尔布青仍在原处再行建筑城堡。萨布素亲自出兵攻击，俄人竭力死守。此时俄国军备单薄，围城半月，俄兵死伤殆尽，危在旦夕。幸而和议开始，圣祖传命停止攻击，雅克萨城才得免于陷落。

条约的完成及其内容

俄人正当丧乱之余，又和波兰、土耳其构兵，断无实力东顾，所以很希望和中国媾和，于1655年、1656年、1669年、1670年、1676年，连派使臣到中国来，要想修好通商，无奈都因"正朔"、"叩头"等问题，弄得全无结果。其后俄国又派全权公使费要多罗与中国协议。圣祖亦派大臣索额图、都统佟国纲、尚书阿尔尼、左都御史马齐、护军统领马喇、捕官张鹏翮等为钦差大臣，以教士徐日昇、张城为通译，于翌年与俄使会于尼布楚。此时，中国使臣的扈从，已有精兵万余，圣祖又命都统郎坦，发兵一万，从瑷珲水陆并进，以为使臣的后援。8月22日初次开议，俄国使臣要以黑龙江为分界，中国使臣不许。后经教士居间调停亦无效，和议决裂在即。而这时，俄国料非中国之敌，乃表示让步，续行开会。1689年的9月7日，议成，双方订约，是为《尼布楚条约》。其要点如下。

第一，自黑龙江支流格尔必齐河，沿外兴安岭以至于海（乌拉河的一段不在内），岭南属中国，岭北属俄罗斯。

第二，西以额尔古纳河为界。南属中国，北属俄国。

第三，毁雅克萨城，所居俄罗斯人民及诸物，尽行撤去。

第四，凡猎户人等，不许越界，如有一二小人，擅自越界捕猎偷盗，送交各地方官吏，照所犯罪情轻重惩罚；如有十人、十五人相聚持械捕兽杀人抢掠，立刻正法。更不许收纳逃亡。

第五，既永修和好，以后一切行旅，如有准令往文票的，准其贸易，不予禁止。

第六，中国所有的俄罗斯人，俄罗斯所有的中国人，不必遣还。

第七，立碑于格尔必齐河诸地，以汉、满及俄罗斯、喇第纳、蒙古五体字勒其上。

条约的影响

《尼布楚条约》是我国与外国最早正式订立的条约。从中国人看来，这是外交上一大胜利，因为我们的使者盛陈兵威，俄人为之气沮。不过康熙帝有怜悯远人之心，实际仍多让步，尼布楚之未收回，即为一例。可见中国从未办过对等外交，任何事都要表现大国的风度，后来主权之丧失，大半由此。

此约中国得地极广，然俄人认为系用兵力威胁而成，心怀不服。而中国对边陲，又不能实力经营，遂伏下咸丰时戊午、庚申两约的祸根。

又，《尼布楚条约》订定东以外兴安岭至海，西以额尔古纳河为界，毁雅克萨城，并准俄人至北京贸易，是为中国对外订约之始。

此约虽在中国占优势的军事压力下订定，表面看来似是胜利的条约，但由乌地河以南、大兴安岭以北和色楞格河以东、雅库河以南约共二十八万平方公里的土地，都自动放弃给了俄人所有。可见《尼布楚条约》还是一项不平等条约！

第二节　鸦片战争及其影响

战争前国外的社会形势

第一，英国工业革命后迅速增长。十六世纪后半期，英国在帝国主义高潮下，商人参加了海外殖民活动，借着殖民地统治搜括当地物资，积累资本供国内发展，形成十八世纪的工业革命，造成大量机器生产。产量迅速提高，国内市场销售不完，必须开辟国外市场，1816年征服了印度，1824年部分征服缅甸，并占领新加坡，1838年败阿富汗等，再向东发展，就到了地大物博人口众多、一个潜力颇大的市场——中国。

第二，广东式的贸易招东印度公司商人的不满。当时清对海外商务集中于广州一港，以为唯一合法的贸易口岸。其后相沿不变，广东的国际贸易，为十三公行所垄断，而官府于海关正税外，又须索现费，限制外商的条例，又非常严厉，为英商所不满。况且当时自由贸易思想的兴起，英人更不满广东式的通商，派使者来华，请求改善，亦无结果，英商于是认定武力为解决的唯一办法。

第三，东印度公司与中国贸易专利权结束。1834年，东印度公司的东方贸易专利权结束，别的公司商人进入中国人数剧烈增加，如1832年时，东印度公司名下商人有八十八个，到1836年，共有一百五十三个商人代表五十五间公司。这些新来者，都抱有自由贸易的思想，只有小部分愿意接受广东式的贸易。

第四，中国在政治上是孤立的国家，未加入所谓的国际社会团体。在鸦片战役前，西方各国虽与中国有历史上相沿的通商传教的事实，但除俄国以外，都不曾与中国成立一种通商修好条约。俄国因为与中国西北国境争议的原因，在1689年订立《尼布楚条约》，后四年又订立《北京通商条约》，1727年又订立《恰克图条约》，此外各国与中国均为无约国。就是葡萄牙的租借澳门，也是沿袭明代已成事实，在此时尚与清政府无条约关系，澳门的主权还是受中国控制的。

第五，中国与世界各国的商业关系以与英国为最密切。中国与各国发生商业关系最早的要算葡萄牙，其次为西班牙，英国较迟。在十八世纪的百年内，英国海上势力已经凌驾各国，对于与中国的通商，也渐次跃居第一位。1751年，外国商船来到黄埔港的总计十八艘，其中英船九艘，荷兰、法国等都是一两艘，到1789年，外国商船来粤的增至八十六艘，其中英船占六十一艘。

第六，通商制度不合理。在鸦片战役前，中国与外人通商制度之不合理处有三。第一，税则不可靠。中国向来对于商税的征收，不若田赋规制的谨严，税吏的额外苛索，成为不可拔除的恶习。外国人初到中国时，因为语言隔阂，一切情形，皆不通晓，税吏对于他们的额外苛索自然更甚。第二，商埠的限制。清代初年，外国商人大都皆以广东为集中地点。广东的大小官吏，自然有特别发洋财的机会。有时外国人不堪那种额外苛索之苦，改向闽浙的厦门宁波等处图发展，但是这些地方的大小官吏，也想发洋财，对于外商的待遇，也是一样，甚至于额外的苛索更重。因广东仍为外商的集中地，清政府为着防范夷人的不测，也不愿夷商窜扰到广东以外的地方去。第三，公行的专利。广东方面，因为外商特别的多，买卖货物，不免与本地人民时常惹起纠纷，于是在康熙年中便生出一种经纪人的所谓"官商"，由政府指定的，凡洋商输出输入货物，皆须经此种官商之手。外国商人受限制而感不便。到康熙末年，由广东商人成立一种所谓"公行"的组织，公行既操对外商业的专利权，外商所负担的额外苛征日益加重，因而一般的外商对于这种通商情况，皆不满足。

战争前国内的社会形势

一、鸦片贸易的成长

初期东印度公司从中国买入茶一类的物品，但中国没有购买英国物品，单边贸易造成英国白银的外流，为着平均贸易，英国开始输入中国会购买的货品。到1816年，东印度公司允许鸦片贸易自由，这给英国私贩极大鼓舞，因而输入鸦片更多。中英贸易，支付方法是英国向印度输入大批布匹，换取鸦片，转向中国换取丝茶和白银，中国因感到鸦片威胁严重，清政府乃行"禁烟令"。

二、不合法的鸦片贸易

1800年以后，中国政府禁止鸦片入口，东印度公司和公行为免危害茶的贸易，遂停止鸦片贸易，私贩与非公行的非法贸易于是开始。初时公行商人贿赂官员，但自1812年广东完全禁烟，以后，鸦片是走私入中国的。自禁烟令下，鸦片反而越禁越多，考其原因，除英国蓄意阴谋破坏禁烟外，还有下面数点。

第一，由食而转吸，消耗量增加。

第二，清政府腐败，禁令徒具空文，使各级官吏借以乘机纳贿，造成贪污的机会。

第三，吸食者多为贵族、官吏、地主、丁役等，他们不仅漠视禁令，并且包庇走私，充当鸦片输入的保护者。

第四，皇帝本身也利其税收，依依难舍，且用"陋规归公"及辨贡、备贡、人参变价等方法来提取烟利。

三、鸦片流毒

鸦片大量输入中国，出口丝茶不能抵偿烟价，大概超出三倍之多，于是白银大量外流。清初鸦片输入，每年不过二百箱左右，其后增至二万八千余箱，中国白银之出口，相对增加。严重的银荒使国家财政发生困难，社会生产大遭破坏，导致土烟盛行，价廉易得，烟毒侵入贫民阶层，以后生产力的萎缩和破坏更加严重。同时烟毒泛滥于中国的结果，是引起广大人民和统治阶级的共同不安，尤使人民烦恼的是银价暴涨，给人民带来了生活的严重威胁。同时空前的银荒，也增加了商人资本和高利贷资本对农民、小手工业者的榨取，因而引起广大人民的不安。在统治者方面，银荒造成政府财政上的崩溃现象。其次，鸦片的流毒也损害人民的身体健康，腐蚀群众的精神心志，从而破坏了勤俭的社会风尚，严重地破坏了国民经济。鸦片不仅加重了人民生活的痛苦，同时也造成了整个中国的危机，因为军队已失去战斗力，无力保卫国土。因此鸦片问题，引起了全国上下的重视。

四、国内对禁烟主张不同的讨论

鸦片流毒为害日广，全国舆论要求严禁，但在当时的统治阶层中，对禁烟问题，还是有分歧的，归纳起来有如下数点。

（一）弛禁论

道光时，太常寺卿许乃济提出弛禁鸦片的主张，他认为"正本清源"的禁烟办法，是根绝夷人互市，但中国海岸辽阔，实无法"止私货之不来"，且严刑峻法，并不能防止奸民之活动，虽有禁令，等于空文，因此提出弛禁的办法：一是准许鸦片纳税进口，但贩鸦片所得之银不准带回，只许易以货物；二是准许民间贩卖吸食鸦片，但官吏、士人、兵丁，不得任令沾染恶习；三是准许在广东内地种植鸦片。

可见此派单从挽救漏银出发，而不顾烟毒蔓延的后果，因此反对者众，尤以兵科给事中许球反对最力，因此弛禁论被推翻。

（二）禁绝论

弛禁论说既被推倒，于是问题转到如何能禁而生效。时鸿胪寺黄爵滋，更从财政危机，说到禁烟的迫切，他说"以中国有用之财填海外无穷之壑，易此害人之物，渐成涸国之忧"，因此主张以一年为期，如不戒绝，处以死刑。一年期满，民间五家互保，不告发者治罪，官吏犯者，除本人处死刑外，子孙不准考试。道光帝与各封疆大吏均赞成黄氏此说，其中尤以湖广总督林则徐复奏最惬帝意,他认为烟毒"蔓延中国,横被海内,人形骸,蛊人心志,丧人身家,为祸严重,深患烟不禁绝,国日贫,民日弱"的危险前途,而坚决主张彻底消灭烟毒。

（三）主降论

又称投降派,以穆彰阿为首,在统治阶级中势力最大。他们既以"有伤政体"反对弛禁,又以"圣朝宽大"反对严禁布图,维持现状,以便收贿营利。当时以林则徐为首的主张严禁鸦片的抵抗派人数最少,但道光帝因为"无银"就不能安定民生,"无兵"就不能保卫其统治权,所以便决定派林则徐为钦差大臣,驰赴广东查禁鸦片,中国有史以来轰轰烈烈的禁烟运动,从此开始。

战争爆发的原因

一、远因方面

此次的战争,表面上是因禁止鸦片问题而起,然就战争的真正意义说,可称为中西文化的冲突。因为中西人士对于国家政治,及一切社会生活的观念,完全不同,所以才生出许多不易解决的纠纷问题来。兹略述如下。

第一,国际社会观念不同。所谓平等的国际社会观念,本是近世史的产物,在欧洲,也是到1648年《威斯特伐利亚和约》以后,才渐渐地确立。中国自进入有史时期,便已构成了一个天下统于一尊的世界国家观念,《尚书》所谓"元后"便是立于无数"群后"之上的最高主权者,便是天下的"共主"。因为有这种根深蒂固的观念,所以在一般中国人脑海里面,对于西方各国派来请求通商修好的专利,一概以贡使看待,对于互派公使驻点、平等交际的请求,一概严词拒绝。欧洲在罗马帝国时代构成了一个天下统于一尊的世界国家观念,但自罗马帝国崩坏以后,由多数的封建国家,渐变为民族国家。到《威斯特伐利亚和约》以后,成为民族平等的国际社会,虽蕞尔之邦,在国际社会中都认为有平等的资格,何况英国有海外广大的殖民地,已自成一帝国,安肯常受中国政府的侮慢?

第二，当时中国是一个落后的国家，自给自足的自然经济占主要地位，正如乾隆帝所说："天朝物产丰盛，无所不有，原不假外夷货物以通有无。"这种特殊的社会经济，影响了英国对华贸易的顺利发展。因为中国无求于外，但英国当时工业的发展不仅需要大量茶货供给国内及欧陆各国，并且更需要中国的大量生丝供给本国的丝织工业。双方经济观点的不同自然易生摩擦，英国为本身利益考虑，遂不择手段以发动战争。

第三，中国历代因武功鼎盛，对四方邻国都视同蛮夷戎狄，而每以天朝大国自居。由于这种自尊自大思想的影响，因而对西方各国派来请求通商修好的专使，只看作朝贡的使臣而已。

第四，中西法律观念不同。在法律观点上，中西两方有基本上的分歧，例如中国法律上，一人犯罪，和他有关系的依法是可以"连坐"的；但在英国方面，一人犯罪，受罚的只有犯人，中国的"连坐"在他们眼中是野蛮不合理的。如林则徐要英商员一个"货尽没官，人即正法"的具结，但英国人则认为"货尽没官"尚可接受，但"人即正法"则无法接受。法律观念的冲突，可见于引起战争主因之一的林维喜被杀事件。

二、近因方面

(一) 林则徐的禁烟运动

道光十九年，林则徐至广州，迫令英商交出鸦片二万余箱，悉数焚毁，并令各国商船出具结状，言明嗣后如携带鸦片，船货充公，人即正法。葡、美诸国商人都签字具结，唯英国不肯，林则徐乃下令断绝英商的供给，义律及英商，全撤至澳门。然而林则徐的禁烟运动所以能够大张旗鼓、雷厉风行地开展，并发挥相当作用，主要是他具备下面的条件。

第一，杜绝贪污贿赂。林则徐于1838年12月底被任命为钦差大臣，一周后即离京赴粤，沿途传牌，严禁各省的招待及站规门包。到广州后，又严禁打点关税，招供应，矫正了以往的腐败，杜绝贪污的习惯，使洋人用贿赂解决问题的办法，无法施展。

第二，了解情况。林则徐抵粤，除尽先了解广州情况外，并"日日刺探西事","时常探访夷情",因此对沿海要隘墩营炮械及洋人的各种情况,均能进一步地掌握,奠定施行禁令的基础。林是当时第一个有世界眼光的人,在他和外接触过程中很快地进步,不断地改进自己的工作方法,由严禁鸦片到奖励通商能够看出并利用了国际间的矛盾。

第三,有立场有办法。他首先知会行商,告以过去袒护洋商和从中分肥的不对,令其在禁烟运动中戴罪立功,其次谕知洋商告以过去卖烟的非法,令其交出存烟,同时宣布许可正当的合法贸易。他对外国贸易商人的态度是坚决的,更迫使狡猾的英国领事查理义律交出鸦片二万二百八十三箱。经请示后于六月三日将鸦片在虎门滩烧毁。

第四,有决心和信心。林则徐知道禁烟运动是很难完成的,但却能抱着"若鸦片一日不绝,本大臣一日不回"誓与此事相终始的决心,坚持禁烟工作,坚决为民除害,一丝不苟地推行禁烟运动。

第五,能够团结干部。当时两广总督邓廷桢、广东巡抚怡良,从前多是主张弛禁的,但由于林则徐的影响,他们变成禁烟运动的骨干分子。广东水师包庇走私已成积弊,但在林则徐到广东后,水师提督关天培成为水师的坚强领导者,抵抗外国的侵略。

(二)林维喜事件

1839年7月7日,英国水手在九龙之尖沙咀酗酒滋事,杀死村民林维喜,义律拒不交凶,林则徐于8月下令禁绝英夷柴木食物,撤其买办工人。义律无奈,率英商退到海面货船上,并托葡人出面调停,但仍拒绝"人即正法"的具结。9月上旬,义律率兵舰一艘、武装商船十只,突然向九龙山口岸三只中国巡船开炮。巡船还击,交战十小时,英船败,此后又连续七次交战,中国俱获胜。道光帝得悉九龙山及川鼻洋,连决战胜,骄心增强,竟正式下令封港,断绝中英通商关系。

战争的经过与条约的订立

中英停止贸易,使英印政府损失六分之一的收入。美、法乘机扩大贸易，威胁英国既得的商业霸权，于是英国只得决心发动战争。1840年，英政府派印度水师提督乔治·义律为对华谈判全权大臣，准备用兵。英国政府并正式通过军事支付案，派伯麦统率海军襄助义律。是年六月义律、伯麦率军舰十六艘，载大炮五百四十门，与印度驻防兵军舰二三十艘，共海陆军一万五千人，陆续开到广州港口外，林则徐严加戒备，英军遂北上陷定海，继进至大沽河口，与直隶总督琦善交涉。琦善竭力主抚，宣宗乃革林则徐职，派伊里布赴浙江与英人商议休战，琦善赴广东进行和议。琦善至粤后，尽撤守备，许赔偿英人烟价六百万元，英人更要割让香港，琦善拒绝，英又发兵进攻，琦善不得已应允。宣宗闻讯大怒，革琦善职。道光二十一年，清命奕山、隆文、杨芳率兵赴广东进剿，英军乘清军未至，先陷虎门炮台，奕山继至为英军所败，英军遂攻广州。奕山求和，先偿军费六百万，割让香港事，允于异日协商，英军始退。既而英政府要求增加赔价，给予将来通商的确实保证，并改派璞鼎查为全权专使率军东来，连陷厦门、定海、镇海、宁波以为要挟。清室遣师赴援，连战皆败。次年英军陷上海等地，溯江而上，又陷镇江诸城，进迫南京。清廷大震，始派耆英、伊里布至南京与英议和。

道光二十二年（1842年）七月，中英在南京的和议告成，订立条约，凡十三款，其重要者如下：

第一，中国政府赔偿军费一千二百万元，商欠三百万元，鸦片款六百万元。

第二，香港全岛永远割让英国。

第三，开广州、厦门、福州、宁波、上海为商埠，并允英人带眷寄居及设立领事馆。

第四，五口应纳进出口货税款，均宜"秉公"议定税则。

第五，释放英国俘虏与罪犯，凡战争中为英国服务之华人一律免罪。

第六，废止行商制度。

第七，两国公文往来，均用平等格式。

次年9月又在虎门订立条约，其重要条款，包括协定关税与最惠国待遇。

中国战败的原因

宣宗因不明了世界大势，对战守计划，毫无定见。最初极力主战，曾授权琦善"厚集兵力，大张讨伐"，但后来听了军机大臣穆彰阿"兵先三载，縻饷劳师，靖难息民，于计为便"的话，和战不定，一误再误，卒至战局扩大，不可收拾。

两广总督琦善撤除广东防务，一意讨好英人。将军奕山，奉命进攻，迟疑观望。提督徐步云，于敌人一到，即弃城潜逃。两港总督牛鉴，一见敌兵进攻，惊慌失措，立即出奔。以这样怯懦无能的将帅，担任抗战御侮的重任，焉得不败。

由于中国的闭关自守，致对外国的战术战略、风俗人情，茫然不知。如钦差大臣裕谦奏言："夷人腰硬、腿直，一击就倒。"顺天府尹曾望颜也说："禁绝大黄与茶，便足制服其命，彼未不惧而求我者。"以膺朝廷重寄的人，竟说出这些不切实际的话，昏昧无知如此，又怎能克敌制胜。

当时中国所用武器，只是那些鸟枪、台炮、子母炮等，要用火绳点火药才能轰发。而英国所使用的全是新式枪炮，火力猛烈。中国水师民力，更为脆弱，诚有如刘韵珂在宁波失守奏折里所说："彼之兵船，较我均大数倍，布篷铁锚，机关便利，在大洋中行止甚速，随处可寄泊，我之船箸篷木碇，在大洋中必须择地寄泊，此我之所以不敌也。"武器不如人，哪有不失败。

战败的影响

《南京条约》是完全不公平的，中国认为所有的让步都是战败被抢夺的，自然他们认为条约是不须完全遵守的。在这情形下，中国虽与外国有更大的接触，但结果只有增加双方的误解和摩擦。

《南京条约》公布后，美、法两国又趁火打劫，声言在此次战争中，美、法屡次居间调停,应享有"利益均沾"的机会,因此向清政府要求派遣特命全权公使,议结好条约。结果在1844年7月订立《中美望厦条约》,规定了片面的最惠国待遇,更明确地规定了领事裁判权。同年十月法国也强迫订立《黄埔条约》,取得类似特权。同时法国在中国又获得传教特权,使西洋教士和西洋商人在中国同时得势。随着1845年又和比利时签条约,1847年挪威、瑞典又和中国签了相当于英、美、法、比利时、挪威的条约,中国逐渐变为国际市场。

就《南京条约》内容损失而言,有如下数端。

第一,五口辟为商埠后,再与外国缔约增开商埠,结果所有较大的城市被迫辟为商埠的竟达一百余处之多。外商在商埠内,按照自己的价格自由地出卖商品,这样便轰碎了中国抵抗外国贸易的城堡。而且外人即以商埠为根据,占地移民,同时销售货物。于是中国的产业,受到严重的打击。

第二,香港成为英国远东军事基地,地位亦渐重要。香港的割让使英国夺取了对华侵略的门户,英国从此把香港经营成为对华贸易的根据点,并逐渐使之变为英国在远东的军事基地。香港亦开始取代广东成为英国与外商和中国贸易的中心。

第三,条约规定税率值百抽五,从此确定了协定税则的恶例。这协定税率的害处,一方是税率太轻,不能达到近代"财政关税"的目的,另一方面对本国重要工业不能保障,失掉了"保护关税"的立场,结果外国商品可以无限制地输入中国,并从中国取得大批廉价的原料,此种不平等交易,不但使国家财政受到了极大的影响,国民经济也受到了严重的打击。

第四,租界的划定给外国在华从事贸易及其他侵略活动以极大的方便。领事裁判权,不仅破坏了中国法权的完整,同时又可直接保护外商在华的利益。

破坏中国自给自足的经济基础,如城市手工业及农民家庭手工业等。这都是由于外国商品充斥市场,本土工业又受不到关税的保护,无法与外商竞争。雏形的工业与传统的手工业受尽摧残,内地需求由外地供给,经济受外国控制，外商在有利的贸易条件下，大量在中国投资，逐渐控制了中国的经济。

促成了中国城乡商品经济的条件。因为自然经济的破坏，给外国资本家造成商品销售市场。同时大量农民和手工业的破产，又为资本主义造成了劳动力的购买市场。这样便给予中国资本工业的生产发展，造成了某些客观的条件与可能。

清政府对外抵抗失败后，皇朝权威扫地，统治发生动摇，因而由卑视洋人转而媚外、傲外。但同时因外国势力的侵入，促进了民族觉醒，于是又有排外思想的出现。

《南京条约》对禁烟之事，一字不提，从此鸦片大量秘密进口。到咸丰八年，把鸦片改为洋药，每百斤输银十两以充江南军饷，无形中等于解禁了。影响所及，不只漏卮甚大，贻害更无穷。

《南京条约》并未能解决中国与英国双方的问题，甚至其他欧美国家都对此条约不满，极明显，中国所作的任何让步，如关税租界，都是中国人难以忍受的。条约的不公平和强迫性令中国人认为《南京条约》只是一个临时解决方法，只要时机来临，他们不会放弃赶走外国人的任何机会。对于外强来说，他们仍未感满足，当时仍未有互交大使的双方关系，在北京没有一个他们的代表。同时广大的中国内地，尚未开放给外国商人和传教士，并且活动限于商港，商港以外，他们不受保护，所以他们仍感不满。故明显地，《南京条约》留有很多未解决的问题，它只代表了西方入侵中国的一个里程碑。

第三节　英法联军之役及其影响

英法联军之役，实际上是鸦片战争的扩大和深入，所以又称为"第二次鸦片战争"。战争发动的基本原因，从经济上来了解，是英法两国经济之发展，引起市场争夺与原料掠取的要求。现根据当时之社会特性，分析战争发动的原因。

战争爆发的远因

中国当时的经济仍然是个落后的农业国家，外国经济之侵入，更加速了城市手工业和农民破产的速度。失业者大量增加，社会秩序异常不安，而政治上亦处于动乱不安中，如太平军之兴起、北方捻党起事、南方之三合会等反清运动此起彼落。清政府对此种民变则采取镇压手段，对外国之侵入则以妥协态度处之。在此种情况下，外国哪有不乘机侵入之理。

英国曾于1847年及1857年发生了两次经济恐慌，为了开拓更多的国际市场，遂实行扩张政策，而中国则为亚洲之最理想市场。更且，克里米亚战争后，英俄两国之矛盾加剧，俄国因西方海路被英所挡，唯有强占黑龙江口，开辟南下港口，间接迫使英国用武力胁迫清政府，开放中国北方沿海的口岸，以便抵抗俄国势力的南下。法国于1851年拿破仑第三次政变以后，为了巩固其统治地位，积极进行对外侵略，以转移国人不满情绪。而中法《黄埔条约》之订立，使法国在华传教取得特权，因而天主教和鸦片烟遂成为外国侵略中国的两大武器。

《南京条约》订立以后，英国对华的鸦片贸易大量增加，减低了中国人民对正当商品的购买力。再加上中国的小农业和家庭手工业的社会经济结构，使英国对华商品贸易的情况，远远未符合它的理想，特别是自1853年太平军进入南京以后，他们的势力奄有江南数省，外货市场因而缩小，直接加深了欧洲工商业的危机，于是英国要求援助清政府镇压太平天国，并借以索取报酬，扩大特权。但清政府中之顽固派对外人尚有疑忌，且要保持"天朝体面"，所以拒绝了英国扩大市场的要求。英国认为清政府难以说理，便决意用武力争取中国北方及内地开辟商埠，扩大它的工业品销售市场。

《南京条约》签订后，两国虽恢复邦交，但中国人基于民族自尊心，对此等耻辱条约，总不甘于尊重，所以五口开放后，排外风潮继起。当时上海、厦门、福州等地皆发生袭击英人事件，尤以广州为甚。道光二十五年，耆英宣布开放广州，准许英人入城，引起了民愤，使广州陷入混乱状态。二十六年秋，英商二人私自入城，被民众围殴。翌年春，又有英人在佛山受袭。此时英国派香港总督德庇时率兵九百人，乘舰入黄埔，用武力要求开放广州及惩办凶手等，耆英唯有答允，然而冬天又有杀死英人六名之事发生。至此，耆英因觉此事难办，力请辞职，而中英民情，更成水火。

耆英去职后，清廷任徐广缙为两广总督，叶名琛为广东巡抚。徐叶两人都是腐败而顽固的官僚，他们不知国际大势，不谋巩固省防，而只妄言夷人不足重视。道光二十九年，香港总督文翰以两年入城之约已届，率舰入珠江要求履行。而广缙则密召乡团练数万人立于两岸，喧声震天。文翰见群情汹涌，恐生事故，便声明保留条约权利，日后再谈。徐、叶竟上奏夸张战胜英人，骗取嘉奖。宣宗不察，以为中英问题已解决，对英人放松戒备。其后叶名琛之对"亚罗船事件"之"不战、不和、不守"态度，应负重责。

战争爆发的近因

一、亚罗船事件

1856年10月8日，有在香港注册的中国船亚罗号，停泊于广州河上。午前八时半的光景，有四位中国水师官员，约六十名士兵上船，清查鸦片及匪徒，捕去十二人。但英领事巴夏礼和英国香港总督包合诬说中国水兵扯毁英国国旗，侮辱领事体面，强硬要求放回四十二名英水手，并向英谢罪。叶名琛因为船只注册有效期间，已过十日，拒绝。几经交涉，乃交出十二人，但巴夏礼认为没有道歉，不肯接受。叶名琛乃将十二人下狱，亦不备战。10月28日，英国闯入省河，轰击黄埔炮台，且一度冲入广州城。四乡团练闻讯，立即纷纷入城守卫，并焚毁十三洋行及英、美、法各国商馆。英军在广东民众群起反抗下，自动退出广州。

二、法国教士被杀

当亚罗船事件发生之时，广西又发生了杀害法国教上的事件。照《黄埔条约》，法国传教士只可在通商口岸活动。但法国马神父违反条约潜入内地，理当受到制裁，虽其被杀，也可用法律解决。法国政府为达到其侵略目的，遂不放过此机会，与英国组织联军，共同发动侵略中国的战争。

战争经过

1857年，英使额尔金、法使葛罗做全权专使，先后领兵东来。8月，英舰封锁广州。12月中旬，英法海军驶入白鹅潭，写信指责叶名琛。15日占领河南，29日攻陷广州。叶名琛采取"不战、不和、不守"政策，结果，他于次年1月初被掳至印度，极尽侮辱。而广州的行政，竟成中英法三国共管局面。

广州事件后，英法请求派全权大臣，在1858年4月，到上海议新约。清廷的答复是，这次广东事变，因叶名琛处理不善，另派黄宗汉代理。但英法不满，联军遂北上。4月，兵舰到达大沽，直隶总督谭廷襄负责谈判，交涉极不顺利。5月20日，英法联军攻陷大沽。5月30日到达天津。清廷唯有派大学士桂良、户部尚书花沙纳做钦差大臣，在英法军攻进北京威胁之下，签订了中英、中法《天津条约》。条约主要内容如下。

第一，公使常驻北京，用平等礼节。

第二，开放牛庄、登州、台湾、淡水、广州、琼州、汉口、九江、南京、镇江为商埠。海关雇用外人，重新改定税制。

第三，外人得自由入内地游历、传教。

第四，中外人民争讼事件，中国官员会同领事审理。

第五，减轻商船吨税。

第六，外国商船得驶入长江航行，外国兵舰游弋各通商口岸。

第七，对英赔款四百万两，法二百万两。

第八，同享最惠国待遇。

联军退去后，清廷命僧格林沁加强防务，保护津沽。1859年3月，英国派普鲁斯及法国的布尔隆为公使，往北京换约。6月20日到达白河口，深入中国的防守区域，和清守军发生激战。结果英法舰队大败，两公使只得返回上海。1860年8月，英法再组织庞大联军，于21日占领大沽各炮台。8月25日，完全占据天津。9月18日，联军和僧格林沁大军，在张家湾大战。21日又在八里桥大战。10月5日联军继续前进。6日进攻圆明园，13日占北京。十八日，联军在圆明园大肆劫掠，并焚毁之。百多年来之文物，尽毁于一旦。

至于文宗，在圆明园失陷之前，仓皇逃往热河，留其弟恭亲皇奕䜣负责谈判和议。奕䜣胆小，不敢出面。俄使想取得权利，乘机讨好，陪同出面和英法二使交涉。先赔出恤金五十万两，再开谈判。10月24日，由奕䜣负责与英使在礼部交换天津条约。25日与法交换条约，这就是中英、中法的《北京条约》，其要点如后。

第一，《天津条约》仍然有效。

第二，增辟天津为商埠。

第三，准华民赴外洋工作。

第四，割九龙司给英国。

第五，交还教产给天主教堂，传教士有在各省租买田地、建造的权利。

第六，赔英法兵费。

战争至此结束，奕䜣在京处理政务，但是列强对中国之侵略并未因此而结束。

美俄联军之役

1858年英法联军进攻天津之前，美国便事先胁迫清政府订立《中美和好条约》。在战争期间，又和联军互相勾结。当《天津条约》成立时，美国立刻要求利益均沾，强迫签订《中美天津条约》。联军攻入北京，签订《北京条约》时，美国又援例迫订《中美北京条约》，夺取更多权益。

英法联军之役，俄虽未参与战事，实则乘我之危，从中取利获益不少。1858年，俄乘英法联军进攻中国的机会，屯兵一万二千于黑龙江口，胁迫黑龙江将军奕山订立《瑷珲条约》。当英法联军攻占大沽，订立《天津条约》时，俄国公使立即要求援例订约。1860年，英法联军攻入北京，俄国借口调停有功，又强迫清政府签订《中俄北京条约》。其主要内容如下。

第一，割乌苏里江以东之地给俄国。

第二，重新划定新疆边界，开喀什噶尔为商埠。

第三，恰克图与北京间准俄自由贸易，并许在库伦设领事一人。

从此我国东北、西北藩篱尽撤，同时俄国的侵略势力，也伸入了我国的东南沿海一带。除此之外，俄人可由海道至上海、宁波、福州、厦门、广州、台湾、汕头等七处通商，也能于各口岸设立领事。

战争失败的影响

英法联军之役，中国在清廷之腐败统治下，又再次失败。清廷既没有抗敌之信心和决心，军事上又缺乏正确方针，故失败实属难免，然又带来巨大之损失，现分述如下。

第一，增辟北方及长江沿岸各商埠，使列强侵略中国之门路增多，且使其侵略势力进一步伸入中国北方和内地。

第二，从此关税自主权完全丧失，洋货税少货多，中国货物反多苛捐杂税，这样就妨碍了中国经济的发展。

第三，领事裁判权的确立，使洋人犯罪不受中国法律制裁，所以外国人可以在中国胡作非为，任意横行而不受约束，破坏中国司法权的完整。

第四，除允许外人入内地游历和传教外，教会在华还有购置土地权。这样，外国人不仅可以调查中国内地情况，更直接威胁到农民之利益。

第五，内河航行权的丧失，使外船自由航行内河，妨害中国内河航运事业的发展。并且兵船可以内航，使沿江各埠经常处于外国炮舰控制之下。

第六，准许英法来华招募工人。清政府出卖人口当奴隶，替英法服苦役，开发殖民地。从此数百万中国人民在海外牺牲了生命。

第七，片面最惠国待遇正式确定，使中国丧失了对外国的平等地位。

第四节 中日甲午战争

战争的时代背景

甲午战争是1894年（甲午年）日本侵略中国和朝鲜所发动的战争。日本原是个封建领主割据的闭关自守国家，从十九世纪五十年代开始，美、俄、英、法、荷等列强先后与日本签订不平等条约，打开了日本"闭关锁国"的大门。

1868年，资产阶级在日本占有颇为巨大的势力，此阶级联合一批具有同样政治倾向的地方军阀，发动了一次自上而下的经济政治的明治维新，建立起以明治天皇为主的政治号召，从此日本走上了新兴发展的道路。但明治维新以后，确使日本内部得以适当的整顿，奈何一种制度的推行，经过时间的洗礼后，必然有流弊存在，其中包括本身缺点与技术上的各种难题。故在明治维新以后，经济亦未见急切好转。同时，也由于农业中保留着封建关系，生产发展受到阻碍，粮食、棉花的生产赶不上发展的需要。因此，日本统治者迫不及待地想从对外扩张侵略中寻找出路。

明治政权的建立，确立了以"武国"和扩张为最高国策。1869年3月15日，明治天皇发布一道"宣布国威"的御笔信，号召"开拓万里波涛，宣布国威于四方"。所谓"开拓万里波涛"，它的侵略目标亦即指向中国和朝鲜。要侵略此有唇齿关系的中国与朝鲜，日本也不能不实行军事侵略的加强，于是动员全国收入百分之六十来扩充军备。

从十九世纪六十年代开始，西方资本主义侵略势力，早已企图侵入朝鲜。1866年，法美侵略者先后派遣舰队袭击江华岛与平壤地区，被朝鲜军民所击退。1871年，美国又对朝鲜进行了一次新的军事冒险，依然未能得逞。从此，美国只有采取通过日本侵略朝鲜的政策以步其后尘。

当美国资本主义急剧发展之际，美洲、非洲差不多已被西方列强分割完了。因此，美国已注意到亚洲东部地区的中国和朝鲜一带。日本便被利用为开辟中朝两国的工具。俄国是当时日本北进侵略政策的主要对头。从十九世纪中叶，俄国侵占中国黑龙江以北和乌苏里江以东广大地区之后，更进一步力图在远东取得不冻的港口，进而把中国东北和朝鲜，变成其势力范围。俄完全了解朝鲜在战略上的意义，因此也把它的侵略魔爪伸进朝鲜，和其他列强相争。俄国在西伯利亚铁路建成以前，力图从政治上控制朝鲜，阻止朝鲜为日本所侵占。

英国在远东的基本政策是希望"维持现状"，也就是维持英国在东方的优势地位。因为英国在东方有广大的殖民地，在中国也攫获了广泛的权益，并力图把长江流域的华南变成它独占的势力范围，因而不希望这一地区有新的竞争者，危害到自己的侵略利益。从这一角度出发，英国对日本的侵略活动是有戒心的，不希望日本发动侵略战争。但是由于英、俄矛盾，英国又害怕俄夺取朝鲜，建立军港，南下与它争衡。因此，英又颇愿支持日本来钳制俄国势力的扩展。

基于上述的背景，朝鲜除对内残酷镇压外，对外先是采取严密的闭关政策，十九世纪八十年代前后，在掌握清廷政府外交大权的李鸿章的怂恿下，又和列强签订不平等条约，企图利用列强的矛盾，抵消日本侵略，借以维持其摇摇欲坠的统治权。显然这政策并不能使朝鲜人民免于遭受资本主义势力的侵略和奴役。中、朝两国都开始日益陷入半殖民地深渊的情况，无疑大大便利了新兴日本的侵略野心。

促成甲午战争的原因

第一，日本推行大陆政策。日本自明治维新以后，国势渐强。又因为地狭人稠，不能不向外发展；而朝鲜便成为它侵略的第一目标。光绪三年，日本以兵威胁朝鲜，迫订《江华条约》，认朝鲜为独立国，使脱离中国藩属关系。1884年，朝鲜有新旧两党之争，新党勾结日兵作乱，攻杀亲清的旧党。清出兵平定，与日订《天津条约》，约定中日同在朝鲜撤兵，将来两国如派兵至朝鲜，须先行照会。从此朝鲜变成中日的保护国。

第二，朝鲜东学党起义。1894年朝鲜因有东学党起义，向中国请兵。清廷以朝鲜称藩已久，为尽宗主国之责，遂派兵往援，同时依约照会日本。日本亦出兵，当两国兵到时，东学党已平，中国因请日本同时撤兵。日本不允，进而干涉朝鲜内政，迫使朝鲜断绝和中国的关系。并乘中国不备，攻击中国军队于牙山，又轰沉中国兵舰，清廷忍无可忍，遂于是年7月，向日本宣战。

战争的经过与《马关条约》

1894年，朝鲜又有内乱，向清乞援。清遣军至朝鲜，日本亦派大军前往。乱平后，日军仍不肯撤退，双方相持，形势日紧。同年6月，日军突击清军于牙山（在今韩国忠清南道北部），清廷遂对日宣战。当时清军据平壤，日军陷之，清将左宝贵战死，清军遂退出朝鲜。既而清海军舰队又大败于大东沟，提督丁汝昌率余舰退守威海卫。日陆军继渡鸭绿江，连陷大连、旅顺。次年，日海军进攻威海卫。丁汝昌自杀，舰队全覆没。日陆军复乘胜西攻，尽陷辽河以东之地。海军则南陷澎湖，威胁台湾。清廷不得已，派李鸿章为全权大臣，赴日议和。同年4月，与日订约于马关。其重要条款如下。

第一，中国承认朝鲜为自立国。

第二，赔偿日本军费二万万两。

第三，割让奉天南部、台湾、澎湖群岛与日。

第四，增开沙市、重庆、苏州、杭州为商埠。

第五，日本取得内河航行权。

第六，日本受最惠国待遇。

第七，日本人得以在中国各通商口岸，从事工业制造。

第八，换约后，订立通商行船条约、陆路通商章程，以中国与四方各国现行约章为准。

战败后果

甲午战争后，中国朝野愤恨，清廷遂谋联俄以制日。光绪二十二年，李鸿章奉使赴俄，贺俄皇尼古拉二世加冕，遂与俄人订立密约，许俄在东三省敷设铁路。同年，清驻俄公使许景澄根据密约，与俄订约，许俄延伸西伯利亚铁路，贯穿吉林、黑龙江二省至海参崴，并许以铁路线的采矿权及警察权。次年，山东省曹州府巨野县游勇，戕杀德国教士，德派舰据胶州湾。二十四年，和约成立，清允将胶州湾租借与德，为期九十九年。德人占领山东，俄国也强借旅顺等。次年，法国借口教士在广东被杀，遂据广州湾。而英国也以长江流域，日本以福建为其势力范围。现分述列强租借军港与其势力范围如下。

一、德国方面

德闻俄获租借胶州湾作军港，于1897年的冬天，以山东曹州杀害德教士两人为借口，派遣舰队，闯入胶州湾。1898年，压迫中国签订了《胶澳租界条约》。

第一，租借胶州湾九十九年。

第二，山东境内之胶济、胶沂铁路，由德国承造。

第三，铁路二十里以内矿产，德国可自由开采。

山东全省，俨然成为德国人的势力范围。

二、俄国方面

俄借口德占胶州湾，派舰队驶进旅顺口。1898年3月，德国租借胶州湾条约订后，俄压迫中国签订了《旅大租借条约》。

第一，允许俄租借旅顺、大连湾二十五年，俄国可在旅顺设防。

第二，准许从旅大到哈尔滨的铁路，由俄国建筑。后来俄国竟在旅大成立关东省，看作直属领土。这样，东三省成了俄国的势力范围。

三、法国方面

法国早于 1895 年获得云南、两广铁路及商埠权等利益。1898 年，目睹德俄利益增多，乃向中国提出新要求。

第一，云南、两广不得割让与他国。

第二，自东京到云南府的铁路，由法国承筑。

第三，租借南海港湾。

中国对于前两项表示承认，唯对所要租借的广州湾区域和期限发生争执。1899 年夏，广州湾附近的遂溪县，发生杀害法士官二人、教士一人的事件，法国的舰队，遂闯入了广州湾。中国只得允租广州湾九十九年。法国亦把云南、两广看成他的势力范围。

四、英国方面

1898 年初，英国要求中国扬子江沿岸，不得租借割据给别国；中国海关总税务司，永远聘用英人，开放内河，开放商埠等条件。中国被迫承认。后英又借口均势，要求租借威海卫为军港，以抵抗德俄（二十五年）。正逢法国又要求租借广州湾，英国又以将要危害香港为理由，要求租借九龙半岛九十九年，结果如愿以偿，英国也有了广大的势力范围。

五、日本方面

1898 年，日本要求中国不得将福建省割据给他国。列强为保持既得势力，径自互相协议，在中国境内划定其势力范围，东北及蒙古属于俄，山东全省属于德，长江流域属于英，福建属于日本，粤、桂、滇三省属于法国，互相竞为榨取利益，筑铁路。此项势力范围，成为列强将来瓜分中国之范围。

六、美国方面

正当外人时有瓜分言论之际，置身事外之美国正当南北战争之后，国内统一，工商发达，急需向外争取市场，眼见列国在中国的垄断行为，对于美国工商前途，大有妨碍。1899 年秋、冬两季，由国务卿海约翰（John Hay），对与中国有关的英、德、俄、法、日、意六国，先后致送《门户开放宣言》。本来这一政策是英国所倡议,不过因为英自身是当事人,所以怂恿美国出面。宣言重点如下。

第一,各国在其所得中国的利益范围,或租借地内各港或其他已得的利益,均互不干涉。

第二,各国在利益范围内的各港,无论对于何国入港商品,皆遵中国现行海关税率课税,由中国征收。

第三,各国利益范围内的各港,对于他国入港船只,不课高于本国船只的入港税。各国利益范围内各铁路,对于他国货物,不收高于本国货物的运货费用。

这个宣言,一方面打破了各国对于所划定的势力范围垄断的局面,以期获得工商业的均等机会,一方面又维持了各国对中国条约上已得的权力与利益。如果中国领土有所改变,条约上的权利自不能维持,所以又连带要保全中国的领土完整。而其时列强对于在华侵略领土局面的经济利益,亦乐于保持现状而先后赞同,中国遂得在列强均势之下,暂时得以苟延残喘。

甲午战争的影响

第一,日本获利益不少,侵略的野心更盛,此后走上了军国主义的道路。

第二,促成百日维新运动的产生。当时中国的知识之士,研究日本的转弱为强,主要原因在于改革,取效西方,乃促成了百日维新的倾向。

第三,列强乘机租借港口及划定势力范围。

第四,条约中,割让辽东半岛一项,极不利于俄国对东北侵略的野心。于是俄人遂联合德、法两国出面干涉,强迫日本将辽东半岛归还中国,由中国增加赔款三千万两以抵偿。日俄因东北与朝鲜之争执,伏下日俄之战的远因。

第五,签订《中俄密约》。自辽东半岛归还中国,俄人自以居功甚伟,向中国索取报酬。1896年，俄皇尼古拉二世加冕，清廷派李鸿章为全权大使往贺。鸿章受甲午战役之刺激，欲联俄以抗日，与俄财相微德（Witte）谈判于莫斯科。俄人亦欲阻止日本势力扩张，乃与中国订《中俄密约》，其要点有：一，中俄对日实行攻守同盟；二，许俄筑西伯利亚铁路，经黑、吉两省以达海参崴（李鸿章当时对俄人要求建造铁路，也深惧有侵略作用，竭力反对由俄承造，所以由中、俄合设华俄银行承办，但后来华俄银行之实权，中国简直无权过问）；三，准许俄在吉林、黑龙江两省开采矿山；四，沿海港口，准许俄舰驶入；五，俄租借胶州湾作军港等。

第三十二章　自强运动失败与革命的爆发

第一节　太平天国的兴起与灭亡

革命发生原因的分析

　　清代咸丰前的道光、乾隆、嘉庆、雍正等朝捐税的增加，尤其官僚的贪污敲诈，使人民生计一天天的更加困难。当时官吏的贪污、敲诈苛索，使人民流离失所，沦为盗匪，或群起暴动。嘉庆时，和珅家产的没收，竟至有八万万两银之巨，超过政府二十年收入以上，章学诚《上执政论时务书》曰："自乾隆四十五年以来迄于嘉庆三年而往，和珅用事几三十年，上下相蒙，惟事婪赃渎货。始则蚕食，渐至鲸吞。初以千百计者，俄而非万不交注矣，俄而万且以数计矣，俄以数十万计、百万计矣。一时不能猝办，由藩库代支，州县徐括民财归款。贪墨大吏，胸臆习为宽侈，视万金呈纳，不过同于壶箪馈问。属吏迎合，非倍往日之搜罗剔括，不能博其一欢。官场如此，日甚一日，则今之盈千百万所以干而竭者，其流溢所注，仍有在矣。道府州县，向以狼藉著者，询于旧治可知。而奸诈巨魁，如东南户漕，西北兵驿，盈千累万，助虐肥家，亦必可知。督抚两司，向以贪墨闻者，询于廷臣可知，圣主神明洞鉴，亦必有知其概者。此辈蠹国殃民，今之寇患皆其所酿,今之亏空,皆其所开,其罪浮于川陕教匪,骈诛未足蔽辜!"这种种舞弊的结果,一方面使国库空虚,更促使政府的加捐加税。

当时人民既遭政府官僚地主豪绅商人的剥削,而天灾水旱,更使一般黎民堕于贫乏饥饿的深渊中。挣扎着一日的温饱,政府修堤浚河,正是官吏发财的大好机会,修浚巨款,大半肥充贪囊,以少数的来敷衍工程,致工未完而已溃汛;不独不知培植森林,力行各种防旱事业,并且在政府官僚豪绅地主商人的压迫下,人民自己亦无力建立防止水旱各种工程。以致河流的滞塞,堤工的弊坏,沟地的失修,森林的毁伐,更加促了水旱之祸患。而一般贪官污吏,或隐匿不报,反向一无所有、死在旦夕的饥民,追索粮赋。嘉庆六年二月,北京大水,永定、桑干两河都溢,而直隶总督姜晟反隐匿不报,其他地方,便可想而知。豪绅商人,反乘此机会,放高利贷,或以贱价贩卖,或在讨债时强夺青年子女妇人,转卖到另外的地方,替人家做奴隶婢妾,年老的则饿死于道路,使暴动随之而爆发。且连年的饥荒战祸,成为太平天国革命的原因。

人口过剩,亦为当时人数和饥荒增加的一大原因。太平天国革命前,据《东华录》所载,清顺治初年,人口为一千零六十三万余,而道光二十一年,人口增达四万一千三百四十五万余;再据《大清会典》户部档案,道光二十二年,人口共四万一千三百零二万余。从以上数字可见人口之剧增。但是人口的剧增,还不能惹起人口过剩的恐慌。假使当时中国进步到工业有相当的发展,则在工业中可容多量的农村失业贫民。或者求农业生产的改良,可在同量的土地增加到几倍的生产,和培植污地荒地的沙田为良田。而当时恰成其反,外强的侵入逐渐扩大和深入,使农村的手工业和经济破产日甚,而政府的捐税日见增加,使黎民生活一天天地艰难破产,求一温饱尤不可得,哪里还有能力求土地的改良。又加以河工的腐败,连年的旱灾兵祸,土地逐渐集中到贪官奸商豪绅手中,如是遂酿成农村大批人口的过剩。这过剩的人口除一部分极少数的人移殖于外地外,大多数流为海盗、湖匪及遍满各地起事的民众。故太平天国一起,全国震动,不两三年间，竟动摇清代的统治。

当时中国的人民，受了土豪、奸商、贪官的重重剥削，又加之接连不断的灾年，使他们一天天地破产。或用牢狱笞刑，或以残酷的私刑，逼得他们将土地出卖，将他从生命所唯一寄托的一小片土地上驱逐出去，以偿还奸商土豪的租债。故一般黎民在土豪奸商重重剥削压迫之下，一天天将他们的土地出卖变成失业游民，而土地更一天天地集中到土豪奸商手中。在这种土地不断地集中、人民破产和失掉土地不断增加的社会状况中，促进了革命的高潮，对于土豪奸商的愤恨，只得从革命中报泄，如是正在他们的这一种希图中，太平天国革命形成了一个更广大爆发的导火线。

工业发展的根本条件，需要资本的积累和劳力市场。也就是有了积累的资本，多数可自由雇买的势力，广大的市场，亦必促起工业发展的需要和趋向。当此时，如果遇着妨碍这种发展趋向的力量和制度时，必定要发生一种冲破和推翻这种力量和制度的革命运动。当太平天国革命运动前，社会上已经有了相当资本的积累。这种资本积累的来源，有的是从做官中贪污得来的，有的是从土地的关系中由农民兼并来的，有的是从经商中积累来的，而其中最多还是由商业中积累来的。当时全国商业中，有遍布全国的典当的高利贷。而这种典当与主人，又最大部分操于当时贪官和土豪之手。所以部分穷民，不得不流离海外。当时在新加坡、香港、西贡以及中国南方诸省的东部，住着很多中国的富人。他们在离开祖国时，无分文钱，到外地辛劳，才积累点钱财。虽然受到当地人民的歧视虐待，然而在他们来说，总比在中国好得多。这证明了移民对于工业的愿望，对于西欧式政府的追求。所以太平天国的暴动，隐藏着民主革命成分，而且它更是中国民主革命的有力开端。

清朝压服汉族之反抗，曾有极严酷之杀戮，给予汉族深远不可遗忘之愤恨。如剃发令之强迫，在江南时，曾有"留头不留发，留发不留头"之说。传说又如扬州十月、嘉定三屠、江阴戮杀、绍兴惨劫，屠杀汉人凡数十万，这都是对人民残酷的压迫屠戮。清兵入关后，每年将广大人民数百万之血汗生产品，供给一百五十余万旗人的安居挥霍，这不只是代表一个专制皇帝、官僚政府的剥削，实亦表示对整个民族的剥削和压制。他如汉人不得封王；满汉不得结婚；在太平天国革命以前，重要将官不授汉人；全国各要地分驻旗兵以防汉乱；旗兵之防地满人另居内城；凡朝中及外省之重要位置，皆为满人所占据，乾隆时，总督汉人没有一个；文字之狱，完全为摧抑压迫汉人恢复思想之举，种种对于汉人的压制、防范、摧残，更加深了汉人对于反抗和排斥清廷之情绪。故"排满兴汉"不独成了太平天国鼓动群众之重要口号，就是在辛亥革命期间，也是民众中最深入而有力的口号。这都是由于清朝对人民残酷压迫屠戮所深深遗留的怨愤。

中国是个农业国家，不独是销售工业品的一个大好市场，并且是丰富的原料品供给地。故西欧工业先进国，对中国的图谋，非常的猛进凶残。尤其是英国，地势上因与印度的联系，和东印度公司的经营，对于中国的需求，更加迫切。太平天国革命运动发生以前，对中国侵略的势力，虽不能如后来的深入广大，但其力量，已大大地波动了中国经济，对于太平天国革命的酿成，成为重要条件之一。在欧美诸国对中国经济侵略的扩大深入之下，每年逐渐增加外流的巨大财富，使中国各地，尤其沿海东南诸省，经济日见破产，农村更加厉害。银价剧烈地外流与增高，初时每两银易钱一千以下至七百文以上，后来每银一两易制钱一千六七百文，大批财富的外流，使中国感觉资本的缺乏，使全国经济动摇破产。尤其是农村经济的破产与欧美诸国经济侵略扩大和深入是主要原因之一。

鸦片战争失败的结果，不独打破了清政府在民众脑海中所蕴藏的信心，另一方面在鸦片战争战败后，侵略者在中国益见凶残。《南京条约》完全消灭了外强商品在中国销售的障碍，更加扩大了外强对中国商品输入侵略，使中国社会的经济更为恐慌破产。政府因巨大之赔款和兵费，更增加了对人民群众之剥削苛索；人民的生活更陷水深火热之中。人民寄望于政府反抗外强的美梦，已不再存在，要反对外强的侵略，只有民众自觉起来；于是太平天国革命运动爆发。

若仅是从东西交通以后之宗教文化接触，是不会发生革命的。关于这一点，容闳在其《对于太平军战争之观感》中指出，洪秀全等之革命事业，乃其宗教经验之结果。他们所具耶稣之知识，本为西来教士所传播，半为本地中国信徒所讲授，故无论如何，其宗教知识，皆甚为浅陋而简单，而宗教中真实之势力，则已甚大，故使一般无识愚民，皆成为草野英雄，人人能冒危险，视死如归。此种特性之潜蓄，在政府欲解散该教时，乃始发现。彼等揭竿而起，以抵抗官军之压迫，初无枪弹军火利器，而能所向无敌，逐北追奔，如疾风之扫秋叶，皆由宗教上所得之勇敢精神为之。

太平天国的极权统治

中国历史上的许多变乱，多是假借宗教迷信来鼓动群众，如东汉晚年黄巾之与太平道，东晋孙恩、卢循之与天师道，元代红巾之与白莲教。明帝国的开创者朱元璋原亦白莲教徒，清代中业白莲教徒尤为活跃，即以"反清复明"为号召的天地会，亦带有浓厚的宗教意味。因为宗教能传播鼓诱，对一般知识落后的群众而言，是最有效的力量。这一点洪秀全是认识的，而且彻底地予以发挥。太平道及天师道是道教，白莲教及天地会信奉的五祖与佛教有关，洪秀全则利用基督教。无疑的，洪秀全虽接受了部分的基督教规，但是他所信奉的并非真正的基督教，而是他自创的上帝教，至多可称为中国化的基督教，其中有西方成分，有东方成分，更有他的杜撰。故洪秀全的措施，均以宗教为中心，事事以宗教理论为根据，以宗教立国，以宗教统军，以宗教治民，一切在神权笼罩之下。他要使天国出现于凡间，他则是天国的天王。

为统一信仰，彻底使中国上帝教化，洪秀全对教义进行了一番解读。照他的解说，天父上帝是大家的天父上帝，拜上帝并非从番，上古之世，中国与西洋一样。君主人民皆拜上帝皇天。自秦始皇起，才开了神仙怪事的厉阶,极为狂悖。

中国历史上有计划地大规模焚书,秦始皇之外,第二个就是洪秀全。他于咸丰三年(1853年)占领南京后,宣布将所有孔孟诸子百家"妖书邪说"尽行焚除,皆不准买卖收藏诵读,否则问罪。世间有书而不奏报,不经天王盖玺而传读者,定然问罪。在太平天国的律例中,复规定"凡一切妖书,如有敢念诵教习者,一概皆斩。应静候删改镌刻颁行,始准传习"。因在太平天国管治区域的各家藏书,非付之一炬,即用作燃料。镇江文宗阁、扬州文汇阁所藏《四库全书》尽付之一炬;南京设有"删书衙",从事删改四书五经及所谓"凡情诸书"(如《三国志》等),均经洪秀全亲改钦定。

依照太平天国的制度,每二十五家应有一所礼拜堂,各家幼童每日前去,由管理此二十五家的乡官"两司马"教读。《三字经》、《幼学诗》、《千字诏》、《太平救世歌》、《醒世文》、《天父诗》、《天情道理书》均为必读之物,新旧《遗诏圣书》及洪秀全的天命诏书,合称为"真道书",加上《天条书》、《天道诏书》、《天父下凡书》,士子尤须攻习。其中除新旧《遗诏言》外,全系洪秀全等杜撰,充满了神道气味。科举试题亦以这类书册为准范。

对于文士书生,极力抑制虐待,或挫折以死,或分发各营各馆充当书手,只任抄写,军令政事,一概不使与闻,李秀成自云:"天王不用读书人。"知识分子工于心计,有其见解,不易改造,深恐他们有不轨之图,自不肯轻予信任,假以事权。对于童子,则视为至宝,每陷一城,过一乡,必将所有童子尽行掳去。因童子天真无邪,加以训练,即可成为忠实死党,太平天国晚期的干部,不少是早年掳得的童子。

太平天国的整个体系为军事的,亦可以说是军事政治社会组织一元化。从中央到地方,几乎是清一色的武职官员。军师、丞相、检点、指挥、侍卫、将军是中央官,总制、监军、军帅、师帅、旅帅、卒长(百长)、两司马是地方官,同时亦是军中官。每一军置一军帅,辖五师帅,每师帅辖五旅帅，每旅帅辖五卒长，每卒长辖四两司马，每两司马辖五伍长，每伍长辖四卒，全军共一万三千一百五十六人，州置总制，县置监军，各乡分置军帅等官。一个县约分五军，一军一万三千一百五十六家，师帅、旅帅、卒长、两司马、伍长所辖户数，一如军制。各户人口列入兵册，户出一人为伍卒。理论上，太平天国所行的是征兵制，实际上，它的兵均系强迫裹胁。所据之地，男子一律"随营"。

在太平天国统治之下，犯"天条"者，自无生理，而其律文尤为苛酷，几全属死罪，轻者枷杖，重者斩首，更重者"点天灯"或"五马分尸"。杖责多至二千，血肉狼藉，而至于死。此外尚有"飞吊"、"火烙"、"割肉"、"钻肤"、"抽肠"种种酷刑。行刑之时，鸣锣集众，先听"讲道理"，再宣示谓某人现犯何事，应得何罪，然后当众执行，有如"公审"，意在以杀人骇人，使其唯命是从。

太平天国初期，行军确有法度。但于攻占城池之后，忠王李秀成号称治军严明，咸丰十年在江苏无锡城厢内外，屠戮男妇老幼十九万七千八百余口；常熟县的倔强抗拒者，格杀勿论；咸丰十一年江西瑞州遭受焚掠，成为焦土。忠王部下如此，其他可知。

在宗教理论上，男女同为天父上帝的子女，天下男尽兄弟，女尽姊妹。在政治上，妇女同样任官，并曾举行妇女科考。在经济上，分田不论男女。如此看来，男女是平等的。但是男女却分别极严，绝对禁止接近。太平天国的诗文诏令一再说明男女不得混杂，犯者斩首，即夫妇同宿，亦所不赦。咸丰三年以前，军中有男将女将，男营女营，此后所有妇女一概归入"女馆"，夫探妻，子省母，只许在门首问答，相离数步之地，声音务要响亮，以免讲说私情。男子如入女馆，不论军民，均行正法。

洪秀全何以采行这种违背人类性情的办法？亦有其道理。一是礼法宗教的解释，谓内外男女贵避嫌疑，私图一时之乐并非真乐，急享眼前福并非真福，先苦后甘，方为可贵。二是政治的理由，正当创业之初，须先有国而后有家，先有公而后及私。最重要的原因仍为军事作用。第一，太平军初期所采的是"直前冲击"的战略，并无后方，必须携带家室同行，既携带家室，必须妥为安排，不令牵累军事行动，以免战士有后顾之忧。第二，定都南京之后，妇女置于女馆，无异成了人质，等于控制了将士的母妻姊妹，借以系恋军心，使不敢有叛逆行为。第三，女馆的妇女，有如储款以待的悬赏，等到天下平定，已婚者方可完聚，未娶者方许婚配，功高者始准置婚，犯罪者罚其迟娶。男女为人的大欲，以此诱之，实以此迫之，要部下舍死以战。第四，女馆既以军法布置，使从事劳作、善女红的编入锦营，粗壮的悉迫令解足，任荷砖、开沟、运土、肩米诸事，工作不力不合者，鞭挞随之，折磨而死者，不可胜计。久已缠足的妇女，一旦忽去其束缚，几不能移步，反须任挑抬苦工，其惨可知。她们的待遇为给以有壳之谷，自舂自煮，后因粮食不足，每人每日仅给米四两，只准食粥，违者立斩。

但男女分别虽严，而各王则均盛置姬妾、执事女官，以千百计。咸丰五年，太平天国上层以天王不允许夫妇团聚，私逃者多，始准男女相婚，设媒官主持，任意指配，多者可娶十人八人。妇女地位既未提高，更说不上改善。

百工技艺人员，亦加以军事组织，按其性质，分别编入瓦匠营、金匠营、织营、镌刻营、金靴营，各储其材，各利其器，随时任凭太平军支配使用。

经济的控制尤为重要。举兵之前，凡加入上帝会的，必须交出全部财产，如个人脱离团体，即无以为生，将经济利害与宗教信仰、政治组织，打成一片。举兵之后，一再告诫部众，钱银要认得破，不可分尔我，杀敌攻城所得金宝绸帛，不得私藏，否则斩首。这自然可以有效地防止逃亡，防止腐化。所以它的经济政策原则上是公有共享，究其实际仍为达成政治目的之手段。其理论根据，亦系本于宗教。

"圣库"及"田亩制度"为推行经济政策的两大措施。"圣库"是掌管一切财富物资的机构，战利品要缴归圣库；辖区内农民的米谷、商贾的资本，亦全应解交。中央官有总圣库、总圣粮，天王府有典圣库、典圣粮、典酒盐、典天鱼及其他各种典官，各王府及军中大致相同。地方官有典分田、典钱谷、典入、典出、典刑法。文武公职人员，概无常俸，衣食所需，均向各典官衙门取给。这是彻底的实物统制配给制度。至于民间情形，则与田亩制度相配合。

田亩制度的主要措施，一为土地公有，依其出产量，分为九等；二为计口授田，不论男妇；三为丰荒相通；四为自给自足；每二十五家为一单位，设一"国库"，每届收获，除去足供二十五家每人所食，可接新谷外，余归国库，麦、豆、苎麻、布帛鸡犬各物及钱银亦然。遇有婚娶生育，俱由国库开支，但有一定数目，不得多用。

就理论上说，颇为动听，实际上则另为一事。圣库制度曾严厉实施，使社会情况发生大变，军事财政方面收有相当效力与便利，但民生不唯毫未改进，且贫富均不堪苛扰。在政权未确立之前，每遇富室巨家，必一扫而空，专掳城市，不劫乡民，以获得衣物，散给贫者，宣称将来一概免租三年。乡民大为所动，感其德惠，富者坐视城中困守，不肯捐助一钱，贪者方幸太平军之来，借可肥己，争先欢迎。洪秀全等分化城乡贫富的政策，大为收効。政权确立后，作风一变，乡间亦不能免，先于各乡张贴告示，令富者贡献资粮，贫者效力，限期将金、银、钱、鸡、鸭、米、茶叶之类，齐解圣库或进贡公所，给予贡单。一户不到，定将全家处死。于是无不负担络绎以献。如出示不从，即聚集乡民听"讲道理"，来日必须交贡，否则斩首；所献不足，即径行钞搜，杀其人，焚其庐，名曰"打先锋"。领有贡单的，以为可作护符，殊不知数日后第二起第三起收贡者又至，一月多至五六次。最后尺布升米只鸡亦被取去。富而文弱者，吞声以填沟壑；穷而强有力者，唯有投身太平军营，暂图温饱。可知太平天国的经济政策又与军事政策配合。

田亩制度并未见诸事实。一因土地改革的施行，不是简单的问题；二因太平天国始终是在军事时期，无固定领域。而最大的原因，是阻力太大，农民并不欢迎此一改革。定都南京以后，曾宣布所有农人米谷，除大口每岁留给一石，小口五斗，认为口食外，余悉解交圣库。不得已，遂下科派之令，照旧缴粮纳税，按田亩数目征收钱米。既照旧缴粮纳税，自是依然承认地主的地位权利。其后又有一种新的办法，虽仍计亩纳粟，但以五亩起捐，以实种作准，业户不得挂名收租，所以靠租度日的，甚属难过。这似乎是五亩以下的小农，可免纳田赋，必须自耕，地主的地位又变，大地主的处境最苦。

太平天国革命失败的分析

在民主革命运动中，要使革命完成，一方面固然要发动广大的农民群众参加，另一方面在这革命的队伍中要有一强有力的领导阶层。但在中国当时的经济，还没有开始形成一种新进的机械工业的上层分子，同时也没有在新式产业下的低下阶层，来领导这一革命运动。而在太平天国革命队伍中，主要的成员是农民和失业的流民。领袖分子，多半是下层破产的知识分子，他们本身在革命过程中是摇摆不定的，他们从事革命每事以个人的利益为依归。正因这种弱点，在革命的过程中，时常发生停滞和徘徊、退让和软化，没有正确的策略，因而消失了革命的坚决性，混乱了革命的步骤，主观上缺乏了革命的真实条件。

太平天国，在历史条件的酝酿上，产生出全国普遍人民暴动高潮。这期间所兴起的反清队伍，除主干中坚队伍的太平军外，在中国北部河南、山东、直隶、安徽、陕西诸省有了捻党的广大队伍及在广东、广西、福建、上海各地的三合会、匕首党等。但当时各队伍是散漫无组织的，正是平民暴动的弱点。而且各队领袖分子多抱浪漫英雄主义思想，如太平军翼王石达开，竟不顾整个运动的利益，带领一部分兵力，悻然而去，使太平军受一重大打击。终于，太平天国在散漫分散的状况下，被清廷逐个击破而崩溃。

太平天国革命主要的错误，是在只求革命的扩大，而忽略了在革命扩大中求其深入。使清廷及守旧势力，虽然受了一时的打击和恐慌，但以后仍得重整旗鼓，取得最后的胜利。太平军在军事上，是采取一种风行疾掠的方式，完全不注意怎样要在他军事所达到的地方，组织和推动广大的群众，彻底肃清和毁坏旧势力，故在太平军短暂经过后，又重新组织起来反击这一革命运动。

在革命的进程中，首先应该集中力量，迅速将旧势力的中柱击破。太平军在广西出发不及一年，连据各个重要城市，攻破了中国中心重镇的武汉。但太平军并没有向清廷政治中心的北京进攻，更未进占旧势力的经济中心上海，坐失时机，让清廷在军事上做了充分的准备，和外强充分地勾结后，然后才去进攻，而遭受极大的失败。

太平天国革命领袖，多半是破产的知识分子绅士们。他们绝对没有坚强激进的政治革命意识，没有深切的政治觉悟和决心。故他们在革命发展时，占据了重要的城市，建立了一部分的政权，获得了大批的财富后，从领袖至群众，都是共同困苦作战；但后来进占了武汉、南京后，领袖竟受不了华中财富的诱惑，而放弃了急进直捣北京的正确计划，转而在江南过其腐化生活。

太平天国发生内讧。太平天国的庞大革命队伍中，分子非常复杂。这支队伍以贫农和流民为结构的中心外，还有手工业工人及破产的下层知识分子绅士们、中小商人，甚至于地主。故在这革命中，也包含了一些破坏分子。但到了革命不断前进中，不独一天天表现出革命势力和旧势力的矛盾，也同时引起了在这革命队伍中所包含不同的阶层的矛盾性。洪秀全、杨秀清、韦昌辉之冲突，不仅是一种私人权利的冲突仇杀，而是内部矛盾的一种表现，替敌人造成了一个进攻的有利机会。

太平天国革命，如果推翻了清政府，可能否定了外强掠取中国与既得利益和不平等条约而动摇了外强获得之果实。太平天国严禁鸦片，更是英国所不愿意的。英国刚从清政府所取得的几千万赔款，只有维持清政府统治才有办法实际获得。所以外强不独亲自出兵，击退太平天国进攻上海的军队,并且还要太平天国放弃已占据的汉口、宁波等地,更进一步地替清政府设立制造锐利兵器兵工厂,组织训练进步有战斗力的常胜军,并时常派炮舰攻击太平军的防地,替清政府转运军队。后来更助清军,进攻太平军,使太平军遭受不断的挫败,以至于覆亡。

太平天国革命的影响

就民族革命来说,他们承袭天地会的思想,虽没有把清朝打倒,然而政权却因此转移到汉人手中,"反清"的目的,可谓已达到了一半。因为道光以前,中枢部院的长官虽汉满兼用,而实权完全操诸满人,地方大吏旗人约占十分之八。清廷对于汉人,防限很严。尤其是出征的将帅,汉人从无居此职者。咸同以来,清室旧臣,牵延失机,遂不得不重用曾国藩等以平变,把命运寄托在湘军淮军身上,旗人渐丧失统治的能力。将相要职,渐属汉人,曾国藩总督两江,节制四省,长江一带,归其掌握,当时湘军一系人物"苟能军,无不将帅者;苟能事,无不轩冕者"。淮军代兴,其势亦与相埒。所以同光间的封疆大吏,多半是所谓的"中兴将帅"。中枢则自文祥引沈桂芬入掌军机,汉人政权渐渐抬头,其后孙毓汶、徐用仪、李鸿藻、翁同龢等,亦颇能握政府实权。从前满人统治的局面,渐变为汉人统治的局面。

就政治革命来说,太平天国的成就似乎不很大,但颇具有民权主义的精神。他们规定男女一律平等,参加革命工作,解放奴婢,禁绝娼妓。考试有女科,任职有女官,上下一体以兄弟姊妹称呼,异姓同属国宗,而且乡官由民选任:"令各州县户册,即于乡里公举军帅、旅帅,议定书册。"表现出了民主政治的精神。有人说它是受西洋思想的影响,其实这是受天地会兄弟一家秘密拜盟的影响。以后它信仰基督教,才用"皇上帝天下凡间大共之父"的教义来敷说。它虽提倡男女平权,但其高级干部却极尽玩弄女子之能事,不让人家夫妇团聚,不顾世间的情理和谐,试问怎能建立新国家体制?他们的世界知识、政治天才,委实太差,只是偶然地为民主政治留下一点影子而已。

就社会改革来说，太平天国的确有很多贡献和主张。他们在天朝田亩制度中，规划出这个理想的社会。办法是先分田为九等，然后照人口分田，不论男女，自十六岁以上受田，十五岁以下减半，好丑田平均配给。人民除耕耘外，还要树桑养蚕、织布缝衣、养鸡养猪。每年的收获，除留足用度外，余则归国库。

洪秀全为什么能有这样进步的思想呢？我们从社会背景上看，洪全秀代表贫农阶级。中国社会在嘉庆以后人口和土地不平均，形成很严重的问题。他们目击身受，知道一般贫农最大的痛苦，是耕者不能有其田。所以他们要迎合群众心理，来创造一个"有饭同吃，有衣同穿，有钱同使，无处不均匀，无人不饱暖"的理想社会。

洪秀全在南京称天王时，曾颁布几千种书籍。许多外国人都很赞美他的革命事业，并把那些书籍翻译了大意。如英国1953年的蓝皮书及吟唎之《太平天国革命史》等，均有所引述。当时正值马克思在伦敦著《资本论》，他受了不少鼓励，以为贫农革命可以成功，工人革命也就不成问题了。此事见于《资本论》附言。

中山先生的"三民主义"，尤以"民族"、"民生"二者是受了太平天国革命的影响，然后"规抚欧洲之学说事迹"，用辩证的"中庸之道"把它们统一起来，必求实现国民革命的目的，渐进大同政治之理想，这正是中国文化传统的精神。欧洲由民族主义，而民权主义，而民生主义，是三个世纪演进的事实，而"民有、民治、民享"和"自由、平等、博爱"的学说，又代表着欧洲近代的文明。在当时的中国，要抵抗帝国主义的文化、政治、经济侵略，而实行民族、人权、社会三种革命，就非有三种主义不可。大同以小康为阶梯，平天下也必先修身、齐家，然后治国。

第二节　天地会的起源与太平天国的关系

天地会的起源

据说康熙时，福建福州府莆田县九连山少林寺中有勇武绝伦之寺僧百余人，出征三月，不损一人，不折一矢，凯旋时为圣祖所欣赏有加。除大赐宴、赏金银绢帛无数外，更御书"圣泽无疆"匾额，以及"不用文章朝圣主，全凭武艺见君王"等联，其势甚盛。

当时，廷臣陈文耀、张近秋等有叛志，但惧怕僧军勇武，所以未敢发难。以此之故，他们乃谗害诸僧军。清廷误信奸臣，乃派兵把他们剿灭。寺院四面密布火种，缘夜举火，想把他们尽行烧死。适时有一位神道，唤作达尊，使其使者朱开、朱光把十八个和尚引领出来。这十八个和尚且战且走。结果十三个战死了，剩下来的五个就是所谓的"前五祖"。他们密谋扩大势力，誓复遭受焚烧杀戮之仇。后又得五勇士和"后五祖"为辅，势力更大。

在此复仇运动之中，有家居湖广之陈近南曾为学士，当清帝焚寺时，力争不可。后以受谗去职，他痛心僧侣之受谗，而益与他们相结。他时刻欲创设会党，此时适逢落难僧军，乃利用他们仇恨的心理，广为结纳。积时既久，群众愈多，势力愈大。陈本是有知识之人，后更得一大石香炉，其底有"反清复明"四字，乃认为此乃明朝复兴、清代覆亡的天意。于是把反清复明之宗旨，假迷信的方法灌输入僧众之脑中，并曾奉明思宗之孙朱洪竹为首领，近南自为香主。并择康熙十三年，在红花亭盟誓，成立洪家大会。从此以后，乃计划实际的反清运动，募集兵马，进击军官。不幸失败，乃用浙人胡得起，率众再战，又不幸失败。

天地会的组织

天地会之命名，是取父天母地的意思。又因明太祖朱元璋年号为洪武，所以天地会的会员都姓洪，寓有"合姓为一家，指天地为父母"之意。他们的"反清复明"运动，以台湾为根据地，渐次扩大到福建、广东、云南、浙江、广西、湖南、江西等省。在各地设立支会，名称不尽相同，有的称"三合会"，也有的称"三点会"或"哥老会"、"小刀会"等，通称"洪门"。

在清代统治的势力下，他们的组织是秘密的。一切都用诗句手语来表达意思，尤其是怕向外人泄露。所以诗句说："三点暗藏革命宗，入我洪门莫通风！养成势锐复仇日，誓灭清朝一扫空！"这很显然是一个民族革命党了。

孙中山先生说："康熙末年以后，明朝遗民逐渐消灭，当中一派是富有民族思想的人……就观察社会情形，想方法来结合会党。他们的眼光是很远大的……知道了不能专靠文人去维持民族主义，便对于下流社会和江湖上无家可归的人，收罗起来，结成团体，把民族主义放到那种团体内去生存。……又用文人所不讲的言语，去宣传他们的主义，便令人不大注意。"（《三民主义》"民族主义"第三讲）这话一点不错，他们完全用鄙俚粗俗的文字来宣传，以避免官府或士大夫注意。

凡新加入的会员，必须由旧会员介绍，熟习暗语以后，在郊外设一会场，名穆阳城，行礼的地方，叫红花亭，用演戏或放马的名义来集会。主持礼仪的人曰香主，其余有监生、职员十余人。党人不分主仆尊卑，概称兄弟，拜在前的曰老马，虽少亦为兄；拜在后者曰少马，虽长亦为弟。行礼的时候，香主披长白衫，腰束红巾，散发蒲履，列东西辕门，设恶誓三十六条向大家宣读，读罢就焚化了，调和在斩鸡滴血的碗里，各啜少许。盟誓以后，再和首领相见，授以会规二十一则及十刑十禁，和三十六誓差不多，总不外"忠心义气"、"报仇灭清"、"兄弟一家"、"患难相助"等类的词句。

他们的首领叫大哥，香主叫二哥，以下三哥、四哥、五哥。首领都是干部，各有票据，名曰腰凭。腰凭内的诗句隐语，随意填写，繁简不同，唯以下四句，是任何腰凭都有的："五人分开一首诗，身上洪英无人知，自此传得众兄弟，后来相认团圆时。"他们常故意颠倒，如回文诗一样使人不易看出。其余如隐语（官府称"对头"，外人称"风仔"等）、手势（伸大、二、三指为天，中、四、小指为地，大、二指为人等）、茶阵（用茶壶茶杯烟筒等摆列，各有诗句，即可与同党通声气），皆不烦备举。总之，他们是利用秘密结社的方法，来招纳江湖豪杰。不分品类，凡是志同道合的人，都可加入。入会后，彼此"手足相顾，患难相扶"，因而发展得非常迅速，在下级社会和海外华侨里，弥漫成一种巨大的力量。在近代民族革命史上，创下了许多丰功伟绩。

天地会与太平天国的关系

金田起义时，在桂平县大湟江上，有天地会党罗大纲、"大头羊"张钊、"大鲤鱼"田芳等请求加入太平军。张、田二人因不愿接受太平军条件而改投清军。而罗大纲却欣然接受，率部来投靠。太平军接受他们，罗后来便成为太平天国的大将。从太平军收罗大纲，可知天地会若能接受条件，太平军对他们就一视同仁。这是说明太平天国与天地会的关系的一个例子。

于蓑衣渡顽抗太平天国的江忠源在《答刘霞仙书》中述太平军北出湖南前后战事情况说："自桂林窜出，攻陷全州，忠源先军桥头……贼之精悍若无几矣！……会匪之入党，日以千计。而地方文武又皆望风先逃，一至道州，势遂复炽。"江忠源这一段报告，指出太平军在全州蓑衣渡被阻，受了损失，从东路入湖南永州境后，由于得到天地会的纷纷加入，实力得到补充，并且扩大，一到道州，势遂复振。这是太平天国军事发展上有决定性意义的大事。根据广西巡抚邹鸣鹤奏，太平军围攻桂林时男女共只五六千人，而在湖南南部加入的天地会人数有五万多人，即较他多了约十倍。从数字的比较上，我们可以更清楚地看出这次天地会的加入对太平天国革命运动的发展，产生的重大作用。

到太平军定都南京后，留在湖南广西广东的天地会更纷纷响应太平天国，而太平天国也派出干部来策动他们，联络他们。

胡林翼在论石达开在广东得天地会数千人的来投而势复振一事中说："默察贼势，自连镇、高唐、河北肃清之后，气焰稍衰息。自五年冬，石逆从义宁入江西，与粤东之匪二三万合并，而贼势复张。"他这话是不错的。所以当时太平天国靠这一批新加入的力量，就能把曾国藩紧困在南昌，并且能有余力分兵回来击退了围困天京三年的清朝江南大营，把太平天国的军事力量发展到最高峰。由此可见，天地会的功劳可不少！

壬戌十二年，曾当海盗、后来投降清朝的布兴有的天地会的部下也加入了太平天国革命运动，做了一件英勇的大事。原来这班天地会党人起初受到布兴有的欺骗，投到清去，在宁波与太平天国为敌。他们与英法侵略军共同侵占了宁波、余姚一带之后，看到外国侵略军种种横行不法、侵害中国人民的行为，看清楚了谁是敌人，于是给侵略者予以打击，杀死法国军官，就在余姚起义，加入太平天国。他们接应太平军，攻克了慈溪。在慈溪城头，把美国统领华尔打死，写下一页辉煌的中国人民反侵略的英雄史迹。这事是太平天国反外国侵略战争中的一件大事。而这一件辉煌事迹，却是由于广东天地会在慈溪起义，加入太平天国得来。这是我们以前研究太平天国史的人不曾注意的大事。

但是，我们在这里却要郑重地指出，太平天国乙荣五年石达开在江西接受广东天地会加入的时候，犯了大错误。他没有把加入的广东天地会改编、教育、改造，而是让他们仍得以保存原来的组织、旗帜，有的还保存原来的称号。由于这一个大错误，便造成了后来三个重大恶果：第一，破坏了太平天国铁般的纪律；第二，不听指挥；第三，到了紧要关头发生叛变。分述如下。

第一个恶果是破坏了太平天国的纪律。太平天国初期的纪律是非常严明的，但到了晚期，太平军里面却出现了一些不守纪律的队伍。据《忠王李秀成自传》说，那些扰害人民的如刘官芳、杨辅清等人的队伍，是因为受了在江西加入的广东天地会及"捻党"的坏影响，"惹我天朝之心变"，所以做出害民烧杀的事来。原因是石达开在江西接受广东天地会加入时，并未加以改编、教育、改造,以致造成第一个恶果。

第二个后果是造成分裂的现象。毛鸿宾论花旗军,说他们对太平天国没有"互相维系之心"。陈坤《粤东剿匪纪略》说:"有云分花旗、黄旗两段,黄旗欲往福建,花旗欲往广东。"黄旗是太平军用的旗帜。由于作为行动标志的旗帜不同,所以虽然是同一阵线,行动上就不可能保证得到一致,因而造成分裂的现象。这是因为石达开在江西接受广东天地会加入时,没有把它们改编,以致造成第二个恶果。

第三个恶果便是叛变。太平天国在主观上并没有把加入的天地会人歧视,而是作为自己的队伍看待。但是,由于太平天国最初接受他们时,没有把他们改编,也就等于让他们有独立行动的自由。所以在意见不同时就闹分裂,不听指挥;到了革命斗争最剧烈的关头,便不免于摇动,甚至于叛变。丁太阳先在福建永定叛变,朱兴隆接着在广东嘉应州龙虎墟叛变,于是这支在回广东时还号称十万的花旗队伍,在丁、朱这班叛将的劫持下全部瓦解了。而与花旗同时入粤的太平军,也就因失去花旗的力量,势孤力单,最后竟不得不被敌人消灭。这一个惨痛的后果,追源祸始,石达开应负责。

以上三点,都是石达开在江西接受广东天地会加入时没有把他们改编,让他们保存原来的旗帜所造成的恶果。这是太平天国接受天地会加入的事件里面所犯的一次大错误,我们在研究太平天国与天地会的关系时是应该提出来的。

第三节　洋务运动的失败与影响

自太平天国瓦解至中日战争失败,其间共三十二年(1864年至1895年),此卅年历史的进展,是新旧时的分野。旧文化的扬弃,新技术的吸收,正是这一时期显著的特征。此时已开始使用机器,制造枪炮轮船,以西法代替人工纺纱、织布、采矿、交通运输事业,使用机器代替人力畜力,新式装甲船也代替了篷筏。这些新兴事业出现于中国社会，使中国社会经济开始变化，这种变化，西方称为"产业革命"，中国则称为"洋务运动"。中国之所以毅然决心推行洋务，颇有各种因素的存在。

促成洋务运动原因的分析

湘军克服南京后，就整个局势而言，除了江南太平军的残余势力和北方的捻、回之动作外，全国的秩序大体上已由战乱回复太平。那时，慈禧太后揽大权，信任几个湘军将领，如曾国藩、左宗棠、李鸿章等。他们鉴于列强虎视眈眈，掠夺边疆，国难日趋严重，于是主张竭力学习夷技，讲求洋务，御侮图存。

洪杨与湘军相持于长江下游，淮军借"常胜军"之助，赢得胜利，李鸿章在实际经验里认识到西人开花大炮的威力，遂主张采用夷技，使用西洋武器。这便是李鸿章"师夷之长技以制夷人"的动机。如李鸿章曾云："中国欲自强，则莫如学习外国利器，欲学习外国利器，则莫如觅制器之器，师其法，而不必尽用其人。欲觅其制器之器与制器之人，则或专设一科取士。"李且深信模仿西人的船坚炮利，就能使"西人即可敛手"，转危为安。

自《南京条约》订立后，列强以其廉价商品，大量向中国倾销。影响所及，农村开始崩溃，社会陷于动摇。有志之士，以为中国如此贫弱，欲求自强，须先致富，而开办工矿。发展交通的"新政"，便被提出来。

东西两大文化，其先本无直接接触。其开始接触，则在明清之际。在此以前中国大文化之发达，不下于外国。但最近一二世纪以来，彼邦文化突飞猛进，而我邦则懵然不知。一旦骤然相接触，乃知不如人者甚多。一民族对其固有文化抱有自傲之情，乃文化民族之常态，使彼我易地而处，亦无不皆然。其后更假经商之名，唯利是图，或假上帝大义，教士则到处笼络我愚民。或以扰乱我境内民心，此皆为我所不能忍，而彼则以船坚炮利之压迫，处处追人，使人有不得不排外之感，但只知排外而不得其法，又为自己传统文化所束缚，不易舍弃其自信心，终而未有所以排之者。及中国屡为列强所败，中国的真面貌毕露，举国上下乃知有急起直追之需要。

洋务运动的内容

同治元年至同治十三年（1862年至1874年），李鸿章上恭亲王奕䜣书曾谓："中国文武制度事事远出西人之上，独火器万不能及。"认为欲要自强，则非学西洋之科学机械不可，故初期新政，偏重介绍西方科学知识与军械制造。主持人为恭亲王奕䜣，及大学士桂良、文祥、曾国藩、左宗棠、李鸿章等。重要设施为成立总理各国事务衙门、同文馆，选派幼童留学，设置江南制造局、福州马尾船厂、天津机器制造局、招商局、译书局等。

光绪元年至光绪十年（1875年至1884年），李鸿章于复丁宝桢信中更谓："中国积弱由于患贫。西洋方千里数百里之国，岁入财赋动以数万万计，无非取资于煤铁五金之矿，铁路、电报、信局、丁口等税。酌度时势，若不早图变计，择其至要者逐渐仿行，以贫交富，以弱敌强，未有不终受其敝者。"故此期的新政，除军器制造外，更着重交通与矿产诸端。主持人乃恭亲王奕䜣、李鸿章等。重要设施为设立开平矿务局、水师学堂、电报局，购买舰只，修筑铁路，派遣学生赴英、法、德等国学习海陆军事。

光绪十一年至光绪二十年（1885年至1894年），重心转入求富强，开始轻工业，如纺纱织布、缫丝等项，进而欲从改革币制，堵塞国家财政漏卮，以求改善人民生活。主持人物有醇亲王奕譞、李鸿章、张之洞、刘坤一等。重要设施如设海军衙门、武备学堂、大冶矿厂、汉阳兵工厂、上海造纸厂、织布局、津沽铁路及成立北洋舰队等。

洋务运动失败的原因

洋务运动，前后三十年间，经曾、左、李、张氏之竭力倡导，规模得以粗具，使古老的中国社会露出了新兴气象。此一时期，新式海军与装备，制造局、造船局、铁路、矿务、学校、电讯等复兴建起来，但李鸿章一手做成的西洋模仿，几大半毁于甲午一役，检讨其失败原因如下。

当时保守之士大夫根本鄙视洋务，极力排斥西法，主张唯古是尚，非古不谈，才算是文明上国、礼仪之邦。这种守旧的思想，阻碍了洋务运动之推行。士大夫之顽固，可见于郭嵩焘致李鸿章书谓："窃谓中国之人心有万不可解者：……一闻修造铁路电报，痛心疾首，群起阻难，至有见洋人机器为公愤者。曾劼刚以家讳乘南京小轮船至长沙，官绅起而大哗，数年不息。"郭嵩焘因为喜谈洋务，劝大家不要空喊攘夷，一班守旧的士大夫，对之大肆攻击，国内几无容身之地。后清廷派他出使英伦，仍受人参劾，回国时不敢返北京，可知当时反对模仿西法者气焰之盛。

在李鸿章推行新政期内，各国正掠夺中国周边，如日侵琉球、法侵安南、英侵缅甸、俄侵我新疆伊犁，使清廷应付不暇，未能以全力从事洋务运动。

李鸿章主持洋务的时间最久，举办的洋务最多，因其见解偏狭，又专注意军事工业的建设，而疏忽了国计民生方面的发展，所以梁启超曾批评他说："知有兵事而不知有民政，知有外交而不知有内务，知有朝廷而不知有国民，知有洋务而不知有国务。"

创办洋务的经费不能运用自如，多为皇帝所挪用，如太后挪用公费兴修颐和园。又一般官吏认为新兴工业为肥差美缺，主持之官吏皆乘机中饱。贪污风气腐蚀了新兴事业，使效果大大地减低。

洋务运动的影响

曾、左、李为了创办洋务之方便，把新式的机器厂、制造厂、造船厂等，都设在沿海近江之通商口岸，后来更于此等地方设立新式学校，设立招商局、电报局、矿务局等。此等口岸地方逐渐变为工商业发达之地区，如今日的上海、天津、福州、广州、南京、武汉等地，均成为工商业繁荣、文化发达之近代都市。

中国一向以农立国，农民代表中国人口绝大多数，因为新式工业的兴起，农民渐渐放弃田园工作，投入新式工厂，以劳力换取工资，维持生活，于是农民渐转而为劳动工业者。

曾、李为了模仿西法的开展，期望有显著之成效，将各省聪颖子弟，选赴美国及欧洲留学。这些留学生学成归国，参加不同之事业，成为工程师、海军军官、通事、翻译等官。而所谓的洋秀才、洋举人，便是此期中国社会出现之新知识分子。

西法模仿只倡导了三十年，新工厂、新机器、新海军、新陆军、新铁路、新矿业、新学校以及新的士大夫纷纷出现，给中国社会种下了变法之种子，及中日战争后，列强资本主义之势力侵入，官商合办工业渐多，使中国各部门发生了剧变，呈现出资本主义之倾向。

平定太平天国时，李鸿章、曾国藩之得胜，实赖"常胜军"船坚炮利之帮助，在实际之战争经验上，始认识到夷技之长，始生以夷技制夷之念。积此一念而倡导洋务，以图强兵救国，其见解虽偏隘，但此起其他之顽固士大夫，仍然十分超卓。中国之近代化，确始于兴办洋务，曾、李二公为中国近代化推动之功劳实不可灭。

第四节　戊戌政变的经过及其影响

维新的时代背景

中国自鸦片战争后，门户开放，列强不断强迫清廷签订不平等条约，割地赔款，开放港口等，已使清廷疲乏不已。国内方面，则有太平天国延续十五年之久，其后虽被曾国藩、李鸿章领导之湘、淮军队及英美支持之"常胜军"所削平，但外人自太平天国事后，有十余年时间与清廷和睦共处，加上洋务运动时，借助西方的船坚炮利以自强，所以外人在中国暂时停止榨取利润。及日本明治维新后，如旭日初升般崛起，垂涎中国领土富庶。加上日人之野心，所以便借朝鲜事件，与中国开战。1894年，甲午战争爆发，中国因欠缺充分准备，加上军备未见完善，北洋舰队不堪一击,全军覆没。"洋务运动"失败,自属明显。《马关条约》签订(1895年)后,中国又进一步被西方帝国主义侵蚀。一般有识之士,眼见中国国运危在旦夕,都希望清廷能抱着诚意推行政治革新,以便能对抗西方。

促成维新运动的原因

一、远因方面

光绪七年,慈禧毒死慈安,光绪十年,她又把恭亲王奕䜣赶出军机处,于是清廷大权,全落入慈禧的手里。清廷在慈禧及其党羽的横行下,国事日非。光绪十五年,光绪帝已满十八岁。慈禧在名义上让他"亲政",可是有关用人行政的大权,慈禧仍不肯放松,事事掣肘,母子间的感情日趋恶化。而廷臣和疆吏中也隐然有了"帝党"和"后党"之分。就甲午前后,这两派人物的分野言之,大抵奕谖、李鸿章、李莲英等站太后一边;而奕䜣、翁同龢则站在光绪帝一边。光绪帝只有一个皇帝的空名,而太后却拥有多年积累而来的庞大实力,帝党感于自己势力孤危,于是不得不引用新人以自重,这便是翁同龢等容易与康有为接近的原因。

自鸦片战争以后,帝国主义侵入中国,订立一系列不平等条约,因而摧毁了中国的社会基础及手工业与农业紧密结合的经济体系。同时列强的侵略,又阻碍了中国社会经济的发展,从而产生企图在保持中国政体的形式下,吸取外国学术以走向富强道路的改良主义的维新思想。十九世纪中叶,容闳就希望"以西方之学术,灌输于中国,使中国日趋文明富强之境"。而林则徐的弟子冯桂芬也认为应该"以中国之伦常,名教为本,辅以诸国富强之术"的原则,来改革中国社会,并且主张首先废八股、设学校及制造洋器。由此可见维新思想之一斑。

同治光绪年间设同文馆,培养翻译人才,又派送幼年学生留学美国,吸收外国文化,学习应用科学,再加上教育上的改革,使学生接受西式教育成为可能。翻译人才的出现,翻译了许多方面的西方书籍。同时政府及传教士、商人大量印刷翻译了新的西方书刊一类的东西。在此种情形下，新的一代知识分子眼光宽大了，一旦见到自强运动失败，便开始进行他们自己的改革运动。

二、近因方面

（一）甲午战争的影响

第一，反映了洋务运动的失败。曾国藩、李鸿章所筹办的"洋务"，虽得大臣文祥及恭亲王奕䜣的赞助而得以推行，但却不为一般守旧知识分子所接纳。他们对于西洋文明并无充分认识，仅以坚甲利兵与军事革新为目标，故"洋务"只限于事务性和枝节之改革。光绪二十年六月，中日战争爆发，陆军先挫于平壤，而海军复败于黄海，腐败暴露无遗。未几旅顺被占，京师大震，内廷预备迁都，并遣李鸿章赴日求和。国人受此惨痛刺激，渐知优秀物质文明，只能存在于良好的政治环境中。若政治腐败则物质文明亦将受其束缚。于是事务性之改革如洋务运动，遂一变而为政治革新。

第二，北洋军全部覆没。中日战争后，北洋海军全部覆没，淮军、湘军也所余无几。政府威信扫地，财政经济濒于崩溃，人民不满情绪迅速增长，清王朝的统治基础更加动摇。为了巩固统治权，既要求重新练军，政治也须决心改革。

第三，中国面临被瓜分的危险。对日战败以后，列强对中国疯狂侵略。而迭次对外战争，中国军队不堪一战，海上舰队亦不能防御海岸。沿海地区如胶州湾、旅顺、大连、广州湾、威海卫、九龙半岛都在光绪二十一至二十四年这三年之间为列强所掠夺。这种情况，实使国人惊心动魄。中国任人宰制、割地赔款、丧权辱国，当然引起当时知识分子极端不安。既有感于亡国的危险，遂要求联合行动，急求图强御侮。

（二）经济困难

清自道光二十三年（鸦片战争后）与英国签订《南京条约》后，门户洞开，更与其他列强缔结不平等条约。依据《马关条约》，列强可受最惠国待遇，在中国各通商口岸购用土地设厂从事工业制造。他们以其工业革命优势，以洋货倾销中土，充斥市场，土货备受排挤，同时促使我国农业国家为工业国的附庸，农村因而崩溃，社会经济日益枯竭。中日战争以后，列强利用中国须向日本偿付赔款的关系，乃大举向中国贷款。光绪二十一年闰五月，俄、法两国银团已贷我国四万万法郎；二十二年二月及二十四年二月，汇丰、德华两银行也先后贷以三千二百万镑。像这样的政治贷款，不仅以关税、盐税、厘金作为担保，利息、折扣及中佣于贷方极为有利。英国且利用此一机会，延长控制中国海关的行政权，此等经济侵略引致中国始终穷困。为了开发财源，清廷不得不谋求变法维新。

（三）日本明治维新的成功

日本在明治维新前，情况与中国相若，因受外强舰只手工业制品冲破固步自封之门户，被迫订立不平等条约。迨同治六年（1867年），日本睦仁即位，称明治天皇。明治虽年少，然勇于进取，长于决事，尤知人善任。他日理万机，办新政，不数年，国势骤变，在"尊王攘夷"口号下，进行维新立宪，摆脱西方枷锁，废除不平等条约，渐成世上强国。中日战争后，我国大为仰慕日本维新事业之成功，又见洋务派之失败，乃知不在政治上作根本变革，断不能应付李鸿章所谓"三千年一大变局"之当前形势，将有亡国灭族之虞。于是康有为出而奔走呼号上书言国事，呈所著《日本变政考》等书。德宗变法之意始决，因而掀起革新运动之高潮，乃有戊戌之变法。

（四）英美之匡助

维新运动谋求富国强兵，自身的改革也涉入了外力的国际矛盾。当时英、美和德、法是站在敌对地位的。英美帝国主义为了抵消德俄集团所支持的"后党"，便和维新派靠近，如英人李提摩太便是鼓励与指导维新派的。虽然英美之匡助是有其目的的，但或多或少仍鼓励了维新事业的发展。

（五）康有为的上书

光绪十四年，康有为以应顺天乡试到北京，以一荫生的资格，上万言书，痛陈利弊及建议改革，措辞相当委婉，可惜找不到人代为传递。光绪二十一年，康有为第二次上书，是为有名之"公车上书"，内容包括：第一，诏告鼓天下之气；第二，迁都定天下之本；第三，练兵强天下之势；第四，变法成天下之治。惜此书仍不能上达，唯此书流传颇广，遂奠下维新运动的基础。"公车上书"同年五月十一日乃康有为第三次上书，内容与"公车上书"大同小异，而变法部分则有较详细的阐发。此次上书仍由都察院代递，居然到达了光绪帝的手里。十一日，德宗见条陈书，大受感动，这可说是康有为与光绪帝直接发生关系之始。同年闰五月初八，先生第四次上书，其内容较前尤为详尽，首言西国所以富强之本，次言积弊之深及变法如何进行之序。后复推言之，分"下诏求贤"、"开门集议"、"辟馆顾问"、"设报达聪"、"开府辟土"五大端。惜受阻碍，未能上达。第四次上书失败后，先生即发动若干活动，如强学会之发起及《中外纪闻》之创刊。光绪二十三年，康有为第五次上书，其"万言书"因措辞激烈为工部所拒。时在北京已有不少人辗转传抄，因此流传颇广。时徐致靖、杨深秀等已与康接近，卒由杨锐打通给事中高燮曾上折荐康，翁同龢也借此向光绪帝有所陈说。而光绪帝决心用康便定于此时。二十四年正月初三，总理衙门大臣奉命传康问话。次日光绪召见各枢密臣，让其报告结果。正月初八，康乃应诏陈言统筹全局的一个奏折，其内容全抄袭日本之明治维新："一曰大誓群臣以定国是，二曰立对策所以征贤才，三曰开制度局而定宪法。"二十四年四月初十，奕䜣死，迄四月二十三日颁布《明定国是》的上谕。这道上谕是所谓的"百日维新"的起点，亦可说是维新派活动已经进入最高潮。从四月二十三日颁"明定国是"起，迄八月初六政变发生止，为时凡一百零三天。光绪帝在其间所下的几十道改革诏书就是"百日维新"的内容。

维新运动的内容

一、政治方面

（一）裁汰内外官员。

（二）改革行政机关办事规则。

（三）开放言路。

（四）行保甲制度。

（五）许人民上书以通民意。

（六）定立宪开国会。

（七）保护华侨。

（八）请断发易服改元。

（九）禁妇女缠足。

（十）改订法律。

（十一）请安外教。

（十二）请设新京。

（十三）君民合治满汉不分。

（十四）准许旗人以谋生计。

（十五）裁撤詹事府、光禄寺、鸿胪寺、太常寺、太仆寺及大理寺等衙门。

（十六）改良司法。

二、军事方面

（一）改冗兵以强武备。

（二）去武科之弓刀矢石，以习枪炮。

（三）训练新军，开兵工厂，设立军校。

（四）裁汰绿营改设巡警。

三、经济方面

（一）编预、算决算以资统计。

（二）废漕运以理财政。

（三）废淫祠以充经费。

（四）裁厘金。

（五）劝农。

（六）重商。

（七）裁空粮，节饷粮。

四、教育方面

（一）废八股试帖、楷法，改试策论。

（二）兴办学校，开大中小学堂，教育国民。

（三）开编译局。

（四）定教科书。

（五）派学生留学日本、欧美。

（六）派王官大臣游历考察。

（七）设立教部。

（八）开经济特科。

（九）开办报馆。

（十）尊"孔教"为国教。

五、实业方面

（一）设立农工商总局及矿务局。

（二）实行专利制。

（三）开办银行。

（四）设立商会。

六、交通方面

（一）开办粤、杭、沪、宁各铁路，赶办宁汉铁路。

（二）造船。

新政失败的原因

慈禧本与东太后慈安同掌中央用人行政大权，唯东太后薨后，慈禧大权在握，目空一切，毫无忌惮，为所欲为。至光绪二十四年，太后名虽归政，而光绪在形式上已可自由总理万机，实则二品以上大员之任免及重大政务之兴革，均须先请懿旨。故太后保有最高统治权达四十年之久。加上内外满汉大臣均为其羽翼，故她反对新政，遂使维新运动困难重重，终至失败。

德宗名义上亲政，唯无实权，事事为太后所制。维新派，最初误以皇帝是唯一的权力者，希望通过光绪帝的诏旨实行改革，而他们不明实在情况，故有名无实的维新运动便不能长期支撑。同时，光绪虽亲政多年，但内外大员极少为其心腹，朝中积极主张改革者，唯帝师大学士翁同龢一人。加上维新派人物官小无权，德宗形势孤立，在人微言轻下，自然事重难举。

那拉太后盲目反对新政，先将翁同龢逐出京师，后则限制光绪之用人，使维新派不能握有实权。她更以荣禄出任直隶总督并统率北洋三军，于必要时用武力扑灭新政。同时，康有为的改革行动与皇族亲贵的权利有所冲突，新政当不为他们所支持。

当时北京为全国保守派之重心，康氏既主张迁都，则满人对清廷之影响必大为削弱，一切守旧人士亦无不加以反对。其他如王公大臣、被撤的士子、八股进士、和尚、道士及一般人民等，皆因对新政缺乏认识或与自身利益有所冲突，而加以盲目反对。

袁世凯平时言论，颇倾向新政，于是德宗擢升袁世凯为侍郎，专责练兵，欲以夺荣禄之权。唯袁乃一阴险小人，他细想新派势力空虚，不能与太后对抗，因此毅然告密，并加重维新派之罪，作一网打尽之计，他自身不仅可以免罪，而且有功。因其终告密于荣禄，造成政变更大之波澜。

康有为认为列强瓜分即在目前，故提倡速变，谓守旧不可，必当变法，缓变不可，必当速变，小变不可，必富全变，所以主张速变全变者谓非此不足救亡。他把变法作为一种手段，没有分清观点，就变法之本源处逐步走上轨道，故政令颁行，多且骤，无全盘循序推行之计划，新政怎能完全成功！

新政失败的影响

自政变之后，德宗被禁于瀛台，遂因至死。新党人物，如杨锐、林旭、刘光第、谭嗣同、杨深秀、康广仁（时称"六君子"），被杀。朝臣因与新党有关而遭谪戍或降革的，达数千人。康有为、梁启超幸于事变前接德宗密诏，先逃出幸免于难。康由英舰护送出险，梁由日人护送至横滨。于是"百日维新"遂告结束，至其影响，则如下述。

由于外国不肯引渡康梁回国，对新政深表同情，此两事使慈禧更痛恨外人，而有用义和团排外、酿成八国联军入北京之祸。

戊戌维新，表面虽已失败，但事实上已发生相当作用。因"庚子拳变"后，那拉太后已觉悟中国致弱系由于政治积弊丛生，知道若不变法，难顺民情，故于光绪二十六年庚子蒙难驻跸西安时，诏令变法。但其改革内容，不过戊戌维新之旧瓶新酒而已。

政变后，康、梁在海外组织保皇党，倡君主立宪之论。人民亦因此次新政变失败，知非推翻清室，不足以救亡，故孙中山之革命，遂因之而更深得民心。康、梁在海外，译书办报、杂志等，鼓吹民权、自由思想，大开民主风气。因国人在海外者亦多，新思想传播，有助于辛亥革命之发展。盖新政虽失败，而散播维新种子，稳健派之君主立宪派固为其直接陶冶铸成，激烈之革命派亦何尝不是间接受其影响？论史者谓："假令无戊戌维新，不会有辛亥革命，因风气之开，时势之造成，各省新军之训练，皆自戊戌维新启之。"

在法律上，康使清廷明令承认民间工业，使其从洋务派"官办"、"官督商办"之桎梏下自由兴办，且使其有合法之依据，此皆赖维新所起的推动作用。

"六君子"的慷慨就义、牺牲小我、完成大我之大无畏精神，发挥了中华民族志士"临难无苟免"的优良传统，对后来的革命志士起了一定程度的鼓励作用。

戊戌维新运动之影响不若辛亥革命之限于政体，又不若五四运动之限于文化与思想，盖暴露中国文化之积弊，剖析西方文化之真相以促成吾国之现代化，其心至诚。在政治中成就甚微，但其对中国历史与文化却有很大贡献，尤其是新学说新思想之产生。康有为推崇孔子而欲国人信奉，以孔教复兴为第一要义。他排斥刘歆之学，所著《新学伪经考》和《孔子改制考》，在思想上起了绝大的刺激。这种疑经崇圣的思想，与后来新学术的鼓吹，有很大关系。

戊戌维新的价值之一乃其民主精神久存。若以戊戌之民主精神总结看，其民主精神有四：一曰尊重人性文化之精神，二曰实践伦理政治之精神，三曰表现群众运动之精神，四曰恢复戊戌党人人格修养之精神等。

康乃中国提倡民权之人，曾作诗请定立宪开国会折，继后先生复上请君民合治，满汉不分折，同时又提议先选才议政，许民上书言事折，立裁满汉之名，行同民之实，考定立宪国会之法、三权鼎立之义。先生以国宪未立而民权必当先典，故先生之言公民自治，非徒口头言。

康梁的贡献与影响

康有为、梁启超在戊戌变法中的贡献及对后世影响亦不少。

第一，废除传统之科举及八股。康氏认为："欲任天下事，开中国之新世界，莫急于教育。"而梁启超则认为："变化之本，在育人才，人才之兴，在开学校，学校之立，在变科举。"显然，传统封建文化教育的老一套不能符合中层阶级的要求（此指清末而言）。他们势必要另创崭新的一套。创新必先除旧，大立必先大破，不从传统封建文化的束缚中解放出来，就无法树立他们的教育制度及培养出他们所需要的人才，故科举制度和八股文体便成他们攻击的目标。

科举制度和八股文体是厚古薄今、脱离现实的集中表现，又是废话连篇、言之无物的文字游戏的典型。它要求知识分子"代孔孟之言……禁不得用秦汉以后之书，不得用秦汉以后之事"，因此知识分子只能"遨游于三代以上"，不但脱离现实生活，而且连秦汉以后两千多年的典章制度也茫无所知。它又要求知识分子只能按照固定的八股格式做文章，甚至连字数都是规定了的，结果只能是望题生义地拼凑一阵，乱写一通，只要楷法工整,"则虽一书不读,一事不知,亦可以致高位,持国柄"。在这种制度下所培养出来的知识分子,只能是愚昧无知、抱残守缺的卫道者,只知道拿着几本圣经贤传来反对一切新生的事物。所以,康、梁竭力反对这种制度。梁启超说:"八股取士,为中国锢蔽文明之一大根源,行之千年,使学者坠聪塞明,不识古今,不知五洲,其弊皆由于此。"科举八股虽一度因康、梁戊戌变法失败而恢复,但不久正式被清廷宣布废除。

第二,启发清末革命运动。康有为、梁启超所领导之戊戌维新运动,在历史上好像瞬间凋谢的昙花一现,并没有结出累累的果实。但它仍有重大的意义,因人们久处封建闭塞的统治,忽然吹来一股新鲜的气息,使麻木惯的人民不仅从戊戌政治运动中认清了国家的面目,而且也从戊戌思想运动中吸取了解放的力量,把摆脱外强对祖国的侵略和传统思想的束缚的运动推前,这样就使得中国的政治局面很快地从改良主义的阶段跃进到中层分子革命的阶段。且康、梁在维新运动要求发展君主立宪,挽救瓜分危机,在一定程度上主张民主自由和民族独立,要求从传统的旧思想中解放出来。因此,康、梁的思想和活动是进步的,他们在中国历史上写下了中层分子启蒙运动的一页。

第三,抨击专制皇权观念。康、梁在"国家利益"和"全民利益"的盾牌下,竭力倡导君主立宪的政治制度,力争从专制君主制度和皇权观念的束缚中解放出来,这是一种很大意义的进步,因为君权神授观念是封建专制的一块重要基石。康、梁在这方面的确是跨进了一大步,他们提出了君民关系的崭新观念,拆穿了几千年来君权神授的全部谎话,尽管维新派并不愿意推翻皇帝,但仅仅这样一个新观念的提出和传布,在客观上便不能不发生深远的影响。因为富人们从君权神授的迷信中一旦解放出来之后,就有可能继续迈进,走上推翻帝制的革命道路。所以戊戌时代的思想解放,成为以后许多知识分子的进步革命基石。

第五节 "庚子拳变"及其影响

时代背景

自道光二十一年，鸦片战争后，欧西各国用其廉价商品，斩关直入，以倾销中国。但通商结果仍不能改变中国生产方法，而只是破坏中国之经济组织，农村始以崩溃，社会始以动摇，对外交涉则屡丧主权，虽有洋务运动，却只着重船坚炮利，及中日甲午战争后，把自强运动三十余年所制造经营的军事建设，毁于一旦。再者，清廷的晦愚无能弱点，完全表露无遗，外人在中国境内更是横行无忌，国事日非，遂酿成"庚子拳变"，即义和团是也。而此次民变的酿成，皆由其时代背景所促成，兹分析如下。

中国排外运动之所以发生，乃由于华人之渐渐自觉外来新文化实与中国国情不适之故。据八国联军统帅瓦德西《拳乱笔记》云："建造铁路之时，漠视坟墓，以致有伤居民自仰情感更重，近年以来，瓜分中国常为世界各报纸最喜讨论之题目，复使中国上流之自尊情感，深受刺激。最后更以欧洲商人，时常力谋损害华人以图自利。至于一二牧师，又不知自爱，作事肆无忌惮。"据对方之言，可知我国受外人压迫，由畏生恨，由恨生仇，激而为此，以自求自存，盖亦民族自觉后爱国运动之横流而已。至于"庚子拳变"，在本质上亦系救国运动，唯思想愚昧，方法笨拙。但义和团之变，含有自尊大以鼓舞国民之志者。

积愤之造成，瓦德西所谓西报瓜分之说、洋商谋利教士牧师之毫无忌惮，皆可使神明华胄之民族，感受压迫，无可如何，上下郁勃，待机发泄，而尤以教案所予人民愤积为最大。盖自十八世纪教皇禁令实施以后，中国礼教上，"敬天"、"祭祖"、"祀孔"诸事，已为教中所不容，新旧文化之冲突，已不能免。故道光以前，中国政府禁止传教，视其为异端。但自鸦片战争后，英人以武力使中国开港，并取消禁教之令，英法联军后，法人更以教案为口实，借传教以发展其势力。教士遍入内地，并得置产，恃条约作为护符，依炮舰为后盾，不受地方官吏之约束，反包庇教民，干涉诉讼，如麻城教士梅宝善、献县教士徐博理尤为著。

传教所得的效果不大，一因中国人对于宗教信仰，素来淡薄；二因基督教充满了西方文化色彩，一般人不易接受；三因部分列强把教士当作侵略的先锋，教士有了这种力量支持，趾高气扬，目空一切；四因教民中不法分子倚仗教士为后台，常与平民发生纠纷；五因地方上狡猾之徒，有意投身教会，借教会作护符，横行乡里，欺压平民；六因民间发生仇教言论，常常不问曲直，不经地方官的审问，颠倒黑白，上诉本国的驻京公使，向总理衙门直接交涉，而总理衙门只得重申保护西教命令，处罚地方官吏，以致后来不少的地方官吏，不敢依法判决，明知曲在教民，也只让教民得胜，如天津教案中法领事被戕，即可知人民怨恨之程度。

自设五口通商以后，我国之关税不能自主，外国货品大量输入，于是洋人之经济势力，逐渐控制市场，固有旧式工业，遭受压迫，民族经济遂日趋于凋残。自太平天国事后，人民经兵燹之祸，一般人之生活，更陷于万劫不复之境。而在民间方面，因为中国人排外的观念，向来强烈，中英鸦片战争和英法联军之役后，排外观念更深。中日战争以后，列强纷纷强租港湾，索要权力，排外观念，由然顿促。加以列强之经济压迫，失业群众增加，人心浮动，偶有争端，便易引起轩然大波。

戊戌政变，太后虽夺得政权，但取之，非正也。故制造光绪病重谣言为废立篡弑之阴谋借口，原来废立之谋，本定于翁同龢罢职之时，命荣禄督直，节制北洋三军，即欲乘阅兵以借行废立。及戊戌政变失败，西后初欲了结光绪帝，因宗室大臣求免，其所以不即行废立，盖恐外国使节不承认，则无以善其后。刘坤一谓"君臣之义已定，中外之言难防"一语，则侧重外人视听，将阴谋暂时打消，但于西后及保守大臣心中，已引起极不满之感，遂借拳民发难，实为雪私仇。

排外经过与原因

义和团源出八卦教,起于山东,旧名"义和会"。其人平日设坛奉神,原是北方人民含有宗教性质的秘密组织。光绪中叶以后,外患日急,国人爱国仇外思想愈浓厚。时山东拳民设立"大刀会",自夸有神术,枪炮不能伤,专事仇敌排外,来迎合人心。时山东巡抚李秉衡信而奖励之,于是"大刀会"在山东特盛。光绪二十三年,因发生曹州教案,杀死德籍教士二人,李便因此而被革职,由藩司毓贤继任。毓仍庇护"大刀会",时"大刀会"已自称为"义和拳",标"扶清灭洋"口号。毓更改"拳"为"团",义和团之名,由是而生。而八国联军之役,为国人仇外最激烈之一次表现,亦为清代最末一次的对外战争。经此役后,列强视中国如无物,国人亦感非推翻清朝不足以救亡图存。而八国联军之役,乃由义和团排外运动而起。至于义和团排外的近因,可分余下几点,兹述如后。

自咸同以来,中国迭受外患,失地丧权,清皇室中诸人对外国之侵略行为,已恨之入骨。戊戌政变后,康、梁出走,英、日均加以庇护之,西太后之求不得;又以大阿哥溥儁之立,各国皆不入贺,且有讽词,遂使西太后对外人益形愤怅。而载漪更因其子不得为帝,实由各国公使从中作梗,尤对外人切齿。义和团便是由他报私仇、泄宿恨的一念之下招致而来。

义和团事件之发生,实由朝廷重臣纵容庇护所致。如端王载漪、庄亲王载勋、辅国公载澜等均信奉拳民,有若神明,至依附载漪的大臣,有军机大臣刚毅、徐桐,他们以为拳民法术高强,可借之以复兴清国。至于地方官如山东巡抚毓贤、直隶总督裕禄等,更纵容包庇,认为非拳民不足以抗敌。朝臣态度固执如此,虽有开明人物如袁世凯、荣禄、许景澄等之反对,亦无补于事。

甲午战后,列强在政治和经济上都加强了对中国的掠夺和压迫,资本及商品大量输入中国，加速了手工业生产的破产。加以外国运用其强大资本，操纵中国金融贸易，并在华开设工厂，均直接加深其经济之榨取。同时政府亦因财政支绌，无力解救社会之困难，人民生活于困境中，遂不能不铤而走险。义和团事件之发生，都可说与之有关。

"拳变"经过

义和团盖不能一言以蔽之，现分若干程序以分析之如下。

一为义和团入津。在天津的拳民，以张德成、曹福田为首，其时适值戊戌政变后，旧势力正切恨外人。毓贤卸任至京，力陈义和团神术，不惧外人枪炮，冀图以"扶清灭洋"为宗旨，正投合太后等人之心意，于是再授毓贤为山西巡抚，并允义和团入京津。而拳民之得入京师，实得刚毅之力。董福祥以杀洋人自任，而刚毅则力誉于太后前，恩宠日渥。及拳民至涞水，练军分统杨福同往剿，为拳民所杀。因据涿州，焚毁琉璃河一带车站、局厂、铁路电线。日本书记杉山彬为董福祥兵所杀，拳民又烧教民房屋、西人跑马厅，崇文门内所有教堂皆被焚毁。荣禄派武卫军队，实力保卫东交民巷各国使馆，杀人刀茅并下，惨无人道。京官纷纷携眷逃跑，道梗则走匿僻乡，往往遇劫。而西太后却召见其大师兄，慰劳有加，"士大夫之谄谀干进者，争以拳匪为奇货"。义和团既遍京师，朝贵崇奉者十之七八，大学士徐桐、尚书崇绮等信仰尤笃，拳民既借仇教为名，指戊戌变法效法外洋，为帝大罪。时外人及教民皆隐于东交民巷，各使馆及西什库教堂，拳民屡攻不能下。

二为八国联军入京。光绪二十六年五月十五日，日本使馆杉山彬为拳民所杀，使馆遂加紧戒备，如临大敌，并欲由天津调兵入京。西太后闻外兵将至，遂召开御前会议，时虽有许景澄、袁昶、张亨嘉等力言拳民不可恃，外衅不可开，唯载漪等主战，认为雪耻图强，在此一举。西太后原是切恨外人，至此遂决主战，遂于五月二十五日下诏宣战。

三为联军入京，皇室西迁。当义和团横行都下时，各国纷电本国请兵。

光绪二十六年（1900年）五月十一日，英、法、俄、德、美、奥、意、日八国联军已占大沽口。宣战后，联军进犯天津，直隶提督聂士成御之于八里台，力战而死。六月二十四日，联军陷天津，西太后颇思议和，命荣禄派兵护送各国公使往天津，各国公使不肯行。联军遂分路向北京进发，马玉昆御之杨村，李秉衡扼于通州，均不敌，裕禄战死，秉衡自杀。而载漪等排除异己却愈力，杀徐用仪（兵部尚书）、联元（户部尚书）、立山（内阁学士），会联军入京乃止。时联军约一万八千人，七月十二日入京。西太后于翌晨带了光绪帝、载漪等微服离京西行，逃往西安，沿途狼狈饥寒，饱尝忧患。联军入京后，杀戮、掠劫、奸淫无所不为，京中文物，一扫而空，其中以德、日军队最为残忍无道，引致很多无辜平民的惨死。

　　四为联军进兵，东南互保之约立。联军进陷北京以后，复以搜索拳匪为名，派兵四出，攻占直隶各重要城市。于是南至正定，北至张家口，东至山海关，西至井径，都在联军势力之下，并且大肆杀掠。唯东南各省得以安全不扰者，盖因两江总督刘坤一、两广总督张之洞等一向反对拳民，故自乱事开始，即与外人签署《东南保护约款》。东南互保之议，发之于盛宣怀。于各国纷调大兵入京津时，盛已预料拳民不可恃，外人不可犯，乃请奏刘坤一、张之洞、李鸿章商议。刘、张虽以大局危急，请明降谕旨，定计主剿，时英政府令驻沪领事电告刘、张，欲派海军入长江，帮助弹压。宣怀知英人名为协助，实则欲达出兵长江之诡计，实力占据，果尔则各国效尤，可立肇瓜分之祸。盛将此利害告刘，刘接电后尚犹豫，张謇为陈说利害，始立电告之洞征询同意。张表赞成，请即刻飞电上海与各领事谈判订约。就在宣怀倡导策划之下，《东南保护约款》签订，共九款。

　　第一，上海租界归各国公司保护，长江及苏杭内地均归各国督抚保护，两不相扰。以保中外商民人命产业为主。

　　第二，上海租界公司保护章程，已另立条款。

　　第三，长江及苏杭内地，各国商民教士产业，均归南洋大臣刘、两湖督宪张公允认实保护，并移知各省督抚及严饬各文武官员一体认真保护，现已出示禁止谣言，严拿匪徒。

第四，长江内地中国兵力已足使地方安静，各口岸已有各国兵轮者，仍照常停泊，唯须约束水手人等不可登岸。

第五，各国以后如不待中国督抚商允，竟至多派兵轮入长江等处，以后百姓怀疑，借端启衅，毁坏洋商教士人命产业，事后中国不认赔偿。

第六，吴淞及长江各炮台，各国兵轮切不可近台停泊及紧对炮台之处，兵轮水手亦不可在炮台附近操练，彼此免致误犯。

第七，上海制造局火药局一带，各国允兵轮勿往游弋驻泊及洋兵巡捕前往，以期各怀不相扰，此局军火专为防剿长江内地土匪，保护中国外商民之用，设有督抚提用，各国无须惊疑。

第八，各国如有各国洋教士及游历洋人遇偏僻未经设防地方，切勿冒险。

第九，凡租界内一切设法防护之争，均须安静办理，切勿张皇，以动摇人心。

会后，领事团并致上海道余联沅公函一件，保证在中国督抚厉行《东南保护约款》时，不在长江流域采取仇视活动，不派兵登陆。盛宣怀并电闽浙总督许应骙亦采取一致行动。于是东南半壁乃联成一气，保持中立，或半独立状态矣。此举使"拳变"范围仅及河北以东，故东南未受影响，以后中枢供应全仰给于长江各省，尚可勉强应付，不致陷于瓜分之危机。此约虽暂保一时安全，却开日后军阀割据的先河。及武昌起义，一触即发，而各省均纷纷独立，遗命中央，以响应之，亦实导源于此。而此约实给予野心勃勃的袁世凯一个篡位机会，遗祸日后革命的进行，大患无穷。

五为李鸿章北上议和。清廷于五月十九日谕令李鸿章、袁世凯迅速来京，此乃荣禄之建议，盖欲使世凯带兵北上平乱。时东南互保已定约，盛宣怀欲鸿章电商世凯带兵勤王之意，与荣禄意见相同，惜世凯不肯开罪旧党而拒绝。而其时慈禧已决定利用拳民排外，故亦不愿世凯北来矣。荣禄以局势日恶，乃再三促请李鸿章迅速赴京。李观大局混沌，迟不就道。

六月十二日，诏受鸿章为直督兼北洋大臣，但仍无授以全权与外人议和之意。

六为《辛丑和议》签订。自太后出京西走西安后，留庆亲王奕劻准备为全权代表负责议和。及抵达太原，知拳民不可恃，兵力不可与外人斗，乃下诏罪己。途中，知道李鸿章不能收拾，于是便授李偕奕劻为全权大臣和各国议和。唯旷日持久，联军意见复杂，谈判无法成功。例如，时各国意见分歧，利害冲突，尤以回銮归政之事为俄、英两国争持之焦点。经过两月余之磋商，始定出和议纲要十二条，以为谈判之基础，各国始允开会，此实因列强对中国各怀野心。如英国除要保持既得权利外，并要求政治与商业利益，俄国乘联盟军入京之余，出兵十余万，占领东北诸城，企图独霸。后来列强见如此廷拓，实非上计，观中国民情汹涌，欲瓜分中国，似无可能，遂允言和，卒于光绪二十七年由李鸿章、奕劻与英、法、俄、德、美、奥、意、日、西、荷、比等十一国正式签订《辛丑和约》。谈判迁延有一年之久，至此方告完成。

《辛丑条约》，共有十二条款，但这些款目未定之前，祸首归咎与及赔款问题须先解决。于财政方面，各国一致决定如下：如以海关税、内地税及盐税三项充偿金之财源，海关税增定为五厘，海关税从以前之价税一律改为从量税。

其余的条款，分目略述如下。

一曰道歉。因德国钦差克大臣被戕害一事，清廷前于光绪二十七年六月九日派醇亲王载沣为头等专使赴德代表大清帝国大皇帝暨国家惋惜之意。

二曰惩办祸首诸臣。载漪、载澜加恩免死，发往新疆永远监禁。载勋、英年、赵舒翘皆令自尽。毓贤、启秀、徐承煜均即正法。刚毅、徐桐、李秉衡时已身死，追夺原官。诸国人民被虐杀之城镇，官长革职，地方停止考试（文、武）五年。

三曰赔款。四万万五千万两，分三十九年清还，年息四厘，并须按应还日期之市价，易金付给。计算至1940年，然后还清。付款连息总数共达九八二二三八一五〇两，以海关税、常关税、盐税为担保。

四曰禁运军火。大清帝国营不准将军火暨专为制造军火各种器料运入中国境内。为期二年。

五曰使馆。扩展使馆地带，并允以作为专与住用之处，并由使馆管理，界内不许华人居住。亦可自行防守，常留兵队，分保使馆。

六曰交通。将大沽炮台及有碍京师至海通道之各炮台，一律削平，并许各国酌防留守，以免停绝交通。

七曰禁令。颁谕各地方，禁止人民设立或加入仇外的组织，违者处斩。各省文武大吏及有司官，不能弹压犯人，或另有违约之行，革职永不录用。

八曰订约。将通商船行各条约，诸国视为应该行商之处及有关通商之处，均行议商，以期妥善，并襄办改善北河黄浦两水路。

九曰废设官。将总理各国事务衙门，按照诸国酌定改为外务部，班列六部之前。且变通诸国钦差大臣觐见礼节。觐见之所，为大内之乾清宫。

十曰撤兵。除防守使馆兵队以外，在北京者，本年9月17日撤兵；在直隶正殿者，于22日撤退。

此约按照和议大纲，不容改易一字。赔款既竭泽而渔，折损兵卫，又国防全失，都城驻兵，受人控制。时鸿章已积劳病深不起，不两月，即呕血而死。

义和团的影响

《辛丑和约》使中国蒙受十分重大的损失，而义和团所遗留下来的影响亦大。

自鸦片战争以后，中国屡次战败，但举世各国还无不承认中国是文化悠久的古国，虽轻视清政府的腐败无能，并未十分蔑视中国，咸认中国如能发奋图强，励精图治，国势当可转弱为强。可是经过这次变乱，世界舆论大为转变，一致认定义和团的野蛮行动绝非文明国家所应有，因此蔑视中华民族为野蛮的民族。其实联军入京的奸淫、劫掠的暴行，实有过之而无不及。所以我们要了解，《南京条约》是中国政府的国际地位低落的开端，而"拳变"则是中华民族国际声誉改变的转折点。诚可痛心。

义和团虽是一个夹带迷信的社会秘密组织，但其行动的表现，足以代表中华民族不可侮的精神，还表现出了中国人民有强烈伟大的反抗能力。他们以中世纪的落后武器，去对抗各国新式犀利的枪炮，这种勇敢牺牲的精神，实不能不使沉迷于侵略的野心家有所顾忌，消除了自中日甲午战争以来日益严重的瓜分危机。

自鸦片战争以来，历次战争，西洋武力所击败的，只是限于清政府。而一般民众与士大夫及爱国的民众所汇合凝聚而成的力量这次却惨败了，政府还忍气吞声签订了屈辱的条款，而士大夫及民众，再也不敢存轻视洋人的心理。因此，国人由轻外、仇外，而变成了惧外、媚外。及后中国许多社会政治、教育、经济、军事上的改革，一味东施效颦，都是这种"媚外"的心理在作祟。

自义和团事件发生后，有志之士认识了清廷的愚昧无能而表示绝望，于是一齐走上革命的道路。此后孙中山先生领导的革命运动，便如火如荼地到处爆发起来，终于促成颠覆清朝统治的辛亥革命，加速了中华民国的诞生。

《辛丑和议》规定赔款的总额，若连利息计算，超过九万万两。这个巨大的数字，确非政府经济所能负担。因此不能不另增新税，以资弥补，结果人民生活日益穷困，社会经济益形凋敝。

条约规定，若干地区凡虐杀过外人，均停止文武考试五年，又于华土中扩张势力。自中日甲午战争后，清廷弱态原形毕露，各国恃强，把中国任意分割，而划定"势力范围"，又于土界内，不许华人进入，并驻兵防守。这还是中国领土吗？又令总理衙门废除，改为外务部，改觐见礼节，凡此种种，都属于干涉中国内政的行动。国家主权不受重视，且被剥夺，国家独立的资格，也跟着丧失。

自英法联军一役，教士得以进入境内传教，其实传教士多为帝国主义者侵略的先锋。尤以八国联军后，各国均能驻兵于他们所属的势力范围、京津沿线及沿岸海港。外人得以在中国境内任意横行，并拥有领事裁判权。国家不但丧失主权，而且边防要区皆有外兵驻守，受尽控制，这还是一个国家吗？

义和团起事时，东南各省均不奉命，还与列强定约保护外人的生命财产，请列强分别进兵于东南，因此其事仅在河北、山西、东北各省。从此地方督抚权力，日渐增加，形成外重内轻、半独立状态，对清末民初的政治有深切的影响。

俄国利用义和团起事机会，大举进兵中国东北，及《辛丑和约》后，俄国又拖延不撤兵，遂激成"英日同盟"，终引起日俄战争。双方竟在中国领土开衅，实属无稽之谈，到头来，受害者还是中国人。

第六节　辛亥革命成功的分析

辛亥革命不仅颠覆了一个顽固腐败的清政府，而且推翻了中国历史上四千六百余年的专制政治；不但扫除了过去人民与国家痛痒不相关的隔离现象，而且明白规定了中国的主权，属于全体人民。所以，辛亥革命绝不是更换朝代，而是中华民族有史以来的政治大改革。其原因颇多，可分客观、主观两方面分述之。

客观方面

1840年至1900年间，中国先后经历了五次战争——鸦片战争、英法联军之役、中法之战、中日战争和八国联军之役，使中国被束缚得无法转动，造成各方面的影响。

由于清政府的媚外态度，列强遂能直接在中国设立工厂，更夺取各地的煤矿，使中国重工业不能发展，轻工业不能与他们抗衡。又在中国建筑铁路，并取得内河航行权，设立许多轮船公司，开设银行，操纵了中国的经济枢纽。美国的"门户开放"政策，更把中国变成了列强的工业品市场，故有志之士有见及此，要求打破现状，于是就引起了辛亥革命。

鸦片战争以后，列强不但占领了中国周围的许多原由中国保护的国家，抢去或租借了中国的部分领土，而且还强迫中国订立了许多不平等条约，根据这些条约，取得了在中国驻扎海军和陆军的权利，取得了领事裁判权，控制了中国的海关、对外贸易和交通事业，打击到清政府的势力，并且利用统治阶层，成为列强侵略中国的代理人，使政府形同虚设。

十八世纪后，美国独立战争、法国大革命、德意志与意大利的统一运动、社会主义运动等，使各国专制政府迈向了革新之路。列强侵华，西方的民主自由思想亦渐传入，清廷专制政治已不合时宜。加上由于列强侵华后所引致的自强运动、维新运动，虽然失败，但已替民族革命做了驱除困难的工具，使人民的新知识慢慢增加，新知识分子助长了革命的成长。

嘉庆以后，计对内用兵以平定苗瑶、回疆、白莲、天理等，及鸦片战争以后，中国历次对外战争皆败，割地赔款，国库益窘，尤以《辛丑条约》中赔款连息达九万八千二百二十三万余两，使中央财政有破产之势。道光时对外贸易，漏卮日大，鸦片战争失败，五口通商漏卮益增，造成清货币的贬值，购买力降低，经济问题日益严重，而人口剧增和官吏贪污更导致经济枯竭，于是人民只好寄望于未来的改革，遂倾向激烈的革命。

外患纷乘，清廷无力反抗，丧权辱国，如 1898 年列强之瓜分中国，1900 年八国联军入京，1901 年《辛丑条约》，使中国国防完全丧失，失去独立国的体面，1904 年日俄擅自在辽东半岛上进行战争，此皆造成要求产生有力的政府的需求。自义和团以后，清政府开始媚外，无形中出卖了中国，人民极力争取中国在国际上的平等待遇，反清革命思想乃潜伏民间。

清代的俸禄很薄，不够那些讲阔绰、耍排场的官吏使用。雍正曾令火耗归公给官吏养廉，政治较为清廉。但州县官仍不够用，日久玩生，又巧立"平余"及杂项陋规，积弊实在难除，而吏役更借此勒索百姓，鱼肉乡里。层层剥削，层层报效，互相包庇，互相容隐，政治以贪污为经济，可知贪污、变质的士大夫是误国误民的根源。

世祖定中原，用八旗兵，入关以后，建立绿营。太平军起，旗营兵腐败不可用，湘军成立，以书生为将校，以农夫为兵丁，居然削平大乱，建立殊勋。但招募挑选，指挥调遣，率听命一人，无形中培养了地方势力。后来中日战争失败，各省督抚，以力求自强相号召，更相率创练新军，这些多元体的军队后来成为了革命党的工具。

同治以后，政局乃慈禧的天下。她才能敏捷，意志坚强，唯好逸乐，贪财货，阉寺弄权，吏治日替，揽权竞势，顽固骄虚，修造颐和园，挪用海军经费，盲目排外，反对变法、自强。慈禧死后，由醇亲王载沣之子溥仪入嗣，年仅三岁，载沣以摄政王监国。醇亲王摄政政府仍然独断朝权，排外而无能，袁世凯一度被逐，张之洞死后，政府更觉无才可用。革命运动在此情况下，益无法遏止。

洪秀全起义之初，尚能知道一般贫农的痛苦，是耕者不能有其田，所以他们要创建一个"有饭同吃，有衣同穿，有钱同使，无处不均匀，无人不饱暖"的社会。虽只是乌托邦，但其理想似为中山先生平均地权思想的前驱与民生主义的一部分。太平天国虽亡，而民族革命，反因而扩大，后来这些会党（哥老会等）都参加了辛亥革命。

主观方面

自八国联军之役以后，清廷看见国内革命势力日渐扩展，知道仅凭武力镇压，非根本解决之道，为了缓和国内人心，遂颁布预备立宪的命令。过去反对立宪的王公大臣，对此次立宪，亦欣然表示同意。至于完成立宪的时间，预定为九年，当然稍嫌过长。而所颁布的宪法内容，亦多不合民主精神，其要项如下。

第一，大清皇帝为全国主权所有者，不能侵犯。

第二，大清皇帝有立法、司法、召开会议、解散会议、制定官制、统率海陆军、宣战、媾和、发号施令之权。

第三，臣民在法定范围内有言论、居住、出版、集会、财产等自由权。非依法律，不得逮捕拘禁。

这些规定，看起来好像人民有很多的自由，实则不然。因为皇帝有立法、司法权，对于法律随时可以变动，拘禁人民，当然亦可任意为之。这个预备立宪所产生的宪法，实在不为人民所需要，清廷竟以此笼络人心、缓和革命，真是心劳日拙。宣统元年，直隶咨议员孙洪伊等联合请愿，要求召开国会，清政府乃借口有九年的预备，拒不接受。全国人民对于清廷渐失信心，倾向革命的更多。宣统二、三年间，革命运动接连爆发于各地而不可遏止。

铁路风潮又称"保路运动"，是广东、湖南、湖北、四川等省人民反对清政府将民办的川汉、粤汉铁路（湖广铁路）出卖给列强的一种爱国运动，亦因而成为辛亥革命的导火线。一国的军事政治的进步、农工商业的繁荣，莫不与交通有着密切的关系。中国铁路的建造，始于清德宗初。甲午战后，清室始注意筑路，但诸路的建筑款项与材料，均仰给外国，而列强又复在其势力范围之内竞建铁路，以实行侵略，因此当时中国铁路的建筑，几可说无政策可言，详述如下。

当时舆论竭力鼓吹改革币制、练兵、兴学、振兴实业等，要创办这许多事情，自然免不了要利用外资。另一方面，外国人投资中国，便可使他们互相牵制，借以避免他们在政治上的侵略。而且当时人民企业的能力，实在也幼稚。即如铁路，各省纷赎回自办，或者开办，都没有多大成绩，遂酿成清末的向外借款政策。早在1898年，盛宣怀便和美国订立借款草约，借美金四千万元，把粤汉、川汉铁路的修筑权让给美国。及至1911年，清政府在"利用外资开发实业"的建议下，又大借外债，和英、美、德、法组成的四国银行团订立了铁路借款草约。

宣统三年四月，清廷以邮传部大臣盛宣怀之奏请，欲振起威权、挽回外观，宣布铁路政策：干路均归国有，支路准商民量力兴筑；从前批准之铁路各案，一并取消，若有抵抗者，以违旨论。并派端方为督办川汉、粤汉铁路大臣，将贷英、美、德、法银行款修筑。川汉路原为人民集资商办，其资金多来自由赋税附征，但清政府借口铁路国有而不予退还，川民大哗。且据四国借款合同，美、英、法、德不但可掌握路权，而且还可以湖南、湖北两省的盐税厘金作为抵押，所以，所谓的"铁路国有"，不但剥夺了中国人自办铁路的主权，而且实际上是把川汉、粤汉铁路出卖与列强。

同年五月，四川咨议局议长蒲殿俊、副议长罗纶及川路公司董事颜楷、邓孝可等电请收回铁路国有成命，都遭严旨申饬，乃召集川路股东大会于成都，成立保路同志会，与清廷抗争，宣言从此不纳粮税杂捐，以抵股息。四川各府州县遍设保路同志会，参加者数十万人，各省人民亦同时向清政府请愿；湖南长沙、株洲万余工人举行了罢工示威，湖南学生举行罢课；湖北宜昌数千筑路工人与清军发生了武力冲突。留日学生也声援保路运动，提出"路存与存，路亡与亡"的口号；旅美的广东华侨也集会反对，决议"粤路股银，皆人民血汗……有劫夺商路者，格杀勿论"。

在保路运动中，以四川人民的反抗最为激烈。工人、农民、学生、市民纷纷投身到运动中来。清廷方面，川督赵尔丰遂于七月十五日诱捕蒲、罗、颜、邓等九人，坐以煽乱罪名。越日，民众聚集至督署请愿释放，被督署亲兵开枪击毙四十余人。"成都惨案"之后，人民反抗的情绪更为激昂。同盟会积极地层开了革命活动，并联合哥老会，组成保路同志军，占据了一些州县，围攻成都，邻近各州县的农民也纷起响应。1911年10月，湖北新军中的革命党人（文学社、共进会）发动了武昌起义，辛亥革命一触即发。

从十九世纪末以来，列强对于中国，竞谋扩张势力和攫夺利益，其手段则以筑铁路开采矿山为最要。而二者之中，则筑路尤为要。所以列强都向中国进行铁路投资，争夺铁路的修筑权。粤汉、川汉铁路是沟通南北和深入内地的两条重要干线,因而就成为列强争夺的目标。甲午战争后,清政府处处显得积弱无能,列强乃利用清廷的财政困难进行要挟,每逢订约,大抵把"借款"、"筑路"、"管理"三事并为一谈。于是铁路所到之处,就是外国权力所及之处,有若瓜分之先声。

铁路干线国有政策,平心论之,原亦无可厚非,但行之却不得其人。时一班亲贵揽权用事,根本不知铁路政策为何物,使清室不亡,几宗向外的借款,竟尔成立,所办的事业,也一定要破产,而贻害国民非少。当时人民的反对,也并不无顾虑及此。不过清廷积失民心,国民有触即发,成为辛亥革命的导火线,为武昌起义的胜利创造了条件,为全国日后革命形势的发展开辟了道路,因而保路运动有着重大的历史意义。

光绪二十年,孙中山先生为推进革命工作,在檀香山组织兴中会。翌年,发动"乙未广州之役",不幸失败。中山先生于是赴欧洲活动,向华侨宣传革命,并筹集款项。次年,留欧洲考察,确定"三民主义"。二十五年,到日本,一面派陈少白回香港创办中国日报,鼓吹革命;又命史坚如联络长江会党,毕永年联络湖会党,在香港创立兴汉会。光绪三十一年,中山先生统一革命阵线,在日本东京将兴中会、华兴会、光复会等革命团体合并,成立中国同盟会。同年,创办民报,正式揭出三民主义,并分遣同志回国工作。各地举义,彼起此伏,于是革命势力逐渐弥漫全国。三十三年,遣黄兴等返国,策动革命。党人于两广、云南数次举事,均告失败。宣统二年的广州新军起义和翌年的广州发难(即黄花岗起义),虽为清军所败,但人心因之而振奋,实为辛亥武昌首义的先声。

辛亥革命成功的原因

武汉革命分子的组织,自光绪二十九年冬"科学补习所"成立以迄辛亥年,其经过时间实为八年。他们虽屡遭挫败,但组织仅有名称的改变,而精神则始终一贯;甚至如胡瑛虽在监狱,依然能策划革命。其所以能做到如此的原因,有如下数点。

第一，党人以两湖为主，言语无隔阂，感情易于融洽，这与外省人士临时集合到广州参加革命者显有不同。

第二，新军本来就有军械，革命一经发动，汉阳兵工厂及楚望台军械局亦易而夺取，避免了购械多费金钱、运械容易破获的事实。

第三，武汉三镇范围广大，情况复杂，外人不易摸得清楚。本省人地形熟悉，易于呼应，一有败征则可从容疏散，且汉口各国租界可资掩护。

第四，本地人原有生活简朴，参加革命工作者，除少许活动费外，旅费与生活费均可节省，与海外革命者大有分别。

第五，他们在新军中，以二十人为一排，合五排为一队，有排长、队长以管理之，平时感情团结、互相救助、爱若兄弟，成为一最有集合力之部队。

奕劻是一个以贪污著名的老朽，但以清室皇族来说，他却是一个经验丰富的"老前辈"。载沣初立，异常平庸，乃倚仗奕劻。宣统三年，根据新颁的内阁官制设立新内阁，奕劻仍以首任的内阁总理大臣出现。再加上以载泽掌度支，耆善掌民政，载洵掌海军，溥伦掌农工商，于是皇族盘踞于内阁的乃有五人，满人实居其九，汉族乃仅得四人，所谓新内阁者，只是一面倒的满族内阁而兼"皇族内阁"。于是全国对清政府完全失去信心，反增加了对革命的拥护。

再加上铁路国有政策，其实在人民看来，名为国有，实际乃不啻从人民手中夺来给外人，这叫川粤和两湖的老百姓如何甘心。而所涉及的四川、广东、湖北、湖南四省人民都不是好惹的，政治意识较为敏感，因此国有政策一经宣布，四省的人民便群起反对。假定当时的清政府不固执己见，而采取比较和缓的办法以求转旋，也未必无挽救的余地。

湖北原来不是一个很富裕的省份，但胡林翼曾用之以击败太平天国，张之洞于洋务运动期间在湖北创办新事业甚多，如炮厂、铁厂、煤矿、铁路、纺纱局等，不胜枚举。于是湖北的经济生活渐趋活泼。办学校、练新军，把人民的知识提高，因而他们乃能关心政治，而容易接受革命的宣传。革命军在武昌首义,不仅利用了湖北的新军,同时也利用了湖北的财政。经济的稳定,使军心民心趋于稳定。革命党以武昌为革命首义的地点,原没有想到湖北还有这样丰富的财源,革命一旦实现,乃真得诸意外,清廷虽欲将这一革命火头加以扑灭,也无能为力。

辛亥革命的影响

辛亥革命推翻了中国历史上最后的一个皇朝,结束了中国几千年的君主专制制度。虽然当时建立的政权具有民主的形式,但还不是真正的民主共和政权。但无可否认,君主专制遭到人民的唾弃,无论怎样强大的反对势力,都没有办法在中国恢复帝制。袁世凯的称帝,张勋的复辟运动,都在全国人民一致声讨下遭到失败,就是很好的证明。

武昌起义后,各省纷纷响应,宣布独立,组设临时政府于南京,推孙中山先生和黎元洪为临时正副总统。1912年元旦举行就职典礼,定国号为中华民国,是年为民国元年。清帝于民国元年二月十二日宣布退位,于是民主自由的中华民国正式诞生。

辛亥革命爆发,清帝退位,清政权已解体,然在此政权下所长养遗留的种种恶势力,却因旧政权之解体而溃散,有待于逐步收拾与清涤。另一面则社会民众的力量,虽已有推翻旧政权之表现,而对于创建另一种理想新政权之努力,则尚有待于逐步试验与磨炼。因此辛亥革命便成为中国民众一种新的艰苦工作之开始。

清代有意利用行省制,故行省长官乃地方官之临制者,而非地方官之领袖代表,同时此等长官皆偏重于军事统治性质。此种制度若在平时足以妨碍地方政事推进,增加地方与中央之隔阂,但满人为外省督抚者皆无力荡平洪杨之乱,于是不得不分一部分督抚之权位与汉人。自此以后,各省督抚渐与中央异趋。辛亥革命的结果,虽使中央政权削弱,但各行省转易成为反抗中央、分区割据之凭借。

第七节　清代衰亡原因的分析

清顺治入关后，经康熙、雍正二朝之整顿，国势渐强，及乾隆即帝位，国力如日方中，年年征战，武功称"十全"，而国内人口激增，可见经济亦甚雄强。然而清亦因乾隆之骄纵而盛极转衰。及至嘉庆、道光朝，内忧外患频仍。咸丰时，更爆发动摇全国的"太平天国"运动，使清政权几于覆灭。同治朝虽借洋务大臣之支持，得以粗安，而国内之民生凋弊，国外之列国侵凌，终掩不了清之老大衰弱，终致1911年爆发辛亥革命，使建立二百余年之政权宣告解体。现将其衰亡之原因，分析如下。

财政困难

清自乾隆中叶以后，贪黩奢侈之风甚盛，各省积亏累累，财政已感支绌。乾隆晚年之和珅，为相二十年，聚敛自肥，一般老百姓"皆蹙额兴叹"。嘉庆四年，抄其家产竟达八万万两，抵国家岁入十年以上。其时外省疆吏，亦望风贪黩。乾隆虽时加严惩，然其风终不息，至使财政日趋枯竭。

嘉庆十七年至道光二十一年，三十年间，人口增加约八倍，而田地只增加一倍，人民生活便感到困苦。故小耕农不得不把田地卖出以济一时之急，于是有大地主之产生。小数的大地主占有十分之五六的田地，而多数的农民，都变成佃户，"每岁收入，难敷一年口食"，所以清代中叶以后，贫富更是悬殊，士农工商的情况，大致如此。贫穷失业的渐多，政府又无适当之办法处理，这些人唯一的出路，只有参加反清运动以求存。换言之，食之者众，生产量少，乃造成社会变乱的根源。

嘉庆以后，计对内用兵九载，平定苗瑶、回疆、白莲、天理等反清运动，耗去军费二万万两，导致财政匮乏。自鸦片战争以后，历次对外用兵皆失利，迫得割地赔款，国库空虚，尤其是《辛丑条约》中，计赔款连息达九万八千二百二十三万余两，使中央财政近于破产。

至道光时，对外贸易，漏卮日大。鸦片流入中国愈多，银流出海外便愈多。其后鸦片战争失败，置五口通商，使漏卮益增，加上历次赔款，国库更是空竭。同时外国资本主义的侵略，中国本土的货品无法与之竞争，中国又丧失关税自主权，无法保护雏形工业，于是经济问题日益严重，终至不支。

1900 至 1911 年间，蝗虫毁坏谷物，造成饥年。人民痛苦饥饿之余，对变革的要求更切。

列强入侵

外患纷乘，清廷无力抵御，以致丧权辱国，如 1898 年列强之瓜分中国，1900 年八国联军入北京，1901 年之《辛丑条约》使中国国防前线尽失，1904 年日俄擅自在辽东半岛开战等。自从义和团起事后，清廷开始"媚外"，但人民则有"排外"之倾向，故清廷此举无疑是加深人民的不满，益见掀起革命的狂澜。

太平天国的影响

太平天国以前，朝廷将相要职，绝少以汉人充任，至于地方官吏，满人亦占十之八九。及咸同时，曾、左、李以平变有功，令掌军事要职，汉人势力，便开始抬头。自沈桂芬入掌军机，已开汉人执政之先例，其后翁同龢等继之。从此满人的统治权，逐渐转到汉人手中。

太平天国的政治革新，已露出民主政治之光芒，树立民族革命之先声。其规定男女平等，禁奴禁娼，开女科，任女官，上下一体，互称兄弟姊妹，命乡官由民选等，成为日后辛亥革命之前驱。

太平天国公田制度的理想，似为中山先生平均地权思想之先导，成为其民生主义的一部分。洪秀全反清运动削弱了清政权，而中山先生则推翻了清政府。

太平天国后，始有省份独立，造成军阀割据。义和团起，省份甚至拒绝助清廷对抗洋人，而地方离心势力渐长，清朝的命运已成定数。

晚清的衰运

清同治以后，西太后慈禧独揽大权，信任曾、胡、左、李诸人，而有中兴之业。但她好逸乐、贪财货、顽固骄侈，甚至动用海军经费修造颐和园，游宴土木之费皆日增月累；兼而顽固反对变法，内阻自强之机；更盲目排外，任用义和团惹下八国联军入京之祸；签订《辛丑和约》，招致国家主权被剥夺，而赔款之巨，更促成了财政经济的破产。自此，有志之士都认识了清廷的愚昧无能，而表示绝望，于是中山先生领导的革命运动，便如火如荼地爆发起来，终促成颠覆清朝统治的辛亥革命。

清廷见日本行君主立宪不久，即能打败君主专制之俄国，便以为"立宪"两字确有强国的效能，这不但无损于皇室的尊严，更可借以削除督抚大权，收揽人心，遂于各省成立咨议局，中央成立资政院。各咨议局议员多为热心立宪党人，因不满清廷口是心非，已起反感。及武昌起义，各省潜伏之革命党人乃因势利导，敦促咨议局局员赞助革命，于是各省纷纷宣布独立，助长了革命之声威。清廷把最后一个自救的机会也失去了。

袁世凯自"拳变"后，即任直隶总督、北洋大臣，其后又受命练军六镇（约九万人），成为清廷实力派的领袖。武昌起义后，任袁氏为湖广总督以对付革命党，不久又命袁为内阁总理。袁率兵入京，并用出征名义，将禁卫军调出北京，于是清室命运全入其手中，清帝被迫退位。

海外华侨因身处异邦，对西方政治、经济有较深的接触，明了到清政府已腐败至极，实无法与列强抗衡，因此寄望革命的成功，结束君主政治，使中国走向现代化，故予以革命党在精神上及财政上之支持。其次，武昌军政府成立后，各省纷纷响应，宣告独立，除直隶、河南、山东及东三省尚受清政府支配外，民军已"三分天下有其二"。而各省咨议局的立宪党人，亦无一不加入革命阵线，以推倒清政府为帜志。

宣统三年，清政府为了向外国借款，准备把交由民办的铁路押给外国，而宣布铁路"国有"。其中以川汉铁路影响民生最大，川民遂组成"四川保路同志会"，向政府请愿，要求收回成命，但清廷态度坚决，由湖北派兵入川镇压，捕杀保路会代表及请愿者数十人。情势愈演愈烈，保路风潮成为革命之导火线，各省革命党人，皆思乘机而起。

思想上的觉醒

鸦片战争后，潜伏于民间的种族思想，已由"反清复明"而变为"驱逐洋鬼"，及见清廷无力御外侮，政治腐败，于是痛恨"洋鬼"的心理，又渐回到"反清"上去。加上清政府的高压政策，更激起爱国人士的民族意识，终掀起革命的热潮。

欧洲十七、十八世纪的思想家倡导自由与平等，一时风靡，乃有美国独立战争、法国大革命等行动，使各国专制政府迈向了革新之路。自中西接触以后，西方民主自由思想亦渐传入，清廷专制政治已不合时宜。

一批新知识分子，在传统考试制废止后产生。这时西方教育已进入学校，加上特选各省聪颖子弟赴欧美留学，留学生回国后便批评清政府，追求自由与民主，富于政治感觉，倾向革命，领导革命，以中山先生为首，终于推翻清政府，建立了中华民国。